我的地理人生2：山区·政区·社区研究文集

Wo De Dili Rensheng 2：Shanqu·Zhengqu·Shequ Yanjiu Wenji

刘君德　著

东南大学出版社
SOUTHEAST UNIVERSITY PRESS
南京·2020

内容提要

本书是《我的地理人生:涉足山区·致力政区·钟情社区》的姊妹篇。全书收集、筛选了作者1964—2016年年底公开发表的115篇研究论文(含部分合作),分为山区研究、政区研究(上)、政区研究(中)、政区研究(下)、社区研究和相关研究六大部分,全面系统地介绍了作者的学术成果。其中政区领域的研究论文64篇,为本书的重点。本书的出版有助于读者了解、认知新中国成长的地理学者在人文—经济地理学新兴领域(行政区划、社区等)理论和实践研究的脉络,特别是行政区经济、行政区—社区体系创新性理论思想形成的过程及其重要的实践和学术—学科价值。本书突破了以往论文集出版的传统体例范式,对每一篇论文题目冠以新的标题,在论文开头加注了"背景",尾部加注了"解读",有助于读者了解每篇论文的背景、重点与亮点,也增强了论文的可读性。

本书适合地理学、政治(行政)学、社会学、经济学、历史学、管理学及相关专业研究者、教师及学生,政府部门工作者及对该领域有兴趣的社会人员参考阅读。

图书在版编目(CIP)数据

我的地理人生2:山区·政区·社区研究文集/刘君德著. —南京:东南大学出版社,2020.4
(地理人生系列/刘君德主编)
ISBN 978-7-5641-8553-4

Ⅰ.①我… Ⅱ.①刘… Ⅲ.①地理-中国-文集
Ⅳ.①K92-53

中国版本图书馆CIP数据核字(2019)第217971号

书　　名:我的地理人生2:山区·政区·社区研究文集
著　　者:刘君德
责任编辑:徐步政　　　　　　　　　邮箱.1821877582@qq.com
出版发行:东南大学出版社　　　　　社址:南京市四牌楼2号(210096)
网　　址:http://www.seupress.com
出 版 人:江建中
印　　刷:江苏凤凰扬州鑫华印刷有限公司　排版:南京文脉图文设计制作有限公司
开　　本:787mm×1092mm　1/16　　印张:52.75　字数:1280千
版 印 次:2020年4月第1版　2020年4月第1次印刷
书　　号:ISBN 978-7-5641-8553-4　　定价:199.00元
经　　销:全国各地新华书店　　　　　发行热线:025-83790519　83791830

* 版权所有,侵权必究
* 本社图书如有印装质量问题,请直接与营销部联系(电话或传真:025-83791830)

开头的话

本书是《我的地理人生：涉足山区·致力政区·钟情社区》（以下简称《我的地理人生》）的续集，冠以《我的地理人生 2：山区·政区·社区研究文集》书名。在进入本书主题之前，我要说说本书的缘起、特色、内容梗概、收录原则、编纂说明。

（一）本书缘起、特色与内容梗概

［本书缘起］

2016 年年底，在《我的地理人生》交付出版社之后，我就思考下一步该做什么，还能做什么，怎样继续走好我的人生，于是萌生了写续集的思想。这主要是基于《我的地理人生》出版后，可能有一些研究、关注行政区划体制改革、社区治理的学者（包括政治学、行政学、经济学、社会学、历史学、地理学等），以及关注行政区划、社区"国事""政事"的社会大众渴望更多地了解我们研究领域的具体成果和主要观点，以便在"传承"的同时，积极参与区划和社区的讨论，推进改革，发展新的学术思想和促进新兴学科建设。2017 年 11 月 12 日在我的母校——华东师范大学（中山北路校区）值得怀念的地理馆 333 教室（我在大学学习以及留校工作后讲课、开会的重要场所），召开了有相当规模和较高层次的"中国政区/社区的改革实践和理论开拓——刘君德教授的地理人生与学术思想研讨会"之后，我的一些弟子也希望看到续篇，于是，在《我的地理人生》一书出版、学术研讨会之后，决定将文集作为我接着要做、能够做的第二件地理人生大事。

［本书特色］

本书是"我的地理人生"学术思想的具体化和深化；是我在山区、政区、社区领域学术研究观点的全面亮相和客观展示，也是我的地理人生学术思想的继续。

本书的文章编号总数为 120，其中编号 55、89、94 涉及多篇论文，统计时仍按 1 篇计算。120 篇文章中，除了 4 篇为非论文（编号 117—120）外，其他的 116 篇（编号 1—116）均为论文。116 篇论文中，除了第 1 篇未刊，其他的 115 篇均为公开发表的书报刊论文。论文的收录时间为：1964 年（大学毕业留校工作后的首篇论文习作）至 2016 年年底（退休之后的 10 年）。其中一部分是与我的学生（博士生、博士后）合作的论文。本部分下文的数据统计以 116 篇作为基础。

本书与《我的地理人生》是姊妹篇。本书的体例结构不同于一般的"文集"，而是延续了《我的地理人生》的特色，保持了原有的风格。一是在论文的结构安排上不以时间序列为主，而是与《我的地理人生》相对应进行科学分类，将 116 篇论文归类为 6 个部分、26 个分类，每一类安排 3～6 篇论文。对每一类、每一篇论文都加注了新的标题，在每个小类中均按时间序列安排。二是在每篇论文前面加注了"背景"，让读者能够较快了解每篇论文写作的背景、缘由；在论文之后加注了"解读"，有助于读者尽快了解论文的重点（虽然每位读者的感受可能不相同），也是作者重读这些论文后的感受。"背景"和"解读"是作者在整理论文过程中比较用心、花费精力较多的地方，也可能是本书的一个重要特色和亮点。

［内容梗概］

本书共分为六大部分，内容、结构要点如下：

——第一部分"山区研究",收录12篇论文,分为山区之前、前奏研究和主体研究3类,约占全书的10%。重点反映了20世纪80年代在全国开展国土规划热潮中我们的参与,特别是连续开展5年之久的中国东部亚热带丘陵山区综合科学考察过程中的成果。需要说明的是基于当时的政治背景与高等学校科研工作的环境和习惯,这段时期的成果大多是"团队"合作的产物。许多考察队成员(包括不同专业的教师和一部分研究生)为此做出了努力和贡献。

——第二至第四部分"政区研究",是本书的主体部分,内容占全书的55%,共收录64篇论文。此部分分为3大类,涵盖行政区划的理论开拓、省制与市制、都市区研究,下分15个分类。行政区经济理论研究是政区研究,也是本书的重点与精华。

如果从1991年发表第一篇行政区划的论文《关于我国行政区划体制改革的初步探讨》算起,直到2016年在《江汉论坛》上合作发表《中国行政区经济理论的哲学思考》,我致力于"政区研究"将近30年的时间,始终坚持这一理论方向的探究与实践。其间,承担过的许多基金项目研究和大量咨询课题,是政区理论与实证研究成果的重要条件和基础;不少学生(主要是博士生)参与了项目研究,一些论文是在通过项目研究,师生合作发表的。这里特别要指出的是我的首位博士生——舒庆同志——对行政区经济理论的构建做出了重要贡献。

行政区经济理论来源于大量政区改革研究的实践,它又用来指导区划改革实践。就区划理论本身来看,随着国家政治经济体制改革的深化,研究的深入,理论的内涵不断丰富和深化,视野不断拓宽,理论思想的境界也在不断提升。细细品读第二至第四部分的内容,不仅可以全面了解我们研究行政区划的过程,还可以理解我们学术思想形成发展的规律,深入体会这一理论的生命力和重要意义。

行政区经济是行政区划理论的核心和本质性解读,但并非行政区划理论的全部。我们在研究中还涉及行政区与都市区、流域区、社区等,乃至房地产开发、旅游业发展等方方面面的关系。实际上,行政区划作为地方政府权力的空间投影,远远不只是这些领域,可以说几乎中国所有的经济领域、社会领域、文化领域、生态环境领域等都与行政区划有密切关联,产生着重要影响。行政区划理论的拓展有广阔的空间。

第三、第四两个部分主要是反映改革实践的研究成果,包括省制、市制和都市区,以及大城市内部、城乡结合部、郊区乡镇,甚至于村级区划调整改革,作者都有涉及,但重点是当代的城市制度的改革,作者对此进行了系统研究,强调建立中国特色城市制度体系的必要性,提出了改革的路径。都市区域行政体制问题也是我们较早关注和研究的热点(特别是长三角和珠三角、上海大都市区、海口地区、长株潭多种不同类型的都市区)。建立都市区(城市群)跨界的区域行政组织,加强都市区政区间的协调,显得越来越重要、越来越迫切。相信随着时间的推移,中国特色国家—地方治理体系的逐步建立和完善,现行市制和都市区组织的问题都将有序地得到解决。

——第五部分"社区研究",为本书的重点之一,入选论文18篇,约占16%。从发现曹家渡现象开始,作者全面介入了社区研究。从理论到实践,乃至个案调查、样本分析,从社区的规划建设、体制改革等宏观分析到社区的微观观察,等等,都留下了作者的文字资料。最为重要的是将社区研究与行政区划结合起来,构建中国特色的行政区—社区体系观点的理论分析,这也许是作者深入研究社区的独到观点。在城市社区研究中作者对城乡结合部社区给予了特别关注。

——第六部分"相关研究·会议集锦",有22篇论文入选,约占本书的19%。此部分主要包括作者介入的浦东开发开放、西部大开发等重大空间战略,以及港澳回归、人口与人才、城市等问题的研究和公开发表的成果。这便于读者全面了解我的地理人生和学术思想。其中,与我的恩师严重敏教授合作的"城乡结合部"问题、与叶忠海教授合作开拓的人才地理学和与博士后宋迎昌合作的沪港关系研究成果是本部分的重点。

2017年11月在我的母校——华东师范大学召开的"中国政区/社区改革实践和理论开拓——刘君德教授的地理人生与学术思想研讨会"内容十分丰富，来宾和专家学者的发言相当精彩。本书将部分专家的发言，连同我的主旨演讲"新时代·新感悟"，以"会议集锦"的形式收入本书，我认为以此作为本书的"结语"非常合适，这也算是我的地理人生学术思想的一个总结吧。

（二）本书收编说明

[收录原则]

本书收录的基本原则是突出重点（行政区划与社区），兼顾全面、系统。

（1）重要杂志论文全收。比较重要的杂志包括4类，即地理类（《地理学报》《经济地理》《地理研究》《人文地理》）、规划类（《城市规划》《城市规划汇刊》《上海城市规划》）、综合管理与战略类（《中国行政管理》《战略与管理》《理论前沿》）和大学学报（《华东师范大学学报》《杭州师范学院（现杭州师范大学）学报》等）。

（2）《中国方域：行政区划与地名》杂志论文基本全收。该杂志曾是国内唯一专门刊登行政区划与地名及相关内容的期刊，在国内，特别是行政区划研究者和关注行政区划的读者，以及民政部门中很有影响力。20世纪90年代至21世纪初，中国行政区划研究中心在该刊发表了大量论文，传播了我们的学术思想。2005年，该刊因故停刊，更显得这份杂志的珍贵。

（3）公开出版的各类文集中的论文，本书基本选入。

（4）其他报刊论文择优（或代表性）收录，其中部分为内刊，主要有《上海城市管理》和《上海城市经济》（内刊）、《上海市容》（内刊）等。

（5）本书收录了部分非第一作者的论文，大多是与政区/社区理论研究相关或重要命题的合作发表的论文，这不仅丰富了本书的内容，也有利于读者较全面了解以我为首的"团队"在政区/社区领域的研究成果，提高了本书的阅读参考价值。

（6）1996年和2010年发表在英文杂志和书刊上的两篇论文未收录于本书。

[编纂说明]

（1）按山区、政区、社区三大系统分类编排，兼顾时间序列。

（2）政区为本书收录重点，内容较多，分设上、中、下三个部分。

（3）作者对各篇文章进行了文字校正，在原论文标题之后加注了"背景"，在每篇论文最后加注了"解读"。

（4）编纂过程中统一、规范了各篇论文的标题格式和注释，但参考文献仍保持原文著录格式，一是因文章的时间跨度比较长，二是可以保持文章原貌。

（5）关于采用"城市结合部"，还是"城乡接合部"，考虑到规划和地理学界普遍使用前者，全书仍用"城乡结合部"。

刘君德

目录

开头的话

第一部分 山区研究

山区之前
1 一篇拟发表的论文习作 ………………………………………… 002
2 中国工业区位的演变 …………………………………………… 014
3 工业布局中的环境保护 ………………………………………… 019

前奏研究
4 《经济地理》创刊号的约稿 ……………………………………… 023
5 地理工作者的神圣使命 ………………………………………… 030
6 江西省国土资源评价与规划探析 ……………………………… 034
7 浙江省湖州地区的国土经济优势 ……………………………… 042

主体研究
8 皖南山区的开发与经济振兴 …………………………………… 046
9 浙西山区的开发战略与治理 …………………………………… 055
10 追根山区贫困的原因,对症施治 ……………………………… 067
11 沿海山区乡镇工业与小城镇发展 ……………………………… 073
12 怎样写好山区考察综合报告 …………………………………… 078

第二部分 政区研究(上):理论开拓

理论构建
13 政区地理新理论——行政区经济的缘起、过程与展望 ………… 083
14 "行政区经济"的提出 …………………………………………… 092
15 一种奇特的区域经济现象 ……………………………………… 099
16 行政区经济的运行机理 ………………………………………… 106

理论拓展(上)
17 区域经济的新视角 ……………………………………………… 115
18 再论行政区经济 ………………………………………………… 120
19 行政区经济理论的影响力 ……………………………………… 124
20 权力+空间=生产力 …………………………………………… 132

理论拓展(中)
21 行政区划视角的城乡划分标准 ………………………………… 140

22	"公共经济学"理论的启示	151
23	可持续发展与政区	159
24	行政区与流域区	164

理论拓展（下）
25	行政区经济与旅游业	170
26	区划与房地产	175
27	权力·等级与区域经济	178
28	行政区经济要讲辩证法	183

理论推介
29	一篇赴台湾学术交流的论文	190
30	悉尼科技大学卡洛琳教授的书面专访	196
31	论大百科全书词条（一）：行政区经济	206
32	论大百科全书词条（二）：政区地理学	210
33	《中国政区地理》书评	214

第三部分　政区研究（中）：省制与市制

总体研究
34	谈中国政区沿革	218
35	论中国政区改革	225
36	关于中国省制	235
37	关于地区与市管县体制	245

市制综论
38	市制的过去与未来	252
39	城市化与市制	260
40	学全会精神，谈政区改革	268
41	大城市区级政府功能定位	274
42	市制模式的系统论述	284

直辖体系
43	直辖市制度体系论	295
44	一贯的主张：县下辖市	303
45	早期镇升格的典型：石狮市	306
46	中国农民第一城：苍南县龙港镇的"四不像"	312

市制挑战
47	市辖市体制的挑战	316
48	初论"强县扩权"	325
49	再论"强县扩权"	328
50	关于"省直管"	335

调查报告
51 皖南区划的问题 ... 342
52 皖南区划如何调整? ... 349
53 上海开发区体制探索 ... 355
54 辽宁省瓦房店市村级区划调整的经验 ... 359
55 重视跨界组织管理研究 ... 368

第四部分 政区研究(下):都市区

都市区(上)
56 行政地域都市区的概念 ... 375
57 都市区组织制度创新 ... 380
58 论城市群区的区域行政 ... 387
59 海口与琼山的分与合 ... 395
60 长(沙)株(洲)(湘)潭城市群空间组织 ... 403

都市区(中)
61 长三角急需破"围墙" ... 410
62 上海要建省吗? ... 413
63 长三角的信息化合作 ... 418
64 珠三角的都市区组织 ... 424

都市区(下)
65 国外都市区体制借鉴 ... 429
66 加拿大多伦多大都市政府的发展 ... 434
67 加拿大蒙特利尔大都市区的城市共同体 ... 440
68 美国旧金山(圣弗朗西斯科)湾区政府协会的推进 ... 443

上海政区(上)
69 上海特别市初期的政区研究 ... 449
70 上海区划的特点与问题 ... 454
71 上海建设国际化都市的挑战 ... 462
72 上海国际化大都市创建中的政区改革 ... 468

上海政区(下)
73 浦东新区政区改革的经验与意义 ... 475
74 市辖区政区模式构想 ... 484
75 城市边缘区的整合 ... 490
76 城郊农场的改制 ... 496

第五部分 社区研究

理论研究
77 发现"曹家渡现象" ... 505

78	"行政区—社区体系"理论与浦东的实践	512
79	社区分化—整合规律探究	519
80	浦东新区的社区分化与整合	526

理论拓展

81	政区·社区与城市规划	531
82	社区规划设计的法则	540
83	社区文化认知与误区辨析	550
84	网格化的社区意义	558

改革探索

85	社区建设的"八大"问题	567
86	街道经济的出路？	569
87	社区体制改革的思路	573
88	社区发展的理性思考	580
89	社区观察拾零	585

上海社区

90	居住社区变迁	598
91	社区发展阶段与规划实践	604
92	城乡结合部社区管理	612
93	社区自治个案分析	619
94	真如镇社区剖析与物业调查	625

第六部分　相关研究·会议集锦

区域研究

95	浦东开发决策由来与初期规划构想	640
96	浦东开发与上海及长三角的发展	647
97	"九七"回归后的沪、港经济关系	655
98	西部大开发的观念、思路与举措	661
99	经济全球化与西部大开发	666
100	生态省建设试点比较	671

城市研究

101	早期与严重敏先生合作的城乡结合部研究	678
102	上海城乡结合部管理体制创新	685
103	上海市郊乡村—城市转型与发展	692
104	中心城市实力指数评价	698
105	上海城市精神	707

人口与人才研究

| 106 | 一论江西人口：发展与分布 | 715 |

107	二论江西人口：结构与迁移	725
108	三论江西人口：土地资源与人口规模	731
109	中心镇镇区人口规模研究	741
110	人才地理学的跨学科构建	747
111	人才开发空间研究	755

日本与中国台湾研究

112	一论日本政区：改革与经验	764
113	二论日本政区：城市型政区	770
114	一论中国台湾政区：历史与现状	776
115	二论中国台湾政区：城市型政区	782
116	三论中国台湾政区：地域型政区	788

中国政区/社区改革实践与理论开拓：刘君德教授学术思想研讨会集锦

117	会议综述	793
118	来宾致辞	795
119	学者寄语	798
120	主旨演讲：新时代·新感悟	805

附录：中国行政区划研究中心发展纪实 811
索引：本书论文查询 819
图片来源 826
表格来源 827
后记 830

第一部分　山区研究

山区之前
1 一篇拟发表的论文习作 ⋯⋯⋯⋯⋯⋯⋯⋯⋯⋯⋯⋯⋯⋯⋯⋯⋯⋯⋯⋯⋯⋯⋯ 002
2 中国工业区位的演变 ⋯⋯⋯⋯⋯⋯⋯⋯⋯⋯⋯⋯⋯⋯⋯⋯⋯⋯⋯⋯⋯⋯⋯⋯ 014
3 工业布局中的环境保护 ⋯⋯⋯⋯⋯⋯⋯⋯⋯⋯⋯⋯⋯⋯⋯⋯⋯⋯⋯⋯⋯⋯⋯ 019

前奏研究
4 《经济地理》创刊号的约稿 ⋯⋯⋯⋯⋯⋯⋯⋯⋯⋯⋯⋯⋯⋯⋯⋯⋯⋯⋯⋯⋯ 023
5 地理工作者的神圣使命 ⋯⋯⋯⋯⋯⋯⋯⋯⋯⋯⋯⋯⋯⋯⋯⋯⋯⋯⋯⋯⋯⋯⋯ 030
6 江西省国土资源评价与规划探析 ⋯⋯⋯⋯⋯⋯⋯⋯⋯⋯⋯⋯⋯⋯⋯⋯⋯⋯ 034
7 浙江省湖州地区的国土经济优势 ⋯⋯⋯⋯⋯⋯⋯⋯⋯⋯⋯⋯⋯⋯⋯⋯⋯⋯ 042

主体研究
8 皖南山区的开发与经济振兴 ⋯⋯⋯⋯⋯⋯⋯⋯⋯⋯⋯⋯⋯⋯⋯⋯⋯⋯⋯⋯ 046
9 浙西山区的开发战略与治理 ⋯⋯⋯⋯⋯⋯⋯⋯⋯⋯⋯⋯⋯⋯⋯⋯⋯⋯⋯⋯ 055
10 追根山区贫困的原因，对症施治 ⋯⋯⋯⋯⋯⋯⋯⋯⋯⋯⋯⋯⋯⋯⋯⋯⋯ 067
11 沿海山区乡镇工业与小城镇发展 ⋯⋯⋯⋯⋯⋯⋯⋯⋯⋯⋯⋯⋯⋯⋯⋯⋯ 073
12 怎样写好山区考察综合报告 ⋯⋯⋯⋯⋯⋯⋯⋯⋯⋯⋯⋯⋯⋯⋯⋯⋯⋯⋯ 078

1　一篇拟发表的论文习作

背景：1964年上半年，我参加了导师严重敏先生主持的《国家建工（城建1202）》"苏锡地区小城镇发展与农业的关系"项目的调查（参加的还有孙大文、卢奇达等），严先生执笔在《地理学报》发表了《试论苏锡地区农业发展与中小城镇的关系》论文（1964年第3期）。在严先生的建议下，将由我执笔完成的分报告《苏锡地区工业配置的形成和发展》，改写成《关于苏锡地区工业配置的几个问题》论文。该文"经中国地理学会经济地理专业委员会评审，拟发表在内部发行的《经济地理》（内刊）上"，根据中央有关的保密规定，华东师范大学于1965年12月发文（华师〔65〕地字第787号）提交江苏省计划委员会对该文所用数据进行审查；1966年2月收到回复："经阅后认为，所引用的资料可以在内部杂志上发表，但其中第21页，1962年粮食产量，外调棉花量数据有出入，建议不用。"等我收到上述回复，《经济地理》（内刊）已经停刊。这篇可以说是我的论文习作，结果被迫夭折。

苏锡地区①地处长江三角洲太湖流域，东接上海市所属的宝山、嘉定、青浦等县，西与镇江专区的武进县相邻，南邻浙江杭嘉湖地区，北隔长江与南通、扬州地区相望，位处长江三角洲的中心地带。全区土地面积为75 000 km²②，人口为610万，是我国著名的水网地区，素称"鱼米之乡"，自古以来是我国重要的经济重心，目前不仅是江苏省经济最富饶的地区，也是我国工农业生产最发达的地区之一。

本区的现代工业生产，萌芽、兴起于19世纪末，其地理配置的基本面貌形成于20世纪30年代（图1-1）；从抗日战争到新中国成立前夕，本区的工业生产曾经遭受日本帝国主义和国民党反动派的严重破坏，工业的地理配置随之发生重大变化。新中国成立后，本区的工业生产发展较快，工业配置也日趋合理，表现有如下3个特征：

第一，工业发展比较迅速，产品的商品程度较高。由于贯彻执行了"恢复、改造、发展"和"调整、巩固、充实、提高"的方针，工业发展较快，产值和产品不断增长（表1-1）。1962年的工业生产总值相当于1949年的2.5倍多。尽管本省其他地区的工业发展也较快，但苏锡地区的工业产值仍占全省的30%以上；不少产品具有全国意义，商品性程度高，销售范围广。其中主要为出口的工业部门有缫丝、丝织品、柴油机械、轻工机械、特种手工艺品等；主要为大工业服务的有电气仪表、电池、化学中间体和部分手工业产品；成套产品主要销至外区的有针棉织品、柴油机械、建筑材料、农药、日用百货等。

表1-1　苏锡地区工业产值历年增长指数　　　　　　单位：%

年份	1949	1952	1957	1962
工业产值	100	177	250	259

第二，部门机构比较齐全，以轻纺工业为主。新中国成立以来本区工业结构的变化如表1-2所示。

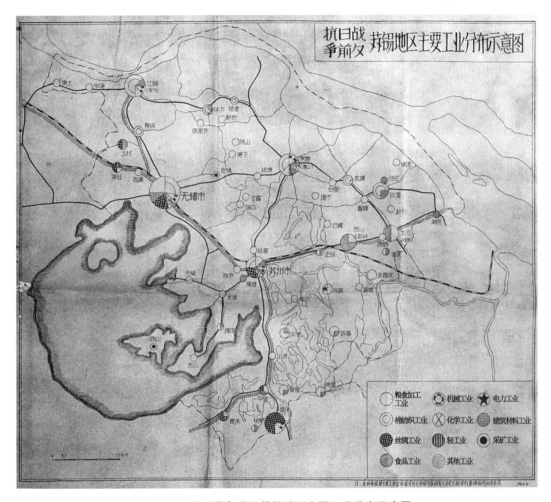

图 1-1 抗日战争前夕苏锡地区主要工业分布示意图

表 1-2 苏锡地区工业结构变化　　　　　　　　单位：%

项目	年份			
	1949	1952	1957	1962
工业总产值	100	100	100	100
纺织工业	39	39	37	38
食品工业	32	31	26	19
其中：粮食加工	25	23	20	11
金属加工	2	2.2	5.2	14
化学工业	0.05	0.26	1.60	6.00
建筑材料工业	0.5	0.5	1.6	1.7

表 1-2 说明：① 苏锡地区是一个加工工业比较齐全的地区；② 轻纺工业始终占有主导地位；③ 机械、化工等重工业增长较快，食品工业比重下降幅度较大。

第三，工业生产的分布既较为集中，又适当分散（图1-2）。就全区而言，工业生产集中于苏、锡二市。1962年，这二市的工业总产值占全区的65%左右。其中无锡市较早即为本区内最大的工业中心，新中国成立后又有较快发展；而苏州市的现代工业基本是在新中国成立后，特别是"大跃进"之后发展起来的，1962年其工业产值已经与无锡市相接近，使之由新中国成立前的纯消费城市跃升为新兴工业城市③。此外，各县的工业也都有一定规模④。常熟、昆山、江阴、沙洲（今张家港市）等地的工业多集中分布在县城；吴县、吴江、太仓、无锡县多分散分布于各大城镇。总体看，分布比较均衡。

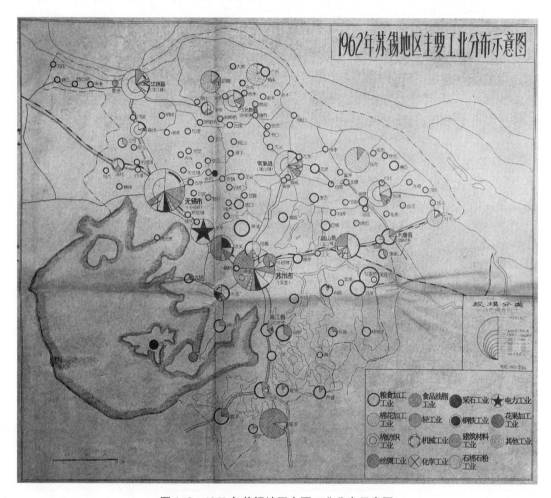

图1-2　1962年苏锡地区主要工业分布示意图

不同工业部门的地区分布表现有不同特征。棉纺织工业（包括轧花部门）除了苏锡二市之外，多分布在沿江地区，如江阴的澄江、青旸、华士；沙洲的杨舍、后塍和锦丰；常熟的虞山和徐市；太仓的沙溪、浏河等。丝绸工业的地区分布历来变化不大，集中在无锡市、苏州市和浒墅关、盛泽、外跨塘等地。粮食加工工业分布广泛，全区几乎每个大小城镇都有碾米厂分布；但面粉、榨油工业则比较集中在苏、锡二市和虞山、玉山等大镇。机械工业中的中央和省属企业对技术要求较高，集中分布在无锡市和苏州市，而以生产通用机械、农业机械为主的机械工业多分布在各县城镇，比较均衡。化工等新中国成立后发展的新兴工业多分布在无锡、苏州、玉山、虞山等地。此外,采矿工业主要集中在吴县(今吴中区)太湖的西山矿区和无锡县的东北部(今无锡市锡山区)。

总之,苏锡地区的工业生产配置,无论从其所处的地位还是其结构特点来看,在长江三角洲均具有典型性。研究它,不仅对探讨本区的工业发展布局方向有实践意义,而且对认识长江三角洲地区工业生产配置的形成发展规律有理论价值。

本区的工业生产配置涉及的问题很多,本文仅就以下4个问题进行讨论。

1.1 苏锡地区自然条件与资源的工业地理评价问题

马克思主义生产配置理论告诉我们,自然环境(包括资源)是社会生产发展和地理配置的必要条件之一,但绝不是决定性的条件。具体说来,自然条件和资源与工业配置的关系可以概括为5个方面:(1)自然资源为工业生产配置提供了原料来源;(2)自然资源为工业生产配置提供了燃料和动力来源;(3)自然资源为工业生产配置提供了水源;(4)土地为工业生产配置提供了场所;(5)其他自然环境(地质地貌、气象气候等)是工业生产配置必须考虑的重要因素之一。

就苏锡地区而言,怎样正确而全面地对自然条件和资源进行工业地理评价?首先必须对自然地理要素(因子)进行分解,再确定其在地区工业生产配置形成和发展中的不同作用。

在地形上,本区除少数残余的丘陵之外,基本为江河(湖泊)冲积、沉积而成,地势低平,海拔高度一般都在5 m左右(吴淞零点,下同)。西北部沿江地区为长江天然堤,地势相对较高,为4~6 m,东南部湖沼地区,大致为3~5 m,个别地方在3 m以下。境内高差较小,为近代工业厂址的开辟提供方便条件,有利于减少基建费用,也十分有利于厂内外的交通运输。

本区属亚热带季风气候,夏季较热、偏潮湿,气温、降水、湿度对工业生产配置虽有一定不利,但无大的影响。本区地处东海之滨,沿江、滨海风力较强,平均为4~5级,夏季多偏东南风,冬季多偏西北风,因此,各类城镇在配置化工、钢铁、造纸等有污染的工业企业时,要充分考虑这一因素。本区的重化工大多分布于城镇的西南或东北部,即考虑了区域的气候因素。

天然的太湖水系,加上百姓勤劳的耕垦,形成了苏锡地区密如蛛网的"水乡泽国",区域水面面积比重大[5],河湖水含沙量小,水流平缓,水位年度变化较小,冬季不冻。这不仅对本区的航运交通、农田灌溉和水生生物的发展、生长十分有利,而且有利于工业发展,特别是对于一些耗水量较大的工业(缫丝、造纸、化工、电力等)配置十分有利。

应当指出,水质对工业的基本建设投资、产品生产成本,以及产品的质量关系密切。本区的水质总体较好,pH值为7~8,含矿物质较少,能满足各类工业生产配置用水的需要。本区属长江三角洲平原孔隙潜水水文地质区,地下水资源十分丰富。地下水水位高,大部分在3 m左右,矿化度大多为0.5~1.0 g/L,从东北沿江地带向太湖方向递减,大致以昆山(玉山镇)—阳澄湖—常熟(虞山镇)—青旸一线为界,线南为太湖湖沼平原与丘陵孔隙裂隙潜水副区,水质良好,适用于饮用及冷却等工业用水;线北则为滨江冲积平原孔隙潜水副区,含铁量较多,作工业用水需加处理。

需要指出的是,在昆山、吴县与常熟三县之交接地区,以阳澄湖为中心的洼地地区和昆山、吴江之交的湖沼地区,地下水位高(1 m左右),排水不畅,是工业厂址选择的不利因素。

此外,在具体布局工业企业时,不可忽视水流的流向,特别是对排出废气、废水较多的有毒性企业（如化工、冶金、造纸、印染等）的选址与生产要多加重视。

土壤对工业生产配置的影响主要表现在土壤性质与企业地基承压的关系方面。由于长期种植水稻，除了江阴和沙洲东部、常熟东北部及太仓西北部的沿江地带系由石灰性冲积母质发育而成的质地多沙壤的浅色草甸土之外，全区多为水稻土，质地黏重，其承压力大于沙壤土，能够适应轻纺工业建设的要求，对砖瓦工业发展也十分有利。

由以上分析可见，本区的自然条件对工业生产发展配置从总体上看是有利的。与自然条件相比，原料资源对本区工业生产配置的影响显得更为重要。从矿产资源看，就目前的资料来看，苏锡地区有价值的矿产资源十分贫乏，只有供硫酸生产、适宜开发、规模较小的白山硫铁矿及质量较好、易开采的光福瓷土矿（白泥），具有开发利用价值。

还要指出，在评价区域工业生产配置的资源条件时不可忽视对具有周期性、可再生的农副产品、水产动植物资源的评价。苏锡地区的农副产品资源十分丰富（参见本文第四部分），客观上为本区的轻工业、纺织工业、手工业发展提供了极为有利的条件。本区的工业结构之所以以轻纺工业为主，农业资源条件的基础是主要因素。

最后，值得指出的是本区的建筑石料资源特别丰富，在太湖沿岸、无锡县南部及太湖水域的东、西山丘陵低山，半岛、岛屿，分布有乌桐石英砂岩，吴县的灵岩山、太平山等分布有质量上乘的花岗岩山体，这些都是优良的建筑石材。每年从这里开采的数十万吨计的石料源源不断地运往区内外，特别是上海，有力地支援了工业、水利、城市建设，是本区工业结构中的专门化部门之一。

总体上看，本区的一般自然条件比较优越，矿产资源贫乏，对地区工业生产配置的形成发展、结构特征产生一定影响，但非主要因素。

1.2 手工业[⑥]及其在现代工业发展配置中的作用问题

手工业是工业生产的一个组成部分，它对于支援农业、满足城乡人民生活需要，为工业建设和出口贸易方面起着重要的作用，同时也是现代工业有力的助手和重要补充。

苏锡地区的手工业素称发达，1962年全区手工业总产值占全部工业产值的16％。在广大城乡，直接和间接依靠手工业生存的人数很多，单苏州市，1962年即占全市人口的1/4左右。

本区的手工业是从春秋时期的冶铁开始兴起的[⑦]，唐宋已有发达的丝织业，明朝棉纺织业开始兴盛，并逐渐形成了许多手工业发达的城市，如苏州、盛泽、虞山、华士、青旸、沙溪等城镇。工艺美术业更为发达，苏州是当时最大的生产中心。新中国成立后，随着生产力的发展，人民生活水平的提高，手工业和工艺美术业进行了一系列改革，在继承和发展传统产品的同时，增添了许多新部门、新品种，并适当提高了机械化水平。

苏锡地区经过长期的发展，手工业形成如下特点：

第一，部门齐全，行业众多，工艺美术业居特殊地位。区内已形成一个由数百个行业、数千种产品、数万种花色构成的十分复杂而齐全的手工业—工艺美术业体系。从生产资料到消费资料，从日用品到工艺美术几乎应有尽有。其中，绝大部分都是具有地方特色、国内外闻名的传统产品，如苏州的"苏扇"、桃花坞木刻、通草堆花、红木雕刻、苏裱画、戏衣、玩具等，吴县的刺绣，常熟的花边，吴江的丝绸，江阴的土布，浒墅关的草席，陆墓的发丝，无锡的泥人,太仓的毛巾,等等,产品的绝大部分都供出口和外区需要,具有很高的专门化意义。在手工业部门之间存在着紧密联系,如苏州的红木雕刻厂即与刺绣、瓷器、陶器、通草堆花、铁工等行业有协作关联,组成了一个比较完整的手工业生产体系。

第二,手工业的分布普遍而相对集中,地区特色明显。一是,铁木竹行业是在贯彻为农服务、为人民生活服务的方针下获得长足发展的工业部门,广泛分布于全区的各大小集镇和公社(乡);二是,刺绣、花边等手工业,因长期以来就与农业生产紧密结合,其分布仍以村镇为主,其中,刺绣以吴县光福区(区公所)最多,花边主要分布在常熟的梅里、浒浦等地;三是,工艺美术业和其他特种手工业集中在苏州、无锡二市,尤其是苏州市;四是,为大工业服务的手工业部门大多集中在苏、锡二市,其余城镇亦有少量分布。

应当指出,手工业与现代工业有千丝万缕的联系。从本区的情况来看,以下3个方面的关系十分明显:

(1) 手工业为现代工业提供了技术骨干力量和部分装备。苏锡地区现代工业发展的初期,虽然其劳动力大部分来自于农民,然而其骨干力量多为工场手工业者。纺织工业部门的情况足以说明。如常熟、江阴的织布厂即在原有手工织布业的基础上扩大并逐步发展起来的。这些地区从明朝中叶起,从属于农业的家庭手工织布业就十分发达[8],有"以织助耕""男耕女织"的传统,土布在国内有广大的销售市场[9]。此后,随着机器棉织业的发展,土布生产加速衰落。原有土布手工业生产者部分转入针棉织厂工作,成为骨干力量。至今,常熟、江阴一带的棉织厂仍以色织(先手工染色后织布)为主的特色生产即与手工业基础相关。吴江县的盛泽、震泽和吴县的唯亭、外跨塘等地区的丝绸农民,也在现代工业的发展中进入丝织工厂成为工人。分布广泛的碾米加工业同样反映了这一过程特点。

新中国成立后,特别是在"大跃进"中,手工业在推进现代工业的迅速发展中所起的作用更为突出[10]。

(2) 手工业是现代工业不可缺少的组成部分。它生产大工业需要的生产资料和工业原料,为大工业协作生产服务。尤其是在我国工业尚不发达的现阶段,大工业生产中的许多生产资料、零部件和若干工业原料尚有赖于手工业生产供给。如纺织厂和丝织厂所需要的筒管、纤管、梭子、棕刷、纱板,工业用的钢管、纱剪,装置茶叶和其他工业用品的各种板箱、笸子等生产资料,绝大部分都是由手工业社所生产的。还有,重革、轻革、猪鬃等工业原料亦由手工业生产提供;为大工业协作生产的还有轻纺合线、染坊、翻砂等行业。

(3) 手工业地区分布是地方特色工业部门配置的基础。沿江地带的棉纺织工业与历史上手工织布业的分布相一致。盛泽、苏州、外跨塘等地都是原手工纺织业发达的地区。在工业区的形成上,手工业的分布也起了一定作用,苏州市现代丝织厂的集聚区——北塔区也是古代苏州手工丝绸纺织业集中的地域[11]。

由此可见,苏锡地区的手工业,不仅在地区工业中占有很大比重,而且是本区现代工业形成和发展的重要基础。

必须指出,我们在认知手工业与现代工业之间的关联时,既要看到,从工业发展的一般过程看,现代化工业将代替手工业,这是一般规律;又要看到手工业生产并不能也不应该完全被大工业取代。苏锡地区的手工业可以清楚地说明这种关系。首先,大机器工业生产不能完全替代手工业生产,尤其是本区的工艺美术业,它既是人们的实用品,更是一个艺术品;既有经济价值,又有欣赏价值;不仅是我国的民族文化工艺品,甚至也是世界文化艺术宝库中的重要财富。在此生产制作过程中所付出的手工劳动,尚不能完全被现代大机器工业取代。即使是修理服务性行业中,有一些也是需要手工操作的。其次,在某些条件下,如为了充分利用边角废料而进行的就地生产,以及为大工业配套的某些零星小产品,也需要相对分散的手工业生产。手工业远比大工业生产灵活、方便。最后,随着农业生产多种经营的发展,亦工亦农制度的推广,手工业有可能长期成为农村经济的重要组成部分。总之,手工业不可能也不应该为现代大工业所完全取代。我们应该因时制宜、发展有特色的手工业,尤其是工艺美术业。我以为,在手工业的组织形式和地区布局上要处理好集中与分散的关系。对于制造业、修理业(特别是铁木竹行业),应以集镇为中心重点发展,注意提高产品质量。工艺美术业对生产制作人员的技能要求较高,以集中在原有基础较好的城市或城郊为主。

1.3 交通运输业及与工业生产配置的关系问题

交通运输业是各类工业发展布局的基础条件,与工业配置的关系主要反映在运输线路、运输能力、运输费用、运输方式,以及工业发展的速度、规模,工业产品的成本,地区工业和工业企业的配置之间的关系等方面。

苏锡地区水网密布、河湖交错,江南大运河和沪宁铁路横贯东西,锡澄运河和浏河分别从东、西两侧南北向沟通了长江、黄浦江、苏州河,与长江流域的经济中心上海紧密相连;区内的公路比较发达,一个以苏州、无锡二市为中心的放射状水陆交通运输网基本形成。这对于本区工业生产的均衡配置有重要意义。

我们要指出的是,不同的运输方式、不同的工业部门、不同的地区,工业生产配置受运输条件的影响程度、表现形式有较大差异。

水运为主是苏锡地区交通运输业的特色。1962年,在全区的货运量中,水运占80%以上,东与上海、西与南京、常州,北至南通、泰州,南达浙江省的杭嘉湖地区,水运非常发达,大大方便了工业原料和产品,特别是大宗物资如粮食、石料等的运输,确保了设备、材料的供应。由于水路运输费用低廉,降低了工业生产的成本,在一定程度上弥补了本区矿产资源和燃料、原料不足等不利因素的影响。例如,通过长江西从安徽淮南等地,东经上海从华北、山东等地运来的煤炭资源,确保了区内工业发展的需要。而且要指出的是,稠密的水网如同微血管深入广大农村,密切了城乡经济联系,促进了农村经济的发展。这正是苏南地区整体经济比较发达、城乡差别较小的重要因素。

本区的铁路运输同样十分重要。其具有运输快速、运量较大、连续性较强的优点,仍然是现代工业生产配置不可缺少的条件。区内最大的工业中心城市——无锡市,其形成和发展除了京杭大运河的开辟这个重要因素之外,沪宁铁路的修建也是个极为重要的原因。据资料,1908年沪宁铁路修建之前,无锡的现代工业还刚刚兴起,沪宁铁路通车后,强化了东西交通的联系,尤其是与大上海的经济联系,大大助推了无锡工业的发展。

公路运输运量较小、成本较高,在本区工业生产配置中的作用虽不及水运和铁路运输,但它具有运输的灵活机动性、受地区限制较小的优点,适宜于短途运输,可以起到铁路和水运难以起到的辅助性作用,在厂内运输、厂际之间的协作运输中发挥巨大作用,对于区内工业区之间、工业区内部的联系等方面来说,是一种重要的运输方式。公路运输是城市工业区形成发展必不可少的条件。

总体来看,本区的各种交通运输方式结合较好,多种运输方式有机合作,相互补充,形成网络,在交通运输的节点,有力地推动了大中小城市体系的形成和发展。在沪宁铁路沿线形成了巨大的城市—经济带。在这个带上一些大型工业企业连片分布,除了苏锡二市之外,尚有洛社、望亭、浒墅关、玉山等工业中心,建设了规模较大的望亭发电厂、钢铁厂、大型机械厂、化工厂(前图1-2)。

运输业的生产水平与工业的生产规模直接相关。无锡、苏州是区内最大的运输枢纽,1962年二市的总运量分别占全区的41%和37.5%,很明显,这二市也是区内最大的工业中心,同期,其工业产值分别占全区的38%和31%;次一级的工业中心亦然,如常熟县的虞山镇,昆山县的玉山镇等,既是县域交通枢纽,也是县域工业中心。

此外,还要看到交通运输业在加强区内外工业部门和企业之间的联系等方面所发挥的重大作用。尤其是上海这个中国最大的工业基地对本区的辐射、支援,发达的水陆交通运输条件是个重要因素。

总体来说,苏锡地区的交通运输条件相当优越。唯有东山、西山与区外的交通联系尚待改善,存在太湖浅滩阻塞等问题,需要科学规划建设,缓解矛盾。

1.4 工农业生产配置的关系及其合理结合问题

工农业生产配置的关系问题是工业发展中的重要课题之一。

一般来说,工农业生产配置的关系表现在一个问题的两个方面:一是,农业生产配置对工业生产配置具有基础性作用,而农业的进一步发展和配置又受到工业的影响。二是,反过来,工业生产配置既对农业具有主导作用,在其发展中又受到农业的制约。

苏锡地区工农业配置的相互作用表现在以下方面:

第一,区域农业生产发展水平是苏锡地区工业生产发展的基础。自古以来,本区的农业就很发达,为国家重要的商品粮基地,有"苏常熟,天下足"之说,特别是新中国成立之后,本区的农业生产稳定发展,单产水平提高,粮食的商品率也有较大提升[12],基本达到稳产高产水平。本区还是我国林牧副渔业生产发达的地区,蚕桑、花果、家畜、家禽、水产养殖、捕捞等都具有重要地位[13]。这为粮食加工、食品等工业的发展和配置提供了丰富的原料资源,为提高人民生活水平、满足社会需求做出了巨大贡献。

在经济作物方面,棉花为最重要的农业资源,大豆、花生、薄荷、留兰香也有种植,山丘地区有茶树栽培,它们的商品化程度较高,同样为本区的轻工业生产提供了物质基础。特别是棉花生产种植规模较大、产量较高,是本区棉纺织工业的重要原料来源。19世纪末至20世纪初,棉纺织工业之所以能在本区获得发展,除了当时的社会经济大背景之外,区内发达的棉花种植业[14]也是个重要因素。新中国成立以后,由于棉田面积的缩减,棉花总产量有所下降,棉花资源不能满足区内棉纺织工业之需,但本区生产的棉花仍发挥了重要的地区品种调剂作用,每年都有一定数量的棉花调往上海、南京、黑龙江、内蒙古等地。

从工农业的部门结构来看,也可以清楚地表明两个部门之间的紧密结合关系。苏锡地区的农业结构表现为水稻为主、与牧副渔紧密结合的特征;工业则表现为纺织工业为主,与食品加工、花果加工、榨油、制茶等,及造纸、香料等多部门、多品种加工的工业结构,工农业生产配置的关系十分紧密的特点。农业生产对排灌机械的需求,轻纺工业对设备的需要,促进了本区相关产业和修理业的发展[15]。新中国成立后,农业生产水平的提高,直接和间接使得农业服务的工业部门有了长足发展。如今,农业生产所需要的排灌机械、农具、农药等都能从区内获得供应,并可支援外区。一个以县农机厂为核心、公社农具厂为辅助的农机修配体系已经形成;化肥工业也在近年取得进展。

第二,农产品加工工业的分布与农作物分布的紧密结合。首先,从纺织工业部门来看,棉纺织工业除了苏锡二市占有较大比重之外,几乎都集中分布在沿江盛产棉花的江阴、沙洲、常熟、太仓4个县。1962年,这4个县的棉纺织工业产值占全区工业产值的44%,占农副产品加工工业的58%,充分体现了工业与农业原料地的紧密结合。太湖之滨的吴江、吴县、无锡三县,自古以来就栽桑养蚕,集中了全区的缫丝业、丝织业,主要是无锡市、苏州市、盛泽、浒墅关、外跨塘等市镇。在粮食加工工业部门表现也很明显。区内的碾米工业广泛分布于各大小城镇,若包括社办、队办企业,分布更为普遍。而在商品粮食多、交通便捷的地区,建立了规模较大的国营粮食加工厂。1962年昆山是全区商品粮最多的县,其商品粮率高达50%以上,农业人口人均提供商品粮达400 kg[16]。全县的碾米加工能力居全区首位,交通条件较好的玉山、茜墩、正仪等镇,均建有大型碾米加工厂;而在沿江的沙洲县水稻面积小,粮食商品率低,县内只有杨舍、后塍、锦丰三镇建有中型的碾米厂。此外,榨油工业主要分布在沿江的油菜、大豆产区;花果加工就地分布在花果产地——东山、光福等地,都体现了与原料产地紧密结合的特征。

我认为,从当前的生产力水平来看,一个地区的轻工业生产配置合理与否,区域工农业的相互结合程度是重要的衡量指标之一。从这一点来看,苏锡地区的工业配置基本是合理的(图1-3)。但工农业生产配置之间仍存在以下问题:

(1) 农业生产的季节性与工业生产的常年有计划生产之间的矛盾。据我们调查,农机厂的淡季时间长达5个月,粮食加工、轧花和香料生产等也都受季节的影响较大,工业设备利用率较低,劳动力资源的利用也受到影响。

(2) 农业生产的分散性和工业生产集中要求的矛盾。以粮食加工为例,从提高劳动生产率和技术经济指标角度看,建立规模较大的加工厂集中生产有利;但从方便居民生活、节约运费来看,又要求分散建厂为宜。

(3) 农业用地与工业用地及原料之间的矛盾。本区是我国人多地少的高产稳产商品粮区域,作为农业生产资料的土地资源尤为珍贵,工业企业用地受到限制,对于直接以土地为原料的砖瓦工业发展来说,影响更大。

(4) 为农业服务的化肥、农药生产分布很不平衡,化肥生产不能满足区内需要,而苏州农药厂生产的骨粉质量较低、销售困难,本区所需要的农药多从外地调进,形成不经济的远距离运输。

以上4个问题中,前两个问题由工农业生产自身的固化特征所引起,后者反映了本区工农业生产配置之间存在的不协调,都需要进行全面分析研究,切实加以解决。从本区的实际情况看,以下4点建议可以参考:

第一,加速发展氮肥工业,积极提高农药质量,增加区内供给。目前苏锡地区的化肥施肥量平均每亩只有5 kg多,主要由外地供应。为确保本区农业生产水平的进一步提高,发展化肥是一项重要任务。区内具有发展化肥工业的有利条件,主要是交通便捷,水资源丰富,供电条件好,有一定技术基础,邻近上海、南京大城市的化工集中地等。从区内需求来

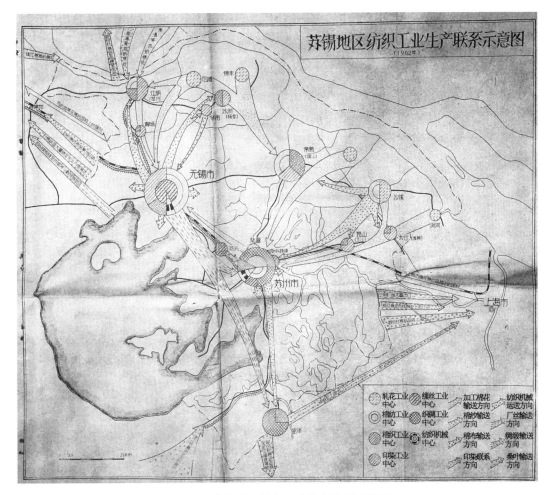

图1-3 苏锡地区纺织工业生产联系示意图

看,发展氮肥工业是合理的。厂址选择在浒墅关、洛社、澄江等地比较有利。农药的缺口可以通过提高苏州农药厂的品种质量解决,不宜扩大规模。

第二,各县农机厂在继续贯彻以"修配为主"方针的同时,根据需要推进农机的制造生产,试行亦工亦农制度,农忙务农,农闲务工,以克服农机厂的季节性矛盾。区内有条件发展农机制造业,重点发展脱粒、排灌机械生产。

第三,以粮库为中心,大中小企业合理分工,有计划地适当调整粮食加工工业布局,在此基础上,逐步向农副产品综合加工综合利用方向发展。本区的粮库与粮食加工企业分布不相一致,导致运费的增加,提高了产品成本。星罗棋布的社队企业使大型国营企业吃不饱的现象比较严重,必须加以调整,实行合理分工。可以关闭部分不合格的小型社队企业,确保重点企业的原料供给,确保生产质量。从长远来看,随着粮油加工科技水平的提高,应向粮油深度加工、综合利用方向发展。

第四,逐步改造现有的砖瓦工业,以空心砖生产为主,并与平整土地相结合,解决砖瓦工业生产中的土地原料与农用地之间的矛盾。一是,空心砖用土量相对较少;二是,充分利用苏锡地区田野中一些残存土堆,开辟砖瓦工业的新原料;三是,利用土地平整的多余土作为工业原料;四是,充分利用已经征用的土地资源,主要是向深度发展,根据经验,一般可深挖至地下 10 m,以节约占用农田的面积。

应当指出,一个区域的工业生产配置的形成和发展是多种因素(条件)综合作用的结果,就苏锡地区而言,上述 4 个问题紧密相连。总体来看,自然条件并非本区工业生产配置的主导因素,但它影响了区域的工业结构与分布特点;手工业和工艺美术业是本区工业生产配置的重要特色,有其历史和人文——自然地理环境因素(背景);交通运输条件是推进本区现代工业生产配置形成发展的优势条件;本区农业生产的过程、空间配置的特点深深影响了本区从手工业到现代工业生产发展和配置的过程,始终起着"基础"的作用。这也是本文研究的重点视角。

这里,还要重点说明的是,在苏锡地区工业生产配置的形成发展中地理区位的重要作用,尤其不能忽视距本区只有数十千米的我国最大的工业基地——上海市的重要影响。从工业原料和加工生产方面看,本区每年有大量的农副产品供应上海,相当大一部分作为食品、轻工业的原料,甚至有不少工业半成品也是为上海大工业服务的[⑰];同时,上海也有不少半成品或"废品"在本区进一步加工或提炼[⑱];本区内所需要的各种工业原材料(除农副产品外),大部分也都来自上海市。从劳动力的供应和设备、技术角度看,苏锡地区向上海输送了大批具有较高素养的劳动力资源;上海又以大量的设备和技术人员支持了本区的工业建设,区内一些重大的技术关键问题、一些复杂设备的修理,也都是由上海协助解决的。可以说,上海与苏州、无锡地域相连,人文历史相通,不可分割,相互依赖,相互促进,整个苏南和上海是一个整体。这应该是本区工业生产配置形成发展的一个决定性因素。限于篇幅,本文难以展开经济论述。

[刘君德.关于苏锡地区工业配置的几个问题[Z].未发表.上海,1964;1964 年 4 月初稿,1965 年 5 月 13 日修改]

解读:这篇习作以工业地理学的理论方法,翔实的资料,讨论了苏锡地区工业生产配置中的自然条件与资源的工业地理评价,手工业及其在现代工业配置中的作用,交通运输业与工业生产配置以及工农业配置的关系与合理结合问题。但正如文章的结尾所言,较多地是从"区域农业视角"进行的工业分析研究。这既是基于课题的研究要求,也是苏锡地区生产配置规律演进的一个重要特点。农业商品经济的发展→具有地方特色、发达的手工业(包括工艺美术业)→近代大机器工业→当代发达的工业水平→合理的工业结构及与区内外的紧密经济联系,苏锡地区经历了一个区域工业生产配置形成发展的完整过程。在这个过程中,始终保持了苏锡地区城市—区域工业配置的特色。文章中的几幅附图对研究当代苏锡地区经济结构和布局的缘起与发展,了解中华人民共和国成立后毛泽东时代长三角核心区域(苏锡地区)的工业配置状况有所帮助。

注释

① 苏锡地区包括苏州、无锡二市和苏州专区所辖吴县、吴江、常熟、昆山、太仓、江阴、沙洲(今张家港市)、无

锡 8 个县。

② 不包括吴江和太湖的水面面积。

③ 苏州市工业迅速发展的主要原因：其一，苏州为苏州专署驻地，为区域政治、经济、交通中心，地理位置和条件优越，工业的集中度较高；其二，无锡市已经是 50 万人以上的大中城市，工业原本较多，为均衡配置工业，在苏州计划配置了较多的企业。

④ 1962 年各县工业产值占全区（不包括苏锡二市）的比重为：江阴（15%）、无锡县（8%）、沙洲（7%）、常熟（20%）、吴县（14%）、吴江（16%）、昆山（9%）、太仓（11%）。

⑤ 如吴江县，据农业局资料，全县有内河 3 393 条，湖荡 4 998 个，合计 36 万亩，占全县土地面积的 38%。

⑥ 本文的手工业是指广义的手工业，即包括工艺美术业在内。

⑦ 据资料：苏州在春秋时即有古代冶铁事业的发展，是我国最早的冶铁业发展地之一。摘自《苏州市手工业十年史（初稿）》1961 年（油印）。

⑧ 据调查，江阴县在历史上农村的手工布机高达 10 万台，至目前仍留有 1 000 台。

⑨ 据《常熟县文史资料辑存》（二）顾砥中《常熟土布生产和流通的概况》一文述及，当时通过土布商的贩运，远销至浙江的金华、兰溪、丽水、龙泉、庆元，福建的福州、福安、浦城、崇安、建阳、邵武，安徽的休宁、歙县、绩溪及省内的盐城、兴化和苏州、正仪、唯亭等地。其中福建的销量最大，为土布最大的销售市场。

⑩ 如手工业最为发达的苏州市，1958 年年底，全市手工业社（组）中，有 178 个转为地方国有工厂，共计 23 457 人。承制化肥设备的苏州化工机械厂，就是由原来两个锅炉修配合作社合并发展起来的；苏州量具、刃具厂也是由原来的匠作工具、锉刀等 12 个手工业生产合作社组建的。引自《苏州手工业十年史》（油印）。

⑪ 苏州市北塔区素有"东北半个城，万户织布声"之说，是手工丝织业集中之处。

⑫ 1962 年本区各县的粮食调出量比重达 25%～45%。

⑬ 1962 年全区的林牧副渔业从业人数达 6 万余，产值占农业总产值的 15%。

⑭ 据方显廷《中国之棉纺织业》中述及，1918—1929 年，江苏省的棉花产量占全国的 32.5%。其中除苏北沿海和长江北岸有不少分布之外，长江南岸之江阴、常熟（包括今沙洲）、太仓等地都是棉田集中分布的地区，而江阴县的沿江地带因土质多砂，棉质最佳。

⑮ 如 1929 年，本区的农村发生空前的大旱灾，戽水机械制造与修理业特别兴旺，该年仅无锡市生产的引擎和戽水机产值即达 5 万石米，被当时的资本家称为"黄金时代"。——无锡市重工业局编《无锡市机械工业十年史资料》（油印）。

⑯ 资料转引自马湘泳、杨美丽《江苏太湖地区商品粮基地的形成及其类型》（1963 年，油印）。

⑰ 如昆山和苏州三吴化工厂生产的化学中间体（硫酸二甲酯、二丁酯、醋酸乙酯、醋酸丁酯、二苯醚）、江阴化工厂生产的硫化钾染料中间体，以及常熟氧化铁厂的产品等，都是上海化学工业半成品的重要来源之一。此外，芦墟石灰厂生产的石灰绝大部分都是运往上海天原化工厂作漂白粉原料的。

⑱ 如震泽炼油厂利用上海炼油厂的"下脚料"作为原料，进行再加工处理、精炼而生产的肥皂、煤油等，满足了吴江县西南片各公社运输、照明对煤油的需要；常熟的色布生产、苏州的棉纱丝光染色等，都与上海工业有着生产联系。

2 中国工业区位的演变

背景：1978年之后，国家很快恢复高考，我先后参与了工农兵大学生的管理和教学工作；从首届高考进校的本科生开始，我被安排从事"经济地理学导论"和"中国经济地理"的教学和教材编写工作。由于我所在的经济地理教研室缺少工业地理的专业教师，而工业地理又是经济地理教学内容的主体部分之一；加上我毕业留校之后曾被派往北京大学经济地理教研室进修过工业地理学，师从魏心镇教授，除听课之外，还参与编写"工业地理学原理"教材（初稿），回校后即承担了讲授经济地理学（工业地理）的任务。在教学期间，应《地理教学》杂志之邀，在刊物发表过五六篇短文[①]。本篇是配合工业地理教学的短文之一。

2.1 影响工业区位的因素

广义的工业区位，是指一国一地区工业集中区域的位置。合理地选择工业区位是工业建设中一个带有全局性、长远性和战略性的问题。选择怎样的工业区位，才能以最快的速度、最低的成本收获最大的经济效益呢？首先必须了解影响工业区位的因素。简单地说主要是：

（1）原料来源。工业区位选择首先要考虑原料来源。工业生产不能搞"无米之炊"，特别是原料笨重、占地很大，而制成品重量大大减轻的工业部门，如铁矿砂冶炼成生铁，重量可减轻三分之二以上；有些工业部门原料不能久藏，如甜菜、甘蔗收获后，如不及时加工制糖，糖分的损耗率极大，热带特产油棕果采摘后，如不及时榨油，油会变质等。此类工业宜选择接近原料产地之处。

（2）能源供给。现代工业发展离不开能源条件。煤炭、石油、天然气、水力和核能是当今世界主要的动力资源，其蕴藏和分布对工业区位选择具有巨大的吸引力。特别是冶金、化学等重工业部门，生产中都需要消耗大量的能源。世界各国早期的钢铁工业，为了就近获得燃料动力，多在煤产地建厂。一个年产10万t规模的炼铝厂必须有20万～40万kW的发电厂相配合；许多化学工业生产同样需要充足的动力。

（3）消费市场。为了节约运费，工业区的选择应考虑接近消费市场。特别是一些运费占成本很大比重（主要指原料加工为制成品后较少失重的工业）、运输不便，或产品只适合在本地销售的工业，如石油加工、食品、印刷等部门应接近消费市场布局。

（4）交通运输。发达的交通运输是现代工业布局的先决条件之一。为了提高工业劳动生产率、降低成本，工业区应选择在交通运输方便的地方。沿海、沿江港口和铁路枢纽地，对工业（尤其是运量大的重工业）发展有很大吸引力。近代，许多海洋国家，如日本，充分利用本国海洋运输的优越条件，在沿海港口大力发展重化工生产，有力地推进了工业化进程就是很好的例证。

（5）劳动力与技术。一个地区的劳动力资源、文化水平、劳动技能以及人们的生活习俗等,对工业区位选择都有影响。廉价的劳动力,是工业发展的一个因素。有些工业部门对女工来说较为合适,在男性工人集中的工业区,适度发展适宜女工生产的工业部门是必要的;还有些特殊的工业的形成和发展与历史基础、劳动技能有密切关联,如江西景德镇的陶瓷业、苏杭地区的丝绸业等。

(6) 自然环境。土地、水、空气等自然环境是工业区位选择的必要条件。廉价、平坦的土地资源,较好的工程、水文地质条件,有利于工业建设。工厂的布置还要考虑风向、湿度和河流流向。为避免和减轻工业"三废"对人体健康的影响,工厂布局以安排在城市的常年主导风向的下风和河流的下游为宜。电力、冶金、炼油、化工、造纸、纺织等部门,耗水量大,要充分考虑水源的足够供给。

(7) 方针政策和国防。这是我国工业区位选择中首先必须遵循的原则。我国社会主义的工业布局要有利于加速实现国民经济现代化,有利于不断提高人民群众的生活水平,有利于巩固国防。

需要指出的是,一个地区不可能同时具备上述诸多条件,各个工业部门的特点和要求也不尽相同,实际工作中要具体分析、区别对待。重工业的选择,应在遵循国家总体战略部署的原则下,充分考虑原材料和能源供给、交通运输、水源等条件,并注意国防安全;轻工业则应更多地考虑人口密度、原料供给和市场状况等因素。

2.2 中国工业区位的演变

旧中国现代工业的基础十分薄弱,工业在工农业中的比重只占10%左右,工业部门残缺不全,主要集中分布在东北和关内沿海少数省市,1949年统计,这些省市的工业产值占到全国的80%以上。东北集中了全国主要的重工业,关内沿海则集中了绝大部分的轻工业。上海、天津、青岛、广州、无锡、北京、南京、太原、武汉和东北的沈阳、鞍山、抚顺、本溪、大连等地是中国主要的工业城市。这种畸形分布状况是在半殖民地半封建社会的政治历史环境下,在自然、经济、技术等因素的影响下形成的。它加剧了中国经济的对外依赖性,阻碍了广大内地丰富自然资源的开发利用。新中国建立30多年来,工业基础不断强大,部门渐渐齐全,工业地区分布发生深刻变化(图2-1)。

东北,已经形成我国强大的工业基地,一个以钢铁、机械、石油、化工等重工业为核心的完整工业体系。工业区位由南向北推进,除了原有的沈阳—抚顺—鞍山—本溪重工业区得到很大发展之外,出现了以机械、化工为主的旅(顺)大(连)港口工业区,以煤炭、化工为主的辽西走廊工业区,以机械、化工、造纸为主的长春—吉林工业区,以电机、石油以及其他机械工业为主的哈尔滨—大庆—齐齐哈尔工业区,以煤炭、森林工业为主的黑龙江西部工业区,等等。

华北,一个以燃料动力、钢铁为主体的工业体系正在形成。原有的京津唐工业区得到了合理发展。在丰富的原料产地建立了一系列新的工业区和工业中心,主要有太行山麓以石家庄、邯郸为中心的轻纺、燃料动力工业区,以太原、榆次为中心的晋中重工业区,以包头、呼和浩特为中心的钢铁、畜产品加工工业区等,从而使整个工业区由沿海向内地扩展。

华东,是我国基础雄厚的重要工业基地之一,其机电、轻纺、化工在全国占有重要地位。

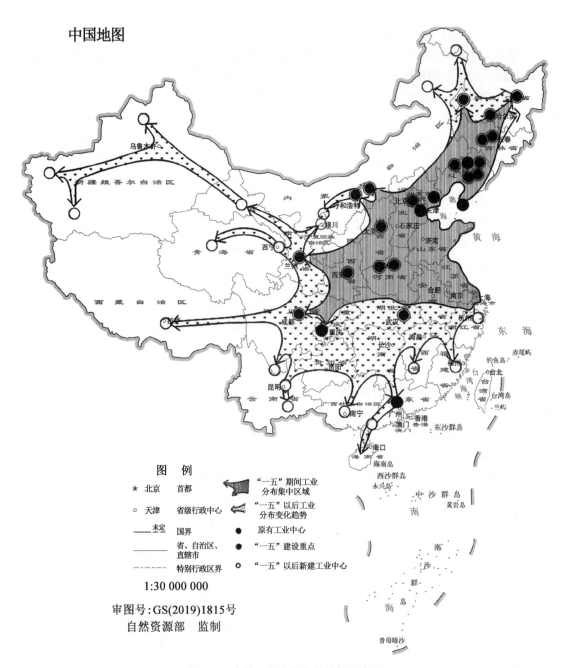

图 2-1 我国工业分布变化趋势示意图

以上海为中心的长江三角洲工业区,是我国基础最好、规模最大的综合性加工工业区。新中国成立后建设了以淮南、合肥、马鞍山为中心的燃料动力、钢铁、机械工业区,以青岛为中心的轻纺、机械工业区,以济南—淄博为中心的冶金、石油、化工、轻纺、机械工业区,以徐州—淮北—枣庄为中心的燃料动力工业区。工业区位同样由沿海向内地不断扩展。

中南,以京广铁路为主干线,为重点建设的地区之一,其钢铁、有色金属、电力、纺织、制糖工业全国有名。中部和北部,以武汉—大冶为基点,沿京广线向南部、北部和西部推进,南部以长沙—株洲—湘潭为中心的湘中冶金、机械、化工工业区,北部以郑州—洛阳—三门峡—平顶山—焦作—安阳—开封等为中心的综合性工业区,西部以水电、汽车、有色冶金为主的鄂西、湘西工业区。在南部,以广州为中心的珠江三角洲综合性工业区为基地,向粤北(韶关为中心)、桂中(柳州、南宁为中心)不断扩展。

西南,已经成为我国战略后方的重要工业基地,其冶金、机械、化工及燃料动力工业部门已经具备相当规模。其布局以重庆为基点,逐步向西部、南部扩展,形成以成都为中心的机械为主、轻重工业结合的工业区,以自贡、内江、泸州为基点的川中天然气化工、盐化工、制糖工业区,以渡口为中心的钢铁工业区,以及以贵阳为中心的黔中重工业区,以昆明为中心的机械、化工、有色金属工业区等。

西北,以兰州、西安为基点,重点发展了石油化工、机械制造、棉毛纺织等工业部门,使之成为西北规模最大的工业区;作为省会城市的乌鲁木齐、银川、西宁,也已成为省域工业中心,黄河的刘家峡、青铜峡、盐锅峡、八盘峡等修建了水电站,为区内工业发展提供了有利条件。

总结中国工业的演变,有两个显著特点:第一,工业区的数量和规模有了发展,全国各大区都建成了两个以上具有相当规模的工业区,各省区也都有了自己的工业中心和基点,为进一步发展打下坚实基础。第二,工业区位演变的总趋势是由沿海向内地推进,工业分布偏集于沿海的畸形状态有很大改变。这对于平衡生产力的布局、促进全国各地区的经济发展和加强国防具有长远战略意义。

第一个五年计划时期,自党中央提出了在全国各地适当分布工业生产力,使工业接近原料、燃料产地和消费地区,符合国防条件,提高落后地区经济水平等工业布局原则以后,我国工业建设的重点开始转向东北和内地,鞍钢、包钢、武钢是建设的重点,全国有60%以上的工业建设项目分布在东北和内地,其中40%投资在东北。此后("二五"期间),适当加强了华东、华北、华南沿海工业的建设,与此同时,在各大区都展开了工业布局,改变工业偏集于沿海的局面。

第三个五年计划时期,根据当时的国际环境,工业建设布局向纵深部署,在内地(特别是西南)涌现了一批工矿中心和铁路枢纽。但由于缺乏经验,特别是"四人帮"的干扰,工业建设停滞不前,布局过于分散,难以形成有效的生产力。

粉碎"四人帮"之后,在"调整、整顿、改革、提高"的方针指引下,合理调整工业内部的结构和布局,努力提高经济效率,并根据各地的条件和特点,加强分工协作和生产联系,取得明显成效。

把握工业区位的影响因素,遵循工业布局的客观规律,善于发现和客观分析工业发展布局中存在的问题,寻求科学答案,是地理工作者的一项重要任务。

[刘君德.影响工业区位的因素和中国工业区位的演变[J].地理教学,1981(1):1-4]

解读:本文阐述了两个问题:一是向中学地理老师介绍了工业地理区位的基本理论知识;二是分析了中国工业布局演变的大致过程和总体趋势,即从沿海向内地逐步推进的趋势特点。我绘制的"我国工业分布变化趋势示意图",形象而清晰地表述了1949年之后至改革开放前中国工业布局的过程与特点,具有一定的历史参考价值。在这篇文章发表之后的某一天,我接到一个从香港某大学打来的电话,索要更详细的相关资料。虽然一时无法提供,但它表明了这篇文章和《地理教学》杂志拥有一定的影响力。深层次解读,这段时期中国工业空间的战略布局思想和依据,可以从毛泽东的"论十大关系"中找到答案。

注释

① 《地理教学》杂志由华东师范大学主办,以引领中国中学地理教育教学的改革和发展为宗旨。其创办于1959年,前身为中国地理教育家褚绍唐先生创办的《地理教学丛刊》。除本书选用的两篇工业地理短文外,在《地理教学》杂志上还发表了《为国土整治服务:地理工作者的一项重大任务》(程潞、刘君德,由我执笔,1983年),《谈谈我国的行政区划》(刘君德,1991年),《中国市镇制度的发展及设市模式》(刘君德,1995年),《中国行政区划体制改革的重大举措——设立重庆中央直辖市的战略意义》(刘君德,1997年)等论文。

3 工业布局中的环境保护

背景：本篇是配合中学地理老师讲授经济地理内容的辅导性短文之二。20世纪七八十年代，我国工业在快速发展中环境污染问题加剧，为此，在讲授工业布局问题时，有必要强调环境保护。

工业布局是指工业生产力在一国或一地区范围内的空间分布与组合，在欧美通常称之为工业区位论，日本称之为工业立地论，苏联谓之工业配置论。由于工业生产是人地生态系统中物质能量转换的主要形式和手段之一，因此，工业布局合理与否，对区域环境污染的形成与发展有重要影响。

3.1 环境污染状况分析

所谓环境保护就是防止环境遭到破坏和污染。环境破坏与污染有自然和人为两个方面的原因。人为的破坏环境、生产的盲目发展和布局不合理是造成环境破坏和污染的主要原因。

18世纪中叶产业革命以来，资本主义工业迅速发展，废水、废气、废渣的排放，以及噪声、振动、辐射等日益严重，对人体健康造成危害，第二次世界大战后，进一步恶化。工业盲目集中，城市畸形发展，人口高度集聚，工业排放的大量废弃物，使空气混浊，污水横溢，车声喧嚣，食品污染，公害泛滥，自然生态严重失调，人类的健康和生存受到威胁。英国伦敦的烟雾事件、日本的水俣病等，即资本主义世界著名的"公害"事件。

按工业结构和主导污染物的变化，世界公害的发展大体经历了3个阶段：自工业革命至20世纪初，以煤烟尘和二氧化硫致大气污染和采矿冶炼、无机化工的废水污染为主；20世纪20—40年代，煤污染加剧，又出现石油及石油产品带来的光化学污染，以及有机化学污染，并日趋严重；20世纪50年代以来，河流、海洋受石油污染、农药污染、光化学污染、放射性污染迅速加剧。

进入20世纪70年代，工业发达国家迫于强大的社会舆论压力和经济的损失，不得不采取防治污染的措施，增加投资，一些污染严重的工业部门，其防治污染的投资占到生产总投资额的10%左右。从此，城市和工矿区的污染得到有效控制。工业发达国家走过的发展经济→环境破坏→污染"公害"→保护与治理的弯路，我们应该引以为戒。

在我国，由于工业污染和不合理开发利用自然资源所引起的自然环境破坏、生态失衡、危害人体健康的情况也相当严重。据估计，全国每年排入大气的烟尘达1400万t、二氧化硫1500万t，氟7万t，分别占全球排放量的14%、20%和19%；每天排放未经处理的工业废水1700万t；每年排放的工业废渣超过4亿t。我国工业的规模比发达国家小许多，而污染程度已经进入世界前列。从污染地区分布来看，工业污染主要集中在大中城市和工矿区；随着农村社队工业的发展，"三废"有蔓延趋势。

为吸取国内外的经验教训，国家从20世纪60年代即对工业"三废"进行治理，1979年颁布了《中华人民共和国环境保护法》。我国是社会主义国家，管理好环境，合理开发利用自然资源，是现代化经济建设的基本任务，必须重视工业生产和布局中的环境保护问题。

3.2 工业布局与环境污染的关系

工业布局是一项具有长远性、战略性的大事，一旦布局失误，其所造成的后果不仅是经济损失大，污染严重，而且受害时间长，短期内难以改变。社会主义的工业布局要尊重经济发展规律，讲究经济效益，而且要适应生态环境的自然变化规律，防止可能造成的环境污染。

应当指出，绝对不受污染的自然环境是不存在或极少存在的。一般情况下，被污染的环境，在自然过程和生物的参与下，具有恢复的功能，即为自然环境的自净化作用。如进入大气中的污染物，经自然界的物理化学作用，加上绿色植物的光合作用不断吸收大气中的二氧化碳，并补充氧气，从而使空气得以净化；当污染物进入水体时，同样经过物理、化学和生物的净化作用，使水体的污染程度大大降低。只有当污染数量超过自然环境本身的自净能力时才会使环境遭受污染。

从与工业发展和布局的关系看，一个区域的环境污染的类型(性质)、数量(规模)与程度，主要取决于该区域的工业部门结构和规模，以及工业的集中程度、自然环境的特点与变化的规律。

第一，不同工业部门污染物的种类和数量有较大差别。对环境污染影响较大的主要是钢铁、有色冶金、化工、造纸、火力发电、电镀、皮革、印染等工业部门。以环境污染物的来源看，不同的污染物来自于不同的工业部门，情况比较复杂。

第二，工业布局形式，即集中与分散的程度，地域组合特点等对区域污染性质和程度产生较大影响。工业的分散布局有利于利用区域环境的自然净化能力使污染程度大大降低；反之，工业的集中分布，则会加剧区域环境的污染程度，破坏生态平衡；而且，如果不同性质的工业部门集中布局，还有可能由于排放污染物之间的相互作用，产生新的化学污染物，形成二次污染源，加剧地区环境的污染程度。如在盆地地形区布置炼油厂和氮肥厂，由于分别排放的碳氢化合物和氮氧化合物，在逆温、静风和日照充分的条件下，即有可能形成严重的光化学烟雾污染，对居民健康产生很大危害。

第三，工业布局地区规划本身的特点与环境污染的形成有很大关联。也就是说，不同工业布局地区的地形、气象、水文、植物、土壤等自然条件存在着较大差异，其对污染物的扩散、稀释、净化能力，即环境容量各不相同，从而影响环境污染物的形成和污染程度，特别是地形、气象和水文条件。如鞍山、本溪、攀枝花(渡口)同为我国资源丰富、规模巨大的钢铁工业基地，但由于各自的地理环境不同，环境容量各异，在环境污染的程度及污染形式上存在着差异。鞍钢地处温带湿润地区，地形开阔，大气扩散条件较好。攀钢位于亚热带干旱河谷，四周群山环抱，大气扩散条件较差。虽然鞍钢的产量高于攀钢好几倍，污染排放量大，但攀钢的大气污染程度却更为严重；攀钢位处金沙江畔，流量大，流速快，水的自净能力大。而本钢所在的太子河，流量小，流速慢，且季节变化显著，河流污染大大高于攀钢。可见，工业布局的外部自然条件是环境污染形成与污染程度的重要因素。

应当指出，我们在分析工业布局与环境保护相互关系时，应看到环境污染日益严重的主要威胁乃是工业生产规模的不断扩大和工业分布在地域上的过度集中。诚然,从经济效益看,一定规模相互联系的工业在地域上的集中分布是有利的,可以加强生产协作和经济联系,共同利用公共的服务设施;但从污染物的排放与地区环境净化能力的关系来看,工业规模过大、分布过于集中对环境保护是不利的。在实际工作中,必须根据具体情况进行具体分析。总的原则是,经济效益最佳,环境污染最小,经过全面、综合的分析,选择最优的布局方案。

3.3 合理布局工业,保护环境

现阶段环境保护的根本措施主要是治理工业"三废",综合利用自然资源,即通过技术改造、工艺革新,对已经产生的"三废"进行治理,化害为利;对自然资源实行综合利用,减少直至杜绝污染源的产生。从工业生产布局因素考虑,要注意以下几点:

(1) 将地区环境容量大小作为工业发展规模、结构及布局形式的重要依据之一。即在对大型工业企业进行选址,或确定一个工业区或工业基地的区位选择时,要将区域环境质量的综合评价作为方案比较的内容。包括对地形、气象、地表水、地下水、植被、土壤等环境要素现状的评价,估算环境容量大小;同时要对该地区的工业建设可能造成的环境污染物种类、数量及生态系统可能发生的变化趋势做出预测,从中分析工业建设布局与环境保护的关系,是否影响生态平衡;进而提出治理、保护环境的方案与政策措施。从我国的实际情况出发,一方面要严格控制大城市、大工业区的规模,注意发展卫星城镇,防止工业布局的过度集中;另一方面也要注意由于某些社队工业盲目发展,不仅经济效益低,而且农田生态环境遭到破坏,污染日趋严重,应当采取措施,停办那些污染严重又无治理措施的小企业。

(2) 工业企业选址定点中要十分重视对自然地理环境因素的分析。也就是说,工业建设项目的地点在宏观布局已经确定的情况下,应该从环境保护角度分析地形、气象、水文、地质、用地等自然环境因素。从地形看,工业尽量避免布置在窝风的盆地,这里污染物难以扩散,易形成局部的污染区域。在山间盆地,污染物还会沿着山谷的平行方向流动,使远处的下风侧形成持续的高浓度的污染,世界著名的公害事件大多发生在河谷盆地地形区域,加剧了污染程度。从气象要素(风向、风速、气温、气压、云量、湿度、气流等)看,工业企业宜布置在盛行风最小风频一侧,即城市或人口稠密区的下风方向。当大气处于稳定状态,特别是出现逆温,污染物会停留在低层空间,难以扩散,容易产生严重的大气污染。从水文因素看,要充分了解河流接受污染水体的最大负荷能力,考虑上下游的关系,全面规划,合理布局。在河流冲积扇的上部一般也不宜布置有污染的工业企业。足够的工业用地是工业企业选址的重要因素之一,要满足建设处理净化设施和卫生防护带用地的需要。

(3) 综合利用自然资源是发展生产、保护环境的根本途径。环境的破坏和污染,归根到底是对自然资源的开发利用不合理所造成的,综合利用自然资源是消除"三废"污染的积极措施,还能为人类提供更多的财富。从工业布局考虑的资源综合利用表现为3种:一是多部门的工业区或工业基地的形式;二是多金属共生矿区的联合生产;三是对"三废"进行综合利用的生产部门。

从我国目前的情况看,首先应该搞好资源的综合勘查、综合评价,实行综合开发,推行同步建设和联合经营;对原燃料、副产品、"三废"利用有密切联系的工厂企业采取企业群的布局模式,促进资源的综合利用。其次针对北方城市冬季的主要污染源之一——能源排泄物,要逐步调整能源机构,改变城市的供热方式,利用工业余热推行连片供暖。此外,要发展煤炭加压气化和核电,开辟新能源,从根本上解决城市大气污染问题。

[刘君德.谈谈工业布局中的环境保护问题[J].地理教学,1983(2):7-9]

解读:本文是针对中学地理老师在讲授经济地理"中国工业"时的一篇辅导性文章,也是我在大学本科讲授经济地理(工业地理部分)时比较关注的问题。文章认为,从经济地理学角度分析,主要是工业的科学布局和大型企业的选址问题,要高度重视高污染工业部门的合理布局。在改革开放初期,经济建设大规模开展,工业快速发展的大背景下,作为中学地理教师在讲授经济地理时,强调在发展经济的同时勿忘环境保护是十分必要的。怎样从地理空间角度处理好工业与环境的关系,本文提供了参考。

4 《经济地理》创刊号的约稿

背景:1978年12月,中国地理学会经济地理专业委员会在湖南省长沙市召开的经济地理专业学术会议上,决定创办《经济地理》刊物。经过两年多的筹备,1981年7月《经济地理》创刊号问世。南京大学宋家泰先生担任主编,广州地理研究所钟功甫先生、我的老师程潞先生、中国科学院地理研究所经济地理研究室主任胡序威先生等任副主编。我被推荐为编辑委员,后来担任副主编。杂志为"促进我国社会主义经济地理学的发展和提高,为生产服务,为四化建设服务"。应主编的约稿,我在创刊号发表了《关于省内商品粮基地若干问题的探讨(以江西省为例)》的论文。这篇论文是在全国经济地理界普遍介入农业地理研究的高潮中,在我完成《江西农业地理》调查和出版任务后写的,应该说是顺应国家建设需要和地理学为四化建设服务重点方向的论文。

4.1 商品粮基地的条件与特点

所谓商品粮基地,是指在一定条件下、一定时期内形成的,以生产粮食为主,能稳定地提供数量较多的商品粮,在地区上连片分布的农业地域单元,一般由若干县所组成,具有以下显著特点:

(1)农业自然条件相类似;(2)具有共同的开发历史;(3)粮食是农业的主导部门,粮食作物种类大致相同;(4)能较稳定地提供较多数量的商品粮,商品率比较高;(5)老商品粮基地一般都具有较好的运输条件,基地范围内大多分布有一定规模的城镇或工业中心。这些特点反映了商品粮基地形成和发展的因素与条件。

首先,自然环境(包括地形、气候、水文、土壤、植被等),特别是水土资源与气候状况,是商品粮基地形成和发展的基础条件。众所周知,农业生产和其他生产显著的不同之处就在于农业生产对自然和土地的特殊依赖性。没有足够数量和条件比较优越的土地资源,就不可能形成商品粮基地,更不能得到发展。自然条件特点对于各个商品粮基地内农业生产的发展方向、部门结构、粮食作物品种组合、耕作制度等都有重大影响。

其次,社会经济条件,包括国民经济发展对商品粮基地建设的需要、劳动力资源、交通运输条件及工业生产水平等,也是影响商品粮基地形成和发展的重要因素。这就是说:(1)商品粮基地的建设必须满足国民经济不断发展、人民生活日益提高的需要;(2)在我国目前农业生产现代化水平较低的情况下,劳动力数量的多寡、劳动者素养的高低,往往成为影响粮食等农作物生产水平高低的主要因素之一;(3)比较发达的交通运输业,将促进农业地域分工,推动农业生产专业化——商品粮基地的不断发展。

此外,商品粮基地的确立,还需要分析该地区粮食增产的潜力,即国家在投入一定的人力、物力、财力之后,粮食生产应具有较大的增长幅度。

江西省鄱阳湖平原是历史上长期形成的全国重要的商品粮基地之一。这里地势平坦,河湖众多,水土资源丰富,气候上属典型的中亚热带湿润类型,光热充足,降水丰沛,农业生产的自然条件十分优越。早在汉代和三国时期,这里的农业生产已具有初步基础。西晋末年,随着北方较先进耕作技术的传入,农业生产水平得到进一步的提高。据记载,从公元5世纪初起,鄱阳湖平原即富有稻、鱼之饶,大量粮食沿长江东运,成为当时(南朝)的粮食供应基地。从此以后,鄱阳湖平原一直是我国江南地区的重要商品粮基地之一。新中国成立后,30多年来,鄱阳湖平原为国家提供了大批商品粮。以1978年为例,全省超过20亿kg的商品粮(征购原粮)中,有40%以上是由鄱阳湖平原各县提供的,粮食商品率为25%,其中纯调出占征购粮的56%。区内城镇较多,非农业人口占全省的40%以上,商品粮需要量大,特别是本商品粮基地的增产潜力很大:(1)每农业人口平均拥有耕地1.5亩(1978年),一般高于南方各商品粮基地;(2)目前粮食单产水平还较低,与两湖平原相比,每亩约低几十斤(1斤=500 g),与太湖平原(杭嘉湖和苏南地区)相比,则差距更大,达二三百斤;(3)土地利用率还可进一步提高,1978年粮田复种指数为218%(不包括绿肥),尚有一定数量的荒地资源可供开垦利用。

4.2 商品粮基地的类型与划分依据

为了科学地确定商品粮基地的范围、发展方向、规模及其建设的重点,必须研究商品粮基地的分类及其划分的依据和指标。参考前人研究的成果,根据我们在江西工作的体会,对商品粮基地分类及其划分的依据和指标有以下几点看法:

先谈依据。

(1) 粮食生产水平。这是反映商品粮基地农业生产水平的主要标志。通常以单产水平作为衡量一个地区粮食生产水平的指标,但这是不够全面的,因为单产高,有时不一定能提供较多的商品粮,而应该采用粮食单产指标和人均产量指标相组合的方法,才能作为确立商品粮基地的基本依据。据此,我们将江西省内各县的粮食生产水平分为四大类型,即亩产、人(均)产双高型、亩产低、人(均)产高型、亩产高、人(均)产低型、亩、人(均)产双低型[①],可简称为双高型、低高型、高低型、双低型。双高型是粮食生产水平最高的地区,即商品粮基地建设最合适的地区;低高型也可作为商品粮基地建设的对象;高低型一般不宜作为商品粮基地;双低型则不能作为基地。

(2) 粮食生产的商品性。其包括粮食商品率和区际商品率,各以(粮食征购量/粮食总产量)×100%及(粮食纯调出/粮食总产量)×100%表示之。商品率的高低反映出一个地区粮食生产专业化的程度及其能提供商品粮的实际状况,特别是区际商品率,它具体反映了一个地区粮食生产供销的盈亏程度,是商品粮基地选择的主要依据。

(3) 粮食生产的稳定性。它是指在一定年限之内,各地粮食产量变幅的大小。作为一个商品粮基地,不仅要求高产,而且要求稳产。只有高产稳产才能稳定地向国家提供一定数量的商品粮。一般可用当年产量与常年产量之间的比率表示。若10年之中有6年以上的变幅比率不超过10%,说明粮食生产的稳定性较好,反之,则较差。为简便起见,有时亦可采用稳产高产农田面积占粮田面积的比例来反映粮食生产稳定性的程度。

(4) 粮食增产潜力。一个地区粮食增产潜力较大,可收到投资少、见效快的良好的经济效果。影响增产潜力大小的主要因素是土地利用程度(包括土地垦殖率和复种指数)、人均耕地多少和现有单产水平3个方面。土地利用程度低,单产水平低,人均耕地多,意味着增产潜力大,这对确定商品粮基地建设的重点具有战略意义。

以上4点,是确定省内商品粮基地的主要依据。此外,还应考虑交通运输条件及地区分布上的相互接壤、集中连片,以便因地制宜,合理布局,统一规划,方便管理。划分商品粮基地类型具体指标的目的在于明确地区之间粮食生产水平的实际差异,是基地建设依据的进一步具体化。根据江西的具体情况,我们采取了以下几项基本指标(以县为单位):

(1) 粮食商品率在20%以上,区际粮食商品率在10%左右;(2)每个农业人口平均提供商品粮(征购量/农业人口)100 kg左右(稻谷原粮);(3)每农业人口平均拥有耕地1.5亩左右。

江西省是我国长江以南以水稻生产为主的重要产粮省区之一,但省内粮食生产发展很不平衡,以上述3项指标为依据,全省共有38个县可以作为商品粮基地。按照自然条件、社会经济条件、发展规模以及连片分布等要求,全省商品粮基地可分为大、中、小3种类型,即大型——鄱阳湖平原商品粮基地,包括15个县,是全国重点建设的商品粮基地之一;中型——吉泰盆地,共8个县,是省内重点建设的商品粮基地;小型——共15个县,分属于赣西北、赣东北、赣东南、赣南等地,为地区级商品粮基地[②](图4-1)。

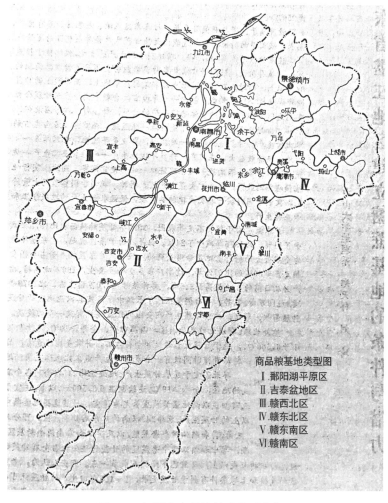

图 4-1 江西省商品粮基地类型分布图

4.3 商品粮基地建设的措施

怎样根据国民经济发展的需要,有计划有步骤地加速商品粮基地的建设和发展?特别是应采取哪些关键性措施?从江西省实际情况出发,应注意以下几个方面:

4.3.1 确定以粮为主,全面发展的农业发展方向

作为商品粮基地的农业生产发展方向必须是以粮为主、全面发展,即既要把粮食生产放在主导地位,同时也要根据需要与可能,合理安排好多种经营,使粮副结合,以副促粮。鄱阳湖平原既是商品粮基地,同时也是省内重要的棉花、油料等经济作物和畜牧、水产基地。进贤、波阳的芝麻,高安的油菜、烤烟,余江的黄麻,南昌的蚕桑,东乡的甘蔗,清江的柑橘,乐平的辣椒等,以及畜牧、水产生产,均在全省具有重要地位。

本基地的农业发展方向应当是,以粮为主,全面安排上述经济作物(特别是油料作物和棉花)生产,进一步发展畜牧业,充分利用水面资源,大力发展渔业。

吉泰盆地商品粮基地相对人少耕地多,潜力大,除提供相当数量的商品粮外,还是省内重要的柑橘生产基地之一(以新干县为主),黄麻、甘蔗生产亦较有基础。其发展方向应当是以粮为主,同时发展柑橘、甘蔗、黄麻生产,还要充分利用低丘岗地荒坡地,大力发展林业(以油茶为主的经济林以及薪炭林、水土保持林)和畜牧业。

其余各地区级商品粮基地,也都要按照以粮为主、全面发展的原则,合理安排农、林、牧和粮食作物及经济作物生产。特别是要重视恢复和发展原有基础较好、专门化意义较高的传统生产部门。如赣西北的木竹、油茶、苎麻;赣东北的茶叶、木竹;赣东南的柑橘、木竹、药材;赣南的烟叶、白莲、红瓜子、药材等。要注意防止以粮挤副和以副挤粮两种倾向。

4.3.2 加强农田基本建设,改变农业生产条件

怎样进行商品粮基地的农田基本建设?从江西省鄱阳湖平原和吉泰盆地两大商品粮基地的实际情况看,应着重抓好治水和改土两项关键性措施。

(1)治水:目前江西省的农业生产仍处于"风调雨顺增点产,一遇灾害又减产"的状况。水旱灾害给省内各商品粮基地的粮食生产带来很大的不稳定性。如鄱阳湖平原滨湖 12 县③1973 年遭受洪涝灾害,40%的耕地被淹,占当年全省受淹面积的 52%,仅早稻即减产 5.5 亿 kg;吉泰盆地常年受灾面积达六七十万亩,遇上旱年,则达一百多万亩,占耕地面积的 20%以上,减产常达数亿千克。由于本省降水季节分配不均,4~6 月降水量占全年降水的 45%左右,7~9 月只占全年的 20%左右,常常导致同一地区一年之中出现既涝又旱。如 1962 年,鄱阳湖平原滨湖各县受灾面积超过 428 万亩,其中水灾占 53%,余为旱灾、虫灾、风灾。由此可见,加强农田基本建设,必须首先抓好治水,逐步减轻水旱灾害对农业生产的影响。各类商品粮基地,由于自然条件的不同,农田建设基础的差别,治水的主攻方向应有区别。鄱阳湖平原滨湖地区,地势低平坦荡,特别是赣、抚、信、饶、修五水交汇地区,河道分汊,水系紊乱,洪涝威胁甚大,治水应以根治洪涝灾害为重点。要认真搞好鄱阳湖和五河的治

理,有计划、逐步地堵支并流,联场并垸,缩短堤线,加高加固场堤工程。同时,大搞河网化、园田化建设,发展机电排灌,解决防洪排渍问题。吉泰盆地和鄱阳湖平原的丘陵地区,干旱是农业生产的主要危害,应抓紧现有水利工程的配套,尽快充分发挥灌溉效益;还要大力兴建小型水库、塘坝,增加蓄水,搞好渠系配套,努力扩大旱涝保收面积。河谷平原地区,应注意加高加固现有堤防工程,发展机电排灌,提高抵御水旱灾害的能力。

(2) 改土:江西省目前尚有各类低产田1 300万亩左右,约占现有耕地面积的1/3。其中一半以上是红壤性低产田。其粮食亩产一般要比平均亩产低1/3左右,严重影响了农业生产的发展。加强农田基本建设,改变农业生产条件,必须特别重视改土工作。鄱阳湖平原和吉泰盆地商品粮基地的低产田,绝大部分属红壤性低产田,大多分布在起伏的低丘岗地,植被稀少,蓄水条件差,水土流失较严重,土壤存在着酸、板、瘦、黏等缺陷。实行山、水、田、林、路综合治理,农、林、牧、副全面发展,是改造利用红壤性低产田的主要途径。绿化荒山,保持水土,修建梯田,平整土地,扩大水源,引水灌溉,广辟肥源,增施肥料,加速土壤熟化,提高土壤肥力,是综合治理红壤性低产田的有效措施。分布在丘陵山区的商品粮基地,冷浸性低产田所占比重较大。这类低产田土性差,主要表现为冷、烂、毒、酸、瘦。开沟排水、排除冷泉锈水、降低地下水位,干耕晒垡、提高水土温度,种植绿肥、提高土壤肥力等,是改良这类低产田的主要方法。

农田环境,是农业生产的自然基础。农田基本建设的主要任务从根本上来说,就是经过改土治水,建设高产稳产农田,为农作物生长创造良好的环境。改土必先治水,治水必须与改土相结合。

4.3.3 大力提高单产,有条件的地区适当开荒扩种

1978年,鄱阳湖平原和吉泰盆地商品粮基地的粮食平均亩产分别为355 kg和245 kg多,大大低于长江流域各商品粮基地。实行精耕细作,大力提高单产,稳定增加总产,是江西省商品粮基地建设和发展的主要途径,应采取以下两项基本措施:

(1) 因地制宜,合理改制。目前,江西省粮食产区最基本的耕作制度是绿肥—早稻—二季晚稻耕作制。这种耕作制度在单季稻改双季稻的初期阶段,对增产粮食曾起了较大的促进作用。但长期单一的耕作制度已经导致绿肥产量和品质的下降,还增加了越冬虫源,使病虫害增加,土壤肥力也有所降低,从而影响了农业生产的进一步发展,必须因地制宜、合理地进行改革。大力推广水旱轮作,是改制的主要方向。实行水旱轮作,可以改良水田土壤的理化性状,提高土壤肥力,使用地与养地结合,促进农作物产量的提高。冬作可适当扩大春粮、春油种植面积,压缩绿肥面积,即每隔二三年,采取绿肥与油菜或小麦轮作一次。由于稻田在冬季有翻耕曝晒机会,可以改良土壤结构,减少病虫杂草,还能增产粮油,在经济作物比重较大的县社,可以采取水稻和棉花或黄麻、甘蔗、烟草、花生、大豆等轮作;在一些丘陵岗地或水利条件较差的平原地带,可适当扩大绿肥—早稻—晚大豆(或晚芝麻、晚红薯等)耕作制。此外,实行间作套种,也是使用地与养地相结合,促进增产的好形式。如红薯与玉米、大小麦与大豆实行套种,茶叶、油茶与红薯、花生、芝麻、玉米间作,红花与油菜混播等,都应适当推广。

耕作制度的改革,必须从实际出发,按照各地区不同的光热水土条件,及劳动力、肥料、

原有基础等因素,因地制宜、合理进行。鄱阳湖平原某些水肥条件好、人多地少、劳力充裕的县社,可适当扩大三熟制(油菜—双季稻、三麦—双季稻)比重,增加复种;而吉泰盆地各县,水利条件差,劳力负担重,应以提高单产为主,目前不宜扩大复种面积。

(2)广辟肥源,提高施肥水平。目前江西省农业生产的主要肥源是绿肥,其次是猪粪肥、化肥、杂肥,施肥水平不高,特别是广泛分布的红壤,酸性重,大量缺乏有机质和氮磷钾,影响作物产量。必须狠抓肥料建设,大力提高施肥水平。第一,要采取措施努力提高绿肥的单位面积产量,为早稻增产提供更多的肥源。第二,积极推广夏季套种绿肥,利用水面,放养红萍,实行稻草返田,推广使用腐殖酸铵等,切实解决二晚肥源严重不足的矛盾,使二晚单产水平有一个较大幅度的提高。第三,大力发展养畜业生产,增加有机肥源。本省丘陵岗地草坡多,滨湖洲地牧草茂盛,加之粮食比较充裕,发展猪、牛、羊等养畜业的条件十分优越,必须加快发展步伐。同时,要采取有力措施,迅速克服历史上遗留下来的随地放养牲畜的习惯,实行圈猪积肥。第四,根据可能条件,适当增加化肥生产,特别是磷钾肥生产,提高施肥水平。

应当指出,江西省各商品粮基地与长江流域各省相比较,土地资源比较丰富,而目前的土地利用率尚较低[④],还有一定面积的荒地资源可供开垦利用。据初步调查,仅鄱阳湖平原和吉泰盆地即有荒地资源近 200 万亩,大多为坡度在 10°以下的红壤荒坡地。在制订商品粮基地发展规划时,应将开荒扩种作为一项重要内容。新中国成立以来,江西省农村垦殖事业发展的实践证明,荒地的开垦利用应贯彻因地制宜、积极慎重的原则。滨湖地区由于新中国成立以来已经围垦了 10 多万亩耕地,目前在海拔 16 m 以上,尚可围垦的面积较小,多为零星分布,且围湖垦殖与湖区泄洪、水产养殖与捕捞、芦苇生产、群众烧柴、牲畜放牧等存在许多矛盾,故不宜再行围垦。红壤低丘岗地荒坡地的开垦,要注意保护现有林业资源,注意与水土保持相结合。

4.3.4 控制人口增长,提高劳动生产率

江西省是我国新中国成立以来人口增长最快的省份之一,1978 年全省总人口相当于 1949 年的 2.42 倍,年平均增长率为 31‰,大大超过了全国平均增长速度。一方面,由于人口的急速增长,尽管粮食生产有很大发展(1978 年全省粮食总产量相当于 1949 年的 2.9 倍),但粮食生产商品率并没有提高,特别是按人口平均计算,耕地面积大大减少,每农业人口提供的商品粮也有所下降[⑤]。必须采取措施,控制人口增长。另一方面,在目前农业机械化水平较低的情况下,各商品粮基地仍然存在劳力不足的矛盾,特别是吉泰盆地,每个劳力负担耕地达 6 亩左右,精耕细作差,复种指数低,1978 年粮食平均亩产比鄱阳湖平原低 115 kg 多。大力提高劳动生产率是解决目前劳力不足的主要途径。首先,要充分合理地安排现有劳力资源,科学地组织生产。其次,要因地制宜发展农业机械,采用先进的技术装备劳动者。最后,有领导、有组织、有计划地移动人口,促进省内人口劳动力资源的相对平衡。

[刘君德.关于省内商品粮基地若干问题的探讨(以江西省为例)[J].经济地理,1981(1):28-33]

解读:时隔 36 年,重读本文,有以下感触:其一,这是一篇接地气的论文,没有深入全面

的全省性调查,很难写出这样较有深度的文章;其二,这是一篇理论联系实际的论文,不仅从国家整体利益出发,针对江西省的省情(自然环境和人文条件),对本省商品粮基地建设的空间落实进行了有说服力的论证和科学的区域划分,而且进行了理论归纳,即对商品粮基地选择的影响因素、条件和区域划分的指标进行了讨论和量化分析;我依据1978年的数据,绘制的江西省商品粮基地类型分布图,今天看来,仍基本符合实际,具有空间比较意义。鄱阳湖平原依然为9个国家级商品粮基地之一。

注释

① 以全国平均亩产和人均亩产为指标和依据,高于全国平均水平为高型,低于全国平均水平为低型。
② 鄱阳湖平原商品粮基地,包括南昌、新建、高安、清江、丰城、安义、东乡、临川、进贤、余干、余江、乐平、波阳、万年、永修县;吉泰盆地商品粮基地,包括吉安、新干、泰和、万安、安福、吉水、峡江、永丰县;赣西北的奉新、宜丰、上高、万载、宜春县;赣东北的商品粮基地,包括贵溪、弋阳、铅山县;赣东南的商品粮基地,包括南城、南丰、金溪、宜黄、黎川县;赣南的商品粮基地,包括宁都、广昌县。
③ 包括南昌、新建、进贤、余干、万年、波阳、乐平、湖口、星子、都昌、永修、德安县。
④ 1978年,鄱阳湖平原垦殖指数为28%,复种指数为180%;吉泰盆地垦殖指数为17.7%,复种指数为150%。复种指数均不包括绿肥面积。
⑤ 1978年与1957年相比,全省每农业人口平均耕地减少1.3亩,提供的商品原粮(征购粮)减少了37.5 kg。

5　地理工作者的神圣使命

背景：1981年4月中共中央书记处做出"搞好我国的国土整治"的决定。作为地理工作者，尤其是中学地理老师如何作为，怎样作为？这是本文写作的目的。此时，我被任命为华东师范大学地理系的代系主任（著名地理学家李春芬先生退居二线担任名誉系主任），同时任命我的老师程潞教授为副系主任。程潞教授是老一辈人文—经济地理学家，专长农业地理，参与了全国农业区划的研究与编写工作，是国内最早参与国土整治研究工作的资深专家，国家计划委员会国土规划司在我校举办全国性国土整治与规划培训班的牵线搭桥人和负责人之一，他为后来地理系设置国土规划专业（本科）、培养首届国土规划高层次人才（研究生）做出了巨大贡献。我作为新上任的代系主任，与程潞教授进行了很有成效的合作[①]。

自1981年4月中共中央书记处做出"搞好我国的国土整治"的决定以来，国土整治问题已经成为各方关注的重大问题。国家计划委员会根据全国国土整治工作的需要，设立了国土局，主管国土工作的组织、协调、规划、立法和监督，为国土整治提供服务。这是地理科学、教育工作者在社会主义经济建设中的一项重大战略任务。

5.1　开展国土整治的必要性和紧迫性

"国土"，是指一个主权国家管辖范围内的"空间"，即全部的领土、领海和领空。国土的"土"是个广义的概念。国土资源既包括自然资源（如土地、气候、水、矿产、生物等），又包括社会经济资源（如人力、智力、经济、社会文化、物质生产的技术基础等）。它是一个国家人民赖以生存、生活，从事生产劳动及其他各种活动的场所。

"国土整治"研究的范围和任务主要包括国土资源的考察、开发、利用、治理和保护这5个相互关联的方面；其目标是发展生产，改善环境，造福人类。人类为了生存，很早就进行了开发利用自然资源、发展生产、改善环境的活动。我国著名的都江堰水利工程，纵贯南北的京杭大运河等都是闻名于世、规模巨大的国土开发与整治工程。在旧中国，难以做到有计划、合理地开发利用国土资源。新中国成立以来，我国在开发利用国土资源方面做了许多工作，地理工作者长期从事的自然资源综合科学考察、生产力布局规划、农业区划、经济区划、区域规划、城乡规划、交通运输网布局规划、流域规划、环境规划等等，都应当看成是重要的国土工作。这些工作对我国国民经济的发展起到了积极作用。然而，由于长期以来受"左"的思想影响，加上工作中的失误，在国土开发、利用与规划、建设中，不按自然规律和经济规律办事，导致自然资源开发利用与治理保护之间、经济发展与生态平衡之间存在着不少严重问题，表现在：国土资源家底不清，利用不当；生产布局不够合理，缺少统筹规划；环境污染严重，生态失衡等。

上述问题的客观存在，充分表明当前开展国土整治工作是十分必要和及时的。只有通过对我国的国土资源进行全面的科学考察，摸清家底，合理开发利用，统筹规划布局，有计划地整治和保护自然环境,即科学地开展国土整治工作,才能在我国社会主义现代化建设中协调并逐步解决上述各种矛盾,做到既促进我国的经济建设事业不断发展,又能不断地改善生产、生活、生态环境,实现党和国家的宏伟战略目标。

从国外发达国家发展建设的经验来看,近几十年来,世界各国面临着工业发展、人口畸形集中于大城市所带来的资源消耗、环境污染等严重社会问题,人们普遍认识到以牺牲环境为代价求得经济发展走的是一条"弯路"。我们应当引以为戒。如今许多国家转而重视整治工作,研究和规划国土的开发、利用、治理和保护问题,努力协调人与自然的关系,纷纷成立了国土管理、规划机构和研究部门,如日本的国土厅,法国的领土整治部际委员会,墨西哥的土地管理委员会,荷兰的国土规划委员会,朝鲜的国土管理部,澳大利亚的土地资源调查利用部,波兰的土地及环境保护部,苏联的生产力研究委员会,德意志联邦的地区整治、建筑和城市建设部,英国的土地资源部,等等。

我国是发展中的社会主义国家,不能走资本主义世界许多国家经历的"破坏自然环境和资源、发展生产—污染与公害—保护环境"的"弯路",要根据我国四化建设、造福后代的战略目标,全面规划,切实做好国土整治工作。

5.2 国土整治的中心环节是国土规划

国土整治是一项涉及自然环境各要素和技术经济各部门以及社会生活各个领域的综合性、战略性很强的工作。其内容广泛,任务繁重,影响深远,中心环节就是国土规划。

什么是国土规划?它是"对自然与经济社会条件的综合评价和综合分析,根据国民经济发展的需要,对国土资源的开发、利用和治理、保护进行全面规划;从全局出发,发挥各类不同地区的优势,对经济建设做出总体部署,合理地配置生产力,为国家制订国民经济发展的中长期计划提供科学依据"的规划。以国土规划为龙头,推进国土资源的全面考察,在摸清家底的基础上,明确地区国土开发的目标与任务,解决区域发展中的各种根本性的矛盾,确定国土资源开发利用的方向和具体方案,为有关部门制订长远发展计划提供科学依据。抓好国土规划这个中心环节,可以带动整个国土工作的开展。

根据目的任务的不同,国土规划可以分为专题与地区两大系列。专题性规划,如土地利用规划、水资源利用规划、矿产资源利用规划、海洋资源利用规划、环境整治规划等等。地区国土规划是国土规划的重点。依据地区范围的大小、任务和要求的不同,可以分为全国性(国家)国土规划、跨省(或跨流域)国土规划、省区国土规划、省内区域(国土)规划。上述规划组成完整的国土规划系列。在我国第六个五年计划(1981—1985年)中提出的"编制以上海为中心的长江三角洲的经济区规划,以山西为中心,包括内蒙古西部、陕北、宁夏、豫西的煤炭、重化工基地的经济区规划",就属于二级国土规划。以广州、武汉、西安、重庆等大城市为中心的区域发展规划为城市型国土规划,是国土规划的次一级规划。自上而下构成了全国的国土规划系统。上一级规划是下一级规划的指导,各级国土规划都是在全国一盘棋的原则下,按照各自的特点实行科学分工,综合发展。

在国土规划工作中要注意以下几点:

首先,国土规划是属于宏观性质的中长期战略规划,要从宏观层面协调好自然生态系统和人类社会系统的关系,建立起和谐的人地关系系统。要遵循自然规律和经济规律,在经济发展和城市建设中既要讲究经济效果,又要讲究环境效益。当务之急是制止国土资源开发利用中的浪费、破坏和导致环境恶化的趋势。

其次,要注意贯彻因地制宜的原则。要充分认识我国国土资源的多样性、复杂性和地区分布的差异性,因地制宜规划各区域国土资源的开发利用和治理保护。

最后,国土规划要有综合观点和整体观点。在国土工作中强调综合调查研究,综合分析,综合发展。这就需要自然科学、技术科学与社会经济科学多学科通力协作。所谓整体观就是要在工作中贯彻统筹全局的原则,从整体研究局部的现象,把握整体规律,抓住主要矛盾。

一个地区的国土规划大致包括以下内容:①地区国土资源的综合评价;②工矿业的地区布局与组合;③农林牧副渔业的生产布局与土地利用;④综合交通运输网的布局;⑤人口规划与城乡居民点布局;⑥水利、能源等公共基础设施的统一部署;⑦环境治理与保护规划;⑧旅游发展与自然环境、文物保护等。基于国土规划的地域性特点,要特别注重上述内容的地域安排和部署。国土规划的内容必须用地图形式表示。

5.3 地理工作者的光荣使命

国土整治工作是党和国家的工作重点转移到现代化建设上来后,所做出的一项重大决策,是百年大计的长远战略任务,"是一项伟大的事业"。就学科性质、任务和内容来说,地理学与国土整治的关系尤为密切。为国土整治服务是当前和今后相当长时间内地理工作者的重大任务,要做好以下几点:

(1) 积极参与国土整治研究。国务院领导在科学技术奖励大会上指出,科学技术工作者要明确一个指导思想,"那就是必须强调科技工作要面向经济建设","在所有科研课题中,要把研究经济建设中有重大经济效益的关键性科技课题放在第一位",并提出了当前我国开展国土规划的许多重大课题。这是对地理工作者的巨大鼓舞和殷切期望。我们应该自觉参与国土规划整治研究工作,充分发挥地理学科所长,为国家的四化建设做出贡献。

(2) 大力培养国土规划人才。国土整治是一项长期的工作,需要大量国土管理、立法、规划、科研人才,要采取多种方式培养。高校的地理系、经济系可设立有关专业,招收专科生、本科生和研究生;还可采取短期培训的方式培养,以适应当前的急需。

(3) 宣传普及国土整治科学知识。国土整治工作是关系人民生活水平提高、造福子孙后代的大事,要像宣传计划生育那样,在全国广泛宣传、普及国土整治科学知识。地理工作者,尤其是中学地理老师担负着特殊使命。可以在中学课本中增加有关国土整治与规划的内容,使广大青少年受到相关教育。

地理学是一门实践性很强的基础科学,其基本任务是以特定的区域为对象,综合研究人地关系中的重大战略问题。当前,广大地理工作者、科技工作者将国土整治规划作为其中心任务,不仅是振兴我国经济、加速实现四化建设目标的需要,而且将推动我国地理学理论的发展和地理工作者实践能力的提高。

[程潞,刘君德. 为国土整治服务:地理工作者的一项重大任务[J]. 地理教学,1983(3):1-3]

解读：本文介绍了"国土整治"的有关基本概念，国土工作的重要性、紧迫性及与地理学的关联，指出地理工作者参与国土整治工作是一项重要而光荣的使命。文章就地理学如何参与"国土整治"工作发表了建议。我注意到，中共十九大召开不久，大力推进了国家机构改革，新组建的自然资源部的挂牌成立，从体制和组织管理上克服了国土开发整治与规划保护长期分割的障碍，实现了"多规合一"。

注释

① 1987年我与程潞先生合作招收的4名首届人文地理专业国土整治方向的硕士研究生，于1990年顺利取得学位；这也是我首次参与培养硕士研究生。

6　江西省国土资源评价与规划探析

背景:20世纪80年代初,全国掀起国土整治规划热,受国家计划委员会国土规划司委托,在华东师范大学地理系举办了12期全国性"国土规划培训班";同时,积极组织教师开展国土整治研究,编写相关资料——《地理研究文集:国土开发与整治专辑》。其时适逢我主持完成了《江西农业地理》调查编写任务,本篇论文是在熟悉江西省省情、掌握大量资料的基础上和李天任同志合作完成的。

国土的开发、利用、保护与建设规划工作是关系到我国社会主义现代化建设和为子孙后代造福的大事。我国国土辽阔,人口众多,资源富饶,国土开发利用的前景十分广阔,但各地自然和社会经济条件差异显著,因地制宜研究各省(区)的国土开发利用与保护、规划问题,对搞好各省(区)的经济建设、保护生态平衡、促进生产发展具有重要的现实意义。本文试图在分析江西省国土资源特点与潜力的基础上,针对本省在国土资源开发利用中存在的问题,提出今后国土建设规划的方向性建议,供有关部门深入研究时参考。

6.1　国土资源特点及其评价

江西兼跨我国长江中下游平原和江南丘陵两大地形单元,属中亚热带湿润地区。全省土地面积为16.67万km^2,约占全国土地总面积的1.74%,其中耕地约为3 800万亩;人口超过3 300万人,约占全国总人口的3.3%。"六山一水二分田,一分道路和庄园"是本省国土资源利用结构轮廓的概括。从总体上看,江西是一个国土资源富饶、类型多样、潜力较大的省区。其主要特点如下:

(1) 土地资源丰富,类型复杂多样。江西全省土地面积折合24 990万亩,1980年人口为3 270万人,人均土地面积为7.64亩,人口密度为196人/km^2,是我国东南各省人均土地较多、人口密度相对较稀的省份。土地资源比较丰富。由于地貌结构复杂,类型齐全,因而土地类型也多种多样,主要有中山地、中低山地、低山地、高丘地、低丘地、高岗地、低岗地、平地等。其中山地约占36%,丘陵地约占42%,平地、岗地约占22%。同时,土地对比度大,往往在一个不大的范围内引起水热条件的地域分异,使各种土地类型呈有规律地交错分布,结构相当复杂,从而对农业的土地利用产生巨大的影响。以土地利用类型而论,耕地占15%,林地占47%,宜农、宜林、宜牧的荒山荒地占18%,水面占10%,其他占10%。丰富多样的土地资源,是本省国土开发利用与建设规划的物质前提,为农、林、牧、副、渔各业综合发展提供了有利条件。

(2) 中亚热带季风性湿润气候,水热条件优越。本省纬度偏低,全省南起北纬24°29′,北至北纬30°05′,加上距海较近,气候上属中亚热带湿润季风气候,水热条件相当优越。从热量资源看,年平均气温为16.3~19.7 ℃,全省冬暖夏热,无霜期长达240~307天,活跃生长期(即日平均气温稳定通过10 ℃的持续时期)达234~276天,活动积温为5 034~6 343 ℃,

10~20 ℃持续期,除少数山区外,都在190~200天,活动积温在4 500~5 400 ℃。从降水看,本省年均降水量为1 351~1 934 mm,是全国多雨省区之一,年平均径流量为1 483亿 m³(包括地下水可动量),就水量而言,完全可以满足各种农作物对水分的需求。但降水季节分配不均匀,1~3月平均降水量占年总降水量的16%~21%;4~6月占42%~53%;7~9月占18%~27%;10~12月占10%~15%。降水的年际变化也很大,多雨和少雨年份降水量最多可相差一倍。由于降水丰沛,天然水系发育旺盛,赣、抚、信、饶、修五大河均注入鄱阳湖,形成了一个完整的以鄱阳湖为中心的向心水系网,其流域面积约占全省土地面积的97%。鄱阳湖水系由湖口入长江的多年平均径流总量达1 458亿 m³,约相当于黄河年径流总量的3倍。地下水总储量,按最小年适流量计,亦有106.5亿 m³,多于邻近的湖南省。由此可见,从总体上看,本省发展农业生产的水热条件是相当优越的。

(3) 矿产资源丰富,矿种比较齐全,特别是有色金属、稀有金属、稀土金属资源具有全国意义。江西省是华东地区矿产资源最为丰富的省份,且矿种比较齐全,是全国资源配套程度较高的少数省份之一。特别是有色金属、稀有金属和稀土金属资源尤为丰富。据统计,在已探明的60多种矿产中,居全国第一至第四位的共有26种,其中铜、银、钽、铷、铯、镓、铊、铀、钪、伴生硫10种矿的已探明储量居全国首位;居全国第二至第四位的有钨、锂、硒、碲、铋、铌、铍、稀土、磷钇矿、蛇纹石、岩盐、钼、金、锆、高岭土、玻璃用白云岩等。这些矿产资源尽管存在着品位较低、多组分伴生和分布不均匀等问题,但本省位处于我国经济较发达的华东地区,距离我国最大的工商业城市和科学技术基地——上海不远,便于获得经济上和科学技术上的支援,开发利用本省丰富的矿产资源,条件比较有利,可以逐步建设成为全国重要的有色金属、稀有与稀土金属采选、初加工基地。

(4) 水力资源蕴藏量较大,煤炭资源不足。本省丰沛的降水和以丘陵、山地为主的地形条件,使五河上游蕴藏有比较丰富的水力资源。据不完全统计,全省水力能源理论蕴藏量为682万 kW,其中可开发利用的占78%,在华东仅次于福建,居第二位,占全国的1%。水力资源一半以上集中在赣江上游、中游,具有多目标梯级开发的有利条件。本省目前尚未发现有油、气资源,煤炭资源的储量也不足。已探明煤炭储量为12.5亿 t,仅占全国储量的2%。加上闽、浙两省的储量只占华东区的5%,属缺煤省份之一。如果将能源资源折算成标准煤,则全省人口平均拥有量为51.4 t,低于华东地区人均124.2 t的水平,在六省之中居倒数第二位,能源尚显不足。这是本省经济发展的一个不利条件。

(5) 植物种类繁多,是我国东南木竹生产基地之一。在中亚热带湿润气候条件下,本省植被类型多样,资源相当丰富。凡能生长于亚热带地区的主要树种,本省多有分布,已发现的高等植物种类就有5 000多种,其中乔灌木种类即有1 800多种,油料植物有260多种,经济果木300多种,其他用途(淀粉、香料、酿酒、药材、纤维等)的野生植物400多种。更有不少特稀种质资源,据有关部门勘查,全省活立木蓄积量共有2.62亿 m³,并拥有面积占全国1/3以上的油茶林。尚有毛竹8亿多株,是我国东南地区仅次于福建省的重要竹林基地。这是本省经济发展的一个有利条件。

由此可见,江西是我国,特别是华东各省中国土资源富饶、多样,自然条件十分优越的省份之一。新中国成立30多年来,本省经济已有较大发展。1949年至1979年,江西省工农业总产值增长6.6倍,平均每年递增6.9%,其中农业产值每年递增4.2%,工业产值每年递增13%。全省有工业企业12 000多个,交通运输邮电事业也有一定的发展。但是,由于本省原有经济基础较差,加上经济建设中"左"的错误影响,与全国许多省区相比较,是经济发展比较缓慢的省区之一。目前仍是我国长江中下游各省中经济基础薄弱、人均收入较低的省份,和全省自然资源在全国的地位相比较很不相称。本省国土资源的开发利用潜力很大,表现在以下方面:

(1) 尚有一定数量的荒山、荒地资源可供开发,已开发利用的土地利用水平不高。据有关部门提供的资料,全省尚有30%的土地资源没有充分利用,其中大约有1000万亩荒地资源可逐步开发利用;宜林、宜牧的荒山荒丘达3000多万亩;尚未放养而可供放养的水面200万亩。这与东南沿海各省相比较,是一个得天独厚的土地资源优势。就是在已耕垦利用的3800万亩耕地中,土地生产率水平也较低,约有70%的耕地有待进一步改善生产条件,提高单位面积产量。

(2) 光能资源的潜力较大。太阳光照的多寡和光能利用程度,是影响农作物产量的重要因素。江西省光能资源丰富,全年太阳总辐射量,南昌为 487.46 kJ/(cm² · a),赣州为 465.82 kJ/(cm² · a)。并且由于全年气温较高,光能潜力容易发挥。以赣州为例,若光能利用率为 2%,则双季稻经济产量可达 44.5 kg/亩;光能利用率为 5%,可达 1 117.5 kg/亩。据我国有关单位的研究,如各方面条件配合得好,光能利用率可达 6.16%。而目前本省按水稻平均亩产水平推算,一般光能利用率只有 1% 左右,可见利用潜力之大。

(3) 钨矿后备资源多,铜矿资源可进一步大规模开采,其他稀有、稀土矿产资源有待开发利用。江西省是世界著名的钨矿产地,20 世纪 70 年代中期,钨精矿的产量占世界总产量的 1/3,1979 年钨精矿产量居全国第一位,大部分供出口。尽管开采规模大、历史久,钨矿的后备资源仍很多,全省保有储量居全国第二位,生产潜力很大。铜矿资源更为丰富,保有储量超过 100 万 t,约占全国的 1/5。目前开采规模较小,进一步发展的潜力很大。稀土和稀有金属(如钽、铌等)储量也极为丰富,种类多,规模大,易采选,但目前尚很少开采,有广阔的发展前途。

此外,水力资源开发利用前景亦很广阔。据统计,目前已开发利用的水力资源仅占可开发利用水力资源的 13.4%,进一步发展的潜力很大。

应当指出,除了上述自然资源外,在研究国土问题时,不能忽视对经济资源(即通常所说的原有经济基础)和劳动力资源的分析。以经济资源看,前已述及,新中国成立以来江西省的经济虽有较大发展,许多部门,如粮食、木材、钨矿开采、油茶、茶叶、柑橘等生产已有一定基础,但总体来看,在长江中下游或华东各省之中,基础仍比较薄弱。从劳动力资源看,数量较多,素质欠缺。对本省国土资源的开发利用既有利也有弊,应做具体分析。即使从自然资源看,也要看到其不利的一面。如降水的时空分布不均匀而引起旱涝自然灾害;寒潮、霜冷也往往影响农业生产;能源资源储量与本省丰富的矿产资源不相适应;土地资源虽较丰富,但耕地后备资源不足,又多为红壤,肥力低、结构差,水土流失严重等。在对国土资源进行规划建设时必须做全面分析。

6.2 国土资源开发利用中存在的问题

总结历史的经验教训,江西省国土资源开发利用存在着以下问题和矛盾:

(1) 人口增长过快,耕地后备资源不足。据统计,江西省的人口自 1953—1979 年由

1 677万人增加到3 183万人,增长了将近一倍。年平均增长率达3.53%,居南方各省市之首,在全国,仅次于边疆一些省(区)和京、津二市。由于人口的迅速增加,土地的人均占有量大大下降,耕地的后备资源已感不足。1980年与1949年相比,全省人口增长2.5倍,人口密度增加117人/km²,农业人口平均耕地则减少3.7亩。全国农业人口平均耕地,已由新中国成立初期的高于全国平均水平,转变为大大低于全国平均水平。江西已不再是一个人少地多的省份了。

特别应当指出的是,本省适宜农耕的后备土地资源已大大减少。前面提到的本省尚有1 000万亩荒地资源可供耕垦利用,实际上有相当部分已被开垦利用而未计入耕地面积统计之内,另一部分大多是砍伐迹地或森林破坏后的逆向演替的荒坡地。这类土地条件较差,开垦成本较高,且一旦开垦利用不当,还会加剧水土流失,破坏生态平衡。这种由于人口增长过快而带来的人地关系的矛盾必须引起高度重视,采取必要的措施逐步加以解决。

(2) 经济结构不够合理,比例不协调。从工农业之间的关系看,农业的发展明显落后于工业。近20多年来,本省工业有了一定程度的发展,工业在工农业总产值中的比重已由新中国成立初期的11.2%增加到1978年的61.5%。而为轻工业提供原料的经济作物生产反而有所下降,远远不能满足省内轻纺工业发展的需要。1980年,经济作物的自给率——棉花为61%,甘蔗为80%,烟叶为3.6%,黄麻41.6%,影响了轻纺工业的发展,不能满足人民生活不断增长的需要。在工业内部,重工业发展较快,轻工业发展比较缓慢。1978年与1949年相比,重工业增长了96倍,轻工业增长了20倍。全省城乡需要的轻工业品,有40%要依靠外省调入。轻重工业的劳动生产率均较低。在采掘与加工之间也不协调。在农业内部,种植业产值比重高达70%以上,林、牧、副、渔业产值比重尚不足30%。即使是种植业,也片面强调粮食生产,经济作物比重有所下降,大多数经济作物的总产和单产均未达到历史最高水平。再从工农业生产与交通运输、能源的关系看,发展也不平衡。交通运输和能源工业的发展不能适应本省经济发展的需要。

(3) 资源破坏严重,生态失去平衡。历史上,江西曾是一个山清水秀、资源十分富饶的省区。近代,由于政治、军事、经济的原因,加上人口的增长、土地的不合理利用,山林资源破坏相当严重。森林采伐超过立木年生长量的30%以上,缺材县已由新中国成立初期的15个增加到35个。水土流失加剧,生态失去平衡。1981年全省水土流失面积达5 754万亩,占全省土地面积的23%,比新中国成立初期增加2.5倍,其中赣南地区水土流失较严重,面积达8 600 km²,占全区土地面积的1/5。据统计,平均每年坡面土壤的侵蚀量达1 600万t,带走的氮磷钾养分超过全省化肥的年产量。这些地区植被被破坏,水源涵养能力下降,水旱灾害增多;山塘水库淤塞,河床增高,航道废弃;表层沃土流失,土壤肥力下降,田薄地瘠,广种薄收,农业生产低而不稳;三料(燃料、肥料、饲料)俱缺,人民生活比较贫困。河湖水产资源的破坏也十分严重。特别是盲目围湖造田和湖渔滥捕,使天然湖泊的水产资源逐年减少。鱼类的天然捕获量,20世纪70年代比50年代减少了一半,加上工业"三废"的污染,有的湖泊已无鱼可捕。矿产资源的浪费和破坏现象也很严重。特别是近几年来,钨矿开采省、地、县、社遍地开花,缺乏统一规划布局,资源浪费很大,采选回收率很低。工矿企业的"三废"破坏了农田生态环境,污染了地表和地下水源,给农业生产和人民生活带来负面影响。

(4) 家底不清,管理不严。新中国成立以来,随着国民经济的发展,本省先后多次进行了各种不同类型的资源调查。但是这些调查大多是以条条为主,即根据各部门的需要进行的,且水平较低,部门之间互不通气,以致资源不清,给开发利用带来很大盲目性。加上对国土资源管理不严,没有"立法"机构,多头经营,各自为政,缺少综合研究、统一规划,从而产生上述浪费资源、生态失衡的现象。近几年来,中国科学院南方山地考察队在本省泰和县进行了自然资源的综合调查研究,取得了很好的效果,为开展以农业为对象的自然资源调查提供了经验。但从国土开发、利用、整治与保护角度看,除上述农业自然资源的综合调查外,还应当调查地区的矿产、水力资源,以及劳动力和经济资源。全面分析地区各种资源开发利用的潜力与利弊,探讨地区经济的发展方向,论证主要生产部门的远景规模与资源保证程度,为有关部门制定长远规划提供基础资料与科学依据。

(5) 教育、科技力量薄弱。国土资源的开发利用和社会主义建设事业需要有大批的科技人才。新中国成立以来,江西的科学、教育事业有了很大发展,但总的看来,水平不高,力量相当薄弱。以 1978 年为例,平均每万人在校学生人数,高校为 6.8 人,中专为 9.1 人,普通中学为 531.6 人,小学为 1 614.1 人,不仅低于全国平均水平,就省内而言,尚未达到历史最高水平。现有科技人员数量不足,结构不合理,水平不高,外流现象也较严重。这是本省经济发展的一个不利因素,也是国土资源合理开发利用与规划建设中的一个突出矛盾。

(6) 地区差异大,资源利用的地域结构不合理。从全省来看,地区经济发展不平衡:北部高于南部,平原高于山区,城市高于农村。人均收入的地区差异很大。在资源利用的地域结构上也不合理。以土地资源利用为例,农、林、牧、副、渔五业用地,只重视耕作业,而忽视林、牧、副、渔业用地的合理利用;只重视平原耕地,而忽视广大丘陵山区的开发利用,在片面强调"以粮为纲"思想指导下,产生毁林开荒、破坏生态平衡的现象。在耕作业内部也发生以粮食挤经济作物的现象。土地长期实行单一种植,忽视用养结合,土壤肥力下降,生产力水平不高。就一个地区资源利用的相互关系而言,也往往缺少统筹考虑和全面规划利用,甚至出现本地资源弃而不用,而从外地输入原料发展生产的不合理现象。

上述国土资源开发利用中存在的问题和矛盾,充分说明了开展国土资源利用、整治、规划工作的必要性和迫切性。

6.3 国土整治建设规划的几点意见

国土的整治与建设规划是国民经济长期建设规划的重要组成部分。以下就如何搞好江西省的国土整治建设规划问题谈几点粗浅的认识:

(1) 进一步调整经济结构,发挥地区优势。从江西的自然资源和经济基础及其目前在全国所处的地位看,粮食、木竹、钨砂、陶瓷是明显的优势产业部门;从潜在的优势看,油茶、茶叶、柑橘等经济果木和铜、银、钽、铌、钼为主的有色金属、稀有金属、稀土金属的开采、加工等有广阔的发展前途。要充分发挥上述优势部门的作用,逐步合理地调整经济结构。首先是调整农、轻、重的关系。加强农业,进一步发挥农业(特别是粮油、木竹)的优势。大力发展以农副产品为原料的轻工业,满足省内需要,增加财政收入。重工业重点发展有色冶金、稀有和稀土工业。其次,要注意各部门内部的协调发展。农业生产在继续大力抓好粮食生产的同时,提高轻纺工业原料的自给率。山区以林为主,农、林、牧结合,大力开发丘陵山地,利用红壤荒坡地,重点发展以茶叶、柑橘、油茶、油桐、桑等为主的亚热带经济果木。要充分利用河湖水库的水面,发展养殖业,大力提高单位面积产量。还要加速发展畜牧业生产,特别是养猪业和养牛业。轻工业生产主要是发展以本省农副产品为原料的纺织、制糖、造纸、酿酒、罐头、木竹加工、乳制品、卷烟等部门,要搞好原料基地的建设;要大力提高技术水平,改造现有设备,提高劳动生产率;要增加花色品种,提高产品质量。重工业内部,一方面要根据国家需要和本省资源情况,发展钨、铜、稀土、稀有金属的开采业;另一方面要加强选矿、冶炼和加工工业,增加产值利润,发展出口,多增外汇。机械工业主要是为农业、为轻工业、为人民生活服务。

(2) 大力发展能源工业、交通运输和科学教育事业。江西省和全国一样,能源、交通和教育是生产发展的薄弱环节,必须大大加强。

① 能源工业:本省能源工业基础比较薄弱,目前电力构成 2/3 是火电(火力发电),水电(水力发电)占 1/3。年发电用煤约 400 万 t。江西煤炭资源储量不多,开采条件较差,成本较高;而水力和核能资源(铀)则相当丰富。目前已开发利用的水力资源只占可开发利用的 13.4%,核能资源尚未应用于发电。今后应逐步加强水电的发展,由火电为主过渡到水电为主;在条件具备时(如上海等地以资金、器材、技术支援江西),发展核能工业。水电主要是对赣江进行综合开发利用;赣南可发展核电站;为适应赣东北铜矿采选、冶炼加工的需要,宜发展火电站。要加强电网建设,逐步实现与华东各省联网。本省煤炭资源不足,可适当由外省调入。还要因地制宜采用沼气、薪炭林等多种途径解决农村能源问题。随着农村经济的发展,这个问题将显得日益重要。

② 交通运输业:本省现有铁路通车里程近 1 300 km,公路里程超过 30 000 km,内河航运里程超过 6 600 km,其占全国的比重分别为 2.57%、3.39% 和 4.85%,比新中国成立初期大大降低,运输能力严重不足。其主要问题是,现有铁路技术标准低,通过能力小,特别是浙赣线,运输量已超过 1 100 万 t,西端只能满足实际需要的一半,是全国主要的卡脖子区段之一;南线运量也大大超过该线通过能力;而新修的皖赣线、大沙线竣工后,老线负担将更重,矛盾更突出。首先,应迅速采取措施改造浙赣线、南浔线,同时应尽快新建赣粤铁路,使本省南北相连,既可加速赣中、赣南的经济发展,又可减轻京广线负担。其次,要提高现有公路质量,加强路面整修,增加汽车车辆,提高公路运输能力,降低成本。要加强山区公路建设,特别要加快本省境内山地与省内中心城市以及省际新干线的建设。最后,要重视发展以鄱阳湖为中心的水运事业,结合赣江整治、鄱阳湖综合利用等,全面规划发展水运事业,还要加强九江等港口码头的建设,提高吞吐能力。

③ 科学教育事业:本省是华东地区文教事业比较落后的省区。第一,要采取积极有效的措施,加快普及小学教育,提高广大劳动人民的文化素质;第二,要适当发展高等教育事业,从本省实际情况出发,增设省内急需专业,加速培养人才;第三,要大力发展中等专业学校,培养广大城乡迫切需要的科学技术人才;第四,要大力开展现有技术人员的培训进修,提高科技水平。

(3) 重点建设鄱阳湖地区和吉泰盆地。国土建设规划要区分轻重缓急,首先要抓重点地区。鄱阳湖地区是农业商品化程度较高,城镇工矿交通比较发达,土地利用矛盾较多,生产发展潜力较大的地区。吉泰盆地目前生产水平较低,但土地资源丰富,生产潜力很大,应作为本省国土整治建设规划的重点。

① 鄱阳湖平原地区:本省最重要的经济区域,工农交通运输业比较发达,城镇较密集,人口较集中,粮、棉、油、畜、水产和工业产值均居全省之首位,在省内有举足轻重的地位。特

别是提供商品粮数量大,约占全省的 43%(1979 年),是全国重点建设的商品粮基地之一。本区水土资源丰富,自然条件优越,经济基础较好,生产发展潜力较大。目前存在着工农交通运输争地、环境污染、劳动就业等问题。特别是滨湖地区在耕垦、放牧、血防、水利、水产、航运、种植芦苇等方面的矛盾更加尖锐。即使在农业内部也存在粮食作物与经济作物争地的矛盾,洪涝、干旱等自然灾害也影响农业生产。应在省委、省政府领导下组织多学科研究人员,对鄱阳湖地区进行深入的全面综合考察,在调查的基础上,联系赣、抚、信、饶、修五河上游的开发整治,提出综合开发、利用、治理、保护和建设的规划方案。中央在财力、物力上应给予必要的支持。从鄱阳湖地区在全国的地位看,其发展方向应是,加快商品粮基地的建设,处理好粮、棉、油、畜和水产业之间的关系,注意发展历史基础较好的有传统特色的生产部门;充分发挥南昌、九江等经济中心的作用,加快发展工业生产;保护水产资源,大力发展人工养殖;积极解决能源和交通运输问题;努力发展文教事业,为全省输送人才。

② 吉泰盆地:省内重要的商品粮基地。目前生产水平较低,但水土、生物资源丰富,相对来说,人均占有耕地较多,生产潜力很大,应作为省内重点建设的地区,国家给予一定扶助。本区应以粮食生产为主,同时发展木本油料、柑橘和甘蔗生产,发展制糖、纺织、食品工业,结合赣江流域整治规划,发展灌溉、电力、航运事业,加快经济发展。

(4) 植树造林,保持水土,建设山区。本省山地丘陵面积广大,由于人为的破坏,水土流失十分严重。规划建设好山区,不仅对山区本身的生产发展具有直接意义,而且对改善平原地区的农田生态环境、促进工农交通运输业的发展具有深远意义。从国土整治和建设规划的角度看,山区建设的重点应是林业,同时注意农、林、牧结合。首先要贯彻执行《中华人民共和国森林法》,坚决杜绝在丘陵山区盲目垦荒、破坏森林资源的现象;同时,要在对各类土地资源进行调查分析的基础上,因地制宜,全面规划,综合治理。在河谷平原地区,耕地集中,应努力提高集约化水平,调整耕作制度,实行轮作,扩大培肥作物和绿肥面积,实行用养结合,提高单位面积产量。丘陵山区应大力开展植树造林,尽快绿化荒山和采伐迹地,建设多层次防护林体系,并从根本上防止水土流失,保持生态平衡。对现有林地,要严格控制采伐量,坚持边采边造、采育结合、造管并举,使青山常在,永续利用。造林应注意采取合理方式,当前应以营造针阔混交林为主。

此外,还应特别注意低丘岗地荒坡地的合理利用问题。此类土地面积广大,利用潜力大,目前存在着农、林、牧争地的尖锐矛盾,水土流失严重。此类土地亦应以林业为主,特别适宜发展经济林(油茶、油桐、板栗)、薪炭林和水土保持林。在有条件的地区,可利用草山草坡,适当发展畜牧业,但应改变自由放牧的习惯。少数低岗,水肥劳动力条件好,可适当种植粮食作物和经济作物,实行多种经营。

(5) 搞好计划生育,控制人口增长。江西是全国人口增长率最高的省区之一,1978 年自然增长率为 19.62‰,必须采取有效的措施,使人口的自然增长率逐年下降,设想 1980 年降到 1.2%,1985 年为 0.6%,2000 年左右降到零。则预计 2000 年时江西的人口为 3 500 万人,人口密度为 210 人/km²。从本省的自然资源(特别是土地资源)的情况看,20 世纪末,全省人口控制在 3 500 万人之内是比较合理的。但实现这一指标任务十分艰巨。由于各地区自然、经济条件不同,人口密度不同,生产潜力不同,应当因地制宜制定切合实际的人口发展规划。在城镇郊区、工矿区和人口过密区,应严格控制人口增长,坚决只生一胎,还要鼓励人口外迁。在人口稀疏区,人少地多,劳动力不足,资源利用潜力大,近期计划生育可控制在

1.5胎左右,尚可从人口稠密区适当迁入人口,还要制定有利于人口合理分布的政策。

(6) 在对国土资源进行全面深入调查的基础上,认真搞好省内经济区划、区域规划和城乡建设规划。调查研究,摸清家底,是国土整治与建设规划的基础工作,必须首先认真搞好。而且由于国土研究涉及土地、水域和大气及大中小各类城乡集镇,涉及各种产业、事业部门,调查研究必须在省委、省政府的统一领导下,组织多学科协作进行。其次在摸清家底的基础上认真开展省内经济区划和区域规划、城乡建设规划的工作。实际上,资源综合考察、经济区划、区域规划、城乡规划都应属于国土整治与规划的范畴,资源综合考察和调查是国土规划的基础和前提,经济区划、区域规划、城乡规划是不同层次、不同深度的国土规划。只有完成了经济区划、区域规划、城乡规划,才是完整的、切实可行的国土规划。其与国土规划的关系可以说是局部与整体的关系。经济区划是在对自然、社会经济条件与资源进行调查的基础上,根据国民经济的需要,按照一定的原则分区划片,确定各地区的经济发展方向,主要生产部门的发展规模,地区经济结构和区内外合理的经济联系及经济中心的地位和作用。经济区划是区域规划和城市规划的基础。在经济区确定后,在一个经济区内对国民经济建设进行总体部署,这就是区域规划。区域规划往往与城市规划不可分割,城市规划是一定时期内城市发展计划和各项建设的综合部署。区域规划可为城市规划提供科学依据,而城市规划又可推动区域规划工作,并使其充实和完善。就江西的情况来看,新中国成立以来,至今尚未开展过完整的综合考察、经济区划、区域规划工作。即使做过一些工作,也大多是分部门的或是肤浅的,缺乏综合和深入。正因为不重视这方面的工作,在国民经济计划的地区安排上往往带有较大的盲目性,生产力布局出现许多不合理的情况。应当总结过去的经验教训,切实把这方面的工作抓好。当务之急是在省委统一领导下,成立专门机构,组织专业队伍制订工作计划,首先搞好资源清查与综合评价工作,在此基础上开展经济区划、区域规划,使本省的国土整治与建设规划工作逐步深入,社会主义经济建设沿着科学的轨道有条不紊地进行。

[刘君德,李天任.江西省国土资源开发利用与建设规划问题初探[C]//华东师范大学地理系,华东师范大学西欧北美地理研究所.地理研究文集(6):国土开发与整治专辑(一).上海:华东师范大学,1982]

解读:本文研究了江西省的国土资源开发利用和国土规划问题,由于作者之前对全省进行过全面深入的调研,对省情有较好的把握,因而,文章对省域国土资源的评价和开发利用中的问题分析比较全面,所提出的国土开发利用整治的建议具有针对性,符合江西省情。作者提出的重点建设鄱阳湖地区和吉泰盆地的观点切中江西省国土开发整治的要害,时至今日这两个地区仍然应是江西省空间开发的战略重点。文章最后强调的"资源综合考察、经济区划、区域规划、城乡规划都应属于国土整治与规划的范畴"的观点,以及它们之间的相互辩证关系的分析,是本文的一个亮点。

7　浙江省湖州地区的国土经济优势

背景:1983年的元月中旬,应浙江省湖州地委、行署的要求,我主持召开了全系教职工大会,动员、布置开展湖州地区(含其所属吴兴、长兴、德清、安吉县)的国土资源调查工作。下旬,党总支和行政组织40多位教职工前往湖州,开展以"国土整治"为核心内容、多学科的全面调研。当年年底完成了《湖州地区国土开发与整治考察报告》。该文是"考察报告"中有关内容的提炼,侧重于研究湖州地区的经济优势问题。

湖州市,含一个城区、一个郊区县(吴兴县[①])和长兴、德清、安吉3个县,地处浙江省西北部,濒太湖西南岸。

本区属典型的亚热带季风气候区,气候温和、雨量充沛、日照充足,农业气候资源十分丰富。全区土地面积为5 076 km²,其中平原占38.8%,水面占6.2%,山地丘陵占55%。复杂多样的地形类型为粮、鱼、桑的发展提供了良好条件。矿产资源以石灰石储量居多,大理石、石英石、黄沙、石棉等资源也有分布。浙皖交界的长兴地区还是浙江省煤炭分布集中的区域。西部山区的水力资源也较丰富。

湖州市228万人口中,农业人口占86.4%,人多地少,劳动力充裕有剩。农业生产相当发达,商品经济水平较高。又因本区公路、铁路、水运交通便利,地处以上海为中心的长江三角洲经济区的西缘部分,与上海、杭州、苏州的联系十分密切,经济发展条件相当有利。

新中国成立以来,湖州地区的经济优势突出地表现在以下两个方面:

一是,多品种的农业商品性生产相当发达。长期以来,本区已逐步形成以粮为主、林木副渔综合发展的农业区域。粮食常年亩产663.5 kg(1978—1982年平均值),油菜籽常年亩产80.5 kg(年限同上),茶叶平均亩产47.5 kg(1982年),蚕茧平均亩产71.9 kg,大大高于全国平均水准。1982年全区共提供商品粮3.7亿kg,粮食商品率达26.6%。其他如茶叶、蚕茧、毛竹等农产品的商品率都在90%以上。1982年淡水养鱼产量为2 340万kg,占杭嘉湖地区养殖产量的一半以上。

二是,以丝绸工业为主、有地方特色的工业发展已有一定基础。本区纺织工业、建材工业居重要地位,尤以丝绸工业专门化意义更大。特别是丝绸工业具有全国意义,是本区历史悠久且具有特殊重要地位的部门。以湖州市为中心的星罗棋布的70余家丝绸工厂,已经形成了一个缫丝、织绸、印染和服装加工等完整的丝绸生产体系。1982年湖州市一地的丝绸工业产值就达2.5亿元,占该市工业总产值的28%,其主要产品白厂丝的产量居全国第一位,丝绸品产量仅次于杭州,名列第二。大批产品远销五大洲和国内市场。

如何扬长避短,进一步发挥优势条件,促进湖州市经济的发展?我们认为,从本地区的经济条件、特点及其在上海经济区的地位来看,需要采取以下几个方向性的措施:

(1) 调整区域内部的部门结构与地域结构

生产的部门结构和地域结构,二者具有相互依存的关系,在一个特定的区域内,这种关系如果结合得好,彼此关系协调,就有利于地区优势的发挥;反之,则不利于地区经济的发展。

以下分别对工业、农业、交通运输业的部门与地域结构问题加以分析:

本区工业各部门之间和各工业部门的内部存在着不够协调的问题。在丝绸工业内部缫丝、织绸能力大,印染薄弱,服装加工较落后;建材资源丰富,但与能源存在尖锐矛盾,也阻碍了水泥产品优势的充分发挥。在轻工业中,食品工业比重过小;在重化工中,化工薄弱。

针对上述情况,要进一步加强具有优势的丝绸工业,积极发展水泥等建材工业,改善机械工业,合理发展化工和传统特色的工业,在建立强大的副食品生产基地的基础上发展食品工业。通过调整,逐步把本区建设成为以丝绸、建材、食品工业为主的,轻重工业协调发展的工业结构。在工业地区布局上也应该根据资源、历史基础及其他社会经济条件做适当调整。

在农业内部存在着争地的矛盾。本区是浙江省重要的商品粮基地,同时又是蚕桑、淡水鱼、湖羊和毛竹的生产基地。随着人口的增加,国家要求多产粮食,而从长江三角洲经济区需要和区内以农业为原料的工业发展来看,则要求多发展经济作物和林牧副渔多种经营,这就产生了土地资源利用中的矛盾。在经济作物和林牧副渔业之间也存在着矛盾。如桑与湖羊的关系,结合得好,互为促进;反之,则互为制约。目前,一年养蚕四五次,桑叶全被喂了蚕,湖羊只得改吃水草,而水草的营养较差,易导致湖羊患寄生虫病,死亡率增高。在养鱼方面,本区立体水域上层鱼的放养密度占65%左右,已经达到饱和状态;而中下层的放养密度则不足,主要是饲料问题。毛竹的生产管理存在粗放、采伐过度现象,影响了毛竹的产量。毛竹也需要施肥,复合肥料的生产不能满足需求。

本区的农业生产发展要合理利用土地资源,耕地的面积不宜再扩大,耕地之中粮田的面积也不宜扩大。耕作业主要是改善农业生产条件,提高单产;加强水利建设,改造低产田,促进高产稳产;根据气候、水利、土壤条件,因地制宜选择"两水一旱"或"两旱一水"的耕作制度[②]。要做足山地丘陵和水面资源的文章,进一步发展林业和渔业,形成合理的农业结构。要逐步扩大林木面积,建设用材林基地;稳定茶园面积,改造低产茶园,提高茶叶品质。

本区的水运条件是发展的优势,但矛盾较多。如湖申线(湖州至上海),新中国成立以来运力增加了三四十倍,但航运条件并未相应改善。如湖州至李家巷的南航线,承担着全地区石料出口的1/3运量,年运量达200万t,但航道狭窄,堵塞严重,大部分港口的靠泊能力小,又缺少堆场,货物常常无法下卸,成为本区采石、水泥工业发展的制约因素;有时从铁路运来的货被迫运往杭州、嘉兴等地,再经水运转运至区内,人力、财力浪费惊人。水利、航运、公路各自为政的矛盾时有发生。公路造桥不考虑航运,如湖州市的青年桥桥身设计净空偏低,一旦完工,市区的十几座码头泊位将报废,以至于该桥建了一半就遭到航管部门的"抗议",使该桥处于欲建不能、欲罢不忍的尴尬局面。

从交通运输状况的地域结构看,本区的东部平原地区要进一步发挥水运优势,加速碍航建筑的拆迁改造工作,改革船型,规划开辟新航线;西部丘陵山区公路运输的重点是提高道路等级,改善路况,搞好养路工作。

(2) 协调区域外部的部门结构与地域结构

区域外部主要是指湖州地区与上海经济区的关系。一是要使湖州地区的工农业产品进入国际市场,并具有竞争力。为此需要加强与上海经济区内的协作,形成具有出口优势的"拳头"产品,如白厂丝、白坯绸等,与上海的丝绸印染、服装加工联合,共创长江三角洲丝绸工业生产的优势。二是要充分发挥本区域劳动力资源丰富的特点,与沪杭等中心城市的设备、资金、技术优势的有利条件紧密结合,从而获得市场信息的加强,设计力量的充实以及技术力量的培育等收益,努力在质量和品种上下功夫,使区内一些基础较好的产品,如民用挂锁、微型电动机、液压机床等得到扶持发展,增强销售力。还要在享有市场声誉的手工艺和工艺产品领域,加强与长江三角洲、全国乃至国外的经济联系,拓展销路,要解决原料不足、产品价格不够合理、外销渠道不畅等问题。

在区域内部,一是要充分利用别的区丰富的农产品资源进行加工生产,除粮、桑、畜、水产、茶、竹等之外,鲜藕、百合、白扁豆、板栗、青梅、珍珠等在省内外享有盛名,可以发展食品加工工业。二是区内拥有不少文化古迹资源,如湖州的飞真塔、铁佛寺,黄龙山麓的黄龙宫,吴兴县南浔镇的嘉业堂(又名藏书楼)、小莲庄,安吉县的吴昌硕故居与独松岭的独松关,以及莫干山天池等著名自然景点,要大力发展旅游业,搞好旅游规划,建设长江三角洲区域旅游网络体系,促进区域经济发展。

(3) 切实解决能源问题

能源不足是本区经济发展的大问题。以煤炭为例,国家供应只能满足50%,其余要靠协作解决。协作煤价格高,且供应无保障,影响了大耗能工业(如氮肥、水泥等)的发展。此外,茶叶炒制也需要煤炭,炒制一担(1担=50 kg)干茶大约需要100 kg煤炭,目前计划供应只能解决80%,每逢采摘旺季,由于燃料供应不上引起鲜茶霉变的情况时有发生,影响茶叶质量。

本地区内可以采取的措施主要有4个方面:一是挖潜、开发利用本地资源,建设小煤窑;二是合理调整煤炭运输流向,解决煤炭调拨对流运输的不合理状况;三是开发利用区内山区的水力资源(尚有40%的水力资源未开发),发展水电;四是改造设备,降低能耗,推广余热发电。此外,还要研究解决农村能源问题。

(4) 以政策措施促进区域优势的巩固与发展

在发挥地区优势过程中,政策因素十分重要。它直接关系到集体和个人的利益,处理不好,区域优势受到抑制,对个人、集体、国家都不利。

以毛竹生产为例,目前产销价格不合理,产地得利少,销地得利多,影响了产地生产和收购的积极性。安吉县调往省内各县的毛竹每支利润只有0.04~0.08元,而调往外省的利润每支为0.5~0.54元,销往上海则每支可得利润达0.60元,差价较大。据此,安吉县1981年、1982年两年少得利润47.8万元,近两年出现毛竹收购下降趋势,影响毛竹产业的发展积极性。

再以茶叶为例。1970年以后,政府鼓励发展茶叶生产,栽种1亩(1亩≈666.7 m^2)密植条栽茶,国家补贴100元;加上1960年以来茶叶的3次提价,促进了茶叶生产的发展。1980年规定茶叶实行派购,一定5年不变。每交50 kg干茶,奖励15 kg大米、20 kg化肥;但1982年下半年茶叶出现滞销,1983年减少了派购量,取消了奖励,茶农不满。一些地方(如德清县)出现砍茶种薯、退茶还竹,茶叶生产不稳定,随政策变化而波动。工商税过高,也影响了茶叶生产。

(5) 以环境生态平衡的战略思想规划未来

由于人口增加、工业发展、农药使用而造成的农业生态恶化对本地区未来的经济发展可能带来影响,这将是关系本区域经济优势进一步发挥,并关系子孙后代的大事,需引起高度重视。

新中国成立以来,本区的耕地面积日渐减少,1951年农业人口人均粮田面积为1.32亩,1982年减少为0.74亩,县市域商品粮出现下降趋势。区内农业生态环境正在恶化。嘉兴地区农业区划委员会的研究表明,本区的土壤耕作层变浅,耕性变差,缺素症明显。据典型的土壤剖面分析,目前的水田土壤耕作层仅13 cm左右,比1958年第一次土壤普查时浅2～4 cm。1957年以来,由于有机氮农药的大量使用,土壤中残留的有机氮含量增加。在河流上游的丘陵山区,由于砍伐森林,水土流失面积扩大。据西苕溪中游的某水文站资料,在其上游的1 940 km^{2}范围内,流失的泥沙量在逐年增加。以枯水年份做比较,1966年为11.4 t,1978年增加到18.5 t;中水年份比较,1970年为25.1 t,1977年增加到49.4 t。两者分别增加了62%和97%。

另据嘉兴—湖州地区统计,有50个公社10万多亩水面受到来自87家工厂工业废水的污染,每年的排放量为15 701万t,导致100万kg商品鱼和20万尾鱼种死亡,损失约为130万元;在全区57.19万亩的外荡中,水草的放养面积为18.5万亩,占外荡养鱼面积的43%。由于水草覆盖面积过大,"水面摇船没有缝,鱼类透气没有洞",从而带来鱼争肥、争水、争氧的矛盾,影响鱼类生长。

大气污染影响蚕桑和粮食生产。区域内每年有害气体的排放量为3 627万m^3。1982年春蚕期间就有5个县市66个公社的春茧中毒受害,当年减收春茧250万kg,损失达1 000万元。长此以往,将严重破坏本区域长期以来已形成的区域(丝绸生产)优势。是保持丝绸生产优势还是继续让"砖瓦大上"需要做战略决策。我们认为,对于区域内的此类"隐患"不能等闲视之,要尽快寻求科学答案。当务之急是应该着手生态平衡的研究与部署,以确保未来湖州地区优势环境和产业的进一步发挥。

[刘君德,金鼎馨.进一步发挥湖州地区经济优势的初步研究[J].工业、城镇布局与区域规划研究(内部刊物),1984(8):48-51]

解读:本篇文章开门见山,主题突出,第一手资料丰富而生动,集中论述湖州地区的经济优势问题。什么是湖州地区的经济优势?如何扬长避短,进一步发挥优势条件,促进湖州市经济的发展?从当时湖州地区的区情和认知水平看,"多品种的农业商品性生产""以丝绸工业为主、有地方特色的工业"是两大优势产业。文章围绕这两大优势产业的发展和布局中的问题,有针对性地提出了见解。尤其是运用人文—经济地理学的理论方法解剖湖州地区"区域内部"与"区域外部"的"部门结构与地域结构""以政策措施促进区域优势的巩固与发展"以及"以环境生态平衡的战略思想规划未来"的理性分析是相当到位的。

注释

① 今湖州市区吴兴区。
② "两水一旱"指冬春一季旱作,夏秋两季水稻的耕作制度;"两旱一水"指一年只种植一季水稻,余为两季旱作。

8 皖南山区的开发与经济振兴

背景:1983年开始,我带领中国科学院南方山区考察队三分队30余人(由华东师范大学地理系和生物系、环境科学研究所部分教师组成),开展了历时5年的南方山区综合科学考察工作。皖南山区是考察的重点地区之一,也是第一站。1985年完成了皖南山区的考察任务,10月下旬在皖南屯溪市召开了"成果汇报评议会",顺利通过了评审。1987年,华东师范大学出版社出版了《安徽省南部丘陵山区国土开发与整治研究》。此文在考察成果的基础上,经修改加工,被收录于中国科学院南方山区综合科学考察队编《中国亚热带东部丘陵山区典型地区自然资源开发利用研究》专辑(科学出版社,1989年)。全文为3万余字,此处摘录部分内容。

皖南山区位于安徽省长江以南,东南西三面与苏浙赣三省交界,包括黄山市、宣城地区、芜湖市所属的青阳县(含九华山),安庆地区长江以南的贵池、东至和石台,共17个县市(区)。全区土地面积为481 km²,超过全省的1/5;1986年人口为501.12万人,约占全省的1/10,人口密度为171人/km²。皖南山区是一个具有旅游经济特色、多种经营比较发达的山区。

8.1 资源优势与区域开发中的问题

皖南山区资源多样、物产丰富,历史上商品经济和文化比较发达,明代以经营茶业为主的徽商雄飞全国,足迹遍天下,有"无徽不成镇"的美称。文房四宝显示了皖南人民的智慧和创造才能。徽州的文化、医学、建筑、烹饪等具有独特的风格,新安画派与医学、徽州的朴学、建筑与盆景、砖雕与木刻、徽剧与徽菜等等,都在历史上产生过重要影响。这里还是我国不可多得的历史文化遗产集中分布的区域之一。近代,由于种种原因,皖南在全国乃至安徽省的经济文化地位逐渐衰落。

新中国成立以来,皖南山区以茶、粮、林为主的农业经济和工业、交通事业有了一定程度的发展。1986年工农业总产值达28.33亿元,比1949年增长7倍多。但与邻近的苏浙相比,差距很大,是上海经济区内经济水平较低的地区之一。本区位于长江中下游,在全国经济战略布局中属中部开发地带,为沿海经济发达地区向内地待开发过渡的结合部,与上海、南京、杭州及省内的芜湖相距不远,区位条件较好。这是本区资源开发、经济建设与环境整治的基本出发点。

8.1.1 资源优势

从安徽省内看,本区相对优势的资源主要有以下6个方面:

1) 丘陵山地为主的土地资源

皖南山区人均土地资源10亩(1亩≈666.7 m²)多,是全省平均农业人口的2.15倍。土地构成复杂,山地占55%,丘陵约占35%,山间盆地、河谷平原和水域占10%。宜林土地资源丰富,复杂多样的土地类型为发展多种经营提供了有利条件。山地降水较多,湿度较大,自然肥力较高,适宜发展松、杉、竹、栎等用材林和茶叶、油桐、漆树、油茶等经济林;丘陵地区坡度和缓,光照充足,枇杷、柑橘、杨梅等亚热带果木有一定发展前途。振兴皖南山区,势必要大力开发,合理利用占土地面积90%左右的山地丘陵土地资源。

2) 具有垂直差异特征的气候资源

皖南山区四季分明,气候温和,雨量丰沛,光照比较充足。由于纬度偏南,是安徽省热量资源最丰富的地区。这里多年平均气温为 15.9～6.4 ℃,≥10 ℃的积温为 4 880～5 170 ℃,无霜期为214～240天。在海拔200～300 m及200 m以下的低丘盆地,热量条件能够满足双季稻生长的需要,也有利于茶叶、蚕桑和多种经济作物(苎麻、棉花、烤烟等)的生长发育。冬春季极端最低气温低于-10.9 ℃的地区(屯溪东至、青阳),对亚热带果木越冬不利;但枇杷、柑橘、杨梅等在南部的局地气候条件下生长良好。

本区的年降水量为 1 300～1 700 mm,时空分布不均,4～9月的降水量占全年的70%。多雨年与少雨年的降水量相差一倍以上,是本区水旱灾害的主要自然原因。

区内水热资源随地形高度的变化而变化。大致在1 400 m以下,平均每上升100 m年降水量增加 80 mm,积温则减少150～180 ℃。这种垂直差异对植被的景观变化和农林牧业生产的立体布局影响很大。

3) 丰富的水资源和水能资源

皖南山区丰沛的降水为区内的河川提供了丰富的水源,全区年径流总量为251.16亿 m^3,人均为5 110 m^3,高于全省平均水平。水资源总量丰富,但分配不均,开发利用程度低,水利工程调控能力低,在枯水期难以满足工农业生产用水需要。当保证率为75%时,近期(1990年)缺水约5亿 m^3;当保证率90%时,缺水达6.6亿 m^3。以上说明迫切需要做好水利工程配套和新建一批水利设施。

皖南山区地势起伏,许多县的落差达1 500 m,水能资源丰富。据估算,理论蕴藏量为126.10万 kW,其中可利用的为60.73万 kW,而目前开发的仅占37%,开发利用潜力较大。

4) 竹、林、茶为主的多种生物资源

皖南山区的植物种类约为1 300种,主要类型为马尾松、杉木、黄山松等针叶林,次为毛竹和灌木林。被国家列为重点保护和特有的树种有香果树、领春木、华东黄杉等,还有许多野生的果类、纤维、芳香、药用植物,是发展多种经营和轻工业加工的有利条件。

林、茶是本区的优势植物资源。林业用地为2 792万亩,占皖南山区总面积的66%,其中有林地1 218万亩,宜林地1 234万亩。森林蓄积量为2 746万 m^3,森林覆盖率为32%。林竹资源总量和人均量在省内具有突出地位。由于处于缺林的长江三角洲外缘和上海经济区的腹地位置,因而赋予了其特有的经济意义和生态意义。皖南是我国重要的茶叶生产基地,年产量超过2 500万 kg。祁红、屯绿、黄山毛峰、太平猴魁是我国茶中上品,远销各大洲。

皖南山区的陆生脊椎动物至少有76科、361种,有些是我国特有的保护动物,特别是扬子鳄,集中分布在皖东南的宣州、广德等地。这里已建有全国最大的扬子鳄自然保护区。

5) 以黄山、九华山为主题的旅游资源

旅游资源是皖南山区国土资源的突出优势,有以下特点:

(1) 景点多样,特色显著。可供观赏旅游的各类景点不下数百处,山川、溶洞、植被、水库、宋街、明居、寺庙等古建筑和佛教、道教圣地,以及文房四宝等,多种多样,各有特色。闻名中外,具有区际意义的,有号称天下四绝(奇峰、怪石、古松、云海)、被列为中国名山之最的山岳风景区——黄山;融自然、文人景观于一体的宗教圣地——九华山、齐云山;集中体现徽文化特色的歙县、屯溪、黟县;天然古朴的牯牛峰、清凉峰自然保护区等。其中,黄山、九华山被列为国家级风景旅游区,歙县为全国文化名城,屯溪一条街为全国重点保护的建筑景观。

(2) 分布普遍,相对集中。几乎各县都有比较丰富的旅游资源,但相对集中于黄山、九华山两个中心。黄山旅游区是一个自然景观与人文景观相互组合,包括太平湖、清凉峰、牯牛峰、歙县、齐云山、屯溪、黟县等在内的综合性大型旅游区。黄山与九华山一南一北,由太平湖相连接,周围众星拱月,构成皖南风景区"哑铃状"分布格局。

(3) 位置优越,开发条件好。皖南的旅游资源处于上海经济区中,发达的长江三角洲的外缘地带,地理位置优越。皖赣铁路穿越其间,长江航运连贯东西,公路网也较密集,还有屯溪机场可与国内外发展民航事业。交通条件和格局有利于本区与苏南、上海、浙江、江西共同形成区域旅游网络。

6) 举世闻名的"文房四宝"资源

皖南是中国"文房四宝"——纸、墨、笔、砚的集中产地,唐宋即富盛名,时徽州府的歙县曾设有专营的"四宝堂"。宣纸、宣笔产于泾县,徽墨、歙砚产于歙县。"文房四宝"充分显示了皖南人民的智慧和才能,是我国不可多得的历史文化遗产资源,其保护、开发有利于皖南经济的发展。

8.1.2 区域开发中的问题

皖南山区的国土资源在安徽省和上海经济区内具有一定优势。新中国成立以来,虽然在开发利用资源、推进山区发展方面取得了不少成绩,但主要由于主观的原因(表现在方针、政策等方面),加上客观的条件较差,本区在资源的开发、利用、保护以及经济发展方面还存在许多问题,有待研究解决。

(1) 人口增加,耕地减少,粮食偏紧。皖南山区的休屯和歙县盆地,早在明清时代,由于商品经济的发展,人口已经相当稠密,经济水平较高,但为耕地较少、缺粮较多的地区。新中国成立后,人口快速增长,而耕地增加有限,近年尚有减少趋势,人地矛盾尖锐。以徽州地区为例,农业人口平均耕地由 1949 年的 1.55 亩到 1986 年的 0.75 亩,减少了一半多,且坡耕地的比重增加。粮田面积比重小,单产低,粮食自给水平低。全区人均占有粮食 135 kg,大大低于全省平均水平和邻近的江浙赣等省。

(2) 经济基础落后,资金严重不足。1986 年,全区按人口计算的工农业产值为 563 元,相当于全省水平的 72%,比浙西山区低 50%;工业多是在"五小"基础上发展起来的集体小企业。全区经济基础薄弱,除歙县之外,16 个县市入不敷出,资金、技术等因素制约了全区的经济发展和城乡建设。

(3) 能源短缺,交通条件较差。水力资源开发利用程度低,能源条件限制了大耗能工业的发展。人均能源水平低于全省和全国的平均水平,在河谷平原,一般农户缺柴达 3 个月。皖南的交通运输发展较快,新建了皖赣铁路,公路网密度提高到 15 km/100 km^2,但仍低于全省平均水平。全区有 2/3 路段的交通运载量超过允许数额,路况差,抗灾能力小。

(4) 资源浪费,破坏严重,生态环境恶化。首先是森林资源的不合理和过量采伐,森林覆盖率下降,林木蓄积量减少,水土流失、生态失衡,自然灾害加剧。皖南山区的水土流失面积达700万亩,占土地总面积的16%,其中轻度流失占55%,中度流失占30%,严重流失占15%。20世纪60年代,全区性旱灾约6年一遇,70年代缩短为3年;大的洪涝灾害由17年一遇缩短为8年一遇。1983年、1984年连续两年的洪涝灾害给宣城地区造成的经济损失超过10亿元。皖南山区的野生动植物资源也在迅速锐减,甚至枯竭。猕猴桃的收购量逐年下降。矿产资源的浪费破坏也很严重。旌德凤形山萤石厂,由于滥挖乱采,1965—1982年的资源回采率仅为59%;广德优质的大理石,由于采用炮采,资源损耗率在90%以上,成材率仅为5%!大量的植被被毁,恶化了生态环境,破坏了旅游资源。齐云山如今已成荒山秃岭,旅游价值大为下降。

(5) 行政区划体制多变,对经济发展干扰甚大。新中国成立以来,皖南地区(包括沿江地带)的区划变动频繁,几乎年年都有,较大的即有7次;屯溪市的变动多达13次,为全国罕见。这种频繁的变动,浪费了大量资金,也给行政区划体制增加了复杂性。不合理的区划变更,还人为地割断了传统经济联系,堵塞了合理的流通渠道,极不利于地区经济发展。如池州地区撤销后,皖南西部诸县原有合理的经济联系被割断,给贵池、青阳、石台等县带来诸多不便,多头领导、群龙无首,经济无所适从。行政区划的不合理,还影响经济建设的统一规划,以致重复建设、盲目布点、互相掣肘的事时有发生。皖南现有的行政区划格局,在很大程度上已经成为皖南经济振兴的一个消极因素。

8.2 开发治理与经济振兴的目标与步骤

8.2.1 目标

根据国家和安徽省的规模经济、社会发展的总目标,充分发挥区内国土资源优势,针对存在的主要问题,皖南山区开发治理与经济振兴的战略方向是,充分开发利用区内优势资源,在开发利用与治理保护相结合的原则下,实行北靠东联,以林为主,综合发展,旅游突破的策略。加强与长江三角洲地区经济的横向联合,使全区逐步发展为以林业、旅游业、加工工业和多种名特产品生产为主的,具有山区特色、环境优美的,开放式、网络型的发达的经济区。争取到20世纪末或稍长一点时间内,达到以下3个相互联系的战略目标:

(1) 建成具有全国意义的旅游区和茶叶等名特产品生产基地,省内外的木材、建材、副食品主要供应基地之一,低能耗、少污染、小运量加工工业发展区;

(2) 因地制宜,广开门路,大力发展商品经济,发展第三产业,控制人口增长,治穷致富,使皖南逐步成为一个富饶美丽的山区,人民生活达到小康水平;

(3) 加强综合治理,基本控制水土流失,防治水旱灾害和三废污染,优化生态环境,使之成为长江下游,特别是长江三角洲的生态屏障。

8.2.2 步骤

(1) 在空间步骤上,与沿江地带紧密联系,统筹谋划。以沿江城市为依托,加强横向经济联系;保护治理好山区,发挥山区生态屏障的作用。在经济发展战略上,先沿江,后山区,以沿江带山区、促山区;在环境生态治理方面,以流域为单位,上下游综合整治。维持生态平衡战略的重点在山区,而三废治理的重点在沿江城市。

在丘陵、山地、河谷平原与盆地,在各县之间,实现战略的步骤也有不同。近期,首先建设好三区(屯溪、徽州、太平)、两县(市)(贵池、宣州)、两山(黄山、九华山)、一湖(太平湖)。屯溪、贵池、宣州是皖南山区三足鼎立的3个重要门户,又都是(或曾经是)地区级行政中心,基础较好,交通较方便。首先建设好这3个城镇,使之成为本区南部、西北部和东北部的经济中心,从而成为整个皖南地区的重要依托。其中,屯溪又是重中之重。

(2) 在建设时序上,1990年之前,继续调整经济结构,着重发展旅游业、林果业和加工业,加强能源、交通和重点城镇的建设;加速企业的技术改造和智力开发,推进改革,提高效益,为经济振兴打好基础;在生态环境方面,重点抓好丘陵区的治理、改造,选择不同类型地区的小流域进行整治,建立林业、种植业、养殖业、加工业结合的人工生态系统,控制水土流失,改变山村面貌,逐步实现治穷致富。1990年以后,加快发展速度,使皖南山区成为以黄山、九华山为"中心",极具特色、能与瑞士媲美的世界公园,我国重要的林、茶、名特产品生产基地之一,全面实现生态治理目标。

8.3 生产布局与开发治理对策

8.3.1 全面规划,大力发展旅游业

(1) 重点开发黄山—太平湖—九华山旅游景区。
(2) 开拓旅游市场,提高旅游经济效益。

8.3.2 大力加强用材林基地建设,保护和发展森林景观

皖南山区属我国的南方林区,区内有宜林荒山、荒地和灌丛1 250多万亩。宜林地资源丰富,光、热、水有利于林木生长。本区位于长江三角洲的外缘,木材的市场需求量大,陆路交通比较方便,更有长江水运之利,林业基地建设的条件相当优越。可选择自然条件和原有基础较好的县市作为用材林基地建设的重点。如休宁、祁门、石台、黟县、歙县、旌德、宁国、泾县、太平等,山地面积比重大,是现有商品木材的主要产区。但由于这些县市多为江河的源头,也是风景点集中分布的地区,要注意同时发展水源涵养林和风景林;兼顾发展经济林和薪炭林。用材林基地的建设中,还要注意合理经营和管护好现有林木,封、造并举,加速造林绿化,调整林业结构,合理布局,对木材实行综合利用。

8.3.3 重视粮食为主的耕作业,发展畜牧业、水产业,合理安排经济作物生产

(1) 基本稳定粮田面积,大力提高单产,提高粮食的自给水平。在当前皖南山区交通尚不够便捷,全国粮食生产不很富裕的情况下,保证区内生产足够的粮食是山区大农业发展的

基础和建立本区巩固的林、茶、土特产品生产基地的前提条件。主要是加强农田基本建设，改革耕作制度，实行科学种田，大力提高单产，提高粮食的自给水平。

（2）合理安排经济作物，适当集中，主攻单产。主要是蚕桑、棉花、苎麻和烟叶。

（3）大力发展畜牧、水产业。

8.3.4　加快工业化发展步伐

皖南的工业十分落后，1986年的工业产值只占全省的5%，大部分的县市工业产值比重尚未过半，加速发展本区的工业，是区域经济振兴的主要内容之一。总体方向：充分利用生物、水力和非金属矿产资源，发挥原有传统特色，近期推行资源转换为主、劳动密集型为主、轻型结构为主的发展战略，重点发展建材、木材和农副产品加工及传统工艺品生产。区内合理分工，南部以屯溪、歙县、祁门为中心，发展食品、传统工艺品、木竹加工、陶瓷、丝麻纺织和某些机械产品；东北部以宁国、宣城、广德、泾县为中心，发展建材、采矿、食品、轻工和某些机械产品；西北部以贵池为中心，发展建材、化工、食品、轻工以及大耗水、大运量的工业部门，轻重工业综合发展，与芜湖、铜陵、马鞍山等协调配合，共同构建安徽省长江南岸的"工业走廊"。牢牢围绕提高经济效益和产品质量两个中心，增强市场的竞争力。

8.3.5　建立皖南山区综合运输网络

（1）重点发展公路：重点加强黄山、九华山旅游区的公路建设，提高公路等级。
（2）充分利用铁路：充分利用皖赣铁路，加快修建宣（城）杭（州）线。
（3）加强航道开发：涉及新安江、青弋江、水阳江、青通河、秋浦河等的河道开发。
（4）尽快扩建屯溪机场，在旅游区辟建直升机场。

8.3.6　立足当地，辅以外援，多种途径解决能源短缺问题

（1）做好节能工作。
（2）因地制宜，开发区内多种能源资源，多能互补，综合利用。发展水电，开发小煤窑，营造薪炭林，开发沼气能源。

8.3.7　控制水土流失，改善生态环境

水土流失现象是自然对人们的不合理利用土地或过度索取的一种惩罚。皖南山区局部地区的水土流失相当严重，并有继续恶化趋势。以歙县东南部、休屯盆地两侧红岩和紫色页岩丘陵地、绩溪花岗岩地区、广德和宣州北部的第四纪红土岗丘地、石台的石灰岩丘陵地等最为严重。本区的水土流失之所以严重并有所加剧，除了生态比较脆弱的自然因素之外，主要是社会经济原因造成的。其一，有些地区人口密度过大，耕垦过度，如歙县南乡人均耕地不足0.4亩；其二，某些农村经济政策的缺陷，如造林政策，促使农民实行"普伐、全垦、砍阔

造杉"等极易造成水土流失的开发方式。

治理水土流失的原则,首先是合理调节人与地之间的物质能量平衡,从减轻土地的人口压力入手,给土地必要的休养生息,促使其有更新复苏的转机;其次要把治理措施的选取与治理目标(脱贫致富)相联系,使治理措施本身在短期内获得经济效益。

(1) 广辟生产门路,实现部分劳动力转移。

(2) 以解决农村能源问题为突破口,保护森林植被。

(3) 以生物措施为主,增加植被的覆盖率,形成有效的防护体系。

(4) 根据不同流失程度和类型,因地制宜采取相应的措施。

(5) 以小流域为单元进行统筹规划、综合治理。

8.3.8 调整行政区划体制,促进皖南经济振兴

考虑到皖南西部、东部和南部在自然地域单元、历史和现今的经济社会联系和存在问题的差异性,拟分为三大片提出以下调整意见:

(1) 皖南南部。原徽州地区(包括原太平县)本是一个紧密联系的整体,区内旅游、农业、工业、交通运输业、商业等协调发展,但自黄山设市之后,行政分割,地区与市、山上与山下矛盾尖锐,阻碍了区域经济发展。1985年我们提出了分两步走的调整行政区划的建议。近期,黄山市(原太平县范围)由徽州地区代管,远期地市合二为一,取名徽州或黄山市,以协调皖南南部以旅游为主体的、旅游—工业—农业综合发展的区域经济。可喜的是,1987年11月国务院批准撤销原徽州地区和黄山市,设立地市合并的新黄山市,较好地解决了行政区划体制的矛盾。

(2) 皖南东部。包括芜湖市和宣城地区的皖南东部,由青弋江、水阳江水系连接所属县市,是一个完整的自然地理单元,也是一个以芜湖为中心的区域经济整体。人为分割,于经济社会发展、资源开发保护不利。建立以芜湖为中心,包括皖东南诸县市的"市带县"体制是可行的。宣州市可以作为芜湖市的卫星城市发展。目前在宣州已经和芜湖市分设的情况下可以通过合作推进发展。

(3) 皖南西部。贵池县改设市[①],实现"市带县"体制,使皖南西部归一统,并解决贵池目前存在的多头领导、条块分割、相互扯皮的突出矛盾。同时建议青阳县与九华山融为一体,成立九华山旅游开发经济实体,政企分开,县、山统一规划,协调发展。

8.4 分区开发治理与经济发展方向

皖南山区由地貌骨架所构建的各区域自然综合体的界线与地区级行政区划界线表现着惊人的一致性。地区之间在气候、土壤、生物、矿产,乃至其他人文资源方面存在着较大差异。这种差异客观上要求在制定和实施皖南山区开发治理与经济发展战略构思中,必须因地制宜确定不同的方向、重点和采取不同的对策。根据资源量、资源结构及组合的差异性,社会经济基础与建设条件的差异性,开发利用方向和治理重点的差异性,以及保持县级行政区化的完整性,皖南山区可划分为3个综合性开发治理与经济建设区。

8.4.1 皖南南部区

行政区划上包括黄山市所属的三区(屯溪、黄山、徽州)四县(歙县、休宁、黟县、祁门),土地面积和人口分别占皖南山区的33%、27%,自然地理上由新安江水系和黄山山体组成。旅游业、农业的多种经营较发达。

以黄山为主体,包括齐云山、太平湖、清凉峰等自然景观,与歙县、屯溪、黟县等以古建筑为特色的人文景观风格独特,是本区最突出的优势资源。区内水热资源比较丰富,林茶果分布集中;为徽州文化的发源地;皖赣铁路穿越其中。以旅游为主体的、旅游—工业—农业综合发展是本区区域经济的发展方向。

应当指出的是本区人口与粮食、资源、能源、环境的矛盾比较尖锐,在大力发展旅游业的同时,坚持"以林为主,多种经营,全面发展"的方针,综合治理新安江水系,治理水土流失,努力将本区建设成为一个具有徽州特色的旅游、林—农—工协调发展,美丽富饶的山区。

8.4.2 皖南东部区

行政区划上包括宣城地区的6个县市(宣州、宁国、广德、泾县、旌德和绩溪),土地面积和人口分别占皖南山区的38%和45%,主要由长江干流及其小支流——青弋江、水阳江组成,是一个以农业经济为主、建材工业较发达的地区。

区内非金属资源比较丰富,拥有多个大型矿山企业,煤炭资源也较多。农业人口人均耕地1.1亩。皖南东部邻近江浙和沿江,交通比较方便。本区行政区划体制多变,水旱灾害频繁,农业单产水平较低。本区的发展方向:加强与南京、芜湖的横向经济联合,重点发展农副产品加工、建材和传统工业,努力建成皖南地区的粮油集中产区、沿江地带的农副产品加工和轻工业原料基地,省内和上海经济区的建材工业基地之一,全国的宣纸画笔生产中心。重视加强宣城的扬子鳄保护区、泾县新四军纪念地、广德太极洞旅游资源的开发利用和保护。

8.4.3 皖南西部区

皖南西部包括原池州地区的贵池、东至、青阳(含九华山)、石台四县,土地面积和人口分别占皖南山区的29%和28%,主要由长江干流及其小支流——青通河、秋浦河、后河等小流域和九华山山体组成。区内农业比重大,工业基础差。

区内以九华山为主体,包括石台、贵池、青阳在内的旅游资源开发利用潜力较大,人均耕地相对较多,粮棉油麻耕作业和水产、畜牧业有发展潜力。本区行政区划体制多变,森林砍伐过多,自然灾害严重,经济发展不够稳定,山区交通不便,横向经济联系薄弱。今后宜发展旅游、农业和建材工业,要充分利用沿江水运条件,调整行政区划,建设中心城市——贵池市,使之成为省内重要旅游基地,水产、水禽养殖基地,建材工业基地,以及皖南地区重要的粮、油、棉、蚕桑、苎麻、畜牧产区。

[刘君德.合理开发区域国土资源,振兴皖南山区经济[M]//中国科学院南方山区综合科学考察队.中

国亚热带东部丘陵山区典型地区自然资源开发利用研究.北京:科学出版社,1989]

解读:此篇文章是在皖南山区全面考察基础上的综合性、总结性成果的提炼,是多学科专家集体参与的成果;也可以说它是我从地理学视角对大区域空间进行系统研究的代表成果之一。无论是从南方山区考察课题本身要求,或是从区域地理学家李春芬先生的教诲来看,都有必要或必须"以问题为导向",从"综合"和"区域"这两个紧密联系的视角,论述中国亚热带山区的自然演进过程和经济社会发展的客观规律,弄清特定的自然地理环境——皖南山区与区域发展之间的相互作用及逻辑关联,哪些是正面的,哪些又是负面的,从中寻找解决山区问题的方向性措施以及相关的政策建议。这是地理工作者的重要使命。这篇研究报告努力去做了,与中国科学院南方山区考察队其他分队成果的一个显著不同之处,是我对皖南山区的自然区与经济区、文化区,特别是与行政区之间的关系进行了深刻分析,揭示了其中的矛盾,紧紧抓住这个矛盾进行解剖,发现了"调整和改革行政区划体制"是皖南山区经济社会发展、城镇空间布局以及城镇化科学推进的关键因素,进而提出了建议。这应该是我主持的三分队在皖南山区考察的一个具有原创性发现的重大成果,也是我此后从事行政区划研究的一个诱因和动力。

注释

① 1988年12月,国务院已经批准贵池县改设市(县级)。

9 浙西山区的开发战略与治理

背景:浙西山区与皖南山区毗连,属皖浙赣山区的一部分,是三分队考察的重点区域之一。淳安、开化为考察的重点县。先期完成了问题较多、复杂而要求急迫的淳安县的调查,1985年1月,我代表考察队向县四套班子汇报了研究成果,反响十分强烈。事后才知道,我的报告被录音在全县播放。1985年完成了浙西山区的全部考察任务;1987年8月通过浙江省科委组织的专家验收;1989年华东师范大学出版社出版了《浙江省西部丘陵山区国土开发与整治研究》专著。由我主笔拟写了《浙西山区国土开发整治综合报告》。这篇论文是在"考察报告"基础上经过提炼写成的。

9.1 区域概况与资源评价

9.1.1 区域概况

浙西山区位于浙江省西部,北纬$28°46'\sim31°19'$、东经$120°10'\sim118°16'$之间,南北相距约270 km,东西较窄,最宽处约120 km。西部与安徽省南部山区和江西省东北部山区为邻,东部、南部分别与杭嘉湖平原和金衢盆地相接,北部与江苏省太湖平原、宁镇丘陵相连。其行政区域由北而南依次包括湖州市属的长兴、安吉,杭州市属的富阳、临安、桐庐、建德和淳安,衢州市属的开化、常山,共计9个山区县。全区土地面积为20 188 km^2[①],约占全省土地面积的1/5;1985年人口为386.7万人,占全省总人口的9.6%,人口密度为192人/km^2,不足全省平均人口密度的1/2。1985年全区工农业总产值为43.44亿元,其中工业产值为30.09亿元[②],占69.3%;农业总产值为13.35亿元,占30.7%。两者分别占全省工业和农业总产值的5.5%和10.3%。本区是浙江省重要的茶、竹、林、土特产和煤炭、电力、建材工业生产基地。与其他山区相比,本区是一个资源开发利用程度较高、工农业生产基础较好、经济发展条件相当优越的山区(表9-1)。

表9-1 浙西山区与浙南、浙东山区基本情况对比(1985年)

区域	土地面积/km^2	人口/万人	人口密度/(人/km^2)	人均工农业产值/元	人均国民收入/元	人均产粮/kg	人均社会商品零售额/元
浙西山区	20 188	386.70	192	1 124	783	456.5	404.5
浙南山区	18 785	230.24	123	601	517	361.5	300.7
浙东山区	9 361	490.09	524	891	621	361.5	336.2
全省	101 800	4 020.56	395	1 683	908	402.5	490.9

区内经济的基本特点是,工农业并重,多样化发展,地区差异明显。以邻近的中心城市杭州和湖州为核心,其生产发展水平自东而西、由北向南呈梯状分布。

从区域地理位置来看,浙西山区地处上海经济区的腹部,是距沪宁杭经济发达区最近的山区之一,区位条件优越,具有重要的战略地位。开发、治理、规划、建设好浙西山区,对于实现浙江全省经济发展战略的总目标具有十分重要的意义。又由于本区位处江河上游,其治理和保护将对东部下游发达的平原地区起到重要的生态屏障作用。

9.1.2 自然资源评价

浙西山区具有比较丰富多样的自然资源,许多资源在省内甚至在上海经济区内占有优势。

1) 土地资源

浙西山区地形复杂多样,但以丘陵低山为主,耕地狭小。"八山半水一分田,半分道路和庄园"是本区土地结构格局的生动概括。丘陵低山面积约占土地总面积的81.73%,是一个耕地较狭小,山地面积较大,而水面积占有一定比重的山区。

后备耕地资源缺乏,现有耕地生产率已经达到较高水平,1983年全区耕地生产率达292.36元/亩(1亩≈666.7 m^2),而邻近的皖南宣城地区耕地生产率只及浙西山区的51%。但同年的林地生产率和水面生产率分别只有13元/亩和10元/亩左右。可见,本区土地资源开发利用潜力主要在山、水,特别是面积较大的草山、草坡和以新安江水库为主的水域资源。

2) 矿产资源

全区已发现的矿种有37种,其中已探明储量的有32种,在省内具有重要地位的有膨润土、萤石、石灰石、白云石、水泥配料、煤等,从远期开发利用的前景看,石煤、钨矿和装饰石材、印章石、硅灰石等资源具有优势(表9-2)。能源不足是本区工业发展的制约因素。

表9-2 浙西山区重要矿产资源基本情况(1984年)

矿种	保有储量	分布	现有开发规模	备注
膨润土	6 940万t	临安、安吉、长兴	钠基土2.5万t 酸性白土3.0万t 钙基土500~1 000 t	临安平山是国内向市场供应钠基土的矿山,正在扩建
萤石	>300万t	临安、常山、安吉、建德	2.4万t	临安县储量>200万t,有新桥、庐塘两大型矿山
石灰石	水泥灰岩9亿t 化工灰岩1.16亿t 熔剂灰岩3 000万t	建德、长兴、富阳、常山	合计724万t	远景总储量>50亿t
大理石	>300万m^3	长兴、槐坎	4万m^3/a	成材率低,资源损耗大
白云石	>1亿t	富阳、桐庐	产量低	未经详细地质勘探工作
煤	1.3亿t	长兴、淳安、建德	129万t	集中于长兴西部和安徽广德

(续表)

矿种	保有储量	分布	现有开发规模	备注
石煤	9.7亿t	常山、开化、建德、淳安、富阳、临安	>100万t	含硫高,灰渣多,部分含放射性元素较高
钨(铍)	9 037 t	临安、昌化	钨精矿186 t	伴生氧化铍469 t
硅灰石	20万t	长兴李家巷	未采	—
印章石	无确切储量	临安、常山	手采,质量低	未经详细地质勘探工作

3) 水资源和水力资源

浙西山区多年平均降水量为1 200~1 700 mm,是省内降水集中地区之一,地表水资源总量达166亿 m³,人均、亩均都大大超过全省和全国平均水平。水资源相当丰富,但时空分布不均,易发生洪涝和干旱,必须通过工程调节,才能保证工农业发展对用水的需要(表9-3)。

表9-3　浙西山区水资源与全省、全国比较(1983年)

地名	地表水资源/亿 m³	地下水资源/亿 m³	亩均水资源/(m³/亩)	人均水资源/(m³/人)	单位面积径流量/(万 m³/km²)
全国	26 380.00	7 718.00	1 800.00	2 700.00	35.52
浙江省	849.60	64.40	3 326.00	2 400.00	89.80
浙西9县	166.35	33.61	5 988.11	4 456.62	82.34

浙西山区水力资源十分丰富。全区水力资源可开发量达137.88万 kW。合计已开发104.67万 kW,占可开发量的76%,开发利用程度很高。全区尚有33.21万 kW可供开发利用,一半以上分布在临安和淳安。

4) 生物资源

本区属中亚热带与北亚热带的过渡区,年平均气温为15.5~17.3 ℃,10 ℃以上的活动积温除长兴之外,都在5 000 ℃以上,常山高达5 498 ℃,热量资源相当丰富。区内地形复杂,局地气候多样,适宜于多种生物的繁衍。据初步估计,全区有植物2 000余种,其中种子植物有1 800多种,蕨类植物250多种。有约占全省一半的珍稀种分布在浙西山区。

本区是省内重要的竹木生产基地之一。全区林业用地为1 826万亩,其中有林地1 373.3万亩,占75.2%。全区森林蓄积量为1 909万 m³,占全省总蓄积量的20%以上。毛竹总蓄积量占全省的28.4%,多位于河流上游,具有重要生态意义。

浙西山区已知有324种陆生脊椎动物,其中扬子鳄、白颈长足雉、黑麂、獐、梅花鹿、云豹、豹及金猫8种为国家一类保护动物。另有20种国家二类保护动物。

由于经营方针和产业政策的某些失误,加上人口的压力,浙西山区的生物资源数量大大下降。据初步估计,20世纪80年代初比50年代野生动物资源减少80%;森林乱砍滥伐,植被破坏严重,覆被率下降,水土流失加剧,生态失去平衡。全区水土流失面积为440万亩,约占土地面积的15%,其中约有1/3是严重流失区。

5) 旅游资源

浙西山区旅游资源丰富,现有景点已达 100 多个。以水景和山景为主,兼有溶洞、生物和人文景观。景点呈条带状分布于本区的中部。北条带以天目山山岳风光为主体,南条带以"两江一湖"(富春江、新安江和千岛湖)的水景为主。前者兼有植物、气候等自然景观和人文景观,后者兼有湖、山、林、岛、泉、瀑和众多人为景观组合一体的景观。

本区条带状分布的旅游资源格局,东与杭州景区相接,西与黄山景区相连,北与太湖景区相近,南距浙南、武夷山景区不远,在整个上海经济区旅游网络中处于中心位置,加上较为便捷的交通条件,赋予了它特别有利的开发条件和利用前景。据预测,全区游客容量一年可达 800 万～1 000 万人,开发利用的潜力很大。

9.1.3 社会经济基础

1) 交通、能源基础设施得到加强

全区现有公路里程约 5 000 km,路网密度为 24.82 km/100 km^2,每万人有公路 13 km,均超过全省平均水平[③]。基本形成国道、县道与县乡道紧密联系的公路网。内河通航里程 966 km。另有杭(州)—长(兴)和金(华)—岭(后)两条断头铁路,交通尚称便利。

浙西山区能源工业已有相当规模,是本区经济发展的有利条件。

2) 商品经济发展相对较快

浙西山区优越的经济地理位置,使其商品经济得到一定程度的发展。农副产品商品率较高,粮食一般为 17%～18%,林木一般在 33% 左右,茶叶大体为 85%～90%,蚕桑为 88%～98%,毛竹在 75% 左右。地方财政收入达 33 416 万元,支出 20 677 万元,收入大于支出 12 739 万元。这在其他山区是极为少见的。

3) 人才、科技条件

在人才、科技条件等方面本区也优于其他山区,但与东部发达的平原三角洲地区相比,又明显处于劣势地位。采取切实有效的措施,吸引人才"进山",仍然是浙西山区经济振兴的一个关键。

9.2 战略方向与布局

9.2.1 总体战略方向与目标

根据浙江省国民经济发展规划的要求,充分考虑浙西山区在全省和上海及上海经济区内的战略地位,针对本区区域开发与建设中存在的问题,本区应实行:工农业并举,内外向结合,东联西拓,优化组合,强化管理,科技先行,注重效益,区域分工的开发战略。依托于杭州、湖州、衢州三市,经过若干年的努力,把本区建设成为省内以林、茶、果为主,农、林、牧、副、渔业全面发展的农业基地之一;以建材、农、林产品加工、机械为主,小型为主,具山区特色的工业发达区之一;以观光和休养为主的旅游业基地之一。最终,浙西将成为工农业和第三产业协调发展、经济发达、城乡一体、人民富裕、环境优美的社会主义文明山区。

"工农业并举"是指同时重视工业和农业生产,使浙西山区不仅成为浙江省重要的农、林、牧、副、渔业基地,也是工业发达地区。当前尤其要加强农业。"内外向结合"是指区内的工农业生产要内外向结合进行。既考虑国内、区内市场的需要,也要积极创造条件发展外向型经济,为沿海发展战略服务。近期,以内向型产品为主,逐步扩大外向型产品比重。"东联西拓"即大力加强与东部地区,尤其是沿海城市的联合,引进资金、技术、人才,借道进入国际市场;大力拓宽中西部地区的市场,输出技术、人才,开辟原料、燃料来源。"优化组合",主要是调整区内产业结构,加强专业化分工协作,努力克服结构的趋同性,发挥自己的优势,与湖州、杭州、衢州3个中心城市协调发展。"强化管理",是当前区域开发、经济发展的主要对策,具有特殊重要的意义。要改革体制,打破条块分割,严格执行各种法令,诸如《中华人民共和国土地管理法》《中华人民共和国森林法》《中华人民共和国矿产资源法》《中华人民共和国环境保护法》等,并结合本区情况制定有利于山区资源开发、利用、保护和振兴山区经济的各种地方法规,如《千岛湖区管理条例》等。"科技先行"是指大力培养山区实用人才,推行"星火计划",使科技进山,加强智力开发,从根本上促进山区经济振兴。"注重效益",主要是采取各种措施,大力提高开发与发展经济、社会和生态效益。近期内,一般不扩大规模。"区域分工",即因地制宜,发挥各自优势,实行合理布局。认真实行以上战略,经过若干年努力,浙西山区完全可以建设成为我国南方山区现代化的样板,在全国山区开发治理中起示范作用。

9.2.2 主要产业部门发展与布局

1) 确定粮食面积,挖掘增产潜力

浙西山区是个粮食生产水平较高,提供商品粮较多的地区。全区粮田面积为245万亩左右,1985年总产176.6万t;平均单产达721 kg;每农业人口平均产粮超500 kg,高于全省和全国平均水平。区内除淳安县需调进粮食之外,县县有余粮。这是本区经济发展的一大优势。但近几年来,有的县单纯从经济效益考虑,过多地调整了粮田面积,有些好田也被改挖成鱼塘,以致粮食生产下降,区内粮食生产发展也不平衡。各县有相当面积的低产田,不少粮田还常常受到水旱灾害的影响生产不够稳定。第一,从总体布局上看,粮食面积要基本稳定。第二,大力改造中低产田,提高单位面积产量。第三,重点建设好商品粮基地县、基地乡。长兴县是国家商品粮基地县之一,富阳、桐庐的富春江沿岸是重要的商品粮产区。要增加投入,改善水力设施,提高稳产高产农田的比例,增强抵御自然灾害的能力。

2) 加强林、竹基地建设

本区自然条件十分适宜林木生长。据资料,多数县立木年平均生长率为7%~11.5%,比邻省的皖南山区高得多。从长远的经济意义和生态意义考虑,应加速本区林、竹基地的建设。首先,要大力发展速生丰产林,实行林业集约经营。其次,要合理调整林业内部的结构,重视发展经济林、水源涵养林和风景林、防护林以及其他特用林。区内合理分工,开化、淳安、临安、安吉重点发展用材林;安吉、临安、富阳主要发展竹林,建成商品竹基地;长兴、富阳、桐庐、建德经济林可多发展一些;"两江一湖"两岸山地,应重视发展风景林、水源涵养林等。要大力提倡针阔叶树混交,提高阔叶林的比重。重点林区要发展林产加工工业,大力提高竹林产品的利用率，使资源增值。

3）巩固发展茶桑果生产

关于茶叶生产。首先，要巩固现有茶园面积，加强科学管理，重点建设好高标准茶园，进一步提高单产。其次，大力发展名贵、品种多样的茶叶，加强茶叶加工、包装环节，提高茶叶的等级，增强市场的竞争能力。最后，努力降低生产成本，提高经济效益。

关于蚕桑生产。浙西山区是全省重要的蚕桑产区之一，是区内重要的经济来源。近几年来出现蚕桑由老区向丘陵山区新区转移的趋势，应正确引导，积极扶持发展，但要注意：一要适当集中布局；二要加强基本蚕园的建设，防止水土流失；三要防止在桑园区布置有污染大气的企业。

此外，要充分利用各县低丘岗地、"十边"地，因地制宜，大力发展各类果品生产，逐步形成各具特色的基地。相应地发展储藏保鲜和果品加工工业，使产品增值。

4）发展畜牧业和渔业

本区的畜牧业生产应走农牧结合、林牧结合、种草养畜的道路。选择条件较好的草场，有计划地进行改良，引进禾本科、豆科优质牧草，发展食草家畜，尤其是小型食草动物，如羊、兔、鹅生产。根据本区的条件，提倡户养为主，加强优良畜种的繁殖和防病治病。应大力发展饲料加工工业，注意降低成本，提高畜禽饲料的质量，提高经济效益。

浙西山区水产业是农业生产中的一条短腿，今后应重点发展水库网箱养鱼，建成全省商品鱼生产基地，重点是淳安、建德两县。内塘养鱼也要大力提高单产，并改变长期鱼种单一状况，多生产市场需要的特种水产品（甲鱼、螃蟹等）。

5）加速发展副业与庭院经济

副业生产在浙西山区农村经济中占有重要地位。年副业产值一般要占农业总产值的20%以上，仅次于耕作业而居第二位，要继续抓好。着重发展食用菌生产；利用本区药材资源丰富的优势，建立中草药种植加工基地；选择市郊山区建立逆季节蔬菜生产基地；以市场需求加工业为依托，大力发展庭院经济。

6）建立适合山区特点的工业结构，加快工业发展步伐

第一，重点抓好食品、建材、机械、轻纺等支柱工业生产。对木竹加工及利用山区原料发展起来的造纸工业，要加速"三废"治理，开展综合利用，提高加工深度，使资源增值。本区建材工业有广阔的销售市场，是重点建设的工业部门之一。重点建设长兴、富阳两个建材工业基地。搞好规划，在"两江一湖"的旅游区应控制发展规模，注意合理布点。机械工业应以重点产品为龙头，加速技术改造，进一步提高质量，增加品种。

第二，加速发展以水电为主的能源工业。本区为缺能区，随着交通运输条件的改善，特别是宣杭铁路的全部建成通车，应相应增加煤炭、燃料油的供应，以缓和区内能源紧缺状况。区内大型水泥工业基地的建设，应同步解决能源问题。

第三是巩固发展乡村工业。这是振兴农村经济的必由之路。浙西山区资源丰富多样，乡村工业发展门路广，邻近东部发达乡，产品销路也较广，还便于取得中心城市在资金、人才、技术设备等方面的支援和发展横向经济联系，应适当加速发展。着重于提高效益，扩大规模。各县乡镇工业发展要因地制宜，合理分工，形成特色。

7）发展以观光、休养为主的旅游业

本区位于上海经济区风景旅游网络的聚焦点，据预测，2000年，仅新安江风景区的游客即可达 800 万人。旅游业可望成为浙西中部各县重要的支柱产业之一。

旅游资源的开发利用要按照因地制宜、突出个性、经济合理、择优开发、美化环境、保护资源、协调发展的原则进行。要充分利用本区自然条件发展有特色的森林旅游业。千岛湖、天目山和自然保护区都有条件发展。近期,重点规划建设好千岛湖森林旅游景区。

要加强旅游服务设施的建设和交通网络的完善。针对目前"两江一湖"风景区跨越 4 个县、分散管理、各自为政、矛盾较多的情况,建议在杭州市旅游部门统一领导下,成立"两江一湖"风景区协调委员会,统一规划、建设和管理,协调发展。要控制风景旅游区有污染工业的发展;控制"两江一湖"各上游河段流域的水土流失,大力开展荒山绿化,保持水土,从根本上改善生态环境。

8) 加强交通与城镇建设,振兴山区经济

(1) 关于交通建设

一是大力发展水运,改善公路交通,修通宣杭铁路。集中力量重点发展水运。这是因为:①公路尽管是本区交通运输的主体,但基本已形成网络,公路密度已达到全国中等以上水平。②浙西山区大量的非金属矿产和木竹等资源,运量大,单位重量价值低,采用下行水路运输方式,经济效益明显。③水运在浙西交通运输系统中曾起着主要作用,特别是钱塘江水系,自古以来即是沟通浙西、皖南山区和杭嘉湖平原地区的主要通道;如今由于新安江、富春江电站建设过程中忽视了航运的效益,未及时建设过船设施,加上上游水土流失加剧,河床淤浅,水运的地位逐步下降,严重影响了区域资源的开发和经济的发展,据淳安县、徽州地区的不完全统计,自新安江大坝碍航以来,多支出的运杂费超过 5 000 万元。由此可见,大力发展水运,是改善浙西交通运输条件的主要途径。

为此,首先要尽早续建新安江、富春江船闸,解决大坝碍航问题。其次要提高西苕溪的航道等级。目前西苕溪的货运量远远大于钱塘江水系,在湖州市郊已达 1 000 万 t,从长远看,由于长兴、安吉二县盛产石灰石、建筑石料、黄沙(包括部分皖南来的)和竹木,2000 年运量将可能翻番。为此,必须根据各河段的具体情况,提高航道等级。最后要重视港口码头的建设。钱塘江水系重点建设富阳、桐庐、建德、淳安港,西苕溪水系重点建设长兴县城、李家巷、泗安、合浦等港口。

二是发展公路运输。对于山区来说,无论是近期或远期,公路都应是主要运输方式。要重点解决"卡脖子"路段的问题。特别是杭州市远郊县淳安,是全区交通最不方便的一个县。新安江水库建成后,交通受阻,工农业生产发展受害很大,应重点扶持发展交通。

三是发展铁路运输。从区域经济全局考虑,宣杭铁路的建设将有利于减轻沪宁、沪杭线的压力,省内所需的煤炭从宣杭线调入将有利于本区北郊(长兴、安吉)建材工业的发展和毛竹资源的开发。现有的金岭线,由于岭后站海拔低于新安江水库洪水淹没线,扩建也无场地,建议该线可适当西移至徐坑,以适应工农业和旅游业发展的需要。此外,关于常山县建设大型水泥厂(150 万~300 万 t)所需要解决的交通运输方式问题,应进一步调查研究,比较论证。

此外为适应杭州—"两江一湖"—黄山旅游路线日益增长的旅游业发展的需要,可考虑在排岭附近建设小型机场,以开辟杭州—千岛湖—黄山的小型航线,还可在淳安开办直升机旅游,以观赏风姿多彩的湖光山色。

(2) 关于城镇建设

要扩大建制镇规模,充分发挥各级城镇的依托作用。山区的经济不能只搞"靠山吃山",

必须依托商品经济繁荣的集聚点——城镇。只有城镇发展,才能使山区工业、交通运输业、商业、文化教育业等方面取得全方位的突破,从而促进山区资源的开发,振兴山区经济。1984年,浙西山区有建制镇25座,人口43.8万人。城镇分布密度较高,平均规模较小,非农业人口规模等级体系较为明显。在25座建制镇中,非农业人口1万~3万人的有10座,0.5万~1万人的也有10座,0.25万~0.5万人的有4座,0.25万人以下的1座。目前在建制镇发展中存在着缺乏特色,经济基础薄弱,与中心城市的联系不紧密,在城镇体系中建制镇的作用未能充分发挥,以及建制镇本身布局不合理,环境污染较严重等问题,必须研究解决。

第一,扩大现有建制镇的规模,重点扩大1万人以下的建制镇规模,增强经济实力;同时发展乡村集镇,形成中心城市—建制镇—村镇有机联系的整体,带动山区经济的发展。从浙西各县的实际情况看,建制镇非农业人口近期一般不宜超过3万人。

第二,搞好建制镇规划,因地制宜,形成特色。有的以工业为主,有的具旅游特色,有的是重要内河港口。各城镇之间的工业发展也要合理分工。如开化县城以发展机械、食品、轻工为主,该县直属镇华埠则以化工、造纸、木材加工为主。

9.3 综合利用水土资源,整治区域环境

水土资源的合理开发利用直接关系山区工农业生产建设和环境生态目标的实现。国内外的经验证明,以流域为单元,针对主要问题,打破各部门、各地区的隶属关系,以全局的观点协调山水之间,上下游之间,发电与航运、灌溉、防洪之间,经济建设与环境生态之间的关系,全面规划,综合开发整治,是合理开发利用水土资源唯一正确的途径。

9.3.1 以流域为单元,协调各种矛盾,合理利用水资源

在我国流域开发规划中,过分强调电能利用,而忽视航运交通是一个普遍存在的问题,浙西山区显得尤为明显。新安江、富春江电站的建设,对确保长江三角洲地区的能源供应和下游地区的灌溉、防洪,促进工农业生产发展起了很大作用。但这是以淹没大量农田、迁移大量人口和牺牲上下游航运利益为代价的。特别是库区内外交通受阻。据淳安县供销社、商业局、物资局3个系统的调查,新安江水库蓄水25年来因弃水路走陆路,共计增加运杂费和在途利息达2 539万元,严重阻碍了该县经济的发展。

同时,由于水利工程设施不足,降水时空分布不均,区域环境的某些不利影响(上游植被被破坏、生态失调等),本区仍存在不同程度的水旱灾害。近期缺水最严重的是常山县,次为富阳、开化、桐庐、临安县;远期,临安、淳安、富阳缺水较多。根据各流域的特点,统一规划,采取有效的措施,协调上述各种矛盾,是综合利用水资源、改善区内生态环境的重要途径。

9.3.2 以林为主,建立合理的土地利用结构

浙西山区的土地开发程度较高,利用也渐趋合理。现有土地垦殖指数为13.7%,耕地生产率为290元/亩。丘陵地的经济林果发展迅速,已初步形成一些专业化的商品生产基地,如常山、开化的油菜,建德、淳安、常山的柑橘等。山地利用的垂直分异较为明显:近80%的

耕地在 100 m 以下，85%~93% 的经济林地和园地（茶、果、桑）在 350 m 以下，80% 的林地则在 100 m 以上。某些地区的农业生产正在向生态型农业转化。但在土地利用结构和利用方式等方面还存在不少问题，需要进行调整和加强规划与管理，以充分发挥土地资源的生产潜力。

(1) 建立以林为主的土地利用结构。浙西山区中低山地和丘陵地占土地总面积的 81.7%，平地和水面只占 18.3%。这一土地类型格局，决定了本区土地利用的结构必须是以林为主。目前全区林地面积约为 1 800 万亩，园地面积 133 万亩，合计占土地总面积的 64.4%，仍可适当扩大。主要是增加水土保持林、薪炭林和经济林面积，改变目前林种结构过于单一的状况，以提高林地的经济效益和生态效益，保护土地资源，防止水土流失，并有利于旅游资源的开发。园地和水面利用也要向多样化发展。

(2) 实行集约化经营和科学的土地管理。目前山地土地利用的一个相当突出的问题是经营粗放，投入物质和劳力过少，山区的各种特有产品和人工用材林大多处于自然状态，单位面积产出低，影响经济收入，土地资源的优势得不到充分发挥。必须大力开展集约化经营，增加土地的物质和劳力投入，提高土地生产力。第一，要根据土地资源特点，因地制宜，合理布局，立体利用。第二，要坚决控制陡坡地开垦，加强各类园地的基础建设，修筑梯地，建立灌溉设施，提高经营水平，增强抵御自然灾害的能力。第三，增加劳力投入，提高劳动者的素质，普及生产科学技术，让科技进山。使广大的山区逐步推行集约化经营。另一个重要的问题是对土地实行科学的管理。克服目前普遍存在的土地管理混乱、土地资源浪费，甚至遭受破坏的现象。要严格执行《中华人民共和国土地管理法》，建立土地档案库，建立健全山地管理体制，切实保障土地资源的合理、永续利用。

(3) 大力发展生态型农业。这是合理调整土地利用结构，充分发挥土地资源优势，提高土地生产力，并使之永续利用的重要途径。长兴县吕山乡提供了平原地区生态型农业发展的经验。该乡通过对耕地、桑园、水面 3 类用地的协调利用，逐步形成了以种植业、蚕桑业、畜牧业、水产养殖业为主，相互紧密联系的生态型农业，从而基本实现了物尽其用，地尽其力，用养结合，取得了较好的经济效益。

浙西山区丘陵面积占土地总面积的 52.9%，是亚热带经济林果为主的商品生产基地所在，建立丘陵地的生态型农业系统具有特别重要的意义。第一，要确定具有区域优势，周期较长的专业化生产基地的用地面积，以保证丘陵区的基本经济收入；第二，要充分利用丘陵山区土地资源的复杂性和多宜性，根据市场变化，发展周期短、见效快、收益高的农林产品，以增加经济收入；第三，要注意根据各地土地资源和社会历史条件的差异，发展各具特色的专业化生产基地。如长兴县，平原地区为粮食、桑蚕茧、畜牧和水产商品基地，低丘岗地为青梅、白果、甘薯基地；安吉县丘陵地区的毛竹基地；淳安、常山、建德的果品基地；开化的林业基地等。按照生态原则，因地制宜，规划设计各类生态型农业。岗地类用地生态设计可参照图 9-1。

9.3.3 治理水土流失

浙西山区水土流失面积约为 440 万亩，其中严重流失区占 30% 左右，主要分布于长兴县北部，安吉县横泥岗，淳安县威坪、唐村、汾口，临安县昌化，建德县寿昌江上游，开化县东北部和常山县东南部；常山、淳安、开化比较严重。新安江上游的淳安县在 20 世纪 60 年代的

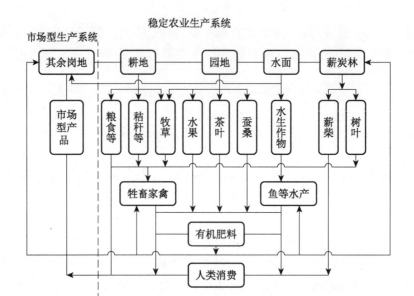

图 9-1 岗地类用地生态设计示意图

侵蚀模数为 85.7 t/(km²·a),70 年代增至 121.5 t/(km²·a),80 年代以来的 3 年达 215.5 (t/km²·a),20 多年增长 1.5 倍。这不仅影响山区农林业生产发展,而且使下游河道和水库泥沙大量淤积,航道变浅,自然灾害加剧,生态环境恶化。

水土流失实质上是自然对人们不合理利用土地或过度索取的报复。其治理的基本原则首先,合理调节人与土地之间的物质能量的平衡。在严重流失区应从减轻土地的人口压力入手,将农村大量的剩余劳动力逐步由农业转向非农业,使土地有必要的休养、更新复苏的时机。其次,在治理过程中,要充分考虑在近期内使贫困山区脱贫致富,把治理措施与开发手段结合起来,使治理措施本身能在短期内获取直接的经济效益。具体措施主要有:①保护森林植被,积极造林种草,迅速增加植被覆盖率。第一,以解决农村能源问题为突破口,采取有效措施,恢复林草植被。除推广省柴灶外,还要按户划定柴草山,采取集约经营方式大力发展薪炭林,由农民自由经营,谁造谁用,不断更新,永续利用。第二,大力提倡保护常绿阔叶林,改变"砍阔造杉""全垦皆伐",营造大面积杉木纯林的做法,实行以"条垦"营造针阔混交林为主。第三,调整林业内部结构,增加水土保持林、薪炭林、水源涵养林及风景林的比重。尤其是在"两江一湖"风景区更应多栽种风景林。在水库周围、山丘顶部及严重流失区多种水保林。第四,提倡种草养草,使乔、灌、草结合,形成有效的防护体系。可结合发展草食动物,种草养畜,增加收益。②针对不同流失类型相应地采取必要的工程治理措施。如对以面蚀为主的轻度流失类型,可采取封山育林或合理复垦、横坡种植等利用方式;以沟蚀为主的中度流失类型,主要开展植树种草,辅以工程措施;在强度流失区则要改善立地条件,工程和生物措施并举;崩岗区则要建设谷坊工程,上截、下堵、中绿化。各类型区岩性不同,其工程、生物措施也应有所区别。此外,水土流失的治理还要充分考虑在近期内使贫困山区脱贫致富,尽可能使治理措施与开发手段相结合,并在短期内获取直接的经济效益。要落实管护措施,建立联产承包责任制,做到山权明确,治管有责,承包有合同,验收有标准,奖罚兑现。自留山谁有谁治,谁管谁收益,长期不变,允许继承和转让。

9.3.4 防治工业污染

浙西山区工业的发展和一些企业不合理的布局,带来区域环境污染的问题,尤其是水质污染比较严重。如不采取有效措施,有污染加剧的趋势。西苕溪、常山港和新安江上游天目溪支流漕溪、寿昌江上游,是目前水体污染比较严重的地段。据 1983—1984 年度 9 个县 106 家主要污染源统计,全年排放废水总量为 6 651 万 t,其中有机废水 4 791 万 t,重金属废水 413 万 t。含有大量有毒物质的企业主要有富春江冶炼厂、梅溪发电厂和各县的化肥厂、农药厂、电镀厂、造纸厂、纤维板厂等,大多集中于城镇附近的河流、水库沿岸。大量被污染的水严重影响农业、渔业生产,危害人体健康;生态环境遭受破坏,对旅游资源的开发也极为不利。应当指出,随着工业的发展,本区"三废"污染仍有加重的趋势。

大气污染的范围大多集中于城镇附近,由于自净能力较强,目前尚不严重,但从长远看,也要引起足够的重视。

当前浙西山区环境保护和治理主要应抓好以下两点:①加强环境管理。包括环境规划管理、体制管理、政策和法规的管理。如通过制定"两江一湖"的环境规划,明确其环境质量的具体要求(包括良好的生态平衡,保持水质的洁净及供游览要求的水质透明度,保持大气的洁净及防止酸雨危害,使噪声减弱到最低程度等);在此基础上成立相应的管理机构,如"两江一湖"环境保护委员会,加强管理;进而制定相应的政策和法规,贯彻实施保护和治理规划。②做好污染源的治理工作。重点抓好水污染的治理,对造纸、化工、化肥、电镀、冶金等工业要做出分批分期治理的规划,落实治理措施。对于一些污染严重、布局不合理、经济效益较差的工矿企业,要进行调整,实行关、停、并、转。

浙西山区区位条件优越,经济基础较好。但区内由于受自然和社会环境的影响,北部和南部、近郊和远郊之间在经济水平、产业结构等方面存在较大差异,其开发治理与经济发展方向应有不同。北部应重点建设好商品粮、桑、竹、渔、猪基地,发展建材、农林加工、造纸等工业,搞好西苕溪水系综合开发与整治。中东部应重点发展为城市服务的农副业和食品、机械、轻纺等工业及旅游业,要尽早打通新安江、富春江航运,整治分水江水系。中西部山区应大力发展林、茶、果、药和水库网箱养鱼,利用新安江电能发展化工、建材等耗能工业,大力发展以千岛湖为重点的旅游业,开发整治寿昌江,搞好库区水土保持。南部重点发展林、果和食品、轻工、硅、木材加工业,重视常山港和丘陵山区的环境整治。经过一段时期的努力,把浙西建成我国南方山区开发整治的样板之一。

[刘君德. 浙西山区国土开发与经济发展战略问题研究[M]//中国科学院南方山区综合科学考察队. 中国亚热带东部丘陵山区典型地区自然资源开发利用研究. 北京:科学出版社,1989]

解读:浙西山区与皖南山区的不同之处,首先在于,浙西山区邻近苏(州)杭(州)宁(南京)沪(上海)诸多大城市、特大城市,是长江中下游地理区位条件最优的山区丘陵之一,在开发利用水平或是生态环境的保护方面都明显优于皖南山区;其次是,20 世纪 50 年代末,新安江水电站的建设引起的区域自然地理环境和区域经济结构、地域结构,特别是人文社会环境的空前变化,以及这种变化带来的新情况、新问题。本文对浙西山区进行了全面系统的论述,提出了具有决策参考价值的建议。作为科学工作者,在浙西山区考察中最具学术贡献的是关于新安江水电站建设与淳安县发展的关系及其深刻影响(特别是其负面影响),以及强调提出的"人为因素导致山区贫困的主要原因"观点。建议读者可以结合下一篇论文阅读参考;还可以参阅我所著《我的地理人生:涉足山区·致力政区·钟情社区》(东南大学出版社,2017年)第七章。

注释

① 据各县综合农业区划报告资料统计。
② 含村及村以下工业。
③ 全省路网密度为 23.72 km/万 km^2,每万人有公路 6.00 km(1983 年)。

10 追根山区贫困的原因,对症施治

背景:1987年12月上海经济区在江西省赣州市召开了"丘陵山区综合开发治理大会",我作为专家应邀参会。我向大会提交了3篇研究报告,被安排在大会发言,题目为"上海经济区山区开发与经济振兴若干问题的看法和建议",引起与会领导、专家的强烈反响和充分肯定(详见我所著《我的地理人生:涉足山区·致力政区·钟情社区》第76—79页)。会后经过整理加工拟写成本文。可以说这是我多年在山区考察、综合思考的总结性代表作。

10.1 山区开发的步伐必须加快

山区是指以山地为基础,包括部分与之相邻的、在自然和经济社会活动方面与山地紧密联系的非山地在内的地域空间。我国是多山的国家,按山占七成以上为山区县,山占三成至七成为半山丘陵县,山占三成以下为平原县或牧区县进行分类,全国2 000多个县,山区县占40%,半山丘陵县占27%,二者合计占67%。山区土地面积约占国土总面积的2/3,人口约占全国总人口的1/3。若按海拔高度计算,500 m以上的面积约占国土总面积的84%,500 m以下的占16%,真正的平原只占11%。

上海经济区五省一市的山区县(市)共有135个,半山丘陵县为121个,合计256个,占全区县(市)总数的66%。1985年,山区县(市)土地面积为46.76万km^2,人口为11 098万人,工农业产值为957.8亿元。总体来看,面积广大的丘陵山区存在着交通、流通、能源、人才、资金、信息、科技、教育等一系列社会经济问题。工农业生产水平低,经济比较落后,有一部分仍相当贫困。近几年来,大多数山区县经济发展速度与平原县相比相对缓慢,差距在拉大。山区的生态环境也有恶化趋势,水土流失相当严重,自然灾害加剧,资源遭到破坏。人口、资源、环境在许多山区发生尖锐矛盾。如皖南山区,20世纪60年代旱灾6年一遇,70年代3年一遇,大的洪涝灾害由60年代的17年一遇缩短为8年一遇;宣城地区在1983年、1984年两次大的洪涝灾害损失超10亿元;江西省赣江流域水土流失面积每年约增加60万亩。

在自然、经济和生态上,山区与平原是有机联系的整体,山区经济落后影响着平原地区经济的发展;山区生态环境恶化,直接威胁下游包括城镇在内的广大平原地区。因此,加快山区开发治理与建设的步伐,不仅关系到山区本身的经济振兴,而且对包括平原地区在内的区域经济的发展具有重大意义。

上海经济区的山区地处我国亚热带东部地区,其水热条件大大优于我国北方山区。木、竹、茶、果、药等生物资源较丰富,有些资源虽破坏严重,但其再生的能力很强。除生物资源外,尚有比较丰富的矿产、水力与旅游资源。铜、钨、稀土、铁等以及许多非金属资源在全国居重要地位;水力资源蕴藏达1 700万kW;旅游资源是本区许多山区突出的优势,已成为不少山区重要的产业部门。

应当指出的是,上海经济区的山区位于沿海开放地带的外围,闽、浙沿海的许多山区县(市),本身就处于开放地带,邻近发达的三角洲,在全国经济战略布局中具有重要地位。沿海、滨江有众多的港口,交通相当发达。区内有上海、南京、无锡、苏州、杭州、宁波、福州、厦门、南昌、九江、合肥、芜湖、安庆等许多大中城市作为依托,商品经济活跃,经济基础较好,人力、财力、物力等条件相对较好,是我国开发利用区位条件最好的山区之一。近几年来,各省都涌现了各种不同类型山区开发治理、致富的先进典型,积累了丰富经验。加快上海经济区山区开发治理与建设的步伐,不仅完全必要,也是有条件的。

10.2 要科学地认识山区

在长期的自然和社会经济历史条件影响下,各级不同层次、不同类型的山区,都是一个相对完整的自然—经济地域单元。在自然条件与资源、生产发展条件与经济布局等方面,山区具有独特性。

在自然方面表现为:

(1) 由于地质、地形、气候、土壤、植被等因素(特别是地形因素)的影响,广义的山区(包括山间盆地、山区的河谷平原在内),其自然环境具有复杂性、多样性的特征。这对于发展大农业生产是个有利条件。

(2) 山地丘陵是山区土地结构的主体,约占土地总面积的80%。开发治理与建设山区,要在占土地面积80%以上的山丘上做文章。

(3) 随地形高度的变化,山区水热条件有显著的垂直梯度变化。降水一般随高度的增加而增加,热量则随高度的增加而逐渐减少。如皖南山区,在海拔150~1 400 m 的山地,平均每上升100 m,年降水量约增加80 mm,积温则减少160~180 ℃。

在社会经济方面表现为:

(1) 山区地广人稀,人口密度一般低于平原地区,大多不足全省平均人口密度的1/2;且居住相对分散,尤其是在浅山区和深山区,交通不便,为便于耕作和管护山林,居住更为分散。

(2) 山区自然条件的复杂性和土地资源的多宜性,以及长期以来山区人民自给性生产生活的需要,使山区的农业生产表现为明显的多样性,农、林、牧、副、渔和粮、油、林、茶、果、桑、药等门类众多,而以耕作业、林业和副业占有主要地位。林业和副业比重一般高于平原地区。由于交通、流通、资金、人才、技术等因素的制约,山区工业普遍落后,多数县工业产值尚未超过农业产值。

(3) 林、竹、茶、果等是山区的特色和优势生产项目,它不同于一般的耕作业,其生产周期较长。林木生产一般至少要15~20年才能成材、采伐。生产周期长,意味着这些生产项目一旦被破坏,其恢复发展的时间也很长。因此,在规划和发展山区的大农业生产时要注意相对稳定,不宜多变。山区的农业结构调整,既要积极,又要慎重。由于山体水热条件的垂直变化,山区的经营项目、农业组合呈现立体、环状分布的特色。如浙江省西部淳安县,海拔100 m以下的湖区,以渔业生产为主;100~200 m的低丘地区,耕地比重大,以粮、果、桑为主,是双季稻的主要分布区;200~500 m 地区,园地比重大,以茶叶和经济作物为主,水稻多为单季中、晚稻;500~800 m 地区,林地比重大,以林为主,耕作业多为旱作。阳坡和阴坡,由于热量条件的差异,作物分布高度和组合略有不同。山区的农业生产特别要注意因地制宜,合理布局。

(4) 山区内部生产发展不平衡,经济水平差异大。由于受地理区位等条件的影响,上海经济区的山区经济水平存在明显的地域差异。滨江、沿海、邻近大中城市的山区,经济水平较高;边远山区生产力水平低下,多为贫困山区。即使在一个山区县内部,经济发展水平也表现出明显的层次性分布。人均年收入高的大多分布在山麓地带;中等收入水平的大多在浅山区;深山区海拔较高,交通闭塞,大多比较贫困。

科学地认识山区,把握山区的自然、经济规律,是开发、治理山区,振兴山区经济的基本出发点。

10.3 人为的、主观的因素是导致山区经济发展缓慢的重要原因

长期以来,山区经济发展缓慢。贫困县、乡大多集中分布在山区。这固然有其客观存在的自然和社会经济历史原因,诸如山区地形崎岖,交通不便,热量条件和土地资源的质量不如平原,区位条件差,多为闭塞区域的结合部,科技、教育落后,劳动力素质差,加上历史形成的传统习惯等,客观上形成山区长期的封闭式、自给自足的经济区域,观念陈旧,竞争意识差,影响了山区经济的发展。

然而,大量事实表明,自20世纪50年代中期以来,人为的、主观的因素是许多山区经济发展缓慢的重要原因,甚至是主要原因。

第一,表现在指导思想上战略性的失误。如在"大办钢铁""以粮为纲""山、散、洞"等方针指导下,违背山区的客观经济规律和自然规律,大量砍伐森林,上山开荒,使许多山区形成"越垦越穷,越穷越垦"的恶性循环,经济长期落后,生态失调。如皖南歙县深渡区,20世纪50年代初,这里的森林覆盖率达68%,60年代中期减少到42%,1977年下降为36%,水土流失面积大大增加,土壤涵蓄水分的能力降低,有些地区群众的吃水也发生困难,被迫迁移他乡。深渡区的农业生产水平大大低于周围地区。一个历史上以经营茶、林、果为主,商品曾较发达、富庶的山乡,如今成为一个人口与土地资源、生态矛盾尖锐,比较落后的山区。

第二,政策上的偏差是导致山区经济长期落后的又一个重要人为因素。这主要反映在价格政策、税收政策、资源开发政策、投资政策、人才政策等方面。从资源开发角度看,其一,山区的珍贵资源长期被一平二调,森林是广大山区最宝贵的财富,但长期以来,山区大批林木砍伐后被平价调出,产地得利甚微,甚至赔本;其二,许多项目投资建设在山区,而得益则在山区之外。新中国成立以来,国家在山区的投资项目大多是水电、矿产、森林资源的开发和公路建设等方面,但这些项目得益的大多在山区之外的平原或城镇。水电建设尤为明显。浙江省西部淳安县,是新安江水电站库区所在县。20世纪50年代初,其曾是浙西山区比较富裕的商品粮基地,经济水平高于周围各县。但自新安江水电站建设后,由于交通受阻,严重影响了这个县的经济发展。根据该县供销社、商业局、物资局3个单位的调查,自新安江大坝建成后25年来,仅由于水运改水铁(路)联运和公路运输而累计增加的运杂费及在途利息即达2 539万元,该县的工业发展受很大限制,财政收入下降,科技、教育、卫生事业发展也受影响。以发电而论,新安江电站建成至1983年,发电收益相当于电站投资的5倍,然而,为建设电站付出巨大代价的淳安县却没有享受电能的优惠,该县仍缺电1 000余

万 kW·h。如今，淳安县成为杭州市郊最为贫困、严重缺粮的一个县。特别是遗留下来的库区遗民问题，虽然国家和地方花了很大财力、物力予以解决，但由于大批农民失去土地这一基本的生产资料，人地矛盾日益尖锐，人民生活困难，生态失去平衡，急需采取特殊的政策措施从根本上加以解决。

10.4　山区开发与经济振兴的指导思想与原则

山区的开发治理与经济振兴，首先必须树立正确的指导思想。

(1) 从全局看山区的地位作用。山区和平原在经济上和自然上都是紧密相连的，应从全局认识山区的特殊地位和作用。山区的经济相对落后，但自然资源丰富，山区资源的开发和经济建设要以所在的经济区和中心城市为依托，而经济区和中心城市的发展也要靠与山区通过交换获取其生产、生活的许多原料和产品。从自然生态上看，山区位于河流的上游，平川处在下游，上下游通过河川相联系，形成大小不等的水系（即流域）。上游山区的治理与保护，对下游起重要的生态屏障作用，对确保下游工农业生产的正常发展、经济的繁荣、人民生活的良好环境有重要意义。

(2) 从整体看山区的经济效益。目前山区生产的经济效益一般要低于平川地区。但应当看到，平川地区较好的经济效益往往是以山区提供大量廉价的原材料为前提的。因而，从整体看，某些平原地区的生产部门经济效益较好实际上是包含了山区的贡献在内的。而山区，只要产品和区位选择得当，管理得好，同样可以取得较好的经济效益。

(3) 从政治意义看山区经济的振兴。山区是我国国土重要的组成部分，面积和人口都占有很大比重。近代史上，山区各族人民为新中国成立事业做出了巨大贡献和牺牲，许多贫困县乡都是当年的老革命根据地；有些山区还是少数民族的聚居区。因此，要尽可能通过不同时期有重点的建设，缩小山区和平原的差距。首先要尽快脱贫，逐步实现致富。

在上述指导思想下，按照以下原则和思路，合理确定不同类型山区开发、整治与建设的方向：

(1) 充分、合理开发利用山区的优势资源。一般地说，山区在土地、生物、水力、矿产和旅游资源等方面具有相对优势，要充分、合理地开发利用。在资源富集的山区（如闽北等）提出资源转换发展战略是符合实际情况的。但要指出，由于长期的人为破坏，山区的生物资源一般只是零星分布，作为规模经济进行开发，还要采取措施加以优化培植。山区县山地面积比重大，从土地利用方向和生态意义考虑，大农业发展应坚持实行"以林为主，多种经营，全面发展"的方针。这里强调的"以林为主"，不仅是指用材林，还应当包括广泛分布于亚热带丘陵山区的茶、果、桑以及薪炭林等在内。还应当指出，对山区资源的评价，不仅要注意自然方面，而且要十分注意对社会经济资源的评价。有些沿海、沿江或大中城市周围的山区，自然资源虽不丰富，但由于其社会经济条件和区位条件较好，特别是人力资源素质较高，商品经济较发达，其经济发展的速度仍然可以是较快的。

(2) 区别不同情况，确定不同类型山区的发展方向与重点。山区由于纬度、地质、地形、气候及区位条件的影响，各地在自然资源、社会经济条件等方面差异较大，即使在同一个山区县内部，河谷盆地和山地、山麓和山顶也有很大不同，应实事求是，区别不同类型山区的情况，因地制宜地确定其发展方向与重点。例如，我们在淳安县考察中，针对新安江水库建成后自然生态环境和生产发展条件的变化,根据湖区(新安江水库形成的千岛湖)和山区的差异性,提出该县经济发展的方向和重点是,充分发挥山水优势,大力开发山水资源,逐步建立起湖区以旅游业、渔业、水果和蚕桑业为重点的,包括畜牧业、加工业和服务业在内的协调发展的复合经济结构;逐步建立起以林、茶、山茱萸、油桐、山核桃、青枣为主的,林、茶、果、药、牧和加工业、服务业协调发展的山区综合立体经济结构。并提出首先抓好湖区,抓湖区促山区;在战略措施上,首先解决交通、能源和移民遗留问题,从而较好地体现了实事求是,因地制宜的原则。

(3) 坚持3个"结合"。即在确定各类山区开发与建设方向或在选择项目起步时,要坚持开发与整治相结合,经济效益与生态、社会效益相结合,短期效益与长期效益相结合。以开发促整治,以短养长。江西省赣州地区南康县龙回乡坚持了以上3个"结合",在开发的同时注意治理,在治穷的同时注意治山,使山区资源开发取得了良好的社会经济效益。该乡已开始走上了逐步富裕的道路。

10.5 开发治理、振兴山区的对策

(1) 转变观念,开拓思路。在山区丘陵县,第一,要把开发的重点真正从河谷平原狭小的耕地转向山丘地区。山丘地区面积广(特别是浅山区),生产潜力相对较大,要"靠山吃山"。山区生态脆弱,环境整治任务重,在"吃山"的同时要注意"养山"。从长远、全局看,"养山"具有更深远的意义。第二,要从粗放经营转向集约增长。依靠科学技术,在提高土地生产率和劳动生产率上大做文章。第三,要立足市场,从封闭、半封闭式的自然经济转向开放式商品生产。要充分利用市场机制,加强与沿海、沿江平原、大中城市等经济发达地区的横向经济联系,充分利用山区自然资源和劳动力资源丰富的优势,大力发展商品经济。与沿海经济发达地区建立形式多样、措施落实、互惠互利、联系紧密的贸—工、贸—农、贸—工—农、贸—农—工等企业联合体,使山区和平原"利益均沾""同舟共济"。人口密集、资源贫乏、有条件的山区也要积极发展外向型经济。

(2) 智力开发,科技进山。人才智力开发是山区经济振兴的关键,主要应立足山区大力培养"不走"的人才,重点加强适用技术人才的培训,采取短(投资少、周期短的项目)、平(农民愿意接受而又易掌握的技术)、快(能尽快取得经济、社会、生态效益的技术)的技术战略,建立技术服务体系,使科技进山。应当指出,山区的教育长期严重脱离山区的实际,必须大力进行改革。要调整农村教育结构,除继续抓好中小学普及教育外,当前更要重视大力发展农村职业技术教育。

(3) 发展交通,搞活流通。从山区的特点出发,重点应发展公路交通。但从加强大区域范围内的经济联系看,不可忽视铁路和水运。如浙江省金(华)丽(水)温(州)铁路如不兴建,浙西南山区和沿海开放城市——温州经济的发展就要受到很大制约。同样,新安江大坝如不建船舶升降机,就不能使新安江水系上下游畅通,浙西山区(尤其是淳安县)和皖南新安江水系山区的经济和旅游业的发展就要受到影响。江西省的赣中、赣南山区,安徽省的皖南山区以及福建省的许多山区,都要十分注意区域运输网络的建设。在发展山区交通的同时,把流通搞活。逐步形成山区与平原紧密联系的商品流通网络,使山区丰富的产品货畅其流,促进山区商品经济的发展。要积极开展山区的商品流通区划工作,合理调整商业网点和商品

的供销范围。

(4) 因地制宜,突破口起步。要在立足市场和效益的前提下,根据不同类型山区的具体情况和特点,因地制宜选择好山区经济振兴的突破口。可以是以适度规模的农林水产业起步,可以是以发展乡村办工业和个体工商业起步,也可以是以旅游业或发展劳务输出起步。但生产项目突破口的选择要注意:①产品有比较稳定的销售市场;②当地有资源优势;③有传统技术基础或经过短期培训能掌握的适用技术;④投资省、见效快、好管理;⑤有利于水土保持,不污染环境。

(5) 加强山区城镇的建设。城镇是山区自我启动的生长点,也是山区与平原、相对落后地区与发达地区空间联系的最好媒介。只有城镇的发展,才能使山区工业、交通运输业、商业和文化教育事业等取得全方位的突破,从而振兴山区经济。特别要重点建设好作为山区门户的山口镇。还要规划建设一批山村小集镇,吸引部分边远山区的农民聚居。逐步形成山区的小城镇体系,加强其辐射功能。可选择区位条件好,生产力发展的自然、社会因子相对集聚的地点作为建设的重点,实行以点为主,逐步展开的点线布局。目前许多山区城镇工业布局零乱,土地浪费,环境污染严重,应加强统一规划管理。

(6) 政策优宽,加强管理。第一,针对山区生产周期长的特点,要使山区的各项经济政策相对稳定。如营林政策、小水电建设政策等都要长期稳定。第二,为了让山区有一个休养生息的转机,又使山区尽快脱贫致富,有必要对山区进一步实行各项优厚的政策。如对贫困山区实行减免农业税、赊销粮、棉和以工代赈的政策,承包荒山、小流域治理开发,收益归己的政策等。要继续理顺价格体系,逐步提高山区农副土特产品的收购价格;在资金、技术、人才、物资等方面继续给山区适当照顾。

应当指出,在当前情况下,加强对山区的管理具有特别重要的意义。我国山区面积大,分布广,问题多;山区的开发治理与建设有其独特性,有必要建立一个从中央到地方的综合协调和领导山区各项事业的职能机构,以加强对山区的政治、经济、文化、教育、科技事业的领导和协调。江西省设立的山江湖办公室,将"山""江""湖"作为一个统一的生态经济系统进行综合分析研究,统一规划,综合开发,全面治理,很有成效。上海经济区范围内各级流域都可以设立相应的机构,按流域统一规划、开发、治理与建设。

[刘君德. 试论山区的开发治理与经济振兴——以上海经济区为例[J]. 华东师范大学学报(自然科学版),1989(3):87-93]

解读:这篇论文代表了我20世纪90年代关于山区开发与整治具有针对性、可操作性的观点。文章不是就山区论山区、就自然论自然、就经济论经济,而是将自然和人文要素紧密结合,对山区的资源进行综合的科学评价,指出在开发利用和治理保护中存在的问题,特别是对山区贫困落后的深层次导因进行有说服力的剖析,进而提出了战略性、方向性、政策性的建议,在当时起到了振兴山区经济的指导性意义。上海经济区吸纳了我的重要观点,形成指导文件下发至经济区内的各省山区县。它充分体现了地理科学工作者特有的地理空间思维与解决问题的能力;我指出的"人为的、主观的因素是导致山区经济发展缓慢的重要原因"的观点,在当时的年代,提出这个观点具有一定风险性。

11　沿海山区乡镇工业与小城镇发展

　　背景：小城镇在山区发展的经济网络中具有重要地位，乡镇工业是推动山区小城镇发展的原动力之一。20世纪80年代我们在多年的南方山区考察中发现浙江、福建沿海山区经济之所以比较繁荣，一个重要的因素是这些山区自下而上的乡镇工业比较发达，它们的经验值得从理论和实践上进行科学总结，遂写了这篇文章。

　　近年来，我国乡镇工业的发展实践告诉人们，加强乡镇工业发展与周围区域环境的整合（即保持系统整体性的一种机制）研究，对指导乡镇工业今后的发展具有重要意义。乡镇工业发展的区域整合研究内容复杂，本文仅以沿海山区这一特殊的自然区域为例，就其中的一个方面即乡镇工业发展与小城镇关系问题做一初步探讨，并着重对如何协调山区乡镇工业与小城镇发展两者之间的关系这一实质性问题展开进一步的讨论。

11.1　乡镇工业与小城镇发展两者的互为因果关系

　　工业化与城市化互为因果。而作为我国工业化重要组成部分的农村工业化的主体——乡镇工业的发展，和作为我国城市化重要组成部分的农村城市化的主体——小城镇的发展，也必然表现为一种互为因果的关系。即乡镇工业的发展有力地推动了小城镇的发展，而小城镇的发展也反过来促进乡镇工业的进一步发展。

　　十一届三中全会以后，农村乡镇工业的兴起和发展日益迅速地繁荣起来。其主要表现在以下3个方面：首先，由于乡镇工业的发展，直接刺激了许多新城镇的兴起，使农村小城镇的数量迅速上升。从我国沿海山区乡镇工业发展情况看，乡镇工业较发达的地区，建制镇和农村小集镇的数目增长都很快。如浙江温州地区，1980年只有建制镇18个，而到了1987年则猛增至98个，同时，还出现300多个农村集镇。苍南龙港镇就是山区农民为发展乡镇工业而自筹资金建镇的典型。他们集资1.5亿元，在短短的5年内建成了一个现代化的"农民镇"。其次，由于乡镇工业的发展，作为农村剩余劳力转移的主要载体，直接增添了小城镇的人流量，同时也增加了小城镇的生产和活力。围绕乡镇工业的发展，城镇的商业、服务业、邮电通信业、交通运输业等第三产业也得到相应发展，从而不仅扩大了小城镇规模，而且逐渐改变了过去农村小城镇的传统职能和职能单一状态，促使农村小城镇各功能更趋完善，日益成为农村的政治、经济、文化中心。最后，乡镇工业的发展，扩大了小城镇的建设费用。如浙江台州地区仅1987年内，乡镇工业就为小城镇建设提供建设资金57万多元，从而在不用或少用国家投资的情况下，改善了农村小城镇的市政设施，丰富了居民和农民的文化生活。

　　上述分析表明，乡镇工业的兴起和发展，有力地推动了农村小城镇的发展。但如前所述，小城镇的发展和繁荣又会反过来促进乡镇工业更好地发展。具体表现在：①由于小城镇的各种协作、配套条件和基础设施条件相对齐全，而产生一定的集聚经济效应，可以促进乡镇工业更好更快地向规模经济轨道转化，从而提高经济效益。②由于小城镇作为农村地区商品交换中心这一功能的存在,这对商品经济发展有着特殊依赖性的乡镇工业来说,无疑将提供十分便利的条件。③由于小城镇一般还作为农村地区的科技、文化和信息传播中心,通过传播大中小城市的各种科技和信息,可以为乡镇工业发展直接提供各种科技、信息咨询服务,并加强科技管理,提高乡镇工业技术水平和适应能力。④由于小城镇大多又是农村各级政府管理中心,从而有利于通过统一规划,加强对乡镇工业发展的合理指导,推动乡镇工业更健康地发展。

综上所述,我们认为,只有辩证地认识乡镇工业发展和小城镇发展互为因果的关系,才能正确引导乡镇工业更好地发展,并加快小城镇建设。这对乡镇工业已较发达,但城镇化水平仍相对落后的沿海山区来说,尤为重要。可以说,今后沿海山区乡镇工业发展面临着如何与小城镇发展相互协调、互相促进这一重大课题。

11.2 加强山区乡镇工业布局管理,促进小城镇建设

也许由于乡镇工业的发展一开始就给长期落后的农村带来莫大的好处,尤其表现在农村剩余劳力的就业和农民收入水平的明显提高,人们还来不及对各地风起云涌的乡镇工业发展在产业结构、空间配置等方面进行经济合理性的论证,从而使许多乡镇工业,特别是山区乡镇工业发展一开始就带有某种盲目性,更谈不上从宏观上进行整体规划。这尤为突出地表现在山区乡镇工业布局上的极度分离和混乱,不仅直接影响乡镇工业本身发展,也影响山区小城镇的建设。因此,如何加强对山区乡镇工业发展的布局管理,是一个亟待解决的重要问题。

山区乡镇工业发展一开始在布局上出现的随意性和高度分散,是传统的自然经济、产品经济思想影响的产物。这种所谓"满天星"布局在山区乡镇工业萌芽、初创阶段,或许有它的必然性和一定的积极意义;但随着乡镇工业的进一步发展,这种分散化布局状况所产生的弊端亦越来越突出。它除了浪费土地、加剧环境污染外,从乡镇工业本身发展看,布局分散化增加了企业发展的不必要投资,并造成物资运输、信息传递、企业相互分工协作都存在空间障碍,从而导致乡镇工业规模不经济的格局,影响了经济效益的提高。而从小城镇发展看,乡镇工业布局的分散化也严重影响了小城镇的建设和繁荣,是造成山区城镇化水平滞后于工业化发展的重要原因。如浙东沿海山区,虽然由于乡镇工业的迅速发展,出现了大批新建城镇,但由于乡镇工业布局的离散化,与苏南相比,大部分城镇规模普遍偏小,基础设施薄弱,第三产业落后,缺乏强有力的凝聚力和辐射力,在吸纳农村剩余劳力转移、提高城镇非农产业和人口比重方面显得后劲不足,困难重重。许多建制镇特别是偏僻山区城镇的非农人口比重大多在10%以下,甚至低于5%的水平。显然,乡镇工业发展和小城镇发展存在明显的错位。

为了改变上述状况,更好地协调山区乡镇工业和小城镇的发展,一个积极有效的措施就是根据生产要素相对集中和集聚机理,促进乡镇工业布局朝集中化方向发展。

空间经济学的观点认为,一方面,生产要素在空间上的相对集中,可以使企业共同利用基础设施和公用设施开展厂际分工协作,并融通资金;也便于企业开展竞争,采用新技术,使生产进一步专业化,从而节约投资,降低成本。同时,由于集聚而建立的经济联系还会培育出新的社会关系,有利于企业家的成长和农民传统观念的变革。这些都将产生一种分散化

所没有的效益,即集聚效益,从而提高生产效率。另一方面,乡镇工业通过地域上相对集中所产生的集聚效应,在提高本身生产效率的同时,也是促进今后农村小城镇进一步繁荣的内部机制。它主要是通过以下4个层次的驱动来实现的:一是每个乡镇工业企业本身形成了一个人口集聚点;二是为了产生较高聚集效益,作为人口集聚点的企业要求沟通相互间以及外部的联系,从而吸引更多的处于分散状态的相关企业进一步聚集,进而加速乡镇工业群落化,促使同一空间产生许多新的生产组织形式;三是以生产性企业为引力,诱使为之配套的服务性企业向其集聚;四是乡镇工业企业所形成的人口和经济活动集聚,又势必使上层建筑、文教专业也在集聚效应导向下应运而生。这4个层次形成互相衔接的链条,奠定了农村小城镇进一步发展和繁荣的物质基础。因此,尽快促使乡镇工业布局的集中化,既是乡镇工业本身生产发展的必然要求,也是农村小城镇发展的内在要求。从山区实际情况出发,乡镇工业发展必须选择现有农村各级小城镇或交通、基础设施条件较好的集镇作为集聚点,建立多层次的以小城镇为中心的山区乡镇工业布局体系,从而推动乡镇工业更好发展,并加快小城镇建设。上述温州苍南的龙港镇就是"以工兴镇,以镇促工"的典型,至1987年,全镇已吸引了乡镇工业企业249家,创产值1.3亿元,其成功的经验很值得推广。

促使山区乡镇工业布局向小城镇转移固然是生产要素集聚机制的内在要求,但也同时受到诸如户粮关系、土地管理、行政管理、乡土关系等因素的外部约束。要摆脱和克服这些因素的不利影响,一个行之有效的办法就是借鉴战后日本依托城市建设中小企业工业园地的经验,在山区农村小城镇内部或附近地区创建适度规模的农村工业开发区,通过建立新的户口、土地、住房、财金、企业和管理制度,为乡镇工业发展提供一个良好的经济、社会环境,加快乡镇工业布局向小城镇集中,从而形成具有中国特色的农村工业用地——乡镇企业群区。

11.3 以小城镇为中心,建立山区内部市场网络,促进乡镇工业健康发展

产业发展需要市场牵导,山区内部乡镇工业的发展更受到市场环境的深刻影响。山区特殊的自然条件和环境,使得山区内部的人才、信息、资金和物质的流动不畅。

同平原地区相比,山区长期以来都是传统的自然经济占据主导地位。尽管实行开放政策以来,山区商品经济得到了迅速发展,但就总体发展条件和发展能力而言,山区仍不如平原地区,尤其表现在要素市场发育状况方面,从而极大地阻碍了山区乡镇工业的顺利发展。以温州地区为例,商品经济发展水平存在着明显的地域差异,东部沿海平原发展最快,河谷盆地次之,广大山区最落后。温州的十大商品市场大部分分布在东部平原地带和河谷盆地,而文成、泰顺两县和永惠县山区至今仍是浙江的贫困区。因此,山区乡镇工业的发展,面临着建立山区自身区域市场网络的迫切要求。只有通过建立多层次的山区内部专业化产品产销市场和生产要素市场,才能强有力地推动山区商品经济的发展,进而促进乡镇工业发展。

建立山区内部专业化产品产销市场,是商品经济发展的最基本要求。尤其对山区乡镇工业发展来说,与平原地区依靠大中小城市辐射发展的配套型乡镇工业不同,山区乡镇工业生产的产品更多的是自找销路。因此,可以认为,没有产品产销市场的建立,山区乡镇工业的发展就缺乏强有力的后盾,也就不可能得到大发展;而建立山区内部生产要素市场,则是

乡镇工业内部成长机制的必然要求。在乡镇工业发展初期,资金的投入和劳动力的投入是制约乡镇工业发展的两个最主要因素,因而资金市场和劳动力市场(包括人才市场)的建立成了乡镇工业发展的关键一环。建立山区自身的资金(金融)市场,是解决乡镇工业企业资金短缺的主要途径。这在浙江温州地区表现得最突出。据统计,温州的家庭工业有30%以上的资金来自民间资金市场。而劳动力和人才市场的建立,可以更好地促进城乡人才交流以及山区发达和落后地区之间劳动力的合理流动。随着乡镇工业的深入发展,技术、信息的投入展示着越来越重要的意义,因而山区内部技术市场和信息市场的建立是一个必然的发展趋势,它们将对乡镇工业发展的产业结构调整和高度化等重大问题产生深刻的影响。

但是,受山区特殊的自然、社会、经济条件的制约,山区内部的市场环境有着重大区别。沿海平原农村交通方便,可以直接利用现有大中小城市甚至省外的市场,如苏南地区和杭嘉湖平原地区。它们面临的问题主要是如何适应市场需要组织生产,以及打通从生产地点到市场的流通渠道。而山区尤其是偏僻山区则交通运输困难,内部城镇体系发育不足,大中小城市稀少,又相对远离现有外部市场,难于直接依托大中城市和外省的市场发展生产。它们面临的问题首先是缺乏市场环境。显然,培育山区内部区域市场网络有其特殊的背景机制,只能根据山区实际特点出发。从各种条件分析看,山区内部各级小城镇可为发展山区农村区域市场提供相对有利环境。这是因为,山区小城镇不仅是山区自身各种功能中心和商品经济聚焦点,而且还是山区与外部大中小城市联系的中转站,是促进城乡交流和区际交流的空间纽带,在培育市场环境中具有集聚和组织的功能。因此,必须以一些区位条件、基础设施条件较好的山区小城镇为中心,建立山区生产发展的市场环境,促进乡镇工业的发展。从浙东南的一些山区县发展情况分析,已在建立山区产品产销市场方面取得了令人满意的成果,大多以小城镇为中心创建了众多规模不等的专业化市场,如文成县的珊溪镇、青田县的温溪镇、龙泉县的八都镇、天台县的平镇、黄岩县的路桥镇以及永嘉县的桥头镇等。以黄岩路桥镇为例,目前已形成了小商品、各种五金制品、家具、竹木等21个专业市场,1986年成交额达1.71亿元,在市场带动下,路桥镇企业和家庭工业已发展到近千家,创产值9 294万元,比1981年翻了一番。同时,以这些专业市场为依托,在其周围也建立了许多以家庭工业为主体,专业化生产为特色的各类专业村、专业带。然而就总体状况而言,目前沿海山区内部生产要素市场的建设仍较落后,尤其是技术和信息市场的发展可以说尚未起步,资金和金融市场存在不同程度的混乱。因此,从今后发展趋势看,必须重点加强山区内部小城镇生产要素市场的建设,从而更好地发挥山区小城镇作为山区农村综合中心职能的作用,并推动乡镇工业的健康发展。

11.4 发挥沿海山区优势,优化乡村工业结构,推动山区工业化、城镇化稳步发展

毋庸置疑,山区乡镇工业的发展,对推动山区农村工业化进而促进农村城镇化发展起着十分重要的作用。但是,也不容否认,山区外部工业尤其是城市工业对山区工业化、城镇化发展也有着不容忽视的带动效应。这种带动效应是由城乡系统的开放和整合机制所决定的。也就是说,城乡同一复合系统的相互开放和内部组织功能的作用,必然会促使城市各种优势向农村的传播扩散,从而实现城市对农村的带动。若从工业发展角度看,这种带动或扩

散又是通过城乡之间的产业关联机制来实现的。因此,在促进山区农村乡镇工业和小城镇的协调发展过程中,除了加强对山区乡镇工业的布局管理,使之向小城镇集聚外,进一步优化山区农村乡镇工业结构体系,注意建立城乡之间的产业关联和分工机制,对促使城乡工业更加协调发展并推进山区工业化、城镇化的稳步发展无疑具有重要意义。同其他内陆山区相比,沿海山区的自然资源应该说是较为贫乏的。就矿产资源而论,非金建材资源相对丰富,但煤铁油等重要工业矿产资源却严重不足,仅有的也大多以小型、分散、质劣为主。从农副产品资源情况看,由于人多地少矛盾突出,其人均占有量和商品量也不高。相对而言,沿海山区发展乡镇工业的优势条件主要表现为:①依附区外城市工业发展相对有利的区位优势;②依托侨乡、引进侨资发展出口加工业的外向型优势;③利用山区剩余劳力和能工巧匠多的农村劳动力资源优势等。可以说,在很大程度上,优化沿海山区乡镇工业结构,关键在于充分发挥上述优势条件,寻找沿海山区乡镇工业自身最佳成长点,建立有特色的山区乡镇工业结构体系。

从发挥沿海山区上述优势的原则出发,并考虑到沿海山区的资源特点以及与城市工业的合理分工,今后沿海山区乡镇工业的发展重点包括:①充分利用城市大工业辐射相对有利的条件,大力发展以山区农副产品为原料的初级加工业。尽管这类加工业和城市工业存在着一定程度的同行竞争,但只要我们按产品加工阶段进行合理的分工并加强城市工业对乡镇工业的技术指导和管理,就可克服同行竞争所带来的不利影响。而且从长远观点来看,这类加工在农村具有更好的发展前景。因为随着生产力水平的提高,城市工业的原料结构向非农化转变是一个必然趋势,因此,将这类加工业向既有原料资源基础又有一定发展基础的乡镇工业转移符合产业发展的一般空间扩散规律。②充分利用当地一些城市大工业无暇顾及的小型矿产资源,积极发展乡镇采矿业和部分资源加工业,以此来弥补城市工业的不足。③利用侨乡、劳力和山区能工巧匠的优势,直接发展外向型加工业。这类加工业主要有:依托侨乡,引进侨资,发展"三来一补"加工业,如福建沿海山区乡镇工业仅1984年就引进侨资3亿多元,发展"三来一补"加工企业达3万多个,取得显著经济效益;利用农村劳动力资源,发展工艺品、土特产等劳动密集型产品出口加工业;走"贸工农"路子,积极发展部分农副产品出口加工业等。

总之,只有充分发挥沿海山区本身的优势,建立有特色的乡镇工业结构体系,才能避免当前城乡工业结构趋同化和乡镇工业结构虚高度化所带来的不合理城乡竞争,使山区乡镇工业和小城镇的发展充满生机和活力,进而推动山区工业化、城镇化的稳步发展。

[刘君德,周克瑜.试论沿海山区乡镇工业发展与小城镇的关系[J].城市经济研究,1990(2):10-14]

解读:本文重点研究山区乡镇工业与小城镇发展互为因果的关系,强调沿海山区的乡镇工业发展要注意与小城镇发展相互协调,相互促进。如何实现"互动"和"互促"?文章以浙江省沿海山区为例,总结出加强山区乡镇工业的布局管理、以小城镇为中心建立山区内部市场网络、优化乡村工业结构3个可供借鉴的思路。

12　怎样写好山区考察综合报告

背景：1987年12月上海经济区召开的赣州会议，正是大规模南方山区考察工作基本完成、重点转入总队总结的阶段。1988年、1989年，连续出版了大批成果，最主要的就是由科学出版社出版的中国亚热带东部丘陵山区综合科学考察系列专辑。其中，《中国亚热带东部丘陵山区综合科学考察方法研究》是多年来综合科学考察方法的总结，除了工作的经验之外，主要是对长期山区综合科学考察实践中的理论方法的探讨，从而使长达五六年的山区考察成果上升到一个新的高度，具有一定的学术、学科建设价值。本文是方法论专辑重要成果之一（原文10 000余字，此处摘录部分内容）。

在大型、多学科综合科学考察中，特定考察区域的综合研究报告是最重要的成果，其研究水平和编写质量直接影响到该区域全部考察成果的水平和质量。它如同一面镜子，在一定程度上映射了整个考察工作的成败。搞好特定考察区域的综合研究报告的编写工作，对提高考察报告的科学性具有全局意义。以下以浙西、皖南为例，就如何提高综合报告的科学性问题谈谈个人的体会：

12.1　明确综合报告编写的目的

要明确综合报告编写的目的，必须把握其特点。一个特定区域的综合研究报告与专题性、专业性报告相比，具有以下特点，即综合性、区域性和整体性。

"综合性"被称之为科学考察的"灵魂"和主要特点之一。我们所考察研究的任何特定区域，其本身是一个不断运动变化着的，各种自然和社会经济因素相互作用、错综复杂的综合体，具有明显的综合性特点。从方法论来说，并非是作为特殊的、孤立的现象去研究，而是要注意各要素之间的复杂关系。现象越复杂，综合性就越重要，要求就越高。各专业、专题的研究考察，固然有其自身的特点与要求，但同时又是作为综合研究报告编写的基础，是为综合报告服务的，并是在综合研究的指导下进行的。

"区域性"，也是考察区域本身所具有的特性。它是指特定区域内自然和人文现象空间分布的非均一性，即特定区域与其他区域之间和特定区域内部的各自然与人文要素的组合结构（部门的和地区的）的差异性。我们在综合观察事物、考虑问题时，要有区域意识和区域观念，提出问题要从特定的区域视角出发，解决问题也要落实在地区上，也就是说，以区域为出发点，又以区域为归属。皖南、浙西与我国南方其他许多山区相比较，同属于亚热带丘陵山区，有许多共性，也有着显著的差异性。认识"区域性"这一特性，就是要在编写综合研究报告时，能够准确把握本区域的自然、经济社会要素组合与分异的特点，遵循区域发展规律，确立区域开发战略，提出相应的对策。

"整体性"，即将考察区域作为一个整体看待，协调区域内部门、因素、地区之间的复杂关系，使区域的国土资源通过科学合理的开发整治发挥最大的经济社会和生态的整体性效益。

"整体大于部分之和",是指"许多力量"融合成的"总的力量",并不是"许多力量"的简单总和,而是经过协调组织,能够充分发挥的"整体力量"。一份好的综合报告不应该是专题、专业报告简单的叠加或初级综合,而是在专题、专业基础上的分析与综合,是把握区域内部与外部本质性内在联系的,能够发挥整体效益、产生最大生产力的"综合"。"整体性"包括"综合性",是"综合性"的深化与提升;"区域性"也包含在"整体性"之中。总之,"整体性"既是综合报告的特点,也是一个主要要求。

在实际工作中,明确综合报告编写的目的和服务对象是确保报告编写质量的关键。南方山区综合科学考察的目的是"查清资源,提出开发利用方案,发展山区生产,改善山区生态环境,加速山区建设步伐,造福子孙后代"。其直接的服务对象是国家和省区计划委员会的国土整治规划部门。从这一目的出发,首先,这是一项实践性很强的综合科学考察任务,其成果从根本上区别于理论研究,综合报告有别于一般论述;其次,考察报告服务于国土整治规划部门,但不是国土规划,而是国土规划的前期工作是为国土规划提供科学依据和第一手的科学资料。

12.2 科学评价区域国土资源

弄清国土资源的基本情况,正确评价区域国土资源,是综合科学考察的中心任务之一,也是编写综合研究报告的基础和前提。首先必须明确"资源"的含义,它包括了自然资源和人文社会经济资源两个方面。自然资源的有限性,决定了人类"合理开发利用"的必要性。如何评价自然资源?一是要有一个"量"的概念,即查清各类自然资源的数量,包括不可再生资源(如矿产资源)和可再生资源(如生物资源),对二者进行不同尺度的评价;二是在评价中坚持"整体观",从保持地理环境、各区域资源要素系统之间的协调平衡、持续利用的要求出发,合理开发利用自然资源,发挥资源系统的最大经济效益;三是要树立"生态经济观",要特别重视区域生态—经济系统的平衡,强调经济社会系统与区域环境生态系统的统一;四是树立正确的"发展观",在评价中处理好有利与不利、近期与长远、局部与全局的利益关系。

如浙西山区的自然资源评价表述为:丘陵低山为主,耕地狭小,利用水平高,土地资源潜力在山、水;水资源丰富,分配不均,局部地区有洪涝水旱灾害;水力资源开发程度较高,仍有利用潜力;中、北亚热带的过渡气候,生物资源多样,数量下降,恢复发展有条件,但难度较大;非金属为主的矿产资源种类多,建材资源丰富,燃料矿物资源严重短缺;以山水资源为主的旅游资源得天独厚,开发利用很有前途。

区域社会资源是指自然资源以外的经济资源、人力资源和其他人文资源(文化、科技、教育、信息等)。现代社会的经济发展,越来越取决于社会资源。与中西部山区比较,东部沿海山区的主要资源优势表现为地理区位和人文社会经济资源这两个相互联系的方面。同样,皖南与浙西两个近邻的山区,在人文社会经济条件方面也存在着巨大差异。浙西邻近长江三角洲,社会经济条件优于皖南,发展基础较好。

国土资源分析评价的目的是确定区域的优势资源或潜在的优势资源,并从人口、资源、环境的相互关联中寻找区域发展的主要矛盾,为有针对性地制定区域发展战略提供依据。

12.3　写好综合报告的核心内容：开发治理与发展战略

12.3.1　总体战略方向与目标

在对国土资源进行科学评价的基础上，按照"满足需求，协调平衡，多效益（经济、社会、生态）统一，条件具备"等原则，确定区域开发、治理与经济发展的总体战略方向和目标。战略目标是一个包括人口、经济、社会发展、结构、效益、生态环境、生活水平提高等多方面组合的指标系统，是一个建立在科学预测基础上的定性与定量相结合的指标体系。如皖南、浙西山区的国土开发利用与整治，经济社会发展的战略方向和目标就是遵循了上述原则和思路制定的，得到安徽省和浙江省有关部门的认同，取得了较好效果。

12.3.2　战略重点与步骤

这是总体战略方向、目标的具体化，是部门和地区、实践和空间的落实，包括：一是主要经济部门从经济建设和环境整治角度制定的战略重点。二是分区的开发治理与发展重点，即按照一定的原则（自然地理环境、经济联系、历史文化等人文环境的差异性）和适度的指标，将整个山区划分为若干分区，因地制宜确定各自开发建设的重点与方向。此外，还要从时间与空间两个方面落实战略目标，明确实施的步骤。皖南山区的分区划分与方向性设想尊重了自然、经济和人文历史规律，较好地实现了行政区与自然区、经济区的融合。

12.3.3　战略措施

战略措施是为实现战略目标需要采取的对策，这是个十分重要而又复杂的问题。战略措施的制定要注意两点：一是要有针对性。二是要突出重点问题。如皖南山区的一个突出的重点问题是理顺和调整行政区划体制。

12.4　加强动态综合分析，抓住事物的本质

静态分析主要是对区域资源、社会经济发展现状的研究，动态分析则是通过历史的、相关因素联系的过程分析，探索事物的发展规律，预测未来的发展趋势。综合报告的编写要将两者有机结合，这不仅是一个方法问题，也是一个重要的指导思想和原则问题。二者之中，动态研究对综合报告更具有重要性，因为通过动态分析研究可以发现区域问题产生的本质性原因，从而可以制定具有长远性、根本性的战略措施，实现战略目标。比如，山区之所以落后，固然有其自然地理因素——地形崎岖，土地与热量资源不如平原，区位、交通条件不好等，以及历史上形成的旧观念、旧习惯，缺少竞争意识，经济长期处于封闭的自给自足状态等；但我们经过调查、动态的研究后发现，人为的主观因素是山区经济发展缓慢的主要原因，表现在指导思想上的战略性失误，如"大炼钢铁""以粮为纲"等方针违背了山区的自然—经

济规律,导致生态失衡、经济衰退、人民生活贫困。长期以来,山区发展的政策偏差也是一个重要的人为因素,表现在价格政策、税收政策、资源政策、投资政策、人才政策以及干部政策等多方面的不合理。我认为,人为主观的因素造成或加剧了山区的贫困。这是对山区进行纵向的、历史的、动态的研究后所得出的科学结论,抓住了事物的本质,具有根本性的意义,对提高综合报告的质量起了巨大的作用。这在皖南山区和浙西山区的综合报告中得到了充分体现。

[刘君德. 遵循客观规律,提高区域综合科学考察报告的科学性[M]//中国科学院南方山区综合科学考察队. 中国亚热带东部丘陵山区综合科学考察方法研究. 北京:科学出版社,1989]

解读:在皖南山区和浙西山区的野外考察任务完成之后,各专题组写出了详细的研究报告,作为考察队长,我更多的是关注综合报告。我对各专题报告进行了归纳、梳理,找出报告的核心观点和有价值的内容,从总体战略高度拟写综合报告,这是一项十分艰巨的工作。皖南和浙西两个区域的综合报告基本由我完成,耗费了巨大精力。这篇"方法论"思考,是我在编写综合报告之后真实的体会。如今看来,还不过瘾。有两个方面还需要在理论和方法上深化:一是对国土资源的综合评价需要强调定量的分析,建立分析模型;二是要进一步提升综合报告的战略高度,在"综合"的基础上突出区域"个性",给特定的区域以准确定位。但文章中强调动态分析、抓准区域本质性问题的观点还是可取的。

第二部分　政区研究(上)：理论开拓

理论构建
13　政区地理新理论——行政区经济的缘起、过程与展望 …………………… 083
14　"行政区经济"的提出 ……………………………………………………… 092
15　一种奇特的区域经济现象 ………………………………………………… 099
16　行政区经济的运行机理 …………………………………………………… 106

理论拓展(上)
17　区域经济的新视角 ………………………………………………………… 115
18　再论行政区经济 …………………………………………………………… 120
19　行政区经济理论的影响力 ………………………………………………… 124
20　权力＋空间＝生产力 ……………………………………………………… 132

理论拓展(中)
21　行政区划视角的城乡划分标准 …………………………………………… 140
22　"公共经济学"理论的启示 ………………………………………………… 151
23　可持续发展与政区 ………………………………………………………… 159
24　行政区与流域区 …………………………………………………………… 164

理论拓展(下)
25　行政区经济与旅游业 ……………………………………………………… 170
26　区划与房地产 ……………………………………………………………… 175
27　权力·等级与区域经济 …………………………………………………… 178
28　行政区经济要讲辩证法 …………………………………………………… 183

理论推介
29　一篇赴台湾学术交流的论文 ……………………………………………… 190
30　悉尼科技大学卡洛琳教授的书面专访 …………………………………… 196
31　论大百科全书词条(一)：行政区经济 …………………………………… 206
32　论大百科全书词条(二)：政区地理学 …………………………………… 210
33　《中国政区地理》书评 ……………………………………………………… 214

13 政区地理新理论——行政区经济的缘起、过程与展望

背景：2008年，在国家制定"十二五"规划前夕，中国开始迈入一个新的时代。此时，我已退休两年了，脑海里一直在酝酿着一件事，我们开拓的行政区划的理论与实践研究所取得的成果，需要加以总结并传播；我的一些弟子跟随我多年潜心研究的成果（博士论文、博士后出站报告），其中不少具有发表、出版的价值。就我们原创性行政区经济理论来说，也需要从"权力＋空间"的视角做新的解读和提升。正是在这一背景下，我与我的一些弟子，以及东南大学出版社资深编辑徐步政同志（我的朋友）深入交流之后，决定出版一套大型丛书，意在为构建具有中国特色的行政区经济理论注入新的活力，并从权力·空间·制度视角对当代中国城市—区域发展问题进行新的探索。经过深思熟虑、精心策划，向国家新闻出版总局申报了"当代中国城市—区域：权力·空间·制度研究丛书"，获得批准。该丛书共20册，约700万字，2015年年底按计划全部交稿、出版，产生了积极的社会影响。《中国行政区经济理论的缘起、发展与未来》，是本套丛书的"总序"。陈占彪研究员参与了"总序"的文字整理。

区域—城市问题是当代中国现代化建设中极其重要的命题，也是我国人文社会经济科学学者们长期关注的领域。改革开放以来，我从事区域—城市问题的研究主要侧重于行政区划视角。

我从1983年开始介入行政区划问题，1989—1993年提出"行政区经济"概念，之后又提出发展和完善中国特色的"行政区经济"理论，至今已经有25个年头多了。2008年，我与我的部分学生们一起，认真商讨与策划，决定与东南大学出版社合作，出版"当代中国城市—区域：权力·空间·制度研究丛书"，意在为构建具有中国特色的行政区经济理论注入新的活力，并从权力·空间·制度视角对当代中国城市—区域发展问题进行新的探索。如今，经过近一年的筹划与准备，丛书终于问世了！

在丛书出版之际，我作为"行政区经济"这一概念和理论的创始者，很有必要就行政区经济理论形成的来龙去脉和相关问题做一些说明，这对那些有志、有兴趣介入行政区经济理论建构的同志，或希望能够利用行政区经济理论来揭示或解释当代中国各种区域—城市的社会经济文化现象或问题以及规划、建设管理部门的同志们来说，可以提供更为清晰的学术发展思路。

这里，我主要循着行政区经济理论的形成与发展过程，就四个方面做一些简要说明：一、我对行政区划问题研究的缘起是什么？我是怎么提出"行政区经济"理论概念的？二、以新学科建设和人才培养为标志的"行政区经济"理论体系与内容框架形成的实践工作与理论建设这两个方面做了哪些重要工作？三、行政区经济理论体系还有哪些重大问题需要进一步深入研究与思考？四、"行政区经济"理论可否适应未来世界各国行政区划问题的研究？行政区经济能否作为一种理论思想向更深、更广的方向不断拓展，使行政区经济具有更广泛的解释力？通过这几个相互关联的问题的回答，以期引起大家对行政区经济理论的进一步关注、思考和努力，也希望行政区经济理论能够在本套丛书的相关专著中得以发展、深入。

13.1 行政区经济的缘起

在世界人类文明发展史上,行政区划是关于国家政治、行政体制与地域空间相互耦合的重要文化成果之一。行政区划的建立不仅关系到国家与社会的长治久安与繁荣稳定,而且关系到国家行政结构的组织方式,关系到国家区域权力空间结构的发展趋势与调整方式。因此,行政区经济能否作为一种理论思想向更深、更广的方向不断拓展,使行政区经济具有更广泛的解释力。

天下大势,合久必分、分久必合,无论从我国古代王朝时期的封建制到皇朝时期的郡县制与行省制,还是近代以来政党时期的民主制,怎样解决从古到今的朝代更替或政党执政问题,一直是人们孜孜以求的政治理想。我国古代的行政区划问题就是伴随着王朝兴衰更替而不断调整的。从我国古代历史看,每一次王朝更替之后,都会在行政区划体制方面发生重大变化。反过来说,每一次大的行政区划体制的调整,都是为了及时适应国家政治与行政体制改革方面的重大改变。

1983年,我被委派担任中国科学院南方亚热带丘陵山区综合科学考察队第三分队队长,1984年起在安徽省皖南山区、浙江省西部和南部山区以及福建省闽江流域开展丘陵山区的综合科学考察工作。在皖南贵池县考察时,当时的贵池县委、县政府主要领导向我反映,贵池县发展的主要问题是行政区划问题,希望考察队能帮助他们解决或向有关部门呼吁。这让我感觉很意外,也引起了我的关注。但因为我们当时并没有行政区划方面的科学考察任务。所以,在结束贵池科学考察任务的第二天,我就留下两位同志,一起就行政区划问题进行细致、深入的调研,重点考察被当地称为"三国四方七十三家房客"的多头管理体制问题以及撤销池州地区、将贵池划归长江北部安庆地区管辖后的影响问题。我们认真听取了当时贵池县有关部门和方方面面的意见,并对行政区划与管理体制现状中存在的问题进行了实地考察。之后,我带着问题回到了上海,在完成有关皖南综合科学考察报告的同时,对贵池县行政区划问题进行了深入思考,确实觉得贵池县乃至于整个皖南地区都存在着行政区划变动频繁、撤并随意、层次重叠、部门林立、条块分割、多头管理等问题,严重影响了机关工作效率、浪费了行政经费,使一个文化历史悠久、开发建设条件良好的贵池,区域—城市经济发展阻力重重。我当时深深意识到,由于行政区划体制造成的无谓的资源浪费现象和经济发展缓慢、城市建设无序等问题的严重性,让人十分痛心!

在这种情况下,我与几位同志商议决定以考察队的名义向时任中共中央总书记的胡耀邦上书(华师科〔84〕第106号文《关于安徽省贵池县经济体制问题的情况与建议》),力陈安徽省皖南地区贵池县行政区划存在的问题,希望能给予解决。出乎意料的是,仅仅只过了10余天时间,华东师范大学党委就转来了有关领导的批示,肯定了我们所反映的意见。这件事给了我莫大鼓舞,也使我决定对行政区划问题进行深入研究,并就安徽省的有关行政区划问题给予了持续关注。1985年5月,我再次带领考察队员对皖南地区的行政区划问题进行专题深入调研,发现大量问题,写成2万余字的专题文章——《安徽省皖南地区行政区划体制的调查与思考》,作为考察队的重大成果发表于《安徽省南部丘陵山区国土开发与整治研究》专著(华东师范大学出版社,1986年)中,该文又被收录于《中国行政区划研究》文集(中国社会出版社,1991年)。

1986年11月,考察队赴福建闽江上游建溪流域进行了为期两个月的综合科学考察,同样发现这一地区存在的行政区划与行政管理体制问题,遂于1987年2月以书面报告(《关于福建省建阳地区行政区划及闽江委员会体制等问题的情况与建议》)向福建省有关部门做了反映,同样得到积极回应。

这可以说是我开始对行政区划问题进行研究的缘起。

1989年,我们完成了南方亚热带丘陵山区的综合科学考察任务,出版了一系列重要成果。1990—1991年,在全国大规模开展国土规划的背景下,我多次受邀参加了安徽省计划委员会召开的有关地区(黄山、安庆、池州、宣城、合肥等地市和安徽沿江带等)国土规划评审会,在会上,我根据多年考察的经验体会与发现,指出了行政区划体制因素对中国国土资源开发、区域—城市经济发展的强烈影响,提出了"行政—经济区"的概念。我认为,"这种行政—经济区对推动我国社会主义生产力的发展起着主导作用。然而正是行政—经济区,在地方分权体制下,使各级地方经济发展追求'大而全'或'小而全',导致区域经济的封闭性特点,从而对整体经济的发展带来消极影响"(专文《关于我国行政区划体制问题的初步探讨》发表于1991年中国社会出版社出版的《中国行政区划研究》)。1992年,在广州召开的"全国首次经济特区和沿海开放地带行政区划研讨会"上,我进一步强调了中国转型期行政区划的重要作用,明确提出了"行政区经济"的概念,阐明了随着我国政治经济体制改革的深入推进,行政区域政府的经济功能将逐步淡化的观点。1993年,我与我的第一位博士生舒庆同志合作在《经济地理》第1期上发表了《论行政区划、行政管理体制与区域经济发展战略》一文,首次比较系统地对行政区经济的结构特征和淡化行政经济功能等问题进行了论述。这可以说是我对行政区经济概念的提出阶段。

13.2 行政区经济的发展

随着我们对行政区划研究的不断深入与"行政区经济"理论在学术界和政府部门引起的积极反响,特别是基于行政区划改革的必要性与紧迫性,1990年,经民政部批准,在华东师范大学成立了中国行政区划研究中心。迄今为止,这仍是目前国内唯一专门从事行政区划问题研究的专业研究机构。

如果说"行政区经济"理论的提出,是意图把我国现行行政区划现实问题研究推进到理论认识阶段的话,那么,中国行政区划研究中心的设立,则为我国行政区划体制问题的系统深入研究提供了一个重要的组织平台。在民政部的关心指导下,在华东师范大学党政有关部门的大力支持下,我作为中国行政区划中心的"领头羊",在这一阶段与我的历届学生(包括8名与我合作的博士后)一起,主要做了以下两个方面的工作:

一是积极投身于行政区划现实问题的实证与论证、规划工作及理论研究,完成了一批较有分量的研究成果,为中央主管部门和地方政府的行政区划与行政管理体制改革提供了决策依据。这主要表现在我与我的学生们一起,在近20年的时间里,先后完成了40余项与行政区划相关的课题。最主要的有"江苏省苏、锡、常地区行政区划改革研究""江苏省'三泰'地区行政区划调整研究""海南省设市预测与规划""社会主义市场经济条件下城市行政区与经济区关系综合研究""浦东新区行政区—社区体系研究""我国国民经济分级调控空间组织模式可行性方案研究""中国大都市公共行政组织与管理模式研究""上海创建国际大都市的行政区划改革研究""中国城市化进程中的行政区划体制改革与创新研究""关于海南省调整海口市行政区划方案的论证报告"等。其中,"江苏省苏、锡、常地区行政区划改革研究"获全国高校首届人文社会科学优秀成果一等奖(1995年),"上海行政区划体制改革与浦东新区建制镇区划调整及城镇发展战略研究"获上海市第四届决策咨询研究成果一等奖(2001年),"关于海南省调整海口市行政区划方案的论证报告"(2002年)作为附件上报国务院,获得国家有关主管部门和海南省政府的高度评价,不久海口市行政区划及时得到调整。

与此同时,我还参加了民政部组织的"全国设市预测与规划"和各省(区)市预测与规划的系列成果评审,以及山东、江苏、广西、广东、湖北、安徽、新疆、贵州等省区有关城市发展和设市预测规划的考察活动,掌握了大量资料和有关情况。通过这些实践活动,使我更进一步深深体会到行政区划问题研究的重要性、紧迫性、艰巨性和敏感性,也使我对"行政区经济"理论概念的有效性和解释力更有信心。

二是在大量研究实践的基础上,经过不断总结、提炼和萃取,行政区经济理论体系初具雏形,建立和完善了"行政区经济"的理论概念与框架内容,并在"行政区经济"理论的基础上,进一步提出了"行政社区"的概念和构建大城市自上而下"行政区—社区"管理体系的理论思维,使行政区经济理论体系更加丰满,更具有实践性。主要标志是出版了由我主编、我国首部以"行政区经济"冠名的"中国行政区经济与改革丛书"(华东师范大学出版社,2000年),这是一套力求符合中国国情、理论与实证结合的区域经济与管理及行政区划丛书。

这一时期,我们先后出版了20部、约450万字的学术著作,初步展现了行政区划、行政区经济及其相关理论的学术成就,主要包括:华东师范大学出版社出版,刘君德主编的《中国行政区划文献目录》(1992年),刘君德主编的《中国行政区划的理论与实践》(1996年),舒庆、周克瑜著的《从封闭走向开放:中国行政区经济透视》(2003年),汪宇明著的《中国省区经济研究》(2000年),王德忠著的《企业扩张——理论研究及其对中国行政区经济问题的应用分析》(2002年),刘君德、冯春萍、华林甫、范今朝著的《中外行政区划比较研究》(2002年),程玉申著的《中国城市社区发展研究》(2002年);中国环境科学出版社出版、舒庆著的《中国行政区经济与行政区划研究》(1995年);科学出版社出版,刘君德与靳润成、周克瑜编著的《中国政区地理》(1999年),刘君德与靳润成、张俊芳编著的《中国社区地理》(2004年);东南大学出版社出版,刘君德、汪宇明著的《制度与创新——中国城市制度的发展与改革新论》(2000年),卢为民著的《大都市郊区住区的组织与发展——以上海为例》(2002年),黄珊著的《国外大都市区治理模式》(2003年),张俊芳著的《中国城市社区的组织与管理》(2004年);复旦大学出版社出版,周克瑜著的《走向市场经济——中国行政区与经济区的关系及其整合》(1999年),林涛著的《国民经济区域调控——中心城市调控模式研究》(2000年);上海社会科学院出版社出版,张玉枝著的《转型中的社区发展——政府与社会分析视角》(2003年),陶希东著的《转型期中国跨省市都市圈区域治理——以行"政区经济"为视角》(2007年);湖南科学技术出版社出版,陈湘满著的《中国流域开发治理的管理与调控研究》(2003年);中华工商联合出版社出版,秦学著的《旅游业跨区域联合发展的理论与实证研究》(2004年)等。

上述两个方面,前者侧重于实证研究、方案论证和理论研究,后者侧重于理论梳理和系统阐述,二者相互支撑、相互配合。通过实践与理论的有机结合,基本建立起"行政区经济"的理论体系框架。在我的第一位博士生舒庆的博士论文中比较系统地阐述了行政区经济的基本概念与理论内容。所谓"行政区经济"是指由于行政区划对区域经济的刚性约束而产生的一种特殊区域经济现象,是我国在从传统计划经济体制向社会主义市场经济体制转轨过程中,区域经济由纵向运行系统向横向运行系统转变时期出现的具有过渡性质的一种区域经济类型。现阶段,我国"行政区经济"主要表现为以下特征:(1)企业竞争中渗透着强烈的地方政府经济行为;(2)生产要素跨行政区流动受到很大阻隔;(3)行政区经济呈稳态结构;(4)行政中心与经济中心的高度一致性;(5)行政区边界经济的衰竭性。

作为一个科学概念,"行政区经济"深刻揭示了我国转型期区域经济运行的本质特征与规律。由于"行政区经济"这一概念对我国自 20 世纪 80 年代以来由计划经济向市场经济转型的过程中,因行政区划而导致行政壁垒和地域分割的经济现象有着极强的概括力,从而被国内(乃至于海外的部分高校)一些学者和政界接受、引用。

自此以后,打破行政壁垒和地域分割,要求淡化政府直接干预行政区的经济功能,推进政府职能转变的呼声越来越高。这可以说是以建立华东师范大学中国行政区划研究中心为契机,以培养跨学科人才为目的,并通过大量实地考察、政策研究、区划方案论证和论著撰写等,从而使行政区经济的理论体系与框架逐渐深化和得以推广,这可以称得上是我推进行政区经济理论发展的第二阶段。

13.3 行政区经济的走势

自"行政区经济"理论提出以后,在中国区域经济发展面临的新形势下,要求打破区域分割,推动区域联动发展,努力消除我国"行政区经济"负面影响的呼声也日渐高涨。事实上,正是在我与我的学生们形成的这个学术集体以及许多认同行政区经济理论的学者共同的努力下,"行政区经济"理论客观上在积极推动我国区域—城市经济、社会发展与规划、建设管理的理论与实践研究方面,都起到了积极的影响作用。

研究认为,中国行政区经济的形成,与我国历史上的地方经济发展状况有关,而地方经济发展的传统又主要受 3 个因素的影响:(1)我国地域辽阔,自然条件和经济技术发展水平的地域差异大,拉开了地区之间经济收益的差距,同时,过于单一狭窄、传统的各类经济组织形式,阻碍了有组织市场的发育,导致难以形成全国性的统一市场;(2)国家统一,长期稳定,也使省区为主的地方经济的各自发展成为可能;(3)我国市场发育状况决定了我国区域经济较低的联系水平,也导致我国经济长期被排斥在世界经济体系之外。上述因素使我国的地方经济往往囿于行政区域的范围内,呈现为"封闭"式运行状态。

中国行政区经济形成的基础主要有两点:(1)传统形成的封闭式的省区经济使省区内外的经济差异逐步扩大,省区经济的稳定性进一步增强;(2)长时期科学技术水平低下和交通运输、通信条件的落后,减弱了区域经济在更大空间和更高层次的聚合程度。以上两点加上其他一些历史、政治、文化因素,为行政区经济的孕育、发展提供了温床,同时也成为区域经济一体化发展的桎梏。

行政区经济理论还认为,新中国成立以后,在计划经济时期的中央与地方条块关系变动环境下,行政区经济是以潜型形式存在的,一旦"条条"与"块块"之间的权力关系发生转移,即当"条条"与"块块"关系的平衡点向"块块"一方略有倾斜时,客观上行政区经济的强化就有了可乘之机。"大跃进"和"文化大革命"给我国区域经济发展打上了深深的烙印,也为行政区经济运行提供了基础。

行政区经济是我国改革开放以后形成和发展的,新时期以来形成的区域经济冲突就是行政区经济在不同发展阶段运行的结果。我国的行政区经济运行大体上可以分为5个阶段:(1)1979—1984年,是"分灶吃饭"等改革措施下的盲目布局与引进阶段;(2)1985—1988年,是价格双轨制下的"原料大战"阶段;(3)1989—1992年,是紧缩政策下的市场疲软和封锁阶段;(4)1993—1997年,是金融秩序混乱和经济过热阶段;(5)1997年以后,是经济"软着陆"之后保护局部利益阶段。我们的研究认为,与世界上的其他国家,如采取市场经济体制的美国、计划经济体制的苏联和混合经济体制的印度相比,它们都难以形成与中国行政区经济发育不相上下的土壤环境。因此,中国是世界上行政区经济表现最为突出的国家,也就是说,行政区经济是具有中国特色的。这主要表现在它有其独特的运行方式,即以企业为微观运行单位,在权力空间地域上和不同的行政区层次上表现出不同的特点。行政区经济理论认为,一旦全国统一大市场建立,行政区经济势必逐步瓦解,一种新型的区域经济关系将会形成、发展,但这可能还需要相当长一段时间。

然而,随着对行政区经济理论认识的不断提高、行政区经济内容框架与理论体系构建的完善与发展,尤其是在对我国现阶段区域—城市经济社会发展、规划建设管理中存在的"行政区经济"现象已经具有较强的说服力和阐释效应的情况下,我认为仍有必要深入思考"行政区经济"理论的适用范围、理论扩展与深化提升的问题。概括起来,主要有以下几个问题还需要回答:

(1) 行政区经济对我国当今转型期的区域—城市经济发展过程中存在的诸多特殊现象虽然已经有了较强的阐释力,但由此我们不得不进一步思考:我国的行政区经济现象只是在现阶段才有的吗?如果上溯,我国古代经济社会发展过程中有没有区域分割现象?如果有,这种区域分割现象是不是行政区经济现象?如果不是,那这种区域分割现象又怎样来解释?能不能运用行政区经济理论解释我国古代区域经济发展变迁中存在的由于行政区划引起的有关区域分割现象?

(2) 行政区经济理论是以西方市场经济理论体系为参照系的。那么,是不是只要我国社会主义市场经济体制建立和完善起来了,行政区经济现象也就自然消失了?事实上许多人在引用行政区经济理论概念进行分析时往往也只看到它消极影响的一面。人们要问,从我国区域—城市经济发展的过程来看,行政区经济到底有没有积极意义,或者正面效应?我们发现,行政区经济理论在经过实践不断检验的过程中,从区域经济理论发展动力、运行机制与演进过程来看,我们原来对行政区经济的正面的积极意义挖掘得不够,影响了对问题阐释的力度和全面性。事实上,只以市场经济为唯一标准是远远不够的。因为市场经济也会失灵,在市场经济失灵的情况下,以国家干预为核心的市场经济与行政区经济有怎样的关系?而我国的社会经济发展也证明,如果没有以地方政府为主体的行政区域经济的高速发展,我国新时期30多年要取得这样的经济与社会发展的成就,那是难以想象的。因此,我们的研究认为,与通常人们所说的"诸侯经济"不同,中国转型期的行政区经济存在着"褒"(积极影响)"贬"(消极影响)双重属性,"行政区经济"的正负面影响将伴随中国整个转型时期长期存在。如何不断扩大行政区经济的正面效应,逐步减弱行政区经济的负面影响,则是我们下一步研究中应该注意的问题。

(3) 行政区经济主要是以我国新时期以来从计划经济向市场经济转型过程中出现的一

种区域经济现象为研究与解释的对象,这也是行政区经济理论体系为大家所广为接受的原因所在。但与此相关,让我不能释怀的是,在苏联、东欧社会主义国家从计划经济向市场经济转型的过程中,是否也存在行政区经济现象？2005年的12月,乌克兰驻华使馆的一位高级参赞在看过我们的行政区经济论著后,专程来沪找我,和我讨论行政区经济问题,他说,像中国现阶段存在的"行政区经济"现象在乌克兰也是存在的,并指出,乌克兰也要推进行政区划体制改革。近年来,我国香港和台湾地区也不断有学者来访,并邀请我赴港、台宣讲行政区经济理论。事实上,我国香港、台湾地区,乃至于美国等的一些大学已经有不少学者关注中国内地的"行政区经济"理论,包括在研究生的论文选题中将行政区划和行政区经济问题作为重要研究内容。这不得不促使我更进一步深入思考,是否在全球范围内也普遍存在行政区经济现象？除了苏联、东欧国家我们可以而且有必要作为一种比较性的研究对象外,欧盟是否也可以作为一个案例进行深入研究？全球有230多个不同政治体制的国家,是否也可以尝试用行政区经济理论进行探索性研究呢？更为重要的是,如何通过这种研究把我们的行政区经济理论与国际上通行的制度经济学理论、区域政治学与区域社会学理论以及区域—城市治理理念等相关的现代学术思想进行对接,也许这将是我们需要长期开展并与海外学者合作研究的重要命题。

从这个意义上看,随着全球经济一体化进程的不断加快和我国社会主义市场经济体制的深入推进和不断完善,我们开创的"行政区经济"理论也面临着不断创新与发展的机遇与挑战。它促使我们很有必要把"行政区经济"从一个理论体系框架提升到一门独特学科体系的高度,进而构建具有中国特色的区域政治经济学(或区域政治经济地理学)。这不仅是我国改革开放30多年的一个重要学术思想成果,而且对研究现代世界国与国之间、地区与地区之间、各国内部地区之间乃至于国际性区域经济、政治、文化、社会等各类组织的区域空间权力结构与制度整合,将会起到非常积极的作用。如果站在这一高度看问题,我觉得更有必要把行政区经济理论体系逐渐向海外拓展,以此作为新的起点,进一步推动行政区经济理论研究走向新的、更成熟的阶段。

13.4 权力、空间与制度:区划理论研究的新境界

我曾经说过:"随着社会主义市场经济体制目标模式的确立,如何建立一套与之相适应的、具有中国特色的、科学的社会主义行政区划体系,是一项具有重要理论和现实意义的科学研究工作,同时也是一项复杂而艰巨的任务。一方面,它要依靠行政区划的实践,不断地总结经验教训,从而摸索出一条适合我国国情的行政区划改革新路子;另一方面,也必须要有科学的理论做指导,即依靠科学的理论思维,把握事物的本质与规律,从而指导我国行政区划的实践。"

《周礼》说:"惟王建国,辨方正位,体国经野,设官分职,以为民极。"意思是说,建立一个国家,先要分辨清楚地理方位,然后划分行政区域,在此基础上,再分设官职,建立行政组织结构,以完成管理百姓的措施。如此简括的几句话,把国家建构的过程与要点勾勒得清清楚楚。由此可知,行政制度的建立,最根本的乃是行政区划与行政组织结构的耦合。但是,行政区划与行政组织机构又是根据什么确定的呢？二者之间又是怎样耦合的呢？这就必然涉及政治与行政制度的确立。用现代政治与行政理论来分析,就是先有权力主体,这就是政治

与行政组织结构,而权力主体不可能是个空中楼阁,而是必须将其奠基在特定区域地理空间的基础上才更加坚实牢固,当国家一旦建立起来并运转的时候,它又不是随意的,而是必须根据特定的政治与行政制度,从而达到权力主体在特定社会空间良性运行的根本目的。我认为,行政区经济理论的第三个发展阶段,就是必须更加扩大和延伸学术视野,从区域政治、经济、社会、文化的系统整合的意义上,推动具有中国特色的行政经济理论思想的建构,这也就是本丛书之所以命名为"当代中国城市—区域:权力·空间·制度研究丛书"的根本所在,也是行政区划与行政区经济理论的新的学术增长点。

当然,随着现代政治、经济与社会的不断发展,人们对权力、空间与制度的认识已经有了很大变化。权力不再仅仅指单一的行政权力,而是扩展到整个社会层面,这是由于现代行政的主体已经由政府扩展到各种企事业单位乃至于群众团体,这必然导致权力的生产与再生产模式将面临一场重大变革。空间也不再仅仅是地理空间和空间差异问题,而且深入了社会空间的各个层面。在一定意义上,社会空间的生产与再生产已经深刻改变了传统对地理空间与空间差异理论的一般认识。同时,由于权力空间结构在要素排列上的深刻改变,这对权力空间秩序的生产与再生产形成了重大影响,不仅在一个国家内,而且在整个世界,新的权力空间秩序正在形成之中,因此,应积极寻求在新秩序建构的过程中,成为制度与规则的制定者之一,而不仅仅是一个模范的制度执行者。在这个意义上,建构以行政区经济理论为核心的具有中国特色的区域政治经济学理论的目的,就是为了根据不同侧面的空间尺度,对多元权力结构的行政权力与运行机制进行探讨分析,从而在特定的区域权力空间结构中占据主导地位。

如果说,时间是主导现代主义世界的话,那么空间化逻辑则主导着后现代社会。从过去到现在,人们已经认识到,在权力与空间发生作用时,空间的重要性得到了很大改变。福柯就明确地提出,空间是任何公共生活形式的基础,空间是任何权力运作的基础。因此,空间已成为资本主义条件下社会关系的重要一环,空间是在历史发展中产生的,并随着历史的演变而重新结构和转化。后现代空间化问题,在当代城市化的快速发展中已得到深刻反映。全球城市已成为经济、政治和文化权力重合的地方。这一观点实际上也得到了来自于城市政治学研究的大力支持。城市政治学是社会学科中的政治学分支领域,其研究的焦点问题就是城市公共决策的权力结构。在城市政治学的研究传统上,有两种城市政治结构模型:一是城市社区权力的"多元模型"(Pluralist Model),即认为城市内各种社会群体与利益集团共同对城市的公共决策发生影响;二是"精英模型"(Elitism Model),即认为城市的主要公共决策是由少数精英分子和大的社会经济结构所决定的。但从主流模型的衍变来看,城市多元化的权力结构模型更成为与空间化逻辑主导形式相适应的一种主要模型。因此,努力发掘权力结构的空间化逻辑主导形式,就成为分析行政组织结构的行政空间与权力空间相互关系的生动起点。

而以我国行政区划与行政组织结构为核心的行政区经济理论体系,它的最大价值恰好在于它发现了我国以行政区域为单位形成的一种区域权力在空间经济的运行模式中所产生的各种现象,包括权力、空间与制度自身的各种问题。在某种程度上,行政区经济理论不仅是揭开我国当代最具有中国特色的区域政治经济学理论体系的一把钥匙,而且其最具有中国特色的学术前景也在于对于未来世界经济一体化进程中怎样通过以世界各国行政区划与行政组织结构之间的耦合关系研究,对现代国际区域政治经济学的发展做出中国学者应有的世界性贡献。

最后,我要对本丛书的出版情况做一点说明。20世纪90年代中期以来,在华东师范大学中国行政区划研究中心先后出版了20本著作以后,近几年陆续又有一批由我指导的博士生通过了论文答辩,其中,有些学术成果已经问世,有的尚未出版;同时,近几年,还有国内其他学术领域的学者也主动和我联系,或者通过各种渠道让我了解到他们也在应用行政区经济理论对不同的领域进行学术研究工作。因此,我希望能继续通过丛书的方式把这些成果比较系统地推出来,贡献给理论界、学术界和实践部门,让理论在实践中不断得到验证、深化和拓展。于是,经过与东南大学出版社商量,在资深编辑徐步政先生的大力支持下,这套丛书终于面世了。

我们设想本套丛书的结构大体包括五大部分:第一部分偏重于当代中国区域—城市权力、空间与制度的综合性理论研究;第二部分是权力、空间、制度视角的特定专题性研究;第三部分是权力、空间、制度视角的各类规划性研究;第四部分是当代中国行政区划改革研究;第五部分是我国几个大区域的综合性研究。上述五大部分相互配合形成比较完整的丛书体系,力求理论与实践的统一和行政区经济理论思想的融合。

此次丛书出版,强调两个方面:一是开放性,二是创新性。本套丛书除选择一批我近年指导完成的优秀论文外,还特别吸收别的学科和实践领域应用行政区经济理论进行研究的拓展之作,体现开放性;同时,还特别希望和鼓励能在理论上提出新观点的创新之作,即使在理论框架和思想观念上还不特别成熟,我们也很欢迎,体现创新性。

我衷心希望,能够推出一批质量上乘、观念新颖的学术创新著作,能够有更多有志于行政区经济理论研究的同行加入进来,能够使具有中国特色的行政区经济理论思想早日更加成熟起来!

[刘君德.中国行政区经济理论的缘起、发展与未来[M]//刘君德,袁中金,顾春平,等.分权与当代中国都市区空间规划的理论与实践:常州市案例研究.南京:东南大学出版社,2011:总序;2009年2月22日于上海市静安区达安城]

解读:这篇"总序"着重对行政区划的核心理论——行政区经济理论的缘起、发展过程进行了梳理,对这一理论进一步深化发展的方向进行了展望。"总序"是"当代中国城市—区域:权力·空间·制度研究丛书"理论逻辑体系的脉络,也是我与我的弟子们研究政区理论(中国特色的区域发展理论)的精华,对中国行政区划的理论与实践研究起着导引作用;同时,也为广大读者提供了我与我的团队清晰的行政区划理论研究的学术思想发展过程,大致为"行政—经济区"概念的提出→"行政区经济"概念与理论思想的形成、确立→权力·空间·制度视野下行政区经济的理论升华,这也是行政区划与行政区经济理论的新的学术增长点。正如"总序"所说:"以我国行政区划与行政组织结构为核心的行政区经济理论体系,它的最大价值恰好在于它发现了我国以行政区域为单位形成的一种区域权力在空间经济的运行模式中所产生的各种现象,包括权力、空间与制度自身的各种问题。"从学科来说,行政区经济理论是一个最具有中国特色的区域政治经济地理学的理论思想。衷心期望有志于这一领域研究的学者,尤其是青年学者为这一原创性理论添砖加瓦,共同为繁荣中国特色的区域发展理论做出贡献。

14 "行政区经济"的提出

背景:1990年,经国务院学位委员会审核通过,我被聘为华东师范大学区域地理学博士生导师,当年即开始招收博士生,1991年舒庆同志成为我的第一位弟子。此时,中国行政区划研究中心在华东师范大学挂牌运作已经一年,我们开展的首项(江苏省苏锡常地区)行政区划战略研究和"三泰"(泰州、泰兴、泰县)地区的行政区划调整论证,取得重要进展。舒庆同志顺理成章地确定其研究方向为行政区划。在三年的博士生学习阶段,他参与了海南省行政区划的调查实践、设市预测与规划和大海口地区区划体制专题调研等。我们在区划改革实践中,共同探索我在南方山区考察中孕育、思考的"行政区经济"概念和理论思想。1993年我们合作抛出了首篇关于行政区经济理论的论文,发表在《经济地理》杂志的头篇,引起同行和相关专业学者的关注。

随着我国改革开放的不断深入,原有的行政区划、行政管理体制已经不能适应经济建设蓬勃发展的需要,特别是行政管理体制已日益成为经济发展的障碍。在当前经济转轨、新旧经济管理体制和行政体制交替的新形势下,研讨和制定区域经济发展战略,不仅要打破传统思路,用新观念、新思维去探讨这一重大课题,而且要突出研究影响区域经济协调发展的深层次原因——旧的管理体制因素,并对症下药,提高区域经济发展战略的实用价值,使各级政府在职能转变过程中和转变以后,能更好地发挥区域经济发展战略对区域经济的指导作用。

14.1 概念及内在联系

行政区划的概念有广义和狭义之分。狭义的行政区划是指为实现国家的行政管理、治理与建设,对领土进行合理的分级(层次)划分而形成的区域和地方[1]。广义的行政区划除了包括上述内容外,还包括国家以行政区域为单位,设置相应的国家行政机关来管理行政区域内的一切行政事务[2]。

行政体制众说纷纭。比较能为大众所接受的是把体制加以分解,体乃体系,制为制度,体制即体系与制度的总称。它的实质体现着一种关系,标志着事物内部和外部的隶属关系、权限关系等。按此,行政体制就是一种行政关系,它是中央和地方各级政府内部和相互间机构配置、权限划分、隶属关系等方面的体系和制度的总和。行政体制是一切行政活动的统领。行政体制大体上可分为三大类:第一类是指行政内部体制,它以特定行政层次上的政府内部机构设置、权限关系、运转方式为研究内容;第二类是指行政结构体制,又称行政分层体制或行政体系,在某种意义上,它可作为行政内部体制的一部分,以各行政层次的设置及上下关系为内容;第三类是行政外部体制,它以特定行政层次上政府与其有法定关系或领导指导关系的组织间的相互职权划分、关系协调为研究内容,如党政关系、立法关系、与行政机关的关系、政企关系等[3]。

区域经济发展战略是指对一国一定地域范围内经济发展所进行的带有全局性的谋划。传统的发展战略对经济发展基于"以国民生产总值的增长为中心而引起的变化"的理解,但这种发展战略的实施很快就暴露出种种弊端。20世纪70年代以来,人们越来越意识到经济发展不仅是国民生产总值、国民收入的增长,还包括经济结构、经济体制和经济制度等方面变化在内的全面的进步过程。在这种认识的基础上,"满足基本需求的经济发展战略"在一些发展中国家应运而生。

从上述3个基本概念的内涵中,我们不难发现它们之间的有机联系。

(1) 行政区是行政管理体制的载体

行政区的划分是为了对领土管理的方便,行政管理体制是为了实现对领土的有效管理,不同类型的行政区形成了不同类型的行政管理体制。

行政区的层次影响和制约着行政管理系统的纵向复杂程度,行政区的幅度关系到行政管理体制的横向尺度。从广义的行政区划概念出发,两者在地方行政机构设置方面有叠合之处。

但行政区划更侧重于各级行政机构层次关系的研究,而行政管理体制则倾向于每一级行政机关组织机构、管理权限、组织机制的研究。行政区间合理的权限划分为地方政府行政机构的设置奠定了基础;地方行政机构的合理组织体系又为行政区简化层次、理顺关系提供了前提。

(2) 行政管理体制与区域经济发展战略相互交融

这主要表现在以下几个方面:①制定经济发展战略是政府工作的一项重要使命。政府职能转变是行政体制改革的关键,十一届三中全会以后,我国行政体制的改革曾把强化政府的经济功能作为一项重要任务,中央《关于经济体制改革的决定》把政府机构管理的职能归纳为八项,其中,"制定经济社会发展的战略、计划、方针和政策"被列为各项之首。随着行政体制改革的不断深化,围绕着社会主义市场经济的发展,政府职能将从管理型向服务型过渡,政府对经济的干预则由直接变为间接,宏观调控功能将随之增强。因此,制定社会经济发展战略的职能不仅不能削弱,反而应进一步得到强化。②经济管理体制是经济发展战略研究的重要内容。区域经济发展战略具有指导性的特征。欲使区域经济发展战略的指导性化作现实性的物质力量,不仅要反映经济管理体制的内在关系,而且要体现如何突破固有的不合理关系,实现区域经济协调发展;同时,还要研究地方政府如何在新形势下通过重塑经济管理体制来促进预期目标的实现。③区域经济发展战略的贯彻需要行政管理体制的保障,区域经济发展战略制定得再好,若不能付诸实践,也只能是纸上谈兵。制定只是基础,贯彻执行才是关键,区域经济发展战略必须依靠完善的行政管理体制和各级政府管理人员积极性的充分发挥,才能达到预期的效果。

(3) 行政区划是影响区域经济发展的一个重要因子,区域经济发展战略又为行政区划体制的改革指明了方向

区域发展战略中的"区域"是一个多重概念,既有以行政区划来确定的行政区,又有以经济区划来确定的经济区,还有以城市经济网络的覆盖面而划分的城市群地区。有按地形地貌来确定的区域,如山区、滨湖地区;有按民族居住地区来确定的区域;有按经济发展水平来确定的区域,如发达地区与不发达地区;有按水系来确定的区域,如长江流域、黄河流域;等等。上述区域中有的属于功能区,有的则属于类型区。除了行政区区域发展战略外,大部分区域均为跨行政界线的区域。行政区域发展战略固然重要,但从促进区域经济发展的角度

出发,经济区和城市网络地区的经济发展战略显得更为重要。另外,我国长期以来,以行政手段干预经济发展,政府与企业捆绑在一起,地方经济表现出较强的独立性,各省区接壤区经济摩擦较为严重。加之行政效力随着远离行政中心而呈递减趋势,势必在省区交界地区,特别是各个省区的结合地区出现经济发展的薄弱地带。在社会主义市场经济的发展过程中,这一区域类型的区域发展战略的研究与制定也不能等闲视之,在传统的行政区划体制、行政管理体制的作用下,行政界线如同"看不见的墙"成为区域间经济联系的壁垒。区域经济发展战略的贯彻与执行要求突破行政区界线的束缚,行政区划体制与行政管理体制的改革又需要区域经济社会发展战略的指导。同时,行政区的区域经济发展战略也要冲破行政区界线的禁锢,从利于区域优势发挥的区域合理分工出发,来谋划行政区的经济发展。

区域经济发展战略中既蕴含着行政区划体制、行政管理体制的丰富内容,又在一定程度上对于行政区划体制、行政管理体制的改革具有指导作用。同时,行政区划体制与行政管理体制又影响着区域经济发展战略的贯彻与执行。因此,我们既要充分认识我国传统体制的惯性作用,又要顺应社会主义市场经济发展的改革潮流,从根本上处理好行政区划、行政管理体制与区域经济发展的关系,促使区域经济发展战略在区域经济协调发展中发挥更大的作用。

14.2　存在的主要问题

我国目前的行政区划、行政管理体制,对于社会主义市场经济的形成与发展表现出极大的滞后性,以往的区域经济发展战略难以割舍与传统行政区划、行政管理体制的联系,在新形势下也暴露出相对落后性。归纳起来,有以下几点:

14.2.1　行政区经济的稳态结构

长期以来,我国一直实行计划管理体制,中央政府在实行纵向管理的同时,赋予地方政府一定的权限。地方政府对经济活动的管理主要集中于计划与物资分配、财政金融、投资与基本建设、工业、交通、农村经济等六个领域。由于受到长期的自然经济、小农意识影响,地方政府在商业和外贸领域的经济行为具有自给自足色彩,许多地方政府醉心于分割全国的统一市场,建立画地为牢的内部流通王国。地方政府的特殊地位还决定了它与中央政府关系的双重性。一是自上而下的人事制度、传统的管理体制、"条条"对地方的控制,造就了地方政府的向心倾向,这一力量成为我国政治经济一体化的保障;二是地方政府的政府功能、建功立业的利益驱动、地方政府官员严密系统的内聚力,又促使地方政府产生了一定的离心倾向。在高度集权的传统经济体制下,虽然能有效地遏制离心作用,但抑制了地方政府积极性的发挥,地方经济缺乏活力。在这种运行条件下,中央必须实行放权。由于作为一级政权机构的各级地方政府都拥有一些经济管理权限,一旦政权与较大的经济权力结合在一起,必将导致地区本位主义的膨胀,地方政府依靠膨胀起来的经济权力扩张和完善本地区的经济体系,建立独立的产品体系和供本地产品销售的垄断市场。这种分割的市场和自成一体的经济体系,人为地造成行政区之间的区域摩擦,加剧了地区之间的矛盾,使中央政府依靠行政隶属关系实施控制的链条开始松散,又反过来进一步助长了各地区经济的独立性。在长期的发展过程中,我国行政区经济,特别是省区经济已呈相对稳定的结构形式。这主要体现在：①行政区经济系统的发育呈"封闭式"状态，扭曲的市场自成体系，并在病态下运行；②在自成体系的发展过程中，行政区的产业结构相对完整，并能相对满足低水平下经济运行的要求；③大量的人力、物力、财力已经投入，具有战略性特点的产业布局已初具规模，由于产业布局并非一蹴而就，"关、停、并、转"也需付出较大代价，实行搬迁更是得不偿失，这就进一步巩固了行政区经济的稳态结构。

14.2.2 经济区经济呈离散状态

分散割据式的地方市场阻塞了地区之间经济流流动的正常渠道，破坏了横向经济联系，迫使密切相连的有机整体——经济区系统成为行政区经济的"大拼盘"。在传统的管理体制下，这种现象有愈演愈烈之势。这主要表现在：①对价高利大的产业，不顾自身条件，一哄而上，造成原料大战与产品大战并存，经济区内耗较大。例如，20世纪80年代中期，国家曾指定无锡市为我国南方电子工业基地之一，而实际上，"七五"期间，苏锡常三市一拥而上，苏锡二市并驾齐驱。竞争的结局并非"优胜劣汰"或关停并转，而是运用一切手段，甚至以行政力量介入或不正当的手段伺机再上。②企业偎身于政府的怀抱。习惯于自我配套的生产过程，淡漠了跨行政区间的经济协作。即使近年来建立了一些跨区域的企业集团，也由于多属行政干预式的经济联系，呈现出较大的松散性与短暂性。③就产业布局而言，行政区的界线阻挠了优势区位效益的体现，集聚效益与规模效益也受到较大限制，这既制约着城市作为经济中心的优势发挥，也影响了经济区系统的内聚力，造成经济区整体效益的下降。

14.2.3 经济管理体制改革步履维艰

在传统的产品经济体制下，企业依附于政府，其自身已演化成一个政治、经济、社会"三位一体"的综合体，而不是一个相对独立的经济单位和法人，导致了政府行为与企业行为的同生性与同向性。中央在对国营大中型企业"收"与"放"过程中，企业的本质并未发生变化，只不过是在中央政府卵翼下和地方政府怀抱中的轮回，企业依然缺乏自主权与活力。十一届三中全会以来，虽然中央实行了简政放权、财政包干等项改革，但由于没有从根本上解决国营大中型企业的自主经营问题，非但没有彻底改变企业的命运，反而进一步助长了地方政府权力的膨胀，市场由"切块"式向"切末"式发展，区域关系仍十分紊乱。最近，政府职能的转变正在大张旗鼓地进行，股份制企业试点也已问世，但经济管理体制改革所面临的形势仍十分严峻，主要表现在：①政府机关在庞大的体系下运行，精兵简政的工作十分艰巨；②地方政府机关通过人事制度与地方党委捆绑在一起，党政分开的改革刻不容缓；③在长期的发展过程中，企业已习惯在政府的"保护伞"下生存，对瞬息万变、竞争激烈的市场经济缺乏适应能力；④政府不直接干预企业的行为规范缺乏强有力的保障，在社会主义市场经济下政府调控经济的内部机制尚未形成。

14.2.4 区域经济发展战略的可操作性差

近年来，区域经济发展战略研究方兴未艾，各种区域类型的发展战略相继出台，但从反馈的信息来看,并未达到预期的效果。究其原因,第一,在研究区域经济发展战略中缺乏对行政区划与行政管理体制的足够重视,即使涉及这个问题,也只是将其看作外生变量,而未将其作为内生变量,有机地融入区域经济发展战略之中;第二,忽视了对跨区域管理体制的研究,未能将区域经济发展战略的贯彻和执行与行政管理体制的关系理顺,使一些颇有价值的经济发展谋划不幸夭折;第三,学术界与政府机构的研究融合不够,学术界力量庞大,成果丰硕,但多以研究成果与报告形式露面,政府机构力量相对单薄,易受政府领导部门干预,使某些区域发展战略(特别是以行政区为单元制定的区域发展战略)在某种程度上带有地方保护主义色彩;第四,由于行政区经济的稳态结构,经济区经济呈离散状态,行政管理体制的改革步履维艰,行政区划与行政管理体制阻碍着区域经济发展战略的实施,它们之间的矛盾较为突出。

14.3 改革的基本思路

我国经济发展经历了产品经济—有计划的商品经济—市场经济与计划经济相结合—社会主义市场经济的过程,随着对社会主义经济认识的日益深化,市场经济的地位不断提高。在向社会主义市场经济的发展过程中,作为上层建筑范畴的行政区划、行政管理体制已越来越不适应经济发展的需要,改革已迫在眉睫。本着利于区域经济协调发展、益于向社会主义市场经济过渡的原则,提出以下行政区划、行政管理体制改革的一个基本思路。

14.3.1 加快改革行政区划体制

经济基础与上层建筑的关系,决定了行政区划体制必须适应经济发展的需要。在经济转轨时期,我们要进一步打破行政区划这一"禁区",在科学论证的基础上,从我国国情、各区区情出发,不失时机地调整行政区划,以适应改革开放和社会主义市场经济发展的需要。例如,要加强行政区划的战略研究;适当加快沿海、沿江、沿边地带的设市步伐;要突破县改市的单一模式,发展多元化的设市模式;适当调整行政区划层次,重新分配行政区间的政府权限;建立行政区划与行政管理体制改革试验区等。但同时要指出,行政区划是一项关系到国家长治久安的大政,对其调整必须按部就班,坚持相对稳定的原则,绝不能趁经济热潮一哄而上。

14.3.2 建立跨区的管理机构

跨行政区的重大经济举措、重大基础设施的建设、重大战略资源的开发与利用需要有专门的管理机构来进行协调。随着中央机关的改革,行政权力下放,行政管理体制的交替,跨区管理机构的建立显得愈加重要。这些机构可以是单一职能的,也可以是综合性的。要使跨区管理机构能真正发挥效能,必须理顺与上下级政府有关部门的关系,人员组成可完全来自于各行政区政府部门,组成联席会议式的管理机构。从国外的经验来看,这种机构往往过于松散,办事效率受到限制。另一种形式是由上级政府部门有关人员与各行政区共同组成跨区管理机构,但这种机构如果上级政府统管过死,将直接影响各有关行政区政府的积极性,跨区管理机构会失去活力。跨区管理机构欲达到预期目的,不仅要摒弃行政命令式的管理手段,学会运用经济手段、法律手段来实施管理,而且要人员精简,构成简练,以提高工作效率。值得重视的是,我国各级政府正处于重大裁员之时,要谨防跨区管理机构演化成各级政府机构"消肿"的次生体。

14.3.3 淡化行政区的经济功能

区域经济处于不断发展的过程中,如果一味强调通过调整行政区划来适应经济发展将会困难重重。这是因为行政区划不仅涉及经济系统,而且涉及政治、社会、文化、民族等诸多方面,具有"牵一发而动全身"的特点。有时虽从利于经济发展的动机出发调整了行政区划,但由于涉及行政区综合体的其他方面,上层建筑领域又会反作用于经济发展,这样,不仅没有达到预期的效果,反而延缓了经济的发展,还使调整了的行政区背上一个沉重的包袱,甚至滋生出许多不稳定因素。同时,行政区在形成、发展的过程中,已构成较为稳固的脉络体系,打破后重新塑造,不仅需要花费较大的人力、物力与财力,而且还需要一个较长的生长过程。另外,呈稳态结构的行政区经济不能依靠调整行政区来实现突破,如果不从根本上进行改革,即使调整了行政区,由于造成行政区稳态结构的内生变量没有实质性的改变,故而离散状态的经济区经济依旧难以聚合。旧的自成体系虽然暂时分割,但新的"大而全""小而全"又会生成,因此,从长远来看,必须淡化行政区的经济功能。

要淡化行政区的经济功能,首先,要实现政府职能由管理型向服务型的过渡,并进行产权制度的改革,使企业成为独立的经济单位和法人;其次,把企业推向市场后,一方面要完善企业自主经营的内在机制,另一方面要不断培育区域市场,通过价格体制的改革,消除市场中的虚假信号,并逐步实现全国统一的市场体系;再者,完善政府在社会主义市场经济下的职能,从法律上规范政府的行为,使政府学会通过立法、财政、金融、计划等手段来实现对经济的调控。中央政府与地方政府的职能也有所不同,中央政府主要是强化对经济的宏观调控能力,地方政府主要是加强服务功能。在打破割据市场、实现统一市场的发展过程中,政府应加强对市场的管理,促进市场的正常发育。

新形势下研讨和制定区域经济发展战略,不仅要把握住上述的改革思路,而且要顺应改革趋势,对负责制定区域经济发展战略的机构和具体的实施程序进行改革,即成立向人民代表大会常务委员会负责的准行政机关,负责组织学术力量、政府官员共同参与制定区域经济发展战略。这种机构既有畅通的渠道与政府有关部门协作与联系,又不受政府的直接领导,其自身具有相对的独立性,可确保区域经济发展战略的科学性与可行性,并有顺达的反馈通道,利于这一机构能及时对区域经济发展战略进行修正。区域经济发展战略报请人民代表大会讨论批准后,将移交政府部门负责实施与执行。跨区域的区域经济发展战略也应报请全国人民代表大会讨论批准,具体实施可移交跨区域的综合性管理机构,也可根据需要成立一个跨区域管理机构专门负责实施区域发展战略,并协调各区域间的关系。

[刘君德,舒庆.论行政区划、行政管理体制与区域经济发展战略[J].经济地理,1993,13(1):1-5,42]

解读:这篇文章首次比较全面地阐述了具有原创性的"行政区经济"的理论思想,提出了区域经济发展战略研究中一个十分重要而又长期被忽略的因素——行政区划体制因素,揭示了行政区划、行政管理体制与区域经济协调发展的内在关联、相互作用;进而指出目前的区划体制在推进社会主义市场经济发展中所表现出"极大的滞后性",使"行政区经济呈稳态结构""经济区经济呈离散状态",在现有的区划格局和行政体制下,导致区域经济发展战略的可操作性大打折扣。针对这些问题,文章给出了"加快改革行政区划体制""建立跨区的管理机构"和"淡化行政区的经济功能"三个重要观点。本文的发表是"行政区经济"理论思想开始传播的重要标志,也是后来"行政区经济"理论进一步发展深化的基础。

参考文献

[1] 刘君德. 关于我国行政区划体制问题的初步探讨[M]//中国行政区划研究会. 中国行政区划研究. 北京:中国社会出版社,1991.

[2] 周世逮. 行政管理学通论[M]. 北京:劳动人事出版社,1989.

[3] 李善阶. 应用行政学[M]. 北京:中国广播电视出版社,1990.

15 一种奇特的区域经济现象

背景:"行政区经济"理论思想的形成来源于三大背景:一是转型期中央与地方的分权改革;二是在分权体制下地方政府发展经济的积极性;三是在山区考察、海南设市预测与规划、苏锡常地区行政区划战略研究等大型项目的实践。通过以上三点,发现我国独特的区域经济现象,经过深思熟虑的理性思考,并逐步建立起完整的理论体系。本篇论文《一种奇异的区域经济现象——行政区经济》与下一篇《中国行政区经济运行机制剖析》是应《战略与管理》杂志邀约,我与舒庆同志合作,主要由舒庆同志执笔完成的。舒庆同志的博士论文《中国行政区经济与行政区划改革研究》完整而系统地论述了行政区经济理论。

行政区经济是由于行政区划对区域经济的刚性约束而产生的一种特殊区域经济现象,是我国在从传统计划经济体制向社会主义市场经济体制转轨过程中,区域经济由纵向运行系统向横向运行系统转变时期出现的具有过渡性质的一种区域经济类型。它主要表现出企业竞争中渗透着强烈的地方政府经济行为,生产要素的跨行政区流动量受到很大阻隔,行政经济呈稳态结构,行政中心与经济中心的高度一致性,行政区边界经济衰竭性等特征。

行政区经济是以国内区域经济的分割为特征的一种区域经济类型,它不仅有悖于以统一市场为标志的市场体制国家的区域经济,而且与国际上地区性的区域经济一体化的发展趋势背道而驰。我国行政区经济的形成、发展、强化有其客观的历史背景与经济运行机制,它的典型表现时期恰好是我国区域经济系统由纵向运行为主向横向运行为主转换的过渡时期。

正当世界区域经济一体化进程不断加剧,我国政府和理论界也对"环太平洋经济圈"等亚洲和环太平洋地区的区域经济组织表现出极大兴趣的同时,我国国内区域经济的发展却呈现出行政区经济的发展态势,这无疑与整个区域经济发展的潮流相悖,究其原因,与我国自然、历史、经济状况、经济体制等因素不无相关。

15.1 行政区经济的形成与发展

中国行政区经济的形成与历史上地方经济发展水平密切相关,而地方经济发展的传统又受到下列因素影响:

其一,全国统一市场难以形成。一方面,这是因为我国地域辽阔,经济发展水平的地域差异较大。中国从东到西、从南到北延伸达几千千米,气候差异使各地的生活方式迥然有别,同时气候和自然条件的差别也使各地在经济收益上拉开了差距,由于种植水稻比旱地作物产量高,南方的口粮标准一直高于其他地区。例如,江浙的水田往往能产出自给有余的稻谷,宋代以来,历代王朝都把富裕的江浙视为王朝贡赋的主要来源地。这种生产力发展上的差异性,既导致了各地利益结构的不同,也反映了经济上的非同质性。这种非同质性阻碍了商品的流动和货币关系的深化,使市场的张力受到极大的制约,致使市场发育缓慢。另一方面,过于单一、狭窄的组织阻碍了有组织市场的发育,致使我国历史上从未出现有组织市场。我国传统的组织一直陷于一种两极模式难以自拔的境地:一极是高度中央集权的行政组织;另一极是极其分散的家庭和宗族组织。从历史上看,这两极之间一直来不及发育出中间组织。人们之间的社会联系和沟通,不能借助于正规的"中间组织"和契约关系来进行,而主要是通过血缘、宗族、乡情等关系黏合起来。当经济关系和人们的交往进一步扩展时,"乡土""地域"情结便成为人际关系和商品交换的一种依托,成为一种非正规的约束,构成中国人认同的基本传统纽带。然而,这个纽带的天然局限性,决定了它只能生成一个封闭的系统,难以成为有组织的市场的载体,因而,也就难以成为正规组织或正规约束的替代品。

其二,国家统一,长期稳定。差别过大的自然条件和不平衡的地区利益,并没有在中国引起长时期的分裂,统一的国家占据了中国历史的主要部分。汉族是中华民族的主体,中国作为一个统一的国家在历史上是靠汉族支撑的。虽然在历史上曾频繁出现外族的入侵,有时这种入侵也能一举推翻某个王朝,但占中国人口绝大多数的汉族,依靠自己古老的,同自然经济相适应的儒家文化传统意识,依然能够有效地保持住自己国家的统一性。中国的民族问题与许多国家相比并不严重,在长达两千年的撞击和融合之下,许多民族的交往都有了较统一的基础,典型意义上的民族差异大多体现为不同的生活习惯和因自然条件产生的不同风俗,并没有严格意义上的文化差别(就大多数民族而言)。中国民族问题的状况实质上制约着国家经济管理体制的状况。当民族问题不太严重时,中央就有足够的内聚能力保持国家的统一。这在一定程度上决定了地方经济发展的可能性。

我国市场状况发育决定了我国区域经济的联系水平。而长期以来,中国被排斥于世界经济系统之外,19世纪中叶以前,业已构成独立的经济系统。鸦片战争以后,外国资本以大炮为前锋,以不平等条约为护身符,打破了我国闭关锁国的局面,长驱直入地闯进中国经济,把中国强行纳入世界系统,使之处于"边缘"带的位置。帝国主义通过签订不平等条约,强行开埠通商。到19世纪末,中国被迫开放的通商口岸已有35处之多,它们主要分布于东南沿海、沿江的交通干线上。帝国主义依此为据点,掠夺我国资源,控制我国市场和对华资本输入及倾销其商品,这在客观上加深了我国城市与农村、加工区与原材料产区的分工与联系。由于不等价交换进一步激化了地区之间的对立,再加上各帝国主义在华势力范围的划分和封建军阀的割据,我国的半殖民地、半封建的色彩在地区经济联系中反映得十分明显。

由于统一市场在外来势力的影响下也难以形成,区域经济继续呈"小封闭""大封闭"的状态,一旦由于某种力量导致行政区划界限成为区域联系的阻隔,地方经济便囿于行政区域的范围内,呈"封闭"式运行。

15.1.1 行政区经济的基础

1) 行政区经济的历史基础

历史上一级行政区的划分,直接影响着国家的统一和地方经济文化的发展。如果一级政区太大,往往容易形成割据;若太小,又难以管理。为了解决这个矛盾,我国宋代以前的三级制政区中,大都采用虚化第一级政区的做法,或者使之成为监察区,或者将这一级的权力分割成数个机构。元代以后,行省面积都很大,防止割据的主要办法是高度专制的中央集权以及地理上的互相牵制。例如,蒙元军队为了达到从北方控制南方的目的,把秦岭以南的汉中盆地人为地划入陕西行省,打破了秦岭—淮河这条我国自然的地理分界线,但这些办法都有严重的缺陷。州道一类的监督区很容易变成正式的政区,而路一级的分权则是宋代积弱的一个直接原因。明清时期过度的中央集权,又窒息了省一级长官的主动性和积极性,一切等因奉此,阻碍了地方经济文化的发展。从元代正式建置行省以来,一级行政区划数目不断变化,就总的发展轨迹而言,呈省区划小的趋势,但历来省会都是各省区的政治、经济、文化中心。由于军政机关设置于此,官僚、地主、大商富贾也在此集聚,往往不惜巨资,大兴土木,建设城市,修桥筑路,因此,省城的工商业、服务业、医疗、文教事业一般都比较发达。在封建、半封建时代,由于地方割据,省会与所辖地区有着行政往来,省内各地区之间在财政税收、农田水利、地方建设等方面的政策措施也不统一,各省区均形成封闭式的省区经济,年深日久,导致省区内外经济联系的差异逐步扩大,省区经济的稳定性进一步提高。

2) 行政区经济的雏形

新中国成立后,为了改变我国经济的落后状况,巩固和发展新生的社会制度,学习苏联的经济模式,实行了集中式的计划经济——产品经济体制,即以若干种使用价值形态的工业产品为目标,实现国家的工业化。我国实行的行政体制正是以中央集权为主、以地方分权为辅的体制,这适用于中国是一个大国的国情。为此,地方各级人民政府的机构设置,偏重于上下业务对口,采取按行政区域管理的办法,把中央政府和社会职能部门相当多的职能分给地方政府,这就导致了行政区经济潜在生存的环境。中央政府及其整个主管经济的职能部门抓"条条"管理,兴办中央直属的工业企业和商业企业,地方政府则要负担起地方社会管理和兴办地方的社会事业,以保障地方的社会福利及社会发展。1952年,中央为加强集中统一领导,决定将大区人民政府一律改为行政委员会,不再作为一级政府机关。1954年6月,中央人民政府又做出决定,撤销大区行政委员会。大区的撤销为中央集中统一领导创造了条件,从而形成部门管理为主的管理体制。由于国营大中型企业多为"大而全"式的企业,经济联系多以行政干预手段为主,超脱于地方经济之上的国营企业未能成为实现突破行政区经济的有生力量,且常常为地方经济所吸收、分化。在国家实行"条条"高度集中管理的过程中,地方经济表现不很突出,行政区经济往往以潜在形式存在。而一旦"条条"与"块块"关系的平衡点向"块块"一方略有倾斜时,就成为行政区经济的一个加强过程。

改革开放以前,由于"条条"与"块块"之间权力的转移,出现过两次行政区经济的加强时期。

"大跃进"时期(1958—1960年),在"左"的思想指导下,要求全国大协作区或有条件的各省,建立比较独立的、完整的、情况各异的工业体系,同时,相继扩大了地方的计划管理权限。为了追求自成体系,各省纷纷建立自己的工业。

经过"大跃进"和经济调整,本来中央已经确定建立工业体系应从全国开始,不能分散力量的发展方针,"文化大革命"中却把建立地方工业体系重新提上了议事日程,出于所谓打起仗来"省自为战"的考虑,基于财政银行资金上的支持、减免税的鼓励、物资给地方留用或留成的诱惑等原因,一省一个工业体系的建设热情高涨。到1970年12月,全国有近300个县市办起了小钢铁厂,有20多个省、市、自治区建成了手扶拖拉机厂、小型动力机械厂和各种小型农机配件厂,有90%左右的县建立了农机修造厂。"五小"工业迅速发展,对农业经济的发展起到了促进作用,其产值和产量在整个工业经济中的比重有所增加。到1975年,地方小工业企业产值占全国工业总产值的49%,小工业企业产量占全国的比重,钢为6.8%,铁为10%,煤为37.1%,电为8.7%,水泥为58.2%,合成氨为58.3%,化肥为69%。

虽然"大跃进"和"文化大革命"后均进行过调整,但由于经济布局战略性的特点,自成体系的工业发展已在我国区域经济中打上深深的烙印,这进一步奠定了行政区经济发展的基础。

15.1.2 行政区经济的发展与强化

改革开放以前,我国实行集权的中央计划经济体制,中央是唯一的经济利益主体,不承认地区独立的经济利益。随着经济体制改革的发展,一元经济利益主体为国家、区域、企业和个人等多元经济利益主体所取代,这一转变调动了区域、企业、个人的积极性,我国区域经济呈现出蓬勃发展的势头,但也应看到,改革是一个艰苦的过程,由于改革的不深入与不配套,未能及时有效地提供实现这些利益所需的诱导和约束条件,使行政区经济间的矛盾由过去的隐蔽式发展成显性化、复杂化、多样化,有时还会出现许多前所未有的新矛盾。

有人将20世纪80年代的区域经济冲突分成3个阶段,实际上,这都是随着经济的发展,行政区经济在不同阶段运行的结果。1979—1984年,在"分灶吃饭"等改革措施实施的背景下,各地区出于对财政收入的追求,竞相发展见效快、价高利大的加工工业,争先恐后从国外引进这些加工工业的设备与技术,从而导致全国性的投资膨胀,区域产业结构不合理趋向,企业规模不经济,加工能力与能源、原材料的供给严重失衡等问题。1985—1988年,原材料的供给补缺状况日益严重,各地区为了使本区内的加工能力不致闲置,政府、企业甚至个人纷纷加入了原材料大战的行列,如"生猪大战""羊毛大战""蚕茧大战"等有几十种。行政区间的经济大战此起彼伏,冲突剧烈。由于投入物的售价在抢购过程中不断被抬高,中间产品、最终产品的价格轮番上涨,全国物价总水平上涨幅度过大,通货膨胀严重。与此同时,扭曲了的价格信号又导致农副产品及原材料出现虚假的需求。受到涨价与产量扩张的交替影响,许多农副产品与原材料过剩,大批资源浪费或闲置。从1989年开始,为了治理过热的经济而采取的紧缩政策加大了企业的市场压力与需求约束。某些卖方市场转变为买方市场,市场开始疲软,各地经济增长趋于缓慢,市场成为企业发展、地方财政收入增加以及社会劳动者收入提高的关键。于是,以本地市场为主要内容的区域间市场封锁逐步蔓延,各种用经济、行政、法律手段建立起的关卡遍布全国各地,更加剧了市场疲软、经济滑坡、区域间经济联系断裂等问题。此外,在紧缩的货币政策影响下,企业不仅产品价值实现困难,而且周转资金短缺,企业之间欠债不能偿还,为了本地的经济发展,地方政府还插手资金流转领域,规定"先区内,后区外"等结清原则,使"三角债"愈来愈复杂。

从盲目布局和引进阶段向原料大战阶段、市场封锁阶段的循序演替,实际上都是前一阶段的遗留后果及为医治区域发展"病症"而实施手术后在新形势下的一种新的表现形式,它都表明行政区经济在不断运行。

综上所述,行政区经济有其深刻的历史原因,并在不同的历史时期有不同的表现形式。在传统的计划体制下,各地在经济活动方面的动力与地区经济利益的实现程度关联性不强,各级地方政府为了保证本地的生产发展与市场供应而向上一级或中央政府"寻租"、争取投资与计划指标,地区间的合作也是由行政机构一手撮合而成的,尽管也两度出现地方自成体系的发展高潮(或三度,第三个时期主要指1977—1978年急于求成的投资时期),但区域间的关联性远远逊色于下级政府与上一级政府,直至和中央政府之间的联系,因而行政区经济呈隐型形式。

15.2 行政区经济在中国表现得最为突出

如果我们以各国一级行政区单位作为研究的主要对象来考察,则可发现,由于大国的一级行政区单列出来可以算作一个不小的国家,因而地方政府具有独立的"质量"。而小国的一级行政区相对较小,中央(或联邦)政府所起的作用较大,无论是市场经济模式,还是计划经济模式,都难以形成典型的行政区经济,因而我们把比较的重点又集中于大国的一级行政区单元。

从西方国家的市场来看,经历了几百年的发展历史,开始是地区性市场,随着生产力的提高和分工的发展,逐步形成全国统一市场。以美国为例,美国是一个联邦制国家,州政府享有较大的独立权。但美国是一个私有制国家,联邦政府与地方政府都不是企业的所有者。美国也有国营企业,它们主要集中于产权具有公共性、容易"搭便车"的产业部门。美国国营企业的主要形式是"政府公司",从形式上看,不少企业是根据国会各种决议组成的专门委员会管辖的,如国有原子能工业企业隶属于联邦原子能委员会,国有采掘工业企业隶属于美国矿务局等。国营企业本身的高级领导人一般也由政府指派,像美国全球通信卫星系统董事会中20%的成员就是由总统直接任命的。但就法律地位而言,这种"政府公司"同私人企业没有什么不同,它们在市场对外关系方面,与非国有股份公司一样。作为特殊的法人,在财政上独立于国家预算,与非国有股份公司一样。它们从自己的收入中提取资金,或从银行得到贷款,国家对政府公司的债务不承担偿付责任。

美国宪法强调联邦政府高于州政府,同时,也强调州政府与联邦政府分权的原则,给予州政府以较为广泛的自主决策权。由于州政府较少染指地方经济,且联邦与州之间权责利较为分明,尽管州政府在其职责范围内也有地方主义的表现,但难以形成由州政府干预下的地区经济。即使到了垄断阶段,垄断组织企图凭借其巨大实力统治整个经济,垄断市场,但由于国家实行反垄断法,限制了它们的垄断,基本保证了统一大市场的存在。在统一大市场之下,企业与州政府并无隶属关系,因而行政区划界限并不成为经济流动的阻碍,行政区经济没有生存的适宜土壤。

苏联实行的是高度集权的产品经济模式,但与苏联经济基础有关,它们采取了"条条"为主的管理体制。地方政府的经济权限与中央政府相比是很小的。"条条"管理体制中的人力、财力和物力,在加快重工业发展方面无疑起了积极作用,但自上而下的垂直机构不断发展,行政人口日益增多,部门内部各种关系日趋稳定与完善,每个部门几乎都形成了一套独立的完整体系,成为凌驾于正常经济关系之上的具有权威性的统治力量。为了推动横向联系,1957年,以赫鲁晓夫为首的苏联领导集团进行了一场以放权为主要内容的改革,旨在削弱"条条"管理权限,打破部门壁垒,促进地区经济综合协调发展,但代之而来的便是地区本位主义的发展,传统体制中自成一体、各自为战、相互隔离的矛盾由部门移到了地方。勃列日涅夫上台后,彻底否定了1957年的改革,从1966年开始推行"新经济体制",恢复部门管理体制,尽管这次调整并不是对1957年以前的传统体制的简单重复,并在相当程度上兼顾了地方利益,但与中国相比,"条条"管理在经济管理中的力量仍是巨大的,苏联行政区经济的典型表现主要集中于 1957—1966 年,其他时间均以潜型形式存在着,因而其发展强度仍低于中国。

印度经济属于以市场经济为主体的混合经济,政府在国民经济中的地位与作用也强于美国。印度的公有经济部分占国民生产总值的 20% 左右,许多重要的工业部门如原子能、钢铁、重型机器、煤炭、石油、航空、铁路、飞机制造等由政府控制;政府在采矿、化工、公路与海运业等 12 个工业部门也占有较大的份额;此外,政府还通过计划、外汇、投资、外贸、赋税、信贷等方面的控制和管理,对整个国民经济施加影响。尽管政府在一定程度上参与了国民经济活动,但地方政府对私有企业难以施行更大的影响,因而行政区经济亦不显著。

从对美国、苏联、印度的分析中不难看出,无论是市场经济国家,还是计划经济国家,或者混合经济国家,都难以形成与中国行政区经济发育的土壤相抗衡的环境,因而可以断言,中国是目前世界上行政区经济表现最突出的国家。

15.3 行政区经济是区域经济的一种过渡形式

新中国成立后,面对千疮百孔的中国经济,如果采取循序渐进的发展战略,无疑经济难以超越性发展。当时采用了重视军重工业发展的产品经济模式。我们知道,中国地方经济的形成与发展有着极其深刻的历史原因,用大行政区或省区为地域单元组织国民经济生产,既是产品经济发展的需要,也是一种将地方经济进一步集中的表现,在某种程度上是地方经济的一种规模经济的表现,应该承认这是一个历史性的进步。在传统的计划经济模式下,我国的国民经济运行达到了一种平衡,即重视行政区层次之间的关系,而忽视行政区间的关系,当然这种上下级之间的经济关系无疑是一种凌驾于自然经济联系之上的行政联系。在发展过程中,也出现过"收"与"放"的现象,但传统体制并未变化,只不过是中央与地方经济权力的转移,导致的结果也只能是地方经济的自主权放大与缩小而产生的区域经济现象,但重纵向轻横向的历史传统并未改变,企业与政府的关系只是在不同级别政府间的转移,企业的经营机制并未发生变化,因而在处理"条条"与"块块"的关系中并没有触及问题的本质。改革开放以后,为了适应经济发展的要求,我们在经济体制方面进行了一系列改革。但由于企业还难以以独立法人的身份进入市场,地方政府在与中央分权中扩大自身经济权力的同时,又截留了部分授予企业的权力,这极大地扩张了地方政府的经济权限。由于在竞争中由地方政府替代企业竞争,无疑加剧了竞争的不平等性,这在一定程度上扭曲了竞争的关系。一旦社会主义大市场建立,行政区经济将被瓦解,一种新型的区域关系会形成并发展,因而,行政区经济是区域经济的一种过渡形式。

15.4 我国行政区经济的发展走势

进入 20 世纪 90 年代以来,以确立社会主义市场经济体制为目标的改革对行政区经济制度的基础产生重大冲击:政府职能由直接控制向间接控制为主的转化将削弱地方政府作为投资主体的地位;市场体系的发育将大大增强生产要素的流动性,削弱地区经济的封闭性和独立性;企业作为市场经济主体的地位确立后,投资活动将日趋活跃,效益偏好大大增强;投资的区位选择也将突破地区行政区划界限,特别是党的十四届三中全会所确定的建立社会主义市场经济体制、金融体制、投资体制、计划体制、外贸体制等重大改革将在全国普遍展开,这将进一步冲击行政区经济制度的基础,加快行政区经济的瓦解。

同时,我们也应看到,行政区经济的瓦解依然要有一个艰苦的过程。这是因为,企业尚难以成为完全独立的经济实体,政府转变为服务型尚需过程,统一市场的建立仍受到种种因素的制约,特别是生产要素市场的发育水平还较低,生产要素跨行政区流动的阻力较大,宏观调控体系的健全与完善也并非一蹴而就。因此,可以认为,20世纪90年代在动力与阻力并存中,行政区经济将逐步向以横向系统运动为主的区域经济过渡。

[舒庆,刘君德.一种奇异的区域经济现象——行政区经济[J].战略与管理,1994(5):82-87]

解读:本文深刻地诠释了行政区经济的本质概念,即行政区划对区域经济的"刚性约束"而产生的一种与区域经济一体化的发展方向相悖的特殊区域经济现象,简明阐述了行政区经济的基本特征,揭示了在中国国情下行政区经济由"隐性"到"显性"形成发展的过程,并选择美国、苏联和印度3个政治体制不同的大国与中国进行比较分析,得出"无论是市场经济国家,还是计划经济国家,或者混合经济国家,都难以形成与中国行政区经济发育的土壤相抗衡的环境",由此认为,"中国是目前世界上行政区经济表现最突出的国家"。文章指出,行政区经济是区域经济的一种过渡形式,一旦社会主义大市场建立,一种新型的区域关系会形成、发展,未来行政区经济将逐步向以横向系统运动为主的区域经济过渡。这是基于当时的一种认识。实际上,随着政治—经济体制改革的深化,中国特色社会主义市场经济体制的逐步确立,行政区经济的本质内涵也在发生变化。"行政区经济"的未来走势仍然是一个需要进一步深入探讨的课题。

参考文献

[1] 田中明彦.世界系统[M].北京:经济日报出版社,1991.
[2] 刘丽明.地方经济的兴起及其在转轨时期的作用[J].中国工业经济研究,1993(7):61-65.
[3] 关山,姜洪.块块经济学[M].北京:海洋出版社,1990.
[4] 周振鹤.行政区划改革的几个关键问题[M]//中国行政区划研究会.中国行政区划研究.北京:中国社会出版社,1991.
[5] 张可云.中国区域经济运行问题研究[J].经济研究,1992(6):52-58.
[6] 李琼.西方市场经济的发展对我们的一些启示[J].管理世界,1993(1):5-7.

16　行政区经济的运行机理

背景：行政区经济概念提出后，引起许多学者的反响，经济学界、行政学界、地理学界等都非常认同，认为这是对中国经济所产生的现象最好、最科学的解释，符合中国国情。《战略与管理》是当时非常有影响力的杂志，特别关注新思想、前沿性研究成果。应杂志编辑部的要求，连续写了两篇文章在该刊发表。这是第二篇合作发表的论文。

行政区经济是由于行政区划对区域经济的刚性约束而产生的一种特殊区域经济现象，是我国在从传统计划经济体制向社会主义市场经济体制转轨过程中，区域经济由纵向运行系统向横向运行系统转变时期出现的具有过渡性质的一种区域经济类型。它主要表现为在企业竞争中渗透着强烈的地方政府经济行为，生产要素的跨行政区流动受阻，行政区经济呈稳态结构，行政中心与经济中心的高度一致性，行政区边界经济衰竭等重要特征。

行政区经济与区域经济一体化概念相对应。一般而言，区域经济分割是一个国际化的现象，因为在国与国之间，由于设置了关税等障碍，阻碍了市场的流通，区域经济往往呈割据状态。与国与国之间的区域经济分割相反，在一国之内，由于行政区间未设立关税等壁垒，如果没有政治上的割据，在统一大市场的作用下一般是不会出现区域经济分割现象的，而是呈现区域经济一体化的运行态势。

我国行政区经济的形成和发展有着深刻的历史背景和客观物质基础。进入20世纪80年代以来，我国行政区区际的经济摩擦时有发生，行政区划对区域经济的分割现象相当严重。深入剖析我国行政区经济的运行机制，不仅有助于我们正确认识行政区经济运行下行政区区际经济矛盾的内在原因，而且对于改革与完善宏观调控体系、建立适应市场经济发展需要的新型行政管理体制、促进我国经济持续稳定发展有着十分重要的意义。

16.1　运行主体——企业和地方政府

在传统的计划经济体制下，企业是行政机关的附庸体，生产什么、生产多少都是由上级主管部门确定的，生产要素及生产指标是上级主管部门层层下达的，生产的产品也是通过调拨方式输出的，在这样的情况下，企业生产往往缺乏效率。

改革开放以来，通过利润留成和盈亏包干、利改税、承包制等改革的调整，政府管理企业的传统模式已发生了变化。一方面，政府过去完全控制企业生产经营活动的作用范围和程度逐步缩小，政企之间的完全隶属关系，通过承包合同的形式，部分地演变为一种新型的契约关系。另一方面，企业也有了一定的经营管理自主权。在企业内部分配和人事调配等方面，企业也有了一定的自主权。

体制改革的过程，不仅是企业自主经营权扩大的过程，也是地方政府经济权限扩大的过程。在国家还权于企业的过程中，部分企业应得的权力被地方政府截留，企业尚难以成为市场经济中有完全独立经营权的实体。

由于企业对政府的依附关系未能从根本上打破,政府依旧对企业有软预算约束关系,致使风险机制难以在企业运行中发挥作用。这是因为在软预算约束条件下,企业吃国家的"大锅饭",企业财务活动不是以量入定出为原则,而是收支之间根本没有直接的利害关系,当企业由于经营管理不善而出现亏损时,国家就会伸出援助之手,使企业的亏损通过减免税赋、增加补贴、调整产出任务、调整价格等方式得到补偿,甚至亏损企业还可以赖掉到期应付的款项,从而使企业在利益上不承担任何风险,风险机制对企业没有任何作用,企业也不会真正在经营活动乃至决策上对风险做出反应。因而,企业在选择生产什么及退出生产领域、调整生产方向、缩小或扩大生产规模方面缺乏推动力和主动性。

改革开放以来,地方政府由上传下达的中转机构,演化为国家经济管理的一个层次和组织经济活动的主体。从第一项职能而言,它要执行中央政府的各项经济决策,维护宏观经济的整体利益;而从第二项职能出发,它又有自己的经济利益,并会根据自己的利益做出种种经济决策。我国公有制在现实中分解成不同的层次:中央企业、省属企业、市属企业、县属企业、乡镇企业等。省属企业、市属企业、县属企业等与地方政府的关系比较明了,我们在此不再赘述。而处于两个极端的中央企业、乡镇企业也与地方政府有着千丝万缕的关系。地方政府通过行使自己的职权,对处于本行政地域范围内的中央企业通过服务和制约等各种办法促使它们服务于本地经济,力求将中央企业融入地方企业的体系之中;而中央企业一般从多种因素考虑或迫于某种压力也往往顺应这一要求。而发展乡镇企业本身的主体就是基层地方政府,因为兴办乡镇企业所需的必要资金大多来自银行贷款,而有可能从银行获得贷款的往往是各级政府以及由政府控制的各种"集体"。因此,乡镇企业可以不受省级政府的控制和束缚,但却常常接受它们所属的县、乡、镇等地方政府的"旨意"。它们中有许多是这些县、乡、镇中的"大中型骨干企业",是县、乡、镇之类的地区发展经济的支柱。各级地方政府也常常在自己的权力范围内尽可能地采取措施帮助、扶持本地的乡镇企业,以"参与全国竞争"。

私营企业(包括外资企业)虽然与地方政府无隶属关系,但地方政府为了吸引这些企业到本行政区域内投资,往往通过提供优惠政策的对策和途径,并由此引发了"优惠政策大战"。如果乙方给予优惠政策,那么甲方就给予更优的优惠政策,有时甚至越权向外资企业让利,这不仅造成了地区间的不合理竞争,而且使国家蒙受了巨大损失。

正是由于企业的运行离不开地方政府,地方政府也通过各种途径干预企业,故而企业的运行极易受到地方政府的左右,致使两者"合作"承担着行政区经济运行主体的职能。

如果说自主经营的企业追求的目标是市场利润的话,那么地方政府特有的地位和职能决定了它的追求目标是多重性的。我国的人事制度是自上而下的,政绩如何是衡量地方政府官员工作好坏的重要指标。地方政府追求的目标既有经济目标,又有社会目标。经济目标主要指地区经济发展速度,而社会目标则包括社会就业、改善人民生活、区内经济平衡发展等方面的内容。要实现上述多重目标,地方政府往往选择扩大投资规模、提高地方政府的资金使用与管理权限等途径,以力保生产要素的供给和产品销路的畅通。由于企业并非是独立经营的主体,它受到地方政府的强烈干预,因而企业发展中深深地打着多重目标的烙印。例如,对于价高利大的产业,国家往往以重税来限制其发展,而税金大的驱动又促使地方政府竞相扶持价高利大的产业发展。再如,地方政府为了确保本地企业生产要素的供应和产品销路的畅通,一方面积极向外拓宽市场,另一方面又对外地威胁本地区生产的生产要素和产品实行区域保护政策,以保障本地市场的稳定,从而导致了市场的"切块"现象。同时,地方政府为了达到劳动就业的目标,一方面积极投资劳动密集型产业,另一方面又通过实行优惠政策和减免税收等办法来维持衰退企业的运行,并对产业结构调整中的夕阳产业实行稳定政策等。与此同时,由于运行中的企业缺乏竞争机制和风险机制,它们在某种程度上又满足于地方政府的干预,沉湎于发展的现实。

16.2 市场机制

在改革开放之前,传统计划经济体制排斥市场。实行改革开放以来,市场体系逐步发育,市场调节的作用不断增大。然而由于我国企业与政府的依存关系,企业难以以独立经营者的身份进入市场,市场正处于发育之中,在相当程度上还受到地方政府的影响,呈现一定的割据态势。

16.2.1 我国市场发育现状

发育中的我国市场,呈现以下几个特点:第一,市场发育不平衡。这一方面表现在市场体系的结构中。其一是消费品市场的发育已经初具规模,初步形成了中央、区域和地方性市场相互结合的覆盖全国的城乡集贸市场网络。1978年,全国有城乡集贸市场3.8万个,集市贸易成交额为125亿元。到1991年年底,集贸市场已发展到7万余个,集市贸易成交额为2 622亿元,分别比1978年增长近1倍和近20倍。同时,各地还纷纷建立了一批新的市场组织形式和各类贸易中心、专业市场及一些批发市场。工业消费品市场也已形成国营商业、工业自销、供销合作社、农民贩运、集体商业、个体商业、国营商业与供销合作社联合等各种形式。据统计,目前全国有日用品贸易中心800多家,工业小商品批发市场3 686个,还出现了浙江义乌小商品市场、沈阳市五爱小商品市场等年成交额10亿元、税金千万元以上的大型集贸市场。其二是生产要素市场尚处于起步阶段。这其中,资金、证券市场初步建立,技术市场正在兴起,劳务市场遍及全国,房地产和企业产权市场正在形成,但发育程度相对较低。另一方面表现在市场发育程度的空间差异上,即特区和沿海地区的市场体系发育水平较高,而内地和老少边穷地区市场发育水平较低。此外,还表现在计划和价格放开的商品市场的发育相对快于计划和国家定价的商品市场的发育等方面。

第二,生产资料市场逐步形成多渠道、少环节的新格局。在生产资料方面,计划流通部分逐年减少,市场流通部分的比重明显上升。现在国家计划管理的统配物资品种,由1978年的256种减少至1991年的19种。以4种主要生产资料为例,统配钢材、煤炭、木材、水泥所占比重分别由1979年的77.1%、58.9%、85%、35.7%下降至1980年的41.6%、49.7%、30.7%、13.3%。与此同时,生产资料市场不断发展壮大。到1991年,全国已有机动车、煤炭、木材和综合生产资料市场2 000个,物资销售网点4万个,地市以上的物资贸易中心已由1984年的96个发展至1 400多个,大型钢材市场200个。另外,还试办了深圳有色金属期货市场、保税区生产资料市场、上海金属交易所等。目前,生产资料市场调节的比例已由1979年的1%上升到1991年的50%左右。

第三,市场法规建设滞后,管理水平不高。一些必要的法规,如公平竞争法、反垄断法和反对不正当交易规则等法规目前尚未出台或刚刚出台,已经颁布的一些法规还很不完善;对已有的市场规则和法规执法不严、有法不依等。

16.2.2 垄断性市场

我国不发育的市场呈现行业、部门、地方分割的格局,统一市场难以形成,在地域上则表现出地方政府垄断市场的特征。

在市场经济条件下,市场机制对资源的配置和再配置是通过市场价格信号的变动实现的。价格信号反映了供求关系,是供求机制作用的结果,它通过价格机制的运动而启动了竞争机制,竞争关系的展开就形成了资源再配置的过程,并反过来调节了供求关系。产出品价格和投入品价格(要素价格)的变动引起同类企业的竞争,导致了企业间的资源再配置;不同产业价格水平的变动引起不同类型企业的竞争,导致了产业间的资源再配置。在企业竞争的另一端是资源所有者的竞争,价格信号实际上表明了资源的边际收益,它通过引导资源所有者的偏好从而实现资源的流动。由于资源边际收益是由资源边际生产率决定的,因此资源再配置的结果就是资源流向生产率较高的企业和产业部门,这就导致了企业的优胜劣汰、规模经济和区域间资源的流动。

这样的运行格局,必须具备几个条件:一是企业必须是真正的市场主体,它具有竞争机制和风险机制;二是市场体系健全,市场组织发达,市场规则内容齐全;三是价格能反映供求关系;四是信贷利率机制、工资机制健全。这是因为,供求变化会引起价格的涨落,当商品供大于求时,价格便下跌;而当商品供不应求时价格则上升。价格涨落会引起利润的增减,价高则利大,价低则利小。利润的增减会引起投资活动的变化,利润大则投资增加,利润小则投资减少。投资变化又会引起利率和工资等的变化,当信贷资金需求大,则利率较高,工资上升,这样,便诱使银行企业将多余的信贷资金流向利率较高的部门,劳动力便向这些部门流动;相反,如果对信贷资金的需求量小,据此,银行企业会减少对该部门的贷款,阻止信贷资金流入该部门,甚至还会将原有的资金抽走,同时,由于该部门对劳动力需求较少,工资水平相对较低,劳动力将离开该部门,而流向工资较高的部门。如果这一局面持续下去,供求关系将发生变化,这种流动又会依据上述规律产生新的流动。由于供求变化引起了企业利润的增减,利润高的企业或部门往往愿意出高价购买资料,这就使资源流向这些企业或部门。反之亦然。由于企业对价格反应灵敏,它将根据自身特点选择优势区位布局或进行组合布局,这在一定程度上也实现了生产要素的区域流动。

客观规律表明,市场经济发展到一定阶段,垄断势力便会开始出现和发展起来,它阻碍了竞争过程的充分展开和竞争机制的有效作用,同时,垄断势力之间的竞争又增加了竞争的剧烈程度及其破坏性。作为市场经济首先发展和走向成熟的资本主义国家,相继制定了反垄断法和竞争规则来保护竞争的有效进行。

不过,必须指出,行政区经济运行下的垄断市场与市场经济国家的垄断市场是有本质性的区别的。市场经济国家的垄断市场是市场经济发展到一定阶段而出现的一种保护现象;而行政区经济运行下的垄断市场则是计划经济向市场经济过渡中地方政府为保护本地利益而造成的一种市场现象,它是在市场不发达的条件下形成的。

由于我国目前的价格体系尚未理顺,行政性定价与价值规律的要求和市场供求关系的变动严重脱节,必然会使生产要素之间因价格因素而产生级差收益。这种级差收益并不是生产者主观努力的结果,而是一部分生产者对另一部分生产者的劳动侵占,这就必然造成企业间不平等的竞争,即价格过低的商品产生非经营性亏损,并且长期得不到补偿,而价格过高的商品可以轻而易举地取得额外营利。如某些基础工业部门的产品价格严重偏低,而加工工业品的价格偏高,如果资源流向加工工业地区,便会导致因价格因素而产生的利益转移。由于我国的公有制企业与政府部门存在着隶属关系,地方政府往往扶持价高利大产业的发展,价高利大产业的过量发展必然引发资源短缺,而资源的短缺往往不能立刻导致原料价格的变动,这就使资源省份仍将处于竞争劣势,故而迫使资源省份的地方政府对其资源实行地区性保护主义措施,这便常常引发地区间展开"原材料大战"。另外,原材料的短缺也未能引起税高利大产业的关、停、并、转,由于企业并非独立的经营者,在预算软约束的环境下,企业即使处于半停顿状态或亏损状态,依然存在并照常运行。由于我国的资源生产省份往往经济发展较为滞后,各地在竞相发展加工业的同时,在买方市场的条件下,为了保护本地企业产品的销路,也常常实行市场封锁。由于市场的不统一,发达地区经常凭自身的经济优势通过高价来力图冲垮不发达地区的市场壁垒,而不发达地区则通过种种措施,甚至以人为的措施来限制这种流动,这进一步造成垄断市场的竞争,加剧市场的割据。各地为了适应垄断性的市场而在力所能及的条件下继续沿着自成体系的道路发展。

16.3 体制机制

行政区经济时期的财政体制、金融体制、投资体制,为行政区经济的运行主体提供了体制环境,为行政区经济发展创造了条件。

16.3.1 财政体制

传统经济体制下的财政政策目标是统收统支,保证财力供给。这种模式的要害在于用财政分配上包揽一切的"统",去实现对社会、经济发展财力需要的"保",这在一定程度上造成了生产的低效率和分配上的平均主义以及责、权界限的模糊。而经济体制改革的重点是要确立中央、地方、部门及企事业单位之间责、权、利的划分,因此,最能体现责、权、利划分的基础——财政体制理所当然地成为整个经济体制改革的先导。

从1980年起,我国财政实行了"划分收支、分级包干"的体制,即"分灶吃饭"。1985年,随第二步利改税,又实行了"划分税种、核定收支、分级包干"的体制。1988年则开始实行全方位财政大包干体制。这3个阶段的每一次演变,都在相当程度上刺激了地方政府组织财政收入的积极性,地方财政收入呈连年上升趋势。

据报刊统计,我国的财政体制在不同地区间有较大差别,大体上可分为以下4类:

(1) 河北、山西、辽宁、江苏、浙江、安徽、山东、河南、湖北、湖南、四川、陕西、甘肃、吉林、黑龙江、江西16个省份实行比例不等的收入分成制,如河南、安徽与中央8:2分成,江苏为4:6分成,吉林、黑龙江、江西三省收不抵支,实行定额补助。

(2) 内蒙古、广西、西藏、新疆、宁夏5个自治区和视同民族地区的青海、云南、贵州实行"定额补助,保留照顾"的办法。

(3) 广东、福建实行财政大包干(广东定额上交12亿元,福建定额补贴1.5亿元)。

(4) 京、津、沪三大市继续定收定支。

上述体制在执行中曾经有过多次调整,如上海自1989年实行定额上交,广东从1988年起实行包干上缴指数(年递增9%)、收入分成,省、区的分成比例也有若干调整,但从总体上看,上述包干类别一直延续至实行分税制之前。

与"分灶吃饭"财政体制相对应的税收征管,是依照企业的行政隶属关系划分的,各地为了自身的利益,不让肥水外流,实行地区封锁,这加剧了市场的分割;与此同时,中央与地方按比例分成的财政关系,使地方减税让利积极性很高,又造成了地区间税制的混乱,严重影响了企业的正确流向与公平竞争。例如,有一些地方不经批准自行搞开发区,并自行制定了一些税收优惠政策;有的地方税率比特区还低,甚至降到了10%;还有的地方把对外资企业两年免税三年减税的优惠政策擅自放宽为"五免五减";甚至有些地方互相攀比,竞相出让税收的权益,"税收攀比"在某种程度上也加剧了行政区间的经济摩擦。

包税制一方面等于取消了税收这个国家从宏观上调节经济的重要杠杆,并且在税高利大的产业发展方面起到了逆向调节的作用;另一方面中央财政收入所占比重逐年减少,这不仅导致了能源、原材料、交通等基础产业的投资不足,而且极大地削弱了中央政府对区域经济的调控能力,同时,提高了地方政府对税高利大产业追逐的热情,加剧了重复建设、重复布局的发展态势。

16.3.2 金融体制

改革前的银行只不过是政府机关和中央银行的派出机构,通过10年改革,目前我国已形成了以中央银行领导、以国家专业银行为主体的金融格局。各种金融组织机构摒弃了"重贷轻存"的产品经济观念,开辟包括同业拆借、票据承兑及证券交易与发行等信用渠道和储蓄种类、利率变换等多种信用工具,明显地扩大了银行的资金实力与业务。据统计,1978—1990年的12年间,国家银行和农村信用社的各项存款由1 300亿元增加到13 048亿元,增长了9倍;金融机构由3.7万个发展至16万个,增长了3倍多。

过去的银行只发放流动资金的贷款,从未涉及固定资产的投资贷款。改革后的银行贷款范围已扩大到固定资产投资领域,贷款对象也由原来只对国营企业和部分大集体企业扩大到多种经济成分。

中央银行本身完全是国家的货币当局,它不应有营利的动机。但新的金融体制改革出台前,省以下的人民银行机构都有留成,这就促使它要在营利事业上投资。而中央银行拥有发行货币的权力,利益驱动使它易于搞膨胀政策,这无疑将促使中央银行趋向于膨胀。

商业银行本应是经营货币、经营资本的企业,它的运作方式是支付利息吸引存款,收取利息出卖资本使用权(贷款)。但我国现在的商业银行却担负了许多本应由政府承担的政策性融资的职能,就是本应由市场供给决定的利率,也完全按照通过行政命令分配资源的办法确定。这样,政策性融资与商业性融资混在一起,实行低利率,甚至负利率,于是就出现了谁能够借到钱谁就白拿补贴的现象。

中央银行与各专业银行是纵向的隶属关系,但是,由于各专业银行的分支机构是按行政区设置的,这就导致国家专业银行虽然实行的是双重领导,但在很大程度上是受地方政府控制的,具有地方行政部门的特征。地方人民银行的地方色彩较专业银行更浓。因此,地方政府可以控制银行信贷资金投向,优先向对本地区利益大或提供就业机会多的项目发放优惠贷款。

同时,地方政府还通过开办城市/农村信用社、信托投资公司和发行各种债券等形式筹措资金,以更方便地实现自己的投资意图。

16.3.3 投资体制

在传统体制下,国家是唯一的投资主体,地方政府只是中央计划的执行者,企业没有投资权,只是按计划使用资金。1979年开始的改革开放,打破了国家"一统天下"的投资态势,形成了目前的投资总格局。

1) 投资主体多元化

财政体制改革,确定和巩固了地方政府和部门自筹资金的投资主体地位;从扩大企业自主权到"企业法"等一系列的企业体制改革,形成了企业投资主体;沿海及内陆地区的全方位开放,出现了"三资"企业投资主体。金融体制的改革形成了银行投资贷款和大规模投资融资行为。

从实质内容上看,现存的投资格局,实际上是"三足鼎立"的局面,国家(中央)财政投资、企业投资和地方政府投资是三大基本支柱,银行贷款最终都落脚于企业;引进外资不过是国内投资的重要补充。对于个人和集体投资,基本上采取了放松管理,任其发展和自流的形式,其结果是,投资主体多元化增强了地方投资地位,扩大了地方投资实力。

2) 地方政府处于最有利地位

在三大投资主体中,中央投资主体由于其财政收入的相对萎缩而呈现弱化趋势。经济体制改革以来,中央财政支出在整个国家财政支出中的比重不断下降。据刊载,1981年中央财政支出占整个国家财政支出的比重为55%,1988年下降至40.3%,1991年为38.76%。同时,中央投资主体的弱化也造成了其计划的权威性和协调社会经济活动的有效性相对衰弱。

经过10年的"锤炼",企业虽已基本上具备了相对独立的商品经济实体的某些特征,但在新旧体制转换的过渡时期,仍受着市场与企业产权关系的严重制约。由于市场不发达,企业的竞争与投资往往并非完全仰仗市场的信息刺激,更多的方面则借助市场以外的非经济因素的介入与渗透,例如借助地方政府的管理和调控职能达到财富增值的目的。企业产权不明,一方面导致国家向企业放权让利的优惠与措施,大多通过地方政府这一中介才能落实到企业。另一方面企业(特别是国营企业)往往集政治职能、经济职能、社会职能于一身。企业的政治职能决定了企业在由行政机关附属物逐渐蜕变的过程中,还需要借助政府的力量来达到某种目的。企业的社会职能决定了企业办社会的现状,企业一旦不堪承受这种重负时,又往往依赖于地方政府。同时,企业的经济职能不仅决定了地方政府对企业的支持,而且在企业内部产权关系未理顺的前提下,企业往往向企业本位集体利益和职工个人利益倾斜,造成了企业投资行为的短期化,这种短期行为又往往使其服从于地方政府的投资行为。再者,地方政府为了不使财政的增收部分流向中央财政,人为地"藏富于企业",与此同时又经常向企业搞摊派捐赠等活动,这在一定程度上也决定了两者的相互依存性。另外,银行信贷自从介入固定资产投资领域后,由于专业银行企业化管理的改革尚未取得实质性进展,在现行体制下,其贷款倾向与行为还不得不受制于地方政府的干预与影响,"奉命"贷款的行为尚无法杜绝。

在包干制的财政体制下,介于宏观层次与微观层次结合部的地方政府,具有履行双重职能的手段和义务。从调控手段出发,它对中央投资主体,采取"挤、靠、磨"的办法进行"拼盘"项目的"反钩";对企业投资主体采取间接引诱或直接干预的办法,达到维护地方财力增收的目的。在中央宏观调控削弱、改革措施不完善以及新的重大改革措施未出台的情况下,中央政府投资主体的削弱,企业投资主体的不到位,计划调节与市场调节的软弱无力,都使得地方政府投资主体在完善与不完善、规范与不规范的改革缝隙中,在宏观控制与微观标准、计划与市场的巨大缝隙中,得到大大的发展与加强。与中央和部门投资主体相比,它介入企业等投资主体的广度与深度,都充分证明了地方政府是集投资者、投资管理者、投资宏观调控控制者于一身的一个特殊层次。这一切都使地方政府这个投资主体身份多重,游刃有余,左右逢源,得心应手,运用自如,这一点是任何其他投资主体所无可比拟的。

3) 投资管理体制呈纵向弱化结构

中央投资行政权的下放主要滞留在省级政府,呈现自上而下梯级弱化的政府权力层次结构。虽然省、地、市、县、乡各级政府都在不同程度上掌握了一定的投资审批权,但由于政府之间实行的是单一行政性放权,势必造成各级政府投资决策权力的冲突。无论哪级政府,一方面都觉得受到下级政府的强烈抗衡,投资调控力不从心;另一方面又都在埋怨上级政府放权不够,"卡"得过死,这就使这个纵向弱化结构表现出不稳定性的特征。

投资行政管理权的逐级分切,又在相当程度上带来地方投资管理上的权力与责任、利益与效益的严重分离,各投资主体便不能自觉地通过投资风险意识来避免投资的盲目性,抑制各种不良的投资倾向与行为。省级政府虽然承担着国家宏观调控的某些职能,尚能比较注意本省、区内的基础设施与基础产业投入,但在财政"分灶"以后,毕竟存在着自身的利益,因而,省级政府在综合度量宏观与微观、局部与整体的平衡之时,也必然要更多地倾向于地方局部利益,表现为只注重财政预算内管理,不注重财政预算外管理;只注重对项目上马的审批管理,不注重对项目建设的全过程管理及社会和经济效果的监测;对地、市(县)以下基于盲目攀比而上马的热点项目往往采取纵容、保护性政策,实行松散管理。这样,便从纵向弱化结构上保护了省政府以下的地、市、县投资扩张,加剧了重复建设、盲目引进和结构趋同的弊端。

总之,财政体制、金融体制、投资体制作为宏观调控体系的主体,在 10 年改革以来,从某种程度上看,不仅没有强化中央宏观调控的能力,反而为行政区经济的发展提供了体制环境。

应当指出,我国行政区经济的发展,既有积极的一面,也有消极的一面。从积极作用来看,不仅调动了不同利益主体的积极性,促进了经济发展,而且增强了人们对改革的承受能力,有利于安定团结。同时,地区间的竞争,部分弥补了企业竞争的不足,并为企业组织的优化奠定了一定基础。就消极方面而言,则造成了经济增长过热和需求膨胀,加剧了短期行为,影响了经济发展的后劲与区域优势的发挥,削弱了中央政府的宏观调控能力,强化了区域产业结构趋同。

步入 20 世纪 90 年代以来,随着我国经济体制改革的不断深入,行政区的经济功能将趋于淡化。我们认为,欲突破旧的行政区经济模式,从根本上看,必须加快社会主义市场经济体制的改革步伐,特别要在明晰产权关系、建立全国统一市场、转变政府职能、建立健全宏观调控体系等方面狠下功夫。在行政区经济向区域经济横向运行系统转变过程中,要逐步建立适应社会主义市场经济体制的区域经济宏观调控机制,转变调控手段,在加强总量调控与结构调控的基础上,完善区域调控的运行机制与手段,以促进区域经济在新形势下的协调发展。

[舒庆,刘君德.中国行政区经济运行机制剖析[J].战略与管理,1994(6):42-48]

解读:20世纪80年代以来,我国行政区划对区域经济的分割现象相当严重。这是为什么？本文对行政区经济运行的本质与核心——机制问题,从政府与企业的关系、市场机制、体制机制等进行了深入剖析。这些深入分析从理论上诠释了改革开放以来中国"行政区经济"显性化的根源。

参考文献

[1] 沈立人,戴园晨.我国"诸侯经济"的形成及其弊端和根源[J].经济研究,1990(3):12-20.

[2] 赵忆宁.税制改革方案近期将要出台[J].瞭望,1993(35):20-21.

[3] 钟成勋.地方政府投资行为研究[M].北京:中国财政经济出版社,1993.

[4] 韦伟,王健.中国地区比较优势分析[M].北京:中国计划出版社,1992.

[5] 褚时健,魏杰.微观经济运行中枢——市场运行分析[M].北京:中国金融出版社,1992.

17　区域经济的新视角

背景：我从20世纪80年代中后期开始，就与广西打交道。一是南方山区考察后期成立的第五分队就是广西师范学院主队的，相互交流较多。二是1994年2月，我与民政部区划地名司领导、中国科学院地理研究所的专家等参加了广西壮族自治区的"设市预测与规划"成果的汇报与评审；会后，还考察了广西的许多城市，特别是区府驻地南宁和钦州、防城港、北海、崇左以及中越边界城市——东兴、柳州、桂林等，对广西的区情了解较多。三是此后不久，应自治区政府之邀专程考察了贵港、玉林、桂平等城市，并就行政区划体制问题提出过建议。1994年8月中旬在玉林市召开了论证会（自治区副主席出席）。此后又被邀请参与南宁市的城市规划评审等。因此，与广西的许多专家学者、政府部门有所接触。1996年年初，《改革与战略》杂志（广西壮族自治区社会科学联合会主办的中文经济理论核心期刊）对行政区经济理论十分感兴趣，应邀拟写了本文，旨在扩大行政区经济理论思想的影响。

17.1　从两个不同的概念谈起——行政—经济区与行政区经济

在研究中国区域经济问题中，弄清"行政—经济区"与"行政区经济"这两个相互联系而又不同的概念是十分重要的。它有助于理解中国许多特殊的区域经济现象，从深层次把握中国区域经济的运行机制，从而正确分析中国区域经济的形成与发展的规律及其走势。

所谓"行政—经济区"是以行政区域单元组织经济活动，自成体系、相对独立，是具有综合特点的经济区。它是与非行政—经济区（流域经济区、城市经济区等跨行政区域的经济区）相对应的一种经济区。从其等级体系看，在中国可划分为省级—地区级—县级经济区。而"行政区经济"则是由于行政区划这一"看不见的墙"对区域经济的刚性约束而产生的一种奇特的区域经济现象，是中国改革开放以来经济体制转轨过程中所出现的具有过渡性质的一种区域经济类型。它是与区域经济一体化相对应的一种区域经济现象。可见，"行政—经济区"与"行政区经济"是两个相互关联、有所不同的概念，前者属经济区研究的范畴，为经济区的一种类型；后者是在"行政—经济区"概念的基础上发展、深化的一种新的区域经济理论。从"行政—经济区"理论概念发展为完整的"行政区经济"理论体系，是中国特色区域经济理论思想的一个本质性飞跃。

17.2　行政区经济：一种奇特的区域经济现象

行政区经济是中国改革开放以来，在由传统的计划经济体制下区域经济的纵向运行系统向社会主义市场经济体制下区域经济的横向运行系统转变时期而出现的一种奇特的区域经济类型。其之所以奇特，是因为行政区经济是以中国国内区域经济的分割为特征，是与国际上地区性的区域经济一体化相悖的一种区域经济，在中国突出地表现在以下几方面：

（1）行政区政府在企业竞争中渗透着强烈的经济行为。中国的政治、经济体制，使企业尚未能真正成为完全独立的经营主体。各级行政区政府出于自身经济利益的驱动，都尽可能地竞相发展税大利高的产业，从而导致中国长期以来在区域经济发展中普遍存在重复布局、结构雷同的现象。20世纪70年代末期的重复建设主要表现在各省区争相发展手表、自行车和缝纫机"三大件"，80年代各地都竞相发展电视机、洗衣机、电冰箱"新三大件"，进入90年代，各地又都把汽车工业、石油化工等作为发展的重点，出现新的结构雷同。如据1990年的调查，全国的汽车生产厂家达757家，年总产量共有57万辆，平均每个厂的年产量只有753辆。由于各级行政区政府的地方保护主义，运用行政手段直接或间接干扰了企业的公平竞争，难以实现市场竞争下的规模经济。

（2）生产要素的跨行政区流动严重受阻。中国的各省区经济大多自成体系，表现为"大而全""小而全"的产业结构特征，这就阻碍了资金、劳力、技术、物资等生产要素的空间交流。近年来，中国政府虽然积极倡导建立区域性乃至全国性的大市场，但在行政区经济运行下，地方政府又争相建立缺少特色的市场，使市场向"切块"方向演替。从市场结构来看，商品市场发展较快，生产要素市场发展缓慢。同时由于行政区政府对市场实行地方保护政策，从而引发了曾经发生过的"蚕茧大战""棉花大战""烟叶大战"等与市场经济相悖的奇特现象。

（3）行政区经济呈稳态结构。在中国，生产要素的流动存在着两种方式，一是垂直（纵向）流动，二是横向流动。前者是计划经济的产物，后者是市场经济发展的结果。目前处于地区之间流动与行业、部门之间流动的共存时期。从发展的趋势看，生产要素和经济的横向流动将不断加强，但由于中国特定的政治、经济体制环境，同时改革是个渐进的过程，中国的两种市场运行正处于相对稳定态势，即行政区经济呈现为稳态结构特征。

（4）行政中心与经济中心的高度重合性。行政中心是一个国家或地方的政治中心，经济中心则是一国或某一区域的经济中心。在商品经济不发达、封闭的社会里，一个国家的地方行政中心往往也是一个地区性的经济中心。而随着商品经济的发展，即发生行政中心与经济中心的偏离现象。商品经济越发达，两个中心的偏离程度也越大。这在西方市场经济国家（如美国）表现得十分明显。中国历史悠久，在几千年的封建社会里，地方行政割据，经济封闭，其行政中心与经济中心表现为高度的重合性。近代，鸦片战争以来，部分沿海城市，如上海、天津、青岛、大连、宁波、厦门、广州等，借助外来力量，商业迅速崛起，成为中国重要的经济中心，但就全国而言，仍为封闭性经济，对于大多数省区来说，行政中心与经济中心仍保持了高度的一致性。中国改革开放以来，在行政区经济运行条件下，两个中心的重合现象进一步强化。在大陆的28个省和自治区中，除四川省的省会成都、山东省省会济南、江苏省省会南京、内蒙古自治区的省府呼和浩特4个行政中心不是首位经济中心城市之外，其余24个省区都表现为行政中心与经济中心的高度重合。而成都、呼和浩特仍是省（区）内的第二大经济中心。城市的行政等级对城市和区域经济的发展具有巨大的推动作用。反之，一些原来不是行政中心的经济中心城市（如前面提到的沿海经济中心城市），也都成为直辖市、计划单列市，使其具有相对应的行政地位，否则其经济中心的地位将明显地受到影响，其趋势越来越明显。这一特征和规律是西方市场经济国家所不多见的。

（5）行政区边界经济的衰竭性。中心城市一般都是一个行政区域的几何中心，距边界地带较远，根据空间相互作用原理，中心城市的"经济能量"对边界地区的辐射力大大削弱，因而边界地区大多为区域经济的衰竭带；加之边界区地形复杂，交通闭塞，生产要素流通不畅,经济发展相对滞后。在中国省区之间的边界地区由于区域政策的差异引起商品交换中的利益不均,甚至一方受益,另一方受损,从而导致行政区政府边界封锁行为,使原来市场不发育的边界地区的市场进一步分割,生产要素流动受阻,进一步加剧了边界地区经济的衰竭。

17.3 中国行政区经济的形成

中国行政区经济的形成受到其特定的政治、经济环境和深刻的历史、文化乃至自然因素等各方面的影响。中国地域辽阔,经济发展的水平地域差异较大,这种差异就带来了各地利益结构的差异,也反映了经济上的非同质性,从而阻碍了商品流动和货币关系的深化,使市场发育缓慢。同时,从某种意义上讲,市场是一种组织制度的安排,而中国历来缺乏商品交换普遍化所需要的制度性条件。中国传统的组织是两极模式,一极是中央高度集中的行政组织,另一极则是极其分散的家庭和宗族组织。人们之间的社会经济联系与沟通,不是借助于"中间组织"和契约关系来进行,而主要是通过血缘、宗族、乡情关系进行,从而构成中国人认同的基础传统纽带。这种天然的局限性,决定了其只能生成一个封闭的系统,难以形成有组织的市场。同时,中国长期以来国家统一,相对稳定,虽然民族众多,但以汉族为中华民族的主体,有较强的内聚力,也在一定程度上决定了地方经济发展的可能性。在漫长的封闭式的社会里,中国形成了独立的自给自足的自然经济系统。到了近代,外国资本打破中国的闭关锁国,闯进中国市场,但从总体看,仍未形成统一的大市场,中国的区域经济囿于行政区域范围之内,各省区均形成封闭式的、稳定的省区经济。

新中国成立后,沿用苏联的经济模式,实行计划经济—产品经济体制,在行政体制上以中央集权为主、地方分权为辅,行政区经济多以潜在(隐性)形式存在。当中央(条条)与地方(块块)之间的权力关系发生转移,即地方权力得到加强时,则行政区经济也有所加强。如发生在20世纪50年代的"大跃进"时期,片面强调各省区建立独立完整的工业体系,并相继扩大了地方的计划管理权限,使各省区不顾各自的资源和经济技术条件、特点,片面追求生产力要素的区域内封闭式组合,以致出现十分严重的重复建设与生产,生产力遭到严重破坏。而在"文化大革命"期间,又强调建立地方工业体系,加上银行在资金上的支持以及减免税的鼓励,"小而全"的工业得到进一步的发展,加剧了工业布局的分散化,为行政区经济的发展奠定了基础。

改革开放以来,中国的行政区经济得到进一步发展与强化。随着经济体制改革的推进,原有的中央是唯一的经济利益主体转变为国家、区域(地方)、企业和个人等多元经济利益主体。其结果是,一方面中国的地方经济得到蓬勃发展;另一方面中央与地方之间,各行政区之间的经济利益的矛盾冲突也更加显性化、复杂化、多样化。

近十多年来,中国行政区经济运行大体经历了3个阶段:第一阶段为1979—1984年,在财政体制改革措施推进的背景下,各地区出于对自身财政收入的追求,竞相发展见效快、价高利大的加工工业,争先恐后引进国外设备与技术,从而导致全国性投资膨胀,区域产业结构的不合理类同,企业规模不经济,加工能力与能源、原材料的供给严重失衡等问题;第二阶段是1985—1988年,由于原材料的供给缺口较大,各级政府、企业纷纷加入争夺原材料"大战"的行列,行政区之间的经济冲突十分激烈,从而导致加工产品价格的轮番上涨,全国通货膨胀严重,而与此同时,受涨价和产量扩张的交替影响,许多农副产品与原材料又出现过剩,造成大量资源浪费或流通梗阻;第三阶段从1989年开始,中央政府为治理过热的经济而采取的紧缩政策加大了企业的市场压力和需求约束。在这种情况下,地方政府又采用经济、行政甚至"法律"手段保护本地的市场,封锁区间市场,全国各地关卡遍布,从而大大加剧了市场疲软,区域经济联系断裂。上述3个阶段的循序演替,表明行政区经济运行机制的作用在日益增强。

从运行机制角度来看,中国行政区经济的形成主要有以下3个方面的影响:

(1) 从运行主体来看,改革开放以来,通过财政体制改革,原有的政府与企业之间的隶属关系已经改变,企业有了一定的自主权,但依附政府的关系仍未从根本上打破,企业的运行仍离不开地方政府,政府也通过各种途径干预企业,从而使企业与政府"合作"共同承担着行政区经济运行主体的职能。如果说企业追求的目标是市场利润的话,则政府追求的目标既有经济的目标,也有社会的目标。前者主要指地区经济发展速度,后者指地方的社会发展。地方政府为追求上述目标,往往不顾全国利益在本行政区内扩大投资价高利大的产业,导致重复建设与布局;地方政府为确保本地区企业的发展,在向外拓展市场的同时,又对本地市场实行保护政策,从而导致市场的"切块";在安排劳动就业、产业结构调整等方面也都实行了对地方有利的政策。与此同时,由于在经济运行中企业缺乏竞争机制和风险机制,在某种程度上又满足于地方政府的包办,地方政府和企业作为运行主体推动着行政区经济的运行与发展。

(2) 从市场来看,经济体制改革以来,市场体系有所发展,市场调节的作用不断扩大,然而由于上面分析的中国政府与企业之间的依存关系,企业难以以独立经营者的身份进入市场;加上中国的市场尚处于发育之中,发展很不平衡,消费品市场发育已初具规模,生产要素市场尚处于起步阶段,发育程度较低,沿海市场发育水平较高,内地市场发育水平则较低;市场法规不健全,管理规范化程度较低。中国不发育的市场在很大程度上受到地方政府的影响,呈现一定的割据态势,统一的大市场难以形成,在空间上表现为地方政府垄断市场的特征。这也是行政区经济运行的重要机制。

(3) 财政、投资和金融体制也为行政区经济的发展创造了条件。第一是财政体制,从1980年起,中国实行了"划分收支,分级包干"体制,1985年又实行了"划分税种,核定收支,分级包干"的体制,1988年则实行"全方位的财政大包干"。每一次财政体制的改革,都在相当程度上刺激了地方政府组织财政收入的积极性,同时也加剧了行政区之间的经济摩擦,加剧了重复建设与布局的态势。第二是投资体制,1979年开始的改革开放打破了国家"一统天下"的投资格局,形成中央政府、企业和地方政府"三足鼎立"的多元化投资主体,其结果是增强了地方的投资地位,扩大了地方投资实力,而中央政府投资主体地位则不断弱化。中央财政支出占国家财政支出的比重由1981年的55%下降为1991年的38.8%。这就使中央政府协调全国社会经济活动的有效性相对减弱。地方政府在保护地方利益的动机下,加剧了省以下的投资膨胀,导致重复建设、盲目引进和产业结构趋同现象的加剧。第三是金融体制,中国日益形成以中央银行为领导,以国家专业银行为主体的金融格局,银行的资金实力与业务明显扩大。从中央银行来看,它是国家货币当局,本不应有营利的动机,但由于省以下的人民银行都有留成,这就促使其在营利事业上投资,并凭借其拥有发行货币的权力,在利益驱动下极易搞膨胀政策。从商业银行来看,由于负担了本应由政府负担的政策性融资的职能,使之完全按行政性命令分配资源的办法确定利率,资金不能流向较有效益的地方。同时,中国的各专业银行的分支机构都是按行政区划设置的,在很大程度上受地方政府的控制,按地方政府的投资意图进行信贷资金投向,发放优惠贷款。这同样为行政区经济的发展提供了体制环境。

17.4 中国行政区经济的评价及其发展走势分析

如何评价中国的行政区经济?从中国的国情出发,它既有积极的一面,也有消极的一面。从积极作用看,它调动了不同利益主体的积极性,促进了地方经济的发展,大大加快了中国经济发展的步伐;同时,也增强了人们对改革的承受能力,有利于安定团结;地区之间的竞争,在一定程度上弥补了企业竞争的不足,并为企业组织的优化奠定了一定基础。就消极方面而言,则极易造成经济增长的过热和需求膨胀,助长了官本位思想,加剧了短期行为,影响了经济发展的后劲与区域优势的发挥,客观上削弱了中央政府的宏观调控能力,强化了区域产业结构的趋同。

中国行政区经济的形成与发展有极其深刻的政治、经济与历史原因,从本质上看,它是区域经济的一种过渡形式。进入20世纪90年代以来,以建立中国式的市场经济体制为目标的改革对行政区经济制度的基础已产生了巨大冲击:政府的经济职能由直接控制向间接控制为主的转化将逐步削弱地方政府作为投资主体的地位;市场体系的发育将大大增强生产要素的流动性,削弱地区经济的封闭性和独立性;企业作为市场经济主体的地位确立后,投资活动将日趋活跃,效益偏好将大大增强;投资区位的选择也将突破固有的行政区划界限,特别是中国政府确立的建立社会主义的市场经济体制及金融、投资、外贸等体制的重大改革将在全国展开,这必将加快行政区经济运行负面作用的逐步弱化。但同时也应当看到,行政区经济负面影响的消除有一个艰苦的过程。这是因为,改革是个渐进的过程,企业在短期内尚难以成为完全独立的经济实体,政府转变为服务型尚需时日,统一的大市场的建立仍受到种种因素的制约,特别是生产要素的跨行政区流动的阻力仍较大,宏观调控体系的健全与完善也并非一蹴而就。因此,可以认为,20世纪90年代在动力与阻力并存中,中国的行政区经济将由渐进式向横向系统为主的区域经济过渡。

[刘君德,舒庆.中国区域经济的新视角——行政区经济[J].改革与战略,1996(5):1-4]

解读:本文与前面发表的有关"行政区经济"理论文章的不同点有二:一是介绍了在行政区经济理论形成之前作者提出的"行政—经济区"概念与"行政区经济"理论的联系,以及在大量科研实践中提炼出的行政区经济的五大表现。这五大表现是行政区经济理论思想形成的重要基础和表现特征。此后,国内外学者在引用行政区经济理论时,大多都提及了这五大表现。二是针对许多学者在引用行政区经济理论时过多(甚至于片面地)地强调了其"负面作用"而忽略了其推进地方经济高速发展的正面(主流)作用的情况,在文章的第四部分再次强调了行政区经济的"两面性"和"过渡性"特征。

18　再论行政区经济

背景：本文是一位最早认同"行政区经济"理论，并十分推崇的行政学界权威人士向《理论前沿》杂志推荐而写的文章。其主要目的是，"行政区经济"理论问世已经近10年，得到许多有识之士和行政机关领导的认可与推崇，其间出现个别人盗用理论，甚至不注明出处，全盘抄录我们的概念，发表和出版书刊的情况。本篇论文可以说是我和舒庆原创的行政区经济理论的简要重申；同时，根据新的情况做了适当补充。

20世纪80年代至90年代，我在探索中国的行政区与经济区的关系问题时，发现许多与计划经济时期不同，且国外罕见的特殊的现象，诸如，地方政府从自身的利益出发，竞相发展利大税高的企业，自成体系、重复建设与布局的现象日益严重；企业在区域市场竞争和扩张过程中受地方保护主义的强力干扰，生产要素跨行政区的横向流动受阻；长期以来形成的地方经济格局呈相对稳定的态势，地区产业结构雷同现象十分普遍；省、县域行政中心与经济中心表现为高度的一致性，城市之间的产业分工和特色逐步弱化；处于行政区边界地区的经济则相对衰竭等。当时，我将这些区域经济现象称为中国特有的"行政区经济"现象。如今，"行政区经济"的概念已经被越来越多的专家学者、政府官员广泛认同。"行政区经济"导致的区域分割现象仍然存在，且相当严重。事实表明，进入21世纪，中国的区域经济仍然在按"行政区经济"规律运行，分析这种现象和规律是理论工作者的一项重大任务。

18.1　行政区经济运行下区域经济的特点

中国行政区经济的运行具有以下明显的特征：

（1）行政区经济的行政性。"行政区经济"的行政性是指行政区政府在区域经济发展中起主导性（甚至是决定性）作用，这是行政区经济区别于经济区经济最重要的特征。由于行政区是一个与一定等级政府相对应的政治、经济、社会、文化、生态综合体，具有完整而成熟的自上而下的纵向行政管理系统，正是依靠这一行政管理系统，确保了行政区政治、社会、文化等功能的有效运转，同时使行政区的经济功能得以有效实现。行政区经济是行政区划对区域经济的刚性约束，而行政区划的本质是政治和行政权力空间的配置。在中央放权、行政主导、经济发展是第一要务这一体制背景和特征下，地方政府占有的行政区划要素资源（主要是行政等级和地域空间）越多，其发展经济的有利条件就越多，在区域经济发展中就处于越有利的地位。

（2）行政区经济的封闭性。封闭性是行政区经济的重要特征，也是行政区经济与经济区经济有着本质差异的重要表现。首先表现在各级行政区基于地方利益的驱动，在地方政府干预下，在生产领域和非生产领域盲目上项目，重复建设与布局，资源不能优化配置，生产要素难以跨行政区流动，地方本位与地方保护主义十分严重。这种情况自改革开放以来已经延续了20多年，充分表现了行政区经济的封闭性特征。正是在行政区经济的运行下，各级行政区的经济结构出现大量雷同,行政区经济呈现稳态结构特征,加剧了行政中心与经济中心渐趋吻合的进程,制约了企业、城市和区域在竞争、合作中的分工。在一般情况下,处于同一发展水平的相邻同级政区之间,行政区经济的封闭性表现得尤为突出。行政区经济的封闭性与经济区经济的开放性背道而驰,从整体上制约了区域经济一体化的实现。

(3) 行政区经济的两面性。所谓行政区经济的两面性是指行政区经济运行的消极影响和积极影响两个方面。许多学者在引用"行政区经济"的概念时,只看到了它的消极影响,即市场分割,重复建设,盲目竞争,搞小而全、大而全,地方保护等消极的一面,实际上是将"行政区经济"混同于"诸侯经济"。前面已经指出,"诸侯经济"只是"行政区经济"运行中消极影响的表现。我们在运用行政区经济概念和理论分析中国区域经济问题时,应当全面、客观地认识"行政区经济"现象。在看到"行政区经济"消极影响(封闭性)的同时,更要看到它对地方经济发展的积极影响。事实上行政区经济运行并不完全是坏事,在"行政区经济"运行初期和中期,正是地方政府发展经济利益的动机,激活了区域内政治、经济、文化资源,提高了区域自然资源配置和生产要素流动的效率,大大推动了地方经济的快速发展。从某种角度看,地区之间的竞争的强化并不是一件坏事,而是好事。我们要用科学发展观正确认识行政区经济的两面性特征。

(4) 行政区经济的过渡性。从中国区域经济的发展过程来看,行政区经济是特定历史时期的产物,具有过渡性特征。它是中国由计划经济体制向市场经济体制转轨过程中所出现的一种特殊的区域经济类型,是中国特定体制环境下出现的一种过渡性质的区域经济。在计划经济时期,中国的地方经济是一种凌驾于自然经济联系之上的上下级层次之间的行政—经济联系,行政区之间的横向联系很不发育,即使是中央放权与收权,也只是中央与地方经济权力之间的转移而已,政府与企业、市场之间的关系并未根本改变。改革开放以来,企业的自主地位虽然逐步增强,但地方政府的经济权限也在扩大,市场经济体制不断推进,但地方政府仍然介入甚至替代企业在市场的竞争,政府与市场两个主体同时承担着行政区经济运行主体的职能。与计划经济时期的地方经济相比,行政区经济无疑是一种进步;但与建立在统一大市场基础上的经济区经济相比,行政区经济又是一种滞后的区域经济类型。随着市场经济体制的完全确立,行政区经济将逐步瓦解,一种新的区域经济关系又将形成与发展。因此,从长远看,行政区经济是区域经济的一种过渡形式。

18.2 行政区经济运行走势分析

20世纪90年代以来,尤其是党的十四届三中全会(1993年确定的建立社会主义市场经济体制)以来,在金融、投资、外贸、税收、人才劳动力等领域的改革全面推进,不断冲击行政区经济制度的基础,促进了生产要素在行政区之间的流动,在一定程度上减轻了行政区划对区域经济的阻隔作用。在中央政府的积极推动下,地方政府积极推行机构改革,转变政府职能,实行政企分开,积极培育、规范、监管市场体系,社会主义市场经济体制逐步完善,从而使我国的行政经济运行有所削弱。但总体来看,行政区经济现象依然存在,在有的地方和部门还十分突出。如最近上了中央黑名单的钢铁、水泥等行业以及开发区、房地产等,重复建设、盲目上马、地方保护、地区封锁等现象仍十分严重,扰乱了市场秩序,加剧了无序竞争,削弱了国家的宏观调控能力。这表明,我国行政区经济运行的机制仍然在起作用,地方政府出于自身利益而干预区域经济的情况仍很突出,从行政区经济过渡到经济区经济依然要经过一个艰苦的过程。

但我们应当坚信,随着经济全球化、区域经济一体化的迅速发展,社会主义市场经济体制的不断完善,区域和全国统一大市场的逐步建立,政府职能转变不断深化,对经济的直接干预逐步减少,现代企业制度的建立与完善,加上交通、通信条件的大大改善等,我国以纵向运行为主、过渡性质的行政区经济最终将走向以横向运行为主,区域之间有序竞争,开放的、一体化的、社会主义市场性质的经济区经济。这主要是基于以下一些条件:

(1) 十六大以来中央提出的改革、发展思路与举措为"行政区经济"经济功能的淡化提供了方向性与制度性保障。

(2) 我国加入世贸组织后,世贸组织规定的规则(如市场开放原则、非歧视原则、公平竞争原则和公开透明原则等)不仅要求各国中央政府必须遵守,而且各级地方政府也必须承诺,这就为"行政区经济"的淡化增添了强大的外部推力。

(3) "行政区经济"运行机制的变化,政府经济职能的转变,政府与企业经济关系的变化,企业作为经济运行主体独立走向市场,市场体系的建设、规范与区域共同市场的形成,地方政府和干部考核制度的改革与完善,以及其他相关制度的建设,等等,是促使"行政区经济"的经济功能逐步淡化的内部动力机制。在以上制度性保障和内外部两股力量的推动下,中国在转型期出现的特殊区域经济现象——行政区经济将逐步走向弱化,最终,中国特色的社会主义经济格局将完全融入全球化、市场化的轨道。

18.3　行政区经济运行下的区际关系调控

我国转型期凸现的行政区经济导致行政区之间横向经济联系的阻隔,从表面上看是由行政区划引起的,实质上体现的则是行政区之间的利益矛盾。如何解决这种矛盾,调整区际关系,加强行政区之间的横向经济联系,是我国现阶段区域经济一体化进程中一个十分重要的理论与实践问题。

我们认为,区际关系的调控有3种可供选择的模式:一是行政(主要是省级政区)—经济区调控模式,依靠自上而下的行政力量进行分级、分区调控;二是市场—经济区调控模式,打破行政区划的约束,依靠市场的力量进行区域调控;三是中心城市—经济区调控模式,依托中心城市的辐射影响力和城市与区域的互动关系,对区域经济关系进行有效的调控。当前在行政区经济运行下,省级政区和中心城市调控模式是区际关系调控的重要载体和手段,而市场—经济区调控模式应成为我国区际关系调控的主要方向。

针对影响区际经济关系发育的主要因素,我国区际关系整合的主要思路如下:

(1) 以科学发展观指导、统筹区际经济关系,强化"区域经济",淡化"行政区经济"的封闭性,建立符合中国国情和各地区情、各具特色的区域经济新格局。

(2) 在科学划分经济区的基础上,尽快编制跨行政区的区域规划,统筹行政区之间的利益关系,建立具有协调功能和相应职权的跨区域协调、仲裁机构,解决区际经济关系协调中的体制与机制问题。

(3) 从根本上转变地方政府直接干预经济的职能,改革和优化政府;同时大力培育市场体系,配套进行相关的改革,完善、协调区际关系的相关法律、法规制度。

（4）在确保稳定的前提下，适度、合理地调整行政区划，优化权力空间配置，改革、完善政区体制，当前的重点是减少层级和改革城市政区制度。

（5）改革和完善地方政府和干部政绩考核体系，以社会稳定、提高百姓生活质量和可持续发展作为地方政府和干部政绩考核的主要标准。

[刘君德.中国转型期凸现的"行政区经济"现象分析[J].理论前沿,2004(10):20-22]

解读：该论文重申了行政区经济的基本特征，突出了行政性，有针对地强调了"封闭性"，再次强调了两面性；对行政区经济的未来走向描绘得更加清晰，即"以纵向运行为主、过渡性质的行政区经济最终将走向以横向运行为主，区域之间有序竞争，开放的、一体化的、社会主义市场性质的经济区经济"。值得注意的是，中国特色的行政区经济并非走向消亡，而是强调"社会主义市场经济性质的行政区经济"。文章对如何加强宏观调控、形成协调的良性"区际关系"开出了药方，即我国区际关系协调的3种调控模式：行政—经济区调控模式，市场—经济区调控模式，中心城市—经济区调控模式。这些重要观点是我与我的学生们（周克瑜、林涛等）在国家社会科学基金项目"市场经济条件下中国行政区与经济区关系研究"和国家自然科学基金项目"我国国民经济分级调控空间组织模式可行性方案研究"成果的核心观点。

19　行政区经济理论的影响力

背景：这篇文章是 2015 年 9 月在华东师范大学举办的"中国行政区经济理论国际研讨会"上发表的。此次会议旨在展示中国行政区划研究中心多年来以行政区经济为核心的行政区划理论研究成果，推进行政区经济理论研究的深化，繁荣中国的行政区划科学事业。为此，赶在会议之前出版了《中国行政区经济与行政区划理论与实践》的"研究文集"，反映有关行政区经济理论和行政区划改革的最新研究成果。本文为论文的前半部分。

20 多年前，我在科研实践中发现了中国经济的一种特殊现象，将其命名为"行政区经济"现象，在此基础上，舒庆的博士论文对行政区经济的概念表述与相关理论进行了比较全面的研究和阐述。我们的相关论著发表后引起了学界和政界的关注。此后，越来越多的年轻学者参与了讨论，发表了不少研究成果，但绝大部分是引用上述概念分析某个区域的行政区经济现象的文章，较少对行政区经济的理论问题进行更深层次的探索[①]。本文在简要梳理行政区经济核心理论及其思想形成的基础上，进一步探索新时期行政区经济理论的深化问题，就基本概念、行政区经济理论发展的阶段性和空间层次性、行政区经济发展力、学科体系发展等方面提出新的认知。

19.1　行政区经济：中国土生土长的原创性区域发展理论

行政区经济理论生长于改革开放之后的中国土壤，有其特定的政治、经济、社会、文化和历史、地理背景；其理论概念和内容体系结构是我们在长期的科研实践中，经过梳理、提炼，并经实践验证的科学理论。

19.1.1　宏观背景：行政区经济理论思想形成于改革开放后的转型初期

20 世纪 70 年代末至 80 年代初，中国发生政治大变革，邓小平积极推进政治—经济体制改革，举国上下贯彻实施"以经济建设为中心"的方针，中央政府放权地方，加速了区域经济的转型发展，这是以政区为空间背景和依托的行政区经济理论思想产生的宏观背景。

总体上看，在计划经济时期，经济权力基本集中于中央政府，行政区的经济功能主要是执行中央政府的计划指令，地方政府与企业（生产和销售）没有直接的利益关系，所需要的物品完全由中央政府或上级政府统一划拨，从中央到地方形成庞大的层层划拨的供销体系。这种高度集权的行政体制，虽然确保了政令畅通，举国上下一盘棋，但也存在许多弊端，容易陷入"一放就乱"→"一乱就收"→"一收就死"→"一死又放"→"一放又乱"的怪圈。由于体制僵化，每一轮中央向地方放权，行政区的利益主体地位都会空前强化，区域经济发展就会打上"行政区经济"的烙印。1991 年，我提出了"行政—经济区"的概念，强调其具有"区域经济封闭性"的特点,这可以说是改革开放初期我们提出行政区经济理论思想的雏形[②]。

19.1.2 实践背景:行政区经济理论源于大量课题调研中发现的行政区划问题及由此引发的深入思考

科学概念源自于科学实践。改革开放初期,正当中国处于经济转型变革时期,我在南方山区的综合科学考察实践中,发现许多行政区划体制对城市—区域经济发展的影响,感受到行政区划的重要性。行政区划作为区域(地方)政治—经济权力的空间投影,不仅关系到国家与社会的长治久安与繁荣稳定,而且影响城市—区域经济的发展,进而思考之间的关联性,探讨相关的理论问题,并利用各种场合发表自己的观点。1992年,提出了"行政区经济"的概念;1993年,我与舒庆合作在《经济地理》杂志第1期发表了《论行政区划、行政管理体制与区域经济发展战略》论文;1994年,舒庆完成了他的博士论文《中国行政区经济与行政区划研究》,系统阐述了行政区经济的概念与理论架构[③]。

行政区经济理论是在实践基础上的理论提升。如果从发现行政区经济现象算起,到形成比较完整的行政区经济概念与理论,前后大约经历了七八年的时间,大致经历了3个阶段:一是初期阶段,在皖南山区、闽北山区考察中发现行政区划的重要性;二是中期阶段,在思考行政区划对城市—区域经济发展的巨大影响的基础上,领悟行政区划体制与地方政治、经济、社会发展的密切关联性,以及这种关联所表现出的特殊区域现象,从而提出的"行政—经济区"概念;三是"行政区经济"基本概念和理论思想的梳理和确立,以及这一概念、理论在苏锡常地区得到完美的表现和验证的阶段。

19.1.3 行政区经济理论还源于教学科研中的师生互动

行政区经济基本概念和理论思想的第三个阶段,是在科研实践基础上,在研究生、博士生的课程教学以及论文选题与交流中,经过大量的师生互动、切磋过程中形成和不断完善的。我的第一位博士生——舒庆为行政区经济概念和理论深化做出了重要贡献。

19.2 行政区经济是个完整而清晰的理论体系

20世纪90年代初中叶,我们提出的行政区经济是个完整而清晰的理论体系,其核心要义包含以下方面:

19.2.1 界定了行政区经济的概念

什么是行政区经济?如何清晰、简明地表述行政区经济的概念和理论思想,是一个难题,我们从大量的行政区经济表象之中提炼其中的精华,将其表述为,"所谓行政区经济,是指由于行政区划对区域经济的刚性约束而产生的一种特殊区域经济现象"。行政区经济是与区域经济一体化相对应的概念。

19.2.2 破解了行政区经济结构

什么是行政区经济的基本结构？在舒庆及我们团队的相关著作中从3个方面论述了行政区经济的基本结构。

一是从企业结构分析，改革开放初期，中国的企业分属于不同层级的政府，即所谓的中央属、省属、市属、县属、乡镇属甚至村属等多个层级。这些归属于省级及其以下不同层级地方政府的企业，囿于行政区空间的约束，与本行政区之外的经济交流与合作受阻；而国家主体经济命脉的中央企业自成体系运行，与地方企业难有人员、资金、物质、信息等交流，计划经济时期遗留下来的这一企业的"封闭性"特征，成为行政区经济运行的重要表现。

二是从地域结构分析，在计划经济体制下，经济运行以纵向为主，这就使得地方企业跨行政区域的经济流动发生"梗阻"，经济只在其城市所属的行政区域空间内运行，城市作为企业和非农人口的集聚地，远未能发挥其经济中心的辐射—网络功能，导致省域、市域城镇体系发育和经济区内市场发育的"固化"，即自然—经济规律发育、发展的城镇体系僵化，经济规律运行的经济区的"政区化"等特有空间现象。

三是从层次结构分析，在多层级的政区结构体系中，省（自治区、直辖市）是中央向地方分权的关键层次，但从获取土地资源的能力来看，县市级政区的行政区经济权力最大。当然，各省（自治区、直辖市）之间也有较大差别，这与省内分权导向以及各省经济的发达程度有关。比如，同为沿海、彼此相邻的江苏和浙江两个经济发展较快的省份就存在很大差异。江苏省的行政区经济现象存在较明显的分层性特征，省和地、县（市）级的行政区经济现象（盲目竞争与结构的同构化）表现都很突出；浙江省的行政区经济的负面现象总体上要淡化很多，且主要表现在市县层级。

19.2.3 归纳了行政区经济特质的五大表现

我们把行政区经济的特质归纳为以下五大表现：
(1) 企业竞争中渗透着强烈的地方政府经济行为；
(2) 生产要素跨行政区流动受阻；
(3) 行政区经济呈稳态结构；
(4) 行政中心与经济中心的高度一致性；
(5) 行政区边界经济的衰竭性。

以上5点，可以说是对行政区经济现象的经典描述和科学归纳，20多年来被国内外学者大量引用，广为认同。

19.2.4 指出了行政区经济的两面性和阶段性特征

作为一个科学概念，"行政区经济"的内涵十分丰富。它深刻揭示了我国转型期的区域经济运行的本质属性与规律，具有"贬"与"褒"双重属性。2004年，我在一篇论文中进一步论述了行政区经济的行政性、封闭性、两面性和过渡性的四大特征。从正面效应来看,改革开放以来中央放权地方,各地政府都把发展经济作为第一要务,积极性空前高涨。正是地方政府的这种空前积极性才有力地推进了中国经济的高速增长。但与此同时,在行政区自身利益的驱动下,行政区划对经济的刚性约束表现得十分强烈,滋生地方本位主义,出现市场分割、地方封锁、重复建设等"行政区经济"的负面影响。"行政区经济"的正负面影响将伴随中国整个转型阶段长期存在,在正负效应的关系博弈中,日益显现正面效应的主导性。这一重要论断已经被中国经济发展的过程所验证。

在初期的著作和演讲中,我们在展望行政区经济发展走势时,指出了行政区经济的过渡性特征,但这是基于当时建立全国统一大市场背景下的认识,即重塑政府与企业关系,实现社会主义市场经济的深层次改革目标情况下的认识,而且强调指出了这是一个循序渐进的漫长过程[4]。时过十多年,这一特征依然存在,并呈现阶段性演进规律。

19.2.5 剖析了行政区经济形成的内在机理

转型期的中国区域经济发展中之所以呈现行政区经济的割据态势,是特殊时期多种因素综合作用的结果。我们分别对经济的运行主体——企业和地方政府、市场机制以及财政、金融、投资体制和干部考核等体制机制进行了较深入分析。

我们完全有理由认为,"行政区经济"是一个完整而清晰的概念与理论体系。

19.3 行政区经济理论思想的影响力和生命力[5]

行政区经济理论思想发表后,引起学界和一些政府部门的反响,并被广为传播,普遍认同。区域经济、人文—经济地理、城市地理、城市规划、公共行政等学科和规划部门的专家学者,以及相当多的相关专业的研究生、博士生积极引用,参与讨论;一些高校将我们的著作列为硕士、博士研究生的必读参考书;还引起我国香港、台湾地区以及美国、韩国一些高校(如阿克伦大学、华盛顿大学等)的关注;政府的一些经济部门领导也关注、引用行政区经济理论。

19.3.1 国内的影响

据不完全资料统计,在国内高校、科研部门影响较大的著作包括:刘君德主编的《中国行政区划的理论与实践》(1996年),舒庆在博士论文基础上修改出版的《中国行政区经济与行政区划研究》(1995年),刘君德、靳润城、周克瑜编著的《中国政区地理》(1997年),周克瑜的《走向市场经济——中国行政区与经济区的关系及其整合》(1999年),以及刘君德、冯春萍、华林甫、范今朝的《中外行政区划比较研究》(2002年)等。影响较广的论文主要包括:发表在《经济地理》上的《论行政区划、行政管理体制与区域经济发展战略》(刘君德、舒庆,1993年);发表在《战略与管理》上的3篇论文,即《一种奇异的区域经济现象——行政区经济》《中国行政区经济运行机制剖析》(舒庆、刘君德,1994年)和《论行政区与经济区的关系及其协调》(周克瑜,1994年);发表在《改革与战略》上的《中国区域经济的新视角——行政区经济》

(刘君德、舒庆,1996年);发表在《杭州师范学院学报》上的《长江三角洲地区空间经济的制度性矛盾与整合研究——中国"行政区经济"的案例分析》(刘君德,2000年);发表在《理论前沿》上的《中国转型期凸现的"行政区经济"现象分析》(刘君德,2004年)等。

自1990年5月中国行政区划研究中心在华东师范大学成立,上述论著或论文陆续出版或发表以来,学者们持续关注和引用、参与讨论"行政区经济"和"行政区划"问题,2004年前后达到高峰[6],以后一直没有中断,至今仍被许多学者引用[7]。

我特别要指出的是一些政府部门出版的书刊对中心研究成果的引用[8]。21世纪初,时任国家发展计划委员会副主任的汪洋在国务院发展研究中心举办的"中国发展高层论坛"(2002年)的年会上,就我国存在市场分割的原因发表了重要讲话,他说,从财税体制看,现行财税体制在一定程度上仍具有强化"行政区经济"、激励市场分割行为的利益驱动功能[9]。

以上说明"行政区经济"理论在国内有强大的生命力和广泛的影响力。

这里不得不指出,在行政区经济理论广为传播的过程中,极个别学者全文照抄了行政区经济的概念而完全没有注明出处[10],尽管没有造成大的负面影响,却是令我感到十分遗憾的一件事。

19.3.2 海外的传播

中国行政区经济理论思想与行政区划的研究较少以英文形式系统发表和出版[11],但由于其理论的原创性和对中国转型时期区域经济现象的解释力,已经越来越多地被相关领域的海外学者所重视、讨论和引用。其中《中国行政区划的理论与实践》(1996年)的引用频率最高,影响最为广泛。

早在1999年,韩国学者在以青岛为例分析沿海地区城市发展路径时,引用了《中国行政区划的理论与实践》(以下简称《理论与实践》)一书中关于"市领导县"制度的分析。在郑在浩(Jae Ho Chung)同年主编的《毛泽东时代之后的中国城市:改革时期经济发展透视》(*Cities in Post-Mao China: Recipes for Economic Development in the Reform Era*, 1999)一书中,再次引用了关于地级市的分析。他在后来的一系列研究中,进一步吸收了行政区划与行政区经济的理论思想。2001年他在《重新评价邓小平时代的中国中央—地方关系:分权化、规制困境与改革效应稀释》(*Reappraising central-local relations in Deng's China: Decentralization, dilemmas of control, and diluted effects of reform*)一文中,再度引用了《理论与实践》中的相关论述和分析。2004年他发表的关于后毛泽东时期中国的城市制度和行政区划变动的论文中,全文共引用《理论与实践》和《制度与创新——中国城市制度的发展与改革新论》(刘君德、汪宇明,2000年)两书中相关论述和图表、数据近10处,并在论文脚注中对刘君德等提出致谢。郑在浩和林道超(Tao-Chiu Lam)共同主编的《中国地方行政》(*China's Local Administration*, 2010)一书进一步分层级(如县级、地级、省级等)、系统性地分析了当代中国的行政区划和地方行政体系,该著作不但多处引用了《理论与实践》中的内容,而且其分析思路和研究框架都受到"中国行政区划和行政区经济理论思想"的启发和影响。

美籍华裔学者马润朝(Laurence Ma J. C.)和陈金永(Chan Kam Wing)十分关注"中国行政区划与行政区经济"理论思想的影响。马润朝是海外知名的华人地理学者,对中国问题的研究负有盛名,其 2004 年发表的重要学术论文《中国城市行政重构,变化中的层级关系和地方经济发展》(Urban administrative restructuring, changing scale relations and local development in China)援引了《理论与实践》的研究和分析;陈金永 2007 年在《中国城市研究中的概念错误与复杂性:定义、统计与涵义》(Misconceptions and complexities in the study of China's cities: definitions, statistics, and implications)一文中根据《理论与实践》中关于城市行政区划的分析框架来解释当代中国城市研究中对中国"城市"这一概念的认识误区(行政性的城市区域与经济性的城市实体之间的差异),以及与之相关的城市人口和人口城市化水平的统计性错误。他的另一篇论文《中国的户籍制度 50 年》(The Chinese hukou system, 2009)再次引用《理论与实践》中城市行政区划的分析框架分析中国的户籍制度以及由此引发的城乡人口统计误区和城乡差别等议题。

随着海外学者的引用和推介,中国行政区划与行政区经济理论思想在海外学界的影响日渐扩散[12]。

值得指出的是,"中国行政区划与行政区经济"的理论思想还以学术交流、研讨以及国际合作等方式对海外的中国研究产生影响[13]。

总之,"行政区经济"的理论不单为国内区域经济研究提供了新的分析视角,也加深了海外学者对中国区域经济发展现实的认识。这一创新的理论具有很强的生命力和影响力。

[刘君德.中国行政区经济理论的核心要义与新的认知:兼论行政区划改革(上)[M]//刘君德,林拓.中国行政区经济与行政区划理论与实践.南京:东南大学出版社,2015:2-7]

解读:本文对行政区经济理论核心要义及其发展过程进行了简要而系统的梳理,回顾了行政区经济理论发表 20 年来,学界、政界,国内、国际的渐渐认同和广泛引用,充分显示这一理论思想的广泛影响力和生命力。

注释

① 范今朝、刘小康等在一些书刊中对"行政经济"的理论进行了新的归纳和解释。参见范今朝著《行政区划体制与城乡统筹发展:以浙江省当代改革实践为例》,东南大学出版社,2013:63—80。

② 参见笔者专文《关于我国行政区划体制问题的初步探讨》,文章认为"这种行政—经济区对推动我国社会主义生产力的发展起着主导作用。然而正是行政—经济区,在地方分权体制下,使各级地方经济发展追求'大而全'或'小而全',导致区域经济的封闭性特点,从而给整体经济发展带来消极影响"。专文发表于 1991 年中国社会出版社出版的《中国行政区划研究》(中国行政区划研究会编)。

③ 详见 2010—2015 年东南大学出版社出版的"当代中国城市—区域:权力·空间·制度研究丛书"总序第 1—5 页。

④ 20 世纪末的前后,我在"行政区划与行政区经济"的教学和学术报告中,曾多次指出了行政区经济的过渡性特征,强调未来将向"经济区经济"转变,但这需要一个漫长过程。

⑤ 胡德博士协助提供了海内外研究情况的资料。

⑥ 如孙学玉、伍开昌 2004 年借用行政经济的分析概念与框架,以市管县体制为例,讨论了我国当代行政结构扁平化改革的战略构想,论文《当代中国行政结构扁平化的战略构想——以市管县体制为例》,载

《中国行政管理》2004 年第 3 期;王健、鲍静等 2004 年从区域经济一体化发展与行政区划矛盾与冲突的视角,提出了区域"复合行政"的创新思路,论文《"复合行政"的提出——解决当代中国区域经济一体化与行政区划冲突的新思路》,载《中国行政管理》2004 年第 3 期;谢晓波 2004 年立足行政区经济的框架讨论了我国经济转型时期的地方政府竞争与区域经济协同发展之间的矛盾与对策,论文《经济转型中的地方政府竞争与区域经济协调发展》,载《浙江社会科学》2004 年第 2 期;朱舜 2004 年以"行政区经济"概念为参照,探讨了"行政区域经济"的特征、类型与演化,论文《行政区域经济:特征、种类与演化》,载《经济学动态》2004 年第 5 期;张京祥、李建波、芮富宏 2005 年以"行政区经济"理论为分析基点,讨论了长江三角洲作为竞争型区域的区域特征、管治机制及模式,论文《竞争型区域管治:机制、特征与模式——以长江三角洲地区为例》,载《长江流域资源与环境》2005 年第 5 期等;在网上还可以搜索到很多相关的学位论文。

⑦ 例如,刘名远 2013 年以行政区经济概念为理论框架,讨论了我国战略性新兴产业结构趋同化发展的成因与对策,见刘名远:《我国战略性新兴产业结构趋同成因与对策研究》,《现代财经(天津财经大学学报)》2013 年第 1 期;陆玉麒、董平 2013 年从行政区经济与区域竞争的视角,讨论了区域竞合问题,见陆玉麒、董平:《区域竞合论——区域关系分析的新视角》,《经济地理》2013 年第 9 期;王佃利、杨妮 2014 年立足行政区经济理论讨论了跨域治理在区域经济发展中的适用性与局限,见王佃利、杨妮:《跨域治理在区域发展中的适用性及局限》,《南开学报(哲学社会科学版)》2014 年第 2 期。

⑧ 如国家发展计划委员会地区经济司和日本国际协力事业团共同研究编著的《城市化:中国现代化的主旋律》(湖南人民出版社,2001 年),在对中国城市化的背景、城市化模式方向以及中国城市化发展的目标、方略进行研究中,多处强调行政区划在推进中国城市化中的重要性,指出"现行的行政区划不合理和行政分工的条块分割","造成了城市集聚的分散化和贫弱化","行政区划格局严重阻碍城市化进程的健康发展","制约着资源的有效配置"(第 29 页、第 31 页);课题组在研究江苏省城市化战略思路中明确指出"中国经济强烈的行政区经济属性",要"打破行政区经济","及时调整行政区划和各级政府行政职能的分工",江苏省城市群的形成和健康发展,"在很大程度上有赖于打破行政区经济的格局"(第 43 页)。该书所涉及的行政区的层级、规模、城市制度改革等观点大多来自于中国行政区划研究中心早期的研究成果,特别指出了"在中国,有行政经济之说",注明华东师范大学中国行政区划研究中心首先提出了行政区经济的概念(第 90 页);在讨论"市县分等"问题时再次注明这一观点"首先由华东师范大学中国行政区划研究中心提出"。

⑨ 年会的主题是"作为世界贸易组织成员的中国",中外与会者对我国加入之后所面临的现实课题和发展前景发表了看法。作者转引自上海福卡经济预测研究所编《经济预测》媒体精选版周刊,2002 年第 4 期。

⑩ 我身边就有一本书一字不动地引用了我们的行政区经济概念、理论。张军洲著《中国区域金融分析》第 106 页"(一)奇异的区域经济现象——行政区经济",全部抄录了行政区经济的概念,未注明出处,也没有列出参考书目。该书 1995 年由中国经济出版社出版。

⑪ 我先后在香港中文大学(1993 年)、香港浸会大学(2007 年)、香港大学(2008 年)召开的国际学术研讨会上先后发表过论文。如 LIU Junde. Regional cooperation in China's administrative region economy: its links with Pan-Pearl River Delta development; Anthony G O Yeh, Xu Jiang. China's Pan-Pearl River Delta regional cooperation and development, 2011;刘君德《中国行政区经济运行下的大区域合作发展机制研究——兼论泛珠江三角洲区域合作的十大关系》;叶嘉安、许江《中国泛珠江三角洲的区域合作与发展》。

⑫ 如 2004 年大友流石(Katsuhiro Sasuga)在《东亚的微区域与治理》(*Microregionalism and Governance in East Asia*)一书中引用了周克瑜的《走向市场经济:中国行政区与经济区的关系及其整合》。2004 年沈建法(Shen Jianfa)在《中国的城市空间重组》(*Reorganizing the urban space in China*)一文中,引用了《制度与创新——中国城市制度的发展与改革新论》(刘君德、汪宇明,2000 年),分析中国转型时期城市内部空间结构重组。2008 年杨春(Yang Chung)和廖海峰(Liao Haifeng)在杨汝万(Yeung Yue-man)和沈建

法(Shen Jianfa)主编的《泛珠江三角洲：全球化中国的新兴区域经济》(*The Pan-Pearl River Delta：an Emerging Regional Economy in a Globalizing China*)一书"城市与区域发展"(Urban and regional development)章节中，引用了"中国转型期凸现的'行政区经济'现象分析"(刘君德，2004年)以及"一种奇异的区域经济现象——行政区经济"(舒庆、刘君德，1994年)来探讨和分析珠江三角洲的城市与区域发展。2009年陈云(Chen Yun)的《中国的转型与发展：朝向共享的增长》(*transition and development in China：towards shared growth*)也引用了《理论与实践》的相关研究来分析中国的转型与发展。2010年邢幼田(Hsing You-tien)的重要学术著作《城市化大转型：中国土地和财产的政治》(*The Great Urban Transformation：politics of land and property in China*)一书引用了《中国转型期凸现的"行政区经济"现象分析》(刘君德，2004年)。2013年郭荣兴(Guo Rongxing)在《理解中国经济》(*Understanding Chinese Economy*)引用了《理论与实践》关于"行政区经济"的理论分析来讨论中国经济。2013年冯文斯(Feng Vince)在《金融定价中的社会文化差异：市场分配制度下毛泽东时代不平等现象的延续》(*Sociocultural variation in financial pricing：perpetuation of Maoist inequities under a market allocation system*)一文讨论了毛泽东时代的不公平分配体系被置于市场分配机制下金融市场定价中折射出来的社会文化变异，论文引用了《理论与实践》的相关论述来描述中国从毛泽东时代向市场经济过渡和转型的社会经济特征。

⑬ 香港大学叶嘉安教授、林初昇教授，香港中文大学杨汝万教授、沈建法教授，香港浸会大学邓永成教授，台湾政治大学王振寰教授，台湾大学简旭伸副教授，加拿大维多利亚大学安德鲁·马顿(Andrew Marton)教授，悉尼科技大学卡洛琳·卡地亚(Carolyn Cartier)教授等对"行政区划与行政区经济"的理论思想给予高度评价，多次邀请我赴香港、台湾等地进行学术交流与研讨，并在田野调查、翻译出版学术成果、开展跨国研究项目等方面展开多样化的合作。2011年，悉尼科技大学中国研究中心卡洛琳教授、华东师范大学中国行政区划研究中心刘君德教授和胡德博士、香港大学地理系林初昇教授、悉尼大学中国研究中心陈明璐博士等组成的合作研究团队获得澳大利亚研究理事会(ARC)研究基金资助，开展了"权力地理：中国的城市扩张与行政区划体系"的跨国合作研究。

参考文献

[1] 刘君德,周克瑜.中国行政区划的理论与实践[M].上海:华东师范大学出版社,1996.
[2] 舒庆.中国行政经济与行政区划研究[M].北京:中国环境科学出版社,1995.
[3] 刘君德.中国转型期凸现的"行政区经济"现象分析[J].理论前沿,2004(10):20-22.
[4] 舒庆,刘君德.一种奇异的区域经济现象——行政区经济[J].战略与管理,1994(5):82-87.
[5] 舒庆,刘君德.中国行政经济运行机制剖析[J].战略与管理,1994(6):42-48.
[6] 周克瑜.走向市场经济:中国行政区与经济区的关系及其整合[M].上海:复旦大学出版社,1999.
[7] 陈占彪.行政组织与空间结构的耦合:中国行政区经济的区域政治学分析[M].南京:东南大学出版社,2009.
[8] 刘君德.中国转型期"行政区经济"现象透视——兼论中国特色人文—经济地理学的发展[J].经济地理,2006(6):3-7.
[9] 刘君德.转型期的行政区经济透视——刘君德教授在华东师范大学的演讲[N].解放日报,2004-10-31.
[10] 刘君德.论中国建制市的多模式发展与渐进式转换战略[J].江汉论坛,2014(3):5-12.

20　权力＋空间＝生产力

背景：本文是上文的延续，重点论述对行政区经济的新的认知和对中国行政区划改革的新的思考。

20.1　新时期行政区经济理论的再认识

行政区经济理论提出以来，中国的政治（行政）—经济体制改革渐进式积极推进，尤其是经济市场化的发展，使中国"行政区经济"的外部环境、内部机制都相应改变。以党的"十八大"召开为重要标志，中国经济进入新常态阶段，在新的背景下，行政区经济理论需要回顾和总结，更需要适应新的形势，从新的高度进行深化研究。

20.1.1　关于行政区经济概念的新表述

行政区经济概念诞生于我国改革开放后的经济社会转型初期，当时由于行政区划对区域经济的空间约束所引发的区域发展矛盾的大量凸显，而表现为强有力的"刚性约束"特质，如今，时过20多年，我国的区域经济格局发生了重大变动，市场力量逐渐在资源配置中起基础作用，原有那种行政区划对区域经济的刚性约束作用正在逐步弱化。但行政区划的"空间约束"效应依然相当突出，在上述背景下，适时修正和完善行政区经济的内涵，使之能够更好地解释当前区域经济发展的实际，进而保持其旺盛的生命力和时代特征显得非常必要。同时，这也是作为科学工作者所应秉持的严谨态度。这绝对不影响原有概念的科学性，不存在所谓的"模糊性"。

关于行政区经济"区域经济类型"的表述，同样不能离开当时的背景和针对性，即主要是针对有别于"诸侯经济"之说的一种表述，强调行政区经济"是与区域经济一体化相悖"的现象，以及强调行政区经济不仅是一种现象，更重要的是在其内在的运行规律这一点上。今天看来，这些重要观点依然成立。

根据新的认识，我以为，行政区经济的概念做如下表述更为妥帖：所谓"行政区经济"，是指在中国特色的政治—经济制度背景下，由于行政区划对于区域经济发展的"空间约束"而形成的一种特殊的区域经济现象和区域经济运行规律。

行政区经济的本质内涵是区域经济运行中地方政府与市场力量的互动与消涨，反映了权力空间与市场空间的匹配（或博弈）过程，是区域经济运行中地方政府间关系的重要体现。其核心是地方政府运用权力资源和手段，在辖区范围内组织、协调和干预地方经济发展，参与区域经济竞争，谋取地方经济利益。在行政区经济运行过程中，各级地方政府之间、行政辖区之间表现出各异的地方发展特质和空间经济特征。

行政区经济概念的新表述着重突出以下几点内涵：一是行政区划的"空间约束"效应，尽管行政区经济运行之初的"刚性约束"有所弱化,但由于中国国情的特殊性,政区的空间约束仍将长期存在;二是行政区经济不仅是一种现象,更蕴涵着特定的经济运行规律;三是行政区经济的本质内涵表现为"权力空间"与"市场空间"的博弈过程,随着地方政府治理理念和行动逻辑的转变,中国行政区经济的运行将从20世纪八九十年代的"刚性约束"向未来的"柔性治理"迈进。

20.1.2 关于行政区经济本质理念的新认知

随着诸多学科对行政区经济理论的系统研究,以及对其本质内涵认知的不断深化,引发我对行政区经济理论的新一轮思考,形成新的认知。这个新认知就是"权力"+"空间"理念的叠加。

初步研究认为,从本质上看,行政区经济是中国特定时期,地方政府的"权力"及其"空间投影"(行政区域)与"市场力"相互制约、博弈(封闭与开放、竞争与合作)的过程与综合。

其中,从地方政府的"权力"要素来看,主要指地方政府治理经济的能力,包括权力的等级、地方政府的谋划能力、制度的创新力,以及领导干部的协调与执行力等;从(政区)"空间"的要素看,主要指辖区空间的经济承载能力,包括所辖地域的自然力(地理区位与自然环境)、生产潜力(空间规模及其资源禀赋,包括人文资源的禀赋)、空间经济实力与集聚—辐射力,以及"五位一体"空间的协调力[①]等;市场力则包括市场配置资源的能力与竞争力(封闭与开放的博弈)。以上三类因素相互交织、叠加,在博弈过程中不断发育,形成具有阶段特征、不同类型和地域特色的行政区经济新格局。

"权力"要素和"空间"要素相互叠加与耦合,并最终通过与"市场"要素的相互制约、博弈,发育形成不同阶段、不同类型、不同地区的政区经济格局。

我们可以用以下公式简要表述行政区经济的发展力:

(权力+空间)×市场力(封闭力与开放力)=行政区经济发展力

其中,权力+空间是地方生产力发展的制度环境与客观基础;发展需求、地方利益驱动是经济发展的原动力;市场力是经济发展的驱动力;封闭的市场力和开放的市场力相对应,是个变量,不同环境下的市场力存在较大差异;同一(均质)类型地区的市场封闭力与开放力的差别反映经济发展力的差异;发展力与市场封闭力呈反比例关系,受市场封闭力制约,而与开放的市场力呈正比例关系。

开放的市场力是改革的正能量,是市场配置资源能力与区域之间竞争力的重要标志。这种正能量取决于政府职能的转变,市场体制、机制的发育,相关政策与服务能力,例如审批制度改革——推进自贸区负面清单管理;政府在保护产权、保障公平竞争、提供公共服务、加强社会治理、促进可持续发展等方面的有效作为;条块部门的相关制度与政策及服务;横向伙伴、合作组织、计划与推行等方面。除此之外,市场力的开放程度还取决于企业的自主权与竞争力,当前尤其是国有企业的混合所有制改革、非公有经济的发展力。相对于开放的市场力,市场封闭力主要表现为政府对市场的不合理干预与封锁、行业与地区垄断等等。总之,发展力不仅取决于包括土地、劳动力、资本、技术、人才等在内的要素市场的发育程度,也取决于市场力的开放与封闭程度。

从权力·空间·制度视角对行政区经济理论展开新的探索具有重要理论与实践意义,

以及国际意义。首先,这有利于行政区经济理论研究的深化,有助于挖掘行政区经济理论的本质内涵,使其具有更强的理论指导意义;其次,这有利于认识新时期行政区经济理论发展的阶段特征,以及行政区经济正负能量转换的体制、机制问题,从而更加明确行政区经济发展的未来走向,即随着社会主义市场经济体制"决定性作用"的充分发挥,行政区经济运行将更加趋于成熟。由此可以判定,行政区划对区域经济发展的"刚性约束"将朝着柔性治理的方向演进,这既是中国地方经济发展的大趋势,也是行政区划体制改革的大方向。

20.1.3 关于行政区经济的几个特性[②]

(1) 行政区经济的特殊性。行政区经济是中国特定时期产生的区域政治—经济理论。其之所以"特殊",主要是基于以下 3 个特殊性因素:一是国情特殊,它诞生于中国特殊的政治—经济制度,即中国特色社会主义经济制度,社会主义公有产权的立国基础既决定了作为国家代理人的各级地方政府事实上掌控着大量经济资源(诸如土地、矿产等),同时也决定了地方政府以辖区范围为基本空间单位谋求地方利益的正当性和合法性,这是行政区经济发生、发展的制度基础。二是时代特殊,行政区经济产生于由计划经济向市场经济转型时期,与东欧等前社会主义转型国家不同的是,中国走的是一种"渐进式"改革之路,在这一转轨过程中,中央政府和地方政府在经济转型与发展中发挥着极为关键和重要的作用——以权力介入、组织和协调地方经济发展,这是行政区经济运行中地方政府的基本行为特征。三是空间属性特殊,由于作为"行政区经济"空间载体的"行政区"的政治、社会属性,"行政区经济"同样具有显著的政治、社会属性。行政区所具有的行政等级以及与之对应的政治地位、行政权力(经济管理权限)、行政隶属关系等特性,自然成为"行政区经济"的重要内涵;同时,中国行政区划还具有可变更性的特点,包括行政区的撤销或设立、合并与兼并等,这也深深影响着"行政区经济"的运行。与一般的区域经济概念,特别是与西方国家的区域经济相比较,我国的"行政区经济"运行具有明显的空间属性的独特性。

(2) 行政区经济的阶段性。如同前面所述,在行政区经济概念理论发表初期,我们强调它的"过渡性"特征,主要是基于行政区经济运行的走向。随着市场经济的推进,行政区的直接经济功能将逐渐淡化,经济区经济将逐渐取代行政区经济。今天看来,进一步思考行政区经济的过渡性特征具有以下两种新的含义:一是行政区经济理论研究的阶段性,从初期的孕育与提出阶段(1993 年之前),即提出的"行政—经济区"[③]及"行政区经济"概念阶段,到中期我与舒庆对行政区经济概念和理论的全面梳理、发表和应用阶段,其标志是舒庆的博士论文《中国行政区经济和行政区划研究》(1994 年)和刘君德、周克瑜编著的《中国行政区划的理论与实践》(1996)等著作出版,再到近期的理论完善阶段(2004 年之后),以发表《中国转型期凸现的"行政区经济"现象分析》和陈占彪的博士后出站报告为标志,突出强调"行政区经济"的两面性和其正面效应分析。十八大以来,中国经济进入"新常态"时期,市场在区域经济发展中的作用明显加强,行政区经济的理论研究进入一个新的深化研究阶段,即概念和理论完善与发展阶段。

二是从行政区经济的表现形式和产生的体制机制转换对中国区域经济发展的阶段性认识。从"刚性约束"时期的行政区经济现象的表现形式看,我们曾经将它分为"分灶吃饭"下的盲目布局与引进→价格双轨制下的原料大战→紧缩政策下的市场疲软和封锁→金融秩序混乱和经济过热→软着陆后的保护局部利益这5个阶段。从行政区经济运行的内在作用机理分析,大致划分为3个阶段。第一阶段:党的十一届三中全会(1978年)以来行政区经济的显性化阶段,表现为地方权力经济的高速发展与行政区经济的高度强化(显性化),一方面是追求国内生产总值(GDP)指标的地方经济高速发展,另一方面是政区空间作用的明显增强和政区制度变革的加速。第二阶段:中国共产党第十四次全国代表大会(1992年)确立社会主义市场经济体制目标,权力经济政府主导下行政区经济正能量的发展,特别是2001年中国加入世界贸易组织(WTO)以来,政府·企业·市场权力与空间关系的新变化。第三阶段:党的十八大(2012年),新常态下行政区经济的新发展,表现为市场经济的决定性作用,政府更好地发挥作用的阶段,中国行政区经济运行将逐步进入一个崭新的阶段。其主要特征是地方经济运行将更加成熟,市场、企业、政府的关系将更加顺畅。但行政区划的空间约束依然存在,行政区经济运行将显现差异化、个性化的特质。

(3)行政区经济的空间层次性。从政区空间角度分析,行政区经济的纵向运行存在层次性特征,即以不同层级的政区空间为依托、发展运行的区域经济。这就是我们在上一篇文章中介绍行政区经济理论核心要义中所说的"层级结构";同时,从政区空间的横向关系(即同级政区之间)看,行政区经济存在着规模结构特征。中国是个集权的等级制国家,自古以来就存在自上而下的权力等级关系,不同层级与幅度的行政区之间呈现相互嵌套的空间特征,相互之间的经济联系会有所交叠。空间层级等级高、权力大,实体性资源就多,在区域竞争中就占有优势。这也是为什么地方政府追求行政区的升格和通过合并或兼并相邻政区,扩大空间规模的重要原因。识别行政区经济的空间层次性特征十分重要,它关系政区层级与规模结构的改革与科学调整。

20.1.4 关于行政区经济理论的适用范围

行政区经济概念、理论提出后,我在为学生们设计论文选题时,就已经将视角扩展到相关领域,包括行政区与经济区、行政区与社区、行政区与企业扩张、行政区与流域区、行政区与生态环境治理、行政区与都市区(城市群)、行政区与城市规划、行政区与旅游、中国行政区划法等,完成了一组博士论文[④]。并先后在报刊发表了有关行政区与环境治理、行政区与社区等的论文,在"当代中国城市—区域:权力·空间·制度研究丛书"内容中,不仅对行政区经济的理论进行了深化研究,而且涉及行政区与大都市区组织(京津冀、长三角)、行政区与都市区空间规划(常州市)、行政区与城市群(长株潭)、行政区与生态环境治理、行政区与文化区,以及功能区域规划,各级行政区历史演进与体制改革(省制、市制、中央直辖市、统县政区与县辖政区等)等重大问题。国内学界以行政区经济理论为支撑和主线,发表的相关论文、著作就更多、更广了。

20多年来,行政区经济理论、行政区划及其与城市—区域和部门相关的研究成果和大量论著,充分说明行政区经济理论有广泛的诠释力和适用范围,以及广阔的发展和应用前景。

20.1.5 关于推进行政区经济的新兴学科建设

经过20多年的运用和发展,行政区经济理论已经基本具备形成和发展为一门新兴学科的条件和基础。

第一,行政区经济理论经过实践验证,是具有中国特色、具有很强生命力的新兴科学理论;第二,行政区经济的科学概念和理论体系已经基本确立,并为学界公认;第三,行政区经济理论在中国产生,具有特殊的国情环境,应该成为中国特色的区域科学体系的重要组成部分,并有别于区域经济科学、地方政治学、区域地理学等学科。

中国是个大国,大国环境是行政区经济得以诞生并生长发育、不断壮大的地理基础。只有大国才有产生地区空间"割据"的环境,只有大国才有政区空间多层次、复杂的纵向结构体系。发展中的大国大多未能从根本上摆脱贫穷落后的羁绊,而一旦中央政府推进改革,分权于地方,在经济高速发展的同时,很容易滋生地方保护、产业分割等现象。可以这样说,行政区经济是在经济转型发展的大国环境中诞生的一门新兴学科。

行政区经济理论涉及多个学科领域,主要是政治学(行政学)、经济学(区域经济学)、地理学(区域地理及人文—经济地理学),与社会学(区域社会学)、环境生态学(区域环境学)也有密切关联。关于行政区经济的学科归属,陈占彪把它归属为区域政治经济学,在我看来,可以从不同学科解读行政区经济理论,尤其是区域政治学、区域经济学、区域地理学,甚至于区域社会、区域文化、区域环境生态学等。这是因为,人类社会活动的任何一个领域(政治、经济、社会、文化、生态)或产业部门都离不开特定的地域空间,这个地域空间一定是某个政区空间,正因为如此,上述众多的领域和部门的运动(活动、生产等)都要受政区空间及其体制的影响,尽管因制度的不同其影响程度有所差异,但从学科归属来看,总体上应属于区域科学的范畴。我们可以把区域科学看作是系统科学。区域是个大系统,行政区经济是介于区域政治(行政)学与区域经济学之间的交叉(边缘)科学。

作为一门新兴科学,它应该有独特的研究对象和特定的研究任务。行政区经济的研究对象是地方政府所辖区域的经济发展与政区空间组织关系(问题及其结构、体系),其研究承担着四大特定任务:一是运用行政区经济理论,研究行政区与经济区的关系,推进经济区划、功能区域规划工作;二是运用行政区经济理论,研究流域区与经济区、行政区的关系,推进流域综合开发、治理;三是运用行政区经济理论,研究行政区与城市规划、城镇体系规划的关系,科学调整行政区划,推进城市规划、城镇体系规划的落实;四是运用行政区经济理论,推进行政区划调整改革,实现政区体制的科学化。今天看来,以行政区经济理论为主线,推进行政区划与"五位(经济、社会、政治、文化、生态)一体"国土空间关系的综合性、前瞻性研究显得更具有实践指导意义。

行政区经济学也是一门新兴应用性学科,其研究涉及省域、市域、县域以经济为主的各类现实问题,具有明显的地方政治生态色彩。作为一个发展中的政治经济体制比较特殊的大国,我们有必要深入研究在改革开放之后中国出现的各种特殊的地方经济、社会、文化、生态,乃至于地方政治生态现象,并进行理论总结,推进中国特色的新兴区域科学体系建设。

20.2 "行政区经济"运行下的中国行政区划改革

如何以行政区经济理论指导或引领、推进中国行政区划体制改革,是我们需要研究回答的重大现实问题,也是需要长期深入思考的问题,涉及以下基本观点:

20.2.1 行政区划改革依然重要,但应重视评估

"要正确估计行政区划在地区发展中的作用:不可低估,也不要高估。"在中国,在地方权力分配关系和权力的"功能"没有得到根本改变的情况下,行政区划对区域发展将继续产生巨大的"阻滞效应"。调整行政区划就成为理顺体制、推进区域发展的一种重要而有效的手段;但绝不能夸大行政区划的作用,改革的方向应当是转变政府职能,淡化"行政区经济"的负面影响,稳定行政区划格局,加强区域协调,推进"经济区经济"发展。这一认识依然重要,但总体来看,政区空间的"阻滞效应""空间刚性约束"将逐步减弱。

当前一个十分重要的工作就是开展行政区划的评估,这是基于改革开放以来,为适应经济的超常发展和城市化的快速推进,中国行政区划体制做了许多有益的探索,需要总结,同时也出现了许多新的矛盾或问题,需要改进;进入"新常态"发展时期,在确立市场起决定性作用、政府更好地发挥作用的经济发展方针这一新背景下,行政区划作为上层建筑,作为中国现代治理体系建设的重要组成部分,需要有新的思考,探索新的模式,建立新的制度,并制定新的标准。行政区划的评估是区划体制改革深化的一项重要前期工作,也是实现中国行政区划科学化、法制化不可或缺的基础性工作。

20.2.2 改革的方向依然是政区垂直结构——"减少层级";政区横向(空间)结构——调整规模

中国政区的垂直结构改革——层级的减少已经成为政府高层与专家学者的共识,并已写入中央文件。《中共中央关于全面深化改革若干重大问题的决定》第16条明确指出,"优化行政区划设置,有条件的地方探索推进省直接管理县(市)体制改革"。推进省直管县(市)是落实这一重大改革的关键措施。我以为,推进"省直管"涉及省级政区的规模和管理幅度问题,推进相当复杂,对于一些大省来说,一旦全面推行省直管,不可避免地带来管理幅度过大的问题,因此,条件成熟时划小部分省区(或采取增设直辖市的方式)是必要的,但边疆省区,尤其是民族自治区应以有利于巩固国防、有利于民族团结为基本原则。对于不具备条件全面推进"省直管"、需保留中间层级(地级)的省区,也应该在地级转变职能,或回归省区的"派出"功能。对于省以下存在的部分地、县级政区不合理的空间规模结构要在尊重自然、历史规律,按有利于可持续发展的原则,因地制宜进行局部调整。

20.2.3 改革的重点依然是城市型政区

在相当长时期内,中国的政区改革重点依然集中在城市型政区。这是因为,第一,中国城镇化率每年在以大约1个百分点的速度提升,需要建立与城镇化、与经济发展水平相匹配的政区体制;第二,都市区(圈、带)的发展,尤其是列入国家战略的大都市区(带),如京津冀乃至于雄安新区,长三角,珠三角乃至于"大湾区",长江经济带,以及"一带一路"等,现有的政区空间格局矛盾较多,尤其是需要解决不适应跨域合作发展的空间组织体制问题;第三,从现有城市型政区体制来看,也存在某些不合理的情况(撤县市设区、撤县设市),需要进一

步规范和适度调整。城市型政区体制改革需要整体设计,全局规划,制定标准,因地制宜,稳步推行。都市区(圈、带)的跨域空间组织体制和新型城镇化推进中的基层城镇政区体制改革是中国城市型政区改革的重中之重。另外,要高度重视民族、边疆、海洋地区的区划体制问题,统筹谋划城市型政区改革。

20.2.4 基层设市模式需要实施渐进式转换战略——走多模式发展之路

随着新型城镇化战略的展开,新兴城市的大量涌现,迫切需要研究和制定一套行之有效的基层城市型政区制度。实践证明,传统单一的"撤县建市"模式存在许多弊端,需要突破这种单一的设市模式,推进建制市的多模式战略。所谓多模式包括撤县设市、镇升格设市和县下设市3种类型。其基本思路如下:一是控制发展"撤县设市",有计划地保护县制;二是重点推行切块的"撤镇设市",这是为我国和国外经验所验证的一种科学的设市模式,它符合城市发育成长的自然规律,有利于保护县制,是中国快速城镇化进程中市制模式的主要选择;三是试行"县下设市",研究认为,中国建制小城市的增量主要应该依靠推行"县下设市"实现,县下设市的性质与撤镇升格设市有重要区别,前者基本为乡镇级,属县领导,县下设市是乡镇制度的发展,是城市制度的补充,是建制市体系(中央直辖市→省辖市→县辖市)的末端。由此,中国的建制市将由单一模式的"撤县设市"逐渐向"撤镇升格设市""县下设市"转换,最终形成多层级、多模式并存的设市城市体系。

20.2.5 新型城镇化推进需要相应地改革基层行政区—社区体制

新型城镇化的有序推进,基层政区制度改革需要与基层自治制度的完善结合进行,这将是中国未来政治体制改革的重心之一。多年来,在实践中探索的"镇管社区"模式实际上是一种具有中国特色的"行政区—社区"体制,即乡镇级的行政区与居村级自治性质的社区相结合的产物。目前这一体制极具"行政性色彩",伴随着社会的进步,基层民主制度的完善,将基层行政区(乡镇、县辖市、街道)改革为"半政府化"的"行政社区"不仅是改革深化的必然,也符合基层社会管理自治发展的客观规律。

20.2.6 依法治国背景下的行政区划法制建设

在行政区经济运行规律作用下的行政区划改革需要依法推进,上述行政区划改革与现有的包括《中华人民共和国宪法》在内的相关法律法规有许多碰撞之处。例如,直辖市下不能设市,县下不能设市,乡镇的政府性质转变等,法律对行政区划体制改革的制约显而易见。为此,需要在依法治国这一大背景下,通过顶层设计,建立适应改革新形势的行政区划法律法规,诸如,允许直辖市下设市,支持县下设市,精简乡镇政府,创造条件推行乡镇(市)自治等,要研究制定专门的"行政区划法"和"设置标准",这是中国行政区划改革的前提条件。只有这样,中国以城市型政区为重点的行政区划体制改革才能有重大突破。

[刘君德.中国行政区经济理论的核心要义与新的认知:兼论行政区划改革(下)[M]//刘君德,林拓.中

国行政区经济与行政区划理论与实践.南京:东南大学出版社,2015:7-16]

解读:本文从"权力·空间"视野解读中国特色的行政区经济理论思想,是新时代的新认知。以中共十八大为标志,中国经济进入"新时代",行政区经济理论"需要适应新的形势,从新的高度进行深化研究"。与以往发表的有关"行政区经济"论文不同的是:一是对行政区经济的概念做了适度修正,重点强调了行政区划对区域经济发展的"空间约束";二是从权力·空间视野对行政区经济的正面效应(行政区经济的发展力),做了尝试性模型化解读,首次给出了行政区经济发展力的公式,即(权力+空间)×市场力(封闭力与开放力博弈)=行政区经济发展力。论文还就行政区经济理论的适用范围、相关学科发展以及中国行政区划体制改革的重大问题进行了讨论,提出了一些新的见解。

注释

① 所谓"五位一体"是我依据党的十八届三中全会通过的《中共中央关于全面深化改革若干重大问题的决定》中确立的"加快发展社会主义市场经济、民主政治、先进文化、和谐社会、生态文明"的要求,在政区及跨政区空间关系的全面落实与协调的归纳和总结。

② 本小节是在与马祖琦副教授讨论交流后写成。

③ 我在本文中强调了"在地方分权体制下,使各级地方经济发展追求'大而全'或'小而全',导致区域经济的封闭性特点,从而对整体经济的发展带来消极影响"。

④ 王德忠,《企业扩张——理论研究及其对中国行政区经济问题的应用分析》(1997年);周克瑜,《中国行政区与经济区的关系及其整合研究》(1998年);汪宇明,《中国省区经济研究》(1998年);程玉申,《中国城市行政区—社区模式研究》(1998年);冯春萍,《外国行政区划模式研究》(1999年);黄珊,《国外大都市区治理模式研究》(2000年);张玉枝,《中国城市社区发展的理论与实证研究》(2001年);陈湘满,《中国流域开发治理的管理与调控研究——以湖南省为例》(2001年);卢为民,《大都市郊区住区建设的空间组织与发展研究——以上海为例》(2001年);张俊芳,《中国城市社区空间组织管理研究》(2003年);马祖琦,《大都市政区:理论探讨·经验借鉴·实证分析——兼论上海直辖市政区改革》(2004年);陶希东,《跨省都市圈的行政区经济分析及其整合机制研究——以徐州都市圈为例》(2004年);范今朝,《权力的空间配置与组织的制度创新——从城市发展与政区演变的互动关系论中国现当代的行政区划改革》(2004年);秦学,《旅游业跨区域联合发展的理论与实证研究——机理、模式与协调机制》(2004年);李建勇,《中国省级政区利益冲突机理分析及其应对机制研究》(2006年);曾万涛,《长株潭联市制结构研究》(2009年)等。

21　行政区划视角的城乡划分标准

背景:这是1991年参加中国/联合国人口活动基金"大学人口研究与培训"项目(CPR/90/P04)——中国现阶段不同区域城镇化比较研究课题的阶段性研究成果。该课题由杭州大学王嗣均教授主持,南开大学、中山大学、西安交通大学、吉林大学、华东师范大学、南京大学、辽宁大学参与了该课题的合作研究。我们承担了城乡划分标准和城镇化政策的评估子课题。当时,中国行政区划研究中心开展了成立后第一个大型行政区划战略研究项目——苏锡常地区行政区划战略研究,在调查中深感城乡划分标准的重要性和紧迫性。基于对城乡划分标准的理论认识和实践体验,并掌握有大量苏锡常地区的人口—城镇化的资料,我和黄明达同志顺利完成了这个项目,合作拟写了这篇论文。

21.1　引言

城乡划分是国家或地区为实现有效的行政管理、发展经济、治理和建设国土等目的而把人类居民点划分成城市和乡村两种类型。一般地说,它包括3个内容:(1)区分城市和乡村两种人口类型;(2)区分城市和乡村两种空间地域;(3)划分不同等级的城市。

20世纪70年代末以来,我国的城市发展出现了新的态势。1979—1989年,全国设市的城市数量由216个增加到450个,建制镇由2 200多个发展至11 060个;主要大中城市的人口和用地规模不断扩张;大量乡村人口通过乡镇企业等途径实现了向非农业部门和城镇的转化、集聚;经济较发达地区普遍实行市带县的新型城乡体制。与此同时,人们日益认识到,我国现行的城乡划分标准复杂多变,存在着许多混乱、模糊之处。它不仅影响人们对城市发展及其作用、地位的正确认识和统计,更重要的是十分不利于城市、区域发展规划和政策的制定、实施,不利于有效的行政管理和科学研究工作,极不适应我国今后经济发展的要求。改革、调整我国现行的城乡划分标准已是一项十分迫切的工作。为此,本文试图就我国城乡划分标准中的若干问题,如城市的本质与城乡人口划分、城市化地域与行政区划的关系等问题进行初步探讨,并提出我们对此的认识和建议,以求教于同行。

21.2　城市的本质与城乡人口划分

人类的聚落,从村落(Hamlet)、村庄(Village)、城镇(Town)到城市(City)和大都市(Metropolis)是连续的,不同类型的聚落在规模上并不存在截然分明的界线。城市聚落(Urban Settlement)和乡村聚落(Rural Settlement)作为两种基本的人文空间,两者的划分基于人们对城市本质的认识和理解。一般地说,人们认为城市是社会生产方式发展到一定阶段的产物。虽然目前缺乏普遍公认、共同遵循的定义,但它具有一定的质的规定性。(1)空间密集性。作为城市,应该拥有一定规模数量的人口,而且居住比较集中,达到一定的人口密度,形成连片的建成区。(2)经济职能非农业性。城市的人口和土地主要从事于非农业部门的经济活动,是社会的生产、交换、消费集中地,是生产力的空间表现形式。(3)社会组织多元性。城市集聚的人口具有多样化、复杂的社会关系(不同于乡村以血统、宗族为主的社会关系),而且具有多元化、较高质量的生活方式。值得指出的是,这些特性都是以人口为核心内容的,反映了城市的多重特征。因此人口及其特征是城市最重要的标志。

但是,不同的自然环境、文化背景、社会政治结构、经济发展程度等都会导致人们对城市和乡村在认识形成差异,偏重于城市和乡村某些方面的特征,从而产生不同的城市定义,形成在时空上千差万别的城乡划分标准。

我国属城市范畴的聚落系指有市、镇建制的人口聚居地,其余则为乡村。城乡划分的主要依据是聚居地的人口规模、劳动力职业构成和行政等级地位,认为"市镇是工商业和手工业的集中地"。这种城市的定义同我国是一个历史悠久的农业大国,在漫长的封建社会及近代的半殖民地半封建社会中小农经济成分始终居主导地位,虽然形成了一大批各种类型的城市,但总体上城市分布稀疏,工业、商业很不发达的基本国情有关。新中国建立后,工业化成为我国经济发展的主要目标,城市是主要的工业基地,因而其本质内容侧重于经济职能的非农业特征,与乡村以农业为主体经济活动的经济职能根本不同。尤其在传统的中央计划经济体制下,国民经济发展被人为地分解成"城市工业、乡村农业"两个部分,进一步突出了城市的经济职能特征。因此,我国历次颁布的市镇设置标准中,划分城乡的主要依据几乎没有变化,而且随着经济发展的深入更增加了国民生产总值等指标体系。这体现了我国 40 余年来社会主义建设事业的根本宗旨。

但是,不同的时代由于社会经济条件的变化,我国多次调整了市镇设置的具体标准,如聚居地的人口规模、非农业人口比重等。划分城乡的指标体系被赋予不同的内涵,由此导致我国城乡划分缺乏历史的可比性、复杂混乱、含糊不清,具体表现在:(1)我国对城市人口始终没有严格、一致的定义和标准;(2)20 世纪 60 年代后,非农业人口被身份化。

比较我国 1955 年、1963 年和 1986 年 3 个年份的市镇设置标准,不难发现,衡量聚居地人口规模的城镇人口在 3 个时期均有不同的涵义。1955 年的标准是指聚居地的总人口,并且对城镇人口的职业构成没有明确的指标限制。1963 年的标准则明确地把城市人口规定为"市区和郊区的非农业人口""市区和郊区的农业人口列入乡村人口";而且还提出了"市总人口"这一概念,它包括"市区人口和郊区人口"。镇的设置亦类似于此,从而形成了沿用至今的两种不同涵义的城镇人口概念,即市镇总人口(A)和城镇非农业人口(B),二者关系为 A>B。这使得各地区乃至全国的城市化水平出现了两个迥然不同的数值。1986 年的市镇设置标准沿用了 1963 年的城市人口指标体系,但对聚居地的非农业人口采用了新的解释,除了与 1963 年标准中相同的具有城镇商品粮户口的人口外,还包含了"县属企事业单位聘用的农民合同工,长年临时工,经工商行政管理部门批准登记的有固定经营场所的镇、街、村和农民集资或独资兴办的第二、第三产业从业人员,城镇中等以上学校招收的农民学生,以及驻镇部队等单位的人员"。非农业人口形成了两个层次:狭义和广义。前者因统计口径过于狭窄,大大低于城镇人口的真实水平;后者因包含内容庞杂、含糊、随意性大又难以操作而不能准确体现城镇发展状况。20 世纪 80 年代我国新设市镇以撤县改市、撤乡改镇为主要方式,"市镇总人口"中包含了大量市、镇行政辖区内的乡村人口而失去了作为衡量城市人口规模的指标意义。因而,我国虽有多种市镇人口统计,但都难以真实反映实际的城市人口。这不能不说是一大憾事。

城乡人口划分中突出人口的职业构成旨在强调城市的经济职能,这对于我国这样一个工业化程度较低的发展中国家而言是十分必要的。因此新中国成立以来的3个标准中都包含了这一内容,尤其是对镇的设置。但是,20世纪60年代以后,城市人口的职业构成的区分由于各种城乡政策的差异,特别是户籍制度而导致城市非农业人口的身份化,城市非农业人口并不是真正按照人口的职业来划分,而是按照是否享受国家的商品粮待遇等政策优惠来确定,并且通过户籍管理等措施使得这种人口划分具有继承性和不可转换性。它不仅阻塞了城乡之间的人口合理流动,而且使城市非农业人口不再是城市人口或某种职业类型的城市人口的反映,而只是享受某种政策待遇的人口统计。因此它不是城乡人口的真实划分,不能反映城市的人口规模,特别是在改革开放导致商品经济迅速发展,城乡人口交流频繁的情形下。20世纪80年代中期国家试图通过扩展城市非农业人口的内涵、在政策上鼓励乡村人口进城办第二、第三产业来打破这种格局,但由于种种原因,这一努力反而进一步模糊了城市人口的统计口径,使得不同年代、不同地区的城市人口统计缺乏一致性和可比性。

总之,40余年来,我国虽然对城市本质有深刻的认识,在城乡划分上制定了符合社会经济发展要求的指标体系,但是对城市人口的理解过于狭隘,混淆了城市人口统计和人口管理的性质;在指标体系的具体操作上缺乏历史的连续性和一致性,并不断受到社会政治条件、政策因素的影响。可以说,这是传统中央计划经济模式下产品经济观念在城乡人口划分与管理上的反映。20世纪80年代我国逐步形成计划经济和市场经济相结合的经济运行特征,在城乡人口划分上虽做过努力但仍没有很好解决这一问题。

21.3 城市化地域和行政区划

作为一种人文空间,城市总是占据一定范围的空间地域。这里我们把那些具有城市特征的地域——连片的建成区、高度集聚的人口、以非农产业为主的经济活动等,称为城市化地域。它是动态的,处于不断的演变、扩张之中。在城乡划分中,一个重要的任务就是确定这种城市化地域的空间界限。这远非只是一项统计、测量工作,而且总是与地方的行政管理和社会事务相关联,即与国家的地方行政制度、行政区划相联系。我国城乡划分中的许多问题,在很大程度上是由于城市化地域和行政区划两者关系没有理清而引发的。

由于城市是人民的政治、经济和文化中心,世界各国为了加强对城市的行政管理都把它规定为一级地方行政单位。一般来说,城市行政区域和城市化地域的空间关系可分为两种类型:(1)界内城市,即城市的行政区域范围大于城市化地域;(2)跨界城市,城市的行政区域范围小于城市化地域(真正与行政区域界限相符的城市极少,或只是某一时段的符合,故不作为一种类型)。后一种类型以欧美发达国家为多,因为这些国家城市密集,城市化程度高,早在19世纪甚至更早的年代就确立了地方自治的城市制度。一般以最小的行政区划单位为基本单元,如法国的市镇、美国县以下的区或镇、英国郡以下的区,达到城市设置标准就可设为市。20世纪以来,城市化进程的深入使这些国家的城市越出了原来划定的面积很小的行政区划界限,或者几个甚至几十个城市行政区划单位连成一片,形成庞大的城市化地域。因此,"市"只是这些国家的一个行政区划单位,负责一定地域范围内的社会、行政事务管理,并不一定是空间景观的一个城市化地域。例如,1987年美国"市"一类的地方政府达19 200个,而空间上的城市只有5 000多个。为了真实反映城市发展状况,许多西方国家都制定了一些空间统计指标体系,以超越行政区划结构准确统计,反映城市发展。如美国的标准大都市统计区(Standard Metropolitan Statistical Area, SMSA)和城市化地区(Urban Area),英国的城市集聚区(Conurbation),日本的城市圈和标准城市地区等。

我国的城市化地域与行政区划的关系主要是前一种类型,即界内城市。特别是近年来普遍以县为基本行政单位设市,以乡为单元设镇,特别在推行市带县体制以来这一特征更为明显。两者之间的关系可归纳为以下几类:

(1) 点型

绝大多数的县级市、镇都属这一类型,占我国城市的大多数。它们表现为城市化地域(中心城区)只占据整个行政区域的一小部分,行政区域面积远远大于城市化地域。

(2) 星型

这主要是一些工矿地区的城市类型,表现为在城市行政区域内,有若干个规模相近的城市化地域,缺乏一个显著的中心城市,而且在空间上互不相连,城市化地域之间是一种网络状分布状态。如伊春市、淄博市、六盘水市、大庆市、东营市等可归属此类。

(3) 环型

我国主要的大中城市大多属于此类型。这些城市有面积较大的建成区,占城市行政区域的相当一部分。一般地说,它们在建成区设置城区,在周围尚未城市化的地区设置郊区,城郊比例大致为1:(3~10)。

在环型城市中,部分城市的建成区已开始越过城市行政区域的界限,成为跨界城市。如江苏省的苏州、无锡和常州等城市,都有相当一部分与中心城连成一片的建成区分别生长到吴县、无锡县和武进县境内。另外一些城市,如上海、北京、天津等则不断通过调整城市内部的行政区划,使城市建成区限定在市区的行政区域范围内,周围的郊县(区)面积日益缩小。

(4) 点环混合型

20世纪80年代以来,我国推行市带县体制,使过去虚设的地区(地区机关是省的派出机构)成为实置的一级地方政府,市的行政区划进一步扩张到数个乃至十几个县的范围。而城市化地域除中心城市(一般是设区的大中城市)呈环形外,其余地域都只是县行政区域中的一个点,从而在总体上形成了点、环结合的结构。

由此,我们可以发现,我国现行的城市行政区划与城市化地域之间的关系错综复杂。这是导致我国城乡划分和城市统计混乱、失真的根本原因。因为我国目前的统计工作都是由各级政府承担的,以某一行政区域为统计的空间单位,在实际操作中产生了以行政区域替代城市化地域的现象,混淆了两种不同的地域概念,从而在统计上严重扭曲了我国城乡社会经济发展的真实面貌。

值得注意的另一个问题是,在一些实行市管县体制的地区,由于地方主义等思想影响,城市社会经济发展中相互盲目攀比、争夺地盘,人为地扭曲城市行政区划和城市化地域的统计指标。有的涉及数县范围的整个行政辖区,有的局限于市区部分。这给制定城市和区域经济发展战略、合理调整城市行政区划设置了不必要的障碍。

21.4 苏锡常地区的实例分析

苏锡常地区系指江苏省南部苏州、无锡和常州3个市及其12个辖县(市)。1989年,这一地区的土地面积为1.1万 km^2,人口达1290.7万人,有设市的城市9个,建制镇148个,是我国城市最发达的地区之一。

在运用我国目前的城乡划分标准分析苏锡常地区城市化进程时,我们发现有以下3个方面的问题:

21.4.1 现行的城乡划分标准导致城市化水平的低估

苏锡常地区的城市在行政等级上分为地级市(苏州、无锡和常州三市)、县级市(常熟、昆山、张家港、宜兴、江阴和溧阳)和建制镇3级。1989年这一地区若以城镇非农业人口计算,城市化水平仅为26.4%。

事实上,苏锡常地区以乡镇工业发达而著称,1989年这一地区71.2%的劳动力从事第二、第三产业(其中乡村劳动力为61.4%),基本实现了乡村人口向非农业部门的就业转移。但是由于受所有制及有关政策的限制,苏锡常地区乡村劳动力向非农业部门和小城镇的转化是多层次的(表21-1),以所谓"离土不离乡"为主要方式,真正转化为城镇人口的比重较低。因此许多集镇虽然工厂林立,市政设施比较齐全,市场繁华,但因聚居人口(主要是享受计划供应商品粮的人口)偏少而难以建镇,城市人口的现行统计与实际水平相差较远。以常熟市为例,1987年全市32个城镇(包括乡政府所在的集镇)的人口规模都在4 000人以上,城镇实际人口合计达33.9万人,而其中非农业人口仅18.1万人,其余为镇区农业人口、乡镇企业的亦工亦农人口等。若以城镇非农业人口计,常熟市的城市化水平仅为17.2%,而以城镇聚居人口计则达32.1%,两者相差近15个百分点。

表21-1 乡村人口向城镇人口转化的层次结构

特点		乡村人口	第一层次人口	第二层次人口	第三层次人口(城镇人口)
特点	职业	农业	非农业	非农业	非农业
	工作场所	乡村	乡村	城镇	城镇
	居住场所	乡村	乡村	乡村	城镇
与农业联系密切程度		高 →			低
向城镇人口转化深度		低 →			高
空间活动范围		村内	村内	乡内	城镇内
转移过程		乡村人口 →	第一层次人口 →	第二层次人口 →	城镇人口

苏州、无锡和常州3个中心城市正逐步成为跨界城市。1989年,苏锡常三市市区的总人口分别为91.3万人、83.6万人和65.8万人(其中非农业人口分别为80.7万人、69.7万人和51.9万人),以非农业人口计算,三市市区似乎仍有相当一部分尚未城市化。事实上,三市市区面积狭小(分别为176 km²、396 km²和143 km²),第二、第三产业高度发达,郊区劳动力早已实现非农业化,在中心城区边缘出现了许多无地队(如无锡市约有30个),大量城区的工厂企业、住宅不断向外围扩散,已经伸展到周围的吴县、无锡县和武进县,与三县在市区边缘建设的城镇连成一片。而且由于三市市区历史上与三县一体,县属机关企业长期驻在市区,有大量职工及其家属在市区工作、居住,但由于各种因素户籍不属于市区管理,所以城市化地域的人口不仅大于城市非农业人口数,而且亦大于市区总人口数,它们的市区是完全城市化了的地域。

因此,以城镇非农业人口这一标准难以真实反映苏锡常地区的城市化水平。

21.4.2 现行的城乡划分标准忽视了城市群体的形成

苏锡常地区历来城市发达,城镇密度较高。近年来,苏锡常三个中心城市经济飞速增长,城市用地规模不断扩大,而与其同域的郊县经济发展更快,但由于市、县分治,县缺乏自身的行政、经济中心。出于地方利益的考虑,三县纷纷选择三市市区边缘有一定基础的集镇作为县的中心城镇,加速建设,导致市区的建成区与县属城镇连成一体的现象。如苏州市与吴县的新区和陆墓镇,无锡市与无锡县的金城湾开发区、钱桥镇和东亭镇,常州市与武进县的湖塘镇等。实际上,不仅3个中心城市的城市化地域已完全类似于国外的跨界城市,真实规模远超出现行统计,更重要的是苏锡常三市相距甚近,中间又发育众多的小城镇,因而3个中心城市有相互连接,形成城市聚集体的倾向。但是,按我国现行的以行政区域为单位的城乡划分标准,三市的城市化地域的扩张似乎并不严重,那些县属城镇更是属于应积极发展的小城镇类型,严重忽视了整个地区城市群体的演变。

因此,现行城乡划分标准不能适应城市发达地区的要求。特别是对于像苏锡常地区这种工农业发达,人口、土地和环境压力极大,又是我国著名的风景旅游地,如不及时确定城市发展方向,制约城市过度膨胀,对其未来发展十分不利。

21.4.3 现行的城乡划分标准抑制了小城镇的成长

20世纪80年代以来,苏锡常地区各县由于经济发展迅速,城镇建设亦形成新的面貌。在三市所辖的12县中,撤县改市的达6个,吴江、太仓和金坛三县未建市(吴县、无锡、武进三县无县城)。由于现行的撤县改市制度以县城等行政中心城市为主体,忽视其他城镇,使一些市区在命名上不尽合理。如张家港市不驻于张家港而驻杨舍镇,名不副实。更重要的是促使一些县(市)把城市建设集中于县(市)行政中心城镇,抑制了其他城镇的成长,严重影响县(市)境内形成合理的城镇体系。如吴江县在历史发展中形成了盛泽、平望、松陵、同里、震泽、芦墟和黎里七大镇,其中盛泽是全县的工业、经济中心,人口达5万人,县城松陵仅为行政中心,人口为3.5万人,它们相互之间形成了合理的分工、协作关系。但由于吴江缺乏较大的中心城镇,尽管县域内的城市化水平已达到很高层次,工农业亦十分发达,仍不能撤县改市。该县因此出现了人为地加强县城松陵镇建设的倾向。再如，宜兴撤县建市后，城市建设重点是行政中心宜城镇，但该市的丁蜀镇是我国著名陶都，镇区人口达 8 万人以上（超过宜城），目前的体制很不利于丁蜀的建设发展。苏锡常地区的小城镇极为发达，各有特色，目前的城乡划分标准，尤其是设市标准没有充分注意这类经济发达地区的这一特征。

有关研究早已表明，世界各国各地区的城市化水平与人均国民生产总值（GNP）之间存在着这样的关系：

$$y = a + b \ln x$$

式中，y 为城市化水平；x 为一国或地区的人均 GNP；a 和 b 为常数。

回归分析结果，从世界范围来看，城市化水平与人均 GNP 的相关度是很高的。以苏锡常地区 1989 年的人均 GNP 3 165.6 元（折合 666.4 美元，以 4.75 元/美元汇率计）代入上述方程得出其城市化水平为 39.2%（我国以人均 GNP 290 美元计，城市化水平为 27.5%）。我们认为，这是比较符合实际情况的，因为苏锡常地区城镇高度密集，人口已基本实现非农化。

因此，从苏锡常地区的实例来看，我国城乡划分标准存在的问题主要是：(1) 城乡划分的人口标准不合理；(2) 城市化地域缺乏空间的定义和标准；(3) 城市行政区划不尽合理。

21.5 关于城乡划分标准调整和城市行政区划体制改革的建议

21.5.1 城乡划分标准的调整

我国现行的城乡划分标准基本上是传统的中央计划经济模式下产品经济的反映。20 世纪 80 年代中期的调整，事实证明仍没有根本解决问题，局部甚至出现了更大的混乱。但在经济发展上，我国的经济体制正成功地走向计划经济和市场经济相结合的新模式，有计划的商品经济取得了空前发展，城市化趋势日益显著。调整我国现行的城乡划分标准对于 20 世纪 90 年代的经济发展十分必要。

调整城乡划分标准的目的在于科学地划分城市、乡村两类不同的空间和人口，真实地反映我国城乡社会经济发展状况，为制定有关规划、政策以及科学研究提供客观的依据。一般地说，它应遵循这样 4 点原则：一是科学性，即城乡划分应体现城市的本质特点，体现城乡之间的差异；二是可比性，城乡划分标准应同世界各国的标准具有可比性，在不同的年代有历史的继承性；三是地域差异性，城乡划分应体现我国地域差异大，各地历史文化传统、经济发展水平不同的特点；四是可操作性，城乡划分标准应便于实际工作，与我国主要统计、管理口径相一致。为此，我们认为：

1) 聚居地人口规模是设置市、镇的基本依据

空间的集中性是城市最根本的特征，它主要表现为人口的集聚和经济的集中。由此而引起社会分工日益深化，第二、第三产业蓬勃发展，城市成为生产、交换和消费的中心，产生显著的集聚效益和规模效益。而乡村由于地域分散，与自然环境关系密切，形成与城市迥异的产业结构和物质形态。因此，空间的集中性应成为城乡划分标准的基础。

我国历次颁布的市、镇设置标准中有关人口规模的规定虽有变动，但基本上都是适合我国国情的。而且与各国的城乡划分标准比较,我国以聚居地人口规模在 2 000~3 000 人作为设镇的标准,亦较符合一般的规定。因此,我国应继续沿用 1986 年颁布的设市 6 万人口、设镇 3 000 人口的标准,以保持历史的继承性。关键问题是,人口的内涵和空间范围应予以明确。我们认为,由于我国现行的城镇非农业人口实际上已不是人口职业构成的划分,而且乡村人口已广泛进入城镇从事各种非农业经济活动,成为城镇人口的一个组成部分,因此应取消先前的非农业人口规定,以聚居地的总人口为主要依据。在空间上,应把聚居地人口的统计,严格限定在中心城镇及其周围若干已城市化了的次一级行政区域内。即设市的人口标准是以乡镇一级行政区为统计单位,中心城镇人口规模在 6 万人以上;设镇的人口标准是以行政村一级为统计单位,中心城镇人口规模在 3 000 人以上。然后根据各地区的实际情况,或整县(乡)改市(镇),或切块设市(镇)。

2) 制定城市化的统计指标体系

最近 10 年,我国城市出现新的发展态势,一些大中城市的发展已超越了行政区划界限;大多数县级市及一些重要工矿型城市则由于市域面积广大,包含了大量乡村地域。目前以市、镇为统计单位的城乡统计不能反映真实的城市化状况。因此,我们认为,应根据不同等级、不同类型的城市,制定出城市化地区的统计指标体系。具体地说:(1)对于中心城镇人口在 20 万人以上的大城市,可制定类似美国 SMSA 的指标体系,以县为单位统计城市化(或非农业化)地区的范围。即以大城市为中心,统计周围城市化了的县。(2)对于中心城镇人口在 20 万人以下的城市,则以次级行政区划(一般以乡镇一级行政区单位)统计其城市化地区的范围。镇则统计其中心城镇地区。因为从我国目前的城市行政区划体制来看,20 万人口以上绝大多数都是地级市,实行市带县体制,统计其城市化地区可充分了解其城市发展状况及其与周围地区的联系程度。而 20 万人口以下的城市多为县级市,人口集中于中心城镇地区。

由此我国的城市地域由城市化地区、城市行政区、中心城镇 3 个部分组成。

21.5.2　改革我国现行的城市行政区划体制

20 世纪 80 年代以前,我国城市型行政区划主要实行切块设市的模式,即城乡分立的模式。这一模式清晰地区分了城市和农村的界限,在管理、统计与经济发展等方面有许多优点。20 世纪 80 年代以来,在改革开放的洪流中,为加强城乡间的经济联系,鼓励中心城市带动周围农村发展,推进城乡经济体制改革,出现了撤县设市、市管县等新的城市型行政区划模式。1979—1989 年,全国整县改市的总数已达 197 个,占同期设市总数的 79.1%;1989 年年底,全国共有 169 个市(含直辖市)领导 696 个县(自治县、旗),并代管 81 个县级市,占直辖市和地级市总数的 90%。这种新的行政区划模式促进了我国城镇的发展,对发挥城市的多功能作用起了积极作用,但也导致城乡概念的模糊,城市与乡村实际界线的混淆,城市标准和城乡统计的混乱和其他许多难以克服的矛盾。改革和完善我国城市行政区划体制势在必行。

城市行政区划体制改革的目的是理顺城乡之间的关系,建立真正具有中国特色的、科学的城市型行政区划体系,促进城乡经济的分工合作,共同发展。改革的指导思想和原则如下:

（1）坚持相对稳定。行政区划是国家政权的组成部分，是一项敏感性很强的复杂的社会系统工程，其改革涉及政治经济、社会、自然、民族、文化、风俗、机构、编制等诸多方面，其改革的首要原则应是有利于政治上的稳定。城市行政区划的调整也不例外。历史的经验教训证明，行政区划不能频繁变更，更不能朝令夕改；要防止急于求成，大起大落；要有计划、有步骤地进行，分阶段实施。

（2）坚持协调一致。城市型行政区划调整要服从于全国行政区划调整的总体结构框架，注意协调中央与地方不同层次行政区划的关系，协调与地域型行政区划、自治型行政区划之间的关系，协调与全国城市体系规划布局之间的关系；使城市型行政区划调整与城镇化发展规律相适应，与各类行政区划体系有机组合，与全国行政区划的改革步调相一致。

（3）坚持城乡分立。城市与农村是两个相互联系的不同的范畴，各有其自身发展的规律和不同的功能。在社会主义初级阶段，在相当长时期内，城市与农村应分别设置行政和政权体制，即按照城乡分立的原则逐步理顺城市行政区划体系，使城乡之间的互助和共同发展建立在合理的商品经济关系的基础之上。这将有利于逐步实行政企分开，弱化政府管理经济的职能；有利于逐步实行有计划的商品经济，符合经济体制改革大方向与基本目标；同时也使我国的行政区划体制与世界各国的通行做法相接近。

（4）坚持减少机构与层次。我国现行城市型行政区一般为四级（直辖市—省辖市—县级市—镇），总体看基本合理，但自实行地级市管辖县的体制以来，使原来"虚"设的许多地区变为实体，增加了机构，多了一个管理层次，强化了对县（市）的行政干预，既不利于提高行政管理效率，也不利于县域经济发展。近几年来，国家设置的计划单列市、较大城市、沿海开放城市、经济特区城市等，又大大增加了城市行政管理体制的复杂性，必须进行改革。坚持减少机构与层次的原则，有利于克服官僚主义，提高管理效率。

（5）坚持因地制宜。我国幅员辽阔，各地自然、社会经济条件、发展水平差异很大，市镇设置应坚持因地制宜、分类指导的原则，防止"一刀切"、一种模式。如东、中、西三大地带在设市的标准、重点及发展步骤上应有差异。

依据上述原则和城乡划分的标准，从城市和乡村的本质和内涵出发，我国城市型行政区划体制改革和调整的基本思路如下：

（1）增加设置中央直辖市，适当扩大管辖范围。设想直辖市由目前的3个增加到9～10个（新增沈阳、哈尔滨、南京、武汉、广州、重庆、西安等）。新增直辖市市区人口都在200万人以上，经济实力雄厚，由于有强大的辐射力，其管辖范围应适当扩大（城市化地区），并继续实行市管县的大郊区体制。

（2）逐步取消地级市管县体制，科学地划定郊区范围。多年来的实践证明，地级市管县有利有弊，但从本质上看，其弊病较难以克服，与经济、政治体制改革的方向相悖，应逐步取消这一体制。当前首先要取消那些市县矛盾尖锐，难以协调发展，或市管县不起作用，反而增加了管理层次的地级市。对市县同城的地级市一般实行地县合并。取消市管县的地级市应科学地划定其郊区范围。

（3）合理整顿县级市，按标准规划设置新市。针对近几年来出现的设市热和盲目性、随意性问题，对现有的县级市应进行合理的整顿，其中与标准差距较大、设市后无多大作用的少数整县改设的市，应进行必要的整顿，恢复其县的建制，还其传统地域型行政区划体制的本来面目。今后要严格按标准规划设置新市，使之逐步走向科学化、规范化的轨道。从我国国情出发,在多数地区仍应继续采取"撤县设市"模式,但除严格执行聚居地的人口标准外,还要充分考虑县域内城市化水平,与此同时,不可忽视符合条件的"切块设市"模式(如工矿、交通枢纽、港口、旅游城市等)。在地级市市管县体制逐步解体后,县级市由省直辖。

(4)积极发展小城镇,试行县辖市新体制。镇是我国城市型行政区的最基层单位,发展小城镇是我国农村城镇化的主要途径。从城市行政区划的结构体系看,镇的建置应有较大发展,要积极规划、合理布局。对某些建制镇的聚居人口达到设市标准,而县域城镇化水平较低、县域规模较大的县(有的县内有几个较大的建制镇),可试行县辖市新体制,即聚居人口达到设市标准的镇,设立由县管辖的市。县辖市有利于协调县域内市、镇、乡之间的关系,有利于县域内统一规划、建设与管理。

(5)着手研究市的行政等级,逐步完善市镇制度。我国现行的市镇规模、范围相差很大,即使同一级别(如地级)的城市之间在人口规模、经济地位与作用、管理幅度、对国家的贡献等方面也有很大差异。而这些城市大多执行同一政策(包括管理干部的工资待遇等),极不利于根据各地的情况与特点,因地制宜,分类指导,不利于调动各级地方政府的积极性。研究市镇行政等级体系,逐步实行分级管理与指导,是我国政治与经济体制改革的客观需要,也是把竞争机制引入行政体制,调动各级政府的积极性,完善我国市镇制度的重要措施。市镇等级的划分以现有四级为基本框架,以人口和国民生产总值为主要依据。直辖市不再分等,地级市可分为甲、乙两等,县级市分为甲、乙、丙三等,镇也分为甲、乙两等。不同等级的市镇在编制、工资、财税、留成等方面执行不同的标准与要求。

经过以上改革,我国未来城市型行政区划体系框架如表21-2所示,即三级八等体系。地级市与县级市级别不同,但管理层次相同,都由省直辖。地级甲等市相当于副省级,县级甲等市相当于副地级,县级丙等市相当于副县级。

行政区划是国家的一项大政,建立科学的城乡划分标准和城市统计体系,是合理设置城市行政区的基本依据之一,对于克服我国城市行政区设置中的盲目性、随意性,使行政区划的改革、调整纳入科学化、规范化、法制化轨道具有重要意义。同时,行政区划作为一门科学、一项复杂的社会系统工程,与政治学、经济学、社会学、地理学、历史学、人口学、统计学等关系十分密切,加强多学科的综合研究是十分必要的。

表 21-2 我国未来城市型行政区划等级体系结构框架

市镇行政区划层次	一级(省级)	二级(地、县级)		三级(乡级)
		地级	县级	
等级分类	直辖市(200万人以上) 特别行政区	甲等(省会城市、特区城市、50万人以上城市) 乙等(一般地级市)(20万~50万人)	甲等(15万~20万人) 乙等(10万~15万人)地工矿(甲等)县丙等(副县级的县辖市)	甲等(县城所在地,工矿城镇等) 乙等

注:人口规模均为市区非农业人口。

[刘君德,黄明达.关于我国城乡划分标准与行政区划体制问题[M]//王嗣均.中国城镇化区域比较研究论文集.杭州:杭州大学出版社,1992]

解读：我国的城乡划分标准存在着复杂多变、混乱、模糊等问题，影响了人们对城市发展及其作用、地位的正确认识和统计，十分不利于城市、区域发展规划和政策的制定、实施，不利于有效的行政管理，更不适应我国城市化、现代化发展的要求。研究认为在城乡划分中，一个重要的任务就是确定城市化地域的空间界限。这项十分重要的工作与国家的地方行政制度、行政区划相关联。20世纪80年代以来，我国新设市镇以撤县改市、撤乡改镇为主要方式，"市镇总人口"中包含了大量市、镇行政辖区内的乡村人口而失去了作为衡量城市人口规模的指标意义。现行的城市行政区划模式是导致我国城乡划分和城市统计混乱、失真的"根本原因"。论文通过对苏锡常地区城市化状况的定性和定量分析，得出城乡划分的人口标准、城市行政区划不合理等结论；提出了调整我国城乡划分标准和城市行政区划体制改革的建议。但"坚持城乡分立"的观点需要在改革实践中验证。

22 "公共经济学"理论的启示

背景:1994年9月,应美国著名华人地理学家马润朝教授的邀请,赴俄亥俄州阿克伦大学地理系访问,回国时马教授送给我一些有关区域政治学、城市—区域"治理"方面的英文资料。在途经旧金山时,访问了加利福尼亚大学伯克利分校(原在中国行政区划研究中心工作的我的学生张明在该校规划系攻读博士学位),在张明的联系与陪同下,我访问了旧金山湾区联合政府。可以说这次访问收获匪浅,让我对美国的大都市区的管理体制有了较深入、直接感性的了解。临走之前,张明又为我收集了一查资料。回国之后,我组织研究生、博士生将这些英文资料翻译成中文。这篇论文是在整理英文文献基础上与张玉枝合作完成的。记得在写完之后征求我的恩师严重敏教授的意见,得到肯定,她建议投稿同济大学《城市规划汇刊》,不久全文发表。

大都市地区的行政组织与管理已经成为世界各国,尤其是发达国家广泛关注和学术争论的重要问题。它关系到都市化地区政府之间的各种利益关系的协调、公共服务的充分供给、都市发展的空间模式、都市政府效率的提高等许多重要方面。伴随着中国政治与经济体制改革的逐步深入,借鉴国外有益的经验,探索中国特色的都市化道路,建立符合中国国情的都市化地区行政组织与管理新模式,无疑具有重要的理论和实践意义。

22.1 大都市区行政组织与管理的发展过程

22.1.1 城市化与城市政府公共服务功能的发展

社会生产力的发展推动城市化进程;城市化促进社会的进步、经济的繁荣,也带来人们生活方式的变化和对城市各种公共服务的需求,一种区别于传统的城乡合治的地域性政府的组织与管理机构——城市政府正是在这种情况下产生的。在初期,城市政府的主要功能是加强城市的管理,维护中央政府对城市的政治统治。在西方私有制市场经济体制下,城市的公共服务设施与服务在开始阶段是由许多私人公司、慈善机构提供的。由于这些非政府部门的公共设施在提供服务的过程中出现了许多诸如供不应求、价格过高、不正当竞争等问题,城市政府便进行了干涉,并接收了部分私人企业。政府的这种干涉过程实际上是市政化发展的过程。19世纪末,西方许多国家城市政府逐步对城市的水气供应、污水处理、防火等服务进行管理;20世纪早期,公交、教育、卫生等相继成为市政服务的内容;20世纪20年代市政服务增加了计划功能;30年代市政服务已日臻完善,被称为"都市化进程世纪"中的高潮时期。城市化的发展,城市经济实力的增强,组织与管理水平的提高,大大加强了城市政府对付城市出现问题的能力。

22.1.2　城市政府发展的方式与都市区城市政府分治的形成

随着城市化的发展,经济实力的增强,人口的增多,城市原有的行政辖区不能适应需要,空间受阻,在许多情况下,城市政府对周围的地域实行了兼并(Annexation),更多的情况是在城市郊区采取合并(Combination)的方式自行独立建市,从而形成都市化地区的许多城市政府单位。兼并和合并这两种城市政府的发展方式形成了西方发达国家大都市区普遍存在的政府分治模式。从美国的经验看,这种大都市区政府的政治分治总体上看是有益的。美国是个联邦制国家,城市政府的权力来源于州政府的授予或州议会的立法。各州在关于都市化区域市政府发展中兼并或合并的法律和程序有很大差别,因而城市政府的权力、功能和政府的组织形式各不相同,即使是在一个州内各城市之间也由于种种原因而存在一定的差异。但总体上看,由于人们都反对州政府对地方事务的过多干预,即强调地方自决的原则,所以这些法律都具有一定的随意性,总体上看十分宽松,对兼并和合并的选择都要得到受影响地区绝大多数人的满意。例如,对于"兼并"的规模及结构几乎没有什么限制;对于"合并"设市的最低人口规模要求也很低。有关合并的法律有助于城市政府机构的激增;而兼并的有关法律则导致一些互不关联、不规则的城市的出现。在早期,美国的大都市发展伴随着中心城市的广泛扩张和郊区城市的产生。由于中心城市公共服务设施的发展对郊区的吸引,这一时期兼并得到较多发展,中心城市一般选择可获得税收财富,或有航空线、海岸线等重要设施的周围地区进行兼并。19世纪初,中心城市出现的犯罪、污染及高额税收使兼并越来越困难。郊区合并(独立设市)形成自治市的倾向大大加强,从而使中心城市的扩张严重受阻,兼并只能向阻力最小的方向,甚至向"飞地"发展。到了20世纪,美国大都市形成了复杂多样的政府模式。在英国、加拿大、澳大利亚等国家中,加拿大虽比较接近美国模式,但其独立建市(合并)的随意性较低;英国、澳大利亚等国与美国相似之处是都把中心城市兼并首先作为城市地区巩固地方政府的一种手段,然后才作为更复杂政府模式形成的一个因素。但在郊区城市政府的形成中,英国、澳大利亚两国立法机关的结构与美国不同,其都市区政府分治的形成有各自的特点。

22.1.3　大都市区政府及都市联合组织的产生及其演变

由于"兼并"和"合并"都是从自身的局部利益出发,而非着眼于大都市区,不仅造就了美国大都市区的政治分治及地域上奇特的空间格局,而且在大都市区政府分治的模式下,各单个城市政府一般均难以提供供水、垃圾处理、公共交通、金融等公共服务,各城市之间出于不同的利益要求,难以实行有效的统一计划,这就使这种政治分治的政府模式越来越成为大都市区发展的障碍。在这种情况下,世界发达国家的许多大城市区的政府都纷纷采取措施扩大城市政府的空间规模(辖区范围),并探索大都市政府的组织与管理的理论与实际问题。1888年,英国伦敦地区建立了郡议会。1850—1910年,美国在克里夫兰、芝加哥、丹佛、印第安纳波利斯、波士顿、纽约等地区广泛推行了大都市区统治。1890年在澳大利亚墨尔本地区按伦敦模式建立了专门的大都市权力机关。20世纪40年代,许多改革倡导者如美国的维克多·琼斯(Victor Jones)和英国的威廉·罗伯森(William Robson)纷纷提出在都市区建立统一的政府机构,并进行了系统研究,指出地理范围和大都市区的复杂性是影响政府效率威力的重要因素。20世纪60—70年代,不同学科的学者从不同角度发表有关文章,对大都市政府进行分析:政治学家揭示了大都市区政治分治的效果和本质;经济学家探讨了部分大都市区提供公共服务设施的有关财政方面的问题;地理学家则阐述了都市区空间范围和分治的内涵,学者们都对大都市区政府的建立表示了不同程度的支持。然而,值得注意的是,一个重要的学派——公共经济学派(Public Economics)对建立统一的大都市区政府提出了质疑。实际上,围绕大都市区政府的组织与管理问题的争论从一开始就已存在,直到当今时代,这种争论仍在延续。

20世纪50—70年代,是大都市区政府发展的全盛时期,西方发达国家大都市政府大量涌现。最早出现的英国伦敦大都市政府(都市郡)以一个全新的体制代替了伦敦郡议会,英国的其他大都市区(即大曼彻斯特、默西赛德、西米德兰、泰恩—威尔、南约克和西约克郡)都引入了大都市政府—城市政府的双层(双重)政府结构管理体系。英国大都市政府的确立影响了几乎一半的人口。英国的都市郡政府拥有更大范围的权利和义务,并由选民直接选举产生。加拿大首府多伦多被公认为是世界上,尤其是北美大都市政府体系的典范。然而,在美国,由于有强大的"地方自治制度"传统和需要选民支持改革的"民主自由"文化背景,故而未能实施大都市政府,而是广泛形成了都市区域内的各城市之间水平方式的合作,即组建了范围与规模不同、形式各异的大都市管理委员会(城市联合协会)。它是具有特殊职能(通过讨论、咨询、协调等方式解决大都市区某些特殊问题)、自愿结合的城市市政联合组织,是一种城市联合管理体系,而非城市政府结构的联合。20世纪70—90年代,美国的这种机构已发展到60多个。尽管它缺少威信和权力来统一管理大都市地区,解决大都市出现的若干尖锐矛盾,但在减少城市分治带来的某些不良影响,诸如城市交通、环境、水源、公园等问题方面仍起到相当重要的作用。美国旧金山湾区政府协会在解决区域环境、交通等方面的问题都取得了较成功的经验。

20世纪80年代,是大都市政府由盛而衰的转折时期。英国、加拿大等国由于法律障碍、党派之争、都市区经济和社会问题等因素,普遍出现了大都市政府职能减少、机构削弱的衰退现象。英国政府在1986年宣布取消了伦敦等6个大都市政府(城市郡),恢复了"郡"的建制。但值得提出的是,近几年来,又有人提出恢复大都市政府的建议。

总之,西方发达国家大都市区政府的产生经历了一个复杂漫长的过程。总体来看,显示了一个由形成—发展—高潮—衰退的演化规律,并又出现复兴的趋势。

22.2 大都市政府组织与管理的公共经济学分析

22.2.1 公共经济学对公共服务分析的基本观点

1) 公共经济学的概念

20世纪60年代出现的公共经济学又称新公共经济学,由200年前诞生的旧公共经济学(公共财政学)发展而来。它是20世纪以来随着政府的经济行为迅速扩展,即从财政收支行为扩大到直接介入生产领域并形成一定规模的公共生产部门,加之宏观经济学和福利经济学的发展,而出现的以政府经济行为为研究对象的经济学分支,又被称为政府经济学。公共经济学研究的重点是找出各种条件下运转良好的组织模式和使政府的公共经济组织更能满足需要、更高效、更公平的管理模式。在这里,政府被视为具有生产和提供公共设施和服务职能的公共机构,大都市地区的组织管理体系被看作公共经济结构管理体系。

2) 区分公共服务的生产和提供

公共经济学的一个重要观点是把公共服务的生产和提供区分开来。提供是一个多重选择的过程;生产是使用资源制造产品或提供服务的技术过程。这一区分有利于形成公共服务的规模化、专业化以及特殊要求生产,从而增加公共服务的数量、提高服务的质量和提供特殊生产服务;有利于从宏观上组织调配公共服务,以满足各种需求偏好,提高管理效率。然而这种区分并不意味着在实施过程中的截然分离。因为生产和提供是两个相互衔接的环节。生产是提供的基础,提供是生产的指导。生产方从提供方获得市场信息组织生产,提供方依据生产方生产的产品组织调配。生产组织和提供组织之间形成多种对应关系。就某种特定的公共服务来说,常常形成生产提供网络。在这个网络中,公共服务的生产和提供形成"双向选择",生产者追求最大的生产效益,提供者追求最大的满足。生产和提供网络始终处于动态平衡状态。

3) 政府是公共服务基本的提供单位

政府的基本职能之一是生产和提供公共服务。生产和提供的分离使得政府从"完全服务"(政府组织内部生产提供完全服务)中挣脱出来,将部分生产从政府中分离出去(如私人生产机构的生产)。随着公共服务项目的增多、要求的多样化,政府已逐渐成为基本的提供单位。政府可以采用大量可以选择的生产方式,不仅包括内部生产,而且包括政府间以及通过几个提供单位达成的私人合约进行联合或合作生产。政府作为地方利益的总代表,还可以利用其行政权力协调辖区各集团的利益,满足辖区内各种偏好。生产和提供的分离也是都市化地区组织结构形成的基础。由于生产和提供联系的多样性、复杂性使公共服务常常成为大都市地区地方政府内部及政府间利益冲突的根源。

4) 地方政府公共组织管理的 3 个层次的结构

公共经济学把地方公共经济分解成公共服务的生产和提供 2 个层次,并在此基础上,把地方公共经济体制的管理划分为 3 个层次——生产层、提供层、法规层。

生产层,假定有一系列提供单位。地方官员对生产做出安排,包括订立政府间正式的和非正式的协议,与私人公司和与非营利性组织的契约,以及同公共雇员的劳动协议。

提供层,假定有一系列法规。市民和官员共同创造、改进一系列提供单位,通常会形成一系列相对较小的管区。

法规层,根据地方政府地理和社会历史情况而定。州和地方决议制定者制订了一系列规则以约束公共设施与服务的提供和生产方式。大城市地区政府管理的基本法律,主要以州法律为依据,包括合并、兼并、联合的条例,财政和调节的条例,地方间合作和生产组织规范条例,等等。大城市地区公共服务的生产和提供都在这些规则下进行。

22.2.2 地方政府公共组织的规模标准

公共组织规模界定了公共服务生产和提供的地域范围。公共组织规模的确定要考虑这样一些因素:需求者要求的提供规模、生产者要求的经济规模、适宜的政治利益以及受益者与支付者的重合等,可分别归纳为控制标准、效率标准、政治代表标准和公平标准,在实施中客观上还存在着地方自我决定标准。

1) 控制标准

控制标准是确定公共组织规模的首要标准。控制标准是指公共组织规模要满足公共服务的需求规模,如果某种公共服务的需求规模未得到认可,则该种服务将转移到其他层次的公共组织中去。例如,美国洛杉矶大都市区污染控制区的烟控项目进行中就有州政府的介入。

2) 效率标准

效率标准即要确保公共服务生产者最大的规模经济利益,尤其是那些有巨大资金投入的大型的公共设施建设和公共服务,如水、气供应、物资运输等,其生产中的规模经济现象十分明显。生产者对生产规模经济利益的追求对公共组织规模的确定有重要影响,而公共服务生产的技术要求、劳动力技术水平、可利用资金等则是确定其生产经济规模的关键因素。

3) 政治代表标准

另一个确定公共组织规模的标准要求在公共组织的决策安排里包含"适宜"的政治利益。所谓"适宜",是指一个公共行为的直接或间接受益人都被纳入公共组织的范围中,而未被影响的则处在公共组织范围之外。当部分被影响的人的利益不能在公共组织中得到反映,其利益将被忽视;当公共组织包含了未被影响的人们时,则由于对与他们无关事宜的决策参与而导致公共组织内多变的行动和福利的损失。

4) 公平标准

公共经济学关于"公共"的阐述是,"每一种公共服务都有相应的某种公共,即为该种服务所影响,并要求或有必要得到该种服务系统作用的人们的全体"。"公共"实际上是受益者全体,而公共组织规模一旦确定则公共费用的支付者全体就确定了,公平的标准要求支付者全体与受益者全体重合,实现支付者受益,受益者支付。

5) 地方自我决定标准

控制标准、效率标准、政治代表标准和公平标准尽管都有各自的理论依据,但在确立公共组织规模的实际操作中,这些标准能否实现有赖于公民表决,这就是在公共组织规模决定过程中的地方自我决定标准。地方自我决定还包括公众对地方官员所代表的利益集团的决定,以及如何组织这些官员负责提供公共服务功能等多方面的地方自治在内。

22.3 大都市区公共管理与组织两种模式的比较

22.3.1 大都市政府及都市联合委员会的产生

都市区内若干城市在地域上的连续性,某些服务的共享性,使得在都市区建立统一的政府和管理机构成为必然。在大都市区政府管理演变过程中,出现了两种典型的、体制不同的组织方式,即"大都市政府"和一系列松散的职能单一的政府联合委员会,以提供和协调大都市范围的公共服务,如计划、交通、供水、金融等。前者被称为单中心体制,后者被称为多中心体制。政府联合委员会(或政府协会)由于其联合的松散性及其权威性的降低,使许多跨市域的公共服务在联合委员会内往往难以达成协议;各联合委员会职能单一且相互独立,割裂了不同服务提供中的有机联系,因而难以实现公共服务的有效性。而在大都市政府的统一领导下,上述公共服务的提供则具有高效和经济的优点。然而作为一级综合的大都市政府,由于在一定程度上有利于形成大都市区内的政治经济一体化,从而影响了原来城市体系结构的稳定。一方面,大都市区的政治经济一体化,加强了大都市区的政治经济独立性,从高级政府(中央或省)利益的角度看,尤其当大都市区代表非执政党的利益时,大都市政府是地方主义的产物,不利于国家或省整体利益的实现;另一方面,大都市区的政治经济一体化,对于都市区内若干小的地方政府来说,其独立性受到一定损害,大都市政府又被视为集体主义的产物,有损于地方自治。因而,如何界定和组织大都市政府,使之成为大都市区利益的总代表,既能有效地满足各个层次的需求,推动都市区公共服务的发展,同时又能够兼顾中央利益(省利益)和地方利益,成为大都市政府倡导者理论研究的重点。

22.3.2 大都市区政府的公共组织与管理——两种模式的比较

在西方各国特定的政治文化背景条件下,形成了两种典型的政府组织与管理模式,即单中心体制和多中心体制。不同体制下的公共组织服务的方式有很大不同。

1) 单中心体制下大都市区公共组织

单中心体制,亦称一元化体制,是指在大都市地区具有唯一的决策中心,有"一个统一的大城市机构"。它可以是内部有若干小单位相互包容或相互平行的一个政府体系;或者更可能是一个双层结构体系,即一个大都市地区范围的正式组织和大量的地方单位并存,它们之间有多种服务职能的分工。毫无疑问,单中心体制为许多大规模的公共服务提供了适宜的组织规模,港口、机场及其他交通设施、引水工程等可以在大都市地区范围内实现其规模经济效益;在这种体制下,可以剔除或减少有害于大城市发展的竞争和冲突,可以使资源流动更为畅通,可以在解决主要问题时适应大都市地区的战略;而且不同管区提供的公共服务可以有效地结合在一起,比如交通规划同土地利用规划的结合。然而也应当指出,单中心体制也受到多种观点的质疑。如公共设施规模过大会导致不能代表各种利益、不能满足各种需求和偏好从而造成效率的损失;要继续保持控制,其费用也许会非常巨大,使得设施在整体上低效。尤其是,单中心体制易陷入等级化的官僚结构危机,突出地表现在对居民日常需求反应的迟钝,不能代表当地的公共利益。"大的公共组织内部缺乏高效的交流足以导致公共权力的减少和对社会发展的阻滞"。此外,在一个政府的统治机构下,由于缺乏竞争而导致提高费用和福利的损失。由此可以看出,在单中心体制下政府的公共组织只能提供大都市区有限的一部分公共服务。中心的大都市政府应当注意在边界地区的各种较小公共团体的满足,但实际上在多层次结构的官僚体制下是难以做到的。

2) 多中心体制下大都市区的公共组织

多中心体制又称多元化体制,是指在大都市地区存在相互独立的多个决策中心,包括正式的综合的政府单位(州、城市、镇等)和大量重叠的特殊区域(学区和非学区)。在西方,尤其是美国,多中心体制是大都市区最常见的公共组织。特别是各种非学区性质的特殊分区组织增长十分迅速。多种管理区域的划分和变动以及协调组织的建立,都是谋求特定的公共服务的经济利益的结果。多中心体制试图以此来满足居民的各种需求和偏好。由于政府较小,公众容易参与监督,因而政府对当地居民的要求及其变化更具有弹性,反应更加灵敏。但不能认为,在多中心体制下,城市公共组织比单中心体制下的城市公共组织更为有利。多中心体制所面临的主要问题是实现大都市区内超越各种功能小区的更大地区范围内的公共利益问题。实现这种公共利益只能通过各地方单位的合作、竞争和协商来提供大规模的公共服务。如果磋商的各方都充分代表了公共利益,则合作不会有困难,联合的行动将给各方带来巨大利益。事实上,这种合作是相当困难的,因为在许多情况下大都市区各地方政府之间地方组织公共设施与服务的消费和受益分布并不均匀,即各方支付的费用与利益发生冲突,而在地方公共经济的多中心体制下各地方政府都有自己的否决权,从而难以组织大都市区公共设施与服务的统一行动。而如果多中心政体可以解决冲突,并在合理的范围内维系竞争,这种体制就为解决大都市区复杂的问题提供了有效的途径。

22.4 西方城市政府公共组织与管理的经验与借鉴意义

(1) 西方大都市区公共行政组织与管理模式经历了一个较长的发展过程,它是在混合经济体制下,在特定的国体与政体环境中逐步形成发展的。

(2) 都市化区公共行政组织与管理是一个动态发展的过程。社会生产力的进步推动城市化的发展。兼并和合并的城市政府发展方式形成都市区城市政府的分治模式,即在大都市区内形成若干独立的城市政府单位,而都市区地域上的连续性和某些公共服务的共享性使得都市化区建立大都市政府或都市联合组织成为必然。

(3) 由于西方各国各地区都市化发展的政治、经济、人文社会、历史和自然等环境条件不同,居民偏好也有差异,因而各国大都市区公共行政组织与管理模式的选择也不相同。有的建立了大都市政府,有的则建立了各种具有特殊功能、大小不一、可以叠置的管区。

(4) 西方多年的实践经验证明,在都市化区是实行单中心体制好(建立一元化的大都市区政府),还是实行多中心体制好(在大都市区建立多元化的城市联合协会等),并未下明确的结论,各有其形成的背景和优缺点。但一般认为,在多中心体制下可以有多种不同规模的组织提供最好的公共商品生产和消费的组合及各种公共服务,更能满足公众的需求。

(5) 应当指出的是,西方发达国家大都市区建立的数量众多,有特殊职能的管区(特别区)在大都市公共组织中具有重要的地位。这种特别管理区大多为单一功能,如教育、环保、防洪、防火、提供公共设施、公共交通、街道照明、医护、殡葬等,其设置是城市管理的需要,满足了都市区公民的不同需求。在许多情况下,这些特别管理区可以按规模经济的要求进行合理的分区管理,从而获得较好的社会经济效益,并减轻了城市政府的负担。

(6) 西方公共经济学的理论有助于从经济学角度理解西方城市政府公共组织与管理形成发展的机制。大都市区政府在公共设施与服务的生产与提供过程中引入竞争机制,有利于提高管理效率,产生大量的利益,从而使大都市区公共行政管理与组织更加科学、合理、高效,并能维护大都市区公众的利益,满足公众的需求。

(7) 西方大都市区在营造有效的组织和管理方式过程中,始终把公众的利益放在第一位,并十分重视公众的参与。它有利于增强政府制定公共行政管理政策的针对性和实用性。

(8) 西方的公共行政组织与管理改革都是以有关法律为依据的,城市政府是地方公共利益的总代表,随着社会经济的发展,西方政府在经济活动中的作用在近50年中有明显增强的趋势。政府通过适当的干预克服由于完全的市场经济带来的各种经济社会问题。但应当指出,这种政府的干预应是适度的、有限的,政府不直接管理经济,而主要是通过法律、征税、私有财产管理等方式进行。政府权限的变更也是严格按法律程序进行的。西方公共经济学的理论与方法、都市区行政组织与管理的经验,对我国都市行政组织与管理改革具有重要的借鉴意义。

[刘君德,张玉枝.国外大都市区行政组织与管理的理论与实践——公共经济学的分析[J].城市规划汇刊,1995(3):46-52,64;美国加利福尼亚大学伯克利分校张明博士提供了有关外文资料,特此致谢]

解读:写这篇文章花费了较多精力,要阅读大量资料,吃透有关"公共经济学"的许多概念理论问题,张玉枝(1994年她是我的硕士生,后又在职攻读博士)阅读、整理了相关英文资料,梳理国外专家的观点,写成中文资料,是本篇论文写作的基础;写这篇文章的目的,除了介绍西方有影响的理论,即地方公共经济学的概念及其对大都市区组织的规模以及两种典型的大都市区组织与管理模式——多中心与单中心体制并进行比较之外,更重要的是思考西方的公共经济学理论与实践对中国的大都市区发展与管理(治理)有什么借鉴意义,在哪些方面值得思考和借鉴。这就是我在第四部分重点阐述、归纳的8点启示。时光已经过去20多年,今天再来看这篇论文,仍然具有借鉴意义,而且其实践价值比20多年前更为重要和迫切。

参考文献

[1] Vincent O, Charles M T, Robert W. The organization of government in metropolitan areas: a theoretical inquiry[J]. The American Political Science Review,1961(55):831-842.

[2] Roger B P, Ronald J O. Metropolitan organization and governance: a local public economy approach [J]. Urban Affairs Quarterly,1989,25(1):18-29.

[3] Barlow I M. Metropolitan government[Z]. The Routledge Geography and Environment Series,1991.

[4] Donald N R, Andrew S. Metropolitan governance: American/Canadian intergovernmental perspectives [Z]. [S. l.],1993.

[5] 约瑟夫·斯蒂格里兹.政府经济学[M].曾强,何志雄,等译.北京:春秋出版社,1988.

[6] 安东尼·B.阿特金森,约瑟夫·斯蒂格里兹.公共经济学[M].蔡江南,许斌,邹华明,译.上海:上海三联书店,1991.

[7] 陈嘉陵.各国地方政府比较研究[M].武汉:武汉出版社,1991.

23　可持续发展与政区

背景:1997年年初,中国科学院可持续发展研究中心王铮教授等邀请部分专家在云南省玉溪县举办了一个以"可持续发展"为主题的座谈会,我在会上的发言引起与会专家和随同采访的《中国科学报》记者的兴趣。会议结束返沪之后,应《中国科学报》之约,我写了一篇短文《行政区划与可持续发展》发表在1997年1月10日的《中国科学报》上。1998年,中国地理学会、香港地理学会、香港大学地理与地质系、香港中文大学地理系和中国科学院地理研究所共同发起,于8月13—15日在香港中文大学召开了以"21世纪的中国与世界"为主题的国际地理学术研讨会。会议的核心内容为资源和环境的可持续利用与保护等问题。我向大会提交了论文《21世纪中国大陆区域可持续发展的行政区划思考》。这是唯一一篇从行政区划视角研究区域可持续发展的论文。回沪之后,我稍做了修改,将标题改为《论行政区划改革与区域可持续发展》,发表在当年的《中国方域:行政区划与地名》第6期,引起积极反响。

自1992年在巴西里约热内卢召开的联合国环境与发展大会,制定并通过全球《21世纪议程》以来,实现全球的可持续发展已形成广泛共识。中国政府高度重视可持续发展,制定了《中国21世纪议程》,要求将可持续发展的思想、内容贯彻到各级政府的国民经济和社会发展长期计划之中[1],由此掀起学者们对可持续发展研究的热潮。其研究内容十分广泛,涉及各部门、各地区和各领域,但总体而言,宏观战略性和一般对策性、定量方法和国外的研究较多,较少涉及包括行政区划体制在内的制度性研究。如何从中国国情和现实的政治经济体制角度研究可持续发展问题尚不多见。而事实上,在中国的区域可持续发展战略规划中大量涉及行政区划体制问题,现有的行政区划格局既是实现可持续发展的积极因素,又可能囿于行政区的利益分割造成可持续发展的阻滞效应。因此,加强行政区划体制与区域可持续发展的研究,不仅可以丰富可持续发展的内容,而且可以大大提高可持续发展规划的可操作性,在理论和实践上都具有重大意义。

23.1　理论分析:行政区划与区域可持续发展的关系

行政区划与区域可持续发展是两个不同的概念。行政区划是国家结构体系的空间安排,是一个国家根据政治、经济发展和行政管理的需要,按照一定标准将领土划分成不同层次结构的区域,这一划分的过程即为"行政区划"。行政区划是国家对地方的一种管理制度和管理行为,是地方行政权力的空间投影。

关于可持续发展至今尚未有统一的定义。人们可以从自然生态、经济社会和科技等各个角度进行不同的表述,但从其内涵本质来看,应具有以下两个明显特征:首先是"发展",它是人类永恒的主题和生命根本性的要求,没有发展,可持续无从谈起;其次是"可持续",这是区别于一般发展或传统发展的一个极重要内涵。要实现发展的可持续,必须是与生态环境相协调的发展,是资源永续利用的发展,是社会公平的发展;不仅是代内和代际不同人群的公平发展,而且是不同国家和区域之间的公平发展。其目标是实现全人类人地系统中人口、资源、环境与经济社会发展的协调。

区域可持续发展是指地球上各种特定的、相对稳定的地理空间(国家或国家内部各行政区域、跨国界跨地区各种特定的地域等)的可持续发展。它是全球可持续发展的组成部分,也是全球可持续发展的地域体现与落实,是人类社会科学发展进程中最现实、最具体和最具有实际意义的部分。

世界银行在1997年的《世界发展报告》中指出,"如果没有有效的政府,经济的、社会的可持续发展是不可能的。有效的政府——而不是小政府——是经济和社会发展的关键,这已越来越成为人们的共识"[2]。这就是说,实现可持续发展的目标必须依靠国家和地方政府的共同行动。中国是一个拥有960多万 km^2、56个民族、12亿多人口、自然条件十分复杂、地区经济发展不平衡的国家,经济社会发展和人口、资源、环境的矛盾较大,实现《21世纪议程》的战略目标,中央和各地方政府强有力的支持与实施是决定性的因素。正因如此,作为地方行政建制空间投影的行政区划就必然对区域可持续发展产生巨大影响。

行政区划对区域可持续发展的影响主要是通过行政区划的最重要要素——地域空间,即行政区域的范围与经济—自然之间的耦合关系所表现出来的。同时,行政区划的另一个核心要素——行政等级对区域可持续发展也有着重要影响。

众所周知,行政区与自然区、经济区是3个不同性质而又相互关联的地理区域概念。行政区是地方政府的行政管理范围,属于上层建筑范畴,是制度性的区域观念,有明确的法定边界线;经济区是根据社会生产地域分工特点对国土进行战略性划分的地域单元,属于经济活动的范畴;自然区是自然诸多要素组合相对一致性的地域单位,属于自然作用的领域。经济区与自然区的界限一般都比较模糊。我把行政区与经济区的基本耦合称为"自然—经济区"(多为跨行政区域的经济区);自然区也可以是与行政—经济区相耦合的,但多数情况下是不相耦合的,或是仅与经济区耦合而与行政区不相一致。由于中国政府对地方经济活动的大量介入,个别地方政府只考虑本行政辖区内的经济利益,较少顾及邻区或整体的经济利益,因而,在一般情况下,行政区、经济区与自然区如果相吻合或基本吻合,则此类区域开展的区域(国土整治)规划,区域内的人口、资源、环境与社会经济发展比较容易协调,努力实现区域可持续发展的目标。反之,区域可持续发展规划制定的目标将难以实现。很明显,前者的行政区与经济区、自然区吻合的格局是一种理想的行政区划,它是区域可持续发展的积极因素,可以充分发挥行政区政府的作用,积极推行区域可持续发展战略。而后一种情况,由于行政区各种利益的分割,行政区划有可能对区域可持续发展产生阻滞作用。这就意味着此类行政区划有可能不尽合理,需要适当调整。我曾经对长江三角洲,皖南、浙西、闽西北山区,海南省,广西壮族自治区等开展了大量调查,发现许多行政区划体制对区域经济社会发展、基础设施建设和环境整治产生刚性约束,对区域的可持续发展带来严重影响的现象。

应当指出,行政区划体制对区域可持续发展的刚性约束并非中国所特有,在一些发达的西方国家,无论是单一制(法、英、日等)或联邦制(美国等)国家,也都存在类似的矛盾,只是程度较轻而已。中国是影响最大的国家;在中国,现阶段又是影响最深刻的时期。为什么?这是由中国国情和政治经济体制所决定的。

中国是一个单一制国家,历史证明,一个强有力的中央权威的存在,是保持中国社会稳定、统一的基石。然而,长期的封建社会,数千年的"中央—地方""地方—中央",合久必分、分久必合史,深深打下了以省县两级行政区表现最为突出的"诸侯经济"烙印。新中国成立以来,如何处理集权与分权、中央与地方的关系始终是一个未解的难题。1978年之前的计划经济时期,在处理中央集权与地方分权关系中,存在"一放就活""一活就乱""一乱就收""一收就死""一死又放"的怪圈现象。"'文化大革命'更是搞乱了中国的经济,其后果是削弱了行政管理,放松了控制,使中国走向'蜂窝状经济'的趋势不断强化。"[3]

"文化大革命"后,邓小平在1979年10月召开的中共省市自治区第一书记座谈会上作的《关于经济工作的几点意见》讲话中指出,"究竟我们现在是集中多了还是分散多了?……我看,集中也不够,分散也不够,中央现在手上直接掌握的收入只有那么一点,这算集中?财政体制,总的来说,我们是比较集中的。有些需要下放的,需要给地方一些,使地方财政多一点,活动余地大一点,总的方针应该是这样。但是也有集中不够的"[3]。无疑,邓小平的分析是符合中国实际的。但1979—1993年中国在推进改革开放、进行现代化建设中,主要推进的权力下放,即经济利益主体由单一的中央经济变为中央、地方、企业和个人多元的经济利益主体格局。其结果,一方面,中国经济,特别是地方经济得到空前未有的大发展;另一方面,作为地方行政权力空间投影的行政区划对区域经济的影响作用也大大加强,一时间出现"地方割据经济势力崛起","诸侯经济"大盛,"行政区经济"不断强化[4]。1993年起,中央虽然采取了许多宏观调控措施(实行分税制等),收到一定效果,但正如一些学者预言的那样,"在放权让利已执行10多年,诸侯经济早已壮大起来的今天,任何税收、财政的改革均会因触动不同的既得利益集团而遭到激烈的反馈,以致原来的计划基于要照顾不同利益阶层而走了样"[3]。虽然实际情况并没有那么严重,但体制和机制以及地方既得利益的惯性作用,使得中国出现的"行政区经济"现象在短期内难以消除,中国进入有序的市场经济还有一段路要走。这就让我们认识到:中国的行政区划体制对区域经济社会发展,资源开发利用,环境整治,城市与区域规划、建设、管理等各方面的"刚性约束"将是较长时期的。作为中国政治体制改革重要组成部分的行政区划改革,是一个关系国家政权建设,中央与地方经济合理发展,社会的全面进步,人口、资源、环境与经济社会协调发展的大政,我们要从战略高度,综合、全面、深入研究中国的行政区划问题,为推进中国跨世纪的政治经济体制改革服务,为实现可持续发展的目标创造良好的行政区划体制环境。

23.2 改革的战略思考:合理调整行政区划,为区域可持续发展提供体制保障

中国现行的行政区划与客观存在的经济区和自然地理区域存在许多不耦合的情况。正是这种不耦合,在地方政府利益分割的背景下,极有可能对跨界区域可持续发展的规划和实施带来很大难度。从省级政区而论,许多省区接壤地带就存在这种矛盾。苏鲁豫皖接壤地带的例子就很典型。

苏鲁豫皖接壤地区地处淮河流域东北,是中国重要的农业和能源基地,地跨四省的9个地区(市)、53个县(市),面积为7.73万 km^2,人口为4 700万人,历史上是中华民族的发祥地之一。12世纪末(1194年)至黄河夺淮入海之后,自然环境、生产条件恶化,水旱灾害频繁。新中国成立后,区域经济虽有较大发展,但总体来看,除徐州、连云港、日照、枣庄、济宁、

淮北、商丘等地级中心城市之外,广大农村经济落后,在环境生态方面存在许多问题。一是洪涝灾害,沂、沭、泗河流域洪涝灾害面积、受灾人口和直接经济损失增加;二是水资源缺乏,梁济运河两侧和南四湖地区因水源不足,水稻面积比 20 世纪 70 年代减少了一半;三是水土流失,河湖水库淤积,风沙、土壤盐碱化等灾害加剧;四是由于工矿业发展带来的大气和水环境污染日趋严重,水体污染呈恶化趋势。据 1994 年调查,淮河流域 50% 的河段已失去使用价值,同年 7 月大面积的污染曾形成长达 70 km 的污染带,使下游洪泽湖地区百万人饮水发生困难[5]。此外,在苏鲁接壤的南四湖还长期存在边界纠纷问题,成为影响该区域社会安定的一个重要因素。产生上述问题的原因有很多。我认为,行政区分割,人为的管理因素是主要原因。行政区划的分割,四省之间的经济利益矛盾十分尖锐,导致本区域难以进行统一的规划、开发、治理和管理,人口、资源、环境与经济社会发展难以协调。如不从根本上解决包括区划体制在内的问题,很难实现该区域的可持续发展。

早在 1947 年,著名地理学家胡焕庸教授就提出过设立徐淮省的主张,1989 年在昆山召开的首届行政区划学术研讨会上,他又进一步阐述了建省的观点[6]。我以为,在苏鲁豫皖接壤地区组建以徐州为中心的淮海省具有重大现实意义:(1)统一规划和协调位于本区域东北部的煤炭和水资源开发,特别是水资源综合开发利用,可以从根本上解决或减轻上下游的水纠纷和矛盾;(2)统一规划、建设和管理区域内的水利工程,从根本上改变区内农业的生产条件,减少水旱灾害,促进农业生产发展;(3)统一规划和治理区域内的水土流失和环境污染,解决上下游的污染纠纷,改善区域内的生态环境;(4)统一规划开发区域内的新水源,增加供水,合理用水,解决区域内的供水不足问题;(5)以徐州市为中心,以现有区域内的地级市为基点,统一规划建设区域内的城镇体系和以铁路为主干、以公路为重点、以港口和中心城市为依托的区域交通运输网络,根据比较优势,合理调整区域内部的产业结构,形成各具特色、区内外紧密联系、开放的经济区;(6)统一规划、合理利用海岸线资源,合理布局港口,加强分工协作,提高港口利用效益;(7)从根本上解决南四湖地区的边界纠纷和海岛争议问题,促进安定团结。

可见,科学、合理地调整行政区划,是解决区域可持续发展的一项重大举措,对于苏鲁豫皖地区而言,具有根本性意义。

应当指出,除苏鲁豫皖地区之外,中国类似的地区尚有不少,如晋冀豫接壤地区、太湖流域、陕甘宁地区等,在条件成熟时,也需要理顺体制,推进跨界区域的可持续发展。

23.2.1　关于区划调整与实施的原则

一是有利于推进地方政权建设的政治原则。
二是有利于促进社会主义现代化发展的经济原则。
三是有利于加强民族团结、传承历史文化的社会—文化原则。
四是有利于流域综合开发、治理的自然生态原则。

上述实施原则,一是要坚持协商一致,即在上一级政府主持下,涉及利益双方的行政区政府以整体、全局利益为重,经过协商,取得共识;二是坚持利益的合理分配,在区域资源开发利用,经济社会发展和环境整治、生态保护等方面的双方责任、利益得以合理分担与共享;三要坚持民主集中,在充分听取双方政府意见的基础上,由上一级政府集中意见,果断决策实施。

23.2.2 关于实施的步骤

第一,要认真调查,弄清行政区划体制对城市和区域经济发展、生态环境的影响,进行动态、历史的分析,找出问题及根源所在。在此基础上,构思区划调整与体制改革方案,要进行多方案的比较,选取最优方案。

第二,按照规定程序报请国家有关部门批准实施,方案的论证要严密周全,决策要谨慎,一旦成熟要果断实施。要加强区划调整后可能产生的局部负面影响的预测,采取必要措施,将负面影响降低到最低程度。

第三,在区划改革实施之前,推进区域合作,吸取国外的成熟经验,建立跨省区合作组织管理机构——国务院认同的苏鲁豫皖接壤地区合作发展委员会,下设领导小组,共商共推区域可持续发展大计,不失为解决区域可持续发展矛盾一个行之有效的举措。

[刘君德.论行政区划改革与区域可持续发展[J].中国方域:行政区划与地名,1998(6):14-17]

解读:这篇论文的亮点有3个方面:一是首次从行政区划体制角度论述了行政区划体制与区域可持续发展的关联;二是对相关的概念和理论进行了有意义的探索;三是从中国国情出发,提出了推进区域可持续发展的行政区划体制改革思路。文章对徐淮经济区可持续发展问题障碍的分析比较深刻。我认为,老一辈地理学家胡焕庸先生建立"徐淮省"的主张,也许是解决这一区域矛盾,有效推进区域可持续发展的根本性举措。这一观点有待历史观察。

参考文献

[1] 邓楠.《中国21世纪议程》:中国可持续发展战略[J].中国人口·资源与环境,1995,1(3):1-6.
[2] 朱文华.1997—1998年中国城市规划发展趋势[J].城市规划汇刊,1998(4):3-11.
[3] 倪健中.大国诸侯[M].北京:中国社会出版社,1997:312,496-497,566-567.
[4] 刘君德.中国行政区划的理论与实践[M].上海:华东师范大学出版社,1996:93-120.
[5] 蒋自巽,季子修,于秀波,等.苏鲁豫皖接壤地区的环境特征及水环境问题[J].地理学报,1998(1):49-57.
[6] 中国行政区划研究会.中国行政区划研究[M].北京:中国社会出版社,1991:144-162.

24 行政区与流域区

背景:早在 20 世纪 80 年代,我在南方山区考察时就发现中国山区的许多流域难以统一规划治理的一个主要因素是因为流域区大多跨越行政区,自然流域的上中下游要经过不同的行政区(包括不同级别和同级别的行政区),由于各行政区的利益诉求不同,河流上中下游的开发整治易发生矛盾,无法统一规划、协调开发与治理。我认为,需要积极研究行政区与流域区的关系,无疑这在理论与实践两个方面都有重大意义。1998 年 8 月《中国改革报》发表了《吴桥(位处河北、山东两省边界的中国著名杂技之乡)19 万群众盼喝清水》的报道,又勾起我研究行政区与流域区关系的强烈愿望。我的在读博士生陈湘满同志的论文被确定为这个方向。这篇文章是在其基本完成博士论文后发表的。

24.1 关于"区域"的涵义

"区域"是个非常广泛的概念,人类的任何生产、生活活动都离不开一定的区域。不同的学科,因其研究对象不同,对"区域"的概念有不同的界定。政治学认为区域是国家管理的行政单元,如行政;社会学则将区域看作是具有相同语言、相同信仰和民族特征的人类社会聚落,如"法语区";而经济学视区域为由人的经济活动所造成的具有特定地域特征的经济社会综合体,如长江三角洲经济区;地理学把区域定义为地球表面的地域单元,认为整个地球是由无数区域组成的,如流域区等[1]。尽管区域的类型多种多样,但都必须依托一定的空间地域才能存在,因此,"一定的空间地域"应是"区域"概念的内涵。从空间地域的角度对特定对象进行界定和考察,分析地域因素对特定对象变化运动规律的影响,是地理学、社会学、政治学、行政学的重要内容,并使用"地理区域""社会区域""政治区域""行政区域""经济区域"等概念。按考察对象的特征,可将区域划分成自然区域、行政区域和经济区域 3 种类型。流域区作为特殊的一种自然区域,与行政区既有区别又有联系。

24.2 流域区与行政区的关系

流域区属于一种特殊的自然区域,它是以河流为中心,由分水线包围的区域,是一个水文单元,同时又是组织和管理国民经济的特殊的流域经济、社会系统,是经济区划系统的重要组成部分,具有双重意义的范畴[2]。流域是整体性极强、关联度很高的区域,流域内不仅各自然要素间的联系极为密切,而且上中下游、干支流、各地区间的相互制约、相互影响极其显著。上游过度开垦土地、乱砍滥伐、破坏植被,造成水土流失,当地农林牧业和生态环境遭到破坏,又会招致洪水泛滥、河道淤积抬高,威胁中下游地区人民生命财产的安全和广大地区的经济建设。同样,在水资源缺乏的干旱、半干旱流域,如果上中游筑坝修库、过量取水,就会危及下游的灌溉乃至工业、城镇用水,影响生产的发展和生活的需要。同时,流域又是一个相对独立的复杂的流域系统。流域经过不同的自然地理单元,具有多样性的自然景观、森林植被和气候特征。人类为了生存,必须开发利用自然,满足各种人类生活需要,因此流域系统内的人类生产活动形式多样,所产生的生态效应和经济效益也是复杂多样的,这为流域的开发治理带来了一定难度。

行政区是指为实现国家的行政管理、治理与建设,对领土进行合理的分级划分而形成的区域或地方。行政区是行政区划的结果,带有明显的政治色彩,是一种有意识的国家行为。行政区域的形成因素很多,有历史的因素,有民族的因素,有自然地理的因素,有交通的因素,有经济的因素,也有政治管理因素等。由于在行政区域内,各地区、各部门、各方面都在同一个政府的管辖之下活动,政府在行政区域的发展中具有重要的作用。在不同的政治体制和经济体制下,政府在行政区域发展中的目标和作用有很大不同。在计划经济体制下,政府是社会资源的配置者,政府在行政区域发展中的作用很强。在市场经济体制下,政府是行政区域内政治、经济、文化、社会等方面发展的协调者[3]。

一方面,流域区与行政区表现出明显的区别:①行政区是与一定等级政府相对应的政治、经济、社会综合体,是政治历史产物,有明显的政权管理特征;而流域区是自然、地理和经济综合体,是自然历史过程产物。②在区域经济联系方面,行政区在计划经济体制下是区域经济发展的计划实施区域单元,在市场经济体制下,行政区部分转化为经济调控区域单元;而流域区以水资源的综合开发利用为纽带,把各生产要素紧密地联系起来,形成完整系统,如沿江产业带之类的经济区。③在区域管理方面,行政区具有完整而发达的自上而下的垂直式行政系统,对辖区实行比较严密的区域管理;而流域区虽然各要素之间联系紧密,但目前尚无专门的流域经济管理机构负责区域的综合开发与规划。④在系统特性方面,行政区具有很强的封闭性,尤其在管理经济方面,各行政区在其区域经济发展过程中以自己为中心,各自为政,自成体系,极大地限制了区域之间的交流;流域区是一个开放的耗散结构系统,内部子系统间协同配合,同时系统内外进行大量的人、财、物、信息交换,具有很大的协同力,形成一个耗散型结构经济系统。流域以河流为纽带、通过干支流网络连接起来,流域内各地区的经济联系随着水资源的开发利用而不断得到加深。

另一方面,流域区和行政区又具有许多共同性特征:①区域范围的确定性。这两种区域都占据具体的地域空间,都可以在地图上画出来,有明确的范围和边界。②区域的系统性。流域是一个多层次的网络系统,由多级干支流组成。一个流域可以划分为许多小流域,小流域还可以划分成更小的流域。行政区依据等级分为省(区、市)—县(旗)等层次,也构成一个网络系统。流域区和行政区都是内部要素按照一定秩序、一定方式组成的有机整体,而不是各要素的简单相加。每一个流域区是各自然要素的有机组合,每一个行政区是行政管理要素的有机组合。③都有组织和管理国民经济的部分功能,与区域经济发展有着密切的联系。流域区由于其内部相互联系的紧密性、完整性,往往构成一个相对完整的经济区域。江河对人类经济活动形成了巨大的内聚力,使流域不仅成为一种最古老的经济区域,而且也是永不衰退的经济区域,尤其是近年来,世界各国逐渐意识到可持续发展的重要性,比较重视对环境的整治,加强了对流域的开发建设,流域区也就成为一类重要的经济区域。在我国国土综合经济区划中,有人曾提出以江河流域作为划分一级经济区的地域单元,据此安排全国的宏观生产力布局。行政区凭借自身的行政管理系统对区域经济进行调控,尤其在计划经济体制下,各级地方政府干预经济的行为十分严重,使行政区的经济职能表现得十分突出,形成了一种行政区与经济区的特殊耦合体，即行政经济区。

24.3 流域区与行政区在区域开发管理中的矛盾

流域区和行政区是两种不同性质的区域类型，边界往往不重合。一个流域区可能跨越几个行政区，而一个行政区也可能包含几个不完整的流域区，以致在区域开发管理中出现许多矛盾和问题。

24.3.1 以行政区域为单元的区域经济利益格局阻碍着流域内各要素的自由流动

改革开放以来，在我国经济体制由计划经济向市场经济的转轨过程中，为了搞活区域经济，调动地方发展经济的主动性和积极性，中央政府向地方放权，扩大了地方政府的经济事权与财权，于是区域的经济利益得到承认，区域成为国民经济系统中相对独立的经济利益主体。各区域的经济活动以本区利益为导向，由于资源、要素、机会供给的有限性，导致区域之间经济发展上的不合理竞争，甚至出现地区封锁和地区垄断。各行政区在各自利益驱使下，不惜采取种种行政手段筑起封锁的"经济篱墙"，对短缺资源进行地区封锁。各行政区出于对地方工业的保护，依靠行政权力进行贸易封锁和资源争夺。一方面禁止本地资源的外流，另一方面禁止外地商品的"侵入"。流域内商品流通的发展往往是不平衡的，由水系维系着的流域经济区，受着地方行政管理区域的分割。由于各行政区域所处的地域、历史条件、现实基础、政策导向等不同，出现了商品生产和商品流通发展极不平衡的状况。这种不平衡更加剧了各区市场之间的封闭性，市场之间壁垒高筑，各种"抢购大战"和反倾销贸易摩擦此起彼伏。各地区为了保护各自的利益，纷纷制定了许多地方保护主义的土政策，甚至封关设卡，使区域间的矛盾和摩擦不断升级，区际关系不断恶化。

24.3.2 流域上中下游各行政区的利益难以协调，地方利益与流域全局利益矛盾尖锐

完整的流域出现利益主体的分化，各行政区域为追求各自的利益，各行其是，相互之间势必产生矛盾，在资源和经济要素利用方面出现竞争，导致流域经济中各层次的利益不协调。其结果，不仅降低了流域经济的整体效益，而且各行政区域自身的比较利益也会受到不同程度的损失。流域上中下游之间在资源、技术、资金等方面存在着很大差异，加之国家某些政策导致了区际利益的扭曲，诱发地方政府采取地方保护主义措施维护自身的经济利益。如，上游地区一般是自然资源比较丰富的地区，以农产品、采掘、能源及原材料工业为主，而下游地区往往以加工业为主。国家在价格政策方面对基础部门产品的价格一直严格控制，却放开了加工工业品的价格，造成加工产品和基础产品的比价越来越不合理、上下游区际利益扭曲和区际不平等竞争。面对这种情况，具有独立权益的地方政府必然会利用其膨胀、错位而又无约束力的行政权力，实行以地区封锁和发展利大行业为主要形式的地方保护主义措施，维护自身利益。在各级地方政府强烈追求自身利益最大化的利益动机驱使下，一些跨

行政区的全流域发展问题难以达成共识,不可避免地产生利益冲突,引起流域内区际关系的混乱,从而损害了流域的全局利益。

24.3.3 完整的流域被人为分割,给水资源利用、环境治理带来诸多不便

流域是一个完整的系统,在流域范围内,水资源和其他资源之间、资源与环境之间存在着相互依赖、相互制约的关系,形成各种各样的自然生态系统,各个生态系统内部各种生物和其他物体经过长期生态适应,形成相互依存、相互制约、相辅相成的生态平衡。但行政区域界线与流域区界线的不一致,使得完整的流域区被人为分割,给水资源管理、流域综合开发治理带来诸多影响。对水资源的管理,我国现行的水资源管理体制是按行业、按行政区进行管理,缺乏对整个流域进行全面系统的规划,地表水与地下水、水量与水质人为地分块管理,形成了多头治水、条块分割、重复投资和上下游争水的混乱局面。如地处湘江流域的娄底市,跨行政区取水带来许多矛盾。缺水严重的娄底需要从邻近的湘乡水库取水,而湘乡隶属湘潭市,以致水资源的纠纷不断。此外娄底市的双峰县,有3个水库在邵阳市的邵东境内。"大跃进"时期,把水库建在上游,占用了上游良田,上游人民付出了代价却没有得到应有的补偿。这种情况在计划经济时期矛盾并不十分突出,但在市场经济条件下,矛盾日益显现。行政区域的分割,不利于流域环境整治。如长沙、株洲和湘潭地处湘江干流,从自然地理看,为湘江下游谷地一个完整的地理单元,是一个以城市群为主体的城乡复合生态单元。但是明确的行政分界使它们分隔开来,三市在长期的经济发展中追求局部效益,在经济建设、城市规划布局、环境保护等方面缺乏一体化的意识和措施,只考虑本市眼前或局部利益,往往把污染严重的企业安排在本市下游或下风向,不利于三市环境的综合整治。

24.4 流域区与行政区关系的协调与优化

24.4.1 建立跨行政区的区域管理机构,推进流域经济一体化

区域经济一体化是区域分工与合作的发展趋势和高级形式。在区域经济一体化组织内,各区域相互开放市场,取消区域保护壁垒,使要素自由、充分地流动,以企业为主体,依靠市场来实现要素的合理配置,形成整体合力。同时,避免内部的过度竞争。流域作为一个完整的地域经济体,却被不同的行政区所分割,迫切需要建立一种跨行政区的管理机构以协调各种矛盾和问题。流域内的重大基础设施建设、重大战略资源的开发与利用、环境的综合治理等都必须有相应的管理机构来进行协调。改革开放以来,我国区域发展逐渐实行"自下而上"的强调地方利益的政策,在调整地方经济发展积极性的同时,也强化了地方在基础设施、产业发展和环境资源利用上的过度竞争,造成重复建设、产业同构等不良现象,加剧了地方的自我保护与封闭[4],建立跨区管理机构,有利于实行积极有效的行政干预。根据交易费用理论,在市场交易成本很高时,运用行政协调可以降低这一成本。当地区经济联系遇到很多内生或外在的阻力,严重损害区域经济整体利益时,通过行政干预措施可内化各地之间的"经济外部性"。但是,这种管理机构的运行模式,一定要适应市场经济体制的要求,摒弃行

政命令式的管理方法,更多地使用经济手段、法律手段来实施管理。

24.4.2 树立流域整体意识,建立流域内各种利益协调机制

首先是建立条块协调机制。长期以来,对流域资源尤其是水资源实行条块分割管理,在实行统一管理的体制和机制上还存在许多矛盾,各地方、各部门过分强调各自的管理而影响统一管理的现象普遍存在。水资源是以流域为单元,由水量与水质、地表水与地下水这几个相互依存的组分构成的统一体,具有整体性特点。河流上下游、左右岸、干支流之间的开发利用会相互影响。条块分割管理不适应水资源整体性特点的要求,人为地将系统完整的水系按行政区划分割管理、各地以满足本地需求为目标,必然会加剧地区间利益的矛盾冲突。因此,必须加强条块之间的协调,建立有效的条块协调机制。其次是建立块块之间的协调机制。在经济市场化进程中,各区域的利益已得到承认并逐渐强化,流域内各行政区域之间由于在资源禀赋、经济基础、发展条件等方面均存在着较大的差异,因而经济发展水平也存在着明显的差异。这种区域经济差异的变化直接反映和影响着区域之间利益得失的状况,差异过大,必然导致区域之间利益关系的严重失衡,因而调整区域之间的利益关系在流域经济发展中尤为重要。

24.4.3 适当调整局部地区的行政区划,使之与流域区基本适应

行政区和流域区是两种不同的区域,不应当也不可能强求二者完全一致,但是我们可以寻求行政区域同流域自然区域之间的相互适应。一方面,在局部地区可以通过行政区划的调整来解决地区之间的纷争,如前面提到的娄底市与湘潭市、邵阳市之间取水的矛盾,就可以做这方面的尝试,把提供水源的湘乡市部分乡、村按照流域的完整性划入娄底市。同样,对于那些因行政区划而将完整的流域分割得支离破碎、造成资源利用方面矛盾突出的区域,适当照顾其流域的完整性,对行政区划做局部调整。另一方面,在流域开发过程中,以河流为主体把行政管理辖区分别纳入各自所属流域,从整个流域综合、协调发展的角度,统一协调流域社会经济系统和地域空间系统,打破行政界限,从流域整体配置资源,以此实现行政区与流域区的协调一致。

[陈湘满,刘君德.论流域区与行政区的关系及其优化[J].人文地理,2001,16(4):67-70;中国人民大学复印资料《地理》2002年1月全文转载]

解读:流域区和行政区是两种性质完全不同的区域,但都有组织和管理国民经济的部分功能,与区域经济发展有着密切的联系。两类区域之间关系处理得不适当,导致区域开发管理中的诸多矛盾和问题,主要是行政区阻碍着流域内各要素的自由流动,地方利益与流域全局利益产生矛盾,完整流域被人为分割,给水资源利用、环境治理规划与实施带来困难。针对这些问题,文章提出了流域区和行政区关系优化协调的对策和措施。

参考文献

[1] 彭震伟.区域研究与区域规划[M].上海:同济大学出版社,1998:4-18.
[2] 张文合.流域经济区的理论与方法[J].天府新论,1991(6):28-34.
[3] 刘君德,舒庆.论行政区划、行政管理体制与区域经济发展战略[J].经济地理,1993(1):1-5.
[4] 覃成林.论经济市场化与区域经济协调发展[J].经济纵横,1998(1):7-11.

25 行政区经济与旅游业

背景：在我的博士生中唯一一位将区域旅游作为博士论文主攻方向的秦学，在取得博士学位之后继续从事旅游的教学与研究工作。一次偶然的机会，在广州与秦学短暂交流之后，我觉得应该将行政区经济理论思想引入区域旅游理论与实际应用之中，这就是本文写作的背景。

25.1 "行政区经济"的含义及其表现

"行政区经济"理论在国内首次提出是在20世纪90年代，此后逐渐丰富和发展。这一理论不仅系统总结了我国长期经济发展的典型特征，而且越来越被现实所证实，并引起了国内的广泛关注和高度重视。所谓"行政区经济"是指由于行政区划对区域经济的刚性约束而产生的一种特殊区域经济现象，是我国在从计划经济体制向社会主义市场经济体制转轨过程中，区域经济由纵向运行系统向横向运行系统转变时期出现的具有过渡性质的一种区域经济类型。行政区经济最突出的特点是，社会经济活动渗透着强烈的地方政府行为，具有强烈的地方利益倾向；受行政区划的刚性约束，生产要素跨区域（行政区域）流动受到人为的限制与阻隔，经济运行秩序比较紊乱。

旅游业是我国发展历史并不长的新兴产业。我国旅游业萌芽于计划经济时代，20多年来得以快速发展，但是这种综合性的产业恰恰与我国的行政区划约束体制产生了一系列的矛盾，使得我国旅游业在不同程度上表现出了较强的行政区经济色彩。行政区划和行政区经济在促进我国旅游业快速成长的同时，不可避免地产生了种种负面影响。

25.2 我国旅游业发展中"行政区经济"现象的成因

（1）我国现有的政府行政体制和行政区划体系是旅游业"行政区经济"现象产生的制度性根源

众所周知，我国的旅游业最初是从事政府接待的事业，而非一种成型的产业。这种脱胎于计划经济时代的产业，具有较强的政府行为色彩，旅游业的主要功能是从事外事和行政接待。政府几乎包揽一切旅游活动，旅游事业是无经济效益可言的。政府高度集权行政事务的体制在旅游发展初期表现最为突出。在向市场经济转轨的时期，各级地方政府为了达到扩大地方财政税收、发展地方经济、提高当地就业率等目标，纷纷开发新兴产业。首先是在其行政区域范围内充分挖掘各种资源，利用各种条件，占领各类市场；其次制定各种有利于自身发展、限制和排斥外来竞争的政策、制度等，以谋求本地利益的最大化。旅游业就是在这种经济和时代背景下萌芽并逐渐成长的，自其萌芽之日起就隐约表现出较典型的"行政区经济"特点。

(2) 旅游业发展的所有制体制是旅游业"行政区经济"现象形成的直接原因

旅游资源具有典型的地域差异性、稀缺性和公共性特征。公共性的属性表明旅游资源的所有者应该是国家,即属于全体国民,但由于国家管理公共资源的方式是多种多样的,通常是由地方各级政府代表国家行使公共资源的开发、利用和转让权,旅游资源的地域差异性也决定了其产权所有者的异地性;资源的稀缺性更加剧了同一种资源被不同地区或部门占有并开发的可能性。综合起来,旅游资源的实际所有权掌握在各级地方政府手中。如果这种所有制体制能够得到正确的利用,就能够促进经济的良性发展,否则,就会形成地区分割、区域封锁、互筑壁垒、各顾一方的"行政区经济"现象。在一种以资源为主要投入要素以产生利润的产业发展之初,这种所有制体制就会成为其形成"行政区经济"现象的直接原因。

(3) 旅游业发展的经营机制和管理体制是旅游业"行政区经济"现象形成的催化剂

我国旅游产业发展的主体是各级政府和各类旅游企业,在旅游业的发展历程中,其经营机制和管理体制不断完善。但是,由于我国市场经济规则、法制的不完善,旅游产业的经营、竞争和旅游市场都不够规范。首先,各级地方政府拥有发展本地旅游产业的资源所有权、产品开发与销售权、行业审批权、行政管理权等,地方政府代表了地方的最高利益,必然要保护和管理地方各类旅游企业和旅游市场,防止地方旅游产业受到外来的强烈竞争和冲击。其次,几乎所有的旅游企业都必然地与地方政府以及其他各类企业发生千丝万缕的联系,各类旅游企业的发展不仅要追求自身的利益,更要承担地方政府所赋予的各种义务,如上缴税收、吸收本地劳动力、促进本地社区发展等。企业不能不面对和听从许多"婆婆"的"号令",否则,就会陷入"门难进、脸难看、话难听、事难办"的境地,最终会寸步难行、一事无成。最后,在旅游业发展初期,旅游企业的规模、实力是相对狭小和脆弱的,旅游业投资主体单一、规模小。旅游业的启动基本上依赖于地方政府的扶持或包揽,如道路和交通基础设施建设、景区开发等。特别是在旅游资源丰富、经济不发达地区,这种发展模式更加普遍。政府的投资同样要得到回报,政府会想方设法使本地获得最大的旅游收益。

以上3个方面综合作用,使得我国旅游业的发展主要由各级地方政府主导(甚至垄断),形成了各级行政区域内的旅游经济现象,表现为旅游业的"行政区经济"现象。

25.3 "行政区经济"现象对我国旅游业的负面影响

我国旅游业发展的一个突出特征是各个地区发展旅游业的积极性空前高涨,区域旅游开发如雨后春笋,显示出勃勃生机。从这一点上讲,行政区划和行政区经济对我国旅游产业的成长和发展起到了较为积极的促进作用。但是,不可否认,行政区经济对我国旅游产业的负面影响仍然很突出,影响主要有以下几种形式:

(1) "政府主导"思想成为各地发展旅游业的指导思想,有加剧旅游业区域与区域竞争的倾向

由于我国旅游业起始于政府的事业包揽,在其发展历程中各级地方政府始终起着主导作用,这种经济发展机制的惯性使得至今我国各地发展旅游业的主导思想几乎都是"政府主导",发展模式也是"政府主导"型。各地区旅游发展的"政府主导"行为可以说是全方位的。首先是"主宰"旅游资源的所有权和开发权、旅游经济的发展权、旅游法规的制定与执行权。其次是"主财",政府在资金投入、外资引进、财政预算、旅游行政开支等方面都起主导作用。

最后是"主干",即从基础设施建设、旅游目的地开发到旅游人才培养、旅游宣传促销等一系列旅游经济行为都是政府在唱主角。诚然,"政府主导"旅游发展,能有效地调动地方各种资源和因素,集中搞好旅游基础设施建设、旅游资源开发利用,能更好地协调旅游发展过程中的各种利益关系等。但这种带有浓厚计划经济色彩的发展模式对于旅游经济实体和企业的成长壮大是不利的,极容易形成地方保护主义,加剧区域与区域之间旅游业的过度竞争,影响到国家整体旅游实力和国际竞争力的提升。科学地讲,并不是所有的地区都具有"优先发展旅游业"的条件,盲目地赶潮流,不切实际地提出"将旅游业作为主导产业来发展",只会加剧旅游业的区域竞争,而且会助长一些地方的不良风气。

(2) 旅游产业发展规划和旅游区(旅游目的地)发展规划的制定与执行具有极明显的"行政区经济"色彩

近年来我国各地方(行政区域)多热衷于做区域旅游规划,各种旅游规划、设计如雨后春笋般地制定出来。迄今为止,我国省一级的旅游发展总体规划已经做了 20 多个,占全国的 2/3 以上,还有不到 1/3 的规划正在进行之中。不仅省一级在做旅游规划,中小城市和区、县在做,甚至一些乡镇也在制定类似的规划。但是,许多旅游规划都只是在本行政区域内"画画",很少与周边地区进行跨区域规划,至今跨行政区域的旅游规划少得可怜。一些地方政府为了向上级政府"寻租",为了获取本地方和本部门的利益,不惜勒紧裤腰带做规划,规划成了要钱的依据。有的地方,出现了"换一任领导做一次规划"的怪现象,规划做好了,可以向上头要钱,可以在社会上"敛财",例如一些地方的"旅游招商引资"就有"敛财"之嫌。至于规划是否实施则并不重要,规划成了为本地区敛钱、为个人捞政绩的手段和工具。

(3) "行政区经济"现象在旅游资源的开发和旅游产品的生产方面表现得尤为突出

旅游资源一般有地理位置的唯一性和确定性特点。由于行政区划与旅游资源分布的非整合性,造成许多资源实体的地理范围跨越几个不同的行政区域,被几个行政区域分割管理、开发,如一条河流的上中下游、一座山脉的不同地段、一片森林的不同部分等。面对同一种资源分布,几个相邻的行政区域为了争得资源开发权和收益,互不相让,各地方画地为牢、各自为营、人为分割、抢夺本应该统一规划开发的资源整体。此外,有许多旅游资源,它们的行政归属(上级主管部门)与其实际地理位置发生错位,形成"飞地"现象。当地部门管不了,上级部门又管不着(鞭长莫及),致使我国许多原始、珍贵、品位极高的旅游资源遭到严重破坏。在旅游产品的生产方面,为了争夺消费结构、消费水平相同的客源,大量性质相同的旅游产品推向辨别力不够强的市场群体。各地方为了争夺客源,占领本地市场,扩大外地市场,都愿意花费高额成本生产种类齐全、数量众多的旅游产品,结果造成各级行政区域在旅游产品生产上自成体系、相互竞争、大量雷同、重复建设。近年来我国各类主题公园大量兴建、主题重复,各种品位一般化的景区景点相继诞生,彼此相邻的几个城市各自建造豪华度假村,项目雷同的现象比比皆是。

(4) "行政区经济"现象使得各地区在旅游市场占领与获取旅游形象外扬的机会方面很不规范

近年来我国旅游业呈现出欣欣向荣、朝气蓬勃的局面,一个消费潜力巨大的市场正在被激活。在规则不完善、法制不健全的市场经济时代,各地方为了占领、争夺、控制尽可能大的市场范围,相继展开强大的竞争攻势。恶性竞争、争夺客源、相互压价、各自为战、互筑壁垒的事件层出不穷。近年来各地旅行社、旅游酒店、旅游交通部门在旅游线路上的打折、降价以致旅游服务质量的下降等恶性竞争现象愈演愈烈,严重影响了我国旅游产业整体形象和素质的提高。有些地区为了充分利用旅游资源的无形价值,在本地区的行政区名称上动脑筋、做文章。近年来我国许多市、县、镇的原名(尽管其历史悠久、文化深厚)消失,而"××山市""××山镇""××山站"的新地(站)名如雨后春笋,令人眼花缭乱。"傍大山、附名水、扬伪名"的现象愈演愈烈。不能否认,在一些地方领导的脑子中有"抢他人先、扬本地名、争一己利"的"行政区经济"思想在作怪。

(5) 旅游业的宏观管理方面的非正常现象正是"行政区经济"负面影响的表现

由于行政体制的约束,我国绝大部分地区的旅游行政管理部门责、权、利严重错位,有名无实,缺乏有效的调控管理,原因是其财权、人事权、项目审批权等均受制于上级行政区的对口部门。受利益驱使,各部门为了各自利益,一般不愿意让渡本部门的权力和利益,部门之间的合作困难或勉强实行"伪合作",难以形成"大旅游"的格局。由于旅游资源类型多样、分布广泛,分属于不同部门和地区管理,各部门和各地区从自身利益出发,制定各自的行业政策、制度和标准,实行行业垄断或地方保护,旅游发展所必需的各种标准和规范很难统一,实施起来较为困难。这种行业、部门、地区垄断、互筑壁垒的非正常局面正是"行政区经济"现象在旅游业中的负面影响的表现。

25.4 旅游业"行政区经济"现象的改革与创新

(1) 淡化旅游发展的"政府主导"思想,形成"政府引导、企业主体、社会监督、全民参与"的旅游发展机制和模式,提倡、鼓励和支持多种形式开发旅游(政府、企业、民间、个人、外资、股份、混合)的模式。这样就能从源头上减弱甚至消除"行政区经济"对旅游业的负面影响。

(2) 试行建立跨越行政区域的高级别的旅游经济区(即旅游协作区),直属于相应级别的政府管辖或跨区域政府联合管辖。

(3) 在适宜时候,试办旅游特区,丰富并创新我国行政区划的体系。将生态环境保存完好、自然资源极其丰富、自然景观极其优美、不适宜大规模发展第一产业和第二产业的地区,单独划为旅游特区,发展模式类似于我国曾经试办过的经济特区。特区内以发展旅游业为主,配套发展相关产业。

[秦学,刘君德. "行政区经济"现象在我国旅游业中的表现及其负面影响[J]. 学术研究,2003(12):36-39]

解读:在由计划经济向社会主义市场经济转型过程中,中国凸显的行政区经济现象和运行规律在我国的新兴产业——旅游业规划发展之中表现得相当突出。本文集中分析了近年来我国旅游业中行政区经济现象的形成原因、表现形式及其负面影响,提出了弱化旅游发展的"政府主导"、建立跨越行政区域的高级别的旅游经济协作区、适时试办旅游特区的构想。

参考文献

[1] 刘君德.中国行政区划的理论与实践[M].上海:华东师范大学出版社,1996.

[2] 刘君德,靳润成,周克瑜.中国政区地理[M].北京:科学出版社,1999.

[3] 何光暐,孙钢,张希钦,等.中国旅游业50年[M].北京:中国旅游出版社,1999.

[4] 魏小安,刘赵平,张树民.中国旅游业新世纪发展大趋势[M].广州:广东旅游出版社,1999.

[5] 郝索.论我国旅游产业的市场化发展与政府行为[J].旅游学刊,2001,16(2):19-22.

[6] 贾生华,邬爱其.制度变迁与中国旅游产业的成长阶段和发展对策[J].旅游学刊,2002,17(4):19-22.

26　区划与房地产

背景：我平时走在马路上，非常留意观察新房屋楼盘的布局、房价及其与周围空间的关系，基于行政区划专业的敏感，发现房价与中心城区的行政区格局有密切关系。在上海苏州河的两侧（普陀区与长宁区交界处）、三区（静安区、长宁区、普陀区）交界的曹家渡，隔着一条河、一条马路，房价会相差1/8～1/7，即1 000～2 000元（20世纪90年代）！这让我既好奇又惊讶。为此，我让确定专攻"房地产"方向的卢为民同志关注这个现象，并进行思考。因而产生了本篇短文。2001年某月，华东师范大学东方房地产学院院长推荐我在上海市房地产协会的一次大型报告会上做学术演讲，重点对上海行政区划与房地产的关系进行了探讨。

目前，房地产业在我国许多城市已受到空前重视，并得到迅猛发展。但由于转轨时期，各种法规还很不健全，在发展中不可避免地出现了一系列问题，如过度开发所造成的空置率居高不下，布局混乱所造成的城市景观不协调等，不仅阻碍了房地产业本身的发展，而且还给整个区域和城市的发展带来了不良影响。这其中不单有开发商盲目追求最大利润的原因，更有因行政区划产生的"行政区经济"等因素的影响，而后者往往比前者更难以克服。因此在加强房地产行政管理、进行房地产宏观调控时，不能不高度重视行政区划这一因素。

26.1　行政区划对房地产业发展的影响

行政区划对房地产业发展的影响，主要表现在以下3个方面：
(1) 在不同行政区内部的影响不同

行政区在制定房地产发展政策时往往都从本行政区的利益出发，由此常常引发一系列问题。例如：①相邻两个行政区在房地产开发中，地下管线铺设、跨区道路建设等方面过分强调自成一体，造成在行政区边界的人为中断，从而使城市整体开发效益受到严重损害，城乡一体化进程受到阻碍。②在土地管理中，各行政区为了发展自身经济，在引进外资项目中争相攀比，盲目降低地价，造成房地产开发中国有资产的大量流失。③在房地产价格管理上，同一城市的不同地区，在房地产开发中由于争相抬高税费，导致开发成本过高，房价居高不下，房屋空置率不断增加。④在房地产融资上，受"行政区经济"运行规律的支配，一些行政区在房地产购房融资中，实行对内对外两种政策，对区外购房者设立重重关卡，而对本区的购房者却给予较大优惠，这样客观上阻碍了人口的自由流动和房地产市场的空间拓展。⑤在房地产开发结构上，城市中各城区的领导，为了突出政绩，都希望在本行政区内建造大量高级办公楼和高级别墅，但由于忽视了整个城市开发结构的协调性，使开发结构失衡。一方面使城市空间结构趋于混乱，中央商务区（CBD）功能得不到应有发挥；另一方面使供需结构失衡，空置率进一步增加。此外，还大大地影响了整个城市景观和城市形象。⑥在房地产开发规模上，相邻的行政区为了吸引投资，争相进行大规模的房地产开发，最后导致供大于求，房价被迫下调，造成了大量人为损失。⑦在房地产布局上，同一城市的不同城区所开发的房地产,往往多集中于本行政区的行政或地域中心,而在边界地带则出现了断层,不仅使整个城市的地域结构失调,而且还影响到城市聚集效益的发挥。

(2) 在相邻行政区边界地带的影响

相邻行政区的边界地带,往往成为房地产等问题的多发区。首先,评估人员在进行地价评估时受行政区划影响,往往容易人为地把行政区划界限作为土地等级的截然分界线,从而造成了两个条件基本相似的行政区,地价却有很大差异,其结果,在区界的一侧房地产过度开发而价格猛涨,而另一侧则因开发不足而使土地闲置和浪费。其次,边界地带尤其是城市边缘区不仅是流动人口的交汇区,而且往往也是行政管理的"薄弱区",不同类型、不同层次的人群在此居住,乱搭滥建现象十分普遍,侵占耕地现象时有发生,成为房地产管理的一大难点。

(3) 行政区划变更所造成的影响

行政区划的变更往往使地价大幅度变化,如果不及时加以管理,会扰乱整个房地产市场。例如,在大城市边缘,把郊区划归市区的过程中,地价等级会发生跳跃式上升,从而引起房地产价格成倍上涨,给房地产投机商提供了可乘之机。

26.2　充分考虑行政区划因素,建立房地产行政管理新机制

在当前房地产开发失控、结构失调、空置率居高不下等形势下,为保证房地产业的持续、健康发展,必须充分考虑行政区划因素,加强房地产宏观调控,理顺管理体制,规范交易市场,形成房地产行政管理新机制,逐步实现房地产市场的良性运转,具体可采取以下步骤:

(1) 进一步转变政府职能,弱化行政区划对房地产发展的制约

在我国目前体制转轨时期,为了本行政区的利益,地方政府往往过多干预和插手经济生活。在有些地区,不仅政府直接参与房地产的开发,而且还常常无端限制其他开发商的行为,在这种背景下,企业很难成为完全独立的经济实体。因此,应加快政府职能转变,使之由领导型向服务型过渡,减少政府直接参与房地产开发的行为,彻底实现政企开。并通过淡化行政区划概念,建立城市统一的房地产大市场以及全国统一大市场,使房地产的市场步入良性轨道。

(2) 加强城市的规划调控力度,突破行政区划界限的人为分割

对于城市管理来说,规划是"龙头",是基础。只有严格按照城市规划进行房地产开发建设,才能保证城市功能的有效发挥和地域空间结构的合理优化。为克服不同城区的"行政区经济"所带来的弊端,在城市内部,必须加强规划的权威作用,突破行政区划界限,采取切实有效的措施,落实城市总体规划和详细规划在整个城市中的安排。在市场经济条件下,规划调控手段的实施,除了必要的行政手段外,要更多地依靠地价等经济杠杆进行自发调节。

(3) 理顺房地产管理体制,加强行政区边界地区管理

目前在房地产行政管理体制上还存在着一系列值得探讨的问题。例如,究竟是"房屋"和"土地"分开管理好,还是"房地合一"好?是"垂直管理好",还是"属地管理"好?房地产管理的层次和幅度是否一定要和行政区划完全一致等?为提高房地产管理效率,我们认为,在城市型政区中,还是采取"房地合一"的体制较好;而在地域型政区中,可能是房屋和土地分开管理比较好。我国目前在土地管理上已初步实现了以垂直管理为主,而房屋的管理还以

属地为主。今后随着房地产统一大市场的形成,各种房地产中介组织的活跃,为保证整个城市的健康发展,房地产的管理应由以城区管理为主逐渐转到以市区管理为主。在城市尤其是大城市中,房地产的管理层次和幅度没有必要和城市的管理体制一致。总的来看,应尽量减少管理层次,增加管理幅度,加强集中统一管理,避免过多的人为阻隔。为搞好行政区边界地区的房地产管理,从长远看,必须通过打破"行政区经济"格局才能彻底实现。而近期应主要依靠上级房地产主管部门出面组织协调。对房地产问题严重的边界地区,可通过适当调整行政区划的办法进行管理。

（4）加强房地产法规建设,充分发挥行业协会作用

在市场经济条件下,为减少行政区划对房地产发展的不良影响,很重要的一条就是加强房地产法规建设。尤其值得注意的是,在制定房地产法规时,不仅要重视规范开发商的行为,而且应考虑规范政府的行为,把政府对房地产市场的干预限制在一定范围内,最大限度地减小因"行政区经济"所造成的不良影响。同时要加强各种房地产协会的建设,充分发挥协会在政府和房地产企业之间的桥梁和纽带作用,把政府的直接干预逐渐转移到通过行业协会进行间接管理的轨道上来。

［卢为民,刘君德. 行政区划——房地产管理中不容忽视的因素［J］. 中国方域:行政区划与地名,2000(4):14-15］

解读:本篇文章从3个方面揭示了行政区划对房地产的影响,击中了房地产宏观管理的要害问题,所提出的建立房地产行政管理新机制的对策很有针对性,也很有参考价值。关于行政区划体制与房地产发展的深层次关系还需要从理论与实践两个方面进行深入探讨。我认为,城市行政区划的调整要将对房地产(地价、房价)的影响,以及这种影响所带来的社会正负面效应进行科学评估。

27 权力・等级与区域经济

背景：空间是经济学、政治学和行政学中存在的一个客观变量，以空间来观察区域经济发展中行政权力、社会分层和公共政策的作用，是一个非常重要而有意义的课题。行政区经济理论的升级也需要从这个视角进行深化研究。胡德的博士论文选择了这个重要命题进行了较系统的研究。在其论文《政府权力的空间过程及其影响：基于行政区划视角的中国区域经济考察》通过答辩之后，发表了本文；其博士论文作为"当代中国城市—区域：权力・空间・制度研究丛书"的重要分册于2014年出版。

国家政治制度与社会文化精神总是与公有产权具有天然的联系，将政治制度与产权形式相结合，形成了一种可以被称为"政治化产权体系"[1]的制度安排，由于政治关系与权力的内在逻辑关联，这种产权体系内部的管理和运作也受到权力的作用而带有强烈的行政等级制度性质，这是我国政治制度的重要特征。中国的政治化产权体系在很大程度上决定了社会经济的快速增长和经济改革的顺利进展，道格拉斯・C.诺思在《西方世界的兴起》《经济史中的结构与变迁》中强调私有产权的确立对西方经济增长的推进作用，认为"产权的清晰界定和受法律保护是一种有效的激励和创新机制，从而成为推动经济增长的最根本动力"[2]。邹至庄则通过对中国经济的深入考察提出"私人所有制并不一定产生经济效率"[3]的命题，同时蕴含了公有产权也未必就是低效率的粗略判断。在中国政治化产权体系中，中国政府在经济运行和经济发展中的主导作用是必要性与必然性的统一，结合中国具体经济环境，发挥政府强势效力，寻找到一种以公有产权为基础的具体制度形式和运行方式——保持公有产权的特有优势，维持稳定团结的政治局面，吸纳私有产权为基础的市场经济制度优势，造就了改革20余年来中国经济高速增长的奇迹。

27.1 我国政区等级、权力体系的基本架构

以公有产权为基础的等级体系和权力划分是中国经济改革成功的制度基础。公有产权的基本要义是生产资料归一部分人或者全体国民共同所有，也就在事实上缺乏明确的产权主体，因此对其直接或间接管理就成为政府的一种天然职能。我国经济是一种大国经济，无法通过一级政府实现对全国的管理与治理，实行行政等级制度以及与之相伴随的政府权力划分成为必然选择。

27.1.1 行政区划与政治结构

行政区划指行政区域划分，属于国家结构的范围，也是国家领土结构，它是国家为了实行行政管理，按照政治、经济、民族状况、地理历史条件和传统的不同对其领土进行的区域划分。行政区划的本意是方便国家对其领土进行行政管理，但中国当代的行政区划具有明显

的权力与利益分配的涵义,甚至可以理解为国家权力和利益分配在地理空间上的投影。行政区划包含了行政等级、行政辖区范围、行政中心等要素。在中国,行政等级高低与政府行政权力大小高度相关,因此行政区划不只是简单的国家领土结构安排,而且是与国家政治结构体系紧密联系在一起,隐藏其后的是一种相对稳定和制度化的政府权力与利益的划分方式。

27.1.2 M型层级结构

中国的行政等级制度是层级关系与条块关系的混合,即多层次、多部门、多地区(区域)的交叉与组合,大致上存在5个行政管理层次:中央、省、地级市(地区行署)、县(市)、乡(镇)。每个层级上的地区被称为"块",每个部门所控制的领域叫"条",这是按照职能和专业化进行的行政控制体系。钱颖一借用威廉姆森对多部门企业形式(M型)的描述将中国的这种行政层级管理体制称为M型层级制结构,强调中国多层级、多地区的行政层级特性[4]。在这种结构中,每一层级上的每一地区内部层级结构是中央政府的翻版,如县政府根据职能方式和专业化原则(如设立财政局、工业局等)来控制属于本县的企业,同时它也监管本县辖区范围内的乡镇政府。

因此,在M型层级结构中每一层级上都伴随着不同的权力划分与安排,各层级都难以与其上级进行谈判或讨价还价,但又都有很大的自主权得以通过政府权力的运用来建立、帮助或者扶持市场取向的企业来使本地区得到发展。尽管在行政管理层级内部机构之间的联系是纵向垂直的,但地区之间的相互联系却是水平的、竞争的、市场取向的,这使得地方政府在地区之间争先致富的竞争压力下竭尽所能地运用权力,创造经济发展机遇,挖掘经济发展潜力,从而带动地区经济发展;而事实上的政府官员考核指标(较偏重地方经济发展能力)、"父母官"的社会文化精神等更强化了地方政府努力发展经济的内在意愿;此外极有限的讨价还价能力与极大的自主权结合,事实上削弱了行政控制,强化了M型层级制内部市场活动的繁荣。各地方依据自身社会经济条件,恰当地选择社会经济发展战略与组织方式,迸发出极大的经济活力,形成"百花齐放"的良好局面。

27.1.3 特殊的"经济联邦制"

经济联邦制最根本的特征即分权化,中国并没有真正发育成熟的或者制度化的经济联邦制度,但从地方分权的实际运作过程和运作效果看,我国在事实层面上是实行了一种具有经济联邦制性质的分权:国家被划分为多个区域,各区域的地方政府享有很大的地方自主权(其中就地方经济发展而言,主要拥有了管理收入和支出的财政权、管制地方经济的权力,实质上即基础设施建设权和投资权、对国有企业的占有与责任),但中央政府具有远远高于地方政府的权力,它可以跨层级干预地方政府的行为,甚至改变地方政府的行政权力和行政范围。相对而言,中央政府较少受到地方政府的约束,这是中国的"经济联邦制"与西方国家联邦制度的一个重要差别。除此而外,差别还体现为:①尽管在全国范围内基本建立了统一大市场,但由于政府竞争强烈和法律体制不完备,市场分割与市场封锁现象依然严重;②中国的这种具"联邦"性质的分权并没有以制度的形式确立下来,具有较大的灵活性与可变更性,有其优势但也因为不够确定而容易引起政府寻租和秩序混乱。

27.2 等级体系中政府权力的空间过程和运行效果

在行政等级与权力划分的体系中,实现了政府权力在行政空间、地理空间、社会空间、经济空间上的配置,政府权力在这多重空间上相互运动与相互作用,直接影响和决定了非国有部门和产业在改革过程中的不断进入与持续扩张,而这与钱颖一提出"中国经济改革成功关键在于非国有(包括个体、私营、民营)部门和产业在改革过程中的不断进入与持续扩张"[4]的论断相吻合。

27.2.1 政府在经济发展中的作用

我国政府在经济转型与发展中发挥了巨大作用是无可否认的事实,主要体现为:①中央政府推进的改革过程是一个渐进的和实验性的过程,是在以前步骤和当前形势的基础上逐步进行的,同时维持了一个长时期的政治稳定,并与各级地方政府一起共同改进了经济体制;②地方政府间的竞争与中央政府的努力共同推进了对经济发展有重要作用的基础设施条件、投资环境、城市建设、市场关系等方面的进步;③地方政府尤其是基层政府建立或者支持地方企业发展,使中国非国有部门和企业得以迅速发展与持续扩张;④地方政府以"经济人""中介人""担保人"等各种角色出现并进入招商引资、投资融资领域,为地方经济发展提供资金帮助。

中国政府一方面利用权力在帮助和推动经济发展中起到了巨大的作用,另一方面也对市场机制的正常运行造成了一定的影响与破坏,政府权力对市场经济的干预有时候甚至是粗鲁的、蛮横的。但需要指出的是,我国经济是一种残缺的、不成熟的市场经济,表现为:市场并非是全社会大一统的,市场要素中也经常渗透着权力成分,一些政治领域或者公共领域在事实上也难以引入市场竞争机制。在这种不完全的市场经济下,政府本身并不总是市场经济运行机制的天然障碍,相反是其正常运行不可或缺的组成部分。对于发展中国家而言,为了实现经济跨越式发展,也许政府干预市场和经济不仅是不可缺少的,甚至可能是其经济发展过程中的一个比较优势。

27.2.2 政府权力的空间过程

通过权力来分析和考察现有权力经济特性的中国经济发展与改革,是一个准确的、恰当的视角。在此,有必要强调权力在空间中的运动过程和机理。

(1) 由市场权力说起。站在政府权力另一端的是市场权力,在自由竞争的市场状态下,市场权力的最大特征是公正与公平。市场主体有权选择进入与退出、高价与低价、交易与不交易等,也就是说市场权力体现为一种选择权。在利益机制驱动下,市场主体总是趋向于在空间上选择投资回报率较高的地区,因此,经济区位、市场潜力、劳动力成本、地租、政策、经济繁荣程度等相关要素就成为各种选择的重要考量标准,各方面皆具有较大比较优势的地区或者在某些方面具有很强竞争优势的地区总是容易赢得市场主体的青睐,这是市场权力在空间上选择与运动的理性逻辑。

（2）对政府权力运动的考察。政府权力的运动因受下级政府权力"寻租"、上级政府主观意志的影响而呈现出一定的盲目性，但总体上却并非是无序、盲流的。政府权力的流动因具有博弈性与反馈性而同样呈现出严密的理性逻辑：①为了突破统制主义的弊病和促进地方自主性的生成，政治权力从中央向地方流动；②权力的流动与安排总是尽量与地方客观需要相一致，与市场权力相协调；③层级间的权力流动（如中央到省之间、省到市之间）是相对公平与均衡的，但为了整体经济效率和发挥个体优势，权力的流动也具有差异性和非均衡性；④采用灵活、多样的权力流动方式，避免政府权力的单一化趋向和简单的权力竞争。

（3）政府权力与市场权力的作用关系。在传统计划经济变得越来越市场化的过程中，尽管各级政府仍然具有很大的权力，足以对市场形成强有力的干预（如地方保护主义等），但总体上说20余年来市场权力不断成长，而政府权力则相应弱化，在不少场合市场往往具有比政府更强的决定权。因为政府总是附着在区域空间上难以移动，而市场主体却可以"用脚投票"，这使得各级政府不断约束自身权力的滥用，同时更加关注市场的取向和需求，将政府权力的空间运动与市场权力的空间选择紧密结合，通过行政性分权、行政区划调整、赋予特殊政策、跨行政层级干预等手段，实现政府权力与市场权力的空间匹配，使政府权力与市场权力形成合力共同推进经济发展。

在此过程中由于政府权力的盲流与滥用也导致了诸多问题，如地方保护主义、区域差距扩大、区域利益冲突、政府恶性竞争、权力寻租与腐败滋长、权力扰乱市场等。这些问题必须被给予足够重视，找到恰当的解决办法。但从总体结果看，政府权力的空间运动促进和推动了中国经济的快速、持续、稳定发展。

27.2.3 政府权力空间运动的效果和影响

政府权力的空间运动方式与直接效果可以归纳为：①通过中央与地方的财政分权，刺激了地方政府发展经济的积极性；②通过中央到地方的权力下放，赋予了地方极大的自主权；③通过城市规划、区域规划等战略手段，改善或者构建了较合理的区域经济格局；④通过给具有较优经济区位的地方或区域赋予特殊经济政策，促进了该类地区的快速发展；⑤通过行政区划调整（行政等级变更、行政辖区调整、行政中心移位等），改善了区域权力体系格局；⑥通过跨行政层级干预，改善了区域经济关系。中国各级政府通过灵活多样的方式引导政府权力在空间上与市场权力匹配与融合，成功地培育和建设了一批区域经济中心，从而构建起一种非均衡的经济发展格局，通过中心辐射与梯度效应推动中国经济向前快速发展。

27.3 结论

1978年以来的经济转型，使中国的社会经济面貌在20余年的时间里得到了巨大的改观，可以并乐观地预期其未来前景。我国经济作为社会主义经济，政府在经济中的作用除了维持政治稳定、维护市场秩序外，更表现出通常为人们所诟病的运用政府权力直接参与市场的越轨行为，但本文认为：

（1）在中国政治体制框架下，我国各级政府运用权力在帮助和推动（区域）地方经济发展方面的作用要远胜于滥用权力阻碍市场经济发展方面的影响。

（2）以公有产权为基础的政治化产权体系，决定了我国行政等级制度与权力体系的安排，也决定了我国政府权力的特征和"权力经济"的生成。

（3）我国政府权力的运用和空间运动在局部上的无序与盲流并不妨碍其在整体上呈现出的理性逻辑，通过灵活多样的权力运动方式，实现政府权力与市场权力在空间上的匹配是我国经济改革与发展过程中的重要经验。

［胡德,刘君德.政区等级、权力与区域经济关系——中国政府权力的空间过程及其影响[J].中国行政管理,2007(6):11-13］

解读：本文对政区等级体系中政府权力的空间过程和运行效果进行了研究。研究认为，在中国政治体制下，政府运用权力在推动地方经济发展方面的正面作用远胜于滥用权力阻碍市场经济发展的负面影响，这是一种比较优势；同时也决定了我国政府权力的特征和"权力经济"的生成。总体上看，我国政府权力的运用和空间运动呈现出"理性逻辑"态势，政府与市场在空间上的匹配是我国经济改革与发展的重要经验。

参考文献

[1] 伍装.中国转型经济分析导论[M].上海：上海财经大学出版社,2005:20.
[2] 道格拉斯·C.诺思.经济史中的结构与变迁[M].陈郁,罗华平,等译.上海：上海三联书店,1991.
[3] 邹至庄.中国经济转型[M].北京：中国人民大学出版社,2005:416.
[4] 钱颖一.现代经济学与中国经济改革[M].北京：中国人民大学出版社,2003:197-220,177-196.

28 行政区经济要讲辩证法

背景:行政区经济理论思想已经为20多年中国发展的实践所验证,如何进一步丰富这一理论思想,特别是中国经济社会发展进入新常态背景下,"行政区经济"会发生什么样的变化,它的未来走向是什么,需要深入挖掘行政区经济理论的辩证思想,这不仅有助于更好地认识改革开放以来我国区域经济发展的变化过程及其内在本质,更为重要的是让行政区经济理论充满活力,更具生命力,进而指导我国未来城市—区域经济的发展实践。这是本文写作的初衷。

20世纪90年代初,刘君德、舒庆提出了中国行政区经济理论。这一理论提出后,引起国内同行和某些政府部门领导乃至于海外学者的关注[1]。

20多年过去了,中国"行政区经济"对区域经济发展的正、负影响依旧存在,行政区划对城市—区域发展的"空间约束"仍然十分强烈。它显示着这一理论的生命力。

行政区经济理论具有丰富的内涵,蕴含着丰富的哲学思想。其理论框架的形成离不开中国特定的时代背景,是笔者在参与大量城市—区域问题的深入研究与实践基础上,通过对中国国情及其区域问题的深刻剖析所提炼出的新的理论思想。从马克思主义的视角出发,对其概念内涵和理论框架进行进一步的剖析与思考,挖掘行政区经济理论的辩证思想,有助于更好地认识改革开放以来我国区域经济发展的变化过程及其内在本质,从而指导我国未来城市—区域经济的发展实践。

28.1 行政区经济的一般性与特殊性

"行政区经济"由"行政区"与"区域经济"叠加融合而来。"行政区"是一种区域类型,所谓"区域",是对于特定地理空间范围的统称。除了行政区之外,区域还泛指诸如自然区、经济区、工业区等在内的各类"非行政区"。"行政区"与"非行政区"是一种对应的关系;与"行政区经济"相对应的是具有中国特色的"经济区经济"。这两种对应的区域关系也可以称为相对应的区域类型。"行政区经济"是区域经济或区域开发活动的一种类型,这是其一般性。

与此同时,"行政区经济"又是一种特殊的区域经济现象,有其特殊的运行规律。其特殊性主要表现在4个方面:其一,区域类型特殊。行政区是权力的空间投影,区域的开发大多依托各级行政区为基本单元而展开。因此,行政区是一种极其重要的区域类型。将"行政区经济"从宽泛的"区域经济"范畴中剥离出来,有助于凸显行政区划对区域经济运行的空间约束作用。其二,时代背景特殊。行政区经济的凸显离不开特定的时代背景,它是在社会主义计划经济时期向市场经济转轨时期逐渐显现出来的一种区域经济现象。其三,区域矛盾特殊。在行政区经济的显现时期,区域之间的矛盾大量涌现,表现为同级行政区之间和不同层级行政区之间的经济利益冲突。其四,政府与市场关系特殊。中国的国情和政治制度决定了政府与市场关系的特殊性,即中央与地方政府不断顺应时代发展,不断加强自身改革,吸收消化新的治理理念,在推进中国经济社会发展中充分发挥其积极作用,从而决定了中国"行政区经济"运行的特殊性。

28.2 行政区经济的过渡性与长期性

所谓过渡性,是指"事物由一个阶段逐渐发展而转入另一个阶段"。过渡性其实描述的是处于两种状态之"中间状态"的一种状态,体现了由量变到质变的过程。既然是处于"纵向运行系统"和"横向运行系统"之间的中间状态,必然意味着两者兼有,从而能够很容易得出"既可能存在以纵向运行系统为主,也可能存在以横向运行系统为主"的论断。

笔者从广义和狭义两个方面来理解行政区经济的过渡性。从狭义来看,行政区经济特指由计划经济向区域经济一体化转变阶段的区域经济现象。如果说,计划经济与经济区经济(区域经济一体化)位于区域经济运行的两个极端,那么,行政区经济则处于两者的中间状态,它具有过渡性。但多数学者认为行政区经济的终极目标将是中国特色的"经济区经济"[2-3]。

从广义来看,只要存在行政区,就会存在行政区经济现象。中国的区域经济不可能完全超脱于行政区而独立存在,必然或多或少地受到行政力量的调控,也必然或多或少地带有一定的行政色彩,只不过行政区经济的演化将历经"隐态—显态—隐态"的过渡历程。笔者关于行政区经济的狭义理解,其实正是特指行政区经济的"显态"运行时期。

按照这一理解,在纵向运行为主的计划经济体制下,仍然存在行政区经济现象,只不过由于各级行政区及其相应地方政府的利益主体地位被高度抑制,行政区经济现象处于隐态。在高度权威的行政力量调控下,下级地方政府严格遵循上级的行政命令,行政区与行政区之间的协调受到上级地方政府乃至中央政府"一盘棋"思想的指导,区域经济发展处于规范有序的严格控制之下。而随着社会主义市场经济体制的确立,地方政府的利益主体地位逐渐强化,参与区域竞争的积极性被调动,区域矛盾加剧,使得行政区经济处于显态。到了行政区经济的更高级阶段,行政力量较少干预区域经济运行,市场力量开始成为区域经济的主导,此时的行政区经济将朝着横向运行为主的经济区经济转化。

所谓"行政区经济将走向经济区经济"的论断,笔者认为,这里的"行政区经济"其实是从狭义角度来理解的。理想来看,在区域经济的漫长演化历程中,随着政府职能转变和管理体制的优化,行政区经济的消极面将逐步趋于"终结",而行政区的积极面将自动地融入社会主义市场经济体制下"经济区经济"的潮流之中。

28.3 行政区经济有明显的空间边界效应

如果将一个区域的经济活动看作是抽象的"公共物品",那么其所在的地方政府就是公共物品的提供者。而公共物品具有3个特征:效用的不可分割性、消费的非竞争性和受益的非排他性。当公共物品的空间影响范围(可以理解为公共物品的受益区或者服务区)与地方政府的行政区范围(公共物品的提供区)出现错位时,公共物品的上述属性会加剧行政区经济的消极影响。

倘若缺乏一个区域性的利益协调机制,就会产生"搭便车"现象[4]。为了尽可能地获得公共物品的正效应,各级行政区则强化壁垒,将公共物品的受益范围紧紧锁定在本行政区内部,使之不至于流失至其他相邻行政区。同理,为了尽可能地规避公共物品的负效应,地方政府又会想方设法地让公共物品的影响范围扩大至其他行政区。可见,无论地方政府提供的公共物品是产生正外部性还是负外部性,其行为选择都是极度"利己"的,但却是符合经济规律的市场行为。地方政府"有福独享、有难同当"行为所暴露出来的"区域不合作"格局,就成为行政区经济封闭运行的典型表现。

上述分析表明,单纯按照行政区来提供公共物品,带有严重的制度缺陷。更何况不同的公共物品有各自适宜的空间组织边界,绝不是行政区所能够应对得了的。毕竟,服务区与行政区属于两个不同性质和功能的空间单元。当两者趋于一致时,公共物品的负面外部性能够较为容易地消除,行政区经济往往以正面效应为主;而当两者出现空间错位时,行政区经济的运行则更多地表现出负面效应。

对此,要改变之前那种单纯依赖行政区来组织生产生活的固有做法,探索"服务区与行政区分离"的双层管理模式,按照各自的边界分别进行管理,对特定的公共物品(或服务)进行打包,使相关的服务在适当的边界被成功地内部化[5]。

28.4 行政区经济的核心主线是区域之间的利益配置

行政区经济现象归根结底是一个利益协调问题,区域经济的本质在于"利益"。早期的地理学家最早对区域概念进行了界定,认为区域是形态上其内部性质相对一致,而在外部特征上差异很大的地球表面空间,是在自然资源禀赋、经济社会、文化习俗等方面具有某种相同属性特征的地域单位,是地球表面某一特定的空间范围[6]。

与地理学注重区域的"空间属性"有所不同,从区域经济学的视角来理解区域,区域其实是作为一个个"利益主体"而存在的。对此,刘名远认为区域作为利益主体其实是人类作为利益主体的一种"人格化"体现[7]。区域作为独立的经济利益主体,有谋求和实现区域经济利益的权力,同时也有对各种区域经济活动施加约束的要求。

照此理解,区域经济的本质在于"利益"。只要是与特定的利益主体及其利益诉求相互对应的空间范围,皆可被纳入"区域"的范畴。

回顾历史,我国在由计划经济向社会主义市场经济转轨时期,其实也是一个利益分配的重新调整期。在计划经济时期,中央政府高度集权,省级政府虽然是经济活动的一级调控主体,但其相对独立的利益主体地位尚未形成[8]。因此,行政区经济虽然存在,但更多地是以隐态的方式运行。

而改革开放以来,在行政性分权和分灶吃饭的财政激励制度下,原有的利益配置格局被打乱,地方各级政府的利益主体地位得到强化。此时,行政区经济逐渐从隐态走向显态。

应当看到,随着社会主义市场经济体制的日益完善,区域矛盾有所缓和,我国开始出现一些跨行政区的区域发展模式。例如,苏州、昆山等地虽隶属江苏省,却主动对接上海,借力发展。对此,有学者认为,只有绝对的城市利益,没有绝对的行政区划[9]。这种跨越行政区的融入发展并非意味着"行政区经济"理论范式的失效,而是凸显了激活地方利益在克服行政区划刚性约束、实现融入发展方面的重要性。

尽管经历了数十年的发展和理论探索,区域利益仍然是理解行政区经济理论的关键线索,也是当前我国行政区经济运行过程中的一个最主要的驱动力量。我国当前的统计体系和地方官员政绩考核体系,仍然延续着经济利益优先的固有思路,这种做法在客观推动国民经济高速增长的同时,也在主观上强化着行政区划对区域经济运行的刚性约束作用,进而使其成为导致行政区经济大量负面效应的根源所在[10]。

28.5　行政区经济的积极面与消极面

就全局、总体而言,行政区经济的影响主要是正面的。

但有学者根据刘君德教授关于行政区经济将走向经济区经济的判定,揣测其突出的是行政区经济的"消极影响",而潜在地持有"否定态度"[11]。这种关于行政区经济只停留于消极面的认识,属于严重的误判。

应当承认,刘教授及其研究团队在提出行政区经济概念之初,确实将研究重点放在行政区经济的"消极影响",借以突出行政区划因素对区域经济运行的"刚性约束"作用。但他自始至终并未否认,并在多种场合反复强调行政区经济在助推区域经济发展方面所固有的积极性[12-13],批评少数学者在引用行政区经济概念时夸大了其负面影响。他对行政区经济之消极面的研究恰恰是在对行政区经济的积极面予以"充分肯定"的默认前提下进行的。

行政区经济尽管暴露出许多消极影响,但"行政区经济"理论在强化区域利益主体地位、调动区域发展积极性方面起到了巨大的推动作用。转轨时期我国经济建设取得的巨大成就,恰恰是由于遵循了行政区经济规律,依托行政区政府来推进区域发展,通过财政体制和管理体制的改革,借以充分调动行政区作为区域利益主体的积极性而实现的。

28.6　行政区经济是"局部"与"整体"的对立统一

行政区具有空间层次和行政等级两个相关联的重要特征,是严格按照行政等级体系划分的,呈现逐级相互嵌套的空间格局。表现在空间形态方面,上一级政区是由不同层级和幅度的次级政区"全覆盖"拼接而成。对于某个特定政区来说,它是上级政区的基本构成单元,同时其本身又由若干个次级政区组成。

与之相对应,依托各级行政区而组织的区域经济发展格局往往也呈现出相应的空间嵌套特征。高层次政区的经济发展格局离不开诸多次级政区经济发展单元的支撑。因此,行政区经济具有空间层次性,是局部和整体的对立统一。

值得注意的是,区域发展中的局部利益和整体利益并不总是趋同。为了追求局部利益而威胁到整体利益的区域经济发展案例大量存在。"甘肃千亿风电基地停摆"事件就凸显了区域利益与整体利益之间的矛盾,成为行政区经济现象在国家电网建设领域的负面典型表现[14]。

当年为了上马清洁新能源项目,甘肃等地不惜花费重金,不顾自身难以消化的实际,结果周围省份并不买账,导致多余的电力无处输送,只能眼睁睁地看着大量设备闲置。相关方面各执一词,都有其道理。如果说,甘肃等省份不顾国家能源局风电必须就地"消纳"的警告,盲目投资建设,算是自食其果的话,湖北、江西等缺电省份,基于自身利益和价格等因素的考虑,不仅不欢迎新能源,还在大量上马煤炭发电项目,则在一定程度上与国家新能源发展战略背道而驰[14]。省区经济行为威胁到国家利益,不能不说是一个重大隐患。

在处理局部与整体的关系时,首先需要保证整体利益,在此基础上,才能谈论局部利益,而不是相反。当然,整体利益优先于局部利益,意味着局部利益会有所牺牲,这需要大局意识和壮士断腕的改革魄力。从长远来看,局部利益与整体利益最终会融为一体,局部牺牲终究会有所回报。从行政区经济理论的两面性思想(正与负能量的消长)对照分析,这是一个行政区经济运行所产生的负面影响(破坏力)的典型案例之一。当前,尤其要警惕和防止某些地方可能出现的这种"破坏力"。

28.7 行政区经济运行下区划调整中的"大"与"小"的辩证统一

在行政区经济运行时期,政府与市场、社会多元力量交互作用下,从城市—区域规划建设角度来看,要求政区空间规模"大"一点好,以有利于地方政府在较大空间内统筹规划、开发建设,调整经济空间布局与改造旧城区;而从基层政权建设、社会管理,以及方便服务居民群众来看,则要求基层政区的规模"小"一点好。这是中国转型期政区空间调整的一对矛盾,尤其是大城市、特大城市的区街一级,这种矛盾比较突出。地方政府更多地考虑发展经济,规划建设与改造城区,区划调整的主要取向是采取"合并"城区(即所谓"撤二建一")或"兼并"近郊县市(撤县市改设区)的方式,实现城区空间扩展的目的。但由此带来的新的基层社会(社区)管理单元过大的矛盾,以及传统街区、地名——政区文化的丧失和社会不认同等问题逐步增多。笔者认为,当前中心城区区划调整的主要倾向是空间过"大",过分迁就地方政府的经济利益,而忽略社会—文化效益,必须正确认识行政区划的作用,在调整中注意兼顾"大"与"小"的关系,尤其不能把政区调整作为简单的政策工具;区划调整牵一发而动全身,必须综合谋划,全面评估,科学论证,慎重决策。加强市级统筹,转变区、街职能是城区政区体制改革的方向,也是处理好"大"与"小"矛盾的关键举措。

28.8 行政区经济"变与不变"的对立统一

新概念的提出和理论框架的构建是一个循序渐进、认识不断深化的过程。在外部环境发生显著变化的情况下,倘若继续停留、沉浸于理论初创时期的认知框架,沿用原有的分析思路,故步自封,理论就会变得生硬,陷入僵化,就不能适应时代的需求。因此,行政区经济理论要持续保持活力与生命力,就必须与时俱进,不断完善和修正自己。

从20世纪八九十年代行政区经济概念提出、理论框架酝酿至今,已经过去了30年左右的时间。中国区域经济发展发生了翻天覆地的变化,经济总量大幅增长,跃升为世界第二大经济体。区域经济发展案例层出不穷,区域协作与区域冲突事件此消彼长。在此期间,行政区经济现象究竟是进一步强化还是有所消解,其背后的逻辑框架和理论范式是否仍然能够适应当前我国区域经济发展的新格局,当前区域经济矛盾与冲突背后的驱动机制是否发生了根本性变化等,一系列疑问,迫切需要理论工作者予以进一步地解释和阐述。

就这一点来看,行政区经济理论就像一个年轻的生物体,时刻处于生长状态,其理论内涵自始至终都处于不断拓展和延伸过程之中。可以说,行政区经济现象及其理论的本质内涵是动态的、不断演进的。正是由于理论认识经历了一个"肯定—否定—再肯定"的认识不断深化和螺旋上升的过程,才显示出"行政区经济"理论的强大生命力。

28.9 结论与展望

如今,随着社会主义市场经济体制的建立,行政区划对区域经济的约束作用逐渐从刚性过渡到柔性,区域合作机制不断完善,地方政府之间的合作意愿也日益强烈,区域恶性竞争、重复建设、产业同构问题有所缓解,区域经济协调发展的局面正在形成。

然而,我们认为,在上述区域经济发展新的背景下,更要警惕行政区经济现象的负面效应。行政区之间的直接冲突行为可能会有所弱化,但是间接的、隐形的对抗仍然不容小觑。未来的行政区经济之负面影响或许会以一种更加隐态的方式出现,我们仍然要特别预防行政区划给区域经济带来的负面冲击。由于中国国情的特殊性,政区的空间约束仍将长期存在。

大到国家层面,类似于"风电停摆"问题,涉及国家与地方以及地方之间的不合作;小到城市与城市之间,类似于"五个城市争夺一片云彩"(稀缺公共物品)的问题[15];甚至在一个城市内部,也存在市辖区之间的"断头路"问题[16]。总之,行政区之间的不合作案例比比皆是。可以说,行政区经济问题渗透至我国经济社会发展的方方面面。笔者认为,(权力+空间)×市场力(封闭力与开放力)=行政区经济发展力。其中,权力、空间与市场的组合,既有可能形成生产力,也有可能产生破坏力[5]。为此,要引入改革力,完善体制机制,加速推进政府职能转变,从经济效益、社会效益和环境效益入手,综合评估区域利益,培育区域意识、大局意识和长远意识。改革力考验着管理者的政治智慧,体现了魄力和胸怀,是一种利他的奉献意识和自我牺牲精神。从长远来看,随着行政区经济向中国特色经济区经济的转换,改革者必将从中受益。

2016年5月17日,习近平总书记在主持召开的哲学社会科学工作座谈会上强调,当代中国正经历着我国历史上最为广泛而深刻的社会变革,也正在进行着人类历史上最为宏大而独特的实践创新。这种前无古人的伟大实践,必将给理论创造、学术繁荣提供强大动力和广阔空间。我们希望,有志于行政区经济研究的专家学者,尤其是广大青年学者积极参与研究、探索,更好地把握时代脉搏,以更加丰富的区域发展案例,对行政区经济的内涵及其理论进行丰富和深化,进一步增强行政区经济理论的鲜活感和生命力,使这一中国特色的理论在指导中国行政区划体制改革实践、推进我国区域经济发展方面发挥积极作用。

[刘君德,马祖琦.中国行政区经济理论的哲学思考[J].江汉论坛,2016(8):5-9]

解读:本文运用马克思主义的哲学观,从一般与特殊、过渡与长期、局部与整体、大与小、变与不变的辩证关系,以及行政区经济理论核心——区域利益配置和特有的边界效益等,对行政区经济理论的辩证关系进行了全面的剖析。文章指出,随着"新时代"的发展,中国特色社会主义市场经济体制的进一步完善,行政区划对区域经济的约束将由"刚性"走向"柔性",行政区经济的负面影响有所缓解;但"间接的、隐形的对抗仍然不容小觑"。

参考文献

[1] 刘君德.关于中国行政区经济理论的核心要义与新的认知:兼论行政区划改革[M]//刘君德,林拓.中国行政区经济与行政区划理论与实践.南京:东南大学出版社,2015.
[2] 佚名.城市经济:从"行政区经济"向"经济区经济"的跨越——记"2004城市发展研讨会"[J].中国城市经济,2005(2):76-77.
[3] 刘君德.中国转型期凸现的"行政区经济"现象分析[J].理论前沿,2004(10):20-22.
[4] 王明安,沈其新.基于区域经济一体化的府际政治协同研究[J].理论月刊,2013(12):133-136.
[5] 马祖琦."行政区经济"的弊端及其解决方略[J].城市问题,2010(6):79-84.
[6] 阿尔夫雷德·赫特纳.地理学:它的历史、性质和方法[M].北京:商务印书馆,2011.
[7] 刘名远.区域经济利益理论溯源与本质内涵[J].区域经济评论,2014(2):133-137.
[8] 董晓萍.区域经济发展中的行政区划制约及对策分析[J].理论研究,2007(7):45-47.
[9] 张汉,张登国."行政区经济"理论范式的失效?——沪宁芜城市连绵带政府竞争的变局[J].城市经济,2007(9):41-45.
[10] 王虎中."行政区经济"的统计反思[J].中国统计,2005(10):10-12.
[11] 刘小康."行政区经济"概念再探讨[J].中国行政管理,2010(3):42-47.
[12] 舒庆.中国行政经济与行政区划研究[M].北京:中国环境科学出版社,1955:134-137.
[13] 刘君德.转型期行政区经济透视——刘君德教授在华东师范大学的演讲[N].解放日报,2004-10-31.
[14] 徐立凡.千亿风电基地停摆发出的警讯[N].京华时报,2016-04-07.
[15] 刘广超.人工降雨五市争抢一片云 大气管理无法可依[N].中国青年报,2004-07-13.
[16] 刘君德,张卫东.博雅君子 怀才抱德[J].江汉论坛,2016(1):5-15.

29 一篇赴台湾学术交流的论文

背景：这篇论文原本是1999年2月我第一次赴台湾大学、台湾师范大学、文化大学、东海大学等访问时，所准备的两场专题演讲的内容。一是"中国行政区经济的理论与实践"；二是"长江三角洲空间经济的制度性矛盾与整合"。这两个讲座(报告)的内容均引起台湾不同专业学者的兴趣和积极反响。回到上海之后，我将这两个报告的内容进行整理，以"长江三角洲"的演讲内容为基础，改写成论文，杭州师范学院学报较快刊发了这篇论文，此后被一些"文集"收录。

29.1 概念与理论——以地区分割为特征的"行政区经济"

区域经济一体化是世界经济发展的大趋势，在一国内部的区域之间，也应朝着经济一体化方向发展。然而，在中国大陆，若干年来，区域经济发展却呈现"行政区经济"(刘君德于1992年提出)发展的态势。所谓"行政区经济"，是在由计划经济向市场经济转轨过程中出现的，是与区域经济一体化相悖的一种特殊的、过渡性质的区域经济，它表现为行政区划对区域经济发展的刚性约束。由于在"行政区经济"运行下，地方政府对其辖区的经济起很强的干预作用，生产要素流动受阻，因而是一种具有明显封闭性特征的区域经济。省区经济、市域经济、县域经济、乡(镇)经济等地方经济均属于"行政区经济"范畴。

"行政区经济"最显著的特征包括：(1)企业在竞争中渗透着强烈的地方政府行为。由于中国地方政府现阶段的主体功能是发展经济，地区经济的发展速度是衡量各级地方政府政绩的主要内容与标志，因而，地方政府多从自身的利益出发，各自强调本辖区内的经济发展，使企业在竞争中受到辖区政府的强烈干预，产生不公平性，难以实现企业在市场竞争下的规模经济。(2)生产要素跨行政区难以自由流动。地方政府从自身的利益出发，对本地市场实行保护政策，使生产要素难以自由流动。近几年来，虽然工业消费的商品和农产品市场发育较快，但资金、人才和劳动力市场受行政干预仍较多，流动困难。(3)"行政区经济"呈稳态结构态势。由于以上的原因，加之目前的改革尚难以从根本上打破各地区原有的自成体系的发展格局，重复建设、重复布局的现象难以在短时期内消除，这就使"行政区经济"呈相对稳定的态势。(4)行政中心与经济中心的高度重合。行政中心与经济中心是两个不同的，但密切相关的概念。在西方许多国家(尤其是美国)，行政中心与经济中心表现为高度的分离。中国历史上形成的行政中心与经济中心合二为一的特点，在"行政区经济"运行时期得到进一步强化，从而使许多中心城市失去分工的特色。

中国大陆"行政区经济"的形成和发展有其深刻的政治、经济、文化和历史原因。在长期的封闭式的社会里，形成了独立的自给自足的自然经济系统。近代中国的闭关锁国，使区域经济囿于行政区域范围之内，形成相对稳定的省区经济，即"行政区经济"。在计划—产品经济体制时期，在中央集权的行政制度下，"行政区经济"多以潜性形式存在；改革开放以来，原有的中央唯一的经济利益主体转变为国家、地方、企业和个人等多元经济利益主体,其结果是中国的经济蓬勃发展,与此同时,中央与地方、地方行政区之间的经济利益矛盾也更加显性化、复杂化、多样化。一段时期地方政府采用经济、行政甚至"法律"手段保护本地的市场,封锁区间市场,割断经济联系,从而使区域经济的行政区分割现象表现得十分严重。中国的行政区经济进一步强化。

财政、投资和金融体制也为中国大陆"行政区经济"的发展创造了条件:(1)20世纪80年代以来,中国实行了多次财政体制改革,每一次财政体制改革都在相当程度上刺激了地方政府组织财政收入的积极性,同时也加剧了行政区之间的经济摩擦,导致重复建设和布局;(2)改革开放以来,投资主体的多元化,打破了中央政府投资"一统天下"的格局,使地方政府的投资实力和地位大大增强,在保护地方利益的驱动下,省以下的投资不断膨胀,"行政区经济"得以强化;(3)从金融体制来看,随着经济的迅速发展,银行资金实力与业务明显扩大,由于各级地方银行都有留成,利益的驱动使其在营利事业上进行投资,并凭借其拥有的货币发行的权力搞膨胀政策,特别是许多专业银行都按行政区设置,不得不按行政区确定其资金的流向,按地方政府的意图进行信贷资金投放,发放优惠贷款。这同样为行政区经济的发展提供了体制环境。

应当指出,大陆的"行政区经济"表现为明显的"诸侯经济"特征,它加剧了地区经济的结构同化,自成体系,引起重复建设,大而全,小而全,资源不能优化组合;影响了规模经济效益和产品质量的提高,削弱了区域的整体优势与特色;同时削弱了中央的宏观调控能力,对国家整体经济发展带来了不利的影响。但我们认为,"行政区经济"并非等同于"诸侯经济",在中国经济转型时期,有其重要的积极意义。它在一定程度上调动了包括地方政府在内不同利益主体的积极性,促进了经济发展,尤其是地方经济的高速发展;同时,也增强了人们对改革开放的承受能力,有利于安定团结;也由于地区之间的竞争,在一定程度上部分地弥补了企业竞争的不足,并为企业组织优化奠定了一定基础。但同时我们也应当指出,"行政区经济"是中国转型时期过渡性质的区域经济,随着政治、经济体制改革的深入,市场经济体制的逐步建立与完善,行政经济必将逐步消失,取而代之的将是市场性质的区域经济。当然,这需要有一个较长的过程。

29.2 实证研究——长江三角洲空间经济的制度性矛盾表征

长江三角洲地跨江苏、浙江、上海二省一市,包括江苏省的南京、苏州、无锡、常州、镇江、扬州、泰州、南通,浙江省的杭州、宁波、嘉兴、湖州、绍兴、舟山14个地级市和直辖市——上海市,下辖40个县级市、31个县和44个区,土地面积近10万 km^2,人口为7 371.3万人(1995年)。全区以占全国1%的土地和6.2%的人口,创造了约占全国20%的国内生产总值(GDP)和23%的中央财政收入。20世纪90年代以来,该区的经济增长幅度比全国平均水平高出1/3,是全国最具实力的经济核心区。

长江三角洲同为太湖流域,同属吴文化,在历史发展中形成了特殊的地缘关系和紧密的社会经济联系,是一个相对完整和独立的区域经济单元,但在"行政区经济"运行时期,长江三角洲的空间经济矛盾十分突出。各级地方政府为追求辖区内的经济利益最大化,涵养本地财政而采取地方保护主义,从而加剧市场分割、地区封锁。其主要表现为如下方面:

(1) 各地区自成体系发展,产业结构趋同,存在较严重的重复建设现象。由于本地区自然、人文、经济、社会条件的相似性,自古以来经济发展存在一定程度的雷同性,农业、纺织、机械、食品工业相当发达。近代以来,地区之间的工业分工不断加强,形成许多特色城市。上海是中国最大的工商业城市,苏州、杭州是世界著名的旅游城市,无锡是太湖流域仅次于上海的轻纺工业城市,宁波是个港口城市等。然而,1949 年以后,特别是进入 20 世纪 80 年代以来,长江三角洲城市工业向趋同方向发展,纺织、机械、冶金、化工、家用电器等几乎成为本地区所有城市发展的重点,行业的同构竞争十分严重。进入 20 世纪 90 年代,高科技又成为各地的重点产业。仅苏锡常三市就有 9 个国家级开发区、16 个省级经济技术开发区和数以百计的乡镇工业小区。许多开发区都把高科技产业作为支柱产业,出现新的同构现象。

(2) 中心城市的产业集聚与扩散受阻,生产要素流动具有明显的行政导向性。长江三角洲虽然同属大陆经济较发达地区,但其内部发展的差异仍较大。上海市和苏(州)(无)锡常(州)地区经济实力较强,杭(州)嘉(兴)湖(州)、宁(南京)镇(江)扬(州)、宁(波)绍(兴)地区次之,(南)通泰(州)和舟山地区较差,三类地区形成明显的经济落差。这种经济落差在一定程度上为中心城市的产业集聚和扩散提供了动力条件,有利于区域内资源的合理配置。然而受行政区划体制的约束,三省市之间、各省市内部市与市之间及市县(市)之间的产业传递十分困难。尽管口头上都要"拆围墙,求联合",但实际上并没有实质性进展。各级中心城市的产业聚集与扩散受"市属"观念的制约,严重影响长江三角洲地区生产要素的优化组合,三省市之间在资金、技术、人才等要素的流动上进展缓慢。

(3) 外向型经济发展各自为政,难以形成区域整体优势。改革开放以来,长江三角洲地区经济由封闭结构向开放结构转换,外向型经济迅速发展,三资企业的规模不断扩大,成为区域经济的重要增长点,外贸出口额已占国内生产总值的 40%~50%。然而也应当指出,长江三角洲在发展外向型经济中仍存在许多不合理的竞争行为。以开发区建设为例,自浦东开发开放以来,虽然各地都大力呼应浦东,欢迎辐射,但三省市之间,尤其是上海与苏南之间争项目、争投资、争人才、争技术的现象相当严重,有的地方甚至实行"比特区还特"的政策,以吸引投资。这种各自为政的局面,必然不利于区域内中心城市(尤其是上海)的发展,难以形成长江三角洲区域外向型经济发展的整体优势,使国际竞争力下降。

(4) 以港口为重点的基础设施建设缺少统一规划与协调配合,区域环境治理进展较慢。加快建设上海国际航运中心,是关系 21 世纪上海及长江三角洲乃至长江流域经济发展,增强国际海运竞争力的重大决策,三省市理应相互支持,合力共建。但出于各自的利益、目的,港口规划不统一,建设不同步,管理不协调。上海为弥补天然深水港条件的缺陷,尽力论证大、小洋山建设深水港的可行性;浙江省强调建设宁波港的重要性,继续扩大规模;江苏则竭力推出太仓港。总之,三省市在建设上海国际航运中心问题上存在重大分歧。从区域环境治理角度看,三省市同属太湖流域,由于经济的迅速发展,太湖水系污染相当严重,水质恶化,虽有较好的治理规划,但难以统一协调实施,尤其是各自为政的治水,阻滞了太湖水排洪的出路,从而影响了长江三角洲统一的规划建设与环境的统一整治,进而影响区域经济的可持续协调发展。

(5) 奇特的"泰州现象"。我们曾对长江三角洲地区空间经济的区际差异变动进行过系统量化分析,发现本区内区际差异变动中的一个奇特的现象,即"泰州现象"。泰州是苏北中部地区的中心城市,曾有"小无锡"之称,工商业较发达。然而,1949 年以来,行政地位和行政空间地域的变化给这个城市的经济发展带来极大影响。1949年,泰州曾为苏北行署驻地,1950年苏北行署驻地迁至扬州,但泰州仍为泰州专区驻地,1952年苏北行署与苏南行署合并为江苏省后,泰州专区于1953年更名为扬州专署,驻地亦迁至扬州市。泰州市的行政地位下降,特别是1983年撤销扬州地区,实行市管县(市)体制后,泰州市名为省直辖,实际由扬州管辖,直到1996年才从扬州市析出升为地级市。由于在中国大陆城市的行政地位高低与城市和区域的经济发展有极为密切的正相关关系,因而泰州市行政等级的下降使其在行政性竞争中处于不利的地位,必然影响其经济发展。若干年来,泰州市自身经济虽也有较大发展,但横向比较则处于相对衰落态势。20世纪50年代初期,(南)通扬(州)泰(州)三市市区工业总产值之比为4.5:0.9:1,扬、泰二市属同一水平,泰州仍高于扬州;但此后泰州的经济地位不断下滑,1978年三市之比为3.4:1.3:1,1986年为3.1:1.7:1,1989年2.8:1.8:1,扬、泰之间的差距不断拉大。由此可见行政区划体制对地区经济差异变动的深刻影响,"泰州现象"实际是"行政区经济"现象的表征。

29.3 从"行政区经济"走向"地缘经济"——长江三角洲空间经济制度性整合对策

"行政区经济"是一种行政性、封闭性,具有过渡特点的区域经济。随着我国政治、经济体制改革的不断深化,以市场导向为主、开放性的区域经济一体化是空间经济发展的必然趋势。这种一体化的空间经济将产生整体经济效益,给各个区域带来共同的经济利益,是一种与"行政区经济"相悖的"地缘经济"。就长江三角洲地区而言,加速实现空间经济的一体化进程,是十分必要的,也是具备条件的。

第一,有利于长江三角洲生产要素的合理流动,减少重复建设,实现区域内合理的竞争与分工协作,加快长江三角洲现代化建设进程;第二,有利于区内中心城市的产业集聚和扩散,加速长江三角洲产业结构优化组合进程,促使区域经济协调、持续发展;第三,有利于实现三省市之间的优势互补,形成合力,增强整体经济实力,从而提高长江三角洲区域经济在国内外的竞争力;第四,有利于加强长江三角洲以交通为重点的基础设施建设和区域环境整治的协调统一,实现区内整体投资环境优化,为区域经济发展特别是引进外资创造更优良的条件。21世纪中国的重心在长江流域,长江流域的重心在以上海为龙头的长江三角洲。"拆围墙,求联合",三省市共建三角洲,尽快实现空间经济一体化,是关系中国经济发展大局的战略任务,必须抓紧实施。

同时,长江三角洲作为一个完整的经济区,具备率先实现区域经济一体化的有利条件。第一,长江三角洲经济区发育比较成熟,区内有中国最大的经济中心城市——上海,它与广大的腹地有紧密的经济、社会、文化联系,已形成比较完善的区域经济系统;第二,长江三角洲是我国生产商品化、社会化发育较早、程度较高的地区,1949年以后,虽在较长时期实行计划经济体制,20世纪80年代以来,"行政区经济"格局不断强化,但与此同时,改革开放的步伐也很快,市场经济已深入人心,"拆围墙,求联合"是大势所趋,人心所向;第三,长江三角洲地区整体经济实力雄厚,城市化水平较高,城镇体系较完善,且交通网络建设已具有相当规模,这就为实现长江三角洲区域经济一体化提供了空间依托和基础条件。

怎样对长江三角洲经济区进行空间整合,实现由"行政区经济"向"地缘经济"转化,最终实现区域经济一体化?

(1) 中央政府,宏观调控。以上海为核心的长江三角洲,在我国国民经济发展中具有重要的战略地位,担负有带动长江流域和全国经济发展乃至参与国际分工的重任。为确保国家重点区域经济的高速、协调发展,中央政府必须从宏观上加强对长江三角洲地区经济发展调控的力度,采取积极有效的措施,制定区域产业结构和布局政策,保证跨省市重大项目(尤其是交通、能源以及其他基础设施工程和环境整治工程)的实施。

(2) 地方政府,转变观念。三省市各级政府要克服长期存在的官本位和地方保护主义思想,真正确立长江三角洲的全局观念与整体意识,以整体利益为重,互谅互让,携手共建,打破行政区划界线,按照比较利益的原则实现生产要素的自由流动与区域的合作分工。

(3) 深化改革,转换职能。第一要转变政府的职能,真正实行政企分离,减少企业的行政干预,淡化行政区的直接经济功能,形成以企业为主体的利益格局;第二要在深化经济体制改革上下功夫,特别是加强市场体系的建设。尽管长江三角洲的市场建设有很大进展,但统一的区域共同市场尚未形成。要提高区域内部的开放度,进一步加强市场网络建设,特别是要加快要素市场的建设,促进生产要素和资产存量的流动,发展和完善区域共同市场。

(4) 建立机构,组织落实。建立由三省市高层领导组成的长江三角洲城市联合组织,如城市联合委员会或城市同盟等,下设办公室,共商长江三角洲发展大计,协调三省市之间的重大矛盾问题。当务之急是制定长江三角洲统一的区域规划和经济社会发展规划,合理布置生产力,实现区域内经济、社会和环境效益的统一。

(5) 先易后难,重点突破。实现长江三角洲区域经济一体化是一个长远的目标,在中国现行的政治经济体制下,有较大难度。20世纪80年代前期国务院曾设立上海经济区办公室,但运转几年后又宣告撤销,应认真总结经验、教训。我们认为,在自上而下推进长江三角洲区域联合的同时仍要自下而上积极发动,比较可行的办法是选择旅游、信息、商贸、金融等作为突破口,先行实施。在基础设施建设方面,上海国际航运中心、水利综合开发治理、环境保护应作为突破的重点。

(6) 制定政策,加强法制。实现长江三角洲区域经济一体化,需要制定三省市的共同政策和法规,以形成区域内部平等竞争的环境,确保区域经济一体化的实施。可以颁布"长江三角洲区域开发与管理法",设立相应的法制机构,如打破行政区划界限,设立跨地区的长江三角洲地区法院等,以克服地方保护主义,统一执法。

[刘君德.长江三角洲地区空间经济的制度性矛盾与整合研究——中国"行政区经济"的案例分析[J].杭州师范学院学报(社会科学版),2000(1):15-19]

解读:21世纪,以上海为核心的长江三角洲在中国大陆现代化建设中担负有极其重要的使命。长江三角洲作为一个自然—经济区域的整体,被沪、苏、浙三省市所分割,其空间经济发展存在明显的制度性矛盾。本文在揭示长江三角洲政区空间的制度性矛盾实例的基础上,以"行政区经济"理论分析了这一地区空间经济制度性矛盾的特征、规律,提出了解决这一矛盾、加速实现长江三角洲区域经济一体化的整合对策。

参考文献

[1] 刘君德.中国行政区划的理论与实践[M].上海:华东师范大学出版社,1996.
[2] 刘君德,舒庆.论行政区划、行政管理体制与区域经济发展战略[J].经济地理,1993(1):1-5.
[3] 舒庆,刘君德.一种奇异的区域经济现象——行政区经济[J].战略与管理,1994(5):82-87.
[4] 刘君德.一个长期被忽视的重要领域——跨界组织与管理问题[J].杭州师范学院学报(社会科学版),1999(1):46-48.
[5] 周海乐,周德欣.苏锡常发展特色研究[M].北京:人民日报出版社,1996.

30　悉尼科技大学卡洛琳教授的书面专访

背景:2010年我应澳大利亚悉尼科技大学中国问题研究中心卡洛琳教授之邀,合作申报了澳大利亚自然科学基金项目——中国城市化与行政区划,2011年获批。2012年9月,实施该项目的考察计划——赴江苏省苏州、常州、吴江考察,与常州市规划局、苏州城乡一体化改革发展研究院座谈;2013年6月实施第二次考察计划——赴浙江省的桐庐县、义乌市,温州市的乐清市、龙港镇和鳌江镇考察,与温州市委研究室座谈。该年早些时候,作为合作项目的内容之一,卡洛琳教授以书面形式采访了我。

Q: Your interests in geography and your scholarship are broad in scope-you have published consequential papers on many topics. How did you become interested in dedicating your career to developing understandings of *xingzhengquhua*（行政区划）and *xingzhengqujingji*（行政区经济）?

（您对于地理学的兴趣和研究范围十分广泛,也针对诸多议题发表了许多重要文章。可以请您谈谈,在您的学术生涯中,您是如何对"行政区划"和"行政区经济"感兴趣,以及您对这两个概念的理解又是如何发展的呢?）

刘:是的,我对地理学的兴趣比较广泛,但主要涉及人文—经济地理学科领域。20世纪80年代初,国家计划委员会与中国科学院组织了"中国东部亚热带丘陵山区的综合科学考察(以下简称南方丘陵山区考察)队",我有幸被委派担任考察队第三分队队长,组织华东师范大学的地理、地质、生物等多学科的专家,对安徽省皖南山区、浙江省西部山区、福建省西北部山区进行综合科学考察。这是新中国成立以来首次对南方山区进行的大型综合性科学考察。考察工作历时8年,形成了完整的科学考察成果,为国家提供了决策参考。这次考察充分发挥和验证了地理科学在制定区域国土开发整治、经济发展战略中的重要作用,也使我在实践中对中国的基本国情有了较为深刻的认识,同时练就了我发现问题、综合性解决实际问题的能力。

说到我对"行政区划"研究的兴趣,要从在山区考察中一个有意义的故事讲起。

1983年,我在皖南贵池县考察时,县委、县政府主要领导向我反映,贵池县发展的主要问题是行政区划问题,希望考察队能帮助他们解决或向有关部门呼吁。这让我十分意外。当时我们并没有行政区划方面的科学考察任务。在结束贵池科学考察任务的第二天,我留下两位同志,一起就贵池的行政区划问题进行调研,发现贵池县乃至于整个皖南地区由于行政区划变动频繁、撤并随意、层次重叠、部门林立、条块分割、多头管理,城市—区域经济发展严重受阻的问题。尤其是对被当地称为"三国四方七十三家房客"的多头管理体制问题以及撤销池州地区、将贵池划归长江北岸的安庆地区管辖所带来的空间(管理)矛盾,印象十分深刻,其后果十分严重!

针对这一情况,我们写了一份《关于安徽省贵池县经济体制问题的情况与建议》的报告,以考察队的名义上书当时中共中央领导,力陈安徽省皖南地区贵池县行政区划存在的问题,希望能给予解决。仅仅过了十余天时间,华东师范大学就转来了有关领导的批示,肯定了我们反映的意见,并派人进行调查。这件事给了我莫大鼓舞。1985年5月,我再次带领考察队员对整个皖南地区的行政区划问题进行专题深入调研,写成2万余字的专题文章——《安徽省皖南地区行政区划体制的调查与思考》,该文被收录于《中国行政区划研究》文集(中国社会出版社,1991年)。1986年11月,考察队赴福建闽江上游进行了为期两个月的综合科学考察,同样发现这一地区存在的行政区划体制问题,遂于1987年2月以书面报告《关于福建省建阳地区行政区划及闽江委员会体制等问题的情况与建议》向福建省有关部门做了反映,同样得到积极回应。

这可以说是我对"行政区划"研究的缘起。

我在实践中感受到"行政区划"十分重要,但在当时的地理、政治、经济等学界却没有引起足够的重视!我认为,"行政区划"是政府的一项重要工作,虽然十分敏感,但它是一门科学,需要科学工作者积极研究探索。于是,在完成南方山区科学考察任务之后,我下定决心专攻中国行政区划领域的研究,由此开启了我新的学术生涯。

什么是行政区划?各家有多种解释。简单地说,行政区划是一个国家行政区域的划分,是国家行政机关实行分级管理的区域划分制度。一般包含行政建制、行政等级、地域范围与人口规模、行政驻地、政区名称(专名和通名)等要素。行政区划作为地方政府管辖的行政地域空间,对其法定的行政地域空间拥有规划、开发、建设,发展经济、社会、文化事业,保护环境等行政管辖的权力。

研究认为,行政区划是地方政府权力的"空间投影",在它的背后是地方政府的"空间利益"。中国改革开放以来,中央对地方的放权,大大调动了地方发展经济的积极性,同时也带来了"政区"之间经济结构趋同、产业重复建设、相互盲目竞争等问题,称得上是中国奇特的区域经济现象。经过多年的琢磨、思考,在20世纪的80年代末至90年代初,我把这种奇特的经济现象称为中国特有的"行政区经济"现象,并在国内一些会议和研究生的教学中发表了这一观点。随后在较长时间里,我和我的学生们(主要是舒庆)对中国的"行政区经济"的概念、理论体系的构建等展开了一系列深入研究。

Q: The concept of *xingzhengquhua*(行政区划)is especially important in your research. What is the origin of *xingzhengquhua* as a concept? What is the origin of *xingzhengquhua* as a practice, as in *tiaozheng xingzhengquhua*? Why is *xingzhengquhua* especially important for research in China?

(我注意到,"行政区划"这一概念在您的研究中特别重要。因此,我想请教您:"行政区划"作为一个概念,它的缘由为何?"行政区划"作为一种实践,在"调整行政区划"里头,它的缘由为何?为何"行政区划"对于研究中国特别重要?)

刘:为什么要划分行政区?在世界人类文明发展史上,行政区划是关于国家政治、行政体制与地域空间相互耦合的重要文化成果之一。行政区划的建立关系到国家与社会的长治久安与繁荣稳定。世界各国,除了极少数国土面积狭小的国家(如新加坡等)外,都要对国家的领土进行合理的分级划分从而形成规模不等的行政区域,并相应建立地方行政建制。对于中国这样一个大国来说,科学合理划分不同层级的行政区就更为必要和重要了。

中国古代的行政区划产生于中央集权制诞生之后,最早的地方行政建制是县,也可以说,县的出现标志着中国行政区划的起源。一般认为,公元前221年,秦始皇统一中国推行"郡县制"为中国最早、最为完整的行政区划,至今已经有2 200多年了。

天下大势,合久必分、分久必合。中国古代的行政区划每每伴随着王朝兴衰更替而不断调整。每一次王朝更替之后,都会在行政区划体制方面发生重大变化。反之,每一次大的行政区划体制的调整,都是为了及时适应国家政治与行政体制改革方面的重大改变。这就是说,行政区划必须首先适应国家政权建设的需要,同时要有利于地方的经济发展,方便地方的社会管理。其中,政权建设是首要的任务。一旦行政区划的空间格局、层级体系、行政中心,乃至政区的通名等不符合统治阶级的意愿或不利于国家与社会的长治久安和繁荣稳定,行政区划必定要进行调整、变更。从一个国家的历史长河来看,调整改革行政区划是必然的。中国是个古老文明的大国,历代行政区划的变更深含着丰富的政治文化内涵。

当然,行政区划同时具有历史延续性、继承性以及相对稳定性的特点,切忌随意变更。

中国大陆进入改革开放年代,行政区划调整的概率变得多了起来,特别是基层行政区划的调整频率大大增加。据统计,从1983—1996年的14年中,全国共"撤县设市"401个,平均每年有28.64个,其中有5年(1983年、1988年、1992年、1993年、1994年)新设市都在37个以上,可以称得上设市"大跃进"。一段时期,"撤县设市"成为许多地方政府追求的"政绩"。为此,中央政府于1997年宣告停止撤县设市。此后,许多大城市周边又兴起了"撤县(市)设区"的热潮。可以明显看出,改革开放以来,中国大陆的行政区划调整除个别省区(海南省、重庆直辖市)增设之外,主要集中于地区(行署)、县、乡级整建制的区划改革和调整,即市管县(市)、撤县设市、撤县市改设区以及撤乡设镇。

人们要问,中国大陆在改革开放之后行政区划的调整力度为什么这么大?为什么政区的调整改革集中在地区(行署)、县市及乡镇?如今,越来越多的中国地方政府官员和不同专业的专家关注行政区划问题,这是为什么?"行政区划"对于研究中国问题为什么十分重要?

这是一个复杂的大问题,涉及方方面面。这里我只能做简要解答。

第一,从大背景来看,20世纪80年代初期,中国大陆在基本完成了农村体制改革之后将关注点转向城市,其基本思想是重点发展城市,推进城市化,以城带乡、以工辅农。大规模增设城市就是在这一背景下出现的。转型期的高速城市化推进了行政区划的改革力度,凸显了行政区划体制的重要性。而基于城乡一体的指导思想和区划改革的可操作性,保持原行政区的稳定性,选择了"城乡合治""整建制"调整的"撤县设市""撤乡设镇"模式。

第二,为了加强省域中心城市(地级市)的发展,同时,也为了减少行署与其所在驻地市的矛盾和机构重叠,大规模推行了地(行署)市(行署驻地)合并、市领导县(市)的制度。

第三,从地方政府的性质来看,中国的各级地方政府是一个多功能、全能型集权式政府,地方政府要承担发展地方经济、社会、文化,确保稳定,保护环境的全能任务。由此,在其管辖的行政地域空间实行自上而下的全能性管理。而在全能性的任务之中,发展经济是地方政府的第一要务。一定面积和人口规模的行政区域就成为地方政府发展经济的基本地理条件。

第四,中国是个中央集权制国家,从转型期的中国经济运行的模式来看,自上而下放权,充分调动地方各级政府发展经济的积极性,并将此作为考核地方政府政绩的主要指标,这可以说是推进国家经济快速发展的重要法宝。行政等级和区划规模与格局以及政区的地理区位等都是地方政府经济发展非常重要的资源,政区的重要性显而易见。

第五,作为行政区划基本要素的行政等级和空间规模,对于发展条件较好、经济发展较快的行政区域来说,行政等级高,意味着权力的空间大、掌控人财物的资源多;地域面积大,规划、开发、建设的空间资源多,后劲足,在区域竞争中具有政区地理环境的重要优势。

第六,对于许多中心城市来说,行政区划空间形态模式对其发展的影响也很大,有时甚至成为中心城市发展的主要障碍。如县域包围中心城区的区划形态模式,使中心城区发展空间受阻,市县矛盾十分尖锐,以至于出现中心城区破旧、萎缩,周边经济发达,新兴开发区林立,县级市包围地级市的奇特景象。其直接的影响就是行政区划体制。长江三角洲的苏州、无锡、常州等城市,在20世纪八九十年代就曾经出现过这种奇特现象。

我想,通过以上几点可以大致理解,在改革开放的转型期,行政区划体制对于中国地方(城市)经济发展的特别重要性。

Q:Your research has distinctively evolved to examine the dynamics of *xingzhengquhua* as an understanding of the relationship between territory and economy. How did you evolve the idea of *xingzhengqujingji*(行政区经济)? Please tell our readers how you understand *xingzhengqujingji*(行政区经济).

(您研究的独特之处,在于逐渐发展出检视"行政区划"动态机制的方法,并以此作为一种理解地域和经济关系的方式。对此,我们好奇的是,您是如何逐步发展出"行政区经济"的概念呢?我们想请您跟读者分享您如何理解"行政区经济"?)

刘:是的,对于政府主管部门(民政部门)来说,行政区划是一项重要的管理工作。但对于一名学者来说,不能只看到表面的现象——行政区划的空间变更、调整,而是要透过区划看到特定时期出现的许多经济现象,善于对这些现象进行梳理、归纳和总结,科学解释这种现象,并进而透过现象追踪研究它背后的、本质的、内在的东西。我对观察到的行政区划与经济发展中的问题和现象及其相互关系进行了深入分析与思考,提出了"行政区经济"的概念。

我对于"行政区经济"的认识,大致经过了3个阶段:1990—1991年,在全国大规模开展国土规划的背景下,我多次受邀参加了安徽省计划委员会召开的黄山、安庆、池州、宣城、合肥等地市和安徽沿江带等国土规划评审会。在这些会上,我根据多年考察的经验体会与发现,指出了行政区划体制因素对中国国土资源开发、区域—城市经济发展的强烈影响,提出了"行政—经济区"的概念,认为"这种行政—经济区对推动我国生产力的发展起着主导作用。而正是行政—经济区,在地方分权体制下,使各级地方经济发展追求'大而全'或'小而全',导致区域经济的封闭性特点,从而对整体经济的发展带来消极影响"。1992年,在广州召开的"全国首次经济特区和沿海开放地带行政区划研讨会"上,我进一步强调了中国转型期行政区划的重要作用,提出了"行政区经济"的概念。这可以说是"行政区经济"的概念提出阶段。

根据当时的认识,我们对"行政区经济"的概念做了如下解释:所谓"行政区经济"是指由于行政区划对区域经济的刚性约束而产生的一种特殊区域经济现象,是我国在从传统计划经济体制向社会主义市场经济体制转轨过程中,区域经济由纵向运行系统向横向运行系统转变时期出现的具有过渡性质的一种区域经济类型。我们的研究认为,现阶段,我国"行政区经济"主要表现为以下5个特征:(1)企业竞争中渗透着强烈的地方政府经济行为;(2)生产要素跨行政区流动受到很大阻隔;(3)行政区经济呈稳态结构;(4)行政中心与经济中心的高度一致性;(5)行政区边界经济的衰竭性。

自此以后,打破行政壁垒和地域分割,要求淡化政府直接干预行政区的经济功能,推进政府职能转变的呼声越来越高。这可以说是以建立华东师范大学中国行政区划研究中心为契机,以培养跨学科人才为目的,并通过大量实地考察、政策研究、区划方案论证和论著撰写等,从而使行政区经济的理论体系与框架逐渐深化和得以推广,这可以称得上是我推进"行政区经济"理论发展的第二阶段。

自"行政区经济"理论提出以后,在中国区域经济发展面临新的形势下,要求打破区域分割,推动区域联动发展,努力消除我国"行政区经济"负面影响的呼声也日渐高涨。事实上,正是在我与我的学生们形成的这个学术集体以及许多认同行政区经济理论学者的共同努力下,使得"行政区经济"理论客观上在积极推动我国区域—城市经济、社会发展与规划、建设管理的理论与实践研究方面,都起到了积极的作用。

行政区经济是我国改革开放以后形成和发展的,新时期以来形成的区域经济冲突就是行政区经济在不同发展阶段运行的结果。我国的行政区经济运行大体上可以分为5个时期:(1)1979—1984年,表现为"分灶吃饭"等改革措施下的盲目布局与引进;(2)1985—1988年,是价格双轨制下的"原料大战"时期;(3)1989—1992年,是紧缩政策下的市场疲软和封锁时期;(4)1993—1997年,是金融秩序混乱和经济过热时期;(5)1997年以后,是经济"软着陆"之后保护局部利益时期。我们的研究认为,世界上的其他国家,如采取市场经济体制的美国、计划经济体制的苏联和混合经济体制的印度,它们都难以形成与中国行政区经济发育不相上下的土壤环境。因此,中国是世界上行政区经济表现最为突出的国家,也就是说,行政区经济是具有中国特色的。这主要表现在它有其独特的运行方式,即以企业为微观运行单位,在权力空间地域上和不同的行政区层次上表现出不同的特点。行政区经济理论认为,一旦全国统一大市场建立,行政区经济的负面作用势必逐步削弱,一种新型的区域经济关系将会形成、发展,但这可能还需要相当长一段时间。

然而,随着对行政区经济理论认识的不断提高,行政区经济内容框架与理论体系构建的完善与发展,尤其是在对我国现阶段区域—城市经济社会发展、规划建设管理中存在的"行政区经济"现象已经具有较强的说服力和阐释效应的情况下,我认为仍有必要深入思考"行政区经济"理论的适用范围、理论扩展与深化提升的问题。

这可以说,"行政区经济"的研究进入了新的阶段,即第三阶段。

Q: Your research observes how economic development tends to generate developmental contradictions. How does thinking through perspectives of *xingzhengquhua* assist in understanding developmental contradictions? Please give us some examples of common and important contradictions. What conditions should be adjusted to resolve the contradictions?

(您的研究主要考察区域经济发展如何引起发展的冲突和矛盾。透过"行政区划"的观点思考,如何能够帮助您理解发展矛盾呢?请您给我们举一些例子,说明这些常见且重要的矛盾,以及怎样解决这些矛盾?)

刘:在中国经济高速发展的时期,行政区划与经济发展、城市规划建设管理、流域治理、生态环境保护的矛盾是很多的,区划调整改革的内容十分丰富,调整的方式也很多。比如,城市化快速推进,要求改变县的性质,需要及时撤县设市(如前面指出的大量县改设市);开发区迅速增长,发展的空间不足,需要通过合并或兼并的方式及时扩展空间(如上海浦东新区等);中心城市的培育发展,需要升格提升其等级(如重庆直辖市、江苏省宿迁市等);不合理的政区形态模式带来的发展空间阻隔,需要及时调整;等等。

在我们的考察调查和参与的项目中,发现行政区域与经济发展冲突和矛盾的例子有很多。比较典型的如长江三角洲的苏州、无锡、常州地区(以下简称苏锡常)。这是中国经济最为发达的地区之一。1991年,我们受民政部和江苏省政府的委托,对苏锡常地区的行政区划进行了为期两个多月的深入调查。着重从区域经济发展角度分析研究了这个长江三角洲核心区域的行政区划体制问题。调查涉及苏锡常3个地级市及其所辖的12个县市,面积超过17 000km^2,人口为1 300万人(1990年户籍人口)。

历史上,苏锡常地区是个向心力很强、经济紧密联系的整体,3个城市各有特色,分工合作协同发展,形成苏锡常都市圈。苏州是个具有典型江南水乡特色、世界著名的文化古都、旅游城市,也是地级行政中心,商贸繁荣;常州也是苏南重要的行政中心,中国著名的工业城市;而无锡处于苏锡常中心位置,是近代发展起来的苏南最大的经济中心,商贸十分发达,有"小上海"美称。20世纪80年代初,苏锡常行政区划体制开始变革,推行了"市管县"体制,3个市成为并列的地级市。

第一,在中国由计划经济向市场经济转轨过程中,苏锡常3个并列的地级市之间出现离心倾向。三市行政分割、画地为牢、相互封锁、盲目竞争、重复建设、产业同构、自成体系等现象十分严重。据当时的调查资料,3个中心城市在40多个工业部门中,占工业总产值60%以上的前六位行业排序都是机械→纺织→化工→冶金→食品等;三市的出口排序同为轻纺→重工→农副产品。由于行政区划的分割和体制、政策因素,导致三市的离心倾向不断加剧,经济结构同构化引起内部的过度竞争,最终削弱了整体经济实力,城市的个性逐步消失,历史形成的苏锡常都市圈也近乎解体。太湖流域的统筹治理和基础设施的统筹建设以及长江沿岸的岸线规划统筹遭遇极大阻力。中国的"行政区经济"现象在苏锡常地区表现得淋漓尽致!

第二,从苏锡常3个中心城市的城区来看,由于传统的城乡分治(同心圆式)政区模式(郊县包围中心城区),带来中心城区的经济发展和城市规划建设受县域政区空间的包围而严重阻隔。苏锡常3个中心城市都是由县域中心城区发展壮大、分离出来的,因此出现长期的市与县两个政府同城的政区格局。在中国经济高速发展、城市化快速推进时期,这种政区空间格局必然带来市县之间的严重矛盾。苏州市与吴县(后改设吴县市,又改设吴中区)、无锡市与无锡县(后改设锡山市,又改设锡山区)、常州市与武进县(后改设武进市,又改设武进区),3个城市基于同样的原因,出现相同的矛盾问题:城区与郊区规划难以统筹,公共基础设施各自为政,土地利用、城市形态紊乱,城区旧城改造难以推进,等等。

如何从理论上进行分析解释这种矛盾现象是我们关注和研究的重点。这应该从分析"行政区经济"现象产生的原因着手。

我们的研究认为,中国行政区经济的形成与我国历史上的地方经济发展状况有关,而地方经济发展的传统又主要受3个因素的影响:(1)我国地域辽阔、自然条件和经济技术发展水平的地域差异大,拉开了地区之间经济收益的差距,同时,过于单一狭窄、传统的各类经济组织形式,阻碍了有组织市场的发育,导致难以形成全国性的统一市场;(2)国家统一,长期稳定,也使省区为主的地方经济的各自发展成为可能;(3)我国市场发育状况决定了我国区域经济较低的联系水平,也导致我国经济长期被排斥在世界经济体系之外。上述因素使我国的地方经济往往囿于行政区域的范围内,呈现为"封闭"式运行状态。

中国行政区经济形成的基础主要有两点:(1)传统形成的封闭式的省区经济使省区内外的经济差异逐步扩大,省区经济的稳定性进一步增强;(2)长时期科学技术水平低下和交通运输、通信条件的落后,减弱了区域经济在更大空间和更高层次的聚合程度。以上两点加上其他一些历史、政治、文化因素,为行政区经济的孕育、发展提供了温床,同时也成为区域经济一体化发展的桎梏。

行政区经济理论还认为,新中国成立以后,在计划经济时期的中央与地方条块关系变动环境下行政区经济是以潜型形式存在的,一旦"条条"与"块块"之间的权力关系发生转移,即当"条条"与"块块"关系的平衡点向"块块"一方略有倾斜时,客观上就为行政区经济的强化提供了基础。

那么,怎样解决由于行政区划体制带来的区域经济发展和城市规划建设管理的矛盾呢?我认为从中国的国情来看需要分两步走:

第一步,也就是说在近期(也许要10~20年),为适应城市—区域经济社会发展、规划建设管理的需要,适时调整不合理的行政区划体制。就苏锡常地区来说,首先要解决中心城区市县同城的矛盾,重新合理划分、调整中心城区与郊县(市)的区划格局。这个问题除个别城市外,目前已经基本解决。我认为,2012年苏州中心城区的区划调整是比较理想和合理的。其次,要解决3个城市内部深层次(区和街、镇等级)的区划矛盾。这要从各个城市的具体情况出发,根据规划发展的需要,在充分论证的基础上,因地制宜适时地进行调整。最后,由于取消"市管县(市)"、推进"省直管市(县)"是大势所趋,要及早谋划、思考,针对推行新体制可能出现的新矛盾提出应对措施。

第二步,解决上述行政区划问题,从长远和根本上来看,还是要针对"行政区经济"现象产生的根源,加快推进政治—行政体制改革、转变政府职能、改革基层政府和干部考核制度、推进社会发育,以及深化市场经济体制改革。只有这样才能弱化"行政区经济"的负面影响,使中国的地方经济走上具有中国特色市场经济、健康发展的轨道,并全面融入世界经济体系。我深信这一天一定会到来,尽管可能需要经历较长的时间。

Q:You have been involved in many projects over the years, including trials of government policies in different provinces. What projects do you consider the most interesting? What are some of your creative solutions to challenging problems?

(多年来,您参与过不少计划,包括许多省份里头的政府政策试验。就您看来,在您参与的计划里,哪些让您最感兴趣?在这些充满挑战性的问题里,有哪些解决方案在您看来最具创见?)

刘：从20世纪90年代开始到现在将近20个年头，我受地方政府的委托做了许多有关行政区划的调查论证和研究项目，其中不少已经被政府有关部门采纳并实施。如果说最具挑战性和创意的，我感觉海南省省会城市海口市和邻近的琼山市（今琼山区）的政区格局两次变更调整的实证，以及我的家乡——泰州市的区划调整颇有代表性。

1) 关于海南省海口—琼山地区行政区划调整的论证

(1) 背景与事由

海口市是海南省省会城市，但规模不大，面积为305 km²，人口为161万人（2011年）。有趣的是，大海口的城区实际上包括海口市与琼山市（后改设琼山区）两个城区。如果没有观察的实际经验，在海口很难分辨两个城市的城区界线。这种城市格局在国外如美国较多，我国台湾地区的台北市与其周边属于原台北县（今新北市）的十大县辖市、原台中市与台中县、原台南市与台南县等相当普遍，为典型的行政分治型都市区。

琼山县早在隋朝就在海南岛设置，为海南最早设置县制的县之一，随着县域北部南渡江海滨港口的兴起与发展，海口从琼山析出。宋设海口浦，1912年升海口镇，1926年从琼山析出设置海口市，1956年升为地级市，此后时有升降，1986年复为地级市，隶属广东省，为海南行政驻地。1988年海南建省，海口为省会城市，琼山为直属于海南省的一个经济比较发达的大县。海口市与琼山县的向心发展，逐步使之成为一个典型的跨界双联城市。

1990年《海口市总体规划》经国务院批复实施。规划确定：海口市作为海南省省会，是全省政治、经济、文化、流通中心，将建设成为具有热带风光和海滨城市特色的外向型国际性城市。根据规划，2005年，海口城市规划区范围为1 127 km²，市区建设用地为120 km²，人口为80万人，而当时的海口市是个典型的"切块"城市，行政区域面积狭小（236.4 km²）。在"同城双府"的格局下，《海口市总体规划》难以落实，并导致海口市与琼山县规划发展的尖锐矛盾。双方各执一词，海口强烈要求琼山撤县改区、实行兼并；琼山则基于其良好的发展条件与势头，坚决要求撤县设市、独立发展，高层的意见也不统一。

(2) 两次论证的相反结论

20世纪90年代（1993年）和21世纪的前期（2002年），我先后两次应邀对海口—琼山进行调查研究、分析论证。两次论证结果与建议均被海南省委、省政府采纳，同时都获得国务院的批准。而具有挑战性的是两次论证的观点、结论却完全相反。1993年主张海口与琼山"分治"，支持琼山撤县设市，而事隔10年，则主张海口与琼山两个市"合并"。

第一次（1993年），课题组在深入调查的基础上，经过认真研究分析，提交了《大海口地区市县利益冲突与行政区划调整》的研究论证报告。报告分析了海口—琼山市县矛盾的性质与表现，借鉴了国际大都市区管理体制的经验，比较了"市带县""市县合并"和"市市并列"3种体制模式的利弊，按照有利于经济发展、有利于安定团结、兼顾双方利益的原则，积极推荐了"市市并列"模式。报告迅速统一了高层领导思想，采纳了"市市并列"模式，遂做出决定，海口与琼山实行分治，支持琼山由撤县设市，同时针对市县的现实矛盾采取多项措施，包括省职能部门直接协调推进合作。1994年1月，国务院批准琼山撤县设市。两市在省委、省政府的直接支持下，一段时期内努力克服各种矛盾、积极协调，取得长足发展。

然而，经过10年分治的实践，两市之间的矛盾渐渐增多、愈演愈烈，社会反响强烈[①]。为此，省委、省政府领导高度重视，寻求科学解决途径。2002年7月，我因此被邀请第二次赴海口调研。经过全面深入调查，2002年7月底提交了《关于海南省调整海口市行政区划方案的论证报告》。新的论证报告系统分析了海口—琼山双联城市行政建制从城乡合治、城乡分治到市市并列的发展演变过程与相互关系,论证了在中国"行政区经济"运行时期以及海南发展的新形势下两市合并、市辖区调整的必要性,依据"走向新的城乡合治"的新思路,提出了两市合并调整的方案。高层很快统一认识,新方案被采纳。当年10月16日国务院正式批复海口市行政区划调整方案,撤销琼山市和海口市秀英区、新华区、振东区,以原琼山市和海口市原秀英区、新华区、振东区的行政区划设立海口市秀英区、龙华区、琼山区、美兰区。

应该说,两次论证的结论都是有根据和科学的。前后相隔10年,海口—琼山地区的情况发生很大变化,及时采取新的政区体制模式是必要的。两次海口—琼山行政区划调整论证的实践充分显示,行政区划作为上层建筑,必须适应经济发展的需要,适时调整改革。同时也说明,中国在"行政区经济"运行时期,即使是在开放前沿的海南省,一个都市区内两个并列、同城的城市政府采取"非固化(非实体)"的合作治理模式难以取得成功,尽管这种模式具有先进的理念。由此可见,刚性的"固化(实体)"特质在中国转型期的大都市区行政区划体制调整中是一个普遍规律。只要中国的地方政府政治—行政体制改革没有实质的、深层次的推进,通过行政区划的调整解决都市区的行政体制矛盾,在相当长时期都是一个基本而行之有效的途径。

2) 关于江苏省泰州地区行政区划调整的论证

泰州是江苏中部、长江北岸的一个地级市,属于长江三角洲北缘,下辖海陵、高港、姜堰三区,泰兴、靖江、兴化三市,面积为5 787 km²,人口为505万人(2011年)。

泰州历史悠久,地理位置优越,交通便捷,人口密集,商贸发达,曾经有"小无锡"之称,以泰州为中心,形成了包括"三泰"(泰州、泰兴、泰县)在内,辐射苏中、苏北的经济区。但受行政建制升迁、区划格局多变的影响,泰州城市中心地位大起大落,行政区与经济区分离,"三泰"地区经济发展严重受阻。据资料,1949年以来,泰州地区的行政区划变更过十多次,辖区忽大忽小,周围划进划出,城市行政地位沉浮不定,曾为地级市,甚至一度为省府(苏北行署)驻地,又一度改为县。1950年5月和1959年1月,先后两次与泰县(今姜堰区)合并称泰县、泰州县;1983年江苏省推行"市管县"体制后,泰州为隶属于扬州市的县级市。总的趋势是其行政地位越调越低。

在政府主导的经济发展年代,江苏省经济高速发展,泰州周边的扬州、南通两个地级市也欣欣向荣,唯独泰州成为"低谷"。而这种状态非自然形成,而是由于人为的、不合理的行政区划造成的。为此,地方官员和百姓愤愤不平!

1991年,我们在完成苏锡常地区行政区划调查考察任务之后,应省政府的要求,对"三泰"地区的行政区划问题进行了深入调查,收集了大量历史和现实的资料,听取了方方面面的意见,经过认真分析研究,1992年提交了《江苏省"三泰"地区行政区划体制问题调查研究报告》。

研究指出,"三泰"地区位于长江北岸、苏中核心,地理条件优越,历史基础较好,在江苏省尤其是苏中地区发展中具有重要战略地位和巨大潜力;由于行政区划体制的多变,尤其是行政地位人为的沉浮和"折腾",严重影响了该地区的经济发展和中心城市——泰州的规划建设,而不合理的行政区划又破坏了历史形成、相对独立的苏中经济区和城镇体系格局,经济布局紊乱,江岸资源难以科学统筹规划;理顺区划体制,恢复"三泰"地区的历史地位,实行行政区与经济区的协同,加速发展以泰州为核心的经济刻不容缓。

研究认为,实行"扬(州)泰(州)分治、港(高港港口)城(泰州城区)一体"是指导"三泰"地区行政区划调整的基本战略思路。这一思路得到方方面面的高度认同。在此基础上,形成了"三泰"地区行政区划调整方案,经过多年、多方努力,克服重重阻力,泰州终于在1996年从扬州市分离,独立设为"地级市",从此,再获长足发展。

我在实践中深深体会到行政区划体制问题在中国十分重要,它涉及地方经济发展、城市规划建设管理、社会文化和生态环境建设等各个方面,有大量实践与理论问题需要多学科合作、深入探究。"行政区经济"思想也是在实践中提出的。期望国内外同行积极参与,共同推进这一新兴领域学术思想的发展、繁荣。

[刘君德.关于中国"行政区划"研究和"行政区经济"理论思想的缘起[Z].上海,2014]

解读:在本次书面采访中,我对"行政区划"的概念进行了简要诠释,介绍了我从事行政区划研究和在实践中发现"行政区经济"现象、进行理论研究的过程;强调了在当代中国行政区划研究和改革推进的重要性,行政区划与经济发展、城市化推进的内在联系;针对当今区划改革中出现的问题,提出改革的方向性建议,也是一种展望。最后重点解剖了江苏省泰州和海南省海口—琼山的两个区划调整改革的实例,这是我从事行政区划理论与实践研究中最具典型性和说服力的案例。

注释

① 2001年10月22日《人民日报》发表记者贺广华《各行其"市"不是市》的文章,引起较大社会反响;2000—2002年海南省政治协商会议多次提出海口—琼山合并的提案。

31 论大百科全书词条(一):行政区经济

背景:2017年5月,我收到中山大学地理与规划学院刘云刚教授的邮件,邀请我参与《中国大百科全书》第3版地理学卷政治地理学分科"行政区经济"的词条撰写,以及"行政区划"等相关词条的审定工作,我欣然答应,也十分高兴。其一,《中国大百科全书》第3版的编写工作是由国务院领导,由大百科全书出版社与中国地理学会具体负责组织实施的重要文化工程,具有科学性、权威性、规范性和严谨性;其二,更重要的是我们原创性的行政区经济理论思想提出20多年后,终于被地理科学界广泛认同,并列入权威性工具书条目而将载入史册、被广为传播和引用。

行政区经济(Administrative District Economy):由于行政区划对区域经济和地方发展的"空间约束"而产生的一种特殊区域经济现象,是当代中国从计划经济向市场经济的体制转轨过程中与区域经济一体化相悖的区域分割现象。该理论从经济区与行政区关系的视角,把区域经济发展研究与行政区划改革研究相结合,是政治—经济地理学和区域政治经济学的新兴领域,也是政区地理学的重要理论基础。刘君德等于20世纪90年代初期首先提出了"行政区经济"的概念,系统发展了行政区经济理论,是我国以行政区划为研究对象形成学术理论自觉的开始。

31.1 形成与发展

"行政区经济"理论的发展大致经历了以下3个阶段:

(1) 概念的提出。20世纪80年代初期,刘君德在南方山区的综合科学考察中,发现行政区划对城市—区域经济发展产生的"刚性约束"现象。基于行政区与经济区的内在关联性,于1990年提出"行政—经济区"的概念,认为"这种行政—经济区对推动我国社会主义生产力的发展起着主导作用。然而正是行政—经济区,在地方分权体制下,使各级地方经济发展追求'大而全'或'小而全',导致区域经济的封闭性特点,从而给整体经济的发展带来消极影响"。1992年,明确提出了"行政区经济"的概念,并认为"随着我国政治经济体制改革的深入推进,行政区域政府的经济功能将逐步淡化"。

(2) 理论的系统化。1994年,刘君德与舒庆等首次系统地对"行政区经济"概念做了阐释,认为行政区经济是由于行政区划对区域经济的刚性约束而产生的一种特殊区域经济现象,是我国在从传统计划经济体制向社会主义市场经济体制转轨过程中,区域经济由纵向运行系统向横向运行系统转变时期出现的具有过渡性质的一种区域经济类型;指出企业竞争中渗透着强烈的地方政府经济行为、生产要素的跨行政区流动受到很大阻隔等行政区经济的五大表现。在此基础上,刘君德与相关学者进一步深化理论研究,系统阐述了行政区经济的理论架构,指出行政区划对区域经济发展的影响及其主要表现、基本属性、结构特征、形成机理、运行过程,行政区与经济区的关系及其整合,国民经济区域调控—中心城市调控模式等。同时,在实际研究中,各界也逐渐运用"行政区经济"的理论,诠释中国地方发展中的城市—区域经济以及规划建设管理问题。

(3) 理论的发展和深化。2004年后,刘君德对"行政区经济"理论有所补充、修正,提出"行政区经济"具有正负两面效应;认为中国转型期出现的行政区经济,具有行政性、封闭性、两面性、过渡性等特征;中国的行政区经济运行将长期存在,在这一过程中,"行政区经济将发生质的变异",指出在中国经济高速发展、体制改革不断深化的新形势下,行政区经济的功能性质,就全局、总体而言,其影响是正面的,会"逐渐形成中国特色的新型行政区经济"。2010—2015年,刘君德主编的"当代中国城市—区域:权力·空间·制度研究丛书"系列论著,以行政经济理论为主线,对中国区域经济、政治、社会、文化、生态问题进行了系统的论述,提出了中国行政区划体制改革的方向,将行政区经济理论与实践研究推向深入。2013年,提出了"权力+空间=生产力"的构思,突出了行政区经济的发展力。

31.2 基本内容

行政区经济理论体系的基本内容包含以下方面:

(1) 行政区经济概念的认知。行政区经济的概念体现行政区划的"空间分割"特质,表现出5个方面特征:一是企业竞争中的地方政府经济行为;二是生产要素跨行政区流动受政区空间的阻滞;三是行政区经济呈现稳态结构;四是行政中心与经济中心的高度一致性;五是行政区经济的边界效应。伴随着中国国内区域市场环境的改善,行政区划藩篱的相对弱化,行政区经济更多地表现出发展性的特征。

(2) 行政区经济的基本结构。其内容包括以下3个方面:一是企业结构。改革开放初期,中国国有企业分属于不同层级的政府,即所谓的中央、省、市、县属,乃至乡镇属等多个层级。其中省级及其以下不同层级地方企业,囿于行政区空间的约束,与本行政区之外的经济交流与合作受阻;而国家主体经济命脉的中央企业自成体系运行,与地方企业难有人员、资金、物质、信息等交流,计划经济时期遗留下来的企业的"封闭性"特征,成为行政区经济运行的重要表现。二是地域结构。在计划经济体制下,经济运行以纵向为主,使得地方企业跨行政区域之间的经济流动发生"梗阻",经济只在其所属的行政区域内运行,城市作为企业和非农人口的集聚地,远未能发挥其经济中心的辐射功能,导致省域、市域城镇体系发育和经济区内市场发育的"固化"、经济区的"政区化"等特有空间现象。三是层次结构。在多层级的政区结构体系中,省(自治区、直辖市)是中央向地方分权的关键层次,但从获取土地资源的能力来看,县市级政区的权力很大。基于省内分权导向以及各省经济的发达程度的差异,各省(自治区、直辖市)之间存在较大差别。比如,同为沿海、彼此相邻的江苏和浙江两个经济发展较快的省份就存在很大差异。江苏省的行政区经济现象存在较明显的分层性特征,省和地、县(市)级的行政区经济现象表现都很突出;浙江省的行政区经济的负面现象总体上要淡化很多,且主要表现在市县层级。随着改革的深化,企业结构的封闭性大大减弱,但地域结构的"政区化"和层次结构的"等级化"依然明显。

(3) 行政区经济的基本特征。"行政区经济"具有行政性、封闭性、两面性和动态发展性的特征。同级行政区域内的行政区经济具有包容性,同级行政区之间(跨界)的行政区经济则具有排他性(封闭性)。从正面效应看,各级地方政府加快发展经济的利益驱动力,辖区内的行政主导力和跨区域协同复合力有所增强;但"行政区经济"的负面影响——区域分割、地方封锁、重复建设等对区域经济发展产生的破坏作用依然存在。"行政区经济"的正负面影响将伴随中国整个转型阶段长期存在,但在统一的市场经济导向下,逐渐以正面影响为主。

(4) 行政区经济形成的内在机理。中国现当代区域经济运行中之所以呈现行政区经济的割据态势,是转型时期多种因素综合作用的结果,核心是随着经济体制的改革,经济活动主体发生巨大变化,由于中央政府逐渐分权,企业、地方政府也都成为经济运行的主体,尤其是地方政府的作用凸显,从而导致区域经济呈现特殊的运行状态,表现出区域经济运行中的诸多特殊的现象。

(5) 行政区经济发展力的构成。刘君德认为,行政区经济的本质是区域政治—经济运行中地方政府的行政力与市场力的互动与消长,行政区域作为地方政府"行政力"的"空间投影",在与"市场力"进行博弈的过程中,各种要素不断发育、相互交织,权力空间与市场空间相互适应,呈现动态匹配的特征。在此过程中,封闭与开放相伴,竞争与合作并存,最终形成具有明显阶段特征和不同地域特色的行政区经济空间格局,可以用以下公式表述行政区经济的发展力:

$$(权力+空间)\times 市场力=行政区经济发展力$$

其中,地方政府的"权力"要素指地方政府治理经济社会的能力,包括权力的等级、地方政府的谋划能力、制度的创新力,以及领导干部的协调与执行力等;(政区)"空间"要素指辖区空间的经济承载能力,包括所辖地域的自然力(地理区位与自然环境)、生产潜力(空间规模及其资源禀赋,包括人文资源的禀赋)、空间经济实力与集聚—辐射力,以及"五位一体"(政治、经济、社会、文化、生态)空间的综合协调能力等;市场力则包括市场配置资源的能力与竞争力。行政区经济的新表述突出了以下内涵:一是"权力"(政府、企业、社会组织等多主体)是行政区经济机理的核心要素;二是行政区划的"空间约束"在特定竞争条件下有其自身存在的合理性,其效应长期存在;三是行政区经济不仅是一种区域现象,更蕴涵着具有中国特色的区域发展运行规律。

随着世界经济的一体化、世界政治的经济化与世界经济的政治化,发挥市场经济在资源配置方面的决定性作用和更好发挥政府作用,都将是不可或缺的。

(6) 行政区经济的空间层级。行政区划的层级,直接关系到国家行政管理的效能和地方经济及城市群、都市区空间格局的形成与发展,是中国行政区划体制改革的重要内容,它也是行政区经济理论的重要研究内容,涉及市管县(市)体制改革、推进省直管过程中,行政区经济视角的科学层级体系与规模结构、中心城市与辖域的经济联系、行政中心与经济中心的关系、(城市或区域)区际之间的权力·空间关系、各级政府职能定位等,以及相对应的地方政治、经济体制改革的重大措施。省(自治区、直辖市)域经济、(地级)市域经济、县(市)域经济、乡镇经济是行政区经济空间层级理论研究的载体。

31.3 应用范围、意义及影响

行政区经济理论的价值在于将区域经济研究与行政区划研究有机结合起来,敏锐地发现中国区域经济、社会发展运行中的问题及其根源,较准确地揭示出当代中国转型时期区域经济运行的特殊现象与规律及其形成机理,在学科建设上开辟了一个具有中国特色的政治—经济地理学的新领域;在实践上推进了学者和政府部门重视研究和解决城市—区域发展中的行政区划问题,为中国行政区划的调整改革,行政区与经济区的协同、整合,都市区(带)的建设和"跨域治理"提供了理论依据。行政区经济的理论思想已经扩展到都市区、流域区、文化区、旅游区、生态区、社区的规划与治理等多个领域;引起海外马润朝、陈金永、卡洛琳·卡地亚(Carolyn Cartier)等知名学者以及国内的一些大学、科研和规划单位的关注。

[刘君德.行政区经济[M].2017年提交稿.北京:中国大百科全书出版社,待出版]

解读:大百科条目分为特长条、长条、中条和短条4种,行政区经济条目是按照长条的规范要求拟写的,有4 000多字。在这篇字数不多的释文中,界定了行政区经济的概念,阐述了行政区经济理论形成和发展的过程,反映了行政区经济理论思想的最新研究成果,清晰地阐明了行政区经济理论的核心内容及其适用范围、意义和影响,为读者提供了高度概括而准确的科学概念、基本理论及引用的依据。

参考文献

[1] 舒庆.中国行政区经济与行政区划研究[M].北京:中国环境科学出版社,1995.
[2] 刘君德,周克瑜.中国行政区划的理论与实践[M].上海:华东师范大学出版社,1986.
[3] 周克瑜.走向市场经济——中国行政区与经济区的关系及其整合[M].上海:复旦大学出版社,1999.
[4] 林涛.国民经济区域调控——中心城市调控模式研究[M].上海:复旦大学出版社,2000.
[5] 刘君德,林拓.中国行政区经济与行政区划理论与实践[M].南京:东南大学出版社,2015.
[6] 汪宇明.中国省区经济研究[M].上海:华东师范大学出版社,2000.
[7] 陈占彪.行政组织与空间结构的耦合:中国行政区经济的区域政治经济学分析[M].南京:东南大学出版社,2009.
[8] 范今朝.仁政必自经界始——中国现当代城市化进程中的行政区划改革若干问题研究[M].杭州:浙江大学出版社,2011.
[9] 胡德.权力空间过程与区域经济发展[M].南京:东南大学出版社,2014.

32 论大百科全书词条(二):政区地理学

背景:同第 31 篇。

政区地理学(Administrative Geography):研究国家内部的权力空间结构(行政区划)、地域配置过程及形成的空间格局的学科。它是从地理学视角研究行政区划的学科,既是政治地理学的分支学科之一,也与政治学、行政管理学和历史学紧密关联,具有较明显的边缘学科的性质。

32.1 研究内容

"政区"是近代以来所使用的一个用语,主要作为国家内部的"行政区""行政区域"或"行政区划"的简称;同时也可指具有一定综合性的、由公共管理机构所管辖的非行政区域,亦称之为"准政区"。

只有领土特别狭小的国家,像梵蒂冈、列支敦士登这类袖珍型国家不需要行政区划。国家建立在一定的领土空间之上,国家领土的广大要求对其赖以建立的土地加以划分,以便于国家履行其职能。如果不对国家疆域进行划分,国家权力便无法遍及每个地方、每个角落,由此会造成国家管理和权威的失效。在一个国家内部如何划分疆域,并确定整体与各个组成地方之间关系的问题,就是国家的权力空间结构问题。政区地理学就是从空间视角研究国家的地方结构问题,着重研究国家内部的次国家政府(即各级地方政府)所管辖区域权力的配置和划分方式。行政区划的理论与实践问题即为政区地理学的研究对象。

刘君德等认为,政区地理学的研究内容,可概括为以下 4 个方面:(1)理论研究,包括行政区的基本要素结构(层级、规模、行政中心、名称、边界等)、影响因素,地理环境结构与行政区发生、发展过程的相互作用,行政区的发展规律及划分原则,行政区划的层次结构系统,行政区的空间结构组织模式,行政区与经济区的关系及协调,城市化与城市型政区发展等。"行政区经济"理论是中国特色政区地理学的重要理论思想。(2)历史研究,包括行政区划的沿革过程和发展演变规律及其因素分析,行政区划与区域经济发展关系,行政中心变迁规律,行政区边界演变规律,政区层级演变规律,政区等第演变规律等。(3)比较研究,包括政治制度与行政区划体制、世界主要国家的行政区划的层次结构与管理幅度的比较,不同类型国家行政区功能的比较,都市区的行政组织与管理模式比较,联邦制国家与单一制国家中央与地方权限划分及对行政区划的影响等。(4)应用研究,包括行政区划调整改革中的层次结构体系,设市模式选择与预测,"市管县"体制的经验、问题与对策,市辖区设置模式,经济开发区的管理体制,建制镇的设置问题,以及行政区划调整规划等;还包括各类规划(城市规划、区域规划、流域规划、生态建设规划,乃至于社区规划等)中的行政区划调整改革规划及专项咨询论证等大量实践问题的研究。

行政区划在国家的政治经济活动和人民生活中占有十分重要的地位,行政区划设置是否科学合理,对一国的政治、经济、文化、生态等各个方面都会产生重大影响。从空间视角研究行政区划的政区地理学具有重要意义。

32.2 学科发展简史

在中国古代,有大量属于政区地理研究的内容,但当时基本是作为史学的一部分而存在,主要使用"疆域"或"沿革"或"舆地"等用语。20世纪初期,随着西方地理学体系的传入,作为地理学分支学科之一的政治地理学在中国正式确立,其中也包含了政区地理的研究内容,如对行政区划调整等问题的研究,"政区"用语也正式出现;但并未作为政治地理学的分支学科之一明确独立出来。20世纪80年代之后,学界明确使用"政区地理"用语,政区地理学作为政治地理学分支学科之一的地位也逐渐明确。

32.2.1 古代政区地理研究的萌芽

中国历代统治者对于如何从地理角度来处理政区的内部事务与周边民族的关系,在分裂时期如何运用政治地理原则与对峙政权相处,都有一系列理论与实践值得重视。尤其是在行政区域的划分方面,历代中央政府都花费很大力气进行实践,每一代都对前一代的做法有沿有革,积累了大量的政区变迁与政治过程之间关系的资料。这事实上就是政区地理的实证和应用研究。《尚书·禹贡》提出的"九州制"和"畿服制"的两种政区模式,对后世有深远影响。秦代开始实行的"郡县制",都对当时的政治、社会、经济、文化的发展,起到了至关重要的作用。东汉班固所著《汉书·地理志》,开创了我国以疆域政区变迁为主的沿革地理研究领域。我国现存数量庞大的地方志,绝大多数也都是以行政区划单元作为编写对象的。

32.2.2 近代政区地理研究的开展

20世纪初,随着西方地理学体系以及人文地理学、政治地理学等的传入,中国学者逐渐从地理学角度探讨政区地理问题,并将政区地理的研究内容纳入科学的地理学体系之中。一是作为历史学的一部分,在传统的沿革、疆域等研究内容的基础上,继续从事相关"沿革地理"的研究,并从传统的"沿革地理"逐渐扩展为"历史地理学"。二是作为政治地理学的一部分,初步探讨了诸如省区划分、行政区域改革、省会确定等问题。如20世纪30—40年代中国地理学界积极参与的重划省区的行政区划调整方案的研究,以胡焕庸、张其昀为代表的"析省"派,提出以原有省为基础,将一省分为数省;以洪绂、黄国璋为代表的"重划"派,主张打破现有省区界线,彻底重新划分省区;而傅角今则综合各种方案,按照"历史背景、山川形势、经济发展、防卫需要、文化程度、人力财力"等原则,提出了将我国划分为56个省、2个地方和12个直辖市的行政区划改革方案,至今仍具有参考价值。但在此期间,政区地理研究仍分属于历史地理学和政治地理学的研究之中,尚未形成相对独立的学科。

32.2.3　现代政区地理学的确立

1949年至20世纪70年代后期，由于政治形势的影响，政治地理学在中国被迫停止发展，行政区划研究亦被作为"禁区"。地理学界仅在历史地理研究领域，对政区地理研究有所开展。如谭其骧主编的《中国历史地图集》，以历史时期县及县以上政区变动为主要内容，为研究中国政区变迁奠定了重要基础。

1978年以后，随着人文地理学的复兴，政治地理学的研究也逐渐恢复。在这种背景下，作为政治地理学分支学科之一的政区地理学，开始逐渐形成。20世纪80年代以来，政区地理学在中国的形成及发展主要由两个方面的研究汇聚而成。

先是历史地理学领域。周振鹤于1983年完成了《西汉政区地理》，率先使用"政区地理"用语，并明确提出历史政区地理的研究构想。1991年，周振鹤出版《体国经野之道——新角度下的中国行政区划沿革史》，在对中国古代政区演变深入思考的基础上，对政区结构、幅员、边界、层级等问题，归纳出一系列概念和规律性的表述。

与此同时，随着国家对行政区划的重视，人文地理学界积极参与其中，逐渐明确形成了作为现代人文地理学分支学科之一的政区地理学。20世纪90年代以来，刘君德等先后提出"行政区经济""城市行政区—社区体系"等观点和理论，既是从中国的现实中抽象而来，也具有一定普遍意义。1996年，刘君德等在所著《中国行政区划的理论与实践》中，首次正式提出了"政区地理学"的概念，初步探讨了其研究对象和科学性质。1999年《中国政区地理》出版，进一步完整地阐述了"政区地理学"的基本概念、理论基础和学科体系。

在这些理论建构的基础上，一些大学开设了政区地理课程，招收了政区地理方向的硕士、博士研究生，并开展了该方向的博士后研究工作，培养了政区地理领域的高层次人才。这些，标志着政区地理学的基本确立。

32.3　发展趋势

政区地理学的研究在西方各国原本是近现代政治地理学所研究的内容之一，但因其各自国情所限，缺乏生长和发展的土壤，并未得到足够的重视，因此理论建树不大。与此相反，在中国，既有长达2 000余年的连续的政区演变历史，又有从中央高度集权的计划经济体制向中央与地方适当分权的市场经济体制过渡的丰富多彩的改革实践，客观上具有极为有利的开展政区地理学研究的条件。政区地理学就是在中国传统的沿革地理基础之上，紧密结合当前现实，在现代人文地理学若干分支，如政治地理、城市地理、经济地理和文化地理等之间，生长、发育而成的一门带有强烈实践性、规范性的边缘学科。因此，政区地理学的提出，既形成了现代人文地理学的一门新的分支学科，又弥补了传统政治地理学研究中的薄弱环节，并将理论阐发与实际应用结合起来，使政治地理学的研究从偏重国家之间转到兼及国家内部，从多为描述说明转到兼具规划、预测和调控功能，成为一门既具有强烈中国特色，又可得出具有一定普遍性的人文地理学的若干新概念、新理论的新兴学科。

今后，中国特色的政区地理学研究的重点，除了行政区划的历史与中外对比等研究需继续拓展之外，应从两个方面进行深化和发展。一是政区地理学的理论研究和深化，重点突出

"行政区经济"理论与行政区划体制改革的关系,政府职能转变与政区功能改革关系,城乡统筹与市制的多模式选择的研究等;二是行政区划改革的应用性研究,诸如未来中国政区格局大势预测,政区层级体系结构改革与省区规模调整,省域新型城镇化与行政区划调整改革,都市区(带)和城市群区域的政区与"准政区"适度规模、大中城市内部政区层级与适度规模改革,特大镇撤镇设市,县下辖市探索与试点等。"一带一路""长江经济带""京津冀""首都区""大湾区""长江三角洲""珠江三角洲""国家城市"、大江大河"治理"等国家战略,是当今政区地理学应用研究的热点问题。

[刘君德,范今朝.政区地理学[M].2017年提交稿.北京:中国大百科全书出版社,待出版]

解读:作为政治地理学独立分支学科的政区地理学,提出较早,成果较多,认同较广。本条目亦为首次收录大百科全书的词条。词条按照分支学科的要求和规范释文。我们编著出版的《中国行政区划的理论与实践》(1996年)和《中国政区地理》(1999年)两部专著,提出了"政区地理学"的科学概念,较为完整地阐述了"政区地理学"的理论基础和学科体系,是本词条撰稿的基础。本文对政区地理学学科研究对象、任务、内容进行了简要诠释;对学科发展的历程进行了梳理,勾画了发展的趋势。

参考文献

[1] 周振鹤.西汉政区地理[M].北京:人民出版社,1987.
[2] 周振鹤.体国经野之道——新角度下的中国行政区划沿革史[M].香港:中华书局,1990.
[3] 刘君德.中国行政区划的理论与实践[M].上海:华东师范大学出版社,1996.
[4] 刘君德,靳润成,周克瑜.中国政区地理[M].北京:科学出版社,1999.
[5] 刘君德,冯春萍,华林甫,等.中外行政区划比较研究[M].上海:华东师范大学出版社,2002.
[6] 范今朝.仁政必自经界始——中国现当代城市化进程中的行政区划改革若干问题研究[M].杭州:浙江大学出版社,2011.
[7] 周振鹤.中国历史政治地理十六讲[M].北京:中华书局,2013.
[8] 刘君德,范今朝.中国市制的历史演变与当代改革[M].南京:东南大学出版社,2015.

33 《中国政区地理》书评

背景:1999年,由我主持,我和靳润成、周克瑜共同编著的《中国政区地理》作为"中国人文地理丛书"的一种,由科学出版社出版。该著作是国内第一部系统论述"政区地理学"的学术著作,内容涉及理论建构、历史变迁与当代实践,基本上构筑起了政区地理学较为完整、科学的学科体系,对处于初创阶段的政区地理学具有重要的建立范式的意义;其出版也意味着该学科作为人文地理学分支学科之一的地位为地理学界所认可。因此,范今朝撰写了本篇书评。

作为"中国人文地理丛书"之一,由刘君德、靳润成、周克瑜编著的《中国政区地理》(科学出版社,1999年),是一部深深植根于中国的学术沃土和历史现实,以新的思维方式审视中国人文地理的一个重要领域,并着眼于理论创新和改革实践的开拓之作。"作者试图从新的视角,用新的体系结构和最新的研究成果和资料进行分析、综合,以建立一个较为完整、科学的中国政区地理学学科体系"(《前言》),应该说,这一目的是基本达到了;同时,本书的问世还有更进一步的意义,它又是到达吴传钧先生"总的目标是要建立具有中国特色的人文地理学"("中国人文地理丛书"《序一》)这一期望和要求的一次成功尝试。

以"研究国家的空间结构体系安排(行政区划)"(《前言》)为内容的政区地理学,渊源于中国传统的沿革地理研究;近代西方地理学传入中国后,又被纳入政治地理学的研究领域。但作为一门研究一个国家内部的地方行政机关所辖区域(即政区)的空间体系的学科,其构成因素、影响要素、划分原则、组织体系及其对国家和区域的经济、社会、文化乃至自然环境等的影响,以及对之预测、规划和调控,在上述两门学科中,均未能得到系统和全面的研究;中国传统的沿革地理以简单描述和罗列历史变迁及现实状况为主,缺乏理论分析;而西方近代的政治地理学则更多地关注国家作为一个整体的状况及国家之间的所谓地缘政治或经济格局,但对国家内部的政区划分及其效应等并未给予足够的重视(当然,这与西方国家的历史发展及政治制度有关)。因此,系统的、作为现代人文地理学的一个分支学科的政区地理学,不论在中国还是在西方,此前尽管已有部分学者提出一些有价值的思想,但并未能得以完全确立。该书作者果积多年从事中国行政区划理论与实践研究的体会,结合中国传统沿革地理之精华及当今的改革现实,在广泛吸收其他学者和相关学科研究成果的基础上,缜密思考,条分缕析,初步建立起了符合中国国情的政区地理学理论体系的框架。该书以"概念与原理""演变与发展"和"改革与探索"3篇为纲,从概念梳理到理论阐述,从历史演变到当今现实,并介绍了将有关原理直接应用于当前改革实践及规划预测的若干案例,大体上涵盖了目前政区地理学所研究的主要领域及所达到的水平。全书体系完整,内容丰富,资料翔实,论述允当,既涉理论层面,又及应用层次,基本上构筑起了政区地理学较为完整、科学的学科体系。

该书最主要的特点就是所体现出的鲜明的中国特色,即一门具有鲜明中国特色的人文地理学的分支学科——政区地理学由此基本建立,从而填补了此前国内和国际在这一领域的空白;这亦是该书问世最大的价值所在。如前所述,政区地理学的研究在西方各国原本是近现代政治地理学所研究的内容之一,但因其各自国情所限,缺乏生长和发展的土壤,并未得到足够的重视,故而理论建树不大。与此相反,在中国,既有长达2 000余年正式的行政区划历史,又有目前从传统的中央高度集权的计划经济体制向中央与地方适当分权的市场经济体制过渡的丰富多彩的改革实践,客观上对今人提出了许多迫切需要解决的有关政区地理的课题,进而就有可能在对其加以认真细致的实证研究和理论思考的基础上,提出若干理论,构建学科体系,并用以指导实践。该书作者正是在这样的宏观背景之下,吸收众多学者的成果,而完成使之系统化、理论化这一创始之功的。实际上,作者所提出和建立的政区地理学,就是在中国传统的沿革地理学的基础之上,紧密结合当前现实,在现代人文地理学若干分支,如政治地理、城市地理、经济地理和文化地理等之间,生长、发育而成的一门带有强烈实践性、规范性的边缘学科;作者所提出的若干观点和理论,如"行政区经济""城市行政区—社区体系"等,既是从中国的现实中抽象而来,也具有一定普遍意义(当然,其展开和表现形式中西不尽相同)。因此,政区地理学的提出,既形成了现代人文地理学的一门新的分支学科,又弥补了传统政治地理学研究中的薄弱环节,并将理论阐发与实际应用结合起来,使政治地理学的研究从偏重国家之间转到兼及国家内部,从多为描述说明转到兼具规划、预测和调控功能,这些对整个世界范围政治地理学的发展也是大有裨益的。由此也进而启示我们,在人文地理学的研究中,只要深深植根于中国的历史文化传统,密切关注现实的人地关系地域系统的表现和运动,是有可能提出和建立既有中国特色又具一定普遍性的人文地理学的若干新概念、新理论和新学科的。该书的问世,就是这样一次成功的尝试。

当然,作为对一门确立未久的学科进行总结的开创性著作,缺点和不足肯定是存在的;作者也明确指出,"其理论研究尚处于开创阶段;行政区划的体制改革也需要在实践中不断探索,总结经验与提高"(《前言》)。目前来看,政区地理学的理论基础尚嫌薄弱,除了所提及的马克思主义理论之外,似不应忽视中国传统的政治思想以及西方近现代各种政治学说对行政区划及由此而形成的政区地理格局的影响,这是其一。其二,在政区划分与政治、经济、社会、文化诸因素的互动关系的分析上也有未尽之处,即除了作者所提出的"行政区经济"这一多带负面效应的现象而外,也还存在着如"行政区文化"等有较多正面效应的方面,后者对形成一个地区共同的文化心理、文化景观以及政区的整合和维持具有重要意义,也是一笔无形资产,并不可等闲视之。另外,个别观点或表述也可商榷,如提到"行政区划是国家的产物,随着国家的必然消亡,行政区划也将最终失去其存在的价值,从而走向消亡"(第23页);事实上,即使作为阶级压迫统治工具的国家消亡,但只要人类社会存在,人类就仍需要结成某种形式的共同体及需要有相应的机构来从事必要的公共事务的管理,则作为一种高效率的管理方式,划分层级的行政区划似乎也还是有其存在的可能的。不过,瑕不掩瑜,作为一门具有中国特色的人文地理学的分支学科,我们相信,政区地理学会在实践中不断完善自身的理论体系并发挥更大的作用。

顺便提一句,可能是限于体例,作者未能将行政区划即政区地理的中西比较纳入该书框架(若干章节中有所涉及);但我以为,辟出专章进行较为详细的比较研究还是很有必要的。在当今世界全球化浪潮迅速推进之际,将中国的政区地理研究放入整个世界的大背景中,可能更有助于我们认识中国政区格局的利弊得失,也更有助于我们把握中国政区改革的方向和步骤。

［范今朝.建立一门具有中国特色的人文地理学分支学科的成功尝试——评《中国政区地理》[J].地理学报,2000,55(2):251-252］

解读：系统的、作为现代人文地理学分支学科之一的政区地理学，不论在中国还是在西方，在本书出版之前，可以说并没有得以完全确立。《中国政区地理》一书，从概念梳理到理论阐述，从历史演变到当今现实，大体上涵盖了当时政区地理学所研究的主要领域以及所达到的水平。全书体系完整，内容丰富，资料翔实，论述允当，既涉理论层面，又及应用层面，基本建立起了符合中国国情的政区地理学理论体系的框架，确立了一门具有中国特色的人文地理学分支学科的学术地位。——范今朝

第三部分 政区研究(中):省制与市制

总体研究
34 谈中国政区沿革 ················ 218
35 论中国政区改革 ················ 225
36 关于中国省制 ················ 235
37 关于地区与市管县体制 ················ 245

市制综论
38 市制的过去与未来 ················ 252
39 城市化与市制 ················ 260
40 学全会精神,谈政区改革 ················ 268
41 大城市区级政府功能定位 ················ 274
42 市制模式的系统论述 ················ 284

直辖体系
43 直辖市制度体系论 ················ 295
44 一贯的主张:县下辖市 ················ 303
45 早期镇升格的典型:石狮市 ················ 306
46 中国农民第一城:苍南县龙港镇的"四不像" ················ 312

市制挑战
47 市辖市体制的挑战 ················ 316
48 初论"强县扩权" ················ 325
49 再论"强县扩权" ················ 328
50 关于"省直管" ················ 335

调查报告
51 皖南区划的问题 ················ 342
52 皖南区划如何调整? ················ 349
53 上海开发区体制探索 ················ 355
54 辽宁省瓦房店市村级区划调整的经验 ················ 359
55 重视跨界组织管理研究 ················ 368

34　谈中国政区沿革

背景：1915年创刊的《科学》杂志是一份历史悠久、在国内外（特别是华人科学家中）有相当影响力的高级科普读物。几经沧桑，1985年其组成以著名物理学家周光召为主编、知名科学家为主的编委会，挂靠在上海科技出版社。除主要刊载自然科学的文章之外，也会刊登一些与国家经济建设、城市发展紧密关联的文章。基于行政区划改革在推进中国经济发展、城市规划建设管理中的积极作用，以及中国行政区划研究中心1990年5月在华东师范大学挂牌，经过一两年的运作，在国内产生一定影响，1992年杂志方邀请我拟写了两篇文章连续在该杂志发表，旨在向国人宣传行政区划知识，重要的是让社会大众了解行政区划是一门科学。

行政区划是研究行政区域划分的一门科学，古今中外任何一个国家都根据其政权建设、经济建设和行政管理的需要，在相关法律规定下，充分考虑政治、经济、历史、地理、民族、人口、文化、风俗等因素，依据一定的原则，将全国领土划分成若干层次级别、大小不等的行政区域，并在驻地（行政中心）设置相应的地方行政机关，实施行政管理。

行政区划是国家的大政，其划分合理与否关系到国家的政权结构和行政管理体制，关系到经济建设和生产力的合理布局，关系到民族团结和国家的稳定。在世界各国中，中国是一个地域辽阔、人口众多，具有悠久历史文化的多民族国家，自春秋至今，已有近2 000年的行政区划史，是世界上行政区划体制比较复杂、内容最丰富的国家。研究中国行政区划的过去和现在，分析其发展演变的客观规律，对于探索在改革开放形势下，中国行政区划发展的方向，建立具有中国特色的行政区划科学体系，有着十分重要的实践与理论意义。

34.1　秦汉以来中国政区的演变大势

中国的行政区划体系，早在秦汉时期即已基本形成，至新中国成立，按一级行政区划划分，大致经历了郡制、州制、道制、路制、省制5个发展时期。

34.1.1　郡制阶段

秦汉以前，中国在奴隶制社会，实行"分土封侯""世卿世袭"制，各政区之间没有明确的界线，更无全国统一的政区划分。直至公元前221年，秦始皇统一中国，华夏民族真正建立起统一的国家，彻底废除旧的以血缘关系为基础的分封制，实行新的封建官吏制度，即将战国时期开始的郡县制推向全国，从而开创了我国行政区划史的新纪元。秦初，分全国为内史和36郡，后南征百越，北逐匈奴，在鼎盛时期，设有46郡，辖900～1 000个县。

刘邦建立汉朝后，既因秦制，保存郡县，又实行分封制，大大削弱了中央政府的集权，导致诸侯叛乱，部分地区曾出现数百年以"国"统郡、"国"郡平行的局面。汉高祖时，全国设60

郡,其中15郡直属中央,45郡统于各"国"。至公元2年时,西汉有103个郡国,1587个县级政区。公元前106年,汉武帝在郡国之上设有13州刺史,初期,并无固定治所;东汉光武帝中兴后,始定州的治所。后刺史权力扩大,州逐步成为统辖若干郡国的大行政区。

34.1.2 州(郡)制阶段

起源于东汉时期的州制,至三国时期固定下来。三国末期共有16州(其中魏、吴的扬、荆二州重复计算,实为14州)和西域长史府,统158个郡国和西域诸国,统辖1190个县。东晋南北朝时期基本实行州郡县制,各朝为笼络人心,大多虚张声势,滥制州郡,多时达223州,辖999郡。此时期中国的行政区划地名混乱,国家长期处于分裂状态。隋文帝统一中国后,妃天下诸郡,实行州县制。609年,全国设190郡,统1255个县。

34.1.3 道制阶段

唐初,改郡为州。唐太宗继位后,根据山川分全国为10道,但道不设长官。至唐代宗时,道由监察区逐渐演变为行政区,为道、州(府)、县三级制。807年,全国设48道,辖295州(府),统1453县。

34.1.4 路制阶段

宋代政区制度实行路管府、州、军、监,府级政区之下再管县级政区的三级制。北宋分路以转运使司为主,至道三年(997年)分为15路,元丰八年(1085年)始定为23路。崇宁四年(1105年),将首都开封一府置为京畿路(治今河南省开封市),成24路。南宋据有东南半壁江山,北以淮河、大散关一线与金为界,北方大片领土沦入金朝版图,只剩17路。与北宋不同的是,南宋因军事防御的需要,分路以安抚使司为主。

辽朝虽然学习唐朝采用"五京道"制度,但金朝学习宋代制度,将全国分为十九路。路制到元朝就成了行省的下辖政区,至明初全部消亡。

34.1.5 省制阶段

元朝积极推行了行省制。1294年,设有1中书省、10个行中书省。元末增加到16个行省。行省制的设立是中国行政区划史上又一次重大变革。省制历经明、清和民国时期,一直沿用至今。明初设有南京和12行省,1376年改行中书省为承宣布政使司,但仍习称行省或省。清康熙六年(1667年)之后,全国有18省,非行政区域有内蒙古(内属蒙古)、外蒙古(即"喀尔喀蒙古")、西域新疆、青海、西藏、奉天、吉林、黑龙江,加起来共设有26个。宣统三年(1911年),有23省,及外蒙古、青海、西藏,共26个。清末设27个省级政区,辖215府,80直隶州,60直隶厅,统150散州,10散厅和1031县。

民国时期,基本上承袭清制,初期全国设30个省级政区,连同台湾省,共31个。但在省以下,裁撤了所有的府州厅,改建为县,在县与省之间设道,共97道,辖1791县。1927年废道,由省管县。1945年抗战胜利,恢复台湾省,日伪时期的东北3省改9省。至此,全国共35省、1地方。20世纪30年代,在省与县之间设立行政督察专员公署,作为省的派出机构。本时期行政区划的大事件是创立了市制。1921年7月,北洋政府颁布"市自治制",设立特别市和普通市,但只是一种自治团体,而非行政实体。后国民党政府将市定名地方行政区域,特别市与省平级,直属中央,普通市与县平级,属省管辖。1930年5月,颁布了《市组织法》,将特别市改为院辖市,普通市改为省辖市,截至1947年年底,全国共设有35省、1地方、12院辖市,辖2 016县、57省辖市、40设治局、2管理局、93旗、175宗。

纵观我国秦汉以来2 000余年的行政区划史,可以看出以下几个特征与规律:

第一,行政区划的变动是绝对的,稳定是相对的。秦汉以来,我国行政区划体制一直处于变动之中,一级政区的名称由"郡""州"演变为"道""路""省";地方行政区的层次结构也有二级、三级或四级之分,这是政治变动和经济发展的产物。其变动的目的是服务于特定时期的统治阶级巩固政权和发展经济的需要,但每一个新的行政区划体制变革,又都维持相当长一段时期,即保持其相对的稳定性,以一级行政区划的名称和层次结构而论,一般都有400年左右的历史,只有省制已保留了700余年的历史。

第二,地方行政区划层次以三级为主。中国的地方行政区划层次以虚、实三级制为最长。据初步统计,自秦至民国末年的2 100多年中,实行二级制的约290年,占13.6%;实行虚三级制的为610年,占28.7%多;实行实三级制的为600年,占28.2%;三级、四级并存制的约为276年,占13%;其余350年为多级制。二级制多在各王朝建立初期,一级地方政区名称更换之前,以后发展为虚三级制,再发展为实三级制,多级制一般发生在少数民族统治国家时期。

第三,一级政区名称、范围变动大,基层政区名称、范围变动小。我国行政区划名称、范围的变化主要发生在一级、二级政区。一级行政区由"郡"演变为"省"经历了很长的过程。二级政区的变化也很复杂,自魏晋南北朝以来,大多为三级或四级行政区体制,"郡"降为二级,后又改为"州"或"府"。在行省制阶段,二级区划更为复杂,数量增加很多,名称变化较大,且虚实不一。相反,基层政区即县的变化则很小,历经十几个朝代,2 000多年,县始终比较稳定,只是随经济发展,人口增加,县的数量逐渐增多而已。

第四,经济因素是行政区划形成发展的主要因素。行政区划是生产力发展的必然产物,是政治、经济、军事、文化、自然地理等诸因素综合作用的结果,但经济是最基本的影响因素。一般地说,经济较发达地区的行政区划地位较高,划分也较细,而经济落后地区,其行政区地位相对较低,划分较粗,如京都地区的行政区划地位都高于其他地区,划分也较细;另外经济重心和人口的迁移也会带来行政区划数量和地位的相对变化。中国古代,北方黄河流域中下游是经济、文化的核心地带,人口稠密,行政区的数量大大超过南方。秦朝72%的郡分布在北方,且郡人口多,面积小,划分细,数个郡相当于今一个省,如山东省境内当时设有5个郡;而江南,人烟稀少,设郡数量少,一个郡相当于今一省至数省。西晋末年开始人口大规模南迁,南方经济迅速发展。唐初,南方经济超过北方,行政区的数量也开始南多于北。明代,南方的省占全国总省数的67%,府和直隶州占79%,散州占63%,县占近60%,大多越分越细。

第五,户口和财富多寡是划分行政区的主要依据。社会发展,经济繁荣,人口增加,行政区就要增加或细分,特别是县,历代王朝大多以户口和财富多少作为划分和确定其等级的主要依据。明代以前以户口和面积划分,大致百里(1 里＝500 m)一县,"民稠则减,稀则增",万户以上设令,万户以下置长,直至元朝;明朝开始改以交纳粮赋的多少作为划分的标准。

行政区划具有历史继承性的特点,认真总结我国古代和近代行政区划的形成、演变和发展的规律,对研究和改革现行行政区划体制有重要意义。

34.2 新中国行政区划的发展

1949 年 10 月 1 日,中华人民共和国成立。40 多年来,积极、稳步地对新中国成立前的行政区划体制进行了较大的改革和调整,对建立新秩序、巩固人民民主专政、发展国民经济、促进各民族的团结、巩固国防,以及推进改革开放,都起到了积极作用。

1954 年颁布的我国第一部宪法——《中华人民共和国宪法》(以下简称《宪法》)规定了我国行政区域的划分:全国划分为省、自治区、直辖市;省、自治区分为自治州、县、自治县、市;自治州分为县、自治县、市;县、自治县分为乡、民族乡、镇;直辖市和较大的市分为区。自治区、自治州、自治县都是民族自治地方。1979 年修正的《宪法》中,将"县、自治县分为乡、民族乡、镇"修改为"县、自治县分为人民公社、镇";将"直辖市和较大的市分为区"修改为"直辖市和较大的市分为区、县"。1982 年颁布的经全面修改的《宪法》第二十九条中,又将"县、自治县分为人民公社、镇"恢复为"县、自治县分为乡、民族乡、镇";并增加了第三十条,即国家在必要的时候设立特别行政区。

依据《宪法》的规定,40 多年来,对行政区划不断进行改革与调整,逐步形成了我国目前的行政区划层次结构体系。截至 1990 年年底,全国共有一级行政区 31 个(省 23 个、自治区 5 个、直辖市 3 个),地级政区 336 个(113 个地区、8 个盟、30 个自治州、185 个地级市),县级政区 2 182 个(1 723 个县、121 个自治县、51 个旗、3 个自治旗、279 个县级市、5 个其他),市辖区 681 个(一级行政区以下统计数均不含台湾省在内,下同)。

我国现行行政区划体制由三大系统所构成。

34.2.1 传统的地域型行政区划系统

由省—行署(地区)—县—乡所构成,以管理农村为特点,是我国传统的行政区划模式。

新中国成立初期,在中央与省之间设了大行政区,分别为华北、东北、西北、华东、中南、西南六大行政区,是地方最高一级的行政区域单位,其任务是代表中央人民政府领导监督地方政府工作。在当时的形势下,建立大行政区,对于迅速建立革命秩序,巩固人民民主专政,贯彻中央的政策,进行各项社会改革和恢复发展国民经济,加强文化建设等均起着重要作用。而当其任务基本完成后,1954 年 6 月撤销了大行政区建制。

1949 年后,省的建制也有不少变化。总的特点是由少到多,又由多变少,直至基本稳定。国民经济恢复时期,全国省级行政区达 53 个(1951 年年底),其中省 29 个,省级行署区 8 个(苏南、苏北、皖南、皖北、川东、川西、川南、川北)、自治区 1 个和 1 个地方、1 个地区及 12 个直辖市。1952 年开始,陆续裁并省级行政区,至 1958 年,撤销 11 个省建制(平原、察哈尔、辽东、辽西、松江、绥远、热河、西康、广西、宁夏和新疆)和 8 个行署区。1958 年年底,全国省级政区减少到 30 个(含台湾省),其中省 22 个。此后,省建制一直趋于稳定状态。1988 年,撤销海南行政区,设立海南省,我国一级行政区增加到31个。

行署(地区)是介于省与县之间,代表省、自治区人民政府领导和监督县(市)政府工作的派出机构,1951年曾达199个,以后逐渐减少,大体稳定在170个左右。1983年实行市管县体制以来,地区大大减少,1990年减至113个。几十年来地区在协助省(自治区)人民政府领导和监督地方政府工作中发挥了应有作用,特别是在加强对农村工作的管理方面具有重要意义,是我国传统行政区划体系中的重要环节。

县是我国的基本行政单位,始于春秋,已沿袭2 600余年,具有完整而相对独立的行政管理系统,在我国社会发展中具有独特的作用,其建制和数量一直比较稳定。1949年,全国有2 204个县级单位(不含西藏地方)。40余年来,县级政区的改革和调整,主要表现在撤县改设自治县、撤县改市、调整部分县域范围和插花地、更改部分县名等方面,但总体而言,县政区变化较小。至1990年年底,全国仍有1 903个县级单位(不含县级市)。

乡是我国广大农村地区协助县行使行政职能的最基层行政单位。在1958年兴起的政社合一的人民公社化运动中,乡的行政单位由人民公社所取代。1983年实行政社分开,恢复了乡的建制。1988年年底,全国共有45 195个乡(含1 571个民族乡)。

20世纪50年代初,在县与乡之间还曾设有区公所的建制,作为县的派出机构行使行政职能,1956—1958年相继撤销。1983年恢复乡建制后,部分省又恢复了区公所。1988年年底,全国仍有3 570个县辖区公所。

34.2.2 新近发展的城市型区划系统

由不同级别的设市地方行政单位(直辖市—地级市—县级市或市辖区—镇或街道)所构成的行政区划系统,它以城市为核心,是改革开放以来重点发展的模式。

直辖市是最高级别的城市行政区,其名称始于1947年国民党政府制定的《直辖市自治通则草案》,但正式设立直辖市则是在新中国成立之后,中央设立大行政区的同时设置了12个直辖市(北京、天津、沈阳、鞍山、抚顺、本溪、西安、上海、南京、武汉、广州、重庆)。1953年增加到14个(新增长春、哈尔滨),是我国直辖市最多的时期。1954年在撤销大行政区的同时,为便于中央对省区的领导,适应国家经济建设的要求,除保留北京、天津、上海3个直辖市外,其余均划归有关省区管辖,为省辖市;同时,明确规定直辖市是作为省一级的地方行政建制。30多年来,除1958年、1965年天津曾一度划归河北管辖外,全国一直保持3个直辖市的建制。

地级市是中间层次的城市型行政区,相当于地区级,由省直辖。1990年年底,全国共设有185个地级市。县级市是基层城市型行政区,相当于县级,亦由省直辖。1990年年底,全国县级市已达179个,地、县两级市共有464个。

新中国成立以来,我国省辖地、县级市的发展大体经过了3个阶段。

(1) 1958年以前的正常发展阶段:这一时期,市的设置随国民经济的恢复发展和有计划的建设,数量稳步增长,1958年增加到183个市,比1949年净增61个。特别是1955年6月发布《国务院关于设置市镇建制的决定》,首次对设市镇的标准做出明确规定,使市的设置走向正常发展轨道。

(2) 1959—1978年的曲折发展和停滞阶段:"大跃进"时期,在"左"的思想影响下,市的发展速度过快,1961年增加到208个;1963年年底,根据中共中央、国务院《关于调整市镇建制,缩小郊区的指示》,设市数量减少到167个(1965年);"文化大革命"时期,国家政治、经济、文化建设遭受严重破坏,市的建制也基本处于停滞状态,1975年年底,市的数量为182个,尚不及1958年的水平。

(3) 1978年以来的计划发展阶段:十一届三中全会以来,我国市的设置适应社会生产力的发展,城市化水平提高,进入有计划发展阶段。总体看,发展速度较快。尤其是1983年为加快城市体制改革,提出了新的设市标准和推行市领导县的体制;1986年明确了撤县设市的标准,放宽了市的农业人口比重,大大推进了市建置的发展,全国设市总数由1978年年底的190个增加到1990年年底的464个,增长1.4倍,是新中国成立以来市建制发展最快的时期。广泛推行市管县和撤县设市的模式,是我国城市型行政区划改革的重大突破。

市辖区,是相当于县级(直辖市的区为地级)、由市的城市行政区划实体作为城市的一部分,行使规划、建设与行政管理职能,是城市市区的基层行政区,下辖街道。一般在地级市的市区部分设立区的建制;县级市的市区部分规模较小,一般不设区的建制,而直接设"街道"或镇。在实行市管县体制后,地级市的市辖区与县平级,分别由市直接领导。1990年年底,全国共设有651个市辖区(含3个直辖市)。

镇,是县级以下与乡平级、小城市性质的行政区域单位。新中国成立以来,我国镇的发展经历了与市制相同的发展过程。1956年设镇3 600多个;1978年减少为2 176个;1984年以来,社会经济发展,并适当放宽了标准,设镇发展很快,1988年年底已达11 481个,并实行了镇管村体制。

34.2.3 少数民族地区的自治型区划系统

由自治区—自治州—自治县、自治旗—民族乡组成,是新中国成立以来发展较快,不断完善,适合于少数民族地区的行政区划模式。

我国是一个多民族的国家,除汉族外,有55个少数民族,在少数民族地区实行民族区域自治,建立自治机关,是我国的一项重要政治制度。40多年来,按照各少数民族聚居地区的民族关系、历史条件、经济发展以及人口多少、区域大小,分别建立了各类民族区域自治单位,形成了完整的民族地区行政区划系统。至1990年年底,全国共设有5个自治区、30个自治州、121个自治县、3个自治旗。1984年颁布的《中华人民共和国民族区域自治法》进一步从法律上保障了我国民族区域自治制度的贯彻实施。

自治区为省级民族区域自治单位。最早设立的是内蒙古自治区(1947年),辖8个盟和4个地级市,是蒙古族的聚居区。1969年,曾将其中4个盟和3个旗划归邻省管辖;1979年,为落实民族区域政策,仍划由内蒙古自治区管辖。新疆维吾尔自治区是1955年由原新疆省改设,辖8个地区、3个自治州和2个地级市,为我国面积最大的省区。广西壮族自治区为1958年由原广西省改设,辖8个地区和5个地级市。宁夏回族自治区亦在1958年正式设立,辖2个地区和2个地级市,是我国地域型范围最小的自治区。西藏自治区自1955年开始,经过长达10年的筹备,于1961年正式成立,辖6个地区和1个地级市,是全国人口密度最小的政区。

自治州是自治区和省与县(自治县、市)之间的地级自治区域实体,始建于1953年。至

1990年年底，全国共建立了30个自治州，分布在8个省和1个自治区内，含18个少数民族，其中，云南省有8个，青海省6个，新疆维吾尔自治区5个，贵州、四川各3个，甘肃2个，吉林、湖北、湖南各1个。

自治县，民族区域自治的基层政区，主要是"文化大革命"前10年和"文化大革命"后10年发展起来的。1965年有69个自治县(旗)，1978—1990年，新增55个，合计共124个，包括有39个少数民族，广泛分布于17个省和自治区内，云南省多达29个，广西、贵州、辽宁三省(区)亦在10个以上，四川省8个，湖南、海南、甘肃、青海四省各有7个，河北、新疆两省(区)各6个，吉林、广东、内蒙古三省(区)各3个。可见，绝大多数分布在西部地带的边远省(区)。

民族乡是县以下的民族区域自治单位，1988年年底全国共设有1 571个民族乡。

总之，40多年来，党和政府坚持贯彻民族政策，积极推行民族区域自治，使大聚居和小聚居的各少数民族地区，都先后建立了不同层次的自治区域，这对于加强各民族的团结，调动各族人民当家做主的积极性，发展平等、团结、互助的民族关系，巩固国家的统一，促进社会主义现代化建设事业有着重大而深远的意义。

上述三类行政区划系统在地域上相互交织、有机组合，形成了我国特有的行政区划结构系统。

[刘君德.中国行政区划沿革[J].科学，1992(3)：31-35]

解读：本篇文章介绍了秦汉以来中国行政区划制度演进的大势，重点是1949—1990年三类(地域型、城市型和民族型)行政区划系统发展的过程及其在国家政权建设、经济建设、城镇建设和民族团结中的作用。

35 论中国政区改革

背景：1989年12月，民政部在江苏省昆山市召开"中国行政区划研究会暨首届行政区划学术研讨会"，时任民政部副部长的张德江到会讲话，胡焕庸、谭其骧、宋家泰等老前辈参会并发言。这篇论文是我向大会提交的论文之一；其实，这篇论文连同我组织的其他4篇论文[①]，在该年8月，就已经专程赴京送交民政部，旨在说明华东师范大学十分关注中国行政区划的研究，向民政部申请在华东师范大学设立中国行政区划研究中心。同类文章发表于《科学》杂志1992年第4期。

35.1 关于行政区划的功能

行政区划是为实现国家的行政管理、治理与建设国家，对领土进行合理的分级（层次）划分而形成的区域和地方。各级行政区的职能一般都具有政治、经济、文化等综合性的特点，但主要是行使其政治和经济职能。各级行政区在确定的管辖范围内，在政治上要根据国家政权建设的需要，通过行政法令或采用行政命令的手段实行行政管理，保证《中华人民共和国宪法》的贯彻执行，巩固和加强"工人阶级领导的、以工农联盟为基础的人民民主专政"，确保四项基本原则的实施，发展社会主义民主，健全社会主义法制，全国各族人民团结合作，走社会主义道路；在经济上促进社会主义生产力的发展，促进各民族共同繁荣和富裕。从行政区的性质看，政治职能始终居于主导地位。

国际与国内的实践表明，在实行计划经济体制（或以此为主）的国家，行政区的经济职能一般要明显大于市场经济国家。从我国国情出发，在现阶段，要十分重视各级行政区域的经济职能。这是因为：第一，我国客观上存在着以行政单元为主的区域经济实体，它有其历史的渊源，历史上行政区域的划分除了考虑政治、军事等因素之外，也是考虑了经济因素的。新中国成立后，在各级地方政府领导经济、干预经济的行为下，使行政区域的经济运行得到了进一步发展。第二，由于历史的、自然的和经济的原因，人为划定的行政区域与自然形成的经济区域在很大程度上是相关联的。绝大多数的省级行政区都是一级与全国有紧密联系但相对独立的经济区，并已形成"大而全、小而全"的行政经济区域体系。县级行政区域，也是一个"小而全"的经济区域。第三，最为重要的，在我国中央集权、社会主义计划经济为主的体制下，经济的运行是以政府为中枢的，带有明显的指令性的目标倾斜特征。各级政府管辖的行政区域内的经济发展状况已经成为上级（直至中央）政府衡量下级政府工作好坏的极重要标志，政府领导人的主要精力也都放在抓经济工作上。由此可见，我国的行政区兼有政治与经济密不可分的两大主要职能。

35.2 关于行政区划的原则

行政区域的划分必须遵循一定的原则。我国行政区域的划分或调整的基本原则如下：

(1) 有利于巩固和加强工人阶级领导的以工农联盟为基础的人民民主专政的政治原则。社会主义国家,人民是国家的主人,各级行政区域的划分,都要保障人民群众切实享有管理国家和社会事务的民主权利,要有利于公民行使其基本的权利与义务,便于人民群众参加管理国家和监督国家机关工作,有利于加强人民民主专政的政权建设。按照政治原则的要求,首先,要科学地划定各级政权的辖区范围,改革地方制度,加强政权建设,特别是基层政权建设。这是因为基层行政单位是连接国家政权机关与人民群众的纽带,也是人民群众实现当家做主权利的桥梁,从我国现阶段的情况看,县及县以下基层政权的建设是现阶段我国政权建设的重点。其次,合理地确定行政区划的层次,一般层次不宜太多,以利于上情下达、下情上达,减少官僚主义,提高行政管理效率。但我国国土广大,人口众多,各地政治、经济情况差异较大,管理难度大,行政区划的层次也不宜过少。目前我国除在有自治州和实行市管县的地方为四级行政区划体制外,绝大多数地方政权单位为省(区、市)、县、乡三级层次。在省、县之间和县、乡之间设立了作为省、县派出机构的行署和区公所;在不设区的市和市辖区下,设有作为其派出机构的街道办事处,在各级政府监督下工作,但不作为一级政权组织存在。这一行政区划层次体系基本符合我国国情,有利于贯彻实行人民民主专政,保证国家机器的正常运转和民主集中制的实行,但也存在一些问题,总体上看,层级偏多,需要进一步研究探讨。

(2) 有利于合理组织区域经济运行、促进社会主义生产力发展的经济原则。行政区的划分必须服从社会主义经济建设的需要,尽可能与自然形成的经济区相协调,以便于组织经济运行,促进区域生产力的发展和科学布局。经济区是以城市为中心,依据经济发展的内在联系,中心城市与周围地区经济联系极为密切、形成经济网络的地区,它与行政区相区别,但又有密切的联系。经济区的划分要保持一定层次行政区的完整性,以便于管理经济活动;同样,行政区的划分也应充分考虑与经济区的一致性。目前,我国省级行政区就基本上是一级完整的经济区,各省都有一个较大的经济中心(一般也都是行政中心),工业、农业、商业通过交通运输与流通渠道组成一个自成体系的经济网络,构成省级行政经济区。我国 2 000 多个县级行政区(含县级市),实际上也都是县级基层行政—经济区。它以县城为中心,通过交通、流通环节将县域内的工业、农业、商业与广大城乡联结在一起,形成一个规模较小的经济地域单元。省、县级行政—经济区具有政治、经济、交通、文化等综合性职能,就经济而言,一般也具有自成体系的综合性特点。

在社会主义计划经济体制下,这种行政—经济区具有"传递"和"发动"的双重功能。一方面,它通过行政系统把中央的经济运行指令向下传递,也把下面的经济情况反馈给中央政府;另一方面,它通过行政手段发动其所辖区域内的经济运行,包括地方经济计划的制订与执行。无疑,这种行政—经济区对推动我国社会主义生产力的发展起着主导作用。然而,也应当指出,正是这种行政—经济区,在地方分权体制下,往往使省级、县级地方经济追求"大而全"或"小而全",导致区域经济的封闭性特点,从而给整体经济发展带来消极影响。这也是需要进一步研究和解决的问题。

(3) 有利于加强民族团结、促进民族平等与繁荣、发扬历史文化传统、尊重各地习俗的社会原则。民族、历史、文化和民俗等都属于社会范畴,是行政区域划分的重要因素,实质上这也是一个政治原则问题。首先,我国是一个拥有 56 个民族的多民族国家,汉族分布较广,少数民族分布具有小聚居、大杂居的特点。为维护各族人民的团结、统一,在经济、文化等方面逐步缩小各民族之间的差别,实现各民族平等、繁荣,《中华人民共和国宪法》明确规定了实行民族区域自治的基本国策。行政区划要保证民族区域自治政策的切实贯彻实施,尽可能按各民族聚居的区域划分为自治区、自治州、自治县和民族乡。其次,我国又是一个历史悠久的文化古国,各地的社会、文化、历史、民俗等都有差异,人们在长期的社会联系中互相影响、互相融合,形成了社会的共同性,从而给行政区打下了深深的社会、文化、历史烙印。因而,现行行政区划一定要有历史观,要尊重历史,照顾各地的文化、民俗习惯,尊重民意。在一定的历史发展阶段,保持行政区划的相对稳定性。在处理行政区域的边界纠纷中,尤其要注意尊重历史原状,实事求是地解决问题。

(4) 有利于区域国土资源的开发、保护和环境综合整治的自然—生态原则。国土是人类生存的空间,它是由自然要素(水、土、气候、生物、矿藏等)和人文要素(人口、建筑与工程、设施、生产的物质技术基础等)所组成的物质实体,包括资源和环境两个不可分割的方面。行政区划的一个重要任务就是建设和治理好国家,合理开发利用区域国土资源,保护和治理环境是建设和治理好国家的重要前提。我国国土面积广大,又是一个多山的国家,各地自然条件和国土资源组合特点以及环境生态状况有很大差异,各级行政区域的划分应尽可能地考虑与国土自然—生态区域保持一致。首先,这有利于充分利用行政手段,合理开发利用区域国土资源,协调区内资源开发利用中的各种矛盾;其次,有利于区域内国土环境的综合有序整治,协调区内人口、资源、环境与社会经济发展的矛盾,促进和改善区内的自然生态环境。事实上,在我国现行的省级行政区中,有不少是与自然区相一致或接近的。如南方的江西、湖北、湖南、广东、广西、福建、贵州、海南、台湾省(区),北方的黑龙江、辽宁、山西、河北、内蒙古等省(区),西部的青海、西藏、新疆等省(区)。在广大的丘陵山区,县级行政区和行署也大多与水系的自然流域相一致,是一级较完整的地域单元。这种与自然经济相一致的行政区,即自然—经济—行政区,大多比较稳定,历史上的区界变化较小,是我国行政区划的一个重要特点。

上述行政区划的政治、经济、社会与自然—生态原则之间是相互关联的,行政区划属上层建筑范畴,社会主义的行政区的划分,首先要有利于人民民主专政政权的巩固,因而政治原则始终应居于主导地位;上层建筑受经济基础的制约,行政区划经济原则的实施,有利于促进生产力的发展和人民生活水平的提高,这正是社会主义制度优越性的重要表现,也有利于国家政权的巩固;历史、民族、文化等社会原则与政治、经济原则紧密联系,也是为政治、经济原则服务的;自然—生态原则直接服务于经济、社会原则,是我国特定的自然环境下十分重要的辅助性原则。在实际工作中,各级行政区的划分不可能都做到上述四条原则的完全一致,在区界发生矛盾时,经济、社会、自然原则必须服从于政治原则。

35.3 关于中国行政区划的改革

行政区划是政治、经济、社会历史发展的产物,它具有一定的可变性。新中国成立以来,随着社会、经济的发展和变化,政治形势发展的需要,我国的行政区划体制经过多次变动,形成现今(1988年)31个省—2 831个县(含市辖区)—72 860多个乡(镇)的省、县、乡三级(在实行市带县的地区和设立民族自治州的地区为省—市、自治州—县—乡四级)行政区划体系格局[②]。应该说,这种体制对于我国社会主义政权的巩固,对于社会、经济、文化事业的发展起了重大作用,但也存在层次过多、不够协调、不尽合理的问题,与我国新形势下政治、经济、文化等发展的需要不相适应,乃有必要认真调查研究,科学论证,积极、慎重、有步骤地进行改革与调整。

35.3.1 省级行政区的再讨论

"省"作为我国一级行政单位,其建制始于元,至今已有 700 余年历史。当时全国版图分为 12 省、183 路、123 府、559 州、1 127 个县。此后,"省"一直沿用至今。从清末提出分江苏省为江南、江北之议论开始至新中国成立前,曾有众多学者和官员提出改革省区的建议,大多主张全国一级行政区划分为 60 个省左右为宜[③]。新中国成立后,为适应巩固我国人民民主专政政权和发展社会经济、加强民族团结的需要,按照上述行政区划分的原则,"省"级行政区基本上稳定在 30 个左右,1988 年新设立了海南省,全国共有 31 个省级行政区。从我国实践经验及其与国外主要大国相比,我国现行省级行政区建制存在以下特点与矛盾:①省区范围偏大,平均每个省区面积为 31 万 km^2,人口为 3 666 万人[④],超过美国一级政区(州)面积的 0.66 倍,人口的 6.7 倍,每个省区平均管辖 94.4 个县级政区[④],不利于加强省对县的领导,也不利于上情下达和下情上达;省级机构过于庞大,容易助长官僚主义,不利于建立一个灵活高效的行政体系;不利于根据各地的自然经济特点与优势,建立各县特色、协调发展的省区经济结构。②各省区大小过于悬殊。由于国土自然条件的差异性与人口分布的不均衡性,以及照顾某些民族因素,目前的 31 个一级行政区范围的大小相差很大。一般是西部、北部边疆省区面积大、人口少,东部、南部相对面积较小、人口密集,新疆、内蒙古、四川、黑龙江、云南等面积偏大,宁夏、海南、台湾则较小。各省区行政机构体系大致相同,但管理的工作量则严重不平衡(表 35-1)。虽然不应该机械地统一规定省区的规模,但也应该尽可能做到相差不要太大。③一级行政区命名不一,"自治区""直辖市"名称容易与低级层次的"区"(地区、区公所)、"市"(地级市、县级市)混淆。

表 35-1 我国一级行政区辖县级规模(1988 年)

辖县规模/个	>150	101~150	51~100	<50	平均 94.4
一级政区个数/个	3	12	9	6	30

我们认为,从加强行政管理、减少官僚主义、巩固人民民主专政、加强民族团结、促进区域社会经济发展的需要出发,我国一级行政区的范围应适当逐步划小,增加数量,调整范围。一级行政区的调整主要是按照上述行政区划的政治、经济、社会和自然—生态原则进行。此外,尚要考虑每个一级行政区必须有一个中等以上的中心城市作为行政—经济中心,以推进省区经济的振兴。初步设想,经过调整,未来全国一级行政区将由目前的 31 个增加到 59 个。其中中央直辖市 8 个,特别行政区 3 个(香港、澳门、台湾),省 38 个,自治省 10 个。平均每个省的面积为 16.55 万 km^2,人口约为 1 927.6 万人。

增设一级行政区的主要依据包括:①在中国共产党的领导下,我国人民民主专政的政权已经大大巩固;②经过近 40 年的经济建设,我国社会主义生产力已有很大发展,生产力地区布局发生了很大变化,尤其是西部地区、少数民族地区的经济大大增强了,形成了一批大中城市;③交通、通信等基础设施有了很大发展,方便了中央与各地方的联系;④有一大批具有管理经验的行政人才;⑤照顾在港、澳、台实行"一国两制"的需要。

一级行政区数量的增加,管辖范围的缩小,相应地管理机构与编制也要减少。要按照"集中领导,分级管理"的原则,切实处理好中央与地方的关系,防止地方多中心主义、分散主义和扼制地方积极性的中央过分集权的两种偏向。必要时,也可以在省区之上设置大区,不作为一级行政区,只作为中央的派出机构,以加强对地方的领导,协调大区内省区之间的关系。全国可分为7大区,即东北(驻地沈阳)、华北(驻地天津)、华东(驻地上海)、华中(驻地武汉)、华南(驻地广州)、西南(驻地重庆、成都)和西北(驻地西安)。每个大区辖8个左右一级行政区。

35.3.2 行署的设置问题

"行政公署"简称"行署",是抗日战争和新中国成立时期,在革命根据地建立的地方政权机关,新中国成立初期为相当于省级的政权机关。1978年以后,"行署"不作为一级政权,不设人民代表大会和政府,而只作为省(区)的派出机构,以解决在我国管理条件并不优越的情况下,中间层次行政单位(县)管理幅度过大给行政机关工作带来的不利影响。1988年,全国拥有121个行署(盟),每个行署约辖8个县级单位。1985年,我们在安徽省皖南地区开展国土资源综合科学考察工作中,意外地发现,该地区"行署"级机构的设置、职能及管辖范围等方面存在许多问题,严重影响了区域资源的开发利用和保护及环境的治理,对社会经济的发展十分不利。归纳起来,主要问题包括:①变动过于频繁,在皖南地区多达八九次;②"行署"级机构过于庞大,已远远超出作为省的"派出机构"的职能,实际上成为二级行政区(未设人民代表大会,不设人民政府);③管辖范围不合理,尤其是与地级市矛盾较大。从而导致国家资金的浪费,工作效率的下降,官僚主义作风的蔓延,阻碍了机构体制改革的推行;人为地割断了传统的经济联系,堵塞了合理的流通渠道;抑制了区域优势资源的开发利用,使潜在资源优势不能变成现实经济优势;影响经济建设的统一规划,重复建设、盲目布点、互相拆台的事也时有发生;亦难以统一进行区域环境的综合整治,加剧了生态环境恶化趋势。

针对"行署"机构设置中存在的上述问题,我们认为,第一,"行署"作为省的派出机构,在目前情况下仍有必要继续存在,但其功能应是"监督""管理"和"协调",即代表省加强对县级政权的监督和管理,协调辖区内各县之间的关系。第二,大大精简行署机构,一般只设专员、副专员及各种"协调员",编制人数在50人以下,使之真正成为介于省与县之间"虚设"的派出机关。第三,相对稳定行署的范围,并做合理调整,不宜朝令夕改,尤其不要盲目改为市管县体制,但应参照自然—经济区做合理调整。第四,在广大的丘陵山区,行署的划分要尽可能考虑自然地域单元的完整性(如以水系或地形单元为单位),以便于水土资源统一开发利用,协调上下游关系,统一规划与治理环境,并获得较大的社会经济效益。第五,从长远看,由于省区划小、省属县的数量大大减少,特别是辖县较少省份,省对县可以直接进行行政管理,行署的职能也可逐步减少,最终撤销"行署"机构的设置。

35.3.3 市管县问题

市管县体制始于新中国成立初期[⑤],主要是为了解决大城市蔬菜、副食品基地建设问题。

1959年,在一些经济发达的省市区试行并推广。1981年年底,全国共有57个市(直辖市和地级市),管辖147个县。至1985年年底,直辖市和地级市增加到166个,管辖644个县;实行市管县体制的人口达48 944.4万人,占全国总人口的47%;土地面积为164.87万 km²,占全国的17%;平均人口密度为297人/km²;工农业产值为8 020.84亿元,其中工业产值为6 644.4亿元,分别占全国的66%和80%;年末固定资产原值为4 178.56亿元[6],占全国的61%。1988年年底,全国共有168个市,领导711个县(表35-2)。

表35-2 市管县发展情况表(包括直辖市和地级市)

项目	年份			
	1958	1981	1985	1988
省级、地级市数/个	28	57	166	168
市管县数/个	118	147	644	711
平均市管县数/个	4.21	2.58	3.88	4.23

由此可见,市管县行政体制在全国有很大发展,对推动我国的经济建设起到了积极作用。它在一定程度上有利于解决中心城市的蔬菜、副食品及某些工业原料基地的建设与供应,有利于城市大工业的扩散和从区域角度开展城乡统一规划,有利于城市对县域经济在资金、技术设备、人才等方面的支持,从而使城市和乡村经济共同繁荣。

然而,应当指出推广实施市管县体制过程中,存在不顾条件、操之过急的情况。首先,一些省区盲目地、过早地实行了市管县体制,由于市的实力很弱,实际上很难带动城乡经济的发展,尤其不利于县域经济的发展。如据1985年统计,福建三明市的工业总产值为8.7亿元,管辖9个县和1个县级市;漳州市的工业总产值为5.7亿元,管辖9个县;泉州市5.1亿元工业产值要管辖7个县等。再如江西省鹰潭市的工业总产值只有1.2亿元,尚不及一个贵溪县,却要管辖贵溪、余江2个县。全国多数省区都有类似问题,"小马拉大车"的情况相当严重。我们在皖、浙、闽等省考察中,一些县级单位反应强烈,普遍认为地改市之后,县不仅没有从市得到"实惠",相反,本来省直接(通过行署)下达给县的财政、物资等计划也要受到市的"克扣",美其名曰武装城市建设,实际上是削弱了县级经济(特别是大农业经济)的发展。其次,市带县的规模各地相差也过于悬殊,少则带一两个县,多则带13个县(黑龙江佳木斯市),这种悬殊的差异与城市经济实力并没有多大关系;相反,在不少省区,出现"大马拉小车"与"小马拉大车"并存的反常现象,即经济实力较强的城市带的县少,而经济实力很弱的城市所带县反而较多。很显然,这对区域经济的相对平衡发展是不利的。最后,由于市管县基本是由撤销行署演变而来,从职能来看,已由一级"虚设"的派出机构演变成为一级行政区"实体",等于增加了一级行政机构层次,与行政体制改革的方向是背道而驰的。

权衡利弊,今后市管县体制的发展应注意以下问题:①建立市管县指标体系,从严掌握标准。指标体系主要包括:中心城市的工业产值(绝对值与在工农业总产值中的相对值)、非农业人口比值、中心城市周围县份的工业产值比重等。符合标准,确有需要的方可批准实行市管县体制。②市管县范围不宜过大。除中央辖市外,一般以辖2~4个县为宜。③在中等以上城市密度较低的省区,除省会城市和较大规模的重要工矿城市之外,一般不实行市管县体制。④对现有已批准实行市带县体制的,要实事求是分析,区别对待,其中弊多利少的,应予以纠正,撤销市管县,恢复行署设置,或减少管县范围。⑤从长远观点看,随着一级行政区数量的增加,省管县范围的缩小,市管县体制的数量也应逐步减少,直至最后撤销。在较小的省区,可直接领导县,不设市管县或行署,以减少行政机构层次,提高工作效率,使上情下达、下情上达更为便捷。

35.3.4 撤县设市问题

近10年来,我国市建置的数量有较大发展。1988年年底,全国除3个直辖市外,地、县两级市共有431个,其中地级市占42.5%。一个重要的特点是撤县设市比重越来越大。1979年设立、恢复的23个市中,仅有3个是撤县设市的,占13%。而到1985年,撤县设市的已增加到122个,占38%。在全部158个县级市中,撤县设市的则要占58%。

撤县设市使城市郊区的范围大大扩展,在一定程度上有利于加强城镇建设,有利于城乡统一规划,有利于地方工业的发展;但从全局看,从国家的整体利益看是不利的。主要是由于撤县设市之后,政府的主要经济职能由农业转向工商业,在指导思想上把重点转向了非农业生产,主要的财力物力大多用于工业和其他非农业生产,因而使农业投入减少,农田基本建设、农业科技力量削弱,国家规定的生产任务(尤其是粮食及某些微利的经济作物)往往难以完成,以致从根本上削弱了农业这个基础。一些原来经济力量较薄弱的县改市之后,不但农业生产有所削弱,而且工业生产也没有得到应有发展。由此可见,如同市管县体制一样,撤县设市存在着盲目超前发展的倾向,与我国的国情不相符合,与生产力发展水平不相协调。

我国是一个拥有11亿人口、尚处在社会主义初级阶段、生产力发展水平较低的国家,在相当长时期内,吃饭问题、农业问题仍应是国民经济建设的首要问题,决不能有丝毫放松,一切有可能影响农业发展的体制、政策在推行时都要慎之又慎。从我国现有150多个撤县设市实践的情况看,其中有相当部分实际上是不够条件设市的,其标准偏低。今后应适当提高撤县设市的标准,从严审批。

同时,由于各地区总体生产力水平的差异和照顾到市建置的合理布局,目前在掌握撤县设市的指标方面有很大差异。发达地区(如江苏、广东、辽宁等)许多县的工业产值都在15亿元以上,甚至达到20多亿元,但都未改设市;而一些经济相对落后的省份(如安徽、江西、广西等),有的县工业产值只有1亿多元,甚至不足1亿元,如原皖南的太平县,实际是个农业县,也曾批准撤县设市。这种执行标准差异过于悬殊的状况应当改变。

应当指出,城市是具有政治、经济、文化、交通中心性能,非农产业人群集中居住的区域焦点。我国现有的市管县和撤县设市的城市,已经与城市的概念不尽符合,与国际上通称的"城市"有很大不同。一是我国的许多城市已不再是一个"点",而是一个巨大的包括广大农村在内的地域空间,即"面";二是从其经济职能看,不仅要管理非农产业,而且要管理复杂的(广义的)农业;三是人群的居住不仅有非农产业的区域焦点,而且有农业人群居住占有很大比重的农村居民点。我国现行的绝大多数"城市",实际上是一个以城市为中心的广大地域空间——"面"。很明显,它已超越了"城市"的范畴,实际上是"城市"概念、性质的混淆,应逐步恢复城市本来的特性和面目。为此建议,今后,一般情况下不再审批新的市带县、撤县设市;随着省级行政区的调整和增加,逐步撤销市管县体制,恢复城市"小郊区";逐步取消撤县设市体制,严格控制设市标准,实行县市分治,县领导市(县下辖市);全国一盘棋,建立不同等级规模的城镇体系,包括中央辖市—省辖市—县辖市。中央辖市直属中央;省辖市包括省会和大中城市(地、县级);县辖市为10万人以下的小城市。

35.3.5　县及县以下行政区划体制问题

县,自秦以来始终是我国的基层行政区,又是基本的经济区域,是一级相对独立、完整的行政—经济区域。1988年年底,全国有1 936个县级单位,构成了我国国土面积的90%、人口的70%、绝大部分的自然资源和农业以及相当一部分的工商业。我国人民民主专政的政权建设与巩固,以农业为主的经济发展,以农民为主体的社会安定,在很大程度上依靠县。加强县级行政管理和领导,合理改革县的体制,具有极重要的政治、经济、社会和文化意义。

2 000多年来,我国县级行政区划相当稳定。西汉末年全国有县1 300多个,唐代增至1 550多个,民国增加到2 000多个。据不完全统计,现今的县名,仍有59个同秦汉使用过的名称完全相同。几千年来,大多数县处于不升不降地位。新中国成立以后,县级政区有所增加,但近几年来,撤县设市增加较多,县有所减少。县域内自然环境与资源、风俗习惯的一致性和长期的行政关系、经济交往、交通系统、集镇分布的相对稳定性,使县成为便于中央和地方直接管理的行政—经济—社会单元,大多数县(特别是在丘陵山区)还是一级较完整的自然—生态单元,县界比较合理。因而县级政区应继续保持稳定,其界线不宜变更。但由于历史上一些人为的因素,在某些县与县之间存在土地或资源纠纷,甚至时常发生械斗,影响社会稳定,应在上一级机构领导下,经过认真调查研究,合理地加以解决,特别是对一些历史上遗留下的"插花地"进行必要的局部调整。

县行政区是由若干乡镇组成的,我国宪法规定:乡(镇)是我国行政区的基层细胞,设有乡人民代表大会和人民政府,是最低一级政权机构,也是最小的政治、经济实体。关于乡的范围和职能,新中国成立以来曾有较大变化。新中国成立初期,全国设有97 000多个乡,这是基于当时巩固政权和发展农村经济的需要。20世纪50年代后期,在"一大二公""左"的思想影响下,合并为26 500多个政社合一的人民公社。"文化大革命"之后,改公社为乡,政社分开,范围缩小,乡的建制又增加到84 000多个,以后又调整为72 912个(1987年)。平均每个县有33.4个乡(镇)。由于乡的数量较多,在县与乡之间设立了区公所,作为县的派出机构加强对乡的管理。经过多年的建设,现有的乡驻地绝大多数都已形成集镇,成为全乡的政治、经济、商业、文化中心,并与广大村庄相联结,构成网络,其范围也相对稳定。我以为,作为基层的政治—社会单元,今后也不宜做大的调整。

目前县、乡级行政体制主要应解决两大问题:一是干部素质问题,特别是乡政权。有人调查认为,目前的乡村政权已陷入了深重的危机之中[⑦]。社会问题相当严重,耕地大量缩减和抛荒,砍伐森林屡禁不止,计划生育失控,封建迷信抬头,社会治安较乱,农村基层组织缺乏凝聚力,有的基层政权处于半瘫痪甚至瘫痪状态。这主要是一段时期以来忽视基层政权建设、忽视干部的思想政治教育造成的。乡村基层政权是国家政权的基础,乡村干部素质和政权建设绝不仅仅是经济问题,它首先是政治和政权问题,应引起高度重视,采取有效措施(如法制建设、政治教育、文化科技教育、干部廉政建设等),大力提高干部素质,巩固和加强基层政权。二是管理体制问题。主要是处理好集中和分散、条条与块块、党政之间、政企之间的关系。调动各级职能机构的积极性,逐步解决长期存在的党政不分、政企不分、条块分割、各自为政、官僚主义、经济封闭、工农分割、城乡封锁等不利于政权建设和社会经济发展的问题,从目前情况看,特别要加强集中统一;从长远看,应逐步扩大县的自主权,增强其总览全局的能力。在政治上巩固和加强人民民主专政的政权;在经济上充分发挥当地的优势,把经济搞活,实现"区域效益"。同时,要搞好县的政治、经济、教育、科技、行政等综合配套改革。协调党政之间、政企之间、城乡之间、工农商之间、条块之间、上下之间的关系。

最后,还应当指出,近几年来,为了协调乡级经济发展中城(镇)乡之间、工农之间的关系,在少数乡实行了撤乡设镇的试验,我认为,在现阶段,这种建制有可能对乡村农业生产带来不利影响,并导致乡村工业的盲目发展,目前不宜大规模推广,可在个别有条件的县继续试验,并加强领导。

35.3.6 全国行政区划体系构想与实施的时序问题

以上对我国现行的各级行政区划体制进行了简要评述。我国国土辽阔,人口众多,各地政治、经济、文化等发展不平衡,自然生态状况差异很大,管理难度极大,因而,科学地确定行政区划的层次体系,明确各级行政区的职责范围是极为重要的。按照集中统一、减少层次、方便管理的指导思想,设想全国共设有 59 个省级行政区(8 个直辖市,48 个省、自治区,3 个特别行政区),2 184 个县(市)(不包括台湾省),72 900 多个乡(镇)。省县级行政区规模设想如表 35-3 所示。

表 35-3 我国省、县级平均规模设想

项目	直辖市	省、自治区	特别行政区	县
个数/个	8	48	3	2 184
管辖低一级行政区数/个	48	2 136	24	72 912
平均规模/个	6.0	44.5	8.0	33.4

注:县级数为大陆部分 1988 年年底全国实有的县、自治县、旗、自治旗及县级市之和,不包括台湾省和港、澳地区。

上述区划层次体系结构与我国宪法规定的现行行政区划层次系统基本相同,即基本为三级层次——省—县—乡,在设立自治州(盟)的省为四级层次——省—自治州(盟)—县—乡,但省级行政区增加较多;同时,除在省与县、县与乡之间的行署和区公所派出机构外,根据需要增加了中央与省之间的"大区"派出机构。这主要是考虑:①省划小、数量增加后,省都由国家直接管辖,幅度可能过大,增设大区,并不增加管理层次,而可以代表中央加强对省区的监督;②有利于协调大区范围内的社会经济发展,开展各省之间的横向经济联合,从而防止省区划小后各省经济自成体系,追求大而全、小而全。大区驻地设在除北京以外的 7 个直辖市(相应地划分为 7 个大区)。省与县之间的行署,由于省区划小,也要相应减少。一般在辖 20~30 个县的小省区,则可取消行署建制。所有派出机构都要严格控制编制。总体上看,中央至地方的行政机构层次和人员编制将有所减少,有利于提高工作效率,减少官僚主义,加强中央对地方的领导,巩固政权。

行政区划是政治、经济、社会发展的产物,其变动涉及政治、经济、社会、文化、干部安置、民族、传统习惯等各个方面,是个十分复杂而敏感的问题,因而不宜多变,更不能滥变。但是,随着社会经济的发展,为加强政权建设的需要,采取科学的态度,在周密的调查研究基础上,积极慎重地逐步调整不合理的行政区划体制又是十分必要的。

[刘君德.关于我国行政区划体制改革的初步探讨[M]//中国行政区划研究会.中国行政区划研究.北京:中国社会出版社,1991:45-61]

解读:这是20世纪80年代末,我首次对当代中国行政区划体制问题进行全面思考、系统论述的一篇论文。本文首先论述了中国行政区划的功能意义,强调了现今的经济功能;接着对行政区域划分的原则进行了讨论。文章从政治、经济、社会、生态四个角度展开了讨论,我提出的四项"原则"是符合逻辑、全面的"原则"理论,依然是当今区划调整中所应该坚持的原则。第三部分以大量篇幅对中国当今区划体制的重大问题进行了全面的评估,系统阐述了我的改革设想,涉及区划的各个层级(省制、行署、市管县、县改市、县及县以下),以及整体的区划体系格局。时过近30年,中国的行政区划改革有很大发展,对推进经济发展、城市化起到了积极作用,我在文中的个别观点(如撤县设市模式)稍有改变。

注释

① 刘君德《关于我国行政区划体制问题的初步探讨》;洪建新《我国重划省区的历史回顾》;洪建新《我国市制的发展与现今市制之探讨》;黄明达《试论市镇制度》;刘君德等《安徽省皖南行政区划体制的调查与思考》。
② 县、乡级未包括台湾省在内。乡(镇)数为1987年统计。
③ 参见吴传钧:《我国行政区划的沿革及其和经济区划的关系》,载于中国地理学会经济地理专业委员会编《国土规划与经济区划》,华东师范大学出版社,1986。
④ 台湾省未计算在内。
⑤ 1949年兰州市管辖皋兰县,1950年旅大市(现大连市)管辖金县、长山二县,为我国早期的市管县。
⑥ 为全民所有制独立核算工业统计数。
⑦ 此处材料引自1989年3月7日《理论信息报》第213期《中国农村基层政权的改革与现状》一文。

36 关于中国省制

背景:1990年5月中国行政区划研究中心成立之后,依照民政部的建议,尽快编辑出版一本行政区划的文献目录,为开展行政区划的研究提供一本文献工具书。经过一年的努力,在浩如烟海的图书资料中沙里淘金、去粗取精,终于辑录了9 000余条行政区划及其相关的地名文献目录,汇编成书,赶在中国行政区划研究中心成立两周年之际提交华东师范大学出版社出版。在文献的编辑过程中我们发现许多中国省制的研究成果很有学术价值,有必要整理、核校、编辑出版。1995年中国大百科全书出版社出版了中国行政区划研究会编的《中国省制》。在这本书中,除收集了近现代许多历史名人关于省制的研究成果之外,还选载了部分当代区划研究者关于中国省制问题的专文。此为专文的前半部分。

36.1 行政区经济运行时期行政区划矛盾的显性化

在传统计划经济体制下,区域经济系统以垂直运动为主,行政区间的经济联系主要发生于纵向系统之间,各行政区间的横向联系相对较弱,因而行政区间的摩擦与"冲突"表现亦不突出,多以潜型形式存在。

在市场经济体制下,区域经济系统以横向运动为主,此时,不仅贸易的大市场已经形成,而且生产要素大市场也在运作。由于统一市场已经建立,产权关系明晰,因而行政区划界限并不构成对区域经济联系的刚性约束。虽然企业、银行等容易产生行政区域内的垄断,但只要通过法律、银行合理布局等办法,可以加以克服。

但在行政区经济运行阶段,地方政府、企业、集体、个人开发资源、发展经济的自主权明显扩大。一方面,随着土地成为生产要素,寸土寸金的观念增强,行政辖区内空间的观念进一步强化,这在城市化地区表现得尤为突出;另一方面,边界地区一旦赋存资源,在边界模糊不清的情况下势必造成边界双方的严重争议。据民政部统计,20世纪80年代中期,全国省、区、市之间的争议达200多起,其中50年代发生的(包括新中国成立前遗留下来的)有30多起,占14%;60年代前期发生的有40多起,占18%;"文化大革命"以后发生的有150多起,占68%。

就西北5省、区而言,20世纪80年代中期,争议地段共有460处,其中省、区之间的争议有59起,约占全国争议总数的27%,是全国争议较多的地区之一。从争议的实质看,多为资源争议。比如,青海与邻省、区的争议有16起,其中争草原的有12起,争森林的有2起,争矿藏的有2起;新疆与邻省、区的争议有18起,其中争草原的有15起,争矿山的有2起,争森林的有1起。每起争议都给资源带来了巨大的破坏,给人民生命财产带来了严重的损失。上级政府在解决边界争端时,常常遇到双方虽都想解决问题,但都怕"丧权辱省",对边界寸土必争,往往把行政区划界限之争演化成国界之争[1]。

在行政区经济运行时期,行政区划的矛盾不仅表现在上述行政区之间的资源的纠纷,而且大量地表现在各级行政区(各级地方政府)之间各种经济利益的冲突。尤其是在经济比较发达地区,市与市之间、市与县之间、城区与郊区之间的矛盾十分尖锐,已经给区域经济发展和生产力的合理布局带来很大影响。江苏省苏锡常(苏州、无锡、常州)地区就是一个典型的例子。

新中国成立以后,苏锡常地区的行政区划发生了巨大变化,基本适应了本区域社会经济发展的需要。但20世纪80年代中期以来,我国改革开放政策的出台,社会主义市场经济的发展,苏锡常地区现有的行政区划体制已不适应形势发展的需要,突出地表现出以下矛盾:其一,现有三市并列的市管县(市)体制导致了三市的离心倾向,离心倾向加剧了区域内部的经济同构,经济同构又引起了内部的过度竞争,过度竞争则削弱了区域整体经济实力。苏锡常地区历史上是一个紧密联系的整体,但新中国成立后在中央高度集权的计划经济体制下,三市之间的经济关系一步步离散;改革开放以来,由于总体上仍受财政上缴渠道、行政隶属关系和所有制"三不变"的制约,故而从整体上看,三市的离心力仍大于向心力。虽然各市都以较快的速度建立了独立的工业系统,但小而全、大而全、产业布局分散、经济结构雷同的问题相当突出。3个中心城市在40多个工业行业中,占工业总产值60%以上的前六位行业几乎完全相同,都是机械、纺织、化学、冶金、食品等。三市之间争原料、争市场、争人才、争投资、争出口,并愈演愈烈,很不规范,这就从总体上影响了区域整体效益,削弱了综合经济实力。其二,现有行政区划体制不利于区域内部生产力的合理布局,阻碍了区域内部合理的经济分工与合作。如三市所属各个县市在长江岸线开发中各行其是,纷纷选择本行政区域内的岸线建港口,搞开发区,三市共建张家港的口号被人为地抑制;各市县都选择电子、精细化工、纺织、机电作为自己的主要发展方向,形成新的同构。因为囿于现行行政区划,中心城市的成熟产业、产品难以向周围市扩散;在交通、通信、环境整治等基础设施规划建设中也往往画地为牢,区域内的自然环境、水系的完整性受到破坏,环境质量严重下降。其三,现行区划体制不利于区域城市化进程和城镇体系的合理发展,导致中心城市的规划、建设和管理失控,影响苏锡常地区城市群的整体功能的发挥。在现有行政区经济运行阶段,一方面,以乡镇工业发达、小城镇密集而著称的苏锡常地区冲破"城市工业、农村农业"的二元经济结构,城乡关系已发生根本性变化,65%的乡村劳动力从事二三产业活动,但在所有制和行政区划的限制下,乡村劳动力真正转化为城镇非农业人口的比重很低,农村人口亦难以向城镇合理集聚。另一方面,苏锡常3个中心城市由于市区面积狭小,难以满足近年产业结构高度化引起的大量城区工厂企业和住宅向外扩散的要求;而在市县分立、同城而治的情况下,县从自身利益考虑,选择市区边缘的集镇作为县城行政中心进行重点建设,从而导致中心城区与县属城镇建成区连成一片的现象,中心城市难以进行合理规划布局;同时,现行市镇设置模式往往使各市县只注重县城的建设而忽视县(市)域内其他城镇的合理发展和城镇体系的完善,这就影响了整个苏锡常地区城市群整体功能的发挥。

在行政区经济运行环境下,地方政府成为区域经济的运行主体,而且区域经济系统正由纵向运动为主向横向运动为主过渡,在统一市场没有形成、产权关系模糊的情况下,行政区间必然发生各种经济摩擦。虽然自上而下的人事制度依旧存在,但在把经济发展作为衡量地方干部政绩,地方人民代表大会选举地方主要官员的前提之下,上级解决矛盾的难度增大,这势必使已经增多的矛盾进一步显性化。

36.2　中国省地级行政区划改革的基本思路

36.2.1　我国行政区经济的发展走势

20世纪90年代,以确立社会主义市场经济体制为目标的改革,对行政区经济制度的基础产生重大冲击:政府职能由直接控制向间接控制为主的转化将削弱地方政府作为投资主体的地位;市场体系的发育将大大增强生产要素的流动性,削弱地区经济的封闭性和独立性;企业作为市场经济主体的地位确立后,投资活动将日趋活跃,效益偏好大大增强;投资的区位选择也将突破地区行政区划界限。特别是党的十四届三中全会确定的《中共中央关于建立社会主义市场经济体制若干问题的决定》出台后,转换国有企业经营机制,建立现代企业制度及财政体制、金融体制、投资体制、计划体制、外贸体制等重大改革将在全国普遍展开,这将进一步冲击行政区经济制度的基础,加快行政区经济的瓦解。

同时,我们也应看到,行政区经济的瓦解依然要有一个艰苦的过程。这是因为,企业尚难以成为完全独立的经济实体,政府转变为服务型尚需一个过程,统一市场的建立仍受到种种因素的制约,特别是生产要素市场的发育水平还较低,生产要素跨行政区流动的阻力较大,宏观调控体系的健全与完善也并非一蹴而就。因此,可以认为,20世纪90年代在动力与阻力并存的情况下,行政区经济将逐步向以横向系统运动为主的区域经济过渡。

36.2.2　行政区划新体制构建的指导思想与原则

党的十四届三中全会制定的《中共中央关于建立社会主义市场经济体制若干问题的决定》进一步明确了政府职能转变、企业制度改革、宏观调控体系改革的发展方向。从上层建筑与经济基础的关系出发,作为上层建筑范畴的行政区划体制也必须适应社会主义市场经济体制发展的需要,进行必要的改革。

我国行政区划体制的新构建,必须遵循以下指导思想与原则:

第一,有利于社会主义市场经济体制的建立与完善。社会主义市场经济体制的建立,要求企业成为独立自主、自负盈亏的经济实体,要求地方政府的职能发生重大变化,要求宏观调控体系符合市场经济的运行需要,等等。因此,在市场经济体制下,地方政府负责的大量经济事务将交由市场来完成,精简政府机构已成为当务之急。但精简政府机构还必须与行政区划体制改革相协调,即简化行政区层次。

第二,有利于国民经济持续稳定发展。随着社会主义市场经济体制的建立与完善,区域经济的运行系统将由纵向彻底转换为横向。横向运行系统要求行政区层次相对简化。这是因为,在传统体制下,一是中央政府对经济总量的宏观调控是通过层层控制投资规模来实现的,这一纵向系统的运行要求上下层次之间的控制相对严格,从管理学的角度出发,必须延长这一系统的长度,才能确保系统的稳定性;二是地方政府集管理经济、社会于一体,工作负荷大,也影响了每级地方政府的管理幅度;三是大量的经济联系是由纵向系统完成的,这在一定程度上也制约着行政区幅度的扩大。由传统体制过渡到市场体制后,首先中央政府宏观调控的方式转变为依靠经济政策、法律手段等,这就要求地方经济信息向中央的反馈要迅速而准确;其次地方政府的经济职能大大淡化,一级行政区管理幅度可以适当扩大;最后区域经济运行系统转变为横向系统,纵向系统的链条已经松动。这3个方面的相应变化,均要求行政区划的层次系统做相应变革。只有实现这一转变,才能适应市场经济体制下国民经济发展的需要。

第三,有利于安定团结、社会稳定。在传统体制下,特别是在行政区经济运行阶段,由于各级地方政府是一级政权机构,并且多多少少地具有各种经济管理权限,一旦政权和较大的经济权力结合在一起,必然导致地区本位主义的膨胀;而在地区本位主义的驱使下,地方政府很容易从脱离中央政府的控制中寻求获取更多的地区利益。当这种利益寻求没有受到有效约束时,不仅造成经济上的割据,而且还可能形成政治割据,这是一种离心倾向。倘若地方政府的经济行为只受离心倾向的作用,其后果将不堪设想。事实上,在离心倾向起作用的同时,向心倾向也在发挥作用。向心倾向形成的基础在于"块块"的行政隶属体系和"条条"在"块块"中的渗透。前者表现为每一级地方政府都有几个层次的上级政府,直至中央政府,因此,尽管地方政府有一种分离的地区本位主义倾向,但每一级地方政府在不明了自己的上级政府的意图时,仍要有所收敛。中央通过加强对高层次"块块"的约束,起到了抵消各地分离主义的效果,形成了一条谁也挣脱不了的有力链锁。后者表现为中央各部门在各级地方政府中都设立了自己的对应机构,于是把表面上统一的"块块"通过几十根"条条"切割开来。

在社会主义市场经济体制下,由于地方政府的经济职能将大大弱化,从而使离心倾向的基础发生了动摇;同时,"条条"对"块块"的经济控制也随之弱化,一种维持原有经济向心倾向的链条也已松动。但与此同时,统一大市场将把全国经济紧密联系在一起,原有的行政区经济割据现象将不复存在。再者,在经济体制改革过程中,一方面通过分税制改革确定的中央财政向地方返还制度,不仅彻底改变了行政区经济条件下财政收入过多集中于地方政府手中的错位现象,而且中央政府通过财政返还制度还可以从经济上控制地方政府,这是市场经济体制下确保国家统一的一项重要措施;另一方面市场经济是法制经济,严格的法律将进一步约束地区经济的分割。另外,我国坚强的党的系统、强大的人民军队、自上而下的人事制度等,无论在过去、现在及将来都是维持国家统一的极重要因素。因此,在社会主义市场经济体制下,行政区层次的变动不仅有利于分税制改革的科学化、规范化,而且不会影响国家的安定团结。

第四,有利于民族团结。我国是一个多民族的国家,在行政区划体制构建过程中,要从维护各族人民的团结、统一,有利于民族地区的经济发展、社会稳定,尊重历史、尊重文化、尊重民意的原则出发,充分体现民族区域自治的基本国策,因地制宜地对待少数民族地区的行政区划。

36.2.3 省地级行政区划体制改革的重点方向

1)减少层次

建立科学的行政区划层次结构与管理幅度是行政区划改革的基本内容之一。从我国的实际情况看,减少层次、扩大幅度应成为省地级政区改革的重点方向。

我国现行的行政区划层次为三级、四级并存,而目前世界各国普遍采用二级、三级,只有极少数的国家超过三级(表36-1)。

按管理学的原理,采用扩大管理幅度和减少管理层次的方式可构成"平式"或"横式"的组织结构,而采用缩小管理跨度和增加管理级数的方式,则形成"高"或"直式"的结构。不难看出,我国的行政区划层次属后一种,而美国等绝大多数国家实行的是前一种。

表36-1 世界若干大国行政区划

国家	面积/万 km²	人口/亿人	层次	一(总数)	二(总数)	三(总数)
俄罗斯(1)	1 707.54	1.48	3	78	1 823	—
加拿大	997.61	0.25	2	12	4 387	
美国	937.26	2.36	3/2	51	63 040	16 822
巴西	851.20	1.34	2	27	4 084	—
澳大利亚	768.23	0.16	2	8	960	
印度	297.47	7.31	3	31	399	30 640
法国	55.16	0.55	3	22	96	36 433
日本	37.77	1.21	2	47	3 273	
英国	24.41	0.56	3	91	417	10 800
中国(2)	960.00	11.58	3/4	30	338	2 833

注:①除(1)资料截至1990年、(2)资料为1991年外,其他资料截至1986年前后。② 中国一级政区不含台湾省及香港、澳门地区;二级政区含地区、盟;三级政区含市辖区;四级政区含街道办事处;另外,部分三级、四级政区间设有县辖区公所,全国共设有3 096个。

一般而言,平式结构可使管理人员有更大的管理职责,并减少对上级的依赖性。由于平式结构层次较少,因而有助于缩短基层与上级组织之间的行政层次距离,有利于信息、情况的上下沟通。但是,如果上级领导的下属太多,又会出现管理上的困难等问题。

直式结构可以使上级对下级进行更具体的指导和更严密的监督,也给有能力的下级提供更多的晋升提拔机会。但是,由于级别层次多,需要的各级管理人员也多,因而开支就会增大;层次多,信息情报的沟通也会有困难;层次太多,容易出现办事效率差,各级组织容易出现相互依赖、相互指责的情况;过多的层次,必有过多的"检查官员",由下至上的逐级汇报,难免出现一些不真实的汇报,这样,高级领导人就难以真正了解下情[2]。

我国现行的行政区划层次是与计划经济体制相适应的。在计划经济体制下,由于经济决策、经济联系以政府垂直系统为主,因而这一系统既有利于中央政府通过各级行政区的上通下达管理国民经济,又照顾了我国地域辽阔的基本国情,有效地控制了每一级行政区下属的行政区数量。而且,在行政区经济运行过程中,为了发挥中心城市的带动作用,在一些地区实行了市带县体制,使省、县之间形成了一级实实在在的行政区。地区虽为"虚设",但从管理的角度而言,实际上也已演化成一级行政区。由于我国是单一制国家,虽然各省、自治区地域范围相差悬殊,但除新设的海南省外,各省、自治区不论大小,均在省、县之间加上一个或虚或实的层次。例如,宁夏回族自治区仅有18个县(市),也在省、县之间设置了4个地区、地级市。

随着社会主义市场经济体制的建立与完善,政府职能将发生重大变化,市场将成为组织生产的主要手段,区域间的生产要素、商品流动也由纵向转为横向,经济发展中的纵向控制系统的功能也将随之发生变化。例如,随着金融体制、财税体制、投资体制等改革的不断深入,经济总量调控将由政府层层控制投资规模转变为通过货币政策、财税政策的调整来实现。那么,弥补市场作用的缺陷必须通过中央及省、直辖市、自治区两级政府的宏观调控来解决。这种调控的正确与否,在一定程度上取决于政府能否及时而又准确地把握经济发展的状况。因此,从管理学的角度出发,为了利于信息及时、准确地向中央及省、直辖市、自治区政府反馈,必须简化行政层次。从国外实行分税制的国家来看,一般都是二级、三级分税。如果我国按多级行政区分税,不仅不利于操作,而且也不利于实行财权、事权高度统一的分级管理原则。

管理幅度是与行政区层次相辅相成的一个问题。一般而言,行政区层次越多,1个行政区下辖的行政区的数量越少,反之亦然。1991年年底,我国1个省级单位平均管辖11.3个地级单位(包括派出机构,下同),1个地级单位仅管辖8.4个县级单位,1个县级单位管辖21.3个乡级单位。管理幅度小,导致层次重叠,人浮于事,为了找事做就会事无巨细地统管起来,造成严重的地域管理的非经济性。

行政区层次的简化必然相应地扩大地域管理的幅度,如果取消地(市)一级"行政区",由省直接管县(市),必须增加省、直辖市、自治区一级政区的数量;同时也要相应调整省、直辖市、自治区下辖县(市)的数量。

此外,在市场经济体制下,城市与区域的作用应交由市场来实现,城市体系则演化为按市场经济规律作用下经济功能自上而下分异的有序整体。这不仅可以突破行政区界限对城市成长的束缚,而且可以促使城市合理竞争,有效地带动周边地区的区域经济发展。城市波及区域的范围是一个动态变化的地域条带,其表现相当模糊,变动又相当快。行政区划属于带有很强稳定性的上层建筑范畴,其界限应尽量保持高度的延续性。一旦在市场经济体制下简化行政层次,那么长期困扰我们的行政区与经济区的矛盾将迎刃而解。

从我国的实际情况考虑,将省一级行政区由目前的31个增加到50~60个,每一个省级行政区下属50个左右的县(市),即实行省(市、自治区)—县(自治县、市)—乡(镇)三级行政区划层次是完全必要的,也是可行的。

2) 缩小省区

"省"作为我国一级行政单位,其建制始于元代,至今已有700余年历史。目前,我国31个省级政区单位,平均每个政区辖面积30万 km^2,人口为3 700万人。与世界许多大国相比,管辖幅度明显偏大,这是我国行政区层次较多(在省与县之间设置了地级单位)的重要原因。因此,从减少行政区层次角度看,缩小省区是十分必要的,应引起人们的足够重视。

从清末提出的分江苏省为江南、江北之议论开始,至新中国成立前,曾有众多的学者与政府官员提出改革省区的建议,大多主张一级政区划分为60个省左右[3]。著名地理学家胡焕庸教授主张把原有的28个省和内蒙古、西藏2个地方分成64个省和内蒙古、西藏2个地方。原有的省根据面积和人口等指标,一般划分为2个省;面积较大的分为3~4个省;新疆面积很大,而人口很少,暂时仍作为1个省;东北3个省面积较大,每省分为3个省;四川面积大而人口多,划分为4个省[4]。

黄国璋等草拟的方案包括"迁就现实"与"通盘筹划"两种。前者拟将现行省区中之面积大、财力富之少数省份先行重划二三省以应目前之需;后者则经综合考虑后,将全国调整为56个省、2个地方及海军要塞3处(旅顺、威海及澎湖列岛)[5]。

至于省制改革的依据,旧时学者多有论述。清末之际,章炳麟与康有为、梁启超一样,主张改革省制。他认为,今省制地域辽阔、民性各异、治理困难,主张废省存道。估计全国所存不过60～70道,每道20～30个县,使之直隶中央,可消除藩镇割据之势,避免分裂削弱之患,使地方治理趋于正规。

洪绂于民国三十四年(1945年)10月2日之《大公报》及《东方杂志》第43卷第6期中先后发表了《新省区论》及《重划省区方案刍议》的论文。他认为元代以降的省区原为军界区域,不适民主自治;旧省区不尽适合当地居民政治愿望;交通日臻发达,今昔形势大异,行政区域亟须改革以便管理。他还根据地理形势、交通、水利、人力、财力、方言、民族乃至国际等综合条件,提议全国划分为57个省、1个地方。

中央大学教授张其昀于民国三十五年(1946年)2月在《大公报》发表的《缩小省区方案刍议》一文认为,现行省区面积过大,施政不容易贯彻,必须取消行政督察区这一中间环节,实行省、县二级制,以期收臂之效。至于划定新省依据,当考虑历史背景及地理环境。张氏建议全国可重新划分为60个省,原省析置二三省以缩减其面积。

傅角今认为,"元、明、清划省之目的在于统制及控制。故纵的方面,指系统务求严密,不惮阶层繁复;横的方面,区域分划肯重率制,不厌支离破碎,自难求其符于地理(环境)"。重划省区必须考虑到历史背景、山川形势、经济发展、防卫需要、文化程度,以及人力、物力等综合条件,权衡其轻重,以符建省目的。大多数旧省界符合地理形势,仅少数跨越数个自然区,形势割裂;而分水岭、河川、海岸、沙漠,以及其他天然形胜,皆可为新省区之自然界限。傅氏认为,美、加、澳诸国以经纬为界,这在我国则违反天然形势及地理区域,不宜采用[5]。

20世纪80年代末期,胡焕庸教授又从未来发展的角度,重新提出了新的省区调整设想,包括:①以江苏北部的徐州、连云港以及鲁西南的枣庄为中心,范围包括汶、泗、沂、沭四河流域,新建徐海省;②安徽省可分成皖北、皖南2个省;③河南的南阳一带可与鄂北、陕南、川东等地结合在一起;④陕南的汉中盆地可与河南、四川联合考虑;⑤新疆最好分为南北2个政区;⑥湖北、湖南可考虑再分为2～3个省;⑦四川分设3～4个省;⑧广东、广西、云南、贵州可各分成2个省;⑨内蒙古地区地域差异大,从东到西约可分为东、中、西3片。为了照顾内蒙古自治区的完整性,行政区划不做调整。但东部可与东北三省组建经济区,中部与华北区的河北、山西和陕西联合,西部与宁夏、甘肃兰州地区建立经济联系[4]。

浦善新建议缩小省区先在辽宁、吉林、四川、宁夏、海南等地试点:①辽宁分别以沈阳、大连为中心,一分为二,成立2个省级单位;②吉林撤销地区和自治州(所辖县根据具体情况成立相应的自治县),由省直辖47个市县;③重庆地区(以重庆为中心,包括川东的万县、达县、涪陵3个地区)从四川划分出来,成立一个省级行政区,以后可考虑将湖北的宜昌地区(9县)和宜昌市划入;④宁夏撤销2个地区,由自治区直辖市县,以后可考虑将陇东的庆阳、平凉2个地区(15个市县)和陕北的榆林、延安(25个市县)划归其领导,共辖59个市县;⑤海南岛成立海南省[6]。

郭荣星通过计算省级行政的区域规模,认为我国一级行政区应有43个,可通过计算中心城市的合理辐射半径,来帮助划分行政区的合理范围。他根据区域适度规模原则以及中国现有的自然特征和社会经济发展状况,设想了一级行政区划的调整方案:①在苏鲁豫皖边界地区组建新省；②以重庆为省会组建新省；③把河南信阳一带并入湖北省；④以襄樊市为中心建立鄂豫陕边界地区一级行政区；⑤以厦门为中心，在闽赣边界地区组建新省；⑥在湘黔桂三省区边界地区形成一组行政区；⑦在蒙、黑、吉三省区边界地区组建新省；⑧在陕蒙宁边界地区组建一级行政区；⑨新疆、甘肃两省区行政区划暂时维持现状。鉴于21世纪中国经济重心将向西部转移，他建议适时新增一级行政区2个，即新疆、甘肃边界地区组建新省，南疆、北疆各成立一级行政区[7]。

郭荣星建议新建的省主要集中于省区边界地区，而周振鹤建省观点与之相反。后者认为，政区在我国高度中央集权的历史上起着十分重要的作用。虽然行省制源于元代，但今天某些省的省界却早就形成。江西省界与汉代豫章郡相仿，福建省范围在唐代后期已大致确定。即使从清朝前期算起——当时全国大部分省区的分划已与今天相去不远——已有300年之久，各省的名称和范围已经深入人心，成为普遍存在的地域观念。因此，划小省区组建新省的基本原则应该是以现有的省区为基础，将其一分为二或三，同时进行有限度的省界调整，而不宜以几省的接壤地带重划一个新省，因为这样做缺乏历史地理基础，不易成功。新中国成立后曾有平原省的设立，以河南、河北、山东部分地区为其省境，3年后即撤销[8]。

郭荣星提出的省区调整方案，主要是从加强省区边界地区经济发展的角度考虑的。一方面，波及面大，"工程"复杂，不利于方案推行；另一方面，在行政区经济运行条件下，省区边界地区经济往往出现衰竭现象，如果在边界地区建立新省，无非是想通过行政区经济的运行，在城市相互作用的薄弱地带强化中心城市，打破地区经济封锁，但这种方法不仅会产生新的边界地区经济衰退，而且与社会主义市场经济体制建立后形成的新型区域经济运行机制不相符合，难免会在费了九牛二虎之力推行了建省方案后，非但没有达到预期的效果，反而产生新的矛盾。

我们认为，未来我国的省制方案，一方面，应该与政府机构改革趋势相一致；另一方面，也要适应区域经济横向运行系统及国家新的经济运行机制。同时，新方案的实施还不能产生较大的波动。

政府机构改革将使地方政府逐步向服务型过渡，并形成中央及省、自治区、直辖市两级政府宏观调控的格局。但两级调控，如果关系处理不好，难免影响全国统一大市场的运行及行政区经济格局的全面突破。因此，如果从地理环境的相对同质性原则出发将省区划小后，不仅可以促使省、自治区、直辖市一级政府过渡为以服务型职能为主的地方政府，而且可以在全国形成中央政府一级宏观调控的局面，这既有利于全国统一市场的运转，也有利于区域经济横向系统的运行。

在社会主义市场经济体制下，省区一级政府在控制人口增长、保护自然环境和生态环境方面的职能将大大强化。中央政府进行的国土整治、流域规划与管理等方面的工作也必须落实于具体的地区之上，在考虑省区缩小方案时，还应注意保持自然地理单元的完整性。这是因为，首先，我国是一个多山的国家，自然条件十分复杂，这与美国、加拿大等一级行政区界限主要按经纬线划分的国家形成巨大的反差，即使在市场经济体制下，不参照自然地理单元相对完整性划分一级行政区，仍会给我国自然环境、生态环境的保护和国土整治等工作带来诸多不便。其次，新中国成立前历代各省区之区划每每违反自然地理原则，而以人为因素强行加以分合，达到相互牵制之目的，如太湖流域分隶江、浙，则有碍治安；云梦平原割属鄂、湘，则有碍水利；洪泽湖苏、皖分割，一旦为灾，则影响淮河全域；汉中盆地隶于陕西，俾可临制四川;冀南豫北隔河穿插,以利彼此控制等[5]。新中国成立后,虽对上述不合理边界进行了部分调整,例如,太湖、洪泽湖已由江苏省统一管辖治理,冀南豫北之相互穿插问题也已妥善处理等,但仍有一些问题未能彻底根治。因而,省区缩小恰好为调整历史遗留的不合理省区边界提供了一次良机。

至于省区调整的具体方案,我们主张以原有省区一分为二或三的模式为主,并适当照顾自然地理单元的完整性和地理环境单元的同质性。根据实际情况,也可采用省区边界地区组建新省、省区析置并与其他相关地区组建新省等模式。然后用历史背景、经济发展水平、人口(含数量与素质)、财力等多因子加以综合修正,最终提出全国省区缩小方案。至于方案的实施,应先选择条件具备的地区进行试点,及时总结经验教训,本着成熟一个推广一个的原则,在全国逐步实行。

省区一分为二或三模式,可以四川省为例。四川国土面积为 56 万 km^2,人口超过 1 亿人,全省辖 21 个地市州,182 个县级单位(包括县级市、自治县和工农区)。如果把四川省与世界 200 多个国家比较,其国土面积可列属第 45 位,人口居第 8 位。

实际上,四川是由宋代 4 个一级行政区组成的,即成都、潼川、利州、夔州四路,合称四川路,共有 400 多万户。南宋末年蒙古军侵入,宋军顽强抵抗,战乱长达 40 余年,至元代时只剩下约 10 万户,如此地广人稀,所以不得不撤并了许多州县。元初与陕西合建一个行省,成宗大德后才定制陕西、四川各为 1 省。四川省辖有差不多宋代 4 个路那么大的地域(只有原利州路一部分划归了陕西)。700 年来,这个地域的州、县虽陆续有所增设,但始终是一个省。显然,这一历史继承性与地域管理的科学化、合理化要求相去甚远[9]。若将地市州一级层次撤销,四川一个省下辖 182 个县级单位。如果按每个省下辖 40~50 个县级单位计算,四川再从周边省份(湖北、陕西)并入相关地区后可分成 3~4 个省。从四川实际出发,可以在川东、川西、川南、川北的基础上形成 4 个省。

省区析置,并与其他地区组建新省可以苏北、鲁西南交界地区为例。若以徐州为中心包括苏北、鲁西南等部分地区组建徐淮省,不仅有利于这一地区能源基地、商品粮基地的建设,而且可解决长期困扰人们的微山湖的统一开发、治理、管理问题。同时,既注意了地理环境的一致性,生产力水平的相近性,也顾及这一地区在历史上形成的千丝万缕的经济联系、社会联系及生活习惯、语言体系的相似性。因此,这样组建新省,不仅具有较强的可行性,而且有利于在社会主义市场经济体制下中央政府对于这一地区的扶持及该地区的生态、环境保护。

目前,三峡工程正紧锣密鼓地加紧进行。待三峡工程完成后,为了便于三峡地区的统一开发、统一规划、统一建设、统一管理,可不失时机地与四川分省问题统筹考虑,组建三峡省。

在社会主义市场经济体制下,省区一级政府将演化成主要以服务职能为主的地方政府,即形成"小政府,大社会"的局面。因此,在省区缩小的同时,并不再需要花费大量的人力、物力、财力大搞土木建设,增加人员编制。如果行政中心选择得当,可以借鉴现有的"市带县"模式的经验与教训,在新建省建立省级政府机构。由于那时将全部实行公务员制度,因而可以在新建省内,或在全国范围内,组织公务员考试,以选拔优秀人才进入省政府。加之,我们主要采用的是以原有省一分为二或三的省区缩小模式,波及的面有限,引起的震荡较小。因此,从某种程度上讲,21 世纪我国"省区缩小"工程的风险性较小,可行性较大。

[刘君德,舒庆.中国行政区经济运行与省地级行政区划改革的基本思路(上)[M]//中国行政区划研究会.中国省制.北京:中国大百科全书出版社,1995:98-118]

解读:文章参阅了许多文献资料,以行政区经济理论思想和当代眼光对中国的省制进行了探讨。作者强调减少层次、扩大幅度应成为省级政区改革的重点方向,指出从减少行政区层次角度看,缩小省区是必要的。文章认为,未来我国的省制方案,一方面,应该与政府机构改革趋势相一致;另一方面,也要适应区域经济横向运行系统及国家新的经济运行机制。同时,新方案的实施还不能产生较大的波动。论文还就徐淮地区和三峡地区建省的必要性、可行性进行了分析论证。

参考文献

[1] 崔乃夫.加强对行政区域界线争议的战略研究[M]//中国行政区划研究会.中国行政区划研究.北京:中国社会出版社,1991.

[2] 时基·W.格里芬.实用管理学[M].杨洪兰,康芳仪,编译.上海:复旦大学出版社,1989.

[3] 刘君德.关于我国行政区划体制问题的初步探讨[M]//中国行政区划研究会.中国行政区划研究.北京:中国社会出版社,1991.

[4] 胡焕庸.我国行政区划过去、现在和将来[M]//中国行政区划研究会.中国行政区划研究.北京:中国社会出版社,1991.

[5] 洪建新.我国重划省区的历史回顾[M]//中国行政区划研究会.中国行政区划研究.北京:中国社会出版社,1991.

[6] 浦善新.中国行政区划改革浅议[M]//中国行政区划研究会.中国行政区划研究.北京:中国社会出版社,1991.

[7] 郭荣星.中国省级边界地区经济发展研究[M].北京:海洋出版社,1993.

[8] 周振鹤.行政区划改革的几个关键问题[M]//中国行政区划研究会.中国行政区划研究.北京:中国社会出版社,1991.

[9] 谭其骧.我国行政区划改革设想[M]//中国行政区划研究会.中国行政区划研究.北京:中国社会出版社,1991.

37 关于地区与市管县体制

背景：本文是上篇的后半部分，重点讨论地区和市管县体制问题。

37.1 关于地区体制

《中华人民共和国地方各级人民代表大会和地方各级人民政府组织法》规定："省、自治区的人民政府在必要的时候，经国务院批准，可以设立若干行政公署，作为它的派出机关。"可见，所谓地区行政公署，就是受上级政府派遣，在地理相连的若干县、市之上建立的，以执行省的委托任务为主的一种地方行政管理组织。

37.1.1 行政地位由"虚"到实再到"虚"的发展过程

地区行政机构经历了3个不同的阶段，即1966年前的专区专员公署，"文化大革命"时期的地区革命委员会，粉碎"四人帮"以后的地区行政公署。

在上述3个阶段中，专员公署的派出机构地位是十分清楚的，而按照1975年宪法关于"地方各级人民代表大会都是地方国家权力机关""地、区、市、县的人民代表大会每届任期三年""地方各级革命委员会是地方各级人民代表大会的常设机关，同时又是地方各级人民政府"的规定，地区革命委员会无疑成了法定的一级政权。

1978年宪法关于国家行政区域的划分，以及"省革命委员会可以按地区设立行政公署，作为自己的派出机构"的规定，又否定了地区一级政权的地位。因此，从专员公署到地区革命委员会，再到行政公署，地区行政地位经历了一个由"虚"到"实"再到"虚"的曲折过程。

37.1.2 "地区"实际上已演化成一级"行政区"

1978年宪法虽对地区行政地位做出"虚化"决定，但是由1975年的宪法所获得的实际地位、职权及机构编制并没有因此削减。实际上，地区专员公署在1966—1975年的10年时间中，其职权范围及机构设置已越来越接近一级政府的模式；1975年颁布的宪法，使地区行政机构按照一级政府的模式在实际中和法律上得以保障，从此，地区的行政具有了一级政权的权威与效力，并且行政机构与职能也按一级政府的规格相应地进行了调整与扩充。

"行署"同"专署"在法律条文上虽都是省人民政府（省人民委员会）"在必要的时候，经国务院批准"设立的"派出机关"，但是，"专""行"之变，实际上含有地区行政地位的变化。从概念上讲，"专员公署"与"行政公署"并非同一行政地位机构的名称变换，专署本来是指执行某种专门任务的派员之公署，行署则可理解为一级行政之公署，行署比专署包含着更加广泛的行政内容。从历史上看，专员公署的职权与任务是代表行政分区、省人民政府、省人民委员会或上级人民政府督促、检查、指导所属县市的某些工作,办理上级政府主管部门交办的事项;而行政公署则可以对本地区行使全面的行政管理权。在1949年以前的新中国成立区,行署曾是专区以上的一级政权机关,如晋中行署、胶东行署等;新中国成立之初,行署相当于省政府机关,如苏南、苏北、皖南、皖北、川南、川北行署。

从实际情况来看,由"专署"到"革命委员会",地区的法律地位与实际地位都有加强,而由革命委员会改为行政公署后,并未进行相应的削减。由"专署"经过"革命委员会"到"行署",实际上并不标志地区行政地位有什么真正的虚实反复,相反,在这个由"虚"到"实"再到"虚"的曲折过程中,它所获得的是行政地位的提高与行政权力的加强。由此可见,虽然宪法对地区一级行政区的地位进行了"虚化",但实际上,它已演化成一级界于省、县(市)之间,实际作用不断加强的准行政区。

37.1.3 多变的一级"行政区"

新中国成立以来,"省""县"两级行政区域相对稳定,而介于两者之间的"行署"却变动频繁。以我们对安徽省皖南地区的考察为例,池州地区经历了两起两落(1949—1952年、1965—1980年两次设地区,1952—1965年和1980年以后地区又被撤销),宣城地区长合短分(指现宣城地区所辖的5县,1952—1980年共29年间都合于原芜湖地区,只有1949—1952年和1983年以后仅5年分离),县(市)的归属变化更大,少则1~2次,多则7~8次。贵池县两属池州,两属安庆;青阳、石台、宁国先后都有5次变动;太平县变动7次,曾先后分属池州、芜湖等地区管辖,1983年改立黄山市后又直属省管;屯溪市的变动则多达13次,2次撤市改镇,曾交错归属徽州地区、休宁县、省直辖。

作为上层建筑范畴的行政区划,具有相对稳定的特点。因为行政区划一旦形成,其区域内的各方面联系便逐步发育,特别是在计划经济的模式下,这一特点表现得更为突出。频繁的调整,既造成了人为的浪费,又影响了变动地区的人心。皖南地区行政区划的频繁、盲目变动,一方面浪费了国家大量资金,影响了工作效率,人为设置了机构体制改革的障碍;另一方面不合理的行政区划,不仅导致人为的条块拼凑代替了横向经济联系,而且又人为地割断了传统的经济联系,堵塞了合理的流通渠道。同时,20世纪80年代中期的行政区划,在许多方面起着"抑长扬短"的作用,使区内许多资源优势不能成为经济优势,潜在优势不能成为现实优势;政区与体制的不合理影响经济建设统一规划,以致重复建设、盲目布点、互相拆台的事时有发生,既浪费国家财力,又影响地方经济的长远发展。行政区划多变,还导致多层次的管理体制和工资差别,波及商业,冲击市场,影响广大职工劳动积极性的提高和生产水平的改善[1]。

在行政区经济运行环境下,行政区与经济区表现出高度的一致性,因此起着行政区作用的地区"行署"的划分必须密切关注历史上形成的经济联系。例如,长期以来,皖南西部地区诸县已经由于多方面的原因结成了一个以贵池为中心、以池州港为依托的比较合理的经济联系网络;然而,池州地区的撤销,致使皖南西部诸县在行政上四分五裂,人为地割裂了原有的许多合理的经济联系,严重阻碍了这一地区的经济发展[1]。

我国是一个多山的国家,在历史上便形成了流域内经济的密切联系,如果人为地割裂流域联系,不仅造成经济发展中的矛盾,而且对于流域的综合治理也会产生很大的消极影响。

例如,水利建设对皖东南的经济发展至关重要,该地区水涝灾害频繁,仅1983—1984年2年宣城地区5县统计,水患损失就达13亿元。综合治理两江(水阳江、青弋江),防止水患发生已被提到重要议事日程。可是1983年的行政分家,人为地把水系切断,使上下游综合治理不能统筹安排,水利工程设施规划受到阻碍。宣城地区水电局为加强内河航运和防止长江倒灌,计划在青弋江、水阳江下游建水闸,但因为现闸址在芜湖市内而无法进行;原准备在水阳江支流修建求公水库,也因坝址划为芜湖市而不能实施。另外,在陈村灌区的东、西干渠的修建上也产生新的矛盾[1]。

"条块"矛盾与"块块"矛盾共存。在传统计划经济体制下,区域经济系统以垂直联系为主,地区与县的矛盾主要表现为"条块"矛盾。在由计划经济向市场经济过渡过程中,区域经济系统演化成行政区经济,如果地区行署不能摆脱所在地的利益关系,在经济要素向横向发展的过渡时期,也会产生"块块"矛盾。例如,湖南省娄底地区的冷水江市,在经济发展中就严重面临着这一困惑。

37.2 关于市管县体制

"市管县"就是由地级市(地辖市管县不属此列)管辖原来属于地区管辖的县,其实质是,有的把一级城市政府变为辖县的一级政府,而有的则是将派出机关地区行政公署转变为省县之间的一级政权。

37.2.1 "市管县"体制之演变

早在1950年,我国就在辽宁省旅大市(今大连市)试行市领导县体制(领导金县、长山二县),1956年本溪市又领导本溪县。截至1958年年底,全国已有28个市领导了118个县。但由于当时实行市领导县体制的出发点是为了保证城市的蔬菜、副食品供应,故只限于部分直辖市、省会、自治区首府和少数大城市。

1959年9月17日全国人民代表大会常务委员会发布了《关于直辖市和较大的市可以领导县、自治县的决定》,市领导县体制逐步在一些经济比较发达的地区试行推广,至1960年年底,全国共有48个市领导234个县、自治县。但在三年自然灾害时期,市领导县体制只被当作战胜经济困难的临时措施,之后又在大多数地区自行废止。据统计,至1965年年底,仅保留了24个市领导78个县、自治县。

在"文化大革命"期间,国民经济停滞不前,实行市领导县体制的速度也相当缓慢。1977年共有42个市领导133个县、自治县。到1981年年底,全国也只有57个市领导了147个县、自治县、旗、特区,分别占当时地级市的51.4%和县级单位的6.9%。

中共十一届三中全会以来,我国的城市与区域经济发展较快,我国长期实行的市县分治的行政区划体制出现了块块分割、条条分割、城乡分割的弊病,并已构成对区域经济发展的桎梏。1982年,中央〔1982〕51号文件发出了改革地区体制、实行市领导县的通知,首先在江苏省试点,而后在江苏、辽宁、广东三省全面推广,并逐渐向全国其他地区扩展。

37.2.2 "市管县"的类型

概括起来,"市管县"有以下 4 种形式:

第一种是具有相当经济实力的省辖地级市与地区行政公署合并,实行市管县。例如,湖南的岳阳市与岳阳地区合并,浙江的温州市与温州地区合并,江苏的苏州市与苏州地区合并,河北的唐山市与唐山地区合并,等等。其形式是用市政府取代原来的行署。这种地级市,原来一般都有 20 万以上的非农业人口,工农业总产值一般在 10 亿元以上,城市工商业和科学文化事业相当发达,并且多数历来为行政治所,具有经济中心、文化中心与政治中心的地位和作用。

第二种是将一般的县级市升格为地级市,进而实行市管县。例如,1984 年辽宁省将铁岭市升格为地级市,将铁法市并入铁岭市,撤销铁岭地区,将铁岭、开原、西丰、昌图、康平、法库 6 县划归铁岭市管辖;将朝阳市升级为地级市,撤销朝阳地区,将其所辖县与自治县划归朝阳市管辖。同年,江苏省淮阴地区,将清江市更名为淮阴市,并升为地级市,划淮阴、洪泽等 11 县归其管辖。这种地级市一般工商业基础比较薄弱,非农业人口较少,市本身无论作为经济中心还是政治中心的条件都不够充分,虽称为市,但经济仍以农业为主。

第三种是将近年来新设的县级市升格为地级市,实行市管县。例如,浙江的嘉兴、湖州、绍兴、金华、衢州等市,前些年还是县,20 世纪 70 年代末和 80 年代初以来陆续改为市,进而又将其升级为辖县地级市。1984 年江苏省撤销盐城地区和盐城县,设立盐城市,将建湖、大丰等 7 县划归盐城市管辖,本质上也是这种形式。这类市从其建制之日起,就不是原来意义上的市,市政府当然就是一般的地方政府。这种市辖有城镇和乡村,但主要是乡村;管理工业和农业,但主要是农业。它们的出现与其说是为解决经济上的城乡分割问题,不如说是为了解决行政上的政权机构重叠的问题。

第四种是由县直接升格为地级市,实行市管县。这一模式主要出现于广东。例如,1988 年广东省撤销了清远、河源、阳江 3 个县,设立了清远、河源、阳江 3 个地级市,并实行市带县体制。这种地级市的市中心,是由城镇一跃而成为城市的经济中心的,因而其经济实力相对较弱。但在开放度高、经济发展速度快的广东省利用这一模式,对强化中心城的成长能够起到一定作用。

37.2.3 "市管县"体制与城市中心作用的发挥

"市管县"体制的实施既有城乡一体化的目的,还有行政一体化的含意。撇开后者不谈,这一体制的实施究竟能否达到城乡一体化的目的呢?

据周一星等对市带县体制影响辖县经济的问卷调查分析表明,在被调查的辖县中,19% 的县认为市带县对辖县经济发展是"利大于弊",25% 的县认为"弊大于利",另外 56% 的县认为"利弊参半",可见,市带县体制并未受到辖县的普遍欢迎,主要原因还是中心城市的经济实力与带县范围这两个问题;51% 的县认为"市的经济实力太弱",不足以对辖县经济形成有效扩散;另有 19% 的县认为市带县的范围过大,市对县"鞭长莫及",联系较少;选择"领导不力"的占 8%;认为"体制不顺""指导思想不明确"等的占 22%。

吴敬琏、刘吉瑞从深层次的角度,对"市带县"体制进行了剖析。他们认为,1983年国务院提出的发挥中心城市优势、把中心城市变成商品交换中心的设想是正确的,然而在实践中有把中心城市行政化的倾向,如果不能扭转这一倾向,很可能又变成一种行政性分权。而在行政性分权的影响下,中心城市常常被作为一个"块块"概念。与此相适应,把与中心城市关系比较密切的县划归城市领导,在指令性计划体制里,由中央或上级直接下计划给中心城市,再由中心城市把计划分解下达给县、区和企业。这样,中心城市没有起到商品交换中心的作用,而是起了一种新的"块块"的作用,只不过这个"块块"比省小一些。本来在原有体制中,省是进行行政管理较实的层次,地区相对来说比较虚,而提出发挥中心城市作用的方针之后,原来地区这一级大都变成了市。这样,不仅加剧了省市矛盾,而且市的权力越来越大,有点类似汉朝贾谊所说"众建诸侯而少其力"的情况。在搞市场取向改革的今天,行政权力的划分要有利于竞争性市场的形成,促进各地区比较优势的发挥,以及区域间的要素流动和优化重组。假如行政性分权的倾向继续发展,很可能出现既没有行政协调,又没有市场协调的混乱状态。

从我国实行"市管县"体制较早的苏锡常地区的实践来看,其历史作用主要体现在以下3个方面:

第一,实现城乡统筹规划,奠定了城乡一体化的基础。"市管县"体制在某种程度上克服了苏锡常三市地域狭小的束缚,使建成区和规划区跨越了市界。

第二,加快了城乡经济联合。市管县后,迅速打破了由于城乡分隔而阻碍市县经济联合的困境,使长期形成的集结于狭隘城区范围内的工业开始向农村扩散,推动了产业结构调整;农村富余劳动力找到就业门路,促进乡镇企业异军突起。

第三,促进了城乡结合,工农结合。

然而,正如前面指出的,苏锡常地区在实施"市管县"体制的过程中也遇到了一系列问题,主要表现在以下3个方面:

第一,市管县打破了旧的条块分割,又形成新的条块分割,导致市、县(市)利益冲突愈演愈烈。根据我国宪法规定,县和市是两个平行的行政区域单位,市管县标明的两者之间的关系只是县接受市对各项工作的指导,而不是意味着县就如同市辖区那样,成为市的组成部分。由于市、县分别代表着各自区域利益的主体,承担着不同的经济责任,县有自身的独立性和自主权。但是,在市管县以后,有的市把县当作附属行政单位,要求县的经济发展从属于市区经济发展的需要,引起了两个利益主体的冲突。尤其在实行财政分灶吃饭以后,这一矛盾表现得更为突出。如市、县之间相互争项目、抢外商、夺外贸出口权等,"形合神不合"。在执行计划分配中,市(包括专门管理部门)出于自身利益的考虑,对上级下达的资金、物资、农转非指标等,往往中间截留,分配不合理,透明度低。有的市还以行政命令以低价从县调进农副产品,侵占县的利益,因而出现了所谓"市卡县""市刮县"等现象,以转嫁城市负担。由于苏锡常地区市、县经济实力并不悬殊,随着商品经济的深入发展,市、县之间的摩擦日益严重,从而束缚了县(市)独立自主地发展商品经济的主动性和积极性。

第二,市管县增加了一级政权管理层次,不利于行政管理的高效运转,使市领导精力分散,不利于城市建设和农村发展。实行市管县体制以后,地区一级政权由过去的虚设变成实置,凡是县政策及其职能部门需要向省请示解决的问题,无论是政策性的,还是业务性的问题,本来可以直接沟通的,但一般都要通过市一级的中间层次,降低了办事效率,这与地管县时相比有过之而无不及。市管县后,市领导管理的幅度大大增加,不仅要管理城市,而且要指导农村。一方面,市有本身的实体,城市工作千头万绪,首先要考虑如何加强这一块;另一方面,近几年来,市要发挥中心城市功能,真正市管县,又必须关心农村工作。结果导致顾此失彼,两头不落实,城市中"政府抓生产,企业办社会"这种产品经济模式下形成的局面未能从根本上改变,环境建设、社会服务、基础设施没有认真抓起来;在农村,则出现农业生态环境脆弱,发展后劲不足,土壤退化,水利失修,乡镇工业滥占耕地和随意布点等一系列问题。

第三,因经济实力所限,市带县力不从心。实行市管县的城市必须有一定的经济实力。苏锡常三市在实行市管县的初期,市区的经济实力明显强于县区,城市对所带县的辐射力和吸引力较强,城乡经济联合的优势发挥较充分。但由于城乡企业所处的地位不同,在不平等竞争中出现不等速增长状况,城市国有企业因财政负担重,企业发展资金不足,产业结构未能转向更高的层次,发展速度也低于县(市),市县经济落差渐趋接近,市带县的马力不足。此时,联合势头锐减,竞争却在加剧,甚至互相削弱,不利于向高层次升跃。以经济实力较强的无锡市为例,在实行市管县前期,1978—1985年,三县乡村工业产值从占全市工业总产值的32%提高到49.66%,城市工业年平均增长28.6%,乡村工业年平均增长77.5%,市县经济都在联合中高速增长,市带县处于鼎盛时期。1986—1991年,该市三县的乡村工业产值占到全市工业产值的89.5%,此时,市、县转向各谋自身发展。1991年,无锡县工业产值达到166亿元(当年价),是无锡市市区工业产值的95.1%,形成市、县并驾齐驱的局面,两强相争骤起。

37.2.4 讨论

第一,从市管县地位的合法性来看,《中华人民共和国宪法》第三十条规定,我国行政区划是省、自治区、直辖市—县、自治县、市—乡、民族乡、镇三级制。而在市管县(市)体制下,管辖县(市)的地级市成为一级行政单位,与《中华人民共和国宪法》有所不符,使这些地区的行政区划演化成为省—市—县(市)—乡(镇)四级管理层次。

第二,从中心城市作用发挥的实质来看,在传统的计划经济体制下,物资流动以计划调拨为主,行政区间的联系主要发生于上下级行政区间,城市与农村处于相对割裂状态,城市的中心作用限于一种形式。在市场经济体制下,生产要素可以在地域上自由流动,城市往往是地域中的市场中心。在城市处于极化过程中,生产要素主要向中心城市集结;但当城市达到一定规模后,城市的扩散作用会逐步加大,生产要素向外流动的量也随之扩大。在城镇体系内部,市场也会对城市进行适度分工。一般而言,金融中心、贸易中心也往往是企业集团总部所在地,这类城市经济辐射力较强;而周围的一些城市往往形成一些分中心或制造业中心。从城镇体系内部来看,一级中心城市的市场功能最强,它的中心作用可覆盖整个城镇体系;二级中心城市的市场功能只有城镇体系内部的区域性功能;低层次的城市有些只是专业化的城市;而企业集团与生产要素的流动会把各个城市紧密地联结于一体。如果配以适当的政策加以引导,会进一步促进城镇体系的完善。

在传统计划经济体制向市场经济体制过渡时期,随着中央向地方分权,上级地方政府向下级地方政府分权,中心城市在经济上的独立性加强。这一时期,经济发展正由上级计划下达方式向市场作用方式过渡。在计划经济与市场经济共存时期,中心城市的作用便介于计划调拨与横向流动之间,此时,中心城市经济中心作用的发挥必须配以适当的区域,并在行政隶属关系上予以明确。中心城市与区域的上述联系方式必然要求中心城市的直接波及区与行政区一致,即行政区与经济区的高度一致性。但行政区的相对稳定性与城市经济区的不稳定性往往发生冲突,这反过来又冲击了这种市带县体制。

目前,我国正处于社会主义市场经济体制的建立时期,应着手对地区、"市管县"体制进行改革,即逐步使地区恢复省政府派出机构的职能,进一步虚化这一级"行政区";同时,合理划分市与所辖县的事权与财权,积极培育城市中心市场,把由市政府代办的经济权限,能交给企业的还给企业,能由市场替代的交还市场。待时机成熟时,再撤销地区及"市管县"体制。

市场经济体制的建立与完善要求简化行政区划的层次,但这必须与省区划小统筹考虑。前已述及,我国省区及地(市)两级"行政区"管辖范围普遍偏小,待省区划小时,可以同时撤销地区、"市管县"体制,由省直接领导县(市)。如果省一级行政区增加到40~50个,那么每个省一级行政区下属仅有40~50个县(市),三级行政区制就有条件实行。海南省已率先在我国实行了省管县(市)新体制,取得了明显效果。同时,应当指出,省地级行政区划的改革是一个非常复杂而敏感的问题,必须既要积极,又要慎重、稳妥。当前选择两三个省积极进行改革试验是十分必要和可行的。经过若干年实践,取得经验,再在全国逐步推广实施。还应组织精干力量积极进行理论和方案的系统深入研究,为国家决策提供科学依据。

[刘君德,舒庆.中国行政区经济运行与省地级行政区划改革的基本思路(下)[M]//中国行政区划研究会.中国省制.北京:中国大百科全书出版社,1995:118-130]

解读:文章对地区和市管县体制进行了评述,讨论了"市管县"体制的"合法性",以及这一体制与发挥中小城市作用的关系问题。作者提出的市场经济体制的建立与虚化地级、简化区划层次及省区划小统筹的观点值得关注。

参考文献

[1] 刘君德,程玉申,陈忠祥,等.安徽省皖南地区行政区划体制的调查与思考[M]//中国行政区划研究会.中国行政区划研究.北京:中国社会出版社,1991.

38　市制的过去与未来

背景:20世纪90年代中期,我被中国城市发展研究会(以下简称城发会)聘为理事,这个挂靠在中国社会科学院、于1984年由京津沪广深渝等城市市长和许涤新、刘国光、孙尚清等经济学家倡议发起的综合性城市研究的社会团体组织,在国内(特别是城市政府)有广泛的影响。研究会长期赠予我内容丰富翔实的《中国城市年鉴》和《市长参考》(月刊),对我及时了解城市政府的动态、研究城市行政区划问题大有裨益。本篇论文是应城发会副理事长兼秘书长朱铁臻教授之约而写的,收录于刘国光主编的《21世纪中国城市发展》(红旗出版社,2000年)。

所谓"市制"是指城市的设置制度,即城市建制,也可以理解为广义的城市型行政区划制度,其主要内容包括城市的政治制度、等级制度、市制模式、设置标准、市制名称等方面。本文主要讨论中国大陆的市制模式和改革方向问题。

38.1　两个不同的概念:"城市"与"建制市"

"城市"与"建制市"是两个不同的概念。"城市"是一个社会、经济、地理的概念,是相对于"农村"而言的,是非农业人口和非农产业的聚集地,从形态看主要是城市建成区。城市在区域中具有相对中心的地位。"建制市"是个法律的、政治的和行政管理地域的概念,是根据国家规定的设市标准,按一定程序,经过批准而设立的地方行政建制。"建制市"的基本要素是,有一定规模的人口和辖区空间,有明确的行政等级和行政中心驻地及城市名称。"城市"和"市制"两者关系密切,"城"和"市"的基础是设置建制市的条件,"建制市"的设置推进"城市"的发展。应当指出,现代意义的城市应是"城市"和"建制市"的统一。中国由于特殊的政治、经济背景和设市模式(县改市、市管县),仍应将"城市"与"市制"视为不同的概念。

按政治性质可将"建制市"划分为"自治市"和"行政市"两种。世界各国城市大多数为"自治市","城乡分治""市民自治"是其基本特点。中国是中央集权制国家,实行人民民主专政,建制市都是"行政市","城乡合治""行政主导"是其主要特点。

38.2　新中国成立前市制的形成与发展

中国是世界上最早的城市发源地之一。1974年,在河南堰师二里头发现的宫殿废墟表明,早在3 600多年前的夏朝就出现了"城市",但那时的"城市"不是"乡村城市化",而是"城市乡村化",居住在城里的不是"市民",绝大部分是"农民"。城内有很多耕地,如明清时期的南京城内空地达50%[1]。中国古代的城市大多为县城,只作为县官管辖全县的衙门驻地,不存在城区单独的行政建制,因而具有"城乡合治"的特点,且往往是"同城分管"格局。唐长安城即以南北走向的朱雀大街为界,东西各55坊,分属万年、长安两个县管辖[2]。明清北京的东城和西城也分属大兴与宛平两个县[1]。

"市制"起源于中世纪的欧洲,这是由于当时的欧洲具备产生市制的条件:一是中世纪初期欧洲封建制度盛行,没有强大的统一帝国,为自治市的产生准备了适合的土壤;二是工商业的扩张和城市运动的发展使自由的城市市民迅速增加,市民的斗争诞生了政治上独立、拥有自己法律制度的"自治市"。此时的"市"已成为国家正式层次的地方行政区划单位,设有相应的城市政府。

中国"建制市"的诞生比欧洲要晚得多。有两个主要原因制约着中国"建制市"的形成。从政治上看,中国漫长、强大的封建专制主义制度,城市是"城乡合治"的政治中心,且往往是两个政区的管理中心,城乡不可分割,在中国缺少产生"自治市"的土壤环境;从经济因素看,古代中国的城市没有形成独立的经济中心,城市的市民大多为"农业市民",他们与原籍村庄有密切的经济联系和不可分割的利益关系,因而难以形成城市社区共同体和具有政治主义的独立的行政区域。

可见,现代意义的"市制"对于中国来说是"舶来品"。1840年以后,中国由一个独立自主的封建专制主义国家,逐步变为半殖民地半封建国家,少数沿海和内地的交通要道的传统城市,随商品经济的发展逐步转化为资本主义的城市,同时也带来西方某些城市管理方式,如上海1854年在租界区就设立了由洋人管理的"工部局",以及1900年由中国人管理的"闸北工程总局"等,负责管理城市公共事务,实际上这是中国较早的带有自治性质的"市制"。在这种形势下,清朝统治者不得不派大臣出洋考察,1909年公布了《城镇乡自治章程》,规定了"城""镇"的设置条件、机构级别与职能,以及区域界线,首次从法律上诞生了中国的"市制"。以后,1911年,江苏省制定了《江苏省暂行市制》;1918年,中华民国军政府在广州设立市政公所;1921年,北京政府先后公布了《市自治制》《市自治施行细则》。浙江(1921年)、湖南(1922年)等地方宪法也都颁布了"市制"条件与标准。南京国民政府成立后,于1928年公布了《特别市组织法》和《普通市组织法》。1930年,又废止了这两个法律,代之以《市组织法》,规定市分为直辖行政院的市和省辖市两种,设有市政府,市内设区、坊、闾、邻,实行区域管理。1943年,对《市组织法》进行了较大修正,放宽了设市条件。1947年,又草拟了《直辖市自治通则》和《市自治通则》,将市分为直辖市、省辖市和县辖市3类,首都则划为特别行政区。同时提出了市行政区域与经济区域的概念,规定了其相互关系。上述法规确立了中国较完整的"市制",形成了中国的城市型政区,特别是1947年的两个草案虽未实施,但对中国市制的发展有一定价值。1948年4月中国共有设市城市66个,其中直辖市12个,省辖市54个,其中台湾省9个,占16.7%[3]。

38.3 中华人民共和国市制的变革

新中国成立后,城市制度经历了一个曲折的发展变化过程,大体分两个阶段,其总趋势是由城乡分治走向城乡合治。

38.3.1 城乡分治阶段(1949—1978年)

城乡分治阶段的主要特点是仍沿袭传统的设市模式,即依据"城乡分治"的原则,按一定标准设置城市。这一模式一直延续到20世纪70年代末,但在设市的标准上有所变化。新中国成立初期,国家原则规定人口在5万人以上的镇可以设市。1951年为精简机构,提高了设市标准,规定"凡人口在9万人以下,一般不设市"。依据1954年颁布的《中华人民共和国宪法》,国务院于1955年公布了《关于设置市、镇建制的决定》,将聚居人口的标准提高到10万人以上,10万人以下的城镇必须是重要工矿基地、省级国家机关驻地、规模较大的物资集散地或边远地区的重要城镇,且确有必要时才能设市,并规定20万人以上的市可以设市辖区。此外,还确立了"市的郊区不宜过大"的原则。这是新中国成立后第一部较完整的"市制"。至此,中国大陆形成直辖市、地级市(设区)和县级市(不设区)3个等级的市。

20世纪60年代初,在国家经济因受自然灾害和人为因素而发生严重困难的背景下,国务院于1963年发布了《关于调整市镇建制、缩小城市郊区的指示》,压缩城镇人口,特别是压缩了郊区的人口比例,规定市总人口中农业人口所占比重不超过20%,对已超过部分进行压缩。并按照1955年的设市标准对市进行逐个检查,凡不符合标准的均予以撤销。这是导致这一时期全国设市数量减少的原因。在1958—1965年的8年期间,全国新设市22个,但撤销的市达29个[3]。

以上可见,在计划经济时期,中国的经济运行以纵向为主,市县矛盾以隐形形式存在,这种城乡二元结构的切块设市模式并未导致明显的市县利益冲突,因而使城乡分治的设市模式得以发展。至1982年年底,全国共设有193个市,其中中央辖市3个,地级市98个,县级市92个,地级市多于县级市。

38.3.2 城乡合治阶段(1979年至今)

十一届三中全会以来,中国大地发生了翻天覆地的变化,改革开放带来了城市的大发展、经济大繁荣、社会的大变革,尤其是农村大量剩余劳力转向非农生产领域,促进了非农产业和城镇的发展,由此形成的商品经济大潮,冲击着城乡分治的壁垒。在这种情况下,原有的城乡分治模式显现出越来越多的弊端,中国的市制发生重大变革,即由传统的"切块设市"逐步转向"整县改市",并实行"市管县"体制。

早在1978年,浙江省根据吴兴、嘉兴、绍兴、金华、衢县5个县与从这5个县中析置的湖州、嘉兴、绍兴、金华、衢州5个市运转一年后出现若干矛盾的实际情况,向国务院提出了要求实行市县合一的报告,并阐明了若干理由,主要包括:①这些县市本来就是相互依存、紧密联系的经济整体,市县分设、城乡分治割断了城乡之间和工农之间的有机联系,影响了城乡共同发展;②市县分设后严重影响县的财政收入,市县无力共同兴办大事;③市县两套机构并存,增加了行政负担,扩大了人为矛盾。1981年国务院批准了浙江的报告,上述5个县市分别合二为一。从此,中国市制改革中县改市、市县合并逐步增多。1981年新增设的10个市中,4个为整县设市,6个为县市合一。

正是在这一情况下,民政部和劳动人事部在1983年上报国务院的《关于地市机构改革中的几个重要问题的请示报告》中,肯定了城乡合一的撤县设市模式,并规定了内部掌握的撤县设市标准,除人口指标外,首次提出了设市的经济指标。在1983年设立的44个市中,撤县设市达39个。这一年同时在江苏等省全面试行市管县体制。1986年国务院批转民政部《关于调整设市标准和市领导县条件的报告》,在全国范围内大力推行城乡合治的撤县设市、市管县体制。

1986年市制的特点主要包括：①降低了镇升市的标准，非农业人口由原来的10万人降低到6万人；②鼓励各地根据实际情况，选择不同的设市模式；③以国民生产总值作为设市的经济指标；④进一步明确了特殊类型地区的设市条件，扩大了特殊类型地区的范围。经过几年的实践，民政部又于1993年制定了新的设市标准，并经国务院批转试行。

与1986年的标准相比较，1993年的标准在指导思想上更加突出了"撤县设市"的模式，各项标准更加具体，设市的标准也提高了。其主要特点包括：①以人口密度作为因地制宜、分类指导的依据，并规定了具体指标；②增加了新的经济指标的内容；③新增加城市基础设施等内容；④提高了镇升格设市的标准；⑤注意设市的空间布局；⑥首次明确了地级市的标准。1993年的设市标准与1986年的标准在指导思想上并无本质差别，实际上是撤县设市模式的进一步强化，设市的指标体系更加复杂、更加具体。1996年年底，中国的县级市达到445个[①]。与1981年相比，增加了332个，绝大多数是撤县设市。

关于"市管县"体制，在中国实施较早。1949年年底即有无锡、徐州、兰州等市实行这一体制，但当时一般只管一个县，且为市县同城的县。1958年市管县体制迅速扩大，该年年底全国有29个市，辖118个县、2个自治县，并代管2个县级市，主要是直辖市、省会城市。1959年，全国人民代表大会通过《关于直辖市和较大的市可以领导县、自治县的决定》，从法律上确定了市领导县的体制。1960年年底，全国有48个市领导234个县、自治县，并代管6个县级市，武汉市为领导县数量之最，达16个。然而20世纪60年代初，在中国经济困难时期，大多数由市领导的县划回专区，市领导县体制转入低潮。至20世纪80年代初，全国57个市领导的县有147个。1982年中共中央发出改革地区体制，实行市领导县体制以来，中国市管县体制与县改市同步发展。1998年年底，中国大陆除海南省外，各省、自治区（不包括直辖市）共有225个地级市领导875个县，并代管308个县级市，分别占该年全国县总数的52%和县级市总数的70%。在331个地级政区中，68%实行了市管县体制。中国"市管县"体制经历了曲折的发展过程，但主要也是20世纪80年代后发展起来的，与"县级市"一样，同是城乡合一的、广域的市制。

38.4 "撤县设市""市管县"模式辨析

20世纪90年代以来，越来越多的学者对中国现行的主要市制——"撤县设市""市管县"产生质疑，引起广泛争论，特别是许多国外学者不能理解。主要是"撤县设市"模式和"市管县"体制存在许多缺陷，有些甚至是根本性的问题，主要包括：①混淆了"市"的本质内涵，"市"是非农人口和非农产业集聚的点状政区，撤县设市和市管县使市域范围内包含有大量农田、农村和农民，这种市不像市也不像县的政区，偏离了城市的本质特征；②由此而产生严重的假性城市化现象，给城镇人口统计带来困难，使城市化水平概念混乱；③与国际上通行的城市概念相悖，难以进行中外城市的对比研究，产生诸多误解；④市制改革缺少战略性把握，目标不清，客观上导致"设市热"，宏观上难以控制；⑤产生市管市的"违宪"现象，造成行政区划体制的混乱，市域城区的区划体制也难以理顺。

我们认为，要实事求是、客观地分析"撤县设市"和"市管县"模式。①撤县设市和市管县模式在中国特定的政治经济环境下产生和发展有其必然性。改革开放以来，中国经济运行由纵向运动为主转向横向运动为主,地方政府经济功能的强化导致行政区之间,特别是县级行政区之间(县与县、市与市、市与县等)经济利益的矛盾冲突,而在市县同城地区表现得尤为突出。我们称它为中国特有的"行政区经济"现象[2]。撤县设市、市管县体制都是在这一背景下推进的。这种模式与传统的"城乡分治"切块设市模式相比有明显的优越性,它大大减少了"切块市"市县之间的利益冲突,有利于城乡结合、工农结合,促进城乡经济的协调发展,在当时也曾得到包括学者在内的许多人的赞许。第二个背景是这两种模式与精简机构、减少编制和行政开支相联系,因此它们也得到中央的支持。1983年向国务院的《关于地市机构改革中的几个重要问题的请示报告》即是由民政部与劳动人事部联合签署的。②不可忽视这两种模式有其相当的优点。除了上述我国特定时期所显示的重要优点之外,尚有两点:一是有利于城乡统一规划、建设和管理(当然如不控制,也会导致县级市盲目追求城市规划,贪大、求洋、浪费土地资源和"市卡县""市吃县"等现象);二是便于操作,有利于保持行政区划的相对稳定,因而也有利于社会稳定。③正视"撤县设市"和"市管县"模式存在的问题,特别是一些难以克服的缺点。中国目前绝大多数地区的城乡差别还很大,且若干年内仍有扩大之趋势。由于城乡之间在功能、产业结构、人民生活水平、居住空间乃至社会的行为、心理等都有很大差别,故而存在两种不同性质的管理对象、管理内容与管理方式及相应的管理制度,过早地在全国普遍推行这种模式是不适宜的。许多地方的县在设市后或地市合一实行市管县后,政府工作的重点由农村转向城区,在一定程度上忽视了农业和农村工作。这就是两种模式体制带来的在政策上的一种误导。

笔者曾多次指出,中国城市型政区(市制)处于多模式的发展阶段[4-5]。这是由我国国情和所处的特定历史时期的政治社会经济状况决定的。中国是一个国土辽阔、自然条件复杂、人口众多、历史悠久、多民族和发展中国家,各地经济社会发展水平和城市化水平差异很大,同一地区不同的发展阶段,其城乡关系、矛盾表现也不相同,作为上层建筑的行政区划体制难以用一种模式去适应不同地区或同一地区不同发展阶段的需要。所谓特定的历史时期是指我国经济转轨时期,即由计划经济体制向完全的市场经济体制过渡过程中,由于地方政府与企业、市场的特殊关系,形成我国特有的"行政区经济"运行时期。这一时期行政区划对地方经济发展和城市规划、建设与管理的影响比世界任何国家和新中国成立后任何时期的影响都要大得多。因此,应根据不同地区的特点和同一地区不同发展阶段的需要实施不同的设市模式和管理体制。更何况两种设市模式本身就各有其优缺点。"市管县"体制在不同的地区也有不同的效果。经济发达、带县多的地区,尤其是县级经济发达地区的矛盾大、反对的多;而在中等发达或欠发达的大市领导小县的地区,优越性大,支持的多。

38.5 中国市制的改革

38.5.1 中国市制存在的问题与改革的必要性

中国现行以"撤县设市"和"市管县"为重要特征的市制是20世纪80年代以来改革推进的结果。经过十多年的运行,虽有不少优点,但也存在明显的缺点,客观上也造成一些不良后果,需要进行认真的总结和反思。从总体上看,主要问题如下:

(1) 市制建设缺少整体战略规划。20世纪90年代初期开始各省(区)曾开展了设市预测与规划,并由民政部和中国科学院负责形成了《中国设市预测与规划》。但这个规划是在"城乡合一""撤县改市"的模式框架内进行的。内容比较单一,只解决了一个县改设市的排序问题,而未涉及市制的实质,尤其未对全国的建制市体系进行全面、深入、系统的研究。中国作为一个大国,至今尚没有一个完整的市制改革总体设想,区划调整带有一定的盲目性、随意性。

(2) 现有的城市型行政区划调整和撤县设市缺少严密的科学论证,尤其是与区域规划、城市规划严重脱节。负责区划的民政部门与负责规划的建设部门"两张皮",缺少必要的沟通协调,更未让民政部门积极参与规划工作,往往是城市规划、区域规划不考虑行政区划基础,"区划跟着规划走",产生很多矛盾。尤其在城乡结合部,规划与区划的许多矛盾难以解决,带来社会管理的许多后遗症。

(3) 现有设市模式过于单一,指标过于复杂。目前的设市标准主要是撤县设市,这种模式如前所述存在不少缺点,更难以适应中国不同地区经济社会发展的需要。1993年的设市标准虽然用人口密度指标将全国划分为3类地区,规定了不同地区的设市指标,但过于复杂,特别是具有动态特点的经济指标很难掌握,个别县为达到设市的目的,报虚假数据的现象时有发生,助长了不正之风。

(4) 中国的市制模式与各国通行的市制相背离。城市制度理应充分体现城市的本质特征,中国由于实行县改市、县改区、市管县和乡改镇体制,城乡概念混淆,与国际上普遍的设市模式——切块设市不相符合,城市人口难以统计,为科学地进行城市化分析和预测,尤其是中外城市比较研究增加了难度。

(5) 对城市内部的行政区划体制和大都市区的跨界管理体制的改革重视不够,深入研究论证不多,使城市内部的区划调整(主要是层次与幅度)带有盲目性;而大都市区存在的区划体制矛盾更缺少解决的办法。

(6) 市制改革自上而下的行政行为过重,自下而上听取意见、尊重民意不够。行政区划改革是政治行为,必须由政府自上而下操作实施,但区划的调整涉及地方政府乃至群众的利益,影响面很广,在可能条件下,应听取基层政府的意见,同群众商量。要本着有利于生产、有利于团结、便利群众、便利管理的原则进行调整。

(7) 法制不健全。行政区划是国家的大政,中国作为一个大国,应建立一套包括市制在内的具有中国特色的行政区划法。目前市制的法规尚不健全,甚至出现现有法律与实际市制不相符合的情况,如"市管市"体制就缺乏法律依据,《中华人民共和国宪法》中涉及市制的有些条款也应根据现实情况做相应的更改。如规定直辖市下不能设市,导致大批撤县设区,甚至重庆升格为直辖市后也将原有的地级市改为"开发区",实行开发区管县体制,这种改革实属权宜之计。

由上可见,改革中国不合理的市制是十分必要的。当前我国正在自上而下推进机构改革,应抓住这一机遇,积极推进市制的改革。

38.5.2 中国市制改革的思路

(1) 正确认识行政区划的作用。一方面,当前中国正处在转型时期,经济社会运行总体上仍表现为"行政区经济"特征,各种行政区划这道看不见的墙,仍然严重束缚我国区域经济一体化的推进和市场经济的发展,因而改革不适应经济基础的上层建筑——行政区划体制是必要的,在某些地区、某些发展阶段甚至是十分重要的。然而,另一方面也要指出,行政区划体制不是万能的,许多经济社会发展和城市规划建设、管理中的问题不是单靠行政区划改革能解决的。我们应当实事求是地评估行政区划的作用,夸大和缩小都是不对的。同时,频繁调整行政区划本身就是一个不稳定的因素,我们应通过改革使行政区划关系理顺,并逐步走向稳定。

(2) 把握市制改革的未来方向。中国现有城乡合治的市制存在许多问题,这些问题在现阶段是难以解决的。但从长远来看,随着我国经济社会的发展,地区差距的逐步缩小,法制的不断完善,中国的市制应逐步走向规范,即由近期多模式逐步走向统一。在规范和统一中发展,在发展中逐步规范和统一。其根本的指导思想是继续实行"城乡合治",还是走向"城乡分治"? 我认为,在开放和市场经济环境下,实行适度的"城乡分治"更有利于城、乡两个方面的发展,更有利于"城市"与"建制市"的统一,并与各国通行的"市制"规范相协调。未来中国市制的理想格局应是中央直辖市、省辖市、县辖市3个行政等级层次。从规模看,中央直辖市是超级国际性大都市(也可称都市区),省辖市为大中城市,县辖市为小城市。

(3) 认真做好全国建制市发展规划。这项工作可在设市预测与规划工作基础上进行。由民政部牵头,吸收计划、建设部门及有关专家共同参与,特别要注意协调好行政区划与区域规划、城市体系规划及城市总体规划的关系。要改变"区划跟着规划走"的被动局面,区划工作者和专家应主动积极参与规划工作,规划工作也应吸纳区划工作者和专家参加。

(4) 修改完善设市标准,建设布局合理的设市体系。一是简化现有撤县设市指标,主要以非农人口的集聚规模和就业结构、产业结构指标为依据,经济指标只作为参考;二是从严控制"撤县设市"模式,一般只在经济发达地区推行;三是积极推行"撤镇设市""县辖市"模式,制定相应的标准,要注意合理的城郊比,给城市留有发展空间;四是适当增设中央直辖市,主要在华南、华中、东北和西北设置,逐步在全国范围内形成规模不等、布局合理的建制市体系。

(5) 在沿海发达省试行省管市分等制,以取代市管市体制。这将有利于减少行政管理层次,减少行政编制,节约行政成本,同时也可避免"市卡县""市吃县"之类的人为矛盾,有利于调动积极性,促进发展。在中西部经济欠发达地区暂时保留市管县和地区管县体制,制定合理的政策,协调市县关系,防止"市吃县""市卡县"现象。这对于形成全国有序的建制市体系也有积极意义。

(6) 研究并解决大都市区管理问题。对于大都市区应区别单中心和多中心、跨界和界内城市等不同情况,采取不同的管理模式。在大中城市密集的多中心都市区,可借鉴发达国家都市区管理的经验,建立"都市联盟"组织,协调市与市之间的矛盾,统一规划、建设跨界的公共事业,主要是交通、通信、供电、供水、排污、环境保护等,减少重复建设,节约财力,形成都市区公共事业的网络和管理系统。

(7) 研究和规范大城市内部的行政区划体制,包括层级结构体系及相互关系。规范各层级政府的功能责职,按"小政府,大社会,大服务"的原则,建立廉洁、精干、高效的政府。要科学确定各层级的合理幅度,降低行政成本,提高行政效率。在市区建立行政区—社区垂直管理结构体系。在郊区严格控制县改区,允许按国家设市标准改设市。当前要特别注意研究解决城乡结合部行政区划体制的矛盾。

（8）加强法制建设，规范市制。努力克服行政区划调整、改革中的随意现象，将我国的行政区划改革纳入科学化、规范化、法制化的轨道。可选择珠江三角洲、长江三角洲、海口地区等进行市制改革的综合试验，在试验的基础上，认真总结经验，制定《中华人民共和国市组织法》。

[刘君德.中国市制的发展与改革[M]//刘国光.21世纪中国城市发展.北京:红旗出版社,2000]

解读：这是我较早、比较全面阐述中国市制的论文。文章指出，改革开放以来，中国大陆的市制由传统的"城乡分治"走向"城乡合治"。现行的县改市、市管县制度的产生有其客观必然性和一定合理性，但也存在弊端。我首次提出了中国市制多模式发展与建立"建制市"制度体系的观点，应推行新的适度"城乡分治"的设市模式。强调目前改革的重点是，在修改设市标准的基础上，试行镇升格、县辖市；在多中心都市区建立"都市联盟"等。

注释

① 1997年起国务院暂时停止了县改市，个别市改为区，因而使县级市数量有所减少，1998年县级市减至437个。

参考文献

[1] 华伟.城市和市制[J].中国方域,1999(3):10.
[2] 刘君德.中国行政区划的理论与实践[M].上海:华东师范大学出版社,1996:407.
[3] "中国设市预测与规划"课题组.中国设市预测与规划[M].北京:知识出版社,1997:15-16.
[4] 刘君德.世纪之交:中国城市化发展与城市型行政区划改革思路[J].中国方域:行政区划与地名,1995(1):2-6.
[5] 刘君德.关于我国市制发展的几点看法[J].中国方域:行政区划与地名,1999(2):2.

39 城市化与市制

背景：1995年夏，中国行政区划研究会在广州市召开了首届"中国国际都市化研讨会"，中国行政区划研究中心提交了6篇论文：《世纪之交：中国城市化发展与城市型行政区划改革新思路》（刘君德），《世界城市崛起的规律及上海发展的若干问题》（宁越敏），《跨界城市的发展和规划问题初探》（黄明达），《国外大都市区行政组织与管理的理论与实践——公共经济学的分析》（刘君德，张玉枝），《多伦多大都市政府形成发展及其借鉴意义》（刘君德，王德忠），《中国城市型政区的历史考察及其相关问题》（靳润成，刘君德）。我作为学会副理事长在大会作了发言，本文为发言内容改写而成。

39.1 世纪之交的城市化发展

1) 城市是经济活动的主要载体

20世纪的国际经验证明，发展中国家在实现国民经济现代化过程中，通常伴随着高速度的城市化。勃·雷诺对111个（1981年）国家和地区的样本分析，得出一个国民经济发展与人口城市化的正相关关系：当人均GDP（国内生产总值）从250美元向1 500美元、5 000美元推进时，人口城市化水平便大致从25％跃到50％和75％以上[1]。20世纪以来，人们对城市文明的认识不断拓宽和深化，"城市是一个有机体，它是生态、经济和文化3种基本过程的综合产物，是文明人类的自然生息地"①。正是城市化推进了社会发展目标的多元化。有人预测，20世纪末，全球城市化水平将可能达到60％[2]。城市化是社会经济发展的自然历史过程。

2) 在中国实现社会主义现代化过程中，城市已成为推动社会经济发展的强大动力

1990年，中国城市人口的比重已达26.4％，与1950年相比，提高了15.2个百分点，年平均增长3.8‰，与世界城市化速度相比较，显得特别迟缓。同期，世界城市人口平均每年增长速度为5.7‰②。迈向21世纪，伴随着中国经济的高速发展、社会的进步，大批新兴城市将涌现，城市化水平将大大提高。预计2000年，中国的城市人口将达到4.8亿人，占总人口的32％[3]。这意味着城市在我国政治、经济、社会、文化生活中占有越来越重要的地位。

3) 伴随着城市化的加速，未来若干年内，中国大都市区将有很大发展

由于沿海地带有较好的经济、社会和城市发展基础，又率先引进外资、先进技术和设备，许多大城市、特大城市（有20多个）都制定了与国际接轨、步入世界城市体系的发展战略[4]。因而，中国大都市区的发展在近期内仍主要集中在东部沿海地带，特别是原有的六大城市群（长江三角洲、珠江三角洲、京津唐、辽中南、厦漳泉、山东半岛）地区。未来都市区的规模将进一步扩大，城市现代化水平将有较大提高，城市职能的国际性特征将更为突出。北京、上海、广州、天津、大连、沈阳、宁波、厦门、深圳等沿海大城市将成为东亚城市体系中重要的节点。但由于中国城市参与国际分工的层次不高，整体经济实力和城市现代化的综合水平较

低,在国际城市体系中的地位不高,距离建成国际大都会还有一段路要走。与此同时,随着21世纪我国中西部地区的经济起飞,一些城市群也将崛起,主要有江汉平原及长江三峡地区、湘中地区、中原地区、成都平原、关中盆地等。上述城市群区域将从整体上带动我国沿海和内地区域经济的发展。

39.2 城市化和城市型政区

1) 城市和城市型政区("市")是两个性质不同,但又相互密切联系的概念

一般认为,城市是非农人口集中,以从事非农产业活动为主的居民点;是一定地域内社会、经济、文化活动的中心;是城市内各部门、各要素有机结合的大系统[4]。城市具有空间密集性、经济职能的非农性和社会组织的多元性等质的规定性。城市化是一个过程,是农业人口转化为非农业人口,农业活动转化为非农业活动,农村地域转化为城市地域的过程。城市化地域是具有连片的建成区、高度密集的人口和以非农产业为主的经济活动空间。它是一个动态的发展过程。城市型政区是行政区划的一种类型。它区别于传统地域型政区和民族型政区,是国家按照特定的标准,为了加强城市的行政管理而专门设置的地方行政单位,其行政机构即为城市政府。各级城市政府管辖的以城市性质与功能为主的行政地域有明确的行政边界线,有国家规定的行政管理权限。很明显,城市化与城市型政区是两个性质不同的概念。城市发展是城市政府、城市行政区产生的前提条件;城市行政区的建立有利于加强城市的公共服务与管理,促进城市的健康发展。

2) 按照城市的建成区与城市行政区的关系,我们可以将城市划分为3种类型

(1) 界内城市,是指城市的行政区范围大于城市建成区。

(2) 跨界城市,是指城市的行政区范围小于城市建成区。

(3) 适界城市,是指城市的建成区基本与城市行政区范围相一致,城市行政区伴随城市建成区的扩张而扩大[5]。

在"城乡分治"体制下,多为跨界城市和适界城市。发达国家城市化水平高,出现大量的城市连绵区,使几个、几十个,乃至上百个大小城市行政区连成一片。例如美国旧金山湾区有102个城市政府。1987年,美国的市政府多达9 200个,而空间上的城市只有5 000多个[5]。

3) 我国在传统的计划经济体制下,实行"城乡分立"的原则,城市设置主要是切块模式,因而大多为适界城市

城市的行政区域基本与城市建成区相吻合,建成区扩大,城市行政区界也相应扩大。然而,进入20世纪80年代以来,由于实行市管县体制和推行撤县设市模式,我国的城市型政区的类型、性质及空间形态发生了很大变化。

4) 从城市行政区的类型看,有以下多种(图39-1)

我国目前除个别切块设市的城市属于适界城市外,绝大多数都属于界内城市。在计划经济体制下,按城乡分治原则设置的市,也由于郊区范围的扩大而由适界城市转化为界内城市。

5) 从空间形态结构来看,我国的界内城市呈现多样化特征

(1) 点型。中心城区只占行政区域的一小部分,行政区域的面积要比中心城区面积大50~100倍。绝大多数县级市属此类型。

(2) 星型。在设市行政区域内有多个规模相近互不连片的城市建成区(镇),境内缺少

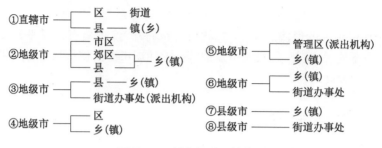

图 39-1　城市行政区的类型

一个显著的中心城镇,大多为工矿性质的城市,或由多中心的县撤县设市而成(如江苏省吴江市)。

(3) 环型。中心城市有面积较大的建成区,其占城市行政区面积的比重远高于"点型"界内城市。一般在建成区周围的农村地域设有郊区政府。城郊面积比为 1∶5～1∶10,大多为原来的切块大中城市。

(4) 混合型。中心城多为"环型",广泛分布于周围各县(市),总体上形成点、环结合结构,主要表现在实行市管县(市)体制的地区。

6) 兼有城市与农村双重管理职能的城市政府

从城市行政区的性质来看,由于实行市管县体制和推行撤县设市模式,原有单一以城市管理为己任的城市性质的政府演变为兼有城市与农村双重管理职能的城市政府,而在一些城市化水平较低、实行市管县体制的地区,以及农村人口占有很大比重的县级市,虽然其通名为"市",但在管理性质上与原有的"地区行署"和"县政府"只有程度上的差别,并无本质不同。

7) 城市化发展的新趋势——跨界城市

我们应当注意到,改革开放以来,在我国经济比较发达、城镇密集的东部沿海城市群区域,正在出现一种新的城市空间类型——跨界城市。这是切块设市城市及其相邻的市县在 20 世纪 80 年代城市化过程中形成的新趋势,江苏省的苏锡常,珠江三角洲的广州、佛山、江门,及海南省海口—琼山等地表现得尤为突出。这些地区的中心城市由于郊区化发展,城市超越市县(市)行政界限向县城扩展,并与一些城镇相连接形成更大规模的城市;也有一些是相近的中心城区相向发展,形成城市连绵区或城市带,从而成为规模较大的跨界城市。

39.3　中国城市型政区模式评价

1) 不同的看法

围绕中国城市的发展,特别是城市的行政建制、城市政区的模式问题,国内的一些学者有许多不同看法,也引起国外学者的关注。其争论主要集中在对城市和设市的概念、城市人口统计、市管县体制和撤县设市模式等方面。

2) 建制市新模式的必然性

我认为,中国市建制的模式,特别是 1983 年起实行的市管县体制和撤县设市模式,是在中国特定的政治经济环境下,在旧的中央集权性质的计划经济体制向新的社会主义市场经济体制转轨过程中产生的,有其历史的必然性。

3) 关于撤县设市

纵观我国城市建制近80年的历史,前70年基本实行的是与国际相近的做法,即城乡分治,市县并存,切块设市。改革开放以来,在农村剩余劳动力大量转入非农业生产领域、商品经济迅猛发展的大潮中,城乡分割的壁垒不断被冲击,旧有的切块设市模式的诸多弊端日渐显露,于是,一些省市在实践中创建了撤县设市的新模式。如广东的珠海、深圳,四川的乐山,陕西的汉中市等[6]。1978年,根据浙江省政府的要求,国务院又批准吴兴、嘉兴、绍兴、金华、衢州5个县与市分别合二为一。以后经过实践和调查研究,肯定了这种设市模式,并提出撤县设市的具体标准。1986年起,将撤县设市确定为我国主导性设市模式。至1993年年底,全国共有371个县级市,其中县改市占有86%。多年的实践经验证明,撤县设市模式有以下明显优点:第一,打破了城乡分治的格局,有利于县域城乡经济的协调发展;第二,解决了市县并存、市县两个政府同驻一城引发的多种矛盾,有利于县市域统一规划、建设和管理;第三,精简了机构和行政编制,节约了行政经费开支;第四,保持了县(市)域行政边界的相对稳定性,有利于安定团结。撤县设市模式得到了各级政府的有力支持,对县域经济发展和城市建设起到了促进作用。

4) 关于市管县体制

中国实行市管县体制由来已久。1926年,市制创立初期,即在汉口市实行市管县体制;新中国成立后,1959年全国人民代表大会常务委员会通过《关于直辖市和较大的市可以领导县、自治县的决定》,从而以法制形式肯定了市管县体制;1982年年底,为适应改革开放的需要,在江苏省进行市管县试点,1983年全国开始试行;随后,辽宁省于1984年全面推行市管县新体制;1993年年底,全国除海南省外,京津沪3个直辖市和177个地级市实行了市管县体制。这一体制在不同地区、不同的发展阶段产生了不同的效果。

5) 新市制的弊端

我们应当指出的是,撤县设市、市管县体制也在一定程度上使中国出现了"表面城市化"现象。表现之一是,我国的城市化数据超过实际进程。1990年在城市行政辖区内(不包括市辖县)农业人口的比重高达57%③,城市化水平的水分很大(也有少数发达地区城市化统计数据偏低),失去了纵向与横向比较的基准。表现之二是,我国的设市城市虽有很大增长,1993年为57个,比1983年增长近1倍,但城市化规律所决定的加速期特征并未出现,许多新兴城镇的人口集聚规模并未增大。1990年与1982年相比,城镇数量增长3.9倍,但镇的人口规模却由2.23万人下降到0.8万人。即使已经吸纳进入城市的农村人口也未与城市自身增长和现代化紧密结合起来。城市人口比重未能明显提高。由此可见,中国设市城市的数量增加很快,而城市化的实际水平提高缓慢。之所以出现上述问题,除了包括乡镇企业在内的县域经济发展是城市增多的主要推力,以及现有的城市户口政策对城市化的排斥性之外,现有的设市模式(撤县设市)和标准偏低也是一个重要因素。

6) 新市制的政区矛盾

在经济高速发展时期,城市行政区之间的矛盾主要表现在经济发达地区市与市之间、市县之间、市郊之间和市区内部区与区之间各种利益的冲突。这是由于中国长期实行的中央集权的计划经济体制,在向市场经济体制过渡中,中央与地方的行政分权及财政包干等改革措施,大大加强了地方政府的地位。地方政府不仅是上级政府的执行者,而且成为地方经济发展的组织者、管理者,其利益主体地位进一步加强。地方政府之间在相互竞争过程中,利益主体之间的矛盾引发了行政区之间的矛盾冲突。当前,我国行政区之间利益的冲突在沿海城市密集区表现得十分突出,现有的城市行政区模式与行政管理体制已经不适应沿海地区经济与城市化发展的需要,在珠江三角洲、苏锡常地区等已成为区域生产力发展和城市规划建设、管理的障碍,改革势在必行。

39.4 改革的新思路

1) 改革的条件已经具备

城市化的发展对城市行政建制、公共组织与管理提出了更高要求,针对中国城市化和城市型政区改革实践中出现的问题,借鉴国际经验,构建一个符合中国国情的城市型和行政组织管理的新体制十分必要和迫切。而且,由于我国经济高速发展,政治社会稳定,国际大环境也十分有利,改革的时机和条件已经成熟。

2) 改革的指导思想与原则

中国是民主集中制的单一国家,实行社会主义市场经济体制。这与西方的国体、政体和经济体制很不相同。中国的城市化道路,尤其是城市行政建制、行政区划及政府组织和管理与西方发达国家有本质上的差异。构建中国的城市行政建制与行政区划、组织与管理体制的新模式,应以《中华人民共和国宪法》《中华人民共和国地方各级人民代表大会和地方各级人民政府组织法》《中华人民共和国城市规划法》等为依据,现阶段,以经济建设为中心,以有利于生产力的发展,有利于中央与地方关系的协调,有利于区域之间利益的平衡,有利于社会稳定,有利于加强城市管理、提高效率等,作为设市的指导思想与原则。

3) 模式多样化的发展趋势

城市的行政组织与管理、城市行政区划改革当属上层建筑范畴,不同的生产力水平和社会经济发展的不同阶段,应有与之相适应的行政组织管理与行政区划模式。中国是国土辽阔、人口众多、历史悠久、多民族的发展中大国,各地社会经济发展水平、城市化与科技水平乃至于管理水平、思想观念等,都有很大差异;而且在近期,这种差异(差距)还会拉大。因此,中国的城市行政区、行政组织与管理体制改革应因地、因时制宜。中国的国情决定了中国城市行政区划与组织模式的多样化发展趋势。

4) 改革的渐进过程与重点

改革是个渐进的过程,沿海地区是改革的重点。城市政区和组织管理体制的改革涉及隶属关系、城市范围、行政中心、行政等级、地方政府的机构变动和人员安置与各种利益关系调整等敏感性问题,以及政治、历史、社会、经济、民族、人口、交通、自然、环境生态诸多因素。为了保持社会的安定,保证新旧体制的平稳过渡,同时考虑到我国各地经济和城市发展处在不同的起跑线上,因而城市化进程和城市行政区划、组织与管理体制的改革应该是一个渐进过程,切忌片面强调一步到位、一刀切、一种模式。政区改革既要积极,又要稳妥。全盘否定或全面肯定现有体制、模式都是错误的。从中国的实际情况出发,沿海经济较发达的地区,改革的步伐可快些,中西部相对较落后的地区,推进的步伐可适当放慢。沿海地区是改革的重点。

5) 改革的核心——转变政府职能

要加速城市政府职能的换变。改变政府直接干预经济的现状,使其将主要职能转变为制定和执行宏观调控政策,搞好基础设施建设,搞好城市公共服务,为经济发展创造良好的体制环境;同时,要培育市场体系,监督市场运行和维护平等竞争;调节社会分配和组织社会保障,控制人口增长,保护生态环境。政府通过经济手段、法律手段和必要时适当的行政手段管理经济。与此同时,伴随着政府职能的转换,采取有效措施,使我国的城市化由"据点"式非规模扩大向规模扩大方向转变。

6) 改革市管县(市)体制

从长远看,市管县体制并非是我国地区体制改革的方向,但在现阶段,市领导县的体制在促进中心城市的发展、克服地市矛盾等方面有积极作用,因而仍有必要在一些地区继续推行这一体制,但要注意协调好地区内各种利益的矛盾。在一些经济落后、中心城市实力薄弱的地区可保持"地区(行署)"体制,而在市县经济均较发达、市县(市)矛盾尖锐,市管县体制已严重制约区域经济发展,阻滞城市合理规划、建设和管理的地区,如江苏省的苏锡常地区、广东省的珠江三角洲等,则可取消市管县(市)体制,建立新的城市联合组织,以协调区域性的规划、建设和管理。

7) 推行多样化设市模式

第一,严格控制撤县设市,向多样化设市模式发展。对城市化水平较高、中小城镇规模较大、城乡经济差距较小、非农业人口比重较高(如达到50%以上)的县,可继续实行撤县设市。第二,城市化水平较高、城乡经济差距较小、非农业人口比例高的多中心的县,可将达到设市标准的大镇、强镇撤镇设市。第三,城市化水平不高,城乡差距较明显,县域非农业人口比重不高,但中小城镇规模较大,达到一定标准的,也可以将县城或非县城设市,实行县管市体制。第四,城市化水平较低,总体经济不发达,达不到设市标准的,坚决不设市。第五,对于一些特殊类型、规模较大的城镇,如边贸、交通枢纽、港口、旅游中心等,达到一定标准,可切块设市,注意留有一定比例的郊区范围。

8) 完善设市标准

我国城乡划分标准经过多次变更,1993年又出台了新的设市标准。这个标准是在我国广推撤县设市、市管县体制的大背景下产生的。与以往的设市标准相比,增加了许多经济指标,并注意了因地制宜,划定了不同类型地区的人口和经济指标。但这一标准在实践中仍有许多方面需要完善。第一,标准单一地考虑撤县设市模式,过多地强调了经济指标;第二,在撤县设市模式中对城市化缺乏空间的定义和标准;第三,城市行政区与城市人口、城市经济统计不相一致。我以为,我国城乡划分标准应充分体现城市的本质特征,尽可能地与世界各国的城市具有可比性,要体现地域的差异性,便于实际操作。为此,必须对现有设市指标加以调整和完善:①在从严掌握实施现有设市标准的同时,增补适度切块设市的模式与标准;②以聚居地的人口规模作为设置市镇的基本依据,根据我国实际情况,可适当降低人口规模指标(如6万人),在空间上,其人口统计应严格限定在中心城镇及其周围若干城市化的次一级行政区域内(一般为乡);③大大简化现有的经济指标,只保留GDP总量、人均量和经济密度3项指标,且随着经济的发展,不断修订标准。

9) 实行城市分等

实行城市分等是行政管理体制改革的需要,也是地方政府机构改革的重要前提之一;对解决派出机构——"地区"的出路、促进国家行政管理体制的科学化和规范化亦有重要意义。不同等级的城市享有不同的公共行政管理责任和行政管理权限,但在各等级城市之间不存在隶属关系。城市分等应贯彻因地制宜、分类管理和动态升降的原则。从我国的实际情况看,可将城市分为4个等级,即**直辖市**、**省辖市**(一等市、二等市)和**县辖市**。直辖市由中央政府直辖,县辖市由县政府管辖。一等市、二等市现有的地级市和县级市,为省辖市。

10)加强理论建设

目前,学界对城市行政建制与城市政府行政组织与管理(包括城市政府公共行政组织与管理)的研究,大多属宏观的对策之类,多学科、综合性理论与深入的实证研究较少,尤其缺少微观的个案评估研究。应组织多学科专家与政府部门结合,选择不同类型的城市型政区(重点是城市群区域)进行典型的深入调查,弄清中国城市行政建制与管理发展演变的过程,总结经验,进行理性分析,为建立具有中国特色的城市行政区划科学理论体系和符合中国国情、可操作的城市行政区和城市政府行政组织与管理新体制提供新思路、新模式、新标准、新举措。

11)建立包括城市政府组织与管理及行政区划体制内容在内的改革试验区

城市政府行政组织与管理及行政区划体制改革,是一个十分复杂而敏感的问题,改革既要积极,又要慎重,要有重点有步骤地推进。可选择不同类型的地区进行试验,在实践基础上总结经验,因地制宜推广。这将有助于逐步建立我国城市政府行政与管理的新体制,使大都市组织与管理纳入科学化、法制化轨道,促进我国城市化的健康发展。试验区允许突破现有的某些不符合实际的法律法规,可以充分借鉴西方国家城市化和都市区组织管理的有益经验。为此,建议在苏锡常、珠江三角洲、海南省海口地区等,进行以城市行政组织与管理为重点内容的改革试验,主要内容包括:①关于城市政府组织。其主要包括省以下城市政府机构设置的层次等级系统,各级城市政府功能及机构设置,建立区域性城市联合组织——城市经济区。②关于城市政府行政管理。设计关于实施城市行政管理体制改革方案(包括政府的行政管理权力结构、职能结构与组织结构),理顺各种关系,完善决策体系,规范政府行为。③关于与城市行政组织、管理相对应的行政区划改革。城市群区域行政区划层次结构系统,在沿海发达地区,逐步取消市管县(市)体制,建立省管市分等制试验,开展大中城市市区和郊区行政区划模式、县级市模式及县级市城区行政区划模式的试验等。若此,将对我国的城市化发展产生深远的影响。

[刘君德. 世纪之交:中国城市化发展与城市型行政区划改革新思路[J]. 中国方域:行政区划与地名,1995(1):2-6]

解读:本篇文章是我对中国城市化与行政区划关系及城市型政区改革取向观点较全面的论述。文章对中国城市型政区类型及其空间形态结构类型进行了归纳、诠释,研究认为市管县体制使"原有单一以城市管理为己任的城市性质的政府演变为兼有城市与农村双重管理职能的准城市政府";在"经济比较发达、城镇密集的东部沿海城市群区域,正在出现一种新的城市空间类型——跨界城市",这是20世纪80年代以来城市化的新趋势。论文在对中国城市型政区的模式进行了比较全面评价的基础上就改革的方向性思路发表了11个明确的观点。

注释

① 《马克思恩格斯全集》第 40 卷上册第 303 页。
② 中国数据引自《中国统计年鉴(1991)》,世界数据引自参考文献[1]。
③ 《人口与经济》1993 年第 6 期。

参考文献

[1] Renaud B. National urbanization policy in developing countries[M]. Oxford:Oxford University Press,1981.
[2] 栗正文.我国城市化历史进程的省思及加快城市化进程的探讨[J].战略与管理,1994(6):64-72.
[3] 崔功豪,王本炎,查彦玉.城市地理学[M].南京:江苏教育出版社,1992.
[4] 闫小培,欧阳南江,许学强.迈向 21 世纪的中国城市发展与城市地理学[J].经济地理,1994(4):1-6.
[5] 刘君德,黄明达.关于我国城乡划分标准与城市行政区划体制问题探讨[M]//王嗣均.中国城镇化区域比较研究论文集.杭州:杭州大学出版社,1992.
[6] 赵锦良,王振海.走向城市化——县改市与县级市发展[M].北京:中国广播电视出版社,1991.

40 学全会精神,谈政区改革

背景:2006年是国家"十一五"计划开局之年,从行政区划体制改革角度来看,人们最关心的是中央在"十一五""规划建议"中提出的"城乡—区域统筹""减少行政层级"和推进"省直管县"体制等重大改革问题。本文是我学习了中国共产党第十六届中央委员会第五次全体会议"建议"文件后,以上述几个"关注点"为指导思想,对我国的行政区划改革问题发表的看法。

第十六届中央委员会第五次全体会议(以下简称十六届五中全会)通过的《中共中央关于制定国民经济和社会发展第十一个五年规划的建议》,是一部以"科学发展观"为指导,统领我国今后一个时期经济社会发展的纲领性文件。"以人为本""平稳快速""自主创新""城乡—区域统筹""节约—和谐"将是我国今后相当长时期政治经济社会生活中的"关键词"。令人兴奋的是,五中全会"建议"首次将与行政区划体制改革相关的重要问题纳入国家"规划"的内容,明确提出"减少行政层级,提高行政效率,降低行政成本",提出"理顺省级以下财政管理体制,有条件的地方可实行省级直接对县的管理体制"[1]。"建议"的精神为我国今后一个时期的行政区划体制改革指明了方向。

40.1 中国政区制度变革的简要回顾与现实反思

40.1.1 简要回顾

中国是世界大国和文明古国,也是世界上行政区划内容极为丰富的国家[2]。地域辽阔、自然条件复杂多样、人口和民族众多、资源相对短缺、历史悠久、文化内涵极为丰富、经济社会发展不平衡、地区城乡差距大、行政区划体制复杂是我国国情的基本特征。历史和现实表明,作为政权建设重要组成部分和地方经济社会发展与地域管理单元的"行政区划",在国家政治经济生活中具有重大的战略性意义。科学合理的政区模式与结构体系有利于稳定、发展与治理,反之,不合理的政区体制给地方政治生态、经济社会发展乃至城市—区域的管制带来不利影响。在转型期的"行政区经济"运行下[3],这种影响表现得更为强烈。

简要回顾中国的行政区划变革,大体经历了4个发展时期:①秦始皇统一中国后实行的"郡县制",被认为是我国行政区划史上第一个里程碑,"县制"至今已有2 200多年的历史,保持了基本稳定。②元代建立的"行省制",基本确立了我国最高层次的地域型政区形式,至今也有700多年的历史,可以说是我国行政区划史上又一次具有里程碑意义的重大变革。③新中国成立后,我国的行政区划性质发生了根本性的变化。1954年颁布的《中华人民共和国宪法》(以下简称《宪法》),规定了我国一级政区为省、自治区、直辖市,省、自治区分为自治州、县、自治县、市,县、自治县分为乡、民族乡、镇,直辖市和较大的市分为区。1982年修改的《宪法》增加了"国家在必要时得设立特别行政区"[2]的内容。④改革开放以来,在行政区划"要从战略上去考虑"[2]的指导思想影响下,我国的行政区划研究蓬勃开展,改革推进的力度很大,集中体现在城市政区制度改革的尝试,在全国范围内大规模推行"市管县(市)"和"撤县设市(区乡改镇)"。

40.1.2 现实反思

20多年来的改革实践证明,现行制度虽然在一定程度上推进了我国城市化的发展,有利于强化区域性中心城市的发育,且由于坚持了"整建制"调整原则,操作方便,波动性小等,但同时也存在诸多严重缺陷[4]。

(1) 政区层级过多,管理幅度偏小,大多统县政区由"省"转变为"地级市",明显增加了层次;一级政区规模过大;各级政区规模都存在相差悬殊、划分不合理的问题。

(2) 城市型政区改革缺少严密的科学论证和法律依据,由"市管县(市)""撤县设市(区)"和"撤乡设镇"引发的城乡混淆、通名混乱,以及由于"建制城市化"带来的城区过度扩张而导致的土地资源严重浪费,县、乡经济发展滞后,在一定程度上加剧了城乡—区域发展的矛盾和"不和谐"。

(3) 个别地区的政区调整改革存在就事论事,头痛医头、脚痛医脚,未能从整体和全局把握,由于调整不当,留下后遗症,增加了局部地区的不稳定因素。

(4) "区划"与"规划"不合拍,两张皮现象比较严重。一方面,城市规划不从"区划"现状出发,不切实际地追求城市的"大""洋""气魄";另一方面,由于行政区划没有及时调整改革,又在一定程度上成为实施"规划"的障碍。

(5) 未能将行政区划的改革与中央和地方、地方和地方分权的改革,与政府机构的改革、职能的转变结合起来进行,"区划经济"不断强化,"区域经济"弱化,中国特色的区域市场经济发育受到制约[5-6]。

对于上述现行政区划分制度存在的问题我们应该进行认真反思,总结经验教训,在十六届五中全会精神的指引下,健康、有序地推进我国政区制度的改革。

40.2 全会"建议"引领我国今后一个时期政区改革的方向和原则

40.2.1 着眼于减少层次结构,提高行政效率,降低行政成本

基于政体和国体,我国成为世界政区层次最多的国家之一,达5~7级,也是这方面很不规范的国家之一,这是我国现有政区体制的最大缺陷。政区层级过多显现以下诸多弊端:①管理幅度缩小,管理资源浪费;②多级"婆婆"管理,助长官僚主义;③拉长行政距离,管理效率下降;④增加政府官员,加重百姓负担;⑤强化等级观念,削弱平等竞争;⑥权力过于集中,不利推进政改。由此可见,十六届五中全会"建议"把"减少层级"作为行政体制改革的重点之一对推进我国行政区划体制的改革具有深远指导意义。

40.2.2 有利于合理配置资源,城乡和谐共荣,缩小地区差距

一段时期以来,我们在处理城乡发展建设的关系中,重视城市而相对忽略乡村,在地区

经济发展中,东部高速发展,中西部发展相对缓慢,出现城乡不和谐、地区差距拉大等经济社会问题。有些地方不顾条件盲目推行县改市(区)、乡改镇,搞"建制城市化",土地资源浪费严重,城乡差距扩大,社会问题增多。在十六届五中全会的"建议"中把建设社会主义新农村作为我国现代化进程中的重大历史任务,强调城乡统筹发展;强调建设资源节约型社会;强调按照循序渐进、节约土地、集约发展、合理布局的原则,积极稳妥地推进城镇化健康发展。很明显,我们在为适应我国城市化发展进程的需要而推进的城市型政区体制改革中,应将合理配置资源、城乡和谐共荣、缩小地区差距作为重要的指导原则。

40.2.3 转变政府职能,淡化"区划经济",稳定规范政区体制

处于转型期的中国区域经济,在一定程度上表现为"行政区经济"封闭性的负面效应运行特征。"区划经济"明显,地方保护、重复建设、盲目竞争严重。其根源在体制机制,特别是政府自身的改革等深层次问题。十六届五中全会"建议"要求在关系经济社会发展全局的重大体制改革方面取得突破性进展;明确提出打破行政性垄断和地区封锁,打破行政区划的局限,促进生产要素在区域间自由流动,引导产业转移;积极推进政企分开、政资分开、政事分开、政府与市场中介组织分开;要求政府不得直接干预企业经营活动。在十六届五中全会精神的引领下,未来中国的区域经济将是一个与"区划经济"有本质区别、具有社会主义市场经济性质、开放的新型"行政区经济",行政区的经济功能将发生重大变化,由此,我国的政区体制也将逐渐走向规范、稳定的轨道。

40.2.4 立足于稳定发展大局,多种模式实践,因地适时调整

政区体制改革是关系国家—地方发展全局的大事,涉及经济、社会、文化发展;涉及地区利益调整与区域环境生态平衡以及干部任免,乃至百姓生活的方方面面,非常敏感,往往牵一发而动全身,影响全局。我们既要积极,更要稳重。要立足于发展大局,以积极、科学的态度,稳步推进政区体制改革。同时应当看到,中国是一个自然条件复杂、人口和民族众多、城乡—区域经济社会发展很不平衡的大国。历史和现实的经验告诉我们,作为上层建筑的行政区划体制改革的一个重要指导思想和原则就是不搞一刀切。要保持中国一般地域型、城市型、民族型和特殊型的多种政区模式体制并存的格局;对于颇多争议的城市类型的政区体制,也应该在《宪法》规定的层次结构大框架内进行多种模式的实践,在实践中创新,在创新中逐步规范,并在科学论证的基础上适时因地制宜地进行调整改革。

40.3 贯彻"建议"精神,警惕"扩区"热,积极稳步推进改革

40.3.1 牢牢把握政区改革的总方向:减少层次,合理幅度,调整功能

减少政区层次是"建议"确立的我国政区体制改革的首要目标和任务。首先要在模式上创新,积极推行"扁平三角形"层次结构模式,改变目前的"尖形塔状结构"模式。政区层次与

管理幅度相互成反比例关系[2],层次减少意味着管理幅度的扩大。因此,在减少层次后,我们必须力求使幅度合理。调整功能主要是通过改革明确各级地方政府的权利职责划分,解决政府对经济过多的直接干预问题。我国是世界典型的全能型政区,功能包罗万象。我们要认真贯彻"建议"的精神,处理好中央与省、省与县、县与乡镇的关系,合理划分各级政府的权利职责,转变和弱化政区的直接经济功能,实行宏观指导,加强市场监管,重点搞好社会建设、管理,建设服务型政府,逐步规范行政区划的功能。

40.3.2 率先进行地、乡两级政区改革:回归《宪法》确立的省、县主体结构

省、县两级是我国历代政区体制中最为稳定、比较成熟的政区层级,也是《宪法》确立的基本政区单元,不能也不应该随意取消、变更。20世纪90年代以来,在所谓加速推进"城市化"的口号下,大规模推行"撤县设市"模式;1997年国务院冻结"撤县设市"之后,又出现大城市的"县(市)改区"热,以至于局部发达地区一度出现传统"县"制的动摇;同时,大规模取消"地区",实行"市管县(市)"体制,相对忽视以县域为基础的农村的发展,忽视农村小城镇建设,以至于城乡差距扩大,三农问题加剧。回顾改革开放以来我国政区改革的历程,笔者认为有逐渐偏离《宪法》之嫌。我们要认真贯彻落实中央"建议"精神,总结经验教训,转变政区改革的思路与模式,率先进行地、乡两级政区改革,加强县级,虚化地、区(公所),积极有条件地推进"省直管县",为因地、因时制宜地实施"强县扩权"[7],改变一些省份的"市强县弱"状况,缩小城乡差距,为实现城乡—区域统筹创造良好的外部政区体制环境。通过新的改革使我国的政区体制逐步回归到《宪法》确立的省县主体政区结构。

40.3.3 积极推进城市制度改革:建立城市政区新模式与新的城市制度体系

十六届五中全会"建议"强调要"按照循序渐进"节约土地、集约发展、合理布局的原则,积极稳妥地推进城镇化;强调在不同地区实行不同的城市发展战略:发达地区要"增强城市群的整体竞争力";有条件的地方要"发展新的城市群";人口分散、资源条件较差的区域,则"重点发展现有城市、县城和有条件的建制镇"。按照上述原则和新的战略思路,中国城市政区制度与模式有必要进行重大改革。

(1) 逐步取消非节约土地、非集约发展单一的"撤县设市"模式,取而代之的是积极推行符合城市化发展规律,按照城乡统筹、集约化原则建立的"撤镇设市""县下辖市"新制度,不再搞"建制城市化",严防"假性城市化"。对于现有的县级市要区别不同情况实行分类治理,主要是提高现有城市的质量,适度控制城区扩张,加强市域城乡协调,缩小城乡差距,理顺内部体制,提高城市管理水平。对于极个别"贫困市",可以考虑恢复县的建制,试行"县下辖市"。

(2) 逐步取消在一定程度上制约县域经济发展的"市管县(市)"体制,推行地、县两级市和县由省直辖的新体制,即实行"省辖市县"制度[3]。这样不仅减少了一个层级,节约了行政成本,而且规范了城市政区制度,使市政区回归其原有的"城区管理"主体功能。在中国的体制背景下,相当长一段时期内,仍有必要保留地、县两个等级的"省辖市",地级市要担当"省内经济区"的区域辐射功能。

(3) 适度发展和规范"中央直辖市"[8]

我国是个大国，中央直辖市在现实政治经济生活中具有重大影响，在建设"国家级城市群"的过程中发挥着"核心"和"领头羊"作用，要继续发展和完善这一制度。①根据大区政治经济发展的需要，按照合理布局的要求，充分考虑原有的基础条件，适当增设"中央辖市"，主要在东北、中部、华南、西北地区的大城市、特大城市中选择。除经济实力这一核心条件外，还要充分考虑地理区位、政治影响、科技文化、发展前景、与省区的关系等综合因素。增设直辖市还从总体上增加了一级政区单元，与"减少层次"相呼应，扩大了管理幅度，有助于确立省、县两级政区主体体制结构。②进行严密的科学论证，防止盲目升格，成熟一个发展一个。要合理确定"中央辖市"的规模，不宜过大（如重庆）也不要过小，留有一定的发展空间。③在充分论证的基础上改革"中央辖市"内部的行政区划体制。直辖市可辖区、辖市、辖县，区别区、市、县3种不同性质、重点各异的管理。城区的"区建制"规模不宜过大，主要行使城区公共服务—社会管理功能，逐步规范纵向"行政区—社区"管理模式。由此，中国未来的城市型政区将形成"中央直辖市→省辖市→县辖市"三级完整的城市制度体系[9]。三级城市在国家—省—县三级政治经济生活中发挥着不同的作用与功能。

40.3.4　防止行政区划体制改革中可能出现的偏差：新一轮的"扩区热"

行政区划是一项涉及地方政治、经济、社会生活和土地等资源空间、权力、利益、人事等十分复杂、敏感的系统工程。区划制度合理，调整得当，将有力促进城市—区域经济社会—环境生态的协调可持续健康发展；反之，如果不尊重客观规律，人为、盲目地进行调整，则会严重干扰城市—区域经济社会的合理、正常发展。我国以往的区划调整有大量成功的经验，也有一些失误，而这种失误所造成的影响和损失往往是长期的。尤其要警惕新一轮的"扩区热"。少数建制市，主要是一些"副省级市""省辖地级市"已经预感到实施"省直管县"体制后，将失去对县（市）的控制，为了自身长远"发展"的利益，试图通过将邻县（市）改设区的方式，尽可能地多占土地空间资源，扩大自己的地盘，为今后的发展预留土地空间争得主动权。2004年年底，全国有283个地级市，平均每个市拥有近2.7个区，看似数量不多，但实际拥有的农业用地比值相当大。近几年来，在"大城市""大广场""大草坪""大马路"和所谓的"大手笔""大气派"[10]的城市规划思潮影响下，许多城市已经出现空间盲目拓展、土地严重浪费的状况，严重脱离中国国情，违背了土地节约和城市集约、紧凑发展的原则，出现许多后遗症。我们应当总结经验、吸取教训，严格审批"撤县设区"，严防出现新一轮城市政区空间扩张。今后，大城市空间扩展原则上应不再搞整县改设区模式，而应以镇村为区划单元进行整建制调整。行政区划体制改革是国家和地方发展全局的大事，必须加强领导，规范有序进行。为此建议：①加强对行政区划体制改革的领导，统一思想认识，采取有效措施，防止"扩区热"；②成立全国行政区划改革专家顾问组，对重大的行政区划改革进行科学论证；③修改、完善《中华人民共和国行政区划法》，当务之急是改革设市制度模式，设定新标准；④选择有条件的地区积极试验新模式、新制度；⑤制定与区划体制改革配套的相关政策措施；⑥开展公务员的行政区划知识培训，培养高级行政区划管理人才。总之，我们要认真学习领会十六届五中全会的精神，积极地推进行政区划改革，做到严密论证，步骤稳妥，精心实施，成熟一个，调整一个，使我国的行政区划改革逐步走向科学化、规范化、法制化的健康发展轨道。

[刘君德.学习贯彻十六届五中全会精神 推进我国行政区划体制改革健康发展[J].经济地理,2006,26(1):3-5,10]

解读:文章对中国政区制度的变革进行了简要回顾与反思,以《中共中央关于制定国民经济和社会发展第十一个五年规划的建议》的精神为指导,就我国行政区划改革的原则和方向提出了见解。其认为减少层次、合理幅度、规范功能是我国政区改革的总方向;中国的政区制度应当回归《宪法》确立的省县主体结构;从中国的国情出发,建立城市政区新模式与新的城市制度体系是近期政区改革的重点;当前要严防出现新一轮的"扩区热"等。

参考文献

[1] 佚名.中共中央关于制定国民经济和社会发展第十一个五年规划的建议[N].解放日报,2005-10-19(1).

[2] 刘君德,靳润成,周克瑜.中国政区地理[M].北京:科学出版社,1999:16,20,26.

[3] 刘君德.中国行政区划的理论与实践[M].上海:华东师范大学出版社,1996:93-129,207-223.

[4] 刘君德,冯春萍,华林甫,等.中外行政区划比较研究[M].上海:华东师范大学出版社,2002:206,446.

[5] 舒庆,周克瑜.从封闭走向开放——中国行政区经济透视[M].上海:华东师范大学出版社,2003:16-105.

[6] 刘君德.中国转型期凸现的"行政区经济"现象分析[J].理论前沿,2004(10):20-22.

[7] 刘君德.理性认识和推进"强县扩权"[J].决策,2004(7):10-12.

[8] 刘君德.21世纪中国直辖市政区改革的战略思考[J].浙江学刊,1998(4):70-74.

[9] 刘君德.新时期中国城市型政区改革的思路[J].中国行政管理,2003(7):48-54.

[10] 新浪网新闻中心.百余城市要建国际大都市 城市化发展遇盲症[EB/OL].(2005-10-08)[2019-07-31].新浪网.

41 大城市区级政府功能定位

背景:1999年,校党委书记陆炳炎教授和我,及政治学、社会学、人口学多学科专家联手,与中共黄浦区委宣传部共同完成了上海市哲学社会科学"九五"规划重点课题"大城市文明城区创建的理论与实践";2001年,我主持的国家社会科学基金"大城市城郊结合部行政管理体制综合研究"项目结题之后,申报了"大中城市文明城区创建与区级行政管理体制改革研究"课题,又获批准。本文是该项目执行期间的重要成果之一。

41.1 新时期城市政府职能转变的新认识

41.1.1 中国加入世界贸易组织,客观要求加快政府职能的转变

中国入世首先是政府入世,中国政府正经历着一场极为严峻的考验。世界贸易组织(WTO)带有强制性的公平竞争、透明度更高的协议以及依法办事的规则等均对政府的管理能力提出了更新、更高的要求。为了更好地履行WTO所规定的"制定规则、开放市场、解决争端"三大职能,必须对政府职能进行合理定位,加速政府职能的转变,完成政府由市场的主体和直接参与者向国民经济"守夜人"和"掌舵者"角色的转换。

41.1.2 克服"行政区经济"运行中严重的"地方保护",要求加快政府职能转变

我国在由计划经济体制向市场经济体制转轨过程中,形成了一种特殊的区域经济现象,即"行政区经济"[1]。这突出地表现为行政区划对区域经济产生的刚性约束作用,使得区域经济格局带有强烈的政府行为色彩,行政区的经济功能十分突出。在行政区划强大刚性约束力的背后,往往隐含着各级政府行为的相互对抗。中央与地方、地方与地方、局部与整体、条条与块块(包括横向联系与纵向联系)之间形成了特殊的利益分配格局。一旦这种既有的利益分配格局受到冲击,政府行为就会演变为地方本位主义和保护主义,导致严重的区域分割和贸易壁垒。因此,"行政区经济"存在的深层次根源在于高度集权的政府行为。要从根本上克服行政区经济的负面影响,就必须从源头抓起,切实转变政府职能。

41.1.3 机构改革、反腐倡廉、转变作风,要求加快政府职能的转变

我国曾经进行了多轮政府机构改革,改来改去,总是逃脱不了"膨胀—精简—再膨胀—再精简"多次反弹的怪圈。原因固然很多,但政府职能没有转变到位是其中一个最为重要的原因。由于经济利益驱动,一些本该由市场和社会承担的功能没有相应下放,即使事权得到下放,也没有相应财权作为支撑,政府部门的官本位思想仍然十分严重。办事难、审批难的

现象依然突出,给政府的社会形象带来严重负面影响。同时,政府职能转变的低效,也在相当程度上助长了官僚作风和腐败行为。

41.2 改革开放以来大城市区级政府职能转变的过程——以上海和天津为例

从历史上来看,上海曾经是计划经济的模范执行区。城市行政管理体制呈现高度集中、计划管理的特征。这种传统的行政管理体制虽然存在效率低下、弹性与灵活性差等一系列缺点,但是保证了市政府的行政权威性和城市发展的整体性,而且与当时的计划经济体制是相互适应的。

随着改革开放的逐步推进,上海城市行政体制与管理模式的改革同步展开,大致经历了3个阶段[2],这里以市政建设为例,分别介绍如下:

(1) 从党的十一届三中全会到1988年,城市行政管理体制由单一的高度集中管理向"一级半政府、两级管理"模式过渡。这一时期,区一级政府仅在部分事权有所扩大,而在其他方面的管理权限并没有实质性改变,只是部分地发挥出一级政府的职能。

(2) 1988年到1995年,城市管理体制由"一级半政府、两级管理"向"两级政府、两级管理"模式转变。在我国简政放权的大背景下,上海市政府为了加快城市建设和旧城改造步伐,根据"事权与财权相统一、建设与管理相统一、法权与转制相同步、下放财权与加强审计相统一"的原则,对市、区两级政府权限进行了较为合理的划分。具体来讲,增强了区政府在经济发展、城市建设、城市管理等方面的责任,并在财政税收、建设费用、城市规划、资金融通、国有资产管理以及外资外贸项目和土地审批等方面进一步向市辖区下放权力,区级政府的职能得到了进一步完善和拓展。

(3) 1995年至今,上海城市行政管理体制在原有"两级政府、两级管理"的基础上,增加并强化了街道一级的管理功能,实现了向"两级政府、三级管理"模式的转化。其中,市政府主要根据国家宏观决策,对本市公共事务进行决策与管理,并协调各个区之间的公共事务关系。区级政府的职能被定位为:根据市政府决策对区属经济、社会、文化等公共事务进行决策和管理。街道办事处作为区政府的派出机构,职能被定位为:根据国家法律、法规和区政府的授权,行使政府管理职能,对辖区内的城区管理、社区服务、社会治安综合整治、精神文明建设、街道经济组织的活动等行使协调、管理、监督的行政职能,对街道内的地区性、社会性、群众性的工作负有全面的管理责任。至1996年,上海大市政建设市、区两级分权建设与管理的模式基本确立。市级政府对城市建设的约束力进一步弱化,仅对市政建设做出长远发展规划与宏观指导方针,并不对区级政府的具体建设项目进行干预。随着上海市"两级政府、三级管理"的行政事权分割管理模式的普遍推行,市级城市主干道以外的城市道路的筹资、投资、建设权和管理维修权,都作为事权分割的内容,而由市专业管理部门下放到区里。

与上海不同,虽然天津市也实行了"两级政府、三级管理"的城市管理体制,但是进行得不够彻底,城区政府的职能权限远不如上海。例如,从外资项目审批权限来看,天津经济技术开发区和保税区两区管理委员会的最高审批限额达3 000万美元,高新技术产业园区管理委员会和港务局的最高审批限额也达到了1 000万美元,城区政府却仅能够审批500万美元以下的项目,而上海仅城区政府的审批权限即高达3 000万美元;从规划建设来看,天津的城市规划建设权仍然掌握在市级城市规划部门手中,而上海城区政府对本辖区有相当的规划自主权,区级规划较少受到市级部门的干预。另根据在天津市河西区的调查,在其目前承担的118项事项中,审批事项仅占56项,其中大多数还是一些没有实权的事项,而核准事项和审核事项却分别达23项和39项。对于天津来说,管理权限过多集中于市级职能部门,难免会挫伤城区政府的积极性,窒息城区发展的活力。

41.3 现阶段区级政府功能转变取得的成就及其存在的矛盾与问题

41.3.1 区级政府职能转变所取得的成就

随着区级政府财权、融资权以及审批权限的扩大,原来须由市里审批的项目和征收的税费改由区来执行。这样,既减少了审批的中间环节与审批时间,提高了办事效率,又极大地改善了区级政府的财力,也在相当程度上调动、增强了区级政府在经济发展和城市建设方面的积极性。城市发展的步伐和政府职能的转变加快,具体表现在以下两个方面:

首先,城市建设和旧城改造步伐加速。各区紧紧抓住政府职能转变的契机,积极吸引投资,与重大市政项目联动开发,在城市建设、土地利用、产业结构调整等方面,取得了巨大成就。例如,上海原南市区(2000年与黄浦区合并为新的黄浦区)自1994年以来,旧城改造速度明显加快,其中1994—1996年累计拆除旧房面积100万 m^2 ,极大地改变了旧城区的面貌[3]。

其次,有利于进一步推进市、区两级政府职能分工的优化与政府职能的转变。区级政府分担了市政府相当一部分中观管理职能,使得市政府在一定程度上摆脱了大量繁琐的地区性、事务性管理工作,把更多精力投入到研究、制定公共政策,统筹配置、协调管理全市性的重大项目上面。同时,区级政府区域发展的压力也相应加大,加快区域发展的责任感和参与管理意识得到了强化。区级政府工作的重心逐渐向"怎样管理好辖区经济、为辖区经济运行主体提供优质服务""改善区内环境""加强社区建设"等方面转移。

41.3.2 主要矛盾及问题分析

(1) 区域经济强化,助长了地区本位主义思想,区与区块块的矛盾较为突出

各个市辖区自主权力的扩大,也强化了区级政府作为辖区经济运行主体的地位,地方利益主体地位和本位主义观念有所强化。区与区块块的矛盾与冲突开始显性化。随着市、区财政分灶体制的推行,各个市辖区作为一个个相对独立的利益主体,基于地方利益最大化的考虑,区域之间的经济竞争与对抗活动日趋激烈,表现在争资金、争项目现象日益严重。在引资的指导思想上,各城区均把政策优惠作为吸引项目的主要手段甚至是唯一手段,形成恶性竞争。事实上,仅把优惠政策作为吸引投资与项目的主要手段有很大的局限性。首先,政策过度优惠是以严重削弱城区政府的财力为代价的,优惠的空间不是无限度的;其次,政策优惠是相对的,随着时间的推移,城区之间以及城区与开发区之间的政策优惠势差会显著降低;再有,政策优惠期限过后,如不提高其他服务水平,仍然难以留住人口和产业。目前,城

市政府主管部门已经开始对恶性政策竞争进行干预。例如天津市人民政府在2001年9月下发的《批转市财政局、市国税局、市地税局关于规范和完善分税制财政体制 严格税收征管工作意见的通知》中规定,各区县和部门"不得自行制定实施税收减免政策,也不得以先征后返、即征即返和财政拨款等方法对企业给予优惠政策,更不得采取其他方式更改、调整、变通税法和财政政策。对已出台的各项税收减免和先征后返、即征即返以及财政拨款等政策,应立即停止执行"。区际矛盾还体现在城区与开发区税源的争夺上。一些第三产业经济活动特别是服务行业具有鲜明的地域指向性,即倾向聚集于那些人口与经济活动稠密的地区(特别是老城区),但由于开发区的政策比其他城区优惠许多,行政干预也少,导致该类经济活动的最低成本空间与最大营利空间的错位,企业"异地注册、异地经营、异地纳税"现象十分突出。责、权、利主客体不够统一,既造成企业所在城区税源的严重流失,有失公平,也容易激化城区与开发区的矛盾。目前,天津河西有上千家这种"异地注册"的企业。"异地注册"企业的日渐增多,还造成管理主客体之间严重的信息不对称,异地管理难度加大,形成管理"盲区"。河西区就发生过一家异地注册的民营企业非法集资案件,给主管部门的责任认定工作带来困难。

(2)城市发展的全局观念部分丧失,市级政府的权威性受到挑战,城市整体竞争力被削弱

一方面,市辖区作为城市整体的基本组成部分,相互之间在发展目标、战略定位、土地利用、结构调整等方面要统筹考虑,并受到城市发展整体性要求的制约。但是,另一方面,各个城区作为相对独立的利益主体,又必然以满足自身利益最大化为宗旨。因此,城区政府的双重身份,导致在其利益驱动机制和行为约束机制发生矛盾时,结果往往是利益驱动占据上风,而以城市发展全局整体性受到破坏为代价。城区相关职能权限的扩大和经济实力的增强,使得城区有了与市政府相对抗的资本。滥用职权、擅自扩大商业建设用地、越权审批违章搭建等现象时有发生。而市政府由于力量的相对弱化,在管理过程中,难免心有余而力不足。

从上海城市规划建设来看,城区政府均从自身利益出发,制定自己的市辖区规划,导致在城市建设时,往往未能形成一股合力,不能够妥善处理整体与局部的关系,不能有效地树立全市规划"一张图"的全局观念,使得总体规划的设想难以落到实处,城区规划与总体规划相互脱节。城市总体规划对各个市辖区分区规划的约束力不足,形成了总体规划"总"不起来的尴尬局面。而且,各个城区之间由于缺乏有效的相互协调与制约机制,导致经济活动和城市建设难以发挥合力并产生最佳效益。特别是城区分界线地区的矛盾尤其突出,边界地区在项目安排、土地开发强度、功能定位、交通组织、市政基础设施安排等方面都发生相当限度的不协调。"曹家渡现象"就是一个典型的例子[4]。由于其地处上海3个城区的交接地带,相邻城区规划的错位导致这样一个历史悠久、极具发展潜力的传统商业功能区被肢解。

(3)市条条与区块块的矛盾

市条条与区块块的矛盾首先体现在市属经济对区属经济的蚕食上。在我国现行政治体制下,在同一个城市行政区范围内,存在多种不同归属的地方经济,即市属经济与区属经济,甚至街(道)属经济。在分税制体制下,市属经济与区属经济力量强弱的对比,直接关系到市、区两级政府的利益分配格局,进而引发市政府与区政府之间的利益冲突,表现在,市政府相关职能部门千方百计地把管理权限触角向区属经济延伸,而区属经济则竭力避免被蚕食

掉。根据我们的实地调研,天津市政府相关职能部门曾经3次把达到一定纳税规模的区属企业上收到市里,而一旦市属企业发生危机、效益下滑时,市里又想放归城区管辖。据调查,近年来,天津市河西区就接收了十几家这样的企业。这种做法引起了区政府的不满,在很大程度上挫伤了城区政府的积极性。为此,城区政府只得采用"化整为零"的消极应对方式,人为地缩小企业规模,以竭力维持自己的经济利益。其次市、区两级部门虽有明确分工,但是由于市级职能部门的管理缺位,城区政府承担了相当一部分繁重的日常性工作。以天津河道与管道治理工作为例,按照规定,河道两岸30 m范围内的治理任务应由市政工程局承担,但实际许多任务是由区里来完成的。另外,城市下水管道本来是一个系统,但是,管道的掏挖工作被人为分割,在下水管道掏挖工作的分配上,按照主要干道、次要干道、居住区、楼群等类型,分别由不同级别的管理部门来管理。由于区级政府缺乏对上级部门的监督和约束力,当市级部门不履行责任时,区级政府只能额外承担相应事务。总之,表面上由市级职能部门承担的工作实际被摊派到城区执行,责、权、利不尽一致,城区对市级职能部门的意见较大。

(4) 形成了"超强势政府",不利于市场和社会的发育

可以说,我国以上海、天津等为代表的大都市在"两级政府、三级管理"城市管理体制的探讨与改革方面,实现了城市管理重心的下移,迈出了坚实的一步,取得了巨大成绩,这是值得肯定的。但是,在指导思想上,政府职能的转变以及"两级政府、三级管理"模式的实施,在实质上,仍然局限于城市上下级政府之间,仍在走政府体内循环的老路,社会培育力度不够,仍然没有摆脱"强政府、弱社会"的传统模式。而且权力的过度集中,又会进一步催生机构膨胀,滋生腐败行为。由此既增加了行政成本,造成资源浪费,也容易助长官僚主义和不正之风。简政放权不应该在政府部门内部改来改去,而应把一部分职能推向市场和社会,向非政府组织、社区放权,主动接受社会力量的制约和监督。只有这样,才能从根本上缩减政府规模,降低政府成本,才不会出现权力收放的反复,才能彻底摆脱"精简、膨胀"恶性循环的怪圈。

(5) 财权的流转滞后于事权的下放,区级政府资金短缺现象较为严重

有调查表明,在市政建设等事权下放后,原由市财政预算内或预算外支出的城建和维护费,并未发生同步的转移支付。上海10个区政府列入"九五"市政建设计划的资金总额达440亿元左右,其中计划时就无资金来源的占到了23%[5]。为了充分发挥城区政府的职能,必须坚持"责权利一致、人财物相随"的原则,把相应权能的预算经费及时划转给区政府。

41.4 区级政府功能重新定位的有利条件

41.4.1 大城市雄厚的经济社会发展基础为区级政府职能转变提供了强大依托

在国家资源配置过程中,存在3个主体,即政府为代表的行政系统、企业为代表的经济系统以及法律为代表的法制系统[6]。3个系统的强弱对比,决定了资源配置的方向和方式。要素配置效率的高低不仅取决于单个系统自身效率的高低,而且还决定于系统之间力量均

衡点的位置。从这个角度上讲,政府职能的转变也是行政系统与经济系统和法制系统强弱力量动态调整的过程。由于行政系统的弱化必须以其他两个系统的强化为前提,因此,在经济系统和法制系统的力量均较为薄弱的情况下,盲目减弱行政系统的作用是不现实的。经济系统和法律系统的发育程度取决于一个国家经济发展状况。一般来说,在经济发展初期,行政系统占据主导地位;随着经济的发展,经济系统逐渐得到培育,经济系统和法制系统最终会取代行政系统为主导的资源配置模式而在资源配置中占据主导地位。这也是政府职能转变的根本方向。目前,我国许多大城市已经具备了较为雄厚的社会经济实力,经济系统和法律系统已经足够发达,为"小政府、大社会"模式的树立提供了强大依托。

41.4.2 深圳、温州、顺德、浦东、南京等地的"小政府、大社会"实践提供了宝贵的经验借鉴

"小政府"是相对于那种包揽市场和社会事务、对社会经济发展进行全面干预的"大政府"运作模式来说的,是政府与市场、社会的职能相对分开,最大限度发挥市场与社会作用的政府运行模式。小政府具有职能有限、人员精干、廉价、高效等基本特征。深圳、温州、顺德、浦东、南京等地就"小政府、大社会"体制进行积极的探索,取得了宝贵的经验,大体如下:

在政府行为规范和宏观职能定位上,顺德市推行"六个行政"(依法行政、规范行政、透明行政、高效行政、服务行政、廉洁行政),开展"三为服务"(为改革开放服务、为经济建设服务、为群众服务),从指导思想上明确了政府职能转变的方向[7]。

在机构设置上,顺德市建立了"一个决策中心,五位一体"(以市委为领导核心,以人大常委会主任、党员正副市长、政协主席、纪委书记为决策中心成员)的领导架构。

在政企关系上,温州市政府对企业实行"顺势而为"的宽松管理方式[8],并实施了一系列扶持政策(如技改补贴等),引导、推动产业结构的调整和加快产业规模步伐,充分发挥出政府的服务功能和市场培育功能。

在法制保障上,深圳市坚持把机构改革与行政组织立法紧密结合,使政府各部门的每项行政行为都达到有法可依,将行政管理体制纳入法制化轨道。

在职能分工上,强化综合职能,实行大系统管理。例如浦东新区各个部门一律不设主管局,而实行综合、系统管理,把相近职能划归一个大口,实行合署办公。如社会发展局的职能囊括了民政局、教育局、文化局、卫生局、计划生育办公室、体委等部门的职能。

在区街职能转换和社会公共服务上,南京市下关区委对街道政府职能转变进行了大胆的探索和创新,建起了一批"政务超市"[9]。其指导思想是由"政务超市"履行以前街道办事处所有科室的职能,实行集中式办理,"一门式"服务。"政务超市"已成为街道转变政府职能的新载体,向精简高效的基层政府管理模式迈出了崭新的一步。浦东新区在社区公共服务的供给方面,也积极启动社会机制,进行了大胆的体制性试验,将国家投资的公共设施"罗山市民会馆"委托给民间社团经营,打破了原有社区服务中心与政府的"联体"状态,形成了整套新的组织关系、组织形式和运行机制,与功能单一且由政府或政府派出机构运营的社区服务中心有着本质区别,成为中国政府在社区公共服务领域第一次尝试将所有权与生产经营权分离的案例,也为社区非营利组织的发育提供了新的范例[10]。

41.5 大城市区级政府功能的重新定位探讨

41.5.1 大城市区级政府功能定位的指导思想

目前,城市政府职能的转变更多地表现为责权利的简单分配和逐级下放,而且,按照既有利益大小来划分的思想仍然在起作用,条块矛盾依然突出。机构改革未来的方向应是本着职能"不交叉、不重复、不冲突"的原则,重组现有机构,"收、放、撤、并"多种手段并举,该强化的强化,该弱化的弱化。按照职能的性质和承担主体的能力以及运作成本、效率的高低来合理分解职能,消灭职能空白点和重叠区。还要注意,"小政府"并不意味着"弱政府",只是表明政府调控的领域和手段有所调整,由原有对社会经济文化发展的全面强力干预转向有重点地组织、引导、协调、监督、管理、服务,在提供公共物品与公共服务、促进社会治理、维持社会稳定、改善投资环境、深化企业改革、制定公共政策、加快市场培育等许多领域仍将起着强有力的推动作用。具体来讲,区级政府职能定位要注意以下几点:

(1) 要与基本国情、区情相适应,应体现区域特色

政府职能的范围、作用大小,没有一个统一绝对的标准,"小政府"模式是相对的。著名经济学家韦灵克指出,不能以绝对的观点看待政府在经济中的作用问题,政府最佳化形式也不能单纯由经济因素决定,其他诸如文化、习俗等方面的因素也存在一定影响。政府对经济何时干预,如何干预,干预多少,取决于各国国情与文化传统的差异[11]。改革开放以前,我国形成的是高度集权的计划经济体制,全能型政府几乎包揽了一切事务,社会不够发育,政府与社会的关系是强政府与弱社会相结合的模式。因此,在区级政府职能转变过程中,不应脱离这个实际。

(2) 在机构设置和职能分工上,以提高办公效率为原则

不同职能机构之间,要有明确分工,防止职能交叉,避免相互扯皮、遇事互相推诿的现象发生;同一机构内部,要强化综合管理职能,实现"一个机构,多种职能",以最大限度地精简机构,提高办公效率。

(3) 政府职能转变要注意保持城市系统的完整性和稳定性

城市建设及其管理是使一个城市成为一个相对完整的社会、经济、文化系统,其和谐有序程度的提高离不开各个子系统(这里指城区政府)的密切协作,如果各个子系统之间各自为政、矛盾频繁、内耗严重,那么整个城市系统的运作效率和稳定性就会大打折扣,城市功能的提升与优化、经济实力的增强、整体竞争力的提高以及国际化大都市的建设就无从谈起。因此,在政府职能转变过程中,应该做到"责权利一致、人财物相随""分工明确""有机结合"。但也应注意,城区政府与城市政府、街道办事处的职能分配并不存在一个绝对合理的划分,也绝不是责权利的硬性割裂。应弄清哪些权力应该上收、哪些权力应该下放,关键是要掌握好一个"度"。衡量标准是既能够保持城市发展整体目标的一致性与稳定性,又能调动城区政府的积极性,激发城区活力,体现城区特色,还要方便生产生活。

(4) 集、放权相结合,责权利衔接

政府权力结构的调整包括两个方面:一方面,从纵向结构上看,向所辖县、区放权;另一

方面,从横向结构上看,还权于企事业单位、市场和社会中介组织。同时,放权既要注意责权利在各级部门的衔接,又要注意适度。放权的根本目的是把政府不该担负的功能释放出来,当然这并不是越多越好。例如城市规划和城市建设终审权就必须上收至市一级,防止出现城市建设无序发展、城市形态杂乱无章的格局。集权与放权有机结合,实现城市政府管理职能的优化和市场、企业、社会的良好发育。

(5) 两级政府,三级管理,各有侧重,条块有机结合

一般来讲,城市的管理层次越低,综合性越强;管理层次越高,专业性越强[12]。因此,在市级政府层面,应该强调条的专业性管理职能,条指导块;在较低级的街道层面,应当强调块的综合性管理职能,条融于块;而区级政府则负责两者之间的协调工作。

(6) 区级政府职能的转变要与经济体制改革和法制建设相结合,与市场、社会的培育相结合

在我国目前许多地区的城市政府职能承接主体尚未发育的情况下,不能盲目地把部分职能推向企业、市场和社会,要注意将政府职能的转变与经济体制改革和法制建设相结合,否则就会打破原有均衡状态,产生各种各样的矛盾,甚至于影响社会的稳定,这是区级政府职能转变过程中应特别注意的。

41.5.2 区级政府功能定位的内容探讨

(1) 经济功能定位

经济管理职能的转变是城市经济体制改革的重要内容。就城区政府来讲,在管理手段上,从行政命令式的直接干预向运用市场杠杆和经济政策调节、引导经济活动的间接管理转变,使其从区域经济的参与者和控制者向区域经济服务者的角色转化。在管理层级上,从干预企业微观经济活动的繁琐事务中解放出来,即从微观管理向中观管理转变;在管理机构的设置上,要强化中观经济规划管理功能和协调监管功能以及各个职能部门的综合管理。要在管理中凸显政府改善投资环境、提供公共服务、调控区域经济运行的功能。还要抛弃政府"直接投资办企业、抓产值、抓区属经济"的传统观点,确立正确的发展观、区域观、法制观、服务观、市场观、环境观。要继续以经济建设为中心,大力发展区域经济,积极培育、扶持新的经济增长点;跳出狭隘的区属经济的框框,为整个区域经济服务,不求所有,但求所在;严格执法、保障法人权利和财产不受侵犯;规范政府行为,提高服务质量,切实改变门难进、脸难看、事难办的现象,塑造服务热情、高效、依法行政的新形象;把政府的工作重心转向服务领域,建立完善社会化服务体系和市场体系;营造宽松的投资环境,以良好的投资环境和优质的服务而非仅凭政策的优惠吸引企业。目前,上海市中心城区大规模形态开发建设浪潮已经过去,正处于形态开发的后期,与此适应,城区政府的工作重点应由形态开发转向优化城区功能、提高管理绩效、提升城区实力和城市整体竞争力的轨道上来。

(2) 规划功能定位

严格按照城市规划的总体要求,加强城区规划编制的科学性,引导产业与人口的有序转移,优化城区土地利用空间。在城区规划制定过程中,应该认真听取公众和专家的意见,并加强与周边城区规划部门的沟通,进行相应调整,尽量维护城市规划的完整性与连续性。当城区规划与城市总体规划发生矛盾时,城市总体规划对城区规划有否决权,重塑、维护城市

规划的权威性。此外,城区规划必须经上级政府部门审批同意后方可实施。城区规划部门承担本辖区内部的分区规划和详细规划,而对那些跨城区规划以及直接涉及城市整体发展方向的重大规划建设项目应该上收至市级规划部门,还要特别注意城区边界地域规划的整合。

(3) 社会文化功能定位

在城区政府职能转变的同时,同步积极培育信息咨询、职业介绍、商业社团、行业协会等各类社会中介组织,使其逐步承担政府释放出来的社会性、群众性、公益性、事务性职能,进行市场化运作,最大限度地降低行政成本,增加社会效益。同时,以文明城区的创建为依托,提高创建绩效,强化长效管理,提升公民素质。

(4) 其他管理功能定位

加大反腐力度,规范政府行为,提高执法水平,加强社会监督。以相关法律法规作为支撑,建立一套较为完善的法律监督约束机制,规范政府运作行为,将行政管理体制纳入法制化轨道,真正做到"有法可依、有法必依、执法必严、违法必究",为辖区企业提供一个公平、安全的竞争环境,降低企业发展的风险成本。此外,搞好社区服务是城市政府特别是区级政府的主要职责之一,要将发展社区服务列入市、区、街道经济和社会事业发展目标和精神文明建设总体规划。通过多渠道筹集资金,加强社区软、硬件设施建设,建立区级社区服务中心,应该充分发挥街道、居委会的积极性,广泛动员社会参与,开展社会互助,不断拓宽服务领域,提高服务水平。把民政福利服务与市场化服务紧密结合起来,缓解政府和企业的双重压力,实现社会稳定。

[刘君德,张俊芳,马祖琦.大城市政府职能转变中的区级政区功能定位研究[J].杭州师范学院学报(社会科学版),2002(5):34-40]

解读:大城市内部的政区体制改革与区级政区的职能有着极其重要的关联,可以这样说,区级政府"全能型"职能是目前大城市整体区划改革方案推进的最大阻力。本文在总结政府职能转变的宏观、微观背景基础上,以上海与天津为例,对改革开放以来大城市区级政府职能的转变做了简要回顾与对比,总结出现阶段区级政府功能转变后取得的成就以及矛盾表现,分析了大城市区级政府功能重新定位的有利条件。最后对区级政府在经济、规划、社会文化等方面的功能定位进行了较为详尽的探讨,并对区级政府的职能定位提出了积极建议。时隔17年,重读这篇文章,依然觉得其具有重要现实意义。

参考文献

[1] 刘君德.中国行政区划的理论和实践[M].上海:华东师范大学出版社,1996:10.
[2] 姚俭建,沈文玮,吴春林,等.长效管理的公共政策保障——上海市"两级政府、三级管理"体制中公共政策体系的协调性研究[J].上海社会科学院学术季刊,1998(2):137-146.
[3] 方韶蓉.区级政府融资的难点及对策[J].上海综合经济,1997(12):23-25.
[4] 刘君德.城市规划·行政区划·社区建设[J].城市规划,2002,26(2):34-39.

[5] 孙海鸣.上海市"九五"期间区级投资大市政建设的调查分析[J].财政研究,1997(8):40-45.
[6] 赵兰香.对政府职能转变的思考[J].中国科技论坛,2001(1):9-11.
[7] 叶俊东.塑造市场化规范化公共化的政府——顺德市行政体制改革的启示[J].瞭望,2000(45):10-11.
[8] 汤芷萍.政府职能转变对温州经济发展的作用[J].上海企业,2001(5):20-23.
[9] 陆平贵.办好政务超市、实践"三个代表"[EB/OL].(2001-08-31)[2019-06-25].南京下关区网站.
[10] 杨团.推进社区公共服务的经验研究:导入新制度因素的两种方式(一)[EB/OL].(2002-06-17)[2019-06-25].中国城区街道网站,http://www.cn-social.com.
[11] 斯蒂格利茨.政府为什么干预经济:政府在市场经济中的角色[M].北京:中国物资出版社,1998.
[12] 卢为民,刘君德.面向21世纪的上海城市管理制度创新[J].城市问题,2001(1):40-42.

42 市制模式的系统论述

背景：大约在 2013 年的 12 月底，我接到民政部区划司的通知，参加设市标准指标体系的专家座谈会，于是做了充分准备，在会上发表了见解。会后向司里主动"请战"，不要课题费，自掏腰包对设市标准方案进行研究，承诺一个月内拿出方案并提交报告。回校后，立即组织精兵强将，集中精力开展研究，参与的除本校专家之外，还邀请了上海市民政局、上海财经大学、华东理工大学和苏州科技学院（现苏州科技大学）相关人员参与，我确定的基本思路和研究方案经多次研讨，赶在春节之前完成了研究报告（详细报告和简要本）。我至今认为，这是一份定性与定量分析结合，理论与实践结合，借鉴国内外经验的，有理有据有说服力的研究成果。出于不知情的原因，研究报告被束之高阁。2014 年年初，《江汉论坛》一位编辑向我约稿，随即将我们的研究成果改写成论文，很快我们的一组论文便发表了，在社会上引起积极反响[①]。

新型城镇化将是中国相当长时期推进的一项具有深远意义的国家战略，以党的十八届三中全会公报《中共中央关于全面深化改革若干重大问题的决定》（以下简称"决定"）中有关"优化行政区划""完善设市标准""有序改市"的精神为指导思想和依据，研究和探索具有中国特色、与新型城镇化相适应的城市政区制度是一个重要而迫切的命题。本文以逐步实现中国设市制度的科学化、标准化、有序化为目标，提出了建制市多模式发展和"撤县设市"—"撤镇设市"—"县下辖市"的渐进式转换的战略思路，不涉及直辖市、地级市及其市辖区制度内容。

42.1 中国市制模式的演进

从世界现代文明发展规律来看，城市化与工业化是相互促进、相互伴生的现代化的两翼。自近代工业化革命以来，西方国家的城市化发生了巨大的质的飞跃，城市化以略高于工业化的发展水平推动着现代产业结构的巨大变革。从行政区划体制的角度看，世界各国城市型政区体制的调整实践，比较好地适应了这一变革过程。

我国是世界上城市出现最早的国家之一，但具有行政建制意义的城市型政区的诞生却是 20 世纪初发生的事。1911 年 11 月，江苏省召开临时省议会通过了《江苏暂行市乡制》，规定凡"县治城厢"和人口 5 万人以上的市镇村庄村集为市，第一次提出了市制的概念。1918 年，中华民国军政府设立广州市政公所，1920 年改为市政厅，这是中国市政制度的首次实践。1921 年 7 月 3 日，北洋政府内务部颁布的《市自治制》，可以说是中国第一部由中央政府颁布的关于设置市建制的正式文件，从国家意义上开创了中国市制。1928 年 7 月 3 日，国民政府公布了《特别市组织法》和《普通市组织法》，成为中国第一部全国通行的市组织法，从法律上确立了现代市制；1947 年 12 月又拟订了《直辖市自治通则》和《市自治通则》两个草案，将市分为直辖市、省辖市、县辖市 3 种，首都设为特别行政区；同时，规定市的区域分为行政区域与经济区域，首次提出了我国城市型政区的三级行政等级制度以及城市政区与城市经济区的概念。

新中国成立以后,市制经历了曲折的发展过程。1954年,第一届全国人民代表大会通过了《中华人民共和国宪法》和《中华人民共和国地方各级人民代表大会和地方各级人民政府组织法》。1959年9月以法律的形式确认了市领导县体制,从此,这一体制在全国被广为推行。但由于经济工作的失误和三年自然灾害的影响,中央决定调整城市政策,控制城市发展。1963年12月,中共中央、国务院发布了《关于调整市镇建制,缩小城市郊区的指示》,开始撤销不够条件的市。1958—1965年,全国新设市22个,但撤销的市达29个。至1965年年底,市的总数由1961年的208个减少到168个。城市化进程遭受挫折,也影响了我国现代市制体系的完善。直至改革开放之后,中国的市制才开始步入规范化的发展轨道。

从城乡关系看,中国的城市政区制度模式大体分为两个阶段:一是改革开放前的城乡分治模式阶段;二是十一届三中全会以来的城乡合治模式阶段。

前一阶段沿袭传统的设市模式,也是世界绝大多数国家普遍推行的模式,即按照"城乡分治"的原则,"切块"划定标准设市。新中国成立初期,原则规定人口在5万人以上的镇可以设市;1955年公布的《关于设置市、镇建制的决定》,将聚居人口的标准提高到10万人以上,同时规定20万人以上的市可以设市辖区。在计划经济时期,中国的经济运行以纵向为主,市县矛盾以隐形形式存在,这种城乡二元结构的"切块设市"模式并未导致明显的市县利益冲突,因而使城乡分治的设市模式能够得以正常发展。

后一阶段则大力推行"城乡合治"的"撤县设市"新模式。改革开放、权力下放带来中国经济的大发展、社会的大变革以及城市化的快速推进;商品经济的大潮冲击着城乡分治的壁垒。传统的城乡分治设市模式日益显现出许多弊端。在这一背景下,中国的市制发生了重大变革,即由传统的城乡分治模式迅速转向以"撤县设市"、推行"市管县"体制为标志的新型城乡合治模式,并于1983年制定了撤县设市标准。1986年国务院批转民政部《关于调整设市标准和市领导县条件的报告》;紧随其后,在全国范围内大规模开展了"设市预测与规划",掀起了全国设市热。1993年提高了撤县设市标准。1996年年底,中国的县级市达到445个,与1981年相比,增加了332个!可谓撤县设市"大跃进",由此引发严重的"设市热"。1997年,中央政府宣布暂停设市。此后16年,中国出现了县级建制市逐年减少的不正常现象。直至党的十八届三中全会,县级市设置才得以解禁。

据《中华人民共和国行政区划简册(2013)》统计,截至2012年年底,在全国34个省级政区(不含港澳台地区)中,除北京、上海、天津、重庆4个中央直辖市之外,共有建制市653个,其中地级市285个,占设市城市总数的43.6%,占地级政区的85.6%;县级市368个,占设市城市总数的56.4%,占县级政区的12.9%,但如果加上860个市辖区,则占43.2%。由上述数据可以明显看出两个问题:一是建制市的数量增长与中国城市化率的提高极不适应;二是在设市城市的等级结构中,地级市明显偏多,县级市偏少,与中国的城市规模结构体系极不相称。

因此,中国的建制市需要调整等级结构,需要改革和探索新的建制市设置模式,以合理增设县级建制市,科学、规范、有序地发展设市城市。

42.2 当代"撤县设市"模式需要控制发展

从城乡关系看中国的市制模式,在20世纪80年代,传统的城乡分治转向了城乡合治——

撤县设市。这种转变具有必然性，在一定程度上也是特定时期政治经济体制的产物；在今天看来，这种转换的过程过于"快速"，过于"一刀切"，甚至可以说是中国设市模式的一种"突变"，缺少了过渡性的实践阶段，因而产生了不少问题。经过20多年的实践，我们有必要对"撤县设市"模式进行客观公正的评价。

42.2.1 不应低估撤县设市的优点

多年来，许多学者对"撤县设市"体制模式进行了很多评价，我们不赞成全盘否定的观点。研究认为，改革开放以来，中国的经济运行由纵向运动为主转向横向运动为主，地方政府经济功能的强化导致行政区之间，即县与县、市与市、市与县以及地级与县级行政区之间经济利益的矛盾冲突，表现出中国特有的"行政区经济"现象。"撤县设市"正是在这一体制背景下产生并积极推进的。今天看来，其与传统的"城乡分治""切块设市"模式相比仍有较明显的优越性。

其一，大大减少了"切块市"与县之间的利益冲突，有利于城乡统筹规划建设，以城带乡，促进城乡经济社会的协调发展；其二，没有增加行政建制，避免了"切块设市"使行政建制增多带来的机构、编制矛盾，有利于节约行政开支；其三，便于操作实施，有利于保持县级政区的稳定，因而也有利于基层社会的稳定。

更为重要的是，撤县设市模式在许多地方，尤其是东部沿海地区对经济社会发展以及城市化推进的正面作用相当显著，大批县级市知名度提高，外向型经济迅猛发展，城市化进程大大加快，实际上也促进了农业现代化的进程。

对于"撤县设市"模式的这些优点我们不能低估。从长远来看，这种模式为县（市）域经济、社会、文化、生态、政治"五位一体"的建设将提供良好的政区空间与体制环境。

42.2.2 必须重视撤县设市的缺陷

撤县设市模式在运行实践中也暴露出许多制度性缺陷，有些甚至是根本性的问题，主要包括以下方面：

第一，撤县设市混同了市制与县制的本质区别。一般来说，城市型政区的地理空间形态是表现为点状特征的人口和产业集聚的地方政府管理空间，而地域型政区则是以面为主、点面结合的人口和产业等管理空间的地理形态。市制的诞生是工业化和城市化的必然结果，是城乡分治的体现；而传统的县制是与农业社会发展相适应，以城乡合治为特点的一种区划建制。从这个意义上看，"撤县设市"名义上由"县"变成"市"，本质上和"县"并没有什么区别，以至于形成许多"市不像市、县不像县"的尴尬局面，并没有达到预想的实施效果。

第二，造成了假性城市化和县制不稳定的双重矛盾。一些地方政府以撤县设市为契机，盲目追求城市化、工业化，大搞城市建设，大建开发区和"新城"，使大量耕地流失，而土地的产出效应大大降低，城市质量下降，人们称之为"假性城市化"。在不少县级市出现比较严重的后果，由于大量耕地的流失，严重影响了农业的基础地位和县制的稳定。有些县级市运行20多年，至今尚未达到1993年的设市标准；2012年还有17个国家级贫困市和17个国家级贫困市辖区。这种假性城市化和县制不稳定的双重矛盾虽然不能完全怪罪于"撤县设市"的政区制度有其深刻的体制机制和基层政府追求政绩、相互攀比、好大喜功、形象工程等利益的驱动和工作作风等原因,但把撤县改设市导致地域型政区与城市型政区在功能上的混淆,客观上为上述问题的产生提供了政区空间基础,这一点也是不可否认的。此外,撤县设市模式还存在城市统计困难,与国外城市无法比较,城市化水平的标准难以衡量,以及城镇管理与服务难以规范等诸多毛病。从市建制的隶属关系看,由于普遍推行"市管县市"体制,两个不同等级的市隶属关系不清、定位不明,不仅导致了两个城市主体之间的矛盾冲突,而且对完善城市型政区体系造成一定困难。

综上,对撤县设市模式正反两个方面利弊的简要分析表明,中国在特定时期城市的市制模式有其深刻的政治经济背景,这种模式有突出的优点,也有明显的弊端。研究认为,要充分发挥这种模式的优点,高度重视这一体制的缺陷。从总体上看,在中国目前的政治经济体制大环境和地方政治生态及政府主导的全能型功能下,撤县设市仍具有生命力,仍然是近期较好的设市模式,但需要在总量控制、保护县制、严格标准、有序设市的原则下实施。

42.3 新型城镇化需要重点推行"撤镇设市"

42.3.1 县级建制市模式需要及时转换

在新的历史条件下,县级建制市的生成模式应当及时转换思路,其原因主要基于以下3点:

其一,基于传统的县制需要稳定和保护。中国的县制源远流长,从公元前221年秦始皇统一中国推行"郡县制"算起至今已经有2 200多年的历史,很多县的空间范围、名称、驻地已经延续千年以上,表现了县制的超稳定性特征。作为中国传统的、历史文化悠久而且最为稳定的政区,急需加以保护,为此,需要及时转换县级市设置模式。

其二,基于人多地少的基本国情和实施主体功能区规划建设的要求。中国作为世界头号人口大国,人民的最基本生活需要庞大的粮食需求供给,必须有制度保障充足的耕地资源。2013年年底召开的中央城镇化工作会议明确指出要优化城镇布局,贯彻执行国家主体功能区规划蓝图,实行"一张蓝图干到底"的政策。新时期,中国市制模式推行与改革要有利于保护耕地、用好耕地、建设耕地,有利于严格执行国家不能越过"耕地红线"的硬指标;要能够处理好市与县的关系,实现建制市的科学布局,在重点农业发展区以及生态保护功能区、限制开发区等留有足够数量的县制。

其三,基于建制市回归城市的本质特征和建立与城镇体系相对应、科学合理的大中小建制市结构体系的需要。"撤县设市"模式的一个要害问题是将城市型政区混同于地域型政区,在一个设市城市里经营大量农业产业和拥有其依附的广阔土地空间,极易导致地方政府盲目占用农用土地空间,带来城市建设失控,盲目大建开发区、发展房地产业,涌现许多"空城""鬼城"等规划建设管理以及社会问题。新的县级市设置要求能够克服"撤县设市"模式的弊端,让建制行政市回归城市的本质特征,能够控制城郊合理比例,可以从政区空间上制约可能产生的上述现象;同时,有利于解决目前我国设市城市的等级结构不合理——地级市比重过大、县级小城市比重过小的问题,形成与城镇体系相对应的大中小相互协调发展的设市城市体系。

42.3.2 "撤镇设市":县级新市制模式的最佳选择

中央城镇化工作会议明确指出"城镇化是中国现代化的必由之路","对全面建成小康社会、加快推进社会主义现代化具有重大现实意义和深远历史意义";同时指出,"城镇化是长期的历史进程,要科学有序、积极稳妥地向前推进。加强相关法规、标准和制度建设,坚持因地制宜,探索各具特色的城镇化发展模式"。从城市型政区制度改革来看,需要积极研究与探索实践以"撤镇设市"为主体的新市制。

借鉴我国历史的和国际的经验,一个基本的事实是当"建制镇"发展到一定规模,符合"建制市"设置标准时即可设"市"。我国近代的市制和世界各国目前的市制都是由镇演进、升格而来。这一事实告诉我们,"建制镇"→"建制市"可以说是古今中外城市建制发展的基本模式。诚然,仔细研究,这种模式也会有某些缺陷,如美国,在一个都市区有上百个,甚至于更多的城市政府,给大都市区治理带来的麻烦实在不少。国情不同,这种体制在中国明显行不通。但市镇设置的模式还是应该充分肯定的。因为它符合城市发展的自然规律,体现城市的本质特征。

因此,基于城市的本质特征,基于城市的发育成长规律,基于历史和国际的基本经验,也基于我国改革开放以来"撤县设市"的运行实践,在推进新型城镇化发展的新时期,从政区制度建设层面思考,建立我国"新型的城镇化发展模式"的方向必然落在了"撤镇设市"即"镇升格"的路子上。

同时,"撤镇设市"也是我国小城镇规模分化发展的迫切需要。2013年我承担了广东省新型城镇化一个专题的研究工作,研究发现,改革开放以来,广东省的城镇规模,无论是经济规模或是人口规模,分化极为明显。在珠江三角洲,几十万人口、几百亿经济规模的大镇强镇不在少数。传统的乡镇级政区体制已经严重不适应城镇规模发展的需要,并由此带来一系列相当严重的管理和社会问题。在广东,"人大衫小"的矛盾十分突出,基层行政资源严重不足,政府的行政管理能力受到很大制约,甚至出现某些管理真空。我们认为这是产生大量社会问题的重要原因。试问,在当今行政等级严密的传统集权制中国,一个基层乡镇级政府怎能管好一个数十万人口的"大城市"?!

解决类似于广东"人大衫小"矛盾的一个根本的行政体制性举措:顺应由"乡"到"城"的转变,适时将大镇强镇"升格"为建制市,按照城市的职能规划、建设和管理城市;提供城市公共设施和服务,以解决经济快速发展、非农人口高度集聚、城镇空间规模迅速扩张过程中引发的公共服务基础设施滞后、大量社会问题涌现的突出矛盾。

总之,推行"撤镇设市"新模式至少有以下方面的突出优点:(1)有利于推进县域城镇体系建设,加快新型城镇化发展步伐;(2)有利于加强城镇公共服务设施的统一规划建设,发展小城市,提高小城市的质量;(3)有利于带动县域经济的城乡一体、均衡发展;(4)有利于吸引大批外出务工人员回归故土,解决大城市的户籍压力,促进县域社会、文化发展,推进城乡公共服务均等化建设,加强城镇社区建设,促进社会和谐;(5)有利于推进农业产业化和农村工业化的发展,全面实现现代化建设的战略目标;(6)有利于提高基层干部素质,规范小城市的管理,加强基层政权建设,从源头上确保国家长治久安。

从县与市的关系来看,镇升格设市有利于保护足够数量、具有悠久政区历史文化、最为稳定的县制,从而有效克服"撤县设市"模式发展可能导致的"县荒"。

撤镇设市可以说是世界各国城市设置的主导性模式,也是中国改革开放以来单一"撤县设市"模式的重大突破,具有强大生命力。事实上,改革开放以来国家已经在有些地方推行了"撤镇设市"模式,如福建省的石狮市(1987年)、广西壮族自治区的东兴市(1996年)等,都取得了很好的效果,这为广泛推行"撤镇设市"模式提供了范例和经验。

42.3.3 镇升格为市需要"从严"和"优选"

1949年新中国成立以来,建制镇的发展大体经过了新中国成立初期的规范设镇、"文化大革命"时期的波动萎缩和改革开放以来的迅猛发展3个阶段。根据有关资料,1954年,全国有建制镇5 400多个,1958年全国建制镇调整为3 621个,1978年恢复乡制之前,全国仅有镇2 687个。改革开放以来,建制镇的数量经历了迅速增加、波动发展的过程。1990年全国共有镇12 084个,1996年增加到18 171个,2000年突破2万大关,达到20 312个,2002年又增加到20 600个;此后呈现缓慢下降趋势,许多建制镇演变为"街道办事处"。从总体上看,建制镇在推进城镇化的发展中起了积极作用。建制镇的发展变化受经济发展、城镇化率的演进、镇建制标准和政策变化等基本因素的影响;"镇"改"街"、合并、优化也是重要原因。

面对全国近2万个数量庞大的建制镇,不可能也不应该放宽标准、盲目设市;相反,必须"从严"升格设市,即必须从2万个建制镇中"优选"极少数超级大镇、强镇升格为市。

关于镇升格设市的标准问题,另有专文论述。这里要强调的是,从"从严""优选"的指导思想出发,需要把握以下要点:

第一,必须是大镇、强镇。所谓大镇是指建制镇人口规模,重点是镇建成区的常住人口规模;所谓强镇是指建制镇的经济规模。一般从纳入县域规划的"新市镇""重点镇"等建制镇中进行优选。

第二,不能是县政府驻地镇。县政府驻地镇是县的政治、经济、文化和管理中心,统管全县。在中国当今政治体制下,受地方政治生态和全能政府功能的制约,在"行政区经济"运行规律作用下,一旦县城升格设市,将会带来极大的负面影响。形成"一地二府",县、市之间的矛盾、分割、摩擦、内耗将不可避免。这是被改革开放以来许多中心城市的运行实践所验证了的,我们要深刻吸取历史的经验教训;从实际情况看,许多县市的驻地镇规模很大,已经将镇建制改设为街道办事处;今后,对于规模较大的驻地镇可以改设为"街区",下辖"社区",实行城市管理。

第三,不同于传统的"切块"设市。我们不能把镇升格设市等同于回归到走"切块设市"的老路,新的镇升格设市,必须给"镇域"留有足够的发展空间。为此,撤镇设市的建制镇可以根据合理"城郊比"需要,通过合并、兼并周围的乡镇,适度扩大镇域空间。

第四,"优选"县域双中心、多中心的大镇、强镇升格设市。由于自然和交通、人文等因素的影响,中国有不少县的县域形成了多中心的城镇分布格局,最为典型的如苏州市的吴江区(原吴江县),稠密的河网、发达的水运、特色专业化农产品(蚕桑等)的发展、加工和流通,历史上形成了盛泽、震泽、芦墟、同里、松陵、黎里、平望7个著名的大镇,县城松陵镇作为吴江县的行政管理中心,在很长的历史时期都并非县域第一大镇。类似这样的县在广东省、浙江省、江苏省、山东省、福建省,东北及内地的许多省区也有不少。"优选"符合条件的双中心、多中心大镇、强镇升格设市完全有必要,同时也有可能,关键是要处理好升格的大镇、强镇与县的关系。

第五,注意因地制宜,科学布局,充分发挥省区的积极性。镇升格设市"优选"的根基在遍布全国的近2万个建制镇,这也是镇升格设市的生命力、活力所在。如果全国统一制定一个标准,势必在中西部的许多省区出现新市制的空白点,因而失去这种模式的"均衡发展""城乡一体"极为重要的价值。为此,需要在全国统筹、科学布局的前提下,以省、自治区为单元,因地制宜设定标准。

总之,撤镇设市具有强大生命力,是新市制模式的最佳选择,但需要从严优选;县域双中心、多中心的大镇、强镇具备优选条件;要注意因地制宜、合理布局,发挥省、自治区在优选中的主导性作用。

42.4　中国市制体系建设需要实践"县下辖市"

新型城镇化发展的着眼点主要在中小城市,重点是小城市。与世界各国,尤其是大国相比,中国设市城市的总数量偏少,设市小城市比重过低。根据有关资料,美国有19 429个大大小小的城市,其中2 500～25 000人的有8 810个,占城市总数的45%;另有9 361个城市在千人以下。世界各国的建制市都是小城市,"镇"占绝对多数。我国台湾地区除5个所谓的"直辖市"、3个省属"县级市"之外,归属县管辖的市有17个,县辖市占乡镇市总数的8%,但占设市城市总数的68%。而在我国大陆地区,建制小城市的数量明显偏少,尤其缺少县辖市层级,反映了我国大陆地区设市城市制度尚不够完善。

我们认为,中国建制小城市的数量有很大的增量空间,但这个"增量"主要应该在"县辖市",因此,从长远的市制模式发展看,探索、实践"县辖市"制度十分必要。

42.4.1　建制小城市的"增量"主要应依靠推行"县辖市"模式实现

诚然,推行"撤镇设市"模式将大大增加建制小城市的数量,在一定程度上弥补了建制镇规模结构体系的缺陷。但由于"撤镇设市"实质上是建制镇的升格行为,它意味着中国县级行政区的数量增加,如果以全国建制镇总量的2%升格,则全国将有400个镇可以升格为市,也就意味着全国将增加400个县级政区单位,机关行政人员也必然相应增加,这将给组织人事部门的干部配备、地方财政部门的公共支出带来很大压力,因而大量增加"撤镇设市"的可能性较小,这也是为什么撤镇设市要从严优选的重要原因。从设市小城市的"增量"角度看,撤镇设市模式也存在一定的局限性;必须也只能走"县辖市"之路。县辖市可以弥补镇升格的缺陷,真正实现市制的合理布局,形成科学的市制规模结构体系。

42.4.2　"县辖市"的性质及其基本要素特征

可以设想,县下辖市的"市",其性质和基本要素应体现以下基本特征:第一,县辖市的隶属关系不变,仍归属县领导,由县统辖、统筹,其行政等级一般等同于乡镇,不得增设机构,市政、公安、城管等的某些职能权限稍高于乡镇,但低于县级市;第二,县辖市不搞"切块设市",实行"城乡合一"体制,其范围大体为经过调整后的乡镇根据需要适度微调;第三,县辖市不在县城设市,其在经济、社会、文化等功能上辐射县域区片中心;第四,县辖市一般不改变原有乡镇专名;第五,县辖市位处最基层,与民众的生活、利益息息相关,在设置过程中要充分听取基层组织和民众的意见、建议,充分反映民众的要求。

"县辖市"要处理好与周边乡镇的关系,处理好与县的关系,在全县统筹规划发展的原则下,促进"市"的健康发展、特色发展,防止分散化和重复建设;还要处理好与升格县级市的关系,科学规划,合理布局。

"县辖市"是乡镇政区制度的发展,是城市制度的补充,有利于提高和带动基层市镇的管理水平。与镇升格设"市"相比,县辖市有其特殊的优势,对保持县制稳定、完善设市城市制度体系具有深远意义;同时,县辖市也更具有操作性,其实施可以省区为地域单元,因地制宜制定县辖市标准,重点是镇区的非农人口、非农产业集聚水平、镇级财政能力和发展潜力。

但要指出,县辖市不应该也不可能取代乡镇建制,乡镇仍然是我国县辖政区的主体。

42.4.3 创造条件实践"县辖市"

应当指出,镇升格设"市"和"县下辖市"都属于"撤镇设市",虽然都由乡镇发展演变而来,但有质的差异。其主要区别在两个方面:一是等级的差异,"撤镇设市"是县级,镇改设"市"则为乡镇级。二是性质功能上的差异,撤镇设市是法定的"设市城市",为完全城市化地区,具有经济社会文化辐射的重要功能,实行完全的城市管理;"县辖市"无论在其规模或是功能性质等方面都表现为乡村—城市的过渡性特征,也可以称其为介于乡村和城市之间的半城市化的"建制市镇"。

从政区体制的实践与法律层面看,镇升格为市已有较好的实践基础,符合《中华人民共和国宪法》(以下简称《宪法》)和相关的法律规定,也有相应的标准;而县辖市则不同,目前尚没有法律依据,虽然有民国时期和新中国成立初期的历史基础和经验,但时隔五六十年,经济社会发展和城市化水平及其相应的空间布局等都发生了翻天覆地的变化,完全沿用传统县辖市体制、规则,或照搬国外的做法都行不通,必须创造条件,选择合适的省区先行先试,在实践中总结经验,制定标准和实施细则,然后再逐步推广。

为此,选择不同类型的地区开展调查、进行试点实践是十分必要的。通过试点实践,可以为相关部门制定标准和政策提供依据。在试点实践中重点解决"镇升格"和"镇改市"的标准划分和政策界限这一难点问题。

推行县辖市体制最为重要的是要有法律制度环境,修改包括《宪法》在内的相关法律。中国的建制市与国外的建制市本质性的区别是设市城市的等级制度,国外许多国家不存在建制市的行政等级,而中国的建制市则有复杂的等级,镇升格、县辖市的等级划分都要有法律依据;即便今后建制市的等级淡化也需要有相关法律加以明确。此外,还涉及设市城市的审批制度改革问题,县辖市能否下放给省区等都需要深入进行研究、实践。总之,需要在试点实践中为"县辖市"的推行创造经验。

综上,中国建制小城市的增量将主要依靠"县辖市"模式实现,在这一点上"县辖市"优于"撤镇设市",要努力创造有利于推行"县下辖市"的制度环境,把握合适时机积极推行。

42.5 中国建制市模式推进的战略走向：多模式共存，渐进式转换

42.5.1 基本格局：多层级、多模式并存的设市制度体系

党的十八届三中全会"决定"中关于"优化行政区划""完善设市标准"和"有序设市"的基本精神和新型城镇化的战略思想，为中国城市制度改革指明了方向。我认为，在新的发展时期，中国有必要、有条件推行设市制的多模式共存、互补的战略。

所谓多层级，是指建立省级（中央直辖市）—地级、县级（省辖市）—乡镇级（县辖市）的3个层次、4个级别的设市城市体系。这个层级体系与目前中国地域型行政区划的基本层级——省—县—乡（镇）结构相对应，也与大中小城市规模体系结构相呼应。

所谓多模式，是指继续推行"撤县设市"，重点推进"撤镇设市"，积极探索"县下辖市"，也就是说让"撤县设市"与"撤镇设市""县下辖市"3种模式在祖国大地上都能推行。我们在前面的论述中清楚地表明，3种模式都各有其重要优点，又都各有某些缺陷。单独推行某一种模式都会产生某些负面影响或不良后果；而如果将3种模式组合同时推进，只要搞好顶层的精心设计，做好充分调查，严格按规范的标准与程序实施，就有可能产生3种市制模式互补的最佳效果。

之所以有必要推行多种市制模式，一是因为可以充分吸取3种模式的各自优点，最大限度地避免或减弱3种模式的各自缺陷，从而形成相互补充的组合优势，对具有中国特色的新型城镇化建设发展发挥制度保障作用。二是基于中国的国情考虑。中国是一个国土空间辽阔，自然条件复杂，人口众多，历史悠久，多民族，多元文化的发展中国家，各地经济社会发展水平和城市化水平差异很大，政区形成的历史文化背景不同；即使同一省区不同地区也往往处于不同的发展阶段，其城乡关系、矛盾表现也不相同，作为上层建筑的行政区划体制难以用一种模式去适应不同地区或同一地区不同发展阶段的需要。推行多种模式就可以根据各地情况因地制宜选择不同的设市模式。比如，在沿海、沿江重点开发、经济发达、城乡差别较小的地区重点推行"撤县设市"模式比较适合；在主体功能区规划中确定的以生态保护功能为主的控制或限制发展区，以及农业集中发展区，则比较适合推行"撤镇设市"模式，以保留县制，确保主体功能任务的实施；至于"县下辖市"模式则可以在不同类型地区同时推行。

42.5.2 实施战略：分三步走，渐进式转换

撤县设市、撤镇设市、县下辖市3种模式如何科学运行是我们需要研究的问题，关键是把握好市制发展的阶段性特征，实行"渐进式转换"战略，具体说就是分3步走的战略。

什么是渐进式？为何要渐进式？怎样实行渐进式转换？所谓渐进式是相对于20世纪80年代整齐划一推行"撤县设市"而言的，3种模式的推进不搞"一刀切"，而是根据实际情况，或者创造条件分步骤、分阶段、分区域推行实施。

近期或现阶段，大致在2020年之前，在总量控制的原则下重点实施"撤县设市"，同时积

极推进"撤镇设市",选择不同类型地区试行"县下辖市"。中期,大致在2020—2030年,全面实行"撤镇设市",收缩或终止"撤县设市",积极推行"县辖市"。远期,在2030年以后,当中国的城市化率达到70%,设市城市的数量将基本稳定,设市城市的规模结构和布局基本合理,设市制度体系也基本确立,中国的整体行政区划结构将基本稳定。

之所以分3个阶段渐进式推进,主要是顺应中国经济社会发展的阶段性特征以及城市化率增长规律,根据不同阶段和不同区域的情况选取和确定设市模式的重点,形成不同的设市模式组合结构。从总体上看,中国设市模式将沿着撤县设市—撤镇设市—县下辖市的轨迹有规律地运行。

确立设市模式—制定设市标准—规范设市制度—严格申报审核是一个复杂的系统工程,需要顶层的精心谋划和科学设计。中国是一个高度集权、正在建设具有中国特色社会主义的国家,要充分发挥中央政府"超前引领"的决定性作用;当务之急是开展撤县设市运行实践的深入调查,广泛吸取各家之言,研究借鉴历史的、国际的有益经验,形成一个整体性、全局性的市制改革战略思路,优选和确立设市模式,进而制定不同模式、切实可行的设市标准,积极、稳妥地推行市制改革。

党的十八大的召开,中国大大加快了由"小康"向"现代化"、由"大国"向"强国"迈进的步伐,全面深化改革是实现"中国梦"的强大动力。这一现实背景和新的历史阶段为"优化行政区划"、实现多种模式的"有序设市"提供了最好的机遇和最佳的改革环境。我们应该抓住机遇,积极推进设市制度的改革,建立和完善中国特色的设市制度体系,以适应中国城市化、工业化的发展变革的进程,实现中国设市制度的优化、稳定的目标。

[刘君德.论中国建制市的多模式发展与渐进式转换战略[J].江汉论坛,2014(3):5-12]

解读:这篇论文系统论述了中国市制的模式,对中国城市制度的未来发展模式进行了全面深入的思考。可以说这是我多年研究城市型行政区划一贯的、系统的观点,即基于中国国情,城市制度需要"多模式发展",文章提出了"当代的'撤县设市'模式需要控制发展""新型城镇化需要重点推行'撤镇设市'""中国市制体系建设需要实践'县下辖市'"等具有相互逻辑关联的系统观点。论文对中国市制模式推进的战略走向进行了讨论,认为需要"多模式共存,渐进式转换",并提出分"三步走"的实施战略。文章强调,要在完善中国的设市制度体系和标准的前提下,通过"有序设市""优化行政区划",建立与实现中国城市化、工业化的发展变革进程相适应的城市制度体系。

注释

① 江汉论坛2014年第3期"笔谈"发表的5篇论文是:《论中国建制市的多模式发展与渐进式转换战略》(刘君德)、《国外市制模式经验借鉴——兼论我国的设市制度》(熊竞,马祖琦提供了协助)、《中国县级市现状评价及改革设想》(石超艺)、《建制镇升格设市标准研究——以苏州市为例》(袁中金、侯爱敏)、《基于县制保护的"撤县设市"方案思考》(马祖琦)。

参考文献

[1] 中国设市预测与规划课题组.中国设市预测与规划[M].北京:知识出版社,1997:15-16.
[2] 刘君德.中国行政区划的理论与实践[M].上海:华东师范大学出版社,1996:93-133.

43　直辖市制度体系论

背景：直辖市是中国城市型的一级政区，在国家经济社会发展、城市体系结构中具有举足轻重的作用。1997年3月，中国第4个中央直辖市——重庆诞生，一时引起国内外学者和社会公众的广泛议论。我第一时间在《中国社会报》(1997年)和《地理教学》(1997年第4期)发表了《第四直辖市——区划改革的突破》和《中国行政区划体制改革的重大突破——重庆设立直辖市的重大意义》两篇短文；此后，对中国直辖市的形成和发展进行了较系统的梳理，提出了推进中央直辖市发展的若干意见。继1998年在《浙江学刊》(第4期)发表本文之后，2006年又在《江汉论坛》(第5期)发表了题为《中国直辖市制度辨析与思考》的文章，这篇文章被当年《新华文摘》(第10期)全文转载。

43.1　中国直辖市政区的形成与发展

中国的行政区一般分为地域型、城市型、民族型和特殊型四大类。直辖市是城市型政区中层次最高、规模最大，直隶于中央人民政府管辖的一级政区。中国现有北京、天津、上海和重庆4个直辖市，在国家政治经济生活中居于极重要的地位。

中国最早的直辖(古称"直隶")制度始于宋太祖乾德五年(公元967年)，当时陕西三泉县(今属陕西省宁陕县一部分)由于交通、形势十分险要而直隶于中央，有公事申奏不必经由府州可直达朝廷。元和明清时期，多有直隶于行省的地方政区。1926年秋，国民革命军攻占武汉，成立汉口特别市政府，由国民政府直接管辖，这是我国第一个直接隶属于中央政府的市。1927年，上海、南京也相继成立中央直属的特别市。1928年7月，南京国民政府颁布《普通市组织法》和《特别市组织法》，正式确定普通市由省直辖、特别市由中央直辖的体制。当时除南京(首都)、上海、汉口外，北平、天津、青岛、广州、哈尔滨也为中央特别市。1930年5月，颁布统一的《市组织法》，将特别市改为中央行政院辖市。不久将院辖市中的广州、天津、汉口、哈尔滨改为省辖市。抗战时期，重庆以战时临时首都地位被改设为院辖市，随后天津、哈尔滨恢复为院辖市，并新设大连为院辖市。1947年6月，广州、汉口恢复为院辖市，又新设了西安、沈阳2个院辖市，当时全国共有12个中央院辖市。该年，内政部曾拟定《直辖市自治通则》草案，规定了直辖市的设置条件、审批程序和权限，但未能实施。

中华人民共和国成立初期，直辖市分属3个层次，一为中央直属市，有北京和天津2个市；二为大区直属的11个市，即华东区的南京、上海，中南区的武汉、广州，西南区的重庆，西北区的西安，东北区的沈阳、旅大(即大连)、鞍山、抚顺、本溪；三为省直属的哈尔滨(黑龙江省)和青岛(山东省)。1952年年底，江苏省由苏南、苏北两个行署区合并恢复原省制后，南京划归江苏省直辖。1953年年初，中央直属市和大区直属市统一改为中央直辖市；同年9月，增加哈尔滨、长春2个中央直辖市。至此，全国共有14个中央直辖市。1954年6月，六大行政区被撤后，保留了北京、天津、上海3个中央直辖市。1958年天津曾划归河北省，1967

年又恢复为中央直辖市。直至1996年年底,中国中央直辖市的数量一直没有变化。1997年3月,为加强长江三峡地区的统一规划、建设和管理,也考虑到四川省过大的实际情况,中央批准设立重庆直辖市,使我国的中央直辖市增加到4个。

表43-1中的数据充分表明了直辖市在我国的重要地位。

表43-1　中国直辖市基本情况统计(1996年)

	辖县(市)、区数/个		面积/km²		人口/万人		国内生产总值/亿元	工业总产值/亿元	预算内财政收入/亿元
	辖县(市)数	辖区数	总面积	设区面积	总人口	设区人口			
北京	8	10	1.68万	1 370	1 259	715	1 615.7	1 853.7	150.9
天津	5	13	1.10万	4 276	948	599	1 102.4	2 386.4	79.0
上海	6	14	0.63万	2 057	1 419	948	2 902.2	5 066.6	280.5
重庆	22	11	8.20万	1 534	3 002	306	1 175.0	1 090.5	54.8
小计	41	48	11.61万	9 237	6 628	2 568	6 795.3	10 397.2	565.2
全国	2 141	717	960.0万	—	122 389	—	68 593.8	99 595.3	3 746.9
直辖市占全国的比重/%	1.9	6.7	1.2	—	5.4	—	9.9	10.4	15.1

我国直辖市政区体制是按照《中华人民共和国宪法》(以下简称《宪法》)和《中华人民共和国地方各级人民代表大会和地方各级人民政府组织法》及相关规定设置和实施的。它与省、自治区相比,是设置于特大城市地区的地方行政单位;它与一般的设市城市相比,是最高一级的城市型政区单位。按《宪法》规定,直辖市下设区,可以领导县,但不能辖市。中国的直辖市与国外大多数国家的直辖市、特别区、特别市、首都区等相比,具有辖区范围和农村比重较大,即兼有地域型政区的特点。

43.2　中国直辖市政区模式评价

在重庆成为中央直辖市之后,中国现行的直辖市行政区实际上有3种类型:一为北京,是国家首都性质的直辖市。它是全国最重要的政治中心和文化中心,也是重要的经济中心城市,拥有庞大的中央政府机关和各国驻华使馆,以及一大批高等学府和科研院所。二为上海和天津,是国家级别的经济中心直辖市。尤其是上海,在近代对外开放以来,一直作为中国最大的经济中心城市,在国家经济发展中具有"桥头堡"和"龙头"地位。自20世纪90年代浦东开发开放以来,上海在全国的经济中心地位更加突出。天津作为我国北方的经济中心之一的地位也日益突出。三为重庆,是兼有城市型政区与地域型政区双重特征的中央直辖市。重庆升格为直辖市是我国在20世纪末和21世纪初为加快中西部地区经济和社会发展所采取的一项重要举措,对于确保和加快我国跨世纪的伟大工程——长江三峡的建设,"努力把重庆建设成为长江上游的经济中心"[1]城市具有重大意义,也是我国省级政区体制改革的新突破。重庆直辖市与京、津、沪 3 个直辖市的显著不同点是,它既是一个中央直属的"大城市",也是一个拥有广大地域空间的"大农村",是兼有"大城市"和"大农村"两种性质的政区类型。选择这一类型设立中央直辖市,从行政区划体制改革角度看,是一种探索和试验[1]。

我们应当充分肯定,我国自 20 世纪 50 年代起实行的中央直辖市制度是符合中国国情的,也是十分成功的。几十年来,北京、天津、上海三大直辖市认真贯彻执行中央在各个时期政治、经济和社会发展的各项政策,取得了令人瞩目的成就。各直辖市在追求自身发展的同时,对全国的经济发展做出了巨大贡献。在面临跨世纪的现代化建设和实现我国长远发展目标中,直辖市担负着重要使命。然而,也应该指出,中国现行直辖市区划模式仍存在许多值得深入研究和讨论的问题。

43.2.1　中央直辖的城市型政区数量偏少、分布不平衡

据 1996 年统计资料,全国人口聚居规模在 200 万人以上的特大城市已达 10 个①。除北京、天津、上海、重庆 4 个直辖市之外,尚有沈阳、哈尔滨、武汉、南京、广州和西安。接近 200 万人口的特大城市有大连、成都和长春 3 个。国际与国内经验证明,特大城市作为国家或大区域的经济中心具有一般中小城市所不可替代的作用,特别是在人才、科技、信息、金融、管理和经济运行质量等方面,大城市具有独特优势。历史的经验还证明,在中国特定的体制环境下,行政地位,即政治权力因素对城市和区域发展的影响往往会超过经济因素的作用。一定数量的中央直辖市对国家和跨地区经济的发展以及政治上的安定都有重要作用。20 世纪 50 年代初期,中国曾设有 14 个中央直辖市。现今的中国拥有 12 亿多人口,国土面积辽阔,改革开放以来经济社会有了很大发展,而目前只有 4 个中央直辖市,数量显然偏少。从直辖市的地区分布来看也不平衡,京、津、沪三市集于沿海,重庆升格后消除了西南的空白点,但西北、华中、华南和东北缺少直辖市布局。

43.2.2　直辖市之间内部区划体制的不协调

由于重庆升格后保留了原万县市和涪陵市的区划体制,尽管这一做法目前是合理的,但因此产生了与京津沪三市区划体制的不协调,并与现存《宪法》规定相矛盾。一是出现直辖市管地级市、地级市管县级市这种三级市相互混淆、不便管理的局面,与《宪法》规定的直辖市下不设市相矛盾。二是增加了管理层次,与行政区划、行政管理体制改革的方向不相符合。

43.2.3　直辖市郊县改设区与中心城区相混淆

京津沪三市,尤其是上海市的郊县经济较发达,人口城市化水平较高,按照国家设市标准早已应该设市,甚至是地级市。上海市在"七五"规划中曾将郊县改"二级市"作为目标,但碍于《宪法》之规定不能设市。而毗邻的苏南、杭嘉湖各县均已撤县改市。在这种情况下,直辖市郊县还得走改设区的道路。多年来,京津沪三市部分郊县都纷纷改设区。如上海市将

宝山县与吴淞区合并改设宝山区、上海县与闵行区合并改设闵行区、嘉定县改嘉定区、金山石化总厂与金山县合并改设金山区。这种做法解决了"一地两府"的矛盾,也解决了机构与干部的级别等问题。但由此产生新的矛盾,主要是郊区与城市性质的混淆,出现"假性城市化"现象,也给城市人口的统计带来不便。

43.2.4 直辖市城区的区、街规模过大

关于大中城市设区的规模,1955年国务院曾做过规定:人口在20万人以上的市,如确有分设区的必要,可以设市辖区。但对直辖市设区规模未做具体规定。从京、津、沪、渝4个直辖市的设区情况看,区的规模相差较大,总体规模偏大。

从表43-2可见,北京、上海与天津、重庆,区的人口规模平均相差达25万~35万人。国外许多大城市的设区规模都比中国小得多。如巴黎市区人口为217万人,设20个区;莫斯科为800万人,设29个区;伦敦为700多万人,分为32个自治区(相当于区);东京都为800多万人,分为23个区。它们的区人口规模都为20万~35万人[2]。

表43-2 中国直辖市设区规模统计(1993年)

	设区数/个	市区非农业人口/万人	每区平均人口/万人
上海	14	810.35	57.88
北京	10	598.31	59.83
天津	13	467.10	35.93
重庆	9	234.38	26.09
合计	46	2 110.14	45.87

作为区政府的派出机构——街道办事处的规模也偏大。如据上海市民政局统计(表43-3),1997年3月全市中心城区10个区的86个街道,平均人口达72 760人。最大的杨浦区殷行街道人口达14.32万人,同区最小的五角场街道只有2.1万人,两者相差达5.8倍。总体看,不利于基层社区的管理。

表43-3 上海市街道规模统计(1997年3月)

10个区总人口/万人	街道数/个	平均人口/人	街道规模分级(人口)/个				
			<5万人	5万~7万人	7万~9万人	9万~11万人	>11万人
625.7	86	72 760	16	22	26	16	6

43.2.5 直辖市的通名欠科学

世界各国都有中央政府直辖的政区,但通名各不相同,主要有联邦首都区、特别区、直辖区、首都特区、特别市、国家首都区、直辖市、都等。中国一直沿用"直辖市"这一通名。从政区地名角度看主要存在两大问题:一是由于中国的"市"兼有城市与农村地域的组合特点,尤其是重庆直辖市城市地域与城市人口的比重很小,这里的"市"与"省"并无本质区别,"市"与

城市容易混淆,概念不清;二是直辖市与地级市、县级市通名相同,不能反映城市型政区的等级结构。"街道办事处"作为城市区政府下设的派出机构的通名也容易被人理解为一般的马路,亦不够科学。

除上述问题之外,当前直辖市尚存在城乡结合部地区的行政区划与行政管理体制的矛盾,以及从长远看,由于实行"两级政府、三级管理"体制,可能引发的市与区、区与区在经济社会发展和城市规划、建设、管理等方面的各种利益关系冲突等,也是需要进一步研究解决的问题。

43.3 未来中国直辖市政区改革的战略思考

43.3.1 增设直辖市,实行合理布局

第一,增设直辖市,提高部分特大城市的行政地位,有利于跨省区经济中心的形成和发展,对于按经济区组织经济活动,促进各地区经济的协调发展有重要的战略意义。第二,从政治因素考虑,由于直辖市的政治地位要高于一般省区,适当增设直辖市,充分发挥直辖市的政治地位和政治影响,对于巩固中央的统一领导、实行人民民主专政、加强政权建设也是十分有利的。同时,如果把增设直辖市与省区适当划小结合起来考虑,在未来中国一级政区增加后,直辖市跨省区的政治、经济作用就更大了。

研究认为,设置直辖市的数量不宜过多,要强调城市质量,注意合理布局。除现有4个直辖市外,再增设4个直辖市是必要和可能的。

直辖市选择的条件主要包括:(1)相当的人口和经济规模,大区性的政治、经济功能较明显;(2)地理位置和交通条件优越,便于与相关省区的联系;(3)按照"一地一府"的原则,有可能另选省会城市,尽量在双中心城市的省区中选择,也可在现有的计划单列市中选择。

综合以上条件,东北的大连、西北的西安、华中的武汉、华南的广州和深圳比较有条件升格为直辖市。这些城市规模都较大,经济实力较雄厚;过去曾为直辖市,现在都是计划单列市或省会城市;地理区位条件好,交通、科技、文化发达,在一定时期内有条件向国际化大都市迈进;在各大区中具有"领头"的作用,总体布局合理。从可操作性看,非省会城市大连升格为直辖市的阻力较小,可先予实施。其余4个城市需详细进行论证,分步实施。由于直辖市主要担负有跨省区的政治、经济、文化功能,其辖管农村地域的范围不宜过大。为了规范直辖市的功能地位,有必要制定相应的法规。

43.3.2 改革直辖市内部政区模式,建立新的行政区—社区体制

针对目前4个直辖市政区纵向体系不一、通名不科学、设置不尽合理的情况,对其政区模式做如下改革:

(1)改直辖市通名为"都"。"都"具有都会、都市的含义,是城市化水平较高、城镇密集的都市区域。在一个"都"内,不仅包括若干区,而且可以包括大小不等的城市,以及与城市不可分割、现代化水平较高的农村地域。对于北京来说,"都"还具有首都的政治意义在内。

"都"既可与地域型政区的"省"、民族型政区的"自治区"相区别,也可避免与一般城市的通名混淆。以"都"作为通名,比较全面、确切地反映了其作为中央直辖的、城市型政区的政治、经济功能和行政等级地位。都政府取代市政府,市人大、市政协相应地改名都人大和都政协。

（2）都下辖区、市和县。"区"和"县"与原直辖市下辖的城区和县基本相同。所不同的是允许都下辖"市",从而突破了现有《宪法》的法规。一是客观上现直辖市的许多郊县已符合国家规定的设市标准,且重庆直辖市已突破了《宪法》的规定;二是与"省""自治区"一级政区相协调。"都"下设市的模式除现有的整县改市外,规模较大的镇(如达到8万人)也可单独设市。在"都"下不再搞市管市,城市可有规模大小和行政等级之分,但与区、县相同均由"都"直辖。可在全国范围内实行统一的市县分等。

（3）社区和乡镇分别是城区和郊区市县的基层自治和行政建制单位。将现有的城市"街道"改为社区(可称里或坊),在城区和市县驻地设置,目前仍为派出机构,逐步向自治体过渡。如是,在中心城区形成都—区—社区(里或坊)层次结构的两级政府、三级管理的行政区—社区体系。而在郊县则在市、县之下设乡镇,基本形成三级政府、三级管理体制。规模较小的市可不设乡镇,而设社区。

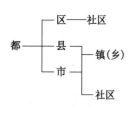

图43-1 "都"政区模式结构图

根据以上几点,中国的直辖市内部政区结构体系模式将发生重大变化,如图43-1所示。这一模式吸取了日本东京都的经验,但又符合中国现行的直辖市实际情况,解决了直辖市内部政区体制许多不合理的矛盾,具有可操作性。

43.3.3 对区、街道功能进行合理定位,适度调整其规模

（1）合理确定区、街道功能职责。从国外大城市设区的性质和我国早期城市设区的本意看,区政府是为了协助市政府分担城市管理功能,即主要是城市公共服务的提供与管理。但实际情况发生了很大变化,随着市政府大量权力的下放,区政府的独立性、综合性大大加强,在许多地方已等同为市政府。这种变化实际上都缺少严格的法律依据。同样,街道办事处由于区政府各种权力的下放,其性质、功能也早已超越了"派出机构"的范围。我们认为,应根据已发生的变化,对区政府、街道办事处功能进行科学合理的定位,制定相关法规,使区政府、街道办事处的行政管理规范运作。

目前我国直辖市的区政府实际上有3种类型：一是中心城市的区、街道,城市性功能十分集中;二是城市边缘区的区、街道,位处城郊结合部,一般以城市性质为主,兼有部分郊区功能;三是与中心城区分割,由整县改区而来,与地域型政区——县并无多大差别。我们认为应主要对上述第一、第二种类型的区进行功能定位,明确其性质。第三种类型的区以恢复县或设立二级市更为合理。同样,对街道的职能也要做合理定位。"两级政府、三级管理"在近期是必要的,但从长远看,在政府职能转变之后,在现代化大城市的硬件建设任务基本完成之后,街道(社区)应向居民自治体方向转变。

（2）适当调整区、街道规模。总的原则是适当缩小规模,增加管理幅度。第一,随着政治体制改革的深化,城市政府直接干预经济的功能将淡化;第二,各种法制的健全与实施,城市管理将被纳入法制化轨道;第三,城市作为一个整体的社会,应更多地强调协调、统一管

理,城市管理的重心应适当"上移",实行上下协调管理。区、街道(社区)管理应更多地面向人民群众。因此,区、街道规模的适当划小不仅必要,而且可能。从目前的实际情况看,同时借鉴国际经验,我们认为区的规模以 25 万～35 万人口为宜,如上海市市中心区(不含浦东及闵行、嘉定、宝山、金山)现有的 10 个区可增加至 15 个左右比较合理;北京的市中心区也应适当划小;而天津、重庆的区平均规模较合适,不宜做大的变动。街道的规模也应适当划小,由于街道被改为自治体性质的社区,其规模大小应充分考虑方便对居民的管理、提供社区居民服务为主要原则,还要注意各类公共设施和社区服务的经济规模。其总体规模以 5 万人左右为宜,但要因地制宜。

43.3.4 撤销郊区建制,建立城乡结合部管理新模式

直辖市和其他城市的市郊区行政建制是在市县分立的情况下,为中心城市发展提供必需的土地空间和为城市居民生活提供副食品生产基地,以保证城市的正常运转而设置的。在计划经济体制下,这种体制发挥了重要作用。但改革开放以来,在中国"行政区经济"运行时期,郊区政府在发展辖区经济中,依靠其依托城区的区位优势、土地空间优势和某些政策优势,为追求自身利益最大化,在其经济迅速发展的同时,给其所包围的市中心区的发展带来很大影响,市郊矛盾十分严重。城市作为一个整体难以实行统一规划、建设和管理。特别是城乡结合部由于土地利用的多元性、经济成分的复杂性、社会管理的艰巨性、居民利益的特殊性,而使各种矛盾交叉,十分复杂,长期以来成为行政管理的一个难点。各大中城市市区政府都强烈要求改变这一"蛋黄式"(郊区包围市区)、不合理的行政区划空间结构。根据我们近几年在合肥、南宁等许多城市的调查,设置郊区建制利少弊多,特别是不适应在新形势下中心城市发展的需要。应当下决心改革这一区划体制,撤销郊区建制,与中心城区组合,重新对区辖范围进行合理划分。近几年来,一些省会城市,如长沙、成都、杭州等经过论证,撤销了郊区建制,变"蛋黄式"区划结构为"放射式"区划结构,缓解了上述矛盾,取到很好的效果。上海、北京未设郊区政府,上述矛盾就少得多,天津也在 1992 年撤销了郊区建制。截至 1996 年年底,全国尚有 33 个包括省会城市在内的郊区政府建制,应视不同情况进行改革。

应当指出,撤销或不设置郊区政府,在城市和郊县的接壤地带各种矛盾仍然存在。如何解决直辖市及其他大中城市城乡结合部的各种矛盾,也是一个十分复杂、值得认真研究的大课题。从上海市部分城乡结合部街道、镇的实践经验看,区别不同情况实行镇管社区、街道管农村、街道和镇并存等不同模式是一种新的试验,应认真总结。同时,在城乡结合部应坚持整建制(保持村建制的完整性)调整的原则,要注意城市规划与行政区划的协调,土地批租、房地产开发、开发区建设等也都应充分考虑原有的行政区划格局,尽量减少开发中的矛盾。从长远看应采取措施,淡化行政区划界线带来的利益矛盾,避免频繁调整行政区划界线。

早在 1986 年,邓小平同志就指出"城市改革实际上是全面的体制改革,不仅涉及经济领域,也涉及文化、科技、教育领域,更重要的是还涉及政治体制改革""只搞经济体制改革,不搞政治体制改革,经济体制改革也搞不通"。同时邓小平同志还认为,政治体制改革比经济体制改革的障碍要大,风险也要大,既要坚决又要慎重[3]。邓小平理论为作为上层建筑的行

政区划改革指明了方向。行政区划改革是我国政治体制改革的重要组成部分。由于其涉及各种利益关系的调整,故而十分复杂而敏感。在世纪之交,我国经济体制改革不断深化,现代化建设事业取得世人瞩目成就的大好时期,积极而又稳妥地推进我国的直辖市政区体制改革不仅十分必要,而且是具备条件的。我们坚信,在邓小平理论指引下,包括直辖市在内的中国行政区划的改革一定能不断推向前进。

[刘君德.21世纪中国直辖市政区改革的战略思考[J].浙江学刊,1998(4):70]

解读:本文对中国四大直辖市的政区类型(模式)进行了划分和评述,指出了现今直辖市政区体制发展中存在的若干矛盾,提出了增设直辖市的主张;强调中央直辖市要合理布局,主张在东北、中南、华南及西北地区分别将大连、武汉、广州或深圳、西安升格为中央直辖市。我还对直辖市内部的区划层级等问题进行了探讨,提出建立都—区、市、县—社区、乡(镇)新模式的改革建议。论文发表后8年,应《江汉论坛》约稿,又于2006年在该刊发表了题为《中国直辖市制度辨析与思考》的文章,提出了建立"中央直辖市"—"省辖市"—"县辖市"3个层级的设市制度体系的观点。

注释
① 指市区非农业人口200万人以上的城市。

参考文献
[1] 佚名.世纪之交话重庆[N].中国社会报,1997-03-18.
[2] 刘君德.中国行政区划的理论与实践[M].上海:华东师范大学出版社,1996:239.
[3] 佚名.邓小平启动政治体制改革[N].中国改革报,1999-02-18(3).

44　一贯的主张：县下辖市

背景：县下辖市是我国民国时期推行的一种基层的城市制度，与乡镇平级；在国外许多国家流行。1949年之后，大陆较早取消了这一制度。但在县之下要不要设市，长期以来存在着争论（包括政府内部）。作者从20世纪90年代研究行政区划以来，一直坚持主张在市制改革模式中推行"县下辖市"的观点。本文是2005年应安徽省《决策》杂志之约，讨论县级体制改革市而写的。

随着县域经济的增强，县域内产业空间格局的变化，如何构建一种适应县域经济逐步增强的新的城乡管理模式和政区制度是我们需要研究的一项重要课题。因此，无论从理论上或是实践上来看，包括尝试"县下辖市"在内的我国城市制度的改革都应当提上重要议事日程。

44.1　市制的形成发展与撤县设市模式的弊端

中国是世界上最早的城市发源地之一，但建制市的诞生可以说是"舶来品"。1909年清朝颁布《城镇乡地方自治章程》，规定了"城""镇"的设置条件、机构级别与职能，以及区域界线，从而首次从法律上诞生了市制。20世纪80年代以前，我国设市模式基本上与世界各国相同，即实行所谓城乡分治的"切块设市"，只是标准各异。然而，改革开放以来，基于当时的情况和认识理念，城乡合治的撤县设市成为主要模式。从此，中国的城市政区制度出现与传统设市模式相异的重大转变。自1986年以来，撤县设市占到设市数量的90%以上。

应当指出，我国转型期产生的撤县设市模式有其深刻的体制背景和一定的积极意义，特别是在行政区经济运行下具有较强的操作性，得到多数政府部门的支持。但同时也存在着难以克服的诸多弊端。首先是出现较严重的虚假城市化现象，"城市人口"概念被滥用，城乡统计混乱，难以进行科学的城市比较分析，尤其是国内外比较；其次，导致城乡性质混淆，城区盲目扩展，大量耕地流失，"三农"投入减少，在一定程度上影响了农业的基础地位；第三，难以实行城乡两类政区的分类管理，也与国际普遍的城乡分治相悖；第四，从政区制度角度看，大规模撤县设市将会动摇我国传统基层政区——县的基石，"县"有可能逐步消失；第五，对一些县域非行政中心、规模较大的经济强镇来说，如浙江苍南县的龙港镇、江苏吴江市的盛泽镇等，在推行撤县设市模式下，由于得不到应有的政区地位，从而在制度上大大制约了其进一步发展；第六，撤县设市一旦停止，还导致出现城市化快速推进而城市数量不变，甚至减少的奇特现象。

44.2　单一的"镇"政区体制已不适应形势发展

相对于县、乡，我国镇的形成可以追溯到唐朝的坊（城镇），但作为正式的建制镇也是在清朝末年,即 1909 年颁布的《城镇乡地方自治章程》后才得以确立的。镇与市一样,也是近代商品经济发展的产物。

近百年来,我国乡镇有了较大发展,2003 年中国大陆有 38 290 个乡镇,其中镇 20 226 个,占乡镇总数的 52.8%。众多乡镇虽属同一级最基层行政区,但实际上随着经济的发展,县域生产力空间布局的变化,乡镇的规模、实力出现分化,尤其是改革开放以来,东部地区部分县市内的乡镇差异十分显著。有的中心镇人口规模已经超过 10 万,经济规模达到许多县级市、甚至中西部的地级市的水平,并具有巨大的发展潜力。显然,现有的乡镇政区与管理体制已经不适应这些乡镇经济社会发展、城镇规划建设管理的需要。权力小、责任大、能力弱是这些乡镇普遍存在的矛盾。特别是缺少决策权和独立的财政,严重影响这些乡镇的施政能力。

我国乡镇改革的思路不外乎有两种:一是强化乡镇,使其成为真正的基层实体政府;二是弱化乡镇,使其成为县派出机构,执行和完成县政府交办的事务和指导村的自治活动。我认为这两种思路都应有一个前提,这就是在服从行政区划体制改革全局的前提下尽量减少层级,精简机构,提高效率。第一种方案是虚"县"强"乡(镇)"的道路;第二种方案是强"县"弱"乡"之路。从我国各地区自然、人文、经济社会条件、发展水平等差别很大的国情来看,这两种方案都有可取之处,都可选择不同地区试行,但仍存在一定缺陷,即没有解决一部分强镇发展中的政区体制矛盾。本文探索的就是将部分县市的部分乡镇,即人口规模较大、经济实力很强的少数镇,实行"县下辖市"政区制度改革,把条件特别优秀的镇作为小城市政区进行管理,这实际上是第三种方案。近几年来,长江三角洲、珠江三角洲等发达地区实行大规模乡镇合并,产生了一批规模较大的强镇,已经为县下辖市提供了良好条件。

44.3　县下辖市的十条设想

在县以下的城镇制度改革中,我们主张尝试实行县下辖市。即根据各县域的经济水平、空间格局、城镇体系布局、交通网络系统和未来发展前景等条件,按照一定标准,选择县以下个别规模较大、条件优越的乡镇改设为市。这一制度与现有的县辖乡镇制度融合,形成我国完善的基层政区制度。

在中国,一个城市行政区一般由以下要素组成:区域范围、人口集聚规模、城市专名、隶属关系和行政等级。县下辖市的"市",其性质和基本要素应体现以下基本特征:

(1) 县辖市的隶属关系不变,仍归属县领导,由县统筹。

(2) 县辖市的空间范围适度,不搞"切块设市",实行"城乡合一"。其范围大体为经过调整后的乡镇(主要是中心镇)范围,适度微调。

(3) 县辖市不搞县城设市,不搞"一地两府"。县城(直属镇)达到一定规模(如 10 万人)可改镇为街道或街区。

(4) 县辖市专名不与"县"专名相同。

(5) 县辖市的建成区人口集聚规模近期大致在 8 万人以上,镇域人口在 10 万以上,人口密度 1 000 人/km² 以上。随着经济的发展、产业集聚力增强、非农人口的增加,这一标准可逐步提高。

(6) 县辖市是乡镇政区制度的发展,并非替代,是我国城市制度的完善和规范。乡镇建制仍然是县以下政区的主体。

(7) 县辖市的"市",其行政等级一般等同于乡镇,某些管理权限可根据县域经济全局发展规划的需要适当放宽,也可由一名副县长兼任县辖市市长。

(8) 借鉴国外经验,总结我国台湾省县辖市的经验教训,从大陆的实际情况出发,在县辖市的"市"试行新的行政管理体制。

(9) 科学定位县辖市的职责功能,处理好"市"县关系,在全县统筹规划与发展的前提下,促进"市"的健康发展,防止分散化和重复建设。

(10) 未来的县辖政区将形成街区(县城)—居、市—居、镇—居、乡—村多模式并列,功能性质各异,合作分工,紧密联系,互为一体的新格局。

县辖市模式目前可选择沿海少数县域经济发达的非县城的镇试行,也可在具备条件的中西部地区试行。

44.4 推行县下辖市意义不可低估

县下辖市有利于壮大县域经济,解决三农问题,全面实现小康。县域占有中国大部分的国土和人口,县域稳定是国家稳定的基础,县域经济是中国经济的基石。推行县下辖市将大大调动有发展潜力的中心镇的积极性,发展县域小城市,通过小城市的发展增强县域经济,促进县域经济的全面、稳定、持续发展。在当前十分有利于推行"三个集中",落实解决举国上下关注的三农问题,从而全面实现建设小康社会的目标,真正实现国家的整体繁荣、富强。

县下辖市有利于完善城市制度,保持县的稳定,推进县制改革。县下辖市是我国乡镇政区体制改革的一种创新,积极推行这一制度对于解决目前我国撤县设市体制存在的诸多缺陷,完善城市政区制度具有重要意义。可以说推行县下辖市制度是对撤县设市模式弊端的重要修正,有利于加速和规范城市化进程,克服"虚假城市化"现象。同时,这一制度还有利于保持"县"制的稳定,使"县"这一不可替代的传统地域型政区能够长期稳定,即使是推进"县"制改革(虚化等),也不会使"县"消失。

总之,县下辖市为我国县乡(镇)行政区划体制改革提供了新的思路,为推进农村城市化提供了新的思考。当前应以科学发展观为指导,尽快研究解决"县下辖市"的设置标准、组织体制、法律地位以及如何处理好"市"与"县"的关系等问题。

[刘君德.县下辖市:尝试一种新的政区制度[J].决策,2005(4):34-35]

解读:文章不长,但清晰地表明了作者的观点。中国需要建立一个完整的城市(镇)制度体系,这个体系是由中央直辖市、省辖市(现阶段包括地级和县级)、县辖市3个层次级别的设市城市所组成,大致对应了规划部门的"城镇体系格局"。作为一个面积广大、近13亿人口的大国,城镇化的推进,"镇"的规模扩大,无论是从经济发展、城镇规划建设和管理、居民服务需求、保护县制等角度考虑,都需要在基层建立与城镇化水平相适应的城市制度。县下辖市具有不可低估的重要意义。

45　早期镇升格的典型：石狮市

背景：1987年年底，国务院批准位于福建省滨海的石狮镇合并了周围的3个乡镇升格为县级市，在当时引起较大反响。早在20世纪80年代南方山区考察时，我对福建省的地理、经济和人文状况就有比较多的了解；1990年中国行政区划研究中心成立之后，我觉得有必要前往调查。我和张玉枝同志随即专程前往考察，拜会了石狮市的一位女市长，了解了镇升格为市的有关情况。此行还访问了泉州市的政府部门。回到上海后写了这篇文章。

我国设市模式主要有两种：一种是传统的切块设市模式，即把一个县内经济最发达的部分单独切出设市；另一种是20世纪80年代以来普遍实行的整县改市模式。在这两种模式下，区域内行政关系以及区域经济的协调发展等问题一直引起学术界的广泛争论。在实施过程中切块设市和整县改市也各有利弊。与传统的切块设市和整县改市模式不同，1988年在福建省晋江地区（现泉州市），以原晋江县石狮镇为主，连同蚶江、祥芝、永宁3镇，从晋江县划分出来，组成省辖县级行政区——石狮市，同时实行小政府大社会的行政管理体制。从而形成了一个既不同于撤县设市，也不同于传统的切块设市的新模式——"石狮模式"。全面总结石狮设市的经验对我国设市体制的改革和完善具有重要的理论和实践意义。

45.1　石狮建市与发展

石狮市位于台湾海峡西岸的东南、泉州湾南侧沿海突出部位，三面临海，东与晋江市接壤，是介于厦门经济特区与历史文化名城泉州之间、闻名海内外的侨乡城市，地理位置优越，自古以来就是我国东南商品经济活跃地区。石狮原为晋江县所辖的建制镇，1987年12月经国务院批准，直接升格为省辖县级市，辖石狮、蚶江、祥芝、永宁4镇。1988年9月30日，石狮市人民政府正式挂牌办公。1993年7月24日经省民政厅批准，撤销石狮街道办事处，设立凤里、湖滨2个街道办事处和灵秀、宝盖2个镇，包括蚶江、祥芝、永宁沿海3镇在内。目前全市辖2个街道办事处、5个镇。石狮市土地面积159.59 km^2、建成区面积7 km^2，市区规划面积40 km^2；1994年，总人口46万多，其中户籍人口28.2万，外来常住人口18万多人。境内丘陵起伏，沙石较多，资源贫乏，历史上，人民群众生活长期贫困，为求生计，大量出海谋生。全市旅外华侨和港澳同胞近30万人，祖籍石狮的台湾同胞有30多万人。石狮海岸线67 km，长而曲折，拥有石湖、祥芝、梅林3个天然良港。石湖港与台湾鹿港对渡由来已久，祥芝港系我国6大渔港之一，梅林港是省定台轮停靠点和对台贸易实验点。这3个港口已正式批准立项，将扩建成5 000 t至万吨级多功能综合码头。石狮人素有较强的开放意识和商品意识，其市场发育较早，是我国著名的服装城和小商品集散地，每天吸引数万名国内外客商来此经营。全市经济以"民营"为主，非国有经济约占80%，基本无国有大、中型企业。建市以来，市委市政府从实际出发，确定"创办民办特区，生产小洋货，投入大市场""以城带乡、城乡一体"的发展战略，大力发展"三来一补"加工工业、生产"小洋货"，面向"大市场"，形成

"全国跑石狮,石狮跑全国"的市场体系。同时,按照"城市现代化,村镇城一市化"的发展模式,以工商规划为核心,在全部行政区域范围内进行城市建设。市区与沿海3镇城市建设已初具规模,逐步形成合理的区域分工,全市经济总量大幅度提高。建市以来,全市共投入近10亿元在市区及沿海3镇进行道路、排水、供电、供水、通信等基础设施建设。目前市区内、市区与沿海3镇和港口之间、镇区之间及镇、区内路网及主干道已基本建成。市区及各镇供电、供水、通信、交通能力已基本可以满足经济发展需要,投资环境大大改善。1994年全市累计批准设立的三资企业从建市前的17家跃升到95家,投资总额达96.4亿元,其中利用外资达84.3亿元。经过7年多的努力,市中心区已成为全市政治、经济、文化、科技、教育、信息、金融和商贸中心,蜡江、祥芝、永宁作为市中心区经济与商业贸易发展的补充,充分利用和依靠中心区母体,正逐步建成为不同性质的港口城镇。蜡江镇将充分利用万吨级港口优势,建成石狮市乃至泉州市进出口基地和海滨游览区;祥芝镇也以港口和渔业生产优势,建成水产品生产和加工的渔业生产和出口创汇基地;永宁镇则利用对台贸易的潜能和自然环境优美的优势,建成对台贸易区和加工区以及海滨游览区。1988年至1995年,全市主要经济指标增长10倍以上。1995年,全市完成国民生产总值52.5亿元,工业总产值78亿元,财政收入达到3.23亿元,居全国经济综合实力的百强县(市)第17名,全市人均实现国民生产总值18 421元,人均财政收入1 145元,分别居全国县(市)级单位第6名和第8名。此外,还荣获全国科技实力百强县、全国文化百强县等称号(表45-1)。

表 45-1 建市以来石狮市城市建设发展基本情况

年代	建成区面积 /km²	总人口 /万人	城乡基础设施发展					经济指标	
			变电站 /kV	水厂规模 (t/日)	路网	排水	电话装机容量	国民生产总值 /亿元	财政收入 /亿元
1988年	1.8	25.23(1)	35	3 000	—	—	2 000门	3.96	0.26
1995年	7	28.29(2)	市区:220 10 祥芝:110 蚶口:35	市区:70 000 祥芝:4 000 永宁:2 000 蚶口:1 000	新建成市区内38 m、26 m宽主干道30 km,市区通往港口、三镇及镇区主干道60 km,镇区间主干道50 km	排洪沟5条共20 km	10.5万门,市区建成电信大楼及3个模块局,沿海三镇各建成一个模块区和移动电话接收塔	52.5	3.23

注:(1)系采用1989年年底数据;(2)不包括当年外来常住人口18万。

石狮作为省级综合改革试验区,还积极进行机制创新,在全省率先进行政府机构改革,实行"小政府"的新型管理体制。一方面在人员安排上力求精简,在机构设置上从石狮社会经济发展要求出发,不搞上下对口。市政府仅设置了经济局、侨台外事局、科教文卫体局、内务局等18个部门,相当于同级县(市)的1/3;按照"公开、平等、竞争、择优"的原则公开招聘公务员,市府工作人员在编数仅为规定同级县(市)编制的1/3;市五套领导班子,为同级县(市)的1/2。另一方面紧紧抓住"服务"核心转变政府职能,实行党政分开、政企分开、简政放权。将行业局转变为市场经济主体,并培育起10多个社会团体和一系列专业服务中介组织。石狮市小政府运转几年来,始终保持精干、明快的作风,创造出令人瞩目的业绩,为我国城市行政管理体制改革树立了样板,提供了经验。

45.2 石狮设市模式评价与经验借鉴

45.2.1 传统切块设市和撤县设市模式利弊分析

我国设市模式主要有两种。一种是传统的切块设市,即由中心镇直接设市,20世纪80年代以前基本采用这种模式。在这种传统的设市模式下,中心城以二、三产业为主的经济和城市建设得以迅速发展和提高,城市政府按照城市的规律进行管理;而面积广大的县域经济比较落后,大多以农业为主,城市化水平低,城乡反差较大。进入20世纪80年代以来,在我国政府主导的行政区经济运行下,这种切块设市往往与县的各种利益关系难以协调,市县矛盾冲突加剧;同时由于实行城乡分治,切块市城郊比较小,往往成为城中之城,受行政区划这堵"看不见的墙"的阻隔,其经济辐射能力难以在合理的地域范围内实现;区域性城市规划、基础设施建设也难以在合理的区域内展开,造成社会资源的严重浪费。反过来又影响"切块市"本身及更大范围区域经济的发展和城市化水平的提高。随着农村联产承包责任制的推行,农村劳动力大量转入非农业生产领域,由此形成的商品经济浪潮不断地冲击城乡割裂的壁垒,传统切块设市模式的弊端日渐显露。而20世纪70年代末,我国出现的另一种模式——撤县设市模式显示出明显的优越性。这种模式以原来的县治城关镇所聚集的人口与工商业作为城市或市建制的基础,把原来的县政府改为市政府,城关镇改为市区,原来设在农村区域的县的乡镇基层政权不变。撤县设市模式打破了传统切块设市模式下市县分设、城乡割裂、建制市城郊比例过小的局面,使中心城市有足够的发展余地,对周围地区进行经济、文化辐射;同时,可在一个更大区域范围内展开城市规划、基础设施建设,实现规模经济,有利于城乡结合、工农业结合,有效地促进了区域经济的发展和城市化水平的提高。同时县改市后县政府直接转为市政府,与市县分设相比,精简了机构,节约了经费开支。但县改市模式在实施过程中也出现了一些问题,最突出的是市政府任务加重,管理难度较大。整县改市后,市政府兼有城市和农村社会经济双重管理职能。就经济管理而言,一方面,要大力抓城区工贸经济和第三产业,发挥"龙头"作用;另一方面,县级农业经济成分在社会总产值中仍占有较大比例,农村产业结构调整、农业综合经济的发展仍是市政府的主要任务之一。就社会管理而言,城市建设、管理、服务等工作任务不断加重,而农村社会管理任务并未减少。实际工作中,许多县级市职能体系沿袭县时一套,城市建设职能明显不足,给县级市总体功能的发挥带来了很大影响。而有的县级市则一味重视城市建设,农业投入减少,在很大程度上削弱了农业这个基础。此外,许多县级市城乡差别悬殊,城市化水平不高,尤其是中心镇经济实力不够强大,县域经济总体水平不高而地域范围较大的县改设市后,市不像市,混乱了城市的概念。

45.2.2 石狮设市模式评价

与传统的"切块设市"和"撤县设市"模式相比,石狮设市模式兼有这两种模式的优点,同时在一定程度上克服了它们的某些弊端。其合理性表现在以下方面:

(1) 不存城市概念的混淆问题,使设市与城市相统一

一般说来,城市是相对于农村而言的,是非农业人口集聚的大型聚落。从法律观点看,城市是国家按一定标准而设定的行政建制,可以称为设市城市;就切块设市模式而言,城市与设市是一个统一的概念。我国由于大量的撤县设市,导致在一个设市城市内,除了非农业人口集聚的大型聚落,即"城市"之外,尚存在广大的农村地域空间,这就混淆了城市的本质内涵。而石狮设市模式不同于撤县设市,是以石狮镇这一非农人口高度集聚的建制镇为中心,将原地域内经济相对发达的区域划出设市,使设市城市无论是在形态上,还是在人口的职业结构、产业结构上均以城市型为主,从而使设市与城市相统一,不存在城市概念的混淆问题,保持了中外城市本质概念基本相一致。

(2) 城市有了一个合理的空间,有利于现代化城市的建设和城市经济的可持续发展

石狮设市又并非是传统的切块设市,而是以石狮镇为中心连同与其经济联系较为密切的蜡江、永宁、祥芝等沿海3镇一起划出设市的。石狮模式由于有一个合理的空间范围,一方面有利于中心城区的集聚,使之成为全市政治、经济、文化、信息、金融、商贸中心;另一方面,沿海3镇以中心城区为依托,同时结合自身优势发展成为各具特色的港口城镇,与中心城区经济相互补充,形成中心城区与沿海地区的合理区域分工。同时,在城市基础设施建设上,中心市区与沿海3镇统一规划、统一实施,极大地提高了全市现代化城市建设水平,为城市经济的可持续发展创造了条件。

(3) 主导功能明确,有利于推行"小政府、大社会、大服务"管理体制,有利于政府职能转变

与撤县设市后市政府兼有城市和农村双重社会经济管理职能相比,石狮模式下,市政府主导功能明确,以推动城市经济发展和加强城市建设为首要任务。石狮设市后,正是以此为契机,推行"小政府、大社会"模式,进行机构、人员精简。同时,进一步转变政府职能,在加强宏观调控的同时充分发挥了市场的调节作用。

(4) 有利于区域经济新增长点的加快形成,促进区域经济的发展

从区域经济发展的整体看,在石狮模式下,由于设市城市经济实力和城市化水平迅速提高,全市经济、文化辐射能力增强,大大促进了区域内新的经济增长点的形成和发展,从整体上带动了区域经济的发展。实践表明,石狮设市后,泉州东南部区域经济有了很大发展。

45.2.3 石狮设市模式经验借鉴

石狮模式为我国设市工作的开展提供了许多有益的经验,具有一定的推广意义:

(1) 积极取得上级主管部门的支持

石狮设市得到原晋江行署领导的大力支持。行署领导从区域发展全局把握,看准石狮设市后经济发展的巨大潜力,采取了积极支持的态度,从而使石狮模式得以顺利实施。

(2) 积极获取所在县领导的支持

石狮设市同样得到原晋江县领导的支持,这也是石狮模式得以顺利实施的重要条件。实践表明,晋江与石狮分而治之有利于市县经济的共同发展。国务院批准晋江撤县建市几年后的1992年,在良好的竞争意识下,两个市经济均得到迅速发展。

(3) 按城郊比例合理的要求,给切块设市留有足够的空间

石狮模式与传统的切块设市模式的一个重要区别在于石狮设市把中心城与周围几个镇

一同划出设市,从而给中心城留有充分的发展空间。以目前的建成区面积计,城郊比为1∶22,以市区规划面积计,城郊比为1∶4。我们认为,这一比例是合理的,符合石狮的实际情况,在推广石狮模式中也要注意留有足够的城市发展空间。

(4) 行政区划调整与行政管理体制改革相结合

作为上层建筑的行政区划调整和行政管理体制改革是两个相互有别、但又密切联系的领域。石狮在进行行政区划改革的同时,积极推行小政府、大社会的新型行政管理体制改革,取得了显著的成效,为我国城市政府管理体制改革提供了有益经验。

45.3 积极推行石狮模式,进一步改革和完善我国的设市体制

45.3.1 积极推行石狮设市模式

随着经济的迅速发展,城镇化进程大大加快,大量的非城市建制的城镇化地区急待建立城市建制,而传统的切中心城镇设市和整县改市模式在实施过程中存在着许多矛盾和问题,难以解决。结合不同地区的实际情况,积极推行石狮设市模式,对进一步改革和完善我国的设市体制,有效地推动区域经济的发展和城市化水平的提高具有重要意义。

我们认为,在具有双中心或多中心城镇结构,且县域人口、面积规模偏大,有一定经济实力和发展潜力,且独立设市对县域经济发展影响不大的建制镇可以实行石狮设市模式。如广西壮族自治区宾阳县的黎塘镇、浙江省苍南县的龙港镇等。但在推行中要注意处理好与原有县的各种利益关系,取得支持;同时要尊重人民群众的意愿,在开放度较高、改革意识较强、市场经济较发达的东部沿海地带更有条件积极推广石狮模式。

同时应当指出,石狮建市后也出现了一些新情况与新问题,特别是与晋江市在基础设施建设(如道路、供水、供电工程)、产业结构合理分工、市场建设等方面存在某些利益冲突,应当在地级泉州市统一领导与协调下,采取有效措施合理地解决。

45.3.2 进一步改革和完善我国的设市体制

(1) 完善设市标准

新中国成立以来,我国先后多次修订了设市标准,基本适应了当时社会经济发展的需要,是符合我国国情的,特别是1993年颁布的新的设市标准曾反复征求意见,经过多次修改而形成。但仍存在不少问题,主要是过于强调了整县改市模式,出现了新的设市"一刀切"。我国国土辽阔,历史悠久,民族众多,各地经济社会发展水平差异较大,作为上层建筑的行政区划改革应当适应不同地区以及同一地区的不同阶段经济社会发展的需要。因此,在我国由计划经济体制向社会主义市场经济体制转轨过程中,在政治经济体制不断深化改革过程中,我国的行政区划体制必将进入一个多模式的发展阶段。从城市建制的模式来看,也应该多样化发展。即我国目前仍处于撤县设市,切块设市(石狮模式)并存的阶段,在设市的指导思想上应因地制宜,实事求是,以促进区域经济发展和城市化水平提高为目的,综合考虑中心城的辐射能力、空间扩展、与周围乡镇的经济联系、历史传统等因素,合理选择设市模式。

在中心城首位度较高,全县非农经济已有相当规模,且内部差异较小的县,可以整县改市;在多中心的县城内,可以借鉴石狮模式将有发展潜力的非县治所在地的建制镇发展为市。由于整县改市有许多弊端,应从严掌握标准,重点是制定新的切块设市标准。新标准应以非农人口的集聚规模为主要指标;同时考虑经济、社会指标。不同地区可以有不同标准。

(2) 积极试行"县管市"新模式

鉴于撤县设市和传统的切块设市都存在着难以克服的严重缺陷,而石狮模式也存在新设市与原县的关系协调问题,处理得不好,容易造成区域壁垒,不利于市县经济的发展;同时,这种模式在实际操作中,往往由于原县的强烈反对而难以实施。为此,我们可以积极试行县管市体制,即将县域内的某些建制镇改设为市,仍归县管辖。在我国历史上曾有过成功的经验,台湾省仍实行这一体制。这一新模式具有以下突出优点:①可以保留我国具有几千年历史传统的"县"的建制不变;②达到设市标准的建制镇设市有利于小城市的发展,加速城市化的进程;③在行政管理体制上不做大的变动,因而具有很强的操作性;④不存在城市概念的混淆,使城市与设市相统一;⑤在一个县域内可以使城镇体系规划、城市规划、产业布局规划、基础设施规划、城乡公共服务规划在县的统一领导下更好地协调。这一模式可以选择经济较发达的多中心、双中心的县先行试行,取得经验后再逐步推广。此外,这一模式还可以与实施市县分等制度同步进行。如是,我国未来将形成中央、省、县辖的多级等级体系、大中小结合的城市格局。

最后,还要指出一点,实行"县下辖市"模式需要以对我国《宪法》的某些条款作适当修改为前提。

[刘君德,张玉枝.石狮设市模式剖析——关于我国设市体制改革完善的思考[J].经济地理,1996(4):35-40]

解读:本文对介于我国传统的切块设市和撤县设市模式之间的石狮设市模式进行了客观评价,总结了这一模式4个方面的突出优点和4点经验,提出了推广石狮模式、进一步改革和完善我国设市体制(包括积极推行石狮模式、完善设市标准、积极试行县下辖市)的建议。与传统切块设市和撤县设市一个显著的不同点是确立新的镇升格的市是一个"小政府",同时给这个市"兼并"了足够的空间,因而从一开始就为新的县级市规划发展创造了良好的土地空间环境。大镇、强镇升格设市也许应该是中国相当长时期主导的设市模式。

参考文献

[1] 刘成业,陆开锦.石狮试验——我们的思考与实践[M].福建:福建人民出版社,1994.
[2] 中共石狮市委.关于石狮市规模经济与社会发展"九五"计划和2010年规划的建议[Z].1996.
[3] 赵锦良,王振海.走向城市化——县改市与县级市发展[M].北京:中国广播电视出版社,1991.
[4] 周一星.城市地理学[M].北京:商务印书馆,1995.
[5] 刘君德.世纪之交:中国城市化发展与城市行政区改革新思路[J].中国方域:行政区划与地名,1995(1):2-6.

46　中国农民第一城:苍南县龙港镇的"四不像"

背景:2001年11月17—18日,《中国方域:行政区划与地名》杂志社在浙江省温州市苍南县龙港镇举办了一场"21世纪新兴城市管理与发展研讨会",并进行了实地考察。会议就我国小城镇综合改革试点镇,联合国计划开发署"可持续发展的中国小城镇",经过17年的打拼,由农民自发、自费造城的样板——号称"中国农民第一城"的龙港镇的发展和与其极不相称的行政区划和行政体制问题展开了热烈的讨论。参加会议的除省地县相关部门的领导之外,还特邀了许多著名专家(胡序威、刘君德、杨重光、周一星、葛剑雄等)参与。大家聆听和见证了龙港17年的高速建城、发展经济的历程,为龙港人的城市情结喝彩,为"龙港精神"感动! 遗憾的是龙港镇的体制"四不像"(不像镇、不像市、不像县、更不像乡)问题迟迟得不到解决。目前是镇的架构(机构、编制)、市的性质与规模、县级(甚至是地级)的政策。可以说是中国当今最为特殊的基层政区与行政管理体制。早在20世纪80年代初期开展南方山区调查时我就对龙港做过调查研究,以后又去考察过一次,这是第三次了,对龙港这种"怪怪"的政区体制心有不平、但很无奈。这篇文章是我在研讨会上的发言。

46.1　龙港巨变

20世纪80年代中期,我曾在浙江省南部山区进行过科学考察,到过龙港镇。那时的龙港实际上是一个乡村,现在脑子里已没有什么印象了。今天听了情况介绍,看了材料,始知17年前,龙港是一个由6 000多人、5个小渔村组成的乡镇。经过17年的建设,龙港已经建成一个有一定规模的城市了。城区面积达10 km²,占全镇面积的12%;城区人口已达10多万人,占全镇总人口的45%以上,第5次人口普查,居住半年以上的常住人口达到27.8万人。

2000年,龙港有各类企业1 200多户,个体工商户达8 000多户;国内生产总值(GDP)已经达到35.9亿元,人均15 541元;工农业产值82亿元;市场商品成交额达45亿元;本级财政收入为2.1亿元。龙港的经济总量占苍南全县40%以上,是一个经济强镇。

从就业结构来看,第三产业占46.4%,第二产业占42.6%,第一产业只占11%,流动人口多。在城区已建成87条街,长达100 km余。供电、供水、邮电、通信、公路、水运、文教、卫生事业等都有很大发展;以印刷包装为龙头的工业园区已初具规模,新建的温州礼品城很有气势。如今的龙港是一个名副其实、充满活力的"中国农民第一城"。

46.2　龙港走出了一条"自下而上"农村城市化发展的道路

龙港是在市场经济环境下自然集聚形成的"农民城"。3个相互关联的条件是龙港崛起的基本要素:

第一是地理区位要素。龙港地处鳌江河口南侧,与平阳县鳌江镇隔江相望,地理区位条件十分优越,自古以来就是一个重要渡口。可以这样说,从浙江南部、福建北部这一跨省区域来看,龙港的地理区位是最好的。然而,长期以来,特别是在长期的计划经济体制下,由于苍南行政中心的偏离,又是一个贫困县,加上交通不便,龙港未能形成经济中心。

第二是温州地区的市场经济环境。正是这一宽松的、开放的,甚至是自由的市场经济环境,才使得龙港优越的地理区位能量得以释放。如果没有这一宽松的体制环境,龙港的高速发展和自然集聚是不可能的。

第三是龙港人的龙港精神。其一是改革的精神。龙港率先在全国进行了户籍制度的改革、土地有偿制度的改革等一系列的改革,冲破了旧的规章制度。凡是能促进经济发展,对城镇建设有利的,都大胆去做;反之,则坚决破除。其二是实事求是,从实际情况出发的求实精神。他们不搬书本,不讲教条,一切从实际情况出发,镇政府顺应了发展的需要,正确引导、制定了有利于发展的改革措施,使龙港在发展中始终充满着生机和活力。其三是龙港人的艰苦创业精神。他们白手起家,不靠国家、政府,吃苦耐劳,艰苦创业,不断开拓创新,走出了一条"自下而上"的农村城市化的发展道路。龙港的发展过程是体制不断创新的过程,也是龙港人艰苦创业的过程。

(1) 人口集聚问题。1984年,龙港镇进行了行之有效的户籍制度改革,大批农民自理口粮进城,人口迅速集聚。1986年,龙港已经吸引了浙闽两省六县市的2万多农民进城,而且大部分是本县较富裕的农民。这其中一个关键性的因素是:鼓励农民进城的同时,保留了农民在农村的责任田,从而解除了农民的后顾之忧。龙港镇领导深深地认识到土地是农民赖以生存的命根子。

(2) 资金来源问题。1984年龙港建镇时只有8 000元的开办费,钱从何来? 龙港人采取了"以地生财"的策略,在全国率先实行土地有偿使用制度,将土地作为商品进行经营。1985年即收取土地转让费1 000多万元,解决了城镇建设的"三通一平"问题;随着城镇的发展,地价不断升值,2000年,32亩商业用地,出让金额达1.86亿元,从而有效地解决了城市发展的资金问题,真正实现了"人民城市人民建"。

(3) 经济发展问题。经济是城市发展的基础。龙港走的是一条工业化、城市化协调发展,多种经济成分并进、私营经济为主、完全市场经济的发展道路。计划经济时期,温州即有"地下商品经济"存在,龙港也不例外;而在市场经济环境下,商品经济迅速从"地下"转到"地上",能量得以释放,集体与个体、私营、股份合作经济多种成分共同发展,奠定了龙港经济发展的基础,促进了生产要素的优化组合,带动了相关产业和服务业的发展和集聚,大大推动了龙港产业化和城市化的进程。

46.3 进一步打破行政体制束缚,科学调整行政区划,加快龙港城市化进程

1) 龙港在发展中进行了有效的行政体制改革

龙港在发展中已经进行了行之有效的行政体制改革。1984—1992年,是龙港镇经济高速发展时期,经济已形成相当规模,原有的乡镇范围已经不能适应龙港发展的需要;同时,也为更有效地带动周边一般乡镇的发展,1992年,龙港从周边划进了4个乡镇。但由于地域

范围的迅速扩大,人口的迅速增加,经济的迅速发展,城镇的迅速扩展,管理的难度也大大增加。不久就发现,这种"市"一级的要求,"县"一级的工作量,"乡镇级"体制的运作模式,严重制约了龙港经济和城市发展,在治安管理、市容市貌管理以及银行贷款政策等方面,出现了许多难以解决的矛盾,被比喻为"小马拉大车",矛盾日益激化。在这种情况下,促成了龙港行政体制的重大改革。1995年之后,龙港实行计划单列,享有县级项目审批和管理权,由苍南县委托授权在龙港设立了一办(党政办)、二委(纪委、政法委)、七局(财政局、计划发展局、农业经济发展局、社会发展局、贸易发展局、城镇建设管理局和计划生育局);与此同时,中央政府的11个部、委都将龙港镇列为试点镇。由此可以说,龙港的发展是伴随着行政体制的改革进行的。

2) 新矛盾,新问题

经过几年的发展,龙港已经进入了一个新的阶段,即由城镇型向城市型,由粗放型向集约型,由居民向现代文明市民转变的阶段。现有的行政体制,特别是行政区划体制出现的新矛盾和新问题,我认为主要是:其一,与苍南县的关系仍然存在权力的不平衡,在一定程度上仍受到制约;其二,与平阳县鳌江镇的关系,由于分属两个县管辖,存在严重行政分割现象——两镇同处鳌江口,却不能联手共建,各自为政,长期以来,鳌江流域的综合整治规划无法实施,水土流失、港口淤塞问题得不到解决,两岸统一的交通规划、建设进展缓慢;其三,与温州市乃至浙江全省的城市体系规划的格局很不合拍。包括龙港镇和鳌江镇在内的鳌江口,地理区位条件十分优越,现有的城镇集聚人口已达25万,随着沿海大通道的建设、港口的发展和经济的增长,这里有可能形成50万人口规模的中等城市,甚至成为浙南、闽北的区域性中心城市。很显然,两岸现有分割的镇级行政体制是很不合理的。它综合反映了权力与责任的不平衡,上层建筑与经济基础的不适应,城市规模与管理体制的不合拍,城市与区域发展的不协调。目前的龙港镇"镇不像镇""县不像县""市不像市",镇下设委、办、局,更没有法律依据。总之,龙港现有的行政区划体制,不利于城市化的进一步发展,不利于实行高效的行政管理,不利于经济升级,不利于对鳌江流域的综合整治和环境生态建设,不利于社会稳定,不利于政权建设,从而严重影响了龙港城市综合竞争力的提升,最终导致区域发展的缓慢。龙港的行政区划体制非改革不可!

3) 龙港镇行政区划体制改革的思路

(1) 改革的原则

① 远近兼顾与相对稳定相结合。即兼顾近期利益与远期规划,尽量使行政区划做到相对稳定,克服行政区划调整中的随意性。

② 方便管理与精简高效相结合。即按照"小政府,大社会"的原则,构建新的行政管理体制,力求管理方便,机构精干,高效有序。

③ 自下而上与自上而下相结合。既要考虑基层政府和群众的意见,也要从全局利益出发,与全局总体规划相协调。

④ 行政区、经济区与流域区相结合。行政区划的调整要有利于经济区的发展,有利于流域区的综合开发、整治,有利于区域整体利益的充分发挥。

⑤ 规范统一与因地制宜相结合。即尽可能地按照现有的行政区划法规进行调整,同时要从龙港地区的实际情况出发,允许有一定程度的创新。

⑥ 科学合理与可操作性相结合。区划调整的方案既要科学合理,也要具有可操作性,

能为有关各方所接受,使区划调整中的矛盾减少到最低程度,保证社会的稳定。

(2) 改革的方案

① 在现有的行政区划法规框架内进行调整

其具体方案有:

一、龙港镇切块设市。以现有镇域为基础,适当从苍南县划入部分相邻乡镇,单独设市。

二、苍南整县改市。县城搬至龙港,命名龙港市。

三、龙港镇与鳌江镇合并切块设市。保留苍南、平阳县制。

四、苍南与平阳合并。设地级市,市政府驻鳌江镇或龙港镇,市下设鳌江、龙港二区,并辖平阳、苍南二县,命名龙港或鳌江或龙鳌市。

② 突破现有的行政区划法规,创新行政区划体制

上述方案各有优缺点。其中方案一符合龙港现状,比较科学,且有福建石狮模式可供借鉴,较具有可操作性,其与苍南县的利益矛盾可通过政策调整(如若干年内税收体制不变)解决;方案二操作比较容易,但县城搬家耗资巨大,并可能导致原县城的相对衰落,整县改市的弊端也没有解决;方案三是理想的模式之一,符合城市发展的客观规律,但涉及两县两镇之间的利益矛盾较多,难以处理和操作;方案四符合城市体系规划的要求,比较理想,但利益关系十分复杂,还涉及与温州市的关系,更难以操作;至于县下辖市的方案,在目前尚未改革行政区划法规的情况下,不具有可操作性,同时,从龙港的实际情况看,县下设市并不能解决城市的快速发展和行政管理体制的矛盾。综合比较以上方案,第一方案最具有可操作性。

应当指出,行政区划的调整是关系地方全局利益和发展的大事,既要积极,也要慎重,特别是类似龙港这样特殊地区的行政区划体制问题十分复杂,在深入调查的基础上,进行严密的科学论证是十分必要的。

46.4 几点启示

龙港的发展和问题给我们如下启示:①乡村城市化是我国城市化的主流;②市场经济体制下的自下而上城镇化模式,应逐步成为我国城市化的重要模式,在许多地区甚至是主要模式;③在相当长的时期内,行政区划体制的调整仍是中国推进城市化的重要手段。

[刘君德. 中国农民第一城——龙港镇行政区划体制改革的思考[J]. 中国方域:行政区划与地名,2001(6):7-9]

解读:我的发言一针见血地指出:龙港现有的行政区划体制,不利于城市化的进一步发展,不利于实行高效的行政管理,不利于经济升级,不利于对鳌江流域的综合整治和环境生态建设,不利于社会稳定,也不利于政权建设,严重影响了龙港城市综合竞争力的提升;龙港的行政区划体制非改革不可! 解决龙港镇政区体制的方案很多,各种方案都有其利弊得失。关键是寻找一个平衡县和镇的双方利益、实现双赢,双方都能接受的方案。镇升格设市最为现实和容易操作。

47 市辖市体制的挑战

背景:20世纪末,作为广东省省会的广州发展很快,寻求政区的空间扩展,在其市郊的几个市县引起强烈反响。为此,1999年9月,民政部行政区划与地名管理司和中国行政区划研究中心组成联合调查组前往进行调查,涉及广州市和佛山市,我们一行考察了两个城市,认真听取了各种意见。回沪后,重点对市辖市制度的法律问题进行了思考。

广州为省会城市(副省级),佛山为地级中心城市。广州市域总面积7 433 km²,其中市区辖越秀、东山、荔湾、海珠、芳村、天河、白云、黄埔8个区,面积为1 443 km²,人口1 399万;代广东省管辖番禺、花都、增城和从化4个县级市,面积为5 990 km²,人口275万。佛山市域总面积3 813 km²,其中市区辖城区、石湾2个区,面积77 km²,人口146.8万;代广东省管辖顺德、南海、三水、高明4个县级市,面积为3 736 km²,人口2 781万。类似广州、佛山这种由市代管市的区划体制在我国已有很大的区域覆盖面,正在影响所在地区的经济发展进程,并对《宪法》规定的我国行政区划层级体制提出了严峻的挑战。

47.1 市辖市体制的由来及变动趋势

47.1.1 市辖市体制的由来

市辖市的区划管理体制是由地区管理体制或市管县体制演变而来的。地区体制或市管县体制是针对我国省域面积较大、省直接管县有困难的情况下,而在省县之间设立的中间管理层。地区作为省政府的派出机构代表省管辖若干个县。由于省域规模、地理条件、交通通信等条件的限制,新中国成立50年来,地区体制几经变更,特别是改革开放以后,我国区域经济发展很快,经济市场化程度愈来愈高,由行政区划刚性约束所产生的行政区经济矛盾也就愈来愈突出。从1982年开始,中央决定改革地区体制,实行市领导县的体制;地区与地级市同驻一地的,原则上合并设立地级市;地区与县级市同驻一地的,驻地经济发展水平较高,符合一定标准,则撤销地区和驻地县级市,设立地级市;除极少数外,地级市普遍推行领导县体制。这一重大体制改革从1983年大范围推广以来,对于扩大中等城市治理管辖范围与提高经济实力,降低或解决区际的横向经济冲突,加快发展区域经济已显示出一定的制度生命力。地改市的好处在于有利于壮大省以下地区中心城市的经济实力并增强辐射能力;解决了一地两府矛盾,精简了行政机构,有利于统一管理;在中心城市实力较强、县经济落后的地区,有利于推进县域经济的发展。因此,中央关于地方机构改革的中发〔1999〕2号文件,再次明确肯定这一改革并要求加大改革力度。从20世纪80年代初开始地区体制改革以来,地区数量撤销了105个,至1998年年底全国地区只剩下65个。随着中央2号文件的贯彻执行,除少数民族地区和边远山区外,地区数量将进一步减少。地市合并、撤地设市、市领导县为主要内容的地区体制改革创新伴随着撤县设市的设市模式创新,又使得一大批县改为县级市。1978年来全国撤县设市373个,一批地级市所辖的县已全部改为市。这些市名义上为省代管[以避免与《中华人民共和国宪法》(以下简称《宪法》)冲突],实则为地级市所辖,形成了市辖市的区划体制。

47.1.2 广州市行政辖区的变动状况

广州为我国岭南地区历史名城,向有祖国"南大门"之称。古代广州城先后曾为郡治、州治、路治和省治,也曾为南越、南汉和南明等3个地方政权的都城。其城郭分属番禺、南海两县,有"东番禺、西南海"之称。辛亥革命后广州始拆城,1913年3月,拆正东门;1918年,成立广州城厢市政公所(后改为广州市政公所),旨在拆城筑路,开办市政。1920年,设广州市,属广东省。1921年,广州市政厅成立,划定市区面积,结束广州城分属番禺县、南海县的历史。1925年,市政厅改名为市政府。1929年,改为特别市,隶属中央政府。1930年,取消特别市,归属广东省。1947年,又隶属中央政府。1949年5月,中华民国政府由南京迁入广州。

1949年10月14日,广州解放,21日成立广州市军事管制委员会,28日成立广州市人民政府,直属中央人民政府。1950年,改属中南军政委员会。1954年改属广东省人民政府。1949年11月,广州市将民国时期的23个市区、9个郊区和1个水上区调整为20个城区、7个郊区和1个水上区,并成立市人民政府。1950年,再次调整为长寿、河南、惠福、永汉、太平、越秀、大东、荔湾8个城区,南岸、沙河、芳村、石牌、新洲、沥滘、三元里7个郊区和珠江水上区及沙面直属办事处。此后,区划几经变动,至1983年7月,从韶关地区划出清远县、佛冈县属广州市。1985年从广州市郊区划出部分区域设置天河区、芳村区。1987年,广州市郊区改称白云区。1988年1月清远县、佛冈县划归清远市,龙门县划归惠州市,新丰县划归韶关市。1992年5月、1993年6月和12月、1994年3月,番禺县、花县、增城县、从化县相继撤县建市,设立番禺、花都、增城、从化4个县级市,由广州市代广东省管理,形成目前市区辖越秀、东山、荔湾、海珠、芳村、天河、白云、黄埔8个区,代管辖番禺、花都、增城和从化4个县级市的行政区划格局。近年服从于建设广州园林化城市的目标及加快广州中心城市实力增长,广州市提出了"撤市设区"的区划调整要求。

47.1.3 佛山市行政区的变动情况

佛山为中国历史上四大名镇之一。在历史长河中,佛山隶属于南海县,直至清雍正十一年(1733年),佛山从南海县分出,设佛山直隶厅,直辖于广州府。民国期间佛山一度设钟山市,直属于广东省管辖。新中国成立后,佛山于1951年6月26日撤镇设市,是新中国较早的县级市之一。1966年佛山升为地级市,由广东省和佛山专区实行双重领导。1983年6月1日,佛山地区与佛山市合并为佛山市,实行市领导县体制,南海、顺德、三水、高明、中山5县市归佛山市管辖。顺德、南海、三水、高明4县分别在1992—1995年撤县设市,1989年中山市升格为地级市,由广东省管辖,佛山自此形成目前市区辖2个区、代管4个县级市的行政区划格局。佛山市代管4个县级市,领导体制仍然沿用市领导县的体制,包括对社会、经济、文化、党政、公、检、法等实施全面领导。随着南海、顺德县级市经济实力的增长,特别是顺德市已享有地级市的经济管理权限,佛山市的管理地位正受到挑战,也迫切要求变革现有的行政区划体制。

47.1.4　广东省行政区划格局的变动情况

1979年7月,党中央根据广东省委的要求和邓小平同志的意见,决定广东和福建实行特殊政策和灵活措施,在改革开放进程中先行一步,为全国探索新的发展道路。从此,改革的春风唤起南粤大地无尽的生机,开放的大潮卷起一轮轮发展的巨浪,广东按照中央"先行一步"的嘱托,在改革开放中不断探索,大胆实践,迅速成长为我国经济强省之一。为适应省域经济社会发展的需要,广东全面推行了市领导县(市)体制,并对市辖县范围进行了重新划分,增设了若干地级市,成为我国率先实现市领导县体制的省区之一。截至1998年年底,广东省辖21个地级市(其中广州、深圳为副省级市)。除深圳、东莞、中山三市外,通过广州、珠海、汕头、韶关、河源、梅州、惠州、汕尾、江门、佛山、阳江、湛江、茂名、肇庆、云浮、清远、潮州、揭阳18个中心城市代管33个县级市、43个县和3个自治县。其中广州、江门、佛山代管13个县级市,形成市辖市的区划格局。特别是珠江三角洲地区是我国城市化水平最高的地区之一,新兴城市不断崛起,并已经成为具有现代城市群区特征的地区,现有市管市体制引发的许多新的矛盾,也迫切需要行政区划体制的创新,以适应城市群区发展的需要。

47.1.5　全国市辖市体制的发育情况

整体而言,全国市辖市体制是由市管县体制演变而来的。地级市管辖若干县或自治县,当这些市管辖的一些县由于规模和经济实力达到了县级市的标准,经国务院批准后改为县级市,这些市名义上是由省直辖,实际上是由地级市代管。当市管辖的县全部改为县级市时,这些地区就变成了由地级市和所代管的县级市一起构成的一个"设市城市集团",形成了"市辖市"的新格局。截至1998年年底,不包括北京、天津、上海、重庆4个直辖市,有132个地级市代管285个县级市。多的如山东的烟台管辖7个县级市,潍坊管辖6个县级市,山东的青岛、河南的郑州、河北的石家庄分别管辖5个县级市。这种设市城市集团因为行政隶属关系、行政管理与经济联系较密切,正在形成新的城市群区。以特大城市为例,除了辽中南、京津唐、长江三角洲、珠江三角洲这些城市群区以外,目前辖区内分布有县级市的特大城市还有哈尔滨辖阿城、尚志、双城、五常4个县级市,城市地区总人口914.9万人,非农人口422.8万人;成都辖都江堰、彭州、邛崃、崇州4个县级市,城市地区总人口989.19万人,非农人口318.5万人;长春辖九台、榆树、德惠3个县级市,城市地区总人口683.79万人,非农人口212.22万人;青岛辖胶州、即墨、平度、胶南、莱西5个县级市,城市地区总人口695.44万人,非农人口259.68万人;郑州辖巩义、新密、荥阳、新郑、登封5个县级市,城市地区总人口597.33万人,非农人口197.94万人;石家庄辖辛集、藁城、晋州、新乐、鹿泉5个县级市,城市地区总人口860.19万人,非农人口191.69万人。此外,直辖市为扩大发展空间,通过撤县设区,以调整城市群区划格局;一些特大城市也在策划"撤市设区"或"撤县设区",扩大城市的地域空间。目前全国完全实行市领导县、市的有江苏、河北、辽宁、广东等4省;而其绝大部分地区实行市领导县、市的省有吉林、浙江、福建、湖北、宁夏等5省区。实行市领导市(县)体制,确立地级市在省县之间的一级政区与政权地位,是中国政区层级结构的重大变革,也带来许多新的问题与矛盾,引起广泛争议。

47.2 推进市辖市体制诱发的问题分析

47.2.1 省县之间的管理机构由虚变实,增加了一级行政管理层次

同传统的地区体制相比,市管县、市体制的最大特点是地级市为一级行政区并设置相应的政权机构,省县之间的管理机构由虚变实,增加了一级行政管理层次。然而,由地级市管理县级市是与现行宪法有关区划原则相悖的。所以,为回避这一矛盾所使用的"代管",就为省、地级市与县级市之间的利益博弈留下了较大的回旋空间,从而引发了一系列的矛盾。据有关政府职能部门反映,市辖市的代管属性使其领导力度没有以前市领导县时那么大,政令难以畅通,有时政令落实不到位。究其原因:一是代管的概念不明确,缺乏法律依据,代管内容是什么,代管到什么程度,没有标准;二是县级市的一些职能或业务直接对省,可以跨越地级市,在实际工作中各县市要钱、要物、要解决困难,就找地级市,但要求承担义务、完成任务时,又强调是省直辖,使地级市的管理任务落不到实处,甚至一些业务越级别对省,根本不向地级市报告,代管只是一句空话,另一方面地级市的行政区经济行为又总想从县级市那里取得发展的好处。这种状况诱发两种行政行为发生:地级市特别是大城市或特大城市要求撤市设区以维护其中心城市的权威地位;县级市特别是经济实力超过地级市的县级市要求升格为地级市,以寻求真正作为省直辖市发展的制度空间。两种行政行为,在不同的市辖市行政区域中的表现形式不同,程度各异。在当前情况下尤以"撤市设区",或维护县级市的省直辖地位的矛盾冲突较大。

在现实行政管理实际活动中,市辖区与县级市在职权、任务、机构以及展开实际工作方面是有所区别的。市辖区和县级市都是地方政府一级政权机构。在领导体制上,市辖区直接受市政府领导,而县级市是省政府直辖,由地级市代管。县级市保持原县政府职能、任务、机构不变,并延续县建制时的工作内容,行使县级政府工作权限,既没有改变原县建制时的领导体制,也没有经济建设上的特殊优惠政策,但行政管理的自由空间较大。市辖区是为了分担市政府城市管理任务的需要而设置的,在职能设置上与县级市相比有一定的限制。如城建、国土、环保等职能部门可设可不设,因城市规模而定;城市规划建设、土地的使用、环境保护等方面的职能可由市政府统一行使。在实际工作中,市辖区直接对市政府负责,不能越级;而县级市的一些部门可以直接对省。另外,省政府的有关职能部门可在农村政策方面,给予县级市某一方面的优惠政策、措施,而对市辖区的优惠甚少甚至没有。总之,市代管市体制目前在法律上没有依据,在实际运作中也产生了诸多矛盾,并给我国行政区划层级制度带来挑战。只有从法律上明确行政隶属关系,才能理顺市代管市所产生的一系列矛盾关系。

47.2.2 引发城市之间不合理竞争

市辖市地区正发育为城市群区。这些城市群内城市之间的关系不同,所反映的问题内涵也存在差异。根据我国城市群区目前的状况,大致可把城市群区行政组织和管理中存在的问题,按其表现形式分为三大类:

(1) 行政地位和经济实力相当的城市之间的畸形竞争。这类城市的特点是在经济、社会、文化等多方面的历史上有着密切关系,空间地域相连接,经济发展水平基本一致,并常为同层级政府机构的驻地。如江苏省苏锡常地区的苏州、无锡和常州3市都为地级市,在目前的城市行政组织和管理体制下,各个城市从追求自身发展目标出发,极易滋长地方本位主义和功利主义倾向,从而使城市之间的经济关系逐渐离散,导致各个城市均以行政区域为界,相互封锁,各自发展,建立起小而全的经济体系。如此,区域产业布局分散,产业结构雷同,不利于区域经济增长极的生长和区域城市化水平的提高;重复建设,畸形竞争,造成不必要的浪费,在一定程度上抑制了区域经济的发展。

(2) 存在行政隶属关系城市之间的利益冲突。市管县、市体制,虽然促进了城乡之间的经济联系,为城市—区域经济的协调发展发挥了重要的作用,但随着县域经济实力的逐渐增强,县改为县级市,特别是当县级市的经济实力达到甚至超过地级市时,这一体制反而使市县(市)矛盾日益尖锐。如苏州市与原吴县(今吴县市)、无锡市与原无锡县(今锡山市)、常州市与原武进县(今武进市)、广州市与番禺市、佛山市与南海市等。一方面,市县同城的县级市因不满地级市的行政掣肘和追求行政地位的提高,纷纷选择市区边缘有一定基础的集镇作为新的行政中心,重点建设,并常常形成相当大的规模,与地级市中心的建成区连成一片。由于行政区划的条块分割,地级市与县(县级市)常常存在分歧,难以对城市连绵区统一规划布局,导致整个实际城区的城市服务设施和基础设施被人为分割。另一方面,市县不同城的县(县级市)因经济发展的要求,需扩大城市规模,并建设相应的城市设施,但由于地级市的行政约束,难以实现。同时,县级市(也包括市县同城的县或县级市)经济实力的增强,必然产生追加行政权力的欲望和客观要求。而地级市也必然要维护其自身的行政地位,对此进行压制。结果导致两者矛盾加剧,地级市对县级市管理的负向力增大,造成管理混乱。

(3) 无行政隶属关系、经济实力不相当的城市之间不规范竞争。城市建成区跨越两个或两个以上独立行政区的城市称为跨界城市。如包括海口、琼山、澄迈3个行政区域的跨界组团城市。由于城市之间的经济发展水平、经济发展综合条件等存在差异,按经济发展的一般规律,区域经济发展战略往往为优先重点建设中心城市,进而带动周围地区发展。伴随此战略措施,牺牲周围城市利益而强化中心城市在所难免,如中心城市缺少优良港湾而需依赖周围城市;中心城市地域狭小,限制其发展,需兼并或"借用"周围城市的土地;中心城市的水资源短缺,需周围城市提供或取水工程途经周围城市行政区域等。中心城市需周围城市提供的港湾、土地等一般都是周围城市条件最为优越、经济最为发达的地带,对这些地带,周围城市基于地方利益考虑,大多尽可能优先使用或尽为己用,使中心城市的发展在不同程度上受到制约,从而与区域经济发展战略发生抵触,造成了中心城市与周围城市的矛盾。

实际上,由于地理位置、城市发展基础、城市规模行政隶属关系的历史传统不同,上述3种问题的表现形式的反映各有侧重,矛盾冲突程度也不一致;在具体问题方面,它们之间相互交叉、相互渗透。譬如,同城的地级市和县级市由于城区相连成跨界城市,同样存在与海口—琼山等跨界城市大致相同的问题;无行政隶属关系、地域相连的城市之间,随周围城市与中心城市经济实力差距的缩小,周围城市同样会提出护权的要求;无论是市管县(市)体制下或无行政隶属关系的城市连绵区的中心城市,随着经济发展和城区规模的不断扩大,都要求地域范围的增加。3种形式下的城市,在利益机制驱动下都存在不同程度的畸形竞争。

47.3 出路：市辖市体制的创新与方案选择

47.3.1 市辖市地区行政区划体制创新的必要性

无论是沿海还是内地，市辖市地区都是经济较发达的地区，也是设市城市分布比较集中的城市群地区。城市群区的发展是社会经济活动聚集发展的动态过程。经济发展加快了城市化的进程，反之，城市规模和数量的扩大有利于经济的腾飞，特别是经济发达的东部沿海地区，已经形成多个城市群区，如京津唐、长江三角洲、珠江三角洲、辽中南等。毗邻的城市群区相互连接，形成城市带，这是城市群形成的空间规律。城市的空间扩展带来了一系列区域问题，迫切需要有相应并富有效率的管理体制来解决这些问题。随着区域经济和城市化的不断发展，城市内部也会出现新的需求矛盾：一是人们生活水平的提高，必将对城市的公共服务提出进一步的要求，而单个城市的有限财力总是难以满足人们日益增长的需求；二是城市规模的扩大，或者被扩区的原有机构将加入城市中，或者在被扩区建立新的分区机构，都会使市级机构的管理范围扩大，从而降低行政效率，因此需要增加新的机构来提高效率。这些需求矛盾在我国现阶段的城市运转中其表现的深度和广度已经十分明显，今后将更加突出，这是城市发展的客观必然。但在目前城市群区的行政区划、组织和管理体制下，城市规模的不断扩张及城市规模等级的进一步分化，导致城市之间竞争畸形化，给城市群区的统一管理、统一规划建设带来客观上的阻力。同时，现阶段在从传统的计划经济体制向市场经济体制转变的过程中，企业经营的独立自主地位尚未完全确立，地方政府的经济行为较为明显，形成浓厚的地方本位主义色彩，从而为城市群区的紧密合作、协调发展，制造了主观上的障碍。因此，改革现行市辖市地区行政区划和组织管理体制，适应社会经济发展需求，解决我国城市群地区管理中的诸多问题，具有重要的现实意义。

47.3.2 国外城市群区行政区划模式的借鉴

在西方各国特定的政治文化背景条件下，形成了两种典型的行政区划，即政府组织与管理模式：单中心体制和多中心体制。单中心体制，亦称一元化体制，是指在大都市地区具有唯一的决策中心，有"一个统一的大城市机构"，它可以是内部有若干小单位相互包容或相互平行的一个政府体系，或者更可能是一个双层结构体系，即一个大都市地区范围的正式组织和大量的地方单位并存，它们之间有多种服务职能的分工。单中心体制为许多大规模的公共服务提供了适宜的组织规模。港口、机场及其他交通设施、引水工程等，都可以在大都市地区范围内实现其规模经济效益。在这种体制下，可剔除或减少有害于大城市发展的竞争和冲突，可使资源流动更畅通，可以在解决主要问题时适应大都市地区的战略，而且不同管区提供的公共服务，可有效地结合在一起。比如交通规划同土地利用规划的结合。但单中心体制受到多种质疑。如公共设施规模过大，会导致不能代表各种利益，不能满足各种需求和偏好，从而造成效率的损失；要继续保持控制，其费用也许会非常巨大，尤其是单中心体制易陷入等级化的官僚结构危机，突出地表现在对居民日常需求反应迟钝，不能代表当地的公共利益,在一个政府的统治机构下,由于缺乏竞争而导致费用提高和福利的损失。多中心体制又称多元化体制,是指大都市地区存在相互独立的多个决策中心,包括正式的综合的政府单位(州、城市、镇等)和大量重叠的特殊区域(学区或非学区)。在美国,多中心体制是大城市群区最常见的公共组织,特别是各种非学区性质的特殊分区组织增长十分迅速,各种管理区域的划分和变动以及协调组织的建立,都是谋求特定公共服务的经济利益的结果。多中心体制试图以此来满足居民的各种需求和偏好。由于政府较小,公众容易参与监督,因而政府对当地居民的要求及其变化更具有弹性,反应更加灵敏。多中心体制面临的主要问题是,如何实现大城市群区内超越各种功能小区的更大地区范围内的公共利益问题。实现这种公共利益只能通过各地方单位的合作、竞争和协商来提供大规模的公共服务。如果磋商的各方都充分代表了公共利益,则合作不会有困难,联合的行动将给各方带来巨大利益。事实上,这种合作是相当困难的。因为在许多情况下,大城市群区各地方政府之间的地方组织在公共设施与服务的消费和受益上分布并不均匀,即各方的费用与利益发生冲突,而在地方公共经济的多中心体制下,各地方政府都有自己的否决权,从而难以组织大城市群区公共设施与服务的统一行动。如果多中心政体可以解决冲突,并在合理的范围内维系竞争,这种体制就为解决大城市群区域复杂的问题提供了有效的途径。

在多中心体制基础上发展起来的"都市联盟"或政府联合组织为主体的西方城市群区公共行政组织与管理模式,正越来越受到人们的关注。社会生产力的进步推动了城市化的发展,城市化的发展亦促进了大城市群区的成长;大城市群区内形成若干连续性和某些公共服务的共享性,使得都市化区建立大都市政府或都市联合组织成为必然;而兼并和合并的城市政府发展方式,又形成了城市群区城市政府的分治模式。由于各国各地区都市化发展的政治、经济、人文和自然等环境条件的不同,居民偏好也有差异,因而各国城市群区公共行政组织与管理模式的选择也不相同:有的建立了大都市政府,有的则建立各种具有特殊功能、大小不一、可以重叠的管区。应当指出的是,这些有特殊职能的管区(特别区),在大城市群区公共组织中具有重要的地位。特别管理区大多为单一功能,如教育、环保、防洪、防火、提供公共设施、公共交通、街道照明、医护、殡葬等,其设置是城市管理的需要,满足了城市群区居民的不同需求。在许多情况下,这些特别管区可以按规模经济的要求,进行合理的分区管理,从而获得较好的社会经济效益,并减轻了城市政府的负担。

47.3.3 中国市辖市地区行政区划体制创新的基本思路

从发展的趋势看,我国市辖市地区必然形成与发展成为经济发达、设市城市密集的都市化地区,如珠江三角洲地区,迫切要求有适合中国特色的城市群区行政区划体制,即广域市制的创新,这是中国现代化进程中解决特大城市及城市之间问题的重要管理制度改革。根据我国的国情与市辖市体制运行的实际情况,综合借鉴西方国家的经验,着眼于解决我国目前城市群区管理中存在的问题,我国市辖市地区行政区划体制创新的基本思路应该是修改《宪法》中有关行政区划的法律条款。1982年年底,全国人大通过的《宪法》中有关行政区划条款规定:全国分为省、自治区、直辖市;省、自治区分为自治州、县、自治县、市;县、自治县分为乡、民族乡、镇。直辖市和较大的市分为区、县;自治州分为县、自治县、市。自治区、自治州、自治县都是民族自治地方。显然,当前直辖市不能设二级市;由地级中心城市管辖县级市的"市辖市"也与宪法原则相悖,但现实已经突破了宪法原则。直辖市管辖性质不同的区,极不利于都市区的发展与管理。宪法亦应适应中国现代化、城市化发展趋势。因此,要根据中国城市化发展的国情实际,修改《宪法》关于行政区划的条款,直辖市可以设相当于区的二级建制市和县级市,并相应改革都市区的通名。对于"市管县(市)"体制应根据不同地区的情况采取不同的改革措施;那些与中心城市建成区连接非常紧密的县级市可通过"撤市设区"的办法,扩大中心城市的空间规模,但必须十分谨慎;应从政府资源重组、精简机构、减少中间管理层次、节省行政成本的角度,逐步由"市辖市"的"代管"体制,过渡到中心城市为核心的"城市联合政府"体制,走出一条适合中国国情的都市区管理之路。

47.3.4 创新市辖市地区管理的组织制度

中国市辖市地区管理的组织制度创新可供选择的方案有三:

方案一:建立高度集权的都市区政府。针对中国都市区发育的实际情况,在城市政府之间通过兼并或合并的方式,建立一级介于省和市之间的行政机构,负责都市区内各项管理职能。其优点在于:第一,受中国长期实行高度集权的计划体制的影响,人们还部分存在行政命令高于一切的意识,对市场体制带来的变化反应不够灵敏,以及参与和监督决策的倾向不浓,高度集权的都市区政府的建立有利于各项决策成果的迅速贯彻实施;第二,建立都市区政府,有利于都市区的统一计划,能够充分利用各城市的资源财力,有效地结合各个城市的公共服务项目,形成城市公共服务的规模效应,以满足城市居民的界外需求。但是,建立高度集权的都市区政府,极易导致行政机构数量增加,甚至超规模的增加,从而降低行政效率,也与中国目前的精简机构的改革政策背道而驰。同时,新一级集权政府的设置和政府机构数量的大量增加,容易增强政府对经济的行政干预,进一步束缚城市企业的活力,在一定程度上会给正在进行的国有企业转换机制改革增添新的困难;而且,高度集权的都市区政府的建立,容易形成地方整体利益高于一切的倾向和陷入等级化的官僚结构危机,难以代表不同利益,从而压制部分城市的发展,忽视人们的不同需求和偏好,造成都市区内新的冲突。另外,城市职能的过分集中使得对居民和低层机构的反应迟钝,容易导致决策的盲目性,行政管理整体效率低下。

方案二:建立松散的城市协调机构(非政府机构)。针对都市区难以统一行使跨界职能的状况,建立负责跨界职能的一些非政府机构协调体。其优点为:第一,由于这些机构的建立都是各城市谋求特定的公共服务和经济利益的结果,所以较易满足市民的各种需求和偏好;第二,这些机构一般规模较小,便于市民参与和监督,因而对市民的反应灵敏,有利于增强决策的透明度和针对性;第三,由于城市协调机构不仅规模小,而且为非政府机构,有利于保持机构调整的灵活性,保证其新陈代谢机制。但是松散的城市协调机构的非政府特性,很难实现都市区内跨越行政界线或功能区界线的更大范围的公共服务合作。在中国,目前特定环境下,没有一定的行政干预而仅凭协调机构协调,其决策实施的效果难以预测。如此,都市区公共服务的规模效益必然大打折扣,如果处理不当,还会出现协调机构无果而返,被迫撤除,从而重复甚至加深都市区原有困境。在长三角、京津唐等地区也都建有各种形式的城市协调组织,但实际的作用并不大。

方案三:建立城市联合政府,其行政职能仅限于跨界职能。针对都市区难以统一行使跨界职能的状况,建立具有一定行政职能的城市联合政府,以协调政府间利益,切实解决政府之间的公共服务问题,可以称之为"都市联盟"。它的优势在于兼顾了前两种方案的一些长处:既注意城市发展对界外需求的满足,又不限制城市政府界内职能的行使;既保持了部分行政干预力量的存在,又防止了行政机构设置的过分臃肿等。城市联合政府的主要功能是开展都市区规划,协调城市间交通、港口、机场、供水、排水、电力、邮电通信、环境整治等,开展主导产业的分工与合作。

上述3个方案各有利弊,很难说其中一种方案是最佳方案。中国是一个幅员辽阔、人口众多的多民族国家,各地社会经济发展水平、城市化水平、管理水平、思想意识观念等有着很大差异,而且短期内有越来越大之势,各市辖市地区城市行政组织和管理中存在的问题也有所不同。因此,市辖市地区的发展战略与管理体制改革方案的具体选择和实施,应依据实际情况因地制宜。根据中国市辖市地区的现状特点,以及中国行政管理体制和城市政府管理体制改革的客观要求,第三种方案可能更适合作为中国目前市辖市地区行政组织和管理体制改革的主体过渡方案,但必须坚持改革试点。针对中国特大城市周围及东部沿海地区"市辖市"矛盾相对突出的现实,有针对性地选择一些城市地区进行行政区划体制改革的试验已显得十分紧迫。我们认为,可选择长江三角洲和珠江三角洲地区进行试点,开展中国市辖市地区行政区划体制的创新实践,从实践中摸索出适合中国国情的都市区管理体制。

[戴均良,刘君德,汪宇明.市辖市:中国城市型政区设置的法律挑战与出路选择[J].中国方域:行政区划与地名,2000(3):2-7]

解读:改革开放以来,省以下市管市(县)体制和省区特大城市辖市(县)改区问题越来越成为社会关注的热点。本文在对广州、佛山两个城市调查基础上,结合全国市辖市的情况,从法律角度对市管市体制提出了质疑,分析了这种体制产生的利弊得失,借鉴国外大都市区管理体制的经验,从我国国情出发,提出了中国市辖市地区行政区划体制创新的基本思路。由于调研组深入到广州和佛山两个城市进行了现场调查,听取了方方面面的意见,收集了相关资料,对市管市(县)体制利弊的分析有一定深度。

48　初论"强县扩权"

背景：从1992年始，在中央政府的支持下，浙江、河北、江苏、河南、安徽、广东、湖北、江西、吉林等省份陆续推行了以"强县扩权"为主要内容的改革试点。历经10多年，取得成效，特别是浙江省的一系列放权使县市的发展政策取得成功，县域经济取得长足发展，并带动和推进了省域经济的相对"均衡发展"；一时间浙江的经验引起广泛关注，各界讨论越来越多，在地方政府和专家之中，出现一些不同的声音。这篇文章就是在这一背景下，应安徽省《决策咨询》杂志的要求而写的。我在这篇不长的文章中发表了自己的看法。本文发表后，中国人民大学书报资料中心《复印报刊资料》全文进行了转载（2004年第10期）。

48.1　"强县扩权"是市县关系发展的大趋势

2002年至今，浙江、湖北、河南、山东、福建等省份先后根据本省的具体情况，将一部分归属于地级市的经济管理权和社会管理权直接赋予经济强县，在财政体制等方面实行了"省直辖县（市）"，这一"强县扩权"现象引起各界广泛关注。我们认为，"强县扩权"是省内市县经济关系的重大调整，是我国省域纵向经济关系发展的一种大趋势。

其一，"强县扩权"是发展县域经济、实施"城乡统筹"的重大举措。中国13亿多的庞大人口，特别是相对分散的县（市）域的9亿农村人口，不可能都进入大中城市，两千多个县（市）是他们的根基和落脚点，中国现代化的实现、全国人民奔"小康"目标的实现，要靠这两千多个县（市）的发展。笔者认为，从中国的国情出发，发展县域经济、实施"城乡统筹"是任何时候都不可动摇的方针。

其二，"强县扩权"是新形势下市县利益关系的大调整，是一种必然。我国是中央高度集权、行政主导的国家，地方经济仍处于"行政区经济"运行时期，"行政权力"资源的等级和空间配置对城市—区域经济发展的影响极大。随着市场经济的深入发展，特别是一些经济相对发达的省份和地区，县域经济的异军突起，市县利益冲突加剧，"市管县"体制已失去当初的功效，反而成为束缚县域经济发展的体制性因素。在新形势下，一些省区针对这种体制性障碍，采取改革财政体制等"强县扩权"的行政性措施，调整市县利益关系是十分必要的。它是省域纵向经济体制改革的必然结果。

其三，"强县扩权"将重新分配公共行政权力，形成新的市县关系。在"市管县"体制下，由于一部分的经济决策权归地级市所有，县级政府的公共行政权力在某些方面受到制约，直接影响县级行政的效能，进而影响县域经济发展。特别是一些经济实力弱小的中心城市无法起到辐射、带动周边的作用，反而在与辖县的博弈中耗费了本就不多的公共行政资源，而不得不对"县"实行"刮、卡、要"，使县级财政雪上加霜。实行"强县扩权"，将使地级市和县（市）重新分配在经济社会发展方面的公共行政权力资源，加强了县（市）的经济管理权限，弱化了地级市对县（市）经济的控制与干预权限，从而形成新的市县关系格局，使"地级市"与

"县(市)"之间平起平坐。这对县(市)来说是一种公共行政效能的释放,必将有力地推进县域经济的发展。

48.2 "强县扩权"不能搞"一窝蜂""一刀切"

"强县扩权"是新时期市县关系发生重大变化、解决地级市与县(市)之间的经济社会发展中的利益矛盾、加强县域经济、统筹城乡发展的一种新的制度安排。这种新制度是在实践中产生的,它已经被较早推行这一制度的浙江省证明是行之有效的。扩权后的直接效应是:减少了中间环节,提高了管理效率,加快了发展速度。尽管如此,笔者认为,推行这一制度仍需要"冷思考",不能搞"一窝蜂""一刀切"。这主要基于以下两个原因:

其一,各省的省情和实施的条件不同。中国是个国土广阔、人口庞大、民族众多、自然地理条件十分复杂、经济社会人文环境明显不同、省区之间和城乡之间发展水平差异很大的国家。正因为如此,处于不同发展阶段的各省之间在市县关系的融洽程度、利益矛盾的程度与表现形式以及对"市管县"体制的利弊等方面并不完全相同。有的地级市与县(市)之间的关系相当融洽,竞争与合作的关系处理较好;而有的市县之间经济利益矛盾十分突出,竞争有余,合作乏力,甚至于不择手段"拉关系""争项目",而在这种矛盾冲突中,地级市往往利用其掌握的行政权力,使县(市)处于不利的地位,在一定程度上制约了县(市)域经济的发展,这是许多地区产生"三农"问题的重要因素。由此也产生了各地对"市管县"体制褒贬的不同声音:有的认为"市管县"体制弊端多,强烈要求取消这种体制;有的则认为"市管县"体制对县有利;也有一些县(市)认为地级市与原来的"地区"差不多,改不改无所谓。因此,我们不能不顾省情"一窝蜂"地盲目推进"强县扩权"模式。

其二,"强县扩权"制度自身的两面性。由于市(县)经济权力关系的变化,地级市和县(市)两级政府从自身的利益出发,必然对于"强县扩权"采取两种态度。县(市)一级会认同和支持,而地级市则会担心中心城市的发展受到影响,甚至会阻止"强县扩权"的落实。湖北省一些地区就出现过"强县扩权"受阻情况。这一方面是个思想认识问题,同时也说明"强县扩权"制度自身可能也存在一些缺陷。我们在给县市放权、推进县域经济发展的同时,如何从制度上也保证中心城市的正常发展是个值得深入研究的课题。在这种情况下,我们需要更多的时间进行实践。

48.3 "强县扩权"需要理性思考、科学决策

其一,"强县扩权"要遵循市场经济规律,防止出现新的分割。"强县扩权"其本身是一种依靠行政力量破除阻碍市场经济发展的体制性因素的行为,是一种通过重新分配公共权力资源推进城市—区域经济按市场规律运行的重要举措,是将本来属于县(市)的行政权力归还于县(市),促进省域内形成扁平化的政区模式与行政管理结构,节省行政成本,使县(市)经济更具活力,加强县(市)横向经济联系的重要决策。从本质意义上看,"强县扩权"是顺应市场经济发展要求的行为。然而,我们应当指出,中国现阶段仍处于"行政区经济"运行时期,行政区划这一看不见的"墙"仍然对城市—区域经济产生刚性约束,因此,我们在积极推行"强县扩权"新体制时,必须十分强调遵循市场经济规律,防止出现新的市场分割、盲目竞争和新的"小而全"、重复建设。

其二,"强县扩权"要兼顾县市关系,形成新的合作分工关系。"强县扩权"是地级市与

县(市)级经济利益关系的调整,很明显,这将有利于县(市)经济的发展,由此必将受到来自地级市的阻力。现在人们普遍关注的是,由于"强县扩权"所形成的新的市(县)关系会不会影响地级市的发展?笔者认为,对于这个问题要作具体分析:一是有这种可能,二是也不一定。在正常情况下,只要遵循市场经济规律,市和县都应该得到合理发展。只不过在某些地区、某些时候市发展快一些,县相对发展得慢一些;而某些地区、某一时期,在某种因素下,可能是县发展得快一些,而市则发展得慢一些。本文要强调的是在推行"强县扩权"时要兼顾县市关系,协调好中心城市的扩张与县域经济发展的关系,在县与中心城市之间建立一种新型的竞争—合作—分工关系,使其共生共荣,相互依托,合作发展。

其三,"强县扩权"要把握本省的省情,因地制宜,科学决策。浙江、河南等省在推进过程中就经过多次调研,反复研究,包括对扩权的内容、扩权的对象等都进行了认真调查研究,最后才形成操作文件,组织实施,从而在实践中取得良好效果。在个别省区出现的"放权不落地"现象值得我们思考。从扩权的内容和对象以及运作方式来看,各省有所差异,它说明,任何一种制度改革,都应该尊重其内在的要求和规律,在改革进程中我们需要的是一种理性的思考,实事求是的科学决策。

其四,"强县扩权"要防止可能出现的负面影响,加强权力监督。实施"强县扩权"可能带来的负面影响主要是:县市扩权后导致地级市对县级行政监督和约束力的削弱,加上省直管数量过多,力不从心,由此可能会出现县(市)滥用行政权力的情况,使县级经济发展失控,以至于盲目攀比,追求政绩,搞形象工程,并滋生腐败现象。因此,在县级行政权力扩大的同时,有必要采取措施对县级行政权力进行有效的监督和约束,而对于某些权力(如土地使用审批权等)尤其应该严格监督。除了充分发挥县人大、县政协的作用之外,地级市仍可行使一定的督察职能。

其五,"强县扩权"的当务之急仍是要排除阻力,贯彻落实到位。"强县扩权"是一种市县经济关系制度的变革,是中国国情下推进区域经济健康发展和行政区划体制改革的一项具有长远战略意义的举措。当前的主要问题是人们对它的重大意义认识不足,有些地区在放权过程中遇到来自方方面面的阻力,"强县扩权"的政策没有完全落实到位,县域经济发展仍然受到来自内外部的制约,必须采取措施,排除各种阻力,认真贯彻实施,边实践,边总结,在实践中使这一制度不断完善。对于地级市来说,可能会产生某种失落感,尤其在财力上会受到直接影响,进而可能影响城市的建设与发展。省级政府在推进"强县扩权"政策时,应考虑这一因素,在经济政策上作一些调整。同时,地级市自身要调整心态,科学定位,发挥优势,集中精力,把城市的建设和管理做好。

[刘君德. 理性认识和推进"强县扩权"[J]. 决策咨询,2004(7):10-12]

解读:"强县扩权"实际上是贯彻中央推进省域"扁平化"改革,针对学界长期呼吁的弥补现行"市管县(市)"体制的弊端、调整市县关系而采取的一种"实验性"的重大举措,对推进区域经济健康发展和行政区划体制改革具有深远战略意义。文章强调推进这一重大改革需要理性思考和科学决策。针对当时的情况,"强县扩权"不能搞"一窝蜂""一刀切",要遵循市场经济规律,防止出现新的分割;要兼顾县市关系,形成新的合作分工关系;要把握本省的省情,因地制宜,科学决策;要防止可能出现的负面影响,加强权力监督。

49 再论"强县扩权"

背景:强县扩权的经验主要来自于浙江。与上篇文章时隔两年,对"强县扩权"的认识更加深入,又有新的见解,于是写下了本文。

"强县扩权"是指在暂时不涉及行政区划层级的情况下,将一部分归属于地级市的经济管理权和社会管理权直接赋予经济强县(市)以推进县域经济的发展。20世纪90年代以来,浙江、湖北、河南、安徽、湖南等省份先后根据本省的具体情况,将一部分归属于地级市的经济管理权和社会管理权直接赋予经济强县,在财政体制等方面实行了"省直辖县(市)","强县扩权"现象引起各界广泛关注。

49.1 背景分析

49.1.1 "市管县体制"的制度环境发生变化

20世纪80年代初推行的"市领导县"体制,其初衷在于以经济相对发达的城市为核心,带动周边县域农村地区的发展,形成城乡一体化的区域经济发展格局。应当指出,这一体制在当时的政治、经济条件下,对于促进省内行政区和经济区的协调,推动区域经济、社会发展起到了一定的积极作用。但随着市场替代计划逐步成为社会资源配置的主要机制,即市管县体制的关键性变量——制度环境发生根本性变换的情况下,这一体制不仅逐步丧失了其最重要的制度支撑,而且这一制度安排本身所存在的一些固有局限也因制度环境变迁而产生种种"制度意外",并相继暴露出来。对于多数省区来说,"市领导县"体制已失去当初的功效,反而成为束缚县域经济发展的体制性因素。

49.1.2 经济强县产生对权力扩张的内在要求

浙江等省区的许多经济强县,由于经济的快速发展产生了对权力扩张的内在要求。这种要求主要表现为两方面:一方面,经济强县自身经济社会的迅速发展,市场权力逐渐强大,需要与之相适应的政府权力来推进经济社会的更快发展,即需要政府与市场形成合力共同发挥作用,以提高经济社会的发展效率;另一方面,在市管县体制下经济强县需要通过扩张权力来增强自身与地级市级政府在权力与利益博弈格局中的力量,以维护和保证自身的正当权益。

49.1.3 省级政府处理市县关系的客观选择

地级市与县两级政府由于对本级政府效用目标的追求,不可避免会导致两者之间发生尖锐的利益冲突。自1982年改革地区体制,推行市管县体制以来,地级市往往通过截留指标、资金、项目、财政提取和各种行政审批等手段侵占县(市)的利益,使中心城市自身的发展受益更大。但随着市场经济的深入发展,特别是一些经济相对发达的省份和地区,县(市)域经济的异军突起,地级市与县(市)利益冲突加剧,省级政府为了处理好市县关系,促进省域经济的整体发展,必须借助于行政管理机制的创新,在行政管理体制(市管县)短期内难以突破的情况下,"强县扩权"便成为一个恰当的、过渡性的选择。

49.2 对"强县扩权"的理性思考

49.2.1 "强县扩权"的本质探析

"强县扩权"在本质上仍然是要通过上级政府制定相应的政策和权力的下放来维系政府既充当行政管理主体,又充当企业投资主体的双重角色,从而带来地方经济的增长。对强县(市)进行财政、审批等主要经济管理和社会事务领域的权力扩张,有助于提高强县(市)社会经济管理与运行效率,从而进一步推动强县经济社会的发展。中国经济具有强烈的权力经济的特征,这一特征伴随着各个层级的政府,因此,从本质上说,"强县扩权"并没有改变中国县域(区域)经济的这个特征。

49.2.2 "强县扩权"制度的两面性

如同实行"市管县"体制一样,"强县扩权"制度自身也有它的两面性:一方面,县市权限扩大,对于推进县域经济发展有很大帮助,但同时也可能导致县域滥权,盲目发展,带来新一轮的重复建设等一系列问题。另一方面,地市权限的缩小,不可避免地会导致其发展受到负面影响。由于市县经济权力关系的变化,地级市和县(市)两级政府从自身的利益出发,对于"强县扩权"的认同必然出现两种态度。而地级市则会产生质疑,担心中心城市的发展会受到影响,甚至会阻止"强县扩权"政策的落实。湖北省一些地区就出现过"强县扩权"受阻情况。这一方面是个思想认识问题,同时也说明"强县扩权"制度自身可能也存在某些缺陷。在给县市放权、推进县域经济发展的同时,需要从制度上保证中心城市的正常发展。

49.2.3 "强县扩权"制度的过渡性

强县扩权只是在现有行政管理体制框架下对市县经济和社会管理权限的调整,具有明显的过渡性质。在市场化进程中"市管县"体制由于失去了原有的制度支撑条件和相适应的制度环境,其体制绩效越来越不明显,暴露出制约区域经济一体化进程的问题。在这种情况下,如何建立一种适应经济社会发展和社会制度变迁进程的行政管理体制,就成为当前中国行政管理体制改革面临的重大现实课题。研究认为,通过行政区划体制创新,构建"省直管县(市)"的扁平化公共行政体制,减少行政层级,可以较好地克服市管县体制的弊端,促进区域经济的健康发展。

49.3 "强县扩权"的科学决策

49.3.1 依据省情,理性扩权

"强县扩权"是新时期市县关系发生重大变化,解决地级市与县(市)之间的经济、社会发展中的利益矛盾,加强县域经济,统筹城乡发展的一种新的制度安排。这种新制度是在实践中产生的,它已经被较早推行这一制度的浙江省证明是行之有效的。但全国在实施过程中要根据各省的省情和实施的不同条件,探索自主权行使的不同模式,并根据各省经济发展的不同阶段、不同的问题,有针对性地制定相应的政策,而不应该过分强调全国"模式""政策"的统一,切忌搞"一窝蜂""一刀切"。

例如,有的地级市与县(市)之间的关系相当融洽,竞争与合作的关系处理较好,这样的地区目前就没有必要强制推行强县扩权。有的市县之间经济利益矛盾十分突出,竞争有余、合作乏力,甚至于不择手段"拉关系""争项目"。在这种矛盾冲突中,地级市往往利用其较高等级的公共行政权力,使县(市)处于不利的地位,在一定程度上制约了县(市)域经济的发展,导致许多地区产生严重的"三农"问题。这样的地区对强县扩权有强烈的愿望,很有必要积极推行。

49.3.2 突破区划,维护市场

"强县扩权"其本身是一种依靠行政力量破除阻碍市场经济发展的体制性因素的行为,是一种通过重新分配公共权力资源推进城市—区域经济按市场规律运行的重要举措,是将本来属于县(市)的行政权力归还于县(市),推进省域内形成扁平化的政区与行政管理结构,从而节省行政成本,使县(市)经济更具活力,加强县(市)横向经济联系的重要决策。从本质意义上看,"强县扩权"是顺应市场经济发展要求的行为。然而,我们应当指出,中国现阶段仍处于"行政区经济"运行时期,行政区划这一看不见的"墙",仍然对城市—区域经济产生刚性约束[1],因此,我们在积极推行"强县扩权"新体制时,必须十分强调遵循市场经济规律,防止出现新的市场分割、盲目竞争和新的"小而全"、重复建设。

49.3.3 兼顾市县,合作分工

在"市管县"体制下,由于一部分经济决策权归地级市所有,县级政府的公共行政权力在某些方面受到制约,进而影响县域经济发展。特别是一些经济实力弱小的中心城市无法起到辐射、带动周边的作用,反而在与辖县的博弈中耗费了本就不多的公共行政资源,而不得不对"县(市)"实行"刮、卡、要",使县级财政雪上加霜。实行"强县扩权",将使地级市和县(市)重新分配经济方面的公共行政权力资源,加强了县(市)的经济管理权限,弱化了地级市对县(市)经济的控制与干预权限,从而形成新的市县关系格局,至少在经济关系上,"地级市"与"县(市)"之间是平起平坐的。这对县(市)来说是一种公共行政效能的释放,必将有力

地推进县域经济的发展。在当前"三农"问题突出,县域经济薄弱的情况下,采取"强县扩权"措施,对于协调市县关系,统筹城乡发展无疑具有重大现实意义。

"强县扩权"是地级市与县(市)级经济利益关系的调整,这将有利于县(市)经济的发展,由此必将受到来自地级市的阻力。在推行"强县扩权"中要兼顾市县关系,县与中心城市之间要建立一种新型的竞争—合作—分工关系,尤其在经济领域,市与县双方都要减少政府的干预,让企业选择投资环境和市场,逐步形成城市—区域经济共同体,使城市和区域共生、共荣,相互依托,合作发展。

49.3.4 加强监督,防止滥权

实施"强县扩权"可能带来的负面影响主要是:县(市)扩权后导致地级市对县级行政监督和约束力的削弱,加上省直管县(市)的数量过多,力不从心,由此可能会出现县(市)滥用行政权力的情况,使县级经济发展失控,以致盲目攀比、追求政绩,搞形象工程,并滋生腐败现象。因此,在县级行政权力扩大的同时,就必须采取措施加强对县级行政权力进行有效的监督和约束,而对于某些权力(如土地使用审批权等)尤其应该严格监督。除了充分发挥县人大、县政协的作用外,地级市仍可行使一定的督察职能。

49.3.5 排除阻力,落实到位

应当指出,"强县扩权"是一种市县经济关系制度的变革,是中国国情下推进区域经济健康发展和行政区划体制改革的一项具有长远战略意义的举措。当前的主要问题是人们对它的重大意义认识不足,有些地区在放权过程中遇到来自方方面面的阻力,"强县扩权"的政策没有完全落实到位,县域经济发展仍然受到来自外部的制约。因而,必须采取措施,排除各种阻力,认真贯彻实施,边实践、边总结,在实践中使这一制度不断完善。对于地级市来说,其在财力上会受到直接影响,进而可能影响城市的建设与发展。所以,地级市对"强县扩权"的反对是最激烈的。对于地级市的诉求,省政府在推进"强县扩权"政策时,应考虑这一因素,在经济政策上作一些调整。浙江的经验可以借鉴,其在各县上交省的20%税收中拿出5个百分点给地级市,有效地缓和了地级市与县(市)之间的矛盾。同时,地级市自身也要调整心态,科学定位,发挥优势,集中精力,把城市的建设和管理做好。

应当指出,"强县扩权"本质上仍然是通过上级政府的政策让渡,维系政府既充当行政管理主体又充当企业投资主体的双重角色,从而带来地方经济的增长。然而,随着市场经济的深入,"行政区经济"负面影响的淡化,这种政策让渡空间将越来越狭小。我们只有以科学发展观,通过改革和重塑现代政府来寻找发展的途径[2]。

49.4 "强县扩权"与中国行政区划体制改革

强县扩权目前只是对市县经济和社会管理权限的调整,很显然具有过渡性质,必然对我国行政区划体制改革特别是市制改革提出要求。

49.4.1 "强县扩权"与统县政区改革

(1) "市领导县"体制已经成为我国统县政区的主体和矛盾的集中点

自从 20 世纪 80 年代初期开始在全国范围推广"市领导县"体制以来,目前全国 333 个地级行政区(市、自治州、地区和盟)中有 283 个地级市,占地级政区的 84.98%,共领导县(市、自治县等)1 449 个,占全国 1 910 个县级行政区(未含地级市、直辖市的市辖区)的 75.86%[3]。可见"市领导县"体制已经成为我国的统县政区的主体和矛盾的集中点。

(2) 要求取消市领导县体制,推进"统县政区"改革的呼声越来越强

实行市管县(市)体制后,在省县之间增加了一级管理层次,不利于政府机构的高效运转,也不符合精兵简政的要求,不利于减轻百姓负担,并且使市县之间的矛盾加剧。地级市与县(市)分别代表着各自区域利益的主体,在实行市管县(市)体制后,引起了两个利益主体的冲突,尤其是在实行财政"分灶吃饭"以后,这一矛盾表现得更为突出。这种新的条块分割体制,非但没有促进农村经济发展,反而起到了阻碍作用。因而,要求取消市领导县体制,实现省直接统管县(市)的呼声越来越高。

(3) "强县扩权"是统县政区改革的重要一步

浙江等省"强县扩权"实践,符合管理理论上的扁平化的要求,也是我国行政区划改革的基本方向。"十一五"期间,我国将积极推进省、县两级地方政府财政体制的改革。温家宝总理在 2004 年全国农村税费改革工作会议上明确指出,在"具备条件的地方,可以推进'省直管县'的试点。""强县扩权"作为一个过渡性的政策,其发展的必然趋势是走向省直管县市,这是中国统县政区改革的重要一步。

49.4.2 "强县扩权"与县域政区改革

"强县扩权"实行省与市县的两级财政分配制度,增强了县(市)发展的自主权,促进了县域经济的加速发展,加强县域内的城乡统筹和协调发展,使城市化进程加快,并可能导致县域内乡镇的分化——一部分条件较好的中心镇向小城市方向发展,即要求实行新的"县—乡、镇、市"政区体制。

(1) 保持县制基本稳定的前提下积极探索县辖"乡、镇、市"新体制

自秦在全国全面推行郡县制以来,县制一直是我国国家体制的重要组成部分。县在我国行政区划体制中的地位是最为稳定的,县的基层性决定了其工作是直接面对广大农村和农民,这对于维持国家的稳定意义重大。中国历代行政区划建制变更很大,但基本都能保持社会稳定,其中一个很重要的原因就是因为"县"作为基层政区能够始终保持相对稳定[4]。历史的经验与现实的情况证明,县的稳定是中国社会稳定的重要基石。在长期的发展中,县已经形成具有稳定文化联系和较为完整的自然—经济—社会单元,是我国具有悠久历史传统、最为稳定,并为大众广为认同的基层行政区,不仅不宜变更,而且更应保护。但 20 世纪 80 年代中期十余年来,由于推行"撤县设市"模式,使"县"的数量显著减少,这不利于对县的保护,直到 1997 年国家冻结县改市之后才有所好转。未来我国应该尝试新的设市模式,既要保证县的稳定,又能体现我国城市化的迅猛发展。我国"十一五"规划纲要明确指出,今后

要"完善行政区划设置和管理模式",可见,完善并形成多样化的设市模式,尤其是积极探索与实验其他的设市模式,如镇升格为市、设立县辖市等[5]是值得研究的一项新的任务。

(2) 传统的县—镇行政区划体制已经不能适应县域城市化发展的要求

在充分认识保持县制基本稳定的必要性的前提下,应当看到,我国县制也确有某些不适应当前中国经济社会发展要求的方面,尤其是对高速发展的城市化状况的响应不够敏感,呈现出"老化"的迹象[6]。面对日益分化的乡镇状况,我们确有必要对其进行改革和完善,增加新的体制要素,以适应我国城市化迅速发展的要求。

目前我国以聚集2 000人口作为建制镇的设置标准,这一过低的门槛严重混淆了原本作为城市型行政建制的镇与乡的区别。其中"并乡建镇"的镇其管辖范围已经相当于原来的好几个乡镇,这使得由点状聚集中心的镇建制变为广域型"镇"建制,实际是大乡建制。镇除了要管理城镇建成区的工商、服务业等非农产业,还要更多地管理广大的农村地域和农业。可以说,这种镇与一般乡建制没有多大区别。显然,现有的镇的政区建制与管理体制已经不适应县域的中心城镇经济社会发展、城镇规划、建设与管理的需要。

(3) 经济强镇的崛起要求向城市型管理体制转变:设立县辖市

县域经济的快速发展,城市化程度的加快,导致县域内乡镇的进一步分化,一部分条件较好的经济强镇向小城市方向发展。改革开放以来,我国沿海经济发达地区,有的中心镇人口规模已经超过10万,经济规模达到许多县级市、甚至中西部的很多地级市的水平,并具有巨大的发展潜力,如浙江省龙港镇、江苏省吴江市的盛泽镇等。经济强镇对自身城市规划与建设、管理的职能与水平提出了要求;同时,城区非农产业和事业的高速发展,必然导致社会管理事务的高要求,而一般镇的"适农性"体制特点及其管理模式已经越来越无法适应这种城市性社会管理事务发展的要求,迫切需要革新目前的政区体制,实行新的城市型的管理体制,由此,实行县辖市体制成为必然。

49.4.3 创新设市模式:适度"切块"设市

目前国际上主要的设市模式是根据市的行政区域与城市连绵建成区的关系来区分的,不同的国家采用不同的设市模式。按照"城乡分治"的管理思想多采用统一型(即狭域型)设市模式,即市的行政区域与城市连绵建成区范围基本一致,或者略大于建成区,日本、澳大利亚、美国等国家多采用这种设市模式,这一模式在我国主要表现为传统的"切块设市"。同时,按"城乡合治"思想,则采用广域型设市模式,即市的行政区域远大于城市连绵建成区的范围,城区在市的行政区域中所占的比重较小,这在我国主要表现为市领导县和撤县设市模式。这两种设市模式虽然都有其优点,但同时也有各自的缺陷。

(1) "切块设市"和"撤县设市"模式的弊端

在20世纪80年代以前,我国的设市模式基本上与世界各国相同,即实行所谓城乡分治的"切块设市",只是标准各异。但切块设市的弊端比较突出,它使得城市发展空间狭小,出现城乡争地的矛盾;造成城乡分隔,不利于城乡统一规划、协调发展;需要成建制地增加县级机构和编制。所以在改革开放以后,积极推行城乡合治的"撤县设市"成为主要模式。中国的城市政区制度出现与传统设市模式相异的重大转变。自1986年以来,撤县设市数量占到设市数量的90%以上。应当指出,我国转型期产生的"撤县设市"模式有其深刻的体制背景和一定的积极意义,特别是在"行政区经济"运行下具有较强的操作性,得到多数政府部门的支持。但存在着难以克服的诸多弊端:第一,是出现较严重的虚假城市化现象,"城市人口"概念被滥用,城乡统计混乱,难以进行科学的城市比较分析(尤其是国内外比较);第二,导致城乡性质混淆,城区盲目扩展,大量耕地流失,"三农"投入减少,在一定程度上影响了农业的基础地位;第三,难以实行城乡两类政区的分类管理,也与国际普遍的城乡分治相悖;第四,从政区制度角度看,大规模"撤县设市"将会动摇我国传统基层政区的基石,"县"有可能逐步消失;第五,对一些县域非行政中心、规模较大的经济强镇来说,在"撤县设市"模式下,由于得不到应有的市镇政区地位,从而在一定程度上制约了发展;第六,"撤县设市"一旦停止,还导致出现中国城市化快速推进而城市数量停滞,甚至减少的"奇特现象"。

(2) 推行"城郊合治"、新的"适度切块"设市模式

在今后的设市模式实践中,应该集合"城乡分治"的切块设市和"城乡合治"的撤县设市两种模式的优点,摒弃两者的缺点,建立按照"城郊合治"的原则"适度切块"设市模式,即"切块"的面积大一些,有一个合理的城郊比例,给新"切"的市留有充分发展的地域空间。适度切块设市能将县域中最发达、城市化水平最高或者最有发展潜力的镇"切"出来设置为"市",实行城市管理体制,集中发展非农经济,从本质上区分了城市和乡村的不同概念,符合城市的基本特征,反映了城市化的真实水平,避免了"虚假城市化"现象。随着我国市场经济体制改革的推进,这种模式更具有生命力,应该成为我国将来主要的设市模式。

[刘君德,贺曲夫,胡德.论"强县扩权"与政区体制改革[J].杭州师范学院学报(社会科学版),2006,28(6):47-51]

解读:与两年前的文章相比,本文在3个方面作了新的论述:一是对"强县扩权"背景的分析,即制度环境变化、经济强县权力扩张的内在要求、省级政府处理市县关系的必然选择等;二是对"理性思考"的深化,指出中国的权力经济的特征相伴于各层级的政府而存在,从本质上说,"强县扩权"并没有改变中国县域(区域)经济的这个特征;三是进一步指出了"强县扩权"制度的两面性和过渡性特征;四是将"强县扩权"与行政区划体制改革挂钩,提出了"省直管""统县政区""县域政区"与适度"切块设市"的改革思路。

参考文献

[1] 刘君德,周克瑜.中国行政区划的理论与实践[M].上海:华东师范大学出版社,1996:93.
[2] 刘君德.理性认识和推进"强县扩权"[J].决策咨询,2004(7):10-12.
[3] 中华人民共和国民政部.中华人民共和国行政区划简册(2006)[M].北京:中国地图出版社,2006:1-8.
[4] 刘君德,靳润成,周克瑜.中国政区地理[M].北京:科学出版社,1999:184.
[5] 刘君德.县下辖市:尝试一种新的政区制度[J].决策,2005(4):34-35.
[6] 戴均良.中国市制[M].北京:中国地图出版社,2000:221.

50　关于"省直管"

背景:"强县扩权"与"省直管"可以说是一个问题的两个侧面,学界已经讨论了10多年,中央政府的文件也已经写得非常明白。尽管我及我的弟子们长期以来一贯主张中国的政区体系结构要走"扁平化"、取消"市管县(市)"、推进"省直管县(市)"体制改革之路,但少有专文论述"省直管"。本篇是专文之一。

地级政区(又称为统县政区),是介于省级政区和县级政区之间的一个重要层级,当前主要指地级市、自治州、地区和盟等几种地区级政区。国家"十一五"规划明确指出要"深化政府机构改革,优化组织结构,减少行政层级""完善中央和省级政府的财政转移支付制度,理顺省级以下财政管理体制,有条件的地方可实行省级直接对县的管理体制"。2008年10月,党的十七届三中全会通过的《中共中央关于推进农村改革发展若干重大问题的决定》再次明确提出:"推进省直接管理县(市)财政体制改革,优先将农业大县纳入改革范围。有条件的地方可依法探索省直接管理县(市)的体制。"上述文件与背景要求加快推进"减少层级""省直辖县(市)"的改革进程。

50.1　省直辖县(市)体制的矛头直指"市领导县"体制

从20世纪80年代初期开始在全国范围全面推广"市领导县"体制以来,目前全国333个地级行政区中有283个地级市,占地级政区的84.98%,共领导县(自治县、市等)1 574个,占全国2 003个县级行政区(未含地级市、直辖市的市辖区)的78.58%[1]。可见,"市领导县"体制为我国的地级政区的主体,同时也是矛盾的集中点[2]。虽然《中华人民共和国宪法》第30条中有关"较大的市可以分为区、县"能够解释为市领导县体制的一个依据,但在实际工作中,市领导县体制为人诟病,尤其是市县之间的诸多矛盾相当突出,本文不再赘述。总体上讲,要求取消市领导县体制,实现"省直辖县(市)"的呼声越来越强烈。

50.1.1　"市领导县体制"的制度环境已经发生变化

20世纪80年代初推行的市管县体制有着特殊的社会时空环境,其初衷在于以经济相对发达的城市为核心,带动周边县域农村地区的发展,形成城乡一体化区域经济发展格局。这一体制在当时的政治、经济条件下,对于促进省内行政区和经济区的协调,推动区域经济、社会发展起到了一定作用。应当说计划体制是当时推行市管县体制的关键性变量。随着市场代替计划逐步成为社会资源配置的主要机制,市管县体制的整个制度环境发生根本性变换,在这一深刻的经济社会制度变迁过程中,市管县体制不仅逐步丧失了其最重要的制度支撑,而且其制度安排本身所固有的一些局限,因制度环境变迁而产生的种种"制度意外"相继暴露出来,"市领导县"体制已经逐步失去当初的功效,成为束缚县域经济发展的体制性因素。

50.1.2 "双层架构"体制先天缺陷是市县矛盾的根源

市领导县体制实质上是一个双层架构:地级市的市政府既是市区所在的这座城市的"城市政府",又是包括各县在内的广大行政区域的"区域政府"。由于地级市和县分别代表着各自区域利益的主体,承担着不同的经济责任,地级市为了自身的利益,往往利用其"区域政府"的领导地位和较高的行政等级与公共行政权力,有意无意地盘剥与压制县(市),从而使县处于不利的地位,引发了市与县之间的冲突。尤其是在实行财政"分灶吃饭"以后,这一矛盾表现得更为突出。如市、县之间相互争项目、抢外商、夺外贸出口权等。在许多省区,市领导县体制并没有起到促进和带动农村发展和进步的效果,甚至于成为县域发展的障碍。这就是通常所说的市领导县变成"市吃县""市卡县""市刮县",而非市帮县、市带县。

50.1.3 大势所趋:取消"市领导县"体制

解决地级市管县(市)矛盾的途径在于取消"市领导县(市)"体制,这也是落实中央"减少行政管理层级"要求的焦点与重心所在。具体实现路径为,原地级市只管市辖区部分,各县(市)统交由省直接管辖。为了使改革得以顺利进行,减少一些人为的阻碍,避免改革给人员级别与安置带来冲击,作为一种过渡,在一定时期内,可以允许一部分原地级市保留其原有的行政级别和待遇。应当指出,这里我们强调的是取消市领导县体制,而不是取消地级市。如海南省,在各县(市)由省政府直接管辖的情况下,海口市和三亚市保持其地级市地位。这种政区安排有利于未来对县(市)实行分类管理,即可以按县(市)综合实力科学排序,确定不同类型,进而对不同类型的县(市)实行差别管理,允许在机构设置、财政税收及福利待遇等方面有所区别。

50.2 省直辖县(市)体制的实践与经验借鉴

逐步减少政区层级、提高行政效率是中央政府长期以来关注的行政体制改革的一个重大问题,以多种形式积极实践省管县(市)体制的改革,并取得一些成果和经验。这些早期的积极尝试,为全面推进省直辖县(市)提供了基础和经验借鉴。

50.2.1 海南和重庆的实践

1988年海南建省,为了实现减少层级,建设"小政府、大社会"的需要,建省后,海口和三亚两个地级市均未实行市领导县体制,而是与其他各县(市)统由海南省直辖。我们认为,"海南模式"为大陆推行省直管县(市)改革提供了样板。

在海南建省过程中,针对当时存在的海南黎族苗族自治州问题,考虑到海南省辖陆地区域较小,没有必要再保持几乎占全岛辖区一半的自治州,国务院于1987年11月(国函〔1987〕181号)撤销了海南黎族苗族自治州,所辖各县按民族情况分别建立民族自治县,继续实行民族区域自治制度,执行民族政策,实践效果很好。这是新中国历史上仅有的一次撤销自治州的案例,它的成功可以为今后在推进省直辖县(市)过程中妥善处理自治州问题提供经验,我们把它称为"海南州模式"。

1997年重庆设立直辖市,辖区包括原属于四川省的重庆市、涪陵市、万县市和黔江地区等4个地市,下辖16区18县4市和5自治县,共43个县级政区。基于《中华人民共和国宪法》因素(宪法不允许直辖市下设地级市或地区行署),重庆直辖市成立后即开始对原有政区层级进行整理,到2000年,基本理顺了原有地级政区层级,实现了直辖市—区县—乡镇三级政区体制。即为"重庆模式"。

海南模式(含海南州模式)是省直管县(市)的一种实践和尝试,在一定程度上为我国今后推进省直辖县(市)提供了经验借鉴;重庆模式也许是未来新设直辖市理顺内部政区体制的一个参照。

50.2.2 湖北"江汉模式"等的实践

除海南模式和重庆模式外,部分省的个别县(市)直属于省管辖则可以看成是另外一种探索。如湖北省仙桃市、潜江市、天门市与神农架林区,以及河南省济源市等。它们的共同特点是均保持为县级市,但由省政府管辖,而不由地级市管辖。这种在省域内局部实现省直辖县(市)的实践模式同样取得积极效果,我们称其为"江汉模式"。

50.2.3 "强县扩权"的实践

"强县扩权"是指在暂时不涉及行政区划层级的情况下,将一部分归属于地级市的经济管理权和社会管理权直接赋予经济强县(市),以推进县域经济的发展。从20世纪90年代以来,浙江、湖北、河南、安徽、湖南等省份先后根据本省的具体情况,将一部分归属于地级市的经济管理权和社会管理权直接赋予经济强县,在财政体制等方面实行了"省直辖县(市)"。"强县扩权"体制的积极推进有力地促进了县(市)域经济乃至于整个省域经济的发展。从行政体制角度看,强县扩权只是在现有行政管理体制框架下对市县经济和社会管理权限的调整,虽然符合管理理论上的扁平化的要求,但基于其权限上的限制,具有明显的过渡性质,走向省直管县(市)是必然趋势。

50.3 省直辖县市的实现路径

党的十七届三中全会文件中再次明确提出的"推进省直接管理县(市)财政体制改革,优先将农业大县纳入改革范围"和"有条件的地方可依法探索省直接管理县(市)的体制"的要求,指明了未来我国省直辖县(市)的两条实现路径:一是从"强县扩权""农县扩权"走向省直辖县(市);二是由局部地区"有条件的地方"直接实行省直辖县(市),逐步扩大到全国实行省直辖县(市)。两条路径相辅相成。

50.3.1 路径一:从"强县扩权""农县扩权"到省直辖县(市)

对于已经实施"强县扩权"的省份来说,下一步是实现全省范围内的"农县扩权",并进一步放权,最终过渡到省直管县(市);而对于多数省而言,则是"优先将农业大县纳入改革范围",再扩权至所有县(市),逐步弱化地级政区对县(市)的管理,最后走向完全的省直辖县(市)。

50.3.2 路径二:多层次多类型试点基础上推进省直辖县(市)

十七届三中全会提出"有条件的地方可依法探索省直接管理县(市)的体制"中强调"有条件的地方"和"探索",说明推进省直辖县(市)是一个系统工程,不可能一蹴而就,在具体实践中必须坚持因省制宜、稳步推进,需要进行多层次、多类型的试点,总结经验教训,逐步推行。大致可分为以下 3 种情况。

(1) 全省域推行省辖县(市)改革,即推广海南模式。在总结海南、重庆二省市实践经验的基础上,继续选择一些面积较小或人口较少且辖县(市)数量不很多的省区,进行全省区的省(区)直接管辖县(市)的试点,如吉林省[48 县(市)]、宁夏回族自治区[18 县(市)]等。

(2) 在省域内不同经济发展水平区域各选部分县(市)先行试点、逐步推行,如同湖北省的江汉模式。对于一些面积较大或人口较多且辖县(市)数目较多的省份,暂不适合全省全面推行省直辖县(市)的改革试点,但可以根据省域内经济发展不同水平的区域,各选择一些县(市)作为试点,为后期推广省辖县(市)总结经验教训。以江苏省为例:除了已经在发达的苏南地区选择的昆山、常熟、张家港等县级市外,在欠发达的苏北地区则可选择沭阳、新沂等县(市),而苏中地区则可选择东台、泰兴等县(市)进行试点,逐步向全省推进。

(3) 地区、自治州与副省级市辖县目前暂缓推行。我国目前全国尚存的 20 个地区(盟)和 30 个自治州,它们基本都处于经济欠发达的中西部地区,地县间矛盾远没有沿海地区激烈与复杂,更重要的是自治州体制改革涉及民族区域自治的问题,目前不宜推行省直管县(市)政区体制改革。条件成熟时可根据实际情况,适当参照海南州模式,因地制宜推行省直辖县(市)体制。

副省级市由于其城市规模、经济实力与辐射力均比一般地级市大得多,其所属县(市)对副省级市的依存度比较高,也可暂缓推行省直辖县(市)体制。

50.4 推行省直辖县(市)对我国行政区划体制的影响

推行省直辖县(市)对政区体制最直接的影响是省辖地级中心城市。由于地级中心城市失去对县(市)的领导权,中心城市不能随心所欲地利用自身拥有的权力对所辖县(市)发号施令,随意地扩大城区开发空间,要求县(市)上缴税收,利用行政权力与县(市)争夺资源、项目、人才,等等,因而必然在一定程度上影响地级中心城市的非正常竞争的实力。除此之外,推行省直辖县(市)体制在以下 3 个方面是值得深入研究和思考的。

50.4.1 对省级政区的影响:并县与分省之争

除京、津、沪和港、澳、台之外,我国目前28个省(市、区)共辖2 804个县级政区,平均每个省级政区约辖100个县级政区,管理幅度显然过大。在推进省直辖县(市)后,就会碰到一个问题:省级政区如何管辖如此数目庞大的县级政区,并县还是分省?

(1) 大规模并县不可行:必须保持国家县制的基本稳定

主张并县者认为,通过大规模合并县(市),可以大幅度减少县(市)数目,从而可以在现有省级政区格局基本不变的情况下,实现省对县(市)的直接管辖。但是,我们认为,通过大规模并县纵使能达到所谓"省直辖县"的目的,但却不能从根本上解决我国行政区划的层级问题。因为县域的倍增,将不可避免地会在大县与乡镇之间出现新的层级(不妨暂称为A,以前叫"县辖区"),即省—大县—A—乡镇,这与省—地(市)—县—乡镇没有本质区别,相当于把现在的地(州、市)的数目增加一些,地(州、市)的通名改为"县",县改为"A",并不能从根本上解决我国行政区划层级过多的问题。所以,除了冀中南县规模较小等少数地方可以并县之外,并县不宜推广到全国,更不能以此作为推行省直辖县的手段。

历史的经验与现实的情况证明,县区范围的稳定是中国社会稳定的重要基石。自秦在全国全面推行郡县制以来,县制一直就是我国国家体制的重要组成部分。在长期的发展中,县已经形成具有稳定文化联系和较为完整的自然—经济—社会单元。县在我国行政区划体系中的地位是非常突出的,县的基层性决定了其工作直接面对广大农村和农民,这对于维持国家政权的稳定是有重大意义的。中国历代行政区划建制变更很大,但基本都能保持社会稳定,其中一个很重要的原因就是因为"县"作为基层政区能够始终保持相对稳定[3-4]。因此,在未来我国行政区划体制改革中,县应该长期保持相对稳定。

(2) 划小省区:能够真正实现并巩固省直辖县(市)

省制自元朝开始,经明、清及民国,延续至今,已经成为我国地方政治、经济、社会体制的最重要层次,也是我国行政区划体系的最高层级。然而,我国现行的省制基本上是对元以来各朝代的历史继承和发展,不可避免地从历史上遗留有诸多不合理因素,存在一些弊端,其中和层级与幅度相关的主要是:省区范围偏大,辖县数目过多,且省区之间差距过大;管理层次过多,效率低下等。关于省制改革的问题,其实自清末和民国时期以来,广大学界就进行了深入研究,并且意见逐步集中到"分省减层"的思路上来,一是划小省区,增设新的一级政区;二是减少层次,精简机构,提高行政管理效率;三是解决历史时期造成的省级政区边界犬牙交错,破坏自然经济区域的完整性等问题。

而适时推进省直辖县(市),恰好与我国省制改革方向相吻合,一方面减少了政区层级,另一方面划小省区,有利于巩固省直辖县(市)的改革成果,实现省与县(市)之间的适度规模,形成一个合理的层级与幅度关系。基于此,我们的基本观点是:推行省直辖县(市),应该建立在划小省区的基础上。

50.4.2 对县辖政区(乡镇)的影响:催生县下辖市

省直辖县(市)使得县在财政、人事等权限上进一步扩大,必将促进县域经济加速发展,全面提升县级经济实力,县域城市化进程也必将加快,并导致县域内乡镇的进一步分化,一部分条件较好的经济强镇向小城市方向发展,形成县域多中心格局[5]。事实上,改革开放以来,我国沿海经济发达地区有的中心镇人口规模已经超过 10 万,经济规模达到许多县级市、甚至超过中西部的很多地级市的水平,并具有巨大的发展潜力,如江苏省吴江市的盛泽镇、浙江省的龙港镇等。

经济强镇对自身城市规划与建设管理职能提出了新要求,同时镇区非农产业和社会事业的高速发展,也导致对社会事务的非农化管理提出了新要求,而现行镇的"适农性"体制特点及其管理模式越来越无法适应这种城市性社会管理事务的发展,这就必然要求实行新的基层城市型的管理体制——县下辖市[6]。可以预见,实行省直辖县(市)将催生我国实行县下辖市制度,使得我国县辖政区由"县—乡、镇"向"县—乡、镇、县辖市"转变。这与国家"十一五"规划纲要规定的今后应该"完善行政区划设置和管理模式"相合,也正符合十七届三中全会有关文件的规定,即"坚持走中国特色城镇化道路,发挥好大中城市对农村的辐射带动作用,依法赋予经济发展快、人口吸纳能力强的小城镇相应行政管理权限,促进大中小城市和小城镇协调发展,形成城镇化和新农村建设互促共进机制"。从城市制度角度看,未来中国将形成中央直辖市—省辖市—县辖市三级城市制度体系[7]。

50.4.3 省直辖县(市)对国家行政机构层级设置改革提出要求:重组与减层

我国行政区划与国家行政机构在层级上的对应关系是非常严密的,部(委)—省、司—厅—地(州、市)、处—县、科—乡镇,形成一个严密的等级体系。在行政区划序列中取消地级政区后,相应的国家机构也应该随之进行整合,主要是中央部门的司(局)与处重组为新的司(局、处),作为部与科的中间层次,省级政府机构也作相应重组,分别对应行政区划与所列省—县—乡三级(表 50-1)。这种政府机构层级的改革尤显重要,否则出于"官本位主义",省直辖县(市)很难坚持下去。

表 50-1 重组后各级国家行政机构与行政区划的等级对应

中央机构	地方机构	行政区划层级
部(委、局)	省(自治区、直辖市)政府	省(自治区、直辖市)
司(局、处)	厅(局、处)	县(自治县、市)
科	科(局)	乡(民族乡、镇、县辖市)

50.5 结语

第一,取消地级政区,实现省直辖县(市)的管理体制是我国未来行政区划体制改革的一个基本方向。"市领导县"体制作为我国地级政区改革的主体和矛盾的集中点,应该加速推进改革进程。取消市领导县(市)体制,实现省直辖县(市)已是大势所趋。

第二,我国早期的关于省直辖县(市)的一系列实践,取得了一定成绩,积累了有益经验,形成了海南模式(含海南州模式)、重庆模式、江汉模式等诸多模式,可以作为未来我国推进省直辖县(市)改革的借鉴。

第三,党的十七届三中全会文件为推进我国省直辖县(市)体制指明了重要路径,当务之急是根据各省(区、市)的实际情况选择不同的步骤积极推进。

第四,推进省直辖县(市)是一项巨大的系统工程,不可能一蹴而就。全国在实施过程中要根据各省的省情和实施的不同条件,积极自主探索不同模式,并根据各省经济发展的不同阶段、不同的问题,进行多层次多类型的试点,切忌搞"一窝蜂"和"一刀切"。

第五,推进省直辖县(市)必将对我国各级政区产生巨大影响,就省级政区而言,分省(划小省区)将是进一步推进省直辖县(市)的必然选择,也是巩固省直辖县(市)成果的保障。对县辖政区而言,省直辖县(市)将极大地促进县域经济的发展,加快县域城市化进程,进而催生县下辖市体制。

第六,省直辖县(市)将为我国进一步进行机构改革提供新的契机,整合和重组各级国家行政机构,减少层级,以对应省—县—乡的三级结构,二者互为要求,互相促进。

[贺曲夫,刘君德. 省直辖县(市)体制实现的路径及其影响[J]. 经济地理,2009,29(5):741-745]

解读:本文总结了海南、重庆等直辖县市的实践经验,在此基础上对省辖县(市)的两个实现路径进行了探讨。一是从强县扩权、强农扩权走向省直管县(市);二是在多层次、多类型的基础上实现省直管县(市)。文章重点分析了推行省直辖县(市)与整体行政区划体制的关系。认为,有条件地适度"分省"是完善省直辖县(市)体制的必然选择,也是巩固省直辖成果的重要保障;对县辖政区而言,省直辖体制的实施将为推行"县下辖市"提供体制基础。后一点论述在一定程度上弥补了前面两篇文章的不足,是本文的一个亮点。

参考文献
[1] 中华人民共和国民政部. 中华人民共和国行政区划简册(2008)[M]. 北京:中国社会出版社,2008:1-8.
[2] 刘君德,贺曲夫,胡德. 论"强县扩权"与政区体制改革[J]. 杭州师范学院学报(社会科学版),2006(6):47-51.
[3] 刘君德,靳润成,周克瑜. 中国政区地理网[M]. 北京:科学出版社,1999:184.
[4] 贺曲夫. 我国省制改革的原则和新省区的产生模式与命名研究[J]. 中国方域:行政区划与地名,2005(2):9.
[5] 贺曲夫. 县域多中心格局与县辖市体制创新研究——以江苏省吴江为例[J]. 经济师,2007(4):15-17.
[6] 刘君德. 县下辖市:尝试一种新的政区制度[J]. 决策,2005(4):34-35.
[7] 刘君德. 中国直辖市制度辨析与思考[J]. 江汉论坛,2006(5):86.

51　皖南区划的问题

背景：1984年年底，我带领中科院南方山区考察队三分队在安徽省贵池县考察中发现池州地区撤销、贵池县划归长江北岸的安庆市管辖，引起该县干部群众极大反响，遂以华师科〔1984〕106号函上书中央，提出"关于安徽省贵池县经济体制问题的情况和建议"，得到及时批示、回复。这件事是我后半生致力于行政区划研究的强大驱动力。除贵池的区划问题之外，考察队在皖南考察中还发现整个皖南地区都存在着行政区划体制的问题。1985年考察任务结束之后，我组织教育部在我校地理系举办首届人文地理助教进修班的几位学员，重回皖南开展行政区划问题的全面深入调查研究，历时数月，完成了长达2万余字的调查报告。此为调查报告的上半部分。

行政区是为行使国家政权和执行国家任务的需要而划分的各级区域和地方。行政区划合理与否，一般应从两方面去检验，一要看是否有利于加强政权建设，方便行政管理；二要看是否有利于实施宏观经济指导，促进生产、社会发展。长期的实践证明，像我国这样以计划经济为主、市场经济为辅的国家中，合理的行政区划是区域经济振兴和社会发展的必要条件；反之，不合理的行政区划往往在很大程度上阻碍着区域经济、社会的发展。过去，我国由于受"左"的错误路线的干扰，行政区划问题被视为"禁区"，很少有人研究。今天，在体制改革的新形势下，行政区划作为条块结合的重要途径，其研究具有十分重要的实践与理论意义。新中国成立以来，由于"省""县"两级行政区域相对比较稳定，而介于两者之间的"行署"（或相当于行署的"市"）却变动较多，有成功的经验，也存在不少问题，加强对"行署"的研究更具有现实意义。

1985年，我们在皖南地区综合科学考察中，意外地发现，由于行政区划的频繁变动和不合理体制给该区经济、社会的发展带来很大影响，不解决行政区划体制问题，区域资源的开发和经济、社会的发展战略目标将难以如期实现。

51.1　区域概况及新中国成立以来行政区划的演变

皖南地区位于安徽省长江以南，包括芜湖市、马鞍山市、铜陵市、宣城地区、黄山市的全部及安庆地区所属的江南部分，计有18个县，5个县级市、区。全区土地面积3.64万 km^2，占全省土地面积的26.1%；1986年，人口378.05万，占全省总人口的17%，人口密度241人/km^2。皖南西北临长江，有芜湖、马鞍山、铜陵、池州等港口为依托，是安徽省经济发展战略中"长江经济带"的重要环节；东接江、浙两省，距上海不远，是上海经济区的重要腹地；南与江西省赣东北地区相邻。区内多丘陵山地，山场资源丰富。沿江平原地带，铁、铜等金属矿产和石灰石、大理石、萤石等非金属矿产资源十分充裕。以黄山、九华山、太平湖等自然景观和众多的人文古迹为主体的旅游资源，及茶叶、文房四宝等名特产品资源更是名闻天下。历史上，皖南地区的商品经济曾较发达，明代以经营茶叶为主的徽商雄飞全国，足迹遍天下，有"无徽不成镇"之说。近代,由于种种原因,皖南地区的经济、文化地位有所下降。新中国成立30多年来,皖南的经济虽有较大发展,但除去芜湖、马鞍山、铜陵3个省辖市外,整个皖南地区的经济发展不快,在上海经济区内,为水平较低的地区之一,其中一个重要的因素就是行政区划的频繁变动和不合理体制的影响。

新中国成立以来至1984年,整个皖南地区县级以上的行政区划变动几乎年年都有。归纳起来,新中国成立以来皖南行政区划有以下3个特点:

(1) 变动较频繁。与全国其他类似地区相比,皖南的政区变动是比较多的。如:池州地区经历了两起两落(1949—1952年、1965—1980年两次设地区;1952—1965年和1980年以后地区又被撤销);宣城地区长合短分(指现宣城地区所辖的五县,1952—1980年共28年间都合于原芜湖地区,只有1949—1952年和1983年以后5年时间单独分离),县(市)的归属变化更大,少则1~2次,多则7~8次;贵池县两属池州,两属安庆;青阳、石台、宁国先后都有5次变动;太平县变动7次,曾先后分属池州、芜湖等地区管辖,1983年改立黄山市后又直属省管;屯溪市的变动则多达13次,两次撤市改镇,曾交错归属徽州地区、休宁县、省直辖。

(2) 涉及面较广。整个皖南除马鞍山市、芜湖市、铜陵市外共有22个县级行政单元,新中国成立以来全都有过行政区划变动。

(3) 区划由小到大,又由大到小。皖南地区除原马鞍山市、芜湖市、铜陵市(含铜陵县),其余21县(市)的地域,1949—1952年分为芜当、池州、宣城、徽州4大块;1952—1956年分为芜湖、徽州、安庆3大块;1956—1961年分为芜湖、安庆2大块;1961—1980年又分为芜湖、徽州、池州(安庆)3大块;1980—1983年分为宣城、徽州、安庆3地区和芜湖市共4大块;1983年以后则分为宣城、徽州、安庆3地区和芜湖市、马鞍山市、黄山市共6大块。

51.2 皖南政区的盲目变动已在很大程度上成为该区经济振兴的绊脚石

(1) 行政区划的频繁、盲目变动浪费了国家大量资金,影响了工作效率,人为设置了机构体制改革的障碍。

行政区的拆、建、归并,首先带来的不良后果是引起当地干部群众思想混乱,经济建设停滞和大量资金、财产的浪费。1980年池州地区撤销时,地直机关的工作几乎都处于瘫痪状态,财产无人管理,甚至被私分、挪用,直接损失至少有100万元。原正在进行的池州行署驻地池州镇主干道长江路的建设被迫停止。池州镇的城市维护费用由撤销地区前的30万元降到5万~6万元,而实际上每年用在路灯维修上的费用就需4万元左右。宣城地区自1980年决定从芜湖搬迁宣城以来,绝大多数干部由于子女就业、夫妻分居等具体困难和认识不同,思想一直处于动荡不安状态。地区撤迁以来(1980—1984年),已花去1 400多万元兴建地委和行署办公大楼及生活配套设施,而目前地区各局在宣城几乎都还没有办公室和生活住宅等设施,要基本落实这些基建项目,尚需几千万元的投资。

其次,行政区划的变动,严重影响工作效率,使行政费用大大增加。青阳、石台和宣城地区都有这种情况存在。青阳原属池州地区,距行署驻地40 km,区划变动后,县、市距离增加到137 km。石台县距贵池县仅99 km,而到徽州行署驻地屯溪市却有170 km,成了安徽省与地区行署相隔最远的县之一,往返联系十分不便,差旅费增加好几倍。宣城地区成立以来,由于种种原因,搬至宣城办公的仅地委、行署的各委、办机构和部分局级单位,其他机构和单位长期留在芜湖市,地区工作出现"头在宣城、尾在芜湖、身子躺在芜屯公路上"的局面,干部忙于在芜湖至宣城的 70 km 的路途上往返奔波。几年来,原地委干部 95%的家仍在芜湖,一些老同志的思想状况是:坚持数年,告老还乡。许多人星期一下午才从芜湖赶来宣城上班,而星期六上午又匆匆离宣城回芜湖,机关真正办公时间每周仅 4 天左右,严重影响工作效率;同时,也带来了行政费用巨大浪费。据统计,每年用于职工、干部上下班和开会联系工作等的汽油费、车费(芜湖至宣城往返车费 0.60 元)、长途电话费、补贴费(路途补贴每人每天 1.10 元,住勤补贴 0.40 元)等方面的行政开支就达 80 万元之多。

再次,不合理的政区变动,往往给体制和机构改革带来新的矛盾。如 1980 年池州地区撤销,使地直机关 1 000 多名干部归属不定,结果大部分被安排到安庆地直工作,使安庆地区许多机关长期存在人满为患的现象,原来两个人的工作要分给三四个人去干。在我国的行政区划中,地区作为省级行政单位的派出机构本来就属虚设的政区,但我们在贵池看到了池州地区撤销后安庆行署又在那里设立次一级的派出机构——安庆行署池州办事处。宣城地区的情况更为严重,1980 年地区搬迁时因照顾许多家住芜湖的原地区干部,把大约 400 名干部职工安插到芜湖市和马鞍山市工作。1983 年宣城地区由原辖 9 县 1 山(九华山管理处,县级单位)变为仅辖 5 县的小地区,地区范围虽然小了近一半,但行政机构人员编制并没有减少,编制定员数已达 745 人(不含公检法三大家),不得不从地区所辖各县抽调近 300 多名干部充实到地区各单位。各县相应地又得增加这么多干部充实到县级机构,形成恶性循环,使各级机构越来越臃肿,遇事扯皮、推诿,"文山会海"的现象日趋严重,工作效率大大降低。以计委系统为例,1956 年大芜湖地区辖 22 县,地区计委仅 30 多人,且负责工交、劳动等部门;而今天的宣城地区仅辖 5 县,计、经委总共近百人,且职责单纯。据 1984 年的调查资料表明,1983 年前宣城地区辖 7 县 1 山时,部、委、办、局机构 63 个,地直二级企事业单位 79 个,地直机关副县级以上干部 227 人;而 1983 年行政区划变动,宣城地区仅辖 5 县,部、委、办、局机构虽缩减为 44 个,但地直二级企业事业单位却多达 113 个,地直机关副县级以上干部反而增加到近 300 人。出现这种情况的原因很多,但不合理的行政区划体制客观上为之提供了条件。

(2) 不合理的行政区划,一方面导致人为的条块拼凑,代替了横向经济联系,另一方面又人为地割断了传统的经济联系,堵塞了合理的流通渠道。

条块分割的矛盾长期以来已成为我国经济发展中的一大弊病。多年来的实践表明,条块原则各有利弊。片面强调条条原则,往往形成部门分割,割断同一地区内不同部门之间的正常联系;反之,片面强调块块原则,上述弊病又会以新的形式表现出来,形成地区分割。因此,如何探索一条使条块结合的新路子,是我国经济发展中面临的重大课题,而行政区的合理设置则为之提供强有力的手段。然而,如果盲目设置政区,势必将出现新的矛盾,条块之间的机械拼凑代替正常的横向经济联系。原黄山市的设立,表面上是把黄山管理局与黄山市结合起来了,但实际上是条块拼凑。黄山管理局原为省管局级单位,以协调发展黄山旅游事业为主要目的,而黄山市的前身太平县则是一个基础薄弱的农业县。设立黄山市后,地级局与县级市并存,形成"局管市""山上管山下"的反常局面。这种以不合理的行政体制代替横向经济联系的做法,牵制了双方的力量,既于黄山旅游业不利,也于原太平县经济发展无益。

另一方面,行政区划上许多不合理的变动,又人为分割了各地长期形成的比较合理的自然和经济技术等方面的联系。

长期以来,皖南西部地区诸县已经由于多方面的原因结成一个以贵池为中心,以池州港为依托的比较合理的经济联系网络。然而,池州地区的撤销,皖南西部诸县在行政上已经四分五裂,以致原有的许多合理的经济联系被人为地割裂了。以石台县为例,原来大量物资和农副产品进出都经长江水道,经池州港中转,如竹木制品和其他农副产品运销池州地区,或经由池州港运往江北各地,而钢材、煤炭、柴油等统配原料和工业品、生活品,又多经池州港转陆运而来,由于运输距离短,商品渠道一致,故空载车辆很少,运费较低。现行政上划归徽州地区,原池州地区二级站名义上保留,实际上已不管计划供货,故石台县的某些计划统配物资只得舍近求远,须从 130 km 外的芜湖二级站或 170 km 外的屯溪二级站远道而来,如铅丝、布匹、缝纫机等。外省自行车过去都由池州发货,现改从芜湖进货,陆运来回距离增加 60～70 km,仅运费就增加许多;若经水运到池州港中转,则最快需 20 多天时间,有时需 2 个多月,甚至草席、芭蕉扇一类物资也要放空车到屯溪取运。而石台农副产品销售,大多经由池州港,而与屯溪无关,故到屯溪取货,常是空车驶出。这种人为的分割,打乱了原先合理的商品经济流向,造成许多物资倒流,车辆运力浪费,严重影响了经济效益的提高。据初步调查,石台县商业系统因此每年减少利润就达 5 万元以上。

青阳县亦有类似情况存在,钢材、水泥等物资以前从贵池方向进货,现由于政区变动,改由芜湖进货。为使青阳至芜湖不致放空车浪费运力,只得把部分农产品随车带往芜湖。但由于运距大,交流不便,致使芜湖来的原材料费用增加,青阳去的农产品价格抬高。前者影响生产成本,后者影响商品市场竞争能力。

宣城地区水陆交通枢纽长期以来都在芜湖,交通管理、公路养修、车船运输的局机关也都设在芜湖。自 1980 年宣城地区移地和 1983 年的区划调整后,因宣城地区在芜湖的管理机构大部分合并于芜湖市,宣城地区又重新组建自己的一套机构,人为地给双方机构增添了很多困难,例如 1983—1984 年两次水灾,冲毁宣城地区桥梁 13 座,因没有公路管理分局而无法进行路桥建设,至 1985 年上半年还有半数桥梁没有修复。县与县的宣泾公路仍是土路。虽然现在省里已同意宣城地区成立公路分局,但技术力量全在芜湖,结果造成芜湖市大马拉小车,宣城地区小马拉大车的不合理现象。

汽车运输也是如此。1983 年行政分家后,原宣城汽车运输公司全归芜湖运输公司管,因种种矛盾,现在宣城地区也将建立自己的运输公司,但极缺业务干部和技术人员,芜湖却大有剩余;运量上,原来宣城地区运输量占芜湖运输公司的 65% 以上,现宣城单独设公司,势必因运量大、运力不够而大量添置汽车设备,芜湖却货运大减,运力大于运量,造成浪费。

在水运上,原宣城地区航运处负责青弋江、水阳江的货运,区划分开后,主要的下游航段已属芜湖市,而设在芜湖的宣城地区航运处因种种原因不能交给芜湖,芜湖市就势必又得重建航运处。

类似这样原来一个机构便可以管理的工作,现在因为行政分家而要再建立一个相同的机构进行管理的例子很多,并且往往出现双方机构互相扯皮、互相制约的现象,影响了经济建设。

水利建设对皖东南的经济发展至关重要。该地区水涝灾害频繁,仅 1983—1984 年两年,据宣城地区五县统计,水患损失就达 13 亿元。综合治理两江(水阳江、青弋江),防止水患发生已被提到重要议事日程。可是1983年的行政分家人为地把水系切断,使上、下游综合治理不能统筹安排,水利工程设施规划受到阻碍。如宣城地区水电局为加强内河航运和防止长江倒灌,计划在青弋江、水阳江下游新建水闸,但因为现闸址在芜湖市内而无法进行;原准备在水阳江支流修建求公水库,也因坝址划归芜湖市而不能实施;另外在陈村灌区的东、西干渠的修建上也产生了新的矛盾。

太平县原为基础十分薄弱的农业县,设立黄山市后,由于黄山市与山上的黄山管理局性质(职能)不同,山上管山下力不从心,原太平县成了无源之水,无本之木。黄山市与徽州地区之间,由于行政分割,使许多事情人为地变得复杂化了。在公路运输、物资收购与供应、人才与技术交流、安排就业等方面,双方产生许多矛盾,人为地割裂了原有比较合理的经济联系。

(3) 现行行政区划,在许多方面起着"抑长扬短"的作用,使区内许多资源优势不能成为经济优势,潜在优势不能成为现实优势。

这一方面的问题,石台县的情况是比较有说服力的。石台县设置于1965年,至今才有20年的历史,人口仅10.5万,面积1 566 km^2,工农业总产值仅4.141万元,是个典型的山区县。山场资源是县内比较突出的优势,合理开发山场资源是县域经济振兴的重要途径。原池州地区存在时,因区内贵池、东至为圩区县,区内平地较多,石台的山林资源在地区范围内仍是优势,可以扬长补短,故经济发展比较顺利。然而,1980年池州地区撤销后,石台划给徽州地区,客观上阻碍了石台经济的发展。首先,徽州地区的经济实力有限,且多属山区县,故投资和建设重点往往放在某些基础较好的县。例如,1980年至1985年,地区分给石台县的柏油仅够铺5 km的路面,石台至屯溪的公路仍有一段为土路。其次,地区优势是一个相对的概念,石台县的山场资源,原来在池州地区是优势,但到了徽州地区就相形见绌了。再如,石台茶叶和芳香油料山苍子,原是池州地区的优势,可大力发展,这一优势现在被歙县更丰富的资源取而代之了。石台香菇生产原来处在迅速发展的势头上,但现祁门等县的大量生产致使徽州地区香菇积压,石台被迫压缩减产。石台的猕猴桃资源要送往屯溪罐头厂加工,但由于运距过长、运费高而影响经济效益,1982年县里已收购的猕猴桃因此烂掉500多担,全县因停止收购烂掉3 000担左右。再如,该县芒杆资源丰富,过去由池州地区土产公司统一订货,每年调拨9 000 t左右,经池州港中转,给江苏镇江造纸厂作为原料。现因石台与贵池涉及两个地区之间的关系,中转环节失灵,使芒杆的经济效益降低,影响了广大农民的积极性,故近年来调拨量逐渐减少,1984年已下降到2 000 t。大量山区资源优势由于人为原因而不能转化成经济优势。

再以贵池县的电力和交通两个部门为例,也可以看出这一问题的严重性。

贵池县原为池州行署驻地,地区撤销后,县属单位与众多地直单位之间矛盾大增,加上原有上海三线厂,使池州镇内出现了"三分天下"的混乱局面。由于政出多门,条块分割和制约,使许多潜在优势不能成为推动经济发展的现实优势。

贵池县的电能优势在安徽省首屈一指,在全国也是名列前茅的,电力来自华东电网及三线厂,装机容量5万 kW,4座11万 V、9座3.5万 V的变电所,以及年发电量180万 kW·h的水电站。1983年供电8 514万 kW·h,全县54万人平均每人用电量达161 kW·h之多,远高于同期安徽人均32 kW·h、全国人均53 kW·h的水平。据预算,今后只需新增4个3.5万 V变电所,贵池电力就能适应工农业总产值翻两番的要求。然而,由于电力的供、用、管不统一,管电单位有县供电局、县水电局、安庆供电局池州分局、铜陵市供电局和上海703所等5个,调度权又分属安庆供电局和上海703所两家,条块分割,相互扯皮,因而造成一方面某些单位常因缺电停产,另一方面某些单位电力却大量浪费的混乱局面。据统计,1983年由于上述原因停电共达473小时,少送电51万 kW·h。由于多家供电,管理分散,影响电网合理布局,许多地方供电半径过长,也影响电力的统一调度,从而造成很大浪费。我们从一个村的典型调查中发现,电费构成中实际用电费用仅占47%,其余53%属电力浪费所致。

池州港是安徽省的重要交通和旅游口岸,港口设施较好,发展前途很大,但港区现被人为地分割成三段,省航、长航和三线单位(507码头)各管一摊,既浪费资金,又浪费运力。现三线厂507专用码头只承接上海调来的少量生铁、废钢等,码头利用效率仅1/10左右;长航港口年吞吐能力为250万t~300万t,但由于任务不足,码头利用效率仅1/3,机械利用率仅13%~15%,丰水季节仅有10%(因此间航运条件最好,任务少,故效率更低);而省航运部门每年约有100万t运输量无法解决,若改造港口则需60万元投资。

(4) 由于政区与体制的不合理,影响经济建设统一规划,以致重复建设、盲目布点、互相拆台的事时有发生,既浪费国家财力,又影响地方经济的长远发展。

贵池县境内现有省地直和三线厂的70多家单位,加上县属企业单位,人称"三国四方七十三家房客"。由于多头领导,群龙无首,导致贵池县经济建设无所适从。例如,地直池州水泥厂坐落在城郊齐山风景区,县里规划至少不应该再扩大规模,而行署却一味追求生产发展,拟通过近期改造使水泥厂的生产能力在现有基础上提高一倍。由于体制问题引起盲目布点、重复建设,甚至相互拆台,如自来水厂,除县办以外,地直港务局和肉联厂等单位也各自兴建,但现有取水口因污染等原因需要易地,又由于条块制约不能解决;化肥厂、食品厂、轮窑厂等地区和县都有,且生产产品相同。这种在国家财力紧张、原材料短缺和市场信息不明的情况下盲目建设,一哄而起的企业,经济效益往往很差,从长远看没有发展前途。

池州地区撤销后,留下的房产建筑多达14.38万 m^2(不包括厂矿、学校、医院和保留的二级机构)。现地直单位因经营范围小,房产利用率很低。有的仓库、办公室要派专人看管。如地直医药站仓库面积达5 000 m^2 多,撤地至今已有5年,却一直由国家养着32个人;而县里许多企事业单位却苦于办公室和仓库不足,急需花钱兴建。

随着经济建设的发展,资金不足已成为贵池县的严重问题,然而却也存在着有了资金用不上的怪现象。安庆行署曾同意地区建设银行拨款20万元在贵池新增一个变电所,县里与地直争着要搞,互不让步,结果大家都搞不成。来之不易的投资只得悬空搁起,还要交还利息。

宣城地区也因为1983年行政区划的变动,出现了许多重复建设、盲目布点的现象。区划变动后,由于原宣城地区的十多个企业划给了芜湖市,迫使宣城地区设法重新建厂,搞自己的工业。可是这些工业往往与原有企业存在争原料、争技术、争市场的矛盾,一些具有技术优势和市场优势的老厂也因行政分家而丧失了原料基地。例如芜湖羽绒厂,原料主要来源于宣城地区,区划分家后,宣城自己发展了3个羽绒厂,并大大缩减对芜湖羽绒厂的原料供给。类似这样的还有芜湖东方纸板厂、芜湖光华玻璃厂等,它们都因行政分家而失去了原料基地。

(5) 行政区划多变,导致多层次的管理体制和工资差别,波及商业,冲击市场,影响广大职工劳动积极性的提高和生活水平的改善。

1980年池州地区撤销后,池州二级站(池州糖烟酒分站和池州五交化站)仍然予以保留,而且不管计划供货,可直接介入市场。贵池县从此改由芜湖二级站进货。地直二级站与县属三级站在同一市场上的竞争,后者往往处于被动和不利地位。因二级站从省一级站进货享受92%的批发价,而三级站再从二级站进货只能享受96%的批发价。县三级站原来下拨给商业零售部门的批发价是98.8%,而地直二级站直接介入市场,或以98%批发价下拨,使贵池县难以与之抗衡,只得跟着压低物价,使商业部门的利润下降。表51-1是调查中得到的关于池州地区撤销前后贵池县商业利润额的变化情况,它在一定程度上反映出这种影响的后果。

表51-1　池州地区撤销前后贵池县商业企业主要指标对比　　　　单位:万元

	年份					
	1979	1980	1981	1982	1983	1984
商品纯销售额	3 798.3	3 415.8	3 535.5	3 678.0	3 741.8	3 877.6
商业利润总额	174.1	181.7	117.8	108.9	126.0	138.0
其中:饮食服务业利润	—	7.2	2.7	1.5	3.3	4.6

另一方面,贵池县境内有四、五、六、七、八等五类工资级别。三线厂上海职工享受八类工资,三线厂在当地招收的职工工资相当于七类工资区待遇,铜陵市企业为六类工资区待遇,贵池县居民为四类工资区待遇,地直单位原为四类工资区,因池州地区撤销后归安庆管,故与安庆市同为五类工资区。多种工资类别出现在一县以内,必然带来许多不利影响。首先,一个市场,五类工资,购买力水平不一,影响贵池县城乡人民生活水平的提高和改善;其次,省地县和三线企事业单位云集一处,职工工资、奖金、补贴和劳保福利等方面的人为差距,势必影响县属企事业单位职工的思想情绪和劳动积极性。

以上大量事实表明,皖南地区的行政区划调整和改革势在必行。如何调整,怎么改？将在下文详细论述。

[刘君德,程玉申,陈忠祥,等.安徽省皖南地区行政区划体制的调查与思考(上)[M]//中国行政区划研究会.中国行政区划研究.北京:中国社会出版社,1991:671-682]

解读:这篇调查报告以大量第一手调查的生动事例,深刻揭示了皖南地区行政区划体制存在的问题,可以说毫不留情、据实报告。我们的调查认为,"皖南政区的盲目变动已在很大程度上成为该区经济振兴的绊脚石",这一结论既是基于大量的调查资料,也是基于对行政区划与区域经济关系的深刻认知。这种直言不讳在以往的行政区划调查研究和论证报告中是难以见到的。文章深刻揭露了不合理的区划调整对区域经济、城市发展和人民生活等带来的巨大影响;对公共财产和行政资源带来的融目惊心的浪费。我认为,它值得科学工作者、更值得政府官员们认真一读和深思。

52　皖南区划如何调整?

背景:本文为上文的下半部分。

52.1　积极慎重地调整皖南现行政区和体制,必将成为该区经济振兴的重要契机

为了尽快解决皖南地区由于行政体制的变化带来的矛盾问题,加快皖南地区的社会、经济发展,有必要积极、慎重地对现有行政区划体制重新进行调整,这是加快皖南经济振兴的重要契机。考虑到皖南地区西部、东部和南部在自然地理单元、历史上和新中国成立后社会经济发展的相关联系和存在问题的差异性,拟分为三大片分别论述行政区划和体制调整的依据及意见。

52.1.1　皖南西部行政区划的调整

1) 皖南西部行政归一统既有必要也有可能

皖南西部所属贵池、东至、石台、青阳、九华山5个县级政区的现行格局,主要是1980年池州地区撤销而导致的产物,原属池州的贵池、东至两县划归安庆地区,石台划归徽州地区,青阳及九华山划归宣城地区。1983年10月又将青阳、九华山划归芜湖市。皖南西部诸县行政体制上的分割状况,已经到了非解决不可的地步。我们认为,贵池、东至、石台、青阳及九华山行政归一统将是根本之策。这是因为:

(1) 皖南西部诸县在行政上长期以来都是一个集体。石台县为1965年由原太平、贵池2县析置的新县,置县后直到1980年都属于池州地区。青阳县置于唐天宝元年(公元742年)。一千多年来的历史长河中,这些县在行政上大多合于一体,并已形成复杂的政治联系。

(2) 皖南西部诸县已形成了相对独立的经济网络。由于政治上的长期融合,又有条件优越的池州港为依托,加上彼此相距远,所以这些县已在长期的交往中结成了密切的经济联系网络。

实践证明,一个地区经济能否取得持续全面的发展,经济中心起着非常关键的作用。在我国,一般较小区域内行政中心与经济中心总是合在一起的,因为那样有利于行政管理与经济建设的统一和协调。皖南西部地区行政上归于一体后,从历史到现状,从现在看将来,我们认为贵池县具有许多有利条件,势将挑起这副重担,成为皖南西部今后实施行政管理和组织经济建设、文化建设和信息交流的中心。

另外,贵池县历为州府或行署所在地,并已有比较扎实的经济、文化基础,该县经济战略位置优越,进一步发展潜力大,中期可望发展成为省辖地级市(跃入中等城市的行列)。

世界各国的实践表明,一国一地区的经济前景如何,今后将在很大程度上取决于它的经

济战略地位的优劣。贵池县濒临长江,它在安徽省经济发展中具有十分有利的战略地位,既是"长江经济带"的重要环节,又是"皖南旅游区"的门户和重要组成部分。

2) 九华山与青阳县融为一体,势在必行

九华山位于青阳县境内,是以寺庙建筑为特色的我国四大佛教名山之一,又是国家公布的全国第一批44个重点风景名胜之一,属甲类开放区。九华山风格独特,旅游地理位置优越,与青阳、贵池相接,是江西庐山到黄山旅游线的重要"门面",在国内外旅游业日益兴旺的趋势下,九华山在皖南旅游业发展中的地位将越来越重要。然而,自1979年以来,九华山已从青阳县政区范围内划出12.6 km²的面积,正式组建九华山管理处,成为"地办省管县协作"的县级单位。行政区划上的分隔,使九华山成了青阳县境内的一个"孤岛",既影响九华山旅游业的发展,又在一定程度上阻碍青阳县的经济发展。

首先,旅游业是一个包括吃住行游乐各方面在内的综合性产业部门。几年来,由于九华山与青阳政区分隔,遇事双方互相扯皮,互不相让,已带来许多危害。九华山管理处实际上是有名无实的空架子,山上大小41个单位,其中粮站、车站、银行、税务、林业站、邮电局、供销社、二轻门市部等9个主要经济部门均属青阳,这些单位名义上是委托九华山管理处代管的,实际上人、财、物三权全无。由于行政体制的制约,九华山的优势得不到充分发挥和利用。

其次,九华山山体系黄山余脉,南北走向,一字形延伸,历史上素负盛名的九华山十景和九十九峰,分布于绵延20 km的条带状山体。专家们普遍认为九华山旅游区范围应由目前的12.6 km²扩大到100~120 km²。然而目前九华山管理处范围狭小(由于山林权归青阳县所有,故实际上管理处连12.6 km²范围也管不了,山林风景资源遇到乱砍滥伐的现象时有发生,却无法制止),大部分旅游资源分布在青阳县境内,由于行政区划的割裂,九华山管理处与青阳县各有打算,各行其是,始终未能协调,使九华山被人为地分割成南北两个部分。这种以邻为壑,各自为政的局面,严重影响了九华山旅游业的统一规划,极不利于九华山旅游资源的保护和利用,也不利于青阳县旅游业的发展。例如,安徽省计有14座国家级寺庙,九华山有9座,其中九华街就占6座,九华街是地藏王的道场所在,素有"莲花佛国"之称,近年来游客不断增多,新增建筑几乎淹没了古老的寺庙建筑,加上建筑风格与周围环境不和谐,使庄严肃穆的宗教气氛随之烟消云散了。为了保持九华山的旅游资源特色和优势,有关部门已规划设想把管理机构和游客生活供应基地设在青阳县九华乡,但也由于上述原因而难以实现。

应该指出,九华山管理处设立以来,对九华山旅游业的发展确已做出了很大成绩。当时成立管理处的出发点是很好的,但多年来的事实证明,把九华山从青阳境内独立出去却是弊大于利,今后的趋势必然是合二为一,以解决目前已经存在的矛盾。

52.1.2 皖南南部行政区划的调整

这里指的皖南南部主要包括黄山市和徽州地区,在自然地域单元上主要是以黄山为轴心,包括新安江上游流域和青弋江、秋浦河、昌江等上游水系。这一地区既有以黄山、齐云山、太平湖等为主体的自然风景资源,以及牯牛峰、清凉峰两个自然保护区;又有以歙县、屯溪、休宁、黟县等为主的人文景观资源,而且具备以屯溪市为中心的旅游综合服务基地,旅游条件之优越,旅游资源之丰富堪称区域经济振兴的一大优势。此处以茶林为主的山林资源十分丰富。该区位于上海经济区腹地范围,地理位置优越,紧邻人口密集和经济发达的苏、浙、沪等省市,游客来源充足;而且基本具有旅游业发展的外部交通条件,航空有屯溪机场,公路可直通沪、宁、杭等地,皖赣铁路正式通车(1984年)后,铁路停靠徽州地区屯溪、歙县等6个县市,为大量游客进入该区旅游创造了必要的条件。自1979年黄山风景区开放以后,旅游人数不断增加(表52-1),且大多集中于黄山。

表52-1 1978—1984年黄山旅游人数增长

	年份						
	1978	1979	1980	1981	1982	1983	1984
人次/万	19.9	28.2	42.8	59.3	77.0	82.0	126.4
比上年增加/万人	—	8.3	14.6	16.5	17.7	5.0	44.4

应该指出,为了解决游客吃、住、行、游的困难,保护和开发皖南旅游资源,发展皖南旅游业,提出建立原黄山市作为皖南旅游业依据的设想,出发点是好的。黄山设市后,在有效保护黄山风景资源,加快黄山市的经济建设,加强对风景区的管理,扩大对外影响和促进该市旅游业的发展等方面确实起了许多推动作用,但也产生了不少矛盾,不仅影响整个皖南地区以旅游业为中心的区域经济的发展,而且也在一定程度上阻碍着黄山市本身以旅游业为中心的经济的发展。从坚持实事求是,客观地权衡黄山设市后的利弊关系和全局、长远利益考虑,我们认为:近期,黄山市在财政体制不变的原则下,划归徽州地区代管,地市统一规划、协调发展,同时,结束黄山局管市的现象;远期,地市合二而一,成立大黄山市(或取名徽州市)。

(1) 黄山市原为徽州地区的一个农业县,即太平县,其经济基础薄弱,加上地形复杂,交通闭塞,县城甘棠镇只有0.7万人,全市工农业产值只有7 400余万元(1984年),其中70%为农业产值,难以发展成为山上旅游业的主要依托;另一方面,经济基础较好,交通方便,生活、商业服务设施和副食品供应条件都较好,原来就是黄山旅游业依托的屯溪市,如今由于行政分割,不能充分发挥其功能。为此,应从全局考虑协调地市矛盾,统一规划建设。特别是屯溪市,应首先建设成为皖南南部最大的经济中心和旅游服务基地。黄山市也应规划建设成为具有山城特色的旅游观光城市。为协调地、市关系,将黄山市划归地区代管是可取的。

(2) 应尽快解决目前存在的山上管山下,局管市的奇特现象。搞旅游的黄山管理局难以指导黄山市的工农业生产,搞农业为主的黄山市亦很难规划黄山旅游业的发展,实际是相互制约,耗费各自的优势,于资源开发和经济发展不利。建议山上山下合为一体,成立黄山旅游经济实体,按经济规律规划发展旅游业。

(3) 为从根本上解决地、市矛盾,在条件成熟时以实行地、市合二而一,形成旅—工—农协调发展的经济区为好,或取名徽州市。

52.1.3 皖南东部行政区划的调整

1) 皖东南地区是一个不可分割的整体

皖南东部地区(包括青阳县以外的芜湖市、宣城地区),即皖东南地区,北濒长江,南倚黄山,东邻江、浙,西朝九华,地势由南向北倾斜,大部分处于皖南山区与沿江平原的过渡地带。境内青弋江和水阳江两大水系纵横交错,交汇于芜湖入长江。该地区气候温和,雨量充沛,土地肥沃,无霜期较长,适宜多类农作物的生长。南部山区盛产竹、木、茶、桑,北部圩区盛产稻米,是著名粮仓,正是依靠广大腹地丰富的物产,芜湖从明代起即成为以稻米为主的农副产品集散地,从清代起又成为旧中国四大米市之一。新中国成立以来,芜湖市发展成为以轻纺和商业为特色的安徽省主要城市之一,一个重要的原因也是因为有皖东南诸县为它提供原料和市场。同时,除广德、郎溪等县由于各种原因与江浙联系密切外,该区与芜湖在经济上向来是互为依存、息息相关的,芜湖市既是诸县大量农副业特产品的集散地,又是钢材、煤等原材料和日用百货统配物资的二级批发站。然而,如前所述,长期以来该区行政区划的分合变动,特别是1983年的政区变动(原宣城地区一分为三),导致了如重复建厂、盲目布局等一系列的矛盾,以致在很大程度上阻碍了这一地区经济的全面发展,这就从反面有力地说明了皖东南地区诸县与芜湖市唇齿相依的整体关系。

2) 芜湖有必要亦有可能成为皖南东部地区的政治、经济和文化中心

(1) 芜湖市现有好的基础。1986年城市人口已达50.9万人,工业产值28.7亿元,均居安徽省的第3位,它又是皖南最大的交通枢纽,芜湖港是安徽省最主要的对外贸易港口。

(2) 芜湖市是安徽省经济发展潜力最大的城市之一。除了资源丰富的广大腹地和比较扎实的经济基础外,它的突出优势在于具有优越的经济发展战略位置——濒临长江,港口优良,内外联系方便,处于安徽经济战略中的龙头地位。

3) 宣城地区经济发展起点低,形成地区中心有困难

一方面,宣、郎、广、宁、泾5县原来的基础有限,加上1983年政区变动后,原宣城地区的主要厂矿企业大多划入芜湖市,所以地区经济发展的基础差,起点低,近年来耗费大量人力、物力、财力修建办公大楼,影响厂矿企业的建设。另一方面,由于没有强有力的经济中心,使这一地区的经济发展呈现"散漫"状态。5县中有3县(广德、宁国、郎溪)实际上已经成了江、浙的市场,宣城、泾县也多与芜湖联系。地区行署驻地宣城县的基础薄弱(1986年工业总产值1.88亿元)。从今后发展看,宣城可以成立县级市,但进一步发展存在许多制约因素,如:皖东南资源较多,但比较分散,比较突出的建材资源(石灰石、大理石等)主要分布在宁国、广德等地,且宁国已建有全国重点的年产150万t水泥厂;宣城县一方面经常有洪水为害,另一方面工业用水却又非常短缺,仅此一项即限制了许多大中型工业项目的上马;技术落后,人才奇缺,信息闭塞;经济发展的战略地位不及贵池,即使将来宣杭铁路通车,宣城也不会成为大型中转站。尽管自隋朝后的一千多年时间内,宣城也曾断续作为州、府驻地,但今非昔比,由于社会、经济条件的变化,恢复其历史上的作用比较困难。

基于上述原因,我们认为:撤销宣城地区,将其归属芜湖市,实行"市带县"体制是本区行政区划调整的方向。在条件成熟时,改宣城县为宣州市(县级),隶属于芜湖市。这对精简机构,紧缩编制,统一开发皖东南地区的资源,促进地区经济振兴,整治环境,无疑将起很大作用。

除上述三大区域外,现有的马鞍山市(含当涂县)和铜陵(含铜陵县)的行政体制应保持不变。

52.2 几个值得思考的问题

我们通过对皖南地区行政区划体制问题的调查,以下几个问题是值得人们思考和深入进行研究的:

(1) 总结历史的经验,使我们认识到,行政区划的变动牵涉到经济、政治、思想、文化、传统习惯等各个方面,是个十分复杂而敏感的问题,因而不宜多变,更不能滥变。但是,采取科学的态度,积极慎重地调整严重不合理的行政区划体制又是十分必要的。

(2) 当前要十分重视"地区"(行署)级和相当地区级市带县行政区体制问题的研究。在"省""县""乡"三级行政区划体制中,介于"省""县"之间的地区级行政区域最不稳定,调整频繁,对区域经济、社会的发展影响最大,存在的问题也最多。特别是最近几年来,许多地区不顾条件,盲目地实行市带县体制,对地区经济发展不利,尤其不利于农业经济的发展。因而,加强地区级行政区划的研究就显得更为迫切。

(3) 地区级行政区划一般应考虑以下几个原则:①有利于加强对"县"的行政管理和领导,提高行政管理效率,在"省"与"县"之间起承上启下的作用;②有利于区域经济振兴,在条件许可情况下,尽可能与省内的基层经济区相一致,以便统一规划、合理布局;③照顾历史与现状,处理好二者之间的关系,由于行政区划具有历史的继承性,一定要有历史观点,注意研究地区(历史上的州、府等)级行政区演变规律;④有利于区域环境的综合整治和区内资源的综合开发利用;⑤区内有一个位置适中、交通方便、相对规模较大的中心城镇,作为"行署"驻地,以方便对各县的管理和加强对外联系。

(4) 丘陵山区的地区级行政区划要考虑自然地域单元的完整性。我国是多山的国家,在广大的丘陵山区,若以一个或两个相对较完整的自然地域单元(可以以水系为单元)为界划分行政区界有许多好处:①便于区内以水土资源为主的资源统一开发利用;②便于协调上下游之间的关系,全面规划、综合整治环境;③一个自然地域单元内交通联系方便,历史上往往已形成密切的自然、经济与社会联系,生活习惯、文化语言等也比较一致,实际上很可能是一个较完整的基层经济区,因而以此划界可以使自然—经济—行政区界线相一致,可以使区内社会、经济协调发展,促进自然生态平衡。皖南地区行政区划调整的建议,正是考虑了行政区与自然、经济区相一致的原则,只要按自然规律和经济规律办事,科学地组织,统一规划,合理布局,经济、社会、生态三者兼顾的综合效益必将是显著的。

(5) "地区"作为"省"与"县"之间的派出机构,应该是"虚设"的,但事实上目前的地区除了不设人民代表大会常务机构之外,行使着相当市一级几乎所有职能,机构庞大,人员编制越来越多,在很大程度上对地区内的经济起着干预作用。这种作用对加强区内经济的宏观控制有其积极的一面,但也助长了地方本位观念,于省(区)经济发展是不利的。随着政治、经济体制改革的深入发展,我们认为,应逐步减弱"地区"级机构的职能,减少对县区经济的干预,大力精简机构与编制,使其真正成为介于"省"与"县"之间的"虚设"的派出机构。

[刘君德,程玉申,陈忠祥,等.安徽省皖南地区行政区划体制的调查与思考(下)[M]//中国行政区划研究会.中国行政区划研究.北京:中国社会出版社,1991:682-690]

解读：调查报告以发展皖南经济为主线，提出了改革行政区划体制、调整区划格局（方案）的中肯建议。依据皖南地区自然地理和人文环境的空间差异，分别对皖南西部、南部和东部的行政区划调整与改革方案进行了科学论证，显示了地理学者研究行政区划问题的学科优势，即强调综合分析，强调区域（自然区、经济区与行政区）整合。报告最后提出的关于丘陵山区的行政区域划分、"地区（行署）"体制问题的思考是作者的亲身体验，也是本文的重要亮点。需要说明的是，皖南地区西、南、东三大片区的区划调整方案是基于当时的情况提出的。在调查报告提交不久，皖南西部以贵池为中心的区划已经恢复；皖南南部区划亦已整合，以大黄山市替代了徽州地区、合并了小黄山市；皖南东部依旧在芜湖、宣城两个地区的基础上改设为地级市。经过多年运作，整体上不宜多变。但黄山的专名及绩溪的归属问题依旧存在，仍需要重新进行科学论证，在适当时机加以理顺。

53 上海开发区体制探索

背景:开发区的区划体制是改革开放以来,各种类型的开发区波澜壮阔地发展中出现的一个全国性的矛盾和问题。民政部及时地组织专家开展调研和研讨。1992年7月下旬,中国行政区划研究会在广东省番禺市召开了一次"全国经济特区和沿海开放地带行政区划研讨会",我在研讨会上作了关于中国行政区划改革问题的重点发言。会前,在上海市民政局支持下,我们对长宁、闵行区的开发区行政区划与行政管理体制进行了调研,形成了本篇论文。

为了适应改革开放的需要,中央先后决定在沿海14个开放城市选建15个经济技术开发区。作为全国经济中心的上海,从1986年开始,先后建立了闵行、虹桥经济技术开发区(1986年8月)和漕河泾新兴技术开发区(1988年6月)。经过几年建设,外资外商纷至沓来,开发区建设已见端倪,在经济上取得较大进展的同时,也摸索出了一些高效管理的经验,这对于我国政府管理体制改革将大有裨益。但由于开发区建立时间较短,受传统体制的束缚较大,行政区划与行政管理体制尚不完善,在一定程度上阻碍着开发区的健康发展。本文试图在总结开发区管理经验的基础上,结合上海实际,对开发区行政区划与管理体制问题进行新的探索。

53.1 上海经济技术开发区行政区划与管理存在的问题

目前3个开发区的管理模式由于受传统体制束缚等因素的影响,尚存在以下一些问题:

1) 多头管理

一是目前开发区业务上属外资委领导,社会事务由所在区代管,而行政上,虹桥、闵行由建委领导,漕河泾则由经委负责;二是由于很多权力仍掌握在市府有关局办手中,有时开发区为能办成一件事,不得不往返奔波于各部门之间,人为地造成了许多不必要的麻烦,严重影响了工作效率;三是社会事务多层次管理,虽然开发区的社会事务明确由所在区代管,但其所在区多层次的管理体制往往导致开发区应接不暇,疲于奔命,更使外商莫名其妙,有损开发区的形象;四是尽管3个开发区的业务由外资委统一负责,但作为专门管理外资的机构,不仅要管理开发区,还要管区外的许多外资事务,这势必对开发区的管理带来一定影响。

2) 旧框架"捆绑"新模式

开发区所在行政区分管社会事务,在现有的管理体制下,很容易使管理手段和方式陷入老框框之中。用老办法对待新事物,显然与开发区管理现代化的要求不相适应。

3) 区间摩擦较多

开发区与所在行政区有着千丝万缕的联系,在旧体制与新体制并存,老观念与新观念共存的情况下,两者往往难以接轨,产生区间摩擦。

4) 管理方式不规范,手段欠完善

由于受旧体制和旧方法的影响,目前开发区的管理中往往使用行政手段较多,有时甚至采用对待国营企业的方式来对待外商投资企业,未充分采用经济手段进行管理,立法、执法也不健全,咨询管理的运用还较为罕见。

53.2 构想上海经济技术开发区行政区划方案与管理模式应树立的观念

1)"先头兵"观念

经济技术开发区是在改革开放中应运而生的新事物,其管理体制不仅要有利于开发区实现出口创汇与引进高技术的双重目标,而且要成为政府体制改革的表率、改革开放的龙头。因此,在尊重科学的前提下,改革的思想应更开放一些,胆子更大一些,步子更快一些,充分发挥上海3个经济技术开发区小、精、专的特点,把它们作为经济体制改革和行政管理改革的重要试验基地之一。

2)"大上海"观念

上海浦西与浦东仅一江之隔,超过400 m的江面,曾是上海经济向浦东延伸的天然屏障,使上海地域经济呈现出"半壁江山"的格局。随着中央决定开发开放浦东,政策向浦东倾斜,浦东的振兴已指日可待。过江隧道的通车,南浦大桥的竣工,以及正在建设的杨浦大桥、内环路等,将进一步加强浦东、浦西的双向联系。在浦东开发实行既吸引外资又打"中华牌"的双重战略下,用浦西雄厚经济实力促进浦东开发,以浦东开发带动浦西产业结构与地域结构优化,实现浦东浦西联动发展,也是浦东开发和上海经济的重要指导思想。上海经济技术开发区是浦西与浦东在政策上最接近的区域,从"大上海"观念出发,浦东的开发决不能以牺牲3个经济技术开发区的发展为代价。

3)"政策管理"观念

从促进上海向国际大都市迈进的前提出发,鉴于浦东、浦西的现状,允许浦东与浦西存在一定的政策落差确属明智之举,也是实行两岸非均衡开发的重要条件,但悬殊的落差难免产生浦西企业向浦东涌入的洪流。在这种情况下,利用浦西企业单位热衷于到浦东享受优惠政策的时机,对优惠政策进行适度管理,不仅是实现以浦东开发促进浦西振兴的一项重要措施,也是实现浦东产业结构与地域结构优化的一个重要手段。

从管理的角度出发,我们认为浦东开发的政策应向浦西分层次辐射,即第一层次,3个经济开发区享受浦东相关的优惠政策;第二层次,依据城市规划,对中心商业区中的第三产业给予次于浦东新区的相关优惠政策,依据工业布局规划,对于工业区中符合工业布局总体方向的现有企业给予次于浦东的相关优惠政策;第三层次,中心商业区的工业企业和工业区中不符合布局规划的企业,不享有任何优惠政策。这样,可以在浦西市区的工业企业形成"该留的留、该迁的迁"的局面。在浦东新区,也应严格按城市规划,分区享受产业优惠政策,决不能急于求成、优惠政策"遍地开花"。必须指出的是,政策管理绝不应成为运用政策的绊脚石,而应成为促进上海更好地用活、用足政策的重要工具。

53.3 上海经济技术开发区行政区划与管理体制的具体构想应遵循的原则

1) 权力与权威相结合的原则

经济技术开发区的管理机构级别要高,层次要少,要有足够的能力全面处理区内一切事务,并有权处理与区外的关系。在改革时期,其管理机构在层次级别上的设置更应考虑能较少受到来自各个方面的干扰。

2) 处理好开发区与地方政府关系的原则

上海经济技术开发区为市区所包围,与所在行政区有着千丝万缕的联系,开发区的社会事务必须由所在区代管,这不仅适合于上海经济开发区规模小的特点,而且还会为开发区管理机构卸下一个沉重包袱,使其专心从事于开发区的开发、经营与管理,提高工作效率。开发区与地方政府关系的处理,一要靠经济手段,二要靠法律手段。

3) 精干、高效的原则

与全国其他经济技术开发区相比,上海的3个经济技术开发区均属"弹丸之地",目前由发展有限公司负责开发区的开发、经营与管理的模式应该充分肯定,但发展有限公司只是企业的性质,缺乏政府职能,灵活性有余,权威性不足,往往影响办事效率,因此,赋予开发区管理某些政府色彩是必要的,但注意尽量少添或不添管理人员,从理顺管理机构中来实现这一目标。

4) 实事求是的原则

上海经济技术开发区行政区划与管理模式的构想,既不应照搬国外的现成模式,也不能全盘吸收国内开发区的经验,而是要充分考虑到上海国际大城市的复杂性,3种区域类型(浦东开发开放区、上海经济技术开发区、上海市区)实行3种政策的复杂性,以及打破传统体制束缚的艰巨性,以实事求是的态度建立适合上海市情、各开发区区情的管理模式。

53.4 上海经济技术开发区行政区划与管理体制的新探索

面对浦东开发、开放的新形势,考虑到上海问题的艰巨性与复杂性,从有利于深化上海改革开放、加快发展上海经济的角度出发,按照上述指导思想与原则,对上海经济技术开发区行政区划与管理体制提出如下构想:

1) 经济技术开发区由浦东区政府统一管理

党中央决定开发、开放浦东新区后,上海市政府组建了浦东新区开发办公室,统筹和协调浦东新区的规划和开发工作。目前,浦东新区的开发已进入实质性启动阶段。但由于浦东新区的规划未能与行政区划与管理体制的调整同步进行,至今仍保留着三区二县(黄浦、南市、杨浦、川沙、南汇)的行政体制,形成"一地六府"(除三区二县外,加上浦东开发区)的割据式管理格局,大大制约了浦东开发区的高速发展。经过反复考察、论证,我们认为合并三区二县的行政建制,建立一个统一的浦东区政府是十分必要的。

浦东区政府将按照"小政府、大社会"的原则对浦东新区进行全面管理,同时,可考虑将浦西的3个经济技术开发区划归浦东区政府直接领导,这样,不但可以尽快缩小3个开发区与浦东新区的优惠政策差距,而且有利于消除多头管理的弊端,形成由浦东区政府直接领导有限发展公司的两个层次;同时,虹桥开发区、漕河泾开发区可与浦东的陆家嘴分区,北蔡—张江分区的开发公司处在同一台阶上,为区政府通过规划、立法、税收、政策倾斜等有效手段协调区域紊乱关系创造条件。另外,3个开发区直接属浦东区政府领导,可以实现在少增或不增管理人员的情况下,通过浦东区政府出面干预,采取双方政府协商方式,运用经济杠杆和法律手段,进一步处理好开发区与所在行政区政府之间的关系。

2）形成各具特色的开发区行政区划内部管理模式

3个经济技术开发区归属浦东区政府统一领导后，随着政府职能的转变，3个开发区的管理模式也将各具特色。闵行开发区将形成政府不派管理人员，发展有限公司只在行政上隶属浦东区政府的模式；虹桥开发区与毗邻的长宁区古北开发区性质相同，应在合理解决利润分成、利益分配的前提下，将两个开发区合并，实行统一管理；漕河泾开发区矛盾较多，可考虑由浦东区政府派一名副局级干部定期到开发区办公，处理开发区的行政事务。漕河泾开发区社会事务管理问题的最终解决有两条途径：一是改变开发区地跨两区县的现状，将漕河泾开发区周围的部分上海县土地划归徐汇区，并留有一定的发展余地；二是由浦东区政府负责成立一定的社会服务部门，来管理开发区内的社会事务。漕河泾开发区的内部管理，应促使这一开发区向高新技术的中试方向发展。这是因为，漕河泾开发区不仅易于实行封闭式管理，而且开发区已建成部分厂房和配套设施，有条件发展成高新技术中试基地。开发区负责出租低廉的临时厂房和必要的技术服务，如电话、数据终端、复印设备、会议室以及行政和会计服务等，鼓励那些已经取得某项重大专利或确有发明创造能力，并具有创业精神的科技人员来该区开发新产品。开发区应向创业者提供有关市场和管理方面的咨询服务，为新企业创造一个优良的生存环境。开发区的中试停留期应有一定的限制，一般可定为3~5年。对于那些发奋图强的创业者，这段时间足够让他们在技术和开拓方面有所进展，中试期之后可以脱离开发区的卵翼，到浦东新区或开发区周围建设新厂，把位置让给新的创业者。如果有的创业者在规定期限内仍无收获，也必须离开开发区。浦东区政府则通过税收分配的方式为漕河泾开发区提供资金，漕河泾开发区的技术进入浦东可免交试验成功费，如若到其他地区建厂投资，则必须交纳一定的费用，以解决开发区资金需求。这样，漕河泾开发区不仅与北蔡—张江分区有所分工，而且将成为浦东新区高技术开发的"摇篮"。

3）健全法律，完善管理手段

随着改革开放的不断深入，开发区管理将由过去行政干预手段向法律、经济等手段过渡。为此，浦东区政府应享有与深圳政府相同的立法权，以不断完善浦东新区和开发区的法律体系，使管理者有法可依；同时，管理者也要不断突破旧框框的束缚，真正实行科学化、规范化管理。

［刘君德，舒庆．上海经济技术开发区行政区划与行政管理体制初探[J]．中国人口・资源与环境，1993，3(4)：58-61］

解读：本文在调研上海市部分开发区的行政区划与行政管理体制基础上，针对存在的问题、矛盾，对多类型的开发区提出了对策措施。作者提出的"大上海"整体的观念，由浦东区政府统一管理、形成各具特色的开发区行政区划内部管理模式的见解有独到之处。

54 辽宁省瓦房店市村级区划调整的经验

背景:20世纪90年代后半期,许多省区开展并积极推进以"合并"为主的乡、村两级区划体制改革,辽宁省是其中之一。1997年8月底至9月初,我和在岗博士后武伟同志应约随民政部区划地名司赴辽宁省葫芦岛市和瓦房店市(县级)考察,重点对瓦房店市属长兴岛的村级区划进行了深入调研。民政部区划地名司浦善新、陈德彧,辽宁省民政厅季力加参加了调查考察活动。12月,主要由武伟执笔完成了《辽宁省瓦房店市并村情况调研报告》,提交给辽宁省民政厅和民政部区划司。后经修改,先后发表在《民政政策理论研究》(1998年第1期)、《中国方域:行政区划与地名》(1998年第2期)和《中国地名》(1998年第4期)杂志上。

辽宁省瓦房店市位于辽东半岛中部西侧,西临渤海,海岸线长416 km。沈太高速公路和长大铁路纵贯其境,北距省会沈阳292 km,南距大连104 km。1996年年底,总面积3 794 km^2,人口101万,其中市区人口26万,辖13个乡,14个镇,7个街道办事处,198个居委会,405个村委会。

瓦房店呈"六山一水三分田"的自然格局。金刚石探明储量占全国的54%,为我国最大的金刚石产地;工业以机械、冶金、食品、建材和轻纺为主;农业以水产、水果和畜牧业为特色;是我国东北重要的海盐、水产品和水果生产基地;以旅游业为主的第三产业正在成为其经济发展的热点之一。1996年年底,该市国内生产总值68亿元,人均收入2 504元,是我国百强县市之一。

为适应新时期农村社会经济发展的需要,1996年8月,瓦房店市在长兴岛进行了乡镇合并工作。1997年6月又在长兴岛镇开展并村试点工作,取得了良好的社会和经济效益。1997年8月底至9月初,民政部区划地名司、辽宁省民政厅、华东师范大学中国行政区划研究中心组成联合调查组,赴瓦房店市就此项改革进行了实地调研,一致认为:该市乡(镇)、村两级区划调整是成功的,其经验具有重要推广价值。本报告主要以瓦房店市长兴岛镇为例,在较系统介绍乡(镇)、村两级区划改革的背景和具体做法的基础上,着重总结其经验,就这一改革的重大意义进行探讨,并提出村级区划调整中应注意的问题。

54.1 背景分析

1985年,国务院决定撤销原复县建制,设瓦房店市,这是瓦房店市行政区划体制改革中的一个重要里程碑,大大促进了该市社会经济的发展。20世纪90年代中期以来,瓦房店市提出了"建成辽东半岛最发达地区"的奋斗目标,并制定了"外向牵动,市场带动,支柱产业,三线开发(沿海、沿高速公路、沿铁路干线),科技兴市"的战略。随着社会主义市场经济体制的建立和不断完善,乡(镇)、村两级区划体制与农村社会经济发展不相适应的矛盾日益突出。

(1) 部分乡(镇)、村界线不合理,不利于资源的合理开发利用

瓦房店市属低山丘陵区,濒临渤海,资源丰富多样,开发潜力很大,但目前部分乡(镇)、

村两级边界存在一些不合理现象(如李官乡与华铜镇,长兴岛镇的原三堂乡与横山乡等),在现今"行政区经济"运行下,受原区划体制的限制,生产要素难以按市场需求进行有效配置,土地、水、矿藏、海洋等自然资源得不到合理开发利用,特别是在乡、村两级经济贫富差距扩大的情况下,这一矛盾愈益突出。

(2) 部分村规模过小,阻碍了中心村的建设及农村小城镇的发展

在全市 15 个乡中有相当部分规模太小,有的耕地面积仅千余亩,人口仅 500 余人。由于受村界的限制,在进行基础设施和居民点建设等项目时,往往各搞一套,无法统筹规划、集中建设,无法形成适度规模的小城镇或中心村,严重影响了乡、村两级经济社会的发展和农村人民生活水平的提高。

(3) 村级经济发展不平衡,农民收入差距过大,不符合社会主义走共同富裕的道路这一发展方向,在一定程度上影响了农村社会的稳定

在全市 405 个(1996 年)村中,村集体经济年收入在 8 万元以上的"小村"276 个,占 68.1%,其中收入最高的可达数百万元;年收入 5 万~8 万元的 6 个,占 1.5%;被列入市农委扶贫计划的村(村集体收入低于 5 万元)达 101 个,占 25%;基本无集体收入的"空壳村"22 个,占 5.4%。相当数量的村无自我发展能力,仅靠自己的力量难以实现脱贫致富的目标。农民人均纯收入的差距更大,较高的村可达 3 700 元,低的村仅 300 多元,相差 12 倍。贫困村问题已成为该市实现其发展战略目标的重要制约因素之一。

鉴于上述矛盾的突出表现,瓦房店市上下各级领导经过反复调查论证达成共识:合理调整区划,是乡、村两级经济社会发展的客观需要,是农村经济政治体制改革不断深化的必然,应抓住当前的机遇,下决心对市域范围内的乡、村区划进行适度调整。

54.2　具体做法

1996 年 8 月,瓦房店市委市政府从长兴岛经济社会发展的实际出发,将三堂乡与横山乡合并,设立长兴岛镇,为统一开发、建设长兴岛创造了良好的行政区划体制环境,对发展区域经济产生了明显的效果。根据分级合并的实践经验和现实发展的需要,1997 年 6 月,瓦房店市又在长兴岛镇进行并村试点工作,按照法定程序将原 23 个村合并为 13 个村。几个月的实践证明,这项改革决策对头,顺应了当地社会经济发展的需要和民众要求,取得了良好的效果。瓦房店市在并村试点过程中坚持了一个指导思想、三个标准和五个步骤。

54.2.1　一个指导思想

以邓小平建设有中国特色社会主义理论和党的基本路线为指导,以《中华人民共和国村民委员会组织法》和《国务院关于行政区划管理的规定》为依据坚持从实际出发,尊重民意,尊重历史,紧紧围绕经济建设这个中心,稳妥有序地开展并村工作。

54.2.2　三个标准

(1) 撤并基本无集体经济收入的"空壳村"和列入市扶贫范围 3 年内无望的经济困

难村。

(2) 撤并村支部和村委会涣散、本村选不出得力干部的村。

(3) 撤并规模偏小、村民常住人口不足 1 000 人的村,一般以 5 000 人为宜,少数合并后的村由于自然资源等不可分割的原因,可以进一步适当扩大规模。

54.2.3　五个步骤

(1) 乡(镇)人民政府提出本辖区内并村调整方案,交由相关村村民代表会议讨论通过,所有材料存档备查。

(2) 乡(镇)人民政府写出正式的并村调整报告,上报市民政局,报告包括如下内容:具体调整方案、调整依据和理由,调整前和调整后村级区划图,村民代表会议决议等材料。

(3) 市民政局接到报告后,即派员实地考察论证,写出意见报市政府。

(4) 市政府召开常委会审定批准。

(5) 在市委和市政府统一领导下,由民政局牵头,会同有关部门组织实施。

附:长兴岛镇并村具体方案

长兴岛面积 253.49 km^2,人口 4.1 万,原有 23 个村,调整为 13 个,具体调整方案为:

(1) 海上、银窝和东升 3 村合并为海上村;
(2) 龙口、石门和蚊嘴 3 村合并为龙口村;
(3) 广福和西坡 2 村合并为广福村;
(4) 八岔沟和地尔 2 村合并为八岔沟村;
(5) 西山里和花房 2 村合并为西山里村;
(6) 长岭和桃房 2 村合并为长岭村;
(7) 北海和沙包 2 村合并为沙包村;
(8) 三堂村和下堡村 1、2、7、8、9、10 村民小组合并为三堂村;
(9) 何屯村与下堡村 3、4、5、6 村民小组合并为何屯村;
(10) 老庙、张屯、三嘴和世跃 4 个村维持原状。

54.3　基本经验

瓦房店市在进行并村试点过程中,坚持依法行政,民主决策,因地制宜,模式多样,果断实施,谨慎操作,取得了良好的社会和经济效益,创造和积累了许多有益的经验。

54.3.1　深入调查,培训骨干,搞好试点,稳步推广

为使村级区划调整建立在科学、合理、可行的基础之上,瓦房店市民政局集中精兵强将,采取点面结合的方法,全面深入地调查,了解该市村的现状、特点和存在的问题。一是深入到典型乡镇和村进行调查,召开乡镇领导及部分基层干部和群众代表座谈会,了解目前区划体制存在的问题及矛盾,听取他们的意见,从而掌握领导的心态和村民的要求;二是向全市

各村下发了基本情况调查表,就各村的土地面积、耕地面积、人口、村民小组、土地利用类型、农民人均纯收入、集体经济收入、经济开发项目等15项指标进行全面调查,掌握基本数据;三是认真总结调查成果,就所发现的主要矛盾和问题及相应的解决思路写出书面报告上报市政府,为领导决策提供科学依据。

在此基础上,市民政局又将全市分为4片,对各乡镇主管民政的领导及民政助理员进行了培训,重点就以下3点进行统一思想,提高认识:①行政区划管理的特点和职能范围;②行政区划改革和调整工作在全市社会经济发展中的地位和作用;③本市村级行政区划调整工作中应注意的重点问题。通过培训,使乡镇主管领导和民政助理员提高了对行政区划工作在经济发展中的地位和作用的认识,增强了责任感和紧迫感,从思想上和组织上为全市村级区划调整工作奠定了基础。

乡(镇)、村区划的调整是一个十分复杂而敏感的系统工程,先行试点是十分必要的。早在1994年瓦房店市就在岗店办事处选择了经济实力雄厚、领导班子坚强的省级村民自治模范村磊山村,帮带与其有一村之隔,组织涣散、负债累累的后进村——东吴村,采取松散型联合模式,由磊山村派得力干部和支部书记,充实东吴村的各个基层组织,帮助健全各项制度,制定发展战略思路,引进项目,发展经济,取得了良好效果。1996年又将位于长兴岛的横山乡和三堂乡合并,建立了长兴岛镇,使长兴岛的经济开发走上了健康轨道,取得了一定经验。当地干群尝到了合并的甜头,有并村的积极性,为此,1997年瓦房店市决定在长兴岛镇进行并村试点。

在试点过程中,瓦房店市发现了乡(镇)、村两级合并工作的难点和问题,掌握了区划调整的规律和实施的方法和步骤,进而制定了《瓦房店市村级行政区划调整实施方案》,为下一步全面展开并村工作指明了方向,提供了经验。

54.3.2 实事求是,因地制宜,形式多样,模式各一

在进行并村试点过程中,瓦房店市始终坚持以区域经济社会发展的客观要求及潜在需求为主导原则,综合考虑区位、地缘关系、历史基础、自然条件和资源组合、领导班子建设等因素,实事求是,因地制宜,形式多样,模式各一地进行区划调整方案的设计。

试点单位长兴岛镇的并村方案,采取了4种形式:一是两村合一;二是三村合一;三是一个村分为两块分别并入其他二村;四是保持原村区划不变。这种形式多样的调整方案充分体现了因地制宜、实事求是的原则,从本质上看,长兴岛镇的并村方案,可归纳为3种模式。

(1) 以富带贫,共同富裕型。将经济实力悬殊,区位相邻的村合并,实行资源重新配置,优势互补,以富带贫,以强帮弱,共同富裕。例如,原广福村临海,有人口2 225人,土地1.97万亩,滩涂及水产资源丰富,村集体经济收入达112万元,人均纯收入达2 700元,是全镇典型的富村强村。其北邻的原西坡村地处内陆,交通不便,有人口929人,土地1.25万亩,山林资源丰富,村集体经济收入仅2万元,农民人均纯收入1 200元,欠外债12.6万元,10余年无法偿还,村干部连续5年未发工资,老百姓吃水、外出、小孩上学都存在很大困难。广福村兼并西坡村后,无偿帮西坡村偿还了全部债务,投资40多万元解决原西坡村村民的供水、供电、供暖、小孩上学、贫困户和五保户福利问题并修建道路。合并后的广福村统一发展规划,开发改造荒地,大力发展林果、畜牧生产,大搞温室大棚和小麦生产,利用沿海优势合资

办厂,将900亩海域变成了虾参、虾贝混养基地,形成了大广福"两水(水果、水产)一田一畜牧"的产业化经济新格局,使资源在较大的空间得到优化组合,总体经济实力大增。

(2) 同类合并,规模开发型。将发展条件和经济实力相近、区位相邻、资源开发特点相同的村进行合并,形成对主要资源统筹规划、规模开发。例如,龙口、石门和蚊嘴是位于长兴岛南部的相邻的3个沿海村,拥有土地面积均在1.1万～1.6万亩,人口870～1 032人,集体经济收入均在12万～19万元,耕地面积均在2 300～2 700亩,滩涂面积4 000～6 146亩。三村合并后,对沿海1.6万亩的滩涂资源实行统一规划、统一开发和统一管理,形成水产养殖、加工和销售一条龙体系,有利于实行规模开发,促进了村级经济的发展。

(3) 优势相长、合作发展型。将区位相邻、资源各异、实力相近的村进行合并,扬长补短、发挥优势、共同发展。例如,长岭和桃房两个村在面积、人口、经济实力方面均相似,发展各有特点。长岭村地处内陆,但经济较发达,企业和市场收入分别为263.8万元和26.5万元,具有耕地面积大的优势,达到6 070亩,果林面积亦达到204亩,均为桃房村的2倍。桃房村临海,水产收入高,林地面积大。两村合并后,资源在较大的范围内得到优化组合,区内实行合理分工,原长岭村部分以发展农村工业为特色,原桃房村部分以发展大规模水产业为特色。这样既有利于专业化生产,又可提高效益,壮大经济实力。

54.3.3 依法行政,民主决策,精心设计,果断实施

行政区划是一种行政法律行为,有严格的法制原则性,特别是作为自治性质的村,区划的调整和改革必须充分尊重民意,确保村民的切身利益不受损失,让村民行使自治权,在自上而下的正确引导下,自下而上的民主决策在村级区划调整中具有决定性意义。

瓦房店市在进行村级区划调整方案设计和实施过程中,坚持以《中华人民共和国村民委员会组织法》和《国务院关于行政区划管理的规定》等有关法规为依据,从本市的实际情况出发,制定了《瓦房店市村级行政区划调整的实施方案》,明确规定了调整的指导思想、原则、方法和目标,为依法行政、合理调整村级区划提供了政策、法规保证。

长兴岛镇作为全市全面实行并村改革的试点单位,坚决杜绝以权压法和以言代法的行为,尊重民意,让村民充分行使自治权,进行民主决策。政府在市民政局指导下制定好调整方案后,立即召开镇党政联席会议、村支部书记会议、村委会主任会议和村民代表大会,就区划调整的目的和意义进行认真、充分的讨论。大家在统一思想、提高认识的基础上,就具体方案提出了修改意见,将原方案中23个村合并为10个村改为13个村。实践证明,这是一个自上而下与自下而上相结合,精心设计的最佳方案。这一做法不仅坚决执行了村委会组织法,充分发挥了村民自治组织的作用,而且为并村方案的顺利实施奠定了群众思想基础。

并村方案经村民代表大会通过,并报市政府批准后,长兴岛镇便开始果断实施。为保证合并村工作的顺利进行,镇上成立了财务、审计、政策研究和督查办公室,就合并村的有关运行过程进行全面监控。为防止出现"突击花钱,制造假账"而使集体收入流失、农民利益受损的情况,该镇在并村前就查封被并村的账目,收缴了其公章和财务章,并跟踪督察审计,确定各村的债权债务。同时,妥善安置好被调整下来的村干部。长兴岛镇并村的实施时间虽仅为3天,行动十分迅速,但几个月来效果很好,没有一个村干部或村民因并村而上访或闹事。

54.3.4 精兵简政,任贤用能,优化班子,确保稳定

长兴岛镇原有 23 个村,161 名村干部,每个村约 7 名,平均年龄 52.4 岁,初中及高中文化程度仅占 41.2%(无大专及以上学历者),机构臃肿,效率低下,干部观念陈旧,缺乏开拓性,甚至出现部分村组织瘫痪的状况,农村经济发展长期停滞,并严重影响了基层政权建设。长兴岛镇抓住村级区划调整的机遇,大力加强村党支部和村委会建设,实行精兵简政、任贤用能,优化了村级领导班子,确保了社会稳定,取得了良好的效果。经过调整、合并,长兴岛镇共精简 57 名村级干部。

在新班子建设中,十分注重梯队建设,选年富力强、有开拓性、领导经验丰富,有威信和能力、文化素质较高的干部进入领导层,形成有战斗力、凝聚力、号召力的领导核心。同时,制定考核制度,将工资与业绩挂钩,以奖代补,以奖代升。新班子的平均年龄为 43.7 岁,最小 20 岁,新选的 13 名主要领导干部中 1 人为大专学历、3 人有中专学历,其他均为高、初中毕业,他们大多是原有工作业绩好,有群众基础的精英。他们上任后,很快便打开了局面,工作十分出色。例如,现任广福村党支部书记王秀生,大专毕业,是水果行家,并村前在镇政府工作,并村后镇委派他去广福村工作,他一到任就组织好支部班子和村委会,带领干部深入调研,制定了发展思路,特别是在改变原西坡村落后面貌,促进共同富裕等方面作了很大的努力,深得全村人民的拥护,几个月时间内,该村面貌就有了很大的变化。

对于裁减下来的干部,镇党委和镇政府,也根据需要,因人而异,妥善安置,被合并的 10 个村的党支部书记,根据组织需要和个人专长及意愿,分别安排为场管理员、敬老院院长,或到六大公司任职,并合理解决了他们的工资待遇问题,从而保证了并村方案的顺利实施和各项农村工作的健康、有序发展。

54.4 重大意义

瓦房店市村级区划的调整和改革,适应了新时期农村市场经济发展的需要,使土地、劳动力、资金、技术等生产要素重新优化配置,进一步新中国成立并促进了农村生产力发展;使农村社会结构,包括农村社会组织结构在市场经济中获得了新的发展;加强了农村基层政权建设,调动了广大干部和群众的积极性,取得了巨大的社会和经济效益,具有重大的理论和实践意义。

54.4.1 并村是重新配置资源,形成新型机制,发展农村经济的重要手段之一

进入 20 世纪 90 年代,我国农村以家庭联产承包制为主的责任制及统分结合的双层经济体制不断完善,社会主义市场体系逐步发育,不仅使农村生产力水平有较大提高,且使农民直接面对市场,农业小规模的生产和经营方式与高风险的大市场之间的矛盾日趋突出。这客观上要求土地适当集中,生产和经营适度规模化、专业化、区域化,以规模和效率求发展。从制度性因素与经济增长的关系来看,它是促进和保证完成上述过程的重要的制度变革,必将大大地推动农村经济的全面发展和农业产业化进程。

从本质上讲,村合并是对资源的隶属关系和产权的重新组合,使原来只在小范围配置、使用的资源和生产要素,有可能在较大范围内重组;不均衡的生产要素,在新的空间范围内

以最低的交易成本得以重新配置,从而形成合理、高效的组合,创造出更大的规模效益,产生新的经济增长点,形成新的利益机制,从制度上长久地支持农村经济发展。

并村使村的规模相应扩大,从而使土地等资源有可能得以统一规划和配置,集中使用和管理,规模开发和经营。这不仅为农村经济向规模化、专业化、区域化、市场化发展,变小生产为社会化大生产奠定了基础,而且也为具有一定活力和规模的农村经济组织(如产供销一条龙、贸工农一体化)的发展提供了可能。

54.4.2 并村是改善农村条件,缩小城乡差别,推进乡村城镇化的主要途径之一

乡村城镇化是我国农村走向现代化的必由之路,是缩小城乡差别,实现全国城市化和现代化的关键所在。合理调整村级区划,适当合并村庄,有利于推进乡村城镇化的进程。

第一,并村使村的规模扩大,人口增长,经济实力增强,村民日常活动的空间扩大,村民居住、生活和生产活动的选择范围扩大,这在客观上使部分区位条件好、自然条件优越、基础设施建设相对完善的地点成为较大范围内人口和经济活动的集聚地,从而推动了小城镇和中心村的建设和发展。

第二,并村使村庄形成一定规模,利于推进统一的村镇规划。集中人力、物力和财力,重点建设现有基础好、发展潜力大的村镇,使其基础设施、生活服务设施、市场及信息服务设施的建设等,有可能按照城镇规划功能分区的要求形成规模,并进而以规模效益和流通、服务、居住、商贸等功能来吸引人口和产业,在客观上起到了改善农民生活条件、提高物质文明和精神文明水平、缩小城乡差别的作用。

第三,并村有利于土地集中使用,使各村在一定规模基础上形成发展特色,加速农村专业化分工和产业化的进程。一方面,使部分农民从事与农业产业化相关的服务业;另一方面,农转专业化和产业化使更多的劳动力脱离农业生产,就地务工经商,部分进入城市从事非农业生产,这在客观上加速了农村人口的非农化和农村城镇化的进程。农村社区的传统构架也将随之发生变化,新的城镇型社区必将得到发展。

54.4.3 并村是解决贫困问题,缩小贫富差距,实现共同富裕的有效方式之一

贫困问题是困扰我国农村经济发展的重大社会经济问题之一,帮助农民脱贫致富具有重大的社会、经济与政治意义。长兴岛的实践表明,将利益关系密切、区位相邻的富村和穷村合并,是尽快帮助贫困村脱贫致富、缩小贫富差距,走共同富裕之路的有效途径之一。其实质是通过区划变动和属地关系的变更使产权和利益关系重组,降低交易成本,从机制和组织上给贫困村创造良好的发展条件和发展机会,促进其社会经济发展。

第一,穷村和富村合并后,村庄的地域范围扩大,两村的资源得以在较大范围内和较高层次上合理配置和开发利用,从而取得较好的规模经济效益,走共同富裕的道路。

第二,穷村、富村合并后,两者形成了新的"中心边缘"关系,穷村可以获得发展所需要的启动资金,得力的领导,甚至先进的思想观念和良好的发展思路;而富村从贫困村得到进一步发展所需的土地、劳动力和其他资源。经过一段时间的磨合,穷、富村优势互补,形成更加有效的组织经济和协调发展的新机制。这种建立在双方自愿结合,互惠互利基础上形成的

共同发展机制,既有资源重组、利益共享等内部的合力和利益不可分割的基础,又有组织和制度上的保证。

第三,由于不少村以历史形成的自然村为单位,必然产生旧的思维定式和生产生活方式,阻碍了改革开放的进一步深入;宗族派系、姓氏家族、乡土观念的制约影响了社会的进步,适度调整村级区划,有利于改变传统的思维模式、价值观念,增强新的意识和需求。

因此,与一般意义上的外部输血式的扶贫模式所带来的短期和不稳定效益不同,这种合并模式所给予贫困村的是持续发展的能力、活力的组织、灵活的机制和更多的机会,以及先进的思想观念等,这一切都是从根本上推动和保证经济不断发展的动力和源泉,它不仅可以实现扶贫脱贫,而且从机制和制度上抑制了"返贫"。

然而,要特别注意的是,推动合并的主体动因是村民追求利益最大化。只有他们认为合并后的收益大于成本时,村民才会积极推动并实现此类合并,任何合并后成本大于收益的"拉郎配"都是不可取的。

54.4.4　并村是实行精兵简政,减轻农民负担,加强基层建设的战略举措之一

行政区划是国家实行行政管理的基本手段之一,是政权建设的基础和重要组成部分。行政区划的调整必须有利于搞好政权建设,有利于行政管理,有利于充分发挥人民参与国家和地方管理的积极性,为社会经济发展和长治久安服务。

作为农村基层自治性质的村,不少村存在干部过多,素质偏低,缺少文化,思想僵化,年龄老化的现象;部分后进村干部选上不愿干,下派干部工作难,致使党支部和村民委员会软弱涣散。而村规模偏小,不仅造成村干部的比重偏大,而且麻雀虽小,五脏俱全,学校、卫生所等基层事业单位势必偏多,最终必然造成农民负担过重。

通过村级区划的调整、合并,适当扩大管理范围,在较大范围内挑选年富力强的干部,充实到村党支部和村委会,实行精兵简政,有利于加强农村基层政权建设,使村党支部和村委会真正成为带领广大农民发家致富的火车头和核心。毫无疑问,这将大大调动农民的积极性,促进农村经济的发展,确保农村长治久安。并村不仅减少了村级干部的人数,且相应地合并学校、卫生所等单位,从而大大减轻农民的负担。

长兴岛镇通过合并,减少了 10 个村、57 名村干部。按每个村每年开支 1 万元、每个村干部平均工资 3 000 元计算,仅此一项每年节约开支近 70 万元。全镇小学由 22 所合并为 13 所,中学由 4 所(含 1 所职业学校)合并为 1 所,卫生所的合并工作正在展开,还减少村民小组长 101 人。村干部平均年龄由 52.4 岁降为 43.7 岁,初中以上文化的村干部比重由 41.2% 上升到 87%,村党支部书记和村民委员会主任 100% 达到初中以上文化程度,这不仅在客观上大幅度地减轻了农民的负担,而且增强了村级领导集体的凝聚力,调动了广大村民参与自治和参加经济建设的积极性,促进了村级经济的发展。

54.5　注意事项

与乡(镇)级以上行政层次相比,村委会不是政权机构,而是一级基层自治组织;同时它又与城市的居委会不同,是农村的基层单位,这就使村级区划调整更具特殊性;而且,行政区

划调整本身就是个政策性很强、复杂而敏感的问题。因此,并村尽管方向正确,但要取得预期效果,必须谨慎操作,否则有可能事与愿违。

54.5.1 并村必须具备的基本条件

一是经济发展到一定的水平,村级区划确实阻碍了当地社会经济的发展,客观上有并村的必要;二是当地村民和村级领导班子认识到调整区划的必要性,有调整的积极性和紧迫感;三是县乡两级领导重视,所在乡镇有一个坚强、团结、务实、肯干的领导班子。要做好宣传工作,统一思想、实事求是、因地制宜、循序渐进,一切从实际出发,在条件成熟时正确引导,顺势而为,切忌一蹴而就、一哄而上、一刀切、搞运动。

54.5.2 精心设计调整方案

调整方案的制定要在上一级政府的直接参与和指导下进行,方案最后确定要自上而下和自下而上有机结合。充分发挥基层群众自治组织的作用,使村民充分行使自治权,做到调整方案制定的自愿性和互利性相结合,保护村民利益,确保民心稳定。方案的制订要有全局、动态和战略的眼光,处理好局部利益与全局要求,眼前利益与长远发展的关系,对可能出现的问题要拟定应急措施。

54.5.3 搞好后续工作

一是建好新班子,妥善处理好下岗干部的工作及生活待遇问题,保持稳定;二是处理好债权债务关系,对已撤销的村,债权债务要另立账户挂账,并在原村自然资源开发营利中自行解决,由合并后的村级组织实施,并经村民代表大会决议通过,原节余财富由原来的基本核算单位首先享用,合并后共同创造的财富,共同享有分配权;三是及时进行社会、经济、行政、文教、卫生等各方面的配套改革;四是要充分利用区划调整的成果,既要从体制、机制和法制等方面保证该成果能真正为社会经济发展服务,又要制定好发展战略,使改革的成果能发挥更大的效益。

[刘君德,武伟,浦善新,等.瓦房店市并村情况调研报告[J].中国方域:行政区划与地名,1998(2):10-15]

解读:这是一篇既有深度、又有高度,理论与实践结合的调查报告。"报告"全面总结了瓦房店市并村的好经验,我以为对全国乡村区划调整合并改革具有普遍的、直接的指导意义。值得指出的是本篇报告1998年写成刊出,至今虽已有20年,但细读报告的内容、观点及其很有深度的分析,仍然可以作为当今基层乡(镇、街)、村(居)区划调整,乃至于基层区划改革中应该把握和参照的指导思想、基本原则,以及具体操作实施的步骤和注意事项。区划理论工作者怎样深入实践进行调查研究,写出有分量、有价值的调查报告,本文是值得一读的。

55 重视跨界组织管理研究

55.1 一个长期被忽视的重要领域

背景:多年来我在区划研究中发现,在大城市行政区边界地区,特别是城市群区域、大江大河流域的跨界区域,乃至"曹家渡现象"(商业社区跨界的矛盾),等等,往往是政区矛盾的焦点和管理的薄弱地带,行政区划对区域规划、建设、管理的空间约束十分明显。脑海中形成一个概念和观点,即跨界组织与管理的问题是个十分重要而长期研究和关注不足的问题,引发了我的思考,这是本篇短文写作的初衷。

55.1.1 概念

所谓跨界组织与管理是指跨越地方政府所辖的行政区域(行政区划)或跨越某一专业职能部门所辖地域(非行政区划)的组织与管理,它是解决区域矛盾的一种重要手段。这一概念是笔者在多年开展中国区域经济与社会问题的研究以及行政区划的理论与应用研究的基础上,经过思考提出来的。从学科看,它属于区域管理学范畴,但具有与区域经济学、区域政治学、区域社会学与区域地理学交叉的特点。这是一个被人们忽视,而在我国具有重大实践与理论意义的研究领域。

55.1.2 案例分析

在中国特定的政治、经济背景下,行政区划对区域发展和基础设施、环境建设等产生明显的刚性约束,从而严重影响资源的优化组合和区域整体效益的充分发挥。这种刚性约束是与开放的区域系统相悖的。实施科学的跨界组织与管理,是理顺关系、缓解矛盾、促进发展的重要手段之一,我们试举以下案例作为佐证。

案例1,长江、黄河、淮河等大江大河都是跨越几个省区的河流,流域内的开发、建设、治理,理应综合考虑。由于上中下游分属各有关省区,各省区的地方利益与流域内上中下游开发建设的分工发生尖锐矛盾,以致虽然各大河都有隶属于国家水利部的专门管理机构,但由于流域管理机构缺少权威性,也没有协调好流域上下游各省区利益关系,因而,条块之间、上下游省区之间的矛盾十分严重。前几年发生的淮河两岸1 600万人民守着淮河没有水喝(尤其是中下游)的严重问题,近几年连续发生的黄河下游断流现象等,除经济、生态及其他多种因素之外,全流域的组织与管理不力,缺少流域的整体意识和协调流域内上中下游各省区的利益机制是个十分重要的原因。长江流域的开发建设,上中下游各省区之间同样存在十分尖锐的矛盾,以致统一的流域规划的实施困难重重,严重影响长江流域的开发、开放进程和流域内上中下游的协调与可持续发展。这其中组织与管理因素同样是十分重要的方面。

案例 2,加快建设上海国际航运中心,是关系 21 世纪上海及长江三角洲,乃至长江流域经济发展,增强国际海运竞争力的重大决策。中央政府与沪、苏、浙三省政府都极为重视。本来,以上海为中心的长江三角洲,同饮长江水,同属吴文化,是一个自然、经济、社会与环境生态不可分割的统一整体,理应相互支持、协作分工、合力共建国际航运中心。但三省市出于各自的目的与利益,使区域内港口规划难以统一,建设难以同步,管理难以协调。上海想弥补天然深水港口条件的严重缺陷,尽力论证大、小洋山建设深水港的可行性;浙江强调宁波北仑港已建有天然深水港,应加以充分利用,并加速建设,进一步扩大其规模;而江苏则千方百计推出太仓港,竭力支持长江口深水航道的整治。总之,三省市在建设上海国际航运中心问题上存在着重大分歧。这显然也与区域港口的跨界组织与管理问题相关。

案例 3,苏锡常地区是江苏省也是长江流域及中国东部沿海人口、城市和经济高密集区域,苏州、无锡、常州 3 个地级市及其所属 12 个县级市共饮太湖水,依托沪宁铁路、沪宁与沪杭高速公路、江南运河及发达的交通网络形成内外紧密的经济联系,经济实力雄厚。然而 20 世纪 80 年代以来,这一地区随着经济的高速增长,3 个中心城市之间以及中心城市与其所属县级市之间在经济、社会发展和环境生态建设以及城市规划、区域规划、交通建设等方面的矛盾十分尖锐。产业结构同构(三市前 5 位的工业部门排序基本类同),环境污染加剧,城市规划建设与管理难以协调(尤其是中心城市与周边县级市之间)。各市竞相发展沿江港口,常州市有得胜港,江阴市有江阴港,张家港市有张家港,常熟市有浒浦港,太仓市则有太仓港,连同江北的南通港在内,自江阴至南通的 60 km 岸段,有 68 个万吨级泊位,平均 0.9 km 就有一个。码头过多,货源有限,引发不正当的竞争,过剩浪费严重,有的港口码头利用率仅为 50%。可见,在一省内部也存在跨地市、跨县市的组织与管理问题,而且在经济越发达的地区,矛盾越加突出。

案例 4,海口市是海南省省会,在推进海南经济发展中具有重要作用,但海口市的行政区域面积只有 236 km²,是中国典型的"切块"城市,其面积远远小于国务院批准的城市规划面积。海口市的建成区已与东侧的琼山市府城镇连为一体,形成典型的跨界城市。海口与琼山虽属不同的行政等级(前者为地级,后者为县级),但二市之间不存在隶属关系。海口市发展受到地域空间的严重制约,工业企业选址、公共基础设施建设(道路、机场、供水供电、排污、垃圾等)在市内已无法解决,连学校、医院的规划发展以及社会治安管理等都与琼山市发生尖锐矛盾,急需寻找新的跨界组织与管理模式协调解决上述矛盾与问题,以求得海口地区的共同繁荣与发展。

案例 5,城市社区建设、社区服务与管理是当今各级城市政府关注的热点问题。它关系到城市的经济发展、城市形象建设及城市社会治安、下岗职工安置、环境治理等方方面面。在中国特定的政治体制环境下,城市社区往往被认为等同于街道,事实上中国的社区发展也主要是依靠自上而下政府的推动进行的。然而历史上形成的城市(也包括农村)社区并非都与基层政府或准政府管辖的范围相吻合。上海市区就存在不少这样的与基层行政区不相吻合的社区,我们把它命名为非行政社区(或自然社区)。曹家渡就是上海市区最为典型的自然社区,同时被静安、长宁、普陀 3 个行政区所分割。在近几年来上海市政府积极推行"二级政府、三级管理"新体制,管理权限层层下放,尤其是区级政府管理权限不断强化的背景下,被行政区分割的曹家渡社区,由于其在 3 个区中的地位与功能不同,3 个区都各自从自身的利益出发,使历史上形成的、具有整体性特征,而在上海市区又具有相当地位的自然社区的发展受到很大制约,社区的整体规划被束之高阁,社区的建设不能同步,社区的管理难以协调。在商业发展、道路建设、旧城改造、房产开发、社会治安管理等方面都受到明显影响。曹家渡的地位在下降,我把它称为"曹家渡现象"。这一现象带有一定普遍性,怎样解决这一矛盾？我们也应从加强跨界的组织与管理上去找答案。

以上介绍了不同层次、不同部门及不同区域与组织管理问题有关的案例,大多是我们在科研实践中直接碰到并亲自调查的情况。事实上中国存在许许多多类似的案例,如京津唐地区、珠江三角洲等,一般越是在经济较发达地区,这种现象也越普遍。从上述案例介绍可得出如下结论:(1)中国现阶段存在大量区域矛盾,需要采取建立跨界性质的组织与管理的途径加以解决。(2)跨界组织与管理问题从部门和行业看,涉及政治、经济、社会、环境生态、资源、人口、城建、交通、水利、供电、教育、文化、卫生、社区、司法、公安等几乎所有的部门与行业。(3)从地区层次看,跨界组织与管理涉及中央政府以下的各层级政府,包括省级、副省级、地级、副地级、县级、副县级,以及基层的乡、镇政府,准政府(街道办事处、区公所),乃至村公所。(4)与世界各国相比,尽管许多国家(甚至国家之间)也多采取跨区域的组织与管理来解决区域矛盾问题,并积累了不少跨界组织与管理的经验,可供我们借鉴;但世界上没有一个国家像中国这样面临如此众多而解决的难度又很大的区域矛盾,因而选择跨界组织与管理的模式更为复杂。(5)中国是个国土辽阔、自然条件复杂、民族众多、人口分布不平衡、各地社会经济发展水平差距很大的发展中国家,这是我国跨界组织与管理的复杂性的客观原因所在;但改革开放以来,在计划经济体制向市场经济转轨过程中,跨界发展的矛盾越来越尖锐,跨界组织与协调的难度加大,跨界统一管理阻力加剧。这就需要从多视角、深层次(体制、机制、法制)及公民整体素质和各级领导的整体全局意识等方面寻找根源。(6)行政割据、地方本位、诸侯经济、重复建设、地方保护、自成体系、盲目竞争等已渗透到我国各个行业与部门及各级地方政府,给我国中央与地方经济、社会的整体发展带来很大危害,大大削弱了区域合理分工,这几乎成为一种顽症。解决这种顽症非一朝一夕,但加强研究,特别是多学科、政府决策部门与超脱的学术界结合,联合研究,寻找解决的方案不仅十分迫切和必要,而且也是可能的。

55.1.3 研究思路

(1) 深刻揭示我国现行条块分割的管理体制对经济社会发展、环境整治、交通和水利建设、社会治安管理等带来的严重危害性的事实,引起各级部门和地区领导,特别是高层领导的高度重视,取得支持。

(2) 组织政府决策部门与科学工作者相结合的调查研究队伍,深入开展跨界组织与管理的理论与实际问题的研究,从整体、全局、长远利益出发寻找解决的对策。

(3) 以邓小平理论思想为指导,不唯书、不唯上,以实践作为检验真理的唯一标准,一切从中国各地区、各部门的实际情况出发,深入进行调查研究,因地制宜建立跨界的组织,加强区域管理,综合解决各地区发展中的实际问题。

(4) 跨界组织与管理问题涉及经济学、政治学、管理学、地理学、社会学、心理学等学科领域,需要多学科参与综合研究,共同探求区域组织与管理的机理、影响因素和规律,以提高研究水平,并使对策措施更具有可操作性。

(5) 跨界组织与管理研究的内容主要包括以下几方面:①跨界组织与管理和区域发展关系研究;②国外跨界组织与管理经验与借鉴研究;③不同部门与行业的跨界组织与管理模式研究;④不同类型地区跨界组织与管理模式研究;⑤针对不同问题、不同地区需要建立跨界组织与管理体制的实施方案研究等等。但当前的重点应放在国家或地区关注的重大问题研究方面,即应用性研究领域,如前面提到的上海组合港的组织与管理及实施方案,城市群区(尤其是跨界城市)组织与管理体制,大江大河流域综合开发利用与跨界组织和管理体制等。特别要从机制、体制和法制等方面深入进行研究,使理论研究与实际研究相结合。应当指出,跨界组织与管理问题是我国长期被忽视的一个研究领域,但又是一个具有重大现实意义的研究领域。我们坚信广大人文社会科学工作者在这一领域一定大有作为。它不仅促使我们真正投身到国家经济建设的主战场,充分发挥自己的专业特长,施展自己的才能,解决实际问题;而且在实践的基础上,有可能建立具有中国特色、跨学科特点的新的学科——区域组织与管理学。

[刘君德.一个长期被忽视的重要领域——跨界组织与管理问题[J].杭州师范学院学报(社会科学版),1999(1):44-46;中国社会经济发展战略笔谈栏目]

解读:中国在区域经济社会发展中存在着大量跨界组织管理的"失范"现象。本篇文章对跨界组织管理的概念进行了初步的界定,同时认为"跨界组织管理"不仅是政府组织的一项工作,也是一门科学,可称之为"区域管理学"。文章通过各类实证案例分析,表明跨界组织管理的重要性、紧迫性,并就如何推进跨界组织管理研究发表了见解。

55.2 加强跨界环境管理迫在眉睫

背景:20世纪八九十年代,我订阅了不少报纸,《中国改革报》是我比较喜欢的报纸之一。1998年8月6日。该报"时代周刊"整版刊登了一篇报道:一个中外闻名的杂技之乡——吴桥县19万群众盼喝清水!我当时一口气读完后,心中久久不能平静,甚至晚上睡不着觉。第二天拿起笔写了这篇短文,就跨界环境管理问题提出了建议,寄给了报社。

据今年8月6日《中国改革报》时代周刊第7期报道:中外文明的杂技之乡——河北省吴桥县因遭受上游(山东德州等地)长期的严重污染而使这个县的经济发展严重受阻,19万群众盼望喝清水。这是又一起"淮河事件",令人深感不安。

实际上,中国除淮河、吴桥之外,尚存在大量跨界性质的环境污染问题,已公开报道的即有太湖流域、巢湖、南四湖、海河、闽江等。有些是属于跨省界的,有些是省内跨地市的。这类跨界性质的环境问题如不采取措施及时解决,不仅严重影响我国经济社会的可持续发展,而且将成为社会不安定的因素。彻底解决此类问题,迫在眉睫!

针对目前存在的问题从加强跨界环境管理的角度出发,建议采取以下两点举措。

55.2.1 建议之一:按流域建立跨界的环保管理机构,强化环境管理

所谓跨界管理机构,是指打破现有行政区与界线,按流域或地区建立区域性的组织管理

机构,以强化对流域或地区环境的统一协调管理。

这种跨界管理机构的管理功能和权限是:负责流域或地区内环境污染状况调查分析,统一制定环境规划,协调行政区域之间环境发展的矛盾,统一进行环境建设,实行环境监督与管理。它是一个行政实体,应赋予其较高的行政级别和相应的管理权限,如财权、执法权等。跨界环境管理机构不受流域区内行政区政府的干扰。各行政区原有环保机构可改制为跨界(或流域)环保机构的派出机构;某些跨界城市(如海南省海口市与琼山市)在组建跨界环保机构后,也可撤销原环保机构,由跨界环保机构行使跨界城市的全部环保管理职能。凡属省内的跨界环保机构归属省环保局直接领导;对跨省界的大江、大河流域环保机构可由国家环保总局领导。

当前建立或强化跨界(流域)环保管理机构是十分必要的,也是积极可行的。在这方面可学学国外的经验。比如,美国旧金山湾区政府是该地区大小 102 个城市的跨界联合政府机构,它是一个独立的地方自治体。其主要功能是处理跨越市界的环境污染治理、交通规划建设、水利规划治理等特殊问题,而不受辖区内各市行政地域边界的限制。这种"特别区"性质的联合政府对协调区域发展中的跨界矛盾起了重大作用。日本广岛偶田川管理局不仅具有水资源综合开发、利用与整治的功能,还担负有保护流域水环境的功能。

55.2.2 建议之二:建立跨界或大区环保法院,强化执法

跨界法院或大区法院主要是管理跨界地区的环保经济案件,按国家环保法及其他相关法律,公正、公开处理跨界环保经济纠纷,严格执法。建立这种跨界专业法院同样有必要性和可行性。其一,随着经济社会发展,跨界环境的矛盾增多,环境纠纷案件也会大量增加,由跨界性质的专业环保经济法院审理此类案件,可防止和克服地方保护主义,使此类案件得到公平、公正处理。其二,近几年来在一些经济较发达、环境经济案件多发地区已开始建立跨界的法院联合组织,协商解决跨界环境经济案件,取得成效。如早在 1992 年江浙两省有关县(市)就经历了环太湖地区法院经济司法协作网络组织,联手抵制和克服地方保护主义,显示其强盛活力。我认为,司法部门如能与环保部门有机结合,共同组建跨界的专业法院机构,其效果将更为显著。

应当指出,跨界性质的环境矛盾,实质是行政区域之间在发展中利益关系的矛盾冲突,是我国区域社会经济发展中不可避免的矛盾,一要靠发展经济,二要靠深化政治经济体制改革,特别是从机制上寻找根本解决途径。尽管如此,理顺体制,加强法制应是两项重大举措。鉴于行政体制改革大法制建设是一个涉及许多部门、十分复杂而敏感的问题,一时尚难于在全国普遍推行,因此,组织多学科专家与环保职能部门工作者结合的队伍,在进行深入调查的基础上,选择典型地区(如太湖流域、津卫南运河流域、大海口地区等)进行上述改革试点十分必要。

[刘君德.加强跨界环境管理迫在眉睫——从吴桥 19 万群众盼喝清水的报道谈起[N].解放日报,1998-10-20]

解读:短文写好后同时寄给《解放日报》和《中国改革报》,两份报纸相差两天先后发表了

我的短文。文章中两点建议是经过认真思考提出来的。我认为设立相关的组织管理机构（或授权上一级的职能机构，如环保部管理）和建立大区（跨界）环保法院，是处理环境问题跨界纠纷、矛盾行之有效的举措。今天看来这个建议，仍然具有建设性意义。我认为，作为一名地理工作者需要提倡一种精神，即地理精神，这是一种接地气的精神。国家和社会需要这种精神。以地理精神发现地理问题，大胆提出建议，是地理工作者义不容辞的责任。我希望读者，特别是年轻的地理工作者从本文中得到一点感悟。这是将短文收入本书的一个缘由。

第四部分 政区研究(下):都市区

都市区(上)
56 行政地域都市区的概念 ········· 375
57 都市区组织制度创新 ········· 380
58 论城市群区的区域行政 ········· 387
59 海口与琼山的分与合 ········· 395
60 长(沙)株(洲)(湘)潭城市群空间组织 ········· 403

都市区(中)
61 长三角急需破"围墙" ········· 410
62 上海要建省吗? ········· 413
63 长三角的信息化合作 ········· 418
64 珠三角的都市区组织 ········· 424

都市区(下)
65 国外都市区体制借鉴 ········· 429
66 加拿大多伦多大都市政府的发展 ········· 434
67 加拿大蒙特利尔大都市区的城市共同体 ········· 440
68 美国旧金山(圣弗朗西斯科)湾区政府协会的推进 ········· 443

上海政区(上)
69 上海特别市初期的政区研究 ········· 449
70 上海区划的特点与问题 ········· 454
71 上海建设国际化都市的挑战 ········· 462
72 上海国际化大都市创建中的政区改革 ········· 468

上海政区(下)
73 浦东新区政区改革的经验与意义 ········· 475
74 市辖区政区模式构想 ········· 484
75 城市边缘区的整合 ········· 490
76 城郊农场的改制 ········· 496

56 行政地域都市区的概念

背景:关于都市区、都市圈、城市群的概念众说纷纭,实际应用中比较混乱;更缺少对行政地域的都市区概念的认知。2000年,我申请到教育部社科基金项目——"中国大都市区公共行政组织与管理模式研究",与此同时开展了"上海市行政区划战略研究",着重对国际化大都市的行政区划体制问题进行了有意义的探讨。在做课题的过程中,我们梳理了"大都市区"的概念。本文对都市区、都市圈、城市群的概念进行了辨析,并从行政地域的角度将我国的大都市区划分为单一型和并列型两种类型。

56.1 都市区、都市圈、城市群概念的提出与辨析

大都市区是个城市功能地域性概念。20世纪中叶开始,随着城市化的高度发展,在若干发达国家的经济核心地区,沿着交通走廊密集分布的城市群,由于相互作用逐步聚合,形成了一种新型的城市地域空间组织。著名城市地理学家Jen Gottmann研究了美国东北沿海地区的城市群——波士顿至华盛顿,将长达970 km、宽50~160 km、面积13.9万 km^2、人口达4 200万的特大城市地域组织称为"大都市带"(Megalopolis,希腊语);城市学家麦金(T. G. McGee)通过对亚洲国家城市发展的分析,借用"Desakota"一词表述区别于西方大都市带的新型城市空间地域结构,后又发展为"Megaurban",即"超级都市区";1910年美国首次提出了"大都市区"(Metropolitan District)的概念,1950年进行人口普查时制定了大都市区统计标准,定名为"标准大都市统计区",后更名为"大都市统计区"(Metropolitan Statistical Area),简称"大都市区"(MSA,亦简称MA),后又延伸出"主要大都市统计区"(PMSA)、"联合大都市统计区"(CMSA)。

都市圈的概念来源于日本。1954年,日本行政管理厅制定的统计标准,仿造美国的"标准化都市区"表示城市的功能地域,后被放弃,这一概念具体化为"都市圈",指生活圈(通勤圈)、商业圈等。之后又将都市圈划分为"都市圈"和"大都市圈",并规定了具体的标准:外围地区到中心城市的通勤率必须在5%以上;"都市圈"的中心城市人口规模在10万人以上;"大都市圈"则要求中心市为"中央指定市",或人口规模在100万人以上,且邻近有50万人以上的城市。

我国学者对城市密集区的空间组织现象赋予了不同的名称。城市地理和规划学者多用"城市群"(姚士谋于1992年提出)、"大都市连绵区"或"城镇密集带"(周一星、崔功豪等人于1994年提出)、"城镇高度密集地带"(周干峙、徐巨洲等);此外,社会学、城市生态学者有用"都市社群网""城市化生态地区";吴良镛从建筑环境的角度对大都市带的合理性提出了异议,他认为,"大都市带现象的出现"将城乡规划分裂开来各行其是是"陈旧观念的表现",强调建立"自然—空间—人类"系统、工农业协调发展的"城乡融合社会"。可见,我国学者对都市区概念的理解和表述有较大的差异。

我们认为,目前我国对都市区概念的理解和描述存在着一定程度的混乱,科学地界定都市区的内涵,准确地表述都市区的概念,逐步实现认识上的统一非常必要和迫切。

周一星等较早对都市区的概念进行了较系统的研究,提出了"市中心—旧城区—近市区—市域—城市经济统计区—都市连绵区"较为完整的城市地域概念体系。其中,"近市区"与西方的城市实体地域概念——城市化地区(Urbanized Area)相对应,"城市经济统计区"(Urban Economic Statistical Areas)与西方的城市功能地域概念相对应,"都市连绵区"(Metropolitan Interlocking Region)则与西方的大都市带(Megalopolis)相对应。对于"都市区"和"都市连绵带",前者解释为"以一日为周期的城市工作、居住、教育、商业、娱乐、医疗等功能所波及的范围,它以城市建成区为核心,包括与城市建成区存在密切社会经济联系,并有一体化倾向的城市外围地域,以县为基本组成单元";后者解释为"在特定优越的区域背景下,经济高度发达,城市化水平很高,有许多都市区首尾相连的一种巨型的多核心的城市地域结构,它是国家的经济核心区"(周一星、曹广忠于1999年提出)。

姚士谋较早对"城市群"(Urban Agglomerations)的概念进行了解释,他认为,城市群是"在特定的地域范围内,具有相当数量的,不同性质、类型和等级规模的城市,依托一定的自然环境条件,以一个或两个特大或大城市作为地区经济的核心,借助于综合运输网的通达性,发生与发展着个体之间的内在联系,共同构成一个相对完整的城市'集合体'"(1992年)。关于城市群与都市区及大都市带的关系,姚士谋认为,"城市连绵区的空间范围最大,一个城市连绵区常常包括几个城市群",而"城市群可以包括几个大都市区"(2001年)。很显然,城市群的范围介于都市连绵带和大都市区之间。

关于都市圈,国内学者一般认为:其是由一个或多个核心城镇以及与这个核心有着密切社会经济联系的,具有一体化倾向的邻接城镇与地区组成的圈层式结构。日本《地理学词典》解释都市圈"并不仅仅是一种概念上的地域构造,而是一种具有具体社会职能的社会实体。它的范围与都市势力圈相近,内容与日常生活圈、经济圈、商圈也类似,其界限是与相邻城市势力的强弱对比关系的产物"。近年来,一些年青学者对都市圈进行了研究,认为:广义的都市圈包括两种形式,以单一中心城市为核心的是"日常都市圈",简称"都市圈";以多个中心城市为核心的是"多核心都市圈",简称"大都市圈"。前者通勤范围较小,"一小时距离法则"对其地域范围有明显的制约作用,以当日往返通勤范围为主形成的日常都市圈和生产都市圈(Daily Urban System);后者则包括若干个日常都市圈,一般与综合性的城市经济区相对应(张京祥、邹军等人于2001年提出)。

综上所述,我们认为:(1)都市区、城市群、都市连绵区(大都市带)、都市圈等都是城市地域空间组织的概念,是城市化进程中出现的新型功能地域结构形态的反映,在许多情况下"都市区""都市圈"可以相互通用;(2)它们都不是相邻城市的简单相加,而是一个有机的整体,都必须以核心城市为依托,在各级城市之间、城市与邻近的区域之间都需要借助于发达的交通通信网络,保持着强烈的交互作用和紧密的社会经济联系;(3)这些概念虽有不同解释,但在整体发展目标上是一致的,最终都是为实现城市—区域整体功能的最优化;(4)上述概念的主要区别在于规模、实力、发展程度以及空间范围和形态等方面。其中,都市区是城市群和都市连绵区的基本构成单元,城市群和都市连绵区是都市区发展到更高阶段的产物;城市群则可以看作是都市区向都市连绵区发展过程中的过渡性形态。同时,我们还认为,都市圈的概念比较灵活,其规模可大可小,既可以是"日常—生产都市圈",也可以是多核心的

"大都市圈",在本质内涵上是与都市区、城市群、都市连绵区一致的,但与"大都市带"则有着明显的空间形态上的区别。

56.2 行政地域的大都市区类型划分

以上概念主要是从功能地域角度界定的,并没有充分考虑行政地域的因素。主要是因为城市的功能地域与行政地域之间虽有密切的联系,但存在本质的区别。功能地域体现城市人口居住、就业、交通、购物、医疗、教育、文化、游憩等基本功能和经济联系、城乡相互作用的地域范围,是一个动态变化和发展的范围;城市的行政地域是随着城市建制的设立而划定的,是地方政府行政管理的范围,它具有严格而明确的行政界限,保持着相对的稳定性。

我们要指出的是,中国是一个中央集权制的强势政府的国家,行政区建制在地方城市和区域经济社会发展中具有极其重要的作用。特别是在转轨时期,城市和区域的发展,城市之间、地区之间的竞争,在一定程度上反映了城市型政府之间、地域型政府之间的竞争力。因此,我们认为,研究中国的都市区一定要研究中国的城市行政区,要研究行政区与都市区之间的相互关系。

从行政区与都市区的相互关系,即都市区的空间组织和管理模式的角度看,可将都市区划分为两种类型:一是单一型都市区;二是并列型都市区。

(1) 单一型都市区,是指城市的行政区范围与都市区的范围基本相一致的都市区。这类都市区多以一个大中城市为中心,形成一个完整的政区等级系统;城市的行政地域和功能地域基本相统一。按其规模大小可分为单一型超大都市区、大都市区和单一型中、小都市区。超大都市区是指中央直辖市(即上海、北京、天津、重庆),其规模巨大,在直辖市下不设市,实行市辖区(县)制度,市区实行市—区—街道"两级政府、三级管理"模式,郊区实行市—区(县)—镇(乡、街道)"三级政府、三级管理"模式。大都市区包括50万人以上的省会城市、副省级市和中心城市的非农业人口集聚规模在80万以上的地级市,总计约50多个,其中有27个50万人以上的省会城市(西藏拉萨除外),25个80万人左右的非省会地级市。这些城市规模较大、经济比较发达(非农产业占GDP的比值一般在80%以上),实行市管市(区、县)体制。中心城市的非农业人口集聚规模为50万~80万的地级市为中型都市区,约38个,同样实行市管市体制。中心城市非农业人口50万以下,20万以上的地级市和部分县级市为小型都市区。县级市实行市—镇(乡)两级管理体制,法律规定为省直属、地级市代管,其相对于一般的县,经济管理的权限较大。由于单一型都市区归属于一个统一的行政实体,城市政府对辖区内统一实行有效的管理,因而能够运用行政的力量,调动市内的行政资源,有效地对都市区进行规划、建设和管理。但在实行市管市体制、经济发达的大、中、小型都市区,区内政府之间(主要是地级市与县级市之间)的利益矛盾往往比较突出,都市区内统一规划、协调的难度较大。

(2) 并列型都市区,是指由两个或两个以上相同行政等级的大中城市组合形成的都市区。它们可以是两个直辖市组成,如北京—天津超级都市区;更多的是两个或两个以上的地级市(包括省会城市和副省级市)组合而成的超级或大都市区,如沈阳—鞍山—本溪—抚顺超级都市区、广州—深圳—珠海超级都市区、厦门—漳州—泉州大都市区、苏州—无锡—常州大都市区、南京—镇江—扬州—芜湖—马鞍山—滁州大都市区、长沙—株洲—湘潭大都市区、杭州—嘉兴—湖州大都市区、宁波—绍兴大都市区、合肥—巢湖都市区等等;也有部分是由两个或多个县级市组合而成,如江阴—张家港—靖江都市区等;此外,少数都市区内的城市行政等级虽然不同,但相互之间不存在行政隶属关系,也应属于并列型都市区,如原海口—琼山都市区等,在此类都市区内存在多个行政区主体,没有行政上的隶属关系,都市区内统一规划、建设和管理的难度更大。

上述从行政区划角度对都市区两种类型的划分同样适用于都市圈、城市群,即都市圈、城市群也可划分为单一型都市圈、城市群和并列型都市圈、城市群两大类。

从上面两类行政地域都市区的划分中,我们还可以看出,都市区有规模大小、行政等级高低之分,也可以相互重叠。如京—津超大型都市区是由北京、天津两个大都市区组成的;江阴—张家港—靖江都市区是由3个小型都市区组成的,而且跨越了3个地级行政区(无锡、苏州和泰州)。

应当指出,并列型都市区最大的特点是在都市区内各城市之间不存在相互行政隶属的关系,但自然和人文环境相类同,相互之间存在着密切的经济、社会、文化等各种联系。然而,这种紧密地联系在"行政区经济"运行时期,利益摩擦不断增加,行政分割、各自为政、盲目竞争、重复建设现象十分严重,都市区内并列的行政区划成为都市区发展的一堵"看不见的墙",大大削弱了都市区的整体竞争力。这一点正是研究中国特色都市区问题的一个重要内容;也是区别于国外都市区的一个十分重要的方面。这是因为,在西方国家的政治制度和较为完善的市场经济体制环境下,没有滋生"行政区经济"的土壤,类似中国的"行政区经济"现象较少存在或表现很弱。由此,我们认为,从行政区划的视角对中国的都市区进行科学的划分,并进行深入的研究具有十分重要的理论与实际意义。理顺都市区(圈)、城市群的行政区划和管理体制,建立新的大都市区(圈)、城市群行政组织和管理模式,解决都市区(圈)、城市群之间和都市区(圈)内部的行政分割问题是一项重要而急迫的任务。

[刘君德,马祖琦.都市区概念辨析与行政地域都市区类型的划分[J].中国方域:行政区划与地名,2003(4):2-4]

解读:本文对都市区、都市圈、城市群的概念进行了辨析;从行政地域的角度将我国的大都市区划分为单一型和并列型两种类型,并对两种类型都市区的特点、都市区的层级等进行了探讨;指出建立新的大都市区(圈)、城市群行政组织和管理模式,解决都市区(圈)、城市群之间和都市区(圈)、城市群内部的行政分割问题是一项重要而急迫的任务。

参考文献(文章发表时省略了参考文献)

[1] 代合治.中国城市群的界定及其分布研究[J].地域研究与开发,1998,17(2):40-43.

[2] 胡序威.中国沿海城镇密集区空间集聚与扩散研究[M].北京:科学出版社,2000.

[3] 张京祥,邹军,吴启焰,等.论都市圈地域空间的组织[J].城市规划,2001(5):19-23.

[4] 吴启焰.城市密集区空间结构特征及演变机制——从城市群到大都市带[J].人文地理,1999(1):15-20.

[5] 宋传宗.大都市带:中国城市化的方向[J].城市问题,2001(3):8-12.
[6] 赵永革,周一星.辽宁都市区和都市连绵区的现状与发展研究[J].地理学与国土研究,1997(1):36-43.
[7] 赵永革.论中国都市连绵区的形成、发展及意义[J].地理学与国土研究,1995(1):15-22.
[8] 孙胤社.大都市区的形成机制及其定界——以北京为例[J].地理学报,1992(6):552-560.
[9] 曾艳红.国外典型大都市区发展对我国大都市区建设的启示[J].地域研究与开发,1998(1):40-43.
[10] Steven E,Joseph G. Changes in the scale and size distribution of us metropolitan areas during the twentieth century[J]. Urban Studies,2000,37(7):1063-1077.
[11] 姚士谋,陈振光,朱英明,等.中国城市群[M].北京:中国科技大学出版社,2001.
[12] 刘君德.中国行政区划的理论与实践[M].上海:华东师范大学出版社,1996.
[13] 刘君德,汪宇明.制度与创新——中国城市制度的发展与改革新论[M].南京:东南大学出版社,2001.
[14] 刘君德.论中国大陆大都市区行政组织与管理模式创新——兼论珠江三角洲的政区改革[J].经济地理,2001,21(2):201-207.

57 都市区组织制度创新

背景：都市区在推进中国经济社会可持续发展和实现现代化中扮演着极其重要的角色。在经济转型的"行政区经济"运行时期，中国大陆现行的都市区空间组织与管理体制存在诸多弊端，在一定程度上制约了都市区的发展。我与我的弟子们早在20世纪90年代就开展了相关研究。基于对珠三角地区的关注，其地处改革开放前沿，邻近港澳；又曾经多次前往开会、考察，实践感受较多；尤其是考虑到区域组织整合的必要性、紧迫性以及可能性，写下了这篇文章。文章分两大部分，本篇为上半部分。

57.1 中国大陆都市区的发展与都市区行政组织类型的划分

57.1.1 中国都市区的发展

在中国，关于大都市区的概念目前尚没有严格的界定，一般认为是规模较大的一个或二三个中心城市及与之紧密相连的若干小城市的地域空间。改革开放以来，中国经济社会结构发生了深刻变化，大都市区也迅速成长和发展。1998年年底，全国共有建制市668个，其中100万人以上的特大城市37个，50万~100万人的大城市48个。如果将非农人口10万以上的中心城市地区界定为都市区，则中国共有30多个都市区。在特大城市密集的地区构成大都市区。中国已形成的特大型都市区都分布在东部沿海地带，自北向南主要有：

- 辽中南都市区。以沈阳、大连为核心，构成沈(阳)—抚(顺)—本(溪)—辽(阳)—鞍(山)—营(口)—盘(锦)—瓦(房店)—大(连)块状城市连绵区。
- 京津唐都市区。以北京、天津为核心，构成包括内圈(北京—天津—唐山—廊坊)、外圈(秦皇岛—承德—张家口—保定—沧州)相组合的块状都市区。
- 长江三角洲都市区。以上海、南京、杭州为核心，构成宁(波)、绍(兴)、杭(州)、嘉(兴)、湖(州)—沪(上海)—苏(州)、(无)锡、常(州)—(南)通、泰(州)—宁(南京)、镇(江)、扬(州)—马(鞍山)、芜(湖)、铜(陵)的巨型城市连绵区(带)。
- 珠江三角洲都市区[①]。以广州、深圳为核心，构成包括香港、澳门、深圳、珠海、东莞、佛山、中山、江门、肇庆等城市组成的块状都市区。中国四大都市区有关指标见表57-1。

以上4个都市区城市密集，中心城市分别是直辖市或副省级的特大城市，是中国发育最完善的都市区。除了这四个大都市区以外，正在形成的都市区还有：

- 胶济—津浦(山东境内济南以南)铁路沿线及胶东半岛城市密集区。以济南、青岛为核心，以胶济、津浦铁路为骨干，正在形成龙(口)、烟(台)、威(海)、莱(阳)、青(岛)—淄(博)、青(州)、潍(坊)—济(南)—泰(安)、(莱)芜、新(泰)—济(宁)、兖(州)、曲(阜)等条状城市密集区。

表 57-1　中国四大都市区有关指标统计

城市	土地面积/km²			非农人口/万人		国内生产总值/亿元		外贸实际投资额/亿元	
	地区	市区	建成区	地区	市区	地区	市区	地区	市区
辽中南都市区	77 142	10 038	885	1 345.70	1 055.52	2 798.67	1 987.13	20.82	19.03
京津唐都市区	78 266	12 395	1 147	1 688.71	1 375.09	4 819.25	2 758.27	44.32	10.86
长三角都市区	98 591	10 233	1 289	2 750.36	1 780.69	11 554.64	5 499.13	115.35	83.91
珠三角都市区	54 718	9 768	694	1 082.91	653.07	5 363.54	3 442.17	91.56	55.48

注：珠江三角洲地区累计总数不包括香港、澳门的数据。本表中只统计到地级市以上的城市。

- 闽东南沿海城市密集区。以福州、厦门为核心，正形成福(州)—莆(田)—泉(州)—厦(门)—漳(州)等沿海条状城市密集区。

在中、西部地区，以武汉为核心的江汉平原，以成都、重庆为核心的成渝地区，以西安为核心的关中平原，以郑州为核心的豫西北铁路沿线地区，以长(沙)、株(洲)、(湘)潭为核心的湘东北地区，以哈尔滨为核心的松嫩平原地区等，也在不同程度上发育着规模较小的都市区。

57.1.2　都市区的类型

依都市区空间组织与管理模式，中国的都市区可划分为以下 3 种类型。

(1) 统一型(或称单一型)都市区：以一个超级城市为中心，形成完整的政区等级系统的大都市区，主要是中央直辖市，即上海、北京、天津和重庆。其特点一是规模大，二是单中心，在一个都市区内形成完整的政区等级系统。直辖市是省级行政单位，下设区，但不设市，在市区实行市—区—街道"两级政府，三级管理"模式；在郊区则实行市—县(区)—镇(乡)"三级政府，三级管理"体制。

(2) 紧密型都市区：以一个特大城市或大城市为中心，区内有多个县级市，实行市管市体制的都市区。主要是省会城市和发达地区的地级市，中心城市人口规模相对较小，市区非农人口一般在 100 万以上。这类都市区全国大约有 30 多个，其所辖县级市大多由县改设形成。国务院批准其设市时一般为直属，由地级市代管。这类县级市有相当部分享有独立的经济管理权限，与地级市的关系有些是紧密的上下管理关系，有些则是松散的管理关系。都市区内利益矛盾较多。

(3) 松散型(或并列型)都市区：以两个或两个以上相同行政等级的大(中)城市组合形成的都市区，主要是都市连绵区(带)。集中分布在中国东部经济较发达城市密集的地区。沈阳—大连、北京—天津、广州—深圳—珠海、长沙—株洲—湘潭以及长江三角洲的宁波—绍兴、杭州—嘉兴—湖州、苏州—无锡—常州、南京—镇江—扬州等。从行政等级看，每个都市区都有 2~3 个独立的地级市，下辖若干市(县)；同一都市区内，各地级市相距较近；规模差距较小。地级市之间、地级市与县级市之间利益矛盾比较严重。

与国外许多大都市区相比，中国都市区具有以下显著的特点：一是在都市区内除城市化地域外,包含有广大的农村地域空间,农村人口在都市区总人口中占有很大比重,与此相对应,农业产值在 GDP 总值中也占有相当比重;二是中国的都市区大多为"建制市密集区",实行的是"市管市(县)"体制,自上而下的行政色彩很浓,行政区划对城市/区域发展,包括规划、建设和管理产生明显的刚性约束,政府不仅是地方的行政主体,而且对经济、社会发展产生强烈影响;三是由于在转轨时期中国"行政区经济"规律的作用,对推进市场经济体制,在都市区内实现区域经济一体化带来巨大的障碍。

57.2 中国都市区行政组织与管理体制存在问题分析

伴随着国民经济的迅猛发展,中国的城市化水平日益提高,城市化进程大大加快,都市区不断发育与成长。在大都市区,目前的行政区划、组织和管理体制已经不适应发展的需要;特别是现阶段在从传统的计划经济向市场经济体制转变过程中,企业经营的独立自主地位尚未完全确立,地方政府的经济行为十分明显,本位主义严重,从而为都市的紧密合作、协调发展制造了主观上的障碍。因此,改革现行都市区行政组织和管理体制,适应社会经济发展需求,寻求一条适当的途径,解决我国目前都市区管理中的诸多问题,具有重要的现实意义。

根据目前的状况,中国大都市区行政组织和管理中存在的问题按其表现形式分为三大类。

(1) 行政地位和经济实力相当的城市之间的畸形竞争

这类城市的特点是在经济、社会、文化等多方面历史上有着密切的联系,空间地域相连接,经济发展水平基本一致,并常常为同一层次政府机构的驻地,如江苏省苏锡常地区的苏州、无锡和常州都为地级市。在目前的城市行政组织和管理体制下,各个城市从追求自身发展目标出发,极易滋长地方的本位主义和功利主义倾向,从而使城市之间的经济关系逐渐离散,导致各个城市均以行政区域为界,相互封闭,各自发展建立起"小而全"的经济体系。因此,区域产业布局分散,结构雷同,不利于区域经济增长极的生长和区域城市化水平的提高;重复建设,畸形竞争,造成不必要的浪费,在一定程度上抑制了区域经济的发展。

(2) 存在行政隶属关系的城市之间的利益冲突

我国从 20 世纪 80 年代中期实行市管县体制以来,虽然它曾极大地促进了城乡之间的经济联系,为城市经济的协调发展发挥过重要的作用,但随着县域经济实力的逐渐增强,县改为县级市,特别是当县级市的经济实力达到甚至超过地级市时,市管县(市)矛盾日益尖锐。如苏州市与吴县(今吴中区、相城区)、无锡市与无锡县(今锡山市)、常州市与武进县(今武进市)、广州市与番禺市、佛山市与南海市等。一方面,市县同城的县级市因不满地级市的行政掣肘和追求行政地位的提高,纷纷选择市区边缘有一定基础的集镇作为新的县(县级市)属中心,重点建设,并形成条块分割,地级市与县(县级市)常常存在分歧,难以对城市连绵区统一规划布局,导致整个建成区的城市服务设施和基础设施被人为地分割。另一方面,市县不同城的县(县级市)因经济发展的要求,需扩大城市规模,建立相应的城市设施,但由于地级市的约束,难以实现。同时,县级市(也包括市县同城的县或县级市)经济实力的增强,必然产生追加行政权力的欲望和客观要求,而地级市为维护自身的行政地位必然对此进行压制,导致二者矛盾加剧,地级市对县级市管理的负向力增大,以致管理混乱。

(3) 无行政隶属关系,经济实力不相当的城市之间不规范竞争

城市建成区跨越两个或两个以上独立行政区的城市称为跨界城市,如包括海口、琼山、澄迈3个行政区域的跨界组团城市。由于城市之间的经济发展水平、经济发展综合条件等存在差异,按经济发展的一般规律,区域经济发展战略往往为优先重点建设中心城市,进而带动周围地区发展。伴随此战略措施,牺牲周围城市利益而强化中心城市在所难免,如中心城市缺少优良港湾而依赖周围城市;中心城市地域狭小限制其发展,需兼并或"借用"周围城市的土地;中心城市的水资源短缺,需周围城市提供或取水工程途经周围城市行政区域等。由于中心城市需要周围城市提供的港湾、土地等一般都是其条件最为优越、经济最为发达的地带,基于地方利益考虑,这些周围城市大多尽可能优先使用或尽为己用,使中心城市的发展不同程度地受到制约,从而与区域经济发展战略发生抵触,造成了中心城市与周围城市的矛盾。

中国大都市区行政组织与管理矛盾的实质是各种利益的冲突。它充分表明,在中国现行政治、经济体制下,包括行政区划在内的行政组织与管理体制,对城市/区域的发展有很大的影响作用,改革目前不适应都市区行政组织与管理的模式是十分必要的。

57.3 中国都市区行政组织与管理模式的创新

57.3.1 国际上大都市区管理体制的两种模式

除直辖市之外,中国目前还没有确立自己的大都市区行政组织与管理制度,探讨中国都市区行政组织与管理体制的改革问题有必要借鉴国际上已有的都市区管理体制及其经验,取其精华,为我所用。国际上都市区的管理体制发展经历了几十年的历史,在西方各国特定的政治文化背景条件下,形成了两种典型的政府组织与管理模式,即单中心体制和多中心体制。不同体制下的公共组织服务的方式有很大不同。

(1) 单中心体制下都市区的公共组织

单中心体制,亦称一元化体制,是指在大都市地区具有唯一的决策中心,有一个统一的大都市管理机构。毫无疑问,单中心体制为许多大规模的公共服务提供了适宜的组织规模,港口、机场及其他交通设施、引水工程等可以在大都市地区范围内实现其规模经济效益。在这种体制下,可以减少有碍于大城市发展的竞争和冲突,使资源流动更畅通,可以在解决主要问题时适应大都市地区的战略,而且不同管区提供的公共服务可以有效地结合在一起,比如交通规划同土地利用规划的结合。然而这种单中心体制也受到多种观点的质疑,如公共设施规模过大会导致不能代表各种利益,不能满足各种需求和偏好从而造成效率的损失;要继续保持控制,其费用也许会非常巨大,使得设施在整体上低效。尤其是单中心体制易陷入等级化的官僚结构危机,突出地表现在对居民日常需求反应的迟钝,不能代表当地的公共利益。此外,在一个政府的统治机构下,由于缺乏竞争而导致行政费用的提高和福利的损失。由此可以看出,在单中心体制下政府的公共组织只能提供大都市区有限的一部分公共服务。

(2) 多中心体制都市区的公共组织

多中心体制又称多元化体制,是指大都市地区存在相互独立的多个决策中心,包括正式

的综合的政府单位(州、城市、镇等)和大量重叠的特殊区域(学区或非学区)。在西方,尤其是美国,多中心体制是大都市区最常见的公共组织类型。特别是各种非学区性质的特殊分区组织增长十分迅速。各种管理区域的划分和变动以及协调组织的建立,都是谋求特定公共服务的经济利益的结果。多中心体制试图以此来满足居民的各种需求和偏好。由于政府较小,公众容易参与监督,因而政府对当地居民的要求及其变化更具有弹性,反应更加灵敏。多中心体制面临的主要问题是实现大都市区内超越各种功能小区的更大地区范围内的公共利益问题。实现这种公共利益只能通过各地方单位的合作、竞争和协商来提供大规模的公共服务。如果磋商的各方都充分代表了公共利益,则合作不会有困难,联合的行动将给各方带来巨大利益。事实上,这种合作是相当困难的,因为在许多情况下,大都市区各地方政府之间地方组织公共设施与服务的消费和受益分布并不均匀,即各方的费用与利益发生冲突,而在地方公共组织的是单中心体制下的各地方政府,这些地方政府都有自己的否决权,从而难以组织大都市区公共设施与服务的统一行动。

"都市联盟"或政府联合组织是西方国家都市区管理所创造的组织模式,它为我国都市区行政组织与管理改革提供了借鉴。由于各国各地区都市区化发展的政治、经济、人文和自然等环境条件不同,居民偏好也有差异,因而各都市区公共行政组织与管理模式的选择也不相同,有的建立了大都市政府,有的则建立了各种具有特殊功能、大小不一、可以重叠的管区。应当指出的是,这些有特殊职能的管区(特别区)在大都市区公共组织中具有重要的地位,特别是管理区大多为单一功能,如教育、环保、防洪、防火、提供公共设施、公共交通、街道照明、医护、殡葬等,其设置是城市管理的需要,满足了都市区公民的不同需求。在许多情况下,这些特别管区可以按规模经济的要求,进行合理的分区管理,从而获得较好的社会经济效益,并减轻了城市政府的负担。

西方国家都市区的公共行政组织与管理改革都是以有关法律为依据的,始终将公众的利益放在第一位,并十分重视公众的参与。城市政府作为地方公共利益的总代表,通过适当的干预,克服由于完全的市场经济带来的各种经济社会问题。但这种干预是适度的、有限的,政府不直接管理经济,而主要是通过法律、征税、私有财产管理等方式进行。政府权限的变更也是严格按法律程序进行的,以满足公众利益要求为衡量标准。在都市化区是实行单中心体制好(建立一元化的大都市区政府),还是实行多中心制好(在大都市区建立多元化的城市联合协会等),并未有明确的结论,各有其形成的背景和优缺点。一般认为,在多中心体制下可以有多种不同规模的组织提供最好的公共商品生产和消费的组织及各种公共服务,更能满足公众的需求,它有利于增强政府制定公共行政管理的针对性和实用性。

57.3.2 中国大都市区行政组织与管理模式的创新

(1) 模式创新的基本原则

遵循管理学、经济学原理和城市发展规律,结合我国的具体国情,综合分析我国都市区发育的现状和存在的问题,借鉴西方国家大都市城市管理的经验与教训,我国都市区行政组织和管理体制改革的根本原则应主要有:

① 经济高速发展和行政高效率管理需求相融合。即都市区行政组织管理新体制应能够产生最佳经济效果和最优行政管理的体制环境。

② 全局利益和局部利益相统一。即要求在一个大都市区内,既要考虑都市区的整体利益,又要适当兼顾各个城市的局部利益。

③ 科学性和可行性相衔接。既要保证行政区划、组织和管理体制改革方案科学合理,也要使方案具有可操作性,能够付诸实际,并取得效果。

④ 追求规模经济效益和利益均沾相结合。大都市区行政组织的建立是以向市民提供更多的公共服务为目标的,因此,追求规模经济效益是重要原则;与此同时,应处理好各城市之间的利益分配。只有这样,才能使改革方案及措施落在实处,尽可能减少新的矛盾产生。

(2) 模式创新设想

我国的国体、政体和西方国家不同,都市区行政组织和管理体制的性质、内容以及都市区管理中出现的问题与西方国家存在着很大差异。根据我国的国情,遵循改革的原则,综合借鉴西方国家的经验,着眼于解决我国都市区管理中存在的问题,提出以下3种方案设想:

① 建立高度集权的都市区政府。即在城市政府之间通过兼并或合并的方式,建立一级介于省和市之间的行政机构,负责都市区内各项职能。其优点在于:第一,这种高度集权的都市区政府的建立有利于各项决策的成果得以迅速贯彻实施;第二,有利于都市区的统一计划,能够充分利用各城市的资源、财力,有效地结合各个城市的公共服务项目,形成城市公共服务的规模效应,以满足城市居民的界外需求。但是,这种高度集权的都市区政府,增加了一层级,极易导致行政机构数量增加,从而降低行政效率,也与我国目前的精简机构政策背道而驰,并导致政府对经济新的行政干预。而且,高度集权的都市区政府的建立,容易形成地方整体利益高于一切的倾向和陷入等级化的官僚结构危机,难以代表不同利益,从而压制部分城市的发展,忽视人们的不同需求和偏好,造成都市区内新的冲突。另外,城市职能的过分集中使得对居民和低层机构反应的迟钝,容易导致决策的盲目性,影响行政管理整体效率。

② 建立松散的城市协调机构(非政府机构)。针对都市区难以统一行使跨界职能的状况,建立负责跨界职能的一些非政府机构协调体。其优点为:第一,由于这些机构的建立都是众城市谋求特定的公共服务经济效益的结果,因而较易满足市民的各种需求和偏好;第二,这些机构一般规模较小,便于市民参与和监督,因而对市民的反应灵敏,有利于增强决策的透明度和针对性;第三,由于协调机构不仅规模小,而且为非政府机构,有利于保持机构调整的灵活性,保证其新陈代谢机制。但是这种松散的城市协调机构,因其非政府性很难实现都市区内跨越行政界线或功能区界线的更大范围的公共服务合作。在我国目前特定环境下,仅凭协调机构,缺少相应的行政干预力量,决策实施的效果难以预测。如此,都市区公共服务的规模效益必然大打折扣,如果处理不当,还会出现协调机构无果而返,被迫撤除,从而重蹈甚至加深都市区原有困境。在国务院支持下,上海经济区成立几年后被迫撤销就是一个典型实例。

③ 建立仅限于某些跨界职能的联合政府。针对都市区难以统一行使跨界职能的状况,建立具有一定行政职能(比如基础设施建设、环境保护,以及跨区域的公共服务等)的城市联合政府,以协调政府间的利益,切实解决政府之间的公共服务问题,我们也可以把它称为"都市联盟"。它的优点在于兼顾了前两种方案的一些长处:既注意对人们界外需求的满足,又不限制城市政府非跨界职能的行使,从而满足人们的不同需求;既保持了部分行政干预力量的存在,又防止了行政机构的臃肿等。虽然,仅具备一定职能的城市联合政府有别于高度集

权的都市区政府,从整体上大大减小了其负面效应,但某些跨界职能机构,在一定程度上仍将会存在或部分存在与都市区政府内容大致相同的弊端。

以上 3 种模式各有利弊,应依据实际情况因地制宜,选择不同的模式,但一般认为第三种模式可能更适合作为我国目前都市区行政组织和管理体制改革的主体模式。

[刘君德.论中国大陆大都市区行政组织与管理模式创新——兼论珠江三角洲的政区改革[J].经济地理,2001,21(2):201-207,212]

解读:本文在对中国大陆都市区内部的城市—区域间的利益分割矛盾问题进行客观分析的基础上,设想了未来中国都市区空间组织与管理体制改革的方向与多种模式。

注释
① 称之为粤港澳大湾区更为妥帖。——作者,2018

参考文献
[1] 刘君德,汪宇明.制度与创新——中国城市制度的发展与改革新论[M].南京:东南大学出版社,2000.
[2] 叶舜赞,顾朝林,牛亚菲.一国两制模式的区域一体化研究[M].北京:科学出版社,1999.

58　论城市群区的区域行政

背景：中国行政区划研究中心成立之后，我先后承担与组织过与都市区相关的多项课题，对都市区的行政区划与管理体制问题感受颇深，体验较多。特别是1994年赴美国访问期间身临其境感受到美国大都市有效的管理体制，在回国之后，一直在思考如何从理论和实践两个方面深化研究中国的大都市政区体制问题，并引导博士、硕士生关注这个重要问题。这段时间出了不少有关都市区（包括对国外）研究的论文（包括学位论文）；1996年与王德忠合作，先后在《战略与管理》《浙江学刊》发表了两篇关于都市区或城市群的研究论文。

伴随国民经济的迅猛发展，我国的城市化水平日益提高，特别是经济发达的东部沿海地区，已经形成多个城市群区，如京津唐、长江三角洲、珠江三角洲、辽宁中南部等。经济发展加快了城市化的进程，反之，城市规模和数量的扩大也有利于经济的腾飞。但在目前的城市群区行政区划、组织和管理体制下，城市规模的不断扩张及城市规模等级的进一步分化，容易导致城市之间竞争畸形化，给城市群区的统一管理、统一规划建设带来客观上的阻力。同时，现阶段在从传统的计划经济体制向市场经济体制转变过程中，由于我国实行中央与地方行政分权财政包干等政策，企业经营的独立自主地位也未能完全确立，地方政府的经济行为较为明显，形成浓厚的地方本位主义色彩，从而为城市群区的紧密合作、协调发展制造了主观上的障碍。"各自为政"的城市"行政区经济"不仅造成不必要的资源浪费，而且分割了市场，严重阻碍了统一大市场的建立，与社会主义市场经济的宗旨相违背，不利于国民经济及其管理的整体进步，也不利于企业的跨区域扩张和现代企业制度改革。因此，建立新的城市群区行政组织和管理体制以适应社会经济发展需求，寻求一条合适的途径，解决我国目前城市群区管理中存在的诸多问题，具有重要的现实意义。

58.1　城市群行政组织和管理中存在的问题

城市群区内城市之间的关系不同，所反映的问题内涵也存在差异。根据我国城市群区目前的状况，大致可把城市群区行政组织和管理中存在的问题按其表现形式分为三大类。

第一类，行政地位和经济实力相当的城市之间。

这类城市的特点是在经济、社会、文化等多方面历史上有着密切的关系，空间地域相连接，经济发展水平基本一致，并常常为同一层次政府机构的驻地，如江苏省苏锡常地区的苏州、无锡和常州三市。由于我国长期实行中央高度集权的计划体制，保持管理机构的纵向关系，缺乏城市之间的横向联合，在目前的城市行政组织和管理体制下，各个城市从追求自身发展出发，极易滋长地方的本位主义和功利主义倾向，从而使城市之间的经济关系逐渐离散，导致各个城市均以行政区域为界，相互封闭，各自发展，建立起小而全的行政区经济体系。如此，区域产业布局分散，产业结构雷同，不利于区域经济增长极的生长和区域城市化水平的提高；重复建设，畸形竞争，造成不必要的浪费，在一定程度上抑制了区域经济的发展[1]。

第二类,存在行政隶属关系的城市之间。

20世纪80年代中期以来,虽然市管县体制的实行曾极大地促进了城乡之间的经济联系,为城乡经济的协调发展发挥了重要的作用,但随着县域经济实力的逐渐增强,县改为县级市,特别是当县级市的经济实力达到甚至超过地级市时,市管县(市)体制反而使市县(市)矛盾日益尖锐。如苏州市与吴县市、无锡市与锡山市、常州市与武进市[1]、佛山市与南海市[2-3]。

一方面,市县同城的县级市因不满地级市的行政掣肘和追求行政地位的提高,纷纷选择市区边缘有一定基础的集镇作为县(县级市)属中心,重点建设,并常常形成相当大的规模,与地级市中心的建成区连成一片。由于行政区划的条块分割,地级市与县(县级市)常常存在分歧,难以对城市连绵区统一规划布局,导致整个实际城区的城市服务设施和基础设施被人为地分割。

另一方面,市县不同城的县(县级市)因经济发展的要求,需扩大城市规模,并建设相应的城市设施,但由于地级市的行政约束,难以实现。同时,县级市(也包括市县同城的县或县级市)经济实力的增强,必然产生追加行政权力的欲望和客观要求,而地级市为维护其自身的行政地位必然对此进行压制,导致二者矛盾加剧,地级市县级市管理的负向力增大,造成管理混乱。

第三类,无行政隶属关系、经济实力不相当的城市之间。

人们把连续建成区跨越两个或两个以上独立行政区的城市称为跨界城市,如包括海口、琼山两个行政区域的跨界组团城市[3-4]。

由于城市之间的经济发展水平、经济发展综合条件等存在差异,按经济发展的一般规律,区域经济发展战略往往为优先重点建设中心城市,进而带动周围地区发展。伴随此战略措施的实施,牺牲周围城市利益而强化中心城市在所难免,如中心城市缺少优良港湾而需依赖周围城市,中心城市地域狭小限制其发展需兼并或"借用"周围城市的土地,中心城市的水资源短缺需周围城市提供或取水工程途经周围城市行政区域等。中心城市需周围城市提供的港湾、土地等一般都位于周围城市条件最为优越、经济最为发达的地区,周围城市基于地方利益考虑,则大多尽可能优先使用或尽为己用,而与区域经济发展战略发生抵触,也造成了中心城市与周围城市的矛盾。

实际上,以上三种问题的表现形式仅仅是对目前城市群区管理问题的反映各有侧重点而已,在具体问题方面,它们之间相互交叉、相互渗透。譬如,同城的地级市和县级市由于城区相连成跨界城市,同样存在与海口—琼山等跨界城市大致相同的问题;无行政隶属关系、地域相连的城市之间,随周围城市与中心城市经济实力差距的缩小,周围城市同样会提出扩权的要求;无论是市管县(市)体制下或无行政隶属关系城市连绵区的中心城市,随经济发展和城区规模的不断扩大,都要求地域范围的增加[4];三种形式下的城市之间都存在不同程度的畸形竞争等。

同时,随着区域经济和城市化的不断发展,城市内部将出现新的需求矛盾,要求城市之间实行联合。首先,人们生活水平的提高,必将对城市的公共服务提出进一步的要求,而单个城市的有限财力难以满足此要求。其次,城市规模的扩大,一种情况是被扩区的原有机构将加入城市中,另一种情况是在被扩区建立新的分区机构,但无论哪一种情况,市级机构的管理范围都将扩大,从而降低行政效率,因此也需要增加新的机构来提高效率。虽然这些需求矛盾在我国现阶段的城市运转中表现的深度和广度还不十分明显,但绝大部分城市将先后面临这些矛盾是必然的。这是城市发展的规律,也是西方发达国家大都市发展的实践证明了的。

总之,现行的城市群区行政组织和管理体制未能与我国目前的市场体制和财政体制等相适应,难以满足经济发展和城市化进程的需要,出现了种种复杂的问题,对之进行改革已成必然。

58.2 城市群区行政组织和管理体制改革的基本原则

综合分析各方面的条件和要求,遵循管理学、经济学原理和城市发展规律,结合我国的具体国情,综合借鉴西方国家大都市区管理的经验与教训,笔者认为我国城市群区行政组织和管理体制改革的基本原则应主要有下列几点。

58.2.1 经济超常规发展和行政高效率管理需求相融合

城市群区行政组织和管理新体制应能产生最佳经济效果和最优行政管理的结合界面,即新的体制既能适应经济迅猛增长的需求,又能满足高效务实的城市事务管理的需要。

58.2.2 全局利益与局部利益相统一

在当前世界经济日益国际化、专门化、一体化的形势下,任何一个地区的经济增长总是与其他地区发生着千丝万缕的联系。一个地区经济发展的优劣或多或少地造成周围地区,甚至更远地区经济的增长或萎缩。城市的社会、技术、信息、文化等要素虽然在地区间相互影响的内容、方式及时效等方面可能会存在着差异,但与经济要素一样具有相同的规律。正所谓,"牵一发而动全局"。因此,从长远看,全局利益和局部利益本身就是一个统一的整体,如果不遵循规律,随意地加以分割,最终必将受到应有的惩罚。

58.2.3 稳定性和灵活性相并存

行政组织和管理属于上层建筑范畴,蕴含有复杂的敏感因素,关系到国家的长治久安。因此,在行政组织和管理体制改革中应力求稳定和合理,尽量照顾历史继承性,尽可能少地改变现存的行政结构。同时也应看到,随着社会、经济的发展和城市化的推进,城市行政组织中的某些要素必然落后于需求,对之进行改造同样是不可缺少的。

58.2.4 合理性和可行性相衔接

只有保证行政区划、组织和管理体制改革方案及措施的合理性,才有可能实现其满足多厅需求、协调各地利益、巩固国家政权的既定目标;也只有可操作的方案及措施,才能付诸实际,取得理论设想的效果。

58.2.5 利于上层决策和方便下层反映相结合

每一项政策的最终制定和颁布总是落实于某一层决策机构,而政策制定的依据和基础则来源于更低层机构和切身城市的居民与专家的第一感知。所以,新的城市行政区划、组织和管理体制理应有益于决策过程的透明度和决策成果的针对性,有益于提高决策的效率和简明决策的程序。

58.2.6 追求规模经济和利益均沾相呼应

规模经济是当今世界经济发展的特征和趋势之一,同时,实行规模生产也有利于缓解单个城市财力有限和人们需求增加的矛盾,因此,以向市民提供公共服务作为目的之一的城市行政组织,应将其作为管理运行的一个目标,作为衡量管理效果以及确立和评价行政组织与管理体制的一个重要原则。发挥规模效应以获取规模追加效益,更加需要处理好在各城市的利益分配。当然,在行政组织与管理体制改革的始终,都应遵循利益均沾原则,如此,才能更积极主动地追求规模经济,才能把改革方案及措施落在实处,才能尽可能减少产生新的矛盾。

58.3 城市群区行政组织和管理体制改革方案

自 20 世纪初开始,许多西方发达国家在城市群区管理中先后面临过类似的问题,并在进行了大量的分析讨论之后,相继提出和实施过多种方法与途径,如英国伦敦和加拿大多伦多的大都市政府、美国旧金山的湾区联合政府等等,展现了不少成功解决城市群区管理问题的典型范例[①]。我国的国体、政体与西方国家不同,城市行政组织和管理体制的性质、内容和程度以及城市群区管理中出现的问题与西方国家也存在着很大的差异,因此不能生搬硬套西方的模式,但西方国家城市群区管理的许多成功经验或失败的教训对我国城市群的健康发展仍具有重要的参考价值。

根据我国的国情,遵循改革的原则,综合借鉴西方国家的经验,着眼于解决我国目前城市群区管理中存在的问题,笔者提出以下 3 种可能的方案,并加以比较分析。

方案一:通过兼并或合并的方式,建立一级介于省和市之间新的行政机构,负责城市群区内各项职能。

此方案的优点在于:第一,鉴于受我国长期实行高度集权的计划体制的影响,人们还部分存在行政命令高于一切的意识、对市场体制带来的变化反应不够灵敏以及参与和监督决策的倾向不浓的情况,因此,高度集权的城市群政府的建立有利于各项决策成果得以迅速贯彻实施。第二,建立城市群政府,有利于城市群区的统一规划、建设与管理,能够充分利用各城市的资源财力,有效地结合各个城市的公共服务项目,形成城市公共服务的规模效应,以满足城市居民的需求。

它的缺点有:首先,建立高度集权的城市群政府,极易导致行政机构数量增加,甚至超规模地增加,从而降低行政效率,也与我国目前的精简机构改革政策背道而驰。其次,新一级集权政府的设置和政府机构数量的大量增加,容易增强政府对经济的行政干预,进一步束缚城市企业的活力,在一定程度上给我国正在进行的国有企业转换机制改革增添新的困难。再次,高度集权的城市群政府的建立,容易形成地方整体利益高于一切的倾向和陷入等级化的官僚结构危机,难以代表不同利益,从而压制部分城市的发展,忽视人们的不同需求和偏好,造成城市群区新的冲突。另外,城市职能的过分集中使得对居民和低层机构反应的迟钝,容易导致决策的盲目性,行政管理整体效率低下,在总体上不利于城市群区的发展。

方案二:针对城市群区域难以统一行使跨界职能的状况,建立负责跨界职能的一些非政府性质的协调机构。

此方案的优点为:第一,由于这些机构的建立都是众城市谋求特定的公共服务经济效益的结果,因而较易满足市民的各种需求和偏好。第二,这些机构一般规模较小,便于市民参与和监督,因而对市民的反应灵敏,有利于增强决策的透明度和针对性。第三,由于城市协调机构不仅规模小,而且为非政府机构,有利于保持机构调整的灵活性,保证其新陈代谢机制。

此方案也存在着缺陷,最大的问题是:它很难实现城市群区内跨越行政界线或功能区界线的更大范围的公共服务合作。在我国目前特定环境下,缺少一定的行政干预而仅凭协商来达到统一计划的目的,困难重重。城市协调机构由于缺少相应的行政干预力量,决策实施的效果难以预测,如此,城市群区公共服务的规模效益必然大打折扣,如果处理不当,还会出现协调机构无果而返,被迫撤除,从而重蹈甚至加深城市群区原有困境。

方案三:建立准实体的城市联合政府,其行政职能仅限于跨界职能。

它的优势在于其兼顾了前两种方案的一些长处,既注意对人们界外需求的满足,又不限制城市政府非跨界职能的行使而满足人们的不同需求倾向;既保持了部分行政干预力量的存在,又防止了行政机构的过分臃肿;等等。

虽然,仅具备了一定职能的城市联合政府有别于高度集权的城市群政府,从整体上大大减小了其负面效应,但某些跨界职能机构,在一定程度上仍将会存在或部分存在与城市群政府内容大致相同的弊端。

从以上分析可知,很难说哪一种方案是唯一最佳方案。但根据我国城市群区的现状特点,笔者认为第二、三种方案为较好方案,尤其是第三种方案更适合作为我国目前城市群区行政组织和管理体制改革的主体过渡方案。

我国是一个幅员辽阔、人口众多的多民族国家,各地社会经济发展水平、城市化水平、管理水平、思想意识观念等有着很大差异,而且短期内有越来越大之势,各城市群区城市行政组织和管理中存在的问题也有所不同。所以,虽然笔者认为第二、三种方案是较佳方案,但在各城市群区域改革方案的具体选择和实施过程中,应依据实际情况因时因地制宜[5]。既可以对以上方案进行修改,采用近似方案,如经济区、城市一体化等;也可以在不同的区域或不同的部分采取两方案的叠加方案,即建立城市联合政府的同时,组建一些城市协调机构;还可以在不同的时期采取不同的方案。

58.4 城市联合政府的结构

行政组织结构是行政组织内各构成部分和各部分间所确立的关系的形式[6]。它一般包括行政层次、疆域组成、代表构成、职能分配等几个方面。

58.4.1 行政层次

行政组织各部分上下之间构成的各种关系形式称为行政组织的纵向结构。我国城市群区行政组织的纵向结构层次为：省—城市联合政府（准实体）—市。

考虑我国各城市群区行政组织和管理体制的演变历程，城市联合政府行政级别应确定为副省级。这是因为在我国几乎所有的城市群区，都存在着大量的地级市，如苏锡常城市群区的苏州市、无锡市、常州市。如果城市联合政府定为地区级，将导致大多数地级市的撤销，从而带来大量的机构搬迁、人员重新安排、中心城选择等众多敏感问题，使矛盾复杂化，不符合稳定性的改革原则，不利于国家安定团结。

改变目前的市管县（市）体制，在城市群区内每个城市享有同等地位。

正如前文已述，市管县（市）体制曾经发挥了重要的作用，但随着区域经济和城市化的发展，尤其是地级市与县级市经济落差的缩小，由于该体制未能与建立新的城市生长机制和新的人口政策相结合，该体制下的市县（市）矛盾已成为现阶段我国城市群区行政区划和管理中存在的最突出矛盾。在经济发达的东部沿海城市群区，市管县（市）体制已逐渐失去了其存在的价值。

城市联合政府中各城市行政地位的相同，有利于满足我国目前城市群区县级市提高行政地位的要求，有利于缓解中心城市对周围城市的行政约束而产生的种种问题。

58.4.2 疆域组成

城市联合政府内部的疆界应基本保持现有的各城市行政区的界线，以避免疆界的变动而带来的社会不安定因素。

纵观国外发达国家大都市的发展历程，不少大都市曾有过行政界限的变动，通过部分疆土归属的再确定，减小城市之间规模差距，如多伦多大都市等[7]，但却增添了许多新的矛盾。在我国城市群区行政组织和管理体制改革中，对此应慎之又慎。

城市联合政府广阔的辖区予原地级市以更大的发展空间，缓解了其经济发展需求与地域面积有限的矛盾。

58.4.3 代表构成

城市联合政府的代表原则上根据各行政区（城市）的人口总数按比例分配。

当然也可考虑，代表份额向经济发达的中心城市进行一定的倾斜，从而产生对中心城市的政策倾向，有利于中心城市经济的迅速发展和城市设施的尽快完善，力图使之成为城市群区的经济增长极，进而带动整个城市群区的腾飞。但在具体操作过程中，应注意倾斜适度，以防出现新的问题。

城市联合政府代表按人口比例分配，改原来的上级政府或中心城市决策为各城市代表全体决策，实行责权利分担，有利于减弱决策中的行政长官意识，减少管理运行中城市间的矛盾冲突。

58.4.4　职能分配

职能是指行政组织负有的职责和功能,它反映了该组织的实质和活动方向,决定其管理方式和系统内的机构设置[6]。

城市联合政府的实质为集合各城市的财力、物力、人力,实现城市公共服务的合作,获取规模效益,以解决单个城市财力不足与人们需求增加的矛盾,以及协调各城市发展,达到城市群区的统一计划,消除城市之间的冲突。鉴于此,前文也已述,城市联合政府的职能为城市群区的跨界职能,即负责城市群区跨越行政界线或功能区界线的公共服务的生产和提供,如港口和机场等公共交通、供水和排水系统、治安、消防、环保及教育等。而非跨界职能仍保留在城市政府。

城市联合政府在公共服务的生产方面追求的是规模效益②。因此,在适当的条件下,应尽可能把分立的职能集聚化,如高等教育、废料处理等服务项目脱离城市政府而统一划归联合政府负责。一方面,可获得更大的规模追加效益;另一方面,尽可能避免城市群区内的重复建设,做到统一规划和布局。当然,规模的扩大并非无限的,需要不断地做适度规模的调查与分析。

[刘君德,王德忠.中国城市群区行政组织和管理体制改革探讨[J].战略与管理,1996(1):76-81]

解读:城市群与都市区、都市圈以及都市连绵区(带)都是城市地域空间组织形式,而城市群和都市连绵区是比较成熟、高级的空间组织形式。本文以城市群为空间对象,重点论述其组织体制问题。文章直入主题,就城市群内部的几种类型城市,即行政地位和经济实力相当的城市之间、存在行政隶属关系的城市之间以及无行政隶属关系、经济实力不相当的城市之间的城市群,在组织管理方面存在的问题进行了剖析;指出现行的城市群区行政组织和管理体制"未能与我国目前的市场体制和财政体制等相适应,难以满足经济发展和城市化进程的需要,出现了种种复杂的问题";进而提出了城市群区行政组织和管理体制改革的方案,主张组建城市群区的联合政府。当今,包括粤港澳大湾区在内的国家级城市群在中国空间发展战略中显现越来越重要的地位,城市群的战略定位和规划建设的实施,需要有一个国家级的组织落实和管理。我以为,中国当代的国情更有必要、也已经具备条件组建不同形式、不同类别、高级别的跨界性质的城市群(都市区)组织实体(或半实体)。

注释

① Metropolitan Government Edited by I. M. Barlow。

② Metropolitan。

参考文献

[1] 华东师范大学中国行政区划研究中心.苏锡常地区行政区划研究综合报告[Z].1992:28-35.

[2] 海惕.携手共建,再展雄风[N].亚太经济时报,1994-04-12.

[3] 刘君德,吴亚荣,舒庆.海口地区市县利益冲突及行政区划体制探索[J].战略与管理,1994(3):77-81.

[4] 王文.广东行政区划的新情况和新问题[J].中国方域:行政区划与地名,1995(1):7-11.

[5] 刘君德.世纪之交,中国城市化发展与城市型行政区划改革新思路[J].中国方域:行政区划与地名,1995(1):2-6.

[6] 张永桃.行政管理学[M].南京:南京大学出版社,1989:97-98.

[7] 刘君德,王德忠.多伦多大都市政府形成发展及其借鉴意义[J].中国方域:行政区划与地名,1995(2):14-17.

59 海口与琼山的分与合

背景：海南省海口市与原琼山市（今琼山区）原为两个"同城分治"的城市，即使是海口人也很难分辨出两个城市的分界线，为典型的行政分治型都市区。1993年我在主持"海南省设市预测与规划"项目时，在调查中发现海口与琼山（时为县）存在区划调整改革的纷争：海口要兼并琼山，将其改设区，琼山要谋自身发展，要求撤县设市，连省委、省府也是"两派"。为此，我们深度介入，期望通过调查，提出科学建议，供高层领导决策，合理解决这一纷争。在"预测与规划"项目完成之后，我与舒庆经过调查，根据从有利于海南省县域经济发展大局考虑和当时的认识提交了调查报告。省委、省府很快作出海口与琼山"分治"、支持琼山撤县设市的决定。

59.1 海口地区行政区划问题研究的意义

海南省海口地区，即指以海口市为中心，与其密切相关的周边地区，在行政区划上包括国务院批准的海口城市规划所涉及的海口市及琼山、澄迈两个县。现有一市二县，土地总面积 4 331.2 km²，占全岛总面积的 12.77%。1991年人口 138.88 万人，占省的 20.99%。国民生产总值 33.09 亿元，占省的 31.54%。工业总产值 29.49 亿元，占全省的 52.20%。财政收入 4.4 亿元，占全省的 57.04%。经济实力雄厚，可谓海南省经济的心脏地带。在这一地区，由于两县一市在行政区划上紧密相连，近几年来在区域经济发展、城市规划建设管理中，市县利益冲突日益尖锐。因而，如何理顺市县关系，实行什么样的行政区划与行政管理模式，直接关系到这一地区的区域经济发展、城市建设、社会安定、环境保护，是海南省行政区划工作中必须研究解决的一个重要问题。同时，这一问题的合理解决，对于我国同类地区行政区划问题的研究与解决也具有重要的借鉴意义。

59.2 海口地区跨界城市的发展及行政区划体制矛盾的必然性与原因剖析

59.2.1 海口地区跨界城市的发展

海口市在城市发展过程中，其建成区与府城镇建成区已基本连成一片，构成统一的连续建成区，形成了跨界城市，随着城市的进一步发展，这种现象会进一步加强，并扩展至海口东部的澄迈。人们把连续建成区跨越两个或两个以上独立行政区的城市称为跨界城市。

未来海口地区跨界城市的发展将以海口市城市规划为基本依据，即以海口市为核心，在外围形成与之密切关联的次核心，共同组成区域性城镇体系。在21世纪初形成80万人口左右的城市规模。

根据多方案评价和优化选择,海口的城市规划结构是在原有市区基础上沿海岸向西发展的组团状城市。这种布局形式突出了滨海城市特色,有利于生态环境保护,可适应特区城市发展中的变化因素并滚动发展,具有较大的灵活性。海口城市布局的组团结构由市中心区、长流新镇、马村(老城)港口工业区组成。其中,市中心区规划建设用地95.7 km²,府城镇是市中心区的一个重要组成部分,是一个以发展出口加工型无污染工业、居住及相应商业服务业为主的副中心。马村(老城)港口工业区,通过充分利用马村电厂和在建港口的优势,建设东水港,发展相应的临海工业和耗水量小的重工业,最终形成人口规模20万(在20世纪末发展至10万)的城市组团。可见,未来的海口将向东西两翼延伸,成为包括海口、琼山、澄迈3个独立行政区域的跨界组团城市。

59.2.2 跨界城市发展导致"一市二县"行政区划体制的矛盾

跨界城市由于在同一连续建成区内跨越不同的行政区域,因而市县之间必然产生诸多矛盾。从海口地区看主要是:

(1) 海口市规划的实施问题。由于海口城市规划直接涉及琼山、澄迈两县,这必将产生市县之间局部利益的摩擦,在一定程度上为实施海口市城市规划增加了难度。

(2) 海口市城市用水问题。水资源相对短缺是整个海南省经济发展和城市化过程中面临的一个重要制约因素。海口市已出现供水不足问题,随着城市的发展这一矛盾将愈益突出。海口市取水有两条途径,一是地下水,二是跨行政区界线从南渡江取水。由于地下水资源有限,解决海口市供水不足问题的唯一途径便是从南渡江引水,这种跨行政区域的取水也将给水厂建设带来一定难度。

(3) 海口机场及交通道路规划发展问题。现有海口机场客流量已进入全国八大空港行列,但其场地较小,又地处市中心,噪声污染严重,与城市建设发展的矛盾日益突出,而在现有海口市城内已无法再建机场,必须跨行政区域另行选址。

就港口建设而言,海口虽拥有37 km岸线,却因泥沙淤积严重,港池、航道水深均受限制,不具备发展大型深水港的条件。现有的海口新港位于南渡江口三角洲地带,航道水深仅2.5 m,只能作为近海航运码头;秀英港港池也因淤积严重难以承担枢纽港的功能。因此,海口未来发展对港口的要求,必须依赖于澄迈县境内的马村东水港的开发。

此外,在跨市县的城市道路建设,尤其是自筹资金发展的地方交通,也因跨行政区建设而给道路的统一规划、统一标准、统一实施带来一定难度。

(4) 城市副食基地建设问题。海口市属于切块城市,地域范围相对狭小,随着城市建设的迅速发展,城市用地结构发生重大变化,这就为在现有行政辖区内发展"菜篮子工程",建设副食基地大大增加了困难。

(5) 社会治安管理问题。由于海口市与府城镇已形成统一的连续建成区,在隶属两个相对独立的行政单位管理的情况下,也给社会治安管理造成不少麻烦。

上述分析不难看出,海口地区行政区划体制的矛盾集中反映在国务院批准的海口市城市总体规划与行政区划的不一致上,其矛盾的实质则在于市县利益的冲突。

59.2.3　市县矛盾深层原因剖析

在传统体制下,中央政府是资源配置的主体,经济联系主要发生于纵向系统之间,各行政区之间的横向联系相对薄弱,因此,市县各种矛盾的表现并不突出。

而在传统计划体制向商品经济、市场经济的逐步过渡过程中,由于中央与地方行政分权及财政包干等改革,大大加强了地方政府的地位,它们不但是上级政府的执行者,而且成为地方经济的组织者、管理者。在企业尚未成为完全独立的经营主体及市场发育不完善的前提下,地方政府利益主体的地位进一步加强,它们之间在相互竞争过程中,由于利益主体间的矛盾而引发行政区之间的矛盾。这样,作为切块设市的市政府在以投资主体参与投资及促进与周边地区发展横向联系的过程中,愈益感到区域范围的狭小,力图通过扩大地域面积来创造更大的生存和发展环境。

59.3　解决跨界城市行政区划矛盾的国际、国内经验

跨界城市发展带来的行政区划矛盾是国外发达国家和国内许多大中城市普遍存在的现象。解决海口地区行政区划体制问题,汲取国际、国内跨界城市行政区划体制的经验是十分必要的。

59.3.1　国外跨界城市行政区划体制模式

发达国家城市化水平高,跨界城市十分普遍。如纽约市所在的连续建成区地跨纽约、新泽西、康涅狄克三州,人口1 700多万。在纽约市周围与之相连的中小城市中,20万人口以上的有2个,10万~20万人口的有3个,5万~10万人的有7个,1万~5万人的有21个。在中小城市中,这种现象也很明显。密歇根州首府兰辛市只有13万人口,但与之同处一个连续建成区的还有东兰辛(4.8万人)、奥克默斯(0.8万人)和霍尔特(1.0万人)等小城市。英国的大伦敦地区则跨33个市,除此之外,以曼彻斯特为中心的大曼彻斯特地区,以利物浦为中心的默西赛德地区,以谢菲尔德为中心的南约克郡地区,以纽卡斯尔为中心的泰恩—威尔地区,以伯明翰为中心的西米德兰地区,以利兹为中心的西约克郡地区也都属跨界城市。

美国的地方议会对行政区划界限的变动有极大的约束作用,因而大纽约地区除了有选举出来的各地地方政府负责本市事务外,还有两类跨行政区的地方当局来负责跨区域的事务。其中,一类是特设的地方当局,它通常代表几个地方政府的联合体,如学校区、给水区和防火区管理机构等;另一类是有区域范围的特别当局,它对整个大都市区的某一部分或系统拥有管辖权,如设在纽约市的特里博拉夫桥梁和隧道管理局、纽约港管理局等。

英国一度也曾在大都市区通过建立统一的地方议会或成立郡级政府来实施统一管理,即将跨界城市合并成立统一的管理机构,使这些地区的行政区划演化为郡—市(区)级二级制。但有人认为二级制形式不适合大都市地区,因为这样的行政区规模太大,难以高效地提供各项服务;如果只保留市(区)一级,不仅可以简化政府层次,而且能减少政府开支。1986

年4月1日保守党以6个大城市郡和大伦敦议会郡是"已被证明造成浪费的一级多余组织"为由,将其废除。郡级政府与大伦敦议会解散后,市(区)政府直接向中央政府负责。这样,大都市区各市(区)与中央之间减少了一级行政区划层次。

由于在一个大都市区中有多个独立的行政区,这就为城市规划、治安、消防、民防、公安、交通等跨界城市管理工作带来了诸多不便。为解决这类问题,英国政府采取了相应措施加以防范。例如,在城市规划中实行统一发展规划,来替代统一管理时期的结构规划;至于警察、消防和民防、公共交通等跨行政区事务,则保留了原大都市范围内的3个联合机构,来实施统一的单一性质跨区管理。西方发达国家在市场经济体制下,跨界城市行政区划体制相对稳定的经验,对我国跨界城市行政区划体制改革无疑是具有重要意义的。

59.3.2 我国现今跨界城市政府体制模式及其剖析

目前我国跨界城市的行政区划体制模式大体有4种:

(1) 市带县

我国的市带县体制可以追溯到20世纪50年代,当时的出发点是为了保证城市蔬菜、副食品供应。20世纪80年代以前,这一体制并未得到普遍推广;80年代以来,随着经济体制改革的深入,为了加强城乡经济联系,加速城乡经济发展步伐,尤其是促进中心城市的发展,在许多城市实行了市带县体制。但经过实践,市带县体制也暴露出不少问题,特别是在经济发达地区,由于市县是两个相对独立的经济利益主体,市县之间直接或间接的经济利益冲突十分尖锐。

(2) 市县合并

20世纪80年代以来,我国也有为数不少的城市根据发展需要,实行了市县合并,如山东省济宁市与历城县、青岛市与崂山县以及上海市宝山区与吴淞区、闵行区与上海县等。这种体制在一定程度上缓解了市(区)县之间的矛盾冲突,特别对中心城市的规划、建设和管理比较有利。但这种合并在许多地区遇到很大阻力,其难易程度取决于中心城市的吸引力、市县之间经济落差的大小和机构的调整、干部的安置等因素。

(3) 城市边界动态扩展

随着城市化的发展,城市规模的扩大,城市边界不断向周围郊县延伸扩展,逐渐蚕食乡镇,使城市行政区域范围逐步扩大。这种模式在特大城市和大中城市采用较多,尤其在旧体制下常采用这一模式。但目前看来弊端较多,主要表现为,一是靠近中心城市的地区往往是县域经济比较发达的地区,城市边界扩张过程即是县域经济优势向市域经济转移的过程,这难免存"劫贫济富"之嫌,不利于县域经济的成长;二是这种切割方式破坏了传统的社会经济、政治、文化、历史等诸多方面联系;三是对于毗邻城市的郊县而言,往往为了避免县域优势地区被侵吞,而不愿在邻近城市的地区投资建设,人为地浪费了优势区位,对城市和郊县经济发展都不利。

(4) 市—市并列

这是近年来出现的新模式,即将邻近或包围城市的郊县撤县设市。如广东省南海市、新会市等,这种模式尚处于探索阶段。

59.4 海口地区行政区划体制新探索

建省以来,海南在政府机构改革、行政区划体制(如省直接管市县)等方面已作了不少有益的尝试,并取得了成功。这就为在海口地区实行行政区划体制的大胆探索提供了极为有利的条件。

59.4.1 理顺海口地区行政区划体制的基本原则

我们认为,处理海口地区行政区划关系,必须坚持以下5个原则:
(1) 有利于经济超常规发展
所谓有利于经济超常规发展,就是要使行政区划的新体制既能切实解决经济发展中遇到的市县利益冲突等问题,又有利于调动各地大力发展市场经济的积极性。
(2) 有利于政府机构改革,加强管理
海口地区建立行政区划的新体制要有利于"小政府、大社会"的政府机构改革,从而有利于实行高效务实的地方事务管理,提高办事效率,促进外引内联,招商引资,促进社会主义市场体制的不断完善。
(3) 有利于安定团结
行政区划是集社会、政治、经济、文化、历史等因素于一体的综合体,涉及方方面面,敏感性很强。因此,行政区划新体制的构置,要尊重历史,尊重文化和经济的传统联系,尊重群众意愿,利于社会稳定。要尽量避免行政区划调整的后遗症,更要防止出现反复。
(4) 兼顾各方利益
海口地区行政区划体制改革要有利于市县双方经济的发展,兼顾各方利益。
(5) 便于操作
即尽量减少机构的大变动和干部的大调动,保持相对稳定。

59.4.2 方案选择与论证

在协调海口地区行政区划关系上,大致有3种方案可供选择:
方案一,扩大海口市的行政区域范围。将与海口城市规划、建设关系密切的区域划归海口市,主要包括琼山县府城镇及其他10多个乡镇,也包括澄迈县的老城—马村一带。
方案二,实现市县一体化,将海口市与琼山县合并。
方案三,维持现有的市县分立体制,将琼山、澄迈撤县建市。从民政部新颁布的设市条件分析,首先将琼山撤县建市。在适当时机再将澄迈撤县建市。
上述方案一、方案二是我国跨界城市行政区划传统的解决方法,但从海南省省情和海口地区实际情况出发,我们认为方案三是一种可以尝试的新模式,可以在最小的波动范围内理顺行政区划关系。
(1) 传统区划体制的利弊分析
实行传统的方案一体制,即将府城、马村—老城等两县精华地带划入海口,虽有利于海口市城市规划实施与管理的一元化领导,在辖区内解决用水、公共用地等问题;但它严重忽视了有关县的社会经济利益,使琼山、澄迈县域经济失去依托,对县域经济发展不利,实际上是扩大了城乡差别,削弱了两县经济发展后劲。同时,城市发展是一个渐进的过程,在市区行政范围逐渐扩大过程中,将会不断蚕食市郊结合部地域,使邻近市区的县域行政区划界限出现很大的波动性,对经济社会发展不利。并且这种模式又会导致琼山弃府城另择县城新址,这对于正处于起步发展阶段的海南省及"元气大伤"的琼山县而言,无疑在经济上是个沉重的负担。

方案二有利于扩大海口市的发展空间,解决大面积的城市规划控制区的统一管理问题,并可将水源地纳入海口市辖区内。同时,还可避免城乡结合部地区行政区划的多变性,也不需要另择县城,因而方案二要优于方案一。但这一方案也存在不少弊端,第一,仍将老城—马村城市组团置于海口市行政区之外,以港口为中心的综合运输问题仍难以解决;第二,海口市目前建成区面积仅有 29.3 km^2,占全市面积的 13.4%,如果实现市县一体化,虽然建成区面积扩展至 33.8 km^2,但建城区占全市面积却降至 1.48%,则海口市将成为以农村地域占主导地位的城市,这在一定程度上对农村工作管理带来不利影响,对加强城市管理也不利;第三,琼山历史悠久,人杰地灵,全县共有 32 万华侨散居于世界 23 个国家和地区,且县内各项工作在海南乃至全国名列前茅,因而在国内外享有一定声誉,如果将琼山县并入海口市,有可能影响外引内联,对经济发展十分不利。

(2) 实行新体制的优点

实行市—市并列体制,即将琼山和澄迈两县先后撤县建市,使海口地区形成以海口市为中心的三足鼎立的发展格局,这对于调动琼山、澄迈地方政府的积极性,形成竞争机制,保持地方机构和干部的相对稳定性和地方事务管理的连续性具有重要作用,从而在整体上有利于海口地区的经济发展。同时,这一方案工作难度较小,易于操作,并顺应了"小政府、大社会"的行政管理改革大趋势,对加强农村工作管理也十分有利。

59.4.3 实行市—市并列体制的有利时机与条件

在海口区实施市—市并列体制,具有比其他地区更有利的发展时机和优越的改革条件,主要表现为:

(1) 率先实行市场经济体制。海南在建省办经济特区初期,就确立了以市场调节为主的市场经济发展模式。因此,在社会主义市场经济体制改革中,海南省走在了全国经济改革的前列,这在一定程度上为市—市并列体制的实施创造了一定的外部配套环境。我们在考察中已感受到在社会主义市场经济发育过程中,这一地区所反映的市县对立、矛盾相对于我们考察的国内其他同类地区来说,要缓和得多。

(2) 最大的开放度。海南作为全国最大的经济特区,也具有最大的开放度,海南省不仅可以享受经济特区的优惠政策,而且它作为一个省又享有地方立法权,这是其他大陆省份和经济特区无法与之比拟的。

(3) 现有行政区划体制的先进性与开拓性。我国行政区划基本上实行的是省—市—县—乡实四级制和省—(地区)—县—乡虚四级制。海南自建省办经济特区之日起,就根据自身的行政区划特点,打破了这一传统的格局,实行省直接领导市、县制,减少了行政管理的中间环节,提高了工作效率。在这样的行政区划体制下,在海口地区实行市—市并列体制,由于地级市与县(市)之间并无行政隶属关系,市县均直接受省政府领导,这就有利于省政府加强宏观调控与管理,也为配套体制的改革创造了条件。

(4) 省域范围小,有利于省政府协调市、市矛盾。海南省省域面积小,现仅有19个市、县。与四川等大省相比,海南省政府有关部门有条件、有能力来直接领导和协助处理海口三市县之间的关系。这就为市—市并列体制实施过程中及时解决各种突发矛盾,迅速将这一新型区划模式的配套体制健全完善,使之尽快走上健康发展的轨道奠定了基础。

(5) 体制改革的大背景。前已述及,现行财政大包干体制强化了地方政府的利益主体地位,而金融体制、投资体制改革不到位则进一步激化了地方政府之间的过度竞争。因此,在20世纪80年代至90年代初期相当长的一段时期内,切块设市地区各种矛盾表现十分突出。为了克服我国经济发展中的矛盾,中央关于财税体制、金融体制、固定资产投资体制的改革方案已经出台或即将出台。随着三大体制改革的深入,地方政府作为投资主体和利益主体的地位将大大削弱,行政区之间的矛盾也将有所缓解,这为大海口地区成立单一性质跨行政区管理机构创造了极为有利的时机。

59.5 进一步完善与新的行政区划体制相配套的措施

如果在海口地区实施市—市并列的行政区划体制,那么一定要在省政府的统一领导下,在科学论证的基础上,进一步完善各项配套体制。

第一,进一步坚持海口地区城市规划实施过程中"统一规划、分头实施、共同监督"的原则,健全和完善规划统一协调工作管理机构,并利用法律手段加强对城市规划实施工作的管理与监督。同时,也将市县(市)地域开发纳入大海口的统一规划之中。

第二,成立统一的交通运输管理机构,由省政府有关部门及三市县共同参加,制订统一的交通规划,严格按交通规划实施,加强交通线路、港口建设,形成统一的交通网络,并以港口为龙头,实施综合运输。

第三,对于城市公共用地,也要实行统一规划、统一建设、统一管理,避免各自为政、各搞一套,防止人为地造成不必要的浪费。

第四,在府城与海口连续建成区之间,建立统一的学区、城市安全管理区、消防、民防区等管理机构,实现同一建成区内的统一高效管理。

第五,水是海南经济发展的一大制约因素,建议结合海南实际,以流域为统一水区,成立水区管理机构,以实现对水资源的合理开发、合理分配。目前,由于经济发展尚处于起步阶段,水资源矛盾并不十分突出,但应及早研究并采取有效措施以缓解海口地区水资源的矛盾冲突。

[刘君德,吴亚荣,舒庆.海口地区市县利益冲突及行政区划体制探索[J].战略与管理,1994(3):77-81]

解读:对于海南省来说,这是一个极其重要而急迫要求解决的问题,同时,如何理顺市县关系,实行什么样的行政区划与行政管理模式,对于我国同类地区行政区划问题的研究与解决也具有重要的借鉴意义。海口与琼山矛盾的实质是利益摩擦,涉及市县行政分权及财政包干等政策,更是区划体制矛盾。20世纪90年代根据海南省情,我们主张市县分治,即推行市—市并列体制。论文阐述了"分治"的理由。经过10年运作,海口与琼山两个城市都有了长足发展,矛盾加剧,且愈演愈烈。2002年,我再次被邀请前往调查论证,我与陈占彪同志(博士后)经过更加详细的调查分析,发现在海口—琼山"行政区经济"运行中的负面影响已经难以通过建立"同盟"的方式,推进两市的合作和解决两个建制市规划建设管理中的矛盾,区划合二而一是唯一选择。调查之后提交了新的论证报告。是年10月,海口与琼山合并,重新调整了大海口的行政区划,琼山改设为区。关于海口与琼山分与合的故事,有兴趣的读者可参看《我的地理人生:涉足山区·致力政区·钟情社区》(东南大学出版社,2017)第十二章第二节。

60 长(沙)株(洲)(湘)潭城市群空间组织

背景:长株潭是我国的一种比较典型而又独特的城市群区,一直引起我的关注;我的多位湖南省弟子进行了不少研究,其历史演进经历了"合—分—再融合"的演变过程,一体化的趋势十分明显,但现行行政组织体制严重滞后,迫切需要建立一种新的区域协调管理机制。为此,由陈湘满主要执笔就长株潭城市群行政组织与管理模式作了初步探讨。

60.1 长株潭的地位及其行政组织与管理模式研究的意义

60.1.1 长株潭城市群的地位

我国已形成和正在形成的城市群区有:长江三角洲、珠江三角洲、京津唐地区、辽中南地区、山东半岛、闽东南沿海、四川盆地、江汉平原、湘中地区、中原地区、关中地区和松嫩平原。在这些城市群中,以长沙、株洲、湘潭组成的湘中城市群有其独特性:①长株潭三市在空间上的接近是其他城市群无法比拟的,三市互距不足 50 km,随着城市化进程加快,城市地域范围不断向外蔓延,长株潭几乎连为一体;②在全国较早进行城市群区的整体规划,1993 年编制了长株潭区域规划,可以说在城市群发展方面已走在全国前列;③长株潭一体化的呼声很高,发展很快,目前正在着手长株潭城市一体化、经济一体化、交通通信一体化、环保一体化等方面的论证、规划、实施。湖南省"九五"计划确定了"一点一线"的区域经济发展战略,即以岳阳为龙头、长沙为中心,通过京广铁路、京珠高速公路和 107 国道以及湘江航道,把岳阳、长沙、株洲、湘潭和衡阳从南到北连成一片,形成一个经济区域,并把这一经济地带作为湖南优先发展的区域带。"一点"即长株潭城市群,作为带动湖南省经济发展的核心增长极,是"一点一线"中的政治、经济、交通、通信、金融、商贸、科技、人才、信息中心。

60.1.2 研究长株潭行政组织与管理模式的意义

1) 现实意义

随着区域经济和城市化的不断发展,长株潭在空间上日益融合,一体化的呼声很高。但由于行政组织和管理体制仍然沿用原来那一套,给城市管理带来了一系列的矛盾和问题,诸如基础设施重复建设、产业趋同、环境污染、土地利用混乱等,迫切需要有相应的管理体制来解决这些问题。因而研究长株潭行政组织与管理模式具有重要的现实意义:有利于长株潭城市群区各中心城市之间的协调管理;有利于克服现有行政体制的制约,促进区域经济的发展;有利于湖南经济发展极核的培育,为湖南经济全面振兴创造条件;为全国城市群区行政组织与管理改革提供成功经验。

2）理论意义

随着经济社会的迅猛发展,中国的城市化进程不断加快,特别是经济发达的东部沿海地区,已经形成多个城市群区,如京津唐、长江三角洲、珠江三角洲、辽中南地区等。但在目前城市群区的行政区划、组织和管理体制下,城市规模的不断扩张及城市规模等级的进一步分化,导致城市之间竞争畸形化,给城市群区的统一管理、统一规划建设带来阻力。因此,改革现行城市群区行政组织和管理体制势在必行。虽然国际上城市群区的管理体制发展经历了几十年的历史,但中国至今还没有建立起自己的城市群区(大都市区)行政管理体制。长株潭城市群区虽然规模不如京津唐、长江三角洲等城市群区,但区内中心城市之间空间距离上的接近、社会经济的密切联系使之成为一种较为典型的城市群区。通过对长株潭城市群区行政组织和管理模式的个案研究,可以总结出我国城市群区行政组织与管理的一般规律,进而丰富我国城市行政组织与管理理论,因而具有十分重要的理论意义。

60.2 长株潭城市群的形成及其管理矛盾

60.2.1 长株潭城市群发展的历史过程

长株潭三市有着不可分割的自然、经济和社会联系,实际上是一个城市群综合体。从封建社会早期长沙、湘潭的产生到新中国成立后多核心的形成,经历了中心地位的交替、城市职能的变化和核心的分化组合过程,大体划分为3个阶段:

1) 以湘潭为核心阶段(鸦片战争前)

长沙作为省一级政治中心,自秦设长沙郡起便开始形成。但在整个封建社会时期,长沙经济地位远不如湘潭。湘潭位于湘江中下游交接地段和下游航行起点及涟、渭两支流汇合处,境内农业发达,矿产资源丰富,航运便利。在水运时代,湘潭是整个湘江流域的物资集散地和转运中心,以及广大湘西地区物资出入门户,商业鼎盛,手工业发达,城镇繁荣。清代其集散范围东至江西延伸到浙、闽、苏,南至广东,西达川、滇,北去晋、冀,成为湘江中下游最主要的工商城市。其时,长沙仅是浏阳河入湘江的物资集散转运中心,手工业主要是碾米、湘绣、制伞等。株洲建制虽早于湘潭,但其吸引范围仅限于渌水流域,长期处于停滞状态,仅是一渔港小镇,清代后属湘潭县。

2) 以长沙为核心阶段(鸦片战争至新中国成立前)

鸦片战争后,中心城市地位发生了变化,长沙成为英、日等国势力掠夺湖南资源之首冲。特别是1902—1903年中英、中日通商条约的签订,长沙成为商埠,从而商业地位大大提高,成为湖南进出口物资的据点和门户,也是长江来货和湘江下游物资集散地。在这一时期,长沙民族工业得到发展,吸引范围也因此大大扩展了,城市得到长足发展。1918年粤汉铁路湘潭段通车和1935年全线通车并与京汉线接轨,正式奠定了长沙在该区核心城市中的首要地位。长沙凭借水、铁联运优势,成为全省进出口物资总汇(上夺岳阳,下代湘潭,外贸额占全省70%以上)和湘江上下游物资集散中心(米市由湘潭易俗河转到长沙靖港,长沙取代湘潭成为全国四大米市之一)以及湘东南、鄂、豫、赣各省物资的集散转运地,且成为南至广州、北至天津、东到上海的物资出入通道。1903年萍澧铁路和1931年澧株铁路相继通车,株洲成为萍乡煤入湘江去武汉以及江西的土特产和手工业品的转运点,取代了湘潭在江西的吸引区,株洲也因此开始崛起。特别是粤汉、株萍铁路相交,株洲地位日益重要,成为以陆运为主的交通中心,并发展了部分加工业。

3) 长株潭多核心阶段（新中国成立后至现在）

新中国成立后,长株潭区域经济蓬勃发展,核心城市群得以迅速形成。地方城镇得到进一步发展,出现了一些骨干城镇。核心城市和地方城镇的结合、联系和协作,使整个地区的城镇逐步地形成一个主次分明、层次清楚的城镇群体。核心城市群的形成以株洲的扶摇直上为典型特征。"一五"时期,株洲为全国156工程建设的重点,列为全国八座重点建设城市之一。国家和省里先后在这里布局了有色冶金、洗煤、机车车辆、麻纺等一大批骨干企业,株洲工业化出现了飞跃。表现在城市规模上,1949年仅0.7万人,1957年突破10万人,1963年达到20万人。株洲成为一个拥有有色冶金、铁路机械、化工、建材、电力、航天等行业的新型工业城市。湘潭也布局了纺织、印染、电机、冶金等大型企业,经过"二五"时期的大发展,也跻身中等城市行列。1958—1960年,湘黔铁路（株洲—娄底）建成,株洲成为八大铁路枢纽之一和江南最大编组站。到1960年,三市鼎立、各具特色的核心城市群基本形成:长沙为首要城市,全省的政治、文化中心和轻工业基地；株洲是交通枢纽和重工业城市；湘潭为工业城市。改革开放以后,核心城市长株潭规模不断扩大,1986年长沙正式进入100万人口级城市行列,株洲达35万,湘潭达到40万；1998年,分别达到133.4万、52.9万、51.8万,长株潭核心城市群得到进一步加强。随着市场经济体制的逐步建立,乡镇企业异军突起,小城镇迅速发展,城市的数量和密度在该区域内不断增加,各城市的规模不断扩大。长沙、株洲、湘潭三市作为各自地区的核心城市带动了周围一批卫星城镇的发展,三市在地域上融合,形成了长株潭城市群体。从长株潭城市群的演化轨迹可以看出:长株潭地区经历了"合—分—再融合"的过程,自秦设立长沙郡以来,长株潭一直是一个整体。到了近现代随着经济的发展和交通运输的改善,长沙、株洲地位日益突出,特别是株洲铁路枢纽的建成,奠定了三足鼎立的雏形。进入20世纪90年代以来,各城市规模不断扩大,小城镇数量不断增加,长沙、株洲、湘潭三市在地域上日益融合,出现一体化的趋势。长株潭城市群区经历了单中心向多中心的演变过程,先是以湘潭为核心,而后以长沙为核心,到现在的长株潭多核心共存。

60.2.2 长株潭城市群的特征

1) 三足鼎立的空间结构

长沙、株洲、湘潭三市呈鼎立状分处湘江下游,位置紧邻,用地相连,且有湘江上下贯通,铁路、公路数线相连,有利于城市间的统一规划和就近协作。到1998年年底,长株潭地区城市化水平已达32.31%,比全省高7.4个百分点。城市基础设施比较完善,三市市区建成区面积已达218.93 km²,其中住房建设用地面积39.43 km²,实有居住面积3 100万 m²,人均居住面积达10.20 m²；人均日生活用水353.43 L,用水普及率达到100%,用气普及率也达到88%左右,均明显高于全省所有城市的平均水平。

2) 同等级、独立的行政地位

长株潭城市群是一个多核心城市群,区内3个中心城市都是湖南最早的地级市,地位是平等的,不存在行政上的隶属关系,不像其他城市群既有副省级市,又有地级市,层次错落有致。这种行政上的独立、平等造成经济上的封闭状态,工业布局门类齐全,自成体系,难以把三市作为城市综合体来考虑。

3) 较为完善的交通通信网络

京广、浙赣、湘黔三条铁路干线分别贯穿长株潭地区的南、北、东、西,另有醴茶、韶山、醴浏和石长等地方铁路接通干线,为该地区服务。近期将改造建设株洲客站和货站,使之成为全国七大铁路枢纽中心之一。长株潭地区公路通车里程约占全省的18%,106、107、319和320四条国道呈"井"字形贯穿该区,总长达800多km;1810、1816、1823等15条省道以及更多的县道、乡道、厂矿专用路与国道一起,构成稠密而完整的公路网。公路网密度明显高于全省平均水平。水运方面,三市境内拥有通航里程约1 200 km,约占全省通航里程的12%,其中水深1.0 m以上的航道里程有350 km,占通航里程的9.2%。邮电、通信方面,目前本区拥有的邮电局(所)1 110个,长途电话线路、电报电路、市内电话交换机容量、农村电话交换机容量、电话普及率、邮电业务总量等指标均明显高于全省平均水平,对外联系比较方便。

4) 紧密的经济联系,长株潭经济区的共同核心

长株潭经济区是湖南省经济最发达的一个经济区域。1998年长株潭三市国内生产总值1 087.65亿元,占全省的比重达到33.98%,其中二、三产业的优势更加明显,占全省的比重分别达到35.1%和36.6%。与长株潭三市人口、土地面积占全省的比重(分别占1.8%和13.7%)相比,大大高于全省平均水平。近几年,三市人均国内生产总值在全省14个地州市中的排名,均处于前三名。同时,长株潭三市也是全省的金融中心。1998年年末,三市金融机构各项存款886.28亿元,占全省的42%;各项贷款732.65亿元,占32.2%。长株潭经济区是一个地位重要、比较特殊的经济区,由3个经济实力居全省前三位的核心城市共同统领。

5) 功能各异的城市特色

三市城市性质有着明显的特色:长沙为省会,是全省的政治、经济、文化、科技、金融、信息中心和轻工业城市,是全国特大城市之一,同时又是国务院首批颁布的24个历史文化名城之一,在长株潭城市群中处于核心地位,形成了以机械、电子、轻纺、食品为主的综合性工业体系;株洲是铁路枢纽和以有色冶金、机车车辆、化工、建材为特色的重工业城市;湘潭则是地区政治、经济中心和以电机、钢铁、纺织为特色的工业城市(表60-1)。机械工业在三市都是最大工业部门,然而分工还是不同的:长沙机床、电子等工业设备制造突出,株洲以机车车辆为重点,湘潭则是电工城。这种比较明确的分工为城市间的协调发展和资源合理利用奠定了良好基础。

表60-1 长株潭三市(市区)工业结构(1991年)　　　　单位:%

城市	采掘	食品	纺织	化工	机械	有色冶金	黑色冶金
长沙	0.5	20.0	12.4	8.0	36.0	1.6	5.2
株洲	2.4	3.0	3.6	14.2	35.7	23.5	2.8
湘潭	1.0	4.5	10.6	9.3	40.1	0.3	23.8

60.2.3 长株潭城市群区行政管理中存在的问题

1) 城市基础设施建设缺乏统一规划,规模效益和城市整体利益难以体现

长株潭在空间上已经构成一个连续分布的整体,要求基础设施建设具有连续性和完整性。但是行政体制的地域分割使城市的发展各自为政,地域上相连的长株潭3个城市各自发展自己的基础设施,没有统一规划,更没有一个权威机构来组织协调,造成重复建设和投资浪费。或虽有规划,但三市各自为政,难以组织实施。能源、交通、通信等基础设施建设不能从大区域角度进行合理布局,建设的整体效益和规模效益低下。以长株潭运输布局为例,最突出的问题就是站场建设和布局不合理。如黄花机场地处长沙东,株洲、湘潭两地无公路直达,须经长沙市城区,交通极为不便。如果立足三市整体选址原大托埔军用机场,既可利用原有的机场设施,节约建设资金,又可方便株潭两地的乘客,缓解长沙市城区的交通拥挤状况,还可以避免在以后的规划中修建株黄公路的重复投资。

2) 管理盲区,土地失控

三市的城乡结合部,特别是三市的交会地带,由于地理位置优越,交通方便,经济发展迅速,目前已成为城乡复合生态系统中物流、能流的密集区,也是新建开发区的首选地。但是,由于三市城市规划布局各行一套,整个长株潭地区缺乏综合协调,这些地区往往成为城市规划和管理最薄弱的区域,开发区建设失控,加上近年来小城镇的迅猛发展,基本农田保护不力,滥占耕地现象严重,土地失控,使本已突出的人地矛盾更加激化。

3) 重复建设,产业趋同,布局不合理,环境污染加剧

长株潭城市规划失当,实施中失控加剧了区域环境矛盾。过去三市城市规划往往只从自己城市发展出发,缺乏通盘考虑,建设布局、用地安排、项目选址均只考虑本市眼前或局部利益,往往把污染严重的企业安排在本市下游或下风向,很不利于三市环境的综合治理;特别是经济过热的几个时期,城市规划的实施失控,开发区遍地开花,使老城区的环境得不到改善,新区的环境建设和管理又跟不上来,加剧了区域环境矛盾。三市在长期的经济发展中追求局部效益,重复建设,产业趋同,造成结构性污染。如株洲有大的铅锌冶炼企业,长沙、湘潭也搞了一些中小型的;湘潭有全省最大的钢铁企业,长沙、株洲也有不少小厂;特别典型的是水泥行业,污染严重的小厂各市县都上,工艺技术落后,经营管理粗放,资源能源浪费严重,效益低下,这种结构性污染是长株潭工业污染防治中的顽症。

60.3 长株潭城市群行政组织与管理模式探讨

在现有行政体制下,长株潭三市各自为政,经济割据,难以形成发展的合力。长期以来,计划经济条件下形成了地区分割,三市彼此之间缺乏充分的横向联系,城市规划自成体系,地区分工不明显,产业结构趋同化;市场分割、重复建设、重复投入等现象突出,造成有限的资源与资金的浪费,区域整体优势没有得到很好的发挥。现有行政体制制约着长株潭地区经济的发展,迫切需要建立起一个开放性的、多层面的区域协调管理机制。

模式一:长株潭城市行政区一体化——建立新"长株潭市"政府。基本思路是:将长沙、株洲、湘潭三市合并,组建新的"长株潭"市,以此培育强大的区域中心城市,领导本区乃至全省的经济发展。提高其行政级别,上升到副省级,同时又要减少次级行政区的层次和数目。因为层次愈多、次级行政区数目愈大,边界问题就愈多,公用设施供应的空间规模愈小,地区协调的可能性就降低。适量次级行政区有利于提高新政府的管理效率,但也并不是次级行政区愈少愈好,因为一定区域内行政区数目愈少,辖区范围愈大,从而带来管理上的困难。新"长株潭"市地域空间结构采用组团式结构,以原长、株、潭三市为组团核心,统一规划,合理布局,尤其是三市交错接壤地带,在项目安排、环境保护、基础设施布置等方面一定要统筹规划。新建立的"长株潭"市行政区划要作相应的微调,同时在机构设置方面进行大胆改革,努力建立精干、高效的政府。

模式二:建立都市区政府联合组织——长株潭都市区协调委员会。基本思路是:针对长株潭城市群区难以统一行使跨界职能的状况,在长株潭地区建立松散的城市协调机构(非政府机构)长株潭都市区协调委员会,行使类似于大都市区政府的某些职能,采取协商方式对涉及大都市区的治安、交通、环保、水利等问题进行统一规划,以协调各城市之间的矛盾,解决跨界的公共服务和管理问题。

模式三:构建紧密型双层结构的联合政府——长株潭都市政府。基本思路是:在长沙、株洲、湘潭三市的基础上建立具有明确的组织形式和调控职能的联合政府,并赋予一定的实权,致力于解决区域内的协调发展问题(江河港口、高速公路、铁路、机场、大区域环境整治等),其工作重点是针对基础设施建设与空间发展,以及二者与自然环境的结合。削弱或适当限制长沙、株洲、湘潭三市地方政府的权限,淡化其经济管理职能,逐步将宏观经济协调的职能转移到长株潭都市政府,以此共同组成一个空间一体化管理的都市区双层政府体制。在这个双层结构中,各城市地方政府与都市联合政府之间有明确的功能区分与合作。都市政府主要负责全地区的区域性服务职能,如区域供水、排水、垃圾处理、公路交通等基础设施的协调建设、环境保护、农业发展、空间开发管理(土地、城市等)、编制战略规划及监督其实施等,以条条性管理为主。各地方政府负责所在城市的日常社会服务职能,如教育、住房、城市卫生、社会福利、城市建设实施等。两层政府分工有序、各司其职,将极大地提高工作效率。这种大都市的双层制管理模式不同于一般西方国家通过选举、联合产生的松散型双层政府,而是一种紧密型的大都市管理。这种都市政府的一个明显特征就是拥有较大的行政管理和经济管理权限,有足够的规划、管理权限,在整个长株潭都市区内有权调动次级城市的各种要素,并逐渐向行政组织与管理职能一体化迈进。

以上3种模式各有优缺点。模式一,三市完全合并,在一个集权政府的统一管理下,各项决策易于贯彻执行,同时也有利于城市群区的统一规划,充分利用各城市的资源财力,有效地结合各个城市的公共服务项目,形成城市公共服务的规模效应。但是,长株潭三市实现行政一体化,目前操作起来有一定难度。首先是来自三市行政官员的阻力,合并以后他们的位置如何安排?其次是合并后的"长株潭市"政府,容易导致行政机构数量增加,既有悖于我国目前的精简机构改革政策,又不利于政府职能的转变,造成政府对经济行政干预权的恶性膨胀。模式二,长株潭都市区协调委员会是一种非政府机构,一般规模较小,灵活性大,便于市民参与和监督,有利于增强决策的透明度和科学性,同时,这种协调委员会从机构设置到开始运作,相对来说比较容易,也便于调整;但是,这种协调机构的致命弱点,就是权限不够,缺少相应的行政干预权,对城市群区内跨越行政界线或功能区界线的更大范围的公共服务显得束手无策,决策实施的效果不甚理想。模式三,双层结构的长株潭都市政府,各城市地方政府与都市联合政府之间有明确的功能区分与合作,既能满足人们对界外公共服务的需求,又不限制城市政府非跨界职能的行使;既保持了部分行政干预力量的存在,又防止了行政机构的过分臃肿。但是,都市政府某些跨界职能机构或多或少地存在一些弊端。比较上述3种模式,从我国国情出发,目前选择模式三较为可行,待条件成熟时可建立新"长株潭市"政府。

[陈湘满,刘君德.长株潭城市群的形成及其行政组织与管理模式研究[J].邵阳师范高等专科学校学报,2000,22(5):69-73]

解读:论文对长株潭三座城市的分与合、由单中心向多中心演进的过程进行了清晰梳理,系统归纳了城市群的空间组织结构、行政地位、交通网络建设、经济联系、城市功能特征,指出长株潭城市群行政组织管理中的问题,进而有针对性地提出了建立开放性的、多层面的区域协调管理机制的设想。可喜的是,多年来,长沙、株洲、湘潭三座城市在推进城市—区域一体化合作方面采取的许多实质性措施,取得成效,积累了不少可供借鉴的经验;不少学者为此发表了许多新的、颇有创意的见解,曾万涛的《中国城市群联市制研究——以长株潭为例》(东南大学出版社,2000年)是其中一例。

参考文献

[1] 刘君德,汪宇明.制度与创新——中国城市制度的发展与改革新论[M].南京:东南大学出版社,2000.
[2] 禹舜.湖南长株潭经济区发展研究[M].长沙:湖南出版社,1997.
[3] 顾朝林.经济全球化与中国城市发展[M].北京:商务印书馆,1999.
[4] 湖南省统计局.湖南统计年鉴1999[M].北京:中国统计出版社,1999.

61　长三角急需破"围墙"

背景:20世纪90年代以来,长江三角洲区域发展战略一直是社会关注、学术研究的热点。江浙沪三省市的哲学社会科学联合会为此举办了多次层次较高的学术研讨会,三省市的许多重要区域—城市经济学者参与了讨论,发表了真知灼见。我的这篇短文记得是在杭州召开的一次会上发表的,当时只写了发言提纲。会后不久被《杭州师范学院学报(社会科学版)》发表。后来,由朱敏彦主编的《21世纪初长江三角洲区域发展战略研究》(上海人民出版社,2000年)收录了这篇短文,标题改为《长江三角洲区域可持续发展的障碍和对策》。

地跨沪苏浙三省市(后来安徽省加入演变为"三省一市")的长江三角洲人口密集,是我国经济最发达的地区之一。区内拥有大中小城市50多个,建制镇1 000多个,城市化水平高,已经形成以上海为首、较为完整的城市群(带),在长江流域,乃至于全国经济发展中担负有极其重要的使命。

当前,长江三角洲城市群远未形成合力。在迈向21世纪、率先实现现代化的进程中面临着以下问题:

一是城市产业发展的结构化矛盾比较严重,存在大量低层次产业同构现象,尤其是苏南和浙北矛盾更为突出。在地级以上中小城市的"九五"和"2010年规划"中,支柱产业的同构现象十分严重,城市间缺少明确的功能分工,甚至原有的特色也在削弱。

二是国有大中型企业改革的效果不明显,大量职工下岗待业。而乡镇企业由于其自身的弱点,竞争力下降,返农职工增多,城镇社会矛盾突出。

三是经济发展环境的矛盾十分尖锐,太湖水系水质恶化,湖泊的调节容量减小,地面沉降加剧。太湖治理虽已列入国家重点,但省市行政分割,治理进展缓慢。

四是核心城市(上海)和次核心城市(南京、杭州)的现代化功能不完善,与各中小城市相距较远,三产水平不高,国家级或跨区域的大银行、大公司较少,远未形成国家级管理中心和决策中心。同时,城市内部的交通体系尚未形成,也影响了城市综合功能的发挥。

五是小城镇发展不平衡。总体规模偏小,在长期的"行政区经济"运行下,中心镇的地位大大下降,农村工业布局分散化格局未有改变,影响城镇体系的建设和区域城镇网络的形成。

六是以港口为重点的跨区域公共基础设施建设,三省市各自为政,缺少统一规划与协调管理,重复建设严重,货物流向不尽合理,港口的群体优势难以发挥。

笔者认为,以上矛盾集中到一点主要是:

以行政区分割为特征的制度性矛盾是长三角城市和区域发展中最重要、最根本性障碍。三省市之间及各省市内部市与市(县)之间、市县内部镇与镇(乡)之间各自为政的建设,加剧了产业结构的同构;各自为政的治水,阻滞了太湖水排洪的出路。在港口、公路、供水、城镇体系建设以及环境整治,乃至于科教文卫各个方面都难以统一规划、建设与管理,从而使长江三角洲这一原本水系相连、人员相通、文化相融、经济一体的整体地域空间,出现严重的行政分割,大大削弱了整治的合力和竞争力。

21世纪中国的重心在长江,长江的重心在以上海为龙头的长江三角洲。拆围墙,江浙沪三省市共建三角洲,实行三角洲城市群(带)的大联合,推进经济一体化刻不容缓。

我认为,要从以下几方面着手:

第一,要转变观念。各级政府要克服长期形成的官本位和地方保护主义思想,真正树立长江三角洲的全局与整体意识,以整体利益为重,互谅互让,携手共建长江三角洲。打破行政区划界线,按照比较优势的原则实现生产要素的自由流动,实现城市和区域的合理分工与协作。

第二,建立由三省市高层领导组成的长三角城市联合委员会(城市同盟),下设办公室,共商长三角可持续发展大计,协调三省市之间的重大矛盾,解决重大问题。当务之急是制定长江三角洲城市群的发展规划。

第三,以基础设施建设为联合的重点。在港口、交通网络建设、水利综合开发与治理、供水与通信网络、电厂布局与能源供给等方面,应成为长三角一体化建设的重点;并首先在上海组合港、通信和水利建设方面取得实质性进展。

第四,以区域环境整治、科技教育联合为先行。首先是三省市共同实施太湖流域整治规划。目前已经有较好的基础,应在此基础上成立长三角环境整治领导小组,进一步积极推进整治工作。未来的国际与区域竞争是科技人才的竞争,在知识经济迅猛发展的大潮中,长三角各省市要加强科技教育的联合,形成合力,发挥区域科技教育的强大优势,推动长三角的区域可持续发展。

第五,先易后难,选择旅游、金融、商贸、信息产业为突破口进行联合。江浙沪三省市旅游资源有较强的互补性,旅游业也都被确定为支柱产业,较容易推进合作。此外,在金融、贸易和信息等方面也可作为联合的突破口,特别是信息资源的共享与联合开发十分迫切,有很强的可操作性,可优先实施。

第六,制定相关政策,加强法制建设。实施长三角城市群(带)的联合,需要有三省市的共同政策,形成平等的竞争环境,同时要有法制作保障,制定《长江三角洲区域开发与管理法》,设立相应的法制机构,如长三角地区法院等,打破行政区域界限,克服地方保护主义,统一执法。

[刘君德. 破"围墙",大联合,发挥长江三角洲城市群(带)的整体效益[J]. 杭州师范学院学报(社会科学版),1999(5):3-4]

解读:之所以将这篇短文收录于本书,是因为我是较早强烈呼吁长江三角洲江浙沪三省市破围墙、大联合的学者之一。短文中明确提出了实行大联合的途径,特别强调建立长三角合作组织的必要性、紧迫性,并对合作组织的重点职能进行了讨论。第二个原因是,学者多年的呼吁将成为现实。在2018年3月6日第十三届全国人民代表大会第一次会议上,全国人大代表、上海市委书记就回答记者提问"长三角一体化发展"问题时,明确指出:长江三角洲三省一市已经在规划对接、战略协同、专题合作、市场统一和完善机制方面取得一定共识,并有所行动。新设的长三角区域合作办公室已经在上海挂牌办公,并制定了长三角一体化发展的三年行动计划。"三省一市"共同努力,"把长三角建设成为在全球有影响力的世界级城市群,成为能够在全球配置资源的亚太门户"目标的体制障碍正在悄悄突破。

62　上海要建省吗?

背景:关于长三角的体制问题,许多学者都进行了研究,21世纪初可以说达到高峰。一天,新闻媒体报道了一所上海著名高校的教授在其课题研究中提出"上海建省"的观点,我看到之后十分惊讶!没有过几天,《解放日报》一位记者采访了我,要我对这一观点谈谈看法。后来上海《报刊文摘》在头版头条摘要发表了我的观点,一时间引起较大反响。本篇论文在一定程度上就是针对"上海建省"的论调而写的。

长期以来,由于"行政区经济"的存在,使我国经济在不断发展的同时,也出现了"诸侯经济"的现象。诸如区域分割、无序竞争、产业结构雷同、基础建设重复等一系列问题,使人们开始思考如何打破行政区域的人为分割,从而适应区域经济一体化的基本要求。从这个意义上说,人们这样关注行政区划问题,说明大家不仅直接感受到行政区划对区域经济一体化的严重阻隔,而且也深刻意识到我国现行的政治体制改革已经迫在眉睫。

应当说,目前人们对我国行政区划方面存在的问题所作的普遍描述基本是正确的。但在进一步分析为什么造成了行政区划的现存问题,进而如何对我国现有的行政区划格局和体制进行调整和改革,还存在着一些认识上的误区,甚至是一些常识性的错误,尤其是事关我国行政区划体制改革的基本方略和上海市这样的大城市的行政区划调整,更应该值得深入研究。新时期以来,我国的行政区划体制进行了一定的改革。所谓的"乡改镇""县改市""县(市)改区""地改市""市管县"等各种改革模式都得到了实施,虽然利弊兼有,但大多数还是有成效的。应该说,在经济转型的过程中,这种行政区划体制的改革基本适应了我国经济不断发展的需要,在一定程度上缓解了由于经济发展、城市化推进所带来的行政区划体制的尖锐矛盾。

从20世纪80年代以来我国行政区划体制改革的实践中,明显有这样几个总体走向:

(1)城市型政区的改革,是行政区划改革的基本走向。地域型政区总体上呈现为逐渐向城市型政区靠拢的状态,这不仅表现在行政区划体系中城市建制数量的逐渐增多,城市型政区与地域型政区数量对比的关系发生变化,而且在地域型政区中,各类城市的经济总量也已占有绝对优势,城市已成为地域型政区经济发展的增长极和主要依托。

(2)改革是以"城乡合治"为指导思想,以有利于城市化推进,有利于城市规划建设管理,有利于精简机构、节约行政资源和不搞新的"一地两府"为原则。从上述所说的行政区划改革的体制模式中,都体现了上述指导思想与原则。具有"城乡合治"特点的新型城市型政区是我国现阶段行政区划体制改革的大趋势。

(3)城市型政区体制改革仍将是政区改革的重点。由于我国目前现代化和城市化水平还不高,加之我国城市型政区的形成也比较晚,其内在体系还很不完备,自我改革的经验很不足。因此,对我国的城市型政区体系进行不断改革和完善,包括城市内部层级与幅度的关系,城市内部的组织结构和管理体制,城市行政区、服务区与社区的关系,甚至关系到城市民间社会团体的组织体系和城市文化与城市精神,等等,都需要进一步探索。长江三角洲为我国现代化和城市化水平较高的区域,如何对以上海为中心的城市型政区进行改革就很引人注目了。

一般认为,长江三角洲主要包括15个地级市:上海、南京、杭州、宁波、苏州、无锡、常州、镇江、扬州、南通、泰州、嘉兴、绍兴、舟山、湖州。从全球化的角度看,区域经济一体化的主体是城市和以中心城市为核心的都市圈。在长三角经济圈中,正好符合和代表了现代世界发展的一种潮流。从地域上看,目前的上海大都市圈是逐步扩大的4个相互联系的圈层,即第一个圈层是 600 km² 的上海市区;第二个圈层是 6 300 km² 的上海市域;第三个圈层是包括苏锡常嘉的 1.5 万 km²;第四个圈层是整个 9 万 km² 的长江三角洲全境。从都市圈城际公路交通来看,以上海为中心的长江三角洲正着力建构"3小时都市圈",即以中心城区为核心的"三环十射"快速路网系统;以市域(郊区)为核心的高速公路网系统,以及以都市圈城际公路为主的"3小时都市圈"。其实,不论怎样看,只是"横看成岭侧成峰"而已,其所覆盖的区域空间都是大体一致的。

那么,从全国区域经济总体格局和长三角区域经济一体化的角度出发,如何来看待上海市作为龙头城市的行政区划体制改革呢?

综合起来看,大家一致的认识是,目前的行政区划格局造成了长三角的区域分割和行政壁垒;但在行政区划调整的总体思路上,则有两种观点。一种认为,该在长三角经济圈建立一个统一的行政区域,只有扩大上海的行政区域,才能更加有利于长三角经济圈的发展。持这种观点的人在具体的解决办法上也并不一致,有人只是主张建立一个统一的行政区域,但这个"统一"的行政区域的性质和内外部的结构体系还不很清楚;有人则主张扩大上海的管辖区,建立上海省。另一种观点则认为,不能无限扩大上海市的行政区域,上海经济区域是自然形成的,而目前中国仍基本处于行政区经济运行时期,政府对经济仍起着主导作用。改革的方向应是逐步淡化政府对经济的直接干预。如果不从政府自身改革这一根本问题上着手,一味追求扩大上海的行政区域,不仅不现实,还会产生新的行政区经济格局,这是不符合政治体制和行政管理体制改革的方向的。现阶段,解决行政区划体制的矛盾靠的是观念和机制、体制的创新,没有一个融入全球的观念,不树立全局观和区域合作观,单靠扩大行政地盘来实现一体化是难以从根本上解决行政区划矛盾的。持这样观点的人主张在现行行政区域内建立江苏、浙江和上海两省一市共同组成的区域协调组织,建立三省市共识的协调机制与体制,通过协商解决区域发展中的规划、基础设施建设、环保等跨界公共服务问题。后一种观点是我们长期一贯的主张。

我们以为,打破行政区域对长江三角洲经济一体化的严重制约和束缚,这无疑是十分必要和急迫的。而且这是事关未来我国行政区划体制改革的总方向,因此有必要加以深入探讨。

其实,我国目前所存在的行政区划问题,从表面看是区域经济一体化发展中旧有的行政区划矛盾问题,但从较深的层面看,则是地方政府与地方政府之间的利益矛盾。而从更本质的角度看,则是中央政府与地方政府之间在行政权的安排上所产生的矛盾,而这种矛盾实际上又反映了目前我国政府行政体制改革所存在的问题。从这个层面上看,我国目前的行政区划问题突出表现为这样几个主要矛盾:一是社会主义市场经济与行政区域经济之间的矛盾;二是中央与地方之间的矛盾;三是行政区划管理的层次与幅度之间的矛盾;四是地域型政区在向城市型政区发展过程中的矛盾;五是行政区划与规划(区域规划、城市体系规划、城市规划)之间的矛盾。这是我国转型时期政治经济体制改革过程中所产生的必然现象,也是我国具有过渡性特征的"行政区经济"的重要表现。

事实上,假如在一种盲目扩大地域版图的理念指导下,由此而引起的行政区划变动将是巨大的,绝不仅仅局限于上海乃至于长三角,而有可能诱发全国行政区域格局的变动,这不仅要付出极为昂贵的区划成本,而且对社会稳定也会造成一定影响,至少在目前情况下是不具备条件的。我们以为,"行政区经济"第一阶段集中表现为地方政府在国内市场经济范围内各自为政、发展和保护地方经济的一种经济行为和运行机制。在这种情况下,地方分割实际上既是地方政府管理功能的一种体现,也是自由竞争引起的必然结果。因此,在当前"行政区经济"发展的第二阶段,通过政府职能从管理向服务、从"全能政府"向"有限政府"的转变和国内市场向世界市场的转变,共同的最大化的利益追求迫使地方政府只有联合起来,走区域一体化的道路。

因此,是不是行政区域扩大了以后,就能自然而然地解决区域壁垒的问题?恐怕未必。这主要基于以下几点:

(1) 从区域划分和组织政区单元的视角看,扩大了行政区域并不能从本质上解决问题,区域的界限永远都是存在的。在任何一个区域范围内,为了发展经济,适当地进行行政区划调整,这是必要的。但更主要的是要强调区域合作与协调,在区域经济一体化的共同利益追求下,应该说是可以实现的。因而,改变把市界、省界当作"国界"的这种观念更为重要。

(2) 划小省区是20世纪初以来有识之士的共识。我国国土辽阔,人口多达13亿,又是多民族的国家,各地自然、经济、社会、文化等环境差异较大,从建立科学合理的层次与幅度的关系来看,很显然,目前我国行政区划的层次过多、幅度偏小,官员过多、集权过多、效率低下,行政成本过高,划分也不很合理。因此,划小省区、减少层级、精简机构、适当放权应是未来我国行政区划改革的总体方向。但由于行政区划涉及地方政府利益格局的调整和行政干部的安置等十分复杂、敏感的问题,需要统筹考虑、全局安排、从长计议、科学论证,而且要有一个特定的环境,最主要的是政治民主、社会稳定、法制健全,地区经济发展水平的差距逐步缩小等。我们以为,上述条件目前尚不具备,或不够成熟。比较可行的办法是适当增设直辖市,这是划小省区的重要突破口。从发挥中心城市在大区域的核心作用、加强中心城市对区域经济的宏观调控等方面考虑,近期,在东北、华南、华中、西北地区选择合适的特大城市升格为直辖市是必要的。

(3) 比照世界各国政区的性质、功能,我国行政区的经济功能过大、过重,逐步改变政区的全能性质与功能,淡化政府的直接经济功能,强化政府的社会管理功能,克服大而全、小而全,自成体系、封闭运转、重复建设、行政封锁等弊端,走有中国特色的社会主义市场化的道路,是地方政府改革的方向与目标,也是一项长时期、艰巨的攻坚任务。十分明显,如果我们单单采用扩大行政区划的手段解决区域经济一体化发展中的问题,并非是根本之道;解决区域(跨界)发展中的行政区划体制矛盾,还是要从政府自身的改革抓起,在转变政府职能、建立政区之间公平合理的利益协调机制与体制等具有本质意义的改革上下工夫,这才是根本的出路。

(4) 国内外的理论和实践表明,一定程度上,区域分割是区域自由竞争的必然结果,其所造成的局部重复建设是难免的,为了减少浪费,企图通过行政归一统的方式来解决问题,实际上等于取消了区域之间的自由竞争,并会造成新的行政分割。这在中国"全能政府"体制背景下,即"行政区经济"运行时期,显然将陷入"区域矛盾→区划调整→新的区域矛盾→区划再调整"的怪圈之中。所以,问题的关键在于政府如何引导,把无序竞争变为有序竞争,如何通过政府间的真诚合作,解决区域分割问题,实现区域联动发展。

(5) 具体到长三角范围内,在自然和人文环境方面有许多共同之处,虽然长期为三省市行政区分割,但经济联系始终十分密切,且无论从历史还是未来看,长江三角洲都是一个以上海为中心的多中心经济格局。因此,只要三省市充分认识到区域一体化的重要性,就会自然形成一种联动的力量,推进区域合作。事实上,近几年来三省市在各个领域的合作已经取得了相当的进展。洋山深水港建设就是在中央支持下,沪浙两省市克服重重困难和阻力,实现跨界合作的范例。

因此,在长三角经济圈范围内,我们以为完全可以借鉴美国、加拿大、英国、法国、日本等西方发达国家的经验,取其精华,从我国的特点出发,在长三角经济圈范围内组成以上海为重心的多中心的城市空间组织模式——一种合作协调组织模式,或者组建大都市区多中心体制的跨界联合政府(共同体),或者在公共部门成立以功能性为主的跨界的区域管理机构,这不失为一剂良方。虽然难度较大,但符合改革的大方向,长江三角洲应积极试行。为此,我们应该注意以下方面的问题:

(1) 科学合理地划分行政区,形成有效的国家组织结构系统,以实现高效科学的行政管理,是我国行政区划体制改革所追求的目标。但这是一个长期的发展目标,要以积极的态度推进行政区划的改革,但更要稳妥、慎重,切忌行政区划改革的随意性、盲目性。在现阶段,行政区划是解决区域矛盾、促进区域发展的重要手段之一,但不是唯一的手段,更不是根本的手段,我们应该寻找新的改革思路。

(2) 应当指出,区域经济的整合问题,有些确实是行政区划造成的,但有些则不然,对具体问题要做具体分析,不能动不动把所有的问题都归结在行政区划上,似乎只要行政区划问题解决了,区域经济一体化就一定会实现。正如我们前面已经说过的,我国行政区划的本质问题,更重要的是政府职能转变问题。没有这个问题的根本解决,行政区划问题仍将一直是一个很突出的问题,仅靠行政区划的调整是解决不了问题的。在目前情况下,区域分割之所以存在,是因为在其背后隐藏着深刻的经济利益争夺。因此,要打破行政分割,从区域分割向区域联动转化,其根本的动力仍在于经济利益机制的协调。只有当各行政区经济主体看到了打破行政区划界限,实现区域一体化的巨大的经济利益时,这种跨界的区域联动就从被动转向了主动,从不自觉转向了自觉。这种情况下区域发展才会步入良性循环的轨道。上海在长三角中处于龙头城市地位,应该主动走出去,探求区域联动发展的新模式。

(3) 目前,在我国城市化进程中,存在着一种急躁和冒进的情绪。改革意识永远是必要的,但决不能简单地为了追求数字和轰动效应,不切实际地追求新的"大而全",这恰好是"行政区经济"的一个最大特点即好大喜功、追求政绩的心态和利益驱使的表现。而这种过于急切的"速成"和"求大"心理,使人们忽视了行政区划体制改革的科学性和规律性,其后果是可怕的。殊不知,这种"大一统"的观念,在外界行为上看似是代表着先进的理念,但实际上却反映了思想观念深处与时代进步的不合拍。具体到我国珠江三角洲、长江三角洲和环渤海三大经济圈的政区体制改革,应该从城市群的角度来考虑,重新塑造出与世界城市化发展方向一致,与我国现代化发展战略和谐,且能充分表现出每个城市的功能特征与个性意识的世界级城市带和城市群落。建构多中心、互不隶属、只有规模大小而没有地位高低之分且功能布局和产业结构合理、服务和文化产业发达的城市群落,这是未来我国城市型政区体制改革和发展的主方向,也是我国区域经济一体化的过程中所着力要做的事情。上海市未来的行政区划体制改革应主要集中在两个方面:一是对都市区内部(包括城区和郊区)政区体系的不断改革与自我完善;二是在外部,主动与江浙两省合作,共同整合长江三角洲的协调发展的机制与体制,主动联合各城市,建立长江三角洲共同体,积极探索出一条符合中国特色的都市圈政区改革的新路子。

[刘君德,陈占彪.长江三角洲行政区划体制改革思考[J].探索与争鸣,2003(6):12-14]

解读:论文对以上海为中心的长江三角洲省市之间的政区矛盾本质进行了分析,认为扩大上海的行政区划版图或设立上海省未必能够"自然而然地解决区域壁垒的问题"。研究指出"解决区域(跨界)发展中的行政区划体制矛盾,还是要从政府自身的改革抓起,在转变政府职能、建立政区之间公平合理的利益协调机制与体制等具有本质意义的改革上下工夫,这才是根本的出路"。关键在于政府自身的改革、引导,把无序竞争变为有序竞争,防止陷入"区域矛盾→区划调整→新的区域矛盾→区划再调整"的怪圈之中。

63 长三角的信息化合作

背景:20世纪90年代中期以来,江浙沪三省市推进长三角区域合作的力度逐渐加大,这段时间我先后接受过《人民日报(华东版)》《解放日报》《上海证券报》《城市导报》《南方周末》等的专访,大多涉及长三角的区域合作问题,强调要"打破区域的掣肘"、区域合作的"渐进过程",指出"关键是寻找均衡点"等,并且认为信息化合作是一个重要突破口。为此,2002年,与上海市经济和信息化委员会办公室合作承担了"江浙沪三省市信息化领域合作前景研究"课题,2003年完成了课题研究。本论文是在课题报告基础上改写完成的。

63.1 长三角区域信息化合作的时代背景

从国际竞争形势看,20世纪90年代以来,以通信、计算机和软件产业为主要内容的信息产业高速发展,年增长速度保持在8%~10%,是同期世界国内生产总值增长率的1.5倍,成为世界最重要的战略性产业[1]。与此同时,信息化与经济和社会发展结合日益紧密,信息技术向现实生产力转化越来越快。资料显示,近5年,信息化对美国经济增长的贡献率超过33%,大于钢铁、汽车和建筑业等三大支柱产业贡献的总和。信息化已经成为拉动经济增长、增强经济实力的关键因素。世界各国和地区纷纷把信息化作为经济发展的战略重点,不断提升综合竞争力,力求赢得竞争的主动权。根据《2004—2005全球信息技术报告》,在全球83个国家和地区中,我国的信息技术综合竞争力在世界上的排名为第41位[①],明显处于中低端水平,和发达国家相比存在较大差距,中国的信息化发展,任务十分艰巨。

从国内信息化发展趋势看,信息化提升为国家发展战略,成为我国加快实现工业化和城市化的必然选择。我国作为发展中大国,抓住世界信息产业转移机遇,大力发展信息产业,不仅有利于提升产业结构,加速推进国民经济和社会信息化;更为重要的是,只有在信息产业关键领域掌握核心技术,突破发达国家技术垄断,才能赢得信息化竞争的主动权。近年来,我国信息化建设取得了重大进展,信息技术应用广泛,信息产业保持了持续快速增长,信息立法、标准和培训等基础工作也不断强化。截至2004年年底,我国上网用户总人数达到9400万,上网计算机达到4160万台,与2003年同期相比,增长34.7%;信息产业从1980年的100.3亿元,发展到2004年的2.2万亿元,已经成为我国工业第一大支柱产业。与此同时,我国信息技术在行政管理、企业、商贸及社会各领域都有重大突破。2004年电子政务市场投资额为411.5亿元,同比增长17.5%;政务信息公开取得显著成效,2004年我国政府门户网站绩效排名列世界第6位,上海市政务网站在世界各大城市政府网站排名中列第3位;2004年我国电子商务发展迅猛,全年电子商务交易额共计4800亿元,比2003年增长73.7%[1]。

然而应当指出的是,在我国转型期特殊的"行政区经济"[2]运行下,各级地方政府在地区之间争先致富、相互竞争,尽力创造经济发展机遇,挖掘经济发展潜力,从而带动地区经济发展,而事实上的政府官员考核指标(较偏重地方经济发展能力)、"父母官"的社会文化精神等更强化了地方政府努力发展地方经济的内在意愿。也因为此,各地方政府受自身利益驱动,立足于辖区范围,地区之间画地为牢、重复建设、市场分割等现象也同样发生于区域信息化领域,导致区域信息资源和信息能力的浪费,影响信息产业的规模化发展和区域经济一体化的进程。

63.2　长三角信息化合作简要回顾及展望

近10年来长三角地区信息化合作取得很大进展,合作意识得到增强,合作理念逐步树立。区域信息化和信息产业管理部门间的沟通与协调机制初步建立,实现了由对话型合作向项目型合作的转变。企业间交往频繁,行业协会和民间团体间的联谊活动逐渐增加。长三角地区在信息技术研究、信息资源共享、信息系统互联互通等方面迈出了实质性的合作步伐。多方关注、共同参与、不断创新的区域合作局面初步形成。

长三角地区信息化整体水平通过"九五""十五"期间的持续推进已经处于国内领先地位,但与发达国家城市地区相比,仍然存在较大差距,区域内在信息基础网络设施、信息技术应用、信息产业发展等领域的数字鸿沟依然存在,区域信息化合作的深度和广度都还有较大的拓展空间。在"十一五"期间及未来相当长一段时间里,长三角区域社会经济率先协调发展在客观上需要开展区域信息化的合作,社会经济领域的合作对区域信息化合作的互馈效应也将进一步增强。长三角区域内各级政府要把握国际信息化发展方向,遵循国家信息化发展战略,抓住我国全面融入WTO、2008年奥运会、2010年上海世博会等战略机遇,以全球化的视野,从区域整体发展要求出发,进一步完善区域信息化合作机制,克服行政区划形成的合作阻碍,在战略和政策层面营造一个资源共享、技术携手、优势互补、互惠共赢的区域信息化协同发展环境,推动企业有效参与全球经济竞争,抢占全球信息化制高点。

63.3　长三角区域信息化合作发展面临的核心问题

63.3.1　合作意识问题

目前长三角区域信息化领域条块分割、重复建设、信息资源利用效率低等现象较为严重。由于受行政区划分割和地方利益驱动,三省市在信息化合作的诸多方面仍然缺乏较为明确的区域意识和团体意识,缺少对区域整体利益的共识,信息化企业在资金、人才、技术、产权方面尚未实现三地之间的无障碍流动,这在一定程度上影响了长三角区域信息企业的群落优势和集聚优势,降低了整体竞争能力。此外,合作意识的薄弱,还导致一些对区域整体效益具有重要影响的合作项目与合作协议陷入"议而不决、决而不行"的尴尬境地,延缓了合作进程。

63.3.2　合作基础问题

城市之间信息化水平和信息技术的差距阻碍了区域信息化合作的推进。区域间合作是建立在分工基础上的互利互惠的行为与过程,由于信息化领域的特殊性,决定了其合作各方还须具有相对一致的信息化水平、信息技术人才、信息消费市场、信息技术利用能力等客观基础。长三角地区的信息化合作面临困难,部分原因在于分属三省市的 16 个城市在经济水平、信息技术、信息人才、信息消费能力以及对信息化的需求上存在明显差异。这种基础性的差异是影响长三角信息化合作的一个重要因素。

63.3.3 合作机制问题

信息化合作与协调机制缺失。近年来,长三角经济的一体化加快了信息化领域的互动与合作进程,成效明显,长三角的空间协调机制及其整合程度已经较为成熟,如建立了三省市高层领导联席会议制度以及 16 个城市经济协调会等,但仍然存在合作机制不健全的问题,这在一定程度上制约着三省市信息化深入、稳定的合作发展。就专业性较强的信息化领域而言,现有的协调机制呈现出协调力量较弱、针对性较差、协调机制不健全等缺陷,各自为政现象依然较为突出,难以形成信息化开发合力,不利于提升区域信息化竞争力。

63.3.4 合作项目问题

根据信息化发展的现状与趋势,准确选择信息化领域的合作项目,是切实推动长三角信息化合作进程的主要抓手和关键。目前长三角信息化合作现状表明,三省市之间首先缺乏明确的合作项目列表和规划,信息化合作项目不成体系,呈现出"少、散、乱"的特征;其次,缺乏深层次调研与论证,缺乏信息合作项目的创新与开拓,与当前经济全球化、区域一体化的要求还有相当差距;再次,合作项目偏重于城市之间的合作,而整个区域性质的合作项目少,且难以落实。

63.3.5 技术标准问题

信息技术应用领域的合作是区域信息化合作的重要内容,而信息技术的应用尤其是区域内的共用、通用最主要涉及的问题是技术标准的统一与兼容。由于全球信息技术飞速发展,全球性、国家性的技术标准通常滞后于信息技术的发展,因此区域性的技术标准的制定和统一就显得尤为重要。于长三角区域信息技术应用而言,在不少领域都还存在技术标准不统一、技术规则不协同的问题,导致区域性技术应用合作不能实现。如,长三角的公交"一卡通"问题。

63.4 长三角区域信息化合作的总体战略思路

63.4.1 立足于三个前提,增强区域信息化群体竞争力

(1) 立足于国内外信息化发展方向。时刻关注国际信息化发展的新潮流,以及国家采

取的信息化应对战略,力争按照国内外信息化发展趋势和要求,结合区域实际,推进长三角信息化领域的全面深入合作与发展。

(2) 立足于长三角信息化发展态势。准确定位长三角在国家信息化发展中的地位和功能,从长三角信息化发展的现状、特征和优势出发,制定科学合理、有效可行的合作方案,提出有针对性的政策建议,整合并发挥长三角信息化发展的群体竞争优势。

(3) 立足于上海及其他15个城市的信息化水平与各自优势、特色。本着互惠互利、优势互补、共同发展的原则,既强调合作,又实行分工,在最大程度上发挥上海和其他15个城市各自的信息化优势,取得最大的区域合作效益。

63.4.2 着眼于四个平台,全方位提高区域信息化水平

(1) 信息资源共享。在最大程度上实现区域信息资源共享,是长三角信息化合作适应都市圈经济一体化和网络经济时代的基本要求。打造长三角信息化合作的网络通道和平台,实现信息资源的异地共享,为推进区域信息化深度合作与一体化发展奠定基础。

(2) 信息设施共建。信息设施,尤其是一些跨区域的重大信息基础设施,是长三角信息化发展的物质基础。要充分发挥各方潜力,多方筹资,市场化运作,共建跨区域重大信息基础设施。

(3) 信息产业共荣。实现市场一体化是长三角信息产业整合与集聚发展的内在要求。要打破行政区划分割,制定统一的市场准入标准,共同开拓区域信息市场。

(4) 信息技术共用。在长三角区域范围内广泛推广先进信息技术的联合应用,促进区域内信息技术壁垒的削减,扩大成熟信息技术的规模化效应,降低信息技术使用成本,提高相关领域社会经济效率。

63.4.3 服务于两个层次,满足区域整体和城市个体发展的不同需求

(1) 服务于苏浙沪三省市。在宏观层面(省区)上,上海应大力提升自身的信息化实力和其辐射、带动、传导功能,利用信息化综合优势,更好地服务于浙江、江苏等邻近省区,扩大信息市场、整合信息产业,从而提高区域信息化整体水平。

(2) 服务于长三角16个城市。在中观层面(市级)上,充分发挥长三角16个城市的各自优势,遵循因地、因时制宜原则,强化城市服务意识,重点提升上海对其他城市的服务意识、服务能力。

63.4.4 落实于三个重点,构建长三角区域信息合作发展体系

(1) 合作领域的拓展。立足现有基础,根据未来信息技术及其市场前景,有重点、有针对性地选择可行性合作项目,不断拓展合作领域,扩大合作范围,通过更多合作项目的实施,推动区域信息化建设的融合与发展。

(2) 合作项目的选定。依照互惠互利、利益共沾的原则,选择有基础、有共鸣性、普遍受益的合作项目,作为长三角在"十一五"期间信息化合作发展的重点。

(3) 合作机遇的把握。把握好我国正式融入WTO、2008奥运会、2010上海世博会等战略机遇,以此为契机推动和促进长三角区域信息化建设的融合与发展,在某种程度上这决定着长三角信息化合作的实际成效和未来前景。

63.5　主要对策措施

(1) 建立多层面工作协调推进机制。在省市级政府部门协调机制基础上,建立健全政府部门之间、行业协会等民间组织之间和企业之间的多层面信息化协调沟通平台;根据区域重点推进的信息化合作项目需求,组建各城市、各部门参加的非实体性组织协调机构;健全区域信息化合作协调议事机制,建立长三角16个城市信息化主管部门的定期例会制度,推动区域城市间信息主管部门层面的交流沟通,促进区域性重大项目的合作;逐步培育多种形式的市场组织、合作联盟、合作论坛,促进信息化合作的顺利开展。

(2) 探索形成多形态区域信息化合作发展模式。确立共同发展的区域信息化项目,确定合作项目的利益分配、合作机制、实施办法,保障合作项目的顺利实施;探索建立多方政府共同投资引导的项目合作模式;兼顾各方利益,引导形成企业为主体的信息化项目合作发展模式;确定合作目标,探索形成合作协议、备忘录等合作项目的深化模式;利益分配与补偿相结合,鼓励信息化企业在生产、销售、流通、技术、管理、市场等形成联合模式。

(3) 探索建立区域信息化合作的投融资方式。探索建立政府、企业、社会等参与的多元投融资体系,鼓励民间资本、社会法人资本和外国资本投入区域电子信息领域;建立健全风险投资机制,积极探索联合引进国内外风险资金直接投资信息产业项目。共同商讨市场前景广阔、产业关联度大、区域带动性强的国家级重大合作项目,联合向国家申请资金扶持和优惠政策。发展集约化建设,形成知识产权、投资建设、资源互换、业务租赁等多种方式相结合的投资方式。

(4) 形成具有共同约束力和共同效应的区域合作发展规则。根据国内国际通行规则、约定和惯例,逐步形成作用于长三角地区省市和各城市的信息化行业合作发展规则;建立有利于信息技术创新的区域知识产权保护体系;加快合作体制创新,克服长三角信息化合作的行政区划体制障碍。

(5) 开展前瞻性信息化合作研究。加强对国内外信息技术、信息产业、信息化水平发展现状和趋势的研究;把握长三角16城市当前与未来社会、经济发展需求,联合开展涉及区域信息化发展的前瞻性研究;充分发挥专家、学者的智囊作用,不断拓展区域信息化合作领域,合理选定区域信息化合作项目,加强完善区域合作机制创新。

63.6　结论

区域信息一体化是区域经济一体化的基础。国内外发展的经验表明,大都市圈(区),逐渐成为国家乃至全球的信息资源中心、信息控制中心和信息管理服务中心,在世界经济发展中具有举足轻重的地位。建立健全大都市圈(区)的正常多元的信息合作交流机制,实施跨行政区的信息合作共赢战略,对于提升大都市圈(区)的区域整体信息水平,增强信息竞争能力,从而推进大都市区社会经济率先发展具有重大战略意义。因此,紧紧抓住我国全面建设社会主义和谐社会的战略机遇期,充分发挥长三角信息资源优势,从全球、区域层面出发,编制信息化合作规划,打破行政分割,深化合作,建立健全信息化区域合作机制,从战略和政策层面构筑一个优势互补、资源共享、技术携手、互惠互利的信息化发展环境,是长江三角洲全面贯彻国家信息化战略、有效参与全球经济竞争、抢占全球信息化制高点的战略选择。

[胡德,刘君德.长三角区域信息化合作背景、思路与对策[J].南通大学学报(社会科学版),2007,23(3):11-14]

解读:区域信息一体化是区域经济一体化的基础。长三角地区应打破行政分割,深化合作,建立健全信息化区域合作机制,从战略和政策层面构筑优势互补、资源共享、技术携手、互惠互利的信息化发展环境。本文立足于对全球信息化竞争形势与国家信息化发展总体态势的分析与把握,指出长三角区域信息化合作的时代背景与未来前景,并从行政区划与行政区经济理论的视角,剖析了长三角区域信息化合作领域所面临的核心问题,在此基础上提出长三角区域信息化合作的总体战略思路和主要对策措施。

注释

① 世界经济论坛 *The Global Information Technology Report 2004—2005*,2005年。

参考文献

[1] 上海市人民政府,中国政府国务院信息化工作办公室,中国科技部,等.亚太地区信息技术应用展望报告[R].上海:亚太地区城市信息化论坛第五届年会,2005:2-8,96-99.
[2] 刘君德.中国行政区划的理论与实践[M].上海:华东师范大学出版社,1996.

64　珠三角的都市区组织

背景：本文为《论中国大陆大都市区行政组织与管理模式创新——兼论珠江三角洲的政区改革》一文的下半部分。基于对珠三角地区跨界空间组织问题的关注和多次赴广州参加会议和考察的实践思考，特别是其地处改革开放前沿，临近港澳等特殊空间的地理区位，深感在珠三角大都市区推进区域行政组织整合的必要性、紧迫性以及可能性而写的。

64.1　珠江三角洲政区的发展特点

珠江三角洲是我国典型的大都市区之一。从行政区划角度看，珠江三角洲包括 2 个副省级市、7 个地级市、16 个县级市、2 个县和 22 个市辖区（表 64-1）。全区土地面积 4.16 万 km^2，户籍人口 2 100 万，城镇总人口 880 万，暂住人口达 600 万。1994 年国内生产总值 2 300 多亿，占全省 74%，是全国经济较发达，人口较稠密，城镇最密集的地区之一。其城市化水平达 45% 左右，高出广东省 14 个百分点和全国平均水平 22 个百分点。城镇数量多，密度大。改革开放以来，珠江三角洲凭借其毗邻港、澳这一特有的地理区位优势和开放政策，经济飞速发展，1979—1994 年，国内生产总值平均增速高达 20% 以上，产业结构迅速升级，外向型经济大大增强，并促使基础设施建设和基础产业水平大大提高，城市建成区迅速扩大，人民生活水平显著提高，名列全国前茅。

表 64-1　珠江三角洲行政区划（1998 年）

市	区（市、县）	小计
广州市	东山区、荔湾区、越秀区、海珠区、天河区、芳村区、白云区、黄埔区、番禺市、从化市、花都市、增城市	8 区 4 市
深圳市	罗湖区、福田区、南山区、宝安区、龙岗区、盐田区	6 区
珠海市	香洲区、斗门县	1 区 1 县
佛山市	城区、石湾区、顺德市、南海市、三水市、高明市	2 区 4 市
江门市	蓬江区、江海区、台山市、新会市、开平市、鹤山市、恩平市	2 区 5 市
惠州市	惠城区、惠阳市、博罗县	1 区 1 县 1 市
肇庆市	端州区、鼎湖区、高要市、四会市	2 区 2 市
东莞市	—	—
中山市	—	—

注：共 9 个地级市（其中两个副省级市），22 个市辖区，16 个县级市，2 个县。

珠江三角洲都市区的经济发展具有以下明显特征：①经济增长速度快；②外向型经济比重大；③城乡经济差距相对缩小；④毗邻港澳地区，尤其是香港特别行政区，这一独特的"一国两制"边界区位条件是三角洲经济迅速发展的强大外部因素;⑤20世纪90年代以来,工业和第三产业同步增长,在城市大力发展第三产业的同时,工业开始向乡村扩散,城乡一体化的趋势比较明显。从都市区的城镇水平和分布格局看,珠江三角洲的城镇化水平较高,城镇经济实力较强,城镇基础设施有很大改善,交通通信水平居全国前列。全区除港澳之外,拥有一个特大城市(广州),一个大城市(深圳),12个中等城市(25万~50万人)和11个小城市(25万人以下)以及数百个建制镇,形成一个完整的城市体系网络系统。在这一系统中,广州、香港是特大型经济中心城市,次为深圳,再次为珠海、澳门及其他中小城市,而广州、深圳、珠海为珠江三角洲都市区最重要的3个经济增长中心。以广州、(香港)深圳、(澳门)珠海为中心形成中部、东部和西部3个都市区,并通过广深(港)和广珠(澳)两个发展轴(带)组成珠江三角洲大都市区的空间格局。

珠江三角洲大都市区行政区划体制十分复杂,变更较多。从地级市层次看,可分为5种类型:①中心城市经济实力强大的副省级市,即广州和深圳,广州实行市辖区、市管市体制,共辖8个区和4个市(番禺、从化、花都、增城),深圳辖6个区;②中心城市经济实力较强的特区型地级市,即珠海市,辖1区1县;③中心城市与周边城市经济实力差距小,实行市管市体制与地级市,主要是佛山、江门2市,分别辖2区4市和2区5市;④中心城市经济实力相对较弱,由地区行署和县级市合并设置的地级市,即惠州市和肇庆市,属于珠江三角洲经济区的分别有1区1县1市和2区2市;⑤由县级市升格,不辖市(县、区)的地级市,包括中山、东莞2个地级市。

64.2 珠三角政区体制的不适应性

应当指出,珠江三角洲都市区的行政区划格局是历史形成的,同时也是改革开放以来城市/区域经济社会发展的产物,在我国现行行政区划法规框架下有其必然性,某些方面也有一定的合理性,对珠江三角洲经济区的发展起了积极推动作用,基本适应了珠江三角洲地区特定时期、特定阶段城乡经济发展的需要。然而,在迈向21世纪的新时期,珠江三角洲现有的行政区划体制已经不适应作为一个大都市区经济可持续发展和整体规划、建设的需要,在许多方面已成为制约发展的制度性因素。

(1) 层级多而乱,缺乏规范管理。前已述及,珠江三角洲9个地级市有5种不同的行政区划模式,很不规范,特别是实行市管市体制后,多了一级行政区划层次,增加了行政开支,助长了官僚主义,降低了管理效率,对加强基层政权建设,推进社会主义的政治民主化不利。

(2) 广域城市化模式,混淆了"市区"和"市域"的概念,助长了土地开发热,使城市建设用地失控。中国目前推行的县改市模式,城乡不分,在一定程度上助长了土地的盲目开发。据资料显示,珠江三角洲1990—1993年,由于无计划征用的过量出让土地,使城市建设用地增长近3倍。各地纷纷扩大城市规划的人口和用地规模,宏观失控,土地浪费严重,环境污染加剧。

(3) 撤县设市强化了县级市的权力,极大地调动了县级市的积极性,但整体宏观调控能力下降。中心城市发展受到空间和某些政策的制约,区域内难以实行有序分工,竞争大大多于合作,相互攀比,贪大求全,加剧了城市的压力,区域发展难以协调,难以制订珠江三角洲统一的规划,更难实施统一的建设与管理。

(4) 由此带来珠江三角洲大都市区各城市基础设施建设的各自为政。不少城市,特别是经济实力较强的县级市,为提高自己在都市区的地位,盲目追求基础设施和公共服务设施的大而全,自成体系,重复建设,以机场、港口、道路建设尤为严重,运力与运量严重失调,造成巨大财力浪费;而城市之间的交通、通信建设则不被重视,联系受阻,严重影响珠江三角洲都市区的整体实力的发挥。由此可见,珠江三角洲现行行政区划体制已不适应新时期作为全国四大都市区之一的协调有序发展,改革势在必行。

64.3 未来珠江三角洲都市区政区改革的思考

64.3.1 改革的原则与依据

珠江三角洲大都市区行政区划体制改革应遵循整体优先、有利发展、减少层次、方便管理、试验先行、稳步推进、因地制宜、尊重民意等原则。改革的目标是为进一步推进珠江三角洲大都市区建设创造良好的体制环境。政区改革的主要依据,一是现阶段的行政区划相关法规;二是珠江三角洲经济区规划,即政区改革要有利于实施珠江三角洲大都市区的城市群规划、基础设施规划、产业布局规划、环境保护规划和社会发展规划;三是有针对性地解决(或缓和)珠江三角洲地区目前行政区划体制的主要矛盾。

64.3.2 改革的思路

(1) 建立跨界职能的珠江三角洲都市区联盟政府,协调大都市区内部城市之间的矛盾。都市区联盟是一个准政府性质的机构,其职能仅限于跨界性质。主要是组织、监督和实施跨市的重大项目,诸如供水、排水、交通、通信、能源及环境治理等及其他基础设施工程。都市区联盟成员由9个市组成,由1名副省级官员任主席,广州、深圳、珠海3市市长任副主席。

(2) 依据珠江三角洲城市群规划,配合广州—深港—珠澳三足鼎立的都会区,分别成立3个都会区协调委员会。下设办公室,归属大都市区联盟领导,中部为广州都会区,以广州为核心,包括佛山、南海、三水、花都、番禺、从化、增城、顺德和肇庆的端州区、鼎湖区、四会市和高要市等;东部为深港都会区,以香港和深圳为核心,包括东莞、惠州、惠阳、惠东、博罗等市县;西部为珠澳都会区,以澳门、珠海为核心,包括斗门、中山、江门、新会、鹤山、高明、台山、开平、恩平等市县。三大都会区协调委员会主任分别由广州、深圳、珠海三市长兼任。负责制定三大都会区内部的规划和利益关系的协调,执行都市联盟政府下达的任务。

(3) 取消地级市管县级市体制,实行城市分等制。珠江三角洲现有市管市体制矛盾冲突很多,各方反映强烈,应逐步取消这种体制,根据珠江三角洲大都市区(城市群)总体规划,重新组合各都会区内的城市,成立相应的协调组织。为调动各城市的积极性,同时考虑现实情况,可按人口、经济规模,实行城市分等制,暂时保留城市的行政等级。但各等级的城市均具有独立性,在政治上是平等关系。

(4) 条件成熟时,增设直辖市。直辖市在中国大陆政治、经济生活中具有特殊重要的地位,目前中国直辖市偏少,且分布不平衡,适当增设直辖市很有必要。华南是中国经济重心之一,位于开放前沿,又有广州和深圳两个特大型经济中心城市,且为副省级市,选择其中一个升格为直辖市是必要的,也是具备条件的。从人口、经济规模、地理交通区位条件看,广州更有条件;从开放度、产业的国际化和城市的管理水平看,深圳更为有利。但由于广州是广东省省会,升格后另择省会难度很大,且不利于珠江三角洲大都市区的统一规划、建设和管理;而深圳则相对有利,矛盾较少,特别有利于加强与香港的合作,形成港深都会区。深圳升格为直辖市后,仍应纳入珠江三角洲大都市区统一规划。通过以上改革,未来珠江三角洲大都市区将形成如下垂直的政区管理模式(图64-1)。

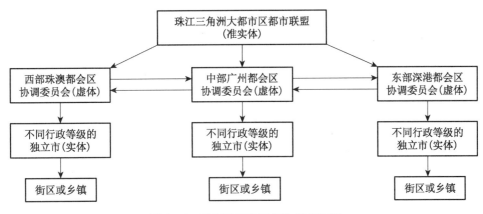

图 64-1　珠江三角洲组织体制构想图

64.4　讨论

(1) 改革开放以来,中国大都市区发育、发展较快,大都市区的行政组织与管理问题越来越成为学术界和政府关注的热点,研究和探索符合中国国情的大都市区管理模式具有重要现实意义和理论意义。

(2) 从行政区划角度分析,中国目前的都市区有3种类型,即统一型、紧密型和松散型。后两种类型的都市区实行市管市体制,矛盾大,协调难,现有组织模式已严重制约都市区城市/区域整体效益的发挥,是中国都市区行政体制改革的重点与难点。

(3) 国外大都市区组织与管理模式的发展经历了数十年的历史,积累了一定经验,形成了两种典型的组织与管理模式,即单中心体制和多中心体制,两种模式的公共组织服务的方式有很大不同。各国各地区情况不同,都市区公共行政组织与管理模式的选择也不相同,有的建立了大都市政府,有的则建立了各种具有特殊功能、大小不一、可以重叠的管理区。国外大都市区组织与管理的经验对我国大都市区管理体制的改革有借鉴意义。

(4) 中国大都市区行政组织与管理模式有3种选择。一是建立主张集权的都市区政府,二是建立松散的都市区协调机构(非政府机构),三是建立跨界性质的都市区联合政府。3种模式各有利弊。现阶段,第三种模式比较符合中国国情。

(5) 珠江三角洲是我国四大都市区之一,目前行政区划体制已不适应大都市区整体发展的需要,改革势在必行。改革的思路是:建立准政府性质、具有跨界职能的都市区联盟政府;在联盟政府下建立与广州—深港—珠澳三足鼎立的都会区相适应的3个都会区协调组织;取消市管市体制,实行城市分等制;在条件成熟时增设直辖市。

（6）大都市区行政区划与管理体制是一个非常复杂和敏感的问题,学术界与政府的协同研究极为重要。鉴于珠江三角洲区划体制矛盾的尖锐性,建立创新体制的紧迫性,加上在一个省内,组织协调的难度相对较小,先行在本区域进行大都市区行政组织的创新试验是可行的。

［刘君德.论中国大陆大都市区行政组织与管理模式创新——兼论珠江三角洲的政区改革[J].经济地理,2001,21(2):201-207,212］

解读:本文讨论了珠江三角洲的行政区划体制改革问题,探讨了珠江三角洲大都市区未来可能形成的空间组织体制框架,读者可以从珠江三角洲组织体制构想图中获得某些启示。本文发表于21世纪初,十多年后的2013年,我承接了中国城市规划设计研究院深圳分院"基于新型城镇化的广东省行政区划战略研究"项目。关于珠江三角洲行政区划与行政管理体制改革的方案,吸收了本文的战略构思内容。近期,中央政府积极推进的粤港澳大湾区的战略,迫切需要构思一个新的、更为复杂的组织体制系统图式。

参考文献

[1] 广东省建设委员会珠江三角洲经济区城市群规划组.珠江三角洲经济区城市群规划[M].北京:中国建筑工业出版社,1996.
[2] 魏清泉,杨罗观翠,王文,等.世纪之交的珠江三角洲行政区划[M].广州:广东省地图出版社,1997.
[3] 刘君德.长江三角洲地区空间经济的制度性矛盾与整合研究——中国"行政区经济"的案例分析[J].杭州师范学院学报,2000(1):15-19.
[4] 刘君德.一个长期被忽视的重要领域——跨界组织与管理问题[J].杭州师范学院学报,1999(1):46-48.

65　国外都市区体制借鉴

背景:这是我主持教育部人文社科基金项目"中国大都市公共行政组织与管理模式研究"(98JBY81 0002)成果的一部分。

65.1　世界大都市管理的空间组织新模式:一个强中心领导下的多中心制

工业革命以后,西方国家出现了日益突出的大都市问题:

(1) 大城市人口和地域迅速扩展,城市需要新的发展空间

大都市区内各个市镇和周围地区在行政区划上相互独立,新的自治市镇又在不断涌现,大都市区由越来越多互不隶属的城市组成,各市镇行政区划过小,城市发展空间严重不足。

(2) 大都市区域需要实行统一的规划、建设和管理

各地方政府由于规模较小,实力有限,关系到整个都市地区的一些公共事务,如交通、住宅建设、供水与排水等问题,各地方政府无力解决,这种状况客观上要求在大都市区域实行统一的规划、建设和管理。

(3) 城市之间各自为政,严重影响了城市管理的效果和质量

城市之间各自为政,市镇之间存在许多矛盾,尤其是跨州或郡的大都市区内的市镇问题更为复杂。地方分散主义与大都市区发展协作需求之间的矛盾日益突出,统一规划的实行面临重重困难,严重影响了城市管理的效果和质量。

(4) 城郊矛盾日益突出

由于郊区城市人口剧增,郊区城市化不断推进,郊区的地位迅速提高,直接动摇了都市区中心城市长期占据的垄断地位,城郊矛盾不断激化。

为解决上述矛盾,近一个世纪以来,各国相继成立了形式多样的大都市政府。同时,对大都市区政府行政管理结构进行了多次调整和改革,逐渐形成了不同的空间组织与管理模式,其中又以"单中心"和"多中心"两种模式为主。

单中心模式,即大都市区具有统一的、高度集权的都市区政府。大都市政府是唯一的决策中心,享有高度权威性。它可以是若干小城市相互包容或相互平行的政府体系,但更多的是双层结构体系,即一个大都市地区政府组织和大量地方政府并存,相互间有较为明确的职能分工。这一模式的长处在于有利于都市化地区的统一规划,尤其是在大规模的基础设施建设中能充分实现规模经济效益,大大减少内部竞争和冲突,使资源流动更为畅通。但此模式不能满足人们日益多样化的需求和偏好,易陷入等级化的官僚结构危机,导致行政机构膨胀,行政效率低下。东京、巴黎、莫斯科等属于此类。

多中心模式,即一个大都市区具有多个决策中心,没有统一的大都市政府组织。大都市

地区内的各个地方政府地位平等,相互独立。其中有一个中心城市在规模上或重要性上占优势。为解决都市区各市镇之间的矛盾,在大都市区范围内建立了一些非政府性质的联合组织。这一模式的优点是灵活、有弹性,比较能满足居民的需求和偏好,也顺应了人们向往参与政府管理的民主化潮流,但很难实现都市地区内跨行政界线的大空间公共服务合作,容易导致各自为政,浪费各城市的资源和财力。这一模式往往因权威性不足而影响其功能发挥。纽约、旧金山、洛杉矶等为多中心模式的典型。

近年,国外大都市行政管理体制改革中出现了一种新的趋势,即针对单中心和多中心这两种体制的弊端,以及后工业社会的到来所引发的各种都市问题和矛盾,努力寻求一种融合,寻求在一个强有力的中心领导下的多中心体制的新模式。如东京大都市地域组织结构曾经是典型的单中心模式,近年来,东京都各地方政府对于长期以来东京中心城强大的发展势头导致的对周边市、町、村的排挤和侵犯不断提出抗议,对政体形式多中心化的改革要求日渐高涨。而伦敦、纽约这些管辖众多享有悠久自治传统的地方政府的大都市,也对自身多中心的政体格局提出了质疑。20世纪90年代以来,一个有力、高效的大都市政府的成立成为众望所归。如在美国,纽约大都市政府辖区内有众多的行政区、学区和教区,长期以来已经造成了地方政府之间严重的政治分立、经社一体的管理矛盾和冲突,使地方政府在政策、财税和公用事业上的矛盾日渐突出。为缓解这些矛盾,纽约市政府在区划调整、政府合作和兼并上进行了大胆实践,建立一个强大的大都市政府在美国这样一个权力分散的国家越来越成为人们的共识。一个强政府领导下的多中心制已成为世界大都市区行政组织发展的新趋势。

65.2 世界城市管理的新思维:"管治"理念

随着市场经济体制的建立,政治体制改革的推进,社会经济环境的变革,我国原有传统的单一性、纵向的控制性城市管理方式,已愈来愈难以适应经济、社会发展的需要,必须引进新的理论思维,在新的理论思维指导下,逐步建立适应社会主义市场经济体制和中国特色的以市民社会为主体的新的城市管理体制,即新的城市管理模式。所谓新思维,是指愈来愈被世界各国所广泛认同的一种全新的理念,即"管治"理论。"管治"(governance)是一种在政府与市场之间进行权力和利益平衡再分配的制度性理念,是人们追求最佳管理(government)和控制(control)的一种理念。这种理念往往不是集中的管理和控制,而是多元、分散、网络型以及多样性的管理。管治理论是20世纪60年代以后,西方资本主义国家进入以强调平等、多元等社会价值观为基础的后现代社会产生的,是西方国家在后工业社会重新探讨其民主政治传统与当代新时期要求的制度管理模式的一种新理论。"管治"一词的原意为"控制""指导""操纵",与"管理"的含义相近。20世纪80年代末,管治的概念出现于环境问题的讨论,1989年世界银行在讨论非洲问题时提出了"管治危机"一词,随即引起了巨大反响,以后逐渐被引入处理国际、国家、地区、城市、社会等各个层次的各种需要进行多种力量协调平衡的问题之中。20世纪80年代以来,由于国家—市场—社会之间的关系发生了新的变化,出现了各种经济、社会的新情况、新问题,如生产方式的变革,跨国公司势力的迅速增长,国际贸易的扩大,信息与通信技术的进步,金属和财政市场的失控,国家和地区之间、部门之间、组织之间的互动日益频繁,人民对政治参与的要求持续增长以及各种非正式组织的成长,等等,而这些问题已不能依靠纯粹的"社会主义型"自上而下的国家计划或纯粹的"资本主义型"无序的市场模式而获得解决了。在这种情况下,寻求计划与市场结合,集权与分权结合,正式组织与非正式组织结合的"新社会治理观",即"管治"的新理念便逐渐形成了。它在一定程度上反映了人们寻求减少政府消耗和经费的一种理想的政府管治模式。在当代世界社会经济发展愈来愈多元化、非正式组织力量不断壮大的情况下,管治理念不能不说是一种具有普遍意义的重要理论。尽管人们对管治理念有各种不同的解释,但都基于一个基本的共识,即当今社会,政府并不需要垄断一切合法的权力,除政府之外,社会上的非政府组织也可以在社会经济管理中发挥积极的调节作用。因此,我们可以说,管治是通过多种集团的对话、协调、合作,达到最大程度地动员和利用资源的统治方法,是一种综合的社会治理方式,它补充了市场交换和政府自上而下调控两个方面的不足,达到了最大的管理效果。由此可见,21世纪的城市管理引入"管治"这一新的理论思维是十分必要的。在国外大都市政府普遍面临"政府失灵""市场失灵"的困境下,寻求政府与非政府组织相结合,行政手段与市场手段相结合的方式解决大都市问题已经成为各国大都市政府的共识。近年来,非政府组织的作用由论坛走向实践,由于其灵活、机动和平衡的良好管理功效逐渐被市民接受,成为大都市政府管理的新兴力量,起着越来越重要的作用。如纽约在其城市管理中尝试运用ULURP程式,发挥公众和以公众为基础的基层社区的作用,使大都市管理程序通过整合不同的社区、团体及公众的利益,协调大都市建设与管理的现实矛盾,取得了较好成效。

65.3 世界大都市管理的新趋势:制度创新与技术创新并行

65.3.1 发挥非行政化力量的作用

"企业家政府"和"虚拟政府"。"企业家政府理论"是英美等国流行的"新公共经济管理"理论,它强调政府的市场化管理。该理论认为,只要公共部门采用了企业化的管理技术,更加注意顾客的导向,更多利用竞争性市场的方法,那么城市公共管理就会像企业那样有效。这种政企分开下的政企合作成为大都市管理的一种创新。美国在克林顿政府上台后,把企业家政府理论奉为治国良策,试图在行政管理中注入竞争机制、利益机制,树立顾客意识,实现政府行为的非官僚化。"虚拟政府"是指地方政府通过委托、授权、承包、合同等形式,把政府的职能转移给社区、企业和私人,而政府成为只负责监督的一种组织形式。"虚拟政府"既节省了开支,又提高了效率。

65.3.2 构建两层意义上的大都市政府

目前,国外大都市政府在两个主要层次——大都市政府和地方政府的职能划分上已经达成共识。尽管不同国家双重政府职能划分不完全一样,但它们的共同点是:都市政府职能是管理超出一个地方政府辖区的有关公共服务事务;而地方政府管理职能范围只包括规划、消防、治安、教育、城市卫生、道路交通、福利与文化娱乐等。这样使得大都市政府体系内职责划分相对明确,各级政府无上下隶属关系,避免了相互干扰,行政效率较高。由于单层"多中心"政府在公共服务事务的某些方面不可避免地会出现职能重叠或职能交叉的问题和矛盾,组建大都市政府和地方政府两级层次的政府成为多数国家的取向。

65.3.3　革新大都市内外的城市关系

注意城郊一体化管理在大都市内部、中心城市与周边地方政府之间的"极化与边缘"格局发生潜移默化的转变。中心城市与周边地区,大都市区内市与市、市与县、市与区、城与乡之间在环境、资源方面的合作和共享成为大都市可持续发展的重要前提。因此通过加强大都市内外城市之间的协作与管理,共享区域资源便被提上大都市管理的议事日程。

65.3.4　重视大都市政府行政职能与层次关系的划分

建立双向治理关系政府。20世纪90年代以来,西方在处理大都市政府地位方面的问题时都十分小心,是要一个权威的大都市政府,还是建立一个非政府化的只处理部分公共事务的职能部门?前者固然有效,但由于其增加了行政层次(在州和市之外),造成行政资源的浪费和职权的重叠,所产生的副作用不可低估;后者似乎可以避开增加政府层次的问题,有利于节省政府行政开支,但在行动有效性方面却大打折扣。因而,在政府体制的改革和创新上,国外大都市管理有两方面的思路值得借鉴:既要充分考虑和强化使大都市政府政策执行的有效性,又要积极探讨政策制定部门与执行部门的合作和独立关系。目前,国外大都市政府的政策取向多为以一个具有崭新双向治理关系的政府来代替传统的层级体制下呈等级关系的政府。由于各国政府的成本意识、服务供给、顾客导向及绩效评估形式不同,各国大都市政府的改革表现出各自不同的创新内容。但构建一个大都市区域政府,引入市场和非行政化机制,减少大都市政府的行政层次,在大都市内部寻求政府之间的合作和联合是各国大都市政府改革的共同点。

65.3.5　推进城市管理信息化建设——"数字城市"的引入与应用

随着知识经济和网络经济时代的到来,"数字城市"已成为城市管理技术改革的重要方向。"数字城市"是随着"数字地球"概念的提出而产生的。"数字城市"是综合运用GIS、遥感、遥测、网络、多媒体及虚拟仿真等技术对城市基础设施、功能机制进行信息自动采集、动态监测管理和辅助决策服务的技术系统。它具有城市地理、资源、生态环境、人口、经济、社会等复杂系统的数字化、网络化、虚拟仿真、优化决策支持和可视化表现等强大功能,为调控城市、预测城市、监管城市提供了革命性的手段。一些发达国家已经开始了"数字地球""数字社区"和"数字城市"的综合建设。阿尔·戈尔(Al Gore)于1998年正式提出了"数字化舒适社区建设"的倡议;新加坡首先提出"智能城市"的设想,并在积极筹划和实施;美国与日本已基本建成一批"智能化生活小区(数字社区)"的示范工程,在美国约有50个城市正在建设"数字城市";在我国,"数字城市"的建设也已起步。

[卢为民,刘君德,黄丽.世界大都市组织与管理的新模式、新思维和新趋势[J].城市问题,2001(6):71-73]

解读:文章指出"管治"理念是世界城市管理的新思维,突出介绍了世界大都市管理制度创新与技术创新并行这一新的趋势,包括发挥非行政化力量的作用,构建双层意义上的大都市政府,革新大都市内外的城市关系,重视大都市政府行政职能与层次关系的划分和推进城市管理信息化建设等对中国的大都市管理体制改革都具有借鉴意义。

参考文献

[1] 张京祥,庄林德. 管治及城市与区域管治———一种新制度性规划理念[J]. 城市规划,2000(6):36-39.
[2] 吴世明. 城市科学与管理[M]//'99上海跨世纪发展战略国际研讨会论文集. 北京:中国建筑工业出版社,2000.
[3] Boriaetal J. Local and global: the management of cities in the information age[M]. London: Earthscan, 1997:4.
[4] Palen J J. The urban world[M]. New York:McGraw-Hill,1992:5.
[5] Grant D R. Managing urban America[M]. California:Wadsworth,1989.

66 加拿大多伦多大都市政府的发展

背景：1994年9月，我访美归来，带回许多有关大都市治理的英文资料，并组织当时在读的多位博士生、硕士生翻译，介绍国外的经验模式。这是在《中国方域：行政区划与地名》发表的其中一篇。

在20世纪40年代，大都市政府还是一个新兴的事物，但从50年代始至今，随着城市规模的日益扩大，它已经被许多经济发达国家接受并实施，被公认为是解决都市问题的一个重要途径。多伦多大都市因是北美地区解决都市问题的典范，及它在世界大都市发展中的里程碑地位，更加受到广泛重视。多伦多大都市也为城市发展特别是大城市职能分配及公共事业与公共服务管理提供了众多的经验。本文即是在介绍多伦多大都市政府沿革的基础上，试析其对我国都市区发展和管理的借鉴意义。

66.1 城市发展

1791年，上加拿大省和下加拿大省分离，多伦多以其重要的战略位置被挑选为上加拿大省的行政中心，建镇（镇名改为约克），1817年成为"治安镇"（仅有治安一个职能的镇）。

19世纪30年代，它的交通条件大大改进，几家大银行也落户于此，使人口达到近1万，巩固了首府的地位。1834年，成为上加拿大地区的第一个城市，恢复其名——多伦多。19世纪后半叶，随着新铁路线建设、工业化开始、街区铁路等基础设施的逐步完善和投资较少的服务业优先发展，城市规模急剧扩大。建成区向西向北推进，面积增加到10 km^2，并先后兼并或合并了约克、埃托科克、斯卡伯勒3个乡（1849年）和约克维尔（1883年）临近社区。人口规模也迅速增大，至1901年已超20万，成为该地区最大的商业和工业中心，发展为一个大都市。

进入20世纪，除一战期间暂时停顿外，多伦多有小范围的兼并和合并，建立了米科（1911年）、新多伦多（1913年）、北约克（1922年）和朗布兰奇（1930年）等乡。至1930年，多伦多地区政治版图特征为：总人口162 400，12个郊市呈半环状围绕着多伦多城。

66.2 大都市政府形成与发展

按照不同历史时期的发展内容及特点，可把多伦多大都市政府沿革过程分为4个阶段：前重组时期、重组时期、进一步重组时期和后重组时期。

66.2.1 前重组时期

伴随地方政府拼盘的最后一块完成，城市规模迅速扩大与市政府机构数量不足的矛盾更加尖锐,再加上大多数城市面临着严重的财政困难和公用设施的严重缺乏,联合所有城市被提上了议程,从此播下了大都市政府的种子。在20世纪20年代后的几十年中,许多机构如多伦多城市协会和市政研究署,直至省政府,都对都市问题及城市联合建立都市政府做了有益的调查和研究,特别是1949年,多伦多和约克规划委员会作了一份比较详细的报告。报告指出了公共服务需求不断增长,而分立的单个城市有限的财政力量却难以满足此需求,并根据正在运作的城间协议和合作,分析了大都市区内各城市间相互依赖的必要性,点明了大都市的范围应超越13个城市这一具有远见的观点。以上这些调查和研究,揭示了都市区存在的诸多问题,论证了建立都市政府的可行性,为后来大都市政府的建立提供了广泛的公众基础和必要的理论前提。

66.2.2 重组时期

在各项调查和研究工作结束后,建立都市政府成为共识。1946年,省立法机关批准成立安大略市政委员会(OMB),负责各市及服务区域的合并事宜,但各城市在如何组成都市政府上存在不同的意见。

(1) 都市政府构成上的分歧

到1950年,3个城市递交了申请。米米科市提出建立联合体,负责几个重要职能;朗布兰奇市提出四个郊市的合并;多伦多城提出与周围12个城市的合并,成立高度集权的城市政府。

但在具体问题上产生了分歧,其原因是各个城市站在各自的立场上,代表着不同的集团利益。此时的多伦多大都市区包括3个部分:中心区多伦多城、3个远郊市和近郊各市。多伦多城关注于获取城市改造和社会支持;远郊要求扩大公用事业以适应城市发展;近郊区却极力希望在不破坏自然和社会基础上克服增长带来的困难。这样,多伦多城和远郊区要求变化,而近郊区满足于现状或小规模的变动。OMB为此召开了多次听证会,广泛听取公众的意见,在衡量了各个建议的有利和不利方面后,于1953年作出了最后的报告,提出了折中的方案。

(2) 建立都市政府的折中方案

最后的报告以OMB主席的名字命名为卡明报告。报告中提出建立一个两层结构的联合政府。中心机构即都市政府提供都市服务,保留13个市政府以提供地方服务。中心机构由都市委员会操作。都市委员会由来自多伦多城的12位代表和每个郊市各一位代表组成,保持多伦多城和12个城市的权力平衡;都市委员会主席由委员会确定(从委员会内部或外部),但首任主席由省政府指派(弗雷德里克·加德纳)。

报告还提出了两级政府的职能分配(表66-1)。此时,大都市政府的权力有限,仅公共交通一个职能由都市政府负责,而治安、消防等几个较重要的职能却整个留在地方管理。报告同时指出职能分配是实验性的,5年后将重新考虑。报告没有对都市的空间范围作明确的考虑,原则上保存现有地方政府界线。在报告发表后几周,立法机关批准建立一个两层政府结构。1953年中期,都市委员会成立;1954年1月,新都市政府开始工作。在随后的几年中,都市政府取得了极大的成功。供水和污水处理等关键问题得到了快速有效解决,公路建设、公共交通和教育设施等得到了大大的改善。

表 66-1　多伦多大都市政府主要职能分配

大都市政府	城市政府
供水(主要工作)	供水(地方分配)
污水处理	污水收集
主要公路	地方街道
都市规划	地方规划
都市公园	地方公园
资产税评估	资产税收集
废料处理	废料收集
教育(合作)	教育(学校)
公共交通	消防/治安

66.2.3　进一步重组时期

20世纪60年代初期,随城市和政府的继续发展,出现了一些新的问题,迫使都市政府进一步重组。

(1) 原因

进一步重组的原因,即因此时都市政府存在一些急需解决的问题。主要有:

第一,这个政府体系不能应付新的挑战;大量增加住房受挫和福利管理不足等难以满足城市发展和人口增长的需要。

第二,早年开始的都市计划已部分完成。接着该做什么,难以再达到广泛统一。

第三,郊市人口惊人增加,打破了各城市都市委员会代表数与人口数相适应和多伦多城与12个郊市代表数平衡的状况。

第四,都市委员会主席加德纳1961年离任,使都市体系的领导安排更加混乱。

(2) 过程

为了解决存在的问题,在进行了大量调查研究后,提出了3种重组方式:整体合并、五城结构和四城结构。接着,1963年多伦多城再一次提出13市合并的申请,在向省政府提请之后,皇家委员会指派一个一人委员会(戈登博格),举行了1964年的听证会,并于1965年作了报告,这份报告直接导致了1967年多伦多大都市政府的重组。

(3) 内容

报告选择了加强区域城市及建立少量以低层政府为单元的城市联盟的方案。提出通过合并把11个城市减少到4个,即多伦多、北约克、斯卡伯勒和埃托比科克。4个新市都被称为(市)域。

都市委员会代表席位由14个增加到26个。其中,多伦多城13个,北约克5个,斯卡伯勒4个、埃托比科克4个,仍保持多伦多城与外围区的平衡。代表每十年重新分配一次。

报告还提出了一个突破都市疆域的实质性区域框架(面积约3倍于都市),并提倡小范围的职能调整。

1966年立法通过、1967年开始实施的重组后的都市体系对戈登博格的建议只是作了细节上的修改。福利服务及废水处理等职能转移给都市政府;组成6个新的行政单元——多伦多城和约克、东约克、北约克、斯卡伯勒及埃托比科克5个自治市(表66-2);多伦多城代表份额减少到40%等。

表66-2 多伦多大都市空间重组(1967年)

以前的市	新单元	人口/人	面积/km²
埃托比科克 米米科 朗布兰奇 新多伦多	埃托比科克	240 000	124.0
北约克	北约克	342 000	176.5
斯卡伯勒	斯卡伯勒	253 000	181.5
东约克 利萨德	东约克	91 000	21.5
约克 韦斯顿	约克	139 000	20.5
多伦多城 斯旺西 福里斯特希尔	多伦多城	682 000	98.0

66.2.4 后重组时期

经过1967年重组后,多伦多大都市政府仅有相对较少的变动。然而,这个政府体系存在着不少问题。虽然20世纪70年代中期作过改进,但大部分问题仍未得到解决。

(1) 存在问题

概括地说,主要有以下几个方面的问题。

第一,权力的天平倾向郊区,导致郊区安于现状,都市化停滞;大都市与多伦多城间的争权冲突使都市区的大部分职能转移给省政府。

第二,疆域扩大削弱了都市政府的功能;环绕大都市新的地区两层政府的建立(1971年约克地区市、1974年彼尔和达哈姆两地区市),打破了将大都市疆域延伸到整个都市区的希望。

第三,20世纪70年代初开始的省政府对都市事务的干涉,从客观上降低了都市政府的地位。

另外,专门机构太多、选举机关混乱和都市代表严重不平等等问题都影响了都市政府体系的健康发展。

(2) 都市政府体系的调整意见

1974年省政府指派一个一人委员会(约翰·罗伯茨),对都市政府进行进一步的考察,于1977年作了报告。

报告根据5个指标,即透明度(市民眼中)、职能效果、责任、代表和经济来评估都市政府体系,指出其一些不足,但认为它的优势多于缺点,应继续保留都市政府,只需作一定的调整。

报告中提出的调整意见有:直接选举都市委员会成员;重新组合有选举权的城市,通过部分疆土归属的再确定,减小城市之间规模差距;转移省政府的一些职能于都市政府;建立更加广泛的多伦多地区协调机构（非政府机构）。

因遭到省政府和城市政府两方面的反对，一人委员会的调整建议最终没有被采纳。

多伦多大都市政府形成以来，对这个城市群的发展起了促进作用。事实证明多伦多大都市政府体系是西方发达国家都市化地区城乡分治情况下一个相当成功的都市政府组织与管理模式。成功的标志有两个，一是它具有强大的生命力，有力地促进了多伦多都市化的发展；二是它获得了世界范围的广泛共识。成功的原因主要有3个：第一，从一开始就非常注意对不断变化的需求和环境的适应；第二，在它形成时期，安大略省政治上保守党的一党执政为之创造了极为优越的环境；最后，少数关键人物（如加纳、卡明、戈登博格、罗伯茨等）的作用不能低估。

尽管多伦多大都市政府取得了较大成就，但仍存在着不少问题。如都市空间范围有限而导致资源不足；缺乏都市委员会的直接选举；省政府与都市政府、都市政府与多伦多城以及多伦多城与郊市的矛盾的存在，且有逐渐激化的趋势，等等，仍需不断改进。

66.3 借鉴意义

多伦多都市政府作为解决都市问题、处理地方政府关系的成功范例，对世界城市的发展与管理具有重大的理论价值和实践意义。我国与加拿大等西方发达国家的国体、政体不同，在都市化发展中其组织与管理模式不能照搬国外的模式。但多伦多大都市组织与管理成功的经验，对于解决我国都市化区城市发展和管理的问题同样具有借鉴意义。为此，笔者提出以下几点不成熟的建议。

（1）在跨界城市区建立城市联合政府

多伦多地区各城市政府合并而组成大都市政府，较为成功地解决了单个城市难以解决的服务需求的不断增长与财政不足的矛盾。这种矛盾在我国许多城市群地区随经济发展也已呈现出日益尖锐的状况。因此，在适当时候、适当地区，尤其是跨界城区建立联合政府是适应我国城市发展、避免或解决"城市病"的一条可行途径。

（2）确立自下而上的决策系统

城市问题的直接受害者和观察者是它的居民，主动地吸收他们参与决策过程，有利于增强决策针对性与实用性。多伦多大都市政府这方面做得非常好。多伦多大都市在它的建立和发展时期，始终注意吸取专家和民众的意见。很显然，这也是多伦多大都市政府得以长久持续发展的重要原因之一。我国的城市决策系统长期以来注重自上而下，而忽视自下而上，导致部分城市部分职能的失效。

（3）明确各级政府职责

多伦多大都市政府体系的一个重要内容，即是各级政府有较为明确的职责分工，使各级政府有所为、有所不为，有所责、有所不责，大大提高了行政效率。目前我国政府职能分配中存在不合理的现象。有些事务，从低级地方政府到高级地方政府直至中央政府都插手管理，这样常常不是各级政府管理效果的叠加，而是相互挤兑、相互推诿，造成管理混乱，行政效率低下。在政府机构改革中，明确各级政府的职责、实行合理分工是极为重要的。

（4）形成相对灵活可变的城市政府机制

多伦多大都市发展从一开始就注意对不断变化的需求和环境的适应性，并根据新的情况先后作了较大的调整。我国的城市政府往往一旦建立后,随环境变化,虽然有的部门已不能满足需要,但因各种原因很少改动,严重影响了政府的行政效率。所以,在目前我国城市化高速发展时期,建立灵活可变的城市政府机制是十分必要的。当然,这里的灵活与稳定相比是相对的。

(5) 造就高素质的城市管理队伍

正如前文所述,多伦多大都市政府成功的一个重要因素是关键人物的作用。加德纳等不仅倾注于多伦多大都市发展,还能不断地提高自己以适应环境变化的需求;同时,一旦发觉不适于都市的新发展,就自然引退,使都市政府能始终保持新鲜活力,保证了都市政府的新陈代谢机制。而这些,尤其是后者,在我国政府管理人员中不多见。

[刘君德,王德忠.多伦多大都市政府形成发展及其借鉴意义[J].中国方域:行政区划与地名,1995(2):14-17]

解读:本篇论文帮助我们进一步了解加拿大首都——多伦多大都市政府形成和发展的过程,以及推进大都市政府过程中的经验。当今中国绝大多数都市区都属于单中心都市区类型,即由一个统一的政府管理,但大城市在城市群跨区域发展中的政区空间体制的矛盾十分突出,建立一个跨界的、灵活的城市群(都市区)政府间合作机制非常必要和迫切。多伦多大都市政府发展的经验、做法可以借鉴。

67　加拿大蒙特利尔大都市区的城市共同体

背景：1998年，我作为蒙特利尔大学加拿大交通运输研究中心主持的中加合作项目——"城市和区域的交通网络合作系统研究"的中方主要成员之一访问了蒙特利尔。对这座加拿大的第二大城市、法语区首府的城市规划与管理，尤其是其跨界管理的经验很感兴趣，访问期间收集到一些资料，回国后进行了整理，本文是对其"共同体"组织与功能的介绍。

日前(1998年6月)，我作为中加"城市和区域的交通网络合作系统研究"项目教授代表团的成员访问了加拿大著名城市蒙特利尔。这是我第二次访问蒙特利尔了，它那颇具特色的建筑、优美的环境、方便的交通，特别是宏伟的地下商城和地铁交通给我留下了深刻印象，但我最感兴趣的是蒙特利尔的城市规划和管理，尤其是其跨界管理的经验值得我们借鉴。

蒙特利尔是加拿大第二大城市，面积496 km^2，人口178万，实际上是一个由28个大小不等的城市组成的城市共同体。20世纪70年代以前，蒙特利尔地区是20多个分而治之、大小不等的城市。它们各自为政，自我发展，相互之间产生许多矛盾，特别是在公共服务领域，政府和私人的投资很不经济，各城市之间发展很不平衡。为促进28个城市之间的联系和平衡发展，经过多次协调，于1970年建立了蒙特利尔城市共同体。其任务是改善蒙特利尔公共服务环境，提高市民的生活质量。

67.1　城市共同体的组织

蒙特利尔城市共同体组织由80个委员组成执行委员会，下设5个永久性委员会，12个业务单位。永久性委员会是行政与财务、城市发展、经济发展、环境保护、公安委员会；12个业务单位包括土地发展与园林、经济发展、估价、公共交通、自然环境、公安、人力资源、财务、科技、艺术、出租小汽车、内部稽查。共同体组织共有6 580个工作人员，每年经费约11亿加元，由28个城市按人口比例共同分担。

67.2　城市共同体的功能

蒙特利尔城市共同体12个业务单位的主要业务范围有：

(1) 城市规划、用地分配与园林建设。主要任务是编制城市发展总纲，执行城市法，合理分配城市用地和绿化城市。对上，即对魁北克省省政府市政部规定的城市用地指标要相符合；对下，要审查各城市详细的发展方案和条例。

(2) 对土地和建筑物进行估价。主要是对商业、工业等各种城市用地和各类建筑物进行估价。如在市区的地价是50～100加元/ft^2(1 ft^2=0.09 m^2)，郊区5～10加元/ft^2。

(3) 规划和发展公共交通。主要是解决大蒙特利尔市统一规划和发展问题以及对外交通问题。

(4) 促进经济发展。通过改善投资环境,吸引投资,发展各市的经济,并实现协调发展。

(5) 搞好城市治安。在共同体内设立 45 个公安分区,维持全市的治安。

(6) 做好环境卫生工作。在环境方面主要是对空气质量进行监测和对水质进行检验;在卫生方面除环境卫生外,主要是开展食品卫生检查,确保食物卫生。

(7) 开展文物保护。蒙特利尔市十分重视文物保护工作。如在发展地铁交通、开展大规模地下城的建设中,对建在地面的教堂采取整体位移的办法加以保存。

67.3 城市发展总纲——共同体的综合功能

制定蒙特利尔的城市发展总纲是城市共同体最重要、最综合的功能。城市发展总纲的基本内容包括:

(1) 城市发展现状(用地、人口分布、交通网络、公共设施、居住区、工业区、商业区、绿地、农地、文娱活动、自然环境、特殊用地)。

(2) 城市空间布局。

(3) 城市发展方向和发展指标(提高市民生活质量、确保城市发展平衡)。

(4) 附属规定(如建设技术标准等)。

城市发展总纲的基本指标主要包括:

(1) 居住指标　增加交通枢纽点建设的密度,协调新居住区与建成区的关系,调整与改善现有住户的条件。

(2) 工业发展指标　主要是鼓励现代化,注重高科技发展。

(3) 商业发展指标　主要是维持市中心的吸引力,鼓励发展地方性商业中心。

(4) 服务性活动　在城市边缘区建立地方服务性活动中心。

(5) 文化、运动设施建设　要考虑便利使用,距离不宜过远,容许地方设立文化、运动设施。

(6) 自然地区　主要是保护生态环境和风景区。

(7) 交通运输指标　包括保证交通的流畅,建设干线网络,分配道路功能,发展沿河公路等。

(8) 公共交通指标　要求实现公共交通的现代化和综合管理,发展地铁交通,设立公交快车线和专用线等。

(9) 港口和航空运输指标　为加强国际航运,努力发展集装箱远洋运输。

(10) 环境卫生指标　包括控制空气污染,对水污染和废弃物进行处理等。

67.4 几点启示

(1) 蒙特利尔城市共同体的建立,对解决跨界城市之间的矛盾,实现城市群区的统一规划、建设与管理起了很大的作用。这对中国的大都市区管理有重要借鉴意义。如长江三角洲、珠江三角洲、苏锡常地区、京津唐地区、海口—琼山地区等可考虑建立区域性的城市共同体组织。

(2) 这种跨界性质的共同体组织的主要功能是实行区域的统一规划、建设和管理,对区域性的交通等公共基础设施、环境保护等给予更多的关注。

（3）蒙特利尔城市共同体的规划与传统的城市规划之不同点是更加注重策略性、多元性（中心城市与其他城市的紧密联系）、整体性、综合性与可持续性。

（4）中国的国情与加拿大不同，政治体制差异很大，应因地制宜，建立不同性质、不同形式的区域共同体组织。

［刘君德.加拿大蒙特利尔城市共同体的组织与功能［J］.上海城市规划，2002（1）：37-38］

解读：文章介绍的蒙特利尔大都市区共同体组织与功能的经验对推进我国大都市区跨界的空间组织——共同体的性质、功能有一定借鉴意义。

68　美国旧金山(圣弗朗西斯科)湾区政府协会的推进

背景:1994年的9月我赴美期间,在张明博士陪同下访问了湾区政府主席,亲眼目睹和感受到这一双层结构的政府的职能及其运作的有序性。回沪后组织弟子合作写了本文。

追溯美国建国的由来,首先是设有13个州,通过州的建议,在13个州基础上成立了联邦政府,并赋予联邦政府军事、外交、邮政等有限的权力;其次在各州政府以下设立各种地方政府。从而,由联邦政府、州政府和地方政府构成了美国的政府结构体系。美国地方政府,从服务的内容来看,可以分为两种类型:第一类是县、区(市)、自治体,其功能是提供多项综合性服务;第二类是特别区和学校区,其功能是提供单一性服务。从空间区域上来看,也有两种类型:第一类是以州—县—区(市)为系统,将上一级行政单元细分之后作为下一级行政单元;第二类是由居民自愿组合,由下一级行政单元联合组成上一级的行政单元,包括特别区、学校区、自治体。美国旧金山大都市区政府在发展过程中,都有过上述相应的类型和功能,但是又有其独特性,以下就旧金山大都市区政府的发展过程作一些简要分析,从中可以给我们一些启发。

68.1　旧金山大都市区城市的发展

美国旧金山地区城市的发展模式和政府组织形式的形成可以追溯到西班牙征服美洲并在美洲大陆实行殖民化时期。旧金山最初是一个传道区和军事、商贸要塞。美国诞生以后,它的发展经历了3个功能阶段:早期西部地区商业的要塞—边境贸易的重要场所—陆路移民的聚集地。经过上述3个阶段之后,旧金山地区得以空前发展。从1848年到1850年,其人口从不足1 000人增加到3 000人,19世纪六七十年代,它拥有加利福尼亚州70%以上的城市人口,19世纪末期发展成为拥有350 000人口的都市;与此同时,东湾区的奥克兰,从1860年开始也迅速发展起来,1890年,它的人口达到50 000人,1900年到1930年间,人口迅速增加到400 000人。早期形成的移民定居方式,使湾区城市化过程中出现多中心的发展模式,而旧金山取得了相对的主导地位,在很大程度上归因于它拥有优良的港湾条件和黄金海岸。但是,港湾的外貌轮廓和水陆交通运输系统的发展,决定了旧金山地区城市扩张的空间模式。在人口不断增加和城市化不断发展的过程中,出现了地位平等但彼此关系又密切的多个中心,主要有旧金山、奥克兰、伯克利等。表68-1列出了湾区9个县城市数量及人口规模。这种多中心的城市空间发展模式客观上为湾区地方联合政府的形成提供了重要的前提条件。

表68-1　湾区城市数量及县城人口规模

县名	城市数量/个	县域人口/人
马林	11	222 952
圣克拉拉	15	1 295 071

(续表)

县名	城市数量/个	县域人口/人
圣马特奥	19	588 164
阿拉米达	14	657 252
索诺马	8	—
纳帕	4	—
旧金山	1	—
索拉诺	7	—
康柯斯特(Contra Costa)	16	—

68.2 湾区地方政府的形成

湾区地方政府可以看成是加州地方政府的一个缩影。20世纪80年代早期，在旧金山大都市区域内，共有9个县、94个市和485个特别区，人口为5 000 000人，其中近85%的人生活在合并的湾区联合政府区域内。1993年湾区已有102个市镇，5 300 000人。实际上，现今的旧金山市是1856年由旧金山市和旧金山县合并而成的。随后又相继建立了485个特别区。其中有180个学校型的，305个是非学校型的(其中有119个拥有独立的税收权力)，非学校型职能大多以消防、规划、废物处理、水供应与循环利用等方面为主。在发展过程中，大多数特别区的规模较小，只有一部分发展成为跨区域性的特别区。如"东湾区区域公园特别区"(EBRPD)，就包括了阿拉米达和康柯斯特两个县。

在湾区大都市政府的组织中，有近100种一般职能的地方政府，大多数城市政府在解决城市化过程中出现的问题以及满足居民的需求方面发挥了重要作用；但是，仍然没有一个城市政府具有独立地处理这些问题和满足这些需求的能力。这正是形成海湾地区不同结构模式和功能的湾区联合政府的重要客观背景。在这一背景下，没有一个县能作为区域发展的中心，使其他地区围绕其周围发展起来；也没有一个城市的规模足够大到在区域发展中起主导作用和支配作用。湾区这种一般职能的多中心政府组织结构模式，严重阻碍了旧金山地区统一大都市政府的形成。

旧金山地区地方联合政府的形成和发展大致经历了如下几个阶段。

68.2.1 市—县合并阶段

旧金山地区地方联合政府发展的第一步，是1856年旧金山县和旧金山市的合并。在此之前，旧金山县和旧金山市的双重政权不仅阻碍了政府的高效管理，也不利于经济社会发展和城市的规划建设。因此，这种双重政权也就成为改革的主要对象。1856年，加州为了适应改革的需要，在立法上，通过了将旧金山县和旧金山市合并起来组成一个地方政府的议案。与原来双重政权相比，重复机构得到了精简，一些更称职的县级政府官员在合并后的地方政府中任职并管理城市。这种市县合并统一的政府客观上加快了城市化建设的步伐。直到20世纪90年代,合并的地方政府仍然是加州58个县中最大的一个行政单位,并发挥着积极的作用。

尽管合并的方式在处理与双重政权相关的问题时,还存在着许多矛盾,然而,合并是迈向大都市政府的一个基本步骤。作为向大都市政府迈进的第一步,它反映了人们对包括整个城市及周围潜在的发展地区在内的政府权力的建设有了充分的认识。合并是改变行政管理空间规模的一个基本步骤,对大都市政府的发展有着重要的、长期的影响。首先,它为区域内其他部分和地区通过合并方式解决政府结构问题提供了榜样,与此相类似的合并相继发生;其次,从另一个角度看,这种市县合并又严重地限制了旧金山大都市地区众多城市在市政方面的联合发展;再次,市县边界的统一,使得在许多大都市成长过程中普遍存在的中心城的合并难以在旧金山大都市化过程中发生。

68.2.2 大旧金山地区的发展

1906年人口统计结果,旧金山地区人口为400 000人,这标志着自1906年地震和火灾以来,旧金山的经济迅猛发展,周围的人口得到了恢复并迅速增加;与此同时,在东湾区(最明显的是奥克兰和伯克利),发展起了大规模的制造业,这一切为旧金山地区形成一个管辖面积更加广阔的政府提供了有利条件。在实践过程中,人们已经认识到旧金山和东湾区在经济上是一个相互关联的整体,大旧金山地区应该有一个服务范围更加广阔的金融、行政和服务的中心。但是,大旧金山的发展和联合遇到了很大的阻力。其中一个最典型的例子就是供水问题。1909年,州政府立法部门通过了大都市区域供水方案,随后由旧金山政府在1912年设计了一个巨大的供水工程项目,以期满足旧金山、东湾区等地区总共约3 000 000人的需水量,该项目的承建费用和效益也被广泛接受。可是,由于在项目报告中采用了"大旧金山"这个名称术语,结果受到了来自东湾区的强烈反对,使这个供水方案遭受失败,大旧金山的发展严重受阻。其所以未能很好地吸收这种思想,首先是因为东湾区的奥克兰有其自身的大都市化方向;其次,旧金山和奥克兰合作供水方案的失败,也是阻碍大旧金山发展的一个重要因素。

68.2.3 东湾区的合并阶段

自1900年到1920年的20年间,东湾区奥克兰的人口从不足70 000人增长到200 000人,占整个县域人口数的2/3。奥克兰还拥有十分重要的金融地位,在其周围邻近地区的社区发展也很快。然而一个不容忽视的问题是,连续的城市社区被多个独立的市政边界所分隔,在公共服务需求显著增加的状况下,各种矛盾日益突出。因此,东湾区合并的观点也就被提出来,即组成一个大奥克兰地区联合政府。然而,这个方案最终还是被否定了。

尽管东湾区政府合并方案遭到了失败,但是由此却产生了在东湾区政府中发挥重要作用的一些地方政府联合组织。如建立了两个具有相对独立性的政府组织,即"东湾区市政公共事业区"和"东湾区地方公园区",它们先后被授权为"特别区",在处理水供应、电力、运输、污水处理、废物处置和保证充足的公园及娱乐空间等方面,直到现在还发挥着重要作用。应当指出,这两个政府实体组织,整体性功能是不明确和模糊的,它独立于城市政府功能之外,使其管理功能受到削弱。

68.3 湾区地方政府协会的建立

经过数十年的努力,旧金山大都市区的 9 个县终于在 1961 年成立了"海湾地区政府协会"(ABAG),它可以看作是旧金山大都市政府发展过程中一个重要的组织实体。尽管该协会并没有制定出一项比较健全的地区性发展计划,但在解决海湾区诸如垃圾处理、空气和水污染防治、公共交通和空旷地管理等方面仍发挥了一定作用。海湾地区政府协会的建立可以分为两个阶段。

68.3.1 政府协会形成的前期阶段

在向大都市政府发展过程中,东湾区起到了带头和示范作用。尽管东湾区的两个"特别区"政府组织功能比较单一,管理的区域范围也较狭小,然而,这两个地方联合组织的成立,证明了采取一种特殊的组织方式处理区域性问题的可能性。它奠定了东湾区作为政府管理创新的中心地位和向大都市政府迈进过程中的先导地位。随后,在东湾区又提出了一个崭新的联合组织即"区域规划联合行动委员会",这个联合组织在处理区域性环境污染问题、运输问题及进行环境规划和交通规划等方面发挥了重要作用,从而使大都市政府的联合在战后向前迈进了一大步。此外,在此期间,东湾区还建立了其他的区域性地方联合组织,如"湾区区域水环境质量控制区""湾区区域污染控制区"和"湾区区域快速运输区"等。

经过上述多年的实践过程,由海湾地区各城市的市长组成的市长委员会共同协商设计,于 1916 年诞生了一个大都市政府组织——"海湾地区政府协会"(ABAG)的方案。

68.3.2 政府协会的发展

海湾地区政府协会,是由地方政府自愿联合,以联谊会的形式组成的一种政府组织。海湾地区所有的市和县都可以成为它的资格成员,并且由县和市的代表组成执行委员会,每个成员都要负担每年的财政税。1962 年海湾地区政府协会经过投票表决的方式,确立了其作为区域发展规划咨询机构的职能,可见,"协会"的组织功能接近于大都市政府。20 世纪 60 年代末期,海湾地区政府协会充分认识到在大都市发展过程中所出现的一些关键性问题,如环境污染、交通运输等,列出了要优先考虑的项目,并且希望通过州立法赋予其在所辖区域内具有政府的职能和义务,建立真正的政府职能机构,以便更好地处理未来大都市发展过程中所遇到的实际问题。这个时期共有 82 个市和 8 个县成为海湾地区政府协会的资格成员。到 20 世纪 70 代中期,由于联邦活动大大拓宽了海湾地区政府协会的活动范围,在 1975—1977 年,海湾地区政府协会成立了"区域性废弃物处理规划局"和"大气质量控制规划局",从而进一步确立了海湾地区政府协会在跨区域性规划管理中的独立地位。

应当指出,对作为联邦政府与地方政府关系的中介部门的大多数规划咨询部门而言,海湾地区政府协会的功能范围仍然是有限的。大都市区的发展,对政府要求日益增多,而海湾地区政府协会很难满足。到 20 世纪 60 年代以后,这些要求在由州级产生的特别职能组织得到了满足。这些特别职能政府包括：1970年建立的"大都市运输委员会",1971年建立的"湾区污水处理服务局",1972年成立的两个海岸考察委员会等。其中"湾区保护和发展委员会"和"大都市运输委员会"特别引人注目。它们分别对各种资源和交通运输进行管理和规划。到了20世纪70年代中叶，出现了一个管理湾区的复杂的地方政府组织体系，它包括3个水平上的政府组织和一些特别职能组织，海湾地区政府协会的功能开始减弱。

从海湾地区政府协会形成与发展的过程来看，它作为一种比较规范化的大都市政府组织，其发展在20世纪70年代中期达到最完美的程度。1976—1977年，海湾地区政府协会的财政预算达到最大，工作人员也最多，而且产生了比市、县政府大得多的影响力，由此，海湾地区政府协会不断地拓宽其活动范围。然而，在随后的几年里，它的作用明显下降，到1982—1983年，海湾地区政府协会的职能大大减弱。导致海湾地区政府协会职能减弱的关键性因素是州立法影响了地方的财政，从而使得海湾地区政府协会出现财政经费严重不足的状况，其活动严重受阻。联邦与地方政府关系的改变，使得联邦政府在地方组织中的作用力减弱。其中，最明显的就是"十三提案"获得通过后，地方政府财政出现危机，从而使海湾地区政府协会的收入、人员和活动的空间范围都减少了，海湾地区政府协会的工作性和方向亦发生了显著的变化。海湾地区政府协会开始从大范围的战略和政策事务中游离出来，发展成为一种服务性组织。

68.4 旧金山大都市政府发展的经验与启示

(1) 从旧金山大都市政府的发展过程，我们首先可以看到美国多中心的大都市区城市政府的管理模式，即广泛实行地方政府的联合管理，包括规模不等、职能各异的特别区的广泛联合，从而形成一个大都市政府管理系统。这个大都市政府管理系统包括职能上(特别职能政府和一般职能政府)、规模上(次一级城市政府和大都市区政府)和层次上(地方政府、州政府和联邦政府)各不相同的多种政府组织结构。为了在大都市区实现广泛区域范围内的协调管理和功能分工,大都市地区需要建立一个内部联合政府体系。其次，旧金山大都市区政府管理的发展，经历了4个阶段：①中心城市起一定支配作用的阶段；②特别区政府提供处理特别问题方法的阶段；③地方政府自愿合并及联合的阶段；④大都市联合政府职能的减弱和地方政府功能的扩展阶段。旧金山大都市政府体系的削弱，其主要原因是这个政府体系缺乏法定的权力，缺乏充足的、稳定的收入，功能控制的范围不广泛，也缺乏连续的法定空间，并且在它的决策机构中，缺少一个真正的大都市全局利益的代表。

(2) 旧金山大都市政府发展的历程，反映出在大都市区发展过程中，将会出现许多问题，如环境问题、交通问题、土地利用问题等，而各个相对独立的地方政府往往很难单独地处理和协调这些问题，因此，建立一种大都市联合政府组织也就成为必然。旧金山大都市区解决都市化过程中出现的上述各类问题的方法，是组建各种具有政府职能的大都市联合组织机构，包括特别区，市县合并，进而发展成立地方联合政府，即海湾地区政府协会。这些组织在处理大都市区发展中出现的一些问题时发挥了重要作用；但是，它们又有别于真正的政府组织机构。

(3) 我国东部发达的长江三角洲、珠江三角洲等地区城市化过程发展迅速，出现了一些跨行政区的城市连绵区(带)，即跨界城市。这些地区在"行政区经济"模式支配下，各级行政区各自为政,重复建设,生态环境恶化,交通和城市建设规划布局与管理混乱,区域性问题十分严重。借鉴旧金山大都市区政府的组织形式与管理经验,按照公共服务规模经济的原则,建立一些具有某种政府职能的联合协调机构,是解决和处理上述各类问题的一个有效途径。但是结合我国的具体国情,这类职能机构的职责只能是管理和服务功能,而不应过多地干预区域和城市的经济活动,避免政府机构的重复设置;同时,要充分保证这类组织机构活动的财政经费来源。

[刘君德,彭再德.美国旧金山大都市区政府的发展[J].中国方域:行政区划与地名,1996(2):8-11]

解读:从本篇文章中可以清楚地了解到美国及西方许多国家大都市区的形成过程,在都市区发展过程中经历了中心城区壮大、合并(或兼并)的过程。在西方市场经济国家,这种合并十分艰辛。旧金山大都市区历时数十年,涉及9个县,但终于取得成功。尽管旧金山等大都市区湾区政府协会依然存在着许多矛盾,但按照公共服务规模经济的原则,建立为解决和处理各类问题的、具有某种政府职能的联合协调机构(协会或政府)的经验是我们在推进跨区域合作中可以借鉴的。

参考文献

[1] Donald N R, Sancton A. Metropolitan governmance: American/Canadian intergovernmental perspectives[Z]. 1993.

[2] Barlow L M. Metropolitan government[Z]. A Volume in the Routledge Geography and Environment Series, 1991.

[3] 李道揆.美国政府和美国政治[M].北京:中国社会科学出版社,1992.

[4] 尼尔·R.彼尔斯,杰里·哈格斯特洛姆.美国志——五十州现状[M].北京:中国社会科学出版社,1992.

[5] 刘君德,张玉枝.国外大都市区行政组织与管理的理论与实践——公共经济学的分析[J].城市规划学刊,1995(3):46-52.

69　上海特别市初期的政区研究

背景：在我接受的8位博士后中，有5位来自于复旦大学史地研究所，他们在行政区划研究中心与我合作的两年学术研究生涯中，积极介入我主持的当代行政区划与地名、社区等领域的许多项目研究，充分发挥历史地理功底厚实的优势，取得丰硕成果。本篇论文是靳润成同志在博士后期间与我合作研究的重要成果之一。

上海特别市成立于1927年7月。作为当时国家的一种全新的行政区划，在成立的初期，曾把划分行政区界线，交割省市县的行政权力，确定市内辖区的大致框架，视为一项基础的建设工作，积累了不少经验。认真总结这份历史遗产，对于今后上海市的城市发展、政权建设、区划调整、城乡关系等重大问题的正确处理，无疑具有一定的参考价值。

69.1　上海特别市的形成

上海特别市行政区域的划分，有其特殊的背景条件。

1843年上海正式开埠后，经济实力不断增强，人口迅速聚集，1852年上海县城区人口约20万，1904年城区人口即达100万左右，1925年已超过200万。短短几十年的时间，上海就由一个普通的县城发展成中国最大的经济中心。经济的发展，使得上海城市建成区和城市经济辐射圈不断扩大。城市空间结构也发生了由封建城市向资本主义近代城市过渡的重大转变。

上海特别市行政区域划分的直接依据，是先前设置的淞沪警察厅辖区和淞沪商埠督办公署辖区。

1913年1月8日，北京政府为统一地方警务组织，发布了"地方警察官厅组织令"。命令规定全国各商埠设置警察厅，并且受省长的直接管辖。设在商埠中的这种警察厅有明确的辖区。这种辖区虽然不是行政区，但是在中国的条件下，却大体划分了城市与乡村的行政界线，起到了行政区的某种作用。上海的淞沪警察厅即是如此。

淞沪商埠督办公署成立于1926年5月，是一个类似于市政府的城市行政管理机关。它的管辖范围同样根据商埠的面积大小而定，包括上海全县及宝山县的吴淞市和高桥、殷行、江桥、彭浦、真如5乡，这个辖区范围与淞沪警察厅的辖区应当是大体一致的，《上海特别市暂行条例》第4条规定，上海特别市的行政区域暂以督办公署辖区为准。特别市成立3个月后才提出了以此为基础的新的行政区域划分方案。

上海作为南京国民政府成立后首批设置的两个特别市之一，其政治地位是比较高的，南京中央政治会议通过的《上海特别市暂行条例》规定，上海特别市为中华民国的特别行政区域，该特别市直隶于中央政府，不入省市行政范围。其辖区虽然暂以淞沪地区为限，但可依程序扩大，已划入该特别市辖区的地域，不能脱离该市建立第二市。

综上所述，确定上海特别市行政区域所面临的现状是，原有城区面积大，城市行政级别高，参与划界主体多，市省县关系紧密。因此，特别市成立后提出的划界方案，除包括上海县全境及宝山县1市5乡之外,又将宝山县的大场、杨行两乡,松江、青浦两县所属七宝乡一部分,松江县莘庄乡一部分和南汇县周浦乡一部分也划入辖境之内,划界工作直接涉及1市5县,行政区域面积达494.67 km²。

上海特别市的划界思路,根据实际情况,在沪北和沪南地区也不完全一样。

沪北地区主要考虑交通与经济因素,尤其是上海港口的建设与发展,当时的想法是,上海港口发展,重点放在上海北部地区,而且与沪北地区毗连的宝山县大场乡、杨行乡早已与上海市区有公路相通,基于这种考虑,将大场、杨行两乡划入上海市区更为合理。

沪南地区主要考虑政治、经济的综合因素。沪南地区西与松江县,东与南汇县在辖界上犬牙交错,这必然造成行政管理上的麻烦,例如西面的七宝乡,历史上即分属上海、松江、青浦三县,其结果是政令歧出,管理起来极为不便。上海特别市成立后,七宝乡就有加入市区的意愿。经过市县各方的联合实地勘察,认为七宝乡的政治、经济中心——七宝镇距离租界所修筑的虹桥路仅数里之遥,该镇对于上海市区的治安、交通、商业等各方面都有比较重要的影响,根据以上情况,上海特别市政府报将青浦、松江两县所属七宝乡的一部分划入市区,其界线大致以小莱浦、竹冈塘为标志。另外,松江县境内的莘庄是沪杭铁路所经之地,商业一向繁盛,将其划入市区也是必要的。

沪南地区的东部,原来只有南汇县长人乡21保内的一部分横插入市区,现在为了整理畸形地块,便于行政管理,拟将该县周浦乡的部分土地也划入市区。

69.2 特别市行政区域的确定和接收

上海特别市行政区域的确定和接收,经过了前后衔接及同时进行的几个步骤。从1927年7月至1928年7月,整整一年才最后完成。

首先是提出方案。特别市政府成立伊始,就开始对相邻各县的市、乡进行调查分析,以做到心中有数,在此基础上,又呈请中央政府令江苏省政府派员参加划界方案的制订。经过各方反复协商,才将方案绘制成图本,各方签字后呈报中央批准。后又经上下多次修正,直至1927年10月28日,取代原行政区域范围的新方案才得到中央批准,上海特别市新的行政区域至此有了正式的法律依据。

方案的提出并不是一帆风顺的。例如,1927年10月15日上海县17个市、乡的董佐们联名上书上海县政府、上海特别市政府和江苏省负责划界的官员,请求仅将上海、闸北两市[①]划为市区,其余15乡不予划入;又如前面提及的七宝乡的乡民,也于1927年10月20日,趁市、县官员在当地勘察的机会,集会请愿,要求市政府不要将七宝乡划入市区。

这些来自底层的民众意愿,在划界方案提出的过程中都起到了重要的作用。

其次是实施接收。图上拟定的计划和界线,在实际上不一定能够完全实现。划入上海特别市行政区域的30个市乡,由于划界的各种困难和历史上形成的错综复杂的关系,并不能完全实施接收。特别市政府只能修正原方案,将全部区域分成两部分:先行接收区和暂缓接收区。暂缓接收区包括上海市中心的租界地区和上海县的曹行、塘湾、北桥、马桥、闵行、陈行、颛桥、三林8个乡;宝山县的杨行、大场2个乡;青浦、松江县所属的七宝乡一部分,松江县所属莘庄乡一部分;南汇县所属周浦市一部分。真正先行接收的只有上海县和宝山县的17个市乡,即上海县的上海市、闸北市、引翔港乡、法华乡、蒲菘乡、杨思乡、漕河泾乡、塘桥乡、陆行乡、高行乡、洋泾乡;宝山县的吴淞乡、殷行乡、江湾乡、真如乡、高桥乡、彭浦乡。

即便是先行接收区,在实施接收过程中也几经波折。据报载,在中央有关部门监督之下,接收时间确定了三四次,每次都是县方以未接到省里命令,不便交接为理由而落空。在上海特别市政府一再催促下,1928年7月1日,17个市乡才真正由上海市全部接收。

再次是治权划分。与划界直接相关的是分权问题。实行市县划界后,行政权力的交割成为相当突出的问题。上海的特点是,市省县三方参与分权,上海特别市、江苏省、上海和宝山二县各为一方。分权主要采取了下列几种形式:

(1) 立即交割。采用这种方式的计有以下几项:划入市行政区的17个市方的管辖权;17个市方公安事业权及教育事业管理权;上海、宝山二县原负债务,按照已划入市区的面积比例,由市、县分担;17市乡的建设事业管理权,如原上海县的苗圃、原宝山县的田地册单局,有关部分已划入市区单册。

(2) 冲抵补偿。采用这种方式比较灵活,如上海县治原址位于市区之内,划界后市县同治显然对于行政管理多有不便之处,上海县治需另择新地,其选址、设计建设等经费由上海特别市承担,并且以一年为期限;另外,为了帮助上海特别市迅速走向稳定,建立起新的市政运行机制,江苏省每年要给予上海特别市若干补助经费;同时上海特别市也要给有地盘划入上海特别市区域的各个县以一定的补贴,以弥补因减少土地而蒙受的损失。

(3) 权钱互易。指的是地虽已划入市区,但该地面存在的工程或进行的事业对市乡有利,县方不愿放弃,市方也极力争取保留。如上海县在已划入市区但暂缓接收的地段修筑道路,这对于上海特别市当然有利。鉴于实际情况,市方酌补县方经费若干。

(4) 自然过渡。这种方式是指那些省、县在已划入市区地段内原已开展的税收及其他建设、文化事业,允许其自然过渡。比较典型的例子有,上海县设在暂缓接收区内的学校,暂时仍由县管;教育费(原由江苏省征收的)仍由省直接在市内征收;划入市区的县地原有拖欠款项,由市方代为征收,或市方协助县方在市内直接征收;宝山县原来开征的筑路费,市方代征至1936年;宝山县办理的长途汽车契约仍然有效;等等。

(5) 越界行权。这种方式指的是对于省市县三方不便划分的事权,则允许越界行使权力。如宝山县原定征收的水利附加费,仍然照常征收,作为市县的水利费用。因河道水网连为一体,不便分割,故可由各市乡合组水利委员会处理一切,涉及已划入市区的地段应与市方协商处理。

最后是市内设区。在1927年的《上海特别市暂行条例》和1928年公布的《特别市组织法》中,都没有关于市内设区的条文。上海特别市成立后,不但在市内设区方面走在了各城市的前头,而且在区的划分、区名的厘定等方面也颇具特色。

首先是将已接收的17市乡一律改称为区,使其更符合现代城市的要求。现将17市乡旧名及确定的区名开列如表69-1所示。

表69-1 17市乡旧名及新名

旧名	新名	旧名	新名
上海市	沪南区	闸北市	闸北区
蒲菘乡	蒲菘区	洋泾乡	洋泾区

(续表)

旧名	新名	旧名	新名
引翔港乡	引翔区	法华乡	法华区
漕河泾乡	漕泾区	塘桥乡	塘桥区
杨思乡	杨思区	陆行乡	陆行区
高行乡	高行区	吴淞乡	吴淞区
江湾乡	江湾区	殷行乡	殷行区
彭浦乡	彭浦区	真如乡	真如区
高桥乡	高桥区		

市辖区的设置有3个特点：

其一，市乡虽一律改称区，但是原来的区域不变，以维持稳定，照顾民众的习惯。

其二，对市乡的专名基本维持原貌，同时稍作改动，使其更加规范。

其三，市内各区一律为市政委员会辖区，比其他城市的警区制更符合现代市制的需要。

69.3 历史的经验

综观上海特别市成立初期对行政区域的划分和调整过程，至少在以下4个方面可为现今的城市行政区划工作提供有益的经验：

(1) 城市行政区的范围要适可而止，不能盲目扩大。城市行政区、城市建成区、城市经济发展规模，是紧密关联的3个问题，其中城市经济发展规模起根本作用，如果在经济不发达、人口密度不高、群众生活方式尚未改变的聚落里人为设置城市型政区，必然没有稳固的基础；只有经济发展了，社会要素高度集中了，才可顺理成章地采用城市管理模式。例如上文提到的17市乡的董佐反对上海市区过大的上书就是如此。他们认为，所谓市"必在商业繁盛之区"，如果在不具备条件之处"骤施市政"会使民众感到名实不符，反而对管理不利。七宝乡民众反对划入市区，实质上是接受不了城市化地区的生活方式，其原因在于当地距城市化的水平还很远，不宜采用城市管理体制。上海市方面对现实，采取明智之举，不是强行蛮干，而是用变通方法，将全部行政区域分为先行接收区和暂缓接收区两部分。这种复式结构辖区体制，既不冒进违背客观现实，又为将来城市扩展留下了充分余地，应当说是一种正确的选择。

(2) 划界过程中要反复协商，上下结合。上海特别市整个划界过程，每一步都要进行反复协商。有的是市省协商，有的是市县协商，还有的是市、省、县共同协商。历次协商中，凡属重要事项或有重大争议事项，都有内政部甚至国民政府的代表出席，作为协调和监督人，协商的结果各方签字，呈报国民政府批准后才能生效。实践证明，这种反复协商、上下结合、权威仲裁的方式是正确的，它保证了划界分权的顺利进行。例如，上海市方在接收各市乡行政权时，曾几次遇到不合作的困难，经各方及时磋商，在中央有关部门的催促监督之下，接收工作终于在1928年7月1日顺利完成。

(3) 划界与分权紧密相关，应一气呵成。划界与分权是一个问题的两个侧面，只有把界线划分清楚,才具备了分权的依据;反之,只有将治权交割明白,才有可能保持市县辖区的稳定,提高行政效率,由于长期以来形成的政治、经济、地理、民俗等方面的复杂关系,上海市方与省、县的治权分割是颇有难度的工作。上海市方在分权过程中,针对不同情况采取不同的方式,既顺利划分了治权,又不使原来已进行的各项事业蒙受损失,收到了良好的效果。

(4) 城市内部基层政区的划分,要有沿有革。城市内部基层政区,特别是区级政区,是整个城市行政区的基础,应当认真搞好规划,健全体制。上海特别市在这方面的经验也值得重视。首先,市方的指导思想明确,改各市乡为区,是为了"统一名称,便利行政",改的只是名称,原有区域一律维持现状;其次,对于各市专名的调整,也颇有讲究,如上海市改称沪南区,是因"上海二字,含义太广,界说太多",又如引翔港乡、漕河泾乡等专名两字以上者,去掉一字,改称引翔区、漕泾区,也是为了简便和统一[②]。

现实不是历史的简单重复,但历史的经验无疑会对现实发挥巨大的借鉴作用。从这个角度说,上海特别市成立初期,在行政区划方面取得的经验和教训,至今仍然值得认真研究。

[刘君德,靳润成.试论上海市特别市成立初期的行政区划问题[J].中国方域:行政区划与地名,1996(5):22-24]

解读:本文对上海特别市成立初期的行政区划问题进行了研究。重点阐述了上海特别市行政区域的划分的特殊背景条件、特别市行政区域的确定和接收的过程,以及具体的步骤。从中可以看出当时设立上海特别市的周到的决策,细致的工作,公众的参与,平稳的推进过程等,对当今行政区划调整改革工作,以及学者的研究有重要参考价值。文章总结的4个方面的经验相当到位。

注释

① 《申报》1927-10-15 日(3)《17 市乡董佐呈清确定市区域》。
② 《申报》1928-04-25 日(4)《市政府准备接受各市乡行政》。

参考文献

[1] 张仲礼.近代上海城市研究[M].上海:上海人民出版社,1990.
[2] 申报.上海特别市市府周年纪念特刊[N].1928-07-07.
[3] 宁越敏,张务栋,钱今昔.中国城市发展史[M].合肥:安徽科技出版社,1994.
[4] 钱实甫.北洋政府时期的政治制度[M].北京:中华书局,1984.
[5] 中华民国内政部年鉴编纂委员会.内政年鉴·民政篇[M].北京:商务印书馆,1936.

70 上海区划的特点与问题

背景：本文是在开展多项上海市行政区划项目研究，深入调查基础上，对上海市的行政区划现状进行总结分析的成果。

行政区划是关系国家长治久安，社会经济持续稳定发展的大政。上海作为全国最大的经济中心城市，其内部的行政区划体制已不适应 21 世纪建设国际化大都市的需要，研究分析上海的行政区划特征和问题有助于探索中国直辖市行政区划体制改革的方向。

70.1 演变过程

70.1.1 新中国成立前——由地域型政区向城市型政区转变

上海设市前是地域型政区，最早始于前秦，距今已有 2 000 多年，时境内未形成独立县级政区。唐天宝十年(751 年)设置的华亭县为上海县内第一个县治。元至元二十九年(1292 年)析华亭东北 5 乡置上海县，辖境相当于今上海市区、闵行区、浦东新区、南汇县及青浦县大部分地域。后又增设青浦、嘉定、崇明、川沙、南汇县(厅)。近代，上海开埠(1843 年)后，英、美、法列强在沪设立租界。20 世纪 20 年代，上海地区设有公共租界、法租界 2 个特别区及上海(南市、沪南)、沪北、吴淞等区，行使地方政府职能，但市区并无统一的政区。

上海城市型政区始于民国十六年(1927 年)，时将江苏省的上海、宝山、松江、南汇、青浦等县的 30 个市乡划出设置上海特别市，直隶于国民政府。次年(1928 年)市域范围扩大，市内设有 17 个区，从而形成市、区两级政区。公共租界、法租界 2 个特别行政区仍由租界当局管辖。民国十九年(1930 年)改为上海市，直隶行政院。民国二十七年(1938 年)，汪伪政权将江苏省川沙、南汇、奉贤、崇明、宝山、嘉定等县划归上海市。民国三十年(1941 年)日军控制租界，民国三十二年(1943 年)，名义上由汪伪收回。民国三十四年(1945 年)抗战胜利后，川沙、南汇等县仍由江苏管辖，上海市管辖市区和租界，全市划分为 32 个区，实际接受黄浦、老闸、邑庙、蓬莱、嵩山、卢家湾、常熟、徐家汇、长宁、静安、新成、江宁、普陀、闸北、北站、虹口、北四川路、提篮桥、榆林、杨树浦、新市街、江湾、吴淞、大场、新泾、龙华、杨思、洋泾、高桥、真如 30 个区。形成以城区为主、"城郊相结合"的城市型政区。

70.1.2 新中国成立后——由狭域城市政区向广域城市政区演变

新中国成立后，上海成为中央直辖市。为适应上海政治、经济、社会、文化发展的需要，上海市行政区划作了一系列的调整，大致可分为 4 个阶段。

(1) 1949—1955 年:接收改造与稳定阶段。新中国成立初,上海市按原行政区境界和"区公所"原址进行接管,全市辖境面积 618 km²,共 30 个市辖区(20 个市区,10 个郊区)。1953 年,成立上海市水上区人民政府,直至 1955 年,上海市行政区划无大的变动,仍为狭域城市政区模式,城区面积比重大。

(2) 1956—1965 年:市域扩大调整阶段。这一阶段是上海市行政区划大变更、大调整的时期,总的趋势是区数减少,市区向郊区、市域向江苏省扩展。

1956 年,城区由 20 个调整为 14 个,撤销 9 个郊区,建立东郊区、西郊区、北郊区。1958 年,为保证上海市的粮食和副食品供应,将江苏省嘉定、上海、宝山、川沙、青浦、南汇、松江、奉贤、金山、崇明 10 个县划归上海市管辖;撤销北郊区、西郊区、东郊、东昌 2 区合并为浦东县。1960 年,市区调整为 10 个区,新建闵行区、吴淞区。1964 年,随工业体制变更,区的职能减少,撤销吴淞、闵行 2 区建制,分别划归杨浦、徐汇 2 区。这样,上海市行政区划变为 10 个区,10 个郊县,形成直辖市管县的广域型城市政区新模式。

(3) 1966—1979 年:区划工作停滞阶段。十年动乱,中国的社会、经济遭受了严重损失,政府工作处于混乱状态,行政区划工作停滞不前,这种状况一直延续到 1979 年。

(4) 1980 年至今:市区调整扩展阶段。1980 年和 1981 年,为建设新工业区和卫星城镇,恢复吴淞区和闵行区建制。1984 年,从川沙、上海、宝山和嘉定县划出 109 km² 土地归入邻近市区。1988 年撤销吴淞区、宝山县,合并设立宝山区。1992 年改嘉定县为区,撤销闵行区、上海县,合并设立闵行区。由此,大上海形成市、区二级政府、郊区(县)三级政府管理的行政区划结构体系。1993 年,以川沙县全部和黄浦、南市、杨浦 3 区的浦东部分以及闵行区三林乡成立浦东新区管委会。1997 年撤销金山县,设立金山区。1998 年撤销松江县,改设松江区。1999 年撤销青浦县,改设青浦区。至此,上海市共辖 17 个区和 3 个县。

70.2 模式特征

70.2.1 单中心广域型大都市政区

中国城市型政区包括两种类型,一类是传统的狭域型"切块式"城市政区;一类是广域型城市政区。前者是以城市建成区范围为主建立的城市型政区,为城乡分治模式,没有或只有少量乡村地域,实行市—区两级政府体制。后者为城乡合治模式,城市地域空间广,既有规模较大的城区,又有范围较广的农村,实行市—区两级和市—县—乡(镇)三级的两种管理体制,具有城市和乡村两种性质政区组合的特点。上海全市面积 6 340.5 km²,其中市区 748.71 km²(含嘉定、闵行、浦东,不含金山、松江、青浦),占全市总面积 11.8%;人口 1 300 多万,其中非农业人口 932.14 万,占总人口的 71.46%(1996 年)。全市人口密度 2 057 人/km²,市区人口密度 4 672 人/km²。在全国 4 个直辖市中土地面积最小,市区人口最多,人口密度最大,城区人口的比重最高(表 70-1),是我国典型的单中心、具有广域特征的大都市政区。

表 70-1 上海市与京、津、渝直辖市比较(1996年)

直辖市	辖县/个	辖区/个	总面积/km²	总人口/万人	设区面积/km²	设区人口/万人	区面积平均/km²	区人口平均/万人
上海	6	14	6 300	1 419	2 057	948	146.9	67.7
北京	8	10	16 800	1 259	1 370	715	137.0	71.5
天津	5	13	11 000	948	4 276	599	328.9	46.1
重庆	22	11	82 000	3 002	1 534	306	139.5	27.8

70.2.2 多层次与多样性

与我国的许多大都市相同,上海现行的行政区划体系格局具有明显的多层次性特征,一是总体层次结构较多,市区实行市—区—街(镇)三级管理体系,郊县(区)为市—县(区)—乡(镇)三级政府体制,与我国历史上传统的城市型政区和国外大城市相比,多了一个层次。二是浦东新区为享有某些副省级权限、城乡一体的特殊型政区。

多样性特征主要是由于各种不同的原因,设置了多种类型的区。可分为6种:其一为浦西的4个中心城区,为中心商务区和中心商业区所在,不辖乡镇;其二是浦西的6个周边城区,辖有城郊结合部的乡镇;其三是浦东新区,街区、开发、农区3类融合;其四是近郊的闵行、宝山区,为大型工业区和居住区、农区合一;其五是等同于郊县的嘉定、松江与金山、青浦四区;其六是位处远郊的崇明县(今崇明区)这6种类型的区在规模、功能、人口密度、城市化水平与产业结构等方面有较明显的差别(表70-2)。

表 70-2 上海市5种类型的区建制比较(1997年)

项目	区平均面积/km²	区平均人口/万人	平均人口密度/(人·km⁻²)	非农人口比/%
浦西城区	7.00	36.8	52 585	100
浦西周边	41.8	80.7	19 295	98.8
浦东新区	522.8	153.4	2 934	77.7
近郊区	401.8	65.7	1 636	67.0
中郊区	550.2	50.4	917	33.8
远郊县	803.1	59.4	740	24.7

注:青浦1997年尚未改区,计算在远郊区中。

70.2.3 区、街和乡镇规模的差异性

由于历史的和某些自然及人为因素,上海的区、街和乡镇规模差距较大(表70-3)。

表 70-3　上海市区、街、乡(镇)人口规模比较(1997 年)

项目	市中心区规模/万人	街道规模/万人	乡镇规模/万人
平均	63.17	7.28	2.81
最大	107.75(杨浦区)	14.3(殷行街道)	9.38(松江镇)
最小	25.75	1.45(虹梅路)	0.49(金桥镇)
最大与最小比	4.18∶1	9.9∶1	19.14∶1

从市区的规模看,徐汇区的面积达 57.76 km², 而黄浦区只有 4.1 km², 相当于徐汇区的 7%;从人口来看,最多的杨浦区达 107.75 万,相当于黄浦区的 4.18 倍。中心城区街道的规模相差更大,杨浦区殷行街道多达 14.3 万人,而徐汇区的虹梅路街道只有 1.45 万,两者相差近 10 倍。郊区(县)的乡镇规模相差也很大。全市镇(乡)平均人口为 2.81 万人,最大的松江镇达 9.38 万人,最小的金桥镇只有 0.49 万人,相差达 19 倍。总体看,在市区,中心城区规模小,周边城区规模较大;在郊区(县),西部乡镇规模较大,东部(浦东新区、南汇县等)乡镇规模小。

70.2.4　中心城区上"实"下"虚"的垂直结构

按《中华人民共和国宪法》和《中华人民共和国地方各级人民代表大会和地方各级人民政府组织法》的规定,和其他几个直辖市一样,上海城区的行政区划为市—区—街道三级的垂直结构体系,市与区两级政府为"实体",街道办事处为区的派出机构,即"虚体"。1995 年以来,上海市政府为了加强社区建设和管理,在城区实行两级政府、三级管理体制,加上居委会则形成四级网络,区、街道两级权力加大。但总体看仍为上"实"下"虚"结构特征。这种垂直结构基本反映了中国城市政府自上而下的结构体系特征,适应了转轨时期经济的高速发展和大规模城市建设以及基层社区管理的需要。

70.2.5　近、中郊的区—街—居、区—镇(乡)—村(居)混合结构

随着市区"摊大饼"式的向外扩展和城市化的推进,在毗邻城区的近郊和中郊,实行了区县合并(闵行、宝山、浦东)和撤县设区(嘉定、金山、松江、青浦)的政区新模式,形成区—街道—居委会和区—镇(乡)—村委会(居委会)两种区划体系混合的垂直管理结构。这种混合结构有利于城乡统一规划、建设与管理,解决了"一地两府"的矛盾,在行政级别上也与城区相协调。

70.2.6　以同心圆式为主,兼有放射状特色的空间结构

中国的城市政区空间结构形态模式大体有两种,一为同心圆式,即由市中心区向外形成市中心城区—郊区—县区的同心圆式结构,相对应设立市区政府、郊区政府和县政府;二为放射状结构,即以城区中心为基点将全市(包括近郊和远郊)切割成若干政区单元,形成放射状政区形态结构。前者城、郊、县分别管理,管理性质分明;后者城、郊、县结合,混合管理,各区兼有城乡两种性质的管理。前者是城乡分治的结果,后者是城乡一体的产物。在我国现

阶段仍是政府主导型经济体制的"行政区经济"运行下,放射状形态结构模式显示出较多的优越性。国内许多大中城市都采用了放射状结构模式。

上海是一个幅员较大、人口高度密集的特大城市,由于历史、自然及管理的因素,基本上实行以同心圆式为主,兼有放射状特色的政区形态结构模式。即从政区的整体形态看由市中心区—郊区—区县形成3个性质不同的同心圆圈层政区结构;但在中心城区的周边区域(徐汇、长宁、普陀、闸北、虹口、杨浦)和近郊区(浦东、闵行、宝山),特别是近郊3个区实行的则是放射状模式。

上海市行政区划的演变过程与模式特征是上海城市经济社会发展和城市规划、建设及管理体制改革的必然结果。上海的行政区划作为特大型城市和中央直辖市制度的空间投影,基本适应了其发展的需要,与我国现行法律规定的行政区划体制、模式相吻合。

70.3 问题分析

由于受现行制度和法规的制约及其他诸多因素的影响,上海政区改革的力度不大,问题仍较多,与建设国际化大都市的目标存在较大矛盾。

70.3.1 行政区划的调整缺乏整体战略考虑

李鹏曾指出:"对行政区划这个大问题,民政部要从战略上去考虑,要高度重视这一工作。"但由于行政区划调整是一个非常复杂而敏感的问题,往往牵一发而动全身。搞得好,通过区划改革,调整理顺了关系,增强了活力,促进了发展;搞得不好,不仅带来负面影响,甚至产生了许多后遗症,阻碍经济社会的发展。正因为如此,我国许多地方的行政区划调整工作往往十分谨慎,下不了决心,调整的力度不大,更未能从全局和战略上去把握,使区划工作处于一个较被动的地位。上海的行政区划曾作过多次调整变动,但同样缺少全局的、战略的、深层次的研究与总体把握。至今没有一个行政区划调整、改革的规划,区划调整只能是头痛医头,脚痛医脚。

70.3.2 城市规划、建设与行政区划严重脱节

由于体制的分割,长期以来,我国规划和建设部门在进行城市规划时往往很少考虑行政区划的因素,主管行政区划工作的民政部门也较少直接参与城市总体规划工作,以致区划与规划相互脱节,在城市规划、建设、管理中产生诸多行政区划的遗留问题。上海作为快速发展的特大型经济中心城市,在推进城市现代化建设进程中,规划与区划的矛盾尤其突出,往往是区划跟着规划走,区划处于较被动和滞后的地位,特别是城乡结合部行政区划体制矛盾的表现最为集中。

70.3.3 区划层次多,各层级责权功能不清,宏观调控难度加大

与国外大城市相比,上海的行政区划层次较多。特别是随着城市管理重心的下移,区、

街两级权力加大,相应增加了行政成本。同时,由于区、街两级行政层次经济功能强化,在各级政府追求自身经济利益和行政绩效的功利主义机制作用下,进一步强化了"行政区经济"格局,加剧了市、区、街三级管理之间利益的矛盾冲突,使城市的统一规划建设和经济的宏观调控难度加大。

70.3.4　区、街管理的幅度欠合理,与多层次的纵向结构不相协调

行政区的层级与幅度(规模)是相对应的关系,层级多则管辖的幅度相对较小;层级少则管辖的幅度相对较大。上海行政区划调整的规律是实际层级在增加(主要是街道办事处已变成一级准政府),其管辖幅度在不断扩大。市区(浦西)设区的数量由新中国成立初期的30个减少到目前的10个。各区面积和人口都有很大增加。从街道一级看,近10多年来规模也在不断扩大,目前平均规模比20世纪80年代初期扩大近一倍,达7万~8万人。区、街管理幅度缺乏科学论证。同级行政层次的管理幅度相差也很大,同是区级政府,多则管12个街道,少则管4个街道;同是街道办事处,多则管14.3万人,少则管1.45万人。

70.3.5　将街道等同于社区,混淆了行政区与社区的原则区别

在中国,社区与行政区有着密切的联系,然而这是两个性质、内涵不同的概念。社区是聚居在一定地域的人群的生活共同体,强调自下而上的居民自治管理;基层行政区(街道办事处)是自上而下的行政管理行为。但应当指出,我国现阶段,政府是社区建设与服务的主导动力,街道办事处担负有社区建设与服务的功能。随着城市经济社会的发展,政治体制改革在城市的推进与深化,政府功能的转换,城市居民生活质量和整体素质的提高,这种以基层行政区——街道办事处代替或等同于社区的做法就不适宜了。

70.3.6　郊县改设区与中心城区的性质相混淆,假性城市化严重

20世纪80年代后期开始,上海先后将近郊与中郊的宝山、上海、嘉定、金山、松江、青浦县改设或合并为区、新区。宝山、上海、川沙为区县合并而成,金山是县与石化总厂合并而成,而嘉定、松江、青浦区则完全是由撤县改设的。这种模式的优点是解决了两大矛盾:一是使机构和干部的级别与市辖中心城区等同;二是解决了"一地两府"的矛盾,如宝山、金山、浦东新区等。但同时由此产生新的矛盾:城区与郊区性质的混淆。城区是完全城市化地区,实行高度集中统一的城市管理;郊区是非完全城市化地区,兼有农业、农村、农民,实行城乡一体化管理,其功能与市中心区有很大差别。由此不可避免地出现假性城市化。近几年由于嘉定、金山、松江、青浦4个县改区(不含宝山、闵行、浦东),使市区的面积和人口比1992年之前分别增加2 326 km^{2}和196万人,由此带来了城乡人口统计的混乱。

70.3.7　浦东区划体制的不适应及与浦西的不协调

浦东新区管委会是开发开放的产物。实践证明,这一体制在浦东大规模开发建设初期

是必要的,也是成功的,其成就举世公认。然而这种体制具有明显的过渡性,在实际运行中存在一些问题。从新区内部的区划看,现有城市化地区(街道)、准城市化地区(开发区)和农村地区(乡镇)3类地域,城区实行新区—城区党工委—街道三级制;农村地区为新区—农发局(代管)—镇三级制,与浦西相比,多了一个层次;在开发区集中的金桥、外高桥、张江等准城市化地区,城、乡与开发区彼此交错、插花分布,区划管理矛盾十分突出,而目前尚无统一的管理层次。农村地区镇的规模明显偏小。全区现有30个乡镇,有13个乡镇的人口不足2万人,是全市乡镇人口规模最小的一个区(县)之一。这对于浦东新区农村的现代化建设,实现经济、社会发展和管理的规模效益十分不利。

70.3.8 郊区"中心镇"被等同于一般乡镇,从大上海行政区划的整体结构考虑,浦东与浦西明显不协调,不利于城镇体系建设

中心镇是郊区城镇体系建设的重要环节。但自20世纪80年代上海郊县取消了"区公所"的建制后,一批历史上形成的中心镇(绝大多数为区公所驻地)地位明显下降,被等同于一般乡镇,经济社会的发展速度相对滞后,中心镇的集聚与扩散能力大大减弱。特别是在转轨时期,在作为上层建筑的行政区划对地区经济和社会发展的刚性约束下,各同级政区都力求自身的发展,盲目竞争,自成体系,割裂了政区之间的经济社会联系,使中心镇地位的相对下降,城镇体系规划和"中心镇"总体规划的目标(尤其是人口指标)无法实现。而由于乡镇合并,被合并的乡镇又出现衰退现象。

以上八大问题大多是全国直辖市共同存在的问题。

这些问题说明:改革大都市的行政区划体制是十分必要的。对于上海来说,在加快实现建设现代化国际大都市的目标过程中,积极推进包括行政区划在内的行政管理体制改革更具有紧迫性。这是因为:

(1)在某种程度上现有行政区划体制不能适应上海经济社会发展的需要,已经成为上海大城市发展的一种制度性制约因素。

(2)现有行政区划格局与上海新一轮总体规划不相吻合,成为实施新规划的重要障碍。

(3)现有的上"实"下"虚"的行政区划模式与上海市管理重心下移,加强城市基层管理的要求相悖,既不利于基层政权建设,也不利于把社区服务和建设落到实处。

(4)现有区、街规模和政府结构使政府管理效率降低,行政成本过重,与"小政府、大社会、大服务、高效率"的改革方向不相符合。

(5)现有的区、街两级管理功能与责权不够清晰,定位不准,从总体上不利于实现大上海国际化都市跨世纪发展的宏伟战略目标。

因此,加快上海行政区划改革的步伐,是新时期上海城市政府功能转换的要求,是加强城市管理的要求,是推进基层政治民主化、深化城市政治体制改革的要求,是实施新的城市规划,加速建设上海国际化大都市的要求。从战略上构思上海新的行政区划体系格局,加快行政区划改革的步伐十分重要。

[刘君德.上海行政区划的特征与问题分析[J].上海城市规划,2000(2):2-6]

解读:本文对上海行政区划的演变过程、模式特征和存在的问题进行了系统的分析,指出了上海行政区划体制改革的必要性和紧迫性。此后的许多有关上海行政区划改革、直辖市内部区划体制现状与问题的讨论,其基本观点大多源于本文。

参考文献
[1] 陈征琳,邹逸麟,刘君德.上海地名志[M].上海:上海社会科学院出版社,1998.
[2] 刘君德.21世纪中国直辖市政区改革的战略思考[J].浙江学刊,1998(4):2-6.

71 上海建设国际化都市的挑战

背景：20世纪末21世纪初，国际化大都市成为国内许多城市争相讨论并"冠名"的热点。1999年在上海市民政局直接委托、民政部支持下，我们开展了"上海创建国际化大都市的行政区划改革研究"。本文是应杂志要求发表的部分内容。

71.1 现代化国际大都市的内涵

由城市化到城市现代化、国际化，这是当今世界性的总体发展趋势。积极推进城市化发展，已成为我国"十五"期间的国家重要战略之一。城市现代化的内涵十分丰富，主要包括城市功能的现代化、城市经济的现代化、城市社会的现代城市生态环境的现代化和城市规划、建设的现代化。而要使这些方面得以实现必须在现代社会的背景下进行城市管理体制的创新，同时还要实现城市精神文明的现代化，即实现人的现代化。

城市国际化是指城市在人、财、物、信息及文化等方面进行跨国界的相互交流与往来并使之不断增强的过程。城市国际化的主要内容包括：①拥有雄厚的经济实力，是世界的经济、贸易、金融中心之一，在世界经济体系中有相当的竞争力和影响力；②集中了较多的跨国公司和国际金融机构以及国际经济与政治组织，是国际资本集散中心，在某种程度上能够控制和影响全球或区域性经济活动；③具有很高的经济开放度，通行国际惯例和国际法规，生产性服务业（特别是通信、信息、科技、咨询、商业、市政公用等）发达，具有方便快捷的高速区际和市内交通系统；④是国际性商品、资本、技术、信息和劳动力的集散中心，是国际性新思想、新技术、新体制创新基地等。国际化城市可以按照作用的地域范围、功能性质和对全球经济、政治、文化等控制的力度划分为不同的类型，诸如：全球级的国际化城市和洲际级的国际化城市；综合性的国际化城市和专业化的国际化城市；控制型的国际化城市与非控制型的国际化城市等。

城市现代化与城市国际化密不可分，城市国际化是以相当程度的城市现代化为前提，而城市国际化水平的提高必然是其现代化程度的进一步发展的结果。因此，一个城市，特别是大都市区，要实现更高程度的现代化，实施国际化发展战略就成为其必然的选择。

上海是个拥有土地总面积 6 340 km² 余，人口 1 474 万的大都市，是一个以中心城区为核心、与若干中小城市（郊区县城）及小城镇共同组成的紧密联系城市共同体，即"单中心"的大都市区。上海的现代化、国际化是大都市区的现代化、国际化，是城市和区域一体化的现代化、国际化，是"单中心"都市区的现代化、国际化。

71.2 上海已初步显现国际大都市的形象

100多年来，上海一直是全国最大的经济中心和国际贸易港口城市，在东亚有重要的地位。新中国成立以后，在我国特殊的政治、经济大背景下，国家政治、经济的空间结构发生了重大变化,上海建设成为全国最大的工业基地和经济中心城市,但却失去了在国际上的重要地位。改革开放以来,特别是20世纪90年代以来,中央把促进上海尽快崛起为国际经济中心城市作为国家整体发展的重要组成部分,明确提出以上海浦东开发开放为龙头,尽快把上海建成国际经济、金融、贸易和航运中心,并带动长江三角洲和整个长江流域地区经济的新飞跃。上海作为我国最大、最重要的经济中心城市,亚洲乃至世界重要的大城市,在21世纪率先建成现代化、国际化的大都市具有重大战略意义。

71.2.1 上海已经是一个现代化的大城市

按照20世纪70年代英格尔斯提出的城市现代化的十大指标(人均GDP 3 000美元,农业产值在国民生产总值中的比重不超过12%,服务业的比重大于45%,非农就业人口的比重大于70%,有文化人口在80%以上,上大学的人口占青年人口的10%以上,城市人口占总人口的50%以上,每个医生的负担人口在1 000人以下,全市人口的预期寿命在70岁以上和人口的自然增长率在1%以下),上海经过"八五""九五"的建设,已成为我国具有最雄厚的综合经济实力,坚实的经济基础,强大的技术创新能力的城市。2000年,上海的人均国民生产总值已经达到4 180美元,农业产值的比重为1.7%,服务业的比重已经达到50.2%,非农就业人口已超过75%,高中升学率达97%,郊区城市化水平为43%,全市人口的预期寿命达77岁,人口的自然增长率为-2.3%。可见,对照英格尔斯的现代化指标,上海已经是一个现代化的大城市。

71.2.2 上海已初步显现国际大都市的形象

上海是我国经济最发达、综合经济实力最强的沪宁杭城市连绵带的龙头城市,具有辐射全国的经济实力,并初步具备了沟通国内外市场和与国内外经济循环接轨的能力。上海是外资金融机构在中国大陆最集中的地区之一,也是国际跨国公司在中国大陆投资最集中的地区。20世纪末,上海已与34个国家的37座城市结成友好城市,一年举办的国际性文化活动有上百个;集装箱的吞吐量达5 612万t,进出上海港的国际航运船只达18 707艘次,拥有20多条国际集装箱货运班轮通达世界120个国家和地区的港口,可装载6 800个标准箱的世界最大型全集装箱船舶之一"巨无霸"驶入黄浦江;两大国际机场有29家国际航空公司开通了从上海始发的30多条国际航线与世界96个国家和地区的城市相连,日均进出航班101架次;2000年上海口岸海陆空进出境达652万人次,是20年前的190倍,航空旅客吞吐量为1 768万人次;贸易伙伴国家(地区)达207个,跨国(地区)公司总部为25家,外资金融机构6家;上海平均每两天举办一场国际性展览会,展品货值达15亿元。上海已成为连接中国与世界经济的桥梁,初步显现出国际大都市的形象。

71.3 上海建设现代化国际大都市面临的挑战

71.3.1 上海目前处于大都市区发展的中期阶段

一般认为,都市区的形成和发展大体经历3个阶段:一是以要素集聚为特征的大城市形成阶段;二是集聚与扩散同时进行的大都市形成阶段;三是都市区空间联合阶段,在这一阶段形成都市连绵带(区),都市区进入成熟的现代化阶段。

上海目前仍处于大都市区发展的第二阶段,即中后期阶段。

主要表现为:城市基础设施建设速度大大加快,交通紧张的状况有所缓和,产业结构调整,中心城区和郊区功能分异变化明显,城乡交互作用加强。中心城区显现现代化繁华的商都景象,以第三产业为主的产业高度化发展迅速,人口密度有所下降;城区工业向郊区转移,郊区工业发展迅速,农业结构逐步优化,经济实力增强,城市化速度加快,土地升值,人口密度增加。郊区城市化进程加快:城区公共绿地增加,与此同时,郊区日益成为大都市区改善生态环境不可缺少的重要因素,随着郊区城市化进程的加快,城区的现代文明向郊区渗透。

71.3.2 上海建设现代化国际大都市面临的挑战

2001年上海制定《上海市国民经济和社会发展"十五"计划纲要》,确定到2020年基本建成国际经济、金融、贸易和航运中心之一,基本确立社会主义现代化国际大都市的地位,城市综合竞争力进入国际大都市前列。力求实现人民生活富裕安康,城市环境优美适宜,法律制度健全规范,保障体系成熟完善,文化卫生繁荣先进,科技教育兴旺发达,政府管理高效廉洁,使上海成为充满时代气息、具有生机活力、富有创新精神的社会主义现代化国际大都市。

在经济全球化的21世纪,用20年的时间将上海建设成国际化大都市面临着以下的挑战。

挑战之一:整体经济实力与国际化大都市的要求差距较大。世界级国际性大都市的人均国民生产总值已经超过20 000美元,而上海2000年的人均水平为4 180美元,水平较低,经济总量增长的任务很重;产业结构调整的任务仍很艰巨,高新技术产业和第三产业的比重偏低,2000年上海的高新技术产业仅占总产值的20%,三产比重虽已超过50%,但距70%的要求仍有很大差距,尤其是金融、保险、外汇交易等水平较低。2000年上海的外汇交易额为400亿美元,不足世界级国际大都市的1%。

挑战之二:基础设施建设与现代化、国际化发展要求的不适应性。主要表现在高速、快速干道不足,尚未形成快速交通网络;港口设施严重不适应现代化、国际化发展的需要,具有国际竞争力的第4代、第5代大型集装箱枢纽港——洋山深水港的建设尚需时日,国内外(主要是亚洲地区)的竞争十分激烈;现代化大型物流基地尚未形成。

挑战之三:环境整治、绿化的任务十分繁重。大气、水、噪音等环境质量与建设生态城市的要求相距较远;2000年上海的人均公共绿地为5 m^2,与国际城市的差距很大,这一状况难以在短期内得到解决。

挑战之四:科技、教育、卫生等水平与国际大都市发展的要求仍有较大差距,缺少建设现代化国际大都市的一流人才;市民的整体素质、公德意识仍需要有很大的提高;产业结构的进一步调整,下岗失业人数增加,人口老年化程度加剧,外来人口的集聚,社会问题增多,管理难度加大,"市容"和"繁荣"的矛盾相当突出。

挑战之五:产业的国际化的程度不高,信息化水平、市场化程度仍较低,"引进来""走出去"都还不够。长期受计划经济体制的影响,企业的竞争意识、竞争能力都还不强,不仅受到外地企业的挑战,而且在中国加入世贸组织后,来自国外企业的竞争将更为严峻。

挑战之六：城郊之间、非农和农业之间、市民与农民之间、行业之间发展很不平衡，收入差别过大，并有继续扩大的趋势；2000年上海的基尼系数为0.4左右，城乡尚未融为一体。

挑战之七：中心城区仍较拥挤，公共绿地过小，人口密度偏高；规划建设的几个副中心（除徐家汇外）的功能尚未充分发挥，人流的过密和过疏现象比较严重。

挑战之八：郊区的城市化水平较低，城镇空间、等级结构不尽合理，规模偏小，建设标准偏低，集聚效应不高，未能形成城镇网络系统。农民居住过于分散、村的规模过小的问题更为突出。

挑战之九：转型时期加剧的"行政区经济"现象表现仍很突出，长江三角洲作为一个区域整体长期受到上海与江苏、浙江较严重的行政分割，盲目竞争、重复建设、各自为政的情况时有发生，实现长江三角洲区域经济一体化尚有一段较长的路要走。

挑战之十：政府自身的改革尚不够彻底，与国际接轨的行政审批制度尚未建立，内部的行政管理体制尚未完全理顺，自上而下的纵向管理结构和横向规模结构都存在不少难题需要研究解决；城市规划和行政区划"两张皮"的现象仍较严重；基层社区政治民主化的推进任务艰巨。

上述十大挑战表明，上海建设国际化大都市尚有一段艰巨的路程要走。我们认为，在这些挑战中最为重要的仍然是观念、体制、机制、管理、人的素质和公众的参与，即软环境的改善和制度的创新问题。

71.4 上海建设现代化国际大都市的对策思考

71.4.1 研究制定科学的指标体系，推进城市现代化、国际化

城市现代化指标体系对于认识和把握城市现代化的发展水平，明确上海在地区、全国，乃至在世界城市体系中的地位，确定建设现代化国际大都市的目标，指导城市规划、建设和管理，考核城市的经济、社会、环境生态、文化、城市规划、建设、管理的全面发展情况，了解差距，激励城市政府组织全体市民为实现现代化的目标而不断努力，从而加速上海现代化国际大都市建设的进程具有重要意义。上海是一个特大型城市和区域组合的都市区，其指标体系的建立应瞄准全球著名的大都市（东京、纽约、巴黎、伦敦等）和地区性大都市（东亚的新加坡、汉城、我国的香港等），并将其作为上海的追赶对象，按综合可比，而又简明的原则进行制定。上海大都市区定位为国际经济、金融、贸易、航运中心，要对这4个方面的指标进行细化。

71.4.2 将洋山深水港作为上海大都市区硬件建设的重中之重

上海建设"一个龙头""四个中心"的关键是建设国际航运中心，洋山集装箱枢纽深水港的建设是确保上海国际航运中心建设的唯一选择。因此，上海在建设现代化国际大都市的进程中应把洋山深水港的建设作为硬件建设的重中之重，这是关系上海建设现代化国际大都市全局的大事，一定要尽全力抓好，并注意协调好与有关部门、地区的各种复杂的关系；与

此同时,加快沿海越江大通道和市内外快速道路网的建设,形成大都市区的快速交通网络,并与区外相衔接,为建设上海国际化大都市提供一流的交通基础条件。

71.4.3　从可持续发展的高度,持之以恒抓好环境、绿化建设

作为一个老工业基地城市,上海的环境整治任务十分繁重。2000年上海的环保投入已占GDP的3％,超过世界许多发达的国际性大城市(占GDP的2.5％)的平均水平,但总体来看,上海的环境质量虽有较大改善,然而水平不高,仍需要花大力气,持之以恒,从可持续发展的高度进行有效的整治;从绿化程度来看,2000年上海的绿化覆盖率为22％,人均公共绿地为5 m²,与国际上现代化的大城市相比差距很大(国际公认的标准为绿化覆盖率40％、人均公共绿地30 m²),同样要从可持续发展的高度认真抓好绿化建设,重点是抓好城乡结合部的大型绿带建设。在环境、绿化建设中,要处理好整治与建设的关系,市区与郊区的关系,"繁荣"与"市容"的关系,"法治"与"德治"的关系。

71.4.4　高度重视软性环境的建设和都市区组织制度的创新

城市现代化是个互动的过程,其内涵不仅包括经济的现代化、城市建设形态的现代化、环境的现代化,即物质的现代化,而且包括社会的现代化、人的现代化、政治的民主化。前者为硬性指标,后者是软性指标,它们之间是个不可分割的互动的过程。没有这种互动的过程,城市的现代化是不可能实现,或者说只是一种物质的、表面的现代化,而非全面的、本质的现代化。上海目前与国际大都市的差距更重要的是在城市软环境、组织制度、社会和人的现代化等方面的差距,要在继续快速推进硬件建设(特别是交通和环境建设)的同时,采取积极有效的措施,大力改善软环境,创新都市区的组织制度,增强城市的综合竞争力。

71.4.5　充分发挥"政府"和"民众"两个方面的积极作用

中国是一个中央集权制的强政府国家,城市政府的竞争能力直接影响城市现代化的进程。在我国由计划经济体制向市场经济转轨的时期,这种作用尤其明显。因此,加强城市政府的竞争力对加速上海国际化大都市的建设具有重要意义。要明确市、区、街各级政府层次的功能定位,实行公开、公正、高效管理,提高办事效率和公众的满意度。然而,我们应当指出,随着市场经济的发展,特别是政府自身改革的积极推进,政企分开,政社分开,政事分开已是大势所趋。政府不应该、也不可能包办城市现代化的一切。城市政府的主要功能职责应该是制定规划、正确引导、组织资源、营造环境、制定政策、规范法律、加强管理、动员力量,特别要注意动员"民众"的力量,调动"民众"的积极性,共同参与城市的现代化建设。

71.4.6　注意现代化建设中的"平衡"发展

城市和区域是一个复杂的、紧密联系的综合体,促进这个"综合体"的"平衡发展"是一个城市或地方政府的"永恒方针"。城市的现代化不只是"市区"的现代化,不只是商业区的繁

华,而是整个"综合体"的全面的现代化。上海在制订规划、政策时,要注意中心区和郊区之间的平衡,注意城市不同功能区之间的平衡,注意不同产业、部门之间的平衡,注意建筑风格与都市气氛之间不同居住方式之间的平衡,注意城市表象和城市本质之间的平衡,从而实现城市和区域的整体协调、有序地发展,实现大都市区全面的现代化。

71.4.7 狠抓"人才高地"建设

现代化的国际大都市需要大量一流的人才,这是上海建设现代化国际大都市的根本保证。"人才高地"建设是一项具有重大战略意义的大事,必须采取切实必要措施认真抓好。除了上海自身培养的人才之外,要利用我国积极开放、加入世贸组织的有利时机,大力引进世界一流人才,特别是高级管理人才和高科技人才,尽快把上海建设成为中国一流、世界有名的"人才高地",成为国际一流人才的集聚中心。

71.4.8 重视加强基层政治民主建设,加强居民的道德规范教育

现代化的国际城市是一个融入全球的开放的城市,是一个民主的城市,是一个由高素质市民组成的和谐的城市。积极推进城市基层政治民主建设,加强对广大市民的道德风尚教育,大力提高市民的素质,提高市民的文明意识与社会公德意识,是城市现代化建设中一项长期而根本的任务。"建设社会主义的道德体系远比建造100栋大楼要难得多",因此,当前要加强城市社区"自治"建设,具有特别重要的政治和社会意义。

[刘君德.上海建设现代化大都市的挑战与对策[J].上海市容,2002(3):2-6]

解读:文章深刻揭示了上海在创建国际化大都市过程中面临的十大挑战,最为重要的仍然是观念、体制、机制、管理、人的素质和公众的参与,即软环境的改善和制度的创新问题,有针对性地提出了对策思考。

72　上海国际化大都市创建中的政区改革

背景：研究背景同上，课题升格为民政部与上海市民政局共管项目。课题名称改为"创建国际化大都市的行政区划研究——以上海市为例"。1999年11月由民政部主持在北京召开了专家评审会。以吴传均院士为首的一批国内知名专家进行了认真评审，给予高度评价。认为这是"一项具有重要理论与实践意义的开拓性研究成果"，"填补了国内大都市行政区划体制研究领域的空白"。此为上篇的继续，为减少重复，此处只发表第二部分。

72.1　上海创建国际化大都市的背景分析（略）

72.2　对上海行政区划模式的战略思考

72.2.1　国外大都市行政体制借鉴

西方的大都市一般是一个都市区（圈）或城市群，各城市都是独立的行政区，各自有经选举产生的城市政府。随着大都市人口和地域的迅速扩展以及新城市的大量涌现，一方面，城市发展空间受阻；另一方面，由于各城市政府之间缺少有力的协调机构和途径，很多关系到整个大都市地区的社会公共问题无法解决。为此，从20世纪50年代开始为了解决日益突出的大都市问题，西方国家先后对大都市的行政管理结构进行改革，其目标是既能兼顾各城市利益，又能对某些需要从整个大都市地区角度进行规划建设和管理的项目实施统筹管理。归纳起来，国外大都市管理模式有两种类型：(1)单中心模式，即大都市区具有统一的、高度集权的都市区政府。大都市政府是唯一的决策中心，享有高度权威性。它可以是若干小城市相互包容或相互平行的政府体系，更多的是双层结构体系，即一个大都市地区政府组织和大量地方单位并存，相互间有较为明确的职能分工。这一模式的长处在于有利于都市化地区发展的统一谋划与协调，尤其是在大规模的基础设施建设中能充分实现规模经济效益，大大减少内部竞争和冲突，使资源流动更为畅通。但此模式不能满足人们日益多样化的需求和偏好，易陷入等级化的官僚结构危机，导致行政机构膨胀，行政效率低下。东京、巴黎、莫斯科等属于此类。(2)多中心模式，即一个大都市区具有多个决策中心，没有统一的大都市政府组织。大都市地区内的各个地方政府行为平等，相互独立。其优点是灵活，有弹性，比较能满足居民的需求和偏好，也顺应了人们向往参与政府管理的民主化潮流。但很难实现都市地区内跨行政界线的大空间公共服务合作，容易导致各自为政，浪费各城市资源财力。为解决这一问题，相应建立了一些松散的城市协调机构或具有一定行政职能的城市联合政府，但往往因权威性不足而影响其功能发挥。纽约、旧金山等为多中心模式的典型。

西方大都市行政管理体制改革的实践证明，建立双层结构政府体制是城市化发展的必然趋势。其经验是,大都市联合政府与城市政府必须有明确的分工,联合政府不干涉城市政府的事务,使城市保持相对的独立性,而城市政府则应树立整个大都市区域协调发展的整体观念,尊重和强化联合政府的权威性。双层结构政府体制面临的主要问题是,由于西方国家地方自治的传统根深蒂固,大都市联合政府往往难以真正起到协调机构的作用。

72.2.2 上海行政区划改革思路

1) 改革的指导思想与原则

(1) 改革的总体指导思想是:从中国国情出发,建立适应 21 世纪发展需要的,具有中国特色、上海特点的城市行政区划结构新体系和新格局,为建设上海国际化大都市服务,为促进上海社会经济发展服务,为大上海新一轮的城市规划、建设与管理服务,为加强政权建设和推进政治民主化进程服务,为实现上海跨世纪的宏伟目标提供行政区划体制保障。

(2) 改革的基本原则是:规划区划,协调一致;立足长远,考虑现实;层次简明,幅度适当;规模合理,划界科学;明确功能,相对稳定;精简编制,高效管理;上下结合,因地制宜;先易后难,分步实施。

2) 基本思路

思路之一:强化两头,弱化中间,构建两实一虚,三级管理,四级网络的行政区—社区垂直结构体系。所谓强化两头是指强化市和街区一级行政区,弱化中间,即随着市与街区权力的强化,现有的区级政府权力的大大弱化,其管理权限部分要上交给市,部分要下放给街区,最终改为一级虚设派出机构,主要是代表市政府对街区进行监督和协调作用。目标是对管理的权限作相应调整,有的要进一步放权(如社会管理),有的又要适当收权(如城市统一规划与建设),从而克服"小而全""大而全",分散重复建设的管理模式。最为重要的是将街区一级实体化,变为一级政府,这是新时期城市管理体制改革深化的必然,符合城市政府加强基层政权建设的客观要求,与目前街道的实际功能也是吻合的。实际上目前街道办事处已是一级准行政区,设置一级街区政府条件已经成熟。在街区下则为居住社区(以居民委员会为主),它是真正意义的社区。这样,从行政区的纵向层次结构看,在市区形成市(实)—区片(虚)—街区(实)—社区,具有全新意义的两实一虚、四级管理网络的行政区—社区体系模式。

思路之二:以新一轮城市总体规划和城镇体系规划为重要依据和契机,合理调整行政区划,协调区划与规划的关系,构建新的行政区划空间结构模式。以新的上海市总体规划和城镇体系规划为依据,构建上海市 21 世纪行政区划改革方案,使行政区划的空间结构与规划的空间地域结构相协调。大城市行政区划的空构模式有 3 种类型,即同心圆、放射状和组合型(图 72-1)。依据新一轮规划,上海市广域行政区划的空间结构模式应是以同心圆为主,兼有放射状特征的结构模式。所谓同心圆是指以中心城区为中心,向外形成两个层次的圈层结构。核心圈层为内环线之内的中心城区,中圈层为内外环线之间的边缘城区,外圈层为外环线以外的郊区和县。同时以交通轴线为主干形成具有放射状特点,与中心圈层政区紧密相连的城区区划形态结构,从而打破外圈层单一同心圆状态结构,形成区与县相间的区划形态结构。

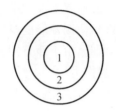 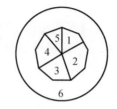 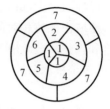

1. 市中心政区　2. 郊区政区　　　1~5. 中心城区(含近郊区)政区　　　1. 市中心政区　2~6. 城乡结合部政区
3. 县域政区　　　　　　　　　　6. 县域政区　　　　　　　　　　　7. 县域政区

　(1) 同心圆政区结构模式　　　(2) 放射状政区结构模式　　　(3) 兼有同心圆与放射状组合的政区结构模式

图 72-1　三种大中城市行政区划模式示意图

　　思路之三：建立与城镇体系规划相对应的大都市郊区(县)政区新模式。上海新一轮的城镇体系规划对郊区实际上分为两种类型。一是新城，主要是宝山、闵行和嘉定、金山、松江、青浦以及空港新城和芦潮港新城，其中宝山、闵行两区在城市形态上已与中心城区连为一体，实际上已成为或将成为中心城建成区的组成部分；二是郊县，包括南汇、奉贤、崇明三县，为具有相对独立性的中心城市。我们认为在新城之中，嘉定、金山、松江、青浦四区也具有相对独立性，实际与南汇等县相同，只是经济实力较强，中心城人口规模较大，政区的通名改称为区而已，并无实质性差别。但不管是两种或是三种类型，在行政区划体制上都应与之相对应，即具有独立性的城镇应设置具有独立性的地方政府，而不宜设置半独立的区建制。具体地讲，在现行条件下，通过改设市辖区作为过渡措施；从长远考虑，可以参照、借鉴国外国际化大都市的经验，在地理上独立的单元，分别设置城市政区，在法律上与中心城市政区平等，在这些城市政区之上设置协调机构，建立双层政府机构。

　　思路之四：借鉴历史的和国际的经验，科学确定各级政区的规模。从历史的经验来看，上海在新中国成立初期曾设有 30 个市辖区(20 个市区和 10 个郊区)。1950 年 20 个市区平均面积为 4.12 km², 人口平均为 20.9 万，10 个郊区平均每个区 52 km², 人口平均为 7.5 万。上述规模大致与国际上许多大城市设区的规模相当。东京都的城区设有 23 个特别行政区，平均每个区 23 km², 人口 36.6 万；巴黎市中心区面积 105 km², 人口 217 万，设有 20 个街区，平均每个街区 5.25 km², 人口 10.85 万；伦敦的空间结构分为内伦敦和外伦敦两个圈层，前者包括 13 个自治单位，面积 310 km², 人口 230 万，平均每个自治单位 23.8 km², 人口为 17.7 万，后者包括 19 个自治单位，面积 1 270 km², 人口约 460 万，平均每个自治单位 66.8 km², 人口 24.2 万。我国除京、津、沪几个直辖市之外，包括重庆在内的其余大中城市设区的规模也大都在 20 万人左右。由此可见，上海现有的区级规模偏大，如果将"区"级虚化，使街道变为实体的街区政府，则规模又偏小。为此，我们的意见是在"虚"化区、"实"化街道的前提下，将街区的规模适当调整至 20 万人左右，既与我国现行设区标准基本相接近，又与国内外绝大多数城市政府设区的规模相当。

　　思路之五：从大上海政区改革的总体战略考虑，将浦东新区纳入全市行政区划体系，实现上海市政区的一体化，与全市构成统一的行政区—社区体系。但在现阶段，为统筹规划建设与管理浦东，充分运用其特殊的政策加速发展与建设步伐，宜保留现有的体制，同时从实际出发制定出一套切实可行的过渡性方案与措施。

72.2.3 上海行政区划改革方案

1) 中心城区

中心城区主要指浦西10个市区,拟合并为中、北、西、南4个管理片区,可逐步扩大到外环线,由实而虚,大力精简机构,逐步演变为市政府的派出机构。

(1) 管理区片范围和规模。第一步,以浦西10个区为中心城的范围,面积约280 km²,人口约632万,划分为中、北、西、南4个管理片区,平均每个片区面积70 km²,人口158万。第二步,以外环线为界(含浦东)作为中心城区的范围,总面积约710 km²,人口约815万,划分为中、北、西、南、东北、东南6个管理片区,平均每个片区面积118.3 km²,人口约135.8万(表72-1)。

表72-1 上海行政区划改革政区规模设计一览表

		中心城区		近郊区	外缘郊区(县)
		中心市区	中心外缘城区		
管理区片规模	面积/km²	70(118.3*)		442	县城(新城)为20万~40万人。每个城区设立1~3个街区
	人口/万人	158(135.8*)		115	
	区片数/个	4(6*)		3	
街区规模	面积/km²	4	7	5~7.5	
	人口/万人	20	18	10~15	
	街区数/个	7~9	23~25	13~17	
小城镇人口规模/万人	中心镇	—	—	5~8	
	一般集镇	—	—	2~3	
社区(居委会)人口规模/人		4 000(1 000多户),按街坊划分			

注:★为第二调整方案:以外环线为界(含浦东)作为中心城区的范围。

(2) 中心城区街区规模设计。人口密度在4万~6万/km²的中心市区,即黄浦、南市、静安、卢湾4区和虹口区一部分,规划新街区的规模为面积4 km²,人口为20万,共约有7~9个街区;人口密度在2万~3万/km²左右的中心边缘城区,即普陀、闸北、徐汇、杨浦4区及虹口区一部分,规划新街区的规模为面积7 km²,人口18万,共约有23~25个街区。前一类面积较小,人口集中,街区政府的服务半径约1.1 km;后一类面积较大,人口相对分散,街区政府的服务半径约1.5 km。每个街区辖40个左右的社区(居委会)。

(3) 社区(居委会)规模设计。市中心城区现有居委会1 906个,平均每个居委会有人口3 078人,不足1 000户。随着居委会干部和市民素质的提高,管理手段的现代化,特别是许多新建新村居住集中,规模较大,因而居委会的平均规模亦可适当扩大。从市中心城区来看,每个居委会可扩大到4 000人,即1 000多户,并原则上按街坊划分社区(居委会)。

2) 近郊城区

近郊城区包括闵行、宝山和浦东新区,为市区和郊县的过渡区,城市化推进迅速,具有过渡性、动态性特征。其政区的独立性较中心层的为强，但较外缘层的为弱。因而目前仍保留区级政府实体层次，今后将努力建成与市中心区紧密相连、城乡一体的现代化新城区，逐步向市区"二实一虚"体制演变。

(1) 区片规模设计。3 区总面积为 1 326.4 km^2，人口 284.8 万，平均面积为 442 km^2，平均人口 95 万。未来人口将达到 345 万，平均每区片 115 万。

(2) 街区规模设计。从新城建设的规模要求出发，相应调整街区规模。由于近郊城区人口密度大大低于市中心区，故街区的面积应控制在 5～7.5 km^2，人口应控制在 10 万～15 万，其中浦东新区城区设 6～10 个街区，宝山城区设 3 个街区，闵行城区设 4 个街区。

(3) 镇(乡)规模设计。在近郊区内镇(乡)建制将长期存在，针对现有乡镇规模过小和"中心镇"发展受阻的问题，依据城镇体系规划的要求，扩大"中心镇"规模，使之达到 5 万人以上，一般乡镇为 2 万～3 万人。

3) 外缘郊区(县)

(1) 政区层级结构。外缘郊区包括嘉定、松江、金山、青浦、奉贤、南汇 6 区和崇明县。与市区和近郊区相比，外缘郊区具有明显的相对独立性，各自都有规模较大的政治、经济、文化中心，独立性很强，有条件设置独立的城市政区，实行上海市(都)—城区和郊区—乡镇和街区"三实"的层级结构体系。

(2) 政区规模结构。充分吸纳中心城区产业和人口的部分转移，大力发展区域经济，将新城和县城逐步建设成为具有吸引力和凝聚力、各具特色的现代化中等城市，在现有基础上使人口规模增加到 20 万～40 万人，在城区设立 1～3 个街区，在乡镇重点建设好"中心镇"和一般集镇，形成布局合理的城镇体系，其规模与近郊区的街区、城镇相当。

4) 浦东新区改革方案

由于目前浦东新区仍处于大规模开发、建设阶段，区内兼有城区(街道)、郊区和农村三大地带类型，功能复杂，变动性大，在近期难以将其划分成若干区片和街区，设置相应的行政区。因此，在一定时期内仍维持浦东新区建制，以实行统一的新区政策，加速浦东建设和发展。但其陆家嘴地区应与浦西中区片相协调，共同形成上海的中央商务区和商业区。条件成熟时统一归属中区片。空港新城建成后，可与川沙镇及北部的金桥、外高桥，南部的张江、六里等统筹重新考虑行政区的划分。

72.2.4 实施建议

1) 过渡性措施

上述方案带有远景设想的理想模式。从当前政区的实际情况和机构、人员编制的安排来看，特别是受现有法律法规的制约，近期一步到位是比较困难的。为此，应采取以下过渡性措施。

(1) 在中心城区按以上中、北、西、南四大区位范围建立相关的联合委员会。中区片由黄浦、静安、南市、卢湾 4 区组成，徐汇区和浦东新区参加；北区片由杨浦区、虹口区、闸北区组成，宝山区参加；西区片由普陀区、长宁区组成，嘉定区参加；南区片由徐汇区与闵行区组成。由市委、市政府主要领导兼各区片主任，统筹协调各区片规划、建设与产业发展问题，逐步虚化区级层次。

(2) 将公检法、文卫体及公用事业机构从现区政府中分离出来。打破现有区界,按照规模效益原则,设立市主管部门领导下的各类管理区和分局、分院,从而大大减少区政府的功能。并借助机构改革的机遇,大力精简区级政府机构,挑选精干力量充实街区,以达到逐步虚化区级政区的目的,最终虚化区政府。

(3) 选择中区片进行街区改革的试验。中区片现有 4 个区规模过小,管理成本大,无论从何种方案看都急需进行改革;同时,4 个区功能共性多,财力基础相对较好,在基层社区建设、社会管理等方面有一定经验,政府功能转换较容易,政区改革的可操作性较强。试验的内容主要是从建立市—区片—街区—社区的"两实两虚"体制的要求出发,合理确定各级政府或派出机构的功能和空间规模结构体系,形成适应转型时期经济社会发展和城区规划建设与管理需要的新的行政区—社区体系。

(4) 郊区的行政区划改革也应先易后难。先解决"中心镇"的区划调整问题,再创造条件设立二级市。二级市的设置也应有先后。嘉定、松江、金山、青浦为先;其次是奉贤、南汇;再次是崇明。在现有《中华人民共和国宪法》及《中华人民共和国地方各级人民代表大会和地方各级人民政府组织法》未修改的情况下,郊区可根据条件逐步改设相当于二级市的区,按二级市的要求建设,将来再考虑改为二级市。

2) 相关问题分析

(1) 与相关法律制度的关系问题。行政区划作为上层建筑的一部分是一种法律行为,其调整有严格的法律规范与程序。我们构思的行政区划调整方案与现有《中华人民共和国宪法》有不一致之处。由于我国《宪法》是在特定时期制定的,改革开放至今已有 20 年,中国的经济与城市建设管理已发生了很大变化,包括行政区划问题在内的许多行政体制已不适应新时期发展的需要。因此,我们应持积极的态度,通过正常渠道向中央和全国人大反映,以求适时修改。

(2) 街区功能定位与规模、标准问题。街区作为直辖市市区的基层政府,它既不同于原来的区政府,更不等同于街道办事处,其功能和规模是极为重要的问题,也是一个十分复杂的问题,它涉及城市公共服务和管理的规模效益、行政成本、机构设置与人事编制以及城市财政体制改革等诸多方面。目前我们的思路还局限在借鉴国内外的经验,应当作为专题进行多视角综合、定量的研究,并结合区片试点的经验进行总结,以科学地确定其规模与标准。

(3) 区片和街区界线划分问题。如何科学确定中心城区区片和街区分界线,合理划分政区范围也是一个十分复杂、工作量巨大的问题,应组织专门队伍(民政、公安、城建、市政、测绘等部门与专家相结合),深入现场踏勘,通过调研,综合各种因素进行科学分界。

区片范围划定的主要依据有:新一轮城区总体规划,即 6 个综合分区规划;大的人工与自然分隔线,如内、外高架环线,大的绿带及主要自然分界线;区片内经济的特色和互补性;原有政区界线等。

街区范围划分的主要依据是:功能分区特色;居民对社区的认同;一般不以主要街道(马路)为界;自然和人工分界线(黄浦江、苏州河及高架路等);原有街道与居委会界线等。

(4) 直辖市政区的通名改革问题。现有的直辖市的名称有两大缺点。其一是直辖市的"市"与城市容易混淆,概念不清,且与一般地级市、县级市等同,反映不出城市的行政等级;其二是"街道"作为城市政府的派出机构名称也不准确,容易被人误解为"马路"。为了更准确地反映直辖市政区的本质内涵,可借鉴日本东京的模式,将"市"改为"都"。"都"具有都会、都市的含义,是城市规模很大、城市化水平高、城镇高度密集的都市地域。都下辖区片、市、县。以"都"作为直辖市的通名,较确切地反映了其作为中央直辖市的城市型政区的政治、经济功能和行政等级地位。"区片"不作为一级政府,而是"都"的派出机构。在"区片"之下设"街区",而非现行的"区"和"街道"。"社区"(居委会)可更名为"里"或"坊"。行政区名称的改革同样涉及法律问题,现阶段推行尚有困难。

[大城市行政区划研究课题组.创建国际化大都市的行政区划思考:以上海市为例[M]//靳尔刚.中国城市化走向研究.上海:上海科学普及出版社,2001:1-31]

解读:本文为由我执笔,是课题的核心内容。本章开拓性地提出了上海市行政区划改革的战略思路及具体改革路径。文章的亮点有二:一是提出了我国大城市行政区划体系结构模式、空间规模结构模式及郊区与城镇体系规划相适应的政区新模式;二是提出了一整套比较理想的上海市创建国际化大都市的行政区划改革的思路和改革方案。

73 浦东新区政区改革的经验与意义

背景:1990年,中共中央和国务院决策开发浦东;1992年10月11日,国务院(国函〔1992〕145号)批复:设立上海市浦东新区,撤销川沙县,浦东新区的行政区域包括原川沙县、上海县的三林乡、黄浦区、南市区、杨浦区的浦东部分。1990年,在上海市民政局、上海市地名办支持下,我们向上海市科委申请"上海市浦东地区行政区划研究"项目获批,随即开展了研究,1992年通过市科委组织的专家评审。本篇文章是应《科学》杂志之约,根据《上海市浦东地区行政区划研究》改写而成的。

行政区划是国家长治久安、繁荣昌盛的大政。建立一个合理、科学的行政区划体制是地区政权建设和经济发展的重要条件。党中央、国务院开发开放浦东的重大决策,是我国改革开放国策的重要战略部署,也是上海经济振兴的重大转折。然而,浦东地区现有的"一地六府"的行政区划体制,不能有效地组织和促进浦东新区的开发开放,难以形成高效、统一的协调机制,极不利于浦东地区的统一规划、布局、建设和管理。为了加快开发浦东,振兴上海,实现将上海建设成为太平洋西岸现代化的国际城市的宏伟目标,改革现行的浦东地区的行政区划体制,尽快组建一个权力与权威相结合的高效的政府机构是迫在眉睫的大事。

73.1 浦东地区行政区划的沿革和特点

73.1.1 区域范围

浦东地区习惯上有大浦东、小浦东之分,大浦东是指黄浦江以东的广阔地域,包括川沙、南汇、奉贤3县的全部,以及上海县、黄浦区、南市区、杨浦区的黄浦江以东辖地,面积约1 800 km^2,约占全市总面积的23%。小浦东是指黄浦江以东的沿江的城市化地区和有关乡镇,包括现3个市区的浦东辖地,以及属于川沙县的杨思、六里、严桥、洋泾、金桥、张桥、东沟、高桥、凌桥、高南、高东等乡镇,这些乡镇自上海设市始,就隶属上海市管辖,是黄浦江以东的城乡结合部,小浦东面积约200 km^2。

对外宣布的浦东新区是指国务院批准、享受特殊优惠政策的地域,大致为川杨河以北、黄浦江以东、长江以南的三角形地区,面积约350 km^2。由于新区尚包括川杨河以南的部分乡镇,所以实际面积要超过350 km^2。

本文研究的地域范围是指因浦东新区开发所涉及的,有可能出现行政区划变动的地区,包括黄浦、南市、杨浦3区的浦东部分、川沙全县以及上海县的三林乡,面积约510 km^2。

73.1.2 行政区划沿革

由于研究地域绝大部分属于现川沙县管辖,因此,有关行政区划的沿革也自川沙设县谈起。

清嘉庆十五年(1810年)置川沙厅,属松江府,民国元年(1912年)改厅为县,1927年置上海市,1928年改特别市。研究地域分属上海特别市和江苏省。黄浦江以东的沿江地区设置洋泾、杨思、高行、陆行、塘桥、高桥、三林、周浦、陈行等9个区,属上海市管辖,其余地区属江苏省。1930年复改上海特别市为上海市(直属国民政府行政院),行政区划和隶属关系不变。1936年,洋泾、杨思、高行、陆行、塘桥、高桥6区并为高桥、杨思、洋泾3区。

1952年9月洋泾区一分为二,从洋泾、杨思两区划出沿江部分地区设立东昌区。1956年2月东昌区改为市区,杨思、洋泾、高桥3个郊区合并成东郊区。1958年,东昌区和东郊区合并成浦东县,属上海市领导。同年,原属江苏省的10个县先后两批划归上海市。至此,研究地域全部划归上海市,但分属浦东、川沙、上海3县管辖。

1961年1月撤销浦东县,其农村部分划归川沙县管辖,邻近市区的城镇部分分别划归黄浦、南市、杨浦3区管辖。1984年10月,洋泾镇全部和洋泾、严桥、六里、杨思、张桥等5个乡的部分地区分别划归黄浦、南市、杨浦区管辖。1988年,杨思镇划归南市区。

1990年4月18日,党中央作出开发、开放浦东的决策,并同意以川杨河以北约350 km²地区作为浦东新区,实行特殊的对外开放政策。浦东新区是一块对外开放的特殊地域,并非行政区划单位。

73.1.3　行政区划特点

1) 农村地域城镇化、工业化水平较高,是行政区划上城乡互变的弹性地区

研究区域位于上海特大城市的近郊,离中心城市较近,一般不超过15 km,受特大城市的影响极为明显。众所周知,城市地域都是由农村地域转化而来的,大城市郊区农村地域城市化的一个重要指标是人口密度。人口密度高的县具备着由郊区农村地域向城乡结合部转化,并进而演变成城市组成部分的巨大潜力,因此在行政区划上呈现较大的弹性。它既可作为农村地域的郊区,保留行政区划上的县乡建制,也可作为城市地域的郊区,划入城市行政建置,作为城市地域扩展的预留地。

我国是一个人口众多的国家,根据我国和上海市的实际情况,我们采用1 000人/km²作为农村地域城市化的标准。达到这一指标的有上海、嘉定、川沙、南汇等4县,其中川沙县人口密度最高,1990年全县平均达1 383人/km²。由此,从整体上看,川沙县具备了由农村地域逐步转换成城市地域的条件,这是将本地区的行政区划体制由农村系列调整为城镇系列的重要根据之一。

从产业结构状况分析,各乡镇工业均已占主导地位,川沙县29个乡镇中,1990年工业产值超亿元的已有22个乡镇,占76%。农业产值在农村社乡总产值中的比重只占8.2%,农村工业化已达到相当规模和水平。

2) 建制较晚,但扩展迅速

研究地域现绝大部分地区属川沙县,但川沙县建制较晚,始于1912年,迟于邻近的上海、宝山、南汇等县。建县之初,共1市5乡,地域狭小。1947年,县域面积仅223 km²,1950年6月,苏南行署松江专署变更南汇、川沙两县行政区划,川沙县境向西、向南扩展161.89 km²。1961年撤销浦东县时,将其农村地区划归川沙县,县域又向西北拓展了

144.58 km²。上述两次大调整,使川沙县面积扩大了1.37倍。虽然沿江城市化地区后来相继划归上海市区,但川沙县的面积仍为建县初的2倍。

3) 域内建制多变,目前实行乡镇制

建县初期,川沙县实行县管市乡制,下设川沙市(城厢区)、长人乡、高昌乡、八团乡、九团乡、横沙乡,共1市5乡。1934年实行区乡制,全县共划5区、25乡、2镇。日军侵占时期,实行乡、保、甲制,全县分成9个乡镇、30保、275甲。1945年恢复区乡制,全县共分5区24个乡镇。新中国成立初仍为区乡制,共辖5区36乡。南汇县部分乡镇并入后,全县共分6区2镇63乡。1957年撤区并乡,实行乡镇制,全县共辖1镇13乡。1958年人民公社化时期,全县成立11个人民公社,后增至24个人民公社。1984年实行政社分设,重建乡镇制,全县共辖4镇27乡,后因洋泾、杨思先后划给市区领导,现共有2镇27乡。

由此可知,研究地域内曾先后实行过县管市乡制、区乡制、保甲制、人民公社制和乡镇制等5种建制形式。目前仍继续沿用乡镇制。

4) 沿江地区较长时间为直属上海市的区级行政建制

如前所述,自上海设市以来,沿江3镇11乡的大部分地区,长期直属上海市管辖。1928—1958年,上述地域范围内行政单位的数量虽有增减,但建制性质和隶属关系未有多大变化,均为上海市所属的城区性质的区级行政单位。1958年起始有市区性质的区级行政建制,即东昌区。分属黄浦、南市、杨浦3个市区后且市区的行政地域不断扩大,包括10个街道2个镇,面积共41.52 km²。

由此可见,原属川沙县的4个建制镇有3个镇,29个乡中有11个乡,在行政区划上均较长时间为直属上海市的区级行政单位,在浦东新区规划中5个重点建设的综合开发区中有4个均在上述地域,这对继之而来的行政区划的变动是有承受能力的。

73.2　现有行政区划的问题和矛盾

浦东地区的现行行政区划框架是1961年基本定局的。以后市区地域虽略有扩大,但性质和隶属关系并无改变。

开发、开放浦东新区的方案被党中央、国务院批准以后,市政府组建了浦东新区开发办公室,统筹和协调浦东新区的规划和开发工作。两年来,浦东开发办制定了一系列的规划和法规,筹措了一定的资金,洽谈了一批项目,加速建设了一些重大基础设施工程,使浦东新区的开发进入了实质性的启动阶段。

但是,由于浦东新区的规划没有与行政区划的调整同步进行,至今仍保持三区二县共管的行政体制,以至形成目前"一地六府(除三区二县外,加上浦东开发办)"的管理格局。这种行政管理体制虽然在开发初期的政策准备和社会行政管理方面起到了"不断不乱"的作用,取得了预期的效果;然而,在浦东开发进入实质性启动阶段的今天,一地六府的行政管理体制,以及传统的行政管理方法,与浦东开发的远大目标和宏伟事业显然已不相适应,矛盾和问题日渐暴露,从行政区划的角度分析主要有:

73.2.1　行政归属分散,块块矛盾日趋突出

由于三区二县政府在浦东新区内各自为政,各司其职,相互之间有许多扯不断、理还乱

的关系,许多问题归属不明,职责不清,或无人问津,或无统一章程。例如,浦东新区综合规划实质上只是重点地区的功能规划和重要基础设施的规划,其覆盖面只有 203 km^2,约占浦东新区实施范围的一半;另一半未覆盖地区没有统一规划,仍按各区、县原有的规划实施,其中不乏不符合浦东新区要求的规划内容和建设项目。10 年 20 年后,5 个综合开发区面貌一新,但另一半未覆盖地区又会出现需要重复改造的大片地段。又如,规划区内已经投建的项目,其建设工程由市或浦东开发办统一抓,善后工作则由各所属区县处理,因职责不清,又无统一章程,遗留问题不少。高桥地区新的建设项目已陆续上马,人口激增,但文教、卫生、商业、服务等配套工程跟不上,出现了入学难、就医难、购物难的局面。项目建设单位不管配套工程,原属的县、镇政府又无力解决。总之,一片土地征用了,一批项目上马了,就会出现一堆矛盾和问题,而目前"一地六府"的行政管理体制,在处理问题、解决矛盾时容易互相牵制、互相推诿,甚至互相扯皮,本来在一个高效、统一的政府内很容易解决的事,会旷日持久地悬而不决。

73.2.2 多头领导,条块关系复杂,很难步调一致

与深圳、珠海等特区的开发初期相比,浦东新区开发不是平地起家、一张白纸,各类不同企业的隶属关系十分复杂,又有一地六府的块块框架,因而形成了条块交错,多头领导的局面,给集中统一管理和协调工作增加了难度。

就企业的种类而言,新区内有军工企业、民用企业;有中资企业、三资企业和独资企业;有中央企业、市属企业、外省市企业、区属企业、街道企业、县属企业、乡镇企业、村办企业等不同类型。这些企业分别归属于中央有关部委、有关省市和上海市的各委、办、局等,数十条线通向浦东新区。特别是在新区的行政区划尚未调整,行政管理体制尚未理顺之时,块块的调控能力较弱,很难协调来自域外的多头领导,以致出现政出多门现象,影响新区总体规划的实施。

73.2.3 分散的行政管理体制,不能充分有效地利用中央给予的优惠政策

浦东新区为我国"特中有特"的开发开放区,充分、有效地用足中央给予的优惠政策,是提高吸引外资能力、加速浦东新区开发开放的有力保证。但是,目前由于行政管理体制较分散,没有一个强有力的、有权威的行政机构确保浦东地区充分有效地用足、用活中央给予的各项优惠政策,这种状况如再继续下去,就会延误浦东开发的进程。

由此可见,为了加快浦东新区的开发和建设步伐,实现将上海建设成太平洋西岸现代化国际城市的宏伟目标,加快上海中心城区东延拓展的进程,必须及时调整浦东地区的行政区划,并根据新的行政区划,组建一个权力与权威相结合的高效的政府机构,用足、用好中央给予的各项政策,通盘解决诸如项目审批、城市化地区的统一开发、征地拆迁、劳力安置、治安管理和就医入学等一系列问题,提高办事效率。

73.3 浦东地区行政区划改革的总体战略构思与方案论证

国务院领导同志曾指出,对行政区划这个大问题,要从战略上去考虑,浦东地区的行政

区划改革不应当就事论事,仅局限于解决目前行政区划体制的矛盾,而要依据行政区划改革的指导思想与原则,从全局的高度进行科学思维,着眼于大上海行政区划长远的发展方向,立足于解决当前行政区划体制的矛盾,理顺各种关系,从而建立一个既有利于促进浦东地区开发开放,加速浦东发展,又有利于浦西改造,使浦东、浦西协调发展的,切实可行的行政区划新体制。

73.3.1 行政区划改革的指导思想与浦东地区行政区划调整必须遵循的原则

1）指导思想

在我国社会主义初级阶段,在社会经济处于大变革时期,行政区划体制改革在指导思想上必须树立以下几个相互联系的观念。

（1）经济发展观

在社会处于稳定的情况下,一般经济因素是行政区划变更的主要因素,这是因为在政治制度确定之后,国家政权的主要职能转变为指导经济活动,促进生产力的发展,加速向现代化迈进。作为大城市行政区划的变动,同样也是由于城市产业的发展,人口的增多,城市规模的扩大,城市内部功能分工的加强而引起的。尤其是在城市边缘区、技术经济开发区,必须及时进行行政区划的调整或设置新的行政区,以保证和促进这些地区的经济开发和城市建设的顺利进行。经济发展应是我国社会主义初级阶段行政区划改革的主要指导思想。

（2）总体战略观

行政区划是国家和地方的大政,其调整涉及政治、经济、社会、历史、机构设置、人员安置等诸多方面,涉及未来发展和地区之间的关系。应当从总体、全局、综合和战略的高度进行思维和运筹。从这一指导思想出发,我们在构思浦东地区行政区规划模式时,必须注意处理好行政区划调整、改革与浦东新区开发规划、建设、管理的关系,处理好解决近期行政区划体制的矛盾与未来大上海行政区划发展的关系,处理好浦东地区行政区划改革与周围地区（主要是浦西）及高一级层次行政区划体制之间的关系,使之相互协调发展。

（3）相对稳定观

行政区划是一项敏感、复杂的社会系统工程,大量事实表明,行政区划不能频繁变更,更不能朝令夕改,要防止急于求成,大起大落,必须周密调查,科学论证,慎重进行。然而,行政区划的稳定又是相对的,在当前我国加快改革开放、社会政治稳定、经济发展取得很大成就、国际威望大大提高的形势下,在浦东地区现行的行政区划体制已经严重不适应浦东新区开发开放,对生产力发展起阻碍作用的情况下,加快浦东的行政区划改革步伐也是十分紧迫和有条件的。改革的目的正是为了加快浦东的发展,为了浦东地区的社会稳定。

2）浦东行政区划调整构思的原则

（1）适应浦东新区开发建设需要和有利于大上海社会经济发展宏伟目标的实施的经济原则。

（2）有利于加强基层政权建设,确保社会安定团结和行政管理高效运转的政治与管理原则。

（3）有利于与上海中心城区现行区划体制协调、统一、相互衔接的整体性原则。

（4）适当考虑现有三区二县行政区划的历史基础,尽量不打破乡、镇、街道界线,兼顾各级行政区现实利益关系的历史性原则。

（5）减少区划层次、提高行政管理效率的合理层次—幅度原则。

（6）尽量使行政区划界线明确，充分利用河流、道路等进行划界的自然原则。

73.3.2　浦东地区行政区划的远景框架

我们认为，在提出和论证浦东地区行政区划的时候，必须首先对该地区行政区划发展有一个远景的构架。

根据城市形态圈层结构理论、区域非均衡发展理论、核缘理论等城市科学理论，世界特大城市均可分为核心区、外围区和边缘区 3 个不同的圈层，各个圈层的职能和特点不尽相同。核心区应以第三产业为主，尤以繁华的商业街区为特征，因此又称为中心商业区（CBD）。外围区应以居住或某一两个其他职能（如文化、科技、工业、商业、交通）为主。边缘区即城乡结合部，是城市发展的备用地或城郊农业基地，有较空旷的发展用地（Open Space），也有一定的居住用地和工业用地。上海基本上形成了这样的格局。黄浦区是典型的 CBD，徐汇、长宁、普陀、闸北、杨浦等区属外围区。根据上海城市发展规划，内环线以内的浦西 92 km^2 和浦东 28 km^2 都将发展为中心城区，即包括核心区和部分外围区，而宝山区、闵行区及现上海县、嘉定县等均属边缘区。

由此可见，浦东地区未来将作为中心城区的组成部分，其行政区划远景框架应与未来大上海中心城区的行政区划格局相协调，以便在浦东地区的经济和市政建设规划目标基本实现，城市人口达到一定规模时，顺利与浦西地区的区划相接轨，实现浦西、浦东区划一体化。

从总体来看，浦东新区的面积广大，人口和经济密度较高，长期仅作为一个区级行政单位来考虑是不合适的，不利于浦东、浦西相互协调，依据浦东新区总体规划，充分考虑原有的行政区划基础，我们认为，未来的浦东地区行政区划由 1 个核心区、4 个外围区、1 个边缘区组成比较科学、合理。

核心区（可称东昌区）大体由黄浦区的浦东部分、花木乡（陆家嘴—花木地区）以及内环线以内的严桥、洋泾乡和南市、杨浦区的浦东部分组成。该区以第三产业为主，形成以金融、商业、贸易、行政、信息、服务等行业为特色的中心商务区，与浦西的中心商务区东西呼应，俨然一体，组成全市统一的核心区，在沟通和形成全市统一的行政区划体制方面亦起到核心作用。

外围区为各具职能特点的综合小区，有以居住、工业（建材、钢铁）为职能的杨思区；以出口加工工业和造船工业为特点的金桥区；以港口、外贸为特点的高桥区；以科学、教育园和高技术工业为特点的张江区等。

边缘区（川沙区）由外环线以外的川沙县的 12 个乡镇组成。该地区在近期内不可能全部城市化，但该区的乡镇工业和出口加工工业都有一定基础，可作为城市发展的备用地，在外环线以内地区陆续城市化后，这一地区还可作为城郊农业基地，供应浦东新市区充足的肉、禽、鱼、蛋、菜、奶等副食品。

由于浦东新区总体规划主要为功能和基础设施规划，既没有覆盖整个浦东新区，也没有明确的范围和界线，又未说明各综合小区在未来整个中心城区圈层结构中的地位，而上述的行政区划远景框架正好弥补了这一不足；况且，只有对整个上海市行政区划的总体框架和发展趋势有一个基本的认知,并努力将当今的区划与未来的区划构架结合起来,并将现今的调整方案作为向未来的远景框架的一种过渡,才会使行政区划调整方案更具有生命力。

73.3.3 近期行政区划调整方案及其论证

1) 近期将浦东地区作为一个大的行政区划实体,实行统一建制

首先,浦东地区目前处于开发初期,首要任务是开发开放,集中精力抓基础设施的建设、尽可能地用足、用活中央给予的优惠政策,大力引进资金、项目、人才,尽快把5个综合开发小区搞上去。此时如果把过多的精力、人力和物力放在政权建设和社会管理上将会主次不分,有可能延误浦东开发的时机。因此,采用大空间的行政实体的区划方案是必要的。

其次,采用大空间的行政实体的区划方案在国内外是有先例的,因此也是可行的。与北京、天津两个直辖市相比,上海浦东地区暂时作为一个行政区划单位并非大而无当。浦东地区尚未完全城市化之前,其性质与北京的海淀、朝阳、丰台和天津的塘沽、汉沽、东郊、南郊、西郊、北郊等区性质相似;在世界特大城市中,区级行政单位的人口数超过150万者也为数不少,如纽约市的布鲁克林区人口225万人、皇后区的人口191万人,因此把浦东地区作为一个大空间的行政实体在目前不但是十分必要的,而且是切实可行的。

2) 建立在上海市政府领导下的浦东区政府

有人提出,在浦东新区设置一个新的市级单位,称为浦东市(或东上海市、新上海市)。我们认为,这个方案有其严重的缺陷,实不可取。这是因为浦东开发的目的不仅仅是将浦东地区建成为高起点、高标准、以外向型经济为主的现代化新城,而且要服务于整个上海、长江流域乃至全国各地,而首先要为振兴上海服务。如果行政区划调整的出发点是就事论事只论浦东,则有违中央关于开发浦东的初衷,也有悖于大上海"以东促西、东西联动"的发展战略。

诚然,大城市边缘设市的模式虽然在美、加等西方国家较为流行,如洛杉矶就是由82个各自独立的大小城市组成的城市集聚体,但是,实践结果表明,它存在着明显的弊端:首先,同一个城市连续建成区人为地形成行政上的割据状态,以致相互间无法形成统一的总体规划和协调发展的格局;其次,中心城市和周边新市之间各自为政、互不为谋,以致周边新市不断涌现的同时,中心城市不断衰落,尤以CBD的衰落为甚,即周边新市的繁荣和发展是以中心城市的衰落为代价的。这种中心城市和周边新市互为矛盾的现象是西方国家城市郊区化过程中常见的现象。因此,上述设市模式在西方国家也并非成功的经验。从我国的国情出发,我们认为:建立隶属于上海市的浦东区政府,有利于浦东新区的加快发展,有利于实现将上海建设成一个统一的太平洋西岸现代化的国际城市的宏伟目标。

3) 以 517 km² 作为浦东区政府的管辖范围

根据国务院批准的浦东开发区的地域范围,其界线划定为除黄浦江和长江等天然界线外,南界以外环线和川杨河为界,面积约350 km²。若以此作为浦东区的行政界线,虽然行政区划界线比较明确,有利于对浦东新区的统一规划和管理,在突出经济开发的前提下,统一管理区内的市政建设、农业生产和行政事务;但这一方案将川沙县一分为二,尚有约1/3左右的地域划出浦东新区以外,不仅对当地干部、群众的心理带来波动和影响,而且由于川沙县地域所剩无几,只有4个完整乡、3个乡的部分地区,共135 km²面积,已无保留川沙县建制的必要。这样,机构、人员和乡级行政建制将作裁并和调整,影响较大,由此我们认为浦东区的行政区划界线应为:除黄浦江和长江等天然界线外,南界以现上海县三林乡界和川沙县界为基本界线,其地域范围包括黄浦、南市、杨浦三区的浦东部分,以及上海县三林乡和川沙县全境,总面积为 517.02 km²。

此方案的优点在于:①为浦东的开发开放留有一定的发展余地,以适应在 21 世纪将上海建设成为太平洋西岸现代化国际城市的宏伟战略目标。②有利于行政区划保持较长时期的稳定。③实行整建制的合并,有利于行政管理工作的不乱不断,持续稳定。④有利于稳定川沙县干部、群众的民心,确保在安定团结的大前提下进行行政建制的调整。⑤充分尊重行政区划的历史,沿用现有的行政区划界线,有利于经济开发、规划建设和行政管理等现有机制的有效运转。⑥有利于为新区建设配套服务,特别是直接为浦东新区服务的蔬菜、副食品基地的建设。

有人担心,将川沙县全境划入新的行政区划范围,会对浦东新区的开发产生不利影响。我们认为,这种顾虑是多余的。首先,行政区划和开发开放区是两个不同的概念,前者是行政管理的地域范围,后者是享受优惠政策的地域范围,两者完全可以分清。在一个行政区划范围内,拥有一定的对外开放地域(享受优惠政策的地域)的现象是很正常的事。我国有不少开发区都有类似状况,同一个行政区内的政府完全可以兼顾两种不同类型地域的管理。其次,如果在一开始调整行政区划时就将行政区划的界线与开发开放区的界线完全吻合,反倒会给今后扩大开发开放区的范围带来不便。吻合是一种完满结合的表现,它自身会产生一种凝固力量来稳定相互的关系。因此,要调整两者的吻合关系比调整不吻合的关系难度更大。从未来的发展考虑,浦东新区开发到一定阶段,有可能会突破现有的开发地域享有特区的优惠政策,考虑今后发展的地区利益,没有必要从一开始就为未来设置障碍。

4)区划命名与行政中心区位的选择

对新的行政区怎么命名,牵涉到地名更名、命名的许多原则。协同性原则,是指同为市辖区命名的原则要相一致,且专名不重复,以避免相互混淆。如上海市和上海县,南通市和南通县都犯了专名相同的毛病,容易混淆。鉴于上述原因,我们认为,按上述设区方案调整后的行政区划,不宜命名为浦东新区。因为这种命名法与上海的其他市辖区的名称不一致,而且与国务院批准的浦东新区重名。但考虑到浦东的名字已经在国际上产生广泛影响,浦东新区命名为浦东区为宜,设立浦东区人民政府(基于当时的认知——作者)。其中国务院批准的川杨河以北 350 km² 称为浦东新区。"新"者强调它的全方位对外开放,强调充分享有中央给予的特殊优惠政策,这将是我国迄今为止开放度最大的地域。浦东地区行政区划的专用名称,两者虽有同名之虞,但并非专名的重复。况且,作为一个行政区划单位,浦东区则是一个过渡的形式。

浦东区是一个行政区域较大的中心城区,其面积超过浦西地区 10 个中心城区的面积之和,由于其地域范围之广阔,区域行政中心的区位选择就显得特别重要。

浦东区行政中心区位选择应遵循的原则:①浦东地区城市化的适中位置。尽量靠近几何中心。②该地段应是交通中心,与浦西联系方便,是便捷度指数最高的区位。杨高路横贯浦东地区的高桥、金桥、陆家嘴和杨思 4 个开发区,有内环线通达浦西。浦东新区的中央辐射线西达陆家嘴和浦西的 CBD,中南穿越北蔡、张江科技文教区,直达南汇、奉贤和金山,并通过外环线与国际机场及其余各县相连。③该地段与浦西的行政中心和规划的新市级行政中心相距较近,交通方便。④该地段有利于近期行政区划与远景行政区划规划的中心相衔接。

73.4　与浦东区相关的行政区划问题

黄浦、南市、杨浦三区的浦东部分调整并入浦东区后,对三区的行政范围、经济实力以及土地利用、人口疏解等问题均带来了不同程度的影响,其中尤以黄浦、南市两区的影响较大。黄浦区的面积只剩 4 km^2,南市区剩下 9 km^2,与之相邻的静安区为 7.62 km^2,卢湾区为 8.05 km^2,是中心城区仅有的 4 个面积小于 10 km^2 的区。而浦西其余各区的面积均在 20 km^2 以上。因此,在适当时机,浦西中心城区的行政区划也应作相应的调整。黄浦区与静安区合并、南市区与卢湾区合并比较合适。其一,可以确保两区各有一个完整的商业街,新黄浦区有南京路可以东西横贯,新南市区有淮海路横贯东西,两条商业街可以统一规划管理;其二,两个区各有一段黄浦江岸线,且各自建有大桥通达浦东,有利于浦江两岸统一规划建设 CBD,促进中心城区商业、旅游业的发展与管理,最终实现浦江两岸一体化。

除浦西的行政区划随着浦东区划的变革需要作适当调整之外,长兴、横沙两岛的行政区归属也是值得研究的问题。目前两岛归属宝山区,但与区中心隔江相望,联系不便。从自然地理和人文地理视角看,两岛的特点与崇明更为相近,归属于崇明县更为合理。

[刘君德,汤建中,张永康.浦东地区行政区划研究[J].科学,1993(1):7-12]

解读:本文在对浦东地区行政区划的沿革进行梳理和现状特点进行归纳的基础上,以解决浦东新区现实区划体制的问题和矛盾为聚焦点,根据城市形态圈层结构、核心——边缘等理论,将浦东新区划分为核心区(陆家嘴—花木地区)、外围区(杨思、金桥、高桥和张江)、边缘区(川沙)的 3 个行政区类型的空间圈层结构;将浦东地区作为一个行政区划实体,建立在上海市政府领导下的浦东区政府的建议与论证。并对其空间范围、行政中心选择和命名问题进行了探讨。这些观点与建议与 1993 年起国家批准、陆续推进的浦东新区政区体制改革方向及具体方案基本相吻合。我要强调说明的是,在本课题完成之后的 20 年中(1992—2012年),我又主持了浦东新区涉及行政区划与社区建设的十多项课题,其中,浦东新区的街道和乡镇合并论证、行政区—社区体系、郊区社区建设规划等,为推进浦东新区的行政区划和社区改革做出了贡献。特别是 2010 年的"新浦东新格局行政区划体制改革设想",引起高层领导的关注,产生较大影响。有关内容请参看东南大学出版社 2017 年出版的刘君德著《我的地理人生:涉足山区·致力政区·钟情社区》第 134—139 页、第 195—197 页等。

74 市辖区政区模式构想

背景：1998年，我们完成了民政部和上海市民政局支持的"创建国际化大都市的行政区划思考——以上海市为例"课题，1999年10月在民政部举行了高规格的评审，一致给予高度评价；然而，时隔不久，我发现有人未经主要完成人同意，就以个人名义公开发表了该课题的核心观点，且未加说明。为了维护作者的权益和声誉，特将本人于1998年年底拟写的研究报告核心内容的主体部分——"改革的必要性"和"改革的思路"予以发表，以澄清事实。

74.1 背景

改革开放以来，我国大城市、特大城市经济社会快速发展，城市规划、建设规模宏伟，北京、天津、上海、广州、武汉、沈阳、重庆等已形成大都市区，在全国政治、经济生活中具有举足轻重的地位。随着城市规模的扩大，人口的增多，特别是外来人口的大量集聚，产业结构的调整，旧城改造的推进，城市空间结构和城郊关系等发生巨大变化，传统的行政区划和行政管理体制已经不适应建设现代化大城市的需要，研究这类城市内部的行政区划问题具有重要的理论与现实意义。

笔者从20世纪90年代初即关注这一问题的研究，先后承担了江苏省苏锡常地区、上海浦东等10多项相关课题的研究，形成数十万字的研究报告，公开发表论文20余篇（含合作），出版专著《中国行政区划的理论与实践》（华东师范大学出版社，1996年）、《中国政区地理》（科学出版社，1999年）、《中国市制的发展与改革》（东南大学出版社，2000年）等多本，产生积极影响。1998年，在民政部区划司和上海市民政局领导的支持和参与下，开展了上海市行政区划体制的战略研究，通过研究，设想构建一个适应现代化大都市发展、规划建设需要的，有中国特色、全新的纵向行政区划结构模式和横向的空间规模结构。1998年年底，由我执笔完成了课题初稿，1999年10月完成课题任务，并顺利通过专家评审，得到了较高评价。

本想在完成这一课题的基础上继续理论深化和实际操作的研究，但遗憾的是有人已经在《中国方域：行政区划与地名》杂志公开发表了由笔者拟写的本课题核心部分的观点内容，且未加说明。为了维护作者的权益和声誉，特将本人于1998年年底拟写的研究报告核心内容的主体部分——"改革的必要性"和"改革的思路"予以发表，以澄清事实。

74.2 未公开发表研究报告的部分内容（摘要）

74.2.1 特大城市政区改革的必要性：从七大问题谈起

问题之一：多年来许多大城市行政区划的调整基本上是头痛医头，脚痛医脚，缺乏整体战略考虑。由于行政区划调整是一个非常复杂而敏感的问题,往往牵一发而动全身。因此,我国许多地方的行政区划调整工作,尽管领导十分重视,但往往十分谨慎,下不了决心,其结果只能是就事论事,哪里有问题就在哪里解决,很少从全局和战略上去把握,致使区划工作处于一个较被动的地位,缺少全面的、战略的、深层次的研究与总体把握。这是大城市行政区划改革中一个带有根本性的问题。

问题之二:城市规划、建设与行政区划严重脱节。由于体制的分割,长期以来,我国规划和建设部门在进行城市规划时,往往很少考虑行政区划的因素。在规划之前,很少对现有的行政区划格局作全面深入的了解,主管行政区划工作的民政部门,也较少直接参与城市总体规划工作;而在实施规划、进行建设时,又未及时采取调整行政区划的措施,使区划跟着规划走,始终处于较被动和滞后的地位。行政区划与新的城市规划、建设、管理不相协调,由此而产生诸多行政区划的遗留问题,在城乡结合部表现十分突出。

问题之三:区划层次较多,行政成本加大,各层级责权功能不明,特别是区、街两级经济功能的强化,客观上弱化了社会功能。与国外相比,我国行政区划层次较多,不利于行政管理的高效运转,不利于上情下达,下情上通。特别是随着城市社会管理重心的下移,区、街两级权力加大,街道已成为一级准政府实体,相应地大大增加了行政机关编制,客观上使行政成本加大,管理效益降低。目前市、区、街的功能分工不明,责权不清,条条与块块关系不顺,许多事(如社区管理)多头管理,多层管理,造成严重的行政资源浪费。同时,由于权力下放,区、街两级行政层次经济功能强化,在各级政府追求自身经济利益和行政绩效的功利主义机制作用下,进一步强化了"行政区经济"的分割格局,不仅加剧了市、区、街三级管理之间利益矛盾的冲突,上下之间、块块之间利益难以协调,而且客观上造成社会管理的相对弱化。从整体上看,这与城市政治体制改革的方向和城市基层政府的主体功能是相悖的。

问题之四:区、街规模的确定缺乏严格的科学依据,其管理幅度与现行层次结构不相协调,同一级政府之间的规模相差也过大。行政区的层级与幅度(规模)是相对应的关系,层级多则管辖的幅度相对较小;反之,层级少则管辖的幅度相对较大。新中国成立以来,许多城市的行政区划经过多次调整,总的规律是实际层级在增加(主要是街道办事处已变为一级准政府),而管辖幅度也在不断扩大,有的街道达到10多万人。目前区、街规模的确定在很大程度上带有一定随意性,缺乏严格的科学依据。就现有区、街、居三级层次的规模来看,同级行政层次的管理幅度相差也很大。如上海,同是区级政府,多则管12个街道,少则管4个街道;同是街道办事处,多则管14.3万人,少则管1.45万人;同是居委会,多则管两三千户,少则只管200户。这也是行政资源浪费、管理成本加大的一个重要因素。

问题之五:将街道等同于社区,混淆了行政区与社区的原则区别。社区与行政区有着密切的联系,然而是两个性质内涵不同的概念。社区是聚居在一定地域的人群的生活共同体,强调自下而上,居民参与;而行政区是个法制概念,有严密的管理层次与幅度,是自上而下的行政管理行为。中国的国情决定了中国的社区与西方社区的重大区别,即政府是社区建设与服务的主导动力。基层准行政区——街道办事处担负有社区建设与服务的功能。这实际上是将行政区等同于社区,应当指出,在目前情况下,这是必要的,而且已取得了效果,较好地推进了社区建设与服务。然而,随着城市经济社会的发展,政治体制改革在城市的推进与深化,政府功能的转换,城市居民生活质量和整体素质的提高,这种以基层准行政区——街道办事处代替或等同于社区的做法,不仅是社区与行政区两个概念的混淆,而且这种模式不利于在新时期推进基层的民主政治建设,不利于充分调动社区居民的积极性,真正实现社区的"自我管理""自治管理",从而推进中国政治体制改革向纵深发展。

问题之六:郊县改设区与中心城区的性质相混淆,出现假性城市化现象。20世纪80年代后期开始,中国的不少大城市出现将郊区的县改为区的现象,由此产生新的矛盾。一是城区与郊区性质的混淆。城区是完全城市化地区,实行高度集中统一的城市管理;郊区是非完全城市化地区,兼有农业、农村、农民,实行城乡一体化管理,其功能与市中心区有很大差别。将郊县改设为区,实际上是城乡性质与功能的混淆。这就必然带来第二个问题,即出现假性城市化,许多县改区后即作为城区统计面积和人口,由此带来城市人口统计的混乱,国内外专家对此反应强烈。

问题之七:郊区"中心镇"被等同于一般乡镇,给城镇体系建设带来严重影响。中心镇是郊区城镇体系建设的重要环节,但自20世纪80年代以来郊县取消了区公所的建制后,一批历史上形成的中心镇(绝大多数为区公所驻地)地位明显下降,被等同于一般乡镇,经济社会的发展速度相对滞后,中心镇的集聚与扩散能力大大减弱。特别是在转轨时期,在作为上层建筑的行政区划对地区经济和社会发展的刚性约束下,各同级政区都力求自身的发展,盲目竞争,自成体系,必然割裂了政区之间的经济社会联系,更加剧了中心镇地位的相对下降,城镇体系规划和"中心镇"总体规划的规模目标(尤其是人口指标)根本无法实现。这种政区体制格局,无疑对郊区城镇体系,尤其是"中心镇"的规划建设产生严重制约。我们在上海市宝山罗店"中心镇"的调查证实了以上分析。

以上七大问题是全国大城市共同存在的问题。这些问题足以说明:改革大城市的行政区划体制是十分必要的,这是新时期加强城市管理的要求,是推进城市基层政治民主化、深化政治体制改革的要求,是加速建设现代化大城市的要求。

74.2.2 特大城市改革的思路

1) 改革的目标与原则

改革的目标是:

——从中国的国情出发,建立适应21世纪发展需要的,有中国特色、各具特点的城市行政区划结构新体系和新格局,为促进城市经济社会发展服务,为城市规划、建设与管理服务,为加强政权建设和推进政治民主化进程服务,最终为实现城市现代化的宏伟目标提供行政区划体制保障。

改革的基本原则是:

——规划区划,协调一致;政区社区,形成体系;层次简明,幅度适当;功能明确,相对稳定;上下兼顾,因地制宜;先易后难,分步实施。

2) 改革的基本思路

思路之一:强化两头,弱化中间,构建两实一虚,三级管理的行政区—社区垂直结构体系。所谓强化两头是指强化市和街区。城市政府与地域性政府一个很大的区别是人口的高度密集,经济社会文化发展水平较高,居民生活的高度社会化,在管理上具有高度集中性,城市规划、建设和管理应统一进行。随着大规模城市形态建设逐步向建设与管理并重的转变,管理的权限也应作相应调整。有的要进一步放权(如社会管理),有的又要适当收权(如城市统一规划与建设）。要实行一种有利于克服"小而全""大而全"，分散重复建设的管理模式。我的意见是逐步虚化现区级，强化市和街区两头，现有区级管理权限部分上收给市，部分下放给街区。

最为重要的是将街区一级实体化，变为一级政府，这是新时期城市管理体制改革深化的必然，符合城市政府加强基层政权建设的客观要求，与目前街道的实际功能也是吻合的。在街区之下建立具有自治性质的新型社区，最终在市区形成市（实）—区片（虚）—街区（实）—社区，具有全新意义的"两实一虚、三级管理、四级网络"的行政区—社区体系模式。

思路之二：以城市总体规划和城镇体系规划为重要依据和契机，合理调整行政区划，协调区划与规划的关系，构建新的行政区划空间结构模式。我国建设与发展的实践证明，行政区对地方经济与城市规划、建设管理具有巨大而深刻的影响作用。科学合理的行政区划体制对地方经济、社会发展和城市建设管理起着巨大的促进作用；反之，如果行政区划与经济区或城市的功能分区、城镇体系规划不相协调，则又会产生巨大的阻滞效应，这种阻滞效应已在许多大中城市，尤其是城乡结合部大量存在。因此，在构建各大城市 21 世纪行政区划改革方案时，必须将新的城市总体规划和城镇体系规划作为重要的科学依据之一，使行政区划的空间结构与规划的空间地域结构相协调。同时，对行政区划改革来说也是一个重要的契机，抓住新一轮规划建设的有利时机，主动积极地调整行政区划是一项具有战略意义的大事。

我认为，大城市广域行政区划的空间结构模式应是以同心圆为主，兼有放射状特征的结构模式。所谓同心圆，是指以中心城区为中心，向外形成两个层次的圈层结构。即核心圈层内为中心城区，中圈层为边缘城区，外圈层为郊区和县。同时，以交通轴线为主干形成具有放射状特点，与中心圈层政区紧密相连，中、外圈层区、县相间的区划形态结构。

思路之三：合理确定各级政区的功能定位，彻底实行政企分开，政事分开，理顺条块关系，建立高效的行政管理体系。首先要科学地确定各级政区的功能定位。大城市，特别是直辖市在国家政治经济生活中具有重要的战略地位，作为具有地域性特征的城市型政区，应以城市的集中管理为主，兼有地域性管理特征。在中心城区更应该强调城市管理的统一性、整体性和专业性以及权威性。针对前几年某些市级部分权力下放过程中存在的负面效应，应根据新时期战略任务的转变，逐步强化市级管理功能，特别是对中心城区集中统一管理的功能。条件成熟时，逐步取消区级政府实体功能。区级政府中社会管理、环境管理、市场管理、治安管理等应逐步下放给街区，实行属地管理。此外，要彻底实行政企分开，政事分开，政府与经济脱钩。尤其是使基层街区的"街道经济"迅速走向社区经济。

思路之四：借鉴历史的和国际的经验，科学确定各级政区的规模。我国现有直辖市的区、街规模偏大，从历史的经验来看，上海在新中国成立初期曾设有 30 个辖区（20 个市区和 10 个郊区），20 个市区平均面积为 4.12 km²，人口平均为 20.9 万，1953 年市区平均人口增加到 25 万。这一规模大致与国际上许多大城市设区的规模相当。东京都的城区设有 23 个特别行政区，平均每个区 23 km²，人口 36.6 万；巴黎市中心区面积 105 km²，人口 217 万，设有 20 个街区，平均每个街区 5.25 km²，人口 10.85 万；伦敦的空间结构分为内伦敦和外伦敦两个圈层，前者包括 13 个自治单位，面积 310 km²，人口 230 万，平均每个自治单位为 23.8 km²，人口为 17.7 万；后者包括 19 个自治单位，面积 1 270 km²，人口约 460 万，平均每个自治单位 66.8 km²，人口 24.2 万。由此可见，国外和新中国成立初期，大城市政府的二级政区数量较多,规模较小,且相对稳定。我们的意见是在"虚化"现有区,"实化"街区政府的前提下,将街区的规模适当调整至20万人左右比较适宜,既与我国现行设区标准基本相接近,又与国内外绝大多数城市政府设区的规模相当。

思路之五:采取切实有效的措施,大力提高街、居两级干部的素质,推进两个文明建设,促进社会发展。街区政府担负有城市社会管理等繁重的任务,直接面向人民群众,是国家政权建设的基础,也是促进社区建设,保障社会稳定的关键。因此,采取有效措施,充实加强街区干部,大力提高基层干部的素质,是一个与行政区划改革、机构改革相对应的重要措施。还应培养专职的社区工作干部,为规划社区服务和管理提供干部保障条件。

思路之六:正确处理街区与社区的关系。以人为本,优化人居环境,推行社区自治,上下结合,建设一流社区。这里的街区是一级政府,是城市的基层行政区,在中国国情下也是一级"行政社区"。街区政府应对社区起领导或指导作用,而不是代替。应结合城市政治体制改革的推进,逐步实行基层(居委会)的社区自治。此外,在社区建设中,还应强调以人为本,高度重视伦理、道德、文化、价值观等人文社会软环境的建设,建立新时期的社区人文精神。

思路之七:突破现有的不合理的规章制度,因地制宜,建立一个新的与城镇体系规划相对应的大都市郊区(县)政区新模式。对我国现行的行政区划具有根本性法律规定意义的《中华人民共和国宪法》和《中华人民共和国地方各级人民代表大会和地方各级人民政府组织法》等实施已有几十年,某些与行政区划相关的条款已经不适应改革开放以来我国新时期政治经济发展的需要,与直辖市区划制度相关的内容主要有两个方面:一是街道按法律规定应是一级派出机构,这与我们构思的"实化街""虚化区"的新模式明显不相一致;另一个就是郊县政区制度问题,法律规定郊县不得改设市,但从郊区的政区制度来看,现有的法律规定是不合理的,至少不适应新时期大都市区郊县发展的需要,特别是在大批的省会城市、计划单列市和地级市的辖县已经改设市,实行市管市体制的情况下,应及时修改相关法律,允许直辖市的辖县改设市。此外,为确保郊区中心镇规划的实施,适当调整中心镇的行政区范围也是必要的。

74.3 结论与思考

(1) 中国现有特大城市内部的行政区划体制已不适应城市发展和规划、建设与管理的需要,改革势在必行。

(2) 特大城市行政区划体制改革的核心内容是从战略全局的高度,构思一个符合中国国情、各大城市特点的纵向层次结构体系和横向空间规模结构体系。笔者首次提出的"强化两头,弱化中间""两实一虚"的"行政区—社区"垂直结构模式,"同心圆为主,交通轴线为主干,兼有放射状特征的空间结构模式"是一种制度创新。它为中国特大城市内部行政区划与行政管理体制改革及其相关法规的完善提供了新的思路。

(3) 上述核心观点是笔者10年来以主要精力从事行政区划的理论与实践研究,特别是城市行政区划研究的基础上,吸收国外的经验,经过多年认真思考形成的。笔者深深体会到将行政区划与社区结合进行研究是十分重要和必要的。

(4) 目前中国仍处于"行政区经济"与"市场经济"交织运行时期,行政区划这道"看不见的墙"仍深深影响城市和区域的经济、社会发展和地方的规划、建设与管理。因此,科学、稳妥地推进中国的行政区划体制改革在相当长时期仍是必要的。而城市是当前我国行政区划体制改革的重点。由于中国国情复杂,各地城市社会经济发展差异大,且自然条件很不一样,规模也不相同,因而,城市内部行政区划体制改革应因城而异。现阶段应允许多模式共存,允许不同模式的实践。

(5) 行政区划改革由于涉及地方政府的利益关系,涉及政治体制改革,是一项政策性、敏感性很强的工作。我们的研究应尽可能与主管区划的职能部门结合,使理论工作者与实际工作者相结合,这将有利于中国行政区划改革的推进。

(6) 发表本文的目的有二:一是引起广大从事行政区划研究和实际工作同志的兴趣和讨论,共同推进中国大城市内部行政区划体制的改革;二是希望读者在引用本人成果时能注明出处。

[刘君德. 我国特大城市内部行政区划体制改革的思考:一篇未发表的研究报告[J]. 中国方域:行政区划与地名,2000(2):34-37]

解读:本文的贡献在两大方面:一是在长期观察、深入调查的基础上,首次全面、深刻地揭示了中国特大城市(以上海市为例)市域内部行政区划体制的七大问题;二是从中国国情出发,在借鉴历史的、国际的政区体制经验基础上,依据"规划区划,协调一致;政区社区,形成体系;层次简明,幅度适当;功能明确,相对稳定;上下兼顾,因地制宜;先易后难,分步实施"的原则,重点考虑政区的功能性质、未来演进走势等综合因素,独特地构思了大城市内部政区改革的7个思路,是作者重要的原创性观点。

75 城市边缘区的整合

背景：我在主持教育部人文社科基金项目"中国大都市公共行政组织与管理模式研究"（98JBY81 0002）时，研究发现城市边缘区不仅景观上具有城乡过渡特点，而且在经济、文化等方面不断融合演进，迫切需要行政管理体制的改革创新，如何实现行政管理体制的区域整合是大都市公共行政组织与管理模式创新的重要内容。为此，课题组就城市边缘区行政管理的区域整合进行了相关对策研究。

改革开放以来，我国大中城市迅猛发展，随着城乡经济体制改革的深入进行，城乡经济相互作用加强，在城市和乡村之间形成了一个明显的交接地带，即城市边缘区。在这一地带，城市形态、土地利用、经济结构、人口、文化特性等具有城乡过渡特点，在空间上正逐步融合，但在行政管理体制方面，仍然沿袭传统的城乡二元管理体制，导致一系列的问题和矛盾，迫切需要建立城市边缘区一体化的区域管理体制。本文试图在行政管理体制区域整合方面进行初步探索。

75.1 我国城市边缘区行政管理体制现状及存在问题

75.1.1 现状特点

（1）管理主体多元化。城市边缘区地域在景观上具有从城市到乡村的过渡性，既有城市化地域，又有乡村地域；在区域管理上，既有城市管理又有农村管理；而且随着城市边缘区各种类型开发区的广泛兴起以及住宅建设与管理的市场化推进，地域经济与社会管理主体呈现多元化趋势，既有区—街道—居委会城区管理部门，也有乡镇政府管理部门，又有众多的开发区管委会、房产公司和物业管理公司。严格地说，开发区管委会、房产公司、物业管理公司应属于开发项目和企业性质的管理，但由于其管理有特定的地域范围，且这些地域管理通常与街道、乡镇行政管理范围不相一致，成为事实上的准地域行政管理。

（2）住民政策多样性。城市边缘区的住民构成复杂，有城镇居民、当地农民，还有大量外来流动人口。目前实行的是城乡二元管理体制，形成城乡两套管理系统和政策。城市和农村在户籍制度、住房制度、教育制度、就业制度、医疗卫生制度等各方面，存在着天壤之别。此外随着城市边缘区土地迅速开发，各种各样的开发区不断涌现，政府赋予开发区各种特殊的政策法规，开发区建有特殊的管理体系，这更加剧了该地区管理体制的复杂化和政策的多样性。

（3）城乡关系处理上的多模式。城市边缘区管理体制中居主导地位的是城乡关系的处理，即这一地区城市行政区管理和地域行政区管理的衔接。我国各地区经济发展水平不同，城市规模各异，在城乡关系处理上形成了多种模式。从城市的设区模式看，有同心圆状和放射状。前者将城区与郊区截然分开，采取城区、郊区切块划分的区划模式，即在城市边缘区设置郊区政府,实行地域管理,郊区呈同心圆状包围在城区的四周,城乡关系协调由更高层次的市政府决策;后者不设郊区,城郊一体,实行以城区带乡体制,由中心呈放射状向农村扩展,从而使城市边缘区被分别划入各相对独立的区,城乡关系协调在市辖区内部即可得到解决。

(4) 行政管理动态性。城市边缘区地域空间结构处于城市化动态演变之中,其行政管理亦随之呈现出明显的动态性特征,城市型政区范围逐步扩张,城市管理地域范围也不断扩大。近年来城市内部区划调整资料表明,随着城市化的扩展,越来越多的包围城区的郊区被打破,采用放射状分区模式,从城郊分割管理走向城乡一体化管理。在城市边缘区内部,街道建制在靠近城市的边缘区逐步扩展开来,乡镇数量逐渐减少。

75.1.2 城市边缘区行政管理中出现的问题

由于城市边缘区既是城市的边缘又是乡村的边缘,无论是城市政府还是农村政府,对边缘带的管理常不那么重视,一方面农村政府面临着城市边缘区管理区域的变化,经济利益格局的调整,而失去对其进行投资管理的兴趣;另一方面,行政区划的调整滞后于经济地域结构变化使城市政府管理不能及时配套。同时随着该地区城市化进程不断加快,土地的批租和置换,农民身份的改变,外来人员的大量进入,城市边缘区管理难度不断增大,在社区管理、居住环境、社会综合治理、基层政权、农民利益等方面出现了一系列矛盾和问题。导致这些问题的主要原因表现在以下几个方面:

(1) 城乡两种管理体制不协调。在传统计划经济体制下,我国实行"城乡分治",在城市边缘区存在着两种对立的管理体制,两者在各方面都存在很大的差异。从城市的管理结构体系来看,它由市—区—街道办事处组成二级政府、三级管理,而农村则实行省(市)—县—乡(镇)三级政府、三级管理。城市政府和农村政府管理的内容也不一样,从城市政府的基层政权机构——街道办事处来看,它以社区管理和社区服务为重点,开展社会主义物质文明和社会主义精神文明建设,创建安定团结、环境优美、方便生活的文明社区,其机构的设置主要包括社会发展、市政管理、社会治安管理、社会保障、财政经济管理等机构。而乡(镇)政府的功能也发生重大变化,其机构数量也不一样。因此,一旦进行行政区划调整,使不同的管理体制处于同一地域就必然产生冲突,观念上也难以适应。在实际工作中也因上下机构不对口而产生混乱。城市边缘区处于城市和乡村最紧密交接的部位,城市化进程很快,城市地域不断向农村地域推进,行政区划空间调整的相对滞后以及区划调整中城市行政管理配套和城乡利益分配衔接滞后在客观上造成了在一个较小的行政区中城市地区和非城市地区并存、城乡人口并存的局面,这就为"一地两府"的形成提供了客观基础。

(2) 行政区划与城市规划不协调。行政区划和城市规划在目标上是一致的。行政区划应有利于城市规划的顺利实施,为其提供有利环境;城市规划也应当考虑保持行政地域的完整性,两者在步伐上应尽可能保持协调一致。然而,目前规划工作很少顾及保持行政地域的完整性,使行政区划工作处于被动状态。近年来,一系列行政区划的变动,基本上采取"建成一片,从郊县划一片到市区","规划一片,划一片到市区",区划跟着规划走。这种做法的结果便是区划调整和城乡两种管理的衔接长期滞后于地域经济发展和城市形态建设与开发。

(3) 政府管理机制不顺,带来复杂的经济利益矛盾。改革开放以来,虽然政府管理方式和职能被定位为加强对宏观经济的控制,同时在微观经济管理上则逐步放松控制,还权于企业,政府不再是重要的经济运行主体,其职能主要趋向于对社会工作的管理。但是财政体制改革的滞后使地方政府的经济职能不但没有淡化,反而在进一步加强。在传统的计划经济体制下,地方政府主要是上传下达的中转机构,执行中央政府的各项经济政策,维护宏观经济的整体利益,本身权限不大。改革后,地方自主权限增大,但同时沿用地方财政包干制使各级地方政府演变成国家经济管理的一个层次和组织经济活动的主体,其作为经济利益实体的地位得到了强化。地方政府这种特有的地位与职能决定它的追求目标是多重性的,既有社会目标,又有经济目标,而且经济目标更为重要,这就导致地方政府对企业的干预,政企不分、企业与政府利益纠缠,使政府管理和企业行为发生扭曲变形,阻碍了市场经济的建立。这对各种经济利益矛盾十分尖锐的城市边缘区来说问题就更加突出。

75.2 城市边缘区行政管理体制区域整合的客观必然性

75.2.1 城乡一体化背景下的城乡空间融合、经济融合和文化融合

经历了城乡共融阶段、隔离分化阶段、反差对立阶段,城市以技术革命推动社会走向后工业社会,城市郊区化倾向加深,城市和乡村开始走向互动融合[1]。我国自改革开放以来,特大城市迅猛发展,城市地域不断向外蔓延,在城市和乡村之间形成一个明显的交接地带。在这一地带,城乡要素相互作用、相互渗透、逐渐过渡、日益融合。

(1) 城乡空间融合:城市边缘区是城乡空间一体化的产物。城乡空间融合,是通过城乡互动过程中各自空间结构不断完善实现的。工业用地是城市形态变迁的先导,受地价因素的影响,城市内企业纷纷外迁。与此同时,许多工业以经济开发区等模式在城市郊区集聚。随着市场经济深入,城市中心经济功能要素代替了生产生活要素,城市中心不断扩张。随着平面扩张,城市向纵向发展,城市居住用地地域空间分异程度增大。城市土地有偿使用促使对地价承受能力较低的工业、仓库、居住用地等纷纷迁往城乡接壤地。同时,城郊地区的就近区位和良好的自然景观成为人们休闲的好去处,城乡接壤地成了休闲产业设置的理想场所。乡镇企业往往因追求交通可达性而沿城市延伸的交通线两侧设置。部分农业用地零星地楔入城市的同时,高科技农业体现出城市产业的特征,亦逐渐向城乡接壤地渗透。城乡接壤地内城市用地和农村用地日益混杂,形成了相互融合的态势。

(2) 城乡经济融合:城乡各种经济要素在城乡范围内合理流通,城乡经济相互协调、共同发展。经济要素突破城乡界限在更广阔的地域内流动,表现为城市和乡村产业的协调,形成一个优势互补、分工合理、协调发展的产业布局体系。它不仅包括城市和乡村工业的分工协作,还包括城乡整体三大产业的发展协调,从而在一定区域内形成产业前后项联系,带动整个产业群形成城乡优势产业综合体。这种经济整合是建立在高度发达的市场经济体制上的,通过市场对生产要素的分配,对利益指向的合理引导,通过城市的经济扩散作用带动乡村的发展,从而彻底消除城乡二元经济结构,使城乡达到平衡状态。

(3) 城乡文化融合:改革开放以来经济的高速发展,带来了社会的巨大进步和深刻变化。目前,我国正处在社会转型期,随着城市和农村两大地域现代化进程的加快,城市和农

村将更紧密地联系在一起。以现代都市文明为特征的城市文化和以传统乡土文明为代表的乡村文化开始不断发生冲突,最终出现不同程度的整合[2]。乡土文化不断吸收现代城市文明,借以丰富自身内容;城市文化也吸收乡土文化中的传统精髓与乡土气息,从而使得城市文化和乡土文化不断整合。城市边缘区是城乡两大社区碰撞的缓冲区,随着城乡交流的深入,必然形成兼具城乡文化特色的地域文化类型,这是城乡文化融合的必然结果。

75.2.2 城市边缘区呼唤着行政管理体制的区域整合

城市边缘区因管理体制不顺,计划经济体制下形成的二元管理模式,导致一系列诸如城乡管理分割、政企不分、条块关系不顺、行政管理体制矛盾等问题,迫切需要建立完善的一元化管理,即实现行政管理的区域整合,把城市管理和乡村管理融为一体。另一方面,城市边缘区城乡空间融合、城乡经济融合和城乡文化融合为实现行政管理区域整合提供了客观基础和必要推动力。

75.3 城市边缘区行政管理体制区域整合的对策思考

城市边缘区行政管理是一个十分复杂、涉及面很广的问题,要实现行政管理的区域整合,必须在以下方面实现体制和制度创新。

75.3.1 城市土地制度创新

由于行政体制、规划管理和经济发展水平等方面的原因,城市边缘区在经济获得迅猛发展的同时,用地结构极不稳定,其变化带有很大的自发性,城市用地矛盾十分突出。主要表现在:用地发展缺乏规划理论和政策指导及有效的管理机制,致使建设用地乱占农地和房屋、破坏生态环境等问题突出;土地资源浪费现象普遍存在,这主要是由于我国土地市场尚未建立,土地征用制度还不完善,造成一些单位盲目征地,征地后有的土地被长期闲置;建设用地缺乏统一规划,居住和公建用地比例偏低,工业区和居住区混杂,既干扰城市环境,也不利于自身发展。因此,必须创新城市土地制度,运用市场机制,通过城市地价管理,促进土地交易市场发育,引导城市土地集约配置,提高土地配置效益。通过农地制度改革与农业经营组织的创新把土地推向市场,用市场机制来促进土地资源的合理流动,实现土地资源的有序管理。具体做法是:第一,严格控制郊区集体土地入市,规定耕地不能以任何形式转变为非农用地擅自进入市场,郊区集体性质的非农用地进入市场最好采用租赁和承包方式,严格限制各乡政府和村民委员会擅自建立工业开发小区,并将土地推向市场;第二,制定城郊土地的整理政策,目标是实现农民居住向城镇集中,耕地向集约化经营集中,乡村工业向工业园区集中,从而达到集约利用耕地和节约用地的目的;第三,建立健全城市规划的约束机制,遏制城市"摊大饼式"的平面扩张,根据"城市规划与土地利用总体规划协调"的原则,城市规划管理部门应会同土地管理部门搞好中、远期规划用地的协调,同时,根据城市可持续用地战略的取向,制定一个较为切合实际的城市土地利用规划实施方案;第四,结合城市经济发展与社会进步的进程,分期相对集中地划定城市工业、乡镇企业以及各类第三产业门类的聚集区,制定城市边缘区农村居民集中布局规划;第五,强化土地部门的执法职能,加大对违法用地的查处力度,严格土地的审批制度,不能"地"出多门。

75.3.2 户籍制度创新

以城乡分割为基础的户籍制度已严重阻碍了对城乡流动人口的管理,改革户籍制度势在必行。应放开户籍制度,改固定户籍为城乡一体的流动户籍制,把户口管理重点转为以人管理为重点,建立合理的流动渠道。首先是实行柔性户籍制度,即将法律手段和经济手段有机结合的一种户籍制度,通过经济手段为农民进城需求设置一个"门槛",从而达到有控制的人口转移,使人口由农村向城市的转移与经济发展相一致。结合房地产开发和住宅制度改革,对于有经济能力进城购买商品房的农民实行"农转非",成为城市人口;对于进城投资并具有在城市生活能力的农民实行"农转非";对于有一定积蓄并希望进城的农民收取一定的城市增容费和基础设施配套费,允许他们进城落户并成为市民。其次,加强外来人员管理。

75.3.3 管理体制创新

城市边缘区管理体制的创新模式存在以下3种选择方案(刘君德于1998年提出)。第一种:镇管社区。把城市边缘区的乡改为镇,在镇政府下成立地区办事处,统管全镇范围内的社区工作。随着土地开发强度的加大,动迁居民的迁入量越来越大,农民的集中居住也日益明显。在这种背景下,镇主管农业和农村工作的职能逐渐削弱,应赋予镇政府管理城市的职能,改变街乡完全分离的行政管理体制,对城市边缘区的城市居民和农民实行统一的领导和管理,从根本上解决"三不管"的矛盾。地区办事处是一个条块结合、以块为主的管理实体。当土地开发完毕,乡村土地全部转变为建成区时,撤销镇政府,将地区办事处转变为街道办事处,最终完成乡村向城市的转变。第二种:街道管乡村。在城市化地域内存在部分乡村地域的城市边缘区,撤销乡镇建制,建立街道办事处。根据城乡单位混居的特点,在其下设立城区办事处和农村办事处。前者主管城里动迁户和农转非后的社区管理工作;后者职能类似于过去的镇政府,主管农业和农村工作。随着土地开发强度的加大,城区办事处的作用越来越大,而乡村办事处的职能逐渐削弱。当土地开发完毕,农业人口全部转化为非农业人口时,就可撤销农村办事处,从而使街道办事处具备完全城市化管理的特点。第三种:街道、镇并存。对于镇域范围内大规模集中进行土地开发的城市边缘区,保持街道和镇并存的格局,地位平等,互不隶属。即随着土地大规模批租和房地产集中开发,镇的范围逐渐缩小,只限于农村土地和农业人口。而批租出去的土地,随着住宅区的建设,相应设立居委会,达到街道办事处规模的就设立街道办事处;达不到的设立地区办事处。这样,镇的管辖范围和职能随着土地开发强度的加大而逐渐缩小,而街道办事处(地区办事处)的管辖范围越来越大。最终,当土地开发完毕,镇的职能和管辖范围自然而然地消失,从而完全过渡到街道办事处的管理体制。

上述3种方案,尽管其出发点不同,但结果都是促使乡村管理顺利地转变为城市管理,实现行政管理体制的区域整合。

75.3.4 协调条块关系,完善内在管理机制

城市边缘区的行政管理涉及面广、综合性强,必须协调好条块关系,完善内在管理机制。首先,改革和健全行政运行机制,理顺职权关系。按照"条块结合,以块为主"的原则,除少数不宜下放的实行双重领导外,一般都要放到乡镇管理。同时要理顺乡镇政府机关职能部门之间的关系,明确分工;理顺行政与自治组织之间的关系。其次,建立和完善市场经济机制,理顺政企关系,实现职能转变,充分发挥政府的功能。在运用行政手段的同时,更多地运用经济手段的调节、经济利益的诱导和经济方法的约束来管理,逐步建立起符合市场经济规律的管理体制。

[陈湘满,刘君德,张玉枝.论我国城市边缘区行政管理体制的区域整合[J].经济地理,2000,20(2):90-93,103]

解读:城市边缘区,在城市形态、土地利用、经济结构、人口、文化特性等方面具有城乡过渡特点,在空间上正逐步融合。但在行政管理体制方面,仍然沿袭传统的城乡二元管理体制。城乡两种管理体制不协调,行政区划与城市规划不协调,政府管理机制不顺,带来的复杂经济利益摩擦,导致一系列的问题和矛盾,迫切需要建立一体化的区域管理体制。文章在分析城市边缘区行政管理体制现状特点和问题的基础上,从城市土地制度创新、户籍制度创新、管理体制创新、完善内在管理机制等方面提出了实现行政管理区域整合、可供参考的对策。

参考文献

[1] 杨培峰.城乡一体化系统初探[J].城市规划汇刊,1999(2):51-54.
[2] 甄峰,宁登,张敏.城乡现代化与城乡文化——对城市与乡村文化发展的探讨[J].城市规划汇刊,1999(1):51-53.

76 城郊农场的改制

背景：大城市郊区的国有农场，是20世纪六七十年代特殊的政治经济（计划经济体制）背景下形成的典型单位——国有农场所固有的政企合一、企业办社会的单位管理体制，随着社会主义市场经济体制的建立与不断完善，已经严重制约了农场企业本身的发展，同时也严重影响到农场所属地区社会经济总体发展水平的提高，农场实行属地化管理已是大势所趋。这篇论文是以上海市民政局、上海市农业委员会与华东师范大学中国行政区划研究中心合作的"上海市东南沿海市属农场属地化管理方案研究"（2003年）课题研究成果为基础，经过提炼完成的。

76.1 我国农场单位制改革的必要性

我国的农垦系统（包括国有农场及企事业单位、农场所在社区、与农场有资产联结关系的行业主管部门）是在特定的历史条件下形成的社会经济组织[1]，在我国长期的计划经济体制下形成了政企合一、企业办社会的经营管理体制。目前我国社会经济体制改革已经取得了长足的进步，随着我国社会主义市场经济体制的建立与不断完善，计划经济体制下形成的条块分割得到明显改善，逐步形成以各级城市为中心的区域经济一体化格局。随着国有企业制度改革的深入展开和不断深化，农场社会经济管理体制中长期存在着的深层次的矛盾不断显现出来。

我国的国有农场属于集企业性和社会性于一体的区域实体，在长期的计划体制下形成了政企合一、企业办社会的经营管理体制。农垦系统的管理一直是自成体系，农场的社会经济一直封闭运行，与当地社会经济的发展联系甚少，既严重制约了农场社会经济的发展，也非常不利于在当前全球经济一体化的趋势下，区域经济与社会的协调统一、共同发展。因此，农场企业转换经营机制，建立现代企业制度，剥离社会职能已势在必行。20世纪末形成的国有农场承担"双重税赋"，即国有农场除与其他企业一样向当地政府依法交纳税费外，还要利用税后利润兴办社会公益事业，造成农场经济负担沉重，效益普遍下滑，职工收入不高，下岗现象普遍，导致社会不稳定因素增加。因此，自20世纪90年代中期以来，我国的农场普遍开始政企分开、实行属地化管理的实践。

76.2 我国农场属地化的经验模式

农场属地化管理就是将农场所行使的政府、社会职能从农场的企业管理系统中分离出来，交给地方政府。实行属地化管理后，农场与当地政府应该在社会管理职能、管理人员、管理费用、管理责任4个方面完全分清，使农场企业真正实现政企分开，成为完全独立的经济实体。归纳目前隶属我国农垦系统的各地国有农场属地化的实践，大致有以下3种模式：

（1）建立农垦社区管理模式，即将地域分布相对集中、规模较大、组织化程度较高的一个或数个农场合并组成一个区域，共同建立一个相对独立的农垦社区，赋予区县一级的管理职能，设立一级财政，独自承担垦区的各项社会管理职能。

采用这种模式的主要有：湖南将地处益阳的大通湖农场、北洲子农场、金盆农场、千山红农场、大通湖渔场及南湾军垦农场6个地理位置毗邻的农场合并设立大通湖区，赋予县级管理职能[2]；湖北武汉的东西湖和汉南两个农场管理局设立了区的建制[2]。

（2）在农场设立管理区，将其作为上一级政府的派出机构，并相应建立了相当于县一级的财政体制，承担农场的社会管理职能。

采用这种模式的主要有：湖南在屈原农场、西湖农场、东山峰农场、回龙圩农场单独设立管理区，同样赋予县级管理职能[2]；湖北分别在龙感湖、草埠湖、清河、车河、随阳等农场设立管理区，将其作为上一级政府的派出机构，并相应建立了相当于县一级的财政体制[2]；内蒙古在乌拉盖与通辽垦区实行计划单列、财税独立体制，原则上按照旗、县对待[3]，实际上也属于这种模式。

（3）将农场整体转制为乡镇，即将土地资源较多、长期经营不善、负债较重，并且在形式上基本类同于农村地区、组织化程度不高的农场改制为乡镇体制；具有以上特征，但规模较小的农场则整建制并入所属乡镇，成为一个或数个行政村。转制后的农场有一些与原农垦系统完全脱离隶属关系，农场职工转为农村居民，有一些则继续保留农场建制。

采用这种模式的主要有：湖南将茶盘洲、黄盖湖、君山、钱粮湖农场改为乡镇建制[2]；吉林将位于镇赉县东方红农场整体转制为张家园子乡[4]；湖北在襄樊的王集、张集农场设立乡级政权机构，农场和乡政府并存[2]。

在以上3种模式中，前两种模式的优点在于考虑到农垦企业社区的特殊性，将农垦社区与周围农村社区区分开来，这样更加有利于农场社区的属地化管理。实践证明这两种模式的效果相对较好。第三种模式的优点在于农场整个转制为乡镇，与原农垦企业脱离关系，这样可以避免许多政府与原农场企业之间的矛盾。但是，由于农场属地化后完全改变了农场企业的原有属性和隶属关系，在对农场社区管理上存在着与周围农村社区融合的问题，在农场职工身份转换上可能造成职工的顾虑，实施难度相对较大。

以上我国各地国有农场属地化模式，对于特大城市郊区农场属地化模式的选择具有重要的借鉴意义。

76.3 上海市郊农场属地化的探索

76.3.1 上海市郊农场的现状特征

上海市郊农场地处上海市郊区滨海地带，是在20世纪五六十年代陆续围垦沿海滩涂的过程中逐步发展起来的，长期以来在保证上海城市居民粮食、蔬菜、副食品供应、丰富城市居民"菜篮子"，以及开发土地资源、安置城市知识青年等方面发挥了重大作用。目前上海市郊农场主要分布在两大地区：一是位于上海市东南沿海地区；二是在上海市北部的崇明岛。本文论述中所涉及的农场即地处上海市东南沿海地区，包括地处南汇区的朝阳农场、东海农场、芦潮港农场,以及地处奉贤区的五四农场、星火农场,共计5个农场。这5个农场目前的基本情况见表76-1。

表76-1 上海市郊区农场基本情况表(2001年)

项目	农场名称				
	朝阳	东海	芦潮港	五四	星火
面积/hm²	1 500	1 653	963	4 504	1 854
人口/人	3 104	7 615	2 654	11 284	9 600
其中常住人口/人	1 984	6 072	1 947	7 208	4 585
年末从业人员/人	1 026	445	1 092	2 389	1 960
全部职工/人	1 406	1 448	1 714	4 973	4 488
其中在岗职工/人	471	366	831	2 123	1 271
离岗职工/人	935	1 082	883	2 850	3 217
国内生产总值(GDP)/万元	733	−3 539	2 071	10 209	1 052
其中第一产业/万元	86	38	140	931	−33
第二产业/万元	1 187	201	4 242	7 753	−170
第三产业/万元	−540	−3 778	−2 311	1 525	1 255
利润总额/万元	—	—	—	—	—
持续经营合并/万元	−187	−101	971	−2 387	−2 985
非持续经营汇总/万元	−1 585	−6 860	−4 146	−3 604	−1 128

上海市郊农场主要具有以下几方面的特征:

(1) 农场属于国有企业,具有区域性——这是我国农垦系统农场所具有的普遍特征

上海市郊农场自创建以来就具有国有企业的性质。一些场员虽然与相邻镇的乡村农民一样从事农业生产,但场员都是国有企业职工,享受国有企业职工同等待遇,这与所在区相邻镇的乡村集体经济存在显著不同。

上海市郊农场是在围垦沿海滩涂,发展以种养业为主的农业的基础上成长起来的,拥有大量的农用土地(见前表76-1),具有区域性的特点。这一点明显与一般的工商企业不同,也是造成农场政企合一、企业办社会的重要原因。

(2) 农场地处滨海地带,呈狭长的带状分布

上海市郊农场是在不断围垦沿海滩涂的基础上建立与发展起来的,因此在形态上表现为狭长的带状,这种形态结构不利于未来农场的属地化管理。

(3) 农场产业结构以第二、第三产业为主,第一产业比重很低,企业负债严重

上海市郊农场建立之初主要是为了解决城市居民的副食品供应问题,因此最初的产业结构以农业为主。随着农场经济的不断发展,目前农场的经济结构已经发生了根本变化,产业结构以第二、第三产业为主,农业的比重很低,一般在10%以下(见前表76-1)。

长期以来,由于农场体制上所存在的缺陷,以及对我国市场经济发展的形势估计不足,农场企业效益下滑,企业普遍负债严重(见前表76-1),职工下岗问题严重,致使社会不稳定

因素增加。

(4) 农场社区的建设和管理水平与周围农村地区完全不同

上海市郊农场社区的建设最早是采用工人新村的形式,由农场统一规划、建设与管理,居民居住区与主要社会职能部门(卫生院、学校等)集中分布在农场场部周围。1999 年 6 月,根据上海市政府要求农场系统实现政企分开的指示精神,各农场均成立了社区管理委员会(或办公室),模拟上海市街道的模式管理农场社区。所以在整体上,上海市郊农场社区的规划、建设与管理水平明显要高于周围农村地区。

76.3.2　上海市郊农场属地化管理的实践

1) 农场属地化启动阶段——场内政企分设

上海市郊农场政企分设始于 1999 年 6 月。根据市领导提出的关于"逐步实现政企分开"的指示精神,上海市郊各农场均成立了社区管理委员会(或办公室),模拟上海市街道的模式管理农场社区。在农场政企分设的过程中,为减轻农场办社会的负担,上海市政府在财政上给予了大力支持。市财政局确认农场承担的教育、卫生、社区管理 3 个方面的 24 项工作属于政府、社会职能,将其中的重要项目支出列入市和区、县两级政府预算,以减轻企业负担,保障相关从业人员稳定[5]。在市政府财政的大力支持下,市郊农场内部已经全面实行政企分开,农场的社会负担有所缓解,但仍然没有从根本上解决企业办社会的问题,2001 年上海市农工商(集团)总公司用于农场系统承担社会职能的开支仍达到 1 亿元左右。随着我国社会主义市场经济的发展,市郊农场要进行企业制度改革、建立现代企业制度,必须从根本上实现政企分开,走属地化管理的道路是其必然的选择。

2) 农场属地化试验阶段——农场社会事务属地化试点

上海市郊属地化的实践始于 1998 年的前卫农场。此后,2000 年上海市农工商(集团)总公司又选择东海农场作为上海市全面实施农场属地化管理的试点单位。

(1) 上海市前卫农场的属地化

前卫农场地处上海市宝山区长兴岛,由于企业亏损严重,面临解体的可能。1998 年年底,在上级主管部门的支持下,上海市农工商(集团)总公司与上海市宝山区达成协议,将前卫农场整体移交给宝山区,从 1999 年 1 月 1 日开始实行属地化管理。这是上海市郊区农场最早的属地化实践。前卫农场移交后,仍保留企业的管理模式,由原来的市属国有企业转为宝山区属国有企业,但可继续享受上海市给予上海市农工商(集团)总公司的有关政策。前卫农场属地化后,宝山区对农场的社会职能部分逐步实行属地化管理,至 2002 年,农场的教育(包括学校与幼儿园)、卫生(包括医院)以及派出所、防汛、海防等已经实行了属地化管理;而农场企业本身通过企业改制、农业承包等改革措施,目前在经济上已基本渡过难关,但目前仍处于亏损状态。

(2) 上海市东海农场的属地化

2000 年年底,根据上海市政府关于本市郊区乡镇行政区划调整工作的总体部署,以及国有企业建立现代企业制度的要求,上海市农工商(集团)总公司选择地处南汇区的东海农场作为试点,开始了市郊农场属地化的实践。在市政府与市农业委员会等有关部门的关心指导下,南汇区政府与上海市农工商(集团)总公司经过多次研究协商,共同制定了《关于上海市东海农场政企分开政务移交试点工作的方案》,确定东海农场属地化的方案为:"拟将东海农场与周边有关乡镇合并建制成为一个镇,以东海农场场部作为新镇政府所在地,东海农场原来代行的政务全部移交给南汇区政府和新设镇政府统筹管理,使东海农场实现政企分开。"[6] 2002年12月,双方已准备就共同拟订的"上海市农工商(集团)总公司向上海市南汇区人民政府移交上海市东海农场政务之合同书"签字,并于2003年6月26日开始实施东海农场政务移交、接受的各项工作。

以上上海市郊区农场的属地化实践,为未来上海市农场属地化的全面展开提供了宝贵的经验,奠定了良好的基础。

76.3.3　农场属地化完成阶段——未来行政区划调整模式选择

1) 未来上海市郊农场属地化的模式

根据我国农垦系统农场属地化的经验模式,以及上海市郊农场属地化实践模式,从上海市郊农场的实际情况出发,我们提出了适合上海市郊农场属地化与行政区划调整的模式。在模式的选择上,我们认为一般不宜采用将某个农场在地域与上海市农垦系统脱钩、完全交给所属区管理的方案,这主要基于以下两方面的考虑:

第一,上海市郊农场现在都隶属于上海市农工商(集团)总公司,采用企业集团的管理方式,实行企业化运作。农场属地化的目的是彻底实现政企分开,将企业所承担的政府职能与社会职能分离出来,使企业能真正建立起现代企业制度,以应对市场经济的挑战。所以,市郊农场的属地化宜采用将农场企业目前属于政府与社会职能的部分实行属地化管理的方式,而非将整个农场交给地方政府管理。

第二,上海市郊农场的职工构成以1960—1980年的城市知识青年、返乡的城市企业职工以及从周围地区招收的企业职工为主,与周围农村地区的农民存在很大不同:一方面农场职工的受教育程度相对较高;另一方面由于受企业文化的长期影响,在文化习俗上也存在明显差异。而且农场职工主要集中居住在场部,其社区是参照上海市区先进社区管理模式建立起来的,整体管理水平要高于周围的农村社区。因此农场属地化宜采用将农场社区分设管理的方式,而非将农场社区简单地并入周围农村社区。

从有利于农场社会经济的稳定与健康发展、有利于农场属地化与行政区划调整顺利实施、因地制宜、兼顾公平的角度出发,我们认为适合上海市郊农场属地化与行政区划调整的模式主要有以下4种:

模式一,将数个地域分布紧密相连的农场的社区合并,单独设立镇的建制。

模式二,在农场设立管理区,将其作为区政府派出机构,由区政府授权承担农场社区的社会管理职能。

模式三,将农场社区并入周边镇,实行统一管理。

模式四,将农场社区与周围乡镇合并,在农场场部建立新镇——这是东海农场实现属地化的模式。

2) 未来上海市郊农场属地化及行政区划调整的设想

设想一:地处奉贤的五四农场与星火农场,可以选择第一种模式,即将两个地域相连的农场的社区合并,独立建镇。

奉贤区境内的五四农场、星火农场在地域上相连,未来农场实行属地化后,可在五四农场与星火农场合并的基础上建立新镇。根据奉贤区新一轮的城镇体系规划,未来新设立的星火镇将成为奉贤区的中心镇之一。此模式的优点为有利于维持农场的社会稳定,保持农场企业文化与社区文化的延续性。但是合并建镇后,其形态将为东西向的狭长条带状分布,而且在原来各农场场部设立的社区各自独立存在,在统一管理上存在一定困难。为解决这个矛盾,可以将3个社区分片管理,其管理形式还有待探索。

设想二:地处南汇区的朝阳农场,可以选择模式三,即将农场社区并入周边镇,实行统一管理。

朝阳农场面积和人口较少,远未达到独立建镇的规模,所以选择模式三。在合并方式上,由于朝阳农场南与东海农场毗邻,原为东海农场北分场,所以可并入拟建的东海镇,这样也有利于管理;也可将朝阳农场与周边其他镇合并,但存在着农场社区与周边镇村的农村社区融合的难度,实施难度相对比较大。

设想三:地处南汇区的芦潮港农场,可选择模式二或模式三。

芦潮港农场是位于上海市东南部郊区农场中最小的一个,由于东有芦潮港镇将其与东海农场相隔,故可选择模式二,即在芦潮港农场建立管理区,作为区政府的派出机构,由区政府授权行使政府的社会管理职能,但是这种管理区实际上是一个过渡机构。目前上海深水港的建设已经启动,未来的芦潮港镇将建成现代化的海港新城。可以预见,芦潮港镇的城市化进程将会大大加快,城市管理的水平也会相应地不断提高,所以在这种大的发展背景之下可采用模式三,将芦潮港农场社区并入芦潮港镇,共同建设海港新城。

76.4 特大城市郊区农场属地化的几个共性问题

76.4.1 特大城市郊区农场属地化的动力因素

特大城市与一般的区域及城市相比,在经济规模、发展水平以及表现在空间上的集聚与扩散都有其特殊性,而处于其郊区的农场,受城市中心"磁力"作用影响,农场属地化有其特殊的规律性。

首先,从属地化的空间动力来看,当前我国特大城市"工业化比较发达,经济发展已由当初的集聚增长转向了空间扩散"[7]。正如上海市郊农场,目前多处于大城市空间扩展的前沿地带,许多重大项目如港口、工业基地、新城建设等多集中于此,迫切需要将郊区整体纳入特大城市经济社会总体发展规划和布局当中,因此郊区农场属地化管理改革是大势所趋,且迫在眉睫。

其次,从农场属地化的推进支持来看,特大城市有较强的经济实力和社会容纳能力,有助于为实施农场属地化提供财政支持和扶助农场企业下岗职工的再就业。根据上海市郊农场属地化的实践,农场职工及其家属在社保、医保、义务教育等方面采取"就高不就低",即在各方面待遇上向中心城区看齐,以利于保持农场社会的稳定。

总之,在当前进入21世纪后我国特大城市面临着前所未有的发展机遇和迅猛的发展势头之下,城市的扩散力不断增强,其郊区处于城市扩展与影响的最前沿,市郊农场与周边农村同处于一种"看得见美好未来"的发展启动期,毫无疑问此时是实施农场属地化的最佳时期。因此顺势而为,借鉴国内各地农场属地化的经验,依据特大城市郊区各农场的自然形态、经济规模和发展水平,推进农场属地化管理,有利于促进农场企业与农场社区,以及整个城市的社会经济的稳步发展。

76.4.2 特大城市郊区农场属地化应注意的主要问题

1) 城市政府应该提供必要的财政支持

农场属地化进程能否顺利实施,在很大程度上取决于城市政府财政支持的力度。而且由于目前农场企业普遍经济不景气,企业下岗职工众多,增加了社会不稳定因素。为维护农场社会的稳定,使农场属地化得以顺利进行,城市政府应该为农场属地化所需的农场各项社会事业经费提供必要的财政支持。

2) 要保持农场社会管理的延续性,维持农场社区的稳定

农场实行属地化后,原来在农场专职从事社会管理的人员将一并由农场所在区政府接收。由于过去农场系统与当地政府一直联系甚少,而农场社区的管理体制与周围镇村存在很大差异,若完全由当地政府派出新一批管理人员接管农场社区工作,可能不为农场社区居民所接受,由此会产生很多问题与矛盾。为维持农场社区的稳定,农场社区的管理工作应主要由原农场社区管理人员继续承担,使农场社会管理具有延续性。同时,农场企业过去一直是自成体系,其学校、卫生院等社会职能机构都统一规划建设在场部周围地区。在农场属地化后,农场的这些职能机构将纳入整个区的统一部署,可能在地域分布上会有所调整,但是这种调整要循序渐进,使社区居民能够有个适应、接受的过程。

3) 农场属地化要彻底,尽量不要留尾巴

在农场属地化进程中,应该将原农场企业承担的所有属于政府管理与社会管理的职能全部交给当地政府,将农场社区纳入全区的社区、市政、文化、教育、卫生事业建设的大格局,这样农场才能够真正实现政企分开,且利于整个区域经济协调、稳步、健康地向前发展。

[李丽雅,刘君德,史卫东.特大城市郊区农场属地化与行政区划调整研究——以上海市为例[J].经济地理,2004,25(1):88-91]

解读:本文由揭示农场单位制日益显性化、深层次的矛盾入手,首先归纳总结了我国各地农场属地化的经验模式,继而以上海市郊部分农场为例,在上海市郊农场政企分设、实行属地化管理的实践经验的基础上,从行政区划调整入手,对21世纪我国特大城市郊区农场属地化实践进行了深入探讨。文章的理性分析有一定深度,对策建议因场而宜,具有可操作性。

参考文献

[1] 黑龙江农垦总局课题组.论农垦企业的政企分开兼评黑龙江垦区政企分开的几种模式[EB/OL].

(2001-06-28)[2003-12-24].农业部农垦局信息网,http://www.chinafarm.com.cn/gov/.
[2] 佚名.湖南农垦改革情况(2001)[EB/OL].(2001-08-10)[2003-12-24].农业部农垦局信息网, http://www.chinafarm.com.cn/gov/.
[3] 佚名.内蒙古农垦改革情况(2001)[EB/OL].(2001-07-13)[2003-12-24].农业部农垦局信息网, http://www.chinafarm.com.cn/gov/.
[4] 佚名.吉林省农垦改革情况(2001)[EB/OL].(2001-09-22)[2003-12-24].农业部农垦局信息网, http://www.chinafarm.com.cn/gov/.
[5] 上海市农工商(集团)总公司课题组.关于上海垦区国有农场实施政企分设的调研报告(1999)[EB/OL].(1999-11-14)[2003-12-24].农业部农垦局信息网,http://www.chinafarm.com.cn/gov/.
[6] 上海市南汇区人民政府,上海市农工商(集团)总公司.关于上海市东海农场政企分开政务移交试点工作的方案[Z].上海,2002.
[7] 顾朝林,甄峰,张京祥.集聚与扩散——城市空间结构新论[M].南京:东南大学出版社,2000:170.

第五部分　社区研究

理论研究

77　发现"曹家渡现象" ··· 505
78　"行政区—社区体系"理论与浦东的实践 ······················· 512
79　社区分化—整合规律探究 ·· 519
80　浦东新区的社区分化与整合 ··· 526

理论拓展

81　政区·社区与城市规划 ··· 531
82　社区规划设计的法则 ··· 540
83　社区文化认知与误区辨析 ·· 550
84　网格化的社区意义 ·· 558

改革探索

85　社区建设的"八大"问题 ·· 567
86　街道经济的出路？ ·· 569
87　社区体制改革的思路 ··· 573
88　社区发展的理性思考 ··· 580
89　社区观察拾零 ··· 585

上海社区

90　居住社区变迁 ··· 598
91　社区发展阶段与规划实践 ·· 604
92　城乡结合部社区管理 ··· 612
93　社区自治个案分析 ·· 619
94　真如镇社区剖析与物业调查 ··· 625

77 发现"曹家渡现象"

背景:30多年前,当我准备从上海曹家渡转乘16路无轨电车(普陀区一侧)去十六铺时,突然发现车站对面三层楼的繁华商街(归属静安区)不见了,而在车站右侧、属于长宁区破烂的住宅形态原封未动。这一景象在我脑海里引发了一刹那思考。这里发生了什么?为什么普陀区一侧依旧繁荣,长宁区一侧依然破旧,而静安区一侧一扫而光呢?我为曹家渡的前途担忧,并开始持续关注曹家渡,发现了其中的奥妙。后来我把它称为"曹家渡现象"。这也可以说是我社区研究的缘起之一。本文是在我指导的一篇硕士论文的基础上改写而成。

77.1 引言

社区与行政区是两个性质不同的概念,在中国的政治与经济体制环境下,行政区与社区关系极为密切,在城市和乡村客观上存在行政区—社区体系。从行政区与社区的空间关系看,中国的社区可分为行政社区与非行政社区两大类,前者与行政区相耦合,后者不耦合。一般来讲,行政社区的规划、建设与管理中存在的问题较容易解决;而对于非行政社区,由于行政的分割,目前存在问题较多,解决难度较大,许多有历史基础和良好区位条件的社区,尤其是位处中心城区的商业功能社区,如上海的曹家渡、八仙桥等,由于行政区的分割,无法统一规划、建设与管理,从而严重制约了这些社区的合理发展,经济相对落后,城市形态不协调,功能发挥不充分,从整体上影响了城市的发展。因而,加强对这类非行政社区的研究十分重要。其实践意义在于为解决城市内部跨行政区社区的滞后发展问题提出新的思路和决策参考,其理论意义在于充实和完善具有中国特色的行政—社区体系的内容。本文拟选取其中具有代表意义的曹家渡社区进行个案研究,剖析行政区分割对城市社区发展的影响,探讨社区的整合对策。

77.2 曹家渡非行政社区的行政分割及其存在的问题

77.2.1 案例地区范围的确定

曹家渡地处上海市中心区西部,原是沟通上海市中心区与郊区、郊县与外省市的重要门户的交通枢纽,因历史上吴淞江(苏州河)岸原有曹家渡口而得名。由于曹家渡系一习称地名,其地域范围较模糊。经调查,我们把曹家渡社区范围界定为:东至武宁南路,西至江苏北路,南至武定西路,北达苏州河。以长寿、长宁、万航渡、余姚、康定路五路交汇处的曹家渡五角场地带为中心,面积约为 $0.6~\mathrm{km}^2$,处于普陀、长宁、静安三区交界,大部分属静安区。由于该社区具有地跨3个市辖区的特点,社区范围与行政区不整合,形成典型的非行政社区格局。

77.2.2 曹家渡社区的形成

曹家渡社区经历了农村社区、城镇社区、城市社区3个发展阶段。明清时期境内形成农村社区,至清末步入城镇社区发展阶段,20世纪30年代开始即进入城市社区时期。纵观曹家渡社区漫长的历史发展过程,可以发现其具有以下明显特征:

(1) 从行政社区向非行政社区转变。1937年出现曹家渡社区的行政分割。

(2) 曹家渡社区的发展过程表现出明显的自下而上的特征。中国传统自上而下的行政力量对曹家渡社区的形成与发展影响较小。

(3) 尽管曹家渡后来处于行政分割状态,但社区的整体性特征仍十分明显。长期的历史发展赋予了社区人口同质性等特征,居民对社区具有很强的认同感和归属感,集中体现在社区内部的居民自治与协调。社区内静安区曹家渡街道康梅居委会和长宁区华阳路街道长支一、长一、万四居委会,从1994年开始开展区域联防、争创安全街活动,定期交流,相互协调,解决问题,很有成效。

(4) 社区的功能以商住为主,兼有工业。工厂和商店大都以中小型为主。商业具有低层次性和综合性特征。

77.2.3 "曹家渡现象"分析

改革开放以来,随着国家经济、政治体制改革的全面推进与层层深入,特别是在区级政府获得了从未有过的较大的自主权之后,曹家渡却步入一个规划、建设、管理较乱的时期。社区发展相对滞后,存在许多问题,我们把这些现象称为"曹家渡现象",主要表现在以下方面:

(1) 社区整体规划被束之高阁

曹家渡地处上海西大门的交通地理位置以及本身具有良好的商业基础,发展潜力较大。在20世纪80年代市总体规划中,曹家渡曾作为上海市级副中心进行过整体性规划,之后又请了日本专家对该地区进行规划设计,1993年市规划局又做过控制性详规,上海市商务委员会也把曹家渡定位为高级商业副中心。在这些规划和计划里,曹家渡的商业功能被加以强调。但由于3个区的行政分割,各区政府仍仅按照自己的意愿行事,曹家渡社区整体规划被束之高阁。

(2) 社区整体建设的不同步

最早对曹家渡实施改造计划的是普陀区。1995年在五路交汇处的长寿路口建造了现代化的大型商场——市一百沪西店,并大力拓宽长寿路;在沿路的普陀区一侧兴建了许多住宅大楼,这些楼房已基本竣工,城市景观也表现出新城区特点。接着是静安区投入大量资金对曹家渡地区的旧城区进行改造;在五角场附近建起了开开商场;1995年武宁南路开通;1996年社区的旧区改造共动迁了5个居委会,对于原混杂于街区的工厂也实行了土地置换。目前,曹家渡静安区范围内的建筑工地有五十几个。然而,到现在为止,长宁区尚未实施其曹家渡的改造计划,城市景观依旧。由于改造建设的不同步,大大小小的工地与已竣工的现代化高楼大厦以及古旧简屋交杂分布是目前曹家渡社区土地利用的典型特征。

建设的不同步同样表现在道路方面。1994年长宁区拓宽长宁路,当拓展至江苏路—曹家渡五角场路段时,由于这一段刚好是长宁区与静安区的交界,长宁区向静安区提出共同开发的建议,但静安区并未把长宁路的拓宽视为重点,没有响应,长宁区也因此放手。长宁路的这一段至今仍未拓宽,也影响了长宁区对曹家渡地区的开发。

(3) 社区统一协调管理难度大

随着上海城市管理重心的下移,街道作为一级政府的派出机构承担了许多管理职能。我国实行的自上而下的垂直管理模式是很难对分而自治的曹家渡社区进行统一管理的。三区交界的地段往往是犯罪案件的易发地段,但由于各街道都有各自的警署,罪犯们很容易在一区作案后迅速潜入别的街区,很难对之绳之以法,给社会治安带来很大的危害。尤其曹家渡地区工地多、外来人口多,目前社区的行政分割增加了治安管理的难度。同样,也由于在一些区与区交界之处职责范围很难划分,形成"三不管"地段,环境卫生的脏、乱、差现象时有发生。

(4) 社区商业发展滞后

曹家渡社区的商业长久以来在沪西地区一直占有突出的地位,曾与徐家汇相当,但进入20世纪90年代,曹家渡的商业销售收入增长明显缓慢,两地差距越来越大。

(5) 社区住房开发的不合理

三区对曹家渡房地产开发各自为政,导致这一地区住房开发过程中产生许多不合理的现象。旧区改造后新发展的许多商品房,其房屋区位、交通条件、档次差不多,但由于位于不同的行政区,其房价相差较大。特别是静安区与普陀区在曹家渡地区虽只相隔一两条马路,由于地价差异带来的每平方米房价差达一两千元,两区的住房出售率形成不合理的差距。

77.2.4 产生问题的原因

"曹家渡现象"发人深省,而这一系列问题产生的根本原因何在?我们认为主要有以下几点:

(1) 社区的行政分割导致了社区规划、建设与管理的失控

改革开放以来,随着计划经济体制向市场经济体制的过渡,特别是"两级政府,三级管理"新体制的施行,这种行政分割的社区格局就受到很大影响。1979年以前,区尽管是一级政府,但大多只依照市政府的指示行事。改革开放以后,区县获得了前所未有的较大的自主权,经济迅速发展,财政收入飞速增长,20世纪90年代这种趋势更加明显。

各区有了自己的财力和自主权,在某种程度上可按自己的意愿来决定资金投放的重点。曹家渡对于三区来讲,重要性程度有所不同:静安区着眼于南京西路和静安寺的发展,曹家渡地区则重点进行旧房改造,建设中高档住宅区,以支撑本区南部的发展;长宁区的重点发展地区为虹桥涉外贸易中心、虹桥临空经济园区、中山公园商业中心,希望通过中山公园商业中心的发展来带动曹家渡的发展;普陀区则把发展重点放在中山北路物贸一条街、长寿路商业一条街及真如商业中心城等,曹家渡长寿路段的改造工作也因此较受重视。由于各区对曹家渡的地位看法不一,区级资金的投放有早有迟,就必然会出现建设的不同步,影响了曹家渡社区整体性规划的实施。

我们可以用行政经济的理论来解释和概括这一现象。行政区经济是指由于行政区划

对区域经济的刚性约束而产生的一种特殊区域经济现象,是我国在从传统计划经济体制向社会主义市场经济转轨过程中,区域经济由纵向运行系统向横向运行系统转变时期出现的具有过渡性质的一种区域经济类型。具体到曹家渡社区,则表现为转轨时期行政区经济运行下,社区的行政分割导致社区整体规划难以实施,社区建设的难以同步,经济、社会发展与管理难以协调。

(2) 统一协调机构的缺乏也是造成"曹家渡现象"的重要原因

在计划经济体制下,市委市政府有能力对曹家渡之类的非行政社区进行管理。随着经济体制的转型,市政府责、权、利的下放,对于跨区社区工作的协调,市委市政府显得力不从心。再加上在上海市新一轮的总体规划(1995—2021年)中,曹家渡不再被作为市级副中心,地位有所下降。在这种情况下,曹家渡的改造发展都是在三区各自为政的情况下进行,没有统一的协调机构对整个社区进行通盘的规划、建设与管理。

(3) 法律法规不健全,且执法不严

在权、利逐级下放的过程中,存在过于注重机构改革而忽视相应法制建设的问题。以社区规划为例,社区整体规划失败的重要原因便是规划法规的不健全。规划法规的建立应先于规划权的下放或与之同步进行,但实际情况是权、利下放到区里后却缺乏对区级政府相应责任规范的法律约束,致使各区规划建设不协调,本位主义现象比较严重。

我们也应当看到,"曹家渡现象"的发生是我国旧体制向新体制过渡时期在所难免的,即曹家渡社区的发展会经历一个市场经济条件下由无序向有序发展的过程。而无序向有序的转变还有待于一系列真正适于社会全面发展的新制度的提出,这也是我国当前改革的重点和难点。

77.3 曹家渡非行政社区的整合对策与发展趋势分析

77.3.1 社区整合理论依据与对策

1) 理论依据

社会系统处于不断的运动和发展之中。社区作为社会的子系统,也在不断地运动和发展。社区发展通常可分解为社区分化和社区整合两个性质不同、相互联系的过程。社区就是在分化和整合的交互作用中,不断提高自己的质量,完善自己的结构,扩大自己的规模,从而不断提高自己的发育程度,由低级向高级发展。

2) 整合原则与对策

以社区分化—整合运动的一般规律来衡量,"曹家渡现象"的产生应是社区分化与整合不同步造成的。原有体制下社区分化不明显,社区的整体发展特征一直未被打破;而目前我国新旧体制转轨的复杂时期,社区分化运动变得十分重要和迫切。我们认为应坚持以下社区整合的原则:

(1) 促进社区经济、社会、文化全面发展的原则;
(2) 尊重社区历史基础,体现社区整体性的原则;
(3) 整合初期以利益联合为主,保持公平对待的原则;

(4) 社区组织与管理的可操作性原则。

我们可以从社区整合的两个层次——社区外部整合与内部整合对曹家渡社区进行整合。

方案一:社区的外部整合。社区外部整合是指在合理确定社区的空间范围的基础上通过行政区划调整的方法来实现社区整合。

前已指出,在我国,由于对社区的管理通常是通过自上而下的行政手段进行的,所以,为了加强社区的统一建设、规划和管理,可以将非行政社区整合为行政区,具体做法有两种。

① 在市区划小的行政区划改革背景下将曹家渡单独设区

参照国内外大城市城区的实例,并考虑上海特大城市城区人口密度高的事实,在现有的管理水平和管理手段下,可考虑将市区设置规模适当划小。在这种情况下便可将曹家渡社区独立组成一个市辖区。

优点:改革后的曹家渡社区为行政社区,在现行我国政治经济体制下有利于对社区实施统一管理。

缺点:这一区划调整需要在全市区划改革的前提下进行,近期单独实施的可能性不大。且社区地域范围较小,不足以构成一个单独的市辖区。

② 将曹家渡非行政社区整体划入某一区,如静安区等

优点:保留了社区的整体特征,使之归属一个行政区领导,有利于社区管理。

缺点:利益牵动太大,可能使一区受益而另外两区的利益受损,因而损伤区的积极性,近期也较难操作。

方案二:社区的内部整合,即从政治(行政)、经济、文化角度对社区进行整合。

针对"曹家渡现象"产生的根本原因,政治(行政)整合应是社区整合的关键所在,同时也是目前急待解决的首要问题;政治(行政)整合还是经济、文化整合的基础和先决条件,只有先从政治(行政)上把各种关系理顺了,才谈得上经济、文化的整合,主要包括组织整合与制度整合两个方面。

① 组织整合。鉴于曹家渡非行政社区三区交界的特殊地理位置,建议由市政府牵头,三区主管经济、规划、社会事务方面的领导干部及社区基层干部共同组成一个三区联合的"曹家渡开发协调小组",按照"统一规划、统一组织、统一开发、收益共享"的原则,对社区规划、管理与建设等方面存在的问题进行协商解决。

② 制度整合。其思路可概括为:首先应该保证社区规划的合理性。随着上海城市空间近年来向外围的迅速扩展,曹家渡的区位条件也相应地发生改变,苏州河航道的淤塞与水运的衰落,已使曹家渡水上交通的优势渐渐消失;而真如地区交通节点的形成又造成了曹家渡作为上海西大门的地理位置已不如以前那么重要;再者,曹家渡已成为市区一部分,离中央商务区(CBD)较近,其商业地位有所影响。根据以上情况,我们认为把曹家渡定位为区级商业中心比较合理,发展过程中还应注意与周围地区的协调。

较优规划方案的提出还有赖于强有力的规划管理制度来保障其实施。目前的"两级政府、三级管理"体制难以对曹家渡社区进行统一规划。为此,市政府要收回规划管理权,由市规划局实行统一归口管理。这也是世界许多国际大都市规划管理的共同做法。

另外,规划管理中树立法制观念也十分重要。有效的办法之一便是规划条例的法制化。

方案比较:方案一因行政区划的调整,利益牵动面大,虽然在目前经济体制下可保证曹

家渡的整体发展,但有可能损伤各区发展的积极性,不利于上下级关系的协调;方案二在行政区划不变的条件下,主要采用制度整合、组织整合的方式来建设社区,一方面坚持了社区整体性发展的原则,另一方面对三区也较公平。因此我们认为方案二较方案一更具有可操作性。

77.3.2　社区发展趋势分析

1) 社区人口

首先,社区人口数量的减少。以前的曹家渡人口较多,居民住房条件较差。今后,旧的民宅将被一一拆平,取而代之的是一栋栋现代化的住户大楼,居住区仍是社区用地的主要类型。但由于条件的改善,住房容积率有所下降,致使社区人口容纳量下降。

其次,社区人口的素质将提高,曹家渡社区今后住房改造的方向以中高档为主。从发展趋势分析,有能力购置该地商品房的人应是以社会中上层人士为主,即主要包括一些高级白领、商务人员等。可以预见曹家渡社区人口将有一次"大换血"。从总体趋势来看,改造后的社区人口素质应有较大提高。

2) 社区经济功能

社区的商住功能不会改变。目前三区开发建设的趋势均以中高档住房开发为主,这种开发特点必然要求有相应的现代化商业与之呼应。也就是说,曹家渡社区今后不但需要开开、一百沪西店这样的大型商厦,而且还应该有一系列的便民店、连锁店与之配套。又加之曹家渡所处的特殊区位决定了社区区域性市场的地位仍然存在,因此,社区的商业功能不但不会消失,而且还将会有较大的加强。

社区经济功能将走上多元化发展的道路。除商住功能进一步加强外,交通枢纽的地位仍将保持。整合后的社区交通将进一步发展,长宁路全线贯通、武宁南路前后向道路拓宽等均将改善社区的交通条件;另外,苏州河治理后,社区经济还将增加旅游功能,而旅游业又会带动商业发展,社区商业地位还将有所提高。总之,整合后曹家渡社区的功能集交通枢纽、区级商业中心、中高档住宅区、旅游观光胜地于一体,社区经济必将蓬勃发展。

77.4　结束语

社区个案研究的意义在于发现某一类社区的规律性,从而为此类社区的建设与管理提供经验指导。"曹家渡现象"的发生绝非偶然,在上海,在中国,有着许多这样的城市社区,比如八仙桥、大柏树等。在上海的城市建设中,区与区、区与县等行政区交界处的社区发展问题应引起有关部门的关注。我们希望政府决策部门能将本文作为一种警示,针对"曹家渡现象"采取必要的措施,促进社区的合理发展,进而推动上海市区的现代化建设和城市内部的协调分工。

[刘君德,何建红.社区的行政分割及其整合研究——以上海市曹家渡为例[J].上海城市规划,1998(4):2-8]

解读：中国的社区与西方的社区有着本质性的差异，行政力一直是影响中国社区发展的基本因素。从空间角度看，社区与基层行政区的关系极为密切，在街道层面甚至是统一（重叠）的，我把它称为"行政社区"。本文以行政区—社区体系理论为基础，选取了上海市曹家渡这一地跨三区的商业功能社区为案例，运用历史分析的方法，揭示了城市社区形成及发展过程中的整体性特征，剖析了目前社区因行政分割存在的问题，并提出了社区整合的方案。文章还对该社区今后发展趋势进行了预测。我发现的"曹家渡现象"一时间在上海学界，尤其是社会学家（包括一些国外专家）中产生较大反响，也引起上海市社会科学联合会的高度关注，有关较详细情况读者可参考2017年东南大学出版社出版、刘君德著《我的地理人生：涉足山区·致力政区·钟情社区》第184—190页。

78 "行政区—社区体系"理论与浦东的实践

背景:我最早接触社区研究是在20世纪90年代中期参加的由浦东新区社会发展局主持召开的新区社区发展规划专家讨论会。在听取专家发言之后,谈了我对社区的理解。我说,社区有两种:一种是行政社区,另一种是非行政社区。当时列举了我的居住地——华东师大一村的例子,华东师大一村设有3个居委会,每个居委会就是一个在街道管辖下的行政社区;而华东师大一村则是一个非行政社区。我又列举了上海著名的工人新村——曹杨新村的例子,那时候曹杨新村被分成两个街道(曹杨新村街道和曹安路街道),两个街道是行政社区,而曹杨新村是非行政社区。我强调,在中国的政治—行政体制下,大城市的行政管理体制是一个纵向的行政区—社区体系,基层行政区(街道办事处辖区)就是行政社区。因此,研究社区必须与基层行政区的研究结合起来整体思考。我的发言得到了大家的认同。会后浦东新区社会发展局专门为我增列了一个课题"浦东新区—社区体系及其发展研究",1995年,我与张玉枝共同完成了这一具有重要创新意义的课题。本文源自这一课题。

78.1 行政区—社区体系内涵

78.1.1 社区的涵义与类型

社区是社会地理学的常用术语,同时也是争议颇多的概念,据资料,社区的定义有140多种[①]。在这些定义中,社区被界定为群体、过程、社会系统和地理区划等。按照通常的表述,社区是居住在一定的地理区域,具有共同关系、社会互动及服务体系的以同质人口为主体的人类生活共同体。"社区人口"是社区的主体;"地域"和"设施"共同构成社区的物质基础;一套相互配合、适应社区生活的制度和相应的管理机构是社区活动的调节器;社区成员对所属社区在情感上和心理上的"归属感"和"认同感"是社区形成的纽带。我们可以从人口、功能、地域、发展程度等多种角度对社区进行分类。若按社区与行政区地域范围的整合关系,可分为行政社区(即社区范围与行政区范围基本整合)和非行政社区。行政社区在国外被称为"法定社区"(The Statutory Community)。

78.1.2 行政社区与非行政社区

行政区是指为实现统治与治理国家,对领土进行分级划分而形成的区域和地方。行政区划作为国家结构体系,是一个综合性很强的整体概念。行政(社)区尤其是基层行政(社)区与非行政社区相比有共性的一面,如它们的根本目标一致,即提高人民的生活质量,都包括一定的地域范围和一定规模的人口,都要求有相应的管理机构。然而行政(社)区与社区有本质差别,突出地表现在形成机制、功能目的、管理组织等方面。行政区设立的目的是为了实现国家行政管理、治理和建设国家,其形成是自上而下的,以行政命令为手段,以管理为主要目的;而社区则是聚居在一定地域的人群生活的共同体,其形成是自下而上的,以社区的归属感为纽带,以提供社区服务、提高居民生活水平为主要目的。行政区有严格的管理幅度和层次,各级行政区内有明确的行政管理组织,行政管理有着严格的法制观念;而社区管理则强调公众参与,实质是群众性自治行为。行政(社)区与非行政社区一般不能随意相互代替。基层行政社区与居住区非行政社区的关系可以用图78-1表示。

图 78-1 行政社区—居住区非行政社区体系框图

这个框图基本反映了目前我国大城市地区基层行政社区与居住区非行政社区体系的现状及其相互关系。其中区(县)级社区、街道(乡镇)社区的地域范围分别与市辖区、城市街道办事处所辖范围或与乡镇范围相吻合的社区,即行政社区。街道(乡镇)社区又称为基层行政社区。居委会和村委会是居民和村民的自治性群众组织,但在实际工作中接受街道或乡、镇的领导,执行上级的指令,从事着大量繁杂的行政工作,因而也被视同行政社区一列。如果把居委会、村委会社区看成非行政社区,则其将与自然村社区一起作为微型居住区社区,与大型居住区社区、小型居住区社区共同构成居住区非行政社区体系。在这个体系内部并无隶属关系,只有规模大小之分。大型居住区社区内居民人口大多在10万人左右,且跨街道分布,如曹杨新村社区包括曹杨新村街道和曹安路街道两个行政社区;小型居住区社区居民人口规模一般小于5万人,并且分布在一个街道内部,跨几个居民委员会,如浦东新区潍坊新村;微型社区只由一个较大的居委会组成,如一栋居民大楼(或机关大院)。

在我国,由于对非行政社区的管理通常以自上而下的行政手段进行,各类社区均被纳入所在的基层行政区的管理之中,从而逐步淡化了各类非行政社区的整体性,使得行政社区尤其是基层行政社区的作用更为突出。

78.1.3 行政区—社区体系

1) 层次结构体系

行政区—社区体系具有一定的层次结构。它体现了自上而下的行政管理层级系统和一定的管理层次—幅度,在一个行政社区体系内不同级别的行政社区之间具有行政隶属关系。从公共经济学角度看,非行政社区体系是不同类型层次的公共服务的提供体系,其公共服务的服务半径各不相同,社区之间无行政隶属关系,其层次结构表现为规模等级功能的差异,大型居住社区往往是综合性、高层次公共服务的提供单元,小型社区则是日常需要的低层次公共服务及某些特殊(专业)服务的提供单元。

2) 社区服务提供和管理体系

在行政区—社区体系内,其社区服务以不同的供给行为方式,即产业类服务供给的社会经济行为和福利类服务供给的政府福利行为,形成了以社区服务经济实体和各级行政组织为主体的社区服务提供和管理体系。社区服务经济实体在社区范围内的提供可通过谋求经济效益而更好地实现社会效益,满足居民的需要,通过将社区服务提供与管理企业内部化,实现社区内产业类社区服务的自我调节。作为经济实体,其运行遵循市场经济规律,以居民需求为导向,经营管理独立于各种行政组织;而作为社区内专业服务的生产组织,在生产内容、价格制定上又必须受到行政组织的调控和监督,以确保居民的利益。福利类服务的提供则是在以财政拨款为资金来源、以行政组织为节点、以行政关系为脉络的网络中进行,从而保证了福利类服务提供的稳定性、系统性。

3) 地域整合分布体系

行政区—社区体系的地域分布表现为空间上相邻分布的规模不等、功能各异的小型专业社区或基层行政区间的相互作用,从而形成多功能、高层次的大型综合社区或高一级行政区。一个城市综合性社区在地域上常常由行政社区、工业社区、商业社区、文化社区、城郊—农村社区、住宅社区,甚至交通社区、旅游社区等多个小型专业社区或行政单元组成。不同类型的大型社区,其内部空间结构差异较大,但一般均表现出一定的分布规律性(有序性)。

78.2 浦东新区行政区—社区体系现状及存在问题

78.2.1 现状分析

浦东新区土地总面积为 522.75 km²,到 1993 年年底,总人口达 143.73 万人,其中城镇人口占 59.8%,非农人口占 68%。浦东新区下辖 11 个街道、32 个乡镇,共有居委会 325 个、行政村 337 个。新区内人口地域分布及行政社区体系情况详见表 78-1。

表 78-1 浦东新区人口地域分布及行政社区体系(1993 年)

基层行政建制个数/个	居委会个数/个	村委会个数/个	面积/km²	人口/人	非农人口/人	人口密度/(人/km²)	基层行政社区规模/(人/个)	居(村)委会规模/(人/个)
街道 11	248	—	32.48	681 711	675 856	20 989	61 974 (33 586~90 046)	2 749 (780~5 310)
镇 5	58	12	34.17	177 476	146 584	5 194	35 495 (15 816~67 819)	2 535 (308~6 544)

(续表)

基层行政建制个数/个	居委会个数/个	村委会个数/个	面积/km²	人口/人	非农人口/人	人口密度/(人/km²)	基层行政社区规模/(人/个)	居(村)委会规模/(人/个)
乡 27	19	325	454.11	578 095	155 303	1 273	21 411 (7 389~45 118)*	1 681 (231~3 517)
合计 43	325	337	522.75	1 437 282	977 743	平均 2 749	—	—

注:括号内数字为最小值、最大值。

浦东新区居住区非行政社区体系及规模如表78-2所示。城镇地区以新村为主;农村地区以乡政府驻地为中心,以自然村落为主体。

表78-2 浦东新区三类地区内新村及其他聚落社区体系(1990年)

街道地区			建制镇地区(1)			乡村地区(2)		
社区	个数/个	规模/人	社区	个数/个	规模/人	社区	个数/个	规模/人
大型新村	13	平均2.5万 (10 000~44 000)	新村	23	大多>1 000	乡村驻地	27	平均4 223 (600~15 000)
中型新村	13	>1 000						
小型新村	13	<1 000	小型聚落社区	53	<1 000 >100	新村	70	一般<1 000
其他群落社区	—	<1 000 (大多<500)	微型聚落社区	27	<100	其他自然村落	>400	多数<100

注:(1) 不包括北蔡农村地区;(2) 包括北蔡农村地区。

除上述城市化地域和农村地域外,浦东新区尚设有8个重点开发区(含位于奉贤县境的星火开发区)。这些开发区并非行政区,各开发区均由开发公司兼理社区行政事务,是目前社会事业发展问题较多、社区管理相对薄弱的地区。

78.2.2 存在问题

(1) 在统一的提供和管理机制下,社区及社会服务的发展动力不足。

(2) 行政区划层次幅度欠合理,新区管委会管辖幅度偏大,街道办事处管辖事务过多,居委会则偏小,在一定程度上影响社区服务的发展,也不利于基层政权建设。

(3) 在行政区对区域经济和社会发展的刚性约束下,各行政社区内部都力求使经济社会发展自成体系,从而割裂了不同社区之间的有机联系,导致社区公共服务的供给与需求错位,造成社区资源浪费。

78.3 浦东新区行政区—社区体系设计思路

78.3.1 建立浦东新区现代化行政区—社区体系的指导思想

（1）坚持"小政府、大社会、大服务"的方向，树立自上而下政府指导（领导）与自下而上大众参与相结合的观念，以实现政府的宏观协调与社会发展之间的良性互动。

（2）坚持"社会发展与经济建设同步推进"的方向，树立城市规划、建设、管理、环境优化和生态平衡及与经济社会发展相结合的观念，以全面实现浦东新区跨世纪可持续发展的宏伟战略目标。

（3）坚持"社会主义市场经济"的方向，树立公共服务组织与管理的便捷性与规模的经济性相结合的观念，以建立符合浦东实际，具有中国特色的先进的行政区—社区体系。

78.3.2 浦东新区现代化行政区—社区体系发展的原则

（1）改革创新，与国际接轨并与浦西相协调的整体性原则。
（2）行政区功能与社区功能一体化原则。
（3）行政区—社区体系层次幅度结构的合理性原则。
（4）与浦东三大圈层结构及各功能区域相对应的区域性原则。
（5）尊重民意，兼顾历史，保持基层行政社区范围的相对稳定性原则。

78.3.3 浦东新区行政社区体系方案设计思路

1）行政社区体系的层级设计

（1）方案一：保持现有的浦东新区管委会街道、乡镇的二级政府层次结构。
（2）方案二：建立浦东新区管委会—市辖区—街道、乡镇三级政府的层次结构。
（3）方案三：建立新型管理区，形成浦东新区管委会—管理区—街道、乡镇二实一虚的层级结构体系。

（4）方案比较

方案一：不打破目前的行政区划层级体系，各类中介机构的设立有利于实施社会主义市场经济体制，增强经济社会发展的活力。但并未改变新区管理幅度过大的矛盾，这就很难根据新区内的情况实行分类管理，形成浦东新区行政区—社区体系。

方案二：打破了目前的行政区划层次结构体系，使浦东地区的行政管理层级趋于合理，有利于加强各区域的分块管理，有利于社区体系的完善；同时未来浦东地区的独立设市将为浦东新区发展注入新的活力。但是这一方案也有严重的缺点，增加了一个行政层级，人员编制也会有较多增加；同时，如果浦东独立设市，在现阶段中国国情下，将不利于大上海市以东促西、东西联动战略的实施。

方案三：这是一个比较理想的方案，它既不打破目前的行政层级体系，又以新型管理区改变了目前区划层次幅度不合理的状况,加强了新区的区域分片管理和分类指导,既符合浦东的实际情况,又有较好的可操作性。但在实施这一方案时应认真研究"管理区"的功能与机构设置,严格控制人员编制。

2) 行政社区体系的空间结构设计

空间结构是浦东新区行政社区体系的重要组成部分。按照城市化水平的空间分布、浦东新区开发规划蓝图,并适当照顾原有街道和乡镇社区的现状,保持区划的相对稳定性,可将浦东新区划分为以下3个各具特色、相互联系、有序分布的类型区:

(1) 核心区。以陆家嘴金融贸易区为中心,涉及目前1个街道,洋泾镇、洋泾乡、花木乡、严桥乡等5个行政单位。该区功能以第三产业为主,形成以金融、商业、贸易、行政、信息、服务等行业为特色的中心商业区。与浦西的黄浦、静安等共同构成大上海市的中心商务区和商业区。

(2) 外围区。以金桥出口加工区、外高桥保税区、张江高科技园区为主体,包括目前凌桥、高桥、高东、高南、东沟、杨园、顾路、张桥、金桥、张江、王港、唐镇、六里、杨思、三林15个乡及高桥镇、北蔡镇、杨思镇共18个行政单位,大多位于外环线以内。该区以出口加工业、港口外贸、科学教育园及高技术产业为特点,形成浦东地区中部经济地带。

(3) 边缘区。以川沙镇、华夏商业旅游区为主体,拟包括目前的龚路、合庆、蔡路、城镇、江镇、孙桥、黄楼、六团、施湾9个乡和川沙镇,共10个行政单位。该区一方面作为城市发展备用地和城郊农业基地;另一方面可以川沙镇及华夏商业旅游区为依托,形成浦东地区东南部经济中心。

3) 基层行政社区合理规模的设计

基层行政社区合理规模的确定是行政区—社区体系中一个十分重要的研究课题,一般应考虑以下几个因素:方便管理,方便群众,有利于社区形态与功能规划的实施,有利于形成社区服务中心,实现社区服务规模的经济性等。

浦东新区三类不同地区基层行政社区规模的确定要从各区域的人口、面积及经济活动等实际出发,因地制宜。我们认为,在考虑居住区行政社区规模时,应尽可能与非行政社区的规模相一致。目前浦东新区街道的平均规模为6万余人,在保持现有街道规模基本不变的情况下,可根据新村分布适当调整。除个别街道规模过小可考虑适当合并外,一般不宜做大的变动。为了提高社区服务的质量,形成社区服务中心,今后新村建设规模应适当扩大至8万~10万人。对于开发区基层行政社区规模的设计,应考虑原有乡镇及居民点的分布与规模,同时尽可能以各开发区为单位独立建成一个基层行政社区,以保持各开发区的完整性及生产、生活的协调性;同时对开发区向城市化的过渡也有积极意义。在农村地区,基层行政社区规模设计要充分考虑农村经济特点和乡镇驻地分布现状,乡镇规模设计要符合浦东新区城镇体系规划的要求,并充分尊重民意、尊重历史。此外,针对之前村委会普遍偏小的情况,应考虑将过小的自然村适当加以合并,以有利于社区建设与服务提供。

4) 基层行政社区的组织设计

城市基层行政社区管理机构的设置要立足于转变政府职能,同时结合城市经济社会发展特点,以民政工作及社区服务指导为工作重点,加强民政部门力量,将目前街道各类经济经营部门转变为社区服务指导部门。按照政府组织、多方参与、居民自筹互助的原则,在基层行政社区建立完善的服务机构,形成社区服务中心,提供各类便民利民服务。

开发区社区行政机构设置应结合开发区的功能开发特点,因地制宜,各有侧重。可借鉴深圳模式,成立物业管理公司,实行住宅区管理一体化的体制。物业公司不仅管房,而且管治安、绿化、卫生等,并对水、电实行托管。在组织机构上,成立住宅小区管委会,审议决定住宅区内的管理工作。管委会下设管理处,具体执行并接受居民监督。

农村社区的机构设置要密切围绕农村经济发展及农村社区建设进行。

5)浦东新区行政社区管理体系框图

在以上层级设计、空间设计、组织设计的基础上,形成浦东新区的行政社区管理体系的综合框图(图78-2)。

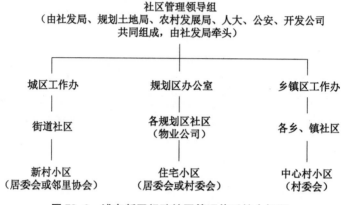

图78-2 浦东新区行政社区管理体系综合框图

各新村小区、住宅小区、中心村小区,可建立小区管委会,由居民代表、居委会、派出所等单位代表组成,下设办公室,具体执行并接受居民监督。

[刘君德,张玉枝.上海浦东新区行政区—社区体系及其发展研究(上)[J].城乡建设,1995(9):13-15;刘君德,张玉枝.上海浦东新区行政区—社区体系及其发展研究(下)[J].城乡建设,1995(10):23-24]

解读:在我国现行的政治经济体制下,行政区尤其是基层行政区,是影响和完善现代意义的社区的关键因素。本文从行政区与社区的关系着眼,以公共服务提供和管理为线索,提出了行政社区、非行政社区、行政区—社区体系等概念;在分析浦东新区行政区—社区体系现状与问题的基础上,运用行政区—社区体系理论,结合浦东新区的区域特点及其开发开放方向,提出了建立浦东新区社会主义市场经济下行政区—社区体系发展的基本思路。"行政区—社区"体系理论是作者的原创性研究成果。

注释

① 参见何肇发:《社区概论》,中山大学出版社,1991。

79 社区分化—整合规律探究

背景：从1995年开始，我连续承接了多项社区研究课题，包括浦东新区、上海市政府发展研究中心的决策咨询、委托课题。在研究过程中深感两个不足：一是具有中国特色的社区实践推进不足；二是中国化的社区理论研究和提升不足。为此，我确定我的研究生张玉枝重点在这一领域深化研究。本文连同上一组合的论文（行政区—社区理论）为此阶段社区理论研究的重要成果。

79.1 几个基本概念

79.1.1 社区

系统科学认为，世界上的一切事物都是由大大小小的系统所组成的，系统内各组成要素相互联系、相互作用，形成具有特定功能的有机整体[1]。社区是一定地域人们生活的共同体。从系统论的观点看，社区是介于社会和家庭、小群体、组织等"微观系统"之间的中介系统，它由五大基本要素构成：①以一定生产关系与社会关系为纽带组织起来的、达到一定数量规模的、进行共同社会生活的人群，社区人群具有多种规定性，包括总量、构成、观念等；②人群赖以从事社会活动的、有一定界限的地域；③一整套相对完备的生活服务设施；④一套相互配合的、适应各社区生活的制度和相应的管理机构；⑤基于社区经济、社会发展水平和历史文化传统的文化、生活方式，以及与之相连的社区成员对所属社区在情感上和心理上的认同感和归属感。这五大要素之间，要素与整体之间，以及要素与环境（社会经济、政治、法律等）之间存在一定的有机联系，从而在系统的内部和外部形成一定的结构和秩序。社区人口是社区的生活主体，是社区变迁中最活跃的因素；设施与区域共同构成社区生活的物质基础；制度和管理机构是社区生活各种关系的调节器；社区特有的文化、生活方式和社区成员对社区的认同感，既是社区成员在一定地域范围内共同经营社会生活所形成的结果，又是将社区成员凝结为一体的黏合剂和纽带。

作为社会子系统和地域性社会共同体，社区具有以下几个总体特征[2]：

(1) 社区是人类社会活动高度聚集的地域空间，以聚落作为自己的依托或物质载体

所谓聚落，是指人类各种形式的居住场所，它不单纯是房屋建筑的集合体，还包括与居住直接有关的其他生活设施和生产设施。社区的基本构成要素都是聚集在聚落之中的，人类共同经营社会生活的大部分也是在聚落这一地域空间内进行的。在现代社会，住宅区的建设是社区发展的重要标志和载体。

(2) 社区是一定地域人们共同生活的空间和产物，社区生活为社区成员所共同创造和拥有，社区参与是社区形成和发展的根本途径

社区中共同生活的人们由于共同的利益，面临共同的问题，具有共同的需要，遂结合起

来进行生活和其他活动,在这个过程中,产生了共同的行为规范、生活方式和社区意识,如共同的文化传统、民风民俗以及共同的命运感、隶属感等。它们构成了社区人群的文化维系力。

(3) 社区是社会的构成单位,是一个具体的、有限制的地域社会

同社会相比,社区内部的各种社会联系具有更直接、更具体的特点,社区内部的生活更具有直观性。但社区只能反映社会的部分性质,社会不是社区的简单拼合,而是各种社会单位、社会现象、社会关系有机结合而成的整体,它具有超越各个具体社区的性质和特征。从国内外社会学界进行的社区研究看,大多把一个村庄、一个城市或城市中的某一街区界定为一个社区。

(4) 社区是具有相对完整意义和相对独立意义的社会单位,是人们生活的基本空间

社区内部有相对完备的生活服务设施,有相对配套的制度、规范和管理体系,人们共同经营的社会生活以及生存、发展的各种基本需要都能在社区内得以满足。社区生活的内容是多方面的,包括物质生产、人口生产、精神文化产品的创造,人们的衣、食、住、行等。社区成员的关系也是多方面的。

(5) 社区是社会成员参与社会生活的基本场所,是社会民主政治生活的基本空间

社会上仅有极少数人能够直接干预整个社会生活,而大多数社会成员都是通过参与社区生活而参与社会生活的。在社区中,由于社区生活是多方面的,人们扮演的各种角色叠合在一起,就构成了一个完整的社会成员角色。人们的社会关系网络也是以所在社区为中心而向外扩展的。人们的个人生活同社区生活联系在一起,其主要活动范围同社区的空间范围基本一致。

79.1.2 分化与整合

分化与整合是系统科学中描述系统运动发展的一对概念。系统科学认为,系统发展中存在着整合、分化两种相互联系、性质不同的过程。当多种要素集合在一起,而且这些要素之间存在一定的秩序关系时,这种关系就为各种要素提供了一种导向统一的补充标志,导致产生一种新的一体化形式。导向统一的补充标志越明显,同组成要素的性质相容性越大,组成要素就越容易产生一些在没有相互联系时缺少的新属性。组成要素在导向统一标志制约下,由分散状态变为一个完整综合体,完成系统整合,使系统作为一个整体发挥其特有的整体功能。在系统趋于整合的同时,由于系统内各要素间相互作用的加强,会出现内部分化的趋势,即系统内部出现一些相对独立的功能部门,整体功能被分解为性质不同的部分,由这些部门分别承担,以提高系统功能效益,满足系统规模扩大和功能加强的需要。系统就是在内部要素分化和整合的过程中不断发展。

79.1.3 社区分化与社区整合

以系统分化与整合理论为指导,我们认为,社区分化与社区整合是社区运动发展中两个不同而又相互联系的过程。所谓社区整合,是指多种功能不同、性质不同的社区构成要素和单位在不同纽带的连接下形成一个整体,各部分在整体中根据社区共同生活的需要发挥自

己的功能,从而造就社区的整体功能,维持社区存在与发展的过程。社区整合的实质在于异中求同,使不同的构成要素在某种一致的基础上结合成一个整体。所谓社区分化,是指在社区内部构成要素或构成部分的性质、功能和要素间原有对应满足关系和内容逐渐改变,以及当这种改变积累到一定程度时,一个具有多种功能作用的部分将分化为几个功能更专一的部分,或者担负某种功能的部分由一个分化为多个。社区分化是社区成长发育的表现,在许多情况下,社区中的分化,尤其是社区中新的构成单元的出现,对社区发展具有重要的进步意义。

79.2 社区分化—整合运动的一般规律探讨

79.2.1 影响社区分化—整合运动的外部因素

所谓社区的外部,是指社区发展的基本环境,包括这样几个层面:一是社会层面,社区是社会的子系统,社会政治、经济、文化的发展对社区发展具有重大影响;二是区域层面,即所在小区域对其发展的影响;三是空间紧密相邻社区层面。

1) 社会层面
(1) 政治因素
社区是影响社会稳定的重要因素,保持社会稳定是各级政府的行政目标,因而社区建设具有强烈的政治色彩。其他政治制度和活动,尤其是与人民生活密切相关的制度和活动,如社会保障制度、种族制度、基层行政组织及其管理区域的变更都对社区发展有着重大影响。当然政府关于社区建设包括社区硬件设施和软件建设的种种规定更是社区分化—整合运动的直接动力。

(2) 经济因素
当我们进行中外社区发展对比时,就会发现社会经济发展水平是制约社区建设的一个重要因素,换言之,一个社会的社区建设水平是社会经济发展水平的重要标志。社区建设中硬件设施的建设需要大量的资金投入,在经济发达、人均收入高的国家和地区是以社会福利或是通过民间集资、捐赠来解决。同时人民收入水平直接影响其受教育程度和对精神生活的追求,进而给其所生活的社区带来不同的影响。在市场经济发达的国家和地区,人们收入水平的差异往往以居住的空间分异明显地反映出来。

(3) 文化因素
归属感是维系社区的纽带,这种意识活动的内容及其变化与整个社会的文化氛围密切相关。社会基本的价值观念、风俗、舆论导向是社区文化的内在底蕴,是社区归属感形成和发展的基础。

2) 区域层面
区域层面指社区所在相对独立的区域,或是经济区域,或是政治区域,或是文化区域对社区分化—整合运动的影响。一般地,区域经济水平、文化氛围、政治特点既是社区发展的基本环境,又是其具体特征。

3) 空间紧密相邻社区层面
社区分化—整合运动在空间上有明显的特征,一般反映为规模的扩大、缩小以及分割和联合,因而空间上连续分布的社区发展之间存在一定的联动关系。相邻社区之间公共设施的共用程度以及人际交往的频繁度是衡量它们相互之间联系密切程度的重要指标。

79.2.2　社区分化与社区整合的主要内容及其相互关系[2]

1) 社区整合的主要内容

社区整合分为外部整合和内部整合两个层次。

(1) 社区外部整合

在这里,社区外部整合仅指社区合理空间范围的确定,社区外部社会、经济等环境整合属社会整合范畴。社区空间整合是社区整合控制的第一步,是指以行政区划或地理界线界定社区的空间范围,并以此作为社区整合的界线,使本社区同其他社区在空间上相区别,以相对独立的形态存在。

(2) 社区内部整合

① 经济整合。经济整合的目的是要形成社区构成要素的经济共同性和相互依赖性,为社区参与、社区整合的完全实现创造物质基础,包括消费整合和利益整合。

　　a. 消费整合:以紧凑的聚居形式和交通网络将社区各组成部分在空间上连为一个整体,以社区成员共享的生活服务设施和活动中心将社区成员的消费活动联系在一起。

　　b. 利益整合:通过社区内部的利益调整活动,使社区成员彼此之间形成既定的利益关系,并同社区整体形成利益交换关系,增强社区内部组成部分之间的利益相关性。税收、福利、地方性基金具有这样的功能。

② 政治整合。政治整合将为社区参与提供重要的组织保证,包括组织整合、制度整合和功能整合。

　　a. 组织整合:造就一种社区组织体系,为社区组织共处于一个整体提供结构框架。

　　b. 制度整合:创造一套规范和制度,确定社区构成要素之间的关系和互动形式,为各组成部分的活动提供一套规则。

　　c. 功能整合:对社区各组成部分的功能进行调整——促进或抑制各组成部分功能的发挥,以保证社区整体功能的实现。

③ 文化整合。文化整合是社区整合的深层次构造,包括观念整合、情感整合和意识整合。

　　a. 观念整合:宣扬或提倡一种基本价值观念体系,为社区整合提供思想基础。

　　b. 情感整合:通过风俗、礼仪、舆论和其他集体活动形式,造就使社区成员在心理上彼此接近的内聚力。

　　c. 意识整合:通过动员社区成员参与社区的公共事务,增加社区成员的社区意识。

④ 特色整合。创造和发展本社区在利用资源、生产和生活方式等方面的特点和优势,使之成为本社区的传统和特色,增加本社区的特殊性以区别于外社区。

2) 社区分化的主要内容

(1) 社区成员的分化:包括社区主体构成变化,社区主体需求变化,社区利益阶层关系变化等。

(2) 社区设施的分化:反映为原有设施实际功能的增加,新设施、服务的出现。将原来为全体社区成员服务的设施分解为只为某些特定社区成员需要的设施;将原来提供综合性服务的设施分解为只提供专一性服务的设施;社区聚居形式从无序到有序,社区内出现了工业区、居住区、商业区、娱乐区等,居住区进而又产生等级之分等。

（3）社区规范和制度的分化：由于社区成员、设施的分化,社区内部规范在分化的作用下,形成一个多种风俗、领导、规章和法律构成的规范体系。

（4）社区文化观念的分化：统一的价值观念向多元化价值观念体系演进,社区成员的伦理观、社区政治观、生活方式观、时空观等在社区发育过程中显现出差异,并且逐渐扩大。

3）社区分化与社区整合的关系及其对社区的影响

系统科学认为,系统的发展一方面要求其组成部分独立化为专门的职能部分,以提高发挥功能的效益,满足系统规模扩大和功能加强的需要;另一方面则要求各个组成部分加强联系,作为一个整体发挥其特有的整体功能。社区发展正是社区分化和整合的对立统一体。从本质上讲,分化具有原动性,比较活跃,而整合则具有被动性和相对稳定的性质。社区分化要求建立新的整合模式或局部改变原有的整合模式,以利于自己的充分发展。从分化到旧整合模式的调整或崩溃,新整合模式的建立,再到新的分化开始,循环发展构成社区发育的过程。社区发育有赖于社区分化,但社区分化对社区发展的影响并不是单独实现的,而是同它的对立面——社区整合交互作用、共同实现的,新分化出来的因素只有在适应自己存在和发展的整合模式中,才能充分发挥自己的作用。社区分化程度越高,社区构成要素和单元差异越大,就要求社区有更强的整合能力,使社区具有更强的整体性。社区就是在分化和整合的交互作用中,不断提高自己的质量、完善自己的结构、扩大自己的规模,从而不断提高自己的发育程度,由低级向高级发展的。

在社区分化—整合实现的过程中,社区分化与整合之间存在对位同步进行和不对位非同步运动两种情况。当整合模式具有一定的自我调整与自我完善的能力,在刺激分化的同时,利用分化创造出新的整合纽带和力量,即在不改变自身基础规定性的前提下,可以在原有模式上修补增减为新分化因素找出合适的存在位置时,社区分化与整合对位同步进行,分化的结果即为整合的措施,社区将在这种运动推动下迅速稳定发展。但在实际发展中,社区分化与整合常常是不对位的,分化和整合往往不能有机地结合在一起,出现分化在前、整合滞后或整合超前、分化滞后的现象。社区分化和整合的错位对社区发展极为不利,前者将使社区在相互对立的双重整合模式下以扭曲的形态发展,后者将使社区发展付出低效率、低功能、长期缓慢的代价。

79.3 社区分化—整合运动规律在中国的特殊表现

79.3.1 中国社区的特殊性

新中国成立以来,建立了人民民主专政的社会主义国家,政府是全体人民利益的代表,公民自觉自愿接受行政管理的意识强;而同时由于社会生产力水平和人均素质不高,兼受传统思想影响,公民自我管理的意识和能力比较差,因而在现实生活中,基层行政组织所辖区域即为人民生活的基本空间,社区管理、社区建设以行政力量为主,社区范围与地方行政组织管理范围基本一致，即"街镇行政社区"是中国最基本、最主要的社区类型。社区的形成和发展与行政区划及基层行政组织变更密切相关，进而形成行政区—社区体系[3-5]。此外，由于我国长期推行政企不分的社会经济管理体制，各单位不但在经济运行和业务工作上受政府的直接领导，而且对其职工生、老、病、死、住、行负有全面管理的责任，职工对其所在单位具有强烈的归属感，大型企业连片大型居住区通常形成相对独立的"单位社区"。从广义上讲，基于"单位社区"形成的根源乃是政企不分、政事不分，这种社区亦是一种由于行政力量制约而形成的社区，但"单位社区"与"街镇行政社区"不同，其形成一般与行政区划无直接影响，通常所讲的行政社区仅指地域范围与某级地方行政组织管辖范围一致的社区，不包括"单位社区"。因而"单位社区"可以被视为中国另一种具有普遍意义的主要社区类型，这类社区规模一般较行政社区小，镶嵌在各行政社区之中。

79.3.2 当前我国社区分化—整合运动的基本特点及其发展趋势预测

1) 在行政主动力作用下，社区建设空前发展

当前随着社会经济的发展，人民素质和人均收入水平大幅度提高，单纯民政优抚和简单的便民利民服务已经不能满足居民日益增长的社区文化生活和社区服务的需求。社区发展已成为人民群众和各级政府共同追求的目标。各行政社区纷纷以创建文明村镇、文明小区、文明片区等方式改造、更新、提高社区的硬件设施和环境质量，并通过建立综合执法队、社区管委会等措施加强社区行政管理力度，全国涌现出一大批设施优良、环境优美、人民安居乐业的文明社区，社区建设得到空前发展，人民生活质量得到普遍提高。此外，值得指出的是，在刚刚通过的全国"九五计划和 2010 年远景目标"建议中，首次将保持社会公正、安全、文明、健康发展和社区建设提到战略地位，这一举措必将使我国社区建设事业再一次走向高潮。

2) 社区分化—整合运动空前复杂

当前正值体制转轨，与人民收入直接相关的就业机制、分配体制和人们的观念正在发生深刻变化，人均收入普遍提高的同时，贫富差距逐步拉开，社会阶层分异初露端倪。一些大中城市人口老龄化趋势明显，社会人口流动总量迅速放大，社区主体及其需求的构成发生显著变化。相应地，社区服务的内容更为广泛，社区服务提供机制更为多样，除了传统的行政机制外，市场机制也正在逐步形成，一系列新兴社区服务业，如"物业管理""家庭保洁""钟点服务""车辆管理中心"等蓬勃发展。此外，一些民间团体如青年基督教会亦步入社区服务提供者队伍之中，各街镇社区服务志愿队伍纷纷建立并不断壮大，老年人协会、英语角、爱心社等社区团体和活动丰富多彩，社区分化—整合运动空前活跃和复杂。

3) 以"共建"为渠道，"单位社区"将逐步融入"行政社区"

随着市场经济深入发展，政企分开、建立现代企业制度、摆脱"办社会"的包袱已成为企事业单位在新时期生存发展的必然途径。目前行政社区内企事业单位与街道"共建"正是这一历史大趋势的反映。通过共建，企事业单位把计划经济政企不分体制下形成的"办社会"职能逐步转移到政府中去，真正轻装上阵；而社区行政组织亦通过借助企事业单位力量充分利用社区资源开展社区建设，不少共建的企事业单位和街道社区已经享受到了共建的益处。可以预计，今后这种共建将会得到进一步发展，并将最终使"单位社区"融入"行政社区"。

4) 社区参与不断增强

社区是人们生活的共同体,其发展最终取决于社区人的共同努力,社区参与是社区发展的根本动力和源泉,是社区行政、社区服务健康发展的重要保证,因而不断增强社区参与是社区发展的大势所趋。我们看到,随着社会经济的发展、人民素质的提高,居民社区参与意识和参与能力正在并将继续大大增强,为社区参与的全面落实提供了必要条件。

[刘君德,张玉枝.社区分化—整合运动一般规律探讨[J].人文地理,1997(2):5-10]

解读:社区是社会的子系统,其运动发展极其复杂。本文借助系统理论中描述系统运动发展的一对概念——分化与整合建立起社区分化和社区整合的概念,并通过从社会层面、区域层面、空间连续分布的相邻社区层面分析影响社区分化—整合的外部因素和社区分化—整合的基本内容及其相互关系,探讨社区运动发展的一般规律,最后结合我国社区发展的实际概要论述了社区分化—整合运动规律在我国的特殊表现。此文为我们介入社区领域研究的重要理论成果。

参考文献

[1] E.拉兹洛.用系统论的观点看世界[M].闵家胤,译.北京:中国社会科学出版社,1985.
[2] 方明,王颖.观察社会的视角——社区新论[M].北京:知识出版社,1991.
[3] 刘君德,张玉枝.上海浦东新区行政区—社区体系及其发展研究(上)[J].城乡建设,1995(9):13-15.
[4] 刘群德,张玉枝.上海浦东新区行政区—社区体系及其发展研究(下)[J].城乡建设,1995(10):23-24.
[5] 张玉枝.城市行政区—社区体系的理论与实证研究[D].上海:华东师范大学,1995.

80 浦东新区的社区分化与整合

背景：浦东开发是一个迅速的城市化过程，这一过程包括两个方面的转变——生产方式的转变和生活方式的转化。20世纪90年代中期，社区建设已成为浦东新区形态和功能开发以及精神文明建设中不可或缺的一项重要内容。特别是推出"蓝印"户口新举措，打破了传统僵化单一的户籍管理制度，社会经济发展的二元格局进一步强化。在这一背景下，浦东新区社区发展空前复杂，社区建设中出现了一系列新情况、新问题。从理论上加强社区建设的规律性研究，并对其发展及时进行科学引导，已成为浦东新区社区建设实践的当务之急。

80.1 研究的背景与意义

80.1.1 历史背景——社会整体变迁与社区建设的兴起

党的十一届三中全会确立我国国民经济由计划经济体制逐步向社会主义市场经济体制转变的重大决策。在市场经济规律作用下，资源配置将实现优化组合，大而全、小而全的经济结构开始得到合理调整，出现了产业在地区间的逐步转移和地区的产业结构优化；从企业层面看，企业兼并、合并、破产现象不断增多，社会经济运行整体水平正在逐步提高。然而就社会经济体制变迁对个人生活影响而言，则忧喜参半。一方面，收入普遍增加，人们活动自由度和生活水平有较大提高；另一方面，工作强度明显加大，家庭生活方面，如子女教育、供养老人、家务劳动负担加重，同时，社会分化程度提高，贫富差距越来越大，大量因产业结构升级和企业兼并破产而下岗的失业者的生活、生产需求成为社会稳定的重要影响因素。在这种情况下，作为人们社会生活空间、社会生活共同体的社区被重新发现，依靠社区建设实现社会稳定、解决职工的后顾之忧，全面提高人们的生活质量成为新时期社会关注的热点。

80.1.2 地域背景——浦东开发及研究浦东新区社区发展的意义

浦东开发是一个迅速的城市化过程，这一过程包括两个方面的转变——生产方式的转变和生活方式的转化。浦东开发开放几年来，一方面，以各功能开发区的建设为契机，城市化地域成片拓展，城市经济和非农人口总量迅速增加；另一方面，无论是老城区、新城区还是保留的农村地区，人民的生活方式也正在逐步发生变化，人们对社区生活质量的要求越来越高，社区建设已成为当前浦东新区形态和功能开发以及精神文明建设中不可或缺的一项重要内容。同时，作为中国20世纪90年代改革开放的重要标志，浦东开发在国内外引起广泛的关注和支持，国内外企业和财团，国内各地优秀人才和打工者纷至沓来，浦东成为全国"二元"经济社会发展的焦点。在这里计划经济与市场经济、小农经济与现代经济、乡村与城市并存并迅速消长，国外资本与国内资本汇聚并相互融合，现代思想与传统观念、西方文明与东方文化强烈撞击,本地时尚与外地风俗鲜明对比。近来,浦东新区在探索社会主义市场经济体制的过程中,为进一步建立健全龙头产业——房地产市场和人才流动市场,推出"蓝印"户口新举措,打破了传统僵化单一的户籍管理制度,社会经济发展的二元格局进一步强化。在这一背景下,浦东新区社区发展空前复杂,社区建设中出现了一系列新情况、新问题。从理论上加强社区建设的规律性研究,并对其发展及时进行科学引导,已成为浦东新区社区建设实践的当务之急。

80.2 浦东新区社区分化—整合运动的基本特征——迅速、复杂、基本同步

在上述历史和地域背景下,浦东新区社区分化—整合运动空前复杂且迅速发展,并基本保持同步,突出地反映在社区主体构成明显变化,社区时空发展梯度跃升,设施建设和行政管理不断强化等方面。

80.2.1 社区分化迅速发展——社区主体及其需求构成明显变化

在社区分化—整合运动过程中,社区主体是社区诸要素中最活跃的因素,社区主体结构,如职业构成、收入构成、年龄构成、文化构成及总量变化直接引起社区设施、社区文化及制度规范的变化。近年来,浦东新区社区主体及其需求构成的变化正是浦东新区社区分化—整合运动迅速发展的重要标志:①人口总量迅速增大,外来人口不断增加,"八五"期间,浦东新区社区主体——新区人口总量规模增长了21.9%,1995年年底,"浦东人"总量达169.22万人,其中在浦东居住半年以上的外来人口比重上升了7.7个百分点,达20.3%;②人口老龄化趋向明显,1995年,60岁以上的老年人口占15.4%;③就业人口结构发生变化,"八五"期间,第三产业就业人口上升12个百分点,第一、第二产业人口分别下降了5.8个百分点、6.2个百分点;④人口文化素质高,1995年,新区高中以上人口占21.8%;⑤人均收入大幅度提高,5年来,城乡居民储蓄存款年末余额年均增长54.1%,人民生活需求正迅速迈向小康型;⑥社会阶层分异明显,浦东新区社区主体正迅速分化为资产所有者、白领阶层、蓝领阶层的组合,社区主体需求出现了明显的层次分异,比如高级住宅、别墅及西方物业管理的出现。

80.2.2 分化—整合空前复杂——社区类型多样,时空分布梯度跃升

浦东新区社区分化—整合空前复杂,社区类型多样,在空间分布上,自西向东呈现出城市中心区社区、城乡结合部社区、农村社区依次有规律排列的地域分异格局。受所在地域经济分工演化影响,同时在高文化社区对低文化社区的辐射作用下,各类地域内社区发展呈现出梯度跃升和融合的态势。

(1)城市中心区社区。近年来,由于中心区功能开发推进,其核心区中央商务区居住人口导出明显,同时在其周围则已经和正在形成大批新建的高容积率、有一定公建配套的居住新村,区域内逐步形成中央商务区、商住区和动迁居住区功能分异。社区管理以街—居行政

直线管理为主,在街—居行政力量领导下,社区建设形成一套周密体系,社区服务种类齐全,并呈现出专业化、经营化发展态势。其社区文化以本地域城市文化为主,并不断自觉接受浦西及外地和国外文化影响。

(2) 城乡结合部社区。城乡结合部是浦东开发的黄金地段,其社区发展变化极大,经历了农村社区向准城市化社区的过渡,并正在向城市社区转化;同时这里人口构成复杂且混杂聚居的特征也极为突出。从社区主体构成看,企业主、白领阶层、体力劳动者阶层对比强烈,有就地农转非居民,也有大量浦西动迁居民;从社区设施情况看,住宅区类型多样且先进与落后并存,有设备先进、实施物业管理的高级住宅别墅,有大量新建的有一定公建配套的工人新村,也有居住条件恶劣的残存的和临时搭建的棚户区。其社区管理在总体上正在由镇—村型农村社区管理向街—居型城市社区管理转化。社区内农村文化、城市文化、国外文化并存,并呈现出递变发展的趋势,即农村文化向城市文化靠拢,城市文化与国外文化交融。

(3) 农村社区。受城市化扩展影响,其范围逐渐缩小。在农村社区内,乡镇集体经济是社区形成的基础,各乡镇工业经济发展迅速,但仍保持一定比例的农业经济;同时,近年来,各乡镇农村个体经济发展迅速。农村地区住宅分布相对稀疏,间或有相对集中的"中心村"但仍保持单家独院式格局。社区内公共设施简单,且政治经济功能明显,但近年来,社区文化娱乐设施不断增加。农村社区管理以镇—村为主线,社区服务内容较少,以社会优抚为主。社区文化以本地乡村文化为主,同时受城市文化和工业文明影响,传统生活方式和观念有较大转变。

80.2.3　分化—整合基本同步——以设施建设、行政管理不断强化,实现分化和整合

社区设施和管理服务是否符合社区主体需求和社区文化气氛是社区整合程度的客观衡量标准。随着浦东新区社区主体构成及其需求变化,尤其是城市中心区和城乡结合部社区的设施建设和社区行政管理与服务不断加强,浦东新区社区分化—整合基本同步。在社区管理上按照"两级政府,三级管理"的要求,强化社区行政管理整合。一方面进一步调整街镇社区管理的组织结构,强化街镇政府职能,明确和落实其在社区建设中的统一协调领导,并在各街镇设立了综合执法队;另一方面分别成立了城区社区管委会和农村社区管委会,加强社区建设与管理。并在此基础上,以分税制为基础,按事权财权一致原则,对社区建设资金来源和分配进行了适当调整。各街镇的社区文化、教育、卫生、治安等活动得以有序开展。在设施建设方面,目前全区人均居住面积为 $7.6\ m^2$,与全市水平相仿;街道、城镇家庭厨房独用占 88.4%,厕所独用占 8%,家庭煤气普及率达 9.6%,自来水普及率为 100%;同时各街镇公共设施服务更加齐备,普遍设有社区服务中心及若干分中心,居委会设有社区服务站,城乡居住质量达到较高水平。

但与此同时,社区建设中也出现许多不尽如人意的情况,比如由于所处区位人气不足,罗山会馆长期亏损,利用很不充分;新老街道由于资金或场地限制,公建配套步履维艰;新兴物业管理与传统居委会管理相互脱节;城乡结合部街镇、镇镇交界地区出现管理空白等。这反映出浦东新区社区建设中局部地区存在设施建设、组织功能或空间不整合,亟须调整、完善整合模式。

80.3 浦东新区社区发展趋势分析以及当前社区整合模式的调整与完善

80.3.1 浦东新区社区发展趋势分析

社区是社会的子系统,其运动变化处于社会大系统变动之中。浦东新区未来的社区发展与其未来整体社会经济的发展息息相关。

1) 城市迅速推进与社区地域空间变化

在浦东新区国际大都市宏伟目标和规划指导下,随着陆家嘴金融贸易区、金桥出口加工区、张江高科技园区、花木文化行政中心、六里现代生活园区、外高桥保税区、华夏旅游区及浦东国际机场、国际海港的开发建设和建成,新区城市化进程将迅速推进,社会经济地域将进一步分化。目前城市化地区将逐步建设成为中央商务区、商住区;开发区密布的城乡结合部将建成为高科技工业区、工业居住区、现代居住区;农村地区将演化为大都市近郊。新区内社区地域类型也将随之呈现为中央商务区社区、现代居住区社区、工业区社区、近郊社区的分布递变。

2) 东西一体化与人口的大量增加

浦东开发是东西联动、共同发展的一个环节,在东西一体化发展战略实施过程中,为配合浦西旧城改造、市政工程建设,大量的动迁居民将移入浦东,浦东人口总量将急剧增大。

3) 市场化与社会阶层分异的发展和"同质人口社区"的形成

浦东开发负有率先建立社会主义市场经济体制的重大使命,市场机制将逐步健全。随着市场竞争的发展,人们的收入将逐渐与其受教育程度、智力、能力密切相关,以受教育程度和收入水平为差异,社会阶层分异进一步明显,以收入相近为特征的同质人口社区的形成将成为社区分化的一个显著特征。

4) 文明化与社区参与意识和能力的提高

随着九年义务教育达标100%目标的实现,以及产业高度化带来的大量高素质人才的迁入,新区内社区主体文化素质将大幅度提高,社区参与意识和参与能力也必将大为提高。然而同时我们也必须认识到在当前和今后一段时期内,由于生产力水平、社会传统、心理习惯的影响,行政力量依然是社区建设的主导力量,行政社区依然是社区建设的基本单元,因而社区参与也必将在行政力量的指导下实现。

80.3.2 当前社区整合模式调整与完善的若干建议

1) 调整行政区划,加强外部整合

如上所述,在当前以行政社区为单元进行社区建设的体制下,随着城市化的推进和地域经济功能分异的发展,社区整合的首要环节——空间整合,必须通过城乡行政区划的调整来实现,包括行政建制的转变和行政区域范围的重新调整。其具体内容有:城乡结合部镇建制向街道建制的转变,街镇间界线的重新划分;以功能分区为基础,街镇社区合理规模和范围的确定;农村地区中心集镇的建设等。

2) 培育引导社区自我管理,建立健全社区内部管理整合机制

社区参与是社区发展的根本动力,也是社区建设的重要保证。发动群众并促进其形成有组织的共同参与是当前社区管理的薄弱环节。因而加强培育和引导社区自我管理是今后社区内部管理整合机制调整的重点。在这一工作推进过程中应特别注意行政管理的配套改革,使共处社区管理体系之中的各种社区组织,包括物业管理组织,充分发挥其作用,并共同形成最大的整体功能。

3) 及时调整社区利益,努力实现经济整合

当前浦东新区社区利益的核心是社区经济,它是社区建设的物质保证。理顺社区建设资金供求关系,开辟和巩固社区建设资金来源是当前社区经济发展的重点。针对各街镇经济性质和水平的差异,提出以下几点建议:①开展社区建设公建配套普查,并结合基层区划调整一次性补偿到位;②新建、在建社区公建配套专款专用;③建立长期社区建设专项财政拨款或建立相应税基;④原各街镇经济实行产权化、股份化,并按比例并入新的集体经济;⑤发展社区服务社会化、经营化,将其纳入第三产业社会服务行业发展之中。

4) 开展社区精神文明建设,促进文化整合

以精神文明建设为核心,提倡正确的人生观、价值观,组织开展有益的社区活动,形成健康向上的社区文化氛围,并以之为纽带,促进社区深层次整合。

5) 因地制宜,循序渐进,在稳步发展中实现整合

社区建设要充分考虑社区的不同地域、功能类型、人口特质,因地制宜,不能一刀切、一个模式;同时对于变动较大和新建新区的建设,如街镇合并社区、镇改街道社区、新兴"同质人口"社区必须以其现有的社会经济文化基础为依据,不能急于求新求异,而应循序渐进,在稳步发展中实现整合。

[刘君德,张玉枝. 论浦东新区的社区分化—整合运动的特征及发展趋势[J]. 人文地理,1997(4):5-8]

解读:社区建设是维护社会稳定和社会经济可持续发展的重要环节。浦东开发是中国21世纪"龙头"城市建设工程。浦东新区社区建设不仅是浦东开发开放顺利进行的保障,也必将在全国产生积极的示范效应。本文从时代背景到地域发展纵深透视我国社区及浦东新区社区建设的兴起,并运用社区分化—整合系统分析理论对当前及今后浦东新区社区及其分化—整合运动进行剖析,提出5点调整、完善浦东新区社区整合模式的建议,颇有针对性,具有实际指导意义。

81 政区·社区与城市规划

背景：应中国城市规划学会的邀请，我参加了 2001 年 12 月 10 日至 12 日在杭州举行的年会，来自全国各地的 600 余位城市规划设计、管理、教学、科研人员参加了这一盛会。我作为主旨报告人之一在大会上做了城市规划与行政区划的演讲，并在分会场作了中国社区建设与行政区划关系的报告，引起规划界的积极反响。会后我将报告内容整理成两篇论文先后在《城市规划》杂志发表。这是其中的一篇，也是首次将城市规划、社区建设与行政区划结合起来进行综合研究的成果。

81.1 概念与关系

城市规划、行政区划与社区是 3 个不同的概念。对于城市规划概念的表述人们有不同的认识，不同的学科也有不同的理解。但把"规划"看作一种"过程"则是共识，城市规划和其他不同类型的规划一样，是一种决策过程的规划，被赋予实施行动的特征。它是借助城市规划师，通过对城市土地使用及其变化的控制来解决城市发展中特定问题的过程。城市规划是实现城市发展目标的一幅蓝图，是城市建设、工程设计的基本依据，也是城市政府管理的重要依据和手段。城市规划的目的是增强城市的综合竞争力，实现城市的可持续发展，提高城市居民的生活质量。城市规划应当服务于城市的整体利益和公共利益。

对于行政区划的概念也有不同的理解。一般认为，行政区划是国家根据政权建设、经济社会发展和行政管理的需要，遵循有关法律的规定，充分考虑政治、经济、历史、地理、人口、文化等各种因素，按照一定的原则对全国领土进行不同层次、不同规模划分的过程。人口、地域、等级、行政中心和与行政建制相对应的政区名称是行政区划的基本要素。行政区划的目的是通过调整行政区划或理顺行政区划体制来加强政权建设、发展地方经济、方便行政管理。城市型政区是我国现阶段行政区划工作的重点。

与城市规划和行政区划不同，社区属社会学范畴。学者对社区概念的认识有不下 100 种。最先对"社区"进行较系统研究的是德国社会学家滕尼斯，他认为社区是由同质人口组成的关系密切、守望相助、疾病相扶、富有人情味的社会团体。目前多数学者认为社区的本质因素包括社会互动、地域性和共同约束等内容。据此，可以将社区的概念简单描述为：聚居在一定地域范围内的人群所组成的社会生活共同体。人群、地域、设施、管理、文化和认同等构成社区的基本要素。社区建设的目的是推进社区民主、发展社区经济和文化、保持社会稳定、巩固基层政权，其终极目标是提高生活质量、实行社区真正的自治。城市社区是我国现阶段社区建设的重点。

城市规划、行政区划和社区虽然是 3 个不同的概念但相互关系密切。它们之间虽有差异性但也存在共性。第一，三者的根本目标是一致的，都是通过加强管理，有序、规范地发展，提高居民的生活质量，走共同富裕的道路。第二，城市规划和行政区划都是政府的重要工作,是一种自上而下的行政行为,是决策—实施的过程;社区在中国国情下具有显著的行政性特征,社区建设也是一种决策和实施的过程。第三,规划、区划和社区都表现出政策导向性、空间差异性的特征。

城市规划、城市行政区划和城市社区建设三者之间的关系十分密切。城市规划与城市行政区划相互作用、相互影响、相互制约。行政区划是城市规划的前提和基础,城市规划受行政区划的影响和制约;反之城市规划直接影响城市行政区划的调整,是城市行政区划调整的主要依据之一。社区是城市的基本社会单元,社区规划是城市规划的基本内容之一,社区文化、社区个性等直接影响城市规划布局;反之,城市社区规划直接受城市规划的制约,社区规划应服从城市规划的全局。行政区与社区是两个不同性质的概念,行政区是政府辖区,代表政府,是行政行为;社区是社会,是自治体,二者之间是政府与社会的关系。但中国的城市社区都是"行政社区",行政区管理与社区管理不可分割,大城市内部的纵向管理体系实际上是自上而下的行政区—社区体系。

81.2 奇特的现象——五个案例分析

长期以来由于体制、政策、职业、专业等种种因素,特别是体制因素的作用,在城市规划中,人们很少考虑行政区划和社区建设的因素,以致出现许多不应有的失误和问题。同样,行政区划的调整与改革不能适应城市规划、建设、管理及城市体系、区域发展的需要。通过以下实例可以看出它们之间的关系及其影响的程度,以及中国特有的一些现象。

81.2.1 "苏锡常"现象:都市区内部的行政分割

20世纪90年代初,在民政部和江苏省政府的支持下,我们曾对江苏省苏锡常地区和扬(州)泰(州)地区的行政区划问题进行过三个半月的调查研究,发现许多奇特的现象。我们把它称为"苏锡常"现象和"泰州"现象。

所谓的"苏锡常"现象,突出地表现为以下两个方面的问题:①3个中心城市之间的行政分割问题。苏锡常历史上是一个紧密联系、各具特色的城市群体,20世纪80年代出现了离心倾向,相互封闭,原本紧密联系的经济整体渐渐被人为地分割;区域内部经济结构同构化十分突出,环境污染加剧,港口、码头重复建设,浪费严重,3个城市的特色和个性逐步消失,区域整体竞争力逐渐削弱。②3个地级市内部的政区体制问题。市县同城、县包围市的同心圆政区结构带来严重的市县矛盾,导致中心城市的规划、建设和管理失控,经济发展受阻,影响区域城镇体系的合理发展。特别是无锡县、吴县和武进县分别包围了3个切块的中心城市,使空间狭小的中心城区发展严重受阻,城市的规划区甚至超过行政区,规划成为典型的"纸上画画,墙上挂挂",难以实施。

解决上述问题需要改革苏锡常地区的行政区划体制,我们提出了包括给苏锡常3个中心城市松绑,实行市县合一,解决3个中心城市的市县同城问题,扩大中心城区的地域范围;取消市管县,实行省直接管市的分等制等建议。但由于市与县、市与市之间行政分割的本位观念,行政区之间的利益冲突而导致的敏感性,这一问题长期得不到解决,造成不必要的损失。

81.2.2 "泰州"现象:行政等级变化对城市规划、建设和经济发展的影响

以泰州为中心的"三泰"地区,地处江苏省中部,地理区位条件相当优越。泰州是有名的文化古城,是这一地区的经济中心,曾有"小无锡"之称。新中国成立初期,泰州曾是苏北行署(省级)驻地,经济繁荣。苏南和苏北行署合并,恢复江苏省建制后,泰州的行政区划不断变更,行政地位越变越低,失去原本作为区域中心城市的地位,地域空间狭小;特别是1983年推行市管县体制,泰州划给扬州管辖以后,在相当长的时间内,其行政地位在竞争中处于不利地位,经济发展相对缓慢,城市扩展空间受阻,城市规划受行政区划的严重制约。行政区划使泰州渐渐失去了原有苏中地区中心城市的地位和活力,严重制约了泰州本身的发展,进而影响苏中地区的发展。

81.2.3 "海口—琼山"现象:跨界城市的行政分割对城市发展的影响

海口市是海南省省会,辖区面积只有236 km^2,是我国典型的"切块"城市之一,其建成区东侧已与琼山市的府城连为一体,形成我国特有的跨界城市。由于国家批准的海口城市规划面积远远超过了海口市行政区的面积,其发展受地域空间的严重制约。工业企业选址、公共基础设施建设(道路、机场、供水、供电、排污、垃圾处理等)在本市域内无法解决;连学校、医院的发展规划以及社会治安管理等,都与琼山市发生摩擦。考虑到海南处于改革开放前沿,市场经济体制已经基本建立的情况下,1993年我们曾借鉴国外的经验,提出琼山设市、两市分治的建议,两市之间的矛盾由省政府协调。这在一段时期促进了两市的共同繁荣,但新的矛盾不断产生,仍需深入研究。

81.2.4 "曹家渡"现象:商业社区的行政分割对城市规划功能定位和社区发展的影响

曹家渡是上海市典型的商业社区,曾与徐家汇等同为上海的商业副中心。但由于曹家渡为静安、长宁、普陀3个行政区所分割,20世纪90年代以来,在上海市实行"两级政府,三级管理"新体制、管理权下放、区级政府经济功能不断强化的背景下,3个区出于对曹家渡地位和作用认识的不同,各区从自身利益出发,难以对曹家渡的功能进行统一定位,而使这一历史上形成的、具有整体性特征、在全市有重要地位和规模的曹家渡商业社区逐步走向衰落。上海市规划的商业副中心无法实施,规划被束之高阁,管理滞后,致使曹家渡渐渐落伍,与徐家汇的差距不断拉大。

81.2.5 "龙港"现象:自下而上的城市化发展受行政区划体制的制约

被誉为"中国农民第一城"的浙江省温州市苍南县龙港镇,是我国最典型的在市场经济环境下"自下而上"自然集聚的新兴城市;是一个经过17年的艰苦奋斗,由一个小乡镇发展成为拥有27.8万人口(第五次全国人口普查,居住半年以上的常住人口)的城市。2000年,

龙港拥有各类企业1 200多家,个体工商业达8 000多户;国内生产总值(GDP)达35.9亿元,人均12 914元;市场的商品成交额45亿元,本级财政收入2.1亿元,其经济规模超过许多县级市,甚至超过一些地级市。然而,龙港行使的却是"市一级要求,县一级工作量",一个"镇"的建制。为了加强城市管理,不得不在镇下设置了县级的"一办(党政办)""两委(纪委、政法委)""七局(计划发展局、农业经济发展局、社会发展局、财政贸易发展局、城建局和计划生育管理局)"。这种"镇不像镇""县不像县""市不像市"的行政区划体制,导致权力与责任的失衡,上层建筑与经济基础的不适应,城市规模与管理体制的不相符,城市与区域发展的不协调。迫于种种原因,龙港至今不能设市。

上述5个不同类型、不同问题的案例,集中反映了转轨时期我国城镇体系发展、城市规划建设管理与行政区划体制和社区建设的矛盾。这些矛盾尖锐的程度国内外罕见,也说明现阶段我国城市规划工作中解决与区划、社区关系矛盾的必要性和急迫性,我国现行的城市行政区划体制需要深入研究,推进改革。

20世纪90年代初我们提出了"行政区经济"的理论(刘君德《中国行政区划的理论与实践》,华东师范大学出版社,1996年),对行政区划与区域经济发展的关系进行了深入的剖析。在"行政区经济"运行下,行政区划对区域经济产生刚性约束,对城市化快速推进的背景下中心城市发展所要求的地域扩张产生空间阻力。行政区经济的理论思维诠释了我国转轨时期行政区划体制对城市规划、建设、管理所产生的极大影响,由此产生了上述诸多奇特现象。

81.3 中国市制的主要问题

20世纪80年代以来,我国的城市行政区划制度经过多次改革,对推进我国城市化的发展起到了积极作用,但由于体制背景和多种原因,现有的城市行政区划制度还存在不少问题需要研究解决,主要包括以下方面:

81.3.1 设市城市数量的增加与城市化水平的提高不甚合拍

中国的城市化经历了一个曲折的发展过程,大体分为两个阶段:一是在20世纪70年代末之前,城市人口增长缓慢,呈现波动发展状态;二是在十一届三中全会之后,中国经济走向高速发展时期,城市化水平迅速提高。1999年,城市化率已经达到31%,与1978年相比提高了13个百分点。从城市化水平的提高与我国设市城市数量增加之间的关系看,二者不甚合拍(图81-1)。由图中可见,1949—1978年全国的设市城市由136个增加到193个,30年净增57个城市,与同期的城市化水平基本相适应,显现缓慢增长、波动发展的特征。而1978年之后我国城市化发展与城市数量之间的关系出现非正常的情况。1997年设市城市的数量增加到668个,相当于1978年的3.46倍。一段时期出现无序增长,最多的一年增设了53个市(1993年)。近几年又出现了停止设市的另一个极端,加上一些建制市被改设为区,设市城市出现下降趋势。2000年,我国的设市城市为663个。作为一个发展中国家,处在经济高速增长、城市化率增长较快、城市数量并不多的情况下,出现上述世界罕见的反常情况,从一个侧面反映了我国现有设市制度存在问题。

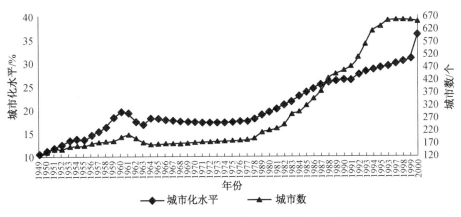

图 81-1　中国城市化水平与城市数量关系曲线图

81.3.2　市制发展缺少整体战略规划

改革开放以来,我国的市制经历 1986 年和 1993 年两次较大的调整,开展过全国性的设市预测和规划,但这个规划只是一个县改市的排序规划,缺乏对全国市制改革的总体考虑,特别是没有一个与国家城市体系规划相协调的战略性设市制体系规划。国家难以对全国的行政区划进行宏观调控,在一定程度上导致行政区划调整、改革的盲目性、随意性。

81.3.3　城市行政区划调整与区域规划、城市规划相脱节

实际工作中区域规划和城市规划常常与行政区划产生矛盾。由于传统的体制分割(规划和区划分属建委、民政两个部门),加上许多城市在规划中不重视行政区划的因素,规划和区划的矛盾往往得不到及时解决,这不仅使区划调整造成被动局面,而且给规划工作,尤其是规划的实施带来直接影响。这是导致许多很好的规划成为"纸上画画,墙上挂挂",甚至造成严重经济浪费的一个重要因素。

81.3.4　目前的设市模式过于单一

20 世纪 80 年代中期以来,我国主要实行的是"县改市"和"地市合并"的"市管县(市)"模式。越来越多的学者认为,这种模式虽有不少优点,主要是减少了机构,便于操作,有利于稳定;但也存在许多难以解决的弊端,主要是混淆了"城市"的本质内涵,出现假性城市化现象,与国际通行的市制不相一致,"市不像市""县不像县"。中国国情复杂,地区差异大,从各地的实际情况出发,实行不同的市制模式是必要的。目前过于单一的设市模式并不符合中国的国情。

81.3.5　城市辖区体制有待规范

市辖区是直辖市和地级市的行政区划单位。它既在市与街道之间起连接和桥梁作用,

同时又执行市的指令对街道起领导作用；在上海等许多大城市实行权力下放，即"两级政府，三级管理"的新体制下，区政府的权力膨胀，特别是规划权的下放引起许多新的问题和矛盾。市域城市规划的整体性被削弱。另外，从郊区的行政区划体制看，由于直辖市下不能设市，迫使几个直辖市的郊县纷纷走改设区的道路，这在一定程度上混淆了城区与郊区的本质区别，也使这类区和一般的县、市相混淆。

81.3.6　对城区内部的纵向区划层次结构和规模结构缺少研究

大中城市，特别是特大城市（主要是直辖市）内部，情况复杂，管理难度大，现有传统的纵向行政区划层次结构和规模结构存在不少有待解决的问题。如怎样的区划层次和幅度才能与城市规划合拍？怎样才能便于行政管理和提高管理效能？区级政府的功能是什么？上和市政府、下和街道是什么样的关系？区、街两级政区的规模多大为好？街道与社区居委会又是怎样的关系？这些都需要做深入的研究。目前一些城市不从自身的条件和特点出发，存在着一味追求规模扩大、权力下放的改革，负面影响不少。

81.3.7　缺少对大都市区管理体制的可行性研究

1990年以来，长江三角洲、珠江三角洲、环渤海地区等许多大都市区发展迅速，成为中国经济的主要集聚中心。但在大都市区内部，传统行政区划体制对都市区的凝聚力和合力产生的刚性约束也随之加强，大都市区管理体制的研究日益显得重要。一些学者从20世纪90年代初期开始对这一问题进行了不少研究，介绍了一些国外可供借鉴的经验。但仍缺少深入论证，中国尚没有进入大都市区管理体制的推进和操作阶段。

81.3.8　行政区划的法律不健全

行政区划是国家的一项大政，中国作为一个大国，应建立一套完整的行政区划法。目前国家设立的行政区划法规很不健全，特别是设市标准不够完善，有些模式（如市管县体制）缺乏严密的法律依据。《中华人民共和国宪法》中涉及市制的某些条款（如直辖市下不得设市）不太合理，客观上影响了大城市内部行政区划调整、改革的科学性。

81.4　根本的出路：改革与合作

81.4.1　改革的原则

根据我国的具体国情，总结历史的经验、教训，借鉴国际的模式和经验，我以为，在21世纪我国行政区划改革应遵循以下基本原则：(1)积极改革与相对稳定相结合；(2)方便管理与提高行政效率相结合；(3)自上而下与自下而上相结合；(4)区域规划、城市规划与行政区划、社区规划相协调；(5)规范统一与因地制宜相结合。

81.4.2 改革的宏观思考

根据上述基本原则,借鉴国际经验,针对现行政区体制存在的问题,21世纪我国城市型政区改革的基本思路有以下几个方面:

1)设市"解禁"

1998年开始,由于出现设市"大跃进",国家暂时停止了设市,导致近几年设市数量的下降。我认为目前应该解禁:一是,一段时期出现的"设市热"已经得到遏制,民政部门对设市条件做了一些必要的修改,标准有所提高;二是,继续停止设市对城市化推进不利。我们需要对中国的设市模式进行反思,从我国的实际情况出发,把握市制发展的规律,制定一个全面、科学的设市规划,以指导全国的城市设置。

2)完善和创新设市模式

(1)严格控制"县改市"。实践证明,我国自20世纪80年代中期以来大规模推行的"整县改市"模式存在许多难以解决的弊端。对这类设市模式应严格控制,主要在经济发达地区推行。

(2)积极推行新的"切块设市"。在有些双中心的县,如果其中某个中心镇达到国家规定的设市标准,如前面列举的苍南县龙港镇,即已完全具备了这样的条件,应允许其设市。20世纪90年代福建的石狮、广西的东兴都属于这种模式。与传统的"切块设市"不同的是,新的"切块设市"应划入一定范围的乡镇,有一个合理的城郊比,在预测未来城市发展规模的基础上预留足够的发展空间。

(3)试行"县下辖市"。我国台湾省以及美国、日本等都实行这种模式。它有许多明显的优点:一是既保留了县制,也兼顾了设市;二是比较容易解决县市之间的矛盾,市在县领导之下,统一规划、建设县和市,实现县市的协调发展;三是由于县下可以辖多个市,全国城市的数量将大大增加,这与我国大国的地位、与城市化水平的提高是相适应的;四是解决了整县改市的许多弊端,如城市人口统计、假性城市化问题等,从而使中国的城市制度与国际相衔接。国家应该制定"县辖市"的标准,积极试行"县下辖市"制度。对于"县辖市"可能出现的矛盾(主要是市县同城、编制增加),应通过改革政府的途径从根本上加以解决。

(4)研究和创新中国都市区行政管理体制。我国东部沿海发达地区都市区的发展已经对传统的市制模式提出了挑战。在现阶段乃至相当长时期内,在"行政区经济"继续运行的情况下,现有的行政区分割都市区的体制,很难解决都市区政府之间的各种矛盾,诸如跨界的公共服务(交通、供水等)的充分供给、区域环境整治、经济社会发展中的各种利益关系的协调,以及政府管理效率的提高等问题,研究和建立符合中国国情的都市区行政组织与管理的新模式就显得非常急迫。根据国际的经验,大体有3种模式:一是通过"合并"或"兼并"的方式建立一元化的、高度集权的都市区政府;二是采取协商联合的方式建立松散的城市协调组织机构(非政府机构);三是建立跨界职能的城市联合政府,行使某些跨界职能(如交通、供水、环境保护等)。当前,选择条件较好的都市区(如江苏省苏锡常地区)建立都市区政区改革实验区是一个良策。

3)规划与区划部门联手,搞好城市规划、城镇体系规划与行政区划

规划和区划密切相关。区划是规划的基础和前提,规划为区划调整提供依据,二者相辅相成。但区划和规划分属两个不同的部门,各自为政。在"行政区经济"运行下,规划与区划的矛盾十分突出。加强区划与规划工作的协调,是一项十分迫切的任务。我们主张规划与区划部门联手,合作开展规划和区划工作。在开展城市规划、区域规划、城镇体系规划时,以规划部门为主,区划部门参与;在进行行政区划调整和开展行政区划的战略规划时,以区划部门为主,规划部门参与。只有这样,才能真正体现规划、区划工作共有的"决策—实施过程"的统一,使规划和区划成果更具有科学性、指导性和可操作性。

4) 改革大城市内部的行政区划体制:建立行政区—社区体系

我们认为,在大城市,特别是像北京、上海等这样的特大城市,城区内部管理复杂,目前传统的纵向管理体制已经不适应城市发展的需要,市、区、街道之间的关系和职责功能以及划分的规模等问题,需要研究解决。我们的研究认为,强化两头,弱化中间,构建"两实一虚、三级管理"的行政区—社区垂直结构体系是一个较好的选择思路。所谓强化两头是指强化市和街区,将街道规模适当扩大,变为实体的基层政府;所谓弱化中间,即将区一级逐步虚化。城市政府与地域性政府一个很大的区别是人口的高度密集,经济社会文化发展水平较高,居民生活的高度社会化,在管理上需要高度集中。城市规划、建设和管理应全市统一进行。实践证明,上海等城市正在实行的"两级政府,三级管理"体制,在推进经济发展的同时,也产生了一定的消极影响,在一定程度上带来了不合理竞争,"小而全""大而全",分散、重复建设的问题。为此,区的某些权限(如规划权)应上收至市里,某些权限又需要下放给街区。街区是最贴近百姓的政府。在街区之下,建立具有真正自治性质的新型社区。最终在市区形成市(实)—区片(虚)—街区(实)—社区(自治体)的全新意义上的行政区—社区体系管理网络模式。

5) 规划与社区工作者联手开展社区建设规划

社区建设是近几年关注的热点问题。1998年以来,以民政部门为重点,在全国20多个大中城市26个城区进行了社区建设实验,取得了显著进展,但在规划界尚未引起足够的重视。我们认为社区规划是城市规划的重要组成部分,随着城市建设大规模的推进,城市产业结构的调整,大规模房地产的开发,城市空间结构的变化,城市社会社区化、基层民主化的发展,人民生活水平的提高,城市居民越来越关注自己居住的社区。社区规划、建设、管理将成为城市各项工作的重点,同样也应是规划工作的重点之一。

目前我国一些城市已经或正在开展的社区规划从其性质来看,可分为社区形态规划和社区发展规划两种;从其目标任务来看,可分为社区综合规划(文明规划等)和社区专业规划(社区经济规划、教育规划、社区服务规划等)两种;还可以有其他的划分方法。这些规划大多是为创建文明社区、文明城区服务的。从规划的专业队伍来看,主要是社会工作者做的规划,缺少专业规划师的参与。我认为,社区规划是一项综合性很强的规划工作,涉及规模、形态、经济、社会、文化、环境、治安、管理等方方面面,还涉及居民的切身利益,因此以规划工作者和社会科学工作者专业队伍为主,吸收相关的专业人员和社区居民共同参与制定的社区规划才是一个科学的、得到居民支持的、可以操作实施的规划。

6) 根本出路:改革政府

在我国城市制度改革中,具有根本意义的是城市政府本身的改革。政府应转变职能,逐步淡化城市政府的直接经济功能,实行真正的政企分开、政事分开、政社分开,建立"小政府、大社会"的体制与机制,促进社会主义市场经济体制的完善,实行与世界经济的接轨;与此同时,城市政府的规划管理功能应有所加强。由于政府职能转变的过程也是行政区的经济功能逐步淡化的过程,因而,未来我国的城市行政区划对城市规划、区域规划的制约亦有可能逐步减弱。中国的城市制度将逐步走向科学、规范和稳定。

[刘君德.城市规划·行政区划·社区建设[J].城市规划,2002,26(2):34-39]

解读:城市规划、行政区划与社区是3个不同的概念。在中国现行的政治体制背景下,行政区划对城市规划产生刚性约束,实践中存在"两张皮"现象,严重制约城市发展和影响城市化的进程。本文在对这种现象进行分析的基础上,从城市规划的角度提出了行政区划改革的方向;同时,从加强社区建设的角度对城市规划提出了建议。

82　社区规划设计的法则

背景：21世纪初，中国的城市社区建设进入高潮，许多城市开始重视社区规划工作。我们在上海市普陀区的真如镇、浦东新区的郊区等积极开展了社区规划工作，在规划中感受到规划理论的重要性。时任天津市河西区副区长的张俊芳同志分管社区工作，在考取我的在职博士生后，她的研究方向被确定为社区建设。这是由她主笔写的论文，着重介绍西方的新城市主义理论框架下社区规划与设计的几个法则问题。

82.1　关于新城市主义

82.1.1　新城市主义的提出

新城市主义是美国20世纪90年代促进邻里和地区健康发展、提高生活质量的运动。其设计思想和作品已经对美国新型社区的建立和城市机理的重构产生了一定的影响，并在相当程度上影响了当今北美和其他地区的城市建设。当然，这一思潮和运动的出现并不是空穴来风，而是有着深刻的时代背景。在二战期间，美国人为了拥有私密性、机动性、安全性的私有住宅而大规模迁往郊区。美国城市出现了一种以低密度平房和小汽车交通为主体的郊区蔓延的发展模式，结果造成建筑形式千篇一律，公共建筑散置各处，大都市地区边缘的农业用地和自然开敞空间被吞噬，通勤距离和时间拉大，对小汽车交通方式的依赖加大，能源消耗加剧，交通拥塞和空气污染加剧，城市税源减少，内城被破坏，邻里关系淡薄以及种族隔离等问题。二战后，其他西方国家也纷纷效仿美国，走上了急速扩展近郊的发展之路，很快也给城市带来了上述种种病症。这种情况到了20世纪80年代已变得无法忍受。为了改变这种状况，许多西方学者进行了不懈的理论探索，20世纪80年代以来产生了几种以矫正这些城市病为使命的理论，包括由安德雷斯·杜安尼（Andres Duany）与伊丽莎白·普拉特—兹伊贝克（Elizabeth Plater-Zyberk）夫妇（以下简称DPZ）提出的传统邻里社区开发（Traditional Neighborhood Development，以下简称TND）和由彼得·卡尔索尔普（Peter Calthorpe）倡导的公共交通主导的邻里社区开发（Transit-Oriented Development，以下简称TOD）；此外，还有内利森斯（Nelesseils）提出的"小庄"（Hamlet）和麦克伯恩（Macburnie）的"都市小村"（Metropolitan Purlieus）等思想。这些城市理论和规划理论有很多相类似的地方，统称"新城市主义"（New Urbanism）。1993年3月28—30日，来自欧洲、美洲和亚洲的新城市主义者齐集意大利的博洛尼亚（Bologna），举行了新城市主义的第一次国际会议，否定了被传统规划界奉为圭臬的1933年的《雅典宣言》，宣告了新城市主义的正式诞生。

82.1.2　新城市主义的主要理论架构

新城市主义作为一个城市规划设计运动，其出发点是为了克服二战以来在西方城市发展中所出现的市郊不断蔓延、社区日趋瓦解等病态倾向。新城市主义主张借鉴二战前美国小城镇和城镇规划优秀传统,塑造具有城镇生活氛围、紧凑的社区,以取代郊区蔓延的发展模式。新城市主义的思想内涵极为丰富,主要理论框架包括两个部分,即传统邻里社区开发和公共交通主导的邻里社区开发。

1) 传统邻里社区开发

新城市主义把可持续发展思想作为思想源泉之一,认为城市形态应该采取紧凑形态,即紧凑城市(Compact City)。它是与分散化思想相对的一种集中化思想(Centralization),认为可持续的城市和社区应该是适宜行走、有效的公共交通和鼓励人们相互交往的紧凑形态和规模。TND 的重点在城市设计,而不是城市规划。他们所提倡的"传统邻里区"有以下特征:半径约为 400 m(或 5 分钟的步行路程),街道间距是 70～100 m,周围有绿带,邻里内有多类型的住房和居民,土地使用多样化,区内道路两旁都有人行道,每条街道都有各具特色的行道树,公建布局在人流集散地。其中,住房的后巷是设计的一个独到之处,既是居民车库的所在地,也是邻里间进行社交活动的场所。总之,通过建设高密度的簇状社区,提高生活设施系统的活力,增强社区发展的可持续性。

2) 公共交通主导的邻里社区开发

面对郊区蔓延所导致的一系列问题,TOD 理论强调混合土地用途,提出了"公共交通主导的发展单元"的发展模式,即以公共交通为规划原则,以区域性交通站点为中心,以不规则的格网式道路为骨架,构建社区及居民的生活。为减少车流量和增加社区的可步行性,社区内街道设计狭小,沿街步行道平均宽度为 1 ft(1 ft≈0.304 8 m),平均车行速度为 15～20 mile/h(1 mile≈1 609.344 m),容许路边停车,小汽车在城市中的主导地位将被公交车取代。在适宜的半径范围内,建设中高密度住宅以提高社区居住密度,使每英亩(1 acre≈4 046.856 m^2)1 个居住单元增加到 6 个单元;混合住宅及配套的公共用地、就业、商业和服务等多种功能设施,以此有效地达成复合功能的目的,从区域宏观的视角整合公共交通与土地使用模式的关系。总之,新城市主义者的出发点和落脚点是深刻的人文关怀,绝不是仅仅在城市社区的外观上反射新传统主义的城镇之光。他们所主张的社区规划与设计是以人和环境为本,力求营造一个生活便捷、步行为主、俭朴、自律、居住环境与生态环境怡人的社区,重建二战前极受小城镇青睐的社区牢固的联结纽带。

82.1.3 新城市主义实践中的问题

新城市主义虽然给世界城市建设界带来了一股新风,也在许多地方投入实践并取得了某种程度的成功,但也出现了种种问题:第一,紧凑城市思想忽略了分散化是不可阻挡的时代潮流这一现象,北美的住房消费者仍喜爱小平房,城市的基础设施和公共服务仍是以小汽车为主要交通工具。第二,紧凑城市可能使城市社区变得人口过分拥挤,交通更加繁忙,同时缺少开阔空间(绿地),从而降低生活质量。此外,有人批评新城市主义鼓吹的以美国 19 世纪小城镇为目标的发展模式是矫揉造作,现代社会邻里淡薄的观念不会因建筑形式而改变。也有人批评后巷是浪费土地并且制造不安全地带。最后,有人认为新城市主义的对象是白领阶层而不是普通大众,反映了精英主义(Elitism)的心态。

82.2 关于社区发展

新城市主义是在城市及社区建设实践与社区理论探索的长期互动中出现的。因此,我们只有把新城市主义放到这一历史进程中加以考察,才能把它看得更清楚。

82.2.1 社区与社区发展

1) 社区

社区是人类社会的空间状态和人文状态,是人类最根本、最广泛的生活方式的表现,是人类居住空间、生活空间、社会组织空间的集合,是居住在某一地方从事多种社会活动的人们所构成的社会区域生活共同体。城市社区从来不是一个抽象的东西,它是一个区域性的社会,是一个包涵了地域、人口、区位、结构和社会心理等多种要素并笼罩于自然的、社会的等多重空间之下的复合体。至今,关于社区的定义有近 200 种之多,人言人殊,莫衷一是。一般说来,任何社区都必须具有以下几个要素:①以一定社会关系为纽带组织起来的、达到一定规模的、进行共同社会生活的人群;②人群赖以从事社会活动并有一定界限的地域,包括地理位置和地理环境;③互相协调、适应社区生活的制度和组织管理系统;④一整套相对完备的生活服务设施;⑤基于社区经济、社会发展水平和历史传统的文化和生活方式;⑥社区意识,即居民对自己所属社区所应有的心理上的认同感、归属感。

2) 社区理论与社区发展

1887 年德国社会学家 F. 滕尼斯在《社区与社会》一书中,首次提出了社区概念,把由具有共同价值观的同质人口组成的、关系亲密的、富有人情味的社会关系和社会团体称为"社区",从而开创了一门崭新的学科,人类社会从此也增添了一种全新的事业,即发展社区。社区发展,是指社区有方向性的变迁,这种变迁是积极性的,是人为加以控制的。1960 年,联合国发表《社区与有关服务》一文,认为社区发展已经成为一个国际通用的名称,专指人民自己与政府机关协同改善社区的经济、社会及文化情况,把社区与整个国家的生活合为一体,使它们能够对国家的进步有充分贡献的一种程序。社区理论出现之初,引起了人们的注意,引发了社区发展的实践,而随着这种实践的不断推移与深入,社区研究与理论也不断更新和进步。到了 20 世纪 60 年代,西方规划理论界开始把关注的目光转移到城市规划中的可持续发展上来,提倡"以人为本",社区规划的目标也转向改善环境、创造就业机会、促进邻里和睦。同时,社区规划的理念也越来越被居民所接受,纷纷参与社区规划。进入 20 世纪 80 年代,建设可持续发展的生态型社区已成为社区规划的核心理念。促进人、环境与社会三者的协调发展已成为社区规划的基本目标。因此,我们应该看到新城市主义的出现并不是偶然的,而是在继承前人优秀成果基础上的一种历史性发展,对当前的城市建设以及社区发展有着新的指导意义。

82.2.2 中国城市社区发展及问题

1) 中国城市社区的历史变迁

在世界各大悠久的文明体系下,城市以及社区的发展脉络迥然不同。对于中国城市社区的变迁来说,其最根本的制约因素是中国独特的政治结构与政治传统,那是一种至今仍然无法抗拒的力量,远远超越了城市的力量及其想象力。对于中国社区的历史进程而言,第一制约因素,应该在中国的政治史里寻找。中国城市变迁史大致分为先秦、专制主义(秦朝—鸦片战争前)、近代、新中国成立后30年(1949—1978年)、改革开放后这5个时代。在中国政治史的历程中,从来没有取得自治权力的中国城市及社区在探索自主发展和建设的进程中举步维艰、步履蹒跚,直到现在,政治给予城市社区的影响也是第一位的。

2)中国城市社区的发展及问题

早在20世纪30年代,社会学家吴文藻先生最先倡导中国的社区研究,由此揭开了中国社区理论研究的序幕。但在近代中国,战乱频仍,社区研究与发展只能停留在纸上,根本无法开展。新中国成立后,我们也并未有意识地开展过系统的社区发展。如果一定要寻找社区发展的信息,那么就只好在城市规划里寻找了。新中国成立后的城市规划源于"一五"时期学习苏联的城市规划——计划经济下的规划,这种规划模式的弊端不一而足,在此不再枚举。改革开放以来,这种僵化的规划体制得到了部分修正,为中国城市化进程做出了历史性的功绩。20多年来,以房地产开发为主体的住宅小区一直是中国城市社区规划的主要模式。大规模的住宅小区建设确实改善了人民的物质居住条件,创造了优美的建筑空间环境,提供了配套齐全的服务设施和高效安全的效能系统。但从总体上看,中国城市社区规划的发展,还远不能适应城市社区可持续发展的迫切需求,城市社区发展中问题重重,主要表现为:城市旧区、中心区超强度开发,建设密度过高,环境质量下降;城市生态建设滞后;社区建设缺乏人文关照,建筑和空间体型环境不理想,缺乏协调,缺乏特色。目前,社区规划与设计的弊端主要有以下两点:一是社区发展及规划的动因是外铄的,而非内源的。应该说直到今天,我国城市社区发展的动力,仍非以社区居民为主,而是某些高级学者的理论研究以及各级政府的推动,具有独立自主意识的社区并没有在中国大地上出现,社区居民也无法以主体的姿态参与社区规划与设计。怎样真正实现社区发展的主体性是我们急待解决的一个最重大课题。二是社区发展与规划体制不合理。在社会主义市场经济体制下,投资为一体多元化,土地有偿使用,现有规划体制不动大手术是不行的;部分专业规划对城市规划的影响,一些开发区封闭运行,从"条条""块块"对城市整体的肢解,使规划在体制上困难;规划实施缺乏监督机制,法制滞后,有法不依普遍,城市规划法急待修订;城市规划编制审批及实施制度也有待改进,总体规划内容过多,编制审批周期过长,远不适应建设实际需求。总之,西方发达国家城市规划理论和实践的经验教训以及我国城市社区建设的现实问题启示我们,建立人、环境和社会三者相和谐的可持续发展的社区是中国城市社区规划建设的必然趋势。新城市主义的出现给我们带来了新的启示,尽管新城市主义所开的药方并非全对我们的病症,但还是有很大的借鉴意义的,使我们避免在西方社区发展中曾出现过的弊端。因此,我国城市社区规划与设计面临着一个新的历史机遇和挑战。

82.3 新城市主义:社区规划与设计的几大法则

新城市主义重在设计,极具可操作性,笔者认为主要有以下几个法则:

82.3.1 可持久性

首先,新城市主义设计思想中有一条重要原则,就是强调城市的生长性(潜替性),即承认城市或社区发展的极限,使社区发展具有可持久性,即像自然界的生物群落那样可以持久、稳定地生长。为了保证社区发展的可持久性,新城市主义主张要设定城市或社区发展的界限,防止社区规模过大,一个社区应有一个最合适的规模,过大了会使社区生态条件恶化。因此,一定要限制社区漫无边际的扩展,对社区生长界限内的土地要做好远期规划,保证城市健康发展。其次,新城市主义主张要保证社区内部的多样性,认为多样性是造成城市及社区稳定、持久发展的重要因素。比如:社区用地的多样性保证了社区各类活动的开展;具有功能复合性与交通方式多样性的城市及社区比功能单一的城市及社区具有大得多的吸引力与辐射力;等等。新城市主义者有意识地将生态多样性原理应用在他们的设计实践中,主张在设计时采取并坚持"集合经验",认为所有的城镇都是集体智慧的产物,都有着集合经验,这种"集合"的性质是城市和社区具有多元性的保证。因此,在对某一城市或社区设计时,他们主张采取集合的态度,不能独断专行,一定要邀请多位不同风格的建筑师共同进行设计,博采众家之长。此外,规划设计社区,要兼顾不同时间、空间,合理配置资源,兼顾社会、经济和环境三者的整体效益,不能因眼前的利益而用"掠夺"的方式促进社区暂时的"繁荣",保证其健康、持续、协调地发展。

82.3.2 可拓展性

社区的发展最终是为了营造满足人类自身进化需求的环境。对于这一进程,我们的认识显然还不够。现在,许多小区规划一旦建设成型,就算"订了终身"、一成不变,往往没有考虑到小区今后的发展对于空间格局和规划形态的更新需求,没有在规划设计时留有充分的余地,以致若干年后便会显得不合时宜,无法满足小区发展之需。如随着私家车的普及,当初的车位数会显得供不应求,业主停车困难;小区未来老龄人口的增加,当初的会所项目设置和老年活动设施会显得不相适应,无法满足老人生活之需;随着家庭小型化的趋势,人口出生率的下降,当初的托儿所、幼儿园等规划设施需求容量会锐减,而其他需求空间则会成倍增长……凡此种种,都会导致当初规划设计合理性的逐步丧失,使原有的规划形态、空间格局无法满足小区的未来生活之需。新城市主义对城市及社区的可拓展性有着深入的思考,主张规划形态既要满足当今小区业主的居家生活之需,又要充分考虑和预测小区未来发展之需。因为他们所主张的城市及社区发展的有边界性,决定了这种发展不是平面线性扩大的模式,而是功能更新和拓展的模式。这就要求在规划设计时,就要事先考虑到某些空间和局部形态的可更改性和多功能性,以及在总体格局和基本格调保持不变的情况下,充分留有简便易行的改扩建的余地,而不必伤筋动骨地大动干戈;同时,也不会因为今后的局部改扩建,而影响原有的绿化率和间距、采光等。这就需要在规划设计时多费思量,巧妙构思,体现出空间的可塑性和多用性,以满足未来之需。新城市主义不仅注意小区整体规划的可拓展性,同时还关注住宅功能的可拓展性,注重房型功能区隔的可变性和楼宇设施配置的可扩容性、可升级换代性,以此满足业主未来家庭生活的变化发展之需,信息时代的居家生活之需。住宅建筑的某些设施配置、通信管线、网络功能等,在最初设计时,就应为今后预留扩容和升级换代的接口和节点,以避免今后对小区道路和墙体的开膛破肚、兴师动众,避免造成重复建设,或避免木已成舟没有更改余地的尴尬。尤其是智能化配置,随着信息社会的到来,全球经济一体化的推进,以及生活水平的日益提高,住宅智能化的程度也会水涨船高、逐步升级,当初的配置设计便会显得不相适应。因此,前瞻性、预计性地为各个系统预留接口和节点,也就十分必要了。这就能使住宅功能具有延伸扩展的可能。总之,在社区规划设计的时候,新城市主义要求一定要以超前的意识与眼光,创造一种开放式结构,为社区多留些空间和余地,以便为社区随时增添新的功能,为社区发展不断拓展新的天地。

82.3.3 生态优化

随着城市化进程加快,城市建设日新月异的开发,对大自然的大规模利用和无度的索取以及开发后带来的环境污染等问题,给人们赖以生存的自然环境带来了难以弥补的灾难,制约和阻滞了经济的发展,影响了民众的生活水平和质量。因此,在这危机四伏的困境中,人类谋求与大自然的和谐发展成了首要问题。城市建设的发展造就了生态的觉醒,保护、优化和改善环境成了城市建设以及社区开发的重要原则。作为城市建设重要环节的社区规划设计,生态优化设计原则早已浮出水面,代表着一种新的设计理念和潮流。在一些发达国家和地区,生态社区建设已经得到实践和应用,并取得了良好的社会、环境和经济效益。显然,新城市主义者是这一潮流的积极拥护者,当然,他们所提供的生态优化的方案自有其独到之处。新城市主义重视人与环境的协调关系,社区生态系统是在自然生态系统基础上建立的人工生态系统,因此处理好这个系统的基本问题就在于正确地处理好人、自然和技术之间的关系。人应该顺应自然,使自然在遵循自然规律的基础上为人服务。技术是人与自然发生关系的中介,生态居住区的设计要充分合理利用和营造生态环境,改善住宅区的生态环境和周围的小气候,实现住宅区的自然通风和采光,减少机械通风和照明,综合考虑交通和停车系统、饮水供水系统、供热系统、垃圾收集处理系统的建立和完善,节约能源,减少污染。社区建筑应对环境的破坏最小,包括从建筑设计到建筑建造、使用、报废的全过程中对环境的影响最小。对资源的合理利用,特别是自然界不可再生资源的合理利用,在设计中应尽可能多并有效地利用可再生、无污染的天然资源。社区建筑应是节约成本、有良好经济效益的,应尽可能多地利用当地材料,创造符合地方特性的建筑形式,以降低成本。

82.3.4 人文关怀

人文关怀既是新城市主义的根本宗旨,也是一条指导规划与设计的具体法则。城市是以人为主体的,城市的一切建设与发展,最终都是为了人。人的全面发展、人的现代化是城市和社区发展的主题。人的发展是一切发展的核心和最终目的。新城市主义主张社区的规划与设计一定要体现人文精神,有利于居民的交往与沟通,调节人与人之间、人与社会之间的关系,让社区成为关心人、陶冶人的"爱的器官",而不仅仅是一个用自然绿色点缀而僵死的人居环境。文化应该成为社区发展最重要的功能和核心内容。社区规划与设计要从人性的角度营造环境,使空间布置最大限度地与人的生活轨迹相吻合,为居民的交流、交往创造适宜的条件。新城市主义力求通过巧妙布局各种社会、文化、宗教场所以及商店、公交中心、学校和城镇行政机构,为居民提供聚居场所;四通八达的步行道增加人与人之间的交往,减少了对小汽车的依赖程度和相关开支;高效率的土地使用模式有助于保护开敞空间、减少空气污染;别具匠心的邻里特征和个性,避免景观像复制品似的到处出现。总之,要成功地把多样性、社区感、俭朴性和人性尺度等传统价值标准与当今的现实生活环境结合起来,让社区成为人们真正的美好家园。新城市主义把简朴自律和可居性强的特点注入其城市里,减少房屋周围的草地面积,将停车场地面积控制到最小,并规定停车库不能在沿街路面。这些社区与众不同之处还在于它有许多为维持这种简朴自律的魅力而制定的规章制度。目前,中国大多社区文化建设仅仅关注于表象上的社区"文明化",以简单物质文化的建设替代社区精神文化的营造,使社区文化建设进入了误区。如一些欧陆风格社区建设仅仅停留在机械的对西方建筑样式的仿效,用简单的西方建筑符号如希腊样式雕像或凯旋门来标榜"欧陆文化",这种与真正的欧陆文化"形似神不似"的做法不仅不能使居民生活水平得到质的提高,而且也使人们对"欧陆风情"的理解出现了偏差。因此,对于社区人文关怀内涵的追求和培养,已经成为当今社区建设的重中之重。

82.3.5 文化传承

新城市主义者关于城市生长性的理论还导致他们对城市或社区文化传承问题的关注。他们认为虽然城市永远不断变化,为人们提供着各种各样实验和探索的机会和场地,但其变化应有一条健康和恒定的主线,应当把一个城市的文脉、历史、文化、建筑、邻里和社区的物质形式当作一个活的生命来对待,要根据它的"生命"历史和生存状态来维护它、保持它、发展它和更新它,如果一旦遗失,这个城市或社区便会失去灵魂。城市文化的发展在空间形态上,一方面表现为对城市历史文化资源的保护,它不仅是文物的静态保护,还包括历史街区、城市空间格局与整体风貌的持续整治,不仅保护有形的历史遗存,还应发掘和弘扬无形的文化内涵。城市文化的建设,应该以城市发展的历史文脉为核心,从外延、本体和内涵3个层次延续文化生成、发展的历史空间。另一方面,还应体现与历史文化协调统一的充满现代气息和个性色彩的城市文化氛围。源于历史而高于历史的文化更新和文化创造,才能使一个城市的文化更富有生命力和影响力。因此,新城市主义主张在改造和更新城区时,一定要注意文化传承的意义,不要对城市中原有的邻里和街段的基本布局进行大规模的改造,而只是对它们加以修复;对于少部分不合时宜的街段进行必要的更新。在以传统和未来作为城市环境设计的主题时,我们千万不要忽略和忘记由于思想、政治、经济所产生的种种冲击,我们前人历尽千辛万苦才创造出来的文化成果被一些城市不留痕迹地埋藏在现代文明的漩涡之中了。北京、西安等城市的城墙,如今已经变成人行和车行的道路,老城墙原有的历史风貌荡然无存,留下的只是零零星星的惨痛记忆。对于那些能够代表城市历史、文化的建筑要给予很好的保护,因为城市的个性就蕴含在这些建筑之中,而一个民族的灵魂也保留在里面。此外,值得注意的是,西方的基础教育体制完全是社区化的,日本的学区和基层社区是重叠在一起的;美国的学区是一种专门设立的地方行政区划,由选民直接选举学区领导成员,负责监督管理区内各基础教育机构的工作,这一切极其有利于社区的文化传承。

82.3.6　易交流性

新城市主义者一个显著特点是对步行极其重视，甚至认为，传统城市成功的最主要的一点就在于此。步行不仅是新城市主义者所关心的一个设计焦点，也是他们所要构筑的一种新的社会结构的基点。在这种新的社会结构下，是人与人之间的广泛交流与和睦相处，是人与人之间关系的新变化。欧洲规划设计师克里尔提出了"十分钟步行区"设想，针对美国的情况，又提出了"五分钟步行"的法则，都是基于易于居民交流的考虑。他们认为，高密度生活环境的一个目的是使步行在生活中重现，而步行的实现需要具备相应的条件，要求居住区规划紧凑、密度较高，居住区周边步行半径内拥有各种生活服务设施，居住区内部的场所设计可以把人们的各种活动混合在一起，将人们的步行与"顺路做"的各类事情及与邻居、熟人、售货员碰面的机会连接在一起，如此就营造出一种无处不在的社区和邻里关系。此外，在规划设计社区的人行交通组织中，新城市主义主张应多设置一些停留空间、各单元的人口过渡空间，以增加人们随机接触的机会；通过园林设计的多元化，多层次的空间间隔，化整为零式的空间布局，以创造更多的半公共、半私密的环境空间，以使人们能不受干扰地促膝交谈，或三五成群地无拘相处。如同身处曲径通幽、空间变化丰富多样、别有洞天的江南园林之中，以此提供更多的独立、互不干扰的交往空间。同时，加强对城市和社区中车辆的限制，在各个住宅区都设立限制车辆进入的装置，以调节行人和车辆的关系，这样街道格局虽然没有变，但行驶在街上的车却少多了，行人也安全多了，更容易展开交流。

82.3.7　人与建筑的融合

新城市主义主张人与建筑融合的规划法则，就是根据当地的自然生态环境，运用生态学、建筑技术科学的基本原则，采用现代科学技术手段，合理地安排并组织建筑与其他领域相关因素之间的关系，使人与建筑以及自然环境之间成为一个有机结合体，即做到建筑生态化。建筑要在设计、建造上表现出与自然生态进化规律一致的原则。生态建筑是在利用环境条件所建造的供人类聚居、观赏的同时又对自然环境进行保护的一种现代建筑形式；建筑应该是一种具有强烈环境意识的高品位建筑形式，具有高含量的科学与文化信息。一个生态建筑区包含了大量地质、地貌、气象、水文、植物、动物、建筑、环境等科学信息的知识，并运用现代技术与人文文化特色，构成一个既互相联系又互相制约的生态建筑系统，以获取科学营养，创造出一种具有高层次文化品位，能继承传统居住环境形态，保护、改善和发展地方特色的现代生态建筑形式。建筑应取向于生态环境，依附于自然地理、气候条件，是适合当地自然环境和历史文化的建筑形式。生态化建筑与以往建筑的不同在于，它试图通过自身的合理存在把人与自然界真正和谐地联系在一起，从而为人类征服自然、改造自然在时间和空间上提供了更大的可能。中华民族历来非常重视人与居住环境的关系。中国民居在天人合一哲理的影响下从聚落选址、总体布局、室内外环境设计、陈设乃至取材及营造技术均充满了生态建筑的精神，人们为了获得比较理想的栖息环境，以朴素的生态观，顺应自然和以最简便的手法创造了宜人的居住环境。我们可以相信，依靠现代科技手段，人们古老的梦想也许真的可以实现。

82.3.8　社区个性

新城市主义在社区规划与设计时十分注重社区文化个性,这反映在对城市设计中的"关键因素"与"关键内核"的认定与寻求上,认为一个城市或一个社区的正常衍化和稳定需要由一个"内核"来保持,只要这个"基本内核"不变,该城市或社区的特色就会一直保持下去。这个内核可以是该城镇或社区的某一个象征,也可以是居民对该城的一个特别意念的长久思念。其实这无疑就是城市或社区的个性。新城市主义者在设计实践中,会努力发现小城镇中那些现成的、经过历史筛选的设计程式和经验,这种发现与发明一件新东西在难易程度上是一样的,只有那些眼光和感觉敏锐的设计师才能发现它们,并对其进行重新解释、整理、改进,并应用到自己的设计中去。发现并凸显城市及社区的个性,就是一个城市或社区要根据自己的资源状况、自然地理环境和经济基础、文化历史背景确立有别于其他城市的独特发展战略,就是准确地为城市定位。一个城市如果个性和特色匮乏,就没有长远发展的生命力。城市或社区的个性特色是一种宝贵的文化资源。城市和社区的特色蕴含于多种多样的内容和形式之中,历史传统、地理位置、气候条件、工艺特产、建筑形式、饮食文化、风土人情等都可构成不同的城市特色和个性。文化传统的多样性,较之生物种类的多样性和个性,更值得人们重视。对于中国的实际来说,我们要接受并容许的一个事实是日趋扩大的城市社区的极化现象。社区阶层化或许并非我们希望和追求的目标,但却是一定时期社会、经济发展过程中人们依自己的愿望、能力和各种需求进行居住选择的必然结果。由此因势利导,塑造城市社区的个性,并根据不同个性和类型的社区需求提供相应的关怀和服务,这是形成小区某一人文特色的基础。然后再通过规划设计和今后的组织管理来促进邻里交往、沟通,创建社区文化,强化小区空间环境的归属感、领域感,以形成具有某一地域文化色彩或传统民族色彩的小区人文特色;并使人们在这一人文环境中自然而然受到长期的耳濡目染和互相影响,从而使业已形成的社区人文特色得以延续、扩展,代代相袭,经久不衰。每个城市和社区都应该有自己独特的身份和标志。最终,有无文化个性和文化魅力将成为判断一个城市或社区有无生机的根本标准。这些,无疑对目前社区的规划和设计提出了较高的要求。

[靳润成,张俊芳,刘君德.新城市主义社区规划与设计的几大法则[J].经济地理,2004,24(3):299-303,308]

解读:新城市主义是美国20世纪90年代促进邻里和地区健康发展、提高生活质量的思潮和运动,对当今北美以及其他某些地区的城市建设产生了重大影响。文章阐述了新城市主义的主要理论框架,并探求其在社区规划与设计方面的主要法则,从中寻求对当前中国城市社区规划与设计的启示与借鉴。作者所提出的8个方面社区规划与设计的法则对中国社区规划建设具有普遍的指导意义。

参考文献

[1] 桂丹,毛其智. 美国新城市主义思潮的发展及其对中国城市设计的借鉴[J]. 世界建筑,2000(10):26-30.

[2] 佚名. 城市理想与理想城市[EB/OL]. (2002-03-01)[2004-05-11]. http://www.szcrc.org20020000300001001.htm.

[3] 沈清基. 新城市主义的生态思想及其分析[J]. 城市规划,2001(11):33-38.

[4] 陈为邦. 世纪之交对我国城市规划的几点思考[J]. 城市规划,2001(1):7-10.

[5] Lea D A M, Löffler E, Douglas I. World commission on environment and development, our common future[M]. Oxford:University Press,1987.

[6] 汤茂林. 城市可持续发展的生态原则[J]. 城市环境与城市生态,1999(2):38-41.

83 社区文化认知与误区辨析

背景:社区文化是我国社区建设中一个被忽视而又十分重要的问题。2001年7月,中共宁波市委宣传部举办"社区文化研讨会",我被邀请出席,并作了一个"推进社区文化建设"的报告,我的报告被全文刊登于《宁波日报》第7版《理论周刊·学苑》(2001-07-25),修改后收录于《社区文化与城市发展》专著。

83.1 社区文化的内涵及其意义

83.1.1 社区文化的概念

从国家的现代化到人们的生活都离不开文化。什么是文化?各家说法不一,有人统计不下200种。但归纳起来,广义的文化可以理解为人类的物质财富和精神财富的总和;而狭义的文化是指精神文化。精神文化一般由制度文化、行为文化、心态文化(社会意识形态和社会心理)所组成。文化的基本要素(基本内容)主要表现为语言、信仰、宗教、习俗、社会组织形态等方面。各种文化现象、文化事物构成复杂而有联系的文化综合体。文化具有时空变异的特征,特定时期的文化适应着特定社会的自然和人文社会环境,不同地区的文化表现出不同的文化特征。

同样,实现国家的现代化和提高人民的生活质量也离不开社区。什么是社区?也有140多种说法。通常我们理解为:聚居在一定地域空间内的人群所组成的社会生活共同体。"认同"和"归属"是具有本质意义的社区要素。目前各界对我国的社区空间定位认识尚不一致,但主要在基层。在农村为乡(镇)和村,在城市为街道和居委会,这些都是一种"行政"性(法定)社区;实际还存在着大量的"自然"性质的社区,其空间范围是模糊的,行政界限并非是社区的必备要素。社区建设的终极目标有二:其一,提高人民的生活质量;其二,实现真正的社区自治。

由此,我们可以对社区文化的概念做如下表述:社区文化是指特定地域内的社会生活共同体所反映出来的有关人的行为方式、社会习俗、生活方式、价值观念、思维定向等文化现象的总和。城市社区文化是城市基层社会的文化现象,它表现为社区居民的信仰、价值观、历史传统、生活方式、风俗、语言等特质内容。

83.1.2 社区文化的类型

社区文化的内容十分广泛,主要包括以下一些类型:

(1)公益性文化,是社区文化中最核心、最受居民欢迎的文化内容。通常以各类公共文化设施,如图书馆、博物馆、纪念馆、文化馆、美术馆、科技馆等为场所,开展各种公益性文化活动。居委会文化活动室以及许多大中城市开展的广场文化活动等,是20世纪90年代以来出现的新型公益性社区文化活动形式,具有鲜明的公益性和大众性。

(2) 专业性文化,主要是各种专业性文化演出活动,如戏剧、歌剧、音乐会、舞蹈、杂技、马戏等,专业水平较高,是文化产业的核心部分,多以赢利为目的,但同时也给社区公众带来了丰富的文化生活内容。随着公众文化生活水平的逐步提高,这种上档次的专业性文化将越来越受欢迎。

(3) 娱乐、运动、休闲性文化,包括利用各种娱乐、体育、休闲场所(公园、舞厅、影视院、酒吧、健身房、球馆、游乐场、体育场馆及各种社区活动场所、中心乃至家庭等)开展形式多样的文化娱乐、体育健身和休闲活动。前者需要各种文化、体育设施,也是文化产业,具有赢利性,但同时具有大众性、居民的参与性特征;后者则是居民自觉参与或集体组织参与的具有个性特点的各种健身、休闲文化活动,如养生保健、家庭绿化、书法、下棋、集邮、鱼鸟宠物饲养等休闲活动,更具有个性化特点。

(4) 民俗性文化,是由具有民族特色和地方特色习俗、风俗性的聚会活动所组成。多与传统的节日文化活动相联系,如春节、元宵、端午、中秋、重阳等节日。许多社区还借助特定的场所举办各种内容丰富的庙会活动,形成特有的传统民俗文化,深受群众欢迎。民俗文化是社区文化底蕴的表现,发掘、弘扬民俗文化对社区文化的发展具有特殊重要的意义。

(5) 科普性文化,是以宣传、普及科普知识,提高社区居民素质和家庭生活质量为目的的社区文化活动。其形式多种多样,如黑板报、宣传廊、科普画廊、集中培训、口头宣讲、上门服务、举办读书活动等。

(6) 社区单位文化,社区单位是社区的重要组成部分,各种不同类型的单位表现出不同的单位文化特征,如企业单位的企业文化、学校单位的学校文化等。不同的单位有其不同的标致性景观和其不同的文化活动。利用单位的文化资源,发扬单位的文化特色,倡导单位文化与社区文化的互动、融合,是社区文化建设的一项重要任务。

(7) 专题性文化,为配合重大的社会性主题和重要节日而开展的,具有组织性、专题性的文化活动。如在电视节、艺术节、旅游节、服装节、食品节和"五一""六一""七一""八一""十一"等重要节日举办的各种社区文化活动。它已经成为城市现代文化建设十分重要的内容。

(8) 观念道德文化,是指以先进的思想观念、高尚的道德风尚和良好的人际氛围为特征和标志的文明的社区精神文化,是一种无形的人本文化。它集中体现了一个社区内社区人的生活、理念、价值观和人群的心态。在我国大规模现代化建设和社会转型时期,观念道德文化建设应成为社区文化建设的重中之重,也是一项长期的、根本的任务。

83.1.3 社区文化的特性

(1) 社区文化十分强调对社区共同的文化认同。特定地域的社区,人们在共同的生活中结成了各种基本联系,这种联系必然对社区成员的生活方式产生影响,进而逐渐凝聚出相同的并且是特有的文化体验和认识。因此,地域性和民俗性是社区文化最突出的特征。

(2) 由于社区文化服务的对象是社区居民,特别是包括社区内的许多弱势人群,政府对社区提供的文化服务主要是公益—福利性的服务,而非营利性服务。至于社区居民充分利用社区文化资源开展的各种丰富多彩的文化活动,更是一种社区自我组织的公众性自我服务。非营利性,即公益—福利性是社区文化又一重要的特征。

(3) 社区文化是一种面向社区居民的文化,是一种健康的、不拘形式的、群众喜闻乐见的文化活动,社区文化的内容和形式应符合社区居民的品位和需求。通俗性、普及性是社区文化区别于其他文化的一个重要特征。随着社区居民总体素质的不断提高,居民对社区文化的要求也越来越高,社区文化活动的内容也应更加丰富、更加高雅。

83.1.4　社区文化的功能与意义

社区文化是社区建设的重要内容,在当前我国开展的城市社区建设中起核心和灵魂的作用。社区文化建设的重要作用主要体现在以下几个方面:

(1) 社区文化建设是增强城市和国家"文化力"的重要微观基础。江泽民同志在党的十五大报告和2001年的"七一"讲话中明确把建设有中国特色的社会主义文化作为凝聚全国各族人民的重要力量。"文化力"和经济力、政治力、军事力被共同作为国家综合国力的组成部分和重要标志。社区文化是城市文化的微观基础和表现形式,加强社区文化建设,充分发挥社区文化独特的功能,是增强城市和国家"文化力"的有效途径,也是实现城市现代化不可缺少的重要内容。

(2) 社区文化建设是精神文明建设的重要手段。通过组织各种有益的社区文化活动,吸引广大居民参与,使社会主义的精神文明建设深入社区居民群众之中,更好地满足社区居民的精神文化需求,营造良好的文化氛围,从而提高社区的文明程度。同时,通过社区的文化活动,加强居民之间的交往,对于密切邻里关系、优化人际关系、改变社区居民的精神面貌、树立积极向上的精神风范有积极作用。

(3) 社区文化建设有利于增强社区居民对社区的认同感和归属感,增强社区的凝聚力。社区的文化活动过程是社区内社区居民之间、社区居民和社区单位之间的沟通和互动过程。通过各种社区文化活动,促进社区居民之间、社区居民和单位之间的广泛交往,互相了解、沟通,互相合作,协作配合,特别是社区居民之间的情感交流,从而不断提高社区居民和社区单位对本社区的认同和归属感,增强社区的凝聚力。

(4) 社区文化建设对提高社区居民的生活质量和整体素质、促进社区的全面发展具有重要作用。第一,社区建设的终极目标之一是提高居民的生活质量,文化生活是社区居民生活的重要组成部分。社区文化建设必须不断地满足社区居民文化生活的需求,随着经济社会的发展,居民收入的增加,社区居民对文化生活的需求越来越高,社区文化建设的任务也越来越重。第二,人的素质综合地表现在人的思想道德、科学文化水平、文学艺术修养、身体健康状况等各个方面,而所有这些方面都与社区文化相关。通过广义的社区文化活动(包括文艺、教育、科普、体育等活动)的积极推进可以不断地提高社区居民的综合素质和道德修养,这是从本质上促进"以人为本"的社区全面发展的重要举措。

社区建设从其本质上看是社区的文化建设,社区文化建设是社区建设的核心内容,在社区建设中起灵魂作用。它对于维护社会的稳定、促进人际和谐、推动社会进步具有深远的意义。

83.2 社区文化发展的几个关系问题

83.2.1 社区文化与社区发展的关系

通过前面的分析,我们可以看出社区文化与社区发展的相互关系。社区文化是社区发展的重要组成部分,二者之间的关系是整体与部分的关系,社区建设是整体,社区文化建设是部分;社区文化是社区建设的核心和灵魂,不重视社区文化的社区建设往往是一种重表面、轻本质的社区建设,社区的文化建设在社区建设中起核心和灵魂作用;社区文化建设的根本任务就是要形成各自不同的"社区精神",促进社区发展,从而最终达到提高社区居民生活质量的目的。

83.2.2 社区文化与家庭文化的关系

文化的真正创造力在民众之中,家庭是最小的社会群体,是社区的基本细胞,家庭文化是社区文化的基础。在中国,无论是农村还是城市,家庭的和谐与健康、家庭生活的高质量是社会安定和国家富强的重要标志。家庭文化作为制度文化的一种,在社会稳定中起着重要作用。当前,中国社会处于转型时期,家庭模式和家庭文化也处于变化之中,建立适应我国现代化建设、发展需要的,健康向上的家庭文化是社区文化建设的一项重要任务。许多城市文明社区的建设就是从家庭文明开始的,如果一个社区中的多数家庭都能成为文明家庭,那么这个社区的发展动力就不成问题了,文明小区—文明社区—文明城区—文明城市的创建就有了坚实的基础和动力。

83.2.3 社区文化与城市文化的关系

城市文化是城市发展的基本要素之一,是一个复杂的文化系统。从"条条"来看,它包括城市的艺术文化、科教文化、体育文化、卫生文化、道德文化、环境生态文化、饮食文化、休闲文化以及网络文化等等,它们构成了城市文化的复杂系统;从"块块"来看,城市文化由不同层次的地域文化系统(家庭—楼组文化、社区居委会文化、街道文化、区文化、市文化)构成整个城市文化的大系统。可见,社区文化和城市文化是上下"块块"文化之间的关系。社区文化"小板块"是城市文化"大板块"的有机组成部分。许多各具特色的社区文化构成丰富多彩的城市文化。社区文化与城市文化之间的关系是局部和整体的关系,社区文化建设要服从城市文化建设的全局,城市文化的发展要充分考虑社区文化的特色和个性。

83.2.4 社区文化与社区单位的关系

在计划经济时期,中国实行的是自上而下的,政治、经济、社会三位一体的单位体制,城市中绝大多数的居民都是"单位人",不存在所谓的"社会人"或"社区人",也就不存在具有本质意义的"社区",有的只是"小政府";同样,也不存在"社区文化",有的只是"单位文化""政府文化"。所谓的城市文化,实质上就是"单位文化"或国家、地方文化。改革开放以来,随着城市政府政治、经济体制改革的推进,市场经济的发育,政府职能的转变,政企分开、政事分开,特别是政社分开,促使原来的"单位人"从单位逐步走向社区,成为"社区人"。在改革的大背景下,社区的文化得到发育和发展。社区文化是社区(通常是指街道和居委会)这一特定空间层面的文化活动和文化现象。由于在城市社区内一般都存在着许多"单位",有的是上级政府部门,有的是企业或事业单位,它们在地域上属于社区的组成部分,因而,包括文化在内的社区建设不应该抛开"单位"孤立地进行,社区行政要主动与社区内的各种单位建立联系,携手共建、共创文明社区。特别是要充分利用单位的文化资源(包括人力、场地等资源),在行政社区内不搞重复的文化设施建设。

83.3 克服社区文化建设中的误区,推进社区文化健康发展

83.3.1 当前社区文化建设中的误区

纵观当前我国的城市社区文化建设,存在以下误区:

(1) 社区文化可有可无。在城市发展中将文化放在次要和附属的地位,片面强调发展经济,对文化在社会主义经济建设中的重要作用认识模糊,缺少人、财、物方面的有力支持,没有将社区文化提上领导的议事日程,社区文化没有得到应有发展,甚至尚未开展。

(2) 将社区文化等同于一般的社区文艺活动。社区在自然形成中的前提之一是文化底蕴。我国许多城市在社区发展中对社区文化的理解停留在一般的社区文艺活动,满足于搞"街头文化""广场文化",虽然这是必要的,也是有成效的,但没有在挖掘社区的传统文化(本土文化)资源上下功夫,也没有在增强"社区人"的社区文化认同感上下功夫,甚至由于机械地划分和调整"行政社区"而导致原有社区文化认同感的缺失。我们认为,这是我国城市社区建设中一个值得注意的大问题。特别是一些经济实力雄厚、城市改造力度大的城市,为追求城市的现代化,在旧城改造中,片面强调整齐划一,拆除了成片旧建筑,在一定程度上破坏了具有历史文化价值的宝贵资源,造成难以挽回的损失。

(3) 做表面文章,摆花架子。有些城市的社区文化搞得轰轰烈烈,但表面文章较多,满足于一年搞了多少次文化活动,并作为社区建设好坏的重要考核指标,不注重实际的效果,实际是搞花架子,社区文化活动的形式不多,内容也缺乏吸引力,更未能从社区文化的内涵、品质上下功夫。

(4) 文化设施建设自成体系,重复建设,浪费资金和资源。文化设施建设需要较多的资金投入,我国目前的文化设施建设仍是按行政区系统规划设置的。城市的基层行政单元在街道这一准行政区,社区的文化设施(文化站、图书馆、阅览室等)建设也是在这一层次安排的。但由于各城市街道的人口规模不同,且街道的辖区时有调整,社区之间单位文化资源相差很大,不同文化设施规模效益的要求亦有所差异,故而这种以街道这一行政社区进行社区文化建设的模式显然有其不足之处,往往是导致我国许多城市文化设施重复建设、自成体系、浪费资金和资源的一个重要原因。

（5）热衷于追求文化的经济效益，相对忽视文化的社会效应。文化建设具有公共性、公益性的特点，也有一定的经济性，但首先是它的公共性、公益性，特别是社区是一种面对广大居民的大众文化，是精神文明建设的重要内容，更应该强调它的社会效益。城市政府在推进社区文化建设中应当注意防止片面追求文化的经济效益，而忽视文化的社会效益的情况，注意把握社区文化发展的大方向。

（6）政府包办社区文化，居民自觉参与不足。由于受长期计划经济体制的影响，政企不分、政社不分、政事不分的情况至今仍相当严重。政府习惯于包办一切，居民也习惯于政府的安排。长此以往，形成了我国社区建设中特别明显的自上而下的行政主导性特征。居民参与不足是我国城市社区建设中一个普遍存在的问题，也是包括社区文化在内的社区建设中的一大难题。这是与"社区"的本质理念和社区建设的终极目标之一——社区自治相悖的。这种政府主导的社区文化活动成为政府、领导追求政绩的重要手段和重要内容，它大大降低了社区居民和社区单位参与社区文化活动和文化建设的积极性。

（7）社区和单位仍然是两张皮，单位的文化资源没有得到充分利用。一方面，在计划经济体制下，传统的单位是一个小社会，是职工工作、生活、娱乐的场所，各单位拥有较多的文化人才、活动场所和文化设施，但大多不对外开放，利用率不高；另一方面，由于长期以来不重视社区的文化建设以及其他种种原因，以致大多数的社区文化设施简陋，缺少活动场地，难以开展文化活动。这种社区和单位"两张皮"的状况导致了文化设施的重复建设，阻碍了社区文化的发展。

（8）比较重视社区的文化设施建设，相对忽视社区的道德文化建设。在社区文化建设中重硬件、轻软件的现象相当突出，在一定程度上助长了社区文化建设中的官僚主义、形式主义作风，违背了社区建设的"人本"思想，影响了社区文化建设的效果。

上述误区在各个城市的表现程度不同。各个城市处于不同的发展阶段，在认识上又有不同的表现，对于多数城市来说，主要表现在对社区文化建设的重视不够，社区文化资金的投入不足，社区单位的文化资源得不到充分利用，对社区文化建设的本质理念认识模糊等方面。总体上看，在我国，包括城市社区文化在内的社区建设目前尚处于初期阶段。

83.3.2　提高认识，落实措施，推进社区文化建设，促进社区发展

（1）从战略高度认识社区文化建设的重大意义，落实社区文化建设规划。我们在前面已经指出了加强社区文化建设，对于维护社会稳定，加强基层政权建设，丰富市民的精神生活，提高市民的生活质量和素质，乃至增强城市"文化力"，实现城市现代化的重大意义。现在的问题是各级领导要真正从战略的高度加以认识，并付诸行动，要在城市建设规划和经济社会发展规划中落实包括社区文化在内的城市文化建设规划和社区发展规划。

（2）摸清社区文化资源和居民对文化的需求状况，制定科学的社区文化发展规划。社区文化建设的前提是要对社区文化的供给和需求状况有一个总体的把握。首先要对社区的全部文化资源（包括单位的文化资源）进行全面的调查，摸清文化资源家底，分析这些文化资源开发利用的状况，做到心中有数；同时，由于社区文化服务的对象是社区居民，所以，也要对本社区的居民构成（包括居民的文化结构、收入结构、消费结构、年龄结构等）以及不同阶层的居民对文化的不同需求有一个详细的了解。在深入调查研究的基础上，科学地制定切

实可行的社区文化发展规划,明确社区发展的方向和目标以及分步实施的措施。社区文化发展规划要采取自上而下与自下而上相结合,领导、专家、单位与社区居民相结合的方式进行,尤其是发动居民参与,听取居民对规划的意见。

(3) 培育社区文化中介组织,完善社区文化组织体系。社区的文化建设需要有一个由居民自愿参与的社区文化组织网络进行强有力的支撑,需要有一个适应现阶段发展需要的组织管理机构进行管理。针对目前政府主导力量较强、社区中介组织很不完善、文化组织体系尚未形成的状况,大力培育和发展非政府、非营利性的都市社区文化中介组织是非常必要的。可以考虑在现有群众性组织的基础上,组建各类社区文化团体。政府主要是把握文化发展的大方向,在法律、税收、政策和资金等方面给予支持。从而逐步形成政府和民间两股力量,共同推进社区文化的健康发展。与此同时,理顺社区文化管理体制也是十分必要的,可在街道建立由社区内文化部门、群众团体、民间组织、社区单位等共同参与的社区文化专业委员会,协调和推进社区文化的发展。

(4) 注重社区传统文化的开发,在发扬特色、丰富社区文化的内涵上下功夫。地域性、民俗性是社区文化的突出特征,"没有特色就没有文化",挖掘和发扬本社区的传统特色文化,是最有生命力的社区文化,也是最有优势的社区文化。特别是一些大城市、文化名城,有丰富多彩的地域特色文化。如上海市豫园社区的庙会文化,虹口区四川北路社区的多伦路名人文化,龙华社区的民俗文化,静安社区的佛教文化,南京路的现代商业文化等。政府和社区组织要在丰富有特色的社区文化内涵上(传统风俗、人文景观、生活艺术、宗教信仰、建筑风格等)下功夫,并在资金、政策等方面给予必要的支持。

(5) 建立多元的社区文化投入机制,为社区文化建设提供经费支持。为解决目前社区文化建设资金不足的问题,要建立多元的社区文化投入机制。对于公益性的社区文化设施,如文化馆、图书馆等文化设施,应主要由政府进行投入。同时,应引入市场化的运作机制,通过举办各种丰富多彩的讲座、培训班等公益性服务的微利项目,实行以文养文。还可以鼓励社区单位无偿或低偿向社区居民开放文化设施,争取企业、单位、个人对社区文化活动进行赞助等。

(6) 重视社区文化队伍的建设,重点抓好道德文化建设。基层社区文化人才不足是当前社区文化建设中的一个突出问题,应当高度重视社区文化队伍的建设。第一,要确保文化专业和管理部门人员的编制,落实有关政策,稳定社区文化队伍;第二,要采取措施,提高社区文化管理人员的素质;第三,培养和建立一支志愿从事社区文化工作的业余骨干队伍,在推进社区文化建设中发挥中坚作用。针对当前城市社区文化建设中普遍忽视道德文化建设的实际情况,采取切实有效的措施,加强对广大居民的道德文化教育是十分必要的,这是社区建设的一项长期任务。可通过开办社区学校,进行学习化社区建设,加强对居民的文明道德教育,提高居民的道德修养。制定社区公约,规范文明行为,建立自我教育、自我监督机制等方式,推进社区的道德文化建设。充分发挥共产党员在社区精神文明建设中的表率作用是十分重要的。

[刘君德. 论社区文化与社区发展:兼谈社区文化建设中的误区及对策[M]//陈民宪. 社区文化与城市发展. 北京:北京出版社,2002]

解读：本文在对社区文化的概念、类型、特点及几个关系问题进行分析解读的基础上，重点针对社区文化建设中的几个误区，就如何推进社区文化建设、促进社区发展提出了见解，传统社区文化的开发与传承，突出社区文化的地域性、民俗性，加强社区的道德文化建设等，均具有建设性意义。

84 网格化的社区意义

背景：上海是推进社区网格化设施较早、进展快速、管理运行效果较好的城市。从具有中国特色的社区概念认知和空间视角研究网格化管理与社区组织体制之间的关系及其社区意义是个比较重要的理论和实践命题。本文对此进行了讨论。

84.1 基本概念的辨析与释义

84.1.1 网格化与网格化管理

网格（Grid）是近年来国际上掀起的一种重要信息技术，是将高性能计算机、数据源与高速互联网、传感器、远程设备等融为一体，有机组合和发展，为科技人员和普通百姓提供更多的资源、功能和交互性。其核心是"资源"及"资源的使用"。通过将过剩的计算能力及闲置的IT（信息技术）资源联系起来，以供应给那些需要计算能力的部门，实现资源的全面共享。推行资源配置网格化，可以不受地理空间的束缚，将"资源"输送到任何地方；可以整合现有资源，消除信息孤岛；可以提供全面的资源，实现资源分配的公正性。

网格化管理是在管理中引入计算机网格管理的思想，按照一定的标准将管理对象划分成若干网格单元，以信息技术的全面利用为基础，构建网格单元间的统一协调机制，消除各个网格单元之间组织资源的分割和实体资源的分散，实现各种资源的有效交流和高效整合，从而提高管理的效能和质量。

城市网格化管理则是网格化管理思想在城市数字化管理中的应用，其网格单元的划分主要以街道、社区为空间对象；信息技术的利用则主要包括地理编码技术、网络地图技术、现代通信技术等方面；协调机制则主要是对管理事务进行部件和事件的标准化、数字化，建立统一的指挥中心（受理、监督等），在此基础上再将部件、事件的管理与网络单元、指挥中心相连接，以实现城市管理的主动高效、精准统一。

构建城市网格化管理框架的总体思路为：不改变现行管理体制，不增加政府机关管理人员编制；以社区为基础，构建城市管理网格化；以区县为单位，实现城市管理信息化；以条线为依托，完善城市管理作业（服务）市场化。通过网格化管理，不断完善城市管理的服务、管理、执法、监督环节。

在城市社区推行网格化管理具有重要的意义：一是有利于实行社区的全方位社会控制，促进社会稳定；二是有利于整合社区的各种社会经济和物质资源，发挥其更大的社会效益；三是有利于节约社区的管理成本，提高管理效率；四是有利于社区居民对社区资源实行共享；五是有利于实现社区管理的信息化、现代化，并促进整个城市管理的网络化、现代化。

84.1.2 社区与社区组织体制

近年来,社区一词成为学界、官方乃至民间的热门词汇,然而,在社会科学中,广义社区概念的表述却是一路发展、人人言殊。1871 年,英国学者 H. S. 梅因在《东西方村落社区》一书中首用"社区"一词,随后德国著名社会学家斐迪南·滕尼斯在 1887 年出版的《社区与社会》一书中最早从社会学角度界定并频繁使用了这一概念。此后,伴随着工业化、城市化、全球化的发展,社会不断发生变异。在西方社会学研究中,社区的概念大致经历了"组织"论(滕尼斯、沃斯等)、"区域"论(麦基文、帕克等)再到"综合"论(桑德斯等)3 个大的发展阶段。尽管社区概念的发展性以及泛化特征给其定义带来了困难,但仍有一些较为公认的关键词与之密切关联,并集中反映了社区概念的核心内涵,例如生活共同体、地域、社会互动等。

我国的社区概念是在 1933 年由费孝通等燕京大学的一批青年学生,在翻译美国社会学家帕克的社会学论文时,第一次将"Community"一词通过融合原文中"社群性"(社)和"地域性"(区)两个意义译为"社区",从而成为中国社会学的通用术语。早期的社会学者极力推动社区概念的中国化,通过实地调研,将中国社会的各种关系、问题的探讨浓缩在社区这一基本分析单位中展开。改革开放以来,随着社会学的重建以及中国社会的转型,社会研究升温,其概念也丰富多样。这一时期,政府的关注是推动社区研究和社区实践的重要动力,这也促进了社区在实践与概念之间的相互磨合、相互完善。2000 年中央办公厅在转发《民政部关于在全国推进城市社区建设的意见》的文件中,从官方的角度对社区概念做了一个界定:"社区是指聚居在一定地域范围内的人们所组成的社会生活共同体。"此后,尽管在使用上仍存在一定的泛化,但社区概念内涵基本得到认同并且相对稳定下来。

本文从行政区划的角度,基于中国社区建设的实践提出社区的二分法,即将社区分为行政社区与非行政(自然)社区。所谓行政社区实际是基层行政区(或准行政区),一般指街道办事处,它有着与社区共性的一面,即都由一定规模的人口、特定的地域空间所组成;都是为了通过加强管理,推进社区经济的发展和促进居民生活质量的提高;对于居民来说,行政社区和自然社区(非行政社区)都有一定的认同感和归属感。行政社区与自然社区的根本区别在于是否存在正式制度的认定,即政府在国家法律法规框架下对社区进行行政界定。对于前者,从世界范围来看,又有两种情况:一种是在自然社区基础上构建的基层行政社区,大多先是自下而上自然形成社会生活共同体,进而完成行政区划的政治法律构架,演变为一级基层行政社区,如美国、加拿大、北欧诸国、澳大利亚等国,其规模因地制宜,差异较大。历史文化因素、人群的同质性对社区规模和功能的影响较大。二是综合多种因素,按照一定标准和城市发展及管理的需要,采用自上而下的方式,由地方政府划定的基层行政社区。这类社区基本等同于基层行政区,行政色彩较浓,如日本、新加坡等国,包括中国在内的原计划经济体制国家多属此类型。一般在同一城市,其基层行政社区的规模基本相近,但各城市之间的规模差异也较大。简言之,无论是政府依据社会自然形成的结果因势利导的介入,还是依据一定的标准和管理需要在界定中包含更多的政府意愿,都应该属于行政社区的范畴。

对于后者,则更接近腾尼斯当年提出的"社区"一词概念的本源意义。它是自下而上发育的,是人们在日常交往中自发形成的,没有强制力,遵循自愿平等原则,以非正式制度为纽带,并在此基础上形成交流互动关系的,具有较高同质性与共同意愿的社会型生活地域共同体。

从理论而言,这一区分也是与滕尼斯当年研究社区所应用的对立的、相反的理想类型(马克斯·韦伯最早使用了理想类型方法论)分析工具一脉相承的,与此同时,这也是对国家与社会这一普遍分析视角的应用。从实践而言,当代中国的社区建设是政府推动下的产物,因此社区中的政府作用无法忽视,行政对社区的影响无所不在,从某种意义上说,有中国特色的社区概念主要体现于行政社区。

社区作为社会的细胞、社会的缩影,必然有代表社区居民共同关系,即共同需要、共同利益的社会组织。作为社区构成的核心要素,社区组织是社区本质意蕴的实践性体现。我们知道,一般认为,社区的精髓在于形成共同体,包括地域共同体、血缘共同体、精神共同体等等,而共同体的外在表现形式则一般显示为一系列的组织及其之间的联系,包括组织性质、组织架构、组织运行机制等等。因此,把握社区组织体制是认识社区最有效的手段和途径之一。本文首先区分了社区中的两类组织——行政社区组织与自治(非行政)社区组织,进而从组织体系的角度对基层行政社区—居住区非行政社区体系框架做了探讨。

行政社区组织属于带有较强行政功能的正式组织,它具有政府科层制的特点,存在较强的隶属关系,是基层的行政实体,在社区建设中往往起主导作用。具体而言,我国社区中的行政社区组织主要包括:街道党组织、街道办事处、驻街道各条线科室、街道辖区内的国有企业等。而自治社区组织则属于非正式组织,它具有自发性、多样性的特点,组织间以横向联系和互动为主。从法理上而言,我国社区中的居委会、业委会、群众文化团队、兴趣小组、读书会、行业协会、红十字会、专业协会等都属于自治社区组织的范畴;但在实践中,由于行政生态环境、活动经费来源以及意识观念等方面的原因,当前这些社会团体的自治性和独立性还比较弱,官办性和政府化倾向较强,特别是社区居委会表征更为明显。

基层行政社区——居住区非行政社区组织体系是两种性质的组织纵横关系叠加所构筑的具有中国特色的城市基层管理模式。

在相当长时期内,我国的社区建设将仍然依靠行政社区推进和发展。在现行体制下,街、居两级都是法定的行政社区。街道是城市区政府的派出机关,是典型的行政社区;居委会是法定的自治组织,实际也是一级行政社区。

本文所谓的"新型基层行政社区"不等于目前的街道,而是在实行网格化管理条件下,经过重新论证(侧重规模)确定的一种介于"区"(未来改革的新"区")与社区居委会之间的非一级政府层级的基层区域管理单元,它不是一级行政区,不设派出机构,但具有基层行政区的某些特点。

84.2 双重组织意义

84.2.1 行政社区组织的意义

网格化管理需要政府相关行政部门条块互动、整合资源、协同作业的管理过程,因此,网格的划分需要与行政社区内政府组织的配置兼容起来;而反过来,网格单元范围与基层行政社区幅员之间的一致性也将使得行政社区组织在社区建设中更好地发挥其体制优势、组织优势、信息优势、资源优势。如前所述,在目前的社区建设和发展中,行政社区组织依托特有的行政生态环境,在制度安排上有其特有的优势,例如:①在居民的动员发动上,党和国家的权威性在基层管理中仍有其深厚的无可动摇的群众基础;②由于行政社区组织脱胎于传统严密的科层制政府组织体系,因此,基层行政社区的组织架构在科学性、完整性方面具有很大的优势,网格化管理无疑需要在一定的组织建设中推进,而凭借成熟的行政社区组织发挥作用将大大提高网格化管理的效益和效能;③各个网格的信息资源具有公共性和综合性,而基层行政社区是城市的基层行政单元和社会单元,拥有综合而全面的社区信息资源,依托基层行政社区可以为网格中心建设提供源源不断、较准确的信息资源;④社区范围内各种行政社区组织丰富的资源是网格化中重要的物质支撑,这些资源的分布和使用已经在既定的基层行政社区内形成某些惯性。因此,网格单元的嵌入与行政社区范围的契合是社区资源能否充分发挥作用的重要基础性条件。

基于以上探讨,我们认为,在进行网格化建设、确定其建设规模时,除了对应规划的控制单元外,还应尽可能地与基层行政社区的规模相呼应;同样,我们在研究确定基层行政社区的规模时,也要充分考虑网格化建设的最佳规模。

84.2.2 自治社区组织的意义

如果说网格化对于行政社区组织的意义更多的来自于网格化管理方面的话,那么网格化对于自治社区组织的意义则与网格化服务更加密切。前者更多的是在市场失灵领域的公共事务中,政府组织在职能发挥中基于网格划分而进行的职能转变与组织再造,当然这其中包含了政府在法律框架下贯彻其具有意识形态的路线、方针和政策;而后者则是从方便群众生活、利于居民自治的角度出发,通过网格化实现社区服务组织的最优空间布局和群众性自治组织的最佳区域设置。网格单元的合理划分可以让居民得到更好的社区服务,并在服务中关注民生、凝聚民心,与此同时,在文化团队、行业协会、民间组织等社会性团体组织的各类活动中促进居民的交流,培养居民参与自治的意识,激发居民参与自治的热情,锻炼居民参与自治的能力,最终为实现基层民主自治打下坚实的群众基础。

84.3 三重空间关系

网格化管理在基层的引入对于基层社会空间而言,是一次全新的整合和再造。网格化管理空间、行政社区空间以及自治社区空间的三重空间叠加使得基层社会管理也进入一个新的发展状态。厘清三种类型、整合三者资源、协同三重关系将是保证网格化管理顺利推进的关键,是基层社会实现资源最有效利用、民主最有效发挥的重要手段和途径。从创新的角度而言,网格化管理空间可谓是一种管理技术的创新空间,行政社区空间则是一种管理体制的创新空间,而自治社区空间是民主自治的创新空间。

84.3.1 三种类型的空间

1) 网格化管理空间(技术管理空间平台)

网格化管理空间是利用计算机信息技术搭建的技术管理空间平台,这一空间平台是在网格单元划分的基础上,利用技术手段及时发现、调配、处理、反馈城市管理问题的空间组织,其空间属性更多的带有技术性。单元格的划分是其实体空间,而技术管理空间则具有虚拟空间的特征。其本质是信息技术保障下实体空间与虚拟空间的互动。

2) 行政社区空间(区、街两级)

行政社区空间是政府权力在基层的空间配置,是政府管理空间的划分,其空间属性更多的带有行政性。这里既有权力的纵向空间配置,包括区、街两级管理组织的权限划分、职责划分,行政组织的隶属关系等;也包括权力的横向空间配置,包括各个职能部门之间职权范围、管辖范围的划分。前者是条的关系,后者是块的关系。条块之间的纵横交错、联合协同构成了行政社区管理空间。

3) 自治社区空间(居委会以及其他社会中介组织)

自治社区空间是社区中各种群众性自治组织,包括居委会以及其他社会中介组织构成的自发性民主发育的空间,其空间属性更多地带有自治性。这一空间的形成更多是在地理区位、历史条件、经济原则、社会规律等自下而上、由内而外共同作用下的结果,其规模是居民长期生活形成的一个合理半径,是居民自我管理、自我服务、自我监督、自我教育下的非强迫性、非正式性的民主空间,它代表了未来我国基层社会的主要空间类型。

84.3.2 空间资源的整合

网络化管理空间、行政社区空间以及自治社区空间的资源各具特色又互有关联。网格化管理空间具有技术效率的工具性优势,为城市管理和服务的操作提供了先进的现代化手段。行政社区空间具有动员、发动、整合利益的优势,为城市社区管理提供发展方向、第一推动力以及制度保障的重要作用。自治社区空间具有表达民意、化解社会矛盾、促进和谐氛围的优势,为城市社区在春风化雨中达到安居乐业奠定坚实基础,在经济转轨、社会转型时期这一空间具有一定的过渡性,但它必将是未来基层社会的主体空间。三种空间资源的整合意味着技术、行政、自治三者的交融。在利用现代化技术提升管理效率时,如能注重与行政社区空间资源的配合,将大大提高其运作的体制保障。例如在人员编制上,可以采取借用现有行政机构的工作人员或者施行交叉任职等以减少工作人员人数甚至不增加编制。在推进社区发展中,既发挥行政社区自上而下的政府力量,更依托自下而上的社会力量,促进辖区内政府机构、企事业单位、公司、居委会、业委会、行业协会、社团组织、文化团队、驻区学校医院等等资源的全方位、立体式整合和长效、高效联动。

84.3.3 空间组织协调

1) 网格化与行政社区

网格化管理过程是社区中不同组织间周密部署、密切配合、紧密联动的过程,而这一过程中对管理的时效性、透明性、统一性提出了很高的要求。为适应网格化管理要求,必须在机构、人员、财力、设备等方面进行新的配置,依托现有行政社区组织资源,超越传统城市管理模式是推进网格化建设的重要原则。一方面,要充分利用行政社区已有的体制、组织、人力等资源,以最小的变动成本、最短的过渡时间实现传统城市管理模式的转型;另一方面,应该在现有管理体制中积极促进以技术促效率,以信息化带动现代化的跨越式转变。基层行政社区在尽量维持原有组织外观的基础上,通过树立网格化管理的先进理念,从努力打造服务政府、责任政府、法制政府的高度,实现全面的内在机能再造和组织内涵重塑。

2) 网格化与自治社区

传统城市管理主体主要限于政府各职能部门,而随着城市发展的不断成熟,其管理事务也相应丰富,由于这种模式缺乏广大居民的参与或者参与十分有限,导致政府纵有千只手,也难理城中万端事。而相对于政府部门"四处救火、疲于奔命"的苦衷,群众也有"投诉没门路、解决无限期"的烦恼。城市网格化管理与服务系统的建设则为这一双重难题提供了破解之道。网格化管理在发现层为广大市民积极参与城市管理提供了良好的平台,例如上海开通的城建服务热线 12319 和北京市东城区城市管理特服号 13910001000,即市民可以通过城建服务热线及时将城市管理中出现的问题统一反映给政府,政府在收到信息后将立即通知相关部门及时处置,并反馈处理信息。因为所提要求能很快得到回应和反馈,所以网格化管理将大大增加民众对公共事务的参与积极性,这从一定意义上而言,将强化居民民主自治意识的发育。从网格化服务的角度看,公共设施的合理配置将大大拓展居民开展文化活动的空间和舞台。以网格化为载体,各类自治组织经常性的活动无疑将凝聚民心,有利于自发组织体系的发育,当社会需要利益诉求和表达的时候,居民将通过团体的形式发出自己的声音,形成一股难得的自治力量。

84.4 网格化建设应该注意的问题

84.4.1 网格化的最佳规模问题

如果从社会服务和管理的角度应用网格化思想划定网格单元,则网格的规模我们认为最好与基层行政社区的规模相一致。本文所指基层行政社区即前面提到的"新型基层行政社区",它不等于目前的街道,而是在实行网格化管理条件下,经过重新论证(侧重规模)确定的一种介于"区"(未来改革的新"区")与社区居委会之间的非一级政府层级的基层区域管理单元,它不是一级行政区,不设派出机构,但具有基层行政区的某些特点。基层行政社区规模是指城区以人口密度为基础,一定面积、人口数量和社区形态空间及行政中心的"综合"或"总和",也可以说是城区特定空间(面积)以人口密度为基础,人口数量、质量和空间形态、行政中心的"组合"。可见,构成行政社区规模的基本要素是面积、人口、形态和管理、服务中心。在适度人口密度基础上的这四大要素的最佳"组合"(或"综合""总和")就构成了基层行政社区的最佳规模。最佳社区规模是一个相对的概念,其受诸多因素影响,国内外各城市有较大差距。但比较接近的概念(或称比较理想的规模)大致为:在人口密度 2.5 万人/km² 基础上的 2 km² 的面积规模和 5 万人的人口规模,社区呈方形形态,管理、服务中心位于社区的中心位置。从社区边界步行到社区中心的时间大约是 15 分钟。社区的步行距离越短,则越有利于社区居民之间的交流。

如果从城市网格化管理的角度而言,网格单元的划分则一般是在万米网格的基础上综合考虑地形地貌、经济社会条件以及便于城管监督员的巡视进行的。例如,曾得到比尔·盖茨首肯的我国网格化管理最早的实践者——北京市东城区就是以 1 万 m 为基本单位,将 25.38 km² 地域辖区划分为 1 652 个单元网格,形成区政府、重点地区、街道、社区和万米单元网格 5 个层次的分级分层管理体系(表 84-1)。

表 84-1　部分地区网格化单元划分情况

行政单位	辖区总面积 /km²	单元格个数/个	平均单元格面积 /(万 m²/个)
北京市东城区	25.38	1 652	1.536
上海市长宁区	37.19	1 449	2.567
上海市卢湾区	8.02	439	1.827
武汉市江汉区	33.43	1 003	3.333
上海市普陀区长风街道	5.94	272	2.184

84.4.2　网格化的投入效益问题

社区网格化建设,政府投入较大资金。我们要通过设定科学的行政社区规模和合理布局行政中心、社区服务中心,为满足居民需要的各种社区设施等措施,提高设施的利用率,使基层行政社区的建设成本降到最低。这里要指出,所谓成本的节约包括两个方面的内容:一是硬件投入成本的节约;二是社区行政管理成本的节约。前者包括通过新建设施在类型、规模、布局等的考量,以及现有设施的修建、扩建、改造计划等;后者包括促进辖区资源积极整合的协商谈判、政策制定等制度成本,以及已建设施维护的管理成本等。

84.4.3　网格化的功能定位问题(居民的普遍需求)

网格化建设需要避免的一个误区在于为了网络而网络。近年来由于网格思想的普及,各种网格管理层出不穷,工商管理网格化、工会网格化管理、劳动保障网格化管理等等。这一方面当然说明了网格化管理确有其便捷、高效的优点,然而,从网格发展的轨迹看,行政推动在其中扮演了重要的角色,而这极有可能导致实践中过多地贯彻意图而较少地考量现实。这从曾有媒体发出的"网格化管理可能存在过度倾向"的善意提醒中可见一斑。因此,我们在这里指出实行网格化管理的功能定位和根本宗旨应确定为满足居民在生产、生活、文化等方面的普遍需求。一切工作的出发点和落脚点应该是老百姓的认可、满意、高兴,我们要将网格化办成真正的惠民举措、民心工程。

84.4.4 网格化的合理布局问题

依据著名的"中心地"理论假设,按照行政原则,辖区的最佳理想形态是规则的六边形,而管理中心应该尽可能靠近辖区的几何中心,这为我们对于社区管理和服务中心的布局提供了理论参考。当然,由于自然、历史、社会等各种原因的扰动,在现实中,社区管理服务中心偏离几何中心的情况也会普遍出现。例如,上海市区(浦西)81个街道(镇),大致有39个街道(镇)比较规则,占48%,但问题是街道的管理中心偏离现象严重。在39个较规则的街道(镇)中,其行政中心处于中心位置的只有12个,约占1/3。由于行政中心位置偏离,实际上大大降低了社区设施的效益。本文执笔者亲赴静安区的4个街道进行了实地步测,从南京西路街道驻地的延安路、铜仁路口沿威海路步行到成都路高架,以中速步行,只经过一个马路遇红绿灯稍停,足足花了25分钟,大大超过了15分钟的时间距离边界。很明显,由于行政中心位置的偏离,大大降低了管理服务效率。相反,本文执笔者在曹杨新村街道进行了同样的步测,从金沙江路、枣阳路口步行到曹杨新村商场(街道办事处附近),14分钟即可到达,感觉非常方便。两个街道的对比说明,街道行政社区的规模与其形态和行政中心的布点有很大关系。南京西路街道面积为1.62 km²,总人口不足9万人,小于或少于曹杨新村街道;然而,由于曹杨新村街道的社区形态和行政中心的布局远比南京西路街道好,所以虽然面积较大、人口较多,从社区管理、社区服务来看,曹杨新村街道要方便得多,社区设施和管理的成本要低,可能发挥的效益要好(表84-2)。

表84-2 南京西路街道与曹杨新村街道比较

街道名称	面积/km²	人口/人	人口密度/(人/km²)	社区形态	行政中心
南京西路	1.62	89 212	55 069.14	T形	严重偏离中心
曹杨新村	1.93	92 134	47 737.82	规则方形	中心位置

84.4.5 网格化建设的统一协调问题(公安、环境、建设、交通、计划生育、园林绿化、防灾、供水、供电、供气等部门的协调统一)

从前面的分析我们知道,网格化建设过程是政府组织协调、社会力量互动、经济资源整合的一个系统工程。而这其中,可能更为关键的在于政府各职能部门如何实现管理的纵向协调和服务的横向协同。在网格化城市管理实践中的纵向协调问题是推进网格化建设的关键,它包括最高层级的监管中心、次一级的监督指挥中心、基层的问题处置中心和网格单元中监督员以及广大市民这4个层次之间的关联互动、上传下达。这一点我们可以从上海市普陀区城市网格化管理平台基本框架可以看出。

上海市普陀区长风街道城市网格化管理总体上分为发现层、市级监管层、区级监督指挥层和处置层4个层次。

(1)发现层:通过网格监督员的日常巡查发现问题,市民发现的问题可以通过城建服务热线12319统一反映。

（2）市级监管层：建立市级监管中心，统一管理基础数据（包括部件数据、网格数据、地理信息数据），统一编码，统一管理部件、事件，建立与城建服务热线12319的接口，向相关的区转发市民的来电，并对各区管理的部件、事件处理进行监管和综合分析。

（3）区级监督指挥层：区监督中心对网格监督员发现的问题进行分析后，决定是否立案，然后转到指挥中心，由指挥中心根据部件的归属派给处置部门（公安、环境、建设、交通、计划生育、园林绿化、防灾、供水、供电、供气等部门）进行处理。

（4）处置层：主要由处置部门构成，根据城市管理部件的归属进行处置，着重于解决问题。

服务的横向协同则主要是指以一门式、一站式、一条龙为特征的各类事务受理中心的建设（婚姻登记、社会低保、帮困救助、就业服务、户籍办理等方面）。不同行政部门的集中统一办公大大方便了居民的工作与生活。例如浦东曹路镇社区事务受理中心就是把十多个部门的工作人员集中到一起，设置了20个运行窗口，村民们只要进一扇门，交齐材料，就可安心等待办理结果，当天办结率达到30%。除镇社区事务受理中心之外，还设立了阳光苑、龚路、顾路3个服务分中心，居民们通常只要15分钟左右就可到达办事地点。服务中心还为镇里居民、村民"量身定制"了不少办事项目，如民房建造审批、征地吸劳人员医疗报销等，由于一些居住点缴纳公用事业费不便，有的服务中心甚至将代收公用事业费纳入服务范围。

[刘君德,熊竞.网格化对社区建设的组织意义与空间关系[J].上海城市管理,2009,18(3):3-9]

解读：文章根据中国城市行政社区的概念和实际情况，认为城市网格的单元划分需要与行政社区内政府组织的配置相兼容，并尽可能地与基层行政社区的规模相呼应。本文还认为，网格化管理空间、行政社区空间以及自治社区空间的三重空间叠加使得基层社会管理也进入一个新的发展状态，厘清3种类型、整合三者资源、协同三重关系将是保证网格化管理顺利推进的关键，是基层社会实现资源最有效利用、民主最有效发挥的重要手段和途径。

参考文献

[1] Foster I, Kesselman C. The grid：blueprint for a new computing infrastructure[M]. San Francisco：Morgan Kaufmann Publishers，1998.
[2] 刘君德.构建适应网格化管理的新型基层行政社区规模研究[R].上海：上海市民政局,2004.
[3] 范况生.城市网格化管理研究与实践[D].上海：华东师范大学,2006.
[4] 佚名.媒体提醒：网格化管理可能存在过度倾向[J].领导决策信息,2006,5(20):19.
[5] 郑士源,徐辉,王浣尘.网格及网格化管理综述[J].系统工程,2005,23(3):1-7.
[6] 阎耀军.城市网格化管理的特点及启示[J].城市问题,2006(2):76-79.
[7] 佚名.上海市卢湾区城市网格化管理信息系统[EB/OL].(2008-11-12)[2009-02-21]. http://www.egova.com.cn/news/.
[8] 佚名.上海市长宁区城市网格化管理信息系统[EB/OL].(2008-10-23)[2009-02-21]. http://www.egova.com.cn/news/list_new.asp?id=155.

85　社区建设的"八大"问题

背景：1999年前后，全国社区建设进入高潮，许多大城市被列入全国社区建设实验区，积极开展社区建设，一时间形成了一种竞争态势。在民政部基层政区与社区建设司的大力支持下，华东师范大学中国城市社区建设研究中心宣告成立，时任校党委书记的陆炳炎同志担任研究中心主任，积极推进社区研究。南京市是全国城市社区建设实验最早、政府推进力度大、理念先进、提供经验较多的城市之一。该年元月，民政部在南京市鼓楼区召开了全国城市社区建设理论研讨暨鼓楼经验论证会。我以研究中心常务副主任的名义在会上作了题为"新时期、新问题、新思路——中国城市社区建设与管理若干问题的思考"，引起与会代表的很大反响，带去的发言稿被一抢而光，《南京日报》等各大媒体都作了报道。这是在杂志上发表的文稿(摘要)。

21世纪社区建设将成为城市社会管理永恒的主题之一。自20世纪80年代中期以来，中国城市社区建设取得了很大成就，涌现了一批社区服务和建设的典型。实践证明：社区建设对提高居民的生活质量、促进社会稳定、推进政治民主化、加强基层政权建设、促进物质文明和精神文明的协调发展具有深远的战略意义。然而，我国的城市社区建设仍存在以下几个值得注意的倾向性问题：

(1) 目标不明。在中国的许多城市经济、社会发展规划和城市规划、建设与管理中，社区建设尚未引起足够的重视，未摆上重要的议事日程。缺少统筹规划，社区建设的目标不明确。

(2) 社政不分。社区和行政区是两个性质不同的概念，而目前在城市社区建设中往往等同于基层准政区，社区建设中在充分发挥行政性资源推进社区建设的同时，真正具有社会意义的民间社会性资源未能得到充分开发。

(3) 模式单一。由于城市社区建设都由基层政府在积极推进，且大多城市都把创建"文明社区"作为统一指标，中国城市社区建设模式过于单一、雷同，缺乏个性特色。

(4) 条块分割。目前社区建设的管理体制不顺，绝大多数城市都没有统一管理社区的机构，也没有统一的社区建设规划。作为城市基层组织——街道和居委会受制于上级条条块块行政关系的"指导"，各类"评比"，不仅大大增加了街、居组织的负担，而且导致社区的整体建设被分割。

(5) 重形轻质。许多城市依靠其雄厚的财力支持，大力加强社区的外表环境建设，虽取得明显成效，但相对忽视社区的生态环境和隐性环境建设，特别是以人为本的社区精神文明建设，从而大大影响了社区建设的品质。

(6) 重经轻社。在我国现行的政治经济体制下，城市街道的经济功能十分明显，加上上级政府缺少足够的财力支持社区建设，导致街道办事处一般都把抓经济摆在首要位置，使街、居主体功能错位。特别是对如何推进城市基层的政治体制改革、完善居委会的自治制度、发动居民参与社区建设与管理的重视不够，措施不力。

(7) 投入不足。社区建设是一个综合性系统工程,需要人、财、物的大力投入。尤其是在建设初期需要有较多的资金投入。而目前绝大多数城市财力不足,街、居经济力量薄弱,直接影响了社区建设;加上目前街、居干部,尤其是居委会干部素质偏低,在很大程度上制约了社区管理水平的提高。

(8) 理论薄弱。中国的城市社区建设需要有中国特色的社区建设理论指导,然而目前我国的社区理论研究力量薄弱,理论与实践脱节,在一定程度上影响了城市社区建设水平的提高。

我们认为,中国城市社区建设应以邓小平理论和党的十五大精神为指导,以建设现代化文明城市为目标,即经过一定时期努力,建成经济发达、文化繁荣、社会安定、环境优美、生活方便、管理有序的现代文明社区。新时期城市社区建设的基本思路如下:

(1) 根据不同性质和规模的城市构建各具特色的城市纵向管理新模式,即城市行政区—社区体系。

(2) 加强社区管理,实现基层政权建设与社会主义民主化建设的有机结合。

(3) 按照规模经济、方便管理的原则,科学地确定街区和社区的合理规模。

(4) 建立市级社区管理机构,协调条块关系,实现社区建设的统筹规划、建设与管理。

(5) 在对城市基层社区工作干部状况进行全面摸底分析的基础上,有计划、有针对性地培训社区工作管理干部,大力提高社区管理水平,并逐步推行职业化社区专业工作队伍制度。

(6) 多种渠道增加社区建设的财力投入,建立社区服务的市场化机制和财力支撑体系,完善相关配套政策,确保社区的建设。

(7) 认真抓好全国城市社区建设实验区工作,推进社区管理改革的实验,并进行追踪研究,不断总结经验,积极推广。

(8) 加强城市社区建设的理论和应用研究,理论联系实际,吸收海内外有益的经验,逐步建立具有中国特色的城市社区建设、管理(治理)的理论体系,指导中国城市社区建设的实践。

[刘君德. 社区建设中的新问题与新思路[J]. 规划师,2000,16(1):21-22]

解读:作为一名学者,在全国社区建设轰轰烈烈、如火如荼开展,取得显著成效,一片叫好声的情况下,更需要冷静思考,泼点冷水,从经验中找出不足,直言不讳,特别是揭示一些深层次的问题(今天看来仍然没有完全解决的问题),并指出发展方向是这篇短文的价值所在。

86　街道经济的出路？

背景：1995年夏，时任华东师范大学校长的张瑞琨教授等领导安排我及学校多个部门人员参与、共同主持了上海市经济研究中心的重大决策咨询课题"上海市社区经济及其管理问题研究"。这是由领导牵头，多部门、多学科参与的社区研究项目，也是上海市较早开展的社区决策咨询项目，课题组开展了大量调查研究，当年11月完成并提交了一份有理论、有实证、内容翔实、针对性很强的研究报告（程玉申主要执笔）。与社会学家研究社区的不同之处是对上海市以街道为单位的行政社区类型进行了科学划分，为因地制宜指导社区建设提供了科学基础。本篇短文是《立功竞赛》杂志（内刊）约请摘要发表的研究课题核心内容的一部分成果。

86.1　两个不同的概念

什么是社区经济？有不少人把它理解为"城区经济""区街经济"或"街道经济"。但我们认为，从理论上看，"社区经济"是社区中生产要素及其社会资源重新组合产生或实现新的价值的运动过程；它是在我国社会主义初级阶段，市场经济体制尚未完全建立、政府职能尚未完全转换、生产力尚不发达的情况下形成和发展起来的，与城市基层行政组织的职能变化和实际利益紧密相关的一种微观的都市经济。社区经济≠区街经济。社区经济具有明显的地缘性特征，有特定的相对空间范围。特定社区的区位、文化、信仰、价值观、消费水平与习惯以及社区的基础设施、环境状况等都对社区经济发展产生重要影响。但从严格意义上说，社区的地域空间是不受行政疆界制约的自然形成体。而"区""街道"是行政区划的产物。所以，尽管社区的规模大多与"区"或"街道"相近，但两者绝不能等同，社区经济应是城市经济大系统中开放性的子系统，没有明确的边界范围，是微观性质的区域经济；而"区街经济"完全是一种"行政区经济"，是基层行政性质的地区经济。

然而从实际情况看，"社区经济"又与"区街经济"紧密相关。尤其在现阶段，区、街道、居委会是我国最基本的社区层级类型的情况下，为研究和便于组织领导社区经济，一般又将社区经济等同于"区街经济"。在一个大城市市域，市级经济与区、街道社区经济共同构成了中国特有的行政区—社区经济体系。

社区经济是在改革开放的大潮中发展起来的新的经济现象。在现时条件下，社区经济的发展水平不仅是城市整体经济实力的重要标志之一，而且对于改善社区内人们的生活、工作、学习和居住条件，乃至文明社区的建设具有直接的经济支撑作用。同时，社区经济的发展也顺应了社会发展需要稳定的要求，在社会资源的优化配置、促进社区的繁荣等方面发挥着极为重要的作用。由于社区经济具有投资少、见效快、有机构成低、吸纳劳力多、转产变型容易、适应市场的能力较强等特点，对缓解当前就业难、促进社会稳定具有特殊重要的意义。

86.2 从街道经济走向社区经济

上海的街道社区经济起步于 20 世纪 50 年代中期。1956 年开始,各街道组织以家庭妇女为主的闲散劳动力参加社会劳动,这是街道经济的萌芽;1978 年以后,为解决大批返城知青就业安置,各街道兴办新的生产、生活服务组织,街道经济迅速发展;1984 年,以退休职工为主体的里弄三产的发展,使街道经济形成了多层次、多形式的格局;1988 年以来,区、街财税包干制度的推行,市区产业重组,下岗再就业安置,大规模城市建设与改造工程的进行,给街道经济发展带来了新的机遇和挑战,上海街道经济进入了一个新的发展时期,并开始向社区经济方向发展。其总的特点如下:

(1) 规模有超大势头,"飞地型"企业增多。街道经济逐步突破"小打小闹"的局面,有的开始朝着规模化、集团化和外向型的方面发展。骨干企业在街道经济中的地位日趋重要,许多企业跨街区"飞地型"异地经营。

(2) 领域迅速拓展,行业日趋复杂。其经营范围已涉及餐饮、商业、服务、旅游、房地产、金融、广告、仓储、建筑、交通运输、加工制造、废品回收等众多行业。

(3) 总量不断扩大,区际差异显著。城市边缘带的普陀、闸北、虹口等区,街道经济已成为区财政收入中的重要支柱之一。但在财贸集管经济高度发达的中心四区,街道经济缺少发展空间,其经济总量规模及其区属地位明显落后于前者。

上海的社区(街道)经济在增强区、街经济实力,安置下岗待业人员,维护社会稳定,加强社区管理,促进社区的物质文明和精神文明建设等方面发挥了巨大作用。但目前还有以下一些主要问题:

(1) 街道经济实体与准政府性质的街道改革方向相悖。目前的街道经济仍具有"行政区经济"的本质特征。

(2) 大规模城市改造和文明城市的创建与街道社区经济发展的矛盾,即所谓市容与繁荣、城建与搭建的矛盾依然突出。

(3) 从社区(街道)经济发展的自身性因素来看,在产权结构、组织结构、规模结构、质态结构等方面还存在不少问题。

(4) 更重要的是在观念上还很不一致,尚未从战略高度认识社区经济的地位和作用,把握社区经济发展的方向。

我们认为,在经济转轨时期,第一,要对上海的社区经济发展有一个总体认识和基本判断,主要包括以下几点:

(1) 街道社区经济是在我国社会主义初级阶段,生产力不发达,城市行政管理体制尚未理顺,街道职能不断增加,街道办事处的责权利相互脱节的产物,有其必然性。

(2) 当前,乃至相当长时期内,城市社区经济的发展在安置就业、进行社区建设、发展公益事业、方便居民生活、稳定街道和居委会干部队伍等方面仍具有十分重要的意义。

(3) 社区经济的发展是进一步加强社区建设、搞好社区管理和服务职能的重要前提和必要手段,但它本身并不是目的。

(4) 城市社区经济与乡镇社区经济有共同的特点,但也有差异,城市社区经济的发展在很大程度上受制于整个城市的发展战略和总体布局的要求。

(5) 从长远看,街道经济必然向社区经济过渡。因为随着市场经济体制的建立和完善、社会生产力水平的提高,街道经济必将逐步脱离街道办事处而汇入整个城市经济的大系统,演变为真正意义的社区经济。

第二,要明确社区经济发展的两个指导思想,把握3个原则。两个指导思想如下所述:

(1) 坚持经济发展与社会发展同步推进的方向。

(2) 坚持"围绕服务抓经济,抓好经济促服务"的方针,在引导中求发展,在发展中求持续和规范,在规范中求效益。

3个原则如下所述:

(1) 系统协调原则。社区经济工作必须紧紧围绕上海城市的总体发展战略进行,社区经济发展必须服务于整个城市经济的功能定位、产业结构和总体布局。

(2) 持续发展原则。必须坚持经济效益、社会效益与生态效益相结合,正确处理好发展社区经济与美化社区环境的关系,处理好服务型经济与市场营利型经济的关系。

(3) 因地制宜、实事求是原则。根据各区、街实际情况,发展各具特色、规模各异的社区经济。

第三,要明确上海社区经济发展的产业与空间扩展的方向。

(1) 合理发展社区经济产业

社区经济是一种特殊的微观性质的都市经济,社区经济产业不应盲目发展,而应围绕其功能定位,明确重点、合理发展。其主要有以下两类:

——服务类产业,主要有:①企事业后勤服务产业化系列,如大众快餐、零配件和办公用品采购等;②家庭劳务产业系列,如搬家服务、保姆介绍、送货上门、幼老孤残服务、衣物洗理等;③市容卫生产业化系列,如废品回收、建筑物清洗等。

——市场型营利类产业,主要是发展为大工业、大流通配套,具有特色的以下产业:①与大中型企业横向联合共建,发展配套的零部件生产企业;②与大中型企业进行物资协作,发展需求品种多、数量少、交货急的生产企业;③为大工业提供修理、调试、装配、保养等售后服务的行业;④为大商业、大流通当配角的便民、利民的各种行业。

同时,随着城市居民收入的迅速增长,消费趋向高层次,文化生活、旅游、教育、养生、家庭服务等高层次消费比重将趋于上升,应根据各自的基础和条件,把握时机,及时发展高层次的现代化服务类产业,提高其在社区经济结构中的比重。

(2) 加快建设中心城区的工业园区

目前,各中心城区已在城郊结合部开辟了工业园区。其目的是引导街道工业离开市区,尤其是市中心区,促进骨干企业上规模、增效益,解决位于市中心区的工业场地问题。应进一步加强工业园区的建设,吸引更多的企业入园。

第四,在促使街道经济向社区经济发展过程中,全面提高街道社区企业的素质,练好内功,增强企业的竞争力是极为重要的。同时,针对社区经济的服务类和营利类两种不同性质的产业制定不同的导向政策也是十分必要的。

[刘君德,张玉枝.从街道经济走向社区经济[J].立功竞赛,1999(6):42-43]

解读:短文的亮点有三。一是对社区经济的概念进行了科学界定;二是指出了目前的社区经济从本质上看是大城市的基层"行政区经济",应该向开放的市场性质的"社区经济"过渡;三是给出了上海社区经济发展的产业与空间扩展的方向为在中心城区建设工业园区。经过一段时期的运行,2015年上海市陆续推进街道体制改革,剥离街道招商引资职能,取消"街道经济",街道的工作重心转移到公共服务、公共管理、公共安全等社会治理工作上来。

87 社区体制改革的思路

背景：组织制度创新是推进中国行政区划改革、社区发展的基础和条件。21世纪初，我申请的国家社会科学基金项目，或是地方政府的决策咨询项目，研究的内容与重点大多与组织制度相关。本文是其中的研究成果之一。类似文章刊登在民政部中国社会工作协会主办的《中国街居通讯》2001年第4期、第5期。

国内外的经验证明，城市社区组织制度是推进社区发展的重要基础，也是社区发展的核心条件之一。世界各国政治体制不同，经济水平不一，人文和自然环境以及其他许多条件互有差异，城市的社区组织制度多种多样。中国正处于社会转型时期，各地的经济水平和城市居民的收入水平、社会结构、城市建设基础、人文和自然环境等有很大的差异，各城市的居民素质和生活习惯也不相同，社区的组织制度也是多种多样。20世纪90年代中期以来，特别是近两年来，全国各大中城市在推进社区建设管理体制改革过程中，因地制宜，从各地的实际情况出发，建立了形式多样的城市基层社区组织管理体制，推动了社区建设的发展，取得了良好的效果。但同时也存在一些问题，主要是对社区的本质内涵和意义认识很不一致，基层社区组织的层次和目标定位不够明确，有些地方的社区建设表面文章较多，与社区建设和发展的目标方向有较大差距。认真总结各地的经验，针对存在的问题，统一社区的认识，规范基层社区的组织制度，引导社区建设向正确的方向发展，具有十分重要的意义。

87.1 中国城市基层社区组织制度的特点及其问题分析

87.1.1 中国当今城市基层社区组织制度的特点

（1）自上而下的行政主导性。中国目前城市社区组织的法律依据是《中华人民共和国地方各级人民代表大会和地方各级人民政府组织法》（以下简称《组织法》），现阶段城市社区建设是在城市政府的统一领导下，由上而下层层推进，主要依托街道和居委会这两级组织进行，表现出明显的行政主导性特征。这是符合我国国情的，实践证明在现阶段也是必要的，对推进具有中国特色的社区建设和保证体制改革中的社会稳定起了重大作用。

（2）政区与社区的同一性。行政区与社区是两个性质不同又有联系的概念。从空间含义上理解，行政区属政治空间范畴，是中国政府为了有效地控制与管理地方而划分的地域单元；社区则是由具有认同感和归属感的人群组成的地域社会共同体。行政区与社区之间的关系反映了国家与社会之间的本质关系。中国目前的社区建设是在城市街道和居委会推进或实验的，表现了基层政区组织与社区管理组织在地域空间上的同一性特征。虽然在《中华人民共和国宪法》（以下简称《宪法》）和《组织法》中规定，街道是政府的一级派出结构，居委会是城市基层群众性自治组织，但长期以来，在城市强政府的推进下，特别是实行权力的层层下放，使城市的纵向管理形成"两级政府，三级管理，四级网络"的格局，现行的街道和居委会实际上已经成为城市基层行政区的延伸,承担着大量的政府职能。这是中国现阶段城市基层社区组织的一个重要特征。

(3) 基层社区组织的多元性。20 世纪 90 年代中期以来,在中央领导密切关注和指示下,在民政部的积极推进和指导下,全国的城市社区建设进入了一个崭新的发展阶段,其最重要的标志之一就是全国有 19 个城市的 26 个城区被民政部列入社区建设实验区。各实验区的首要任务就是推进社区组织体制的创新。经过两年实践,取得了重大进展。各地在推进基层社区组织体制的创新中,因地制宜,从实际情况出发,建立了不同的组织模式,取得了相当的成功。从社区的空间规模和推进的方式来看,大致有以下几种:一是"上海模式"。20 世纪 90 年代中期开始,上海市委、市政府就十分重视社区建设,根据上海的特点,确立了"重心下移""以块为主""费随事转""两级政府,三级管理"的社区建设方针,以街道为核心,大力推进社区建设,强化社区服务,争创文明社区,取得了很大成绩。上海社区建设最重要的特点是依靠自上而下政府的强大推动,以及在雄厚的财力支持下,硬件和软件建设两手一起抓,取得了显著成效。国内的许多城市,如石家庄等,都积极推广了上海经验。二是"天津、青岛模式"。天津、青岛这两个城市是我国最早开展社区服务并取得成功的城市之一。近两年来,他们继续以社区服务为核心和抓手,依靠政府和群众,积极推进社区建设,取得了新的成绩。三是"南京鼓楼模式"。其主要特点是强调"社区建设是城区工作的永恒主题",强调政府职能的转变,重点"抓好税收,做好环境"。他们的经验在全国许多城市产生了积极影响。以上 3 种模式都把社区建设的空间依托重点放在街道层次。四是"沈阳模式"。这一模式的最大特点是重视社区的空间规模划分和调整,他们依据社区的自然地域范围,本着有利于社区管理、有利于居民自治、有利于发挥社区设施的功能、有利于提高工作效能的原则,按照地域、人群、制度、认同四大要素,对社区的地域范围进行了实事求是的大规模调整。经过调整,沈阳的社区规模大多为 1 000~1 500 户,同时对职工家属聚居区和封闭式的单元小区的规模又做了"可适当扩大或缩小"的规定。很明显,沈阳社区的层次规模被界定在街道和原居委会之间。"沈阳模式"所构建的城市基层社区的微观组织体系获得了很大成功,在全国引起强烈反响,许多城市纷纷仿效、推广,如武汉的江汉区等。五是"北京模式"。他们同样以社区的自然地域范围为单元,以现行的居委会为基础进行了组合,建立了"地域功能社区",使之成为基层政权建设和社区民主自治的结合点,很有创意。此外,上海市浦东新区、普陀区真如镇在居委会与镇之间建立了"社区工作站",试图给居委会实行真正的自治创造更好的体制环境,也是一种很好的尝试。一些经济实力较差的城市(如本溪等)也创造了自己的模式。总之,我国正在积极开展的社区建设实践,已经创造了许多行之有效的基层社区组织模式,各种模式之间既有共性,也有差异性。中国的城市社区建设正处于多元化的发展阶段。

87.1.2 城市基层社区组织制度存在的问题分析

(1) 对城市基层社区组织的空间定位和社区建设重点落实的层次,在认识上存在较大差异,特别是一些同类型的城市之间,做法很不一致,为国家规范城市基层社区组织制度增加了难度。如上海、北京、沈阳、武汉等,同为特大型城市,但对基层社区组织制度的认识和做法就有很大的区别。有的定位落实在街道层次,有的在居委会一级,而有的则定位在街道和居委会之间。这种差异有其合理的一面,在一定程度上反映了这些城市之间经济、社会、管理水平和人文环境的不同,但也存在着一定的不合理性。

(2)大多数城市基层社区组织制度的调整,未能从整个城市的纵向管理体系和横向规模结构体系的全局进行科学的把握,存在着一定的盲目性,从而带来城市组织管理体制的新矛盾。主要是没有考虑城市社区和行政区的关系,在构建基层社区组织制度时,没有相应地考虑行政区划层次和规模结构的改革,以致出现大城市—大区—大街道—大居委会的管理格局(如上海)。少数地区出现不顾条件,不听群众意见,盲目扩大街、居规模的现象。

(3)社区组织的性质、功能和社区建设的目标定位尚不够明确,认识也很不一致。城市基层社区应是依法自治的城市社会的基本单元,是一个基层社会自治组织,社区建设的目标应是实现社区依法自治。这一目标在总体认识上基本是一致的,但具体的功能和定位则不够明确,做法很不一致,甚至是相互矛盾的。目前街、居两级组织的功能已经与国家颁布的《宪法》《组织法》的有关规定发生了很大的变异,街道本来应是一级派出机构,现在实际上已经变成一级政府机关,居委会这一基层自治组织也已经演变成为政府的延伸机构,成为"小巷政府"。政社不分,政府包办社会。如何统一思想,进一步明确基层社区组织的性质、功能和建设的目标定位,转变政府职能,实行政社分开,使之沿着依法自治的正确方向发展,是一个十分重要的问题。

(4)城市社区内部组织体系不够规范,缺少法律依据。目前,各地城市社区建设的组织层次,无论是街道或是居委会,抑或介于街、居之间的地域型社区组织,其内部的组织结构系统多种多样,差异很大,有的比较清晰,有的则比较模糊。主要涉及社区居委会与社区党建、社区物业管理、业委会以及其他社区组织的相互关系,这些关系的法律依据等,需要在深入调研、广泛实践的基础上逐步加以规范。

(5)城市基层社区组织空间范围的划分和命名问题。由于某些历史的因素,或是中心旧城区改造的大规模推进,城市人口的大量外迁,以及城市道路的拓宽等因素的影响,存在着基层社区组织空间范围明显不合理的现象,有的仍然是飞地管理,有的居住社区被道路分割,这就需要按一定的原则重新进行划分。此外,少数社区的命名不够科学,社区管理中心的选择不合理等问题,也需要进行研究,逐步加以调整、规范。

87.2 城市基层社区组织制度创新的基本思路

87.2.1 城市基层社区组织制度创新的理论和实践依据

(1)理论依据

城市基层社区组织是城市社会管理的最基本单元,基层社区组织空间范围的调整必须着眼于两个方面的要求:一是符合市民自我管理的空间发展要求;二是有利于加强社会的区域管理,方便群众,促进社会稳定。我们应当特别强调的是,城市社区组织制度的创新必须导入被世界各国所广泛认同的一种全新的理念,即"管治"理论。这是一种在政府和市场之间进行权力和利益平衡再分配的制度性理念。在21世纪经济全球化、知识化、信息化的时代,我们应该树立并寻求集权与分权结合、政府宏观调控与市场结合、正式组织与非正式组织结合的"新社会治理观",这是一种减少政府消耗、节约经费的理想的政府管治模式。21世纪,在我国城市社区组织制度的创新中,引入"管治"理念作为重要的理论依据和指导思想是十分必要的。

(2) 实践依据

为什么要进行基层社区组织体制的创新?从我国目前城市社区建设的实践来看,主要是现行的城市社区管理体制和相关的法律、法规已经不适应城市经济、社会发展和管理的需要,甚至成为一种体制屏障。这里主要涉及街道和居委会组织的性质、功能、规模等相关的法律、法规问题。目前正在进行的26个社区建设实验区,已经在许多方面突破了上述法律、法规,修改和规范势在必行。同时,前面分析的我国目前城市基层社区组织体制改革中存在的五大问题也足以说明,积极推进城市基层社区组织制度的创新是十分必要的。随着我国改革开放的不断深入,基层民主政治建设的积极推进,市场经济体制的完全建立,必将为城市社区组织体制的创新提供良好的内外部条件。

87.2.2 城市基层社区组织制度创新的基本原则

(1) 基层行政社区与自然社区相耦合的原则。所谓自然社区,是在自然状态下形成的一定地域人群的生活共同体。它可能是一个基层行政社区,也可能是被几个基层行政社区所分割的自然社区。由于各自然社区在人群、认同感、归属感等方面有一定的特殊性,在一般情况下,应尽可能做到不分割自然社区,保留其特色,不过分追求基层行政社区规模的统一性。

(2) 有利于加强社区管理,加强基层政权建设的原则。基层社区管理直接面对广大市民,直接为市民服务,反映市民的需求,社区组织制度的创新应有利于加强对社区居民的依法管理,促进社会的稳定;同时,基层社区组织也应是执行党的方针政策的基础单元,社区的组织制度建立应有利于加强基层政权建设。

(3) 有利于整合社区资源,提高社区管理效能的原则。社区组织制度的改革与调整,一方面要注意社区资源的优化组合,充分发挥社区内现有各种社区设施的功能,提高资源的利用率,减少设施的投入,节约成本;另一方面要从各地的实际情况出发,适当扩大社区居委会的规模,在方便对居民管理的原则下,调整社区规模,降低行政成本,提高管理工作效能。

(4) 纵向和横向管理整体协调原则。城市基层社区组织是最基层的社会管理单元,是城市管理整体的一部分,社区组织的创新要注意处理好上下左右的管理关系。从纵向来看,主要是与街道、区之间的层次、幅度关系,尽可能做到减少层次、幅度合理、理顺垂直关系;从横向来看,主要是与小区物业管理、治安管理等的关系,尽可能在区划上协调一致,实现社区管理的区域整合。

(5) 实事求是,因地制宜的原则。城市社区组织创新的根本目的是推进社区发展,提高社区居民的生活质量,促进社会稳定,加强政权建设。由于中国是一个自然和经济社会情况复杂、各地差异很大、城市的规模和发展水平不一的发展中国家,目前又正处于转轨时期,各城市社区基层组织的形式应有所不同,特别是现阶段,要允许多种模式的存在和实验,这就要从各地实际情况出发,坚持实事求是的原则,不搞一刀切;即使是同一个城市,各街、居的人口密度、人群组合、自然社区的状况也有较大的差异,也应因地制宜,社区的规模宜大则大、宜小则小,社区的组织形式也不需要整齐划一。

87.3 城市社区组织制度创新的基本思路

87.3.1 基本统一城市基层社区组织的空间定位,规范社区的组织层次

目前全国 26 个社区建设实验区,对基层社区组织的空间定位很不一致,有的定位在街道层次,有的定位在居委会一级,有的则定位在街道和居委会之间,但社区建设的资金投入大多在街道层次。出现这种情况一般有以下几个因素:一是对行政区和社区关系认识上的差异;二是社区建设资金投入的来源不同;三是街、居两级干部水平的差别。我们认为,主要是对社区的本质内涵认识上的差异所造成的,应当在统一认识的基础上,逐步明确基层社区组织的空间定位。就大多数城市而言,现有街道规模过大,且行使着基层政府的职能;而居委会,虽然是基层自治组织,但其规模又太小,难以实现社区资源的优化组合,因此,将基层社区组织定位在街、居之间是比较合适的,其人口规模大体在 2 万人左右。它既有利于社区资源的优化组合,又使社区服务设施的服务半径科学合理,尽可能接近广大居民,也便于与社区治安管理(警署分机构)、社区医疗卫生服务、社区文化等相协调,便于社区的统一规划。北京市西城区实施的"地域社区"建设,上海市普陀区真如镇在居委会之上建立的"社区工作站"等基层社区组织的规模比较适中。对于大多数城市的小街道而言,基层社区可确定在街道层次。上述社区规模层次与现行街道和居委会的关系问题仍需做深入探索。

87.3.2 构建城市行政区—社区体系,理顺纵向管理体系

前面我们已经说过,行政区和社区是两个性质不同而又紧密联系的概念,行政区与社区的本质关系反映了国家与社会的关系。目前我国开展的社区建设实验,在组织层次上并没有考虑与城市纵向管理体系的协调,产生了两类不同性质组织之间功能、职责的混淆,必须从城市的纵向管理这一大系统来理顺行政区与社区的关系,这就是构建新的城市行政区—社区体系,即在设区的大中城市,以现有自上而下的市—区—街—居 4 个层次的纵向管理体系为基础,逐步向市(实体)—区(虚化)—街区(实体)—社区(自治体)的纵向管理体系演化。在这个系统中,社区或社区居委会组织是一个依法自治的城市基层社会管理单元,市—区—街三级是政府行政组织。目前在许多城市都实行"两级政府,三级管理"的体制,这一体制与原有的城市管理体制相比,主要是强化了区、街道两级的地块管理。应当指出,在城市大规模形态建设、城市经济高速发展的阶段,社会问题增多的情况下,实行这种层层下放权力、块块管理为主的体制,是十分必要和合理的。但这种体制也存在一定的矛盾:一是强化了区、街两级的"行政区经济"格局,地方本位、分割现象增多,在城市规划、经济利益等方面与市级的条条产生摩擦,市级宏观调控的难度加大,不利于城市整体规划、建设和管理,也不利于城市向高级化、国际化方向发展;二是使街道演变成为一级实质性的政府,行使大量的政府职能,导致街道名不正、言不顺、职、权、利不统一,与现有的相关法规不相符合。我们的意见是

"强化两头,弱化中间"。所谓"强化两头",是指加强市和街道两级政权。要进一步加强市一级的统一规划和宏观调控权,确保城市的协调、有序和可持续发展。街道本来是区的派出机关,随着20世纪90年代以来市、区两级权力的大量下放,其已经演变成为一级政权机构,且其规模不断扩大,有的多达10万人以上,相当于一个小城市,在这种情况下,适时地将街道改设为城市的基层政府(可称之为街区政府)是必要和可行的。街区政府是最贴近市民的城市基层政府,设置这一级政府将大大有利于加强基层政权建设,有利于指导社区建设实践,推进城市的政治民主进程,其意义重大而深远。所谓"弱化中间",是指逐步淡化区级政权。由于设置了街区政府,原有区级的许多职能部门上收给市,如规划和宏观调控权,而相当大一部分又下放给街区政府,在这种情况下,为减少管理层次,节约行政成本,弱化区级政府,使之成为市的派出机构是必要和可行的。实施"强化两头,弱化中间"的城市行政区改革的思路,最重要的是修改相关的法律、法规。在法律、法规未修改之前,先选择部分实验区的城市(如上海、沈阳等)进行"行政区—社区体系"改革试验是必要和可能的。

87.3.3 完善基层社区内部的组织结构体系,在社区依法自治上狠下功夫

实现自治是城市社区建设具有本质意义的理念和目标,必须坚持自治的大方向,但要依法自治。现阶段开展的社区建设还是政府主导下的、自上而下的推进模式,实现真正意义上的社区依法自治是一个长期的战略任务,可能需要十几年,甚至更长的时间。这是因为社区的依法自治需要一个大环境,它包括政治体制改革的推进,市场经济体制的发展和完善,人民群众物质和精神文化水平的提高和丰富,相关法制的完善,特别是广大市民依法自治意识的增强等许多方面。这些都需要长期的努力。当前,从地方政府来说,要营造一个宽松的基层民主的政治环境,如实行社区居委会的直接选举,大力培育社会中介组织,树立居民的自治意识,鼓励市民积极运用自己的权力,积极、依法参与社区自治管理。应当指出,社区内部组织体制的创新和完善,是确保社区自治的重要前提和基础,必须大胆创新,认真实验,总结推广。目前,在全国许多城市的社区建设实验区,除选举产生新的居委会之外,普遍设立了社区党的组织、社区居民代表大会、社区管理委员会、社区议事协商委员会以及业主委员会等组织,要处理好社区内部各类组织之间的关系,明确各类组织的职能,调动各方面的积极性,为社区的依法自治提供组织体制的保证。许多城市的实验区,如沈阳、上海、北京、青岛、石家庄、武汉等都印发了资料、手册,提出了组建社区机构的指导意见,对理顺、规范社区内部的组织机构,推进基层社区自治起到了良好作用,应积极推广。

[刘君德.中国城市社区组织制度的创新与思考[J].杭州师范学院学报(社会科学版),2001(2):1-5]

解读:组织制度是社区发展的基础和改革的杠杆。本文在对中国城市基层社区组织制度的特点、问题进行分析的基础上,提出了社区组织制度创新的基本原则和思路。本文认为,实施"强化两头,弱化中间"的改革思路,统一城市基层社区组织的空间定位,构建城市纵向行政区—社区体系,完善社区内部的组织结构,大力推行社区依法自治,是中国城市社区组织制度改革创新的方向和重点。

参考文献

[1] 刘君德.中国行政区划的理论和实践[M].上海:华东师范大学出版社,1996.

[2] 刘君德.中国市制的发展与改革[M]//刘国光.21世纪中国城市发展.北京:红旗出版社,2000:981-994.

[3] 林尚立.国内政府间关系[M].杭州:浙江人民出版社,1998.

[4] 徐中振.上海社区发展报告(1996—2000)[M].上海:上海大学出版社,2000.

88 社区发展的理性思考

背景:《上海市容》是一份由上海市城市管理和环境卫生部门主办的内部期刊。由于我承担过上海城市管理相关课题的研究,与之建立了联系。内刊刊登的文章短小精悍,经常会邀请相关专家发表一些与城市环境管理相关问题"综述评析"的短文。本文是我从事多年社区研究、带有一定总结性论述的短文。

从 2000 年中共中央办公厅和国务院办公厅转发的《民政部关于在全国推进城市社区建设的意见》(中办发〔2000〕23 号文件)算起,中国的城市社区建设已经走过了将近 7 个年头,在各级政府的强势推进下,全国城乡社区建设取得了显著成绩,正在向广度和深度发展。但社区作为城市的基本功能单元还不能有效地发挥作用;服务、就业、卫生、治安、城市管理等问题在社区层面还没有得到根本解决。

党的十六届六中全会《关于构建社会主义和谐生活若干重大问题的决定》明确要求,要"推进社区建设完善基层服务和管理网络"。胡锦涛同志在党的十七大报告中首次指出了要"加快推进以改善民生为重点的社会建设"的目标任务,中国的社区建设进入一个新的发展时期。作为国家社会建设基础的基层社区如何根据新的形势、新的情况,沿着健康发展的方向向前推进,是每个城市政府和学者应该思考的问题。我认为,在中国特色城市社区发展的理论与实践中,以下几个重要问题应该进一步统一认识、大胆实践与创新:

88.1 以改善民生为重点,以建设美好家园为目标,推进新一轮社区建设

社区是基层社会的共同体,是居民的生活家园。从社区建设发展的目标来说,根本上是为了建设和谐、美好的生活家园。21 世纪以来,全国各城市政府从硬件建设入手,以社区服务为重点,投入了大量人力、财力、物力规划、建设社区,使社区居民的居住环境和物质生活条件有了很大改善。但是,在转型期市场经济体制推进的大背景下,加上各地的经济基础和发展条件的差异,城市之间社区居民的生活质量有很大差距;即使是同一个城市,各社区之间的生活环境、生活水平相差也很大,集中反映在收入、就业、教育、医疗、住房、社会保障、环境等方面,出现了许多相对的"薄弱社区"。这种差距还有扩大的趋势。在这些"薄弱社区",居民们没有公平享受到城市改革发展的成果,民生问题突出,社会问题增多,不和谐现象加剧。

中国已经走进改善民生的新的发展阶段,新一轮的城市社区建设要改变以往集中财力、物力、人力建设经济条件好的所谓"样板""示范社区",搞社区形象工程的思路,把改善民生、建设"薄弱社区"作为重中之重。第一,要结合旧城改造、房地产开发、城乡结合部整治、生态环境治理、城市管理等规划的要求,加大对"薄弱社区"的投入,加强硬件设施(社区服务中心、社区卫生中心和社区文化中心)建设,大力改善"薄弱社区"的硬件条件,形成完善的社区

服务体系,建立和谐社区的物质基础。第二,要合理配置硬件设施资源,使之契合社区居民的需求结构,加强综合服务功能,提高设施的使用效率,降低建设和运行成本。防止重复建设,自成体系,搞小而全;力戒相互攀比、贪大求洋、奢华浪费、华而不实。第三,社区服务体系建设要面向全体居民,但主要受益者是社区的老年人、青少年、残疾人和下岗失业人群。这是城市政府的责任,是实现社会公平公正的善举。第四,要把"薄弱社区"居民的生活质量改善程度和居民对社区的认同感、幸福感纳入和谐社区建设的重要考核指标。只有社区的民生问题解决了,"薄弱社区"的数量少了,差距小了,美好家园的物质基础打好了,以社区为根基的城市社会才能得到和谐稳定发展。

88.2 加速推进社区组织管理体制改革,实现多元"社会人"的和谐共处

社区组织是社区内的各种组织相互联系、相互作用构成的有机系统。社区组织通过决策、沟通和控制3个过程以及一定的管理手段,将个体与外界联系起来,实现个体难以达到的整体功能,保持社区的正常运转。国内外的经验证明,城市社区组织制度是推进社区发展的前提条件。世界各国政治体制不同,经济水平不一,人文和自然环境以及其他许多条件的差异,导致城市社区组织制度多种多样。在西方国家,一般实行社区的自治制度。中国的政治制度决定了社区的非自治性,即行政性是中国社区组织制度的特点。中国的城市在探索社区自主发展的进程中步履艰难。即使改革开放以来,中国城乡社区发展的动力也并非是内源性的,并非以居民为主体,而是靠自上而下的政府的推动。可以说,真正自下而上自主发展的社区在当今中国很难出现,或者是尚未出现。然而,社区的本质姓"社",而非姓"政",从本质属性来看,"依法自治应成为我国社区建设的终极目标之一"。

改革开放以来,随着市场经济的发展,个人之间的收入差距拉大,收入差距进一步转化为资本和财产的差别,从而产生社会人群"阶层性"的分化。引起社会分化的各种力量都要求在社区有表达的机会,在多变互动和利益博弈中达成共识,形成利益共同体,由此形成社会多元条件下的和谐共处。中国的城乡已经形成多元化社会的格局。在这一新的社会背景下如何实现城市多元社会的和谐共处,如何使不同利益的人群建立新的社会协调与整合关系,使不同阶层的多元"社会人"认同并形成社会的共同利益和整体利益,从而实现社会多元条件下的和谐共处,这是新时期城市社区建设发展长期的任务,需要通过包括社区组织管理体制改革在内的社会建设实践进行探索和解决。

面对日益分化、复杂和多变的社会,加速推进民主自治,即从传统的"行政管制"走向"社区共治"是中国城市社区组织管理体制改革的方向。"行政管制"是依靠自上而下政治权威的单边治理实行强制性整合,虽然可以取得一时的效果,但易造成官民对立的后果,难以保持持续稳定;"社区共治"是一种民主自治体制,是社区政党组织、行政组织、社会组织、自治组织以及市场组织等多元要素的有效整合、积极参与的社会治理结构。这种"共治结构"在政府主导下,实行政府与民众的双向互动,具有非强制性治理特征,可以产生秩序与活力均衡的双重效果。很明显,社区组织体制模式需要创新,主要是推进民主自治、多元互动,从而实现社会和谐共融。

如何实现"社区共治"? 各地的改革经验可以归纳为:第一,社区党组织要有权威、有号

召力、有活动能力,在社区中发挥领导、统筹和协调作用;第二,行政组织要转变职能,让度空间,推进自治,不包揽社区事务;第三,社会组织要积极培育、壮大,在社区中逐渐发挥主体性的服务功能和治理作用;第四,市场组织要确立"企业公民"意识,努力成为社区发展的积极成员和重要力量。

深圳市南山区政府围绕环保政府工程拆迁等涉及百姓民生、民权的重大问题,在经过片区业主、居民精英与地方政府及人民代表大会进行了多轮理性博弈后,尝试在社区设立人民代表大会代表工作站。区政府把5名社区精英吸纳到人民代表大会代表工作站,作为片区、市区两级人民代表大会代表的联络员,收集片区的利益诉求,及时有效地向政府反馈;作为人民代表大会、政府及民众之间的组织工作站的同志将社情民意经过综合向人民代表大会系统输入,转化为政府决策,从而使社区内社会自主参与的冲动被有序地吸收到体制内释放,有效地处理了重大社会问题。我认为,深圳市在创新社区治理模式中探索的成功经验具有普遍意义,值得推广。

88.3 提高党员的社区主体地位意识,培育一批有威望、有爱心、有能力的社区精英

党的十七大报告所提出的建立"党员主体地位"的党建理论新提法具有深远意义。国内外政党运作的经验表明,任何一个执政党如果不扎根于人民群众之中,其执政地位就会受到动摇,中国也不例外。应该说,新的时期,我们的执政党在发展中承受着巨大压力和挑战。中国共产党植根于人民群众,代表人民群众的利益,努力为人民群众服务,与人民群众是血肉相连的关系。要长期保持执政党的执政地位,加强党的建设,最重要、最根本的就是要加强和提高广大党员的"主体地位"意识,使广大党员能够自觉贯彻党的意志,实现党的目标。没有千千万万党员在社会基层——社区中的"主体地位"的良好表现和人民群众对党员表现的认可,执政党的执政根基就会受到动摇。在中国改革开放、经济社会大变革、复杂多元社会的今天,尤其要认识到在党建工作中确立"党员主体地位"的重要性。

在城市社会的基层,党员的主体地位首先应该体现在社区建设和组织之中,也就是说,在社区组织构架中党组织是核心。但是,党的核心作用是通过党组织动员社区各方面的资源,勾连起政府、社会、市场最基本的关系,从而起到协调政府、社会、市场的作用;更是通过党员在社区居民中的威望、表现、行为、公德、公共意识以及积极参与来实现的。也就是说,党员在社区中的"主体地位"不是人为自封的,而应该是在社会实践中产生,并为人民群众认可的。

社区是社会生活共同体。这个共同体是要靠一大批以党员为主体的有威望、有爱心、有能力的"社区精英(领袖)"带领和推进的。中国的城市社区建设需要一大批"社区精英",在社区建设实践中培养"社区精英"是社区发展中一项带有战略意义的大事。一批高水平、高素质、高度责任感的"社区精英(领袖)"是建设美好生活家园,推进社区依法自治,实行社区组织的多元共治,实现社区和谐的十分重要的条件,在某种程度上甚至是决定性的因素。作为一个"社区领袖",应该具有一定的文化素养、管理能力,但更重要的是要有高度的责任感,要热心于社会公共事业,能为百姓办实事,替居民讲话,密切联系群众,在群众中有较高的威望,能带领社区居民推进社区发展,是群众信得过的人。

共产党员是人民群众的先进代表。"社区精英(领袖)"理应从社区党员中产生。然而,由于计划经济时期"单位制"的长期影响,"单位人"在向"社会人"转变的过程中出于各种利益,单位和党的社会化观念薄弱。时至今日,居住在社区里的许多党员仍然自认为是单位的党员,忘记或者不认同自己也是社区党员,以致很难看到党员在社区这个社会生活共同体中发挥重大作用,或者说党员"主体地位"在许多社区表现并不明显。

从社区层面看,我认为解决这个重大战略意义问题的关键包括3个方面:第一,党员要转变观念,按照"先进性"的要求,提高自身的素质,严格要求自己,不论是在单位或是在社区都要做一名合格的党员,都应该是一名先进分子;第二,改革党组织对党员的考核标准与制度,把党员在社区的表现、行为、群众的评价作为入党的重要条件与考核标准;第三,积极发展社区精英分子入党,在党代表和人民代表大会代表中增加社区代表比重。此外,我们还要下决心抓好社区居民的素质教育,提高社区居民的公共道德、公共意识,让社区里的每一个居民都自觉地爱护、监督公共环境,自觉地维护公共秩序。这是以党员为主体的"社区精英"们一项长期的、带有根本性的任务。

深圳市南山区在发挥党员、公职人员在社区中的作用方面进行了有益实践,亮出了身份,浮出了水面,让他们进入业委会,担任楼组长、片长,参与社区义工队伍。党员和公职人员作为体制内的资源,在社区建设中发挥了积极作用。一方面,将党员身份在社区中亮出来,让其服务身边的居民,推进社会公益事业和关爱行动,提升了执政党在基层社会的威望。另一方面,通过公职人员及时将政府的相关决策信息准确传递给社区居民,推动政策执行;同时将居民的利益诉求反馈到决策部门,预先避免了利益矛盾的突发和加剧,对业主的集体行动发挥了防范作用,推动了政府决策的科学化、民主化。在现阶段,深圳的这种做法有积极意义。

88.4 把握社区规律,谋划社区发展,打破行政地域界线,实现跨行政社区的治理

社区的发展是社会分化和整合的变迁过程。在中国处于经济社会大变革的时期,社区内的人口结构、职业结构、组织结构、文化价值观,乃至于人们的行为规范等变迁过程加速;与此同时,社区的地域空间也发生变异。而经验表明,社区的变迁可以朝着改善社区的居住环境、形成合理的社区结构、提高居民的生活质量方向发展,也可能会由于制度变迁、产业调整、城市改造、房地产开发、观念冲突等因素带来负面影响。因此,把握社区变迁的规律,科学谋划、正确引导社区变迁的方向,对于实现建设和谐、美好的社会生活共同体(家园)的目标十分重要。

社区变迁是个非常复杂的综合性问题,正确把握社区变迁规律必须从宏观背景和微观区位两个层面具体分析社区的特质、变迁因素、主要问题,准确判断特定社区发展的方向,在此基础上科学谋划,正确引导社区发展。

这里要强调的是,在社区谋划中注意打破传统行政地域的观念,重视跨越行政社区的治理。我曾多次说过,中国的社区空间概念有两种划分:一种是政府采取行政手段划定、有明确边界的社区,如街道、居委会,我把它称为"行政社区";另一种是人类自然集聚、经济聚集等形成的社区,如农村的自然村落、集镇,城市的若干功能性社区(上海的曹家渡、徐家汇、八

仙桥等等），统称为"自然社区"。"自然社区"自下而上形成，人们在血缘、地缘、业缘等方面联系紧密，同质性明显，归属感强；"行政社区"往往是自上而下推进，"三缘"关系表现不突出，异质性明显，受政治权力、行政因素的影响较大。

中国目前的社区建设落实在基层行政区域单元——城市的街道、居委会和农村的乡（镇）、村，这是必要的。依靠行政力量建设社区，对于充分调动基层行政部门的积极性、落实政府的举措、改善社区环境、加强社区管理、整合社区资源、提升社区服务的功能等具有明显效果，也符合中国现阶段的国情；但同时也要指出，过多地依赖"行政社区"的行政手段必然带来基层社区组织管理严重的行政化倾向，中国目前的基层社区已经演变成为一级名副其实的"小巷政府"。这在一定程度上抑制了社区社会化的发育，社会资源得不到充分利用，不利于调动广大居民的积极性。

同时，在单一行政性的推动下，各"行政社区"出于自身的利益考虑，社区建设项目各自为政、自成体系，小而全的情况相当严重，影响社区设施的规模效益，加大了社区建设成本。而在行政社区的边缘地带，则往往出现管理真空，对城市的形态及环境治安管理等带来影响。

我们要强调的是打破行政地域界线，实现跨越"行政社区"的治理。在地域相连、人群集中、功能突出、认同感强、有一定规模，但又不属于一个行政区或街、居的功能性社区（如上海市的曹家渡地区），进行跨越行政社区的综合治理十分必要。曹家渡是一个历史悠久、颇具特色、在上海市具有重要地位的商业社区，然而由于静安、普陀、长宁三区长期的行政分割，在转型的"行政区经济"运行时期，这一具有重要地位的商业社区的发展受到3个行政区的"空间约束"，在近10年的大好发展时期受到极大的制约，使本来与徐家汇商圈同等地位的曹家渡地位大大下降，三区形态各异，人气明显不足，商业走向衰落。如果我们能够组织三区的力量，发挥三区的优势，谋划其发展，合力共治、共建，协力管理，曹家渡就不是今天的形象。为此，我们要特别重视此类跨界的功能社区的规划、建设、管理，防止"曹家渡现象"的发生。

经济全球化带来的经济流、人流及文化多元发展的现象，通信技术的进步，时空距离的缩短，网络社会的出现，改变了人际沟通的地理边界，我们有理由对社区的地域性要素进行新的思考。

[刘君德. 中国特色城市社区发展的理论与实践[J]. 上海市容, 2007(6): 11-14]

解读：本文的4个标题是我多年研究社区问题的核心观点，从理论与实践的结合中对这4个本质性、针对性的社区问题进行了有一定深度的剖析，我以为这是当今中国深化社区建设的主体方面，而不是一味做表面形象工程。第4条是我在研究中国特色社区建设中的创新思路，强调要在把握社区规律的前提下谋划社区发展，主张"打破行政地域界线，实现跨行政社区的治理"。也就是说，从空间观点看，社区建设要克服行政分割社区的现象，特别是大城市中心城区的功能性社区要重视区域性、跨界的社区整合。

89 社区观察拾零

背景:20世纪末至21世纪初,是中国城市社区建设的高峰时期,举国上下、各行各业都十分关注和积极投入社区的建设与研究。相关报纸杂志报道、刊登大量信息和研究成果。我在这个时段先后接受过不少报刊的采访,应约写些短文或专文。《中国社会报》《城市街居通讯》《上海城市导报》《上海街镇》《城市管理》以及《立功竞赛》(上海,内刊)、《上海市容》(内刊)等都刊登过我写的社区短文。以下几篇比较有代表性:

89.1 台中市枫树社区观感

89.1.1 一个典型的城郊结合部社区

今年(1999年)2月底至3月上旬,我应台湾大学、台湾师范大学、东海大学、中国文化大学、漳化师范大学等校邀请,进行了十余天的访问、演讲、参观活动。在参观访问中给我留下深刻印象之一的就是台中市屯南区枫树社区。

(1) 乡土气息浓厚的社区。枫树社区属台中市南屯区枫树里,位于台中市与台中县交界处的枫树溪畔,是一个典型的乡土气息十分浓厚的城郊结合型的社区。这里居住着6 000多名本地人和外来人。至今尚有40%的市民在种田。3月初的季节,江南农村小麦、油菜尚未完全成熟,而在台中油菜早已收割,水田中的稻已长到一尺(1尺=1/3 m)多高了。优美的田园风光与城区繁华建筑组合在一起,构成一幅典型的城郊社区景观。据说,最初拓垦这一片土地的百姓,在村中栽种了一棵枫树,后来长成4个人才能合抱的大树,树下成为村民农闲聚会之场所,枫树社区由此而得名。1995年,枫树人在2 300 m长的枫树溪畔种下大量枫香树,不久即成为台湾人赏枫的景点。

(2) 枫树社区发展协会。1991年台湾有关部门颁布新版的社区发展纲要,赋予社区发展协会法人地位,随后台湾各地纷纷成立社区发展协会组织,枫树社区发展协会也于1993年创立。社区协会针对本社区的特点和居民之需要,制订社区发展计划,组织社区活动,保护枫树社区内的自然资源与人文资源,积极组织整治环境,再开发利用回收的废旧物品,使环境得以美化,古迹得以保存。今日枫树社区已成为一个既无污染又富有文化气息的休闲社区。

(3) 乡土精神与社区文化。20世纪70年代以来,在台湾经济迅速发展的同时,传统的文化也随之流失。在这种情况下,如何使现代生活与传统文化有机结合是人们追求的目标。枫树社区可称得上是这种结合的典型之一。枫树社区的居民,在追求现代文明生活的同时,保留了许多传统的乡土节日。如在枫树里北部的万和宫,是台中市最早的庙宇,每年农历三月二十日为迎神祭日,三月二十一日至二十五日在此演同乡戏,三月二十六日开始演字姓戏(以"张"姓开场,"林"姓结束),接着演还愿戏,前后长达两个月。此外,每年端午佳节,枫树人还开展传统的木屐踩街活动。如今枫树溪老店、村落、古厝、老榕树、老枫树遗址、水牛浴池、42 hm² 的农田等,传统景观及文化与现代生活融为一体,形成一个有特色的传统文化社区,充分表现了枫树人爱乡土的精神。至今仍保留有十多处具有闽南风格的古厝民居,枫树人的这种乡土精神令人感动。

(4) 再生肥皂、轮胎花盆和垃圾肥料。枫树社区给我印象最深的还是枫树人的环保意识。在枫树社区没有脏、乱、差,连阴沟的水都是碧清的。其秘密在于全体居民高度的环境意识和因地制宜、因陋就简的环保行动。

① 利用油炸食品的回锅油制作再生肥皂。在枫树里有不少小吃店、食品店、饮食店,在食品的烹调过程中产生一些回锅油,不适合再食用,若丢弃不仅会造成环境污染,而且浪费资源。枫树人想出了一个绝妙办法,请来化学工程师,教他们将回锅油再生利用,制作成土肥皂,既保护了社区环境,又利用了社区资源。再生肥皂可以用来洗涤鞋袜等。枫树社区的老妈妈送给我的一块再生肥皂不仅是我珍藏的纪念品,而且成为我进行社区环境教育的活教材。

② 利用废弃轮胎制作"花盆"。台湾的私家汽车较多,如果留意的话,无论是在城市或乡村,到处都可以看到被丢弃的轮胎。枫树妈妈们开动脑筋,将它们开发利用,使之摇身变为围篱花盆,在里面放上土、种上花,使昔日许多垃圾堆积的墙角变为花海,增添了许多新景观。

③ 利用有机垃圾堆肥。在台湾,由于人口的增加,居民生活水平的提高,城市垃圾处理成为一大难题,尤其是在城乡结合部。为此,枫树人将平时吃剩的饭菜、水果皮等有机垃圾做成有机堆肥,既解决了部分垃圾的处理问题,又可用作肥料,发展农业。一位 68 岁的陈阿来先生,从孩提时代即坚持自制有机堆肥,数十年不变,子孙们都仿效制作,居民们称阿来伯为"环保部长"。

(5) 社区领袖江风英老师。陪同我参观访问的江风英老师在枫树社区,无论是大人、小孩无不知晓。她是枫树社区的领袖——社区发展协会总干事,十多年来一直积极支持社区建设。后来她辞去了教师公职,一心一意投入社区的社会教育改革活动。她从文化中心的义工做起,全身心参与社区的人本教育,推进社区活动,为百姓办实事,替居民讲话,发动大家参与环境美化,充分利用社区资源,开展资源再利用、保护古迹等活动。她成为远近闻名的社区领袖。正是有这样的社区领袖,凝聚了枫树社区的人气,经过枫树人的长期营造才使枫树社区成为台中市水泥丛林中的一块生态瑰宝,成为既保留有传统文化又过着现代文明生活的模范社区。

89.1.2 几点启示

(1) 建立社区发展协会是推进社区发展的重要组织措施,而优秀的社区领袖是社区发展的决定因素。

(2) 依靠社区人的积极参与,发扬集体互助精神,努力开发社区资源,积极营造社区环境,共建文明社区,提高居民素质,是社区发展的本质性要务,也是社区建设的目标。政府在社区发展中起指导或倡导作用,而非包办一切。

(3) 正确处理社区硬件建设与软件建设的关系。在一定程度上软件建设、以人为本的社区管理应成为营造文明社区最重要的工程。

(4) 在社会发展中,应注意将传统文化融入现代生活之中。大力弘扬中华民族的传统美德,保护乡土古迹,因地制宜发展有个性与特色,有人性、充满活力的社区。

台湾自1965年颁布《民主主义现阶段社会政策》和1968年颁布《社区发展工作纲要》(以后修改为10年社区发展计划)以来,在开展社区试验、增进社区人的生活条件、提高社区人的素质、改善社区生活环境、推进社区民主等方面取得了不少进展。枫树社区是其中一个范例。实践证明,通过社区建设美化了环境,消灭了脏、乱、差;发展了福利事业,使贫富差距缩小;在道德伦理建设方面也取得了一定成功。应当指出,台湾的社区建设同样面临着一些急待解决的难题:社区发展计划推进并不顺利;台湾当局与各市县政府矛盾很多,认识很不一致;居民的配合也很不够,发展很不平衡。但我认为类似枫树社区发展的经验,对现今大陆社区发展仍有一定的借鉴意义。

[刘君德.访台中市枫树社区之观感[J].立功竞赛,1999(5):47-48]

89.2 社区建设的新趋势

20世纪最后20年是中国空前发展和变革的时期,在21世纪中,中国将努力实现"强国""富民""民主""稳定"四大目标。众所周知,城市是现代文明的标志,是经济社会发展的主要载体。21世纪,作为城市社会的基本单元——社区的建设将在实现中国的上述四大目标中发挥重要作用。

89.2.1 新阶段　新特点

伴随着城市经济社会的快速发展和城市化进程的加快,中国的社区建设从20世纪末期进入一个新的发展阶段。其显著标志包括:(1)在1998年国务院进行的机构改革中,民政部设立了基层政权和社区建设司。从此,国家有了社区建设的专门管理部门机构,领导和指导全国城乡开展社区建设工作。(2)1999年民政部在全国10个大中城市的11个城区开展了国家级城市社区建设试验,取得了成效。(3)许多城市,如南京、上海、武汉、青岛、沈阳等都将社区建设纳入城市建设管理的主要工作内容,并推进多项改革措施(如上海市实行"两级政府,三级管理"体制)来加强城市社区管理,取得经验,形成不同模式。(4)在天津南开大学、上海华东师范大学、北京市社会科学院等高校、科研单位成立了社区建设研究中心,一批社会科学工作者积极参与社区研究,召开了各种类型的国内、国际学术研讨会,出版了许多著作,推进了具有中国特色的社区理论建设。

中国社区建设新阶段的显著特点包括:(1)城市是中国现阶段社区建设的重点;(2)街道和居委会是中国城市社区建设的载体;(3)城市政府是推进中国社区建设发展的主体力量;(4)创建文明社区是中国城市社区发展的主要抓手和推动力。总体看,中国社区建设发展很不平衡,主要集中在少数经济发达的大中城市,目前尚属由政府自上而下推动,即政府主导型的积极探索阶段。即使是从发达地区城市社区建设的水平来看,与人们追求的社区本质意义的目标尚有较大差距。我国的社区建设任重道远。

89.2.2 新世纪 新趋势

21世纪将是人类社会经济、科技、文化事业迅猛发展的时期。经济的全球化、知识经济的发展，使人类生活的时空距离大大缩短。而信息的交流、经济文化的交流、思想的沟通也越来越广泛、快捷。中国作为一个大国即将加入世界贸易组织（WTO），无疑将加快改革开放的步伐，中国必然也必须融入世界。因此，在21世纪，我们要以世界的视角看待中国的经济、社会。作为微型社会的城市社区也应当站在全球的高度认识和把握其发展的方向。我认为，在21世纪，中国城市社区建设的方向主要应把握以下几点：

（1）社区组织的自治化。中国的城市社区建设起步较晚，主要依靠自上而下的行政性推动，政社不分，社区单位和居民参与社区建设的组织化程度较低，居民的积极性远未充分发挥，影响了社区资源的充分开发利用，也是许多居民对本社区缺少认同感和归属感的重要原因。加强自下而上的社区组织化建设是一项十分迫切而长期的任务。从"社区"的本质内涵来看，社区组织应是社区群众自我管理、自我服务、自我发展的自治团体组织，如各类志愿者组织、福利组织、民间互助组织、业委会组织、中介组织等，通过这些组织动员社区各类群众，形成凝聚力，发挥各种功能，主要依靠自身的力量解决社区内各种困难和问题，增强群众对社区的认同感和归属感。实现社区的社会化管理，也是推进中国城市政治民主化进程的主要途径之一。上海市卢湾区瑞金二路街道采取直选方式选举产生居委会主任的做法，使长期以来行政化的居委会组织转变为群众性社区自治组织，理顺了城市基层管理中的政社关系，居民的民主自治意识大大增强，为城市社区自治组织化建设提供了经验。

（2）社区建设的生态化。建设可持续发展的生态城市是21世纪世界城市发展的大趋势。社区的生态建设是实现城市可持续发展的基础。实行社区建设的生态化有利于解决和克服长期存在的"城市病"，有利于改善城市环境，提高城市居民的生活质量；有利于吸引投资，增强城市实力和活力，提高城市的综合竞争力；有利于建设现代化、高效率、可持续和规范化的城市。针对目前中国大中城市普遍存在的人口过于密集、土地利用不合理、住宅短缺、就业困难、重经济轻社会发展、交通拥挤、供水不足、环境污染严重等矛盾和问题，社区的生态建设应抓住几个关键性要素，主要包括：降低城区人口密度，合理利用土地空间，适当调整建筑密度；加强环境整治的力度，降低能耗，增加供水能力，科学用水；加强城市交通建设，重点发展轨道交通；加速园林绿化建设。同时在调整产业结构与布局中注意增加就业岗位，处理好经济和社会发展的关系。上海浦东新区金杨新村街道在社区规划建设中注意处理好人口、资源、环境与经济社会发展的关系，依托自然环境，改造旧河浜，建设社区广场和健身公园等，以"天蓝""地绿""景美""人和"为目标，在建设生态社区方面取得了成效，当务之急是搞好生态社区规划。

（3）社区居民的终生学习化。早在20世纪中后期的70年代，美国学者哈钦斯出版了《学习社会》一书，提出"学习化社会"新的教育观，引起国际社会的广泛赞同，不少国家和地区将此作为21世纪教育发展的方向。1994年罗马"首届全球终生学习会议"上，更把"终生学习"看作"21世纪人类的生活方式和手段"。一个经济发达、高度文明的社会应该是人人均能终生学习的平等、理想的社会。建立"学习化社会"是推动人类社会不断进步的重要手段，在知识经济时代更具有紧迫性。而"学习化社会"的基础和落实应是社区。因此建立和推进"学习化社区"将是21世纪社区发展的一个重要方向。

所谓"学习化社区"就是在社区内建立终生教育体系,最大限度地满足社区所有成员的学习需求,以促进社区成员素质的整体提高和生活质量的不断改善。建设学习化社区,首先要提高领导和居民的认识。作为领导应将"学习化社区"的建设看作社区长远建设的根本性任务予以重视,认真抓好。从广大社区居民来看,应积极参与社区学习,努力提高知识水平、道德素养,以适应经济社会不断发展的需要。其次,要充分开发利用社区资源,根据具体情况,建立社区教育网络体系,举办各种类型的社区学校,为社区全体成员提供公平的学习条件,并从组织、人力、财力上加以落实。当前应首先在全国的试点社区进行"学习化社区"的实验,取得经验后推广。

(4) 社区服务的数字网络化。近一二十年来,信息技术飞速发展,世界贸易组织日内瓦信息技术协议(ITA),从2000年起取消了信息技术产品的关税和其他税费,其所涉及的产品均来自高附加值的技术密集型产业,该领域的自由化将进一步推动全球信息技术的发展,全球互联网将大幅度增长。正如美国一位未来学家约翰·奈斯比特所言,跨国界的网络和信息高速公路的建立,将整个世界变成了地球村。数字网络作为一种新的社会基础结构、新的理念和外部环境,在21世纪将渗透全人类经济、社会、政治、文化和生活的各个领域。中国加入WTO后,将与世界互融,数字网络社区将是必然的发展趋势。

美国已经在洛杉矶东南部的拉德拉兴建了数字网络新社区,1999年7月完成了一期工程,每套住宅面积为140~400 m^2,价格在20万~50万美元,虽略高于其他新建住宅,但区内居民通过一个高速、高效和宽频通信网络,全天可以与社区学校、医院、商店、娱乐设施联络,还可得到数字化电话服务和78个频道的有线电视节目。此外,社区网络服务中心还能提供各种服务,居民使用这些技术如同我们日常使用微波炉和计算器那样方便。这个数字社区全部建成后(10~15年),将保证8 100个住户居民行驶在信息高速公路的快车道上。

十分可喜的是,上海市虹口区的邮电新村等在建设数字化社区方面已迈出了重要的一步。民政部与天津市河西区合作开发的"社区服务计算机网络规范与交互技术"已通过论证。随着我国经济、社会的发展和科学技术的进步,特别是网络业的快速发展,建设数字化网络新社区的目标定将实现。

89.2.3 新规划 新举措

上海的社区建设起步早、发展快、成效大,在21世纪如何更上一层楼,是我们应该认真思考的问题。

(1) 21世纪要有新规划。上海虽然制定了一些社区发展规划,但总体来看起点不高,未与世界社区发展的大趋势相结合,未与上海大都市未来发展的功能分工及纵向管理体制改革的趋势相结合,也未能做到软件规划与硬件规划相结合,且存在各自为政的现象。因此,多家联合(如市委办公厅、民政、计委、建委等政府部门与高校、科研单位联合),在深入调研的基础上,制定一个与上海大都市未来发展方向相合拍,与世界社区发展的大趋势相吻合,具有中国特色、上海特点、一流水平的社区发展规划是当前上海社区建设的首要任务。

(2) 21世纪要有新思路、新举措。主要是坚持以人为本,将社区建设与实现城市的可持续发展目标结合起来;坚持社区自治,将基层政治民主建设与加强政权建设结合起来;坚持因地制宜,将建设各具特色的社区与新一轮城市总体规划的功能分工结合起来;坚持调动上下两个积极性,将行政的积极性与社会、居民广泛参与的积极性有机结合起来,多种渠道解决社区建设的资金财源问题,推进社区建设的深入发展;坚持从实际出发,将再就业工程、社会保障制度与城市形态、环境建设及加强社区管理有机结合起来。要坚持抓重点,一是按照建立上海市行政区—社区体系的方向和方便管理、规模合理的原则,调整街区和社区(居委会)的规模;二是全面实施居委会的直接选举;三是选择老城区(南市)、中心城区(黄浦、卢湾等)、城市边缘区(长宁、徐汇等)和浦东新区开展社区建设的综合试验,特别是体制、机制的改革和实践,为大都市不同类型的社区建设创造新经验;四是建立统一的社区建设研究机构,以大学、科研单位的相关研究机构和政府职能部门的规划研究机构联合组建上海市社区发展规划研究院,积极开展以上海市为重点的社区发展理论与实证研究及规划工作,推进上海的社区发展,使上海的社区建设始终处于全国领先水平。

[刘君德.新世纪中国城市社区建设的新趋势:兼谈上海社区建设的重点[J].立功竞赛,2000(2):44-46]

89.3 "都市村庄"的出路

城乡结合部,又称"城市边缘带",是一个城市和乡村交融的过渡(或蔓延)的地带。随着城市的郊区化与乡村城市化的同时推进,城乡结合部成为一个动态发展、多变的地域空间。由于其地理区位的特殊性、城乡二元结构的交融性、土地利用的多变性、人口社会结构的复杂性,这一特殊的社会空间成为城市社区建设的难点和薄弱地带。准确把握城乡结合部的特点和规律,加强郊区社区建设与管理,对于推进城市社区建设的健康发展具有重要意义。

89.3.1 城区和郊区的急变地带

由于受城市郊区化和农村城市化双向互动发展的影响,城乡结合部人地系统具有明显的过渡性特征。

(1) 从景观及功能的变异看,城乡结合部是城区和郊区两类地域之间的"急变带"。来自城市和乡村的人口、物质、技术、信息等在这里相互作用、竞争互生,使其功能、土地利用、景观等在发展中不断变化。

(2) 从人口和社会结构看,城乡结合部是城市和乡村相互交融、混合的地带。在这里,市民、农民和外来流动人口三类人群构成了社会生活共同体,三类人群在职业、文化素质、价值取向、需求与生活方式、信息等方面形成了强烈的异质反差,表现了人口社会结构的高度复杂性。

(3) 从产业状况看,城乡结合部经济的发展对城市的依赖性不断加强,城市型产业和城市需求导向型产业不断增加,特别是新兴工业、房地产业在城乡结合部得到快速发展,成为重要的支柱产业。

89.3.2　活力和矛盾并存的社会空间

城乡结合部优越的区位条件,使之成为充满活力的城市空间。这里是市区工业的扩展区,是开发区建设的热点区,交通枢纽、仓储、"大卖场"等物流业的主要发展区,房地产开发的重点投资区,也是新兴"大学城"的优选区。在城市经济快速发展时期,城乡结合部成为城市经济发展的新增长区域。

然而,城乡结合部在社会管理、城市规划建设等方面也成为一个充满矛盾的空间。就我们在上海对多个样本的调查,主要有以下问题:

(1) 行政区划问题。土地批租、房地产开发导致土地管理分割,城乡犬牙交错,"一地两府""一地多主"的现象比较普遍,跨区管理矛盾突出。

(2) 土地开发问题。主要是土地已经完成批租,但未完成开发,不仅造成资源的浪费,而且使一部分农民失去赖以生存的土地而导致失业,社会矛盾加剧。

(3) 户籍管理问题。由于城乡结合部与城区在就业、医疗、教育、生活服务等方面存在较大的反差,许多动迁户不愿将户口迁入,而部分地区的农村动迁户鉴于土地经济利益的考虑,也不愿"农转非",从而增加了户籍管理的难度。

(4) 外来人口问题。城乡结合部优越的地理区位,廉价的出租屋,加上管理相对薄弱,使大批外来人口在此集聚,虽然给城市经济带来活力,但同时带来治安、环卫、计划生育等许多社会矛盾。

(5) 集体资产处理问题。在农村社区向城市社区转变过程中,由于土地所有制的巨大差别和集体性质的乡镇企业,在撤队撤村后,集体资产的分配矛盾十分突出,成为解决的难点。

(6) 物业管理问题。随着房地产的大规模开发,城乡结合部出现众多住宅小区,而物业管理不到位、不规范,或是多头管理,引发居民不满,使社区管理的难度大大增加。

上述管理问题的存在,使被称为"都市村庄"的城乡结合部环境卫生恶化,社会治安严峻,在社区景观、社区精神文明建设等方面与市区形成强烈的反差,成为建设文明城市的老大难地带。

89.3.3　措施:创新体制、加强管理

应当指出,20 世纪 90 年代以来,在我国许多城市的城乡结合部这一特定的社会空间,上述矛盾有逐渐加剧的趋势。但我们认为,这是我国转型期经济高速发展、城市郊区化、农村城市化快速推进的背景下社会变迁、分化产生的必然现象,是新时期在发展中出现的新情况、新问题。采取切实有效的措施,理顺体制,加强城乡结合部的社区治理,是当今我国城市社区建设的一项主要任务。

(1) 针对"一地两府""一地多主"的体制问题,合理调整行政区划和行政管理体制。从各地的实际情况出发,建设平稳过渡的社区动态管理模式,主要有镇管社区模式、街道管村模式、开发区管街道(或居委会、村委会)模式、街镇并存模式等。上述模式都具有过渡性特点。其中,除街镇并存模式外,其余 3 种模式都可以解决城乡结合部"一地两府"和"一地多

主"的问题。街镇并存模式随着土地的大规模批租和住宅区的建设,乡镇职能和管理范围的逐步缩小,最后也将完全过渡到街道管理体制。

(2) 改革城乡结合部社区的户籍制度,大力提高社区人口的素质,加强社区内不同人群的认同性整合。我国长期以来实行的传统户籍制度,形成城乡分割的二元社会,削弱了城乡制度性整合,妨碍了市民与农民在同一社区的互相认同。改革开放以来,城乡之间的互动性加强,但城乡固有的户籍、就业、住房、医疗、学校等制度性差别并未消除,严重影响了城乡结合部社区不同人群的互相认同。因此,改革传统的户籍制度是一项重要的制度性举措。实行居住证制度,以公民意识取代城乡意识是户籍制度改革的方向。大力提高社区各类人群的生活质量,发展社区教育,加强精神文明建设,提高人口素质,对实现社区内村民与市民的统一、不同人群的相互认同具有根本性意义。

(3) 按照"以人为本""可持续发展"的原则,制定具有地区特色的社区建设规划,重点搞好城乡结合部的土地利用规划,协调城乡利益矛盾。在实施规划中,特别是农村用地向城市用地转换中,确定合理的土地征收和补偿制度,促进土地的合理流转和利用,注意保护农民向居民转变中的某些正当利益,确保农村社区向城市社区的平稳过渡。

(4) 把握社区管理的重点与难点,因地制宜整合城乡结合部的社区治理,推动城市社区的健康发展。从我们调查的情况来看,城乡结合部社区的管理存在四大难点,即外来人口管理难、社会治安管理难、马路市场管理难、物业管理难。应根据不同社区的特点,把握管理的重点,加大管理的力度,采取切实有针对性的治理措施,推进创新结合部社区建设的健康发展。

[刘君德.创新制度,加强管理,促进"都市村庄"健康发展[N].中国社会报(社区建设周刊),2002-07-19]

89.4 社区发展的阶段性

2000年中共中央办公厅和国务院办公厅转发的《民政部关于在全国推进城市社区建设的意见》(中办发[2000]23号文件)下达一年来,中国的城市社区建设取得了前所未有的成就。全国各大中城市轰轰烈烈地掀起社区建设热潮,成绩显著。尤其是全国21个城市的26个社区建设实验区通过两年多的实践,积累了社区建设的丰富经验,为全国城市社区建设树立了榜样。在新的一年,中国的城市社区建设如何发展?从长期来看,社区建设如何深化?这是我们应该认真思考和研究解决的问题。

我认为,最关键的是要对我国正在开展的社区建设形势有一个正确的估计,主要是在看到成绩的基础上,对现阶段城市社区建设中存在的问题有一个正确的认识。1999年1月,我在民政部在南京鼓楼区召开的第一次社区建设理论研讨会上,指出了中国城市社区建设中的八大问题;今年(2002年)2月中旬,在云南召开的社区建设研讨会上,我又提出了社区建设的八大误区,这就是社区的概念、社区的本质理念、社区规模调整、社区设施建设、社区文化建设、社区经济建设、社区管理和社区理论建设等。在这8个问题之中,最重要的是对社区本质理念的认识,和如何从各地的实际情况出发,实事求是、因地制宜地推进社区建设问题。

关于社区的本质理念,理论界的认识是一致的,即社区是社会生活共同体,其本质姓

"社",而非姓"政",社区建设要在"依法自治"上狠下功夫。从社区的本质属性来看,"依法自治"应成为我国社区建设的终极目标之一。但从目前的情况来看,我国的社区实际上姓"政"。从街道层面来看,实行的是一种政社不分的体制,街道包办社区、街道等同于社区的现象十分普遍,而现有的法律规定街道是区政府的派出机关;从居委会层面来看,基本上执行的是街道的政令。近年来,虽然在许多居委会实行了民主选举,但在现行体制背景下,居委会难以实行真正的社区自治。因此,从社区的本质属性衡量我国目前的城市社区建设尚属初期阶段是恰当的。我国目前正在推进的社区建设实验区,基本上都是各城市经济和形态建设条件最好的城区,这些城区通过社区建设,大大改善了社区的物质条件和环境,在社区服务、社区教育、社区文明、社区管理和信息化等方面都上了一个新的台阶,成为各城市社区建设的样板和示范。但他们中的绝大多数同样没有实行自治,或只是形式上的自治,从这个角度看,这些先进的社区仍然处于社区建设的初级阶段。由此可见,我国的社区建设尚有一段很长的路要走。解决社区建设中的行政化倾向问题是一项长期而艰巨的任务。

关于从实际情况出发,实事求是、因地制宜地发展社区的问题,同样是我国当前社区建设中急需解决、具有指导意义的大问题。我国是一个自然条件十分复杂、经济和社会发展条件及居民生活质量乃至人的观念差异都很大的国家,不仅是663个城市之间的差异很大,就是在一个城市内部,中心城区和边缘城区、老城区和新兴居住区之间的差异也很大。在这种情况下,用一种模式、同一指标去衡量和评判不同社区的成绩好坏是不科学的。目前我国有些城市存在着社区建设"一刀切"、相互攀比、盲目投资的情况,特别是社区的硬件设施建设自成体系,小而全、大而全现象比较突出,一些社区不从本社区的实际情况出发,盲目投资硬件设施建设,结果这些设施成了领导的参观工程和形象工程,华而不实,浪费严重,与老百姓的需求则有距离。

新的一年,中国的城市社区建设怎么走?我认为,主要抓两条:

第一条是提高对社区本质理念和社区发展阶段性的认识,要在实现社区自治上狠下功夫,沿着"依法自治"的道路一步一步走下去。这是中国实行城市基层民主化的必由之路。特别是一些社区的形态建设已经基本完成,在社区环境、社区秩序、社区文化、社区管理等社区居民生活质量和文明程度做得比较好的社区,更应该把社区建设的重点转向社区自治建设。

我认为,实现社区依法自治需要3个基本条件:第一是外部环境和相应的法律依据。从外部环境来看,我国的政治体制改革正在积极、稳步推进,虽然还要有一个相当长的时间,但已有的法律依据相当充分,这就是居委会组织法和相关的法律法规。第二是政府职能的转变。市、区、街三级政府或政府的派出机关,都应该彻底转变政府的职能,实行真正的"政社分离",还社会于民众,让社区居民真正当家做主,实行"四自"。目前,社区自治的最大阻力也正在于此。第三是社区自治组织建设。在每一个社区建立由居民选举产生、代表居民利益、具有广泛性的社区自治组织。目前许多社区居委会已经实行了民主选举,在社区组织民主化的道路上前进了一大步,但由于受外部环境的制约,特别是上级部门的传统控制、指挥,加上居民尚缺乏自治意识,现有的社区组织难以实行真正的社区依法自治。应当指出,实现社区的依法自治是一个长远的目标。它是伴随着我国城市政治体制改革的深化、社会经济水平和人民生活质量的不断提高而逐步推进的,大体要经过3个阶段:初期阶段是政府行政化推进阶段,依靠政府推进社区发展,基本解决了社区自治组织的问题;中期阶段是半行政一半自治阶段,政府和社会双向推进社区发展,居民真正参与社区建设和管理,城市的基层民主化有较好的体现,如社区居民选举的代表可以列席或参加政府的重要会议,并反映居民的意愿,人民代表大会的代表应更多地从社区居委会中产生等;后期阶段是社区自治的成熟阶段,即完全或基本实现了社区的依法自治,政府真正实行"政社分离",还社区于民众,政府对社区起指导作用,而不是指挥。那时的社区是一个生活质量较高,民主、开放,人际关系和谐,人民安居乐业的社会。很显然,我国目前尚处于社区建设的初期阶段。

第二条是从本地区的实际情况出发,确定本社区建设的思路和重点,建设有特色的社区。我国的社区建设已经实践了几年,积累了不少经验,日前又公布了中央文明办和民政部联合推出的全国108个创建文明城区示范点。这些实践和示范,将为我国城市社区建设提供样板。各地可以这些样板为参照,推动自身的社区建设。现在的问题是,各地不应盲目照搬样板的经验,应创造自己的经验和特色。中国有663个大中小城市,各个城市的经济社会发展水平各异,自然、人文条件差异很大,各个城市都有自己丰富的文化内涵。不同城市,或同一城市不同的社区差异是比较大的。社区建设应当有多种模式,应当根据自身的特点和居民的需求建设有个性的社区,提倡社区建设的本土化和个性化。在这方面,是大有文章可做的。对于社区的硬件设施建设,一定要实事求是、量力而行,要打破旧有的"单位制",实行社区资源共享,避免一切浪费和形式主义。总之,我们要对社区的本质理念和发展的阶段性有一个清醒的认识,把握社区发展的方向,从各地的实际情况出发,因地制宜、实事求是地制定本地区的社区建设工作规划,指导社区建设。

[刘君德.把握社区建设的终极目标和社区发展的阶段性特征,扎实推进中国的城市社区建设[N].中国社会报(社区建设周刊),2002-01-04]

89.5　几张照片的思考

2008年7月下旬,我去澳门一日自由行。一天之中足足步行了6.5 h,游景点,穿街巷,一路拍照,有330多张。其中有两组涉及市容环境规划建设管理的照片使我感触颇深。

一组是位于盛世莲花东北侧、友谊大马路与毕仕达大马路交叉口、高架路下匝道下面的一座标志醒目的厕所(图89-1、图89-2)。当时它立即引起了我的注意。从外表看,这座厕所算不上豪华,但十分整洁,功能齐全。除男女厕所外,还特别注明有"伤残人士厕所"字样。更加有趣的是在厕所内设有"婴儿卫生桌"。这组厕所照片引起了我的两点思考。

图89-1　标志醒目的厕所1

图89-2　标志醒目的厕所2

其一是，这座厕所的人性化功能设计，厕所标示醒目，内部布局合理，管理到位，整洁，特别是不仅考虑到男女、残疾人的用厕，而且为婴儿的如厕提供了极大的方便；其二是，这座厕所建在高架桥下，是我没有想到的。中心城区土地稀缺、昂贵，而且因建厕所往往不受单位、居民欢迎，规划建厕所难以落地的情况时有发生。澳门在高架桥下建厕所的经验，使我大受启发。它既节约了城市空间，又大大方便了过往行人，也不影响市容市貌。对上海这座特大城市来说，厕所的规划建设十分重要，是为民办实事的一项重要举措，尤其是对外来人员来说极为必要。我们何不在内环下面、南北高架下面选择合适的位置，规划建设这样的人性化厕所呢？

第二组照片是位于居民小区旁侧的垃圾箱（图89-3）和位于旅游中心区——议事亭前地卖草地街的澳门旅游图灯箱广告牌（图89-4）。

图89-3　垃圾箱

图89-4　澳门旅游图灯箱广告牌

在图89-3上，我注意到垃圾箱的使用说明，即垃圾箱活门使用指示。它告知人们使用垃圾房的方法：分三步使用，第一步拉开活门，第二步将垃圾放入活门内，第三步关闭活门。实际上，它提示人们不要忘记后两个步骤，即要把垃圾放入垃圾箱内，小心不要倒在垃圾箱外面，倒完垃圾不要忘记关闭活门。我认为这种人性化的提示很有必要。

图89-4是专为外来游客设立的旅游广告牌。在图上标示议事亭前地的主要景点分布和主要马路，让人一目了然。我十分欣赏位于地图下面的广告语——"澳门游乐多元化，城市清洁靠大家"。这句广告语不仅向游客介绍了澳门游乐的多元化特点，而且提醒所有来澳门的游客要注意城市清洁。再往下看这块广告牌，一句城市清洁法规显现眼前：乱抛垃圾，定额罚款600澳门元。对于不遵守城市清洁规则，乱扔垃圾的，不管是澳门人还是外来游客，一视同仁，照罚不误。在图89-3的下方同样有着一句"乱倒垃圾将被罚款澳门币六百元"。联想到前不久《新民晚报》刊登的一则新闻，南京市近日采取措施大力整顿市容，为交警配备摄像机，行人如果乱穿马路、不遵守规则，不仅要受到当半小时"义务交通管理员"的处分，而且被摄像的镜头将在新闻媒体公开曝光，还要通知原单位。

我为之大声叫好！

上海是否可以谦虚地向人家学习呢？！

上海正在建设国际化大都市，需要向世人展示一流的城市形象。多年来政府在市容市貌方面投入的财力、人力不计其数，虽然有所成效但很不理想。我认为在硬件和软件两个方面都显得不足。在硬件设施建设方面，我们要把资金用在刀口上，多年来上海投入巨资建基础设施、修马路、刷外墙、整店面，不停地更换人行道材料，当然有时是必要的，但我在普陀区大渡河路（金沙江路—怒江路段的新开店面外墙的改造）和静安区石门二路（北京西路—山海关路段东侧半年内多次开挖人行道施工，换材料）亲眼目睹了不少形象工程，重复规划、建设、改造，劳民伤财，实在心疼！而且经常给居民、行人带来诸多不便！

其实涉及上海市容环境硬件方面的建设还有许多方面做得不够，比如厕所的严重不足，尤其是初来上海的外来人往往要找不到厕所而苦恼；比如垃圾箱设置、更新；比如对付小广告就缺少根本解决的办法，似乎越治越多；又比如乱设摊现象，就是根治不了；还有街头绿化建设；等等。我相信在这些方面，政府都有规划，问题是许多规划市民都不了解，为什么不能公开向市民征询意见？而且即使有了规划，往往部门之间、地区之间利益分割，难以协调。近日电视台曝光的宝山区垃圾处理站规划设置由于侵占绿化用地遭到居民质疑，引出背后市容、环保部门与土地规划部门的矛盾等，就很说明问题。为什么这些问题事先不能在一个区内进行协调呢？

为此，我呼吁并建议：

（1）切实制定上海市市容市貌规划，包括综合规划和各单项规划。规划必须是经过相关部门（规划、土地环保、市容、绿化等）协调过的、能够组织实施的规划。

（2）规划内容应当包括年度实施措施和经费来源，鼓励社会资金投入市容市貌建设。

（3）向全市市民详细公布市容市貌规划内容，涉及本街道社区的综合规划与单项规划内容必须在社区公布，认真听取市民（包括外来人员）意见，对于采纳的意见适当给予奖励或鼓励。

（4）在相关报纸杂志（如《新民晚报》《青年报》《上海市容》《上海城市规划》等）开辟"市民信箱"专栏，展开讨论，集思广益。

（5）认真执行、综合组织、科学实施规划。注意节约，杜绝或尽量减少反复开挖马路这种劳民伤财的"马路拉链"等做法。

（6）制定切实可行的市民维护市容市貌整洁的相关法规，加大宣传力度，在街巷、社区内广泛张贴，如前段时间广泛宣传的"七不"规范，现在似乎听不到声音了。一个城市的市容市貌不仅要靠政府，更重要的是要靠广大市民的自觉遵守、维护、监督，这就需要加强市容市貌的软环境建设，动员全市百姓积极参与，包括组织维护市容市貌志愿者队伍等。

（7）学习国外新加坡和国内南京等城市市容市貌管理的经验，积极推行处罚制度，同时坚决实行媒体曝光和单位通报制度。我认为这比建立"垃圾收费制度"更加迫切、更快见效。对于乱扔垃圾、随地吐痰，行人乱穿马路，摩托车、自行车在马路上横冲直撞等等不良、违规现象要毫不留情坚决处罚、曝光。可考虑设立"曝光电视台"，不仅鼓励市民监督不文明行为，而且鼓励市民监督政府部门重复规划建设、侵占绿化和管理部门失职、疏于管理的行为。

（8）目前各区之间市容市貌建设发展很不平衡，像静安、长宁、徐汇等经济条件较好的区，市容市貌建设比较有成效，而杨浦、闸北、普陀等区则差距比较明显。这其中固然有基础和人为的原因，但各区财政状况不一，投入差距过大是相当重要的因素，其后果是拉大了作为统一整体的上海市容市貌的地区差距。我认为，应该通过改革财政体制等措施把市容市貌建设统一纳入市政府公共财政预算,合理分配各区市容市貌的资金投入,切实解决各区之间市容市貌投入差距过大、发展严重不平衡的状况,让全市人民公平享受改革开放带来的上海市容市貌建设的成果。

2008年北京奥运会把"绿色、科技人文"作为重要理念,上海的市容市貌建设能不能也以此作为重要理念呢?答案是肯定的,而且我认为还可以加上"节约"二字。

[刘君德.几张澳门照片引起的思考:对上海市容市貌建设管理的若干建议[J].上海市容,2008(5):38-39]

解读:我与众多社会学者研究社区的不同之处主要有两点:一是与基层行政区的紧密结合,提出了"行政社区"与"自然社区"概念和建立"行政区—社区"管理体系的理论思想;二是强调社区发展的地域空间差异性,把握社区的空间特性,因地制宜推进社区建设。在"第89.2节""第89.3节""第89.4节"这几篇短文中,体现了这两个基本思想。"第89.1节"和"第89.5节"是我考察台湾社区和澳门徒步考察的点滴感受,我认为,作为一名地理工作者或是社会工作者都应该具备基本的现场观察能力,都要学会观察社会的各种现象,从中发现问题、勤于思考,总结一些特点、规律,进行理性分析,并用图像(照片)和文字表达出来。相信读者在看完这两篇短文后会有这方面的收获。

90 居住社区变迁

背景：20世纪90年代以来，上海的城市居住面貌和空间格局发生了极大的变化，在这一强烈急遽的变迁过程中，也暴露出不少问题，凸显出我国城市规划中的诸多不足之处，急待我们的进一步完善。这是本文写作的初衷。我在上海市静安区达安城社区居住过8年，有这种深刻体验[①]。

城市居住形态变迁是城市更新发展的必然过程。随着城市化进程的逐步深化，住区开发建设自然外延。城市产业结构不断调整并日益高度化，内部功能分区也相应调整，引起宏观居住格局变化。而对处于转型期尤其是20世纪90年代后的中国城市来说，由于独特的制度性变迁背景，伴随市场机制逐步确立，城市用地、住房制度及相关的城市户籍制度改革的实行，旧区改造和城市开发建设的力度非常大。城市居住社区变迁是一个极为复杂的系统过程，主要包括前期搬离旧住区、中期游移选择（购房或等待政府安置）和后期的搬入新住区3个明显的阶段。在这样一个前所未有的急遽变迁过程中，凸显出各种问题。其中，不少问题是可以借助更为有效的规划来解决和避免的。城市规划长期存在一种不良倾向，即偏重经济利益和宏观整体的城市用地布局，对城市居住空间及内含于其中的社会人文空间则关注不够。如城市规划中仍会强调工业布局，在保证工业用地的前提下，把居住用地做插花式处理；在居住区的规划设计中，缺乏对不同层次居民内在需求的深刻把握，以及对城市宏观变迁格局的认识。另外，由于规划的滞后性和执行中的不严肃性等，规划的指导作用难以有效发挥。在大规模、急遽的居住社区变迁中，这一点表现更为突出。本文选取上海的几个典型区域进行实地调研，发现居住社区变迁中存在的问题，并对其提出规划对策。

90.1 居住社区变迁反映出的规划问题

90.1.1 规划滞后导致建设不能及时展开，居民利益受损

上海近年进行了大量基础设施及新工业园区的建设，在浦东尤为突出。如浦东国际机场、磁悬浮、四大国家级开发小区的建设等。大规模的建设必然会涉及大量的居民动迁。在一些待开发地块，前期的动迁、征地已完成，但由于缺乏明确具体的规划，土地闲置或农田抛荒的现象严重，造成了资源浪费。最重要的是，居民配合市政建设搬离故土，无论是从政府部门还是从居民角度都克服了安置中碰到的各种各样的困难，结果却是前紧后松，"破旧"和"立新"不能有效衔接，客观上造成一种城市建设中的不经济，居民利益及心理也受到损害。如被称为"世纪工程"的黄浦江两岸综合开发，由于相关地块的具体规划尚未出台，前期动迁工作不能及时启动，配套的后续安置、补偿等工作也无法开展，造成居民人心浮动、惶惑不安，影响了社会的稳定。

90.1.2 规划缺乏长远性、宏观性,导致居住社区的过频变迁

在城市快速发展的阶段,城市格局变化很快,其中包括政策等不可预料的因素,客观上给规划带来较大的压力和难处。但城市规划还是应当尽量立足城市未来发展的宏观远景,用长远眼光来制定城市发展的蓝图,尤其是在城市化推进的空间取向和用地格局上要具战略性。上海的城市旧改动迁中就存在"二次动迁"现象,居民从市中心搬到城郊结合部或城市化外围区域,但在两三年后,这些地区在规划中又被列入下一步城市化推进的重点区域,要发展为高档住宅区或商贸区,结果居民只好进行第二次动迁。从政府的安置财力、动迁房的建造等方面来看,是极大的浪费;另外,居民的承受力也受到了较大考验。

90.1.3 居住区生活配套不足,居民生活不便

随着旧改和"城中村"改造的力度加大,城市住房制度改革的深化,上海的住宅建设蓬勃发展,大量商品房住宅不断地拔地而起。但在新建住宅中,存在的一个普遍问题就是配套的商业服务包括基本的买菜、购物等设施跟不上。现代化的居住区却缺乏基本的商业服务,居民叫苦不迭。居住小区内缺乏一些必要的设计,难以满足居民较简单的应急之需,一些最基本的日常用品和小食品都要乘车到周边的超市去购买。脱离基本的生活服务设施,孤立地进行住宅区的规划和建设给居民日常生活带来诸多不便。另外,在居住区配套设施的设置上,还要注意与其服务的居住区档次、特点相适应。在高级别墅区周边设置一般大众化的大卖场,满足不了这一区域居民的客观需求。

90.1.4 城市居住开发建设中空间上不和谐、不统一

对新建商品住宅的规划和建设,缺乏统一的规划控制。大量的新建商品房住宅规模太小,一般为200~300户。在后续的住宅建设中,会出现一定的矛盾冲突,比如后续建造的住宅影响了之前所建住宅的光照等。另外,居住区太小,客观上也造成社区管理上的不便,导致出现"多家管理"的现象。空间上邻近、先后建造的住宅在外部形态、风格上不统一,难以形成整体和谐的现代化居住社区。行政分割导致处于城市2个甚至3个行政区交界地带的房产开发和建设难以整体协调并进。居住外部形态存在明显差异,导致感观上强烈的割裂感,同时也人为地引发了居住分异和社区对立的可能。尤其对原为历史上长期发展自然形成的整体社区来说,更造成了社区分化和隔离的不良后果。行政分割也影响了区界周边地带房产开发的一致性。地价评估师往往把行政划界限作为土地等级的分界线,造成两个条件相似的相邻行政区之间地价差异过大,导致区界两侧房产开发的不协调,影响了城市和谐景观的塑造。虽然行政分割及其带来的"行政区经济"[1]现象是在中国计划经济体制下长期形成的,也很难在短期内彻底消除,但仍然可以通过有效的规划手段,在房产开发中求得统一开发,以形成整体和谐的城市住区景观。

90.1.5 居住变迁中,突出强调"建设",在一定程度上忽略了"保护"

在大规模的旧区改造中,不可避免会涉及一些非常有民俗特色的历史性住宅建筑。这包括个体建筑,也包括整体一条街。这些建筑已不单单是一种空间上的建构筑物,而是积淀了历史底蕴、累积了人文内涵的宝贵财富,是不可再生的资源。在旧改地块的未来规划中很少具体考虑现有建筑的保留与否,因此在旧改动迁中,或是由于保护资金的缺乏,或是由于管理上的问题,一些极为宝贵的历史建筑资源在城市现代化建设的滚滚车轮下灰飞烟灭。待人们开始注重、追求建筑的历史人文内涵时,这些损失已无法再弥补。

90.1.6 规划机制包括规划的透明度、实施的严肃性、监管措施等方面有待完善

我国的城市规划中透明度还远远不够,公众的知晓率和知晓程度较低。对旧改动迁地块来说,由于居民对城市未来发展的宏观格局缺乏必要的了解,不知道相关的规划修编和调整情况,在一定程度上导致对动迁的心理准备不足,客观上影响建设正常有序的推进。在规划执行过程中,已经制定好的规划得不到彻底、有效的贯彻,存在随意修改的现象。在居住区详细规划的修改审批过程中,政府"批规划"往往最终变成了"改规划",开发商追求自身利益的最大化,尽可能地提高容积率、缩小间距、减少公建面积,结果是损害了社区居民的利益,也破坏了城市规划应有的严肃性。另外,在居住区规划的实施中缺乏强有力的监管措施和规范机制,也带来了较大问题。在住宅建设中,往往出现不按规划进行施工的情况,或做明显改动,或进行局部微调。结果,原来的规划绿地变为住房,游憩场所缩减,建筑物间距缩短,住宅日照不充分,居民预期的环境规格降低,侵害基本的阳光权。这种规划实施中的不规范和欺诈行为,给居民带来了经济利益的损失、基本权益损害和心理损害。

90.2 规划对策及建议

90.2.1 规划观念的转变,"产业"与"居住"、"经济"与"社会"并重

1962年出版的简·雅各布斯(Jacobs Jane M.)的《美国大城市的死与生》影响极大,该书从社区、邻里的利益出发提出了城市规划存在的弊端[2],引发了规划界的广泛思索和反省,城市规划中人文关怀的理念逐步建立起来。但这种以人为本在一定程度上还是停留在理念的层次上,在具体的规划制定和操作中,仍然是更多地强调了追求经济效益的产业空间布局,对于正处在城市化加速阶段的发展中国家更是如此。

我国的城市规划在萌发之初,曾非常注重住宅建设和居民利益。我国建筑学和城市规划界的先辈梁思成先生在倡导中国的市镇规划时,极为强调住宅问题的重要性,极力主张市镇建设应力求促进邻舍间的善美关系,住宅建设要以促进居民身心健康为基本原则。梁先生曾预见今后数十年间,许多市镇将经历前所未有的突然发育,若能预先计划,促其发展为有秩序的组织体,则市镇健全,居民安乐;否则,一旦错误,百年难改,居民将受害无穷。并由

此提出,在社会秩序和经济秩序突起变化的时期,应当将市镇视为一个不断生长着的有机体,依照"有机性疏散"的原则,做好市镇体系规划;应视各地工商业发展的可能性,预先为分区,"至于每区之内,虽以工厂或商业机构或行政机构为核心,但市镇设计所最应注意者乃在住宅问题。因为市镇之主要功用即在使民安居乐业,则市镇之一切问题,应以人的生活为主,而使市镇之体系方面随之形成"。要想使居住的环境有利于居民文化水准的提高,就必须在市镇建设中,使每一座房屋与每一个邻舍间建立善美的关系,建立市镇体系上有规则的"形式秩序"(Form Order),从而很容易使善美的"社会秩序"(Social-Order)得以维持[3]。在住宅区的建设中,强调健康卫生等基本的生活需要,非常重视居住对精神的满足,同时强调居住对社会功能的适用性。梁先生这种对于居住的重视程度及其关怀人文的精神,都很值得今天的规划界重新反思。我国当前的城市规划尚未彻底摆脱规划主要为经济服务的窠臼,往往在充分考虑城市产业发展而将经济空间进行尽可能合理的布局后,才考虑到居住空间,然后套用居住用地布局的几个基本原则进行具体操作。即居住的空间布局基本上是被摆在一个从属的、相对次要的位置,而不是和经济空间放在同等重要的位置上,突出的表现是对居住空间缺乏系统、细致的考虑。从外部来看,周围的商业服务等基本生活设施的配套往往脱节、跟不上;从居住区内部的详细规划来看,对环境布置、居住风格等也缺乏同外部整体环境和氛围的配合。在城市总体规划中缺乏对居住区详细规划的有效约束,包括对房屋外立面、建筑样式、风格等,不利于建立城市整体和谐的居住风格。在城市规划中,应把居住空间同产业空间同等考虑。规划既要具有战略性,指导城市的宏观经济发展,又要建立立足基层民众、注重社会效益的自下而上的工作思路。城市规划要从以经济空间规划为主,向经济和社会空间并重的方向转变。另外,规划中还要注意加强对历史文化建筑的保护,处理好"建设"和"保护"的关系。

90.2.2 规划要有一定的超前性

力避滞后规划是城市建设和发展的前提和基础,在城市加速发展时期如何处理好规划和建设的关系尤为重要。首先,在规划的制定过程中,要有长远的发展眼光,尤其是要切实贯彻城市可持续发展思想,考虑未来的城市生态效益。规划要体现出超前性、指导性和制约性,既要立足于城市发展的实际,又要适当超越。陆家嘴和世纪大道规划就是较为成功的范例。其次,规划从时间上要有一定提前量。如规划迟迟不能出台,将导致前述一系列问题。因此,城市建设要切实做到"规划先行",这样既可实现规划对建设的指导作用,保证城市建设各项工作按计划启动并有序推进,同时也可及时、充分地做好居民的后续安置工作,尽量减少居民心理等待时间。

90.2.3 继续加强规划的宏观性、整体性

针对目前城市规划中存在的片面性和短视性,而导致城市住宅零散开发,开发时序混乱等现象,今后的规划中仍需要强调城市规划中的宏观整体性,同时尽可能保持规划在一定时期的相对稳定性。对城市未来一段时期内的空间拓展方向、用地格局要相对明确,而不是新的规划修编还没下来,就已经考虑下一轮规划如何改了。在居住区的规划中,尤其要注重整

体的统一协调。一定地域范围内应当有一个统一的居住区规划,对建筑的形态、风格整体上予以控制。同时,对各开发商住宅开发的规模、不同开发楼盘的间距等方面的协调进行比较明确的限制。除居住区的开发外,要强调生活配套设施的设置,可以在规划中作为硬性规定予以明确。

90.2.4 严肃和规范规划机制,加强监督和事后约束机制

目前,城市规划的制定基本上是一个严格的过程,但也存在一些不严肃、不科学的行为。城市区级政府较大的规划自主权也破坏了规划的严肃性和整体性,应当将规划的终审权限上收至市一级,以利于城市总体规划的顺利实施。在规划实施中还缺乏有力的监督。某些住宅开发区,尤其是在城市化快速推进的区域,如城郊结合部,居住区缺乏统一、系统规划。同一住宅区,前后由多家开发商进行分散、小规模的住宅建设,导致整体建筑风格不统一,后续建设可能破坏前期入住居民利益。为避免该类问题,除了通过市场规则来制约开发商行为外,还应从规划的源头上进行严格制约。如在整体居住区的规划设计中,明确整体的居住形式和风格,尤其是住宅小区规划的下限规模,详细规划的制定要尽量避免"规划跟着项目走",而应是"规划有力控制项目"。开发商之所以屡屡不按原有规划施工,缺乏事后的严厉处罚机制也是一个相当重要的原因。应当通过有效的途径对住宅的施工建设随时进行监控,对违规行为予以严厉制裁。完善规划机制,保证社区居民有一个良好的居住环境。

90.2.5 切实加强公众参与

公众参与作为重要原则,越来越引起规划界的高度重视。但我国城市规划的公众参与仍相当薄弱,实践层面尚未广泛展开。强调公众参与是完善规划的需要,也是保护居民切身利益的需要。从城市居住变迁的角度来讲,规划应具公开性和透明性,以便公民提出建议,保证基本知情权。具体到居民居住地域的规划变动时,应在工作开展前,给予社区居民充分时间对规划有所了解,做好心理准备。心理缓冲时间越充足,实际建设遇到的阻力就越小。再者,在规划公开、保证居民知情权的基础上,应充分吸取公众意见,在规划修编过程中考虑基层居民的根本利益和合理需求,包括居民从城市宏观发展的大局出发,提出建设性的意见,如大的规划绿地建设、道路交通设施的完善等。

90.2.6 逐步开展社区规划

从城市规划本质上讲,是从宏观层面对城市进行空间规划,即通过空间布局,对城市土地使用类型及其变化的控制,引导调控城市的未来发展,实现经济和社会效益。这基本上还是一种自上而下的政府职能的体现。当前的城市规划在相当程度上还是强调了经济利益,从城市规划本身作用和性质来讲,也很难要求借助城市规划去实现自下而上的人文关怀目标。人文关怀和可持续发展理念的兴起,要求加强社区层面的规划,即社区规划。作为一种人文感生型的规划,它更多地自下而上反映了基层民意,包括基本生活区域内的各方面需求,包括物质环境、社会服务和精神文化等层次。相比技术感生型的城市规划,社区规划从

中观层面考虑居民的切身问题和需要,以社会规划的形式从社区层面推进社会的健康发展。居住变迁后新社区的建设,可逐步展开社区规划。在城市宏观社会发展规划指导下,各居住社区以自身实际制定切实可行的规划,使社区尽早步入良性发展轨道。

90.3　结语

上述提出了城市居住社区变迁中存在的一些问题,主要侧重于与规划相关的方面。除此之外,还存在其他的问题。比如,伴随市场化的城市住房制度改革,中国传统的"单位大院"的居住格局已经逐步瓦解,不同类型、档次的居住区建设客观上也导致居住分异现象的出现。由此,可能引发了一些新的社会问题,以及如何在规划上处理好不同层次居住区的关系,减轻或避免社会分化在空间上的固定化,是否应当考虑"混合居住区"的模式,这些也有待于在城市规划中进行新的思考。在城市化加速推进、社会急遽变动的发展时期,规划应当发挥强有力的规范和引导作用,使大规模的城市改造和建设能够在一个良性的轨道上运行,城市得以可持续发展,成为宜人的居住空间。但是,客观上也必须认识到规划的有限性。在城市大规模的居住变迁中出现了许多新矛盾、新问题,这些问题多少可能会与规划有关,但其中错综复杂,牵涉如根本的开发机制、资金问题等,仅通过规划的改进和完善很难得到解决,甚至是规划根本不可能解决的。不过我们还是应当用积极的态度去面对,去思考。伴随各种机制、体制的不断完善,城市规划也将越来越好地发挥作用,成为引导城市良性发展的重要手段。

[胡伟,刘君德.上海城市居住社区变迁及其规划对策[J].规划师,2002,18(10):72-75]

解读:论文从居住社区角度全面、深刻地揭露了我国在相当长的一段时期内城市规划中存在的诸多不足,可以说是"一针见血";针对这些全国大中城市普遍存在的问题,作者从理念、机制、公众参与和开展社区规划等几个方面提出了对策建议,对完善城市居住社区规划有积极意义。

注释

① 详见刘君德. 我的地理人生:涉足山区·致力政区·钟情社区[M]. 南京:东南大学出版社,2017:222-228。

参考文献

[1] 刘君德,何建红. 社区的行政分割及其整合研究——以上海市曹家渡为例[J]. 上海城市规划,1998(4):2-8.
[2] Sandercock L. Towards cosmopolis: planning for multicultural cities[M]. New York: John Wiley & Sons, 1998.
[3] 梁思成. 凝动的音乐[M]. 天津:百花文艺出版社,1998:215-216.

91 社区发展阶段与规划实践

背景:该文是我参加中国城市规划学会年会(2001年,杭州)上的报告,也是国家社会科学基金资助项目"大城市文明城区创建与区级行政区划管理体制改革研究"和上海市哲学社会科学规划资助项目"上海市文明城区建设的理论与实践研究"的部分内容。

91.1 上海城市社区的特点与发展的3个阶段

91.1.1 上海城市社区的基本特点

上海作为中国最大的经济中心城市,改革开放以来伴随着经济的迅猛发展,传统的城市管理体制和基层社会结构发生了深刻的变化。20世纪90年代中期开始的上海城市社区建设,是为适应体制转轨、经济转型、社会变迁、城市形态和空间结构的变化而大规模推进的。与全国其他城市相比,上海的社区建设以其高层领导高度重视、与城市管理体制改革紧密结合、行政推进力度大、投入资金多、硬件设施完善等显著特征而居全国前列。分析上海城市社区的现状,有以下基本特征:

(1) 社区人口密度高,聚居规模大。1999年年底上海市中心城区(不含浦东,下同)的土地面积为289.4 km^2,城区总人口为632.14万人,市区人口密度高达2.18万人/km^2。全市共有街道75个,居委会2 179个。如果以街道作为基层行政社区,则平均每个街道社区拥有人口8.43万人,是全国人口规模最大、密度最高的街道社区。若以社区自治体——居委会为单位计算,则每个社区居委会的平均人口为2 901人。上海市区的人口密度呈现由城区中心向边缘地区递减的规律。黄浦区的人口密度最大,高达5.53万人/km^2,城区边缘地带的社区人口密度一般为(1.53~3.43)万人/km^2。

(2) 老年人口比重大,外来人口增加快。由于长期推行计划生育政策和计划经济时期大量的人口外迁以及生活水平的提高,上海的老年人口比重很高。1998年全市60岁以上的老年人口达235.57万人,占全市总人口的18%,已经达到或超过发达国家的老龄化程度。其中,市区的老龄化程度超过郊县,有的社区如华东师大二村社区居委会60岁以上的人口比重已经超过1/4。加强为老服务、建立老年社会保障体系是上海城市社区规划建设的重点内容之一。除此之外,外来人口增长的速度大大加快。近几年来,上海每年的外来人口数量多达250余万人,绝大部分工作在市区,并集中居住在城市边缘的社区,不仅给市区的住宅、交通、环境、就业以及其他公共设施建设带来了压力,而且给社区的治安管理增加了难度。

(3) 社区成员的异质化,家庭规模的小型化。上海作为中国最大的经济中心城市,其形成、发展的复杂历史和产业结构的多样性、复杂性以及市民来源的广泛性等多种因素,决定了其社区成员异质化程度很高的特点。其表现在同一个社区内,社区成员在经济能力、教育程度、职业、宗教信仰、语言、居住、饮食、生活方式、人际关系等方面存在较大差异。这种社区成员的异质化一方面为城市经济社会发展带来了多元化的活力;另一方面也对社区需求、社区参与、社区认同和整合带来影响,增加了社区规划、建设、管理的难度。从社区成员个体来看,上海的家庭规模随着经济社会的发展和社会结构的转型出现小型化的趋势,1999年上海全市户均人口为2.8人,中心区的户均人口为2.79人,是中国大陆城市家庭平均规模最小的城市之一。与此同时,家庭的需求和消费结构、生活观念和方式等也发生重大变化,家庭劳务的社会化趋势十分明显。

(4) 城市建设、改造的力度大,社区硬件设施齐备。20世纪90年代以来,上海城市面貌发生了翻天覆地的变化,与此同时,以街道为核心的社区硬件设施建设有了很大改善。1997年年底,市中心区116个街道(镇)共建立了114个设备完善的社区服务中心;市中心区2 664个居委会建立了2 086个社区服务分中心;市、区、街道建立了服务热线网,大大改善了社区的硬件设施条件,提高了社区居民的生活质量。应当指出,由于大规模的城市建设和改造,市民的搬迁和流动大大增加,20世纪90年代以来从市中心区搬迁至城市边缘区的人口多达100万人,大量市民离开数十年甚至祖祖辈辈居住生活、熟悉的社区,进入一个新的、陌生的社区环境,客观上在社区的人际交流、培育社区的主动参与意识等方面形成了新的障碍,需要用新的思路、理念、方法促进新社区的人际交往,增强社区居民的认同感和归属感。

(5) 居住社区类型复杂多样,空间分异日益明显。上海城市发展成为一个拥有700多万人口的特大型、综合性经济中心城市,市区空间分异显著,功能分工明确。以外滩为中心向四周形成中央商务区(CBD)—商业、居住区—居住、商业、工业区—居住区的圈层式功能分工空间结构,由此带来了居住社区的空间分异。

可见,无论从社区的建筑形态或是从社区的人口结构、就业结构、自然环境、人文环境、居住条件、生活方式和需求等多种因素来看,上海的社区类型均表现了复杂、多样的特征并呈现空间分布的规则性。

91.1.2 上海城市社区发展的3个阶段

20世纪80年代中期,上海开始重视城区的社区发展,大体经历了3个发展阶段,即开展社区服务,创建文明社区,推进管理体制改革[1]。

(1) 开展社区服务。20世纪80年代中期,在民政部的积极推动下,上海和全国一样,以民政部门为主,积极开展社区服务。初期阶段主要是社会福利性的济贫解困和方便生活的服务。1988年以来上海的社区服务不断深化和完善:社区服务进一步扩展到全社区的居民;服务的项目大大增加,形成系列服务;资金来源除国家行政性拨款外,还来源于街道事业单位和其他社会组织、社会基金等多方面;在街道成立专门机构实行专业工作者和志愿者相结合的服务方式。上海已建立了以街道为中心的、规范的社区服务网络系统,基本形成了"老有所养、残有所助、孤有所靠、病有所医、贫有所济、难有所帮"的社区服务环境。

(2) 创建文明社区。社区文明是一个城市文明的重要标志和依托,20世纪80年代末上海开展了创建文明社区的活动,其主要目的是提高市民的素质和文明的程度。1989年先在普陀区曹杨新村等街道进行试点,积累了经验;1991年在全市开展文明社区的创建活动,提出建设"社会安定、环境优美、生活方便、文化体育生活健康"的文明社区的目标,并规定了具体指标。从这一年开始,上海市政府每年都将创建文明社区活动列入为民办实事的项目。

上海市创建文明社区的活动,提高了广大市民的文明素质,培育了社区共同体的家园意识和高尚的精神追求;大大改善了社区环境质量,确保了市容环境的整洁优美;营造了安定和谐的社会环境以及健康丰富的文化环境;同时还加强了社区内条(单位)块(街道、居委会)之间的联系,增强了共建社区的意识,建立了共建机制。

(3) 推进管理体制改革。将社区建设与城市的管理体制改革紧密结合,是上海城市社区发展的一大创造和特色。20世纪90年代以来,由于市场经济的发展,大规模的城市改造和建设,大批居民迁移,外来人口的大量进入,"单位体制"的变化,社会问题的增多,城市社会管理的任务大大加重。在这种情况下,上海市政府为探索和推进城市管理体制的改革,于1995年开展了"两级政府,三级管理"新体制的实践[2],在全市10个街道进行试点。其主要内容:一是管理重心下移,权力下放,在街道实行责权统一的良性运作机制,如与居民生活相关的私房管理、市容环境卫生管理、建筑工地的施工管理、绿化环保初审、物业公司的监督管理等街道都有部分监督处罚权;二是在街道建立相应的组织机构,如城区管委会等以加强基层的统筹协调能力;三是引进市场机制,实行有偿服务和义务服务相结合,拓展社会化管理,理顺政府、社会、企业三方面的关系;四是运用法律手段,严格执法,在街道成立综合执法队伍,对治安、工商、环保、卫生防疫、物业等进行综合执法。10个街道的试点取得了成功,"两级政府,三级管理"的新体制迅速在全市推广。这一新体制不仅充分调动了区政府、街道(准政府机构)两级的积极性,大大加快了上海经济社会发展和城市建设、改造的速度;而且有力地推动了社区建设,强化了街道对社区的直接管理,这在社区发展的初期阶段是十分必要和可行的。

91.2　上海城市社区规划研究与实践

91.2.1　社区规划的概念与类型

我们认为社区规划应理解为是对社区的形态和物质条件以及社区的精神文明建设所做的综合部署;其目的是充分利用社区资源,依据国民经济发展规划、区域和城市总体规划,从本社区的实际情况出发,确定社区的性质、规模和发展方向,合理布局社区设施,为社区居民创造一个环境优美、方便舒适、安全卫生的生活居住环境,促进社区经济和社会的发展。社区规划是指导社区发展的总蓝图。

社区作为城市或农村社会的基本单元,其发展是城市和地区经济社会发展的重要组成部分。因此,社区发展规划必须服从城市和地区经济社会总体发展规划和年度计划。我们在制定城市社区规划时,必须以城市经济社会发展规划为主要依据。从社区规划与城市规划的关系看,社区规划是城市总体规划的组成部分,也应服从城市总体规划中形态和功能分工的整体性布局。

中国大陆目前尚没有一个统一、规范的社区规划法规,城市的基层社区规划工作尚未受到重视,开展较少。上海的社区规划研究和实践相对开展较早。由于政府的主管部门不同,对社区规划的要求有很大的差异;同时,规划工作者的学科不同,社区规划的内容和形式也都有很大区别,从而产生了不同的社区规划类型。第一类是社区发展规划,大多以政府的计划和民政部门为主,地理和社会、经济、管理工作者参与较多,内容偏重于社区的功能、规模定位,社区的管理体制、运行机制、服务设施、社会事业发展、文明社区建设等方面,不太注重社区的形态和布局,缺少形态规划设计的内容。第二类是社区总体规划,多以政府的城市规划管理部门为主,建筑规划设计和环境、园林规划工作者参与较多,其内容除对社区的功能和规模进行定位外,对社区内的居住、生活服务、文化教育、环境绿化、公共设施和基础设施等也进行了综合布局、科学安排,对社区的建筑形态进行规划设计。由此可见,前一种规划主要是解决社区的社会经济发展和文明建设以及体制、机制问题;后一种规划则主要解决社区内各种基础设施、公共工程、绿化、美化等科学布局和形态建设问题。从规划的层次看,可以划分为市级社区规划、区级社区规划、街道级社区规划和居委会社区规划4个层次。此外,尚有单一类型的社区建设,如环境建设、人口、经济、教育、文化、服务、公共安全规划等等。

91.2.2 各类社区规划的实践

近10年来,市区社区规划的类型主要包括以街道(镇)为地域单元的综合性行政社区规划;以城区为地域单元的综合性行政社区规划;以创建文明城区(社区)为重点目标的行政社区规划;全市的社区发展规划;不同地域单元的社区规划指标体系研究;城市规划部门对社区规划的系统研究等[3]。

(1) 街道社区规划。早在1992年,上海市卢湾区的瑞金街道、普陀区的曹杨街道就编制了《社区综合发展规划》。瑞金街道的社区规划在1994年又被拓展为《上海市社会综合发展示范工程——瑞金街道社区建设模式研究》,对城市社区的街道管理体制进行了初步探索,增加了居民生活质量、妇女地位等内容。这一规划引起了市、区政府领导的重视并得到实施。1995年浦东新区潍坊街道制定了《1995—2010年社区发展规划》,增加了社区发展指标体系、社区公共安全规划等内容,其中社区管理体制的研究得到新区有关部门的认同。1999年普陀区真如镇开展了社区发展规划研究,规划注意了真如镇位于上海市城乡结合部这一特殊的地域空间,着重对社区人口状况进行了深入调查研究[4],提出了加强社区建设和管理的对策;此外,报告提出了"创建学习化社区"行动规划。应当指出,20世纪90年代中期以来,上海市的许多区也开展了街道社区发展规划,内容大同小异、各有特色,对指导社区发展均起到了一定的指导作用。

(2) 城区社区规划。城区社区规划是在街道社区规划基础上的发展,它是在城区政府主持下,在本辖区内开展的社区规划。上海市先后有浦东新区、黄浦区、卢湾区等开展了城区社区规划。浦东新区社会发展局从1995年起连续3年,采用政府主管部门与专家结合、以专家为主的方式开展社区建设的规划研究工作,取得了重要成果。其于1995年完成了《浦东新区现代化城市社区管理模式研究》报告,首次对浦东的社区状况进行了系统分析;建立了浦东新区社区规划指标体系;针对浦东社区发展中存在的问题,提出了社区发展的方向、目标和重点;报告提出的"行政社区"的概念和建立"浦东新区行政区—社区体系"的观点[5]成为浦东新区行政区划和社区规模调整的重要依据。其于1996—1997年先后完成了《浦东新区社区发展纲要研究》和《浦东新区城区—社区发展规划(1996—2010)》[6],进一步充实和完善了浦东新区社区发展的指标体系和目标思路。

(3) 社区规划指标体系研究。在开展街道社区和城区社区规划的同时,上海十分注重社区规划指标体系的研究,以《浦东新区潍坊新村社区规划》为例,规划提出了社区人口、环境、教育、保障、服务、文化体育、健康水平、妇女地位8大类共47个指标。《卢湾区创建文明社区的指标体系》包括社区环境、组织、秩序、服务、教育、风尚、文化、生活质量、共建、人口10大类42个指标[7]。《黄浦区创建文明城区的指标体系》是至今最完整的社区指标体系研究成果之一,它包括客观指标体系和主观指标体系两个部分。客观指标包括经济繁荣发达、科教文化领先、环境优美有序、服务保障完善、风尚文明向上5个方面共88个指标;主观指标包括政府形象、市民素质、市容环境、社会风气等25个指标。黄浦区根据这一指标进行了测算,获得满意的结果,表明设计的指标具有科学性和可行性[8]。此外,还开展了上海市社区指标体系的研究等。社区指标体系在社区规划、建设、管理中发挥了以下作用:一是可以综合地描述社区发展的现状和水平;二是可以借助指标对社区发展状况进行客观评价和比较分析;三是可以借助指标预测社区发展的趋势,更科学地制定社区规划;四是可以借助指标及时进行监测和预警,及时发现问题,采取相应对策,确保社区健康发展。

(4) 文明城区发展规划与研究。在上述以街道为单元的社区规划、建设和创建文明小区、文明社区实践的基础上,上海的社区规划建设进入了一个新的发展阶段,即创建文明城区阶段。围绕文明城区的创建和评估,积极开展了文明城区的发展规划工作。黄浦区率先开展了文明城区规划工作,至1999年上半年已建成市级文明小区(居委会)20个,区级文明小区25个,文明小区的居民覆盖率达56%;全区4个街道有3个已经建成市级文明社区,建成率达75%。在这一背景下,黄浦区积极开展了创建文明城区的活动。1998年被批准为上海市创建文明城区的试点工作区,并制定了高标准、切实可行的文明城区的指标体系。1999年黄浦区通过国家级文明城区的验收并从理论和实践两个方面系统总结了黄浦区创建文明城区的经验,特别是黄浦区整体推进文明建设的经验模式——"三条文明链"①具有重要的理论与实践指导意义。黄浦区的经验在全市乃至全国许多城市产生了积极影响[9]。

(5) 城市规划部门的社区规划研究。在上海和全国社区建设热潮的推动下,上海城市规划部门的专业工作者开始注意社区规划的研究。2000年上海市城市规划设计研究院开展了《上海城市社区规划理论和对策研究》[10]。该成果的特点是将社会学的概念和观点引入城市规划,注意社区规划中硬件与软件的结合、规划与管理的结合,其方向和思路是正确的,但目前尚缺少这种规划的实践和样本。

可见,上海的社区规划,在推进上海社区发展中发挥了重要作用。上海的社区规划研究和实践大多是政府部门与地理、社会工作者结合进行的,因而提高了规划的可操作性。但目前的规划偏重于社区发展,方法偏重于社会调查和统计法、文献分析法、指标体系法、比较分析法、综合分析法等,比较注意运用地图分析和现场实地考察的方法,对社区的形态规划则不够重视。

91.3 问题讨论和发展趋势

91.3.1 社区的本质理念认识问题

至今人们对社区概念的认识仍很不一致,大体有100多种看法[11]。我们认为社区是聚居在一定空间的人群所组成的社会生活共同体。社区的本质理念应是以人为本,社区自治;其最终目标是提高居民的生活质量。对这一基本认识目前尚有不少人仍较模糊。有的人把社区完全等同于行政区,认为社区规划建设完全是政府部门的事,无须与专家讨论,更不必听取市民的意见,以致制定出的社区规划难以体现以人为本的思想,距离实行社区自治愈来愈远。提高对社区本质理念的认识是当今我国推进城市社区建设的一项重要任务。

91.3.2 社区规划、建设的空间对象规模问题

城市基层社区的规划、建设落实到哪一级空间范围,目前的认识也不尽一致,各地的做法也不相同。有的把基层社区落实在居委会一级,有的则在街道。上海将基层社区建设定位在街道。我们认为,由于我国国情复杂,各地经济社会发展水平差异很大,城市的人口密度、人群组合与分布、交通状况、功能分工以及街道和居委会的规模相差也很大,因此社区规划、建设的空间对象应从实际情况出发,宜大则大,宜小则小,不搞一刀切。上海在前一时期将社区建设定位在街道层次是有其背景和条件的,它有利于提高社区服务设施的规模效益,从总体上有利于上海这一特大城市的统一规划、建设和管理。但许多街道规模很大,实际上已经演变为一级政府(目前是区政府的派出机构),在相当长的时期内不可能转变为自治性质的"生活共同体"。2000年年底,中共中央、国务院转发的《民政部关于在全国推进城市社区建设的意见》(中办发〔2002〕23号文件),已经明确将城市基层社区定位在"社区居委会",并提出了"社区居委会"的规模幅度及其划分原则,所以,上海社区规划、建设的空间定位应逐步转向经过调整的"社区居委会"。我国的城市基层社区的空间对象将逐步趋向统一。

91.3.3 社区规划、建设工作的双向结合推进问题

社区规划、建设是政府的一项重要工作;同时,它作为居民自治的"社会生活共同体",也应该是社会共同承担的一项公共义务。因而社区规划、建设既要依靠政府自上而下行政性的推进,又要调动基层,特别是广大市民的积极性,使其自下而上广泛参与。社区规划和建设的实施同样既要靠政府也要靠百姓。目前,包括上海在内的我国的社区规划、建设基本上是政府组织并与专家共同制定的,广大人民群众参与甚少,这种状况应当迅速改变,要让社区居民参与社区规划、建设和管理工作,让社区居民发表意见和建议。

91.3.4 社区规划和建设的内容与社区特色问题

关于城市基层社区规划、建设的内容,目前并没有统一的规定。从实际情况看,现有的社区发展规划、建设的内容比较全面,社区规划和社区建设评估的指标也十分复杂。这固然有好的方面,但问题也很突出。一是实施的步骤和措施不够落实,存在"纸上画画,墙上挂挂"的现象;二是内容过于面面俱到,很难全面实施规划的目标;三是重点不突出,没有体现社区的特色和个性。这些都是今后社区规划建设中应注意的突出问题。

91.3.5　规划师和美学界人士参与社区规划问题

社区规划是一项高层次、凝聚集体智能的系统工程,需要集体创造性思维,需要多学科参与创新。然而,目前中国大陆开展的社区建设规划基本上是社会科学工作者制定的,缺少规划师和美学界人士的参与,在一定程度上影响了社区规划的质量。应当改变这种状况,动员和吸纳规划师和美学界人士积极参与社区规划的研究和实践,以提高城市社区规划、建设的水平。

21世纪我国的社区建设已经进入一个新的发展阶段,社区规划将纳入国家和地方的经济社会发展计划。社区的规划、建设如何适应新的发展需要,是一项重要任务,也是一个需要长期研究和实践的课题。

[刘君德.上海城市社区的发展与规划研究[J].城市规划,2002,26(3):39-43]

解读:本文较全面地总结了上海市开展社区规划的情况和经验。上海的社区建设大体经历3个发展阶段:开展社区服务,创建文明社区,推行"两级政府,三级管理"新体制。社区建设规划多以"街道"为地域单元,规划的内容比较广泛。随着上海建设国际化大都市的推进,社区建设规划将纳入国民经济发展计划和城市总体规划。我主张包括人文社会科学和规划、建筑、艺术等学科在内的广大科学工作者以及社区民众积极参与社区规划工作。

注释

① 所谓"三条文明链"是指:由"文明家庭—文明楼幢—文明小区—文明社区""文明岗位—文明班组—文明单位—文明行业""文明科室—文明机关"3条线组成。推进文明城区建设的网络,相应地可称之为区域文明链、行业文明链和机关文明链。它涵盖了城区文明生活的方方面面,体现了文明城区建设中部门与地区结合的特征。

参考文献

[1] 徐中振.上海社区建设的回顾与展望[M]//上海市社会科学界联合会,上海市民政局,上海市社区发展研究会.上海社区发展报告(1996—2000).上海:上海大学出版社,2000:9.
[2] 施凯.两级政府,三级管理[M].上海:上海人民出版社,1998:3-6.
[3] 吴铎.社区与社区发展规划[M]//上海市社会科学界联合会,上海市民政局,上海市社区发展研究会.上海社区发展报告(1996—2000).上海:上海大学出版社,2000:91-97.
[4] 刘君德,张玉枝,刘均宇.大城市边缘区社区的分化与整合——上海真如镇个案研究[J].城市规划,2000(4):41-43.
[5] 刘君德,张玉枝.上海浦东新区行政区——社区体系发展研究[M]//刘君德,周克瑜.中国行政区划的理论与实践.上海:华东师范大学出版社,1996:256-275.
[6] 吴铎.上海市浦东新区城区—社区发展规划(1996—2010)[Z].上海:上海市科学技术委员会,上

海:1997.
[7] 包宗豪.上海市卢湾区创建文明社区指标体系(未刊稿)[Z].上海,1997.
[8] 上海市文明办公室,上海市黄浦区文明建设委员会.上海市创建文明城区指标体系及实施情况评估[M].上海:百家出版社,1999.
[9] 上海市黄浦区文明建设委员会,华东师范大学中国城市社区建设研究中心.大城市文明城区建设的理论与实践[M].上海:百家出版社,1999:62-87.
[10] 王嘉漉.上海城市社区规划理论和对策研究[Z].上海:上海市城市规划设计研究院,2000.
[11] 何肇发.社区概论[M].广州:中山大学出版社,1991.

92　城乡结合部社区管理

背景：大约是1998年年末，北京、天津、上海、重庆4个直辖市的城市市容卫生管理交流暨学术研讨会在上海召开，我受邀参会，提交了题为《21世纪的城市市容与卫生现代化管理——上海城乡结合部社区环境卫生综合整治的战略思考》的论文，并在大会发言，引起较大反响。会后，重庆市市政管理局主办的《城市管理》1999年第1期、《上海城市规划》1999年第2期先后刊发了本文。

城市市容与卫生的现代化管理是塑造现代文明城市的一个重要标志与内容。上海作为一个特大型中心城市，在迈向21世纪创建国家卫生城市，加快实现"一个龙头，三个中心"发展目标，建成现代化国际城市过程中，需要从战略高度充分认识加强城市市容和卫生现代化管理的重要性，尽快实现市容环境卫生管理的重大跨越。从地域空间角度来看，城乡结合部的社区应成为环境卫生整治的战略重点地域。

92.1　地域特性：一个城乡交融的过渡地带

城乡结合部，又被称为"城乡边缘带"（urban-rural fringe）、"城市边缘带"（urban fringe）、"城乡连续区域"（urban-rural continuum）、"城市蔓延区"（the area of urban sprawl）、"城市阴影区"（urban shadow zone），是一种土地利用、社会和人口特征的过渡地带，它位于城市连续建成区与外围几乎没有城市居民住宅和非农土地利用的纯农业腹地之间，兼有城市与乡村两方面的特征，人口密度低于中心城市，但高于周围的农村地区。国内学者对城乡结合部的涵义和划分方法有不同的看法。规划学者从城市规划的角度将城乡结合部认同为城市近郊区，是城市规划区范围内城市建成区的拓展区域，在地域上表现为不连片、不完整的空间；地理学者认为城乡结合部是典型城市与传统乡村之间出现的城乡相互作用、相互渗透、相互融合，兼有城乡双重特征的独立地域实体；从行政区划的角度看，城乡结合部是指城区和郊区分管的接壤地带。从上海市的实际情况看，按不打破乡镇和街道的原则，则可将城乡分界线两侧的街道和乡镇划入城乡结合部的范围。即上海的城乡结合部是一个环绕城区，连续的、宽窄不一的环状地带。

由于受城市与乡村的双向辐射，城乡结合部社区人地系统具有明显的城乡过渡性特点。(1)受城乡之间特定的空间扩展因素与空间过程的影响其地域表现出一定的过渡性。城乡交错带内城市与乡村各要素、景观及功能的空间变化梯度大，是城市与乡村两类性质不同的区域之间的"急变带"，人地关系的空间差异远较城市乡村地域内部大；同时城乡结合部地区存在着频繁的能量与物质对流，分别来自城市与乡村的人口、物质、技术、信息等在这里相互作用与竞争互生。(2)城乡结合部是城市与乡村两种社区相互接触、混合及交融的地区，其人口与社会结构特征的过渡性也十分明显。在这里不仅有城市居民与农村居民的相互混杂，而且还存在着本地常住人口与外地流动人口的异质反差，各种不同职业类型、不同籍贯、不同生活方式、不同信仰、不同价值观念、不同需求以及不同心理文化素质的人群相互形成强烈的对比与共存。(3)由于同时受到城市与农村经济的双向辐射,城乡结合部经济发展具有明显的多样化特点,经济的发展对城市的依附性不断加强,城市性产业及城市需求导向产业在增加。正是上述过渡性特征使城乡结合部社区的环境卫生管理具有特殊性,给这一地带的规划、开发、建设、管理,特别是社会管理带来了难度。

92.2 实证调研:一个充满活泼和矛盾的地域空间

城乡结合部具有优越的区位条件。一是市区工业改造和发展的扩展区。城市工业开始是把一些设备陈旧、污染严重的企业搬迁到结合部,随着城区产业结构不断调整,市内不少企业相继迁移到近郊,一些占地较多的企、事业单位纷纷转向结合部选址建造。二是仓储业的重要发展区。在缺能少材的加工城市,众多企业的大批原材料、半成品堆放场地大多安排在毗邻市区的近郊。三是房地产开发的重点投资区。随着市区厂矿企业向结合部迁移,大批城市居民到近郊安家落户。四是城市对外交通的发展门户。在这里,各类交通设施发展很快,使结合部成为沟通市区与郊区以及外省市的重要节点。五是乡镇企业聚集的地区。农村工业向城乡结合部集中,形成工业小区,追求规模经济效益,并带动商贸服务业的发展。六是新技术开发区的热点区。结合部连接城乡,交通便利,大专院校、科研机构、大中型企业和高新技术企业多,因而成为建设高新技术开发区的热点地区。如上海早期的漕河泾微电子技术开发区和闵行经济技术开发区都是建立在城乡结合部。正是由于具有上述独特的区位优势,城乡结合部成为上海区域经济发展的新的增长点和城市化扩展的前沿,是一个充满活力的地域空间。

然而,随着农村土地的征用,开发区的建设,城市产业的迅速发展,房地产的大规模开发,城市居民的大量导入,特别是外来人口的大量聚集,城乡结合部在经济发展的同时,社区规划、建设与管理严重滞后,成为一个充满矛盾的地域空间。这一被称之为"都市里的村庄"的特殊社会,土地开发支离破碎,原有的道路、水系等被打乱,垃圾成堆,排水不畅,违章搭建十分严重,环境卫生恶化,社会治安形势严峻,无论是在社区景观或是在社区精神文明建设方面都与市区形成强烈反差,成为全市创建卫生城市和建设现代文明城市的"老大难"地带。

从我们前一时期对城乡结合部所选择的5个样本点(闵行区虹桥镇虹四村、徐汇区虹梅路街道、浦东新区钦洋镇、闸北区彭浦新村共康小区和宝山区的高境镇)的调查来看,虽然各个点的情况不同,但在社区管理上共同存在以下一些问题:

(1) 人户分离问题。在现行体制下,就业和子女教育是与户籍紧紧联系在一起的。鉴于城乡结合部与老城区在这方面的巨大反差,城里动迁户凡是牵涉到就业和子女教育多数保持人户分离;而农村动迁户鉴于经济利益的考虑,也不愿意农转非,增加了户籍管理的难度。

(2) 跨区管理问题。在现行体制下,区的界线是无情的,往往会极大地影响地方政府、企业和个人的利益。城乡结合部由于土地批租、房地产开发而导致土地四分五裂,城乡单位犬牙交错,"一地两府"及"一地多主"的现象非常普遍。因此,围绕区界的争执尤为突出。

(3) 外来人口问题。城乡结合部是管理最薄弱的地带,在这个地带,失去土地的农民大量建造违章房屋出租给外来人口,增加了城乡结合部的治安、环卫、计划生育等社会管理难度。

(4) 农民的出路问题。在城乡结合部，土地多数预征完毕，失去土地的农民只能加入城市化的行列。这里，关键是要解决好农民的就业、居住和撤队、撤村后集体资产的分配问题，搞不好会引发严重的社会问题。

(5) 土地开发问题。按现行法律，土地批租后，逾期完不成开发的坚决回收。然而，现实情况是，土地逾期完不成开发的较为普遍，有的逾期竟长达 10 年，严重影响了乡镇企业的发展和农村的生计。

(6) 基层政权建设问题。在城乡结合部，由于房地产开发而出现了众多的住宅小区。这些住宅小区多由物业管理公司实行封闭式管理，对居委会的建设多持抵触心理，由此引发的管理矛盾比较突出。

上述管理问题的存在无疑给城乡结合部社区的环境卫生治理大大增加了难度。

92.3 机制与体制分析：一个原因复杂、制度性整治薄弱的社会空间

显然，造成城乡结合部社区上述诸多问题、矛盾的原因是十分复杂的，我们应当从机制、体制等方面进行深层次的分析，充分认识这一地区包括环境卫生在内的各种问题的特点、规律与解决的难度，以便从战略高度，从体制、机制上研究解决的对策。

第一，城乡结合部社区的环境卫生等诸多问题的产生，是在我国由计划经济体制向市场经济体制转轨时期，由于城市大规模建设改造并不断向边缘区推进，乡村—城市急剧转型过程中形成"都市村庄"这一特殊类型的社区所出现的不可避免的现象，有其客观必然性。

第二，城乡结合部地区特有的区位优势，一方面，引来大规模开发区的规划建设，使大量高新技术工业和现代化服务业向结合部集中；与此同时，由于外来人口的集聚，引发了某些原始的，对城市市容有严重影响的城市产业，如城市垃圾回收业（闵行区虹桥镇虹四村）以及为外来人口的服务业在这里"见缝插针"地滋生与发展；再加上原有的乡镇和村办企业，各类性质不同、差别很大、难以融合的产业聚集在城乡结合部，是导致这一地区环境卫生等社会问题十分复杂的产业因素。

第三，被城市包围的"都市村庄"社区大量土地被征用，农民失去赖以生存的生产资料，在自身经济利益的驱动下，利用其自有多余的住房和"见缝插针"式乱搭建招揽租客。由于较低廉的房租，使大量外来人口在此集聚，从而形成包括导入的城市居民、原住农民和外来人口在城乡结合部混杂居住、十分复杂的社会空间。这是这一地区市容卫生、社会治安等问题十分突出的社会因素，也是一个直接的、主要的因素。

第四，城乡土地所有制的差别和"都市村庄"社区局部经济利益的驱动，也是使城乡结合部地区环境卫生状况难以从根本上加以改变的一个极为重要的原因。在乡村城市化过程中，地处城乡结合部的社区，土地制度仍属集体所有，农民拥有对土地的使用权，而乡镇以下的村委会又是自治组织，因而在"都市村庄"未能完全融入城市、纳入城市管理的情况下，村民和代表村民利益的村委会，出于自身的经济利益，较少考虑限制某些影响环境卫生和容貌的产业的发展。如虹四村，外来人员在此经营了 27 家废品收购站；1996 年的财政收入中，仅从包括乱搭建在内的各类房租收入即达 210 万元，占全村全部收入的近 1/3。

第五，体制不顺，管理薄弱是造成城乡结合部社区环境卫生变化的一个制度性因素。如果说前述 4 个方面是带有客观规律性的因素的话，那么体制和管理则是一个主观性因素。

根据我们前一时期对5个样本点的调查,在城乡结合部社区的管理中,普遍存在"一地两府"和"一地多主"的现象。"一地两府"是指在一片土地内由一个城市型政府和一个乡村型政府兼管,如虹桥镇虹四村有8个村民小组,其中3个在徐虹铁路支线以北的长宁区地盘上,5个在铁路以南的闵行区地盘上;早在10多年前,位于铁路以北的3个居民小组的土地即已被古北开发区所预征,从而形成较长时期的"一地两府三方"的格局,即长宁区、闵行区和古北集团,由此而产生管理上的一系列矛盾。所谓"一地多主"是指一片土地上有多个主人。如浦东新区的钦洋镇,已规划为大型居住区,随着土地的不断开发,辖区范围越来越小,并被"多主"所分割。在这片土地上不仅有城区和郊区的政府部门,还包括开发区和众多房地产公司、物业管理公司,形成"一地多主"的管理局面,在工商、行政、税务、文教、卫生、环保、城建、计划生育、消防安全、治安保卫等方面存在着交叉管理或管理空白。收费、罚款等有经济利益的事情争着办,而对治安工作、环境卫生的综合治理、外来人口的管理等要承担责任和尽义务的事情则相互扯皮、推诿、拖延不决。

我们认为,导致城乡结合部一定程度上的管理失序是由一系列管理体制的缺陷造成的。①各管理部门,包括条块之间、条条之间、地方政府与开发区之间、物业管理公司与居委会之间,社区管理的权利、职责、义务分工不明,权责利不一致,这是导致管理混乱、失序的直接原因。②城市规划与行政区划不协调,规划先于区划,必然造成"一地多府"。社会管理是辖区管理,城市规划的实现必然要依托辖区管理。规划先于区划,未考虑区划的完整性,造成规划实施范围跨越了辖区边界,而形成的"越区管理"和"代管"格局,以及规划一片、划一片到市区,"区划跟着规划走"的做法都极不利于调动管理各方,尤其是乡镇政府的积极性,一些交界地带在棘手的管理问题上形成事实上的"一地无府"。③没有及时相应地扩充、调整和转换结合部地区城市和郊区乡村政府的管理职能,而只是在城乡政府之间进行简单的地域管理移交,必然形成结合部地区城乡两种管理体制的不协调。在"城乡分治"管理体制下,城乡管理两种体制存在着很大的差异,市区实行"两级政府、三级管理",其基层行政管理单位即街道办事处的管理以城市社区管理和社区服务为重点;而郊区则是"三级政府、三级管理"体制,其第三级管理即乡镇执行的是地域管理职能。在城乡经济、人口交融的结合部地区,街道办事处传统、单一的城市管理,或乡镇单一的地域管理都不能满足社会管理的需要,从而造成乡镇内社区管理薄弱和街道辖区内农村村落的管理问题。④城乡结合部同一社区内存在着住民就业、子女教育等方面的城乡政策差别。在现行体制下,就业和子女教育是与户籍紧紧联合在一起的,城里动迁户凡是牵涉到就业和子女教育的,多数保持"人户分离",给社区管理和社区建设增加了很多难度。

第六,法制不健全,有法不依和执法不力也是城乡结合部社区环境卫生脏乱差的一个制度因素。城乡结合部社区环境卫生管理存在许多与一般城市社区和农村社区不同的特殊性,应有特殊的法规,特殊的执法机构采用特殊的手段实行依法管理。目前大多采用与市区相同的行政手段整治结合部的环境卫生面貌,只能起到暂时的治表作用,无法实现长效管理。

92.4 对策思考:体制创新,全面推进城乡结合部社区环境卫生的综合整治

在调查和分析中,我们深深地感到,城乡结合部社区环境卫生综合治理绝非是个单纯的

卫生管理问题,它涉及农村经济的发展、农民的出路问题,土地开发管理、外来人口管理和城市居民的切身利益,受制于地区城市建设基础和人们的观念、素质。因而推进城乡结合部社区环境卫生综合治理,不仅应及时借鉴城区的某些成熟做法,根据结合部的具体情况,及时有效地加强管理,更要从深层次上寻求农村经济持续发展和城乡经济、社会的制度整治。

(1) 针对城乡结合部"一地两府""一地多主"各种不同的情况,合理调整行政区划,理顺管理体制,因地制宜,建立一种有利于乡村向城市平稳过渡的社区动态管理新型模式。主要有以下几种模式可供选择:

① 镇(乡)管社区模式。适合于解决因土地多头分散开发而带来的管理矛盾,其具体内容是:在镇政府下成立地区办事处,统管全镇范围内的社区工作。随着土地开发力度的加大,动迁居民的迁入越来越多,农民的集中居住也日益明显。在这种背景下,镇(乡)主管农业和农村工作的职能应逐渐削弱,地区办事处的作用越来越大。由此带来的管理矛盾是,地区办事处的运作经费到底由谁提供?笔者认为,本着责、权、利相一致的原则,地区办事处的运作经费,或者完全由镇(乡)政府提供,同时社区的收入也完全纳入镇(乡)的财政收入;或者由上级政府和镇(乡)政府按城里动迁户(城里拆除街道、居委会后管理经费应转移到此)和农民之比分摊。土地开发完毕,乡村土地全部转变为建成区时,应撤销镇(乡)政府,将地区办事处升格为街道办事处,从而最终完成乡村向城市的转变。

② 街道管村模式。适合于解决因城市化地域内存在部分乡村地域带来的管理矛盾。其具体内容是,在城乡结合部撤销镇(乡)建制,建立街道办事处。根据城乡单位混居的特点,在其下设立城区办事处和农村办事处。城区办事处的职能类似于上述的地区办事处,主管城里动迁户和农转非后的社区管理工作,其运作经费由上级政府提供;农村办事处的职能类似于过去的镇政府,主管农业和农村工作,根据取之于民、用之于民的原则,其运作经费来自于农民和乡镇企业。随着土地开发力度的加大,城区办事处的作用越来越大,而乡村办事处的职能逐渐削弱。当土地开发完毕,农业人口全部转化为非农业人口时,即可撤销农村办事处,从而使街道办事处具备完全城市化管理的职能。

③ 街道、镇(乡)并存模式。适合于解决镇(乡)域范围内因大规模集中的土地开发带来的管理矛盾。具体内容是:在城乡结合部,保持街道和镇(乡)并存的格局,地位平等,互不隶属。即随着土地大规模批租和房地产集中开发,镇(乡)的管辖范围逐渐缩小,只限于农村土地和农业人口。而批租出去的土地,随着住宅区的建设,应相应设立居委会,达到街道办事处规模时应设立街道办事处,达不到的设立地区办事处,其运作经费由上级政府提供。这样,镇(乡)的管辖范围和职能随着土地开发力度的加大而逐渐缩小,而街道办事处(地区办事处)的管辖范围越来越大。最终,当土地开发完毕,镇(乡)的职能和管辖范围自然而然地消失了,从而完全过渡到街道办事处的管理体制。

(2) 以实现现代化大城市可持续发展为目标,正确处理城乡结合部社区城市规划建设、社区经济社会发展与社区环境卫生的相互关系,在社区规划建设与整治环境中求得经济社会的发展;在发展经济、加速城市形态建设的同时,实施社区环境卫生的综合整治。

在处理上述关系中,第一,要制订高起点的结合部社区城市建设、经济社会发展和包括环境卫生整治、绿化、生态建设在内的综合规划,并将社区规划纳入城市总体规划范畴,使之与总体规划、开发区规划相协调,与区域经济发展计划相衔接。第二,在结合部社区形态建设实现乡村向城市转变过程中,同时注意实现农业向非农产业的转移,正确引导现有乡镇企业、低层次的城市产业、租赁业的规范经营和向高级化方向发展,使之成为结合部社区的重要支柱产业。第三,要及时解决传统的土地集体所有制的转换问题。对于人均土地不足2分的村,及时撤销村建制,变村委会为居委会,变农民为市民,实行土地的统一规划、建设与管理。第四,帮助新市民和外来人口寻找新的就业门路。

(3) 加强结合部社区制度性、认同性整治,大力提高结合部社区的人口素质,促进并从根本上解决环境卫生综合治理问题。

我国长期以来实行通过户籍制度和条块分割的行政体制相结合的办法管理城乡社会,从而形成城乡隔离的二元社会,削弱了城乡制度性整治,并妨碍了农村人口与城市居民的认同。制度性整治薄弱体现为对进城农村人口管理不力,认同性整治畸形体现为城市居民对农村人口的歧视以及农村人口对城市社会不认同,因而对自己的行为没有自律性约束。改革开放以来,城乡之间越来越频繁的直接商品流通,农村人口不受限制地进城经商务工,粮油票的取消,暂住制度的实施,城镇个体、私营以及三资企业的发展,城市商业体制的改革,出售商品房等不仅带动了城市二、三产业的繁荣,城乡之间的功能互补性整治加强,而且动摇了固化二元城乡格局的粮油制度、户籍制度、就业制度、住房制度。但城乡二元结构并没有发生彻底的变化,事实上大部分固化二元城乡结构的制度,诸如户籍制度、就业制度、社会福利制度、医疗制度、住房制度等都没有出现实质性变化,因而结合部地区大量农村外来人口的涌入以及城乡融合仍旧面临着制度性整治的规范转换问题。我们认为深化城市体制改革,改革诸如城乡分割的制度,创建新的城乡体制性调节机制,取消计划体制时形成的身份制,以公民意识取代城乡意识,改变行业和区域性偏见,才能使城乡社会在体制、认同和功能整治方面趋于协调一致,城乡关系才能得以理顺,才能在制度安排、人们的意识观念上为城乡结合部地区环境卫生综合治理提供保障。然而应当指出,这种制度性和认同性的整治,特别是认同性整治是个长期的过程,甚至需要几代人的共同努力才能实现。当前的重点应是尽快实现制度性整治,并采取切实有效的措施,加强社区的精神文明建设,发展社区教育、文化,大力提高结合部社区人口的综合素质,从而形成自上而下与自下而上的相结合的两股动力,使结合部社区环境卫生治理成为广大人民群众提高自身生活环境质量的自觉要求与行动。

(4) 借鉴城区环卫管理改革试点的先进经验,从城乡结合部社区的具体条件出发,改革社区环卫管理体制。在城区环卫管理体制改革试点中,出现了两种成功的管理新模式。一是徐汇区田林街道由街道办事处挂帅、环卫所负责、居委会、街道监察队等部门配合的"环卫全覆盖"作业法,即社区的环卫日常管理由环卫所统一归口负责的"专业对口"管理,社区内实现"环卫全覆盖"。另一个是杨浦区殷行街道环卫所成建制划归街道的改革,即环卫所实行属地管理,在组织行政上服从街道党工委、办事处的领导,在业务上接受环卫部门的指导。这两种改革思路的共同点是实现社区内环卫工作的统一领导,前者将环卫管理集中于环卫部门,强调"专业对口";后者则由街道统一领导,实行属地管理。同时在实践中也发现前种模式对非新村地区或外来人口聚集地区还不适用,但在该模式中"全覆盖作业法"的思路仍可以借鉴和推广。因而针对结合部地区情况,借鉴后种模式,以"属地管理"方式强化环卫工作,同时工作思路上吸收前种模式中提出的"全覆盖作业法",是强化结合部地区环境综合治理的一个较为现实可行的改革方案。

总之,我们应从战略高度认识加强城乡结合部社区环境卫生综合整治对实现上海市21

世纪城市卫生现代化管理的重大意义。当前,组织政府主管部门专业工作者与专家相结合的研究队伍,深入结合部社区进行理论与实际相结合的调查研究,提出切实有效、可操作的对策措施,并制定相应的法规,严格执法,加强管理,是一项十分必要和迫切的工作。

[刘君德,张玉枝.上海城乡结合部社区管理的考察与研究[J].上海城市规划,1999(2):3-4]

解读:上海在迈向 21 世纪,建设现代化国际大都市过程中,实现城市市容与环境卫生的现代化管理是一个重要标志。从地域空间角度看,城乡结合部社区的环境卫生整治应作为战略重点。本文认为,城乡结合部是一个城乡交融的过渡地带,是一个充满活力和矛盾的地域空间。调查表明,这一被称之为"都市里的村庄"的特殊环状地带,是一个制度性整合十分薄弱的经济—社会空间,在市容与环境卫生等方面存在许多问题。文章从体制、机制等方面进行了深层次的分析,并提出了合理调整行政区划,理顺管理机制,搞好社区规划,加强城乡结合部社区制度性、认同性整合和提高人口素质等综合整治的对策意见。

93　社区自治个案分析

背景：21世纪初，我和我的研究生投入了较多精力从事社区研究。其间在浦东新区社会发展局支持下对浦东新区的社区建设开展多层次、全方位比较深入的调查，时作为上海市社区建设的先进街道——浦东新区潍坊街道是我们调查的重点，感触良多。面对"社区自治"的困惑，觉得应该总结、推广潍坊街道社区工作的经验，于是写下了此文。

我国的《居民委员会组织法》规定，居委会是自我管理、自我教育、自我服务的基层群众性自治组织。2000年11月19日，中共中央办公厅、国务院办公厅转发的《民政部关于在全国推进城市社区建设的意见》，对我国的城市社区建设的指导思想、原则、任务、内容、方法等一系列重大问题作了阐述。"两办"转发的文件对指导我国的城市社区建设具有重大现实意义和深远历史意义。文件再次明确了社区居委会组织的自治性质。在新的时期，如何推进社区自治，是当前我国城市社区建设中一个带有根本性、敏感性，需要积极探索和实践的大问题。

93.1　浦东新区潍坊街道社区自治的实践

近两年来，在民政部和各城市政府的积极推动与领导下，我国的城市社区建设取得了很大进展，成效显著。但应当指出，我国的城市社区建设是在政府强有力的推动下进行的，社区发展表现为自上而下的强行政性特征；而在推进社区自治，扩大基层民主方面力度较小，许多地方重视不够，距离在社区内真正实行民主选举、民主决策、民主管理、民主监督，逐步实现社区居民的自我管理、自我教育、自我服务、自我监督的目标差距还很大。这方面的经验总结也较少。

十分可喜的是，上海市浦东新区潍坊街道在推进社区自治方面迈出了重要的一步。早在1999年年底，潍坊街道就在源竹居委会进行社区自治的试点，在居委会民主选举的基础上，实行居民的自我管理、自我教育、自我服务和自我监督（以下简称"四自"），取得了经验；2001年又在14个居住社区推进居委会自治的实践和探索。最近，潍坊街道成功地召开了居委会民主建设推进会，会上交流的12份材料，生动、具体地说明了潍坊街道在推进居住社区"四自"建设、扩大社区民主方面已经有了一个良好的开端，成绩可喜，方向对头。在潍坊，我们看到了居委会一班人的民主意识增强了，居委会工作的透明度提高了，居民的自主意识增强了，居民与居委会的关系密切了，居委会的工作也比过去好做了。街道与居委会的关系开始发生变化。

总结潍坊街道社区自治的初步实践经验，以下几点是应该充分肯定的。

93.1.1　街道对自治方向的正确把握和指导，是推行社区"四自"的重要前提

在新时期如何建立有中国特色、上海特点的城市社区自治模式，目前尚没有规范、现成

的条文和成熟的经验。潍坊街道的领导坚信社区自治、扩大基层民主的大方向,不仅勇于实践,敢于冒风险;而且善于实践,加强指导,特别是注意发挥党组织在社区"四自"建设中的作用。为加强社区的党建,街道选派了唯一的党员硕士到源竹小区担任居委会党总支书记,探索党组织与社区居委会组织的关系,保证社区自治沿着正确的方向逐步推进。实践证明,居民区的党组织和党员是推进社区自治、扩大社区民主的组织保证和主导力量,在社区民主建设中起着政治导向作用。

93.1.2　居委会组织管理制度的创新是居住社区推行"四自"的重要保证

潍坊街道从自身的特点和需要出发,在社区居委会建立了发展、治安、调解、社会保障和市政管理5个工作委员会,将社区中能力较强、热心公益事业的居民吸收进各委员会,形成工作网络,并为每一个委员会配备一名"社工",制定了"社工管理制度",对"社工"的应聘条件、资格,"社工"的义务和权力、考核和奖励、工资和津贴以及日常管理都作了规定。委员会和"社工"议行分离,责权分明。5个工作委员会和"社工"制度的建立,大大调动了社区居民参政议政的积极性,使更多的居民参与社区管理;同时,保证了街道各项工作的落实和正常运转。实践证明,这是现阶段推进社区自治的有效方式。

93.1.3　民选的社区居委会班子要树立自治意识,要有群众观点和民主作风

潍坊街道新的居委会一班人已经开始树立民主自治的意识,注意改进工作作风,从过去习惯于自上而下、行政性的工作方式,开始向上下结合、倾听居民意见的群众工作方式转变。对社区中发生的关系社区居民利益的事,注意听取居民的意见,由居民民主决策。碰到与政府职能部门矛盾的事,居委会也敢于维护居民的利益,代表居民与有关部门对话,求得合理解决,让居民满意。

93.1.4　社区自治不是挂在口头上而是体现在实实在在的行动之中

潍坊人坚持从小事做起,从居民关心的事做起,在为民办实事中体现以人为本,体现自我管理、自我教育、自我服务、自我监督的自治思想和原则,不仅使居民满意,而且通过社区居民关心的各种问题培育社区居民的自治意识,收到很好效果。在这方面,各居委会都有许多生动的事例。

93.2　社区自治推进中的误区分析

如何将社区居委会的"四自"建设引向深入,使更多的居民参与社区自治?如何改变长期以来居委会的行政化倾向,使更多的上级领导机关改变传统的观念,转变工作作风,支持和发展社区自治?又如何形成中国特色的城市基层社区自治模式?这都是我们应该认真深入思考和解决的问题。笔者认为,当前在社区自治问题上要克服以下几点模糊认识。

93.2.1　居委会实行民主选举不等于已经实现社区自治

大家都知道,社区是特定地域人群组合的社会生活共同体。我国的《居民委员会组织法》明确规定,居民委员会是城市基层群众性自治组织。所谓社区自治,是在党的领导下,在国家法律规定的范围内,社区居民拥有的自主和自决权,是一种依法自治,也可以说是有限自治。居民在本居住区内,应对关系自己切身利益的公共事业和公益事业行使当家做主的民主权利,实行自我管理、自我教育、自我服务、自我监督,积极参与本社区各项事务的管理和建设。

然而,由于城市政治体制改革的相对滞后,我国目前的街道和居委会这类行政社区,表现为很强的自上而下的行政性特征,社区自治很不发育。多年来,居民委员会实际上已经成为街道的一条腿,成为政府的延伸组织,距离社区自治越来越远。

近年来,我国许多城市社区(特别是沈阳、上海、北京、天津、南京、青岛、杭州、石家庄、海口等城市的 26 个全国社区建设实验区)积极推行了居委会的民主选举,取得了成功,有力地推进了社区建设的发展。但应当指出,居委会的民主选举仅仅是实现社区自治的第一步,尽管这是关键的一步,但它并不等于已经实现了社区的民主自治,我们应对社区自治的本质内涵有一个深刻、全面的认识。

我们认为,社区居民自治的标志除社区居委会组织由居民选举产生外,尚包括:①社区居民应自行管理社区的事务,社区成员大会或社区居民代表大会是社区组织的最高权力机构,有权决定社区内的重大事宜;②居委会自行管理社区财务,并按国家有关规定,建立账簿公开管理,接受、引导居民参与社区活动,并组织各种活动和解决社区成员的民主监督;③自行开展社区服务和其他各种社区活动等。由此可见,居委会的民主选举并不等于社区自治的全部,更不等于已经实现了社区自治。

93.2.2　中国社区的发展尚处于初期阶段,社区自治还有很长一段路程要走

应当指出,从实行自治的角度看,我国的城市社区建设才刚开始起步,许多地方的领导对社区自治的认识十分模糊,不够重视。笔者曾经问过一位全国著名社区的某街道党委书记,你们这里的社区自治是怎么进行的,有没有这方面的经验?她回答得很干脆,"没有"。3 年前,笔者在一次上海召开的社区发展研讨会上说过,中国的社区建设将经过 3 个发展阶段:一是行政化推进阶段;二是半行政、半自治阶段;三是社区自治阶段。从实现社区自治的角度看,我国目前城市社区的发展尚处于第一阶段。实现真正的社区自治,可能需要较长的时间。现在 3 年多过去了,社区自治的推进仍较缓慢,缺少行动和有力措施。因此,从社区的本质理念来看,不能过高地估计我国社区建设的成绩,要认识到实现社区自治的长期性和艰巨性;但同时,笔者认为中国有许多城市(特别是 26 个社区建设实验区)实行社区自治的条件已经基本具备,社区自治实践的步伐可以跨得更大些,推进的力度还要更大些。

93.2.3　实行城市社区自治的难点在哪里?阻力来自何方?

早在 20 世纪 50 年代初期,我国的有关法律就规定城市居民委员会是群众性自治组织。

但长期以来,城市政府似乎淡忘了居委会的自治性质,特别是随着城市管理体制改革的推进,管理权力的逐渐下移,上海等地实行了"两级政府,三级管理"体制,居委会作为"四级网络",成为地地道道的政府延伸组织。区政府、街道办事处、居委会之间的关系完全变成政府上下级之间的关系。居委会帮助政府承担了大量行政性的工作,居委会成员的主要精力是在做街道和各政府职能部门交办的事,以及应付各种各样的会议。在这一背景下,居委会距离社区自治的目标越来越远。这就是为什么许多居委会虽然已经进行了民主选举,但难以推进民主自治的体制性因素。它说明,在目前条件下,中国尚缺乏社区居民自治生存和发展的土壤,社区居民自治的阻力主要来自于上级政府,来自于城市政治体制改革的相对滞后。此外,从社区居民自身的情况来看,观念陈旧,自觉参与社区自治的积极性不高也是一个重要原因。在居民心目中,早已不把居委会当成一级自治组织了。计划经济时期,居民作为"单位人",由单位包揽了职工的一切,居委会被当成地方基层的行政组织;转轨时期,许多居民的"单位人"观念并未向"社会人"转变,或是刚刚开始转变,但要有一个过程。广大居民并未认识到社区居委会是居民实现民主权利的基本组织,参与意识薄弱,这同样是推行社区自治的一大阻力。

上海市浦东新区潍坊街道的领导和社区居委会一班人,正是对以上问题有较深刻的认识,在统一思想的基础上,积极、大胆、稳妥地进行社区自治实践和探索的。为保证居委会"四自"建设的顺利进行,加强对居委会"四自"建设的指导力度,促进基层民主政治的健康发展,潍坊街道成立了基层工作指导小组,由街道主任担任组长。他们制定了工作计划和季度指导的具体要求;在各居委会召开居民代表大会,建章立制;及时总结各居委会推进社区自治的经验,组织交流;同时,举办培训班,按"社会工作者"专业化、职业化的要求,对专职的"社工"进行系统专业培训,还聘请专家对社区自治的经验进行点评和理论总结,收到良好效果。

93.3 社区自治怎么走?

从上海潍坊街道和全国许多城市(如沈阳、南京、武汉等)开展社区自治的实践来看,当前推进我国城市社区自治需要采取以下措施。

93.3.1 政府让渡空间,培育社区居民自治的土壤

主要是转变政府职能,政府让出部分权力,使社区的自治发展有一个基础条件和自主发展的空间。在这方面沈阳市东陵区泉园街道在推进社区自治中创造了成功的经验。他们在街道进行大胆的改革,简政放权,为居委会推行社区自治积极创造条件:一是还决策权,让社区居委会有自主决策本社区事务的权力;二是放财务权,将社区的自有资金、经营收益、各级拨款等全部交给社区自行管理、支配;三是交拒绝权,对不属于社区职责范围的事项和向社区摊派的负担,社区组织有权拒绝;四是给协管权,社区具有协助有关部门管理的权利,但同时,要按费随事转的原则,给社区组织一定的补贴;五是给监督权,街道办事处定期听取社区组织的意见,妥善解决社区居民反映的意见和问题。泉园街道实行的"五权下放",大大调动了居委会和居民的积极性,有力地推进了社区自治的发展。我们要像"沈阳模式"那样给社

区居委会松绑放权,大力培育社区居民自治的土壤。潍坊街道从自身的实际情况出发,进行了内部配套改革:一是淡化街道科室,与居民区的5个委员会相对应,设立了5个专业委员会,并合署办公,实行综合管理;二是加大费随事转的力度,对一些街道布置的阶段性任务,街道给居委会配备人、财、物的投入;三是在街道设立了社工站,加强对居委会"社工"的管理,并组织对社工的专业化、职业化的培训,向居委会等推荐社工专业人员。潍坊街道的做法同样取得了较好的效果。

93.3.2 发挥社会中介和社团组织的作用,形成社区自治的良性机制

社会中介组织是连接政府与公众之间的桥梁,是提高社区"四自"能力的重要条件和基础,对于转变政府职能,优化社会资源配置,推进和壮大社会志愿者队伍,维护社会经济秩序以及不同利益集团的权益,完善社会化服务功能等具有十分重要的意义。在社会转型时期,培育和发展社会中介组织,充分发挥社会团体在社区自治中的作用十分必要和迫切。应当指出,我国的社会中介组织很不发育,虽有一些从政府机构、事业单位转制的社会中介组织,但大多仍然依托政府进行运作,没有起到中介作用。要采取有效措施,使现有的中介组织真正进入市场、进入社会,发挥政府与公众之间的桥梁作用;同时,应大力培育和扶持发展新的社会中介和社团组织,政府应承认其独立的法人地位,鼓励其依法自主地开展公益事业。潍坊街道所在的浦东新区政府是20世纪90年代随着浦东开发开放建立起来的新型城区政府,体现了"小政府""大社会"特点。新区政府比较重视培育和发展各类中介(企业性质)和社团组织(主要是工会、妇女、志愿者等组织)。位于潍坊街道社区内的嘉兴大厦联合工会的成立和运作就是一个成功的典型。这座3万 m^2 多建筑面积的商厦有70多家公司和机构入驻,1999年在成立大楼党支部的基础上,由商厦开发商牵头,街道工会、大楼投资主体和入驻企业三方共同组建了大楼联合工会。这种"大楼模式"的工会组织具有跨行业、跨企业、属地化(社区化)、非行政化的特点,是工会组织的新创造,是社区社团组织的新发展。大量中介和社团组织对转变新区政府职能,优化社会资源配置,完善社会化服务,发展社区自治起到了积极作用。

93.3.3 健全社区组织制度,强化居委会组织自身的自治功能

健全的组织制度,特别是居委会组织制度的创新和主要"领导人"的自治意识是实行社区居委会依法自治的重要前提和保证。潍坊街道居委会一班人认识到自己是居民选举产生的社区组织的领导群体,是社区居民的代表和"领袖",理应代表群众的利益。居委会自身要树立"民主自治"意识,要经常了解和关心社区居民的需求,做居民的知心朋友,帮助居民排忧解难,解决群众关心的各种难题。要在工作中注意走群众路线,改进工作方法,多与居民进行情感交流,千方百计调动社区居民参与社区建设的积极性。街道率先试点的14个社区居委会都从自身的条件和特点出发,不断强化居委会的自治功能,取得明显成效。源竹小区党组织为充分发挥居委会和社区中各类组织的作用,还建立了"三项制度":一是决策建议制度,即将居民区党组织讨论议定的决策方案以决策建议的形式向居委会推荐,居委会采纳后在居民区付诸实施;二是联席会议制度,即每月的党总支、居委会和"社工"的联席会议制度,

共同讨论社区重大事务,把握工作方向;三是工作例会制度,即每星期二早晨的党总支、居委会坐班干部和社工的碰头会,交流工作情况,了解工作全局。潍坊街道的社区自治之所以能够顺利推进是与社区居委会的组织建设和"社区领袖"自身的依法自治意识以及民主的工作作风分不开的。

93.3.4　大力提高居民的素质,增强居民的自治意识

居民素质的整体提高和自治意识的增强是实现社区自治的根本保证。我们通常说的"社区是我家,建设靠大家",是指社区的事应由社区居民大家来管、大家来办。长期以来,在计划经济体制下,人们认同于"单位",习惯于"单位",而所有的"单位"都是国家管的,政府管的,"单位人"虽然居住生活在社区,但有问题总是去找"单位",找政府,没有想到去找居委会,更没有想到社区的事由社区居民自己解决。改革开放以来,政治经济体制改革不断深化,政企逐渐分开,政社逐步分离,但进展比较缓慢。在这一大背景下,居民长期以来形成的依赖"单位"和政府的观念并没有根本改变,居民的"自我管理、自我服务、自我教育、自我监督"的"四自"意识并没有树立。同时,从居民的整体素质来看,无论在政治素质、文化素质、心理素质,或是在守法的素质、社会公德的素质等各方面,与建设现代化城市的要求相比,与经济社会快速发展的形势相比都有较大的差距。大力提高居民的素质,增强居民的自治意识,是我国城市社区建设目标得以顺利实现的最重要、最根本、最具有战略意义的举措,也是一项艰巨、长期的任务。怎样提高居民的素质,增强居民的自治意识？潍坊街道的经验是开办市民学校,采取多种形式、不定期、有针对性地对社区居民进行长期不懈的教育,如组织"老年人读书会""人与自然系列讲座""知法守法法律报告会"等,举办各种群众性文化、体育健身活动,提高居民的文化素质和修养;组织居民自下而上制订市民公约、社区守则,引导居民依法自治;更多的是在居委会为居民办实事的过程中使社区居民受到社会主义的公德教育。

目前我国的城市社区自治建设,在中共中央、国务院两办〔2000〕23号文件精神的指导下已经起步,一些城市(如沈阳、武汉、南京、上海、北京、天津、青岛、石家庄、杭州、海口、哈尔滨等)正在积极实践和探索。各地应从实际情况出发,因地制宜,创造自己的社区自治经验和模式,共同为推进我国的城市社区自治作出贡献。

[刘君德.中国的城市社区自治怎么走？——上海潍坊街道社区居委会民主建设实践的启示[J].杭州师范学院学报(社会科学版),2001(4):10-14]

解读:本文在总结上海浦东新区潍坊街道社区居委会民主建设实践经验的基础上,对中国城市社区自治的发展进行了客观评价,分析了当前推进社区自治的难点和阻力,从实践中提炼出社区自治的经验和方向性道路。但应当指出,时过18年,中国城市社区的居民生活质量有很大改善;但社区的行政性本质并未改变,甚至有所强化,自治化推进的问题更多,路程似乎更为遥远,关注社区自治的领导和学者似乎更少。作为曾经积极参与社区研究的一位学者,不能不感到遗憾。未来的走向如何,有待观察与深入思考。

94 真如镇社区剖析与物业调查

背景：真如镇是上海早期的城乡结合部的名镇，早已完全城市化，但长期保留了"镇"的建制（2014年年底改设为街道）。其管理体制、居民的结构，乃至城镇形态都有其独特性。我在实施教育部基金项目"中国大都市区公共行政组织与管理模式"（1999年）和国家社科项目"大城市城郊结合部行政管理体制综合研究"（2000年）时，都将真如镇作为调查考察的重点。21世纪初社区规划工作备受重视，我又组织人员开展了"真如镇社区规划"工作。以下3篇文章从不同视角对真如镇社区进行了颇有深度和针对性的研究。

94.1 边缘区社区的分化与整合

94.1.1 真如社区历史演变与现状特征

1）真如社区历史轨迹

真如镇作为上海市的一部分，经历了农村社区—城镇社区—城市社区3个发展阶段。据镇志记载："元延祐七年（1320年）僧妙心移官场（今大场附近）真如院于梨园浜与桃浦交汇处，请额改寺，因地处嘉定、上海两地的水陆交通要道，香火旺盛，寺前形成市集，并缘寺而得名真如镇。"元明清时期，真如为典型江南水乡风貌，村民以种植棉、稻为主，手工织布业亦颇兴盛，是远离上海城区的农村社区。鸦片战争后，上海城市经济发展，迅即被卷入了世界资本主义市场的漩涡，真如植棉代以种菜，棉商代以菜商，成了上海西北蔬菜中转集散地，饮食、米粮、百货、茶馆等业伴市而兴。清末以后辟筑的沪宁铁路、真西铁路支线及民国期间修筑的真南路等，使真如成为上海西北郊著名的集镇型社区。新中国成立后，上海城市空间不断扩张。随着道路的拓展，曹杨新村的兴建，市区工业迁入，真如街市与市区逐渐融为一体，城市经济迅速发展。20世纪80年代中后期以来，大型市政设施建设迅速推进，房地产开发，市内居民大量迁入，城市经济和城市人口集聚，原有农田逐渐消失，真如镇无论在景观上还是在人口构成和经济构成上，均呈现出带有明显的边缘区性质的城市社区的特征。

2）真如社区现状特点

（1）社区人口——三类人群，三分天下

1998年，真如镇在籍人口54 000人，包括本地人、市内导入人口和外来流动人口三类人群。其中市内导入约15 000人，外来人口约12 000人。此外，未登记的外来人口约有15 000人，可谓三分天下。三类人群中外来人口素质较低，主要集中在铁路车站附近和农贸市场周围废弃的简房和旧工房，居住条件简陋，从事捡垃圾、农贸市场服务等体力劳动。市中心导入的居民素质较高。

真如社区人口密度表现出明显的大城市边缘区特征。1996年年底，真如镇人口密度1.18万人/km²，低于普陀区1.51万人/km²的平均数，远远低于2万人/km²以上的市中心区人口密度,同时大大高于 2 000~3 000 人/km² 的农村社区人口密度。人口自然增长率 −1.84%,高于普陀区平均人口自然增长率(−4.21%)。

(2) 社区经济——以商为主,相对滞后

真如经济以商业为主,特色市场、商业街众多。以商业为主的第三产业有了长足发展。

从经济总量纵向发展来看,近 3 年真如镇主要经济指标连续保持在 20% 以上的增长速度,1998 年,实现产值 72 亿元,税收 1 620 万元,利润 2 100 万元,综合经济实力有较大提高。但如果作横向比较,真如的经济实力与周围的长征、桃浦两镇差距拉大,1996 年三大产业总收入不及长征镇的 1/4,利润和税收则不足 1/10,发展相对滞后。

(3) 社区事业——寓文于商,寓教于球

真如镇有着丰富的民俗文化和民间文艺资源,说书、灯会等各种群众性活动历史悠久。十一届三中全会以后,真如镇群众性文化活动得到进一步拓展,开创了"以商兴文,以文促商"的新路子,寓文化于商业活动中,收到了良好的效果。

真如社区体育、教育事业发展亦极具特色,素有"足球之乡"的称号。社区中小学内足球运动普及较早,并将足球运动与"乡土教育"、集体主义教育结合起来,寓教育于足球运动中,颇具特色。

94.1.2　真如社区分化—整合态势分析

1) 社区服务需求

居民需求是推动社区分化的内在动力之一。调查结果显示,"车辆存放"是当前居民最普遍需求的服务项目,需求人数比重为 68.5%;其次是"健康咨询"(60.3%);其余依次为"生活用品维修"(53.4%)、"废品回收"(49.3%)、"图书借阅"(49.3%)、"便民理发"(35.6%)、"家庭医疗保健"(34.2%)、"订送报纸"(34.2%)、"便民百货"(32.9%)、"早点服务"(30.1%)、"法律咨询"(30.1%)。可见,满足居民基本生活需要的社区服务项目占大部分。而同时,真如社区居民对较高层次的文化生活服务需求也占相当高的比例。这一调查表明,真如社区服务需求呈现多元化趋势,对社区硬件建设及服务内容更新提出了现实的要求。

2) 社区整合程度

社区归属感是衡量居民社区意识、社区整合程度的重要指标。调研中,我们通过发放问卷的方式对社区归属感、影响因素及其作用强弱作了测量。共对 200 名社区居民进行了调查,回收有效问卷和记录 172 份。问卷分析表明:从整体看,真如居民社区归属感较强,且表现为对社区行政,即对政府、居委的认同;不同人群之间社区归属程度分异明显。

(1) 社区归属感较强

对社区归属感的评定是通过对以下 3 个问题的回答得分之和:"您认为您是真如人吗?""假如您搬离真如镇,您会想念真如镇吗?""您认为真如镇发生的事与您息息相关吗?"每个问题有正向、中性、逆向 3 种答案,得分依次为 3、2、1,因而,社区归属感测定最高分是 9 分,最低分是 3 分。分析数据结果为:社区归属感平均得 7.18 分。这表明真如社区居民归属感还是较强的,它说明,从农村社区到城市社区的发展过程中,真如社区随城市化、工业化的发展,人口复杂性和异质性增强,而"心理社区"并未随之消失。

众所周知,目前我国社区的实质是行政社区,行政组织是社区发展的主要引导力量,居民的社区归属感与社区行政水平息息相关。我们对"社区居民对政府或居委工作满意度"与"社区归属感"的相关性作了方差分析,结果显示二者在 $a=0.01$ 水平下高度相关。

此外,居民们在回答"您在遇到困难时首先会想到找谁帮忙时"这一问题时,有 62 人次选择了"镇政府和居委会",占总人次(189 人次)的 32.9%,居第一位;有 34 人次选择了"单位",占总人次的 18%。这也说明,居民对政府及其附属行政组织的依赖程度较高。"行业协会、社团和其他中介组织"的选择人次为零,则表明了目前我国城市边缘区社区中介组织的匮乏与不力。

(2) 社区归属感程度分异明显

真如社区在从农村社区到城市社区的发展过程中,社区居民的同质性发生变化,表现出明显的复杂性、异质性,从而不可避免地出现了社区归属感在程度上的分异。据我们的调查,土生土长的本地人对社区的归属感最强,上海市内动迁导入的居民次之,其归属感平均得分为 7.13 分。而到真如务工经商的外来流动人员则对真如社区的归属感最弱,分值只有 4。调查结果与实际情况相符。社区归属感程度上的分异,影响了不同人群对社区活动参与的积极程度和对社区的满意程度,从而在一定程度上影响到社区的发展。在调查中,一些外来人员对社区活动反应冷淡以及本地居民对外地人的歧视就很好地说明了这一点。

(3) 参与意识较强,但实际参与较少

在调查"社区活动参与"情况中,我们设计了 3 个问题:"您经常参与社区活动吗?""您愿意参与社区活动吗?""在活动中您会主动出谋划策吗?"在回答第一个是否经常参与社区活动的问题时,大多数居民选择了"少"或"一般",该项平均得分 1.1 分(满分 9 分),而在回答第二、三个问题时,则大多数选择了"愿意""会"或"可能会"。这一结果表明,真如社区居民大多具有较强的社区活动参与意愿,但在实际的活动中却较少参与。

94.1.3 社区分化—整合面临的机遇与挑战

在上海市"九五"规划中,真如被列为上海西北副中心;目前真如镇所在的普陀区区政府又正在着手将政府搬迁至区中心位置的真如镇。在我国转型时期"行政区经济"规律作用下,这些设想和举措无疑将为真如镇发展注入新的活力。作为区政府所在地,社区环境必将得到极大改善;与大量高层次人流相伴,真如社区商业、文化发展亦将跃上新的台阶。但目前,在上海中心城区的产业和人口向外扩散以及城乡结合部房地产开发迅速推进的过程中,由于管理体制尚未完全理顺,使得真如镇不可避免地存在着一系列管理上的矛盾,社区行政整合面临挑战,主要表现在以下几"难":

1) 外来人口管理难

真如镇地处城乡结合部,是外来流动人口的聚集地。外来人口多为个体经营者或无业流民,流动性大,人员情况复杂,且其聚居区多数尚未建立居委会而由物业公司代管,如陈家宅、小王家宅、合作坊等地,其居民由上海尔东工贸有限公司代管;又如真北临房,其管理由万千集团洪海置业咨询有限公司负责。多数公司只管收钱,对有证无证不管不问,外来人口管理存在"真空"。据介绍,在一次突击检查中,某处临房无暂住证人员占了 80%,临房区成了外来人口管理的"真空地带"。

2）市场管理难

真如镇内市场多，经营中常常引发卫生管理、环境整治及社会治安等问题。原因有三：一是某些区属市场的双重管理，镇级政府难以实施有效管理；二是市场多为农副产品专业市场，人员流动大，外来人口多，管理难度大；三是这些市场多数地跨两个或两个以上居委会，由于界线模糊、权责不清，管理难以落到实处。

3）社会治安管理难

真如镇的治安状况一直不好，1997—1998年的发案率及入室盗窃率位居普陀区之首，居民反应强烈。究其原因，一是真如镇地处城乡结合部，且与长征镇行政区划界线犬牙交错，"一地二府"问题严重，管理漏洞很多，不少地方成了"三不管"地区；二是真如镇是外来流动人口的聚集地，这里交通方便，距农贸市场近，出租房屋多而便宜，使得大量的外来人口集聚于此，有的已形成规模，给社会治安管理工作带来了很大困难。

4）物业管理公司与居委会的关系协调难

在新旧房屋制度转轨过程中，物业管理跟不上社会发展的需要，在居住小区内部管理职责上时常与居委会发生矛盾。

一是居民小区中存在多头物业管理部门。最典型的是车站新村，在我们调查之前共有13家物业管理公司，这些公司除了对房屋管理有明确的责任外，其余的道路整修护养、保洁、保安、保绿等工作则互相推诿，居民们在遇到有关问题时无所适从。

二是物业公司与居委会职责不明确，居委会工作负担过重。由于旧的房产管理体制的延续，物业公司大多只管房，其他公共管理事务由居委会包揽，而居委会又缺乏必要的人力、物力、财力，力不从心，很难管好。

三是物业公司与居委会目标不一致，影响了小区的整体发展。以真北新村第五居委会为例，真北五居委是市文明小区，其目标是创建先进、文明小区，而小区物业公司（属静安区管，户口属普陀区）的目标是"创优"达标，双方在小区建设发展中意见不一，这在一定程度上影响了小区的整体发展。

四是居委会缺乏对物业管理的制约机制。由于大部分小区内尚未成立业主委员会，缺乏业主的自主管理机制，而居委会也缺乏对物业公司有效的督促手段，对部分物业公司的扯皮推诿现象难以制约，管理职责难以充分履行，给真如镇社区建设带来了很大的困难。

真如社区在发展过程中存在的问题既有特定的历史、区域原因，又具有一定的代表性和普遍性。在目前我国许多关系尚未理顺、政府机构等改革尚未完全到位的体制转轨时期，这些问题的出现有一定的必然性。

第一，条块关系不顺，对管理不利。

一方面，各条线专业部门在社区中分别设立了基层分支机构；另一方面，社区这个"块"中又设有负责综合治理、卫生、经济等专业工作的科室，与各"条"管理出现职能交叉和重复。这不仅造成管理力量的内耗及管理成本上升、效率下降，甚至因为工作中相互推诿而使社区管理出现"盲点"。

第二，条条关系不顺，对管理不利。

社区内各专业管理部门之间常常各自为政，难以形成管理合力。然而在某些情况下，一些管理工作需要几个部门的合作才能将工作落实，却往往因为缺乏必要的协调、联系机制，使管理工作行而无效。

第三,块块关系不顺,对管理不利。

块块矛盾的存在主要是由于在块块的边界地区,由于界限不清、权责不明而出现的管理矛盾。真如镇地处城乡结合部,且与长征镇的行政区划界线犬牙交错,"一地二府"问题较为严重。对于社会治安的管理,特别是对于流动人口的管理十分不利。这是真如镇近年来发案率居高不下的重要原因之一。

94.1.4 结论:关于大城市边缘区社区发展几点认识

(1)大城市边缘区是一个充满活力的地域空间,在地价机制和中心区城市改造的双重影响下,从市中心区迁出的动迁户和来自其他地区寻求工作机会的外来人口在这里汇集,形成双向人口导入,成为发展活跃的空间。同时,大城市边缘区又是一个充满矛盾的地域空间,人口构成复杂,社会管理薄弱,外来人口管理问题、环境脏乱差问题、社会治安问题突出。如何使不同籍贯、不同语言、不同社会地位、不同观念、不同生活方式、不同心理的人群在这里共同发展,实现社区繁荣是一个重要的现实课题。

(2)合理安置外来人口是大城市边缘区社区健康发展的关键。社区文化、教育、服务应主动面向外来人口需求,寓管理于服务、疏导、教育之中。切实关心他们的就业、居住、就学、就医问题,及时给予必要的城市生活指导。只有这样,才能有效地改善外来人口的生活状况,提升其社会地位,帮助他们尽快适应和融入城市社区生活,从而提高他们对城市社区的归属意识,减少和避免犯罪。

(3)大力发展社区服务业。随着居民收入水平和生活水平的提高,社区服务需求越来越多样化,社区服务发展要跳出传统民政救助的框架,树立市场供求观念,从大城市边缘区居民构成复杂,需求多元化的状况出发,建立符合社会主义市场经济体制发展的社区服务供给机制,扩大和提高社区服务范围和水平,满足不同层次居民需求。

(4)及时理顺社区管理体制,尤其是要加强对物业公司工作的监督,理顺居委会与物业公司的关系;以及提高社区居民自组织程度和社区居民对社区活动的参与度,是今后包括真如社区在内广大社区发展需要解决的重要问题。

(5)及时调整小区配套建设标准,科学地进行社区规划。社区规划是社区建设的重要基础,应按照"以人为本"和"可持续发展"的观点制定具有特色的社区规划,指导社区建设。

[刘君德,张玉枝,刘均宇.大城市边缘区社区的分化与整合:上海真如镇个案研究[J].城市规划,2000,24(4):41-43]

解读:本文的亮点主要有三:一是问卷设计科学合理,体现了城乡结合部社区的个性特征;二是问卷回收率较高,在真如镇政府支持下,居民们比较认真地进行了回答,从而保证了此次调查的质量和文章结论的科学性、准确性;三是运用社区分化—整合理论分析真如镇社区的问题,使理论较好地与社区实际问题研究紧密相结合,提出的加强社区建设和管理,推进大城市边缘区有序发展的建议具有针对性和实践指导意义。

参考文献

[1] 真如镇志[M].上海:上海社科出版社,1992.
[2] 刘君德,张玉枝.上海市浦东新区行政区——社区体系及其发展研究[J].城乡建设,1995(9/10):13-15.
[3] 方明,王颖.观察社会的视角——社区新论[M].北京:知识出版社,1991:10.
[4] 刘君德.中国行政区划的理论与实践[M].上海:华东师范大学出版社,1996.

94.2 值得推崇的经验

真如镇原为上海西北部的一个古老的农村集镇,随着中心城区的扩展,城乡结合部农村城市化的加速,特别是改革开放以来大规模城市建设的推进,如今的真如镇已经成为普陀区的中心,与区政府紧密相邻,地位十分重要。真如镇的社区建设,特别是社区管理体制的创新,不仅对普陀区十分重要,而且对推进上海市城乡结合部的社区发展也有深远的意义。

94.2.1 真如社区的现状特征

真如镇作为上海市的组成部分,随着上海城市空间不断扩展,道路拓宽,曹杨新村新建,市区工业迁入,真如街市渐与市区融为一体。20世纪80年代中期以来,大型市政设施建设推进,房地产开发,吸引市区居民大量迁入,原有农田渐渐消失,真如成为具有明显城乡结合部特征的城市型社区。

三类人群的社区人口。真如镇位于上海特大城市的边缘区,人口的异质化特征表现非常突出。1998年,全镇在籍人口54 500余人,由本地人、市区动迁人口和外来人口三类人群所组成,几乎是三分天下。三类人群的地域分布与真如社区的空间演变规律、房地产的开发、居住水平有密切联系,差异比较显著。其中,外来人口集中分布在铁路车站附近和农贸市场周围废弃的简房地带,管理难度较大。

以商为主的社区经济。真如经济以商为主,真如庙会、兰溪路仿古街颇负盛名;沪西果品市场、曹安路农贸市场是全市最大的瓜果和葱姜市场;铜川路水产市场、大渡河路电子电器市场、杨家桥农贸市场等也很有名。以商为主的第三产业在真如经济发展中占有十分重要的地位。

旅商结合的社区文化。真如镇有丰富的民俗文化和民间文艺资源,说书、灯会、庙会等活动历史悠久,特别是20世纪80年代以来组织的真如文化庙会,开创了"以商兴文,以文促商"、旅商结合的新路子。兰溪路仿古一条街,将购物与旅游、古文化活动相结合,寓文化、旅游于商业活动之中,形成鲜明的特色。以足球体育、乡土教育为特色的社区文教体全国闻名。

空间分异明显的社区认同和归属。真如社区在由农村社区向城市社区发展过程中,社区居民的同质性遭到破坏,表现出明显的复杂性、异质性,从而不可避免地出现社区人群归属感程度上的差异。据调查,土生土长的本地人的社区归属感最强,动迁的导入人口次之,务工经商的外来流动人口归属感最弱。由于三类人群居住地域的差异,使真如社区的认同感和归属感程度产生明显的空间分异。这是城区社区少见,而在城乡结合部社区比较普遍的一个十分重要的特征。

真如镇社区的以上特点,是构建新的社区组织模式的重要因素和依据。

94.2.2 真如社区组织体制和建设中建立社区工作站的必要性

作为城市边缘区,真如镇改革开放以来,长期存在着外来人口管理、各类人群融合、市场与治安管理、条块关系协调、居委与物业配合、居民委员会自治等老大难问题。为解决这些老大难问题,真如镇政府根据居民委员会组织法的基本原则和我国社区建设发展的大趋势,结合本镇的实际情况,在镇政府与居民委员会之间尝试建立了"社区工作站"管理机构。设立这一机构的必要性主要有以下几点:

(1) 居委会组织性质的本质要求

《中华人民共和国居民委员会组织法》第二条规定:居民委员会是居民自我管理、自我教育、自我服务的基层群众性自治组织。"街道"与"居委会"的关系是"指导""协助"而不是"领导""包揽""代替"。如何从根本上改变目前居委会"小巷政府""小巷总理"的状况,依托现有的街、居两级组织是难以实现的,设立"社区工作站"是一个好的选择。

(2) 当代城市政府管理体制改革的要求

21世纪,中国的城市管理应是一个与国际接轨、具有中国特色、"小政府、大社会"高效运转的管理体制。目前中国城市的管理体制与这一目标差距很大,而各地情况不同,如何从这一总体目标出发,因地制宜地构建一个包括社区管理在内的城市管理新体制,需要在实践中不断探索,不断总结,逐步规范。真如镇设立"社区工作站"也是城市政府组织形式和功能改革的一种尝试,其目的是寻求城市基层社区组织的合理重建。

(3) 城市基层政权建设和政治民主化建设相结合的要求

基层政权建设和政治民主化建设两者之间是对立统一的关系。从本质上看,城市管理体制的改革和社区建设的目标完全一致,即既要有利于加强基层政权建设,又要有利于推进基层的政治民主化,其关键是寻找两者的最佳结合点。笔者认为,在当前情况下,在作为城乡结合部的镇政府之下,居委会之上,设立兼有基层政权和社区自治双重职能的"社区工作站"是一种较好的形式。

(4) 真如镇社会管理高效化的现实要求

经与真光新村街道合并后的真如镇,面积达 $6.03\ km^2$,人口 13.27 万,相当于一个小城市,下属 37 个居委会。现代管理学理论认为,层级和幅度的合理配置是实现城市高效管理的重要前提。现行的《街道办事处工作暂行条例》规定:街道管辖区域的人口一般为 4 万~5 万人,而上海的街镇人口规模一般已达 10 万人,很显然,目前 1∶37 的管理幅度明显偏大,在这种情况下,设立"社区工作站"是有必要和符合实际的。这有利于加强城市的社会管理。

94.2.3 社区工作站的总体构架与实施步骤

1) 工作站的总体构架

(1) 基本思路。首先是在全镇范围内,按照地域、人群、认同和归属感等社区的构成要素,体现社区自然属性的原则,划分自然社区。自然社区介于镇和居委会之间,其规模一般在 15 000 人左右。然后在划定的自然社区内建立社区工作站。

社工站一般由 7~9 人组成。设站长、副站长,其余为社区工作站的工作人员或社工干部。站长负责全面工作,目前暂时由镇政府任命,从机关公务员或专职的居委会干部中选派。

(2) 基本性质。社区工作站是在镇政府直接领导下,行使镇政府的部分权力,管理本社区的行政事务工作,具有政府与社区结合、过渡性质的机构。现阶段,较多地体现镇政府派出机构的性质,逐步向社区自治联合体方向过渡。

(3) 基本定位。首先要处理好社区工作站与居民委员会的关系。社区工作站在镇政府领导下,指导居民委员会的社区工作,充分利用自然社区内的社区资源,进行优化组合,协调自然社区内居民委员会之间的关系,组织社区活动,搞好社区服务,推进社区建设。居委会组织则严格按照《组织法》的规定选举产生,接受社区工作站的指导,实行依法自治。镇政府的行政事务不再下达给居委会,也不允许社区工作站下交给居委会承办。

其次要处理好社区工作站与镇政府的关系。现阶段具有镇政府派出机构的性质,接受镇政府的领导,认真负责地贯彻镇政府下达的各项任务,主要是社会行政性的工作任务。镇政府各有关科室,属于自行办理的行政事务,不得下交给社区工作站承办。随着居委会依法自治的加强,群众依法自治意识的增强,社区工作站将转化为地域(自然)社区联合体组织,而非镇政府的派出机构。社区工作站承担的城市社会管理的行政事务仍将回归于镇政府。

再次,要加强社区工作站的党组织建设。设立社区工作站党总支,在镇党委统一领导下,保证、监督社区工作站各项任务的完成,领导居民区党支部,抓好社区党建,充分发挥党员在社区依法自治中的模范带头作用,积极推进居民委员会的依法自治,促进社会稳定。

最后,正确处理社区工作站与社区内企事业单位的关系。在现阶段,对辖区内的物业公司、工厂、商店、学校、医院等企事业单位有权行使镇政府的部分行政权力,以整合社区资源,加强社区建设。

(4) 基本任务。宣传和执行党的路线、方针、政策和国家的法律法规,对社区居民进行思想政治教育和法制教育;积极推进社会主义精神文明建设,开展群众文化、体育、教育工作,做好爱国卫生、计划生育、环境保护工作,美化、净化城市环境;配合有关部门做好市政建设管理和防空、防台风、防汛、防震、防火、抢险、救灾、住房改造、居民动迁等工作;开展社会治安综合治理,做好治安保卫工作,保护军人、妇女、儿童的合法权益,维护社区一方平安;协同有关部门做好社会保障和再就业工作;指导居委会开展工作,向上级政府机关反映居民的意见和要求,处理人民来信来访。

社区工作站的上述任务,归结起来,主要是承担政府下派给原居民委员会的大量行政事务,使这些行政性的工作不再延伸至居民委员会,从而为居委会的自治创造良好的体制环境,使居委会可以集中精力,依靠居民,实现社区的依法自治。

2) 工作站实施步骤

首先是统一规划。全镇依据社区要素和原有基础,统一规划为 6~7 个自然社区,逐步相应设立 6~7 个社区工作站。

其次是试点先行。选择基础和条件较好、干部力量较强的真西二、五居委,成立真西社区工作站,先行试点。

再次是分步实施。在2000年年底完成试点、进行总结的基础上,对整个真西地区扩大试点,取得系统经验后再在全镇推广。

94.2.4 启示与思考

真如镇建立社区工作站是探索大城市边缘区社区组织制度创新的一种有益尝试。事实表明,大城市边缘区这一充满活力和矛盾的地域空间,在经济社会发展,人口构成和分布,城市规划、建设、管理,土地利用、管理,环境和治安管理,基层政府的行政管理以及社区的建设和管理等方面有许多的特殊性。如何从这一特殊空间的实际情况出发,构建符合实际的社区组织体制,是一个十分重要并具有一定普遍意义的问题。真如镇的做法是一种有益尝试,它将为我们创造城乡结合部社区组织管理体制的新经验。

真如镇建立的社区工作站性质明确,方向正确,为居民委员会回归于法律规定的居民自治组织提供了组织体制的支撑,为居委会依靠居民,实行真正的依法自治提供了外部的体制环境。虽然社区工作站在近期具有镇政府派出机构的性质,但随着居委会自治组织的发展,广大居民自治意识的增强,法制的完善,社区工作站将逐步演化为具有自然地域特征的非政府组织,这是一条渐进式的基层社区组织变迁之路。

真如镇建立社区工作站符合真如的实际情况,具有较强的可操作性。真如镇是普陀区的直属镇,与街道最大的不同点是,它是一级基层政府,在财政上也有一定的独立性,而街道则是区政府的派出机构。况且,真如镇与真光新村街道合并后,常住人口有13万多,要统一管理37个居民委员会显得力不从心。这些特殊情况是建立社区工作站的重要原因。它表明,在真如镇建立社区工作站是必要的,也是符合实际的。从表面上看,似乎增加了一个层次,增加了行政开支,但由于居委会的专职干部减少至两人,其余为兼职,拿补贴,总体上行政费用并未增加,从而具有较强的可操作性。

真如镇真西社区工作站的建立虽然尚不足两个月,但已经初步显示出一定的生命力。工作站的干部总体素质较好,积极性较高,试点的居委会工作正常,观念在改变,正向着自治方向迈进。为使这一新的社区组织体制沿着正确的轨道运行,以下问题需要深入研究解决。

(1) 关于工作站的职责及与镇、居上下两级的体制对接问题

目前,工作站与镇政府和通过民选产生的新的居民委员会之间的职责分工尚不够明晰,需要进一步细化。可自下而上进行,先着手调查居委会,将居委会的工作进行分解,明确哪些应是居委会做的,哪些分解给社区工作站做,哪些应回归给镇政府的职能部门去做,在此基础上,依据工作站的定位,明确各自的职责分工,解决与镇、居之间的体制对接问题。同时,制订工作站的工作规范,建立必要的考核制度。

(2) 关于居委会自治的实施与城市基层民主化的深入推进问题

我国颁布的居民委员会组织法早已明确规定:居委会是居民自我管理、自我教育、自我服务的基层群众性自治组织。然而,长期以来,我们的干部和群众对此了解有限,有些地方的街道把作为自治组织的居委会看成是自己的派出机构,下派了许多行政性的工作任务,致使居委会的性质完全走了样,要彻底改变这种状况,需要较长时期的努力。真如镇建立社区工作站为居委会的自治提供了体制空间,但要实现居委会的真正自治,还需要广大干部和群众提高对实行居委会自治深远意义的认识,特别是对推进城市基层民主化意义的认识。同

时,要有相关的法律、法规提供制度保证。我国不久将在社区建设实验的基础上重新修订城市居民委员会组织法,应对广大干部和群众进行广泛深入的居委会组织法和基层民主政治的教育,提高认识,认真贯彻实施。只有这样,才能真正实施居委会(社区)的自治,中国的民主化才能向纵深发展。对于真如镇来说,当务之急是对干部和居民进行居委会组织法和自治意识的宣传教育,提高认识,大胆实践,坚定地走社区依法自治的道路。

(3) 关于干部素质问题

社区工作站建立之后,对原有基层干部的观念和素质提出了更高的要求,不仅是工作难度增大,更重要的是社区工作站的建立,将有力地推进真如镇基层管理体制的改革。如何树立现代管理理念,增强管理的民主意识,如何提高驾驭全局、处理协调各种复杂社会关系的能力,如何实现从"小巷总管"到"小巷公仆"的转变等,都是广大基层管理干部所必须面对的大问题,因此,采取有力的措施,大力提高干部的素质是一项重要任务。

[刘君德,严志农.真如镇建立社区工作站的实践与启示[J].民政论坛(中国民政学院学报),2001(1):45-48]

解读:研究认为,真如镇建立社区工作站是探索大城市边缘区社区组织制度创新的一种有益尝试。随着居委会自治组织的发展,广大居民自治意识的增强,法制的完善,社区工作站将逐步演化为具有自然地域特征的非政府组织,这是一条渐进式的基层社区组织变迁之路。

94.3 新村物业管理的调查

94.3.1 现状及问题

车站新村位于上海城郊结合部地带的上海西站南侧,属普陀区真如镇,目前居住房屋总建筑面积约 16 万 m^2,居民近 2 000 户。该小区自 20 世纪 80 年代成立以来,先后有 10 多家单位在此建房,到目前为止,整个小区的房屋新旧混杂、种类多样。从建房时间看,这里既有建于 1937 年、1954 年的老式房,又有正在建设中的现代化新式房;从房屋层高看,既有低层的,又有多层和高层的;从房屋的性质看,既有商品房、售后房,还有公房。受传统房屋管理体制的影响,该小区目前的物业管理单位多达 13 家,基本上还是"谁开发谁管理"的旧模式,属于典型的"诸侯割据"多头物业管理情况。随着市场经济发展,这种多头物业管理的弊端日益突出,并已带来了一系列严重的问题和后果。首先,各物业管理单位只管自家楼房,公共部位无人问津,造成了整个小区环境卫生状况日趋恶化。例如小区内道路坑洼不平、路灯常年不亮、窨井长期敞开、下水道时常堵塞、绿地无人养护等。其次,治安状况极差。小区有多个自由进出口,这些出口既无铁门又无门卫看守,加之邻近火车站,流动人口较多,从而导致了外来人口频频自由出入,小商小贩不断在小区内设摊叫卖,整个小区秩序比较混乱,偷盗事件时有发生,居民安全没有保障。再次,这些物业管理单位绝大多数没有房管部门认可的资质证书,管理水平低下,责任心不强,连最基本的自家楼房也维护不好。他们不仅缺乏物业管理经验，而且管理机构也不健全，多数未在小区设立管理所（站、处），使居民报修无门。有些单位只收房租，不进行管理；有少数单位连房租也不收，甚至有些房子连产权人都找不到，更谈不上进行物业管理了。最后，由于小区物业管理的滞后，真如镇政府及车站居委会不得不投入大量精力在卫生和治安等具体工作上，而本应履行的行政、党建等社区管理职能被大大削弱了，从而使小区的精神文明建设得不到应有的保证。为彻底改变车站新村"脏、乱、差"的状况，把小区建设成"文明小区"，当前最关键的是从物业管理入手，改革现行物业管理体制，变多头管理为统一管理。这是因为，物业管理的客体是住宅区域内房屋以及相关的公共设施这样一个难以分割的整体，由于物业相对集中的统一性，客观上要求住宅区域不同单位的公房业主、私房业主必须走联合管理物业之路。同时，从经济学的角度看，集中统一管理比分散管理在成本—效益对比上要经济得多。但是在实际工作中，这种体制的转换由于涉及方方面面的利益，实施起来并非易事。

94.3.2 原因分析

关于车站新村物业管理体制改革中所遇到的阻力，据了解，主要来自于建房单位和原物业管理单位，同时也来自少数居民。为什么会产生这么多阻力，其根源何在？经实地调查研究，我们认为主要有以下几方面原因。

（1）体制尚未理顺。在传统的计划经济体制下，我国的行政管理基本上是以纵向为主，即所谓的"条条"管理，而地方政府"块块"的权力较小。车站新村的13家物业管理单位之所以难以协调，很大程度上即在于此。例如其中最难以协调的是几家中央部属单位，这些单位是不大愿意听镇政府和区房管办协调安排的。

（2）城市住房制度改革不到位。在传统的单位建房体制下，房屋产权属于单位，其物业管理权也掌握在建造单位手中，似乎业主是单位，居民只是"房客"，没有自由选择物业管理单位的权利，由此便产生了单位和职工意见相左的现象。车站新村在进行物业管理调整中，绝大多数居民是拥护的，而且是热切盼望的，只是由于一些单位领导的阻碍才使方案迟迟得不到落实。

（3）观念尚待更新。在传统的福利性、行政性分房情况下，单位无偿分给职工房子，并免费进行维护，以致在市场经济下的今天，还有部分居民难以接受有偿服务的新型物业管理模式。这也是少数居民抵制物业管理改革的原因之一。

（4）"本位主义思想"比较严重。受一些不良思想的影响，一些单位领导往往只考虑个人利益或本单位的利益，而较少考虑下属职工的实际生活和其他公众的利益，这种"本位主义思想"的存在可以说是阻碍统一物业管理改革的主要阻力之一。在车站新村物业管理调整中，个别单位领导以该单位物业管理人员就业问题和该单位效益受到损害为由，阻碍方案的实施，便是其明显表现。

（5）行业管理不严。根据《上海市居住物业管理条例》规定，物业管理单位上岗必须具有房管部门颁发的物业管理资质证书，否则不允许上岗。而车站新村目前的13家物业管理单位仅6家具有资质证书，其他均不具备从事物业管理资格，因此也就不难理解发生整个小区物业管理一团糟的现象了。

（6）物业管理资金难以筹措。对于车站新村这样的旧小区，基础设施比较差，整修改造任务较重，在物业管理的调整中，必然要求投入大量的人力、物力和财力，但令物业管理公司最头疼的恰恰也就是资金的筹措问题。由于旧小区的房屋产权复杂，不同的房屋原来的收费基点和方式不一，例如有些单位的房租是从职工工资中直接扣除，有些单位长期不收房租或象征性地收取一点儿。而变为统一管理后，将改为由完全市场化的物业管理公司直接收费，其难度是可以想见的。这也是一些物业管理公司不愿意承担原来多头管理下旧小区管理的主要原因之一。

94.3.3 对策思考

（1）尽快建立"条块结合、以块为主"的管理体制。针对因"条条"和"块块"的冲突造成多家物业管理单位难以协调的问题，必须从根本上理顺"条条"与"块块"之间的关系。为此，建议除了中央继续向地方政府适当"放权"外，更重要的是应尽快建立"条块结合、以块为主"的新体制。目前，应强化城区的属地管理功能，朝着统一规划、分级管理、以块为主、条块结合、权责一致、互为保证的方向过渡，实现部门的专业管理转向社会的综合管理。上海市委提出的"两级政府、三级管理、四级网络"的新体制，就是为了强化街道、镇的社区管理，重视发挥居委会的作用。为此，一方面随着"单位人"向"社区人"的根本转变，进一步强化物业管理的"属地管理"功能；另一方面要逐步还权于小区，赋予基层政府管理社区居民和协调各种关系及矛盾的更大权利。

（2）建立良好的物业管理运行机制。良好的物业管理运行机制主要来自于三方面，即业主委员会、居委会和物业管理公司的合理分工与合作。首先，对居委会来说，既要实行严格的"政企分开"，避免插手干涉物业公司内部的具体事务，又要担当起物业公司和居民之间协调、监督、指导等政府职能，在多头管理改革中还要担负起筹建第一届业主委员会和招聘物业管理公司的任务。为加快改革步伐，在招聘物业管理公司过程中，可考虑同等条件下本住宅小区原来的物业管理公司有优先受聘权。另外，为避免居委会因活动经费不足而与物业管理公司争抢经营性服务所产生的"内耗"，应逐步改变居委会的收入来源，把居委会干部全部作为国家事业编制，政府发放工资，自身不再搞创收，从而使居委会干部能够集中精力履行政府职能。其次，对于物业管理公司，主要是依照委托管理合同，按业主的意图对物业实施专业化的管理和经营，并提供全方位、多层次的有偿服务。作为一个企业，物业管理公司在日常工作中应接受所属区的政府部门领导，包括配合居委会的有关工作和接受居委会的指导监督等。最后，对于业主委员会，应规范其产生办法，实行一个住宅小区只建立一个业主委员会，第一届成员应在有关政府的指导下成立，所选的委员应具有先进性和代表性。业主委员会主要是对物业管理公司起监督作用，审查物业公司的收费和工作计划执行情况，并有义务协助物业管理公司搞好各项工作。此外，为更好地协调相互之间的关系，建议实行三方联席会议制度，并制订一份共同遵守的章程，明确各自分工，定期召开碰头会议，及时协调各方面的矛盾，更好地推动统一物业管理的顺利实施。

（3）加大城镇住房制度改革和行业管理的力度。要实现住户由"房客"向"业主"的真正转变，首先必须加大住房制度改革力度，加快货币化分房的步伐，通过公有住房出售和房改房上市等方式，转换房屋产权关系，使住户真正成为房屋产权人。其次要尽快打破"单位办社会"的传统体制，使单位把职工的居住等日常生活推向社会（或社区）。只有这样，居民才能够以业主的身份通过市场自由选择所需的物业管理方式。另外,房管部门应进一步加强物业管理的行业管理,通过资质等级评定等办法,及时对物业管理公司优胜劣汰与兼并重组等,这样不仅有利于提高物业管理的质量和水平,而且可以自然淘汰原多头管理中的一些不合格的物业管理单位。

(4) 形成合理的物业管理筹资渠道。鉴于旧小区在物业管理改革中资金筹措的困难,建议通过3种方式来拓宽筹资渠道。第一是建造单位或开发商交纳一定数量的物业维修基金。根据上海市的规定,公有住房出售后应将房款的6%~12%划作维修基金,内销商品房出售后所交纳的物业管理维修基金占房屋建筑面积成本价的3%~4%,出租公有住房的物业管理维修基金约占年租金收入的50%左右。第二,物业管理公司可通过开展多种经营性服务,来弥补物业管理经费的不足。第三,在旧小区改造过程中,政府应给一定的资助(在新加坡,政府的资助一般占70%~80%),从而有助于减轻物业管理公司合并的阻力和加快小区的改造步伐。此外,物业管理公司接管的初期,政府可给予一定的税收优惠,所减免的税款专门用于旧小区的整治与改造。

(5) 大力加强社区的精神文明建设。作为城市细胞的"社区"在城市精神文明建设中具有重要作用,而且还可以解决相当一批下岗职工的就业问题,从而减少一些单位的后顾之忧。在社区建设和文化氛围的熏陶中,有助于一些单位领导自觉摈弃"本位主义"思想,积极参与到小区物业管理和社区建设中来,从而推动物业管理的健康发展。

(6) 切实提高居民对物业管理工作的认识。为争取更多的居民对市场化物业管理方式的理解和支持,减少住户对物业管理改革的阻力,建议被选聘的物业管理公司一方面向居民加大宣传力度,包括本公司的工作计划、目标、管理方式以及收费和开支等等,使居民有所了解和准备;另一方面在代管期间要舍得投资,花大力气进行整修改造,以出色的成绩赢得广大业主的认可和接受。同时,居委会也应加强对市场物业管理方式的宣传,使居民充分认识到这种管理模式的优越性和必然性,促进其转变传统观念,自觉参与到物业管理中来。

[卢为民,刘君德.上海市真如镇车站新村物业管理体制问题的调查与思考[J].城市开发,1999(12):42-44]

解读:住宅小区的多头物业管理现象在我国许多城市普遍存在,这种体制的弊端日益突出,但是进行彻底的改革又面临着重重困难,上海市真如镇车站新村便是这方面的典型例子。本文在实地调查的基础上,对其原因进行了深入分析,并提出了相应的对策措施。我们提出的加大城镇住房制度改革和行业管理的力度,实现住户由"房客"向"业主"的真正转变的观点是本文的重要亮点。

第六部分　相关研究·会议集锦

区域研究

95　浦东开发决策由来与初期规划构想 …………………………………… 640
96　浦东开发与上海及长三角的发展 ……………………………………… 647
97　"九七"回归后的沪、港经济关系 ……………………………………… 655
98　西部大开发的观念、思路与举措 ……………………………………… 661
99　经济全球化与西部大开发 ……………………………………………… 666
100　生态省建设试点比较 …………………………………………………… 671

城市研究

101　早期与严重敏先生合作的城乡结合部研究 …………………………… 678
102　上海城乡结合部管理体制创新 ………………………………………… 685
103　上海市郊乡村—城市转型与发展 ……………………………………… 692
104　中心城市实力指数评价 ………………………………………………… 698
105　上海城市精神 …………………………………………………………… 707

人口与人才研究

106　一论江西人口：发展与分布 …………………………………………… 715
107　二论江西人口：结构与迁移 …………………………………………… 725
108　三论江西人口：土地资源与人口规模 ………………………………… 731
109　中心镇镇区人口规模研究 ……………………………………………… 741
110　人才地理学的跨学科构建 ……………………………………………… 747
111　人才开发空间研究 ……………………………………………………… 755

日本与中国台湾研究

112　一论日本政区：改革与经验 …………………………………………… 764
113　二论日本政区：城市型政区 …………………………………………… 770
114　一论中国台湾政区：历史与现状 ……………………………………… 776
115　二论中国台湾政区：城市型政区 ……………………………………… 782
116　三论中国台湾政区：地域型政区 ……………………………………… 788

117	会议综述	793
118	来宾致辞	795
119	学者寄语	798
120	主旨演讲:新时代·新感悟	805

95 浦东开发决策由来与初期规划构想

背景:1991年12月,应香港中文大学亚太研究所、香港地理学会的邀请,我参加了"中国大陆城市与区域发展:面向21世纪"的学术研讨会。作为来自上海的地理工作者,自然选择了1990年4月中央政府向世人宣布的"加快开发开放浦东"这一命题进行研究。为此,我收集了许多资料,对浦东开发、开放与上海及长江三角洲发展的关系作了初步探讨。上篇部分着重介绍浦东新区开发开放的由来和初期的规划构想。

1990年4月18日,中国政府向全世界宣布加快开发开放浦东,引起了海内外各界的热烈反响和广泛讨论。浦东这个地图上过去并不显眼的弹丸之地,如今已成为世界瞩目的宝地,一个充满希望的新区。本文将在介绍这一重大战略决策的诞生和浦东新区开发条件与规划构想的基础上,探析浦东开发与上海市及长江三角洲区域经济发展的影响,并初步构建该区域发展之模式。

95.1 浦东概况与浦东开发、开放决策之由来

95.1.1 浦东概况

"浦东"得名于上海黄浦江之东,早在明代中叶即见于地方志。清代,"浦东"名称的使用已相当广泛。浦东地域有狭义和广义之分。广义的"浦东"指今闸港以下,黄浦江以东的广大地区,面积约1 200 km²。狭义的"浦东"原指黄浦江东岸与浦西隔江相望的已经城市化的狭长地带,一般指川杨河以北至长江口西南的黄浦江东岸的一块三角形地区,在行政区划上包括南市、黄浦、杨浦三市区的黄浦江东岸部分,川沙县的大部分和上海县的一个乡,面积约350 km²。这正是浦东新区开发、开放的范围(图95-1)。

1990年,浦东新区有城乡常住人口133.94万,占全市总人口的10.4%,其中城镇人口76.73万,占新区人口的57.3%,农村人口57.21万,占42.7%。新区人口密度为2 584人/km²。全区国民生产总值为60.24亿元(按当年价格计算的人民币,下同),占上海全市的8.1%。社会总产值20 539

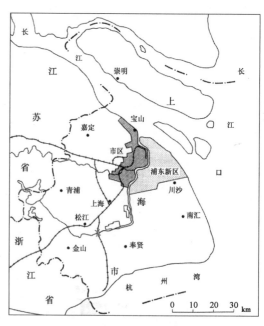

图95-1 上海浦东新区地理位置

亿元,国民收入53.05亿元,分别占全市的10.1%和8.6%。

95.1.2 浦东开发、开放决策由来

浦东的开发历史较早。古代主要是以土地开发和盐业开发为主。明代兴起了许多以棉纺织和盐市为主的重要市镇。明中后期,因淡水南移,盐业衰落,乃以植棉为主,手工业发展迅速。明末清初,浦东的棉布曾远销全国南北。近代,浦东地区上海的对外开放有所发展。英、美、法等列强在浦西设置租界,并在不属租界范围的浦东沿江占领岸线,建造码头仓库,开设工厂。至20世纪20年代浦东沿江码头所占岸线已大大超过了浦西,以船舶修造和棉纺等轻工业为主的工厂企业也不断增加。1933年,上海特别市政府建成了浦东沿江大道,它和1925年修建的上南铁路[1]和1926年建成的上川铁路[2]一起,对浦东沿江地带的兴起和繁荣起了一定作用。经过多年发展,浦东大道两侧及其附近的沿江地带逐渐成为上海市建成区的有机组成部分。但由于黄浦江的阻隔,浦西的大规模发展对浦东的影响甚微,带来的是浦东人口的大量西移,长期以来,浦东大道以东的广大地区一直是村舍簇立的乡野。直至改革开放以来,浦东地区的经济才有了较快的发展。然而与高楼林立、工厂密集、商业繁华、文化发达的早现一派现代化大都会特征的浦西相比较,浦东仍然十分冷落,浦西、浦东是截然不同的两种景观,差异十分显著。

作为太平洋西岸最大的经济、贸易城市之一的上海,进入20世纪90年代这个振兴经济的关键时期,由于种种原因,其中心城市的功能有所削弱。特别是作为中国最大的工业城市,这几年能源、原材料的大幅度提价,以国营大中型为主体的企业负担日益加重,经济效益滑坡,地方财政十分困难,上海在国际国内的地位不断下降。同时,由于缺少必要的投入,城市建设欠账过多,投资环境难以在现有的浦西地区得到改善。早先设立的闵行经济技术开发区,外商投资企业也即将布满。在这种情况下,上海要走出困境,进一步扩大开放,改善投资环境,改造旧市区,调整近一个半世纪以来既定的布局,必须集中地开发建设一个具有良好投资环境的新区。

在开展上海市城市规划的讨论中,包括我的导师严重敏先生在内的许多有识之士把注意力集中到浦东这块350 km²的土地上,提出了许多积极的建议。出于对上海市经济发展战略的深思熟虑,1984年,在上海市人民政府上报的《上海经济发展战略汇报提纲》中,正式提出了开发浦东的问题。1986年10月,国务院在批复《上海市城市总体规划方案》时指出:"当前特别要注意有计划地建设和改造浦东,使浦东成为现代化新区。"1987年7月,上海市成立了由一批国内外专家担任顾问的开发浦东联合咨询小组,并于1988年5月召开了"开发浦东新区国际研讨会",以后又成立了开发浦东新区领导小组。经过几年的工作,中央政府多次研究,于1990年4月正式宣布了开发、开放浦东的重大决策。从此,拉开了上海开发、开放浦东的壮丽序幕,一项跨世纪的宏伟工程在上海黄浦江畔诞生了!

浦东开发是充分发挥上海的潜力和优势,使之形成外向型经济和国际性城市格局的关键之举,对于带动拥有3亿多人口、180万 km²的长江流域的经济振兴,乃至整个中国的经济发展都有巨大而深远的意义。它预示着中国的改革开放由南部向中部富饶地带稳步推进。

95.2 浦东开发的条件与规划构想

95.2.1 开发条件分析

"浦东"是一块具有开发活力和潜力,有相当开发基础,在中国东部沿海地区少有的"宝地"。

(1) 具有得天独厚的区位优势

浦东新区地处中国东部沿海黄金海岸和黄金水道的交汇处,它背靠大上海,面向太平洋,是对内对外两个经济辐射面的焦点,具有得天独厚的宏观区位优势。从微观地理位置分析,浦东新区北濒长江,南临杭州湾,西靠黄浦江,又近两江的交汇处吴淞口,为长江口的重要门户,有较好的建港和水陆空运条件,可以形成相对独立、内联外通的交通运输网络。更由于它与市中心仅一江之隔,大部分地区都在距市中心 15 km 的范围之内,故而十分便于得到浦西已形成的强大经济实力和科技、设备、人力、信息等多方面的有力支持,从而加快其开发的步伐。

(2) 具有巨大开发潜力、并可形成资产的丰富土地资源

在浦东新区 350 km^2 的土地上,现有建成区约 35 km^2,仅占浦东新区总面积的 1/10,绝大部分是具有巨大开发潜力的农村土地。其中农业用地约占 60% 左右,人口密度相对较低,建筑物少,对城市规划布局,对工业和其他非农产业的开发建设十分有利。由于浦东处于太湖碟形洼地的最东缘,为上海地区地势最高的部位之一,地面高程在 3.5~5.0 m,一般不易遭受洪涝灾害的侵袭。区内地势平坦,地基承压力大多优于与其隔江相望的宝钢地区。因而在浦东新区开发建设,可以收到投资省、时间短、效益好的效果。这对于城市用地极为紧张的浦西来说,无疑是一个极重要优势,也是吸引外商投资的一个重要因素。同时,由于实行土地的有偿使用,变土地资源为土地资本(资产),通过不断提高土地批租效益,可以成为浦东开发的重要资金来源。

(3) 具有较好的生态环境

浦东属北亚热带季风气候,全年平均气温 16 ℃ 左右,无霜期约 230 天,年平均降水 1 088 mm,4—9 月降水量占全年降水总量的 70%,风向有明显的季节变化,全年风向以东南风为主,由于地处上海市区的上风向,是全市生态环境较好的地区之一。自然地理条件对于建设高级住宅区、发展第三产业和安排高新技术产业项目、建设现代化新城区十分有利。

(4) 港口为主的交通运输和市政基础设施已有基础,具发展潜力

浦东新区的港口设施在全市居重要地位。1990 年年底,黄浦江沿岸生产用码头泊位有 186 个,其中万吨级 35 个,仓库面积 26.1 万 m^2,全年货物吞吐量 6 827.4 万 t,占全市 48.9%;在内河运输方面,能通航 20 t 级以上的航道有 11 条,码头泊位 160 个,年吞吐能力 460 万 t。区内现有道路长度 4 111 km,48 条公交线路,营运车辆 576 辆,全年客运总量 4.15 亿人次。在连接浦西的越江交通方面,已建有隧道 2 条,客渡 16 条,车渡 4 条,全年过江人数 44 亿人次,过江车辆 1.062 万辆次。新建的南浦大桥已全线通车,杨浦大桥正在建设。可见,浦东的交通运输已有较好基础。特别应当指出的是,浦东新区港口交通条件十分有

利,北部的外高桥濒长江岸段,近长江主航道,水深江宽,岸段稳定,可供建设一系列万吨级码头泊位,港口开发具有巨大潜力。浦东新区的市政基础设施也初具规模,供水、供电、煤气、电话等公用设施发展较快。

(5) 经济已有一定规模和实力

改革开放以来,浦东的经济发展较快,已具有一定实力。1990 年国民生产总值已达 60 亿元(当年价,下同),三次产业的比重大致是 3.7：76.2：20.1。区内现有工业企业(乡以上)年产值 155 亿元,占全市 95%,利税总额 1 808 亿元,占全市的 17.3%,已形成石油化工、造船、钢铁、建材等支柱产业,机械、轻工、纺织等也有较强实力,大中型骨干企业占 70% 左右。浦东的农业也较发达,以畜牧业和种植业为主,是全市重要的城市副食品供应基地之一,蔬菜上市量占全市 1/7 左右,奶牛饲养居全市之首位,花卉生产历史悠久,畅销美、日、法和港澳地区。

(6) 特别优惠的政策

中央给予浦东新区实行经济技术开发区和某些经济特区的政策是浦东开发最具有吸引力和活力的因素。一年多来已先后公布了 12 项法规、规章,这些法规与目前国内所有的开放区域相比较,在政策方面是最为优惠的。诸如"八五"期间浦东新区新增加的财政收入不上缴;在外高桥设立的保税区是国内开放度最大的保税区,外商可以在此从事出口加工、仓储、转口贸易等业务,从境外进口供保税区内生产使用的设备、物资、交通工具,出口的加工产品和货物均可免领进出口许可证,并免征关税;允许外商在浦东新区投资兴办零售商业等。这些特殊优惠的政策,将对吸引外资和内资加快浦东的开发进程起重要推动作用。

95.2.2 开发规划构想

浦东开发是一项跨世纪的宏伟工程,建设这项工程要按照面向世界、面向 21 世纪、面向现代化的战略要求,扩大开放,加快开发,以期经过几十年的努力,把浦东建设成为国际化、现代化和世界一流的上海新区;建成有合理的经济发展和布局结构、先进的综合交通网络、完善的城市基础设施、便捷的通信系统及良好的自然生态环境的现代化新区。与此同时,作为上海市的有机组成部分,浦东的开发、开放,将带动浦西老区的改造与发展,推动上海走上外向型经济发展的轨道,为把上海建设成为太平洋西岸最大的经济、贸易中心之一奠定重要基础,恢复和再造上海作为全国经济中心城市的功能,并为长江流域、沿海地区乃至全国的经济发展作出贡献。

(1) 形成适应外向型经济发展的产业结构

这是浦东开发、开放的主要目标。从浦东的条件和上海市产业结构调整的需要来看,浦东新区将重点发展金融、贸易、商业、房地产业、交通运输、邮电、信息、投资咨询、技术服务和高层次的文化、体育、娱乐、旅游等第三产业,使之成为推动浦东经济社会发展的有力杠杆。第二产业主要是以现有工业为基础,重点发展高起点、高技术、高效益、外向型的加工业,特别是高科技工业、装备工业、消费品工业等。第一产业重点是建设现代化、集约化、生态化农业体系,使之成为城市副食品基地之一,并发展出口创汇农业。20 世纪 90 年代,浦东新区的国民生产总值将翻两番,即增长 4 倍,人均国民生产总值将与浦西持平;三次产业的比重将由1990年的3.7∶76.2∶20.1调整到12∶53.8∶45.0。经过发展和调整,使浦东新区形成外向型、多功能、集约化三位一体、协调发展的产业结构体系。

浦东新区第三产业的发展具有特别重要的意义。第一,要创造发展第三产业的良好的软环境,进一步完善法规,创新体制,提高效率,并与国际惯例衔接;第二,要注意第三产业内部的关联性和与浦西第三产业发展的协调性;第三是多层次多渠道地发展第三产业,包括积极吸引外商投资兴办第三产业。在当前国内外经济环境下,应重视加快金融国际化的步伐。

浦东新区的工业也要有较大发展,但要注意:第一,充分利用现有的工业基础,通过吸收内外资,按高起点、高效益的要求发展,提高外向化程度;第二要与浦西的工业改造与疏解相结合,使浦西的部分企业通过东迁,变粗放为集约、内向为外向;第三,当前要特别注意采取有效措施,搞活区内的大中企业,创新企业制度,充分发挥其在浦东新区开发中的骨干作用;第四,大力改造区内的乡镇企业,提高素质,集中布局,加强管理,按市场和外向型经济发展的要求调整产品结构,提高档次,为城市大工业和出口服务;第五,引进外资,大力兴办"三资"企业,努力办成一批大项目;第六,积极争取国家重点建设项目在浦东布局,充分发挥内联的优势,吸引各省区在浦东投资办厂;第七,要注意工业的合理布局,重视工业"三废"治理,保护环境。

(2)按照轴线开发和中心城"多心开敞式"的布局结构,在浦东新区规划5个各有侧重、相对独立的综合分区并形成两条交叉的发展轴(图95-2)

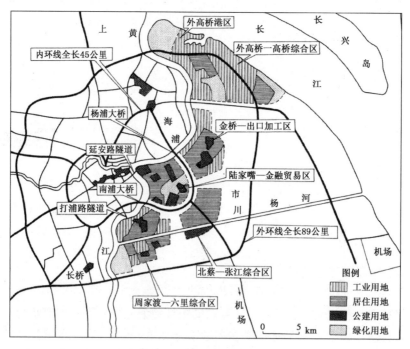

图95-2 上海浦东新区规划示意图

① 规划建设5个综合分区。根据总体布局的要求,充分考虑区位、交通条件、现状特征等,规划以下5个分区的面积、人口规模和发展重点(表95-1)。

表 95-1　上海浦东新区 5 个综合分区规划方向

分区名称	位置	面积/km²	规划居住人口/万人	重点发展方向与功能
陆家嘴—花木区	与浦西外滩隔江相望	28	35	金融、贸易、对外服务、房地产、信息咨询中心、新型高级住宅区、文化博览中心、新市政中心
外高桥—高桥区	浦东新区北端	74	32	现代化港区、保税区、自由贸易加工区、修造船基地、电厂、东海油田后勤基地及备用地
庆宁寺—金桥区	浦东新区中段	31	45	出口加工、机械、电纺、仪表等
周家渡—六里区	浦东新区南端	39	43	以钢铁、建材为主的原材料工业区，浦西工业疏解主要接纳区
北蔡—张江区	陆家嘴—花木区的东南侧	31	45	高科技—教育园区，高新技术产业、计算机软件、精密医疗器材等

对应于上述 5 个分区的发展，按照有利生产、方便生活的原则，相应设置从市级至各小区级的公共活动中心，及为生产、生活服务的公共设施。各区之间规划有包括文化休憩公园、体育公园和隔离绿地为特色的绿色空间，为浦东新区创造良好的生态环境。

② 形成东西和南北两条交叉的发展轴带。一条是以陆家嘴为中心，沿黄浦江两岸南北延伸发展的主轴带；另一条是由陆家嘴向东，经花木、北蔡—张江直至规划中的上海第二国际机场的东西向发展的支轴带。两条轴带交汇于陆家嘴，以此为中心，将 5 个综合分区联系在一起，构成浦东新区"人"字形布局结构框架。

浦东新区地域广阔，城市化建设耗资巨大，必须分步实施。近期在陆家嘴、金桥和外高桥 3 个重点区域先行起步，尽快形成开发气候，滚动发展。

(3) 基础设施先行，创造良好的投资环境

基础设施是城市经济、社会发展的前提，是现代化城市的重要标志之一，也是吸引投资的关键，必须先行建设。

① 集中力量，抓好交通规划与建设。其基本思路是(浦)东(浦)西相连，南北贯通，海陆空并举，立体成网，城乡一体，远近结合，统一规划，分步实施。

浦东新区作为上海市区的组成部分，在规划中必须考虑与浦西组成完整的交通系统。

第一，要解决好过江交通问题。除现有的两条越江隧道、数十条轮渡和车渡外，南浦大桥已建成通车，杨浦大桥也已开工建设，近期还要建设通往市中心的地铁及若干条车、轮渡，最终将形成包括大桥、隧道、车渡、客渡、地铁等多种方式相互配合的越江交通体系。

第二，逐步建设作为上海市交通网骨架，联结浦东和浦西，沟通市区与郊区，辐射长江三角洲的内环线和外环线两条快速机动车专用道。内环线在浦西主要为高架机动车道，全长 45 km，形成由南浦和杨浦两座大桥相接，包括浦西、浦东在内，面积约 120 km²（其中浦东 28 km²）的中心城区新格局；外环线全长 89 km，将作为上海市城市发展的最终控制范围。环内面积 610 km²，大体相当于新加坡的总面积。浦东新区的近期道路建设主要是拓宽杨高路、江海路、海徐路，即内环线浦东段，总长约 40 km，建成后将大大改善浦东的交通状况，推

动开发、开放。

第三,在港口方面,将在外高桥港区规划建设数十个万吨级泊位,最终形成年吞吐 2 600 万 t 的能力。与此同时,创造条件调整黄浦江岸线的利用结构,改善沿江地带的环境。近期将在外高桥港区先建 4 座顺岸式 2 万 t 级码头,新增吞吐能力 240 万 t/a。

此外,在浦东新区将规划建设上海第二国际机场及由金卫铁路接轨、通达外高桥港区的铁路专用线等。

② 相应地搞好配套的市政设施规划建设。为尽快改善浦东新区的投资环境,应加紧进行市政设施建设。按照规划,近期将重点建设 120 万 kW 的外高桥电厂,日供水 20 万 t 的凌桥水厂,浦东煤气二期工程;加紧建设为治理浦西老市区和浦东新区污水排放的合流污水排放工程;通信工程也要加紧建设,5 年内净增电话 5 万～10 万部。

[刘君德. 初评浦东开发与上海及长江三角洲区域经济发展(上)[C]//杨汝万. 中国城市与区域发展:展望 21 世纪. 香港:香港中文大学香港亚太研究所,1989:229-241]

解读:20 世纪 90 年代初期,许多人(包括一些学者)对浦东开发、开放的缘由还不甚了解,本文重点介绍了浦东开发、开放的由来与决策进程、开发的基本条件(现状)和规划的设想,重点是新区的功能定位和空间规划布局。

注释
① 轻型轨道铁路,长 13.85 km,1957 年拆除改建为公路。
② 轻型轨道铁路,长 35.35 km,1975 年拆除。

96 浦东开发与上海及长三角的发展

背景:同第95篇。

96.1 浦东开发与上海经济振兴

上海,作为全国最重要的工业基地,最大的港口和贸易中心,重要的金融、信息和科技文化中心,在中国经济建设中具有举足轻重的地位。1990年上海的工业产值占全国的1/13,工业经济效益在全国一直处于领先地位。商品外贸出口值和财政收入占全国的1/10,港口货物吞吐量占全国沿海港口货物吞吐总量的1/3。几十年来,上海为国家经济建设作出了巨大贡献,在人力、财力、物力、技术等方面为内地建设提供了巨大支持,仅支内职工即达100多万人。

然而由于历史的原因,主要是传统经济体制及重内地、轻沿海,重生产、轻生活等指导思想的某些失误,使上海这个多功能中心城市的作用未能充分发挥,且在发展中面临着种种困惑,在全国的地位逐渐下降。

96.1.1 上海面临的主要问题

(1) 产业结构不协调,第三产业发展严重滞后

众所周知,上海历史上曾是远东重要的金融、贸易中心,港口城市,第三产业相当发达。据1947年资料,上海有银行142家,信托公司13家,钱庄79家,集中了大量的货币资本,控制着全国的经济命脉。1949年从商人员居各行业之首,批发商业占全国的1/3。1952年,上海的三大产业中,第三产业占41.7%;以后则不断萎缩,"文化大革命"期间降到最低点;改革开放以来逐步回升,1990年已占30.8%(表96-1)。然而,这个产业结构与作为全国最大的经济中心城市的地位很不相称,不仅大大低于发达国家大城市的水平(一般第三产业占70%左右),而且也低于中国沿海许多开放城市,如厦门等。第三产业的萎缩,使流通不畅,又反过来制约经济发展和城市功能的充分发挥。

表 96-1 上海三次产业结构演变(1952—1990年)　　　　单位:%

	1952年	1957年	1972年	1978年	1980年	1985年	1989年	1990年
国民生产总值	100.0	100.0	100.0	100.0	100.0	100.0	100.0	100.0
第一产业	5.9	5左右	5左右	4.0	3.2	4.2	4.3	4.4
第二产业	52.4	58左右	78左右	77.4	75.7	69.8	66.9	64.8
第三产业	41.7	37.3	17.3	18.6	21.1	26.0	28.8	30.8

(2) 工业发展速度相对缓慢,效益下降

长期以来,上海的工业一直居全国之首,但 20 世纪 80 年代中期以来,上海的工业地位逐渐下降(表 96-2),1989 年已退居至第五位,工业效益也连续几年出现滑坡。产生这种情况的原因,除原材料、能源涨价等直接原因之外,就上海工业本身来说,主要是工业结构不协调,布局也欠合理。

表 96-2 全国主要省市工业产值位次变化

	上海	江苏	山东	广东	辽宁	浙江	四川	注
1984 年	1	2	4	6	3	8	5	第七位是湖北
1989 年	5	1	2	3	4	6	7	—

上海目前的工业仍以劳动密集型和资金密集型的传统工业为主,约占 80%,技术密集型工业只占 20%左右;工业产品标准达到国际水平的不足 10%;80%以上是面向国内市场和本地市场,直接和间接出口的产值不足 20%。这一结构使上海工业的传统优势在国内外市场激烈的竞争中逐渐丧失,上海工业与发达国家的差距拉大,而与全国其他省市的差距则在缩小。

(3) 工业空间布局欠合理

40 多年来,上海的工业布局虽然经历过多次改造,在郊区先后开辟了八大新兴工业区,但由于城市地域不断向外扩展,实际上大部分工业仍集中分布在中心城区。据 1987 年资料,在中心城区 261 km² 范围内,工业企业达 5 600 余户,工业总用地达 53.5 km²,占到中心城区面积的 1/5 以上,而国际上大中城市一般在 5%左右。中心城区工业的高密集,导致上海市区面临严重的"空间危机"。不仅企业用地十分紧张,无法发展,而且也制约了市区第三产业的发展,市民的住房紧张状况难以解决,并带来市区的严重"三废"污染。

(4) 城市的基础设施十分落后

首先是交通运输的矛盾十分尖锐。上海是具有 1 200 多万常住人口和 200 多万流动人口的特大城市,市区人口密度高达 25 174 人/km²[①]。对外交通运力不足,海陆空运输都很紧张。市区人均道路面积只有 2 m²,不到国内外其他大城市的一半。全市现有机动车 21 万辆,而自行车却高达 680 多万辆。解决上海的交通问题难度很大。上海的电话普及率与发达国家、地区相比差距很大,甚至不及印度的一些大城市。此外在供电、供水、下水道、煤气等公用事业方面也存在许多矛盾,欠账很多。所有这些都已严重影响上海的投资环境和市民的生活环境,成为制约上海城市功能发挥的主要因素之一。

(5) 最大的问题是开放度不足

改革开放十年来,上海吸收外资、吸引技术、建设开发区和扩大贸易出口等方面都取得了不小的成绩,但总的看来,与沿海其他省区相比,尤其是与华南的省份相比,开放度仍较低。外贸出口商品总额连续多年徘徊,近几年虽增长较快,但在全国的地位呈下降趋势(表 96-3)。

开放度的不足,不仅直接影响了上海外向型经济的发展,而且使人们的观念陈旧,成为经济振兴的一种思想障碍,给改革带来阻力。它与旧的体制一样,深刻影响着上海经济的发展。

表 96-3 上海市外贸出口商品总额增长(亿美元)及在全国的比重(1978—1989 年)

单位:%

	1978 年	1979 年	1980 年	1981 年	1982 年	1983 年
出口总额	28.93	36.75	42.66	38.07	36.05	36.48
占全国比重	29.70	26.90	23.50	17.30	16.20	16.40
	1984 年	1985 年	1986 年	1987 年	1988 年	1989 年
出口总额	35.87	33.61	35.82	41.60	46.05	50.32
占全国比重	13.70	12.30	11.60	10.50	9.70	9.60

96.1.2 以浦东开发为契机,振兴上海经济

重振上海经济的唯一出路在于扩大开放,深化改革。在 20 世纪 90 年代,必须抓住浦东新区开发、开放的有利时机,以此为突破口,带动整个上海的开放、改革和振兴,逐步把上海建成开放型、多功能、产业结构合理、科学技术先进、高度文明的现代化城市。

(1) 以扩大开放带动

浦东新区建设将实行开发区的一系列优惠政策和某些特殊政策,尤其是建立保税区和开放第三产业的政策。这是浦东扩大开放度的重要标志,也是建设新区的重要有利条件。对利用外资、引进先进的科学技术和管理方法将起十分重要的作用,无疑对带动全市开放度的扩大是有重要意义的。有利于冲破旧体制的束缚,加快改革的步伐,使浦西与浦东形成相互衔接的态势。通过以浦东外高桥保税区为核心,逐步向全市扩散推广的多层次的开放格局,最终实现浦东浦西的一体化,使全市形成外向型经济为主体的经济格局。

(2) 以深化改革带动

随着开放政策的积极推行,浦东地区在贯彻实行计划经济与市场调节相结合过程中,市场经济成分将逐步增加,其经济运行与国际市场逐步接轨,物价、工资、劳务价格将逐步放开,从而极大地冲击浦西现有的经济体制,加快改革步伐,使浦西与浦东的政策相互衔接,积极推进全市经济的发展。

(3) 以产业发展带动

浦东产业的发展重点将是金融、商贸、信息、服务等第三产业和以高新技术和出口为主的第二产业。这与全市产业结构调整的方向、目标相一致。浦东二、三产业的发展不仅将使全市的产业结构得到改变,而且必然带动浦西相关产业的改造、发展。如可以采取"前店后厂",即浦东开"店"浦西办厂的一条龙生产,以及在浦西生产零部件、协作件,在浦东进行总装配等模式。通过产业组织这一纽带,带动全市的产业向外向化、出口型、集约型方向转变,以浦东新区先进的技术、设备、管理带动浦西产业结构、产品结构及经营管理方式的根本性改造,使上海的产业不断向高度化演进。

(4) 以基础设施建设带动

在浦东开发的启动阶段,基础设施建设是重点。规划在近期安排的十大建设工程建成后,将使浦东的投资环境得到较大改善。这不仅为浦东在第二阶段实行重点开发提供了前

期硬件,而且可以带动浦西投资环境的改善。如南浦和杨浦两座大桥的建设对黄浦江两岸的发展都是有利的;由两座大桥相连的高架内环路的建设,全长 47.66 km,其中浦西部分 29.2 km,建成后对浦东的开发和开放、对于缓解上海市交通以及加强同外省市的联系都将起到重要作用。

(5) 以土地优势的吸引带动

世界城市发展的规律表明,大城市发展到一定阶段,将会在城市的核心部分出现商业发达、金融集中的中心区,而上海目前的中心区(即内环区)土地十分拥挤,工业用地占比过大,严重制约了中心区以商业、金融为主导的第三产业的发展,也难以充分发挥这块黄金宝地的级差效益。以黄浦区为例,据调查,该区商业用地每平方米提供零售营业的利税可达 5 086 元,而工业用地每平方米提供的利税仅为 256 元,相差达 20 倍。"疏解、撤离"是提高中心城区级差效益,发挥中心城区应有功能的主要途径。与浦西只有一江之隔的浦东,有着巨大的土地空间优势,可以为浦西中心区的疏解提供极好的空间。同时,浦东优惠的政策,良好的居住和生活环境,浦东建设的前景等,对浦西中心区产业和人口的疏解很有吸引力。应抓住这一有利时机,搬迁部分产业和居民到浦东安家落户,以加速浦西产业结构与布局的调整、改造及过密人口的疏解,充分发挥中心城区应有的功能。

综上所述,把握和充分利用浦东开发开放的机遇,借助浦东开发开放东风,推进浦西的开放、改革,是振兴大上海的关键之举。

96.2 浦东开发与长江三角洲区域经济发展

96.2.1 长江三角洲面临严峻的经济环境,浦东开发带来了机遇

长江三角洲地区,行政区划上包括上海市、江苏省的苏州、无锡、常州、镇江、南京、南通、扬州和浙江省的杭州、嘉兴、湖州、宁波、绍兴、舟山共 14 个市,面积约 10 万 km²,人口约 7 000 万,分别占全国的 1% 和 6.5%。近代长江三角洲以上海为核心,诸多城市如众星拱月,相互紧密联系,共同构成中国工业、交通、内外贸、金融和科技文化比较发达的区域,如今仍是全国经济最发达的地区。从其战略位置看,长江三角洲处于中国中部长江入海交汇处,在经济上处于对内对外两个辐射的枢纽地位。然而,20 世纪 90 年代在国内外激烈竞争的经济环境中,长江三角洲又处于一个相对不利的地位。

从亚太地区的资本投向看,近年来呈现南北分流的倾向。其南翼多投向泰国、马来西亚、印尼、菲律宾等东盟国家及印支半岛(包括越南);北翼主要投向包括俄罗斯远东、朝鲜半岛及中国的辽东半岛和山东半岛。在国内,则主要投向广东(珠江三角洲)、海南、福建等省。从改革开放十年来沿海地带经济发展的趋势看,南北两翼(尤其是广东、福建和山东、辽宁等)外向型经济发展的速度相对较快,从而对长江三角洲外向型经济的发展构成了南北夹击之势。广东省在 1985 年至 1989 年间,实际利用外资达 80 多亿元,占全国同期的 20%,超过沪苏浙皖四省市之总和;福建省充分利用台资、侨资 5 年实际利用外资已居全国第三,仅次于广东和上海;北部的山东省改革开放以来经济发展迅速,1990 年外贸出口已达 35 亿美元,列苏浙皖之前;辽宁的实际利用外资也已超过苏浙皖三省。由此可见,长江三角洲的外向型

经济发展面临着外部环境的挑战。

从长江三角洲自身发展状况分析,其内部正出现离心倾向,相互间的竞争导致行政垄断,正在抵消三角洲区域经济发展的整体效益。长江三角洲地区同为长江冲积平原,同饮太湖水,同属吴文化区,在经济上更是同兴衰、共命运,在长期的分工合作中,成为亚洲东部太平洋沿岸经济最发达的地区之一。然而近几十年来,由于传统的计划经济体制的条块分割,加上地方行政功利主义思想的强烈影响,使离心倾向出现并不断加剧。各省市以行政地域为界,闭门搞经济,虽然各地都以较快的速度建立了比较完整的地方经济体系,但也带来经济结构雷同化、产业布局分散化、经济效益下降等许多比较严重的后果。

表96-4显示,机械、纺织均居三省市之一、二位,结构相同。从出口商品的结构看,三省市也几乎完全相同(表96-5),其排序为轻纺产品、重工业产品、农副产品。其中轻纺产品的比重都在60%以上,大多属原料型、劳动密集型和粗加工型的次初级产品。原材料消耗高、效益低,带动能力小,国际市场竞争能力弱。

表96-4 上海、江苏、浙江六大工业结构位次

	第1位/%	第2位/%	第3位/%	第4位/%	第5位/%	第6位/%
上海市	机械(13.1)	纺织(12.1)	冶金(10.2)	电子及通信设备制造(6.8)	化工(6.7)	电气及器材(6.6)
江苏省	纺织(21.2)	机械(12.5)	化工(8.3)	电子及通信设备制造(7.9)	电气及器材(5.7)	食品(5.0)
浙江省	纺织(22.4)	机械(10.9)	电气及器材(7.0)	食品(5.4)	化工(5.0)	建材(4.3)

注:上海为1990年资料;江苏、浙江两省为1989年资料。

表96-5 上海、江苏、浙江出口商品结构位次(1988年)

	第1位/%	第2位/%	第3位/%
上海市	轻纺产品(61.9)	重工业产品(21.8)	农副产品(16.3)
江苏省	轻纺产品(69.5)	重工业产品(15.3)	农副产品(15.2)
浙江省	轻纺产品(64.6)	重工业产品(18.5)	农副产品(16.9)

由于行政分权和财政包干,各地不是根据自身的比较优势发展主导产业,而是求全发展、自成体系,导致投资分散,规模小型,布局零乱。主要工业产品地区分布的集中度降低,分散度提高。20世纪70年代末80年代初,各地竞相发展效益较好的机电、耐用消费品及纺织、服装、日用工业品、食品等行业;80年代末,由于加工工业发展受到能源、原材料短缺,交通紧张的困扰,各地又普遍出现电站热、钢铁热、石油加工热和港口热。为了自身的利益,互相争项目、争投资、争市场、争原料、争出口的现象相当普遍。这种经济分离化的倾向激化了地区之间的经济摩擦,相互封锁,削弱了地区之间的工业合作,使产业关联度下降,区域之间难以形成统一市场,最终导致区域经济整体实力和效益的削弱。20世纪80年代后期以来,以上海为核心的长江三角洲的总体经济实力在缓慢下降,尤其是外向型经济发展十分艰难。

上海浦东开发开放为20世纪90年代长江三角洲地区的经济发展带来共同机遇。以浦东开发开放为契机和动力,重聚向心力,构建以外向型经济为主体的经济共同体,充分发挥

城市—区域整体效应和既有的经济技术优势,是重振长江三角洲地区经济的唯一出路。

20世纪80年代,深圳特区的建设带动了以广州为中心,以"四小虎"为先导的珠江三角洲的区域经济发展。如今,珠江三角洲已经提前实现了工农业产值翻两番的目标,并成为广东经济的闪光点。20世纪90年代,国家将"有计划、有步骤地重点搞好上海浦东新区的开发和开放",其意义不仅在于振兴上海本身,使其尽快建设成为外向型、多功能、现代化的国际大都市和太平洋西岸最大的经济中心之一;而且由于浦东开发的辐射效应,必将带动长江三角洲乃至整个长江流域经济的共同繁荣。

96.2.2 以浦东为发展极,以上海为中心,形成3条发展轴带,组建长江三角洲区域经济共同体

近代史上,上海作为一个发展极,曾带动过长江三角洲地区的经济发展。但今日之上海,仅仅是长江三角洲地区增长中心之一,已难以带动整个三角洲地区以外向型经济为主体的经济发展。浦东,是长江三角洲发展极的唯一选择。浦东新区面积大,战略位置重要,它面向太平洋,背靠大上海,有长江流域的广阔腹地。浦东作为20世纪90年代开发、开放的重点,有条件成为长江三角洲经济发展的窗口和龙头。因此,第一,要通过制度创新、扩大开放度、建立创新企业、提高对内政策的优惠度等措施,加快建设浦东。要冲破地缘关系的束缚,克服行政区划体制的壁垒,确立"中华牌"思想和全局观念,区域共建以市场调节为主、能与国际经济接轨的新经济体制,既要充分利用各种优惠政策,大力吸引外资投入,也要提高对内政策的优惠度,以吸引长江三角洲地区及长江流域各省区积极参与浦东开发。

第二,在浦东发展极的推动下,形成以上海为中心的沿路、沿江、沿海3条发展轴带(图96-1)。一是沪宁、沪杭与杭甬铁路发展轴。以上海为中心,西联江苏的苏州、无锡、常州、镇江、南京,南联浙江的嘉兴、杭州、绍兴、宁波等中心城市,是目前和相当长一段时期内长江三角洲区域经济重心所在。应以浦东开发开放为共同机遇,大力调整产业结构和布局,区内实行合理分工与协作,优势互补,打破行政区划,组建企业集团,提高区域内的整体效益。二是沿江发展轴。以上海港为龙头,沿长江而上,依托南通、张家港、江阴、镇江、南京和扬州等港口城市群的优势,大力发展对外贸易,合理布局大运量的原材料、动力工业,综合开发长江。从长远看,是有巨大潜力的发展轴带。三是沿海发展轴。以上海港(包括浦东新区拟建的外高桥港区)为中心,包括江苏的南通港、连云港,浙江的宁波港、乍浦港、舟山港和温州港等,港城一体,建港条件优越,吞吐能力大,是长江三角洲外向型经济发展的前沿阵地,是区内实力最强的中心城市群。应依托浦东发展,充分发挥上海中心城市的辐射作用和扩散效应,与各中心城市一起,组成区域经济共同体,带动长江三角洲经济的共同振兴。近几年来,在共同发展外向型经济的向心力驱动下,长江流域各省市已初步形成以上海为龙头,以南京、武汉、重庆等为片区,有数十个地市加入的区域经济协作格局。浦东的开发开放将进一步推动这一区域经济联合向高层次发展。一年多来,浦东开发的辐射效应已经引起长江流域的一系列联动,正在积极影响和带动长江三角洲乃至长江流域经济的发展。以长江三角洲为主体的流域内各省区也纷纷前往浦东,以各种方式积极参与开发。展望21世纪,上海浦东开发将成为中国进一步扩大开放的象征和重要基地。以浦东为增长极,以上海为核心的长江三角洲必将成为中国经济发展的又一个重要闪光点。

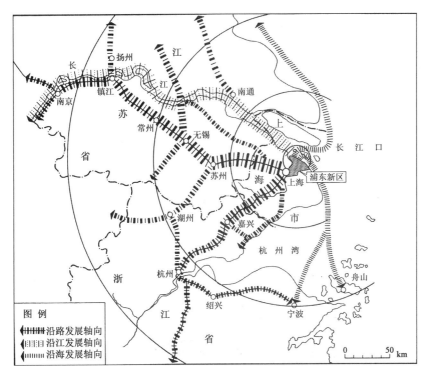

图 96-1 长江三角洲地区发展轴示意图

[刘君德.初评浦东开发与上海及长江三角洲区域经济发展(下)[C]//杨汝万.中国城市与区域发展:展望21世纪.香港:香港中文大学香港亚太研究所,1989:241-256]

解读:本篇重点探讨了浦东开发、开放与上海市发展和长江三角洲区域经济发展的关系。沿路、沿江、沿海3条发展轴带将是长江三角洲城市—区域经济的基本空间格局;作者提出的组建长江三角洲区域经济共同体的重要设想具有一定的预见性。

注释

① 不含宝山区。

参考文献

[1] 李懋欢.上海浦东新区1991年统计年报[M].上海:上海科学技术出版社,1991.
[2] 上海社会科学联合会,上海市计委经济研究所.1990.浦东开发指南[M].上海:上海社会科学出版社,1990.
[3] 于品浩.浦东开发,要着眼于提高上海的综合功能[J].城市经济研究,1988(8/9):18-22.
[4] 邵煜栋,等.浦东,充满希望的新区[N].人民日报(海外版),1991-10-01.
[5] 高汝熹,等.长江三角洲经济特点分析及其发展设想[C]//上海市城市经济学会.城市经济论文集.上海:上海市城市经济学会,1990.

[6] 陆国元,等.浦东开发的辐射效应[N].人民日报(海外版),1991-10-01.
[7] 国家统计局.沿海经济开放区经济研究和统计资料[M].北京:中国统计出版社,1989.
[8] 陈毛弟.跨世纪的宏图大业[N].人民日报(海外版),1991-10-01.
[9] 程潞,严重敏,杨万钟.上海市经济地理[M].上海:新华出版社,1988.
[10] 严重敏,汤建中.上海地区城镇体系布局新构想[J].城市经济研究,1989(7):21-28.

97 "九七"回归后的沪、港经济关系

背景:1984年12月19日中英签署《关于香港问题的联合声明》,确定1997年7月1日香港结束英国殖民统治回归祖国,这是值得全体中国人民庆贺的大事。然而,国际社会还存在另外一种声音,即担忧中国政府是否有能力确保香港回归中国后能够继续保持繁荣和稳定。针对这一问题,1996年7月,即香港回归祖国的前一年,《地理学报》编辑部约我撰写一篇稿件,谈谈对香港回归祖国后发展前景的看法,我深感责任重大,义不容辞。恰逢我的博士后宋迎昌从中国科学院地理研究所博士毕业进站,我和他谈了我的想法和具体撰稿思路,他欣然应允执笔写作。初稿完成后,经过修改和完善,以合作的名义将稿件呈送给《地理学报》编辑部。本文刊发在该刊1997年的增刊版。

1997年7月1日,香港将结束英国的殖民统治,回到祖国的怀抱。"九七"以后,香港能否继续保持繁荣与稳定,已引起了各方面的关注。最近几年,内地不少城市提出了雄心勃勃的现代化和国际化目标,特别是20世纪90年代上海的重新崛起,引起了一些海外人士的忧虑:"九七"以后,上海会不会取代香港现有的国际大都市地位,进而使香港衰落下去?在香港地区,也出现了资金、人才向加拿大、美国、澳大利亚转移的迹象[1],本文拟对此问题谈一点粗浅的看法。

97.1 历史轨迹:沪、港地位的变化

沪、港分别位于长江、珠江出海口的一侧,二者都拥有建设成世界级优良港口的天然优势。鸦片战争以前,清政府实行闭关锁国的内向发展政策,沪、港在全国的地位并不突出。清政府在鸦片战争中战败以后,于1842年将香港割让给英国,1843年上海被迫开埠,沪、港成了帝国主义掠夺我国资源、倾销商品的"桥头堡",带有浓厚的殖民地、半殖民地色彩。各地破产的农民和手工业者纷纷涌入,促使沪、港人口急剧增长。

上海1810年有人口41万,1852年增至54.4万,1865年69.2万,其中华界54.3万、租界14.9万。20世纪初,上海工业开始发展,人口加速增长。1915年人口突破200万,1927年设立特别市,1936年人口381万(为当时世界第7大城市),1942年392万,1949年502.9万[2]。

朱剑如、杨汝万指出,香港1841年人口仅7 500人,1898年增至34万,1911年人口50万左右。二战初期,内地难民逃港很多,1941年人口达164万。日军占领香港期间,人口减至60万,1946年人口恢复至155万。新中国成立前后,又形成了内地居民入港的高潮,1950年人口增至224万[3]。

上海开埠时进出口贸易额只有315万海关两[4]。自19世纪60年代开始,由于长江和北方一些口岸先后对外开放,上海潜在的优势(位于长江出海口,地理位置适中)逐步显露出来,并很快发展成为华中、华东地区对外贸易转运中心和国际贸易中心。1905年与1908年,

沪杭铁路、沪宁铁路相继通车,进一步密切了上海与长江三角洲的经济联系。20世纪30年代,上海进出口贸易额占全国比重最高年份达65%,各类进出口商行共2 000多家,已与近100个国家和地区,300多个港口有经济联系[5]。随着帝国主义的经济入侵和内外贸易的迅速发展,近代工商业逐渐形成。据1933年统计,当时上海工业资本总额占全国40%,现代产业工人占43%,工业产值占全国1/2[5]。钱庄、外资银行、华资银行也迅速发展,1935年,上海已有外资银行28家;1937年华资银行80多家,其中总行设在上海的52家;上海证券和商品交易所多达140余家[5]。上海是全国中外银行数量最多、实力最强的金融中心,控制着全国金融、汇兑、金银买卖以及外贸进出口等业务,是当时远东地区最大的金融、贸易、工商业和运输中心。

与上海相比,香港只能算作一个地区性的港口城市。20世纪50年代以前,香港一直以转口贸易为主。1950年香港GDP仅60×10^8港元,经济发展水平不及上海[6]。1937年和1949年的内地居民入港促使人才、资金、技术、设备等流入香港,为香港日后的发展和繁荣奠定了基础。新中国成立后,上海和香港走上了不同的发展道路。由于西方国家的经济封锁和指导思想上的片面认识("变消费城市为生产城市"),上海逐渐走上了内向发展道路,第三产业日益萎缩。汇丰和渣打银行由上海迁入香港,并主宰了香港的金融业。上海失去了远东最大国际金融、贸易中心的地位,仅仅成为计划经济体制下全国最大的工商业城市。香港在20世纪50年代参加了西方对内地的经济封锁,导致转口贸易锐减,只好在发展工业上寻找出路。由内地特别是上海转移来的人才、资金、技术、设备等是香港工业化成功的基础,执行自由港的政策和西方发达国家给予的普惠制待遇也是工业化成功的重要因素。从20世纪70年代起,香港经济结构转型,大力发展高附加值的工业和金融、信息服务、不动产等高级第三产业。进入20世纪80年代,由于内地实行改革开放政策,香港地区的制造业逐渐向珠江三角洲转移,金融、贸易、信息服务等为核心的第三产业的国际化程度明显提高,香港已经由一个普通的地区性城市发展成为世界著名的国际性大都市。1987年,香港GNP 429.7×10^8 美元,人均7 673美元,同期上海只有146.6×10^8 美元,人均1 174美元[7],香港的国际地位和影响力远远超过了上海。1993年香港进出口贸易额$2 761 \times 10^8$ 美元,是世界最大的贸易中心城市[2]。香港也是世界上重要的国际金融中心,是世界上除伦敦、纽约外,外国银行最多的城市。香港与伦敦、苏黎世并称为世界三大黄金市场;日外汇交易额达600×10^8 美元,居世界第6位;设在香港的海外公司地区总部近600家;还是亚太地区仅次于夏威夷的第2大旅游中心,1993年旅游收入达583×10^8 港元(合75×10^8 美元)[2]。

97.2　重温旧梦:20世纪90年代上海的重新崛起

20世纪80年代内地的改革开放是从东南沿海开始的,广东特别是珠江三角洲地区,借助于邻近港澳的优势,大力发展外向型经济,取得了超高速经济增长的业绩。长江三角洲地区依靠农村改革释放的潜力大力发展乡镇企业,也取得了相当成功的经济增长。处于长江三角洲地区核心地位的上海,长期以来受计划经济体制的束缚,改革不力,开放不足,加上城市基础设施严重滞后、产业结构严重老化,受到了苏南和宁绍地区的激烈竞争,成为20世纪80年代区域经济增长的低谷。

进入20世纪90年代,世界经济的区域集团化进程加速,和平与发展成为世界主流。亚太地区经济的持续高速增长,吸引了国际社会的广泛关注。中国地处经济高速增长的亚太地区,国土辽阔、人口众多、市场潜力巨大,更是世人注目的焦点。20世纪30年代就曾经是远东地区最大金融、贸易中心的上海,地处长江经济带和沿海经济带的交汇点上,具有不可低估的经济增长潜力。随着中国全方位对外开放格局逐步形成,建立社会主义市场经济体制的改革不断深化,中国正在成为世界经济中新的增长极。可以说,有利于上海重新崛起的国际国内环境基本上已经具备。

1992年10月召开的中共十四大明确提出"以上海浦东开发、开放为龙头,进一步开放长江沿岸城市,尽快把上海建成国际经济、金融、贸易中心之一,带动长江三角洲和整个长江流域地区经济的新飞跃"的战略目标。上海的重新崛起,不仅是世界经济向亚太地区转移的客观趋势,也是21世纪中国经济全面腾飞的客观要求。上海建成"一个龙头、三个中心"的优势是:①区位优势,上海位于沿海和沿长江两大经济带的交汇点,拥有优良的海港和发达的长江三角洲经济区域作为其直接腹地;②产业基础好,是全国最大的工商业城市;③科技人才密集,有利于高新技术产业和信息密集产业的发展;④浦东新区实行特殊的优惠政策,有利于上海及长江三角洲地区与国际市场的接轨;⑤知名度高,早在20世纪30年代,作为远东地区最大金融、贸易中心的上海就驰名于世;⑥中央及上海市政府的支持,各级政府已充分认识到上海重新崛起的重大意义。

上海以浦东开发为契机,加速向国际经济、金融、贸易中心地位迈进的步伐,取得了辉煌的成就。早在1984年,上海港就成为世界上亿吨级大港,1990年吞吐量居世界第6位,占我国沿海港口总吞吐量的28.9%[8]。1993年上海口岸进出口贸易额为$309.3×10^8$美元,占全国的15.8%[5]。1994年上海港集装箱吞吐量占全国的28%,同世界上的160多个国家和地区的400多个港口和600多家航运公司建立了航运和贸易往来[9]。浦东国际机场已列入浦东"九五"期间十大工程项目之中[10]。上海是内地开设外资金融机构最多的城市,目前在上海已开办110多家外资金融机构和代办处,世界上排名前50位的国际著名大金融机构大多已在上海落户。上海拥有内地最大的证券交易市场,上市品种已达188个,其中股票123个,市价总值达$3\,800×10^8$元人民币,已有50多家外国金融机构进入上海证券市场。上海建立了内地唯一的外汇交易中心,并在北京、天津、广州、深圳等19个城市设立分中心。上海拥有内地最大的短期资金拆借市场,拆借的资金利率呈市场化趋势[5]。上海是国际跨国公司在中国内地投资最集中的地区,据统计,1995年世界跨国公司在沪投资的达264家,协议外资超过$30×10^8$美元,其中属世界最大100家工业公司的有37家,属世界最大50家综合服务公司的有12家[11]。

上海市政府制订了雄心勃勃的发展计划,拟于2010年基本建成国际经济、金融、贸易中心之一[7],届时GDP将达到$2×10^{12}$元(人民币)以上,人均$12.8×10^4$元(人民币);外资金融机构及办事处达到300多家;国际跨国公司总部、地区总部及分支机构达到500多家;国内大型企业集团总部、销售机构及办事机构达到500多家;上海经济外贸依存度达到50%;证券市场年交易额占国内的80%;期货市场年交易额占国内的60%;上海港年货物吞吐量达到$2.8×10^8$ t;年航空客运量达6 000万人次,最终达1亿人次以上;电话总装机容量达1 000万门,使上海成为具有集散、生产、管理、服务和创新5大功能的国际经济中心城市。

97.3 "九七"回归：沪、港关系展望

从历史上看，上海地位的下降和香港地位的上升是因当时所处的国际环境（冷战）和执行不同的发展战略（内向和外向）、不同的经济体制（计划和市场）所致。20世纪90年代，上海的重新崛起已成为必然趋势。"九七"香港回归以后，历史会不会完全颠倒过来，上海会不会取代香港现有的国际经济、金融、贸易中心地位，而使香港衰落下去？笔者认为不会出现这种情况，二者之间不存在谁要取代谁的问题，其依据是：

(1) 从世界发展形势看，和平与发展是当今世界的主流，世界经济增长的重心正在向亚太地区转移，这个地区必然会出现许多国际性大都市。中国幅员广大、人口众多，涌现出来的国际性大都市绝不会只限于香港，上海和北京等城市也会加入此列。而且，中国经济的高速增长，客观上也需要更多的国际性大都市的带动。

(2) 从区域基础看，沪、港之间存在着不同的腹地范围，香港以珠江三角洲为直接腹地，上海以长江三角洲为直接腹地，因而二者之间不存在谁取代谁的问题。在间接腹地的争夺上，二者之间不可避免地会存在着竞争，但不会妨碍双方的发展和繁荣。

(3) 从国际经验看，香港和新加坡同处于发展国际金融业的有利区位（与伦敦、纽约一起可实现24小时不间断运营），二者之间竞争了20多年，结果谁也没有取代谁[7]。再以美国为例，美国的金融中心在纽约，期货中心在芝加哥，航运中心在西雅图，高科技中心在旧金山（硅谷）。沪、港之间有不同的优势，经济互补性很强[12]，香港代替不了上海，上海也取代不了香港。

(4) 从发展基础看，上海与香港之间尚存在着较大的差距，香港有完善的市场经济体系，又有《香港特别行政区基本法》的保证；而上海依然受"行政区经济"运行体制的束缚，地区封锁仍十分严重，影响了上海集聚和扩散的能力。还有国内专业银行商业化改造尚未完成，工商、农业、中国、建设4大银行总部均设在北京，各总行的结算都在北京进行，大宗的业务交易行为也在北京完成，影响了上海金融中心的形成。上海第三产业发展滞后，工业比重过高，1994年第三产业占GDP的39.6%，而香港早已达到60%以上。上海金融专业人才严重短缺，现有的国际金融中心，金融专业人才占从业人员的比重，伦敦为11.5%，纽约为11.5%，香港达14%，而上海1990年仅为0.7%[5]，上海要达到香港的现有水平，尚有很长的路要走，难以取代香港的地位。

(5) 从发展趋势看，"九七"以后香港的繁荣与稳定取决于内地的繁荣与发展。20世纪80年代中期，国外某些报章曾刊发了不少评论，说是香港要完了。但事实上，1990—1995年，香港的经济翻了一番[2]，这与内地的改革开放给香港带来的机会和动力有很大的关系。将来，上海的国际地位提高了，内地的经济发展了，只会对香港有益而不会有害。因此，香港对上海的支持，也有利于香港自身的繁荣与稳定。

(6) 从中国政府的立场与态度来看，实现繁荣与稳定既是中国的国家政策，也是国际、国内经济发展的客观需求。中国政府会尽力保持香港地区的繁荣与稳定。

"九七"以后，沪、港之间的关系是竞争与合作并存，竞争是合作的基础，合作是竞争的必然结果。上海建成国际经济、金融、贸易中心，在短期内不可避免地会造成香港转口贸易额的下降，会吸引跨国公司亚太地区总部由香港迁入上海（近来报刊不断有这方面的报道），但

这种竞争不会损害香港的利益;恰恰相反,这种竞争是双方发展和繁荣的动力,是双方分工与合作的基础。由于沪、港之间存在着不同的优势,经济互补性很强,因而双方合作的前景十分广阔,主要表现在以下几方面:

(1) 工业方面

上海是中国重要的工业基地之一,工业门类齐全,技术比较先进,配套协作能力强,已能制造出许多高、精、尖重大成套设备,如 30×10^4 kW 核能发电机组、年产 200×10^4 t 炼油设备、120×10^4 t 纯氧顶吹转炉、80 万倍大型电子显微镜、万吨级远洋货轮、大型运载火箭、人造卫星、导弹等等[13],但由于长期实行计划经济,不熟悉国际市场经济体系的运作,故而开拓国际市场的能力较弱;而香港的工业门类不全,产品单一,主要生产成衣、电器、钟表、玩具等,相互配套能力很弱,且规模较小,不可能生产大型成套设备,但香港的工业一开始就以出口导向为主,开拓国际市场能力很强。因此,沪港之间在工业方面合作的余地很大,上海可以为香港的工业提供配套协作,香港则可帮助上海开拓国际市场。

(2) 高科技方面

上海教育、科研发达,目前有全日制普通高等院校 41 所,专业门类齐全,有独立的自然科学研究开发机构 229 个[5],形成了一支专业比较齐全、技术力量比较雄厚的科技队伍,并拥有一批国内外著名的科学家和学科带头人,在集成电路、红外线、原子能、超导、航天技术、材料科学等方面形成了一定的优势,但科研开发和市场需要的结合程度较低;而香港只有高等院校 7 所,人才储备明显不如上海,科研机构数量较少,大多数隶属于高等院校和企业集团,主要是应用科学和开发新产品、新项目,基础研究较为薄弱,科学创新后劲不足,但由于侧重于应用开发,因而能够及时把握国际市场的需求信息。如果沪、港双方联手,发挥上海高技术人才和香港掌握国际市场信息的优势,共同发展高新技术产业,开发高新技术产品,则对双方都有益处。

(3) 金融业方面

香港自成为英国的殖民地以后,就实行了自由竞争式的资本主义市场经济体制,至今已有 150 多年,形成了较为完善的市场运行机制:对外贸易不受管制,除个别商品外均不征收关税,实行开放外汇市场的政策,没有外汇管制,资金可以自由转移,给外资企业以国民待遇,对外资企业不歧视,对本地企业也不保护。这些政策措施为香港创造了一个宽松和有利于经商的环境,因而香港成了国际资本主义集聚的中心之一,但由于自身容量有限,难以完全吸收、消化聚集的国际资本,大量的海外资本急于寻找有利的投资场所。而上海过去长期实行计划经济,现在刚刚向社会主义市场经济体制转轨,经济运行机制和国际市场运行机制尚有许多不相适应的地方,其金融业的国际化、市场化、多元化及科技化程度均不及香港,因而上海在吸引国际资本方面难以与香港匹敌。上海要建成国际金融中心,尚有许多地方需要向香港学习。但上海及长江三角洲地区经济增长很快,客观上为香港的游资提供了众多的投资机会。如果沪、港双方能够合作,发挥香港集聚国际资本和上海及长江三角洲地区吸纳国际资本的作用,则对沪、港双方的发展和繁荣都有好处。

(4) 旅游业方面

香港并没有多少旅游资源,但凭借发达的交通通信设施、世界一流的酒店和服务管理以及自由港的优势而跻身于世界旅游名城之列,成为购物旅游、美食旅游、观光旅游和会议旅游等综合旅游城市,同时还成了内地同海外的旅游中转站。香港在旅游业方面的成功经验值得上海学习和借鉴。上海及长江三角洲地区拥有丰富的旅游资源,双方可以合作,利用香港这个旅游中转站,吸引海外游客到上海及长江三角洲地区旅游。

(5) 教育、文化方面

香港在文化上具有中、西结合的特点,许多市民通晓英语,有利于国际交流和合作,但基础教育薄弱;而上海的基础教育扎实,但在教育与市场经济的接轨和文化的国际化方面均不如香港。如果沪、港双方在教育和文化方面合作,优势互补,共同培育跨世纪的人才,则对沪、港双方的经济发展都有益处。

[刘君德,宋迎昌,武伟."九七"回归:沪、港经济的竞争与合作[J].地理学报,1997(S1):88-94]

解读:这篇论文的观点有3个方面。一是从多方面分析说明香港和上海有各自的战略地位和作用,谁也取代不了谁。二是分析比较香港和上海各自的优势,认为香港和上海存在竞合关系,竞争是合作的基础,合作是竞争的必然结果。三是香港回归祖国后一定会继续保持繁荣和稳定,国际社会的忧虑大可消除。本文发表至今 20 多年过去了,香港和上海比翼齐飞,谁也没有取代谁,谁也没有衰落,验证了本文观点的先见性和科学性。

参考文献

[1] 叶嘉安.迈向 21 世纪的香港城市发展、展望与挑战[C]//杨汝万.中国城市与区域发展:展望 21 世纪.香港:香港中文大学亚太研究所,1993:476-510.

[2] 严重敏,张务栋,汤建中.上海市[M].上海:上海人民出版社,1993.

[3] 赵善琪.香港概览[M].上海:上海人民出版社,1988:6-7.

[4] 赵青戈.长江三角洲与珠江三角洲的比较[J].上海经济,1994(1):9-11.

[5] 迈向 21 世纪的上海课题组.迈向 21 世纪的上海[M].上海:上海人民出版社,1995.

[6] 蔡来兴.国际经济中心城市的崛起[M].上海:上海人民出版社,1995.

[7] Yeung Y M, Sung Y W. Shanghai: transformation and modernization under china's open policy[M]. HongKong: The Chinese University Press, 1996.

[8] 吉建富.上海人做生意是天才——访香港贸易发展局总裁施祖祥[J].沪港经济,1996(4):8-10.

[9] 徐剑华.上海:应成为国际集装箱枢纽港[J].上海经济研究,1996(4):31-33.

[10] 周林法.浦东国际机场决策过程[J].浦东开发,1996(2):16-17.

[11] 王寿庚.在沪跨国公司已达 264 家,其中落沪浦东已逾 70 家[J].浦东开发,1995(11):14-15.

[12] 俞宗怡.沪港经贸展望[C]//上海市政府发展研究中心."香港工商业联会沪港经济发展与合作"会议文集.1996:26-27.

[13] 刘会来.香港经济发展的成功经验及对上海的启示[J].上海经济研究,1996(4):41-45.

98　西部大开发的观念、思路与举措

背景：改革开放以来，中国在经济高速发展中凸显区域差距的矛盾，并已经成为影响经济社会持续健康发展的全局性问题。2000年10月，中共十五届五中全会通过的《中共中央关于制定国民经济和社会发展第十个五年计划的建议》中，把实施西部大开发、促进地区协调发展作为一项战略任务。强调指出这是"关系地区协调发展和最终实现共同富裕""是实现第三步战略目标的重大举措"。应《世界地理研究》杂志的约稿，我写了这篇文章。

98.1　西部大开发的战略意义

支持西部地区开发建设，实现东西部的协调发展，是新中国成立以来我国区域经济发展的一条重要方针。早在20世纪50年代，毛泽东同志在《论十大关系》中就十分强调要处理好沿海与内地的关系。改革开放后，邓小平同志提出了我国现代化建设"两个大局"的战略思想。"一个大局"是"沿海地区要加快对外开放"，使这个地区"较快地发展起来"，"内地要顾全这个大局"。另"一个大局"是沿海地区"发展到一定的时候"，要"拿出更多力量来帮助内地发展"，沿海地区"也要服从这个大局"。江泽民同志也极为重视西部的开发建设，明确指出：加快开发西部地区，是全国发展的一个大战略、大思路。世纪之交，实施西部大开发战略具有重大意义。

首先，从政治社会因素看，改革开放20多年来，我国经济发展按邓小平"两个大局"的战略思想，率先实现了东部沿海地区经济的高速增长，实现了"小康"，从而确保了全国经济的快速发展。但与此同时，广大西部边疆少数民族地区发展相对较慢，东西部发展差距拉大，并有继续扩大之趋势。这种态势如不及时调整，将有可能引发社会矛盾、地区矛盾乃至民族矛盾；同时，国内外敌对势力也竭力利用这一矛盾，采取"西化""分化"的策略，企图分裂中国。因此，加快实施西部大开发战略，促进西部经济社会的发展，缩小东西差距，尽早实现沿海和内地边疆、汉族和少数民族地区的共同富裕，对于加强民族团结、保持社会稳定和保障边疆的安全具有深远的政治社会意义。

其次，从经济因素看，近年来国内有效需求不足已成为影响我国经济发展的主要制约因素，而广大的中西部蕴藏着巨大的发展空间和潜在市场。实施西部大开发战略，加快中西部发展步伐，增强其经济实力，将会有效地扩大国内需求，实现国家经济的持续增长；同时，西部大开发也有利于在更广阔的空间内进行结构调整，对于增强综合国力和国际竞争力有积极意义。

再次，从生态因素看，西部地区由于自然和人为的原因，自然环境不断恶化，荒漠化、水土流失面积不断增加，并迅速向东部推移，这不仅直接影响西部的发展，而且严重威胁东部地区的经济社会发展，而依靠西部自身的力量将难以遏制生态恶化的趋势。实施西部大开发战略就可以调动全国的力量，加大投入，采取各种措施，加强西部地区的生态建设，逐步改善西部地区的生态环境,确保全国经济社会与环境生态的协调可持续发展,从而实现现代化建设的第三步战略目标。

98.2 实施西部大开发战略的新观念

西部大开发战略是在我国改革开放20多年来,从计划经济体制向市场经济体制转轨时期实施的,是在21世纪中国即将加入WTO,融入世界经济的背景下实施的。我们要牢记新中国成立以来西部开发、三线建设的经验教训,绝不能走老路,要有新的发展观、新的发展思路和新的举措。

98.2.1 树立长期发展观,切忌一哄而上

西部大开发战略是一项宏伟的国家战略,跨世纪的系统工程,需要长期努力,可能要半个世纪。我们要吸取20世纪50年代"大跃进"的教训,防止90年代经济高速发展中出现的"开发区热""房地产热",既要充分认识西部大开发战略的重大意义,树立紧迫感,也要尊重客观规律,实事求是,树立长期发展观,切忌不顾条件,一哄而上。

98.2.2 树立市场经济观,切忌"等、靠、要"

西部地区自然条件差,交通闭塞,文化教育落后,经济基础薄弱,需要国家大规模的人、财、物投入。但西部大开发绝不是简单的"上项目",绝不是一个"钱"字就能解决问题。当务之急是转变观念,克服依赖思想,改革不适应的体制和建立一个启动内部发展的良性机制。根据市场的需求,将外部的投资机会及各种优惠政策与西部的资源优势、特色优势及经济发展中出现的问题结合起来,面向国内外市场形成发展的活力与动力。

98.2.3 树立可持续发展观,切忌短期行为

西部大开发渴望上更多的项目,渴望东部有更多的支持,这是可以理解的。但要防止搞重复建设,防止东部的污染企业搬家,防止滥垦滥伐,防止追求短期的经济效益和一时的"政绩"。特别要注意经济、社会和生态效益的有机统一,实行保护性开发。这对于西部本来就十分脆弱的生态环境来说极为重要。

98.2.4 树立人本发展观,切忌重物轻人、重经轻社

长期以来,我国在经济发展规划和建设中存在着重物轻人、重经济增长、轻社会发展的现象。东西部差距固然表现在物质经济基础和地理区位、硬件设施等发展条件上,但更重要的是表现在观念、智力、科技和管理水平等人的因素上。因此,实施西部大开发战略,必须从以物为中心转向以人为中心,全面提高人的素质;从单纯注重经济增长转向促进人类社会发展,转向全面提高城乡居民的收入水平和生活质量。

98.3 实施西部大开发战略的新思路、新举措

98.3.1 基础超前,公路为先,水为重点

西部大开发的首要任务就是要加强基础设施建设,尽快改善西部的交通、通信、水利、生态环境,为大开发创造必要的条件。国家计委已经启动的西部大开发十大工程项目都是基础设施建设或是直接为基础产业服务的项目。十大工程中6项为交通建设项目,1项直接为农业发展的项目(青海钾肥工程),另外水利、生态建设和高等教育基础设施建设各1项。从西部的实际情况看,由于多高原、山区、荒漠、草原,地形十分复杂,交通建设的重点应是公路,并与铁路、航空、管道等干线建设相连接,从而形成全国东西南北畅通的综合运输体系大格局。同时,应当指出,水是西部开发的战略性环节,要把水利建设放在特别重要的位置。干旱缺水是西北地区经济社会发展的严重制约因素;西南地区虽然不缺水,但水患水害严重,同样制约经济发展;而且西部地区的水利建设同时还影响中部和东部中下游地区的规划、建设和发展,是一个全局性的大问题。目前的主要问题是:水不足、水浪费和水污染。针对这三大问题,第一要节约用水,管好水,无论是生产或是人民生活,都要建立节水型的用水模式,采取各种措施提高水资源的利用率;第二要打破行政区划和部门界线,按流域上中下游统一规划、合理调配,实现水资源的充分、合理和永续利用;第三要从全国全局出发,实施南水北调工程;第四,水利建设要与航运开发、保护生态结合起来,综合开发利用水资源。

98.3.2 生态为本,保护性开发,可持续发展

我国的西部地区大部分为干旱地区、高寒地区、喀斯特地区和沙漠地区,自然条件差,生态环境十分脆弱,一旦遭到破坏,其恢复的难度和代价极大。其中青藏高原江河源头地区,草场退化、沙化严重;川西、藏东、滇西北森林遭滥伐,后果严重;黄土高原水土流失严重,成为生态重灾区;贵州高原大量坡地开发,加剧水土流失;蒙新风沙区土地沙漠化、次生盐渍化面积不断扩大。总之,这些地区生态环境正在不断恶化,不仅直接影响西部的建设,而且给东部和中部带来危害。因此,针对这一特殊的"区情",实施西部大开发战略,必须把生态建设放在特别重要的地位,实行西部地区的生态经济安全战略,即以"生态为本"的保护性开发战略。要吸取过去盲目开发资源、扩大耕地面积,追求短期经济增长的传统的急功近利式发展模式的教训,充分认识西部大开发在相当长时期内都具有保护性特征。应当指出,由于西部地区是我国老、少、边、穷相对集中的地区,实行保护性开发的前提条件是确保广大农民有足够的粮食供应,即实行以粮代赈政策;还要尽可能使农民在实行退耕还林、退耕还草后适当增加收入。只有这样才能防止"今天农民下山,明天又会上山"的恶性循环现象的发生。从西部的实际情况出发,实行个体承包,充分调动广大农民的积极性,退耕还林还草将会收到较好效果。

98.3.3 结构优化,科学导向,合理转移

实施西部大开发,要实行产业的结构优化战略。既要充分发挥西部地区原有的优势产

业或相对优势产业,从全国的地域分工考虑,科学地确定未来的产业导向;又要考虑东部向西部的产业转移,乃至中国加入WTO后接受国际产业转移的因素,在产业逐步调整中实现西部地区的结构优化。首先要对西部地区现有的产业结构进行科学的分析评价,确定结构调整的方向与重点。主要是:①对西部地区仍有战略意义和优势的产业(如化工、国防工业等)采取适当保护的政策,并进行改造、重组,使之升级换代;②对具有地方特色的优势产业(如云南烟草、新疆棉花、石油、天然气等)应扶持发展,重点加强技术和管理的投入,增强产品的竞争力;③采取措施培育和发展有潜力、有市场的新兴产业,如旅游业、生态产业、生物制药业、绿色农产品加工业和有基础的高科技产业等。

其次是按全国地域分工和市场经济的规律推进产业转移。西部和东部发展阶段和水平的位势差决定了东西部之间开展产业转移和分工协作的必然性。在西部大开发浪潮中,东西部都应抓住机遇,东西合作,实现包括产业直接转移和生产要素及产业跨区域联合重组在内的产业转移。但要注意防止污染企业搬家,防止在产业转移中形成新的产业结构趋同。产业转移的根本目的是建立市场经济下东西部合作的新格局,增强西部的实力,缩小东西部差距,实现共同富裕。

98.3.4　重点突破,阶段推进,因地制宜

由于资本、人才、科技、生态环境、交通区位、基础设施和经济基础的制约,西部大开发必须采取重点突破的策略,即将有限的资金、人力、物力集中使用到重点部门和重点地区,由点到线、到面扩大辐射,不搞撒胡椒面。从西部的实际出发,当前的重点部门是两方面:一是前面我们强调的交通、通信、水利、生态环境等基础领域尽快改善西部的发展硬环境;二是西部地区的特色产业和相对具有优势的产业。重点地区主要是中心城市及其周围地区、交通干线沿线、已形成的各类开发区及急需扶持的老少边穷地区。特别要加强主要中心城市的建设,如重庆、成都、西安、兰州、昆明等应作为西部大开发的桥头堡。

西部大开发是项世纪工程,要在搞好统一规划的前提下分阶段逐步推进。大体可分为3个阶段。前十年主要是实施重大工程建设,增强可持续发展能力和综合经济实力,遏制东西部差距的扩大,生态开始趋向良性循环,为今后进一步发展奠定坚实基础。第二个十年将是西部大开发的高潮,主要是依靠科技进步、产业升级、自身的经济增长动力和外部推力,取得经济社会的高速发展,生态环境质量明显改善,东西部差距明显缩小。第三阶段,再经过十年、二十年的努力,使西部地区的经济社会发展接近或达到全国的平均水平,实现全国的相对均衡发展和人口、资源、环境与经济社会的协调发展。特别应当指出的是,由于西部地区面积广大,南北差异显著,一个省区的内部差异也很大。应针对不同地区的特点、主要问题,因地制宜选择不同的开发模式,实行分类指导,切忌"一刀切",一个模式。

98.3.5　规范政策,理顺体制,创新机制

实施西部大开发战略需要政策导向和吸引,没有政策也就没有重点,也就失去号召力和吸引力。政策的内容包括开放政策、资源保护与开发政策、财税政策、金融政策、产业政策、人才政策等诸多方面,是个相互协调、配套、规范的政策与法规体系。中央政府和各职能部

门围绕实施西部大开发战略已经制定或正在制定一系列的政策。如从财政政策看,中央政府已决定将3个70%投入西部,即从1 000亿元长期国债中拿出70%用于西部基础设施建设;在中央财政预算计划补助地方支出的4 402亿元中,70%向西部划拨;在外国援助和国际金融拨款中,70%用于西部开发。当前的问题是,一方面要继续搞好西部大开发政策的整体设计,协调各类政策之间的关系,形成一部完整的、相对稳定的《中华人民共和国西部开发法》,指导、规范西部的长期开发;另一方面要用好已形成的政策、法规,以现有政策、法规为基础,加强和规范管理,改善投资软环境,并形成吸引力,推进西部大开发战略的实施。

还应当指出,在实施西部大开发战略中尽快拆除体制樊篱是个极为重要而迫切的问题。由于我国经济体制的改革是按邓小平提出的"两个大局"的战略思想进行设计的,实行的是非均衡梯度推进模式,客观上形成东西部之间市场化程度的差异,这对实施西部大开发战略来说,无疑是一个不利的制度性障碍因素。因而,加快西部地区经济体制改革的步伐,消除东西部之间体制环境的落差,提高西部地区的市场化程度显得十分重要。要理顺东西部之间的体制关系,也要实行西部地区本身的体制创新,解决条条之间、地区之间、条块之间、上下之间发展的矛盾,打破地区壁垒、行业壁垒。要解决西部大开发中的运行机制问题,首先是正确认识和把握政府在西部大开发中的作用。在政府对西部开发进行有效干预的同时,积极运用各种政策手段,建立西部大开发的宏观调控机制;其次是从微观层面上使企业真正成为经济运行的主体,在宏观约束机制下,实行市场化的运作机制。

[刘君德. 西部大开发的重大意义与新观念、新思路、新举措[J]. 世界地理研究,2000(2):1-5]

解读:本文侧重于西部开发的宏观战略思考。简要论述了西部大开发的意义,提出实施西部大开发战略要树立长期发展观、市场经济观、可持续发展观及人本发展观的新观念,以及基础超前、生态为本、结构优化、重点突破、因地制宜和体制机制改革等新的思路和举措。

参考文献

[1] 西部开发课题组. 中国西部大开发指南[M]. 长春:吉林文史出版社,2000.
[2] 邓小平. 中央要有权威. 邓小平文选(第三卷)[M]. 北京:人民出版社,1993:277-278.

99　经济全球化与西部大开发

背景：1999年6月17日，江泽民同志指出："实施西部地区大开发，是全国发展的一个大战略、大思路，是一个振兴中华的宏伟战略任务。"我在第一时间撰写了题为《西部大开发的重大意义与新观念、新思路、新举措》的论文，于2000年在《世界地理研究》第二期首篇刊出。2001年我招收的博士生当中，来自西部地区的陶希东同志对西部地区深有感情，感受较多，在我的指导下，由他主笔撰写了此文，再次对西部大开发的战略问题进行了思考。

当代世界经济，特别是20世纪90年代以来世界经济的主要特征就是经济活动向全球化方向快速发展。经济全球化已成为不可逆转的世界性潮流，并深刻影响和改变着我们的生活，任何国家、民族均无法独立于这股强大的全球化浪潮之外。

99.1　经济全球化的实质及其主要表现

目前，对经济全球化的提法，五花八门，不尽相同。国际货币基金组织在1997年5月发表的《世界经济展望》中曾经对经济全球化下过这样的定义："全球化是指跨国商品与服务交易及国际资本流动规模和形式的增加，以及技术的广泛迅速传播使世界各国经济的相互依赖性增强。"一般意义上我们所指的经济全球化就是指由于当今高新科技，特别是信息技术及产业的迅猛发展，世界经济活动开始超越国界，通过对外贸易、资本流动、技术转让、提供服务、人员交流等形式，使得各国和各地区间的经济相互开放、相互依存、相互联系而形成的全球范围的有机整体。但不同的学者对经济全球化的本质有着不同侧重的描述，比如有的学者认为，经济全球化本质上就是全球范围内市场经济的全面推进和空前发展。有的则认为，经济全球化的本质属性就是在全球范围内通过资金、技术、信息等生产要素的转移与交流而形成的生产国际化。

应当说，经济全球化是一种有着多方面和多层次内容的复杂的社会经济现象[1]。它的本质属性应包括三方面内容。一方面，它是人类科技进步和社会生产力日趋发展的必然结果和客观要求，是商品和生产跨越国界发展的结果。另一方面，当代的经济全球化是以美国为首的发达资本主义国家主导和推动下的全球化，是当代资本主义生产关系向全球扩展的产物。第三方面，当代经济全球化就是对全球劳动地域分工的进一步深化和推进，使资源在全球范围内进行合理的配置。推动经济全球化的根本因素，是当代科学技术的飞速进步和社会生产力的迅猛发展，尤其是20世纪80年代以来卫星通信、传真技术、微电子技术的广泛应用和国际互联网络的开通，使得各国的经济日益国际化，不同社会制度、不同发展水平的国家都被纳入到统一的全球经济体系当中。当今经济全球化的主要表现有以下几方面：

99.1.1　世界贸易全球化

贸易全球化是当代经济全球化最首要直观的表现之一。首先表现在世界贸易规模和总量不断扩大。据统计,1950年世界商品贸易额只有610亿美元,发展到1996年,世界商品贸易总额高达66 890亿美元(包括服务贸易额)[2]。其次,国际贸易的种类、范围不断扩大。它不仅包括商品贸易,还包括技术贸易、服务贸易、劳务贸易等多种形式,尤其是以金融保险服务、邮电通信服务、文化教育服务、交通运输服务、信息咨询服务为主的服务贸易得到迅速的扩展。世界贸易的全球化发展成为联系世界各国经济密切往来的重要纽带。

99.1.2 生产全球化

生产全球化是当今经济全球化的主要动力。生产全球化主要表现在:首先,国际分工进一步向广度和深度发展,一方面,参与国际分工的国家和地区已遍及全球;另一方面,国际分工越来越细,已经由过去单一的垂直型分工发展为垂直型、水平型和混合型多种分工形式并存的新格局。其次,国际资金流动规模迅速扩大,跨国生产浪潮日益高涨,尤其是大规模的国际直接投资加速了生产国际化的步伐。20世纪90年代以来,国际直接投资增长速度在各项国际经济指标中是最高的。再次,进入90年代以来,跨国兼并浪潮日趋激烈,并表现出规模大、兼并数量多等新特点。

99.1.3 世界经济高科技化和信息国际化

20世纪80年代以来,迅速兴起的以微电子技术为中心的信息网络、生物工程、新型材料、航天技术和海洋开发的新技术革命蓬勃发展。据世界技术交易统计表明,全球信息产业产值已超过传统产业而成为发达国家的最大产业。技术与信息已经成为世界各国产业结构升级、参与国际分工和提高综合国力的重要手段和资源基础。技术和信息通过国际互联网络的跨国传播所形成的信息国际化,在沟通和连接各国经济,扩大世界各国的交流与合作,推动世界经济全球化的发展中发挥着越来越重要的作用。

99.1.4 市场经济体制的全球化

市场经济体制的全球化是经济全球化的基础,没有市场经济体制的全球化,就没有生产要素在国际上的自由流动,也就谈不上真正意义上的经济全球化。西方发达国家实行市场经济已有百年历史了,二战以后在政治经济上取得独立的新型国家以及以中国为代表的发展中国家,纷纷从计划经济体制向市场经济体制转变,把逐步建立相对完善的市场经济体制作为经济体制改革的目标。目前,市场经济体制已成为不同制度和不同层次国家或地区的共同体制,真正形成了世界性的、无所不包的统一的世界市场,从而为经济全球化奠定了制度性基础。

99.2 经济全球化对中国西部大开发的机遇与挑战

经济全球化是社会生产力发展和科技进步的必然结果,是当今世界经济发展的客观规律。虽然,目前的经济全球化是由西方发达资本主义国家主导展开的,是资本主义全球化的产物。但客观上讲,它对整个发展中国家和我国实施的西部大开发行动提供了一定的历史机遇。但机遇与挑战共存,主要表现在以下几方面:

(1) 经济全球化促进世界经济的大发展,为西部大开发提供了更多利用外资的可能性

经济全球化加速了生产要素在全球范围内的自由流动和优化配置,形成统一的全球大市场,保证全球统一市场上行为主体之间的自由、公平竞争,推动跨国公司的全球化经营和全球产业结构的新一轮调整。我国西部大开发战略的实施,为国际资本进入这一地区创造了一定条件。

(2) 经济全球化使国际关系发生深远变化,相互协调日益成为时代发展的主旋律

经济全球化使世界连成一体,促进了各国之间的相互合作和相互依赖,形成"你中有我、我中有你、一荣俱荣、一损俱损"的全球共同利益,增加了人类的全球意识,使相互妥协、相互协调、相互合作成为新时代的主旋律。这一发展态势对中国在西部大开发进程中寻找新的国际合作伙伴,进行全方位、多层次的国际交流和合作创造了良好的条件。

(3) 经济全球化为西部大开发发挥"后发优势"创造了条件

经济全球化为我国西部一些经济基础好、政策得当的地区的经济发展,提供了一个利用外资、引进技术、进入国际市场、发挥"后发优势"追赶发达地区的历史机遇。也为西部广大地区利用国内国际科技扩散和产业结构转移,逐步改造传统产业和发展高新技术产业,实现整个产业结构的升级和特色产品的生产,消除贫困创造了条件。同时,经济全球化迫使各国把主要精力放在发展本国经济、提高国际竞争力上,有利于形成国际社会的长期稳定和世界和平,这为我国西部大开发提供了良好的国际政治环境。

(4) 经济全球化使西部大开发面临前所未有的严峻挑战

经济全球化是与世界经济的知识化、市场化、生态化和网络化紧密结合的。而我国西部地区地形复杂、传统产业比重大、城乡二元经济结构明显、产业结构层次低、市场经济机制尚未健全、文化教育落后、人民群众科技文化素质较低、贫困面大、生态环境恶化的现实区情,要与真正意义上的经济全球化接轨,将面临着严峻的挑战,需要我们作出长期的努力和不懈的奋斗。

99.3 西部经济大开发的全球化对策

(1) 调整西部对外开放战略,树立"全球战略"观念,变引进式对外开放为双向式对外开放

在经济全球化浪潮下,某个国家和地区的对外开放程度是决定地区经济增长率高低的主要依据。1987年世界银行从贸易战略角度对一国经济开放程度与增长结果进行了研究,得出结论:坚定外向型国家或地区经济增长率最高,一般外向型次之,一般内向型和坚定内向型较差。所以,我国在目前新形势下要进行西部大开发战略,各级人民政府和各种经济主体(主要是企业)必须树立"全球化"的对外开放观念,促使传统的对外开放向双向式对外开放转变,即在投资和外贸等领域内实现国内国外的对流与循环,努力建立起真正意义上的开放型经济体系。

(2) 适应国内外市场的新变化,西部大开发要促使资源导向型开发模式向市场导向型和智力导向型开发模式转变

目前,国内外市场的供求关系均呈买方市场,初级产品和一般加工产品供过于求,这样的市场形势对于西部这样的以自然资源为主要要素优势、以农牧初级产品和一般加工为传统主导产业的欠发达地区是很不利的。再加上全球知识经济的出现,智力资源在地区经济发展中起着越来越重要的作用。因此,在经济全球化、市场化和知识化的新形势下,西部大开发要调整的思路之一,就是变以往传统的资源导向型开发模式为新的市场导向型和智力导向型开发模式[3]。一方面,西部地区不仅要加快建立完善的社会主义市场经济体制,而且要始终盯住国内外两个市场的变化,力争做到市场需要什么就开发什么,尽快拿出自己的特色产品,充分利用周边和沿边优势,东出西进,抢占国际市场的滩头阵地。另一方面,要顺应知识经济全球化趋势,加大对教育力度的投入,转变教育观念,从教育体系、教育结构、教育方法、教育内容到教育的时间和空间都要进行创新,努力培养一批拔尖的专门人才,为追赶世界先进水平提供保障。

(3) 以信息化和网络化建设为先导,促进产业结构高度化并增强区域科技创新能力

经济全球化主要内容之一就是信息资源通过国际互联网络的跨国传播而实现的社会经济现象,信息产业的发展和信息网络通道建设是经济全球化的客观要求。所以,西部大开发要迎接经济全球化的挑战,就必须把信息产业、网络经济的开发作为迅速获得国际国内各种信息、参与国际市场竞争的必备条件。为此,一方面,西部地区要依托现有的重点城市和重点开发区大力加强信息产业、环保产业、高新技术产业的开发以及信息高速公路、国际互联网、电子邮件等信息通道的建设运营,促进信息获取便利、国际竞争能力强的高科技产业群的形成和发展。另一方面,在引进国外重点技术和关键技术的同时,积极运用高新技术改造传统产业,加速知识、技术在工业、农牧业和基础设施等领域的应用,提高各行各业的知识科技含量,不断调整产业结构,逐步实现传统经济向知识经济、网络经济的升级。同时,要加快建立科技自主创新的新机制,有重点地发展高科技基础研究并对其实行产业化,以拥有自主的技术和知识产权,逐步增强区域科技创新能力。

(4) 积极开展生态环境建设的国际合作,加快退化生态系统的恢复与重建步伐

优美的生态环境和生活环境是吸引资金、人才的重要因素之一。而西部地区目前面临着严重的水土流失、干旱、沙漠化、盐碱化、草场退化、森林锐减、灾害频繁、环境污染等一系列生态退化问题,已成为本区社会经济可持续发展和国内外投资的主要障碍。因此,西部大开发必须将本区的生态恢复与重建置于全球范围内,一方面保持积极的合作态度,积极引进国外成功的生态恢复与重建技术,因地制宜地加以应用,广泛开展生态环境问题研究的国际合作,使经济开发与生态保护相协调,西部经济全球化和生态保护全球化协同发展;另一方面,依靠自身科技进步,加快节水节能技术、小流域综合治理技术、防风固沙技术、水土保持技术、环境污染防治技术等适用技术的研究和推广,促进退化生态系统由点到面地得到恢复和重建。同时,各级环境保护部门要加强资源保护和生态恢复重建的法制化建设,增强人们的环保意识和法制观念,确保生态环境与经济社会的协调发展。

(5) 重视软科学研究、加强政府的宏观调控能力

软科学是帮助人们更直接、更有效、更全面和系统地使用飞速发展的各类科学技术知识而进行科学管理和科学决策的科学[4]。它对政府和管理者具有科学的指导意义。所以,在西部大开发过程中,认真研究软科学技术,积极利用目前科学的决策观念和高技术的决策手段,促进决策的科学化、民主化、系统化和程序化是事关西部经济振兴的头等大事。经济全

球化形势下,中央及西部地方各级政府要在正确引导外资引进、合理利用自然资源、进入国际信息化高速公路、进行重大基础科学项目研究等方面发挥比传统市场经济更为强大的统一规划和宏观调控作用,只有这样,才能确保西部大开发战略的顺利实施。

[陶希东,刘君德.论经济全球化与我国西部大开发的新思路[J].世界地理研究,2002,11(3):37-41]

解读:对一个人口众多、空间差异明显、文化多元的发展中大国来说,我国的西部大开发是一项综合性系统工程。本文将西部自身置于全球化经济体系之中,提出了树立多维全球视野、转换开发模式、增强创新能力、提升区域软实力、保护好生态环境等发展思路和建议。这些见解对新时代的中国西部地区更好地融入"一带一路"全球战略,借助这一经济大通道来振兴西部,进而缓解我国经济发展不平衡的矛盾,有一定的参考价值。

参考文献

[1] 陈德照.经济全球化:实质、规律、特征、误区[J].当代世界与社会主义,2000(2):40-42.
[2] 世界银行.1998/99世界发展报告[M].北京:中国财政经济出版社,1999.
[3] 刘君德.西部大开发的重大意义与新观念、新思路、新举措[J].世界地理研究,2000(2):1-5.
[4] 李晓君.论知识经济时代发展中国家的后进新路[J].国际观察,2000(1):40-44.

100　生态省建设试点比较

背景:20世纪末21世纪初,国家环境保护总局积极推进生态省建设规划工作。2003—2008年,我先后被邀请参加了由环保部组织的山东、安徽的生态省规划专家论证会,以及云南省昆明市、浙江省安吉县、福建省厦门市、上海市闵行区、浦东新区和崇明县的生态规划论证会,其中还主持了上海市浦东新区的生态规划论证会,对生态建设规划的内容、指标和方法比较了解。每次参会都发表了许多见解。其中安徽生态省规划专家论证会上的发言受到特别重视,《安徽日报》(2003-10-27)刊登了我的发言内容摘要。本文对7个省级生态建设规划进行了初步比较分析。

100.1　引言

"生态省"是指社会经济和生态环境协调发展,各领域基本符合可持续发展要求的省级行政区域。生态省的建设思路是,运用可持续发展理论以及生态学与生态经济学原理,以促进经济增长方式转变和改善环境质量为前提,抓住产业结构调整这一重要环节,充分发挥区域生态与资源优势,统筹规划和实施环境保护、社会发展与经济建设,基本实现区域社会经济的可持续发展[1]。

根据国家环保总局有关法规,生态省建设须满足以下5个方面的基本条件:

(1) 制订了《生态省建设规划纲要》,并通过省人大审议、颁布实施。

(2) 全省80%以上的地市达到生态市(地)建设指标。

(3) 全省县级(含县级)以上政府(包括各类经济开发区)有独立的环保机构,并为一级行政单位,乡镇有专职的环境保护工作人员。环境保护工作纳入市(含地级行政区)党委、政府领导班子实绩考核内容,并建立相应的考核机制。

(4) 国家有关环境保护法律、法规、制度及地方颁布的各项环保规定、制度得到有效的贯彻执行。

(5) 污染防治和生态保护与建设卓有成效,3年内无重大环境污染和生态破坏事件[1]。

本文选取7个生态省建设试点省作为研究对象,结合省情,就各省《生态省建设规划纲要》(以下简称《纲要》)展开比较研究,以期对我国生态省建设健康发展有所裨益。

100.2　生态省建设的基本情况

近年来,党中央、国务院高度重视环境保护工作。党的十六大把实施可持续发展战略、实现经济发展和人口、资源、环境相协调写入了建设中国特色社会主义必须坚持的基本经验,并把"可持续发展能力不断增强,生态环境得到改善,资源利用效率显著提高,促进人与自然的和谐,推动整个社会走上生产发展、生活富裕、生态良好的文明发展道路"列为全面建设小康社会的四大目标之一,强调"走新型工业化道路,大力实施科教兴国战略和可持续发展战略",把建设"生态文明"提高到与建设物质文明、政治文明、精神文明一样重要的地位。1997—2003年,中央在"两会"期间已经连续7年召集省(市、区)党政主要领导和有关部门负责同志召开人口资源环境工作座谈会。

不同于传统意义上的环境保护与生态建设,生态示范区建设在坚持保护和改善生态环境的同时,还将部分重心放在了大力培育生态产业、发展生态经济、增强经济实力、提高民众生活质量等方面,旨在解决环境保护与经济发展之间的矛盾,实现两者的协调和统一。作为贯彻可持续发展战略的重要措施,国家环境保护总局于1995年正式启动生态示范区建设项目。根据我国环境保护"十五"计划设想,到2005年,全国预计将有4~5个省和300~400个市、县开展生态示范区建设试点,并在此基础上产生120个国家级生态示范区,从而实现区域性的社会经济与环境资源协调发展,为国家实施整体可持续发展战略打好基础。

如表100-1所示,截至2004年年底,经国家环保总局批准在建的生态示范区涉及海南、吉林、黑龙江、福建、浙江、山东和安徽7个省,484个县市级生态示范区试点单位。其中82个通过了国家环保总局考核,被命名为国家级生态示范区。可以说,基本实现了环境保护"十五"计划目标。

表100-1 7个试点省《生态省建设规划纲要》若干数据比较

	通过评审时间	规划起始年	规划期限/年
海南省	1999年7月	2000	30
吉林省	1999年11月	2001	30
黑龙江省	2000年11月	2001	30
福建省	2002年8月	2002	30
浙江省	2003年3月	2003	20
山东省	2003年9月	2003	20
安徽省	2003年10月	2003	20

国家环保总局和中国环境规划院的联合调查表明,开展生态示范区活动以来,一些试点地区已在发展生态产业、促进地方经济发展、提高农民收入、改善生态环境等方面取得进展,并为解决湖泊污染、遗传资源丧失、矿山生态环境退化等环境问题探索出新的路子。

100.3 7省区生态省建设总体目标点评

值得注意的是,建设生态省是一个漫长的过程,试点各省的规划时间都在20年以上。"生态省"究竟能否达标,最终还要由国家根据相关标准验收才能确认。验收标准包括5个基本条件和经济发展、环境保护和社会进步三大类共22个建设指标。至2004年年底,除了前面提到的7个省,另有江苏、陕西、河北等省份也在积极筹备,希望进行生态省建设试点。

表100-2列举了7个生态省建设《纲要》的具体目标。其中,海南省是我国第一个提出生态省建设的省份。海南是我国最大的经济特区,也是我国环境质量最好的省份之一。由于历史原因,海南经济发展相对滞后,产业结构不尽合理。如何摆脱传统三次产业发展路径

之困扰,探索一种全新的发展模式,成为海南省面临的一个重大问题。1998年,海南省委、省政府正式提出,将环境保护与经济发展作为一体化目标。在保护生态环境的前提下,利用生态优势,发展生态产业,实现跨越式发展。在此基础上,提出了以"一省两地"(即新兴工业省、热带高效农业基地、旅游度假胜地)为主要内容的生态省建设思路。2001年2月江泽民同志在海南考察时指出,海南得天独厚的热带资源和生态环境是极其宝贵的,要积极探索依靠生态环境增创新优势,实现可持续发展的路子,扎扎实实地实现建设生态省的目标。

表100-2　7省区生态省建设总体目标比较

省份	总体目标
海南省	用30年左右的时间,建立起发达的生态经济,形成布局合理、生态景观和谐优美的人居环境,使经济综合竞争力进入全国先进行列,环境质量保持全国领先水平
吉林省	通过30年的努力奋斗,在全省建立起可持续发展的生态环保型效益经济体系,建设成为经济比较发达、社会文明进步、生态环境优良、资源永续利用的生态省
黑龙江省	经过20年的奋斗,努力建立以先进技术和高新技术为支撑,以绿色产业和清洁生产为重点,具有较强科技创新和国内外市场竞争力的生态经济体系。形成产业结构优化,经济布局合理,资源更新和环境承载能力不断提高,经济实力不断增强,以生态产业为重点,绿色经济为目标的集约、高效、持续、健康的社会—经济—自然复合生态系统
福建省	立足于生态环境和经济基础,用20年的时间,通过六大生态体系建设,将福建建设成为生态效益发达、城乡人居环境优美舒适、自然资源永续利用、生态环境全面优化、人和自然和谐相处、经济繁荣、山川秀美、生态文明的可持续发展省份
浙江省	充分发挥区域经济特色和生态环境优势,在发展中加强生态环境建设,经过20年左右的努力,基本实现人口规模、素质与生产力发展要求相适应,经济社会发展与资源、环境承载力相适应,把浙江建设成为具有比较发达的生态经济、优美的生态环境、和谐的生态家园、繁荣的生态文化,可持续发展能力较强的省份
山东省	到2020年,在全省初步形成遵循循环经济理念的生态经济体系,可持续利用的资源保障体系,山川秀美的生态环境体系,与自然和谐的人居环境体系,支持可持续发展的环境安全体系,体现现代文明的生态文化体系,全面增强经济和社会的可持续发展能力,把山东基本建设成为经济繁荣、人民富裕、环境优美、社会文明的生态省
安徽省	到2020年,全省经济增长方式转变取得显著成效,资源合理利用率显著提高,人口总量得到有效控制,生态环境明显改善,经济实力和文化底蕴显著增强,基本形成资源消耗低、环境污染少的可持续发展国民经济体系,使全省成为人民生活富裕、生态环境良好、人居环境优美舒适、人与自然和谐相处、经济发展步入良性循环、社会文明进步的可持续发展省份

海南提出创建生态省的初衷在于,希望在环境质量上继续保持全国领先的位置,使海南的稀缺生态资源不断升值,借以提升海南生态农业、生态旅游业和吸引高素质人才到海南来开发高科技产业。可以说,海南省建设生态省属于"生态优势带动型"的可持续发展战略。

有观点认为,海南生态省应该是兼顾经济发展与生态建设的省、综合发展能力较强的省、生态经济发达的省、绿色GDP最大的省、全面落实可持续发展战略的省和人民生活质量一流的省[2]。近期,海南省人民政府对原纲要进行了修编,2004年6月11日省委、省政府与国家环保总局共同组织召开了规划纲要修编研讨会,根据与会专家意见进一步补充、完善了《海南生态省建设规划纲要》。

吉林省是全国第二个生态省试点省份,在生态省建设的总目标中特别强调"建设可持续发展的生态环保型效益经济体系"和"资源永续利用"。该省提出了发展生态环保型效益经济和"开放带动、科教兴省、县域突破"三大战略的目标设想,强调推进符合可持续发展战略的生态经济建设,在恢复与保护良好的生态环境与合理利用全省自然资源的前提下,合理调整产业结构和组合工农业生产力,协调好经济发展进程中生态和经济的时空关系;在规划期通过生态环境建设、建立吉林省特有的生态产业与合理的经济结构,逐步地实现经济、社会和生态效益的统一,走出一条符合国情、省情的可持续发展道路。

黑龙江则在其生态省建设规划中提出"建立以先进技术和高新技术为支撑,以绿色产业和清洁生产为重点,具有较强科技创新和国内外市场竞争力的生态经济体系",其亮点在于提出了以高科技支撑生态省创建,强调推进"绿色产业"和"清洁生产"。

福建省除了提出"生态效益型经济比较发达"的目标以外,首次在总体目标中提出"城乡人民居住环境优美舒适""人与自然和谐相处""先进高效的科教支持和管理决策体系"。该省从人均资源相对短缺、环境容量比较有限的省情出发,把改善生态环境质量、提高人民群众生活水平作为根本出发点。

"以建设生态省为载体和突破口,打造'绿色浙江'",是浙江生态省建设的重要目标。该省经济基础雄厚,市场经济发达,建设生态省意味着该省需要"从根本上转变经济增长方式"。由于自然资源缺乏,其规划目标特别提到了"人口规模、素质与生产力发展要求相适应,经济社会发展与资源、环境承载力相适应"。在浙江生态省建设规划纲要中,"循环经济"一词出现了20次,可谓用心良苦[3]。既要发挥政府的主导作用,更要充分利用市场机制,使环保事业走上市场化、社会化、产业化的道路,可谓是市场经济发达的浙江建设生态省的特色。

"循环经济理念"是山东省生态省建设目标的关键词。该省结合自身发展现状与综合实力,提出要加快结构调整步伐,以循环经济理念为指导,努力寻找新的发展动力,拓展新的发展空间,培育新的发展环境,将可持续发展落到实处,提高核心竞争力[4]。

作为经济欠发达、资源环境又不容乐观的省份,安徽省更急于走一条与邻省不相同的发展道路,以期赶超先进地区经济水平,实现跨越式发展。安徽虽然号称资源大省,但全省人均耕地、人均水资源、人均森林面积、人均活立木蓄积量和矿产资源等指标与全国平均水平相差甚远;另一方面,安徽作为欠发达省份,只有加快发展速度,实现跨越式发展,才能缩小与发达地区的差距。在上述背景下,以建设生态省为核心的新型发展模式成为安徽省的必然战略选择[5]。

100.4 讨论

根据汤因比的"挑战与应战"学说,要想使我们的文明有所发展,必须正视我们所面临的挑战并进行成功应战。根据"报酬递减律",我们在应战中要能动地调控"自然—社会—经济"复合系统,在不超越自然资源与环境承载能力的条件下,促进经济持续发展,保持资源永续利用。21世纪世界经济社会发展迅速向生态环境渗透,经济系统、社会系统和生态系统呈现日益融合之态势。其中,生态持续是基础,经济持续是条件,社会持续是目的[6]。面对全球工业文明所带来的环境污染、生态失衡、资源枯竭等严峻"威胁",拯救地球,保护自然,建立生态文明型社会,已成为每个国家和地区必须面对的"挑战"。当前,《中国 21 世纪议程》把可持续发展列入我国国策。在建设生态区过程中,各省区应根据自身条件开展生态省建设,推进社会经济的可持续发展,形成了各有特色的生态省建设之路。

从表 100-3 可以看出,在人均国内生产总值、财政收入、城乡人均收入等指标上,浙、闽、鲁处于明显领先地位,黑、吉两省次之,再后是海南省,中部省份安徽则明显落后;三次产业结构、恩格尔系数和城市化水平等指标也基本符合这一规律。值得注意的是,海南的第三产业比重之所以较高,是由于海南二产落后、旅游为核心的三产相对发达造成的。

对于海南、安徽等欠发达地区来说,建设生态省需要按照"发挥后发优势,推进和实现跨越式发展"的总体要求,坚持"高效益、广就业、可持续"的发展方针。吉林、黑龙江两省,则是从生态经济系统的特点出发,以发展生态环保型效益经济为中心,以产业结构调整为主线,以现代科学技术和社会文明为支撑,以建设绿色经济强省、改善生态环境、提高人民生活质量、实现可持续发展为目标。浙江、福建和山东 3 省,则是在社会经济保持较快增长、综合实力较强等有利经济保障的基础上,在产业升级和经济结构调整中,选择生态省建设作为提升

表 100-3 7 省区部分生态省建设(部分)指标比较表(2002 年)

指标名称		海南	吉林	黑龙江	福建	浙江	山东	安徽	达标值[1]
人均国内生产总值/(元/人)		7 803	8 334	10 184	13 497	16 838	11 645	5 817	≥33 000
年人均财政收入/(元/人)		575.8	487.2	608.2	787.3	1 219.8	671.9	315.9	≥5 000
农民年人均纯收入/(元/人)		2 423.2	2 301.0	2 405.2	3 538.8	4 940.4	2 947.7	2 117.6	≥11 000
居民年人均可支配收入/(元/人)		6 822.7	6 260.2	6 100.6	9 189.4	11 715.6	7 614.4	6 032.4	≥24 000
第三产业占 GDP 比重/%		41.4	36.6	32.8	39.7	40.0	36.5	34.9	≥40
森林覆盖率*/%		51.5	42.5	41.9	60.5	59.4	18.8	27.95	≥65
受保护区占国土面积比/%		5.1	10.8	8.0	2.7	1.4	5.6	4.1	≥15
人口自然增长率/‰		9.48	3.19	2.54	5.78	3.79	4.55	6.03	符合
城市化水平*/%		26.7	50.88	53.0	86.25	53.0	40.3	30.7	≥50
恩格尔系数*	农村/%	46.4	44.1	41.6	45.9	40.8	34.4	47.4	<40
	城市/%	45.4	36.4	35.5	43.4	37.9	33.1	43.2	

注:带 * 部分分别取自所在省 2003 年统计年鉴。

综合实力和整体竞争力的突破口。

根据上述分析,本文把7个生态省建设试点省份划分为4类:其中,海南省为自然生态领先的"产业结构创新发展型";吉林、黑龙江为传统产业发达、工业化、城市化水平较高,借助生态省建设"结构调整赶超型";福建、浙江、山东为经济较发达省份,其生态省建设为"结构转型与再造提高型";安徽则属于"欠发达地区赶超型"。

尽管各省份之间的差异较为显著,但在生态省创建过程中,也体现出许多共性因素,本文尝试总结出如下几点:

(1) 以人为本,注重人与自然的和谐

毋庸置疑,生态省是人与自然高度和谐统一的行政区域,是一个以省域为单位,以人为中心的"自然—社会—经济"复合型巨系统。建设生态省不是追求时尚,而是实施可持续发展战略的重要举措。人与自然之间的高度和谐统一是建设生态省所追求的一种理想境界,这种理想境界不但是一种无限美好的前景,更是实现可持续发展的必要条件和基本保证。

生态省建设的目的归根结底是使人们能够更好地生存和发展,离开人类的生存和发展,生态省建设就失去了意义,各省规划都体现了"以人为本"的思想。各省份普遍把城乡人居环境的建设列入生态省建设的重要领域,把居住环境的改善与生态环境建设有机地结合起来,建设布局合理、生态和谐、居住条件舒适的生态型城乡环境。

(2) 坚持因地制宜,实施分区规划

各省大多根据实际情况将生态省建设目标分解,因地制宜地划分省内生态保护与建设区。例如:海南分为海洋生态圈、海岸生态圈、沿海台地生态圈、中部生态护育区等五圈(区);内陆省份吉林划分为东部长白山地生物资源保护与集约化"健康产业"生态经济区、中东部生态建设与绿色特产业生态经济区、中部集约化农牧业和高新技术产业生态经济区、西部生态建设与绿色产业生态经济区等四区;山东划分为鲁东丘陵生态区、鲁中南山地丘陵生态区、鲁西北平原湖泊生态区、鲁北平原和黄河三角洲生态区、近海海域与岛屿生态区等五区。各省区均以分区为基本实施单位分别因地制宜地确定建设的主要方向和保护的具体措施。

(3) 建设思路体现出可操作性与前瞻性

各省规划设定分阶段的具体实施步骤与各阶段的建设重点,体现了因地制宜、量力而行的科学发展态度。各省份紧密结合当地情况,并参照上一级国民经济计划和规划目标,提出不同阶段的发展指标,并提出中长期规划设想。指标具有前瞻性,又有切实可行性与可操作性,同时体现了定性定量相结合。

(4) 将生态旅游产业作为重中之重

7省区各自有着得天独厚、独具特色的自然人文旅游资源,将生态旅游产业作为生态省建设的重中之重也就顺理成章。具体来看,海南省外有黄金海岸,内地山峦秀美;吉林、黑龙江两省地貌类型复杂多样,山川风光雄伟壮观;福建、浙江拥有山岳丘陵纵横、河湖广布的典型江南风光;而山东、安徽分别拥有泰山、黄山等著名景区,这些为发展生态旅游业提供了有利的条件。为此,各省在生态省规划中普遍看好旅游业,普遍提出发展生态旅游业,把资源优势转变为经济优势,带动其他关联产业,促进资源综合利用,增加就业,扩大内需,拉动经济持续增长。例如,海南省特别提出"建立发达的生态产业体系",包括逐步使"生态产业在国民经济中占主导地位……生态旅游成为旅游业的一个重要支柱"。

(5) 以最新思想为指导,做到与时俱进

在生态省建设的指导思想上,最初是"运用生态学原理和系统工程方法,遵循生态规律和经济发展规律(见海南省《纲要》)",逐步过渡到"生态省建设要遵循生态学、生态经济学和系统工程学原理,依靠科技创新(见黑龙江省《纲要》)",直到提出绿色 GDP 的新理念,"运用可持续发展理论和生态学、生态经济学原理,以及循环经济理念、系统工程方法(见安徽省《纲要》)"。可见生态省建设理念的与时俱进,最终走向革命性变革的循环经济发展模式。循环经济是经济、社会和环境相整合、体现统筹发展思想的新经济。相对于传统经济增长和传统环境保护在解决经济、社会、环境问题上的分裂性,循环经济把经济发展、环境保护、社会就业统一起来,要求从三维分裂的发展走向三维整合的发展[7]。这也恰恰紧扣了时代主题,即党的十六届四中全会所强调的科学执政,民主执政,依法执政,建设和谐社会要坚持科学发展观,推动经济社会全面、协调、可持续发展。

[史卫东,刘君德.生态省建设试点省区比较研究[J].自然生态保护,2005(2):52-56]

解读:文章在引入生态省概念、内涵和生态省建设基本条件的基础上,选取通过国家环保总局评审的 7 个《生态省建设规划纲要》的省区,对生态省建设的基本情况、创建生态省的总体目标进行了比较分析,在此基础上,总结归纳了 7 省区生态省创建的异同点。

参考文献

[1] 国家环境保护总局.生态县、生态市、生态省建设指标(试行)[S].2003;5,23.
[2] 柳树滋.我们要建设什么样的生态省——从海南的实践看生态省的理论内涵[J].新东方,2001(6):11-15.
[3] 习近平.全面启动生态省建设 努力打造"绿色浙江"[J].环境污染与防治,2003(4):193-195.
[4] 张高丽.全面启动生态省建设,为实现"大而强、富而美"新山东的宏伟目标努力奋斗[J].山东环境,2003(5):1.
[5] 秦煦.打造"生态安徽"[J].决策咨询,2003(8):30-33.
[6] 赵丽芬,江勇.可持续发展战略学[M].北京:高等教育出版社,2002:20.
[7] 诸大建.树立科学发展观 用科学发展观看待循环经济[N].文汇报,2004-03-22.

101 早期与严重敏先生合作的城乡结合部研究

背景：20世纪70年代后半期至80年代上半期，农业地理、国土整治、城市地理成为全国各大学地理系、地理研究部门重点关注和研究的领域，华东师范大学地理系也不例外。这段时间，我除了专心从事江西农业地理调查编写等工作之外，在导师严重敏教授、程潞教授的影响下，十分关注上海市郊区尤其是城郊结合部，这个特殊的地理空间的发展、变化，收集了不少相关资料；并独自去普陀区、长宁区、徐汇区等与嘉定、上海县交界的结合部乡镇实地考察，观察土地利用的变化，深深感受到这一空间地带景观的特殊性、经济社会发展的复杂性和多变性。这篇与严重敏教授合作写的论文，全文刊登于上海市城市经济学会主办的内刊《城市经济研究》。1991年，该文获上海市城市经济学会一等奖。本文是我2000年申报国家社科基金项目"大城市城郊结合部行政管理体制综合研究"的重要基础。

101.1 城市化（城镇化）与城乡结合部

城市化是由农业人口转向非农业人口并趋向集聚，因此也是由农村地域转变为城市地域的过程，与此同时，还包括城市价值观和城市生活方式向农村地域扩散。在探索这一复杂社会过程中，人文地理工作者重视人口的职能变化和空间组织变化规律的研究，就后者而论，不仅是城镇内部地域结构问题，还包括由于城市化近域推进产生郊区化、广域推进乡村城镇化等引起地域结构变化的问题。近年来，我国不同地域范围的城镇体系研究业已广泛开展，但对大中城市城乡结合部的研究还刚起步，这部分区域范围相对较小，但当前存在的如何统筹解决城镇化过程中出现的城乡间的问题，合理规划、管理这一特殊地带，对实现我国城乡一体化具有重要现实意义。通过对这一城乡交错变动地区的研究，也有助于加深在理论上探讨城市化问题。

101.2 城乡结合部的含义和范围

101.2.1 城乡结合部的含义

城乡结合部的含义可以从经济、地域或行政区划不同的角度加以理解，而本文所探讨的是指大中城市市区与郊区交错分布的接壤地带，这一地带是随着大中城市工业及交通、文教卫生、仓储业、商业及其他第三产业、居住地不断向近郊扩散，从而使原来以农村为主的市郊地带逐步演变为兼有城乡特色的特殊空间，也可称之为市郊结合部。这种城乡结合部的发生、演变是城市近城推进的具体表现，也是城市区域构成的主要部分之一。一般城市区域以建成区和城乡结合部为主，但也有人主张还包括城市阴影区和城市化广域推进中形成的城镇及其周围的乡村，将城市区域划分为建成区和城市区域扩展的次系统两大部分。鲁斯旺

(L. H. Russwurm)等提出城乡结合部范围一般为建成区以外 10 km 左右的环城地带。但是,我国的情况与西方国家有许多不同之处,如我国城市郊区化的程度远比西方城市低,城市交通发展水平也较差,城市居民的平均出行距离比较小。因此,我国城乡结合部的范围可以原城市建成区的半径为划分依据,如原城市建成区半径为 5 km,则可由原城区向外延伸 5 km 的环带作为城乡结合部。城乡结合部的形态并非一定为同心圆状,具体界线当视地形、地物、原行政区界线、中心城形态等因素的制约。

101.2.2 确定"城乡结合部"范围的依据

科学地划定"结合部"的范围具有重要意义。其合理的范围不仅能反映这一特殊地带的现状特点,并有利于城市整体功能和规划目标的实施,有利于改善城乡经济、社会和生态环境,有利于促进城乡一体化的进程。由于城乡结合部的范围又是动态变化的,它随着城市化的进程而变化,又与核心城市的规模、经济水平、职能特点密切相联系。因此,其指标的确定因素因时而异,但在一定阶段内有其相对稳定的范围和指标。笔者认为其范围确定可考虑以下几个方面的因素。

(1) 实际从事非农业活动人口的比重;(2) 人口密度和建筑密度;(3) 一定的城市基础设施;(4) 土地利用的特点;(5) 与中心城联系的程度;(6) 原有行政小区的完整性。每项指标应取其介于城市和乡村之间。西方国家将结合部范围包括近郊和远郊两部分,根据我国国情先着手研究近郊区的情况为宜。

以上海市郊情况而论,结合部的范围大体由近郊的上海、嘉定、川沙、宝山(现为宝山区) 4 个县区的 26 个乡镇和 1984 年划入市区的部分所组成。连同已经划入市区而其特点仍具有过渡性特色的地区在内,共计土地面积约 400 km²。这一范围的特点是:(1) 非农业用地大多占土地总面积的 40% 以上,其中厂矿用地占 10% 以上;(2) 农业用地中,常年菜田面积多在 40% 以上;(3) 实际的非农业人口(包括部分流动人口)估计可达 40%~50%(公安局的非农业人口统计为 15%~20%),非农业劳动收入已成为国民收入的主体。从土地利用特征上看,上述 26 个乡镇与其他远郊各乡镇相比,更能反映两者的区别(表 101-1)。

表 101-1 上海市城乡结合部(近郊)与远郊土地利用结构比较(1994 年) 单位:%

项目	土地面积/km²	耕地	园地林地和水面	堤岸沟渠	厂矿用地	交通用地	住房用地	特殊用地	菜田占耕地
结合部 26 个乡镇	419, 100%	56.0	10.5	3.2	10.5	4.5	12.6	2.7	46.0
上、嘉、宝、川其余乡镇	18 02, 100%	64.9	11.5	5.3	2.2	2.5	12.2	1.4	7.3

101.3 关于"结合部"的特点和功能

101.3.1 "结合部"的特点

城乡结合部是城市发展向外扩展的最佳区位,也是农村人口向城市集聚的过渡地带和建设直接为大城市服务的农副产品生产基地,因而是一个最具有潜力和活力的地带。其在景观、土地利用、产业结构和从业人员职业构成上表现出明显的独特性:①在景观上表现为田园、工厂、仓库、新村、学校与科研机构交错,甚至插花分布的格局;②在土地利用上农业用地与非农业用地交错分布,且非农业用地占有较大的比重,蔬菜地和奶酪业等用地比例大于远郊地区;③农业集约化程度和生产水平、农副产品商品率均高于郊县其他地区;④乡镇企业发达,如上海市近郊 26 个乡镇中,乡镇企业从业人员占 1985 年区内总劳力的 70% 左右,总产值达 86.7%,成为结合部的主导产业部门,半数工业企业为城市大工业加工零配件、组装件或工艺性加工,表明与城市大工业有千丝万缕的密切联系;⑤除工业外,第三产业比较发达,如位于普陀区城郊结合部的长征乡,发挥区位优势,大力发展第三产业,1988 年的营业额已达 2 390 余万元,取得了显著的社会经济效益;⑥近郊各乡镇凭借其距市区和交通枢纽近的有利地理位置,将部分农田、场地租赁给工厂、企业堆放物资,形成新兴的仓储业,1985 年近郊 39 个乡的仓储面积已达 556 万 m^2,从业人员 1.13 万,年收入达 7 633 万元,特别是市域工业区边缘的各乡(如新泾、虹桥、梅陇、龙华、长征、大场、江湾等)仓储业尤为发达;⑦运输业占有特殊重要的地位。结合部为市区外环路所在地,又是众多交通枢纽和内外物资集散的中心,在消除城市"膨胀病"中起着积极作用。

伴随着"结合部"产业结构的演变、劳动力的转移,流动人口的增多,也产生了各种问题:①仓储业和乡镇企业的发展,农田转为非农用地日增,使耕地日益减少,不仅粮食自给率下降,有的地区常年蔬菜田面积有所减少;②农业劳动力的转移,从事农业生产的老弱半劳力比重增多,农业生产率滑坡;③流动人口增多,虽补充了区内的乡镇企业和农业劳动力的不足,但由于成分复杂,缺乏统一管理,带来治安、超计划生育等严重问题。

101.3.2 "结合部"的功能

确立大城市"结合部"的功能比较复杂,它必须与中心城的规模、城市性质、人口密度、城市化发展阶段等密切联系。上海市可以从以下几个方面考虑:

(1) 城市对外交通的发展地带。城市的对外交通(包括铁路、公路、水运和航空),是城市与周围腹地进行客货联系,保证城市生产和生活正常进行极其重要的条件。上海是个工业、港口贸易城市,是水陆交通枢纽,目前的对外交通状况远不能适应经济社会发展的需要。特别是港口、铁路编组站、货场和对外公路交通用地要占城市总用地的 5%~10%。据上海市 1984 年土壤普查资料,近郊 26 个乡的交通用地占土地面积的 4%,不仅远超过远郊各乡,也大大超过市内对外交通用地的比重(市内约为 2.6%),由此可见,市郊结合部作为城市经济交融的最活跃地带,在城市总体功能中,应担负起对外交通"枢纽"的职能。

(2) 市内工业区改造的扩展区。目前上海市仍有数千家工业企业,其中有相当部分是有污染的企业,许多企业与居住区犬牙交错,对人民生活、市容整洁带来严重影响,在对旧市区改造过程中,必将逐步外迁相当多的企业。"结合部"与市区紧密相连,具有土地、厂房、交通及其他的有利条件,投资环境比较好,应作为市区工业外迁的主要场所之一。从改善城市的生态环境角度考虑,迁移至"结合部"的主要应是无污染、少污染的企业,可按照城市总体规划的要求,在"结合部"组建若干类型、规模不等的工业区。重点发展与市区企业联系紧密、污染小的机械、纺织、针织、食品加工、精细化工、精密仪器仪表及其他轻工业。特别是应充分发挥"结合部"科研机构、高等院校较多的智力优势,发展高技术产业。"结合部"内的乡镇工业大多与市区工业有生产协作联系,也要合理规划,相对集中布局。

(3) 仓储业的重点发展区。由于城乡商品经济的发展,为商品生产和流通服务的仓储业在郊区,特别是"结合部"发展很快。据上海乡镇企业区划部门提供的资料,在距离中心5～15 km的近郊12个乡(上海县的新泾、虹桥、梅陇、龙华、华漕乡,嘉定县的长征、桃浦、江桥乡,原宝山县的大场、彭浦、五角场乡),仓储数和仓储面积分别占全郊区的78%和69%。浦东郊区的几个乡,受阻于黄浦江,交通不便,仓储业发展缓慢。

由于"结合部"近市区,工业区、港口码头、铁路站场、公路交通密度较大,等级较高,仓储物资发、收距离短,成本低、效率高;有一些空闲的农用棚舍、厂房、仓库、场地,还有一定数量不能耕种的工业三废污染地、垃圾地等,是发展仓储业的有利条件。随着城乡经济的发展,仓储业规模仍将不断扩大。

(4) 新兴居住区的重点建设区。这是市郊结合部的主体功能之一。众所周知,居住地是城市地域结构的主体部分,其面积一般要占中心城区总面积的45%以上。据1981年资料,上海市中心城区的居住地用地约占总用地的32.1%,居各类用地之首。伴随着城市化的发展,市区规模的扩大,人口的增加,市民生活水平的提高,人口流动与居住郊区化的现象日益显著。上海作为一个老城市,多年来,基础设施的欠账很多,市区居住过于拥挤,新兴居住地的建设尤为迫切。市郊结合部距市区较近,大多环境较好,上下班方便,有大量开阔空间,且地价相对较低,正是建设新兴居住地的理想之地。另一方面,从近郊农村看,伴随着非农产业的发展,在城市向心力的作用下,郊区农村人口也逐步向"结合部"集聚;而大量的流动人口,往往也在"结合部"寻找栖身之地。由此可见,市郊结合部地带必将成为城市和近郊新兴居住地的重点建设区域。我们要把握这一规律,及早搞好规划布局,尤其要注意处理好居住地与工业区及其他产业用地之间的关系。

(5) 蔬菜、副食品生产、供应基地。蔬菜、副食品生产基地是所有大中城市"结合部"的主要功能。城市人民每天所需要的大量蔬菜、禽蛋奶及其他副食品大多就近从"市郊结合部"(近郊)获得,这些农副产品具有易腐、易损,不便远距运输、时效性很强的特点,必须就近生产,满足市民需要。上海市的常年蔬菜基地80%以上的面积呈环状集中分布在市郊结合部3 km范围之内,蔬菜用地成为"结合部"土地利用的主体,大体占耕地50%左右。日供应市区140万瓶的鲜奶,大多由近郊生产。今后要继续贯彻为城市服务的方针,建设好"结合部"的蔬菜和副食品基地,保障城市的稳定供应,使市区密集建筑物的外围有开阔空间和绿地,有利于改善城市的生态环境。

(6) 商、饮、服、修业发展的重要阵地。改革开放以来,上海市郊结合部第三产业中的商、饮、服、修业发展也十分迅速。据近郊各乡统计,其营业额已占乡镇企业总产值的9%～10%,再加上结合部区域的国营、个体企业,实际数量更多。

由于结合部地带城乡犬牙交错,市属企业多,居住区多,人口密度高、流量大,近郊农村经济发达,消费水平较高,必然为商、饮、服、修业提供了发展的机遇。应充分利用结合部毗邻市区的有利条件,进一步发展农贸市场、贸易货栈,兴办以中低档为主的饭店、旅馆和为城乡服务的水电安装、修缮房屋等修理业,为缓和市区的住宿难、吃饭难、供应难作贡献。

我们认为,上述6个相互联系的功能,应构成市郊结合部的主体功能,决定了其未来的发展方向。对于城市中心区来说,"结合部"起着"控制""疏导"和"保证"作用,防止中心城区的盲目膨胀,缓解中心城区的交通、住房、环境等矛盾,确保蔬菜副食品的供应,优化城市环境;对农村来说,起"支援""带动"作用,以城市的资金、技术、设备促进郊区农村经济的发展,加速城乡一体化进程,使结合部成为连接城乡经济的"桥梁"和"枢纽"。但应指出,由于市郊结合部的功能受到城市和乡村双向发展的深刻影响,因而在市中心区与农村之间社会经济发展的互相交叉和竞争之中,"结合部"必将发生动态变化,这一点必须清醒地加以估计并进行一定的预测。

101.4 关于结合部的开发与治理

101.4.1 指导思想

市郊结合部本身是一个具有很大开发潜力和活力的资源,与城区相比较,"结合部"拥有得天独厚的地价相对较低的土地空间优势;与农区相比较,又具有交通等基础设施和文化设施较好,劳动力素质较高和距离城区近而较易获得城市的资金、技术、信息等支持的区位优势。在城市规划建设中,应充分认识到"结合部"的这些优势条件,合理地规划"结合部",最大限度地开发"结合部",充分发挥这块黄金地带在城乡经济发展中的作用。但同时也应当看到,市郊结合部是城市和郊区激烈竞争的地带,在改革开放、商品经济迅猛发展的形势下,城郊之间在"结合部"的碰撞矛盾日益尖锐,突出表现在对土地使用上的相互"争夺",以及城市工业扩散、乡镇工业发展带来的环境污染,流动人口的过速增长,农业的商品生产和自给性生产的矛盾等诸多方面。因而在开发这"黄金地带"的同时,要搞好经济社会的发展和生态环境的治理,采取相应的对策,以充分发挥"结合部"的巨大潜力,促进城乡经济的共同发展。

"结合部"的开发和治理首先要有一个正确的指导思想。一是整体观与全局观,即作为城市的重要组成部分,"结合部"的发展应服从城市总体规划的需要,有利于城市总体功能的发挥和总体目标的实现,从总体和全局规划发展"结合部"。二是开发与整治的结合观,即充分发挥结合部的优势,积极开发;同时要针对大城市膨胀带来的一系列弊病及"结合部"本身存在的问题,采取治理整顿的措施。开发中注意整治,整治为了更好地开发,两者密切结合。当然,不同时期,不同地域应各有侧重。三是发展观,即"结合部"随着城市的社会经济不断发展,其范围与功能是变化的。要预测未来发展的趋势,使规划兼有近期与中期相结合的特点,规划要留有余地。四是因地制宜观,大城市市郊结合部范围大,而城区各个方向的发展功能不一,区县交界处的发展条件不同,基础各异,应在统一规划的前提下,在"结合部"圈层内实行合理分工,确定各个方向的发展模式与目标。五是城乡一体观,既要有利于城区发展,使城市功能得以充分发挥,又要对乡村经济发展起推动作用。市郊结合部要在"结合"上做好文章,科学地处理好城市与乡村发展之间的关系。六是综合效益观,处理好"结合部"内部各业之间的关系,使经济效益与社会、生态效益有机结合,使区内经济走上良性发展的轨道。

101.4.2 开发治理措施

在当前中央治理、整顿经济的大环境中,如何针对市郊结合部存在的上述问题,治理整顿区域内部的小环境,以充分发挥"结合部"的优势与活力,促进城乡经济的协调发展,这是城市和郊区建设中必须十分重视、共同研究解决的一个问题。

(1) 深入调研,综合规划

当前对"结合部"的情况各部门虽都有所接触和了解,但由于着眼点和接触面的不同,必然有各种不同的见解和设想,这是可以理解的。但如何能使"结合部"的治理和开发达到如上述要求,笔者认为,当务之急应在市政府直接领导下,组织有关部门和学者,对"结合部"进行深入、全面的调研,对"结合部"现阶段范围的确定、开发的潜力、急待解决的问题和综合发展方案等作全面分析研究,并与城建、规划、农业、土地、环保、公安、民政等部门和有关区、县共同讨论,提出综合规划方案和今后如何协调发展、统一管理的办法,报请上级审定批准后执行。并要按照城市总体规划的目标要求,根据现有财力、物力条件,分清轻重缓急,制订出不同阶段(近、中、远期)的"结合部"开发治理规划与实施方案。当前可把重点放在对"结合部"土地的管理和治理社会环境这两个方面。

(2) 大力整治社会环境

由于庞大的流动人口其中相当部分在"结合部"栖息,从而给这一地区带来诸如社会治安、超计划生育、儿童就学、卫生管理等一系列严重的社会问题,必须采取有效措施大力整治。这应当成为当前"结合部"工作的重点之一。主要是调整行政体制,明确管理范围与权限、职责,加强行政管理,建立规章制度,严格执法及宣传教育等多种途径解决。要尽快克服有的乡镇派出所交叉重叠,治安管理混乱,遇事扯皮、推诿的现象。特别是要做好"结合部"内流动人口的清理整顿工作。

(3) 调整产业结构和地域结构

目前在"结合部"范围内,产业门类繁杂,各乡之间雷同性较大,由于缺少统一规划管理,许多企业重复建设,盲目发展,布局零乱,既浪费了土地资源,污染了环境,加剧了能源、交通、原材料供应的矛盾;又分散了有限的资金、技术力量,影响了经济效益,很不利于"结合部"主体功能的发挥。必须根据"结合部"主体功能的要求,充分考虑原有行业基础,按照有利于实现城乡一体化,保证蔬菜副食品基地供给,效益好、污染小、节约耕地等综合因素,因地制宜,适当集中,合理分工的原则,实事求是地加以调整,逐步建立起具有"结合部"特色的产业结构和地域结构。即能充分发挥各乡镇的地理区位优势,体现各乡镇之间自然、社会经济条件的差异性,具有专门化意义和适度规模经营、经济社会效益较好的产业结构。当前调整的重点应是乡镇企业。通过调整,使产业结构优化组合,提高劳动生产率和土地生产率,形成工农业结合、城乡一体特色的地域结构。

(4) 加强基础设施建设

若干年来,由于大城市欠账过多,资金严重不足,使包括结合部在内的城市交通(对外和对内)、通信、能源、邮电等投资环境的矛盾仍相当突出,使"结合部"的发展受阻。要采取措施增加对城市设施及交通、能源、水利设施等资金的投入,改善投资环境。在统一规划基础上,分批分期建设。首先搞好对外交通和区外公路交通建设;提高"结合部"公路网密度和公路等级,增设站、场,为缓解交通矛盾、为"结合部"发展创造良好的环境。

(5) 切实治理"三废"

新中国成立以后在近郊建立的工业区,大量"三废"任意排放,使"结合部"的区域环境质量不断下降,蔬菜等农作物被污染,居民身体健康受到影响;另一方面,这几年有些乡镇工业的盲目发展及城市有污染工业的外移,加上农业生产中大量使用化肥、农药,进一步加剧了"结合部"环境的矛盾。近郊的20余万亩耕地中,土壤重金属污染的面积达66.7%。要采取有效措施,大力治理"三废",这是一项十分紧迫的任务。

生态环境的改善是一项长期的任务。当前主要是加强管理,调整布局,严格执行环保法,减轻工业三废污染;同时对重点污染源区(如桃浦等)实行集中治理,提高环境质量,近期重点搞好水污染治理。

大城市的市区和郊区,是一个以人类生活与经济活动为核心的复杂的生态系统。市区和郊区之间存在着密切的社会经济和生态联系,我们应把市郊结合部看成是一个由区域自然环境与地方行政管理、技术经济交互作用下形成的有机整体,即市郊结合部区域生态经济系统,在全面规划、开发、治理"结合部",促进"结合部"区域发展中,既要强调城乡经济的一体化,也要十分重视城乡生态的一体化,并通过市区和郊区的体制改革,经济结构调整,综合环境的改善,使"结合部"区域的社会经济发展与生态建设相互协调,紧密配合,最终建立起市郊结合部区域良性的社会—生态复合系统;实现城乡经济发达、生态环境良好、社会福利提高和人民身体健康的综合发展目标。

[严重敏,刘君德.关于城乡结合部若干问题初探[J].城市经济研究,1989(12):50]

解读:本文是国内较早公开发表的关于城乡结合部研究的论文之一。文章在界定城乡结合部的含义和范围的基础上,全面、翔实、综合地分析了大城市城乡结合部的空间特质与其特有的功能,指出"结合部"对于城市中心区所起的"控制""疏导"和"保证"作用,可以"防止中心城区的盲目膨胀,缓解中心城区的交通、住房、环境等矛盾,确保蔬菜副食品的供应,优化城市环境";而对农村来说,"结合部"则起着"支援""带动"作用,以城市的资金、技术、设备促进郊区农村经济的发展,加速城乡一体化进程,使结合部成为连接城乡经济的"桥梁"和"枢纽"。文章同时指出:由于市郊结合部的功能受到城市和乡村双向发展的深刻影响,因而在市中心区与农村之间社会经济发展的互相交叉和竞争之中,需要把握好"结合部"的动态变化规律。文章最后提出了结合部开发治理的原则和措施。这篇论文发表时过28年,今天看来许多观点依然具有参考价值。

102　上海城乡结合部管理体制创新

　　背景：20世纪90年代起，我国进入城市化快速发展时期，大城市不断扩容，城市郊区的农用地不断转变为建设用地，城市郊区化和郊区城市化不断碰撞，形成了"似城非城、似乡非乡"的城乡结合部。传统的城乡二元管理体制无法适应城乡结合部管理体制变革的内在需求，导致管理矛盾十分突出。上海市正在向国际化大都市迈进，上海城乡结合部管理体制矛盾的突出性在全国具有代表性，城乡结合部管理体制改革的实践探索在全国具有创新性。在这种背景下，我申报了国家社会科学基金项目"大城市城郊结合部行政管理体制综合研究"(97B22007)获得批准。本文是该课题的部分调研成果总结和学术思考，文中提出的学术观点对今天加强我国大城市城乡结合部的综合治理仍然有参考价值。

102.1　制度创新与可持续发展

　　自1992年联合国环境与发展大会以来，实现全球可持续发展已形成共识。我国政府及时制定了《中国21世纪议程》，要求将可持续发展的主要思路和内容贯彻到各级政府国民经济和社会发展中长期计划的编制之中，并在"九五"计划和2010年长远规划中与具体项目的实施相结合[1]。由此，掀起了国内学者对可持续发展研究的热潮，地理学者更将其作为一个核心的研究领域。从文献资料看，研究的内容十分广泛，如农业的可持续发展[2]、资源的可持续利用[3]、可持续发展的量化模型[4]、国外的可持续发展战略[5]、实施可持续发展的具体政策措施[6]等。总体而言，宏观的战略的多，微观的可操作性的少。可持续发展离不开制度创新，制度创新的目的就是可持续发展，两者相辅相成，不可割裂。本文作者之一从制度创新的一个重要方面——行政区划改革角度论述了其与可持续发展的关系，指出：行政区划格局既是实现可持续发展目标的积极因素，又可能因为囿于行政辖区利益分割造成可持续发展的阻滞效应。作者在这篇文章中提出了解决可持续发展中有关行政区划问题的若干观点[7]。但总体看来，制度创新至今还没有纳入可持续发展的研究内容，尚未引起国内学者的注意。

　　上海市是我国最大的经济中心，正在向国际性大都市迈进。随着城市功能的转换，中心城区的产业和人口向外扩散以及郊区房地产开发日趋强烈，传统的城乡二元结构已被打破，一个全新的城市地域单元——城乡结合部已经形成。这个地带，社会治安、计划生育、环境卫生、土地利用、城市规划、社区管理等方面的矛盾十分突出，是目前管理最薄弱的地带，也是急需加强管理的地带。上海市能否实现可持续发展，关键要看能否管理好城乡结合部，因为它不只关系到城乡结合部本身的发展，而且关系到中心城区土地置换和产业结构调整，也关系到乡村城市化和城乡一体化发展。正因为如此，从制度创新促进可持续发展这样一个全新的角度来探索上海市城乡结合部的管理体制，不仅可以丰富可持续发展的研究内容，提高可持续发展研究的可操作性，而且对上海市的可持续发展有重大的现实指导意义，对国内其他大城市的可持续发展也有借鉴意义。

102.2　上海市城乡结合部的管理矛盾

在上海市城乡结合部,因土地和城市单位的扩散,"一地两府"和"一地多主"的现象非常普遍,即一片土地由一个城市型政府和一个乡村型政府兼管;一片土地有多个主人,其中不仅涉及城区和郊区的政府部门,还包括众多的开发区、房地产公司和物业管理公司。由此造成的管理上的混乱是由于各管理部门、管理层在权利、职责和义务方面分工不明,在工商行政、税务、文教、卫生、环保、城建、计划生育、消防安全、治安保卫等方面存在着交叉管理或者管理不到的地方。各管理部门在对有经济利益的事情争着办,如收取工商管理费、税款和事故罚款等;而对要承担责任和尽义务的事情则互相扯皮、推诿、拖延不决,如治安工作、环境卫生的综合治理、外来人口的管理等,不仅对地方政府的正常管理造成很大的难度,而且给居民的生活、就业、工作以及企业的发展带来了很大影响,严重地限制了上海市的可持续发展。

为了更加深入地了解上海市城乡结合部的管理矛盾,笔者在上海市城乡结合部的不同方位上选取了若干样本点进行了实地调查研究。

102.2.1　样本点之一:闵行区虹桥镇虹四村

虹四村有8个村民小组,其中3个在徐虹铁路支线以北的长宁区地盘上,5个在铁路以南的闵行区地盘上。10多年前,该村铁路以北土地已被古北开发区预征完毕,这样就形成了今天"一地两府三方"的格局,即闵行区、长宁区和古北集团,其管理矛盾由此而产生。矛盾之一是虹四村的跨区管理问题:铁路以北位于长宁区的3个村民小组在行政和经济上归闵行区虹桥镇管理,在社会治安、环境卫生、道路修建及维护等方面归长宁区安顺路街道管理。由于土地已预征完毕,长宁区不能从土地开发中获得任何利益,只能收取一些营业税、卫生费和工商税等,故而在道路整治、环境卫生等方面不愿付出太大的代价,这是该村铁路以北部分环境卫生状况十分恶劣的一个主要原因。矛盾之二是古北开发区预征铁路以北土地引发的管理问题:土地虽已预征完毕,但因资金不到位而长期没有开发,影响了该村企业的规划和发展,失去土地的村民只能大量建造违章房屋出租给外来人口以增加收入,由此而带来了严重的社会治安隐患和环境的脏乱差。为了解决"一地两府"带来的管理问题,1991年曾将铁路以南5个村民小组划归长宁区安顺路街道。由于长宁区为市区,不适应领导乡村,没有管理乡村的对口单位,虹桥镇也不愿意完全失去虹四村,因而1994年又回到了闵行区。由于区划界线变动难以协调领导和村民的利益,所以虹四村最终选择了一条通过与长宁区政府签约,即铁路以北3个村民小组的收费和管理都由虹四村负责的解决"一地两府"矛盾的道路。

至于古北集团长期占地不开发引起的管理矛盾,虹四村是无法解决的,只能呼吁上级政府,完善土地批租制度和法规。

虹四村"一地两府三方"留下的启示是:①区的界线应尽量不要打破村界,如非要打破不可,也应按照责、权、利相一致的原则,通过协商解决村的跨区管理问题,不要频繁变动区划界线,以免产生新的不安定因素;②对城乡结合部,不要实行或者完全是城市化管理,或者是传统乡村式管理这种非此即彼的管理模式,而应实行一种有利于乡村向城市平稳过渡的动态管理模式;③应完善土地批租制度和法规,逾期完不成开发的土地,应坚决加以回收,以免产生连锁不良后果。

102.2.2 样本点之二:徐汇区虹梅路街道

虹梅路街道西起桂林路、南至漕宝路、西到虹梅路、北至浦汇路,面积 3.2 km²,常住人口 1.5 万人。因服务于漕河泾新技术开发区,开发区扩展到哪里,街道办事处服务也延伸到哪里,故随着开发区的西扩,街道管理也将西扩。现下辖 11 个居委会和 1 个村民自我管理组,形成了"一地三方"的格局,即虹梅路街道、闵行区虹桥镇高家浜村民小组、徐汇区龙华乡虹南村和新莲村的 8 个村民小组。其管理矛盾主要体现在以下两方面:

(1) 高家浜村民小组的管理问题。高家浜村民小组的行政地域已完全在虹梅街道管辖范围内,但因牵涉到村民的分红问题而仍保留村民小组建制,其经济仍由虹桥镇的农业公司管理,村民办事都要到镇里,极不方便。村民小组要求街道接管,但街道由于经费、机构编制等方面的原因不愿接收。最后,双方经过协商成立了一个"高家浜村民自我管理小组"。其核心内容:①经虹桥镇和虹梅街道双方同意落实组织,分清责权;②由虹梅街道派 4 人代管高家浜的行政事务,而村民组长则主管经济生产;③村民小组提供管理小组的日常支出及工资和小组内软、硬件设施的支出。这种由"街道代管村民小组"的管理方式也是通过协议,达成责权利分明,以解决"一地两府"矛盾的一种尝试。

(2) 与漕河泾开发区的关系问题:从街道的建立宗旨看,它是开发区的配套管理机构,由市政府特批成立,原则上开发区开发到哪里,街道的管理范围也延伸到哪里。但在实际操作中却面临不少问题,主要起因于两者在机构性质上的差异,而造成管理上的不协调。从根本上讲,开发区是一种企业行为,以追求经济效益为目标;街道是一种政府行为,以追求社会效益为目标。所以,从开发区的角度来看,它不愿意为街道居委会的建设投资。可以说,居委会的建设是街道和开发区冲突的焦点。虹梅街道的管理矛盾留下的启示是:①通过协商实行"街道代管农村"的模式也可以解决"一地两府"管理矛盾;②随着城市的扩展和农村土地开发,应及时妥善地解决农村的撤队撤村问题;③在城乡结合部,处理好街道和开发区的关系也是至关重要的。

102.2.3 样本点之三:浦东新区钦洋镇

钦洋镇原为川沙县洋泾乡,土地面积 15 km²,浦东开发后归浦东新区管辖,1996 年 1 月更名为钦洋镇。按照规划,这里要成为大的居住区,因而随着土地的开发,其管辖范围越来越小,以致形成了如今"一地多主"的局面,由此带来的管理矛盾是:①物业管理混乱,多头开发而形成的多个住宅小区是由多家物业公司管理的,由于开发公司只注重自身经济利益,不注重社会效益和环境效益,给当地政府留下了许多隐患,而镇政府又无权监督开发公司的行为;②人户分离严重,据估计,当地村民有 1.9 万,但居住人口超过 20 万,城里动迁户因教育、商业服务不到位而不愿迁户,这给当地的社区管理带来了很大的难度;③外来人口众多,因土地已预征完毕,失去土地的村民大量建造私房出租给外来人口,给社会治安带来了隐患;④乡镇企业发展空间受阻,被迫异地发展或转向三产;⑤集体资产分配难度大,按照上级政府的指示,农村撤队撤村后,应将集体资产评估后分配给原村民,但钦洋镇1993年7月16日就成立了广洋总公司,由村及村以上企业资产组成,希望继续发展,而撤村后的村民则希望瓜分村办企业资产,矛盾由此而产生;⑥横向矛盾突出,镇和街道、镇和开发公司的关系尚未理顺,相互扯皮的现象层出不穷;⑦农民就业门路窄,征地后,农民因本身的素质很难找到适当的工作;⑧城市管理缺乏经验,钦洋镇由浦东新区城工委领导,实行城市化管理,但缺乏社区管理经验。

为解决"一地多主"管理矛盾,钦洋镇加强了城市管理职能,在镇政府下成立了社区管理委员会,统管全镇范围内的社区工作,这样就形成了"镇管社区"的模式,有利于当地的长治久安。然而,由此引发的问题是:①人的观念跟不上,传统上城区属街道居委会管,不属乡镇人民政府管,镇管社区是个新事物,浦西动迁户和浦东老百姓都想不通;②镇管社区缺乏法律依据,按现行法律,街道管居委会,镇管农村,而实行镇管社区法律依据何在?镇政府社区管理委员会的地位、权威如何定位?③镇管社区管理经费由谁提供?钦洋镇土地开发后变为居住、商贸区,这些活动与当地村民无关,实行镇管社区,实际上是要求镇政府挖出一块财力专管社区,对此,镇政府和村民意见很大。

浦东开发给钦洋镇带来的管理矛盾及其实践留下的启示是:①在城乡结合部,应实行一种有利于乡村向城市平稳过渡的管理体制,镇管社区的模式,是一种有益的尝试;②人户分离是城乡结合部存在的普遍现象,也是影响城乡结合部管理的一个主要因素;③要加强城乡结合部的管理,还要妥善地解决农民的城市化问题,即农民和土地脱离关系以后,农民的就业、居住及撤队撤村后集体资产的分配问题。

102.2.4 样本点之四:闸北区彭浦新村街道共康小区

共康小区原为农田,在宝山区的地盘上,紧靠闸北区,面积为 0.8 km^2。闸北区天目广场动迁,将七八千户居民迁到这里,使这里成为住宅小区。但随即产生了为户口问题而引发的矛盾。按现行政策,在招工、招生等方面多将宝山、闵行、嘉定三区排除在外,这就使动迁居民产生了畏惧心理,不愿要宝山区的户口,不愿归宝山区管理。后来,闸北区与宝山区协商,由闸北区代管共康小区,但因动迁居民的反对而没有落实。1997年,上海市人民政府第50号文件批复,同意将宝山区共康小区划入闸北区彭浦新村街道,彻底解决了行政区划带来的管理矛盾。但随即又产生了新的管理矛盾:第一,新的区划界线是高压塔,界线不太清楚,这给治安管理带来了难度;第二,产生了新的"一地两府"矛盾,宝山区前进村百余户村民划入闸北区,因闸北区没有管理乡村的对口单位,故通过协议,前进村农民户籍由宝山区管,就业、入学仍在宝山,而治安、公建由闸北区管,因牵涉人数较少,目前尚未出现大的矛盾。共康小区行政区划引发的管理矛盾留下的启示是:①现行户籍制度是影响居民动迁和社会安定的一个主要因素,由于城郊户籍在就业、入学待遇上的差异,才使区划界线具有了特殊的涵义;②解决"一地两府"管理矛盾,既可采用协商代管的办法,也可采取区划调整的办法,要因时而异、因地而异。

102.2.5　样本点之五:宝山区高镜镇

高镜镇位于宝山区南部,处于宝山与闸北、杨浦、虹口四区的交界部位,土地面积 20 km² 左右,有 9 个行政村。1984 年开始房地产开发,大规模征用土地。现只剩 500 亩左右土地,撤掉了 6 个行政村,农民剩下 4 000~5 000 人,而市里动迁来的居民有 2.5 万人左右。已成立了 15 个居委会,估计土地开发完毕要形成 36 个居委会。针对市里迁来的大批动迁居民、当地农民的城市化以及出现的大量外来人口,镇政府逐渐转变职能,加强了城市化管理的功能,在镇政府下成立了地区办事处,统管全镇范围内的居委会工作。由此,带来的管理矛盾是:①地区办事处的管理经费由谁提供?按现行体制,镇具有独立的财政地位,实行财政包干,而街道和居委会不具有独立的财政,其管理经费由上级政府提供。实行镇管社区,无疑是要求镇控出一块财政管理街道和居委会,替上级政府分忧。以农民的集体积累为市里动迁居民提供社区服务,高镜镇想不通。据估计,一个居委会一年管理经费需要 5 万元,发展到 36 个,则需 180 万元,这笔经费到底由谁提供?②扶贫帮困任务艰巨。市里动迁来的居民绝大多数来自闸北、杨浦、虹口三区的棚户区,其特点是没工作的多、困难户多、残疾人多、精神病人多、孤老多、解除劳教人员多。这些人绝大多数是原住地的社会负担,迁到高镜镇,为了就业和社会福利,多数愿意将户口迁来。按现行政策,扶贫帮困都是和户口相联系的。市里动迁居民要了高镜镇的户口,也就等于向高镜镇提出了扶贫帮困的要求。据了解,高镜镇共发放帮困卡 1 636 个,其中发给本地农民的只有 10 个,其余都发给了市里动迁居民。这些人还要求镇里提供就业岗位,加重了高镜镇的就业压力。高镜镇因市里大批动迁居民带来的管理矛盾留下的启示是:①城里动迁居民的安置必须将迁出地和迁入地通盘考虑,不能将迁出地的社会负担转嫁给迁入地,除非,由市里出面协调,给迁入地以必要的补偿,否则必将引发社会的不安定因素;②转变镇政府职能,成立地区办事处,统管全镇的社区工作,其经验值得借鉴,但是,应该充分考虑好地区办事处的运作经费,不能很好地解决这个问题,搞好城乡结合部的社区管理就是一句空话。

综合上述各个样本点的情况,可以发现,城乡结合部存在的管理问题主要是:

(1) 人户分离问题。在现行体制下,就业和子女教育是与户籍紧紧联系在一起的。鉴于城乡结合部与老城区在这方面的巨大反差,城里动迁户凡是牵涉到就业和子女教育的,多数保持人户分离;而农村动迁户鉴于经济利益的考虑,也不愿意农转非,增加了户籍管理的难度。

(2) 跨区管理问题。在现行体制下,区的界线是无情的,往往会极大地影响地方政府、企业和个人的利益。城乡结合部由于土地批租、房地产开发而导致土地四分五裂,城乡单位犬牙交错,"一地两府"及"一地多主"的现象非常普遍,因此围绕区界的争执尤为突出。

(3) 外来人口问题。城乡结合部是管理最薄弱的地带,在这个地带,失去土地的农民大量建造违章房屋出租给外来人口,增加了城乡结合部的治安、环卫、计划生育等社会管理难度。

(4) 农民的出路问题。在城乡结合部,土地多数预征完毕,失去土地的农民只能加入到城市化的行列。这里,关键是要解决好农民的就业、居住和撤队、撤村后集体资产的分配问题,搞不好会引发严重的社会问题。

(5) 土地开发问题。按现行法律,土地批租后,逾期完不成开发的坚决回收。然而,现实情况是,土地逾期完不成开发的较为普遍,有的竟逾期 10 年左右,严重影响了乡镇企业的发展和农民的生计。

(6) 基层政权建设问题。在城乡结合部,由于房地产开发而出现了众多的住宅小区。这些住宅小区多由物业管理公司实行封闭式管理,对居委会的建设多持抵触心理,由此引发的管理矛盾比较突出。

102.3　上海市城乡结合部的管理体制创新

上海市城乡结合部出现的各种管理问题,往往相互交织在一起,增加了城乡结合部社会管理的艰巨性和复杂性。这些问题是中心城市向外扩展的必然产物,是不可避免的。其管理矛盾,归根到底,应归因于城乡结合部城市化管理的空缺,或者说是因为城乡结合缺乏一个统一的、具有权威的社区管理机构。

实践已经证明,对城乡结合部这一既包含城市地域,又含有乡村地域的特殊地带,既不能实行传统的乡村式管理,也不能实行完全的城市化管理,而应实行一种有利于乡村向城市平稳过渡的动态管理模式。

据此,笔者认为,上海市城乡结合部的管理体制创新应遵循以下原则:
①有利于乡村向城市平稳过渡;②有利于城乡结合部的经济发展;③有利于人民生活的稳定;④有利于行政管理的有效和节约管理成本。

基于以上这些原则,笔者提出了以下几种城乡结合部管理体制的创新模式。

102.3.1　镇(乡)管社区模式

适合于解决因土地多头分散开发而带来的管理矛盾。其具体内容是,在镇政府下成立地区办事处,统管全镇范围内的社区工作。随着土地开发力度的加大,动迁居民的迁入越来越多,农民的集中居住也日益明显。在这种背景下,镇(乡)主管农业和农村工作的职能应逐渐削弱,地区办事处的作用越来越大。由此带来的管理矛盾是,地区办事处的运作经费到底由谁提供?笔者认为,本着责、权、利相一致的原则,地区办事处的运作经费,或者完全由镇(乡)政府提供,同时社区的收入也应完全纳入镇(乡)的财政收入;或者由上级政府和镇(乡)政府按城里动迁户(城里拆除街道、居委会后管理经费应转移到此)和农民之比分摊。土地开发完毕,乡村土地全部转变为建成区时,应撤销镇(乡)政府,将地区办事处升格为街道办事处,从而最终完成乡村向城市的转变。

102.3.2　街道管乡村模式

适合于解决因城市化地域内存在部分乡村地域带来的管理矛盾。其具体内容是,在城乡结合部,撤销镇(乡)建制,建立街道办事处。根据城乡单位混居的特点,在其下设立城区办事处和农村办事处。城区办事处的职能类似于上述的地区办事处,主管城里动迁户和农转非后的社区管理工作,其运作经费由上级政府提供。农村办事处的职能类似于过去的镇政府,主管农业和农村工作。根据取之于民、用之于民的原则,其运作经费来自于农民和乡镇企业。随着土地开发力度的加大,城区办事处的作用越来越大,而乡村办事处的职能逐渐削弱。当土地开发完毕,农业人口全部转化为非农业人口时,就可撤销农村办事处,从而使街道办事处具备完全城市化管理的特点。

102.3.3 街道、镇(乡)并存模式

适合于解决镇(乡)域范围内因大规模集中的土地开发带来的管理矛盾。具体内容是,在城乡结合部,保持街道和镇(乡)并存的格局,地位平等,互不隶属。即随着土地大规模批租和房地产集中开发,镇(乡)的管辖范围逐渐缩小,只限于农村土地和农业人口。而批租出去的土地,随着住宅区的建设,应相应设立居委会和家委会。达到街道办事处规模的就设立街道办事处,达不到的设立地区办事处,其运作经费由上级政府提供。这样,镇(乡)的管辖范围和职能随着土地开发力度的加大而逐渐缩小,而街道办事处(地区办事处)的管辖范围越来越大。最终,当土地开发完毕,镇(乡)的职能和管辖范围自然而然地消失了,从而完全过渡到街道办事处的管理体制。

上述3种模式,都是为了解决不同的管理矛盾而提出。尽管出发点各不相同,但结果都是促使乡村地域顺利转变为城市地域。具体采取何种模式,尚需根据各地具体情况而定。也只有这样,才能促进上海市的可持续发展。

[刘君德,宋迎昌,刘宇辉.论制度创新与可持续发展:上海市城乡结合部的管理体制探索[J].城市规划汇刊,1998(4):42-45]

解读:这篇论文的特色主要体现在3个方面。一是基于5个样本点调查的第一手资料分析,研究基础扎实;二是对上海城乡结合部行政管理体制改革的实践经验总结和理论升华;三是提出了具有可操作、可复制的3种管理模式,对类似地区进行行政管理体制改革具有较强的参考价值。

参考文献

[1] 邓楠.中国21世纪议程:中国可持续发展战略[J].中国人口、资源与环境,1995,5(3):1-6.
[2] 朱巫荣.持续农业是中国农业发展的必然趋向[J].中国人口、资源与环境,1995,5(1):52-54.
[3] 王华东,鲍全盛.资源、环境与区域可持续发展研究[J].中国人口、资源与环境,1995,5(2):18-22.
[4] 郝晓辉.ECCO模型:持续发展的全新定量分析方法[J].中国人口、资源与环境,1995,5(1):43-46.
[5] 吴依林,范铭义.瑞典可持续发展战略[J].中国人口、资源与环境,1995,5(3):80-82.
[6] 张梓太,朱卫东.我国排污收费制度的立法缺陷及完善对策刍议[J].中国人口、资源与环境,1995,5(2):78-81.
[7] 刘君德.行政区划与可持续发展[N].中国科学学报,1997-01-10.

103　上海市郊乡村—城市转型与发展

背景：我国的改革开放促进了经济社会的迅猛发展，特别是城镇化加速推进，也使乡村—城市转型成为一种客观必然。从理论与实践两个方面研究乡村—城市转型的特点、规律，解决转型中出现的新情况、新问题具有十分重要的意义。本文对上海市郊区的乡村—城镇转型与发展问题进行了探讨。

农村城市化是普遍存在的经济社会发展过程，而实现乡村—城市转型则是这一发展过程的必然结果。上海市郊区（包括6个远郊县：南汇、奉贤、松江、金山、青浦和崇明，4个近郊区：闵行、宝山、嘉定和浦东新区）作为我国最大经济中心城市的郊区，其乡村—城市转型表现出一定的特殊性，并且在转型过程中也存在若干急待研究解决的问题。

103.1　上海郊区乡村—城市转型特征的分析

乡村—城市转型是人类社会地域空间组织由农村社会类型向城市社会类型转变的过程，这种转型包括4个方面的转变：①人口的转变，包括人口职业转变和人口地域分布的变化；②经济结构的转变，主要是产业结构的变化；③空间地域结构的转变，即由农村地域发展成为城市地域，由农业生产地域为主导型转变为非农业生产地域为主导型；④基础设施完善，即道路交通、供电、供水和供气等的配套公共设施的完善，它是乡村—城市转型的明显标志之一。

改革开放以来，上海郊区农村城市化速度大大加快，郊区变化显著。第一，农村经济实力明显增长，第二产业占主导地位，1995年工农业总产值突破了2 000亿元（现行价），其中工业产值占60%；第二，产业的外向度急剧上升，外资企业大量落户郊区，至1995年，郊区已批准"三资"企业6 200多家，总投资127亿美元；第三，农业生产向集约化都市农业发展，规模化经营粮田面积占商品粮田面积达43%左右，养殖业基本实现规模化经营；第四，各类基础设施日益完善，"八五"期间，郊区投入80多亿元修建道路、桥梁，新建道路超过1 000 km，还投资50多亿元改造、新建供电、通信设施，各县区集镇新建成区面积超过200 km^2，出现了一批现代化小城镇，郊区城市化人口已达到35%；第五，农村生活条件和方式发生了很大改变，人均居住面积达50 m^2，一些基本生活方式如饮水、通信等都正在向城镇型发展。

分析和考察上海郊区城市化过程中乡村—城市转型特征，主要表现为：

第一，农村产业结构发生了根本性转变。改革开放后，上海郊区经济和社会面貌发生了根本性变化，乡镇工业异军突起，农业多种经营迅速发展，外向型经济成为郊区经济发展的新生长点，形成了产业结构的新格局。至1995年，郊区工农业总产值达到2 000亿元（现行价），其中工业产值1 900亿元，占95%，产业结构转变为8.5∶60.5∶31。

第二，农业劳动力就业结构发生了显著变化。表103-1列出了1979年与1994年上海郊区劳动力就业结构的比较,1994年从事农业生产的劳动力大幅度地减少,以种植业减少人数最多,达到118.36万,这部分剩余劳动力全都转入非农产业,主要从事工业、交通邮电业和商业饮食;近年来,非农产业内部的劳动力就业结构也有所变化,表现为第三产业中从事服务行业的劳动力人数增加较快。

第三,农村土地利用结构中非农业用地比例增加。上海郊区共有土地面积5 547.97 km², 耕地面积31.78万hm²。近年来,由于农村集镇建设和大城市工业向郊区转移等原因,使郊区农村耕地每年都在减少。表103-2反映了1985—1992年因国家征用和乡村基建而导致每年减少的耕地面积的情况。据统计,1991—1995年,上海郊区共批准建设用地63.47万亩,其中耕地转型量为49.69万亩,占78.29%。

表103-1 上海市郊区农村部分行业劳动力就业结构变化情况

年份	种植业	牧业	渔业	工业	建筑业	运输、邮电业	文教卫生福利	商业饮食业
1979/万人	175.8	1.20	1.87	55.1	8.25	3.25	1.95	0.21
所占比/%	63.24	0.56	0.68	20.0	2.97	1.17	0.71	0.08
1994/万人	57.44	1.92	2.61	112.0	6.17	8.97	1.97	6.12
所占比/%	24.66	0.82	1.12	48.1	2.65	3.85	0.84	2.63
增加比例/%	-38.58	0.26	0.44	28.1	-0.32	2.68	0.13	2.55

表103-2 上海市郊区耕地年减少量变化情况

年份	1985	1986	1987	1988	1989	1990	1991	1992	总计
减少耕地面积/万亩	5.29	3.47	3.76	3.68	3.30	1.22	2.64	13.50	36.86

第四,乡建制向镇建制转变。至1995年,上海郊区已基本完成了乡建制向镇建制转变。

103.2 上海乡村—城市转型的动力机制

分析上海郊区乡村—城市转型的动力机制,主要受到两类因素的影响,一是城市经济发展因素,二是政府行政因素,具体表现为以下3个方面。

首先是自上而下的推动力机制。其中政府的行政决策起了主要作用,包括:开发区的建设、城镇规划、产业结构和布局的调整等方面的政府行为。①开发区的建设,是带动郊区经济发展的增长点。表103-3列出了郊区开发区建设情况,从表中可以看出,开发区的建设依托于城镇,一方面促进了城镇基础设施的改善与配套,另一方面加剧了人口向城镇集中,扩大了城镇的规模,带动了城镇第三产业的发展。如松江工业区紧邻松江镇,区内基础设施配套率达80%,是松江镇向东北方向扩展的主要因素。②中心城区辐射与扩散作用所形成的郊区化过程,是带动乡村—城市转型的重要动力之一。上海中心城区的扩散,表现为中心城区呈"摊大饼"蔓延式向郊区扩展。如闵行、宝山、嘉定在城市总体规划中确定为辅城,这些近郊区与中心城区的结合部不仅成为中心城区人口外迁的主要接受地域,而且是中心城区一些工业外移的最佳区位选择,实际上逐渐发展成了建设区。③城市大工业在郊区布点及与郊区乡镇工业联营,带动了乡镇工业的发展,使其成为郊区乡村—城市转型的主导动力。同时,随着上海城市功能转变,中心城区将有 2/3 的工业逐步迁移,郊区将是最佳的吸纳地。至 1993 年上海城市大工业(包括部属、市属两类)布局在郊区的企业有 664 家,从业人数为 43.14 万;郊区乡镇工业生产中有 70% 是与城市工业、外贸、商业等部门协作、配套、加工的。所有这些都大大促进了郊区非农化、城镇化的发展进程。

表 103-3　上海郊区 6 县开发区建设情况

开发区名称	级别	规划面积/km²	所在县	依托城镇
松江工业区	市级	20.56	松江县	松江镇
康桥工业园区	市级	34.00	南汇县	周浦镇
上海漕泾化工区	市级	11.50	奉贤县	漕泾镇
金山第二工业区	市级	8.50	金山县	金山卫镇
奉浦工业区	市级	18.80	奉贤县	南桥镇
金山嘴工业区	市级	20.80	金山县	金山卫镇
上海西部工业园区	市级	16.02	青浦县	青浦镇
中国轻纺工业城	国家级	3.36	青浦县	青浦镇

其次是自下而上的集聚力机制。主要取决于市场机制的调节作用,包括劳动力市场、土地市场、资本市场、商品市场等方面。①随着郊区乡镇企业和城镇基本建设的发展,农村耕地迅速减少,农业剩余劳动力大大增加,而改革开放以来市场机制的作用,有力推动了剩余劳动力向非农业转化。据统计,自 1979 年到 1995 年,郊区农村从事大农业的劳动力比例由 72% 减少到 17.05%;与此同时,从事工业、建筑业、运输业、商业饮食业的劳动力明显增加,极大地推动了乡村—城镇的转型。②郊区农村在实施"农民向集镇集中、农田向农场集中、工业向园区集中"的建设现代化大都市郊区的发展战略中,对县域城镇体系和村镇建设进行了详细规划,引导乡村—城市转型的发展。如南汇县"九五"计划和"2010 年远期目标规划纲要"中提出南汇县城镇体系建设的总目标是:"一个中心城(惠南镇),4 个辅中心城(周浦、新场—大团、祝桥、芦潮港)和 18 个建制镇及若干个集镇"。③沪郊农村农民集资建设的农民城正在蓬勃兴起,成为带动农村—城镇转型的有生力量。最为典型的是奉贤县洪庙镇,靠农民自筹资金,建起了一幢幢规划有致的小别墅楼,进行了各类基础设施的配套建设,使这个农村小集镇迅速成为富有现代气息的农民新城。

再次是对外开放的外力机制。改革开放以来,上海郊区优越的区位条件使其成为内外商投资的有利场所。据统计,到 1995 年,郊区已累计批准"三资"企业 3 204 家,占全市"三资"企业总数的 46.17%;与此同时,内地也有一些企业家到上海郊区合资联营兴办企业。这都促进了郊区农村劳动力的转移,也吸引了一大批外来就业人口和市区下岗待业人员,加快了郊区农村乡村—城市转型发展的步伐。

103.3 乡村—城市转型的模式分析

根据上海郊区乡村—城市转型特征、动力机制、地理区位，可以将上海郊区乡村—城市转型的模式概括为3种类型：近郊扩展型、小城镇型和一般城镇发展型（图103-1）。

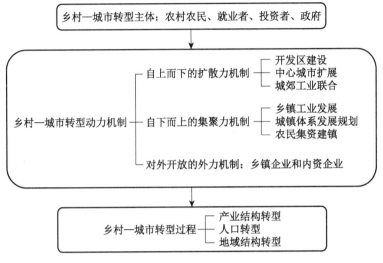

图 103-1　上海郊区乡村—城市转型模式

近郊扩展型，是指由于上海中心城区用地规模的扩大或大型企业在近郊区的布局，使原来的农村地域结构转型为城市地域结构。如嘉定、闵行、宝山和浦东等地区。新中国成立初期，上海市区面积仅 82.42 km^2，狭小的地域空间已经不能适应城市发展的需要，于是有计划地在原来中心城区外围相继建设了各具特色的近郊工业区，先后有北新泾、彭浦、周家桥、庆宁寺、五角场、桃浦、漕河泾、长桥、高桥等，并且相应建设了一批新村，如曹杨、长风、天山、凤城等。这种模式曾经有力地推动了中心城区外围农村地区乡村—城市转型的发展，但是随着上海城市地域空间扩展由"圈层式"摊大饼模式转向轴向扩展模式，其作用会逐渐减弱。

小城镇型，是为了疏散中心城区工业和人口，从第二个五年计划开始，先后建立了吴泾、吴淞、闵行、松江、嘉定、安亭、金山等卫星城。20世纪90年代，浦东新区开发开放，也促进了城市向农村新的扩展。

一般城镇发展型，是指郊区乡镇工业发展带动了农村城市化的发展，郊区形成了一批建设水平较高的建制镇和集镇。特别是各区县在贯彻实施"农民向城镇集中、农田向农场集中、工业向园区集中"的现代城郊发展战略中，都制订了相应的城镇体系规划和城镇总体规划，确定了城镇建设发展目标和城镇发展的等级规模，有计划地引导农民向城镇集中。最典型的是在市郊六县确定了17个小城镇作为综合改革配套试点镇。

上述3种模式相互结合，共同构成了上海郊区乡村—城市转型发展的主要推动力量。

乡村—城市转型是社会经济发展的必然趋势。作为大城市郊区，在迅速推进乡村—城市转型过程中，由于一些要素的变化，必然会引发新的问题；而在上海郊区，这些问题表现尤为突出，应采取相应的措施加以解决，以实现其协调发展。

第一,农民对土地的依赖性问题。土地是农民的"命根子",进城镇落户虽然可以圆做"城里人"的梦,但要离开赖以生存的土地还难以定夺。面对这个问题,推行"土地股份制"新措施,即以乡镇、村为单位,成立土地开发股份公司,公司对社区内土地按照级差地租和土地产出效益核定基价,并按社区成员的承包权、劳动贡献等折股成为农业股、工业股,再量化到人,其中农业股按田亩加入股份制农场,年终分红利,工业股按国家规定的养老、待业金作股,存入银行,每年支取利息,将有助于把农民从土地的羁绊中新中国成立出来,轻松进城。

第二,非农产业就业岗位的问题。郊区农村大量的耕地被征用,农民的就业成为急需解决的重要问题。到1995年6月底,上海郊区需安置的征地农民18.61万人,通过各种渠道进行就业安排后,还有占总数1/3的劳动力工作未落实。面对这个问题,应该广开就业门路。随着郊区乡村—城市转型的发展,原来的乡村型社区随之转变为城镇型社区,这将导致社区服务内容增多、服务量增加,因此,加强社区建设,完善社区配套服务,是增加就业岗位的有效途径之一。

第三,城郊结合部综合开发与治理问题。城郊结合部是现阶段上海郊区乡村—城市转型表现最为激烈的地区,也是各种社会、经济、环境及治安问题最集中的地带;尤其是土地资源的开发和利用,表现出一定盲目性和随意性,必须搞好城郊结合部的统一规划、综合开发与治理工作,加强管理。一方面要改变城市空间推进的旧模式,即中心城区扩展应该由圈层"摊大饼"扩展模式向轴向伸展模式转变;另一方面郊区也应做好农田保护区的保护规划工作,对城市绿带用地和"菜篮子"工程用地,应该进行有效的保护。

第四,郊区生态环境保护的问题。上海郊区乡镇工业的迅速发展,最大的负面影响是造成了乡村生态环境的污染和破坏。据统计,郊区有近20%的乡镇工业企业排放各种"三废",其中有近10%属于对环境有严重污染的行业。由于这些影响和破坏,使郊区2/3的河道受到不同程度的污染,不符合灌溉标准,有13%的内陆水面水质不符合渔业水质标准。因此要防止这些企业进一步对郊区生态环境造成污染和破坏,特别是防止中心城区外迁工业污染转嫁,一方面要加强污染设施的配套建设,并向建设"花园式工厂"目标迈进;另一方面搞好乡镇工业的合理集中布局,包括市区外迁工业的选点,对环境有严重污染和破坏的企业,不能布局在近郊区和农产品生产基地附近,以保证生态环境和绿色食品的高质量和安全性。

第五,郊区农村社区规划与建设及城镇建设资金问题。随着郊区乡村—城市转型,农村原来的分散居住形式转变成了相对集中居住形式,各种公共服务设施增加,乡村型社区逐渐向城市型社区过渡,因此必须以社区形式发展,按新的目标规划、建设新社区。可以借鉴国外经验,成立由工程师、规划师、建筑师、经济学家和有关行政部门共同组成的"乡村小城镇开发建设公司",统一规划与建设;同时,可以采取国家、集体和个人联合投资的方式筹措建设资金,解决城镇规划、建设的资金问题。

第六,提高农民整体素质的问题。这是关系到乡村—城市转型过程中进一步提高现代化水平,促进城市化和社会经济发展达到较高水平的一项带有根本性措施的大问题。乡村—城市转型的发展,农民不仅仅要改善物质生活条件,还要大大提高精神文化水平,提高郊区农民的整体素质。

[刘君德,彭再德,徐前勇.上海郊区乡村—城市转型与协调发展[J].城市规划,1997(5):44-46]

解读:论文对上海市乡村—城市转型的动力机制进行了分析,指出政府+市场+开放的外力推动着上海市郊区的乡村—城市转型;作者根据地理区位和转型特点对上海的转型模式进行了分类,并针对转型中出现的新问题提出了协调发展的对策措施。

参考文献

[1] 叶维均,张秉忱,林家宁.中国城市化道路初探[M].北京:中国展望出版社,1988.
[2] 顾吾浩.农村城市化与保障农民利益问题[C]//北京市农村经济研究中心,上海市农业经济学会,广州市农业经济学会."海峡两岸'城市化与都市农业'研讨会"论文集.北京:北京市农村经济研究中心,1996.
[3] 上海市统计局.上海郊区统计年鉴1949—1992[M].上海:上海人民出版社,1994.

104　中心城市实力指数评价

背景：20世纪90年代以来，我国社会主义市场经济体制积极推进，城市特别是中心城市在国民经济发展中的地位和作用日显突出。此时，正值我主持国家自然科学基金项目"我国国民经济分级调控空间组织模式可行性方案研究"(49771025)，旨在通过分级调控空间组织模式的研究，积极推进、努力实现国家"九五计划2010年远景目标规划纲要"中明确提出的"按照市场经济规律的内在联系及地理自然的特点、突破行政区划界限，在已有经济布局的基础上，以中心城市和交通要道为依托，逐步形成7个跨省市的经济区域"的目标。2000年顺利完成了项目研究。本文是项目成果的组成部分，主要由林涛完成写作。

相对一般城市而言，中心城市是指在经济上有着十分重要的地位，起着特别重要的作用，具有强大的吸引能力、辐射能力和综合服务能力的城市。从区域角度看，中心城市是一定区域内居于社会经济中心地位的城市，是自然经济区域中经济发达、功能完善、能够渗透和带动周边区域经济发展的行政社会组织和经济组织的统一体；从城市体系角度来看，中心城市是居于核心地位，发挥主导作用的城市。一般而言，中心城市的确定应当从中心城市本身的概念出发，选择那些具有全国意义或区域意义的政治、经济、文化中心城市，其中最重要的是经济中心的功能，而且也必须采用定量方法来客观确定一个城市的中心地位。

20世纪90年代以来，我国向社会主义市场经济体制目标积极迈进，城市特别是中心城市在国民经济发展中的地位和作用日显突出，中心城市的自身发展也出现了一些新的变化，需要我们进行深入研究。

104.1　20世纪80年代至90年代初我国的中心城市

在20世纪80年代至90年代初这一段时期里，一些地理学家和国家有关部门对我国的中心城市进行了定量研究，确定了我国不同时段的中心城市。

20世纪80年代初，国家有关方面在经济体制改革中提出发挥中心城市的作用，将上海等19个城市确定为我国的中心城市。

陈田通过对全国性城市经济影响区域的空间组织的定量研究，提出了20世纪80年代初我国城市影响区域系统[1]，把1982年全国232个城市的影响力分成5个等级：一级区域经济中心：上海、北京、天津、广州、沈阳、武汉6个相当于全国性的大区级中心城市，西南、西北暂缺；二级区域经济中心城市：西安、兰州、重庆、成都、昆明、杭州、无锡、南京、青岛、济南、太原、大连、哈尔滨、鞍山、长春等25个，为大区次中心，其余10个城市为省区中心；三级区域经济中心63个，为省级中心和发展水平较高的省内经济区中心；四级区域经济中心：96个，为省区一般经济区中心、地方性或专业化城市。总体来看，该系统一、二级区域与我国大区和省区的格局基本一致。

顾朝林将图论原理与因子分析方法相结合，应用33个指标对全国1989年343个城市进行了综合实力评价[2]。在此基础上，他借鉴经济区划的 DΔ 系理论和 Rd 链方法，提出了我国两大经济带，3 条经济开发轴线，9 大经济区和 33 个 II 级区的城市经济区区划体系的设想。在此基础上参照省际货物流向流量，建立全国分区城镇体 I 级城市经济区：沈阳经济区（哈尔滨、大连为副中心）、京津经济区（济南、青岛、徐州为副中心）、上海经济区（南京、杭州为副中心）、武汉经济区（长沙、株洲、湘潭为副中心）、广州经济区（以广州—香港为中心，台北、福州为副中心）、重庆经济区（成都、昆明为副中心）、西安经济区（郑州、包头、兰州为副中心）、乌鲁木齐经济区、拉萨经济区。

宁越敏等在确定中心城市划分标准的基础上，强调中心城市应为全国意义或区域意义的政治、经济、文化中心，且以经济中心功能最为重要。城市的中心地位应采用定量方法加以确定[3]。他着重探讨了 20 世纪 80 年代以来中心城市的不平衡发展及空间扩散问题。采用 1985 年和 1991 年统计资料，选择了 3 项代表性指标：市区非农人口 50 万以上、全市工业总产值（或 GDP）在 30 亿元以上和市区邮电业务总量，对符合上述指标的 35 个城市进行了中心性测度，得出 1984 年和 1990 年城市中心性指数（表 104-1 至表 104-3），比较客观地确定了 20 世纪 80 年代中期和 90 年代初我国 20 个中心城市。

(1) 20 世纪 80 年代中期我国 20 个中心城市：全国性中心城市——上海、北京、天津；区域性中心城市——沈阳、广州、武汉、哈尔滨、重庆、南京；区域副中心城市——西安、成都、大连、杭州、长春、青岛、太原、兰州、济南、无锡、苏州。

(2) 20 世纪 90 年代初我国 20 个中心城市：全国性中心城市——上海、北京、天津、广州；区域性中心城市——沈阳、武汉、南京、大连、重庆、哈尔滨；区域副中心——成都、杭州、西安、青岛、长春、济南、苏州、无锡、太原、福州。

由国家统计局会同国家有关部委组成的"中国城市经济社会发展水平评价中心"，采用多元统计的因子分析方法，用 104 个评价指标构成的综合指标体系，于 1992 年年底首次评出并公布了我国城市综合实力 50 强（表 104-4）及首批城市投资硬环境 40 优。

表 104-1 1989 年我国城市经济实力指数（前 42 位）

序号	城市	实力指数	序号	城市	实力指数	序号	城市	实力指数
1	上海	214.497	15	长春	30.035	29	无锡	19.081
2	北京	170.927	16	太原	29.967	30	唐山	18.637
3	天津	102.225	17	杭州	28.349	31	长沙	18.195
4	广州	94.483	18	深圳	28.280	32	苏州	15.211
5	沈阳	77.406	19	大庆	27.779	33	福州	13.729
6	武汉	67.657	20	鞍山	27.419	34	乌鲁木齐	13.689
7	南京	51.359	21	淄博	25.526	35	南昌	13.550
8	哈尔滨	4.969	22	兰州	22.866	36	宁波	13.393
9	大连	46.318	23	石家庄	22.091	37	合肥	12.860
10	重庆	45.150	24	抚顺	21.322	38	洛阳	12.373
11	成都	41.173	25	吉林	20.744	39	包头	12.190
12	西安	39.941	26	昆明	20.610	40	徐州	11.744
13	青岛	32.110	27	郑州	20.178	41	本溪	11.349
14	济南	30.516	28	贵阳	19.549	42	常州	11.223

表104-2　1984年27个中心城市的中心性指数

城市	中心性指数	城市	中心性指数	城市	中心性指数
上海	11.81	西安	−0.22	无锡	−1.03
北京	8.79	成都	−0.27	苏州	−1.14
天津	3.76	大连	−0.46	鞍山	−1.14
沈阳	1.76	杭州	−0.53	郑州	−1.25
广州	1.51	长春	−0.71	昆明	−1.27
武汉	1.43	青岛	−0.81	石家庄	−1.27
哈尔滨	0.40	太原	−0.87	抚顺	−1.31
重庆	0.30	兰州	−0.99	长沙	−1.37
南京	0.23	济南	−1.01	福州	−1.50

表104-3　1990年中心城市的两种中心性指数

城市	指数1	城市	指数2	城市	指数1	城市	指数2
上海	11.39	上海	11.89	成都	−0.33	杭州	−0.32
北京	8.79	北京	7.84	杭州	−0.42	成都	−0.45
广州	3.90	天津	3.53	西安	−0.48	青岛	−0.49
天津	3.40	广州	3.31	青岛	−0.57	西安	−0.51
沈阳	1.66	沈阳	1.47	长春	−0.83	苏州	−0.60
南京	0.87	南京	1.02	济南	−0.84	长春	−0.87
武汉	0.25	武汉	0.31	苏州	−1.03	无锡	−0.84
大连	0.12	重庆	0.12	无锡	−1.08	济南	−0.90
重庆	0.08	哈尔滨	0.01	太原	−1.11	太原	−1.14
哈尔滨	0.02	大连	−0.04	郑州	−1.13	福州	−1.22

注：指数1采用全市的国内生产总值、市区的非农业人口数和市区邮电业务总量三项指标，只进行标准化数据相加，其和即为中心性指数；指数2采用市区非农业人口50万人以上、全市工业总产值30亿元以上、市区邮电业务总量三项指标，只进行标准化数据相加，其和即为中心性指数。

表104-4　1992年我国城市综合实力50强

上海	北京	广州	天津	南京	武汉	深圳	大连	沈阳	厦门
3.838	3.752	1.744	1.652	1.300	1.291	1.201	1.188	1.060	1.009
成都	杭州	哈尔滨	昆明	苏州	长春	无锡	大庆	重庆	长沙
青岛	十堰	佛山	乌鲁木齐	石家庄	合肥	柳州	常州	南通	西安
福州	江门	克拉玛依	扬州	烟台	济南	郑州	宁波	鞍山	锦州
惠州	汕头	韶关	珠海	海口	保定	淄博	南宁	抚顺	威海

注：表中数据为前10位城市综合实力指数。

104.2　20世纪90年代中后期我国的中心城市

对于中心城市的定量判别,可以采用城市实力指数评价方法中的得分法来进行。这一方法主要运用指标的相对重要程度原理,对每一指标进行排序得分,将每一指标集得分相加,最后求得各城市所有指标的得分和。然后根据最终得分进行总排序,求出各城市的相对实力指数,这一指数也可以称为城市的中心性指数。计算方法为:

假设对 n 个城市进行 m 项指标综合评价,其指标集矩阵为 x_{ij}(其中 $i=1,2,\cdots,n$;$j=1,2,\cdots,m$)。为消除量纲对评价的影响,首先对原指标集矩阵标准化,即

$$Z_{ij} = (x_{ij} - \bar{x}_j)/\sigma_j$$

其中,$\bar{x}_j$ 为指标的平均值:

$$\bar{x}_j = \frac{1}{n}\sum_{i=1}^{n} x_{ij}$$

σ_j 为标准差:

$$\sigma_j = \sqrt{\frac{1}{n}\sum_{i=1}^{n}(x_{ij}-\bar{x}_j)^2}$$

或用无偏值的"$n-1$"方法来计算标准差:

$$\sigma_j = \sqrt{\frac{n\sum_{i=1}^{n}x_{ij}^2 - \left(\sum_{i=1}^{n}x_{ij}\right)^2}{n(n-1)}}$$

其次,对 Z_{ij} 按列排序得得分矩阵 C_{ij}:

$$C_{ij} = \begin{cases} j=1,2,\cdots,m \\ 1 \leqslant C_{ij} \leqslant n \end{cases}$$

最后,计算得各城市综合得分指数排序:

$$Q_i = \sum_{i=1}^{n} C_{ij} w_i$$

式中 Q_i 为 i 城市综合评价指数得分,C_{ij} 为 i 城市 j 指标排序得分,W_j 为 j 指标的权重。

为判别20世纪90年代中后期我国的中心城市,笔者根据最新城市统计资料,选取了若干能够反映城市经济实力、物质实力和社会实力的代表性指标,对1996年我国的大城市进行了实力指数评价。这几个指标是:

(1) 市区非农业人口(NAP):反映城市实力和地位的一项综合性指标。1996年,我国共有78个市区非农业人口在50万以上的大城市。

(2) 全市国内生产总值(GDP):反映城市的经济实力。由于大多数中心城市在其郊区布置了规模不等的工业,故在此采用全市为统计口径。

(3) 市区第三产业产值(TI):反映对城市及其区域生产的服务水平。

(4) 市区社会商品零售总额(RCG)：反映城市的吸引能力以及以城市为中心的区域市场发展水平。

(5) 市区邮电业务总量(RPCS)：这一指标与城市的政治、文化地位及经济实力密切相关，可以反映城市信息中心地位和城市的辐射能力。

(6) 市区高等学校在校学生人数(CS)：这一指标不仅是反映城市吸引能力的指标之一，也是反映科技、文化水平的重要指标。

根据上述计算方法，我们得到了1996年我国78个大城市的实力指数评价结果(表104-5)。

在表104-5中，前25位城市的中心性指数均为正数，说明这些城市的中心性指数高于全部78个大城市的平均值，是我国重要的中心城市。其中上海、北京、广州的中心性指数远远高于其他城市，是目前我国最重要的3个中心城市，其中心性具有全国意义。而天津的全国性地位已与广州有了较大的差距。武汉的中心地位也已接近天津，这主要是因为武汉的高校在校学生数这一指标仅次于北京，位居78个大城市的第二位，反映了武汉市在全国已经具备了较强的吸引能力和重要的科技和文化中心地位。因此，在某种意义上，武汉已经成为全国性中心城市。根据表104-3反映出前25个大城市的中心性指数差及其在数轴上的间隔距离，我们可以将这些城市分为三组：

第一组($C_i \geqslant 9.16$，全国性中心城市)：上海、北京、广州、天津、武汉。

第二组($3.56 \leqslant C_i < 9.16$，区域性中心城市)：沈阳、深圳、南京、成都、重庆、哈尔滨、大连、杭州、西安；

第三组($C_i < 3.56$，区域副中心城市)：济南、长春、郑州、青岛、苏州、福州、石家庄、长沙、无锡、宁波、昆明。

表104-5　1996年我国78个大城市中心性指数排序

城市	C_i	城市	C_i	城市	C_i	城市	C_i
上海	30.26	石家庄	1.21	鞍山	−1.84	柳州	−3.33
北京	21.37	长沙	1.20	洛阳	−2.04	开封	−3.41
广州	14.26	无锡	0.92	贵阳	−2.13	平顶山#	−3.52
天津	9.63	宁波	0.56	湛江#	−2.16	焦作#	−3.55
武汉	9.16	昆明	0.19	邯郸	−2.44	枣庄#	−3.57
沈阳	7.27	太原	−0.44	大庆	−2.55	丹东	−3.58
深圳#	5.94	南昌	−0.80	齐齐哈尔	−2.60	本溪	−3.64
南京	5.26	烟台#	−0.88	襄樊#	−2.67	牡丹江	−3.67
成都	5.23	徐州	−0.90	临沂#	−2.78	加木斯	−3.67
重庆	4.64	唐山	−1.01	抚顺	−2.83	淮南	−3.68
哈尔滨	4.26	兰州	−1.08	衡阳	−2.89	黄石#	−3.84
大连	3.73	淄博	−1.12	沙市#	−2.92	辽阳	−3.87

(续表)

城市	C_i	城市	C_i	城市	C_i	城市	C_i
杭州	3.72	乌鲁木齐	−1.53	呼和浩特	−2.98	鸡西	−3.93
西安	3.56	保定#	−1.54	新乡#	−3.03	西宁	−3.94
济南	2.12	南宁	−1.59	包头	−3.07	阜新	−3.97
长春	2.09	汕头	−1.60	锦州	−3.10	伊春	−4.12
郑州	1.66	潍坊#	−1.63	张家口	−3.22	淮北#	−4.19
青岛	1.46	合肥	−1.66	湘潭#	−3.28	鹤岗	−4.40
苏州	1.32	常州	−1.67	大同	−3.30		
福州	1.28	吉林	−1.78	株洲#	−3.31		

注：# 为 1991—1996 年，我国大城市 5 年间增加的 17 个城市，见结论 1。

这 25 个城市与国家统计局于 1998 年年初公布的我国 50 个经济实力最强城市当中的前 25 位基本一致(表 104-6)。

表 104-6　1998 年我国 50 个经济实力最强城市

第 一 组 共 19 个	上海、北京、广州、天津、沈阳、武汉、南京、大连、深圳、杭州、哈尔滨、成都、重庆、西安、石家庄、长春、青岛、济南、长沙
第 二 组 共 31 个	昆明、郑州、无锡、太原、福州、乌鲁木齐、南昌、宁波、苏州、兰州、合肥、鞍山、淄博、烟台、贵阳、徐州、吉林、柳州、唐山、南宁、厦门、汕头、大庆、常州、抚顺、东莞、珠海、洛阳、中山、佛山、邯郸

以发达的城市作为中心城市，其目的就是将社会再生产中的联系与行政过程中的联系结合在一起，使中心城市能够借助经济和行政的职能调节区域经济运行。显然，上述研究成果所确定的全国性和区域性中心城市、区域性副中心城市，为我们在组织和调控区域经济时，进行中心城市的合理选择以及根据中心城市之间的相互关系、中心城市和其他城市的联系设计区域经济运行调控空间地域组织方案提供了一定的客观、科学的依据。

104.3　讨论与结论

为便于比较和讨论，笔者运用前述方法，采取与前文相同的 6 项指标对 1991 年我国 61 个大城市进行了实力指数评价，结果如表 104-7 所示。比较表 104-5 与表 104-7，可以从以下几个方面进行讨论：

（1）从 1991 年到 1996 年，我国大城市经过 5 年的发展，已由 61 个增加到 78 个，5 年间增加了 17 个。它们分别是：深圳、烟台、保定、潍坊、湛江、襄樊、临沂、衡阳、沙市、新乡、湘潭、株洲、平顶山、焦作、枣庄、黄石、淮北。从区域分布看，新增大城市大部分位于中部地区，说明这 5 年间中部地区城市人口增长较快，但是这些新增城市的经济实力普遍较低；相应的，我国重要的中心城市（中心性指数高于全部大城市平均值的城市）也有所增加，由 1991 年的 16 个增加到 1996 年的 25 个。

（2）1996 年与 1991 年相比，内地中心城市除武汉、成都、重庆外，排名普遍有所下降。

结合宁越敏等[3]的分析,这一状况表明:20世纪80年代以来,内地中心城市的地位(排名)呈持续下降态势。

（3）前5位城市的实力指数差有了较大变化:1991年上海与北京指数差为2.73,1996年扩大为8.89;北京与广州的实力指数差,由1991年的11.42缩小到7.11;广州与天津的指数差由2.49扩大到4.63;1991年,武汉与天津指数差接近3,而1996年已接近天津的实力,且高于沈阳的实力水平;此外,西安的地位有所下降,与成都、重庆有了一定差距;1991年深圳尚不是大城市,而到1996年其实力已跃居前10位之列,显得极为突兀,应为特例。

（4）笔者将1982—1998年不同学者测算和国家统计局公布的我国前20～25位城市归纳于表104-8。需要说明的是,该表不具备完全的可比性。但是,它基本上可以反映出20世纪80年代以来,我国前20～25位的中心城市。我们可以明显地看到,20世纪80年代以来,我国前20～25位中心城市除排名有所变化外,仍然集中于东部地区,在区域分布上几无变化。

表104-7　1991年我国61个大城市中心性指数排序

城市	C_i	城市	C_i	城市	C_i	城市	C_i
上海	26.39	太原	−0.16	吉林	−1.91	丹东	−3.40
北京	23.66	郑州	−0.35	鞍山	−2.00	柳州	−3.42
广州	12.24	福州	−0.39	徐州	−2.11	牡丹江	−3.49
天津	9.75	昆明	−0.47	贵阳	−2.21	开封	−3.52
武汉	6.78	长春	−0.79	南宁	−2.22	张家口	−3.62
沈阳	6.61	石家庄	−0.90	齐齐哈尔	−2.29	西宁	−3.66
南京	4.06	苏州	−0.93	抚顺	−2.42	加木斯	−3.67
哈尔滨	3.32	乌鲁木齐	−1.16	大庆	−2.45	淮南	−3.72
成都	2.99	兰州	−1.20	洛阳	−2.66	阜新	−3.80
西安	2.95	无锡	−1.34	常州	−2.68	鸡西	−3.83
大连	2.78	南昌	−1.36	呼和浩特	−2.76	辽阳	−3.95
重庆	2.71	淄博	−1.67	邯郸	−2.97	伊春	−3.96
杭州	1.68	宁波	−1.78	锦州	−3.01	鹤岗	−4.23
济南	0.84	唐山	−1.80	包头	−3.06	—	—
青岛	0.66	汕头	−1.85	大同	−3.20	—	—
长沙	0.21	合肥	−1.91	本溪	−3.37	—	—

表104-8　1982—1998年我国前20～25位中心城市

1998年（国家统计局）	1996年*（林涛）	1992年（国家统计局）	1991年*（林涛）	1990年#（宁越敏等）	1989年（顾朝林）	1984年#（宁越敏等）	1982年（陈田）
上海	上海	上海	上海	上海	上海	上海	上海
北京	北京	北京	北京	北京	北京	北京	北京

(续表)

1998年 (国家统计局)	1996年* (林涛)	1992年 (国家统计局)	1991年* (林涛)	1990年# (宁越敏等)	1989年 (顾朝林)	1984年# (宁越敏等)	1982年 (陈田)
广州	广州	广州	广州	广州	天津	天津	天津
天津	天津	天津	天津	天津	广州	沈阳	沈阳
沈阳	武汉	南京	武汉	沈阳	沈阳	广州	广州
武汉	沈阳	武汉	沈阳	南京	武汉	武汉	武汉
南京	深圳	深圳	南京	武汉	南京	哈尔滨	西安
大连	南京	大连	哈尔滨	大连	哈尔滨	重庆	兰州
深圳	成都	沈阳	成都	重庆	大连	南京	重庆
杭州	重庆	厦门	西安	哈尔滨	重庆	西安	成都
哈尔滨	哈尔滨	成都	大连	成都	成都	成都	昆明
成都	大连	杭州	重庆	杭州	西安	大连	杭州
重庆	杭州	哈尔滨	杭州	西安	青岛	杭州	无锡
西安	西安	昆明	济南	青岛	济南	长春	南京
石家庄	济南	苏州	青岛	长春	长春	青岛	青岛
长春	长春	长春	长沙	济南	太原	太原	济南
青岛	郑州	无锡	太原	苏州	杭州	兰州	太原
济南	青岛	大庆	郑州	无锡	深圳	济南	大连
长沙	苏州	重庆	福州	太原	大庆	无锡	哈尔滨
昆明	福州	长沙	昆明	郑州	鞍山	苏州	鞍山
郑州	石家庄	青岛	长春	—	淄博	鞍山	长春
无锡	长沙	十堰	石家庄	—	兰州	郑州	—
太原	无锡	佛山	苏州	—	石家庄	昆明	—
福州	宁波	乌鲁木齐	乌鲁木齐	—	抚顺	石家庄	—
乌鲁木齐	昆明	石家庄	兰州	—	吉林	抚顺	—

注：①1998年的中心城市为国家统计局于该年公布，采用具体数据年份不详；② * 和 # 分别具有可比性；③表中除1982年以外，其余年份的中心城市均按实力指数（中心性指数）排序；④1998年和1992年国家统计局公布的50个综合实力最强城市中的前25位城市除个别城市外，其余皆为非农人口在50万以上的大城市。

根据上述讨论，我们可以得到以下几点认识：

（1）20世纪90年代以来，我国中心城市发展的区域差异依然表现得十分明显。这种差异首先表现在沿海与内地上，其次表现为南北差异。显然，这与沿海城市、南方城市具有良好的经济基础和国家政策有着密切的关系。随着市场化进程的加快，沿海城市、南方城市凭借其良好的经济基础和市场机制的优势，中心城市的经济实力大大提高，特别是在国家政策导向下，一些城市的经济实力和中心地位有了更加显著的提高，上海、深圳等是最为突出的代表。

(2)为实现国家关于区域经济协调发展的战略,必须加快中西部中心城市发展,特别要注重这些城市的内涵式经济增长,促进其综合实力的提高,加快城市化进程步伐,以此来带动周边中小城市的城市化发展,进而推动中西部地区的经济发展,缩小与沿海地区的差距。

(3)虽然中心城市及其地位的定量判别具有可信的客观依据,但是,由于我国处在经济转型时期,市场机制尚不健全,政府对于经济发展仍具有十分重要的推动作用,所以,具体于区域经济的组织与调控而言,应当根据本区域的经济发展及其管理与组织、区域内城市体系发展状况、城市之间的分工与协作等情况来确定各中心城市在其区域的地位。例如:对于长江三角洲地区来说,上海显然是居于核心地位的城市,南京、杭州则为副中心城市,苏州、无锡、宁波等为第三级中心城市;又如:济南、青岛、长春、郑州、长沙、昆明等应为各自区域(或省区级)的中心城市。

[林涛,刘君德.我国中心城市的近今发展[J].城市规划,2000,24(3):26-30]

解读:本文从中心城市的概念出发,综合选择(突出经济中心功能)具有全国意义或区域意义的政治、经济、文化中心城市进行了实力指数评价,得出有益的结论。20世纪90年代,我国中心城市发展的区域差异首先表现在沿海与内地上,其次表现为南北差异。为有效地协调区域经济发展,文章提出加快中西部中心城市发展的建议,强调内涵式经济增长,提升综合实力。从区域经济的组织与调控角度看,应根据本区域的经济发展及其管理与组织、区域内城市体系发展状况、城市之间的分工与协作等情况,具体确定各中心城市在其区域的地位。

参考文献

[1]陈田.我国城市经济影响区域系统的初步分析[J].地理学报,1987,42(4):308-318.

[2]顾朝林.城市经济区的理论与实践[M].长春:吉林科技出版社,1991:169-170.

[3]宁越敏,严重敏.我国中心城市的不平衡发展及空间扩散研究[J].地理学报,1993,48(2):97-104.

105　上海城市精神

背景：城市精神是城市文明发展中极为重要的精神财富，它既是对一个城市传统历史文化精华的继承，也是对现实城市理念、城市建设、价值目标、人文风貌的概括和升华。一个城市表现出来的精神，既具有与其他城市一样的民族文化所赋予的共性，又具有自己所在地域的文化培育出来的个性。21世纪初，上海市开展了"上海城市精神"的讨论。2002年上海市哲学社会科学办公室在该年的上海市社科项目中，指定我主持开展了专项基金项目的研究，并提交了研究报告，报告的主要内容由马祖琦执笔发表于《上海城市管理》杂志。

城市精神是对城市文明发展过程中的精神财富的高度抽象概括，包括价值观念、工作方式、生活态度、精神风貌、思想道德、文明意识等等。城市精神既是对传统历史文化精华的继承，也是对现实城市理念、城市建设、价值目标、人文风貌的概括和升华。在民族社会历史文化的背景下，一个城市表现出来的精神，既具有与其他城市一样的民族文化所赋予的共性，又具有自己所在地域的文化培育出来的个性。

城市精神既是具体的，也是抽象的。其具体性表现在城市面貌、地理环境、经济发展、城市建设布局、建筑风格色彩、市民言行举止、穿着打扮等；其抽象性表现在理性层面上，即城市建设与发展的哲学理念、市民的观念意识及价值取向、经济结构及运行机制、城市管理模式、城市社会运行机制等等。

城市精神所涉及的领域极广，既可以从一种价值观念、一类社会现象、一种工作态度加以归纳，也可以从一件雕塑作品、一桩动人事迹、一次全民讨论来引起共鸣。积极的城市精神就像城市的一张名片、一个品牌，是宝贵的无形资产。用城市精神鼓舞市民，不仅是一种道德境界，也是推进精神文明建设工作的现实需要，一个城市，一旦市民普遍具有高尚精神，那么它所迸发出的力量是一往无前的。

105.1　现阶段塑造上海城市精神的背景

在现阶段，塑造、解读上海城市精神，是基于上海城市发展的特殊背景提出来的必然产物，有其紧迫性与必要性。

（1）城市发展阶段的演替和发展重心的转移对城市管理和市民素质提出了新的要求，需要借助于城市精神的塑造来提升

20世纪90年代，上海市进入了以市政建设为主导的大规模城市形态开发时期，城市基础设施投资额得到迅猛增长，城市的实体形态开发初具规模，城市道路骨架雏形基本构建起来。近年来，全市基础设施建设投资额开始显露饱和性萎缩态势，初步预示着上海城区基础设施骨架基本构建成型，大规模的形态开发高潮即将过去。至此，上海已经基本跨越了硬件基础设施建设阶段，开始全面进入硬件与软件并重，并逐步进入以软件建设为主的阶段。相应地，城市发展重心也就随即从"建设为主，管理为辅"逐渐转入"建管并举，着重提高现代化

管理水平,关键在于提高市民素质"的轨道上来。而城市管理水平的提高和高素质市民的良性互动,迫切需要新的上海城市精神的鼓舞、引导和推动。

(2) 塑造城市精神是上海建设国际化大都市的需要

随着 20 世纪 90 年代一系列重大战略决策的制订,上海成功实现体制转型和经济起飞,综合经济实力完成了历史性的跨越,综合国际竞争力不断增强,国际影响力和知名度有了很大提高。特别是 2001 年 APEC 会议在上海的成功举办,市民的一流素质、一流效率、一流秩序,令世界刮目相看,这座东方大都市以全新的面貌再次登上了国际舞台。此外,2010 年世博会的主办权花落上海,更是将另一份幸运降临浦江两岸。

从 1990 年的浦东开发开放,到 2000 年中央进一步明确把上海建设成为社会主义现代化国际大都市的国际经济、金融、贸易、航运中心之一,在每个发展阶段,上海均有特定的发展热点。目前,上海正处在突破性发展的关键时期,高位运行的上海亟须一个更富挑战性的活动作为向更高层次发展的推动力,而城市精神的塑造无疑填补了这一空缺。以塑造城市精神为契机,充分发挥城市精神的催化力、凝聚力、推动力,最大限度地整合各类资源,同创共建,才能为确保上海向更高层次的跨越发展提供持久不断的推力。

(3) 居民素质距国际化大都市的要求仍有较大差距,"化人"任务艰巨

城市化的最高境界体现为人的现代化,其中,市民素质的提高是关键。而市民素质的改善是一个长期的过程,需要坚持不懈地努力。从目前上海市城市居民和农村居民的整体素质来看,无论政治素质、文化素质、心理素质,还是社会公德、职业道德、法制观念,均与建设现代化国际大都市的要求有着很大差距。市民素质的改善是一个长期的过程,需要坚持不懈地努力。要从整体上改善市民素质,不能光停留在口头的宣传上,还要开展相关活动,教育市民把口号转化为实实在在的行动,促使广大居民参与到改善社会风气的运动之中,倡导居民从日常生活中的小事做起,从自身做起,而不应该一味地说教。

(4) 塑造城市精神,是改变外地人对"上海人"种种看法、展示"新上海人"形象的需要

城市的对外形象实质上是城市人形象的综合反映。长期以来,对上海人,人们较普遍的印象是精明、细致、小气、自大、爱面子、小聪明、目中无人、不爱说普通话等等,传统上海人自身存在的种种不良行为与习气已经严重影响到上海的城市形象。一位领导同志指出:"上海人要做可爱的上海人⋯⋯"上海人要走出傲慢的误区,就要敢于深入挖掘,敢于正视身边的不文明行为和不良的社会风气。可以说,敢于开展批评与自我批评,敢于暴露自身短处,敢于面对现实,就是一种巨大的进步。

105.2　新时期上海城市精神的内涵

上海于 1843 年 11 月 3 日开埠以来为绵延不绝的"海派"精神所系,领潮流之先,被美誉为东方的巴黎。走进 20 世纪 90 年代,这座城市再创辉煌,将国际时尚文化引入、融合,迎来了一个海派文化的复兴年代。上海的强势政府、扩张性的跨国公司以及在市民身上的文化张力正是这种文明交汇的表征。在这 3 种力量的此消彼长中,上海人正在寻找和建构新的"上海精神"。那么,新的上海精神是什么?我们认为应该是"新海派精神",即包容、和谐精神,拼搏、进取精神,开拓、创新精神,高效、务实精神,文明、守法精神,爱国、敬业精神。

105.2.1 包容大度、兼容并蓄

包容性是开放性、选择性、融合性的统一。独特的地理位置、鲜明的地域文化、多元的海内外移民造就了上海开放、包容的个性。进入新时代，上海更加需要发扬包容大度、兼容并蓄的城市精神，更要以宽阔的胸怀容得下人和事。

所谓容得下人，就是要容得下与自己有差别的人，特别是要容得下那些外来人群。上海本来就是个移民城市，上海的发展与接纳大量外地移民息息相关，他们的到来，虽然会让一些上海本地人口感到竞争上的压力，甚至会使其中一些人暂时失去工作，但是，外地移民的到来，将极大地有利于上海国际化大都市的建设和发展，也能使我们的城市生活更加丰富多彩。

所谓容得下事，就是要容得下各种外来文化、外来思想、外来价值观。上海的文化本来就是东西文化的交融，进入新时期，上海要善于融合各个地方、各个国家的文化，渗入自己的本土文化之中，形成新的"上海文化"。21世纪的上海人，应当有容纳全球各种文化的宽广胸襟，不排斥外来文化。

105.2.2 和谐共生、互助友善

和谐是一种理想的关系状态，包括人与自然、人与人、人与环境、建筑与居者、传统与现代、东方与西方、审美与功利的关系等。在推崇技术与物质的现代社会，人们渴望精神的回归，渴望人与人之间互相关爱、渴望和谐的生存状态。可以说，和谐是人类共同追求的目标，也是人类最高的生存境界。可持续发展观主张社会综合协调发展，强调的就是人与自然的和谐统一，现代文明社会的城市精神应当努力创造和实现这种和谐的关系状态。

共生则是指作为生物和社会个体的人及其文化相互之间的平等竞争，互惠互利。既非完全地同化，又非一味地抹杀，而是形成多元化发展模式。上海作为一个国际性移民城市，要塑造一个人口杂而不乱、市民心齐气顺的国际化大都市形象，必须创造一个和谐共生的良好氛围，必须尽可能地为每一类人创造其发展所需要的土壤，让每一位到过上海的人都心旷神怡，流连忘返。城市居民有不同的利益群体，各个群体之间不应该是相互对立、相互排斥、你死我活、零和博弈的关系，而应该处于一种"共生"与"互利"的状态，相互之间在地位上、人格上、生存权和发展权上均是平等的，既包括"官"与"民"的平等，不同收入阶层的平等，本地人口与外来人口的平等，也包括正规就业者和非正规就业者的平等，"体制外"人员与"体制内"人员的平等，强势群体与弱势群体的平等。

105.2.3 顾全大局、团结合作

上海是长江流域的上海，是中国的上海，上海只有在服务全国、在与长江三角洲和全国的合作中才能求得更大的发展。正如黄菊同志所说："上海的建设发展过程，就是不断扩大城市开放度的过程。上海要真心实意融入全国、服务全国，就能加快发展、赢得发展，就能成为一湖活水，一湖好水。"如今，从各委办到各区县，从经济发展到社会文化建设，从政府部门

到社会各界,经过12年的历练打磨,上海已经形成了全方位"服务全国、对内开放"的崭新格局。在新的时期,上海要进一步树立全局观念,发扬合作的精神,打破行政区域的分割,继续坚持打长江牌、中华牌,还应打世界牌,继续实行"双赢、多赢"战略,首先在构建长江三角洲区域大交通体系、促进统一大市场发育、推进区域环保建设、实现区域信息共享,以及建立合理分工、错位竞争的区域经济体系等方面,迈出更大的、更坚实的步伐。

105.2.4 虚事实做、注重实效

上海人具有传统的务实精神,正是这种务实精神才使上海取得了如此辉煌、举世公认的城市现代化建设成就和经济社会的高速发展,以及市民生活质量的大幅度提高。在城市精神文明创建中,上海人同样也坚持了"虚事实做",并十分注重实效,如上海博物馆、上海图书馆、上海大剧院、东方明珠塔、上海体育馆等一大批文化、教育、旅游、新闻设施的建设……实实在在的群众性精神文明创建工作,已成为政府部门转变作风、地区求发展、行业树形象的一项内在要求,成为城市现代化建设和管理的一个重要抓手。上海的务实作风已经成为新时期的新上海精神的重要表现。

105.2.5 精诚守信、以德服人

失信则衰,守信则兴。完善的市场经济需要讲究信用,新型的城市市民精神的养成需要以诚信作为道德的基础,每个市民都要以诚信作为其生活及其行为的准则。诚信的匮乏,道德水准的下降,将严重影响正常的经济和社会秩序,直接损害城市的文明形象。现代城市精神呼唤人们讲诚信,以诚信换人心,以信誉求发展,积极打造城市信用品牌。诚信建设是上海城市精神建设的重要组成部分,在经济发展政策、法规、办事效率、社会风气、劳动力素质、政府形象以及规范化的市场运作机制和保障机制等方面,要着力改善投资环境,加快构筑城市社会诚信体系,真正做到以诚待人,以德服人,争做全国诚信样板城市。

105.2.6 开放创新、敢为人先

当前,我们正在面临着一个开放的全球化的时代。"21世纪是城市的世纪",大城市或大城市群正在成为国际竞争的主体。城市要率先发展,必须站在新的起点、新的高度重新审视未来发展思路。这就要求我们树立开放的观念,以开放的姿态与国际接轨,要站在全球的视野看待城市,以开放的思维做好城市的各项事业,要与时俱进,顺应时代潮流,逐步形成开放的、与国际惯例接轨、融合的城市。

创新是一个国家和民族的灵魂,其本质是一种精神上超凡脱俗、敢为人先、不计名利的追求。世界上的很多事情,成就成在"敢为"二字,新时期的上海人要成为一个敢作敢为的顶天立地的人,要体现上海人智勇双全的人格魅力。创新意味着风险,但城市的发展、经营,非常需要这种开拓创新的精神。特别是在体制转换的新时期,只有这种开拓创新的精神,才能使我们的城市经济迅速与国际融合,使城市社会迅速实现现代化,使城市更具有竞争力,永葆城市的活力,并为下一代创造更加美好的环境。

105.2.7 民主法治、公平秩序

现代城市精神的民主主要体现在公民在知情的基础上对公共决策的参与和影响,体现在法律法规和城市管理政策的执行,各个阶层和各类群体的合法利益的维护,城市管理中的公众参与等方面。民主的实现必须以法治为基础,现代城市精神不仅要求建立一个民主的社会,而且要求建立一个规范有序的、依法管理和治理的社会,健全、成熟的法律法规和科学的运作程序为依法行政、依法治市以及公共政策的制定提供了可靠的保障。

应当指出,受传统体制的影响,我国法制化的社会尚未形成,政府自身法制观念不强,"官"高于"民"的特权思想根深蒂固,人治色彩浓厚,"有法不依""执法不严"的现象不同程度地存在于各级党政机关之中。因此,如何运用科学与法制的手段推进城市健康有序发展,是21世纪弘扬城市精神,促进城市现代化所必须解决的重大问题。

105.2.8 爱国敬业、责任意识

21世纪的上海人,要更加爱国家、爱上海、爱集体、爱岗位,要把本职工作做好,精益求精。每个市民对国家、对民族、对社会、对事业、对家庭,都要有责任意识;对单位、对社区,也要有责任意识。

105.3 重塑上海城市精神的举措

105.3.1 养成"善待他人就是关爱自己"的社会氛围

一是政府对市民的关爱,完善各种群体的利益表达机制,特别是对社会弱势人群的关爱,让各类人群共享现代城市文明的成果;二是市民之间都应具有海纳百川的宽宏气量,无论是本地人、外乡人(特别是外地打工者)、中国人、外国人,都应该相互学习、相互尊重、相互关爱、博采众长、和谐共处,共同塑造现代城市精神,为城市的发展贡献力量;三是加强社区建设,在不断改善社区物质条件的同时,重点抓好人文化社区的建设,提倡"关爱、和谐、成长"的社区精神,形成人与人之间相互关爱、和谐的良好氛围,发展社区教育,培育积极参与、服务他人、贡献社会的公民意识。

105.3.2 加大创新力度,拓宽创新思路

第一是观念创新。要克服保守的观念、传统的思维方式,树立现代思维观,新中国成立思想,以创新的思路、创新的手笔、创新的智慧,走前人没有走过的路,做前人不敢做的事,争创一流城市。第二是体制和机制的创新。当前的重点之一是政府体制的改革与创新。例如深圳正在筹划的"行政三分制"改革就是政府体制创新的尝试,其中关键的一点就是改变传统体制下政府部门集决策、执行、监督为一体,自定规则、自己执行、自我监督的行政权力运作模式,将行政权力分解为决策、执行、监督三大部分,通过科学化、程序化的制度设计,使这

三部分权力在既相互分离制约、又相互协调配合的过程中实现高效运转。从而解决传统体制下行政权力过于集中、缺乏权力之间的制衡和对权力的监督的问题，从源头上、制度上遏制腐败。第三是科技创新。运用科学的理性精神、先进的技术发展、经营和管理城市。

105.3.3　加强诚信建设，培育一流软环境

政府部门的工作质量是上海城市精神的第一表现，要让人民公仆形象成为上海城市精神的重要内容。首先要从政府的形象抓起，政府公务员要率先垂范，为市民做表率，树立人民公仆意识和高尚的道德风貌，廉洁奉公，运作高效，从我做起，从细微之处做起，从身边的事做起，大力提高政府的信用度和透明度，塑造一流的城市政府形象。与此同时，对广大市民进行持久的公民道德教育，强化道德要求，坚定道德信念，规范道德行为，提高道德修养，引导道德自律，大力提高市民素质，以社区、家庭、单位为基点，积极开展文明创建活动，努力塑造新时代的市民精神。

105.3.4　全方位提升市民素质

市民素质包括思想道德素质、科学文化素质及其个人身体状况和精神状态，要全方位提升市民素质，就必须从3个方面着手：

（1）**模范引导**。组织市民自觉参与道德实践，通过道德实践来实现市民的自我教育、自我提升。具体来说，要善于抓典型，注重从普通人、寻常事中发现、树立典型，借助报刊、电视、广播、书籍等媒体，通过开展夜校、社区艺术节等各种居民喜闻乐见的形式，大力宣传。

（2）**科技武装**。学习是提高市民素质的有效途径，是塑造城市精神的基础平台。在大力倡导工作学习化、学习工作化的同时，提倡全员学习、团队学习、全过程学习和终身学习的全新理念，不断增强全体市民的知识、技能储备和综合素质，提升上海人的学习能力、竞争能力和创新能力，以适应建设世界级城市、创建"学习型城市"的需要。让"终身学习、积极向上"成为上海市民追求的目标和社会风尚，成为上海城市精神的一部分。

（3）**精神支撑**。身体健康是精神状态的保障。为此，首先要努力改善居民特别是低收入家庭的生活水平，保障社会弱势群体的基本生存权利，并通过完善社会保障、建立健全医疗服务、倡导全民健身活动、免费开放城市公园等途径，提高市民的身体素质。

鉴于城市精神的高度抽象和浓缩的特点，需要在城市精神统帅之下，逐级细化城市精神的内涵。根据城市居民的职业、年龄、阶层等结构性特征，针对不同的行业、单位、社区、城区等子系统的特点，进一步细化、落实城市精神，给予特定群体以具体的精神鼓励，精心培育各具特色的城市精神、社区精神、行业精神和企业精神、企业家精神、大学生精神。例如，苏州市在创建文明城市过程中，就非常重视抓好具有示范和导向作用的4种"关键的人"，即"有权的人""执法的人""教育人的人""有钱的人"，取得了良好的效果。

105.3.5　重塑可爱的"新上海人"形象

首先，重构"新上海人"的概念。扩展原"上海人"的内涵，对"上海人"这一概念进行更大

范围的整合,使之更为宽广、更为深刻、更富凝聚性。一个人不管他是否在上海出生,只要在上海工作、学习,为上海现代化建设作贡献,那他就应该被囊括在内。可以说,"新上海人"代表着新时代上海的城市精神,能够最大限度地统一意志,整合资源。

其次,开展以"做一个怎样的新上海人""怎样才能做一个可爱的上海人"为主题的全民大讨论。要以各种方式宣传、培育、推广"面向21世纪的上海人精神",引导和推动这场讨论不断地向纵深发展,使这场讨论真正做到家喻户晓,成为市民的共识和行为准则。

总之,城市精神是城市发展、社会进步的动力之源。城市精神一旦形成,就会内化为一种"永藏我心"的信念,就会转化为强大的精神动力,进而催人奋进,对工作、对学习产生持久而强大的动力支持,极大地激发人民群众的自豪感、凝聚力、创造力与积极性。为此,依据上海特点,找准方向,从和谐共生、包容大度、兼容并蓄、精诚守信、开放创新、民主法治等方面着手努力,凝聚城市方方面面的力量,同创共建,同心同德,齐心协力,塑造一流的上海城市精神,塑造国际知名大都市的城市品牌,向全国、全世界展示上海的辉煌成就,展示"可爱上海人"的可爱形象。

105.4 国内外部分大都市城市精神借鉴

105.4.1 杭州精神——精致和谐、大气开放

总体上看,杭州人文精神在南宋以前是精致和谐、大气开放兼备,以精致和谐为主,正面效应明显。而从南宋后期开始,受偏安政治和文化影响,片面强调精致和谐,压抑了大气开放,精致和谐人文特色的负面效应逐步凸现出来。

进入21世纪,杭州市提出要塑造杭州"精致和谐、大气开放"的城市精神,反映了杭州人的一种生存状态、发展模式和价值取向。这既是对杭州发展史体现出来的"自强不息、开拓创新"人文精神的继承,又是对杭州传统人文特色中存在着的各种精神状态和心态的扬弃,较好地处理了继承与发展,扬弃与创新的关系,凸现了传统优势与时代特色的高度结合。

105.4.2 香港精神——自强不息、能屈能伸、勇猛进取、灵活应变、刻苦耐劳、永不言败

在香港的发展史上,香港人民历经磨难,培育了乐观奋进、百折不挠、处变不惊和绝处逢生的坚强性格。香港经历过无数的艰难险阻,在每一次转折关头,都能够转危为安,依靠的就是一股旺盛的香港精神。

当前,香港正处于艰苦的和长期的经济转型时期,尽管在经过近30年经济快速增长之后,面临着严重的经济和失业问题,但由于政府的正确领导和香港市民的团结努力、自强不息,香港活力依旧。这不仅证明了香港精神依然健在,而且生机勃勃。香港精神已经内化为香港人的一种潜意识,使其在面对一切问题和困难的时候能够游刃有余,香港精神也已经成为他们前进的永不枯竭的动力。

105.4.3 新加坡精神——求同存异、忍让宽容、多元共生、和谐繁荣、执法严格……

新加坡是个移民社会,种族、语言、宗教成分都很复杂,同时,新加坡也是个城邦国家,可谓小国寡民。这些特点决定了新加坡人不可能实行美国所谓的"大熔炉"政策,而是倾向于瑞士的多元模式,求同存异,忍让宽容,以集体竞争力争取生存和发展。新加坡总理吴作栋曾经吁请国人,要求同存异,以各种族的文化背景和新加坡人共同的历史经验作为基础,互为表里,创造一个享有共同命运的"新加坡族"。

新加坡政府历来提倡东方文化,强调儒家思想,从小就向市民灌输"忠、孝、仁、义、爱、礼、廉、耻"。新加坡精神文明的口号是:"国家至上,社会为先;家庭为根,社会为本;关怀扶持,尊重个人;求同存异,协商共识;种族和谐,宗教宽容。"除了用思想道德规范人民的言行以外,新加坡还用法律来约束人民的言行。严格依法治国,主惩小恶,以诫大恶,防患于未然,"德治"与"法治"并重。在立法缜密、严刑重罚、执法公平的前提下,不同肤色、不同语言、不同信仰、不同职业的人们相互之间都能以礼相待、和谐相处……

105.4.4 永恒的纽约精神——梦想、激情、竞争、雄心勃勃、坚强不息、永不放弃……

纽约是金融之都,在美国乃至于全世界都发生着巨大的影响力。如果说华盛顿营造了文化意义上的"美国梦"的政治布局,那么,纽约则是这种"美国梦"的动感文化体现。作为一个国际性移民城市,多种族、多文化的特点,造就了纽约任何人都能共处的品格,并由此获得了"大熔炉"的称号。纽约前市长朱利安尼就曾经说过:"我们拥有世界上的任何一个民族,任何一种文化,任何一种语言,我们能在这个城市和任何人共处。"

世界城市发展的经验表明,一座伟大的城市不仅要懂得胜利的荣耀,也同样要了解灾难与恐惧。不论一个人,还是一座城市,如何应对灾难是其能够获得成熟的关键标志。在经历了"9·11"灾难后,纽约毅然提出重建世界贸易中心的计划,除了安抚市民内心创伤,纪念那些为此丧生的无辜者以外,还有更重要的一点,那就是,世界贸易中心曾经是纽约市的标志性建筑物,是纽约作为全球金融中心的象征,是纽约精神、美国精神的象征,在每一位纽约市民甚至全人类心中均占有重要位置,它已经内化为纽约城市精神中的一部分,是其他任何事物所取代不了的。灾难过后,纽约精神在增添了几分悲壮色彩的同时,比以往蕴涵了更为丰富的情感。

[刘君德,马祖琦.上海城市精神的立体解读[J].上海城市管理,2003,12(3):29-33]

解读:城市精神既是具体的,也是抽象的。积极的城市精神是宝贵的无形资产。本文认为包容、和谐、合作、诚信、开放、创新、秩序、敬业是新时期的上海城市精神的内涵;提出了重塑上海城市精神的举措。文章还就杭州、香港、新加坡、纽约4个城市的城市精神进行了解读。

106　一论江西人口：发展与分布

背景：20世纪70年代末，学界呼吁加强中国人口地理的研究。人口学家胡焕庸教授拟出版《人口研究文集》，我利用《江西农业地理》编写工作中掌握的江西省人口、农业及相关资料拟写了本文。

近年来，我国人口问题的研究已逐步受到重视。1979年在广州召开的中国地理学会代表大会上呼吁地理学界加强人口地理的研究，指出"人口地理已成为我国社会主义现代化建设中一个值得研究的重要课题"。笔者利用在参加《江西农业地理》编写研究工作中，调查的人口方面的问题和资料，加以整理和分析写成此文，提供深入研究江西人口问题的参考[①]。

江西省是我国南方一个以农业经济为主的省份。粮、油、木、竹生产和钨矿开采在全国具有重要地位。由于历史、自然和经济的原因，在人口发展、人口密度与分布、城乡人口结构、人口移动等方面具有许多明显特点。研究江西省人口演变的规律，探讨其发展趋势，对于实行有计划地控制人口增长、合理安排劳动力资源、加速发展本省经济有重要意义。

106.1　人口发展的历史演变

1979年，江西省有人口3 200多万，居全国第13位。从人口增长的历史演变过程看，大致经历了一个增加—递减—增加—静止—大减少—急增的复杂过程。它反映了不同历史时期江西省具有的不同人口发展特征和规律（表106-1）。

表106-1　江西省人口发展历史演变略表

时期		年份	人口增减	年增长率/%
增长期	元以前	1080—1223	增加	3.6
大起大落时期	元至清初	1393—1644	递减	−2.3
	清初至道光	1644—1842	增加	7.9
	咸丰至光绪	1851—1894	静止	0.7
	光绪至新中国成立前	1894—1949	大减少	−11.4
增长期	新中国成立后30年	1949—1978	大增长	30.0

1) 增长时期

江西地处江南，属典型的中亚热带湿润地区，水土资源十分丰富，在古代曾是一个山清水秀、人丁兴旺、农业经济较为发达的地区。早在汉代和三国时期，农业已有基础。西晋末年，北方较先进的耕作技术随第一次大规模人口南移而陆续传入，鄱阳湖即富有鱼稻之饶。唐代，南方经济赶上北方，江西农业已相当兴盛，除鄱阳湖平原和河谷平原外，东北、西北和中部的丘陵地区亦陆续设立了县治；除粮食之外，茶、麻等生产已获得发展。宋时，特别是南宋,奖励南方耕垦,自靖康南渡导致北方人口第二次大规模南移,江西经济(包括农业、手工业和商业)迅速发展;景德镇已跃居全国瓷业中心,一些偏僻山区也得到了开发。此时人口增长迅速,以北宋元丰三年(1080年)和南宋嘉定十六年(1223年)户口统计的对比,江西从136万户增至226万户,在140多年中,户口增加了66%,年增长率为3.6‰。可见,元以前的历史时期,江西省人口随着经济的发展而不断增长。

2) 大起大落时期

自元代建行中书省始,江西的疆域基本稳定,至新中国成立前的670多年中,主要由于政治不安定,江西经济发展时起时落,导致人口增减变化悬殊,大起大落现象十分突出。元代统治阶级推行的民族压迫政策,使江西省和全国一样,经济发展受到严重影响;除植棉业等少数农业部门外,农业、手工业和商业的发展十分缓慢,甚至遭到破坏。此时的人口逐渐减少。据估计,与南宋时期相比,约减少户口10%以上。明朝统治时期,省内政治动乱频繁,人口继续下降。至明末清初,全省人口减至134万户,586万人;与南宋时期相比,约减少户口90多万户,即400多年中减少了40%。此为江西省历史上第一次出现的人口大减少时期。

自清初至道光年间的200多年,江西省政治上相对比较安定,经济有所恢复。特别是从康熙定"滋生人丁,永不加赋"政策,大量荒地被垦辟,粮食和经济作物生产迅速发展,手工业生产发展亦较显著。景德镇进一步成为"广袤数十里,陶业数千户""工匠来四方,器成天下走"的瓷业中心。赣南地区的甘蔗生产和制糖业也迅速发展起来。此时期为江西人口发展时期。1842年(清道光二十三年)人口达2 650余万,比1644年增长4.79倍,年平均增长率达7.9‰。

近代,中国人民反帝反封建的斗争如火如荼,江西境内政治形势也不稳定,特别是从土地革命(1927年)至新中国成立前夕的20多年中,江西省处于战争环境之中,人口发展由静止时期进入第二次大减少时期(自清咸丰至光绪末年,为静止时期),50多年中,人口大体稳定在2 400万左右。清末至新中国成立前夕由于日本帝国主义的入侵和国民党的反革命"围剿",破坏山林,田地荒芜,人口大量死亡流散,使全省人口大幅度减少[②]。1949年,仅剩下1 310多万,与1918年相比,减少了一半以上。人口的大幅度下降,给江西省经济,特别是农业生产带来严重影响。据不完全统计,1934年全省荒芜面积近600万亩。

纵观江西省新中国成立前人口增长演变的过程,具有以下两点明显特点:

(1) 人口发展的大起大落现象,主要取决于人口的机械变化。即由于不同历史时期政治、军事、经济等因素而引起人口的急剧增长和大幅度下降。

(2) 人口的高出生率和高死亡率使江西省人口的自然增长始终维持在一个较低的比率。这里仅举南昌市的例子加以说明(表106-2)。

表106-2　南昌市1931—1935年出生率和死亡率统计

年份	出生率/‰	死亡率/‰	自然增长率/‰
1931	38.6	70.6	−32.0
1932	67.4	100.1	−32.7
1933	149.4	137.7	11.7
1934	99.0	116.5	−17.5
1935	98.0	107.6	−9.6

据《南昌市统计提要》记载,1931—1935 年的 5 年之中,只有 1933 年的死亡率略低于出生率,其余年份均高于出生率,自然增长率成了负数,城市人口的增加主要靠机械增长。在农村,人口的自然增长率也较低。

3) 大增长时期

新中国成立后,江西省人口发展进入了一个新的时期。30 年来,人口急剧增长。据统计,1979 年全省人口为 1949 年的 2.46 倍,平均年增长率为 30‰,大大超过了全国平均年增长率。其增长速度仅次于边疆省区的黑龙江、内蒙古、宁夏、新疆、青海,而居全国第六位,在南方各省区之中则居于首位。江西省人口的持续增长,充分表明在优越的社会主义制度下,医疗卫生事业的进步,国民经济的发展,人民生活的安定。

图 106-1 说明,新中国成立 30 年来,除个别年份(如 1959—1961 年)外,全省人口增长率始终处在一个较高的水平,它显著区别于新中国成立前人口发展的大起大落特点。

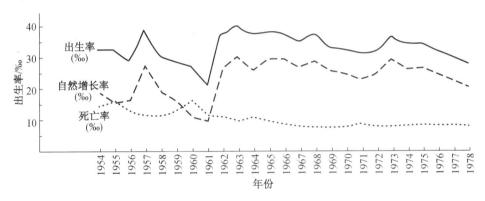

图 106-1　江西省人口动态变化(1954—1978 年)

同时可以看出,新中国成立后江西人口的高速增长,是通过高出生率和低死亡率实现的。据 1954—1978 年 25 年的统计资料,有 19 年人口出生率在 30‰以上,出生率在 35‰以上的有 8 年,其余除 1961 年外,亦都在 25‰以上;特别是从 1962 年开始至 1976 年,连续 15 年保持在 30‰以上,这在全国各省区之中是极其少见的。从死亡率来看,25 年来呈下降趋势,1966 年以后,基本上稳定在 7.3‰～8.4‰。可见,新中国成立以来江西人口的高出生率和低死亡率是导致人口迅速增长的主要因素。此外,人口的机械增长也是一个不可忽视的因素,据统计,1954—1978 年江西省净迁入近 150 万人,居南方各省区之首位。

人是生产者,也是消费者。在江西省经济发展过程中,人作为生产者和消费者起着促进和延缓两方面的作用。一方面人口的迅速增长,对江西省经济的发展,特别是水土资源的开发利用起着促进作用;但另一方面,人口的过快增长也带来了一些矛盾。

首先,从人地关系看,新中国成立后由于人口的过快增长,江西省耕地面积虽有增加,但按农业人口平均耕地却逐年减少。新中国成立初期,江西是南方各省之中人少地多的省份,1949 年全省按农业人口平均拥有 3.1 亩耕地,以后则逐年减少,1978 年农业人口平均耕地不足新中国成立初期的一半。30 年来,江西省粮食产量(单产和总产)和农业产值虽有很大增长,但按农业人口平均则增长十分缓慢,甚至有减少的现象(图 106-2)。

其次,由于人口的迅速增长,为了增加耕地,发生盲目开荒垦殖、破坏生态平衡的现象。江西省属我国南方山地丘陵地区,由于新中国成立前的反动统治,森林遭破坏,水土流失现

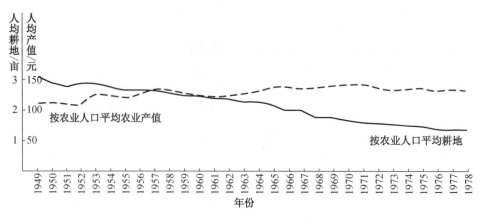

图 106-2　1949—1978 年江西省按农业人口平均农业产值、耕地变化曲线

象本来就十分严重。而三年自然灾害时期强调"以粮为纲",加上人口的增长,许多地区发生了毁林开荒,以致水土流失加剧,生态环境恶化。在人口较稠密的丘陵山区,这种现象尤为严重。如赣南的兴国、宁都、赣县、南康、于都、信丰,赣中的万安,抚河上游的南丰、金溪等县,水土流失都十分严重,许多地区至今仍多荒山秃岭,土壤瘠薄,农业生产水平很低,人民生活尚较贫困。在鄱阳湖湖滨,同样存在着盲目围垦,破坏生态平衡的问题。据有关部门提供的资料,新中国成立以来围垦面积达 100 多万亩,使湖面缩小,湖泊水产资源大大减少,捕捞产量大幅度下降;滩地面积的减少,给放牧牲畜、群众烧柴带来了不利影响。

目前,在江西省经济基础还处于比较薄弱的情况下,人口的大量增长还给一些地区(包括城镇和部分县)的劳动就业带来困难。

由此可见,采取坚决措施,有计划地控制人口的增长是一项十分重要的任务。

106.2　人口密度与分布特点

人口密度与分布的研究,是从地理学角度研究人口的一个核心问题。1978 年,江西省人口密度为 191 人/km²,居全国第 15 位。是长江中下游和沿海各省市中人口密度最低的省区之一,仅高于广西。若与 1949 年相比,全省人口密度平均每平方千米增加了 114 人,增长幅度大大超过了长江中下游和沿海各省区。这一特点是与江西省新中国成立 30 年来人口的急剧增长相一致的。

江西省现有土地面积 16.66 万 km²③,辖 91 个县、市。全省人口密度的分布很不平衡。从 1978 年人口密度图分析,总的趋势是:鄱阳湖平原,赣、抚、信、饶、修五水河谷平原,及浙赣、南浔铁路沿线人口密度高,大多在 250 人/km² 以上;赣西北、赣中、赣南等许多山区丘陵县人口密度低,大多在 150 人/km² 以下(图 106-3)。以农业区域而论,以鄱阳湖平原为中心的赣北综合农业区人口最为密集,为 290 人/km² 左右,之后依次为赣西、赣东、赣南和赣中区。赣中吉泰盆地农业区只有 130 多人/km²,不足赣北农业区人口密度的 1/2。

江西省人口密度分布的地区差异,首先是自然条件影响的结果。在生产力水平较低的社会条件下,人口的分布在很大程度上取决于自然条件。江西省人口密度的分布差异,正是反映了全省自然条件的地区差异。这种差异主要是在非地带性因子——地形的影响下形成的。地形高低(绝对高度和相对高度)、坡度大小、土壤质地等影响土地耕垦利用的程度,从

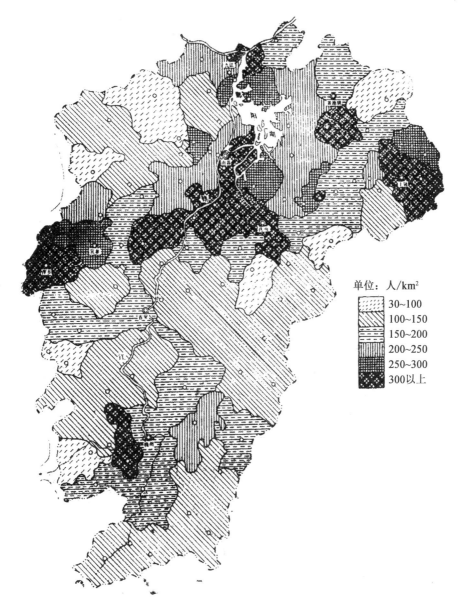

图 106-3 江西省 1978 年各县人口密度图

而导致人口密度分布的差异。若将全省各县地貌类型(可用山地面积占土地面积的百分比表示)与各县人口密度相比较,可以发现它们之间表现出明显的正相关。即山地丘陵比重越大,人口密度一般越低;反之,平原面积比重越大,表现出人口密度越高。

同时应当指出,江西省人口密度的分布特点是在长期的社会经济发展的历史演变中形成的。从目前所掌握的最早分县资料年代算起(1782年)至新中国成立前夕的近170年,江西人口密度的地区分布大体可划分为3个时期。

(1) 18 世纪中至 19 世纪末,江西人口密度的分布大体与河流湖泊及古代交通线路的分布相一致。自浔阳(今九江市)经鄱阳湖—赣江,越南岭(今全南县境内)至广东;另一条经鄱阳湖—抚河,越武夷(今南丰县境内)至福建,是我国古代长江流域通往粤、闽的南北交通驿道,沿线土地肥沃,是人口密集的地区。前期(如1782年),鄱阳湖入长江的湖口人口最密,达300多人/km²,其次是赣江、抚河流域(图106-4)。

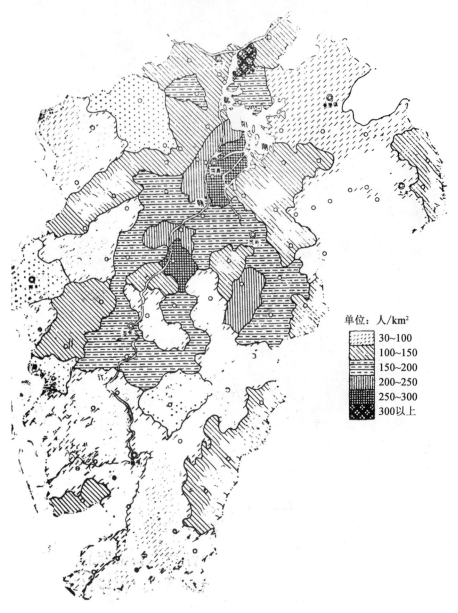

图106-4　江西省1782年各县人口密度图

后期(如1821年和1869年),鄱阳湖平原和信江河谷某些县份的人口密度增加迅速。此时期河谷平原与丘陵山区的人口密度相差达100人/km²以上。这一分布特点显示了在落后的生产方式下,自然条件、交通运输和地区农业经济的发展对人口地理分布的巨大影响。

(2) 19世纪末至20世纪初,江西省的经济出现资本主义的萌芽,特别是1903年浙赣铁路及之后南浔铁路的兴建,省内经济中心发生变化。这时,一方面,现代交通运输业的发展促进了赣西以萍乡为中心的采煤业的发展,吸引了许多劳动力;赣江的支流——袁水河流域农业生产也有很大发展,除粮食生产外,经济作物如花生、芝麻、大豆、甘蔗,特别是苎麻、棉花、烟叶以及柑橘等水果生产都有发展,商业也十分繁荣,从而使这里的人口迅速增加。另一方面,古代发生的人口大规模南移现象亦早已停止,使原来人口迅速增长的赣江、抚河中上游地区大为逊色。从全省来看,此时期人口分布的显著特点是:赣西浙赣铁路沿线各县和吉安地区的人口密度大大增加,成为全省人口分布最集中的区域之一。如1916年,江西全省人口密度平均为150人/km²;而南昌和赣西的锦江、袁水流域各县人口密度都在200人/km²以上;吉安、上高与抚河流域的临川、南丰等地同为全省人口密度最高县份,大于300人/km²;赣东、赣南和周围山地仍为全省人口密度最低的区域(图106-5)。这一特点充分表明,现代交

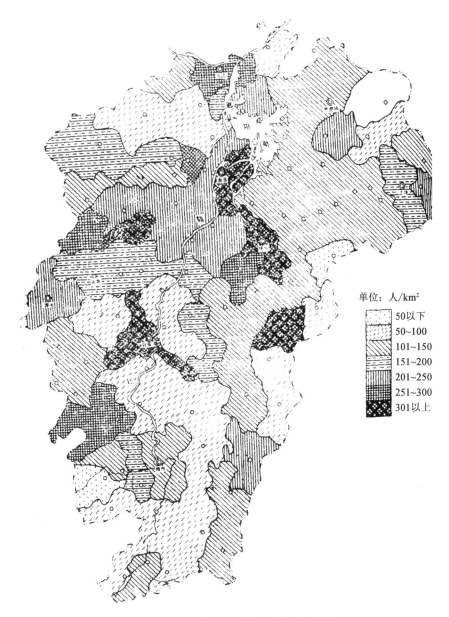

图106-5　江西省1916年各县人口密度图

通、工矿业和农业的发展,商业的兴旺,是这一时期人口密度增加和分布变化的主要因素。

(3) 土地革命至新中国成立前夕,江西省因处于战争环境中,加上国民党反动派的法西斯统治,人口大量减少,导致人口密度大幅度下降。1944年,全省人口密度降到80人/km²;但此时期人口密度分布地区差异则显著减少,全省除九江、湖口南昌、广丰、南康等少数县之外,人口密度均在150人/km²以下。广丰县为闽、浙、赣三省接壤处,位置优越,经济作物比重大,尤其是烟叶颇负盛名,行销国内外,仅1929年记载,出口烟草即达6万担,因而成为全省人口密度最高的县(南昌市郊区除外),1944年平均人口密度高达277人/km²。而在革命根据地中心(如瑞金、井冈山等)及其邻近地区或边缘地区的县份(如吉安、上高、南丰),人口密度下降的幅度更大,大多只有100人/km²左右,甚至有50人/km²以下的(图106-6)。这

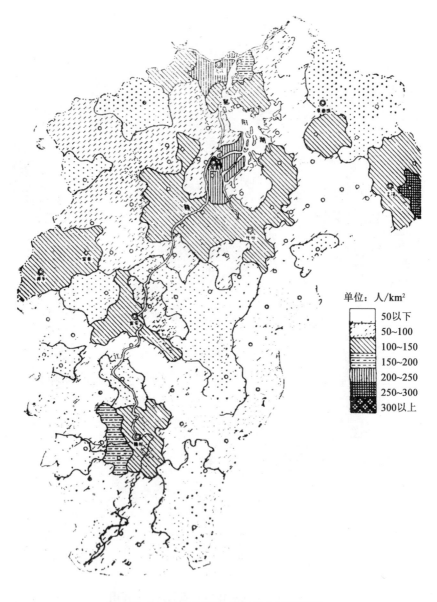

图106-6　江西省1944年各县人口密度图

一特点反映了战争环境与人口分布具有密切的关系。

江西省人口密度地区分布的历史演变过程,说明人口分布的地区差异是在自然环境、社会经济条件的综合影响下形成的,而一定历史时期政治形势的特点,对人口的分布起着很大的干扰作用。

应当指出,随着科学技术的发展,人类征服大自然不断取得进步,人们对自然条件的依赖程度将会有所改变,一些过去没有被人类注意的地区将不断得到开发利用,人口分布也必将有所变化。江西省丘陵低山面积广大,约占全省土地面积的55%(指海拔300 m以上的丘陵山地)。新中国成立以来,特别是1957年以来,在开发山区、建设山区方面取得了很大成绩。目前全省山区共有150多个国营垦殖场(不包括国营农牧良种场和水产场),拥有60多万亩耕地,740多万亩林地,9万多亩茶园,4万多亩果园;还兴办了大批企业,对于人口的平衡分布,促进地区经济的发展起了积极的作用。

众所周知,人口分布的地区差异,深刻地影响着地区资源开发利用的程度、经济发展水平与规模。总的看来,江西省人口密度的地区分布尚存在不平衡、不合理的状况。这可以用人平收入的地区差异加以说明。1977年,按县分组排队,每个农业人口平均集体纯收入水平有很大差异。上高、奉新、新干、峡江、永修、婺源、南城、宜丰、宜黄等县较高;而广丰、修水、定南、兴国、南康、玉山、安远、龙南、寻乌、会昌、永新、瑞金、赣县、于都、宁都、上犹、石城等县则很低,只相当于前者的一半多一点。一个显著的规律是,前者人少地多,自然条件比较好;后者人多地少,自然条件较差。在我国社会主义制度下,这种状况必须逐步改变,根据各地自然资源、历史基础、生产发展潜力等因素,有计划地调整人口布局,调剂劳动力资源的分布,是一项重要的措施。

[刘君德. 试论江西省人口的演变及其发展趋势(上)[M]//胡焕庸,等. 人口研究论文集. 上海:华东师范大学出版社,1981:61-75]

解读:这篇论文以丰实的资料,论述了江西省人口的历史演变、空间发展的过程与特点,揭示了江西省人口地理发展的规律,分析了自然地理环境、历史变迁、社会经济水平、城镇布局,以及政治因素对人口发展和分布的影响。文章的观点符合江西省省情,所绘制的不同历史时期的人口密度图有参考价值。

注释

① 在调查过程中,江西省计划生育办公室、江西省统计局、江西省农业局等单位给予热情支持,提供了宝贵资料,谨此致谢。
② 据江西省革命烈士纪念馆提供的资料,仅土地革命时期被国民党杀害的革命烈士即达20万人以上。
③ 据江西测绘局提供的1979年年底资料。

参考文献

[1] 江西农业地理编写组. 江西农业地理(修改稿)[Z]. 1979.
[2] 江西省经济委员会. 江西经济问题[Z]. 1933.

[3] 胡焕庸. 中国人口之分布[J]. 地理学报,1935(2):33-52.

[4] 蔡源明. 江西之住民与都市[J]. 地学杂志,1931,19(3):381-400.

[5] 胡焕庸. 我国的人口与粮食[M]//人口研究论文集(一). 上海:华东师范大学出版社,1980.

[6] 刘铮,邬沧萍,林富德. 对控制我国人口增长的五点建议[J]. 人口研究,1980(3):1-5.

[7] 王乃荣,杨魁信. 认真研究我国四个现代化所面临的人口理论和实际问题[J]. 人口研究,1980(1):48-53.

[8] 胡焕庸. 我国各省、区人口五十年来的演变和地域差异[M]//人口研究论文集(一). 上海:华东师范大学出版社,1980.

107 二论江西人口:结构与迁移

背景:本文是上篇文章的下半部分。

107.1 城乡人口结构分析

城乡人口结构是人口分布的重要研究内容,它是衡量一国地区经济发达程度的标志之一。江西省现有建制城镇126个,其中有10个省地辖市。1978年全省城镇人口约占全省总人口的13.7%,其中省地辖市人口占城镇人口的55%。省会南昌市人口为60多万(不包括郊区人口),是全省最大的城市。其次为景德镇市,有20多万人。10万人以上的城市有九江、萍乡、赣州、吉安市(均不包括郊区人口)。市区人口不足10万人的有上饶、抚州、鹰潭和宜春市[①]。其余116个镇的人口占城镇人口的45%(表107-1)。

表107-1 1949—1978年江西省城乡人口结构演变

年份	城镇人口占总人口比重/%	年份	城镇人口占总人口比重/%	年份	城镇人口占总人口比重/%
1949	9.5	1959	14.2	1969	13.2
1950	10.2	1960	15.2	1970	13.6
1951	10.3	1961	14.6	1971	15.0
1952	10.4	1962	13.0	1972	13.7
1953	10.4	1963	12.7	1973	13.9
1954	10.7	1964	12.9	1974	13.5
1955	11.0	1965	13.1	1975	13.5
1956	11.1	1966	12.9	1976	13.5
1957	12.2	1967	13.1	1977	13.7
1958	12.7	1968	11.5	1978	13.7

从新中国成立30年来城乡人口结构变化看,总的趋势是,城镇人口比重不断增加,即从1949年的占9.5%提高到1978年的13.7%,但增长十分缓慢。可见,江西是一个城镇人口比重较小,以中、小城镇为主的省份。

江西省城乡人口结构变化的特点大致与国民经济的发展,特别是工农业生产的增长相适应。1955年以前,工业生产总值在工农业总产值中的比重都在24%以下,城镇人口比重稳定在10%;1956—1960年,工业产值比重上升到40%左右,城镇人口迅速增加,比重逐年提高,1960年达15%;1961—1963年,国民经济遭受严重困难,工业生产大幅度下降,城市人口压缩,比重下降到12%;1964—1965年国民经济调整时期,工业生产恢复发展,城镇人口比重亦略有回升;然而,1966年开始"文化大革命",大批知青下乡,又导致城镇人口比重的下降;1971年以后,工业产值比重超过50%,城镇人口比重一直稳定在13%。

从城镇人口的职业构成看,江西省城镇可以分为以下5种类型:

(1) 综合性城镇。兼有行政、经济、文化、商业等综合性职能。此类城镇都是省、地、县行政中心。数量多,人口比重大。如南昌、赣州、吉安、上饶、抚州、宜春等,各县县城所在地亦属此类城镇。

(2) 以某种工业为主的城镇。在人口职业构成中,某种工业部门占有主导地位。如萍乡是"煤城",景德镇是"瓷都",唐江是"糖镇"等,它们的形成与地区自然资源、农业生产专门化的发展、历史条件等有密切关系。

(3) 港口或交通枢纽城市。如九江市和鹰潭市,是交通地理位置决定了该类城市的形成和发展。

(4) 以风景或革命圣地为主的旅游城镇。如庐山的牯岭镇和井冈山茅坪镇等,服务性行业(旅馆、饮食等)和公共事业的发展占有重要地位。

(5) 规模很小、商业为主的集镇。数量多,分布广,多为人民公社行政中心,也是农副产品的集散中心。

上述各类城镇以前两类数量多、比重大,这在一定程度上反映了现阶段江西省经济发展水平尚较落后的状况。

不同性质的城镇在人口的发展规模、城乡联系、职业构成及劳动就业等方面有许多不同的特点与问题。如综合性城镇发展的规模、生产的专业化协作问题,煤矿工业城市中人口的男女性别构成问题,"瓷都"中充分发挥劳动力素养(即劳动者的工艺水平)的优势问题,旅游城镇中职工劳动生产的季节变化问题,"糖镇"发展中与地区农业生产专门化的关系问题,交通运输枢纽城市中流动人口变化规律问题,等等,都必须区别不同情况深入研究。

从全省职工队伍的构成看(表107-2),1978年,工业职工人数占全部职工的41%,其次为农林水气(占16.9%)、文教卫生(11.3%)、商业(11.1%),再次为基建(6.5%)、运输邮电(5.8%)、机关(5.1%)、科研(0.9%),金融(0.7%)和城市公用事业(0.7%)职工比例最小。新中国成立30年来的发展趋势是:工业职工比重不断增加,农林水气职工比重亦有增加,而商业、文教卫生、金融等部门职工比例则有下降,基建职工比例处于相对稳定状态。实践证明,上述比例关系是不协调的。基建、文教卫生、商业、运输邮电和城市公用事业比较落后,给国民经济建设、城乡人民生活带来影响,有待进一步加强和发展。

表107-2　江西省1949年、1957年、1965年、1970年、1978年职工队伍构成　单位:%

	1949年	1957年	1965年	1970年	1978年
基建	3.1	10.4	6.6	6.5	6.5
工业	29.0	30.1	27.9	41.9	41.0
农林水气	0.8	6.1	23.4	15.4	16.9
运输邮电	16.0	6.5	6.6	6.1	5.8
商业	1.5	15.9	12.6	10.9	11.1
金融	1.5	1.9	1.2	0.9	0.7

(续表)

	1949 年	1957 年	1965 年	1970 年	1978 年
文卫科研	23.7	15.9	13.7	7.4	12.2
城市公用事业	—	0.7	0.6	0.6	0.7
机关	24.4	12.5	7.1	10.3	5.1
合　计	100.0	100.0	100.0	100.0	100.0

107.2　省际人口移动变迁

人口移动是人口分布发展变化中必然发生的现象，它包括地区之间的人口流动和城乡之间的人口流动，这里主要是指省际的人口移动。江西省是我国南方各省之中人口移动现象十分突出的省份之一。新中国成立前后不同的历史时期，具有不同的人口移动变化特点。研究其变化规律和人口移动中产生的矛盾及解决的途径，对于合理分布人口，促进省区经济的全面发展有重要意义。

前已述及，江西省历史上曾发生过三次大规模人口移动。新中国成立后，我国实行了严格的户口管理制度，对人口的自由移动起了很大的限制作用。但是，由于江西省是我国南方各省区之中相对人少地多的省份，除党和政府有组织地移民至本省外，自行来江西落户的为数相当多，这是本省人口历年来机械增长较快的主要因素，也是新中国成立以来江西省人口迅速增长的重要因素之一。

分析 1954—1978 年 25 年的迁出和迁入统计资料，可以明显地看出：除 1961 年、1962 年、1963 年经济困难时期和 1967 年政治动乱时期之外，其余年份都是迁入大于迁出，机械增长率成"正数"。其中纯迁入人口（即迁入减去迁出）在 20 万以上的年份有 1954 年、1958 年、1959 年、1964 年、1965 年、1968 年和 1969 年共 7 年，占这些年份人口增长总数的 25%～42%。可见，人口移动的现象十分普遍，且规模很大。

新中国成立以来，江西省人口移动出现 3 次高峰：

(1) 第一个五年计划时期，动员组织大城市（上海）闲散人员安排本省农村就业。从 1954—1957 年有 30 多万上海闲散劳动力（包括部分家属）移入本省农村开荒生产。大多安置在南昌、九江、上饶、吉安等荒地较多的县份，对当时的农业生产起了一定的促进作用；同时解决了上海大城市部分劳动力的就业问题。

(2) 第二个五年计划时期，邻省（浙江）修建大型水库将部分库区人民迁至本省安置。主要是 1958—1960 年新建新安江、富春江水库，将大批移民迁至本省农村，仅上饶地区即达 6 万多人。这批移民带来了浙江农业生产的先进技术和经验，对促进本省农业生产起了积极作用。许多移民在荒山丘陵、滩地白手起家，艰苦创业，发展农业生产，取得了可喜成绩。

(3) "文化大革命"时期（主要是 1968—1970 年），城镇知识青年"上山下乡"运动，从上海等地动员来本省从事农业劳动，总计达数十万人，遍布于全省各地。由于人数过多，过于集中，加上不适应农业劳动的习惯，加上某些政策还未落实，在安置过程中存在不少问题。在有些地区不仅没有对农业生产起到促进作用，相反还增加了农村人民公社的经济负担，在少数人多地少的社队，出现了劳动力过剩现象。此后，贯彻中央有关文件的精神，大批知青回城。

除上述有组织的移民之外,自行从福建、浙江、安徽、湖北、湖南、广东、江苏等省来本省落户的为数亦不少。另有相当部分的季节性移动,如福建、浙江、安徽、江苏、湖北等地有不少农村多余劳动力常年来本省劳动,而逢年过节又返回原籍。他们之中大多具有建筑、搬运、木工等劳动技能,劳动生产率比较高,深受本省有关部门的欢迎。这种情况在南方各省之中是比较少见的。

上述各种移民方式,反映了不同时期人口流动、劳动就业政策的差异。从经济效果看,安排外省农村多余劳动力至本省从事农业劳动最为有利,它不仅有助于解决省内外劳动力资源密集地区的劳动力就业问题,而且对江西省经济发展有促进作用,还可节省国家许多安置费用。实践证明,从上海等大城市大批安置知青至农村劳动,由于城乡生活条件相差较大,又无农业劳动技能,劳动效率较低,国家还花费了大量安置费用,这种人口移动方式弊多利少。

应当指出,人口季节移动是人口移动的较好方式。第一,有助于安排人口密集地区多余劳动力的就业;第二,有利于解决劳动力不足地区的矛盾,促进地区经济的发展;第三,大大节省了国家规定的安置费用;第四,有利于充分发挥劳动者的生产技能,提高劳动生产率和保证劳动质量。当然,劳动资源的季节性移动也带来了粮食、住房和交通的紧张等问题。但只要国家有计划地安排并给予必要的补助,上述矛盾是有可能逐步解决的。

107.3 发展趋势初步估计

江西省人口演变的特点是在政治经济和自然条件的综合影响下形成的。不同历史时期的人口增长、人口密度与分布、城乡人口结构和人口移动具有不同特征。根据我国人口政策和江西省的自然条件、原有基础、经济发展特点等因素全面分析,今后本省人口发展趋势可以初步归纳为如下几点:

(1) 人口的自然增长率将逐步降低。江西省是我国人口自然增长率最高的省区之一,人口的盲目增长已经给国民经济建设和人民生活带来了影响,必须采取措施,迅速降低人口的自然增长率,大力控制人口增长。值得指出的是,自1974年以来,江西人口和全国一样,出现了逐步下降的趋势,只要落实有关政策,大力宣传计划生育,使人口的自然增长率迅速降低到全国平均水平是完全必要、也是可能的。但应当看到,新中国成立以来,江西曾出现了两个出生率的高峰时期,即1957年和1962—1966年,按我国女子婚龄现行规定,当前正处于第一高峰经历了一个周期后的波峰;而第二波峰的第一个周期亦即将开始,如不及早采取措施,则在近几年内,人口增长率将很难下降,甚至有回升的可能,必须引起有关部门的注意。江西省1978年人口自然增长率为19.62‰(出生率为27.01‰,死亡率为7.39‰)。设想1980年人口自然增长率降到1.2‰,1985年降到0.6‰左右,2000年降到零。按照人口自然增长率逐渐平滑下降的假设,绘制1978—2000年人口增长曲线如图107-1所示。即预计2000年江西省人口为3 500万;1980—1985年人口增加130万,年平均增加26万;1986—1990年增加70万人,年平均增加14万;1991—1995年共增加23万人;1996—2000年只增加9万人;2000年后人口将趋于稳定。

(2) 随着人口数量的增长,江西省的人口密度将相应增加,分布逐渐趋向平衡。2000年

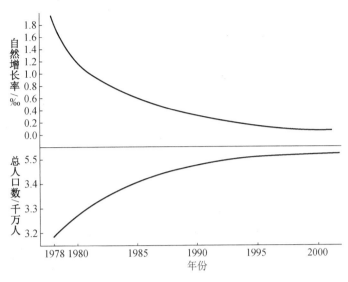

图 107-1　江西省 1978—2000 年人口增长曲线图

左右,人口密度达最大值,平均约为 210 人/km²,以后将趋向稳定。江西省现有耕地面积为 3 800 万亩,尚有可垦荒地 1 000 多万亩。设想到 2000 年开荒 300 万亩,则全省人均耕地为 1.17 亩。人口密度的分布变化将主要表现为两个方面。第一,城镇人口的比重将显著增加,特别是中小城镇将有较大发展;第二,人均耕地多的地区和一些丘陵山区的人口密度增加的幅度将超过全省平均水平。人口分布不平衡的现象依然存在,但将有所缓和。根据不同地区的自然资源、经济发展潜力,因地制宜地采取不同的政策,如严格控制人口密集地区的自然增长率,使增长的幅度低于全省平均水平;对志愿赴人少地多或自然条件较差的丘陵山区就业的人员实行奖励,给予适当补贴等政策,可以促使人口分布逐步趋向平衡、合理,促进地区经济的发展。

(3) 非农业人口的比重将不断增加。江西省自然条件优越,矿产资源,特别是钨、铜、铅、锌等有色金属等资源十分丰富,品种多,储量有一定规模;而本省地处中亚热带丘陵为主的地区,木、竹及油茶、柑橘、茶叶等及其他农作物品种繁多,发展潜力大;还有较为丰富的煤炭和水利资源,工矿业生产条件十分优越。随着本省经济建设的迅速发展,非农业人口在总人口中的比重将逐步增加。设想 20 世纪末,非农业人口比重增加到 25% 是完全必要、也是可能的。其中除一部分是全民或集体所有制的职工外,主要是县以下的社队企业职工。

随着农业现代化事业的迅速发展,广大农村多余劳动力的问题将愈益尖锐地显示出来。为了解决农村多余劳动力的就业问题,促进农村人口质量的提高,充分利用地方分散的自然资源发展地方工业,更好地支援农业生产,繁荣农村经济,大力发展中小城镇,特别是县以下的公社农村集镇,是城镇建设的主要方向。与此同时,要搞好省、地、县三级城镇的建设,搞好区域规划和城镇建设规划,从地区自然资源、自然条件和社会经济条件、发展潜力出发,合理确定城镇规模和发展方向。

(4) 今后省际的人口移动将主要是季节性或临时性移动;省内地区之间的人口移动(包括永久迁移和季节迁移)将有所增加。近期,由于我国现行的户口政策,省际大规模人口移动将很少发生,但由于经济发展的地区差异,人们劳动素养不同,特别是某些地区历史上长期形成的某种劳动技能及传统习惯的影响,目前的省际人口季节性移动现象将会有所发展。

就省内而言,根据经济发展的需要,特别是为了解决某些地区(如吉泰盆地)的劳动力不足和另一些地区(如上饶专区的广丰等县)的多余劳动力问题,有计划、有组织地移动人口是必要的。从新中国成立以来江西省人口迁移实践证明,地区之间农村人口的移动,由于思想安定,能很快适应农村环境;具有劳动技能,可以取得显著的经济效果②,因而是今后省内人口移动的主要途径。

江西省山区丘陵面积大,自然资源丰富多样,而目前开发利用程度很低,人口稀疏,生产潜力大。采取积极有效措施,鼓励开发建设山区,是本省人口移动的重要方向之一。

[刘君德.试论江西省人口的演变及其发展趋势(下)[M]//胡焕庸,等.人口研究论文集.上海:华东师范大学出版社,1981:75-84]

解读:本文重点论述了江西人口的结构和迁移的特点和规律,并对省域人口发展趋势和空间位移进行了预估。

注释

① 宜春是1979年新设立的县级市;2000年升格地级市。

② 如位于吉泰盆地泰和县境内的冠朝公社东华大队,从1960年由广东迁来的17户人家在荒滩上垦荒建队开始,至1977年,艰苦奋斗十多年,不断改善农业生产条件,粮食亩产达到510 kg,高于当年吉泰盆地平均亩产270 kg多,人均纯收入亦大大高于邻近社队,成为农业战线的先进典型。

108　三论江西人口：土地资源与人口规模

背景：人口地理学是华东师范大学地理学的传统优势。继1981年出版首部胡焕庸主编《人口研究论文集》之后，1983年出版了第二辑。我应约写了这篇"再论"，侧重于从江西省的土地资源开发利用研究人口的适度规模和合理分布问题。

本文着重从土地资源利用角度探讨本省人口的适度规模与合理分布问题。由于江西省的人口有近90%居住在农村人民公社和国营农场、垦殖场，所以本文讨论的人口问题主要是指农村人口。

108.1　土地资源利用的特点及其对人口发展规模和分布的影响

众所周知，土地是农业的最基本生产资料，人类获取食物主要靠土地资源。研究土地资源的数量、质量及其利用与人口发展规模、合理分布的关系，对于从实际情况出发，因地制宜有计划地控制人口增长、合理调整人口分布，充分利用劳动力资源，加速发展生产具有重要的理论和现实意义。

江西是我国南方丘陵山区省份之一，土地总面积16.66万 km^2。从土地资源及其利用看，具有以下的特点：

（1）资源丰富，类型多样。1980年，江西全省土地面积合24 990万亩，人口3 270万[①]，人均土地面积7.64亩，居长江中下游各省之首位。土地资源比较丰富，从土地资源的类型看，从高度上可分为中山、中低山、低山、高丘、低丘、高岗、低岗、阶地、平原9类。其中山地约占36%，丘陵约占42%，平原岗地约占22%；从土地利用类型看，耕地占15%，林地占47%，宜农、宜林、宜牧的荒山荒地占18%，水面占10%，其他占10%。丰富多样的土地资源，无疑是该省农、林、牧、副、渔各业综合发展的有利条件，也是人口不断增长的重要物质基础之一。

（2）结构复杂，可塑性强。该省地貌类型复杂，岩性、形态多样，往往在一个不大的范围内引起水、热条件的地域变化，使各种土地类型呈有规律地交错分布，结构相当复杂，从而对农业的土地利用产生巨大影响。

据中国科学院综合考察委员会南方山地考察队在该省泰和县调查，一般在丘陵岗坡地（基础裸露或网纹红土直接出露地表的除外），封育三、五年后，植被和土壤肥力即能较快得到恢复；但另一方面，如果人为利用不当，破坏植被，则土地肥力衰退的速度也是相当惊人的。一旦山坡地的表土层丧失，土壤肥力的恢复和土地更新的能力就将大大削弱。充分认识这一土地可塑性较强的特点，因地制宜合理利用土地资源，促进土地向有利于人类利用、不断提高土地生产率的方向演变是十分重要的。

（3）利用率低，潜力较大。江西现有耕地面积3 800万亩，土地垦殖率为15.2%，虽高于全国平均土地垦殖率，但在长江中、下游六省一市中是最低的[②]。全省宜林、宜农、宜牧的荒山、荒地尚有近 4 500 万亩,约占土地总面积的 18%。可见,土地利用率是较低的。就是已被开发利用的土地,其生产水平也不高。1979 年江西粮食耕地亩产虽已突破历史记录,达到 416.5 kg,但仍比同纬度的邻省低得多。全省约有 70% 以上的耕地属于不高不稳、稳而不高或高而不稳的农田,有待进一步改善农业生产条件,提高单位面积产量,实现高产稳产。其他林业、牧业、渔业用地的生产水平更低,这意味着该省土地利用的潜力很大。随着人口的有计划增长,尚有一定数量的后备土地资源可资利用。这相对于中亚热带其余各省来说,是一个极为有利的条件。

(4) 土地利用结构与土地生产率地区差异大。由于自然、社会经济、历史条件的影响,江西省土地利用结构在地区之间存在着较大差异。特别是地形上周高中低、向北倾斜的分布格局,是形成这种差异的主导因素。周围山地,垦殖指数低,林业用地比重大;中、北部鄱阳湖平原,垦殖指数高,耕地、渔业用地分布广。前者如赣南崇义县,山地面积占土地总面积的 97%,垦殖指数仅为 4.7%,耕地主要分布于河谷和山间小盆地,森林覆被率占 67% 以上,居全省之首位;又如赣西北的铜鼓、武宁等山地县,垦殖指数亦只占 5% 左右。后者如五河下游平原各县,垦殖指数都在 50% 以上,水面占有较大比重;也有林地面积小,只占 15% 左右,且多为稀疏杂木林。总的特点是,平原高,山区低;经济作物或果木区高,粮食产区低;城市郊县高,一般县低。若以县为单位,土地生产率的地区差异往往比较大。如作为全省柑橘和粮棉基地的吉安专区新干县,其土地生产率比上述林业基地的崇义县高 5 倍以上。

江西省的土地资源利用特点对该省人口发展和地区分布带来了深刻的影响,突出地表现在以下三方面:

(1) 丰富多样的土地资源,巨大的利用潜力,是新中国成立以来该省人口快速增长的重要因素之一。据胡焕庸教授研究资料,1953 年至 1979 年,江西省人口由 1 677 万增加到 3 183 万,增长了将近一倍,年平均增长率达 3.53%,居南方各省市之首位,在全国仅次于边疆一些省(区)和京、津二市。在生产力水平较低的我国广大农村,长期以来,生产的发展主要是依靠丰富的劳动力资源对土地实行精耕细作来实现的;而丰富的土地资源,巨大的利用潜力,则在客观上为迅速增长的人口对食物需求的增长提供了不断扩大耕地面积的可能。

(2) 由于拥有丰富而多样的土地资源,在一个较长时期内,吸引了大批外省、市人口向该省的迁移。这也是该省人口增长大大快于南方各省(区)的原因之一。据 1954—1978 年资料,除 1961 年、1962 年、1963 年和 1967 年 4 年之外,均是迁入大于迁出,机械增长呈正数,纯增长量达 160 多万,占全省人口增长总数的 1/10 以上。迁入的多为邻近的浙江、福建、广东、湖南、江苏、上海等省、市。这些省、市人口稠密,土地利用率较高,人均耕地少,后备土地资源的潜力相对较小。1980 年,上述省市的人均耕地依次为 0.72 亩、0.77 亩、0.83 亩、0.98 亩、1.17 亩、0.9 亩,均低于江西省人均耕地 1.19 亩的水平。

(3) 土地资源及其利用结构的地区差异,各地土地生产率的高低,导致该省人口分布的不平衡。该省人口分布的总的特点是:北部多于南部,大体以北纬 27°30′ 为界,以北平均 200～300 人/km²,以南除个别县(南康、于都)外,多在 100～200 人/km²。五大河水系中、下游平原及铁路沿线人口密度大,多为 250 人/km² 以上,丘陵山区人口密度较低,大多在 150 人/km² 以下。这种分布特点,固然是在自然、政治、经济因素综合影响下,经过长期的历史演变过程而逐步形成的;但由于占全省人口 86% 以上的农业人口的全部食物来源和绝大部分的经济收入是依靠土地提供的,毫无疑问,土地资源的数量、质量及其利用结构的差异,土地生产率的高低,是导致上述人口分布不平衡的直接原因。这就是说,土地资源(主要是指可耕垦的土地)的数量多,质量好,生产率高,则单位土地面积上的人口密度大,这类土地资源就能吸引较多的人口。

(4) 土地利用结构的地区差异对人口的地区分布也有很大影响。土地利用结构是指农、林、牧、副、渔五业用地的比例关系。江西省各地自然、社会经济条件不同,特别是地貌类型的复杂性,往往在一个不大的范围内(如一个县)拥有多样的土地类型,这就为各地全面发展农业生产提供了极为有利的条件。但各地区五业用地的结构比例是不相同的。由于现阶段各业用地的利用程度和单位面积的生产率在客观上存在着较大差异,如耕地利用程度高,经济作物土地生产率高,林地、牧地和水面的利用程度和生产率比较低,因而不同的土地利用结构,其人口密度分布往往有较大差异。江西省若以东、西、南、北、中五大农业区为单元,则可以看出:①赣南农业区,土地资源数量虽较多,但水土流失严重,土地质量差,土地利用结构中耕地比重小,土地生产率低,人均收入少,该区的人口密度大大低于全省平均水平,1979年为152人/km²,也是迁入人口较少的地区之一;②赣北农业区,土地资源丰富,多冲积沃土,耕地比重大,垦殖指数、复种指数、经济作物播种面积比重等均为各农业区之首,土地生产率较高,人均收入多,因而是全省人口最稠密的地区,人口密度为297人/km²;③赣西和赣东同为丘陵山区,土地资源质量优于赣南,垦殖指数、复种指数均介于上述两区之间,人口密度大体在165~177人/km²左右;④赣中农业区,土地资源最为丰富,但由于水土流失亦较严重,洪涝旱灾害较多,加上社会历史的原因,目前土地生产率较低,人均收入亦不高,人口密度为144人/km²,为全省最低,意味着人口容量的潜力还较大。

就整体看,江西省的人口增长规模、分布与该省土地资源利用的特点基本是相适应的。但进一步分析,仍存在着以下尖锐矛盾:

(1) 由于人口的迅速增长,土地的人均占有量大大降低,耕地的后备资源已感不足。从表108-1可见,该省新中国成立以来人口的迅速增长,使人口密度大大提高,人均土地占有量大大降低。1980年平均每农业人口拥有的耕地比新中国成立初期下降了一半多。与南方各省(区)比较,江西虽仍为人均耕地相对较多的省份,但与全国人均耕地相比较,已由新中国成立初期的高于全国平均水平,转而变为大大低于全国平均水平。江西已不再是个人少地多的省份了。

表108-1　江西省人口增长与人口密度、农业人口平均耕地关系表

	1949年	1952年	1957年	1965年	1970年	1975年	1980年
人口/万人	1 314	1 656	1 851	2 177	2 585	2 928	3 270
人口密度/(人/km²)	79	99	111	131	155	176	196
农业人口平均耕地/(亩/人)	3.1	2.9	2.7	2.2	1.7	1.5	1.4

特别应当指出的是,本省适宜农耕的后备耕地资源已大大减少,进一步扩大耕地面积的可能性很小。据有关部门统计,全省现有的4 500万亩荒山荒地资源中,约有1 000万亩可供耕垦利用[3]。但据我们调查,此类荒地资源实际上已有相当部分已被开垦利用而未计入耕地面积的统计之内,有人估计可能达数百万亩。而其余的数百万亩荒地,绝大部分都是砍伐迹地或森林被破坏后的逆向演替的荒坡地。这类荒坡地不仅开垦成本较高,而且如不采取

综合措施,一旦开垦利用,还会加剧水土流失,破坏生态平衡,在经济上也不一定合算。还应指出,新中国成立30多年来,随着工农交通运输业的发展,工厂、道路、农田水利等基本建设大量占用了土地资源,大多是地势平坦、土地肥沃的耕地。据吉安专区泰和县资料,自1957年以来的22年中减少耕地约14.3万亩,占该县现有耕地面积的18.7%。又据1979年统计,全省当年减少耕地9.8万亩,新增加的耕地只有5.7万亩,实际减少4.1万亩。由此可见,真正适宜于耕垦的荒地资源为数很少。这种状况与当前人口迅速增长的实际情况产生矛盾,如不采取措施,还有进一步加剧的趋势。

(2) 人口的过快增长,人们为保证粮食产量的相应增加,不得不将绝大部分耕地用来种植粮食,长期实行绿肥—稻—稻的耕作制度①,同时还在客观上助长了片面强调"以粮为纲"的思想。这种单一的耕作制度,冬季多年种植红花绿肥,不能进行深耕晒垡,土壤长期处于还原状态,理化性状变坏,病虫杂草增多;同时由于未实行轮作,土地用养失调,地力逐渐衰退,从而影响水稻的正常生长发育,产量长期徘徊在亩产350 kg多。

此外,在"以粮为纲"方针指导下,人们不是根据土地资源对农作物的生长适应性和适宜程度因地制宜、合理布局,而往往只重视粮食生产,忽视多种经营、全面发展。反映在土地利用程度上存在着较大的不平衡性。一方面,广大的山区丘陵,土地资源丰富,但利用率和生产率水平很低;而另一方面,河谷平原地区,土地狭小,利用强度过大,土地缺少用养结合,因而生产率虽较高,但农田生态环境常常恶化,阻碍着生产的持续发展。

(3) 人口的地理分布与各地区对劳动力的需求不相适应。从分县劳动力负担耕地面积的空间分布状况来看,地区之间存在着较大的不平衡性。总的规律是赣南负担轻,劳均耕地2.79亩;赣中负担最重,劳均耕地5.75亩。山区负担轻,滨湖新垦区负担重。这种分布状况导致各地土地生产率和人平收入差距悬殊。赣中各县及赣东、赣西、赣北的某些县,人口劳动力资源相对不足,在现今农业现代化水平较低的情况下,土地生产率比较低,人均收入水平也不高;而赣南及其余各区的某些县,人口劳动力资源过剩,土地生产率虽较高,但人均收入均比较低。如位于浙、赣边境的广丰县,是个典型的人多地少的山区丘陵县,1979年人口密度达482人/km²,是全省人口密度最高的县之一。全县每个农业人口只有0.66亩耕地,粮食亩产虽已达600 kg/亩,但由于人口过密,人均收入却不足60元,是全省最低的一个县。每年都有2 000多名过剩劳动力外流至各地做临时工,以补贴家庭收入。1979年该县外出做临时工的人数占上饶专区的27.5%。产生这种情况的原因,除自然和社会历史因素外,与新中国成立后实行的户口政策和长期形成的传统家乡观念有很大关系。在我国,除了有计划组织的移民外,一般很少自由迁移,特别是城镇之间的迁移往往十分困难;加上几千年形成的家族乡土观念,农民一般都不愿意远离自己的家乡,因而这种历史上形成的人口劳动力分布不平衡、不合理的状况便难以在短期内加以改变。

108.2 从土地资源利用看人口的适度规模和合理分布途径

从该省土地资源利用的潜力出发,从土地资源组合、利用结构及生产潜力地区差异的实际情况出发,研究适度人口规模和合理分布问题,将为因地制宜有计划地控制人口、制订合理的人口发展规划和人口政策提供科学依据。

108.2.1 关于适度人口规模问题

所谓"适度人口",简单地说,就是经济效益达到最高点、而生态环境又不致遭受破坏时的人口数量。一个国家或地区的人口在没有达到这个数量时,人口增长,经济效益亦随之增加;而当人口超过这个数量时,人口再增长,经济效益反而会下降,生态环境也遭受破坏。一般认为,一个国家或地区的适度人口规模应与该国、该地区的经济发展和科学技术的进步相一致,其人口规模不能超越本国的供养能力和环境容量。对于目前经济发展尚较落后的国家和地区来说,尤其必须考虑这个国家和地区的农业资源及其提供食物的能力。

众所周知,光、热、水土资源的评价是评价农业自然条件及提供食物能力的主要内容和依据。不同地区由于自然地理环境的差异,光、热、水土资源对农业生产影响的程度是有很大差别的。如对于北方高纬度地区,热量资源往往成为农业生产的限制性因素;西北干旱地区,水资源的数量对农业生产则起着决定性影响。江西省地处我国中亚热带湿润地区,水热资源条件十分优越,对农业生产影响最直接的乃是土地资源的数量、质量及其利用情况。因此,土地资源及其利用情况应是确定该省适度人口规模的主要依据之一。

笔者在《试论江西省的人口演变及其发展趋势》一文中曾设想使该省的人口自然增长率由1978年的19.62‰,逐年下降,1980年为1.2‰,1985年为0.6‰,2000年降到零,即预计2000年时江西省的人口为3 500万。从人口的绝对增长数看,在1981—2000年的20年内,将增加220多万人。那时的人口密度将是210人/km^2,比现在增加13人左右。实现这一指标是一项十分艰巨的任务。从土地资源及其提供食物的能力以及生态平衡的观点看,20世纪末,江西人口控制在3 500万之内是比较合理的。这就是说,2000年前,随着人口的增长,土地资源能够提供人们的足够食物来源,且能做到人均收入不断有所增加;而只要合理地利用土地资源,人口的增加尚不至于使生态平衡遭到破坏。但从党中央要求的到20世纪末,全国人均收入达到800美元这一指标看,任务又是相当艰巨的。除了逐步减少农业人口,大力发展工业生产,特别是因地制宜发展社队工业之外,应十分重视发展农业生产。首先应充分合理地利用土地资源,向生产的深度和广度进军,在努力提高劳动生产率的同时,大力提高土地生产率。

1980年,江西省平均每亩土地的农业产值为20多元,以耕地面积计算为140元/亩,大大低于同纬度的浙江、湖南两省。同年,以土地面积计,两省分别为55元/亩和30元/亩;以耕地面积计,则分别为309元/亩和180元/亩。可见,江西省的土地生产率是很低的,这意味着具有较大的增产潜力。设想该省今后农业的年增长率以4%~5%计算,则20世纪末,平均每亩的农业产值可达307~390元。实现这一目标是可能的。

从江西省的实际情况出发,提高土地生产率的方向如下:
(1)在稳定现有粮田面积的前提下,合理调整该省的农业经济结构

江西省现有的农业经济结构存在着不够合理的一面。从大农业角度看,农、林、牧、副、渔五业之间的比例不协调,长期以来,只重视耕作业,忽视林、牧、副、渔业生产。1979年,大农业产值中,耕作业占71.4%,是南方十三省市中比重最高的。这与该省土地资源利用的结构很不匹配。全省现有耕地面积只及林、牧、副、渔业用地面积的四分之一强,而耕作业的产值却是林、牧、副、渔业产值的2.5倍。占全省土地面积54%的丘陵山地(如包括绝对高度在

300～500 m 以上，相对高度在 200～800 m 以上的高丘，不包括低丘岗地面积在内），林业产值只占 4.2%，显然是不合理的。就耕作业内部而言，对经济作物的种植也不够重视，1979年经济作物播种面积只占农作物总播种面积的 8.3%，尚未达到历史上经济作物播种面积比重较大的年份（如 1957 年曾占 10% 以上）的水平，这同样是不合理的。必须合理调整该省的农业经济结构，充分利用面积广大的丘陵山区和湖塘水面，大力发展林、牧、副、渔业生产，提高丘陵山区、湖塘水面的土地生产率，提高林、牧、副、渔业在大农业中的产值比率。同时，在耕作业之中，积极恢复发展经济作物生产，逐步提高经济作物的产值比重。

应当指出，该省农业经济结构的调整，必须注意稳定现有的粮田面积。江西是我国江南以水稻为主的重要粮食产区之一，长期以来是我国商品粮的主要来源地之一。1979 年，全省耕地面积占全国的 2.5%，但粮食总产量、征购粮、净调出商品粮分别占全国的 4.0%、4.8% 和 11.9%。可见，粮食生产和贡献在全国具有重要地位。鄱阳湖平原已被列为全国重点建设的商品粮基地之一；吉泰盆地亦具有建设商品粮基地的优越条件。从国家的需要和该省的自然经济条件及原有基础考虑，该省农业的主要目标和任务仍然是发展粮、油生产。我们不应该片面强调发展经济作物和多种经营，必须保证粮田面积。经济作物主要是提高现有单位面积产量，并通过合理轮作倒茬，利用十边地和部分荒坡地适当扩大播种面积，以增加产量。林业应在丘陵山地上大做文章，同时发展四旁植树。渔业主要是充分利用现有的 2 500 万亩水面，在搞好水产资源的繁殖和保护的同时，大力发展河湖内塘养殖，提高单位面积产量。

(2) 在保护生态平衡的原则下，合理调整各类土地资源的利用方向

人和人类生存的自然环境是一个巨大的生态系统。在这个系统中，人与环境的诸要素（大气、水、土壤、生物等）之间进行物质循环和能量交换，它们相互联系、相互制约，维持着相对的生态平衡。由于人口的增殖、生产的发展，向自然界摄取的资源不断增加，当增加的数量超越自然界的稳定支付能力时，必然会破坏生态系统的平衡，从而引起自然界对人类的"报复"，以致影响到人类的正常生存。因此，保护生态平衡，是人口增殖、发展生产的前提。江西省近 30 年来由于人口的迅速增加、土地资源的不合理开发利用，造成水土流失、破坏生态平衡的情况是十分严重的。以赣南地区为例，全区水土流失面积达 8 600 多 km^2，占土地面积的 1/5。在水土流失严重地区，植被破坏，水源涵养能力下降，水旱灾害增多；山塘、水库淤塞，河床抬高，航道废绝；表层沃土流失，土壤肥力下降，田薄地瘠，广种薄收，农业生产低而不稳；三料（燃料、肥料、饲料）俱缺，人民生活贫困。

因地制宜地合理确定各类土地资源的利用方向，是控制水土流失，保护生态平衡，发展农业生产的重要措施。首先要建立必要的规章制度，迅速杜绝在丘陵山区盲目垦荒、破坏森林的情况；同时，要在对各类土地资源深入调查研究的基础上，进行全面规划，因地制宜综合治理。山地丘陵应大力开展植树造林，搞好林业建设。这是充分利用山地，从根本上防止水土流失，保持生态平衡的最经济、有效的措施。不仅要绿色荒山，而且要十分注意保护好现有的林地，合理采伐利用，边造边采，使青山常在，绿色永存。根据该省的自然地理条件，营林应注意采取针、阔混交和多层植被，效果会更好。

这里，应特别强调合理利用低丘岗地荒坡地⑤的问题。据粗略估算，该省低丘岗地面积约占土地总面积的 1/3 以上，分布极为广泛，是目前利用最不充分、最不合理，而生产潜力最大的土地类型。目前这类土地农、林、牧争地矛盾尖锐，水土流失严重，生态平衡遭到破坏。

从自然和社会经济条件考虑,低丘岗地荒坡地的利用应以发展林业为主,特别是发展适宜的经济作物和经济林(油菜、油桐、板栗等)、薪炭林和水土保持林。在有条件的地区可适当发展畜牧业,合理利用草山草坡,但应改变自由放牧的习惯。只是在少数低岗,土层较厚,土质较肥,水利和劳动力条件较好的情况下,可有计划地进行耕垦,种植粮食和经济作物。但亦要与林业、畜牧业结合,实行多种经营。

(3) 逐步提高农业现代化水平,从根本上改变农业生产条件,重点抓好商品性基地的建设

新中国成立以来,江西省农业生产现代化水平已有一定程度的提高,农业生产条件得到了改善。但总的看来,水平不高,在南方十三省市中是农业现代化水平最低的省份之一。这是该省土地生产率不高的重要原因之一。首先要抓好以治水改土为中心的农田基本建设,改造低产田,实现旱涝保收、稳产高产;其次要发展农业机械,提高机械化水平;还要增加农业用电和化肥供应,以不断提高农业现代化水平,从根本上改变农业生产条件。在目前本省财力、人力、物力有限的情况下,应集中力量首先抓好各类商品性基地的建设,主要是粮、油、棉、木、竹、茶、柑橘和水产基地的建设。大力提高各类商品性基地的土地生产率和商品率。从各地自然、社会经济条件考虑,各类商品性基地的分工应当是:赣北以鄱阳湖为中心的平原区,宜发展成为全省最大的商品粮、油、棉、水产基地;赣东、赣西丘陵山区,重点发展木竹、茶叶、油茶、果木生产;赣南山地丘陵区,可重点发展林、橘、油茶、甘蔗等生产;赣中吉泰盆地,则具有建设省内商品粮基地的有利条件。

108.2.2 关于合理调整人口分布问题

什么是人口的平衡分布?人口的平衡分布是要求各地都能做到充分合理地利用土地资源,发挥土地的生产潜力;各地同类土地资源的生产率应当基本相同;各地劳动力资源都能得到充分合理地利用,人均收入能不断增长,地区之间的差距亦较小。很显然,人口的平衡合理分布对充分合理地利用各类土地资源,促进各地区经济的共同发展,人民收入的共同提高是具有积极意义的。在社会主义国家内,使人口的分布达到相对平衡也完全是可能的。

从土地资源利用角度,如何实现人口的相对合理分布?一般应认真抓好以下四方面的工作。

第一,要全面清查土地资源。包括土地资源的数量、质量、分布及各类资源的组合特点,开发利用价值及潜力大小,并作实事求是的综合评价。这是一项极其重要的基础工作,是制订国民经济发展规划和人口发展规划的重要依据。

第二,研究并确定不同类型地区人口发展规划的指标。即不同土地类型地区的适度人口规模指标。指标还应充分考虑人口与资源、环境、经济发展之间的关系,即从资源、生态、经济、消费、需求等方面确定不同地区的人口容量。

第三,因地制宜制订区域人口发展规划。即根据不同类型地区的人口容量指标及各地区的人口年龄构成、死亡率等因素,制订出切实可行的人口发展规划,提出不同地区的计划生育指标。如在城市郊区或人口稠密而资源潜力较小的地区,计划生育指标更应严格加以控制,基本生一胎;反之,在人口稀疏,劳力缺乏而资源相当丰富的地区,计划生育指标应适当放宽,但最多不得超过两胎。

第四，制订有利于控制人口增长、促进人口平衡分布的政策，以实现规划指标。目前在我国各省市都已制订了许多行之有效的节制生育政策，但这些政策往往不区别各地的实际情况而强求千篇一律，在实行中带来不少问题。特别是这些政策并没有对人口的平衡分布起到促进作用。应当根据各地的土地资源、人口密度、生产发展对劳动力的需求差异，因地制宜地制定不同的政策（主要包括计划生育政策和移民政策），以促进人口分布的相对平衡。

从土地资源、人口密度、劳动力负担耕地、人均收入等因素考虑，江西省的农村人口分布大体有以下5种类型区。各区特点及解决人口问题的途径如下：

(1) 城镇郊区和工矿区。包括省辖市和专区辖市在内的郊区，人口较稠密，经济较发达，大多具有城郊农业的特点，社队工业具有一定规模，人均收入较高，一般在110元以上，高于全省平均水平32%。本类型区劳动力资源丰富，土地后备资源少，有一部分剩余劳动力，农田污染较严重。今后的主要方向，一方面是就地消化人口劳动力，即向生产的深度和广度进军，提高农业的集约化水平，同时要大力发展劳动密集型和技术密集型的工、副业生产；另一方面可适当输出劳动力，即充分利用经济基础较好、文化水平较高的优势，提高人口素质，适当向省内其他地区输送人才。本类型区的人口政策要有利于严格控制人口的增长，坚决只生一胎，还要鼓励人口外迁。

(2) 人口较稠密区。主要包括宜春专区的上高、高安、分宜、奉新、靖安，抚州专区的南丰、南城、进贤、广昌、黎川，九江专区的彭泽、九江，吉安专区的新干，上饶专区的婺源等县。该类型区经济较发达，经济作物比重较大，人口较稠密，人均收入亦较高，大多在110元以上。区内土地资源尚称丰富，生产发展潜力较大，剩余劳动力资源较少。今后应进一步提倡精耕细作，发展多种经营和社队工业，加强中、小城镇的规划建设，以就地吸收更多的人口，一般可不必组织移民，但对人口的增长要加以严格控制，坚决只生一胎。

(3) 人口过密区。主要包括赣南地区各县及上饶专区的广丰、上饶、玉山县等。人多耕地少，农业劳动力负担耕地都不足3亩，已没有后备的耕地资源，由于毁林开荒，水土流失严重，生态平衡破坏，"三料"和粮食均感不足，人均收入低，大多在70元以下，是相对人口过剩区。今后，首先要严格控制生育率，同时要尽量创造条件，扶助发展工、副业生产，吸收部分劳动力。其次要有计划地组织移民，赣南可移向赣中；广丰、上饶、玉山可向本专区的铅山、贵溪、弋阳等县移民。目前情况下，农业生产应强调发展林业，绿化荒山，保持水土，坚决杜绝盲目垦荒。

(4) 人口稀疏区。主要分布于吉安专区各县和上饶专区的部分县。本区人少地多，劳力负担耕地重，一般在5亩以上，目前大多单位面积产量较低，粮食亩产均低于高产县150 kg左右，生产潜力大。特别是吉泰盆地低丘、岗地、荒坡地面积大，后备耕地资源相对较多，劳动力资源不足，耕作较粗放。今后应在大力提高劳动生产率和土地生产率的同时，适当从外区移民，增加劳动力资源，促进生产的发展。计划生育指标可适当放宽，但不得超过两胎。农业生产要注意提高单位面积产量，发展多种经营。

(5) 一般类型区。全省约有近1/3的县属于此类型。其人口密度、经济水平、劳动力负担、人均收入等大致相当于全省平均水平。本类型区土地后备资源虽不多，但利用尚不充分，生产发展的潜力仍然很大，应向生产的广度和深度进军，提高土地生产率，就地吸收人口。近期计划生育可控制在1.5胎左右。

108.3 结论

(1) 江西是我国南方土地资源比较丰富、利用潜力较大的省份。据中科院南方山地考察队对泰和县的典型调查,目前利用较充分的土地只占60%,尚有30%的土地很少利用或未加利用,主要是疏林地、灌丛地、草地、沙滩地、抛荒地、半裸露和裸露地等。若从全省看,这是一个相当可观的数字。就是已利用的土地,与南方各省相比,土地生产率还很低。因此,相对地说,单位土地面积的人口可容量潜力仍较大。只要认真抓好计划生育,严格控制生育率,本省人口的有计划增长与土地资源、粮食的需求矛盾并不尖锐。反之,如果人口不加严格控制,则土地资源的矛盾将会发展和激化,必须引起高度重视。

(2) 从省内来看,各地自然、经济条件差别较大,特别是土地资源及其利用特点各不相同,与目前的人口分布存在不少矛盾。应当因地制宜地制订人口政策,逐步妥善解决人口分布不平衡、不合理的问题。当务之急是搞好土地和其他资源的清查工作,这是定量研究各地区适度人口规模和制订人口合理分布政策的基础和依据。

应当指出,讨论人口的合理分布不能脱离生产力布局问题的研究,改善生产力布局是解决人口问题的一项具有战略意义的措施。这个问题本文尚未涉及,有待深入研究。

[刘君德.再论江西省人口问题:从土地资源利用看人口的适度规模与合理分布[M]//胡焕庸,等.人口研究论文集(二).上海:华东师范大学出版社,1983:131-148]

解读:20世纪80年代,江西是个大农业省份,土地是省域经济发展的第一资源。本文从省域土地利用角度研究分析了江西省的人口适度规模和空间布局问题。根据江西省土地资源开发利用的状况和潜力得出"单位土地面积的人口可容量潜力仍较大",人口与土地、粮食需求矛盾并不尖锐的结论;同时从农业角度指出省内的人口分布与土地资源的不匹配问题,依据人口与土地资源关系的空间差异,将全省划分为5个类型区,提出因地制宜解决人口分布的不平衡、不合理的人口政策建议可供参考。

注释

① 1982年7月1日统计,江西省人口为33 184 827人。
② 1979年全国平均土地垦殖率为10.33%。长江中、下游其余五省一市土地垦殖率分别为:上海58.19%,江苏45.50%,安徽31.84%,湖北20.02%,浙江18.00%,引自《江西农业地理》第37页,江西人民出版社1982年版。
③ 引自《江西农业地理》第38页,江西人民出版社1982年出版。
④ 本省目前的耕作制度主要有:绿肥—稻—稻、油菜或小麦—稻—稻、冬闲—稻—稻等类型,其中2/3以上的水田是实行绿肥—稻—稻耕作制。另在一部分丘陵山区尚有部分二熟制或两年五熟制。
⑤ 低丘岗地主要是由低丘(绝对高度<300 m,相对高度在50~200 m)、高岗(绝对高度≥100 m,相对高度在30~80 m)和低岗(绝对高度≤100 m,相对高度>30 m)三类地貌所组成。面积约59 200 km^2。根据江西省地质局1975年的1/50万《江西地貌图》测算而成。

参考文献

[1] 胡焕庸. 人口研究论文集[M]. 上海:华东师范大学出版社,1981.

[2] 江西农业地理编写组. 江西农业地理[M]. 南昌:江西人民出版社,1982.

[3] 孙敬之. 解决中国人口问题的根本途径[J]. 人口与经济,1980(1):4-11.

[4] 胡焕庸. 我国各省、区人口的五十年来演变和地区差异[M]//胡焕庸. 人口研究论文集. 上海:华东师范大学出版社,1981.

109 中心镇镇区人口规模研究

背景：推进县下辖市，建立中国特色的城市制度体系是我长期坚持的一个主张。县下辖市的重要基础和依据是对城镇人口、特别是镇区人口的科学分析。这篇论文是国家教育部人文社会科学研究项目"我国县下辖市研究"（编号 02JA810005）和国家科技部"小城镇可持续发展技术评价指标体系研究"项目的成果之一。作者利用掌握全国小城镇大量数据的优势，采用科学的方法，分析研究了全国中心镇镇区人口规模的整体统计规律，得出了科学的结论，是一篇具有重要科学价值的论文。

小城镇规模一直是小城镇研究中的一个核心问题，也是一个难点问题。以往的研究局限于个别案例分析和从经济集聚角度进行的规模分析，欠缺的是对全国小城镇规模的整体研究。2001 年 3 月，国家建设部村镇建设办公室和"小城镇可持续发展技术评价指标体系研究"课题组，对全国中心镇从小城镇规模、劳动力转移、社会发展、经济发展、可持续发展、小城镇建设等 6 大项 41 小项（根据调查规定，本文涉及的指标中镇区人口、外来人口比重、人均建设用地面积、劳动力就业率为镇区数据，其余指标为全镇数据。所有数据均为 2000 年年底）进行了一次范围广泛的调查。共收回 17 个省市问卷 1 806 份，其中有效问卷 1 636 份，占全国建制镇总数的 4.1%，具有一定代表性。本文在上述问卷统计分析的基础上，对中国中心镇的镇区规模进行了总体研究，分析了镇区规模的地区差异情况、镇区规模大小对小城镇经济、社会、土地利用等方面的影响，并据此提出了政策建议。

109.1 中心镇镇区人口规模的基本情况

全国中心镇镇区人口规模平均值为 1.46 万人，最大值为 12 万人，最小值为 0.03 万人，中位数为 1.12 万人，可见镇区人口相差悬殊。根据镇区人口分布状况，我国中心镇可以划分为<0.2 万、0.2 万～0.5 万、0.5 万～1.0 万、1.0 万～2.0 万、2.0 万～3.0 万、3.0 万～5.0 万、>5.0 万人共 7 个统计级别（下文中涉及统计级别的均指此级别，为便于分析，3 万人以上的相关分析进行了合并）。其中小于 0.2 万人的中心镇占 4.3%，0.2 万～0.5 万人的占 15.8%，0.5 万～1.0 万人的占 24.3%；1.0 万～2.0 万人的占 33.9%；2.0 万～3.0 万人的占 12.4%；3.0 万～5.0 万人的占 6.7%；>5 万人的占 2.6%。具体情况见表 109-1。

表 109-1 中国中心镇镇区人口规模分级分布表

镇区规模/万人	<0.2	0.2～0.5	0.5～1.0	1.0～2.0	2.0～3.0	3.0～5.0	>5
样本数/个	72	262	405	563	206	112	43
累积频率/%	4.3	20.1	44.4	78.3	90.7	97.4	100

总体看，我国中心镇建设有效推进了小城镇规模的扩张，但小城镇规模仍然偏小。

109.2 镇区人口规模与城镇化和外来人口

（1）本次调查中心镇的城镇化率均值为 33.0%，低于目前全国人口城市化率（37.6%），但其中有 50% 的镇高于 33%。镇区人口规模与城镇化水平呈现明显的相关关系，人口小于 2 万人的镇的城镇化水平低于 32%，也低于全国平均水平；2.0 万～3.0 万人的城镇化水平接近 41%，高于全国平均水平；大于 3 万人中心镇的城镇化水平平均达到 55%，远高于全国的平均水平。该数据说明，只有当小城镇规模大于 2 万人时，城镇化才会进入加速发展阶段，小城镇的集聚效应才会形成（表 109-2）。

表 109-2　中国中心镇镇区人口规模与城镇化和外来人口

镇区人口规模/万人	<0.2	0.2～0.5	0.5～1.0	1.0～2.0	2.0～3.0	>3.0
人口城镇化率/%	22.57	23.93	27.03	31.96	40.73	54.96
外来人口比重/%	9.16	8.57	10.16	11.20	12.25	15.67

（2）全国中心镇外来人口（指来自镇外）的比重为 11.1%。其中有 39.4% 的中心镇外来人口小于 5%，有 9.8% 的镇大于 20%，有 7.6% 的镇大于 30%。基本规律表现为随着镇区人口的增加，外来人口比重增加。进一步分析具体分组数据，发现中心镇小于 3 万人时，外来人口比重增加的速度较慢；大于 3 万人时，外来人口比重增加极为明显。可见，3 万人是小城镇吸纳外来人口的一个临界点。

109.3 镇区人口规模与经济发展

（1）我国中心镇 GDP 总量均值为 37 484.5 万元，极大值为 607 000 万元，最小值为 120 万元。镇区人口规模与 GDP 总量表现出很好的相关关系，随着镇区人口规模的扩大，GDP 总量迅速增加，镇区人口大于 3 万人时，GDP 总量接近 10 亿元，是小于 0.2 万人中心镇 GDP 总量的 10 倍（表 109-3）。

表 109-3　中国中心镇镇区人口规模与经济发展

镇区规模/万人	<0.2	0.2～0.5	0.5～1.0	1.0～2.0	2.0～3.0	>3.0
GDP 总量/万元	10 388.1	16 378.0	22 268.6	38 455.2	52 790.3	99 992.0
人均 GDP/万元	0.54	0.63	0.60	0.72	0.91	1.14
GDP 增长率/%	8.22	8.68	9.04	10.19	11.97	11.31
一产产值/万元	3 758.2	7 501.2	8 142.5	13 806.3	20 085.4	27 251.0
二产产值/万元	5 387.1	10 109.4	17 774.1	37 186.6	75 415.8	115 976.0
三产产值/万元	3 193.8	5 976.0	9 197.7	16 261.3	31 330.7	44 834.7
人均收入/万元	0.21	0.23	0.25	0.29	0.35	0.36

（2）中心镇人均GDP 7 368元，最多的达到10.2万元，最小值仅有90元；人均GDP小于2 500元的中心镇占20%；2 500~8 000元的镇占54.3%；8 000~30 000元的占23.7%；30 000元之上的占2%。说明仍然有20%的中心镇在温饱线之下，在温饱线和小康线之间的镇有54.3%，在小康线到比较富裕线之间的镇有23.7%，达到富裕线的仅有2%。中心镇人口在1万人以下时，人均GDP较低且无明显差别；但1.0万~2.0万人的中心镇，人均GDP比2.0万~3.0万人的中心镇少0.2万元，2.0万~3.0万人的中心镇比大于3万人的中心镇又少0.2万元。从GDP增长率来看，镇区人口规模越大，GDP增长率越高。

（3）从全国平均来看，本次调查的中心镇的产业结构属于二、三、一型。当中心镇规模小于0.5万人时，其产业结构为二、一、三型；大于0.5万人后，中心镇第三产业比例基本不变，第二产业比重快速上升，第一产业比重迅速下降；无论规模大小，中心镇的第三产业比重基本保持在25%左右，反映中心镇第三产业没有成为中心镇发展的主要动力；第二产业随着中心镇规模的扩大，比重一直在迅速上升，说明第二产业是推动中心镇发展的主要动力。

（4）全国中心镇人均收入平均值为0.285 6万元。1万人以下的中心镇人均收入差别不大；1.0万~2.0万人的中心镇比2.0万~3.0万人的中心镇人均收入少0.06万元；2.0万~3.0万人的中心镇比大于3万人的中心镇人均收入又少0.01万元。

109.4　镇区人口规模与财政和投资

（1）全国中心镇财政收入均值为1 511万元，最大达到69 672万元，最小仅有5.57万元，中位数为640.6万元。财政收入在200万~500万元和500万~1 000万元的中心镇所占的比重最大，各占总数的27%，两者相加则超过了中心镇的50%。这说明当前我国的大部分中心镇的财政收入都集中在200万元至1 000万元之间。而财政收入小于100万元的和财政收入大于10 000万元的则比较少，分别占总数的3.8%和4.3%。镇区人口小于1万人的中心镇，财政收入差别不大；超过1万人时，财政收入增加明显；1.0万~2.0万人的中心镇比2.0万~3.0万人中心镇的财政收入平均少600万元；2.0万~3.0万人的中心镇比3万人以上中心镇平均少2 000万元；可见2万人以上的中心镇财政运转才进入良性状态（表109-4）。

表109-4　中国中心镇镇区人口规模与财政和投资的关系

镇区人口规模/万人	<0.2	0.2~0.5	0.5~1.0	1.0~2.0	2.0~3.0	>3.0
财政收入/万元	1 055.97	528.07	771.36	1 459.75	2 074.20	4 078.92
固资年投总额/万元	1 760.28	1 689.00	2 789.31	5 425.03	9 963.64	15 315.44
人均固资年投总额/万元	0.13	0.09	0.11	0.16	0.24	0.23

（2）全国中心镇固定资产年投资总额均值为5 750万元，其中高于均值的中心镇仅占25%，有75%的中心镇在均值以下。低于1万人的中心镇固定资产年投资总额和人均固定资产年投资总额差别不大；大于1万人时固定资产年投资总额提高幅度较大；2.0万~3.0万人的中心镇固定资产年投资总额比1.0万~2.0万人的中心镇高4 500万元；大于3万人的中心镇固定资产年投资总额比2.0万~3.0万人的高5 400万元。

109.5　镇区人口规模与土地利用

（1）发展小城镇到底是浪费了土地，还是节约了土地，一直是小城镇研究中一个争论的焦点。本次研究的一个重要结论是：全国中心镇人均建设用地指标为 184 m^2/人，远低于 1996 年全国建制镇的 280 m^2/人的水平。其中，有 5.2% 的中心镇小于 80 m^2/人，有 55.6% 的中心镇小于 150 m^2/人，有 3.3% 的中心镇大于 500 m^2/人。反映中心镇比一般的小城镇更为节约耕地，也反映了经过近年中心镇建设，人均建设用地指标已得到较好控制。镇区人口越多的中心镇，人均建设用地指标越低；1.0 万~2.0 万人的中心镇人均建设用地均值为 168.4 m^2/人，比 2.0 万~3.0 万人的中心镇高 24 m^2/人，比大于 3 万人的中心镇高 34 m^2/人，反映中心镇规模越大，用地效率越高（表 109-5）。

（2）中心镇镇区人口规模与中心镇的耕地总量没有必然关联，说明耕地背景对中心镇区的人口规模不起约束作用。

表 109-5　中国中心镇镇区规模人口与土地利用

镇区人口规模/万人	<0.2	0.2~0.5	0.5~1.0	1.0~2.0	2.0~3.0	>3.0
耕地总量/hm^2	4 481.7	2 602.4	2 783.0	3 508.8	3 767.5	3 717.2
人均建设用地/(m^2/人)	231.29	252.02	213.05	168.44	144.26	134.59

109.6　镇区人口规模与脱贫、就业

（1）全国中心镇贫困人口率平均值为 5.5%。其中小于 1% 的中心镇的数量最多，占总数的 35%，介于 1%~3% 的中心镇占 25%。由此可看出我国大部分省份中心镇的贫困人口在 3% 以下，但仍有 12% 的中心镇的贫困人口比重超过了 10%。可见我国中心镇整体发展良好，但仍有较多的贫困人口。中心镇镇区规模与贫困人口有一定的相关关系。人口规模越大，贫困人口比重越低；超过 1 万人中心镇的贫困人口比重低于本次调查的中心镇平均水平；大于 3 万人的中心镇贫困人口比重小于 3%（表 109-6）。

表 109-6　中国中心镇镇区人口规模与脱贫和就业

镇区人口规模/万人	<0.2	0.2~0.5	0.5~1.0	1.0~2.0	2.0~3.0	>3.0
贫困人口比重/%	8.59	8.24	5.36	3.96	3.60	2.95
劳动力就业率/%	73.52	81.18	79.31	83.19	82.79	84.23

（2）全国中心镇就业率平均值为 81.4%，大多数中心镇的劳动力就业率都集中在 90% 左右，但就业率低于 50% 的中心镇仍占 10.6%，甚至仍有一部分中心镇的劳动力就业率小于 30%。可见就业还很不平衡，中心镇仍面临着严峻的就业压力。从劳动力就业率与中心镇人口规模的关系看，中心镇规模越大，劳动力就业率越高。

109.7 镇区人口规模的地区差异

109.7.1 东、中、西部差异

从地区分布来看,我国中心镇镇区人口规模东部地区较大,中部较小,西部更小。如果以东部地区中心镇的规模为1的话,中部为0.8,西部为0.58(图109-1)。

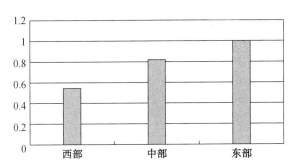

图109-1 中国中心镇东中西部镇区人口规模相对值

109.7.2 镇区人口规模的省区差异

镇区人口规模最大的省为广东省,平均镇区人口规模达到4.6万人(广东省样本较少,该数据偏大);平均接近或超过3万人的省(市)有辽宁、天津、青海、浙江、黑龙江、重庆等;贵州、甘肃、四川在1万人以下。

109.8 结论及政策建议

109.8.1 结论

(1)全国中心镇平均镇区人口为1.46万人,最多达到12万人,最少的仅有300人(特殊边境镇)。其中小于5 000人的中心镇占20.1%,5 000~10 000人的占24.3%,10 000~20 000人的占33.9%,20 000~30 000人的占12.4%,大于30 000人的占6.7%,大于50 000人的仅占2.6%。反映中心镇建设已有较快发展,但人口规模仍然偏小。

(2)中心镇的人口规模与大部分经济社会指标相关性较好,且均呈正相关关系。关系较密切的是人口城镇化水平和GDP总量,其次为二产产值,财政收入,固定资产年投资额,三产产值。中心镇人口每增加1个统计级别,GDP增加1.5亿元,人口城镇化率增加5.4个百分点,财政收入增加500万元,人均收入增加200元。

(3)中心镇人口与人均建设用地、贫困人口比率指标呈负相关。说明中心镇规模越大,人均建设用地指标越低,贫困人口越少。中心镇每增加一个统计级别,人均建设用地减少 10 m^2;贫困人口比重降低1个百分点。

(4) 中心镇规模存在明显的地区差异,如果以东部地区为 1,中部为 0.8,西部仅有 0.58;以贵州省为 1 的话,广东达到 5.23,辽宁 4.63,浙江为 2.9,江苏为 2.25。

109.8.2 政策建议

(1) 继续推进中心镇建设。中心镇建设是保证小城镇有序发展的一项有效政策,本次调查及分析结论充分证明了根据人口和经济规模确定中心镇,形成合理的城镇布局体系,是解决"三农"问题,推进我国农村现代化发展的正确选择。

(2) 在人口规模大于 5 万人的中心镇中遴选条件特别优秀的进行镇级市试点建设,进行重中之重的建设。因为当中心镇人口规模大于 5 万人时,中心镇可以进入良性运转状态,发挥着城市的功能。因此,在政策上应创造宽松的环境,鼓励该类型中心镇的进一步发展。

(3) 应对中西部中心镇的发展给予政策倾斜,鼓励中西部中心镇尽快成长壮大。

[袁中金,刘君德,侯爱敏. 中国中心镇镇区人口规模研究[J]. 城市规划,2004,28(6):56-59]

解读:本文对全国 1665 个中心镇的 41 指标项目资料进行了数据分析,研究了中心镇镇区人口规模的整体统计规律,得出 4 条重要结论:(1)随着中心镇镇区人口规模的增加,中心镇主要经济、社会指标呈现出趋好规律;(2)当中心镇人口规模超过 3 万人时,经济指标显著优化,外来人口比重增加明显,小城镇的集聚效应初步形成;(3)当中心镇人口规模大于 5 万人时,各项指标进入良性运转状态,中心镇功能优化明显;(4)我国中心镇规模存在明显的地区差异。这些规律性结论,为研究、制定城镇体系规划和城镇发展规划,以及制定相对应的城市(镇)制度体系的标准提供了重要科学依据。本文是在建设部支持下所做的问卷调查,资料难能可贵,结论可靠。

110　人才地理学的跨学科构建

背景：我在20世纪80年代历经五六年的南方山区科学考察实践中，一个极深的感知是中国东部丘陵山区贫困的重要原因之一并非是自然环境，而是人为的方针政策的某些失误（不尊重山区发展的规律）所导致，是缺少能人，是教育的落后。由此萌发了研究山区人才与教育改革的设想。为此，1987年我找到地理系毕业、在成人教育和人才领域工作研究多年、在国内颇有建树和影响的朋友——叶忠海教授，商谈合作研究"人才地理"之事，我们一拍即合，并商定在两个方面展开合作。一是联合招收人才地理（人才开发与区域研究）方向的研究生；二是开展课题研究。本文是合作研究的"人才地理学"的理论成果之一。随后，联合申报的"我国东南沿海丘陵山区人才开发与教育改革：以福建省山区为例"自然科学基金项目获批。1991年，按期完成了研究报告。

人才，是人类财富中最宝贵、最有决定意义的财富。人才的开发，关系到一个国家的盛衰，一个民族的兴亡。当今世界上，大凡搞现代化建设的国家和地区，无不重视人才和人才开发的研究。

无论从全球还是我国来看，人才空间分布差异都很显著。要有效地开发一国、一地区的人才资源，必须重视对人才地理学的研究。

鉴于上述的出发点，我们两人大胆尝试写了本文，仅就人才地理学产生的客观必然性和必要性、历史和现实基础，人才地理学的性质、研究对象、科学内容、科学体系、与相邻学科的关系，以及研究方法等问题，作一粗略的概述和初步的探讨。

110.1　人才地理研究的历史基础

很早以前，在中国的许多古书中都记载有人才的地理分布。《汉书·赵充国传》记载："秦汉以来，山东出相，山西出将。"[1]这大体在北宋王朝灭亡以前，尤其是西汉至北宋时期，那时中国的文化政治经济中心在北方，特别是黄河流域。但自南宋起，中国的文化和政治经济中心逐渐南移，"山东山西"很少出将相，而是"东南财赋地，江浙人文薮"了。说明中国人才地理分布发生了重大的转折。近代，较全面地记载人才的地理分布现象的是1915年《科学》杂志，第1卷第6期，任鸿隽的《科学家人数与一国文化之关系》一文。1923年丁文江的《历史人物与地理的关系》[2]一文是我国较早的人才地理学术论文。他对《二十四史》中辟有列传的5 769个历史人物进行了籍贯考证，绘制了"历史人物分布表"，从表中发现后汉时期河南人物最多，占37%，到了明代减少到不足7%；而同期江西则由5%上升到11%。"这种人物数的变迁，实足以代表文化中心的转移"。他从历代王朝建都地点的变迁，文化中心的转移，皇室的籍贯，经济发展程度等方面进行了精辟的分析。梁启超1924年在《清华学报》（第1卷，第2期）发表了《近代学风之地理分布》，长达5万字，文中分别列举了20个省区的学风特色。朱君毅1926年发表在《心理》杂志上的《现代中国人物之地理、教育与职业的分布》一文,对《中国名人家》(1925年)、《中国年鉴》(1925年)进行了统计分析与比较,指出了中国人才分布的特点。同期《心理》杂志还发表了张耀翔的《清代进士之地理分布》,论述了人才分布与地理环境的关系。生物学家潘光旦从多学科综合角度研究了中国人才产生、成长、繁荣的规律和机制,试图由此来提高中华民族的素质,改变中国落后贫穷的状况。他强调研究人才要从3个方面着手:"一是从人文地理学方面,就是研究这种人才在某一区域的散布,或者更进一步研究他们的成绩和他们所处的自然环境山水气候之类,有什么刺激和反应的关系;二是从人文生物学的方面,就是研究一种天才或才干有无遗传的根据;三是从文化学的立脚点来研究。"潘光旦有关人才学的论著有:《近代苏州的人才》(清华公学《社会科学》,1935年,第1卷,第1期)、《中国画家的分布、移植和遗传》(《人文月刊》,1930年,第1卷,第10期)、《人文史观与"人治""法治"的调和论》(《人文月刊》,1931年,第2卷,第2期、第3期)、《武林游览与人文地理》(《学灯》,1967年6月)、《明清两代嘉兴的皇族》(中山文化教育馆丛刊,1935年8月)等。广泛涉及人才的分布与迁徙各个方面。上述学者对我国人才地理的开拓与研究作出了巨大贡献,不仅积累了丰富的科学资料,而且许多论点至今仍具有重要价值。

新中国成立以来,人才地理研究如同人才学一样长期被忽视,直到党的十一届三中全会实行改革开放以来,随着人才学研究的兴起,近几年才有少数学者开始研究人才地理问题,或在某些著作中涉及人才地理方面的问题。例如,内蒙古科干局董恒守先后发表了数篇人才地理研究的专论。主要有《人才地理学初探——我国人才的地理现状分析》(《地理学与国土研究》,1986年,第3期)、《中国人才地理研究的历史回顾》(上,下)(《人才科学研究》,1988年,第1、2期)。湖南省科技干部局郭辉东的《开展区域人才学研究是区域人才战略研究和开发的需要》《湖南近代以来人才群起的根本原因》,分别在《人才研究》杂志1986年第6、8期上发表。武汉工学院梅介人副教授研究人才地理分布数年,在撰写《唐代文艺人才辈出的社会原因》《我国人才地理分布略述》《世界科技人才地理分布述略》等论文基础上,与人合著了《人才、环境、选择》一书(中国地质大学出版社,1988年),其中有专门章节较系统地论述了"世界人才的地理分布""中国人才地理分布""湖北人才地理分布"。此外,还有戴爱生等写的《中国近代人才的地理分布及分类特点》(《人才研究》,1986年,第4期),丁坚的《浙江现代科学家群起渊源初探》(《人才研究》,1987年,第2期),吴培玉的《我国历代人才地理分布与流向》(《中国人才报》,1988-05-16)等。不仅如此,人才地理研究还围绕并服务于地区人才资源的开发而进行。周玉纯、郝诚之合写的《实用人才学》中的"不发达地区的人才开发"、王通讯著的《人才学教程》中的"西部人才开发",就是这方面的研究成果。1987年7月在贵阳召开的"不发达地区人才资源理论研讨会"上,许多学者都从区域角度对不发达地区人才开发问题进行了探讨。本文笔者之一叶忠海较系统发表的《区域人才开发若干战略问题的思考》,郭辉东的《中西部地区人才开发战略初探》均以区域地理学的研究方法与观点,提出了中西部人才开发的方向、对策与措施。此外,华东师范大学研究生朱翔的硕士论文,以较丰富的资料对中国现代人才问题进行了研究(《中国现代人才地理基本问题》,1988年5月,未刊稿)。

综上所述,应当承认,我国的人才地理研究已经有了一个良好的开端,并取得了可喜的成果。但无论是与人才学的各分支科学或是与地理学的其他分支科学相比,都十分薄弱,研究人员数量少,成果少,广度、深度都不够,且不系统,一般都是在分析人才成长发展机制、探讨成才规律时作为外部因素来研究。这些与人才科学发展的要求,与社会经济文化发展的形势都很不相适应,急待加强和发展。

110.2　建立人才地理学的客观必然性和依据

人们知道,每一门学科都是在社会需要的影响下产生和形成的,它的应用就是促进社会的进步。人才地理学作为人才学与地理学交叉的边缘科学,也是社会客观需要的产物。

(1) 社会主义建设事业对人才地理研究的迫切需求。人才问题是关系到社会主义现代化建设成败的战略问题。大力开发人才资源是全党、全国人民面临的重大任务。而如何因地制宜开发人才? 这就是地理工作者必须进行研究,并作出正确解答的一个重大理论和实际问题。人才地理学的建立和发展,将有助于我国人才资源的充分合理开发,促进社会主义各项建设事业的发展。

(2) 人才科学与地理科学发展的迫切需要。近十年来,我国人才学从建立至今,其研究的广度和深度均有很大的发展。人才学与哲学、其他社会科学(历史学、教育学、社会学、经济学、伦理学、管理学等)、自然科学(脑生理学、心理学、遗传学、优生学、科学学等)相互渗透、交叉发展很快,而与地理学相互渗透、交叉研究则相对发展迟缓,成为人才学中相对落后的部分。运用地理学的理论和方法研究人才问题在地理学界尚未引起重视,力量单薄,成果甚少,是相对薄弱的环节。这无论是对新兴的人才科学的发展或是对古老的地理科学的发展都是不利的。

(3) 人才地理学有其独特的研究领域。每一门学科都是以其独特的研究领域而获得公认并不断发展的。人才的形成与发展和地理环境(包括人文、社会、自然、经济地理环境)有密切的、广泛的联系;人才的空间分布有其客观存在的规律,人才的开发也要因地制宜,人才的规律和预测也应有空间观念;等等。这些重大的理论和实践问题都表明人才地理学有其独特的研究领域,而非其他任何社会科学或自然科学所能承担的。

(4) 我国人才地理研究已经有了一个良好的开端。前面我们概要分析我国人才地理研究的情况,已经说明:我国历史悠久,古代和近代各类人才辈出,历史人才的地理研究已有一定基础,内容十分丰富;近几年来,从地理学角度,以区域观念研究我国现代人才开发(尤其是中西部地区、贫困山区、老区的人才开发)已经取得一定成果,从而为建立系统的人才地理科学打下了一定的基础。

110.3　人才地理学的对象与性质

人才地理学,在地理学大系统中属人文地理学范畴,侧重于研究人才现象的空间差异及其形成发展的空间规律。简言之,人才地理学是研究人才现象空间分布规律的一门科学。人才现象,是物质运动的一种特殊形式。它是在特定的地域空间产生并发展的,受地域空间环境的很大影响。不同地域空间的人才现象(包括人才的数量、密度、质量,人才的类别、行业、层次结构,人才的移动等)的特点有很大不同,人才现象的发展和演变过程也有差异。因而我们也可以说,人才地理着重研究某一国家或地区或城市的人才现象的特征,以区域观点与方法探讨其形成原因,并预测其发展趋势。人才现象,是多因素的综合效应;其中尽管有自然因素(遗传素质、自然地理环境等)的影响作用,但它本质上受社会规律的支配,是一种社会人文现象。由此,人才地理学,研究人才现象的空间分布规律,尽管涉及自然科学、社会科学的有关领域,但它毕竟本质上属社会科学范畴,是一门跨人才学与地理学的边缘科学,具有很强的历史性、社会性。

但人才地理学区别于其他许多一般社会科学的显著特点是:它具有综合性和区域性。这也是所有人文地理学的重要特点。

强调综合性,是因人才的地理分布要受自然地理、社会经济、教育、科技、文化、政治、军事、民族、人口、心理、行为等等许多条件的影响。人才地理学是一门综合性很强的科学,必须借助相关的自然、社会科学等科学成果,树立综合研究的指导思想,运用综合的科学方法对人才分布现象进行广泛深入的综合研究。

区域性就是指地球表面的"自然现象与人文现象空间分布的不均一性"[1]。它是所有地理学的共同特性,也是最基本的特征。地球表面的人才现象,不论是国家之间,或是一国内部区域之间、城乡之间、城市与城市之间等都表现出重要的区域差异性。人才地理学正是要研究国家和地区的人才分布规律及其条件和特点。

110.4 人才地理学的科学内容与体系

人才地理学主要应包括以下内容:

(1) 关于人才与地理环境相互关系的研究,既研究地理环境影响和制约人才,又研究人才改造地理环境。

(2) 关于人才的数量及其空间分布规律的研究。这是人才地理现象中最基本的现象。通过掌握并分析大量的各级不同区域层次人才数量的资料,进行人才资源评价,分析人才分布的特征及其形成原因,揭示人才空间分布的一般规律,并揭示各类人才空间分布的特殊规律。

(3) 关于人才结构及其地域差异的研究,它表示一国一地区人才量的比例与质的区别。人才的结构要素主要有人才的自然构成(包括人才的年龄和性别结构),人才的社会结构(包括人才的职业结构、能级结构、文化程度结构、民族结构、籍贯结构等),人才的地域结构(人才的城乡结构;人才的地形结构,如平原与山区;人才经济水平结构,如发达地区与贫困地区等)。各类人才结构的地域差异往往是在不同地域社会(政治、经济、人口、教育、科技、文化、历史)与自然等条件的综合作用下形成的。研究人才结构的地域特点及其形成、发展、演变的规律,不仅对认识人才群体的地域特征是一种深化,而且对区域人才开发规划、预测,因地制宜制订科学的人才政策,进而促进地区社会经济文化事业的发展有现实的指导意义。

(4) 关于人才移动的研究。人才移动是自古就有的现象。随着人类社会的进步,科学技术水平的提高,人才移动规模和范围大大扩展。人才地理学就是要研究特定的地域空间人才移动的性质(如政治的、军事的、文化的、经济的、教育的、科技的性质等)、类型(永久移动与暂时移动、国内移动与国际移动、区内移动与区外移动、常年移动与季节性移动或昼夜钟摆式移动等)、规模(以人才移动数量表示)、方向、距离或范围等。通过历史的和现状的分析,找出地域空间宏观的人才移动的规律,即社会和人才发展的需求与人才移动的因果关系,预测人才移动的未来方向与规模。

(5) 关于人才区划与区域人才规划的研究。我国幅员广大,各地人才数量、密度、质量、组合结构差异很大,必须在马克思主义的指导下进行人才区划研究,并在此基础上进行区域人才规划研究,以因地制宜指导各地区的人才开发,推进各地区社会经济、文化建设事业的发展。人才地理学要研究人才区划与区域人才规划的理论与方法,建立人才区划的指标体系,用以指导人才区划与规划实践。同时,地理工作者要积极参加人才区划与规划实践,在实践中推动人才地理学的发展。

上述研究内容也是某些人才学(如人才社会学、人才经济学等)所研究的,但人才地理学的侧重点是其空间特点及其因果关系。人才学的各个分支科学可以相互补充,扬长补短,这有利于人才科学的发展,也有利于对人才进行科学的开发。

人才地理学作为一门独立的新兴科学,有其自身的科学体系,可用图 110-1 表示。

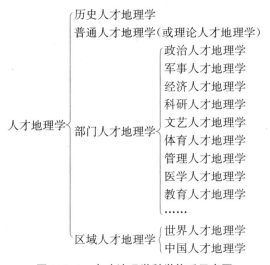

图 110-1　人才地理学科学体系示意图

随着人才学、地理学、人才地理科学的发展,还将会出现新的人才地理领域,人才地理学的科学内容将更加丰富。

110.5　人才地理学与相邻科学的关系

人才地理学是一门综合性很强的科学,它与许多社会科学、自然科学有密切关系,从人才地理学的研究对象与内容来看,比较密切的关系大体有以下几类。

(1) 哲学、政治经济学、科学社会主义——人才地理学研究的一般理论基础与重要武器

马克思主义哲学为研究人才问题(包括人才地理问题)提供了正确的世界观和科学的方法论。人才地理学是以人才与地理环境(包括人文与自然地理环境)的关系为研究核心的,通过大量的相关材料,经过理论思维,从而得出对人才—地理关系的总的看法,这就是"人才—地理观"。马克思主义的"人地关系观"("人地观")告诉我们:人地关系是在自然界的发展中形成的,并随着社会生产力的发展而不断发展的,因而是一种动态的关系;人地关系又是对应统一的关系,人类作为地球表面的"智慧圈",应与其他圈层保持和谐一致;人地关系还是一种互为因果的关系,"人地观"中的地理环境决定论、或然论,生产关系决定论都是片面的、不全面的,因而是错误的。以马克思主义的正确的"人地观"作为人才地理学的理论武

器是极为重要的。政治经济学是关于社会主义生产关系及其发展规律的科学,科学社会主义是研究共产主义运动发展规律的科学。人是社会的人,社会是人的社会,作为人群中比较精华部分的人才,也总是以一定的方式存在于社会之中,总是受一定的社会关系所制约。社会关系是随着生产方式的矛盾运动而历史地发生变化,人及其移动、分布也必然随着社会关系的变化、社会形态的推进而不断地发展变化。人才的空间分布规律受社会发展规律所支配。据此,社会主义国家的人才地理的研究必须以政治经济学和科学社会主义为理论依据。

(2)人才学、人文地理学——人才地理学研究的专业基础学科

系统论的观点告诉我们,以地球表面为研究对象的地理学大系统,包括两个大的分系统,即侧重于研究地表的自然因素的区域系统,为自然地理学;侧重于研究人类活动所创造的人文事象的区域系统,为人文地理学。很显然,年青的人才地理学属人文地理学分系统的一个子系统,专门研究人才地域系统,是人文地理学的分支科学。

同时,人才地理学是人才学与地理学交叉发展的科学。从人才学科系统来说,人才地理学如同人才教育学、人才心理学、人才社会学、人才经济学、人才管理学等一样,是人才学的一个分支科学。

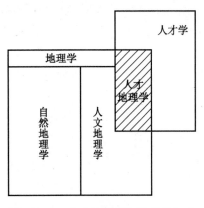

图110-2 人才地理学在地理学与人才学中的地位

可见,人才地理学与人才学、人文地理学之间的关系,是部分和整体的关系。人才学,人文地理学的研究成果,是人才地理学的专业理论基础,人才地理学的研究成果,是人才地理学在地理学与人才学中的地位的体现,又不断充实丰富人才学、人文地理学的内容(图110-2)。

(3)教育学、经济学、社会学、文化学、管理学——人才地理学的借助学科

教育学是人才地理重要的相关科学,这是因为:人才产生、成长与发展始终与教育相关。教育是人才成长和发展的基础,学校是培养人才的摇篮和基地。现代社会大批人才的成长与发展主要靠教育(包括普通教育与继续教育),现代人才开发的根本途径在于教育,而教育本身也有一个合理结构与布局的问题。正由于教育与人才的这种特殊密切的关系,我们应将区域人才系统的研究与区域教育系统研究、人才地理与教育布局问题结合起来进行研究。随着研究的不断深入,研究内容的大大丰富,在适当时候也可以开创建立一门教育地理学。

人才空间分布规律的探讨,离不开社会、经济、文化等因素,人才地理学的根本目的又在于推动社会经济文化的发展,因而与经济学(特别是区域经济学)、社会学(侧重于区域社会环境)、文化学(主要是区域文化环境)、文化社会学发生密切关系。我们应了解上述学科研究的内容,借助其研究成果,并运用地理的综合分析的方法,分析研究人才地理问题,丰富人才地理学内容。

管理学(特别是人才管理学),研究管理现象的一般规律,人才资源的开发(包括使用与管理)很重要的因素之一是管理。可见,管理学(特别是人才管理学)是人才地理学研究必不可少的基础学科之一,它为区域人才开发研究奠定了有关的理论基础。人才地理学同样也要借助其研究成果,研究区域人才开发等问题。

(4) 历史地理、文化地理、社会地理、政治地理、军事地理、经济地理、人口地理、行为与感应地理等人文地理分支科学与区域地理学——人才地理学的姐妹学科

人才地理学与上述各人文地理分支科学有许多共同的特点,它们都是研究特定区域的某种人文事象,都是研究人类人文活动的空间差异及其形成规律。各人文地理分支科学之间的关系是"姐妹"关系。人才地理学要充分运用各姐妹学科的研究成果,不断充实和发展自己;而人才地理学研究的深入,又会丰富和补充其他人文地理学的内容。这里要着重指出的是,以上研究都离不开特定的历史地理环境。人才地理研究在很大程度上要依靠历史学(包括历史地理学)提供的基本的观点和丰富的资料。政治史、思想史、军事史、文学史、科学史,杰出人物历史传记,等等,都是人才学,也是人才地理学的宝贵的财富。另外,某些部门的人才地理学(如政治、军事、文化、经济等)与相对应的部门人文地理学之间、区域人才地理学与区域地理学之间的联系更为广泛,应相互借用其研究成果。

110.6　人才地理学的研究方法

"科学史表明,辩证方法是真正科学的方法……辩证法的精神贯穿着全部现代科学"[2];马克思主义的辩证方法是人才地理学方法论的基础。具体的人才地理研究方法有很多,在当前学科的开创阶段,也需要不断探索和实践。目前可采用以下方法进行研究:

110.6.1　传统的人文地理方法

(1) 资料研究法。广泛收集各类图书、报刊等与人才有关的文章与资料,采用卡片、摘记等方法进行整理、分类,为分析研究人才地理问题提供丰富的素材。

(2) 统计图表法。掌握各种人才统计与人才相关要素的统计资料,并经加工统计,绘制成各种类型的统计图表,以表明人才发展与分布的状况。

(3) 人文地图法。"地图是地理学的第二语言"(巴朗斯基语)。利用各种统计资料或其他与人才相关的资料,在地图上形象地表现出一定时期内人才及其他相关要素的空间分布,不仅可以了解人才及其形成发展的空间分布特点,而且通过各图组的对比分析,大大有助于综合研究人才现象的产生与发展条件、内在联系,从而把握人才的地域分布规律。

(4) 调查、考察法。研究人才地理,不仅综合性、区域性很强,而且又很复杂。除了在室内积累资料进行分析研究外,还应当深入实际进行调查考察,这是其他工作形式所不能代替的研究方法,也是地理工作者的一项基本功。调查考察要有目的、有重点,要坚持实事求是,考察中要注意区域差异与相互关联,可采取点、线、面结合的方法进行。野外的考察还要与调查座谈结合起来。除了综合性的调查考察外,还可根据专题研究的需要,重点深入进行调查研究。

110.6.2　借助于人才学的研究方法

人才学研究,常采用系统研究、类例研究、调查统计、实验研究、比较研究、追踪研究等方法。其中系统研究、调查统计、比较研究也是地理学常用的方法。

(1) 系统研究。是用系统论的观点,从整体与部分的关系,整体与外部环境的关系等方

面综合地、准确地考察对象,以达到最佳地处理问题。对人才地理研究来说,就应把人才地域分布作为一个整体加以研究,既要研究人才地域分布与地域内部诸因素之间的关系,又要研究人才地域分布与地域外部诸因素之间的关系,并综合分析地域内外诸因素对人才地域分布的综合效应,以指导和促进地域人才开发,提出地域人才开发的最优目标。

(2) 调查统计。是对人才问题进行广泛调查(包括综合调查和专题调查),收集资料,并进行概率分析,形成观点。

(3) 比较研究。对于人才地理研究来说,既有不同历史时期人才空间分布的特点和规律的比较;又有不同的区域人才空间分布的比较;还有不同类型人才空间分布的特点和规律的比较;等等。这是一种十分简便而非常适用的人才学与地理学研究方法。

(4) 类例研究。包括人才的个体研究与同类研究两种,前者是对人才个体通过面谈、观察、访问、自传式作品的分析,考察成才的内外因素及其相互关系;后者是通过分析人物辞典、文献史料或书面通信调查等方式,对同类型的人才群体进行分析研究,从而认识成才特点与成才规律。此种方法,也同样运用于人才地理的研究。

(5) 实验研究。是对人才的某一发展期进行实验的方法,多用于人才培养的研究,一般需要借助电子计算机进行模拟,目前国内很少运用。在区域人才开发的实验研究中可予采用。

(6) 追踪研究。也是一种现代研究方法,一般通过信息—反馈—综合—分析—调整(发现新的信息)等阶段,对人才成长、发展过程中的诸因素进行追踪调查。可以是顺向追踪,也可以是逆向追踪。在我国现有条件下,一般只能进行短期追踪。

以上是主要的人才地理研究方法,实际工作中,我们应根据不同情况、条件,有选择地结合使用。随着科学技术的进步,人才地理学研究内容不断深入,其研究方法也会不断更新和发展。

[刘君德,叶忠海.人才地理——人才学的一个重要领域[J].高教与人才,1989(5):23-30]

解读:这是一篇跨学科研究成果,论文首次对人才地理学新兴学科进行了全面的基础性研究,在回顾中国人才地理研究成果的基础上,论述了建立人才地理新学科的必然性和理论依据,并对人才地理学学科体系内容、与相邻学科的关系及研究方法等进行了系统阐述,对新兴交叉学科——人才地理学科建设起到了积极的推进作用。

注释

① 这里所说"山东""山西",是指以今豫西北的崤山、函谷关为界,以西称山西,以东称山东。是否确实是"山东出相,山西出将",还有待对历史人物的具体考证。——作者
②《科学》1923年,第8卷第1期。

参考文献

[1] 林超.试论地理学的性质[J].地理科学,1981(2):98.
[2] 斯大林全集:第一卷[M].北京:人民出版社,1953:277.

111　人才开发空间研究

背景：1990年8月，IGU（国际地理联合会）亚太区域地理大会在北京隆重召开，我出席了会议。这是我们向大会提交的论文，入选大会交流。不久《华东师范大学学报（哲学社科版）》头篇全文刊登。本文是研究中国人才地理学问题的核心内容之一。

人才开发，是物质运动的一种特殊形式，人才的空间分布是这种特殊运动结果的反映。纵观全球，各国各地区人才的空间分布差异十分显著。这是由于人才运动导因并受制于地域空间的社会和自然环境。特定地域空间的地理位置、自然环境、政治与历史环境、经济基础、社区文化、区域政策等组合的不均一性，形成人才的空间分异。

中国国土辽阔，自然条件复杂多样，各民族社会历史发展的进程差异很大，各地区有不同的经济文化基础和不同的发展战略，加强人才开发的空间研究，在指导思想上树立人才开发的空间观，按照人才的空间分布规律与原则指导开发实践具有重要意义。它有利于充分开发利用各地的人才资源；有利于科学地制订区域人才开发规划；有利于实行合理的区域人才流动，促进落后地区、边远地区、少数民族地区的人才培养和适当超前发展，为逐步缩小相对发达地区与落后地区、东部地区与中西部地区、汉族地区与少数民族地区之间的生产力发展差异提供人才条件。

111.1　人才开发的空间要素分析

人才开发的空间要素是指影响乃至决定人才现象的空间区位与结构组合关系的各种因素。主要有地理位置、自然环境、历史基础、经济水平与结构、社区文化、区域政策等诸多方面。研究各要素与人才开发的关系，对认识和把握人才的空间分布规律，科学地制订人才区划和人才区域规划有重要意义。

（1）地理位置与人才开发

地理位置是人才开发中经常起作用的因素之一。优越的地理区位吸引人才流入，有利于人的智力、创造力、开拓力等才能的开发利用，增强人才的凝聚力。广东省在改革开放的环境中吸引大批人才，迅速发展经济，除推行特殊的政策外，毗邻港澳、濒临南海，水陆交通便利的优越地理位置也是一个重要因素。

（2）自然环境与人才开发

人类生存于自然环境之中，人类在利用自然时，一般首先选择能以较少投入而获得较大产出的地方。自然条件优越的地区，是人们生产栖息理想的空间，一般开发历史久，经济较发达，人口较稠密，人才的集聚程度较高，再生产能力较强（人才的再生产表现为人才数量的增加、人才群体的更替和人才作用的发挥）。我国东部沿海地带，人才密度大，人才的群体组合状态较好，个体素质也较高。从人才成长的自然规律分析，遗传、胚胎发育、优生、营养、脑生理等五大自然要素是人才成长的物质基础，尤其是生理素质对人的智力发展的影响也是不可否认的。

(3) 社会环境与人才开发

社会环境包括政治、社会、历史等方面,是人才开发的主要因素之一。安定的社会环境是人才成长的前提条件,能成为磁力中心吸引大批人才;反之,一个不安定的社会环境,不仅使人才成长受阻,而且使大批人才流失。但也应当指出,在尖锐的政治、军事冲突环境下,社会处于变革或转折时期,又往往能够造就大批政治、军事和管理人才,涌现大批思想家、文学家。

(4) 经济基础与人才开发

生产力发展水平是成才的关键因素。区域经济发达,有可能提供较多资金,发展教育、科技和文化事业,从而为群体人才的形成提供重要的物质前提。经济发达地区,家庭教育环境好,一般对人才的成长也有利。通常情况下,较大的成才概率往往产生在中等经济家庭。我国现今人才的密集区,如沪宁杭、京津、珠三角等,都是经济发达区域。区域生产力水平的空间差异所产生的梯度差(力),是人才流动的巨大推动力。

(5) 文化环境与人才开发

包括教育、科技在内的文化环境,也是人才成长与发展的重要因素之一。文化环境优越的地区有利于群体人才的形成。江苏省之所以成为我国人才辈出、学者荟萃的省份,即有其深刻的文化背景。该省历来是中国教育、科技、文化较发达省,因而造就了大批科学家、文学家、艺术家。

(6) 社区环境与人才开发

"社区"是指社会群体(家庭、氏族等)或社会组织(机关、学校、工厂企业等)在地域上集聚而形成的生活上、工作上相互联系的小区域集体。人们在不同区域长期的直接接触、交往的社区环境中,通过潜移默化的作用,形成人才个体与群体在思想品德、政治倾向、思维能力、民族宗教信仰、专业结构等方面的差异。

(7) 区域政策与人才开发

主要包括不同地区人才的培养、使用与管理政策及人才的引进政策。正确的政策能根据本区的需要,有计划地培养人才,合理使用人才,能使人才开发与区域社会经济发展相协调;能增强人才的凝聚力,吸引人才流入,促进合理流动。

上述人才开发的诸要素构成区域人才成长与发展的机制,其相互关系可用图 111-1 表示。不同地区诸要素组合关系与结构不同,构成人才空间分布的差异性。

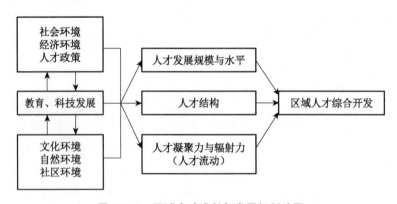

图 111-1 区域人才成长与发展机制略图

111.2 人才开发的空间指导思想与原则

111.2.1 空间指导思想

中国现阶段人才开发的空间指导思想应是：以经济建设为中心，以现代人才的空间分布为出发点，遵循人才成长与辈出的客观规律，根据各地区社会经济发展的需要，因地制宜制订区域人才开发规划与政策，充分发挥各级人才的作用，促进人才的合理流动，形成各地区人才的合理结构，以人才开发促进各地区生产力水平的提高和差距的缩小，加速社会主义现代化建设的步伐，实现各民族各地区的社会经济和文化的共同繁荣。

上述指导思想的内涵包括以下几个方面：

(1) 以经济建设为中心，加速各地区生产力发展的思想。从空间观点分析，区域人才的开发要服从于各地区社会经济发展的需要，有利于促进各地区社会生产力的发展。

(2) 实事求是，从实际情况出发的思想。也就是说，我国人才的空间开发，要充分考虑现有人才空间分布的特点，分析研究现有人才空间分布规律与问题，从现代人才空间分布的实际情况出发，制订切实可行、合理的人才开发空间规划（即区域人才发展规划）。

(3) 因地制宜，建立各地区人才合理结构的思想。我国地域辽阔，自然条件复杂，社会和经济、文化发展很不平衡，又是一个多民族的国家，各地资源优势、经济基础与结构、人才与教育状况、民族风俗习惯、地理区位条件等均有较大差异，应根据各地不同的情况，确定人才开发的战略方向与重点，建立各具特色的区域人才结构。

(4) 各地区相对均衡发展，各民族共同繁荣的思想。中国是一个经济文化发展很不平衡的大国，无论是从政治、国防意义看，或是从社会经济意义看，逐步消除这种不平衡、不合理的状况都是十分重要的，这是实现中国现代化的一个重要目标，也是人才开发的空间指导思想。

111.2.2 空间原则

(1) 发挥空间优势。由于人才开发空间要素组合的差异，形成特定空间的人才群体相对优势，如辽中南地区的重工业人才优势，山西省的煤炭科技人才优势，北京、天津、上海等工业城市的科技人才优势，海南省的热带经济作物人才优势，沿海经济特区的外向型人才优势，江浙两省的文化人才优势等。特别是某些传统特色的专业人才空间优势，如广东省梅县的足球人才，福建晋江的田径人才，西藏的登山人才，河北沧州的武术人才，浙江嵊县的越剧人才，江西景德镇的瓷器人才，等等。这些特定空间的人才优势蕴藏有巨大的感染力，应充分利用其传统的继承性，大力开发，形成特色。

(2) 提高空间效益。即通过人才的合理区划与布局规划，以最少的资金、最快的速度、培养出较高水平的各类人才。我国国力有限，用于人才培养和发展教育的资金严重不足，这是人才开发中一个突出的矛盾，只能在国家经济实力不断增强的过程中逐步解决。在当前情况下，通过调查研究，在地区人才预测的基础上，实事求是制订人才区划，并实行学校和人才培养的合理布局,可以提高人才开发的空间效益;减少因计划不周,布局不合理,人才的盲目培养与分配而带来的人才严重浪费,从而使各地区各类型人尽其才,才尽其用。

人才开发的空间效益可以用定量方法进行求算,并比较。首先,计算出各地区各类人才开发的费用,然后进行同类人才开发费用的地区比较。人才开发的费用可使用以下主要指标:人才年平均培养费用(各类人才培养年投资额/该年各类人才实际培养人数)、人才平均周期培养费用(人才培养全过程所需费用,即年平均培养费用之和)、人才开发投资产出率(人才开发全过程平均每单位的总投资额所能开发的人才人数)、人才开发投资的边际成本(表明人才培养场所每增加一个人才培养所需要增加或减少多少追加的人才开发投资)等。通过不同地区同类人才开发费用的比较,即可选取最优地区的人才开发方案,为制订地域人才开发的战略提供科学依据。

(3) 促进空间流动。人才流动是自古就有的国际现象,是人才空间运动的重要表现形式。随着生产力的发展,科学技术的进步,社会文明的程度提高,对外开放政策的实行,人才流动现象越来越普遍,并向深度和广度发展。实践证明,在实行计划经济体制为主的社会主义国家,改革人才管理制度,实行人才的合理流动,对合理使用人才,改变人才分布不合理的现象,形成人才群体的合理结构,促进各地区社会经济的发展与繁荣,加强民族之间的交往与团结,具有极其重要的经济与政治意义。人才流动有纵向流动与横向流动。前者是人才群体内部的上下流动,后者是区域内部或区域之间的位移,即为空间移动。人才开发的空间原则主要是通过人才的空间位移,实现人才的合理分布,形成合理的区域人才群体结构。

(4) 缩小空间差距。逐步缩小人才开发的空间差距,是社会主义人才开发的指导思想,也是一条重要原则。

111.3 人才开发的空间导向

人才开发的空间导向是使人才的开发程度逐步趋向相对平衡、结构趋向合理的一种措施或途径。

111.3.1 规划导向

规划导向,即根据国民经济总体发展计划的要求,制订适应各地区社会经济文化发展需要的人才发展规划,通过规划进行人才开发的空间导向。区域人才规划对人才的空间布局起宏观指导作用,是人才群体结构和地区结构调整的依据。规划的内容主要包括特定区域内不同时期的人才需求总量及其专业构成,人才的能级(高中初级)比例,地区人才结构,规划实施的步骤和措施以及适应地区社会经济发展需要的各专业、各部门的人才发展规划。人才需求预测是制订人才规划的基础。没有科学的预测就不可能有科学的规划。要在分析现有人才状况的基础上,找出问题,按照地区发展的需要进行科学的预测。要处理好不同地区各层次人才开发规划之间的关系,即区域人才开发规划中上下级、全局与局部之间的关系。在人才开发的空间导向中,上一级地区层次对所属范围内的下一级层次规划的综合平衡工作极为重要。要防止地区人才规划中的"小而全",使之各具特色。一般情况下,"通才"

和中低级人才可以分散培养为主,"专才"和高层次人才以集中培养为主。

111.3.2　教育导向

教育是人才培养的基础,教育落后是我国人才相对匮乏的根本原因。教育结构失调,布局不合理,是导致区域人才开发不平衡、人才空间分布与结构不合理的直接因素。教育改革的方向是要以经济建设为中心,面向现代化,面向世界,面向未来,要根据社会经济和科学技术发展的趋势,根据技术革命所产生的新兴产业的要求,充分考虑各地区原有的基础与特色及其区域经济发展战略方向的需要,进行学科与专业的调整、设置;调整各能级层次的数量与比例,在普及义务教育的基础上,调整中等教育结构,加强职业技术教育、成人教育与继续教育,鼓励自学成才,多类型、多层次、多模式培养适应各地区需要的专门人才与技术劳动者。

教育空间结构的调整(包括地区之间教育结构以及地区内部专业、层次结构的调整),对改变人才空间分布与结构的不合理状况,促进区域人才开发的相对均衡化有深远的意义。

111.3.3　市场导向

人才市场是劳动力市场的极重要组成部分。只有开放人才市场,才能给各地区、各行业以吞吐和调整人才结构的权力,才能给各类人才选择职业和地区的自主权,从而促进人才地区结构、专业与能级结构的合理化。随着改革开放政策的不断深化,开放和完善人才市场将成为人才空间导向的主要因素之一。

开放人才市场,一是要树立流动观念,改革现行的一次分配定终身、封闭的人才管理体制,促进人才的合理流动,特别是地区之间、城乡之间的流动;二是要树立开拓观念,使发达地区的人才与教育面向全国,实行技术、劳动、智力与人才的输出,特别是去落后、边远地区,去农村开拓与创新;三是要树立竞争观念,改变过去的"铁饭碗""大锅饭",在行业和地区竞争中真正实现人才的价值。

111.3.4　行政导向

行政导向,即用行政手段和措施对人才的空间分布进行导向。这是一种传统的人才管理制度,在我国以计划经济为主的社会主义初级阶段,行政干预仍将是人才空间导向的主要环节。但要注意,行政干预要严格按照区域人才开发规划有计划地实施,切忌盲目性,以免因不合理的行政干预(如毕业分配)而导致人才的极大浪费与新的不合理分布。

行政导向要与市场导向有机结合,要处理好二者之间的关系。在加强行政领导,实行有计划的人才开发的前提下进行人才市场调节。行政导向绝不是强迫命令,是在服从国家需要的前提下尊重个人的意愿。要克服地区人才封锁、人才凝固和浪费人才的现象,大力改革人事档案、户口、工资等人事管理制度,使之有利于人才的地区流动,促进地区人才分布的相对均衡。

111.3.5 政策导向

政策是统治集团对于生产方式的认识反映与对策。政策的科学性对于人才开发有极重要的影响。正确的人才政策能充分调动各类人才的积极性,发挥其潜能,能吸引人才流入,使之拥有人才优势。通过政策措施可以对人才的空间分布进行导向。要认真落实党的知识分子政策,在政治上、经济上和生活上关心各类人才,爱护各类人才,并形成良好风气,在落后地区、少数民族地区和急需开发的地区,要实行特殊的人才政策,如优惠政策(如工资、住房、子女就业等)、轮换政策(不强求长期扎根,可签订3~5年的契约合同,工作期满后,返回原地区原单位)、放宽政策等,以吸引人才流入,解决人才之急需。

111.4 中国现代人才的空间格局与三大地带人才开发方向

111.4.1 中国现代人才的空间格局与存在问题分析

中国人才的总体空间分布基本与生产力的空间布局相一致。从人才数量、人才密度和人才能级3个方面分析,中国现代人才具有明显的东、中、西地带性分布规律。人才数量东部多,西部少;人才密度东部大,西部小;人才能级东部高,西部低(表111-1、表111-2)。

表 111-1　中国东、中、西部人才数量与能级分布(1987年)

人才数量与能级		东部		中部		西部		全国	
		人数/万	比例/%	人数/万	比例/%	人数/万	比例/%	人数/万	比例/%
数量	全民所有制自然科技人员	407.3	45.8	293.1	33.0	189.0	21.3	889.4	100
	研究与开发机构科技人员	34.0	57.9	12.8	21.8	11.9	20.3	58.7	100
	高等学校专职教师	19.6	50.8	11.7	30.3	7.3	18.9	38.6	100
能级	独立研究与开发机构专业技术人员	33.96	57.9	12.76	21.8	11.90	20.3	58.62	100
	其中:科学家与工程师	22.54	60.3	7.70	20.6	7.13	19.1	37.37	100

表 111-2　中国东中西部人才密度分布(1987年)

人才密度	东部	中部	西部	全国
面积人才密度(自然科研人才数/km^2)	3.15	1.01	0.35	0.93
人口人才密度(自然科技人才数/万人口)	91.90	76.50	74.20	82.00
职工人才密度(自然科技人才数/万名职工)	942.00	856.00	991.00	921.00

注:①东部地带包括辽宁、河北、北京、天津、山东、江苏、上海、浙江、福建、广东、广西、海南12个省市区;中部地带包括黑龙江、吉林、内蒙古、山西、安徽、江西、河南、湖北、湖南9个省区;西部地带包括四川、陕西、云南、贵州、宁夏、青海、甘肃、新疆、西藏9个省区。②全国数均不包括台湾省在内。

中国人才的三大地带分布格局受制于自然环境、人口分布、生产力布局、地区经济技术与文化教育发展水平的地带性差异。东部沿海地带地势低平,水热条件优越,地理区位条件好,水陆交通方便,人口密集,经济技术、文化科技教育基础较好,经营管理与生产力发水平较高,因而人才分布比较集中;西部地带地势高耸,多高山、高原、冰川、沙漠、草地气候条件较差,土地的人口承载力低,人口相对稀少,地理区位条件较差,交通不便,经济基础和科技教育水平及经营管理、生产力发展水平远不及东部地带,因而人才绝对数量少,密度小,层次低;广大中部地带则具有过渡特点。

中国现代科技人才分布最密集的省份在江苏、浙江,有40%以上的科学家,51.3%的数理化学部委员,51.5%的生物学家,58.6%的农学家,30%的心理学家都出自于这两个省;其次是福建、广东、河北等省。中国的人文科学人才则有两个分布中心。一是以沪、宁、杭中心的江、浙、沪三省市,这里的现代文学家和艺术家各占全国1/4左右,社会科学占35.6%,编辑家占38.2%,教育家占46.2%,语言学家占30.6%;二是华北的京、津、冀三省市,这里的作家占全国的15.6%,文学家占13.8%,艺术家占25.3%。很显然,这一分布格局与优越的地理位置,悠久的文化历史,开放的社会环境,发达的经济与教育等有密切的关联。

应当指出,人才的分布中心与政治、经济、文化、科技中心等基本相一致,并随中心的转移而发生空间演变。南宋以前,中国的人才中心在黄河流域,以河南为最,山西、陕西次之。据记载,唐代宰相共有396名,北人占9/10。南宋及其以后,人才中心转移至长江中游地区,浙江居首,次为江苏、福建。明代宰相共189人,南人占2/3以上。这种空间上的演变是政治、经济、文化中心南移的反映。现今中国人才的分布中心同样与政治、经济、文化科技中心相一致。而沿海地带,尤其是华南的特区、开放区,对外开放程度较大,社会、经济、文化发展较快,人才政策优惠,对人才的凝聚力和吸引力大大优于其他地区,不久可望成为中国新的人才分布中心。

综观我国现今人才开发与空间分布,存在以下主要问题。第一是对现有的人才开发重视不够。从总体看,一方面,中国人才数量不足,需要从教育抓起,大力培养人才;但另一方面,普遍存在着浪费人才、现有人才的低度使用问题。据上海市1986年对10 048名专业技术人才的抽样调查结果分析,有近2/3的人才的作用不能充分发挥。依此推算,目前上海积压浪费的人才至少有4万人。在专业技术人才中,任务不饱满和没有任务的比例达26.3%。

第二是部分地区人才源的文化素质较差,后备人才资源短缺。在边远地区、少数民族地区、丘陵山区、老区、贫困地区等,由于社会经济、地理区位、人口素质、教育基础及社会历史的原因,人才源的文化素质普遍较低,文盲、半文盲的比重很大,如据1990年全国人口普查资料,安徽、贵州、云南、甘肃、青海、西藏等省区,文盲占15岁以上人口的比重都在24%以上,西藏达44.4%;而且由于教育基础差,尤其是师资的数量少、质量差,中小学的普及率较低,严重影响了作为人才源人口的文化素质,为未来人才开发带来困难。

第三是地区人才开发缺少整体观念,与地区经济发展不相适应,育人与用人改革不配套。表现为教育资金的严重短缺,教育结构与经济结构严重脱节,短线人才长期不足,长线人才有时过剩。人才开发存在盲目性,引起浪费。

第四是人才缺少流动或流动不合理。由于旧的人事管理制度(如户口制度、工资分配制度、静态管理的人才流动制度、人才统包分配制度及条块分割、人才的就业保障制度等)和人才本身的旧观念(缺少流动意识),使人才长期不能流动或不愿流动,绝大多数人才都是一次分配定终身,人才与单位甚至岗位建立了超稳定关系。人才缺乏竞争机制,严重影响了各级各类人才潜能的充分发挥,阻碍人才的地区结构、行业结构的合理调整。

111.4.2 三大地带人才开发的方向

遵循前述人才开发的空间指导思想与原则,针对区域人才开发中存在的问题,根据中国东、中、西三大经济地带的社会经济发展战略对人才的客观需求,充分发挥三大地带现有的人才优势与潜力,并以培养人才的主要途径——教育为着眼点,各地带人才开发的方向如下。

1) 东部地带

(1) 充分发挥东部人才多、层次较高、素质较好,高等学校分布集中,师资力量雄厚,仪器设备和图书力量充足,教学科研水平较高的优势与潜力,采取多种形式,大力培养各种类型、各种层次的高级专门人才,提高质量和效益,使之成为培养和向全国输送以高级技术人才和经营管理人才为重点的人才基地。

(2) 根据区内外社会、经济、科技、文化发展的需要,合理调整各类专业科类和层次结构,发展短线、压缩长线,加强重点院校,加强大学后教育,为培养急需的、具有国际水平的高级专门人才作出贡献,为发展新兴的高科技产业服务。

(3) 以沿海特大城市(北京、天津、上海、南京、广州等)为人才教育中心与基地,采取正规教育与业余教育相结合的形式,充分发挥师资、图书、设备与管理的优势,为区内相对落后省区和中小城市,为广大中西部地区,为边远地区、少数民族地区培养高级人才。

(4) 为适应区内外向型经济发展战略的需要,充分利用区内对外开放的有利环境和外向型人才较有基础的有利条件,大力培养外向型经济开发和管理人才,外贸与外经人才;同时,对区内乡镇工业较发达、人才奇缺的状况,大力培养大中专科技人才和高级技工人才。

(5) 进一步实行人才开放政策,同时加强人才的管理,建立人才市场,实行"开放进区",以促进乡镇工业、中小企业向高层次发展。推进人才在地区之间、城乡之间、国际与国内的合理流动,充分发挥人才的使用价值。

(6) 京津地区、辽中南地区、沪宁杭地区及广州、厦门等沿海地带,是全国人才的集聚中心,要充分发挥其人才培养的优势与特色。同时要实行合理分工,因地制宜制订各区域人才开发政策,协调发展,并建立人才网络。

2) 中部地带

(1) 立足于本区人才开发为主,辅以东部地区的支援,根据区内社会经济与文化发展的需要,通过提高现有高等学校的培养能力和教育质量,适当扩建和新建,积极发展多种形式成人教育,大力培养区内所需要的各类高级专门人才。

(2) 调整专业人才结构和人才的层次结构,加强区内重点产业所需的能源、交通、原材料工业、农业等科技人才的开发和政治、财经、管理等短线人才的培养,重点发展地区级大中专各类学校,为中小企业、广大山区和农村培养急需的适用专门人才。

(3) 以湖北、黑龙江等省某些高校为重点,予以重点建设,建成教学、科研两个中心,培养国内外一流水平的高级专门人才。

(4) 制订合理的人才使用政策,加强开放开发,促进区内外人才流动,加强与东部地带的人才交流,大力提高人才素质,发挥人才的更大作用。

(5) 本地带兼有为西部地带培养高中级人才的任务,近期主要是中级专门人才的培养,逐步过渡到以培养高级专门人才为主。

3) 西部地带

(1) 以四川、陕西、甘肃为重点,充分发挥现有重点高校"发展极"的作用,加强师资、设备、图书资料建设,在提高质量的前提下扩大招生数量,使之成为西南、西北地区高级专门人才的培养基地。

(2) 搞好人才结构调整,重点培养管理、师资人才,培养林、牧、医、财经、政法和适合于当地工业、交通及第三产业特点的,能留得住、用得上的适用专门人才;尤其是培养大批具备多功能、介于体脑之间的中初级"通才"。要注意发展民族教育,为各少数民族培养特殊需要的各类人才。

(3) 调整人才的层次结构,重点加强中小学基础教育和职业、技术教育,大力提高民族文化素质;同时发展中等专业教育,培养区内急需的中初级适用技术人才。

(4) 加强与东中部地带的人才交流与联合,积极依托中部,采取联合培养、办分校、委托培养、办训练班等多种形式,为本区培养各级专门人才尤其是高级专门人才。

(5) 加强管理,实行特殊的人才开发政策(如激励政策、合理的服务年限政策、子女政策等),充分发挥现有人才的作用,吸引人才,促进人才的合理流动,特别是区内中央企业和地方企业之间、全民与集体之间、大城市与中小城镇之间、城乡之间的流动,防止过多的人才流失。

应当指出,我国人才分布不平衡的状态不仅表现在东中西三大经济地带之间的差异,而且也表现在南北之间、城乡之间、平原与山区之间的差异;各生产地域类型人才的专业结构和层次结构也有很大不同。广大的西部地区、边陲地区、少数民族地区、农村地区、山区、贫困地区一般人才奇缺。而要改变这种不平衡、不合理的状况,需要一个相当长的过程,决不能操之过急。我们应遵循人才成长和辈出的客观规律,树立人才开发的空间观念,采取由东向西、由相对发达地区向边远落后地区"滚动式"推进,由大中城市向中小城镇"放射式"发展,和对落后地区、民族地区重点支援的策略,实事求是,逐步地使人才开发趋向于相对平衡。加强区域之间人才开发横向联系与合作,建立协作网络,在落后地区适当使人才培养超前发展,对改变人才空间分布不平衡的状况有重要意义。

[刘君德,叶忠海.中国人才开发的空间研究[J].华东师范大学学报(哲学社科版),1991(1):1-9]

解读:人才开发的空间布局问题是人才地理学研究内容的核心之一,是一个新的跨学科研究领域。本文对人才开发的空间要素、空间指导思想与原则及导向问题进行了探讨;并对我国现代人才的空间格局进行了分析,提出了东、中、西三大经济地带人才开发的方向,具有现实指导意义和推进新兴学科发展的理论建设意义。文章的独到见解体现了跨学科研究的优势和活力。

112 一论日本政区：改革与经验

背景：1997年8月，我应日本广岛大学综合研究部邀请，进行了短暂的访问。期间考察了广岛市、广岛县，并乘坐新干线走马观花地考察了沿线的大阪、京都、东京等城市，对日本的行政区划体制，特别是城市行政区的城市规划、建设与管理有些感性认知。回国时带回一些资料，就日本的地域型与城市型政区的状况和经验作了介绍，发表了点滴感想。

1997年8月上旬，笔者应日本广岛大学之邀赴日访问、交流，在与日本专家开展学术交流的同时，对日本的行政区划体制问题进行了初步调查，并考察了东京、大阪、京都、横滨、广岛等城市及一些小城镇——町。时间虽短，但受益匪浅。我觉得日本的许多经验对我国行政区划体制改革有一定的借鉴意义。

日本的国土环境、历史及文化基底和特定的政治、经济体制，形成了其特有的行政区划体制与结构。

112.1 改革的经验

112.1.1 层次少，幅度大

日本是一个单一制国家，实行地方自治制度，其领土由本州、四国、九州、北海道4个主要岛屿和4 000多个小岛组成。国土总面积37.78万 km^2。近现代130多年来，伴随其政治体制改革和经济的迅速发展及城市化的大规模推进，行政区划经过多次变化，其层次结构体系的总特征表现为：层次少，幅度较大。

1968年日本明治政府根据政体书的规定改幕藩为府藩县三治制，全国划分为9府20县273藩；1871年废藩置县，实行府县二治制，全国设东京、大阪、京都三府及72县；以后又经过多次变更，直到战后的1847年，颁布日本国宪法和地方自治法，从而确立了都道府县制和市町村制的地方自治制度。

日本现行的行政区划制度可以理解为虚二级制。一级行政区为都、道、府、县，二级行政区为市、町、村。从法律角度看，府县和市町村作为地方自治团体是平等的，没有上下级关系；但由于市、町、村包含在都道府县之内，是基层地方公共团体，而都道府县是高一层次的地方公共团体，对市町村有一定的法律控制权和行政指导作用，故而，客观上表现为二级制。都道府县在国家与市町村之间起中介联系、协调、指导和监督作用。

至1996年年底，日本全国共有1都（东京都）、1道（北海道）、2府（京都府和大阪府）、43个县，共47个一级行政区。1995年全国国土面积37.78万 km^2，总人口为12 557万人，除东京都、北海道和京都、大阪两个府之外，平均每个县的土地面积为6 646 km^2，人口约224.8万。视为二级政区的市町村，1990年共有655市、2 001町和589个村，合计为3 245个，平均每个一级政区辖69个①市町村。与我国行政区划的管理幅度及层次结构相比，明显地表现为层次少，幅度大的特征。

表 112-1 表明，中国的一级政区管辖二级政区数与日本相比明显偏少。中央下辖的省（市、区）级政区数也要比日本少得多。行政区划的层次与幅度表现为相辅相成的关系，层次多则幅度小；反之，层次少，则幅度大。从行政管理角度看，在一般情况下，前者管理效益低，行政成本高；后者管理效益大，行政成本低。

表 112-1 日本与中国一级政区管理幅度比较

	一级政区数	二级政区数	平均每级政区辖二级政区数	资料年份
日本	47（都道府县）	3245（市町村）	69	1990
中国[②]	27（省、区）	335（地级）[③]	12.4	1996

112.1.2 法制健全，调整有序

日本的行政区划改革是地方自治法制度不断健全与完善的过程，现行的区划体制主要依据《日本国宪法》《地方自治法》。从 1868 年至现在可分为近代地方自治制度和现代地方自治制度两个历史时期。

近代地方自治制度从 1868 年颁布政体书到 1947 年制定宪法，又可分为 4 个阶段。第一为初创阶段。1868 年明治政府根据政体书的规定，改幕藩体制为府藩县三治制。1871 年伴随兵制改革和确保中央财政收入，又废藩置县，实行府县二治制。1878 年制定三新法（《郡区町村编成法》《府县令规则》和《地方税规则》），确立了日本近代统一的地方制度。第二为确立时期，即从三新法的制定至新市制及町村制的制定。1888 年通过的市制町村制和 1890 年通过的府县制和郡制确立了市町村是基层的地方公共团体，市受县的监督，町村受县与郡的监督。第三是发展期，1890 年后直至二战爆发。1911 年制定了新的市町制，以后经多次修改，使市町村的自治数不断扩大，同时，府县制几经修改，治权也不断扩大；而郡制则于 1923 年被废止。第四阶段是衰退期，从二战爆发至 1947 年日本宪法的制定。为适应战时体制的需要，强化了中央集权，地方自治权大大削弱，如 1943 年将东京市与东京府合并为东京都，对市町村制、府县制进行修改等。从上可见，近代是日本的政治经济的多变时期，行政区划体制表现为明显的不确定性和官治色彩较浓，自治色彩较淡的特征。

战后日本的现代地方自治制度发展经历了两个阶段。一是战后的改革与宪法、地方自治法的制定。1946 年根据《帝国宪法修改草案纲要》的精神，对东京都、府县、市町制进行了修改，废除了北海道地方费法，使地方自治有所加速，民主化程度有所提高。1947 年实行日本国宪法和地方自治法，确立了都道府县制和市町村制，特别是将二者视为相同的自治团体，在法律上具有同等的地位。二是从地方自治法制定后直至 20 世纪 90 年代，经过数十次修改（几乎每年一次），扩大了地方自治权，同时强化了中央的监督、指导作用。以上可以看出，战后随政治的稳定，经济的高速发展，日本的地方自治法规不断完善，区划调整变动有严密的法规依据，行政区划体制表现为地方自治权力不断加强和区划相对稳定的特征。

112.1.3　微调为主,尊重民意

战后以来,尤其是1947年日本宪法和地方自治法确立都道府县制与市町村制以来,日本的一级行政区划处于相对稳定时期,很少有大的调整变动,而市町村的变动则较频繁,以位于日本西南部,中国、四国地方中央的广岛县为例,自昭和三十年1月1日至平成八年4月1日的约42年时间里,市町村的区划变更达192次,平均每年4.6次。其中广岛、吴市、竹原、三原、尾道、因岛、福山、府中、三次、庄原、大竹、东广岛、廿日市计13个城市的区划变动达55次;其余是町村的调整,绝大部分是由于城市建成区的外扩而将邻近的町村整建制划入的变动,其总的趋势是市和町数的增加,村建制的迅速减少。平成七年(1995年)广岛县13个城市人口已达225.8万,占全城市总人口的78.4%,其中广岛市的人口为110.89万,占城市总人口的69%。村的数量迅速减少,特别是昭和二十五年至昭和三十五年的10年中,村的数量从280个减少至11个。这段时期正是日本经济高速发展,城市化大大加速的时期(表112-2)。

表 112-2　广岛县市町村人口变动情况(大正十四年—平成七年)

年次	市町村数			人口		
	市	町	村	市/人	郡/人	市人口比例/%
大正十四年10月1日	4	52	374	396 382	1 221 298	24.5
昭和五年10月1日	4	54	356	527 997	1 164 139	31.2
十年10月1日	4	56	340	630 414	1 174 502	34.9
十五年10月1日	5	56	322	726 614	1 142 890	38.9
二十年10月1日	5	55	287	434 774	1 450 697	23.1
二十二年10月1日	5	56	287	577 820	1 433 678	28.7
二十五年10月1日	5	62	280	656 951	1 425 016	31.6
三十年10月1日	11	82	84	1 003 115	1 145 929	46.7
三十五年10月1日	12	87	11	1 214 076	909 967	55.6
四十年10月1日	12	88	9	1 330 959	950 187	58.3
四十五年10月1日	11	88	8	1 438 928	997 207	59.1
五十年10月1日	12	69	6	1 905 536	740 788	72.0
五十五年10月1日	12	69	6	1 963 617	775 544	71.7
六十年10月1日	12	68	6	2 120 057	699 143	75.2
平成二年10月1日	13	67	6	2 216 839	633 008	77.8
七年10月1日	13	67	6	2 258 092	623 656	78.4

按照日本的地方自治法,町村改设市必须具有以下条件:①人口在5万以上;②居住在街市的住户占总户数的60%以上;③从事非农业的人口及其共同生活者,占总人口的60%

以上;④达到都道府县规定的城市设置指标,如行政机关、高级中学、图书馆、博物馆、会议堂、公园等。特别应当指出的是,市町村的申请与调整、变更必须充分尊重民意,自下而上向都道府县提出申请,经议会议决,并报自治大臣批准实施。基层市町村的居民拥有自治决策权。

112.2 存在问题

应当指出,日本的现行区划体制也存在某些缺陷,我在短短的考察过程中感受到的主要有以下几点。

112.2.1 "一地两府",市县矛盾突出

由于日本市的设置多为切块模式,故而日本地域型政区都道府县与村和城市型政区(市、区与町)的行政中心重叠设置的情况较多,尤其是道府县与指定都市[③]存在较严重的"一地两府"现象,即府厅、县厅与指定都市的市役所同在一城设置。如大阪府与大阪市,北海道与札幌市,广岛县与广岛市,福冈县与福冈市等。由于指定都市具有较强的独立性,其规划建设与管理必然与县发生矛盾,特别是在经济发展中的利益关系矛盾冲突相当严重,协调的难度也较大。

112.2.2 市属飞地,不利建设管理

一个市的行政区域不连片的现象,极不利于城市的统一规划、建设。如广岛市安芸区的原矢野町成为一块"飞地";而归属广岛县安芸郡的府中町(日本"马自达"公司总部所在地)则为广岛市所包围,由于这里地价较低,企业成本低,加上居民的反对,长期以来是广岛县的一块"飞地",直到近期才划入广岛市。

112.2.3 少数基层行政区名称欠合理

日本一级政区的通名——都道府县是比较规范和科学的,但在基层行政区的地名中尚有少数存在一些问题。其一是专名重复较多,仅据1995年日本帝国书院编制,中国地图出版社出版的《日本地图》(日文版)的粗略统计,重名地名多达上千个,最多的如"大岛"地名共有26个,"大野"有21个,"朝日"有12个,另有"荒川""池田""赤坂""青岛""府中"等等,这给工作与生活带来诸多不便。其二是某些专名如"××市"与通名"市"混淆,"××町"与通名的"町"相混淆。前者如广岛和东京的"五日市"、岩手县的"日顷市",后者如新潟县的"原之町",宫城县的"福田町"等都是专名。广岛县的"廿日市市"前一个市字为专名的组成部分,后一个"市"则为通名,这种现象虽属个别,但也往往容易使人误解,一不注意就要弄错。

112.3 借鉴意义

日本的行政区划体制是在特定的政治、经济与人文、历史背景下形成的。我国是社会主

义多民族的发展中国家,实行的是中央集权制,两国国情有较大差别。作为上层建筑的行政区划体制不可能完全相同,但日本的行政区划改革的经验对我国仍具有一定的借鉴意义。

112.3.1 减少层次,扩大幅度,大力提高行政管理效益应是我国行政区划体制改革的重要方向

我国现行行政区划体制早已突破了宪法规定的省—县—乡三级制,四级制(省—地—县—乡)已成为我国行政区划层次结构的主要模式,有的达到五级,甚至六级。层次过多,管理幅度过小,大大降低了行政管理效益,增加行政管理成本。国家虽然进行了多次机构改革,但都成效不大。往往是从精简始,以膨胀终。据统计,我国机关、人民团体及国有企业单位的官员与职工比,1951年是1∶600,1993年降至1∶34;行政成本(行政单位和各种耗费在国家和社会支出中的比重)以每年20%左右的幅度递增[5]。其主要原因是中国的政治体制改革尚未触动政府职能这一核心问题,同时也与行政区划体制结构有关。减少层次,扩大幅度,对推进中国的行政改革,提高行政效益有重要意义。在这方面完全可以借鉴日本的经验。

112.3.2 健全法规,上下结合,积极推进我国的行政区划体制改革

行政区划体制改革是关系国家政权建设、经济发展、社会稳定的大事,必须依法进行。新中国成立以来我国行政区划的调整与改革都是依据《宪法》和《组织法》及相关条例、规定实施的,总体来看是符合中国国情的,基本适应了发展的需要;但也存在许多新情况、新问题,需要完善相关法规,甚至修改《宪法》的某些条款。特别是改革开放以来,在由计划经济向市场经济转轨过程中,在中国经济、社会高速发展,城市化大规模推进中,出现了许多行政区划的新体制、新模式,其中有不少方面与现有的《宪法》《组织法》等法规发生矛盾,如市带县、重庆直辖市体制与模式等。很显然,现有的某些法规、条文已经滞后,不适应中国行政区划体制改革的需要,急需进行修改、完善。在这方面,日本的经验是可以借鉴的。前已述及,日本在近现代130多年中,根据本国的国情积极推进地方自治制度,制定了许多法规,取得了成效,使行政区划由多变逐步趋向稳定,纳入法制化的轨道。即使是在二战后行政区划相对稳定的情况下,也对地方自治法不断修改与完善,仅1947年至1990年43年中就修改了38次。

行政区划体制改革是一项政治性很强的工作,必须自上而下有领导、有组织、有步骤地进行。但改革的最终目的是有利于发展,有利于管理,有利于人民群众生活。因此,在我国行政区划的调整、改革中也应该充分尊重民意,特别是基层行政区的改革应认真听取群众意见,自下而上与自上而下结合进行。在这方面日本的经验也是可取的。

我国正处于政治经济体制大变革的时期,也是行政区划体制多模式的发展阶段,坚持以邓小平理论为指导,进一步新中国成立思想,实事求是,借鉴国际经验,修改与完善我国的《宪法》和《组织法》等与行政区划相关的条款是一项攻坚任务。

[刘君德. 日本的行政区划改革及其经验借鉴——赴日考察之一[J]. 中国方域:行政区划与地名,1998(1):11-14]

解读：本文总结了日本地域型行政区划的 3 条重要经验，即层级扁平，法制健全、调整有序和微调为主、尊重民意。这 3 条经验对当今中国的区划改革都有重要借鉴意义；同时文章也指出了日本地域型政区存在的缺陷，尤其是"一地两府"的矛盾相当突出，中国较好地解决了这一矛盾（当然也带来新的问题）。

注释

① 此处市町村数和一级政区平均辖市町村数均包括东京都、北海道和京都、大阪两个府在内。
② 不包括北京、天津、上海 3 个直辖市和台湾省在内。
③ 含地级市及行署。
④ 日本有 2 个指定都市，是根据《地方自治法》设置的，其人口规模都在 80 万以上，性质与功能相当于中国的计划单列市。关于"指定都市"将在以后的专文介绍。
⑤ 引自《中国改革报》1997 年 11 月 11 日《机构改革要动真格了》一文。

参考文献

[1] 刘君德. 中国行政区划的理论与实践[M]. 上海：华东师范大学出版社，1996.
[2] 许崇德. 各国地方制度[M]. 北京：中国检察出版社，1993.
[3] 日本帝国书院. 日本地图集（日文版）[M]. 北京：中国地图出版社，1995.
[4] 广岛县统计协会. 县势要览[Z]. 平成九年版.

113　二论日本政区：城市型政区

背景：本文是赴日本考察成果之二。

113.1　战后日本城市的发展

二战期间，大批城市居民去农村避难或赴海外谋生，使城市人口大大减少。二战后日本的主要城市实际上变为"一片废墟"①。1946年日本的工业倒退到1912年的水平②，针对这一情况，日本政府着手进行经济民主化改革，推进了经济恢复与发展。随着居住在农村的城市居民返回城市和许多人从海外归国，城市人口又迅速增加。日本政府实施了"重建家园计划"，开展了大规模的城市建设，取得显著成效。1955年，日本的经济已经恢复到战前水平。1955—1965年是日本经济高速增长期。1967年日本的国民生产总值已居世界第二，仅次于美国③。这一时期也是日本城市高速发展期。一方面，大量人口和工业在城市聚集，使原有城市规模不断扩大，市区向郊区迅速扩展；同时带来城市的住宅、交通、环境等一系列问题。为此，政府制订了城市发展政策纲要和大都市区发展基本规划等，以求改善城市的居住生活环境，控制城市的工业污染。

另一方面，新兴城市大量涌现，城市的数量和城市人口也有很大增加。1997年日本已有城市670个④，比1953年增加384个，平均每年新增城市8～9个。其中1953—1961年的8年之中增加了271个城市。这是由于1953年实施《市·町村合并促进法》的结果，反映出此阶段日本城市发展的体制、政策性的推进特征。同期日本的城市人口也迅速增加，1990年城市总人口已占日本全国总人口的77%。以广岛县为例，昭和二十五年（1950年）至昭和五十年（1975年）是广岛县域城市化水平高速增长期，由31.6%增加到72%，25年间增加了40多个百分点。而自昭和五十年以来的20多年中，广岛的城市数量和城市人口保持相对稳定。广岛城市发展的规律大体反映了日本现代城市发展演变的情况。

从日本的城市规模结构分析，中小城市占有很大比重。如果以50万为大城市，10万～50万为中等城市，10万以下为小城市为标准，则日本1955年的大城市占总数的3.3%，中等城市占30%，小城市占66.7%，而其中小于5万人口的城市达224个，占一半以上。

从城市人口分布的状况看，绝大部分集中在京滨、阪神和名古屋、北九州等工业密集地带。

总体看，战后日本城市发展表现出以下明显特征：①城市发展与工业化发展相辅相成，城市建设源于经济发展，而城市发展又促进了经济发展；②城市增加由快而缓，1953—1961年是日本城市的高速增长期，1961年以来为稳定发展期；③城市体系结构较完整，小城市比重大，大城市人口集中度高；④城市分布格局受地形和交通因素制约较明显。

113.2　日本城市型行政区划模式

1888年日本通过了市制与村制案,确立了市町村为基层地方公共团体;1911年又制定了新的市制、町村制,进一步明确了市町村的法人资格,扩大了自治权。因此,从法律角度看,各类规模不等的城市与町村都拥有同等地位,城市之间、城市与町村之间不存在上下隶属关系。这与中国现行的市制有很大不同。从行政区划角度分析,即从城市型政区与地域型政区的关系、城市的独立性与自主权限及城市型政区的名称等因素综合考虑,日本的城市可分为以下3种模式。

113.2.1　都辖区、市模式

实行这种模式只有一个东京都,它与道府县同为日本的一级政区。东京都的总面积为2 049.31 km^2(1955年),占全国土地总面积的0.54%;人口1 177.36万(1995年),占全国总人口的9.38%[⑤]。东京都下辖23个区和26个市,7个町和8个村。东京为日本的首都和世界著名的国际经济中心城市,其城区总人口(23个区的人口)达到804.6万(1990年),是日本人口集聚、规模最大的中心城市,也是世界人口集聚最多、规模最大的城市之一。

东京,旧为武藏国。1457年,筑江户城,1868年(明治元年)改称东京。1869年定为首都。1871年设东京府,1889年在东京府中设立东京市。1943年,府市合一更名为东京都。东京都的通名"都"是日本唯一具有多重含义的一级政区通名。其一,具有"首都"的意义,它是日本政治、经济、文化中心;其二,具有大都市的意义,从人口或经济规模及性质来看,东京都是日本最大的都会城市,也是世界著名国际经济中心城市,以"都"作为首都的政区通名,十分科学。

从政区性质分析,一般认为可分为地域型政区和城市型政区两大类(特殊型政区除外)。东京都作为日本的一级行政区,既具有地域政区的特征,又具有城市型政区的本质。其政区的基本结构框架为:都辖区、市和町村。从23个区和26个市的政区性质看,显然属于典型的城市型政区;而从都辖町村的政区性质看它又是地域型政区。由此可见东京都应视为具有地域性特征的城市型政区;或为地域型政区与城市型政区有机组合的综合型政区;也可以把它视为城市型政区的一种特殊类型或模式。因为东京是世界上人口与产业高度集聚、城市化水平极高的大都市区。1995年广域的东京(即东京都)的人口密度为5 745人/km^2,事业所的数量占全国的11.5%(1991年),从业人数达877.7万人;工厂数占全国的8.9%(1995年),工人达64.9万,国民生产总值占全国17.9%(1996年);公务员占全国的9.6%,达31.5万人。从区、市、町村的人口分布结构看,23个区集中了全都69.1%的人口,26个市拥有全都人口的29.5%,町和村的人口微不足道,只占1.4%,多分布在西部山区和若干岛屿。

东京都下属的23个区与其他城市的区相比有很大不同。日本政府根据1947年施行的地方自治法,东京都下设的区为特别区,其职能与一般的市相同,权力较大,独立性较强,根据法律和政令可以行使不属于国家和都的事务。但在财政和某些事务上仍要受到限制,以确保都的一体化。

东京都下属的26个市,其行政权限则大体与县级市类同,但为保持都的一体化,在财政及某些事务上也要受到限制。

总之,东京都的行政区划模式与世界各国首都的行政区划模式相比,有其独特性。这一模式对我国有着特殊的借鉴意义。

113.2.2 "指定都市"与"中核市"模式

二战后,日本政府针对大城市发展中产生与都道府县利益关系的矛盾,特别是在某些事务与财政上矛盾的激化,于昭和二十八年(1953年)至昭和三十一年经过调查分析,对地方自治法的某些条款进行修改后而设立城市自治制度。根据修改后的地方自治法第252条第19款第一项政令,确定人口规模在50万以上的大城市为"指定都市"。全国除东京之外,共有12个指定都市,即大阪市(大阪府)、京都市(京都府)、名古屋市(爱知县)、横滨市(神奈川县)、神户市(兵库县)、北九州市(福冈县)、札幌市(北海道)、川崎市(神奈川县)、福冈市(福冈县)、广岛市(广岛县)、仙台市(宫城县)和千叶市(千叶县)。

指定都市实际相当于中国的计划单列市,它与一般的市相比,有很大的独立自主权限。主要有:①道、府、县将一部分的事务权下放给指定都市,诸如儿童福利、残疾人福利、生活保护、旅行人员疾病与死亡、母子家庭保健及福利、老年人福利、传染病防治、寄生虫病预防、食品卫生、殡葬、旅馆及公共浴场的规则与营业、结核病预防、土地规划与整治、广告规划等;②指定都市的市长对辖区内的行政机关有监督、改善、停止、禁止权;③指定都市有权实行区建制,设置区事务所,包括确定区的位置、辖区大小、区的名称和任命区长,与东京都特别区不同的是,指定都市的区权限较小,为市的派出机构;④指定都市的财政与中央发生关系,实行计划单列。

40多年来,日本的指定都市有很大发展,已成为日本的主要经济核心区和人口集聚地。1990年,12个指定都市的人口占除东京都以外全国人口的16.6%,经济产值的比重更大。

为了进一步促进地方分权,调动未设置指定都市的大中城市的积极性,1996年4月1日,日本实行了"中核市"制度。确定人口在30万以上,面积在100 km² 以上的城市经过申请、批准,可指定为"中核市"。"中核市"在环境保护、卫生保健等方面的事务权限将从道、府、县中分离出来,并可自行处理养老院设置、残疾人证明、饮食店营业等事务。第一批经过批准确定的中核市有12个,即宇都宫、新潟(新潟县)、富山(富山县)、金泽(石川县)、岐阜(岐阜县)、静冈(静冈县)、滨松(静冈县)、堺(大阪府)、姬路(兵库县)、冈山(冈山县)、熊本(熊本县)、鹿儿岛(鹿儿岛县)。1997年4月1日又追加了秋田(秋田县)、郡山(福岛县)、和歌山(和歌山县)、长崎(长崎县)和大分(大分县)5个市,共17个"中核市"。

日本的"指定都市"和"中核市"是日本地域型政区(道、府、县)与城市型政区(市)两种区划体制利益关系矛盾协调的产物。这种模式由于事权与财权统一,对中心城市的发展比较有利,但同时也在一定程度上加剧了两种政区体制间的矛盾。笔者曾访问过广岛县厅地方课的负责人,广岛市作为指定都市与广岛县之间每年要召开两次协调会,求得县知事与市长的协调一致,解决县市之间的矛盾。如广岛新机场的建设、选址,市与县各执不同观点:广岛市希望建在市区,而县从全县着眼,坚持放在东广岛市,经多年协调终于取得一致,最后确定建在地域开阔,不占耕地、发展潜力大的东广岛市的镜山。

113.2.3　县辖市模式

日本的城市除上述指定都市和"中核市"之外，都是县以下的一般城市。虽然从法律上讲，市町村与都道府县具有平等地位，都是自治单位；但实际上仍隶属于都道府县，是县以下的基层地方公共团体，受府县知事的监督。这种一般的市，其独立性要比指定都市及中核市小得多。市（包括町村）的废止、设置、分立及合并，必须经过都道府县议会议决，然后报自治的大臣批准。涉及跨都道府县境界的市的界线变更，则应由自治大臣决定。由此，都道府县的境界也随之变更。

县辖市是日本城市型区划的重要模式。1995年全国达636个，但其规模相差较大。其中有36个城市人口已超过30万（达到了设立指定都市或"中核市"的人口规模条件），10万～30万人的有156个，5万～10万人的有220个，而5万人以下的小城市达224个，占城市总数的33.7%。大批中小城市与大城市、特大城市构成日本的城市体系格局。

日本的市多由町村发展而来，即由地域型政区转化而来。以广岛县为例，该县吴市由原来安芸郡的天应町、昭和村和贺茂郡的乡原村组成(1956年)；竹原市由原丰田郡竹原町、忠海町组成(1958年)；甘日市市由原佐伯郡的甘日市町、平良村、宫内村、地御前村组成(1956年)；东广岛市由原贺茂郡的西条町、八本松町、志和町、高屋町组成(1974年)。众多小城市沿铁路线连续分布形成了小城市密集带。

113.3　评述与借鉴

113.3.1　评述

上述都辖区、市，"指定都市"和"中核市"，以及县辖市3种模式构成日本城市型行政区划系统。归纳起来，日本城市行政区划具有以下3个特点。

（1）因地制宜设市。都辖区、市模式是适应首都东京发展的需要，既有利于东京都整体发展，又能调动区、市积极性的一种较理想的行政区划模式。县辖市是日本由地域型向城市型政区转变过程中推行的一种基层市制模式，已经成为日本的城市型政区的基础。都管区、市模式是在此基础上发展起来的。"指定都市"和"中核市"模式是日本大中城市发展中解决市与县、府、道的利益关系矛盾而产生的特殊模式，在一定程度上也是协调两种行政区划与行政管理体制（城市与乡村、城市型政区与地域型政区）矛盾，促进地方分权的产物。这种模式适应了大中城市发展的需要，有利于中心城市的合理发展。

（2）通名比较科学。日本城市型政区的通名十分科学，"都"只有东京采用，具有首都、都市等多重含义；"市"就是指城市，是人口和经济集聚中心；"区"只在都和指定都市中采用，一般为"市"的派出机构，东京都的区为特别区，具有一般市的职能，但又区别于"市"；"町"相当于中国的小城镇，它具有城市性质，但又不同于都、区、市，概念十分清楚、确切，互不混淆。

（3）保持了基层政区的完整性。在日本，一般的"市"是由一个町演变，或由几个町、村合并而成。随城市人口增多，经济发展，环境改善，城市的地域空间不断扩展，要求市域的界线逐渐变更。市界的变更可以采取两种方式,一种是以城市规划线变更,不考虑基层行政区划的完整性;另一种是在考虑城市规划红线的基础上,以基层行政区为单位,整建制划入城区。日本市域空间的扩展采用了后一种方式,即保持基层政区町村的完整性,收到很好效果。

当然也应当指出,日本市的设置与界线变更中也存在一些矛盾,除作者在《日本的行政区划改革与经验借鉴》一文中指出的"一地两府""市县矛盾""飞地管理",少数行政区专名重复过多等问题之外,尚有一点应当提出:日本的设市并未严格按标准执行。如,1955年法律规定市的人口标准为5万人,而实际上据1995年调查,全国有224个市的人口不足5万人;町的设置标准为3万人,而实际上有大量的町不足1万人。1990年全国2 020个町,平均人口只有1.26万人。特别是1953年10月1日制定《町村合并促进法》之后,在强调"行政合理化""经费节约"口号下,县辖市的数量大量增加。1953年9月30日至1961年9月1日,市的数量由286个猛增至557个,"设市热"十分严重。从指定都市来看,《地方自治法》规定,人口50万以上的市可以设指定都市,而实际上达到此人口标准的除已确定的12个指定都市外,尚有7个城市的人口标准超过50万⑥;至于超过"中核市"设置标准30万人的城布就更多了。可见,日本设市的标准也是相对的,批准设市有较大灵活性。

113.3.2　借鉴意义

(1) 借鉴东京都的发展与管理模式,改革中国的直辖市行政区划与行政管理体制(参见本书第300页)。

(2) 借鉴日本的县辖市模式,完善中国的设市体制。20世纪80年代中期以来,中国大规模实施县改市模式。1996年年底,中国共有666个市,其中县改市445个。应当充分肯定,中国的县改市模式是针对中国20世纪80年代之前传统"切块设市"的许多弊端而实施的一种新的设市模式,其最大的优点是有利于在较大空间内实行城市的统一规划、合理布局与管理。在机构的变动与人员安置上容易操作,从而实现行政区划的平稳过渡;在中心城区经济实力强的县实行县改市还有利于乡村经济的发展,促进城乡共同繁荣。但也应该看到这一模式存在许多缺陷。主要是混淆了城乡现存的巨大差别,特别是一些经济落后而中心县城规模较大的县,实行县改市之后,混淆了城乡概念;在形态上县城内是城市,离开县城即为落后的乡村。设市并未对乡村经济发展带来巨大推进作用,反给城乡人口、经济统计带来极大不便,造成了混乱。相反,县辖市模式正好弥补了这一缺陷,它既有利于县域内市镇的合理发展,又能在县领导下实行统一规划、合理布局。这一模式可能会增加一些市县矛盾,但通过制定法规,明确市县关系与职责,合理组织与协调,并非不能解决。至于增加机构和财政负担,也可以通过推进政治体制改革逐步加以解决。从中国目前的国情看,宜选择一些地区先行试点,取得经验后再逐步推广。中国国情复杂,地区差异大,设市模式应因地制宜,在相当长时期内,中国的市制将处于多模式发展阶段。

(3) 中心城区扩展的界线调整应坚持基层政区整建制调整的原则。中国在大中城市发展中,规划部门在开展城市规划时往往不考虑行政区划因素,片面追求城市的空间形态布局完美。城市在向边缘区"摊大饼式"扩展中不断蚕食郊区,使市区的行政界线不断变更,要求相应调整区划。但在调整中有不少打破了乡镇界甚至村界,带来许多后遗症。笔者最近在上海市城郊结合部进行调查中就发现多处这样的情况。如,原上海县(现闵行区)的虹桥镇虹四村共有8个居民小组(生产队),1991年因古北开发区建设之需要,以铁路为界,路北5个居民小组划给长宁区,路南3个居民小组仍归属闵行区,而行政管理仍为虹桥镇。形成"一村跨两区"的格局。这给城市环境、治安、外来人口管理带来一系列的矛盾,居民的招工、就业、小孩入学、医疗等也极为不便,在一定程度上影响社会的安定。浦东新区钦洋镇多家单位在此搞房地产开发,使外来人口、浦西市区人口大量集聚,在一个镇区范围内形成"多家房客""一区二制""镇管街区(社区)"等区划与管理的混乱格局,使镇政府难以应付。固然,这种现象是城市发展中,特别是在城市边缘地区开发区建设中不可避免的,但如果在城市规划中,在开发区规划建设中,乃至在城郊结合部进行行政区划调整时,尽可能地考虑基层行政区(最好是乡镇,至少是行政村)的完整性,则可以大大减少上述矛盾,不至于因区划调整带来后遗症。

[刘君德.日本的行政区划改革及其经验借鉴——赴日考察之二[J].中国方域:行政区划与地名,1998(2):16-19]

解读:日本城市型行政区划改革相当成功,值得中国借鉴,尤其是大都市区——东京都的"都辖区、市"和"县辖市"模式,其层级、空间规模幅度和政区通名等都比较科学。总体看,日本的城市制度既体现了其严密的制度规范性,又在基层小城市设置中体现了因地制宜的灵活性;既传承了日本政区的历史文化传统,兼顾了政区地理的空间差异(与日本自然—人文地理环境相一致),又有利于现代城市与社会的管理。

注释

① 引自(日)足立永一郎,《日本的都市政策及其未来任务》,名古屋国际会议论文选,1998年。
② 引自顾海良等编《他山之石——西方发达国家市场经济体制概观》,山东人民出版社,1993年,第237页。
③ 引自顾海良等编《他山之石——西方发达国家市场经济体制概观》,山东人民出版社,1993年,第239页。
④ 包括东京都的特别区在内。
⑤ 广岛县统计协会编《县市要览》(平成九年版)。
⑥ 7个超50万人口的非指定都市为:船桥市(52.5万)、相模原市(51.8万)、滨松市(52.9万)、堺市(80.3万)、冈山市(58.2万)、熊本市(56.4万)、鹿儿岛市(52.9万)——引自日本帝国书院编《日本地图册》(日文版),中国地图出版社,1995年。

114 一论中国台湾政区:历史与现状

背景:1999年年初和2000年年底,我两次应邀访问中国台湾,走了许多市县、社区和乡镇,收集到许多资料,回到上海之后,整理了3篇文章连续在《中国方域:行政区划与地名》发表。此为首篇。部分内容纳入了《中外行政区划比较研究》(刘君德,冯春萍,华林甫,范今朝编著,华东师范大学出版社2002年版)。文中涉及区划资料截至2000年。

114.1 台湾行政区划的历史变迁过程

台湾自古以来就是中国的一部分,其行政区划经历了一个漫长的变迁过程。早在郑成功于1662年收复台湾后,即依大陆的州、县制建立政权,台湾改称东郡,设1府,承天府(今台南市),辖天兴(今嘉义)、万年(今高雄县凤山市),在澎湖设安抚司。1664年改东郡为东宁,改县为州,增设南、北两路安抚司。1683年,清改承天府为台湾府,隶属福建省,府治设今台南;改天兴州为诸罗(今嘉义)县,分万年州为台湾、凤山二县。从此,"台湾"政区专名至今未变。以后170余年间,建制多有变动。至1875年(光绪元年),全台设台湾、台北二府,台湾、凤山、恒春、嘉义、彰化、淡水、新竹、宜兰八县,澎湖、卑南、埔里社、基隆四厅。1887年(光绪十三年)始置台湾省,辖3府(台北、台湾、台南)、11县、3厅、1直隶州。1895年日本侵占台湾,长达50年,实行州、厅制,州下设市、郡,厅下设支郡、市、郡下设街、庄,支厅下设区。1945年光复时,台湾设有5州、3厅、11市、2支厅、67街、197庄。光复后,恢复台湾省制,改州、厅为8县,11市改为9个省辖市、2个县辖市,郡改区,街改镇,庄改乡。至此,台湾的行政建制复又与大陆并轨。

总结台湾近代的行政区划体制演变过程,有两个较显著的特征,第一,政治、军事形势的变化使台湾行政区划在近代具有多变性;第二,人口的增加,经济社会的发展,使台湾行政建制的数量逐渐增多;第三,城市化的推进,城市型政区的比重大大提高,"直辖市"的地位显著提升。

114.2 当代台湾行政区划的结构变化与基本特征

台湾光复初期,全省共有8个县,即台北、新竹、台中、台南、高雄、台东、花莲、澎湖;9个省辖市,台北、基隆、新竹、台中、彰化、嘉义、台南、高雄、屏东;2个县辖市,宜兰(属台北县)、花莲(属花莲县),以及一个草山管理局。这一时期的台湾行政区划结构如图114-1所示。

由图114-1可见,台湾全省面积不大(36 000 km² 有余),当时的人口也不太多,只有18个县级行政单位,行政区划的层次较多;同时,针对日伪时期遗留的某些区划不合理的情况,当局根据人口、历史、自然等状况,对行政区划的层级、规模结构作了适当的调整。1950年9月,将区划调整为16个县、5个直辖市、1个管理局、6个县辖市、134个乡、78个镇;裁撤原有

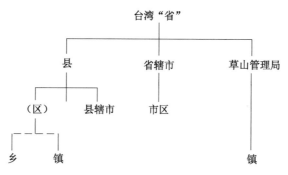

图 114-1 台湾光复初期行政区划结构

县辖区署,县直管乡、镇。原 9 个省辖市中的新竹、彰化、嘉义、屏东改为县辖市。县的数量增加了 1 倍,平均规模有所缩小。新增加的县有:宜兰、桃园、苗栗、彰化、南投、云林、嘉义、屏东。这一时期的结构图式见图 114-2。

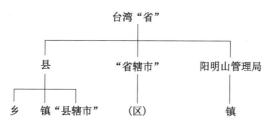

图 114-2　1950 年台湾行政区划结构

自 20 世纪 50 年代以来,台湾当局在台湾推行了地方自治制度,制定了《台湾各市县实施地方自治纲要》《台湾"省"调整行政区划方案》及其实施办法等;各市、县也制定了相应的规定,并随着人口的快速增长,经济高速发展,产业结构的转变,不断地修改有关规定,行政区划体制也相应地进行了调整。其主要的变化是:从 1967 年起实行"省"与"(行政)院辖市"并列制。该年 7 月,台北市升格为"院辖市"。此时的台湾行政区划格局见图 114-3。

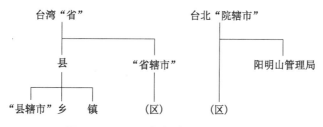

图 114-3　1967 年台湾行政区划结构

其中,阳明山管理局于 1968 年划归台北市管辖,1977 年改设为管理处,不再是地方政府;1979 年高雄市升为"院辖市";而新竹市、嘉义市亦于 1982 年升格为"省辖市"。可见,自 20 世纪 70 年代中后期起至 90 年代,台湾的行政区划基本是"二市一省"的格局。1998 年年底,台湾当局将"台湾省"改为虚设派出机构,1999 年 7 月设中部办公室;1998 年 6 月,高雄也成立了"南部联台服务中心",从而形成了台湾地区目前行政区划管理体制的新格局(图 114-4)。对这一格局的有关情况和问题,我们将在以后讨论。

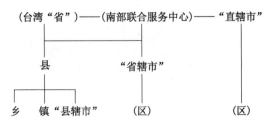

图 114-4　1998 年台湾行政区划结构

截至 1999 年年底,台湾地区共有 2 个"直辖市"(台北、高雄),16 个台湾"省辖县"(台北、宜兰、桃园、新竹、苗栗、台中、彰化、南投、云林、嘉义、台南、高雄、屏东、花莲、台东、澎湖),5 个"省辖市"(基隆、新竹、台中、嘉义、台南)和虚设的所谓"福建省"所辖 2 个县(金门、连江)。县下辖 346 个乡、镇、市,其中"县辖市"30 个,2 个"直辖市"下辖 23 个具有"准县"级地位的区。

综合台湾当代的行政区划制度,大体有以下特征:

(1) 行政区划和地方制度的自治性。自国民党退逃台湾后,全面实行地方自治制度,先后制定和颁布了许多规定。相关的主要有《台湾"省"各市县实施地方自治纲要》《台北市各级组织及实施地方自治纲要》《高雄市各级组织及实施地方自治纲要》《台湾"省县市"自治事项细目与委办事项划分原则所列自治事项细分表》等。1999 年台湾当局又公布了所谓的《地方制度法》,对行政区域的划分,各级行政区机构的设置、名称、自治事项、自治规定、自治组织、自治责权、自治财政等,都作了详细的规定,是台湾目前最重要的行政区划法规。

(2) 层级较多,幅度较小,似有适当减少层级、扩大幅度的趋势。光复初期的 20 世纪 50 年代,台湾地区的政区层级较多,为四级;60 年代中后期"院辖市"设立后明确为三级。从管理的幅度来看,数量较少。除两个院辖市(直辖市)之外,"台湾省"只辖 21 个县级政区。与大陆相比,除少数省区(宁夏、海南等)外,相对幅度较小,这一特点是由于海峡两岸长期分割、台湾岛空间狭小等特定的政治、地理环境造成的。但 20 世纪 90 年代中后期以来,台湾当局实行了"精省"政策,虚化了"省"级政区,这对于县级政区(包括县和省辖市)而言等于减少了层次,扩大了台湾当局直管县、市的权力和幅度。

(3) 政区类型划分较为合理,同类政区规模差异较大。台湾的政区除金门、马祖(连江)外,基本分为两种类型,即地域型政区和城市型政区。地域型政区由"省"—县—乡三级组成;城市型政区由"直辖市""省辖市""县辖市"三级所组成,划分比较合理。以县级以上的政区为单位对台湾的行政区划进行统计分析,如表 114-1 所示。

表 114-1　台湾地区政区规模分析

项目	面积/km²	人口/万人	面积比重/%	人口比重/%
"直辖市"合计	425.37	411.68	1.18	18.64
台北市	271.76	264.13	0.75	11.96
高雄市	153.61	147.55	0.42	6.68
"直辖市"平均	212.69	205.84	0.59	9.42

(续表)

项目	面积/km²	人口/万人	面积比重/%	人口比重/%
县合计	34 944.82	1 523.63	96.61	68.97
台北	2 052.57	351.09	5.67	15.89
桃园	1 220.95	169.13	3.38	7.66
新竹	1 427.59	43.38	3.95	1.96
苗栗	1 820.31	55.98	5.03	2.53
台中	2 051.47	148.14	5.67	6.71
彰化	1 074.40	130.56	2.97	5.91
南投	4 106.44	54.40	11.35	2.46
云林	1 290.84	74.62	3.57	3.38
嘉义	1 901.67	56.27	5.26	2.55
台南	2 016.01	110.37	5.57	5.00
高雄	2 792.66	123.04	7.72	5.57
屏东	2 775.60	90.90	7.67	4.11
宜兰	2 143.63	46.50	5.93	2.10
花莲	4 628.57	35.57	12.80	1.61
台东	3 515.25	24.78	9.72	1.12
澎湖	126.86	8.90	0.35	0.40
县平均	2 184.05	95.23	6.04	4.60
"县级市"合计	636.01	267.10	1.71	12.14
基隆市	132.76	38.52	0.37	1.74
新竹市	104.10	36.20	0.29	1.64
台中市	163.47	94.06	0.45	4.26
嘉义市	60.03	26.51	0.17	1.20
台南市	175.65	72.81	0.44	3.30
"县级市"平均	127.20	53.40	0.35	2.42
金、马合计	181.87	5.82	0.50	0.26
金门	153.07	5.11	0.42	0.23
马祖	28.80	0.71	0.08	0.03
二县平均	90.94	2.91	0.25	0.13
台湾地区总计	36 188.07	2 208.23	100.00	100.00

台湾岛内县(不包括澎湖县)的平均面积为 2 321.20 km²,平均人口为 100.98 万人,平均人口密度为 435 人/km²;直辖市的平均面积为 212.69 km²,平均人口为 205.84 万人,人口密度为 9 678 人/km²;"县级市"的平均面积为 127.20 km²,平均人口为 53.40 万人,人口密度为 4 320 人/km²。总体看,设市层次规模比较合理;但也可以看出,台湾两大类型内部的政区规模差异较大:台北和高雄两个"直辖市"的面积和人口都相差 0.8 倍,县级市中,台中达到 90 多万人,嘉义只有 26 万人,相差 2.5 倍。不包括澎、金在内的台湾岛内的 15 个县中,最大(花莲)和最小(彰化)的面积差为 4.3 倍。人口差别更大,台北县的人口高达 351.09 万人,最少的台东县人口为 24.78 万人,二者之差距达 14 倍。台湾政区规模的差异主要受地形条件和城市经济发展水平及其集聚能力的影响。

(4) 政区的相对稳定性和传统地理分区的相互关系。自 1950 年台湾实施 1"省"16 县 5 市的行政区划体制以来,以县市为范围的行政区划未有大幅度的变动(表114-2)。

表 114-2 台湾地区县市数量变化

项目	1945 年	1950 年	1967 年	1979 年	1982 年	1999 年
县数	8	16	16	16	16	16
市数	9	5	5	5	7	7
管理局	1	1	—	—	—	—

注:1977 年阳明山管理局改设为管理处,不再是地方政府单位。

50 年来,县政区保持在 16 个(不包括金门、马祖在内),县的名称也未变更,表现出很高的稳定性;城市型政区主要是行政等级的变化,县级市除增加了新竹、嘉义(1982 年)外,变化也不大,也具有较高的稳定性;"县辖市"的数量有较大增加,但基本是由乡改设而成。从行政区与自然区、经济区的关系看,台湾的二级行政区与传统的自然—经济区关系密切,主要由于自然的因素,同时在自然地理、经济、人文、交通状况的综合影响下,台湾传统的区域划分为北、中、南、东四大自然—经济区。北部地区以台北市为中心,包括台北市、台北县、桃园县、新竹县、新竹市、基隆市和宜兰县,是台湾人口最密集、经济最发达的大都市区;中部以台中市为中心,包括台中市、台中县、苗栗县、彰化县、云林县、南投县,是台湾经济较发达,人口集聚较快,具有发展潜力的都市区;南部以高雄为中心,包括高雄市、高雄县、台南市、台南县、嘉义县、嘉义市、屏东县,是仅次于北部的人口密集、经济发达的大都市区;东部地区由台东、花莲两个县所组成,地形狭长,多山地,交通不太方便,人口较少,经济虽有相当发展,但相对水平较低。十分巧合的是,这一自然—经济区域的格局与清朝末所设置的台湾行政区划完全一致。1887—1894 年(光绪十三至二十年)台湾建省时期,清廷将全省划分为 3 府 1 直隶州,其中台南府辖安平、凤山、嘉义、恒春 4 县和澎湖 1 厅,与今南部自然—经济区范围一致;台湾府辖彰化、云林、台湾、苗栗 4 县和埔里社 1 厅,与今中部自然—经济区的范围相同;台北府辖新竹、淡水、宜兰 3 县和基隆、南雅 2 厅,与今北部自然—经济区的范围相同;而台东直隶州的范围则等同于现今的东部区。这一特征表明,清朝的台湾行政区划为台湾行政区划的发展奠定了良好基础。当代台湾地区的行政区划是在特定的政治背景和经济、社会发展条件以及都市化推进过程中形成的。这里应当指出的是,台湾的行政区划虽然经过多次变动,但四大区域的概念得到了广泛应用,自然—经济区的边界仍然与当代行政区的界线保持了高度一致性。

[刘君德.历史变迁过程与现状特征:当代台湾地区行政区划研究之一[J].中国方域:行政区划与地名,2002(1):9-11]

解读:当今台湾的行政区划格局和性质、功能在延续了1949年之前民国时期制定的行政区划基础上,强化了地方自治性质,并根据台湾现实情况,虚化了"省";随着城市化的推进,政区结构发生变化,地域型政区减少,城市型政区比重增加。综合管理区片的划分综合考虑了台湾的自然地理与人文—经济地理的空间分异特点。

115 二论中国台湾政区：城市型政区

背景：此为中国台湾政区研究的第二篇。

台湾是中国的一部分，是一个人口密集、经济发达的省区，城市化水平很高，与之相对应的城市型政区得到很大发展。"城市"已经成为台湾政治、经济、社会生活的主体。台湾的城市与大陆的"设市城市"，在政治制度、设市标准与规定、设市模式、城市管理制度以及城市和区域的经济关系、城市与社区的关系等方面存在较大的差异。同时在台湾地区内部，现今的城市型政区也存在不少问题，引起广泛争议，成为讨论的热点话题之一。

115.1 台湾城市型政区发展背景分析

经济的发展、人口的增长和集聚是推进城市化进程的主要动力因素。台湾的人口经历了一个漫长曲折的发展过程；20世纪70年代以来，台湾经济高速发展，有力地推进了城市化的进程。

115.1.1 人口的增长

20世纪初，台湾地区的人口不过300多万人，大约经过了40年人口才增加了一倍。1946年台湾人口为609万人，是1902年的1.95倍，此后，台湾的人口大体经历了4个发展阶段。第1阶段是1947—1949年，人口高速增长。1949年总人口达到739.7万人，比1946年增加130.7万人，3年的人口年增长率为48‰~86‰，是台湾历史上增长最快的时期，主要是国民党"政府"溃逃台湾，导致人口大规模的机械增长，这3年迁入的人口达90多万人，尚不包括军队的入岛数。第2阶段是1950—1970年，人口高速、平稳增长。1970年年底，人口总数达1 475.4万人，比1949年增加近1倍。21年中人口的年增长率基本都在28‰~38‰。第3阶段是1971—1991年，总量增加较多，增长率下降。1991年年底，台湾的人口达2 060.6万人，总量比1970年增加585.2万人。这一时期的年增长率基本都在20‰~10‰，主要是自然增长，出生率出现平稳下降趋势，死亡率已下降至5‰以下。第4阶段是1992—1999年，为低速增长时期。这一时期台湾人口的年增长率已降至10‰以下，并首次低于自然增长率，出现社会增长率负数的情况。1999年台湾地区总人口为2 209.23万人，比1991年增加148.63万人。总之，50余年来，台湾的人口增长十分迅速，这为城市化的快速推进奠定了基础，同时也为台湾经济的发展提供了充足的人力资源。

115.1.2 经济的发展

从20世纪50年代起，台湾的经济不断发展，特别是20世纪60年代开始的工业化进程,带来了经济的快速增长。1953年,台湾开始实施经济建设计划,当时的人均生产总值不足100美元,1991年人均超过8 000美元,1992年人均已达10 215美元,相当于1953年的102倍。台湾经济的发展主要是工业的高速增长,其次是服务业的增长。早期台湾的工业以劳动密集型的轻工业为主,20世纪70年代奠定了重工业发展的基础,工业转向资本和技术密集型的重化工业;90年代机械、资讯、电子、电机、车辆等行业,逐步成为台湾的主导产业,促进了工业的转型;从80年代初期开始在工业布局上采取适当集中的策略,至1992年,建成77个工业开发区,面积达12 342 hm^2,其中60个是公营和金融机关开发的。1980年开发的新竹科技园区,经过20年的建设,成为世界著名高科技园区之一。台湾工业的发展带动了整体经济的增长与升级。与此同时,服务业也是台湾经济增长的主要贡献部门。

表115-1表明,工业和服务业的发展使台湾的产业结构发生了重大转变。20世纪50年代初期,农业曾占全省经济的1/3;60年代初,工业即超过了农业;80年代初农业的比重已降到10%以下。1981年,工业和服务业的比重已达92.7%,成为台湾经济的主体(表115-2)。

表115-1 台湾地区生产总值年增长率 单位:%

年份	总计	农业	工业	服务业
1955—1965	20.78	16.57	27.93	20.13
1966—1975	18.24	11.51	21.62	18.61
1976—1985	16.11	6.86	17.40	15.72
1986—1994	11.12	5.45	8.56	13.72

表115-2 台湾地区产业结构的变化 单位:%

年份	总计	农业	工业	服务业
1961	100.0	27.45	26.57	45.98
1966	100.0	22.52	30.55	46.93
1971	100.0	13.07	38.94	47.99
1976	100.0	11.37	43.17	45.46
1981	100.0	7.30	45.47	47.23
1986	100.0	5.55	47.11	47.34
1991	100.0	3.79	41.07	55.14
1994	100.0	3.57	37.35	59.08

台湾的工业化带来了出口贸易巨大、持续的增长。机械、资讯、电子、化学材料、食品、运输工具(自行车)等行业的某些产品是世界排名前列的外销产品,市场的占有率很高。1997年,台湾的商品贸易额达121.9亿美元,占世界2.2%,居世界第14位。1998年,台湾地区的竞争力指数为119,居世界第6位。然而,近两年来由于台湾政局的变化对其经济发展带来消极影响,岛内人心不稳,出现经济滑坡、增长率急剧下降的趋势。

115.1.3 城市化水平

台湾的经济发展和人口的转型有很高的一致性。随着经济的发展,工业化的推进,人口的城市化水平也显著提升。20世纪初,台湾的城市人口比重约占总人口的13%;50年代,城市人口的比重增加到24%;60年代初,城市人口的比重已经达到40%。此后,工业化、现代化加速,城市化的速度也大大加快。至1976年的15年间,城市人口即增加了20.7个百分点,1981年为67%,1991年台湾已有75%的人口居住在5万人以上的大小城市里(表115-3)。20世纪90年代以来,台湾的非农业人口继续增加,1999年非农人口的比重已经达到83%,而同期居住在城市的人口比重基本稳定在77%左右(表115-4)。

表115-3　台湾地区各级规模城市人口比重变化　　　　　　单位:%

人口(万人)	1961年	1966年	1971年	1976年	1981年	1986年	1991年
100	—	9.83	12.17	18.83	19.29	20.03	20.01
50～100	8.28	4.76	5.73	6.65	6.63	6.90	9.76
25～50	10.24	8.27	8.52	7.04	9.02	12.16	12.55
10～25	8.23	7.14	10.58	11.83	13.08	13.22	13.14
5～10	12.94	17.75	18.29	16.35	18.71	19.09	19.28
2.5～5	38.95	37.11	32.62	28.20	23.55	19.88	17.01
2.5	21.35	16.04	12.09	11.10	9.72	8.72	8.25

表115-4　台湾非农业人口和居住地在城市人口的比重　　　　　　单位:%

项目	1992年	1993年	1994年	1995年	1996年	1997年	1998年	1999年
非农业人口比重	80.3	80.9	81.0	81.6	82.7	82.8	83.0	83.0
城市人口比重	77.3	77.2	76.6	76.6	77.2	77.1	76.7	77.1

20世纪90年代中期以来,由于城乡经济、社会的同步发展,城乡差别大大缩小,加上交通、通信的发达,乡村居住环境等条件的改善,出现一些大城市人口居住地向近郊小城市迁移的现象。未来台湾都市区的人口将稳定在目前的水平。

115.2　台湾建制市现状分析

1999年台湾共有37个"建制市",其中"直辖市"2个,即台北市和高雄市;"省辖市"5个,即台中、台南、基隆、新竹和嘉义市;"县辖市"有30个,分别是台北县的板桥、三重、永和、中和、新庄、新店、土城、芦洲、汐止、树林市,桃园县的桃园、中坜、平镇、八德市,新竹县的竹北市,宜兰县的宜兰市,苗栗县的苗栗市,台中县的丰原、大里、太平市,彰化县的彰化市,南投县的南投市,云林县的斗六市,台南县的新营、永康市,高雄县的凤山市,屏东县的屏东市,澎湖县的马公市,花莲县的花莲市,台东县的台东市。各市的基本情况如表115-5所示。

表115-5　台湾地区"直辖市"和"省辖市"基本情况统计

项目	面积/km²	1999年户数/户	1999年人口/人	人口密度/(人/km²)	65岁以上/%	自然增加/人	社会增加/人	总和增加/人
台北市	271.76	879 156	2 541 312	9 351	9.4	19 143	−17 770	1 373
高雄市	153.61	485 011	1 475 505	9 606	6.9	9 135	4 068	13 203
台中市	163.43	296 875	940 589	5 755	6.4	8 808	13 993	22 801
台南市	175.65	224 420	728 060	4 145	7.5	4 075	2 153	6 228
基隆市	132.76	126 574	385 201	2 902	8.6	2 294	789	3 083
新竹市	104.10	109 086	381 958	3 477	8.5	2 958	2 757	5 715
嘉义市	60.03	78 423	265 109	4 417	8.4	1 571	488	2 059
合计	1 061.34	2 199 545	6 717 734	6 329	—	47 984	6 478	54 462
全省	36 188.07	6 513 324	22 082 300	611	8.4	157 232	5 988	163 220
7市占全省	2.93	33.77	30.42	10.36倍	—	—	108.18	33.37

注:2010年起,台北县、台中市与县、台南市与县、桃园市与县先后升格为"直辖市"。

分析表115-5,我们可以看出台湾的"建制市"具有以下特征:

(1) 行政层次多,规模分异明显。台湾的建制市分为"直辖市""省辖市"(县级市)和"县辖市"3个行政等级,多于大陆一个行政级别,也是世界建制市行政层次最多的地区之一。从三类层级的建制市数量来看,"县辖市"的数量较多,有30个。整体呈"宝塔状"形态结构。三类建制市的规模结构分异明显。"直辖市"的平均面积为212.7 km²,平均人口为205.8万人;"省辖市"的平均面积为127.2 km²,平均人口为53.4万人;"县辖市"的平均面积则为47.3 km²,平均人口为20.35万人,规模差异较大。三类市的平均人口密度分别为9 678人/km²、4 198人/km²、4 302人/km²,差异也较大。县辖市的人口密度要超过县级市。

(2) "县辖市"的规模和人口的集聚程度差异巨大。在30个"县辖市"中,从人口规模来看,有8个市的人口在25万人以上,达到或超过部分"省辖市"的规模,其中位于台北县(今新北市)板桥市的人口达到52.38万人,比基隆、新竹、嘉义3个"省辖市"要大得多。从人口的集聚程度来看,有7个"县辖市"的人口密度达到1万人/km²以上,不仅远远超过了"省辖市",而且也超过了台北、高雄两个"直辖市"。这7个"县辖市"是:永和、三重、板桥、芦洲、中和、新庄和凤山市。这种特殊现象在世界建制市中是极少见的。产生这一现象的原因主要是市(特别是"直辖市")、县(特别是特大城市周边发达的县)之间房地产价格和居住环境的明显差异造成的,它是台湾大都市区城市郊区化的突出表现。

(3) "建制市"空间分布的集中性和相对合理性。台湾地区37个建制市的空间分布比较集中,从南北方向看,主要集中分布在北部;从东西方向看,主要集中在西部。从"建制市"的分布密度来看,北部地区城市密度最大;东部地区的城市最少。北部地区7个市、县以台北市为中心,分布有19个"建制市",占台湾地区"建制市"的51%;其中台北市、县,桃园县和基隆市 4 个行政区内,"建制市"多达 16 个,平均每 230 km² 就有一个。最大的"直辖市"——台北市周边集中分布了 10 个"县辖市",其城市人口的密集程度大大超过了台北市。中部地区 6 个市、县,以台中市为中心,分布有 8 个"建制市",其中 4 个"县辖市"分布在台中市的周边。南部 8 个市、县,以高雄市和台南市为中心,共有 8 个市。东部狭长地带的 2 个县,各有 1 个"县辖市"。总体上看,"建制市"呈现由北向南、由西向东、由沿海向内陆山区逐渐减少的规律。这种态势是与台湾的自然地理环境、经济、社会的发展水平以及交通条件相一致的,因而基本是合理的。

115.3 城市型政区的有关规定与设市模式

台湾的设市模式与大陆有很大的区别。以下对台湾地区城市设置的有关规定和设置的模式作重点介绍。

115.3.1 城市型政区的有关规定

我们在前面已经列举了台湾地区行政区划的相关规定,强调了台湾地区行政区划的自治性特征,这些规定同样也是设置城市型政区的依据。50 年来,随着台湾经济、社会的发展变化,相关的规定也有一些调整,但并未从根本上影响台湾地区的城市型行政区划体制。

台湾地区的"建制市"依层级来分有 3 个级别,即"直辖市""省辖市"和"县辖市"。所谓"直辖市",是与省同一级别的政区,其依据仍为国民政府在 1930 年公布的"《市组织法》",即具有下列之一者为直辖市:"1. 首都。2. 人口 100 万以上之都市。3. 人口 50 万以上,在政治、经济上有特殊重要之都市。"过去由于为台湾当局"行政院"直辖,所以又称之为"院辖市"。1994 年,由于台北和高雄两个市的"市长"由"直选"产生,为避免过分强调台湾当局的直管,而恢复用"直辖市"名称;该年通过的所谓"《"直辖市"自治法》"将人口规模提高为 150 万人。

"省辖市"和"县辖市"建制的产生则有其历史背景。在日本占领时期,台湾的行政区划经常变动,1926 年改州、全岛划分为 5 州 2 厅后,区划体制基本稳定。与此同时,台湾"总督府"仿造日本本土实行了"州辖市"制,这也是台湾最早的市制。1945 年全省共有 11 个"州辖市"。台湾光复后,当时的国民政府考虑到内地没有县级市建制的情况,因而采取了折中的方案,将台湾西部人口较多、规模较大、经济基础较好的 9 个"州辖市"改制为"省辖市";东部的 2 个"州辖市"则改制为"县辖市"。此时的县辖市其行政级别高于一般乡镇,与当时的县辖区公所平级。

1950 年颁布的《台湾省各市县实施地方自治纲要》,全面改革了岛内的行政区划体制,撤销了县辖区公所,使"县辖市"和"市辖区"的行政级别与乡镇相同。同时,规定了市建制的标准,"县辖市"的人口规模为 5 万人;"省辖市"的人口规模仍以国民政府时期制定的"《市组织法》"为依据,即设立"省辖市"的条件,除省会之外,人口需在 20 万人以上,或人口在 10 万人以上,政治、经济、文化地位重要之地。为此,将未满 10 万人的 4 个"省辖市"降为"县辖市"(新竹、嘉义、彰化、屏东),后又将新竹、嘉义恢复为"省辖市"。由于台湾的人口密度大,集聚程度高,原有设置"建制市"的人口指标偏低,于是在 1985 年台湾当局颁布的《台湾省各市县实施地方自治纲要》修正案中,将"省辖市"的标准提高到人口在 50 万人以上,或在政治、经济、文化上重要,人口在 20 万人以上者;"县辖市"的标准修改为"县政府所在地,或工商业发达,财政充裕,交通便利,公共实施完备,其人口在 15 万人以上者"。以后,又将"省辖市"的人口标准提高到 60 万人。

1999 年最新颁布的所谓"《地方制度法》"对各类市的设置又作了新的规定。其第 4 条规定:"人口聚居达 125 万人以上,且在政治、经济、文化及都会区域发展上有特殊需要之地区,得设'直辖市'。人口聚居达 50 万人以上未满 125 万人,且在政治、经济及文化上地位重要之地区,得设'市'。人口聚居达 15 万人以上未满 50 万人,且工商业发达、自治财源充裕、交通便利及公共设施完备之地区,得设'县辖市'。本规定施行前已设之'直辖市''市''县辖市',得不适用前三项之规定。"应当指出,新的所谓《地方制度法》与过去相比,删除了人口较少的特殊的设市条件,及地域性政区(省、县)政府驻地设置同级"建制市"的规定,是符合台湾的实际情况的。

关于"直辖市"和"省辖市"之下设区的有关规定问题,自颁布《台湾省各市县实施地方自治纲要》取消了县辖区公所之后,区的行政级别都降为乡、镇级,都是市政府的派出机构。50 年来,除台北市在 1990 年将 16 个区调整为 12 个区之外,其余各市、区的设置并未有大的变化。

以上是台湾地区主要的与设置城市型政区相关的规定。除此之外,尚有《台北市各级组织及实施地方自治纲要》《高雄市各级组织及实施地方自治纲要》及其若干修正案等也都是重要的规定。这些规定为台湾的城市型政区设置的规范化提供了依据。

115.3.2 "建制市"模式分析

台湾的"建制市"除上述设市的标准有所变化之外,50 年来,在城市的性质、等级和设置的空间模式方面并没有很大的变化。我们在前面已经指出,台湾"市"的政治体制(性质)和县一样都实行地方自治。"市长"由市民"直接选举"产生。"市"的权力在"市政府","区公所"是"市"的派出结构,"区"下设里,形成市—区—里的纵向"一级政府,三级管理"模式。从城市的空间模式来看,台湾当局仍然执行民国时期的"《市组织法》",实行城市的行政区和建成区在空间上基本一致的模式,即"建制市"与城市统一的"切块设市",即我们通常所说的"城乡分治"的模式;但这种模式也存在许多弊端,省和"地方"、"地方"和"地方"、"市"与"县"的利益矛盾难以解决,行政区划的调整十分困难。2010 年后,台北、台中、台南、桃园实行"市"与"县"合并,升格为"直辖市",解决了"市"与"县"之间的利益冲突。

[刘君德. 城市型政区发展与模式:当代台湾地区行政区划研究之二[J]. 中国方域:行政区划与地名,2002(2):16-19]

解读:本文详细介绍了我国台湾地区城市型政区演变发展的过程,城市化的水平与建制市相辅相成,相互匹配。在台湾不存在大陆的"建制城市化"问题。我以为值得关注的是设市的有关法规基础和建制市模式中的县辖市制度。

116　三论中国台湾政区：地域型政区

背景：此为中国台湾政区研究的第三篇。

台湾是中国的一部分，其城市化程度虽然较高，建制市较多，但中国传统的地域型政区仍然很好地保留了下来。县和乡、镇依然是台湾行政区划的主体部分，只不过其功能发生了变化。由于实行了"县辖市"体制，县的地位并不比"省辖市"低，有的县（如台北、桃园、台中、台南、高雄等）的人口规模和经济实力甚至超过了"省辖市"。台北县则大大超过了直辖的台北市。省制也是台湾当局长期保留的地域型政区制度，近几年来"精省"之说盛行，省的地位已经大大下降。1999 年颁布的最新的所谓《地方制度法》将"省"作为"行政院"的派出机构，"省政府"官员由"行政院"任命。以下对台湾的省、县、乡（镇）三级地域型政区分别进行介绍。

116.1　台湾的省制问题

台湾自清光绪十三至二十年实行了省制，日伪时期实行"州厅制"，台湾光复后恢复了省制，直至 1967 年 6 月，台湾一直都是在一个省辖区之内。自从台北、高雄两市先后升格为"直辖市"之后，台湾演变为"一省二市"制。此后出现了虚化省制的趋势，并引发"精省"的广泛争论。

116.1.1　"省制"的虚化

为什么要进行精省？早在 20 世纪 80 年代初就有学者建议调整台湾的行政区划，主要是出于台湾的实际情况：国民党政府退逃台湾后，台湾的行政区划变成 4 个层级，即所谓的"中央"—省（直辖市）—县（市）—乡（镇、市）4 层组织构架，这对空间狭小的台湾来说，很不合理，导致上、下的高度重叠，不但极大地浪费了行政资源，而且影响了县、市的积极性和"地方自治"制度的落实；此外，还存在行政区划与城市和区域发展的矛盾，区划不合理等问题。针对上述问题，产业、行政部门和学者纷纷提出了不同的行政区划调整方案，大致有三：其一是"一省多市制"，即将台湾划分为一个省和多个直辖市；其二是"多省制"，即将台湾划分为多个"省"，取消直辖市制；其三是多县市制，即废除"省"制，由"中央"直接管理市和县。3 个方案各不相同，都有其优缺点；但一、二两个方案都没有解决行政层级过多的问题，而第三种方案减少了层级，增加了管理的幅度，优点较多。台湾当局采纳了第三种方案的设想，遂于 1997 年确定了"精省"的组织措施；1998 年又制订了《精省暂行条例》；1999 年颁布了新的所谓《地方制度法》《财政收支划分法》等，从而使"省制"走向了虚化。当然，"精省"并不等于"废省"，保留的"台湾省"虽仍为一个层级，仍存在"省政府"，但它是"行政院"的派出机关。

116.1.2 "南部联合服务中心"和"行政院中部办公室"的设立

台湾当局为加强南部地区的发展和控制,于 1998 年 6 月在高雄成立了"南部联合服务中心",将相关的、已在南部设置的机构(经济、内政、外交、劳工)实行合署办公;同时,又将"行政院"的经建会、交通部、卫生署、新闻局、经济部、青年辅导委员会、公平交易委员会和"国防部",以及财团法人海峡交流基金会等机构派往南部的代表,统一由"南部联合服务中心"指挥。"中心"起协调和服务的功能。"中心"服务的范围包括高雄市、台南市、嘉义市、高雄县、台南县、嘉义县、屏东县和澎湖县。"南部联合服务中心"的成立,实质上缩小了台湾"省政府"的管辖范围,由原来的 16 县 5 市减少为 5 县 1 市。"行政院中部办公室"是"行政院"设立在台湾的"省政府"(南投县中兴新村)的派出机构。初期以"台湾省政府"的名义进行活动,1999 年"9.21"大地震后,"行政院"以救灾工作的名义加强了中部办公室,并将其行政地位提升至与南部联合服务中心平级,从而使"台湾省"成为虚设的机构,其地位大大下降。

台湾学者和企业界人士等对台湾省级政区的未来走向十分关注,究竟是"多省制","多市县制",还是"一省多市县制"?目前还无法下结论,有待进一步观察和讨论。

116.2 台湾的县制特点和政治生活环境变迁

台湾当局所谓的"精省",表面上是减少行政层次,缩短行政流程,提高行政效率。实际上从地方政治学的观点来看,"精省"是上下政治权力的重新分配,是一种党派政治竞争的重新组合。对于县来说,"精省"也必然对其产生一定的影响。

116.2.1 县制特点分析

和大陆一样,县是台湾最基本的行政区划层次。自从台湾当局 1950 年实施"地方自治"以来,依据该年制订的台湾《各市县行政区划调整方案》及其实施办法,将原有台湾光复后的 8 县 9 市划分为 16 县 5 市后,至今县市政区基本未变。但其组织结构则随着经济的发展、人口的增加,政区界线的变动等因素而有所变化。由于"省"已不具有自治法人地位,故而,实际上县(市)已具有与"直辖市"同等的自治地位。

从县的组织、规模、空间分布等方面来看,台湾的县制有以下几个明显特点。第一,组织机构的多变性。1950 年以来,由于人口的快速增加,工商业的发展,产业的转型,县、市的组织结构(机构)不断修正。其中主要的修改年份有 1964 年、1973 年、1980 年、1982 年和 1988—1994 年,目前县组织机构的设置主要以人口为依据。人口在 150 万以上者,设有 18 个局、科、室;人口 100 万~150 万者,设有 16 个局、科、室;人口 50 万~100 万者,设 14 个局、科、室;人口在 50 万以下者,设 13 个局、科、室。第二,人口规模大、密度高、差异显著。台湾 16 个县土地总面积为 34 945 km^2,1999 年的总人口为 1 523.63 万人,分别占全省的 97% 和 69%;平均每个县的面积为 2 184 km^2,人口为 95 万人,县的人口规模远远超过大陆县的平均人口规模;从人口密度来看,台湾岛(不含澎湖县)15 个县平均为 435 人/km^2,密度较高。由于自然、经济、社会条件的差异,县的人口规模和密度相差很大。西部人口多,东部人口少;北部人口多,南部人口相对较少。特别是西北部以台北市、高雄市、台中市为中心,其周边的县人口十分集中。台北市周围的台北县、桃园县,高雄市周边的高雄县、台南县,台中市周边的台中县和彰化县,这些县的人口都在 100 万以上,其中台北县的人口规模达到 351.1 万人,人口密度在 1 711 人/km^2,桃园县和彰化县的人口密度也在 1 200 人/km^2 以上,是台湾地区人口规模最大、最为密集的县份之一。岛内人口最少的县是东部的台东县和花莲县,其人口总量分别为 24.8 万人和 35.6 万人;人口密度最低的也是这两个县,分别为 70 人/km^2 和 77 人/km^2。台北县的人口规模是台东县的 14.17 倍,人口密度则为 24.44 倍。台湾西部县人口的高度集聚,不仅是由于经济和自然的原因,而且与台湾实行的县辖市体制有很大关系(上述数据都包括了乡、镇级的市在内)。

116.2.2 县、市政治生态环境的变迁

20 世纪 80 年代末期以来,台湾地方政府的政治生态发生了巨大变化,由一个单一的、一元的社会变为复杂、多元的社会。其主要表现为:第一,县、市政府职权不断扩大,地方派系介入。从而引发各派政治人物的纷纷介入与争夺,地方派系成为影响县、市地方政治的重要因素。第二,黑势力介入地方政治。台湾自 20 世纪 70 年代以来,在经济迅速发展的同时,地方人才向城市集中,地方黑道介入政治。根据赵永茂 1997 年研究,20 世纪 80 年代中期,台湾有不少出身黑道或与黑道关系密切者进入"立法委员",甚至"监察委员",其中云林县、嘉义县、市、彰化县、高雄县、市及台南县最为严重,这些县、市议会的议员,平均 25% 的人是黑道出身,云林县的议员中有 40% 是黑道出身。由此可见,黑道对台湾政治生态的影响十分严重。第三,各种利益集团增加,公民参与和要求增多,影响地方政府的决策。第四,实行多党制,政党对抗严重,影响政治生态。第五,各种非营利组织的兴起,民营化的发展,也影响地方政治生态。总之,由于上述地方政治生态环境的变化,社会多元化的发展,使县、市地方政府的社会控制力大大下降,这是台湾当今地方政治、社会生活中的一个难题。此外,由于"精省",台湾当局与县、市之间的各种权力关系如何划分,也是各界讨论的热点问题。

116.3 台湾的乡、镇制特点与问题

1950 年颁布的《台湾省各县市实施地方自治纲要》第二条规定:"县为法人,县以下为乡、镇、县辖市,乡、镇、县辖市为法人,均依本纲要办理自治事项。"可见,县和乡、镇是两级地方自治团体。1996 年,台湾当局曾作出"冻结省自治选举",取消乡(镇、市)级之自治选举的决议,乡、镇长改为依法派任,从而使台湾的地方制度演变成为省非自治法人化,县市法人化及乡(镇、市)派出化的体制。但涉及很多矛盾,至今乡、镇(市)派出化的体制并未实施。

116.3.1 乡、镇(市)政区特点

乡、镇(市)是台湾的基层行政区,1999 年年底,不包括"县辖市",台湾共有"县辖镇"57 个和"县辖乡"264 个。台湾的乡、镇政区有以下特征。第一,50 年来,乡、镇与县一样,实行自治制度,在"精省"浪潮中,这一制度曾要取消,但由于涉及复杂的政治关系等问题,乡、镇

自治制度仍然存在。第二,乡、镇人口非农化水平很高,一般都在60%～70%,乡与镇之间的差异较小。由此带来第三个重要特征,即城乡差距大大缩小,乡、镇的二、三产业十分发达,兼业户多,居住在农村的居民多,农村的生活条件较好,农民的收入较高。第四,乡、镇的人口密度和非农人口的聚居程度地区差异很大,主要与乡、镇的地理区位条件,特别是与大都市的距离有很大关系,在各大都市区周边的乡镇,非农产业发达,非农人口聚集,人口密度高。第五,民族型的"山地乡"分布在边远山区。"山地乡"是台湾唯一的民族型政区,由山区的少数民族所组成。全省现有"山地乡"30个,分布在台北、宜兰、桃园、新竹、苗栗、台中、南投、嘉义、高雄、屏东、花莲、台东12个县的山区,东部的屏东、台东、花莲3个县有16个"山地乡"。"山地乡"规定:"山地乡"一定要由山地原住民(高山族)担任乡长。

116.3.2 乡、镇(市)自治问题

围绕乡、镇自治问题,台湾政界、学术界长期以来展开了广泛讨论,目前意见尚未统一。在过去台湾只规定"省"和"县"为自治体制,而乡、镇和"县辖市"政府并未规范。因此,目前乡镇(市)级自治政府的设计是一种非自治体制之地方制度。其依据是1950年"行政院"颁布的《台湾省各县市实施地方自治纲要》而非"立法院"制定之规定。这就常常引起争议。20世纪50年代初,反对乡镇自治的人认为,这与孙中山主张的县为地方自治单位不相符合;赞成者认为,地方自治并非不允许其下再有自治单位,同时,乡镇是一个自然的地域实体,县政府难以直接指挥乡镇,应让其依法自治。"行政院"的《纲要》采纳了后一种意见,使乡镇实行自治。随后在台湾实行了"乡镇长"直选,从此,乡镇成为台湾第一线的自治主体。

几十年来,台湾的乡镇自治体在实际运行中存在不少问题,诸如地方黑势力的滋生,派系的争斗,乡级政府腐败与制度失灵,等等,不仅严重影响政府政令的畅通,而且对地方发展也非常不利。在这种情况下,特别是在"精省"的情况下,朝野主张"取消乡镇(市)级之自治选举,乡镇(市)长改为依法派任"。然而,这种主张遭到许多人的反对。不少人士针对乡镇政府体制问题进行了较深入的研究。较多的学者认为,乡级政府经过多年的运作实践,实现了乡级自治体设计的目标,但与此同时,引发了乡级政府腐败与制度失灵的负面结果,使乡级政治体制的机制成为既得利益者的一项合法、便利的管道。但不能因后者的缺点而轻易否定前者的优点,正确的选择是对现有的乡镇进行改良。基于这一认识,台湾当局在1999年颁布的所谓《地方制度法》中仍然保留了地方自治团体的性质。总之,台湾当代的行政区划体制是在特定的政治、历史背景和地理环境下形成发展的。台湾现行的区划体制既保留了中国传统区划模式的一面,同时也吸收了西方的一些经验。两岸统一,"一国两制"是大势所趋,人心所向。统一后的台湾行政区划体制必将发生新的变化!

[刘君德.地域型政区发展与模式分析:当代台湾地区行政区划研究之三[J].中国方域:行政区划与地名,2002(3):13-15]

解读:本文讨论了台湾地区地域型政区的发展与模式问题,涉及当代台湾省制、县制的演变过程与功能的变化特点等。台湾"省制"的虚化、南部和中部服务中心的设置和当今政治生态环境对行政区划的影响等值得读者关注。我在本组文章中比较系统地介绍了我国台

湾地区的行政区划演变过程与特点,并初步进行了评析。在台湾访问、收集资料过程中,以及回沪之后,得到林唯圣先生等给予的很大帮助,特此致谢!

参考文献

[1] 翁兴利. 地方政府与政治[M]. 台北:商鼎文化出版社,1999.
[2] 蔡勇美,章英华. 台湾的都市社会[M]. 台北:巨流图书公司,1999.
[3] 何宪荣. 地方政府与自治[M]. 台北:李健出版社,1996.
[4] 刘明德. 重构台湾县市政府组织[M]. 台北:翰芦出版社,1998.
[5] 纪俊臣. 精省与新地方制度[M]. 台北:时英出版社,1999.
[6] 陈阳德. 台湾乡镇市与区级政府之比较研究[M]. 台北:五南图书出版公司,1999.
[7] 刘道义. 台湾新地理[M]. 台北:前卫出版社,1999.
[8] 姜善鑫,陈明健,郑钦龙,等. 经济地理[M]. 台北:三民书局,1997.

117　会议综述

2017年11月12日,由我校和中国地理学会、中国区域科学协会联合主办,我校城市发展研究院和城市与区域科学学院承办的"中国政区/社区的改革实践和理论开拓——刘君德教授的地理人生与学术思想研讨会"(图117-1)在中山北路校区举行。我校党委书记童世骏、中国地理学会副秘书长何书金、中国区域科学协会副理事长薛领及中国行政区划与区域发展促进会副秘书长陈田出席并致辞。开幕式由我校党委原副书记罗国振主持。来自全国高校、科研院所、相关政府单位和其他企事业单位的100余位专家学者出席了此次研讨会。

图117-1　"中国政区/社区的改革实践和理论开拓——刘君德教授的地理人生与学术思想研讨会"海报

本次研讨会旨在深入研讨中国政区、社区的改革实践与理论开拓相关议题,深入交流研讨学校终身教授刘君德关于中国政区、社区改革实践的学术思想,以期为推动我国人文地理学的发展作出新的贡献。

童世骏在致辞中表示,当前正值全校党员干部师生深入学习贯彻党的十九大精神,全力推进学校"双一流"建设的重要时期,召开本次研讨会具有重要的理论和现实意义。地理学作为我校传统优势学科,已被纳入学校"2+4"重点学科建设计划,在"双一流"建设中占据重要地位。刘君德教授提出的具有中国特色学术话语体系的"行政区经济"和"行政区—社区"理论,对我国人文地理学具有开创性意义。他希望本次会议不仅能深入讨论现阶段中国面临的经济社会发展问题,还能为相关政府部门与学术界的合作带来新的契机,为推进政区社区经济发展发挥更大的作用。

何书金、薛领、陈田热烈祝贺本次研讨会的召开,并对我校及相关专家学者在推动引领区域科学发展中所作的重大贡献表示感谢,同时也祝愿各位专家为中国地理学、区域科学不断创造出新的研究成果。

研讨会上,刘君德作题为《新时期〈我的地理人生〉感悟:兼谈新时代中国行政区划的改革》主旨演讲,提出把行政区划改革纳入国家和地方治理体系的大框架、大格局内进行统筹谋划。我校党委原副书记吴铎作题为《我国社区研究的开拓与创新和刘君德教授社区研究辩证思路》的发言,认为将社区研究置于人文地理学的视野中进行考察,将城市规划、行政区划与社区进行统筹,构建中国社区地理学科,具有很强的理论价值和实践意义。澳大利亚悉尼科技大学卡洛琳教授作题为 The Administrative Divisions and Research Innovation in International Collaboration 的发言,肯定了学校在中国行政区划研究领域所取得的积极成果。

随后,与会的专家学者围绕中国政区、社区改革实践领域的理论和具体研究议题展开了积极的交流,并就刘君德教授关于政区、社区改革的理论思想和实践等开展了深入研讨,以期更好推动学校地学学科建设和我国行政区划理论和实践的发展(图117-2)。

图117-2　会议深入交流研讨刘君德教授关于中国政区、社区改革实践的学术思想

［发布时间为2017-11-21;发布单位为华东师范大学新闻中心。图|符哲琦,季佳晓　文|城市与区域科学学院　编辑|刘露霞］

118　来宾致辞

118.1　何书金

（中国地理学会副秘书长、《地理学报》主编、中国科学院地理研究所研究员）

尊敬的各位领导，各位专家，老师同学们，大家上午好。

首先，我代表中国地理学会向刘君德教授的地理人生与学术思想研讨会的隆重召开表示热烈的祝贺。在经济地理学中行政区经济理论是我国区域政治经济学的一个原创性的理论成果，它的提出者就是我国著名的地理学家刘君德教授。

刘先生在学术的研究方面有卓著成果，建树颇丰。改革开放以后20世纪80—90年代，他在科研中始终坚持问题导向，实践中发现了大量的具体问题，及时向中央和地方政府反映情况，受到了重视并及时解决。20世纪90年代根据中国存在的行政区经济现象提出行政区经济理论。之后，进一步提出了大城市行政区社区体系的理论，并开拓出政区地理学和社区地理学2门新学科，其中政区地理学作为政治地理学的分支学科，已经拿到了中国大百科地理学新增的词条。刘先生还十分重视培养相关专业的高层次人才，可谓是桃李满天下。

刘先生为推进中国行政区划和社区体制改革而积极努力，是我们当代地理人的楷模。

华东师范大学是我们国家地理学高素质人才培养和高水平研究成果的研究基地。在河口海岸学、城市自然地理学、三角洲环境演变、环境管理学等研究领域，都达到国际先进和国内领先水平，学术成果丰硕，影响深远。在习主席"一带一路"的倡议下，华东师范大学在地缘政治研究方面也取得了重要进展。

我相信在中国政区/社区改革实践开拓者刘先生的积极推动下，中国政区/社区地理研究将迈向一个新的台阶。

118.2　薛领

（中国区域科学协会副会长、北京大学政府管理学院教授）

各位前辈、各位老师、各位同学上午好。我坐在这里诚惶诚恐，因为坐在前排和台上的都是我的老师和前辈，我今天是一个替补队员。前几天杨开忠教授给我打电话说因为他分身乏术，所以委托我来华东师大参加这个盛会。

我本人毕业于北大的城环系，专业也是人文地理，尽管现在我工作在政府管理学院，但与地理一家亲，看到大家都是人文地理，感到十分的亲切。我觉得刘老师不仅仅是我们的前辈，更是我们的楷模。

我想和大家分享的第一部分是，刘老师也是中国区域科学协会的老领导，当年是副理事长，在整个20世纪90年代，推动引领了区域科学的发展，对这个组织贡献良多。刘老师也参加了1991年中国区域科学的第一届年会。最近，中国区域科学协会正在积极和国际性科研协会取得联系,希望能够加入到这个艾萨德在1953年就创立的国际组织,回归到国际大家庭,我在协会负责一些外事方面的工作,在准备一些相关材料的过程中,看到1991年那一次大会可以说是激动人心,来了一批至今都是世界大牛的人物,比如说阿兰索、马萨普及卡、刘老师等等,诸位可能在区域经济、区域管理、地理学等都对他们并不陌生。

区域科学协会是一个融合地理学、管理学、经济学、政治学等综合的、跨学科的组织,今天已经有超过一千多会员,有24个专业委员会,比如区域创新专业委员会,曾刚教授就是主任;还有空间经济专业委员会,可持续发展、城市管理等。

我想和大家分享的第二部分是,刘老师在地理学、经济学、区域经济学方面的贡献。实际上各位都知道在2009年世界银行的一个年度报告,叫重塑世界经济地理。世行用了一个非常有意思、也很简单、简洁的一个3D的框架,3个以D字母开头的英文单词来描述这个世界的空间分异、社会经济活动的集聚分散等等。第一个是density,经济的密度,它的背后是集聚和规模经济。第二个是distance,距离和空间结构对我们地理学来说一定不会陌生,距离意味着成本。第三个division,就是分割,分割恰恰是政治和制度成本,当然也包括文化成本。早在20世纪80年代,刘老师就在行政区划、行政区经济的理论,无论是在地理学、还是经济学都是最早创立的相应理论,对这一理论的机理进行系统分析、提出了一系列对策。所以在这一方面刘老师是我们的开拓者和理论的奠基人。直到今天我们国家非常热门的几个话题,比如说京津冀的协同发展、长江经济带、十八大、十九大后老少边穷的区域发展问题、东北问题、一带一路问题,无一不涉及区域一体化,而一体化理论的本质一定是打破分割,在这方面刘老师在20世纪八九十年代的卓越理论贡献,为后人研究提供了借鉴,使我们在一体化的理论里边收获良多。

刘老师在理论方面的贡献,对我们迈向未来的区域研究打下重要基础,作为晚辈我们应该更加努力地珍惜前辈们奠定的基础,继往开来,锐意进取,更加努力,在前辈奠定的基础上劈波斩浪。最后,我代表中国区域科学协会祝愿华东师大有更多像刘老师这样的前辈,培养出一代代地理新人,为中国的地理学、区域科学的发展提供新鲜的血液,结出更丰硕的果实。

118.3 陈田

(中国行政区划促进会副秘书长、中国科学院地理研究所研究员)

今天,我是代表我们理事长刘毅研究员参加这个研讨会。大学时代我涉入行政区划领域时就是刘老师的书伴我一起成长,所有的启蒙知识都是来自刘老师的书,那时,胡序威先生等经常给我们讲,有什么行政区划的问题一定要找刘先生请教。

下面回顾一下行政区划整个过程,我们国家行政区划研究有历史也有现实。刘老师实际上把行政区划的政区问题与区域经济发展理论紧密相结合,又反过来推进行政区划的调整改革。改革开放后,行政区划的改革与研究成为上下关注的热点,这实际上都是基于刘老师的研究所奠定的理论基础上所进行的深入思考。在这里,首先我要代表促进会向刘老师表示感谢,也希望能有机会请刘老师指导我们进一步开展工作。

在相当长一段时间,华东师范大学的研究基地就是这个中心(中国行政区划研究中心)和中心的领头人。我们在工作中,有关行政区划的实践和理论问题都会与华东师大密切交流。中国行政区划促进会是2011年成立的,旨在推动全国行政区划领域的改革与发展。我们在思考,中国社会经济的快速发展与变化,政区未来的改革方向是什么?怎样解决区划实践中的理论问题?刘老师的团队发挥了重要的作用。

中国行政区划改革需要考虑的几个关键因素。第一是政区的治理安全,涉及行政区划未来调整方向,国家层面的区域治理安全。第二是在经济市场化、全球化、一体化的背景下,区域的治理效率。第三是在城市化地区,面对精准化、精细化管理和服务的改革中政区层级的变化。这三条主线是未来思考政区发展、行政区划调整、区域整合的关键。我们希望有更多的学者,特别是年轻人能够加入这个领域,更多地去思考这个问题。希望大家继承刘老师的研究精神,为推进新时代的中国行政区划发展进行新的思考。

119 学者寄语

119.1 吴铎

(华东师范大学社会学教授,曾任校党委副书记,中国社会学会副理事长、顾问)
——我国社区研究的开拓与创新:刘君德教授社区研究的辩证思路

刘君德教授是人文地理学科领域的专家。他以辩证思路将相关研究领域联系、贯通,扩大研究视野、深化研究内涵。社区便是他所开拓的新的研究领域。在社会学视野中,社区研究通常限于社会领域,更侧重于社会群体的研究。刘君德教授按照辩证思路,将社区研究置于人文地理学视野加以考察,从而获得许多新的见解和成果。

119.1.1 行政区—社区体系研究

15年前,我写过一篇《美国社区生活散记》,记叙对美国社区的观察,文中曾经写道:"美国的国情、发展水平与我国有很大的差别,这自然也会反映到社区生活方面。"无论在学术研讨方面,还是在实际生活方面,这种差别都是存在的。正如刘君德教授所说:我国的社区与西方的社区有着很大的不同,长期以来,行政力量一直是影响中国社区面貌的基本因素,社区发展与行政区划关系极为密切。

根据我国的这种实际情况,他对行政区与社区的关系作了深入考察,并撰写了《中国大城市基层行政社区组织重构》专著(东南大学出版社,2013年),以大城市的基层行政社区(街—居,重点为街道)为对象,以行政区—社区组织体系为主线,以上海市的大量实践性成果为实证基础,探讨中国特色的城市行政区—社区组织体系的重构和相关的制度问题。书中对"行政社区"的概念进行了新的界定,对中国特色的"行政区—社区"体系的逻辑内涵进行了理论诠释,指出"行政区—社区"体系由层次结构体系、社区服务提供和管理体系以及地域整合分布体系3个方面所构成,提出了转型期在中心城区由传统的"区—街—居制"向"街区(小区制)共治—社区自治制"转变的制度框架,以及在"郊域"推行"大市镇"的体制模式设想。本书的理论意义在于对现阶段我国社区研究一种新范式的构建,提供了理论引导;同时在实践上以上海市为案例,勾画了行政区与社区体制发展的走势与格局,具有多学科交叉、相互渗透的特点。

刘君德教授还对建立浦东新区现代化行政区—社区体系的指导思想、坚持自上而下政府指导与自下而上大众参与相结合的观念,以实现政府的宏观协调与社会发展之间的良性互动等作了多方面研究,为多学科合作研究基层行政社区问题提供了一个范式。

119.1.2 城市规划、行政区划与社区统筹

城市规划和行政区划与社区是3个不同的概念。"城市规划"研究城市的未来发展、城

市的合理布局和综合安排城市各项工程建设的综合部署,是一定时期内城市发展的蓝图,是城市管理的重要组成部分,是城市建设和管理的依据。"行政区划"是国家为了进行分级管理而实行的区域划分。我国现行行政区划,即省级、地级、县级、乡级、村级、组级,其中省、县、乡三级为基本行政区。"社区"在我国改革开放初期是社会学、社会工作学的一个学科概念,囿于课本、课堂和研究领域。这个概念与社会实践相结合,逐步运用到我国社会建设中。在我国党和政府的有关文献中使用频率较多的表述是:"全面开展城市社区建设,积极推进农村社区建设,健全新型社区管理和服务体制,把社区建设成为管理有序、服务完善、文明祥和的社会生活共同体。"(《中共中央关于构建社会主义和谐社会若干重大问题的决定》,2006年10月)

在中国现行的体制背景下,这3个方面缺乏有机联系,在实践中存在着相互脱节和各种矛盾的问题。行政区划对城市规划产生刚性约束,严重制约城市发展和影响城市化的进程。刘君德教授在对这些现象进行分析的基础上,提出应从社会发展要求的全局,尤其在社会基层,应统筹三方面的关系。

他以上海市曹家渡地区为个案,深入考察"城市规划""行政区划"与"社区建设"之间存在的矛盾。曹家渡在老上海居民中颇负盛名。因为当年它不仅是上海西部著名的繁华商业区,还是长宁区、静安区、普陀区共管的三角地带。"行政区划"分属3家,对所属管辖区分别都有刚性制约。在这个地带的城市发展规划、社区建设怎么进行呢? 矛盾十分突出。刘君德教授带领团队,对存在的矛盾作了深入调查、分析,进而从城市规划角度提出了行政区划改革的方向;同时,从加强社区建设角度,提出了完善城市规划的建议。由此,他还提出,应根据城市发展的要求,正确处理"城市规划""行政区划"与"社区建设"的一般原则。这些原则在上海改革发展的实践中得到运用。

比如,他深入考察了上海浦东新区行政区—社区体系及其发展状况,提出了浦东新区发展规划的建议;他还在《大城市边缘区社区的分化与整合——上海真如镇个案研究》的基础上,提出了要研究大城市边缘区社区分化整合的本质和发展规律,加强社区建设和管理,推进大城市边缘区有序发展的重要途径。

119.1.3 中国社区地理学科的构建

刘君德教授运用人地辩证关系的观点,将人文地理学与社区研究结合,探索建立一个较完整的、科学的、具有中国特色的社区地理学学科体系,撰写成《中国社区地理》专著(科学出版社,2004),成为人文地理学领域的一支新秀,填补了我国这一研究领域的空白。该专著对社区地理的概念与原理、社区的本质与意义、中国特色社区发展理论及社区的组织与管理、中国的社会变迁与社区发展以及我国当代的社区建设和改革等进行论述,可以说构建了社区地理学的框架。

刘君德教授构建"中国社区地理学科",从另一个侧面,也可以说开启了"中国地理社会学"的探索。地理社会学,在国际社会学研究中占有重要位置。20世纪初,法国地理学家韦达·白兰士坚持人对环境的选择与适应的观点,奠定了该学科的理论基础。20世纪50年代,法国的皮埃尔·乔治和马·索尔创立该学科。他们认为社会是一个整体,自然环境、社会空间和人类生活都相互影响。研究人地关系成为地理社会学的主题。

在当代,地理社会学的观点、理论价值和实践意义愈来愈凸显。习近平同志在十九大报告中强调:我们要"坚持人与自然和谐共生"。他说:"建设生态文明是中华民族永续发展的千年大计。必须树立和践行绿水青山就是金山银山的理念,坚持节约资源和保护环境的基本国策,像对待生命一样对待生态环境,统筹山水林田湖草系统治理,实行最严格的生态环境保护制度,形成绿色发展方式和生活方式,坚定走生产发展、生活富裕、生态良好的文明发展道路,建设美丽中国,为人民创造良好生产生活环境,为全球生态安全作出贡献。"可以说,刘君德教授的《中国社区地理》与《地理社会学》在价值层面是相通的。

119.2　宁越敏

(华东师范大学终身教授、原中国现代城市研究中心主任,中国地理学会城市地理专业委员会主任)

——刘君德教授治学的三层境界

各位老师、各位同学,大家好,非常高兴参加今天刘君德教授学术人生和学术思想的研讨会。

我是1975年进入华东师大学习的,在这个333教室里学习过,也给同学们上过课。我和刘君德老师的认识,实际上是先闻其名,然后才认识其人。为什么呢?在刘老师的自传里提到过这一点。1975年还是在"文化大革命"后期,我们华东师范大学地理系也发生了两个卷入政治的事件,其中一个就是"中地组"风波。中地组就是中国地理教研室,在座的刘君德教授、李天任教授都是属于中国地理教研室的。由于我们做地理研究的就是要从事地理考察,两位老师出差到黑龙江,准备去黑河看看,但未到黑河就被劝阻回来。讲到黑河我们现在都知道的,就是胡焕庸线的北方起点,就是黑河—腾冲线。因为当时中苏关系紧张,所以在政治运动当中,这件事情被拿出来,说两位老师有投苏修之嫌,被批判了一通。这件事闹得蛮大,当时我还是学生,但也听说了这件事。以后我读研究生,1982年留校,和刘老师作为同事已经有几十年的时间。20世纪80年代初,刘老师主持中国科学院南方山区综合科学考察队第三分队工作,我没有直接参与这项工作。但后来刘老师主编《安徽省南部丘陵山区国土开发与整治研究》一书的时候,因我早先与西欧北美地理所的钱今昔先生一起参加了安徽省科委组织的皖南旅游开发考察队,应刘老师之邀我们共同撰写了《皖南地区旅游资源评价及旅游业规划建设问题探讨》一文,当时请还是研究生的吴必虎画了几张皖南旅游资源开发图,所以吴必虎也是此文的共同作者。

刘老师转向行政区经济研究时,我有一定的了解,因为我当时和刘老师早期的一些博士生互相交流比较多,比如舒庆、王德忠等,他们做博士论文的时候我和他们是有所交流的。我觉得需要特别提示的,就是我们做学术研究,要注意"学"和"术"是有所不同的。中国历来有项目带研究的传统,但我们大多数人在做研究时比较重视"术",重视新方法的运用;相对来说,我们对学理,即系统的理论建构不够重视。我们做人文地理的都知道,虽然我们承担了大量的国家课题,但是我们有没有独创的,中国自己的理论呢?这一点到现在还是我们需要进一步改善的地方。刘老师在20世纪80年代的时候,尽管从事的是南方山区的研究,但后来反而是从实地调查出发,发现了行政区划这个问题,然后锲而不舍经过二三十年的研究,形成了自己的行政区经济理论。我认为这是我们中国人文地理学原创的理论,是具有原创性的。

我认为刘老师行政区经济的研究经历很符合我前不久在看的,国学大师王国维的《人间词话》里说的一段话。王国维在《人间词话》里说:"古今之成大事业、大学问者,必经过三种之境界。"他先后引用了晏殊、柳永和辛弃疾三首词里面的一句话表达做学问的三层境界。第一层境界来自于晏殊的词:"昨夜西风凋碧树,独上高楼,望尽天涯路。"这是什么意思呢?就是大家都在摸索做研究的时候,你有没有更高的眼光,能够找到一个很重要的研究方向。现在的研究生往往就是跟着导师做,但自己在做的时候有没有看清楚自己的研究方向,这一点很重要。刘老师是在做南方山区调研的时候,发现了行政区划在区域发展中的重要性,然后就找准了这个方向并持之以恒。其实当时南方山区研究有好几个分队,但是其他队的工作成果只是就事论事,今天已经没有什么影响。只有刘老师的工作可以影响到今天,这是因为他找到了一个中国特色的问题,找对了研究方向,所以这是第一层的境界。第二层的境界来自柳永的词:"衣带渐宽终不悔,为伊消得人憔悴。"就是说你看到了这个目标,但是还要锲而不舍地去做。没有锲而不舍的精神,即便你看准了目标,到最后还是不能成功。我知道刘老师从20世纪80年代末提出行政区经济思想以后,实际上经过了相当长一段时间的摸索。当时国内学术界使用"诸侯经济"一词形容地区经济分割的现象,但并未形成一个理论。刘老师指导的第一个博士生舒庆在形成行政区经济理论方面有比较大的贡献。以后刘老师又指导了20来位博士生、硕士生一直在从事这方面的研究,终于形成自己独创的行政区经济这样一个理论体系,这是非常不容易的,并且还延伸到行政区—社区的研究。但是我更加钦佩的是,刘老师并没有就此止步。他再一次地提出行政区研究能不能发展为一个跨多种学科的学科体系?近年来他阅读了不少国外思想家的著作,比方说福柯的著作。我觉得刘老师已经功成名就,到这个年龄还在孜孜不倦地学习,提出权力—空间—制度这一新的研究框架。刘老师提出,我们的政区演变模式究竟朝何处去?中国古代有没有行政区经济问题,国外有没有行政区经济问题?这是在原有基础上一个新的纵向和横向的拓展:从横向上来讲就是把政治学、社会学分析引入行政区经济研究领域,从纵向上来讲就是研究行政区经济的普遍性。我认为刘老师指出了行政区经济新的研究方向,实现了理论自觉,由此上升到了王国维所说的第三层境界,就是辛弃疾所说的:"众里寻他千百度,蓦然回首,那人却在,灯火阑珊处。"当然,这一新的研究思想的理论建构还需要我们的共同努力。

谢谢大家!

119.3　丁金宏

(全国政协委员,华东师范大学人口研究所所长、教授,中国地理学会人口地理专业委员会主任)

——刘老师的社会责任感

非常高兴到这个教室来参加这样一个会,我虽然不是在华东师大读的本科,但是到这里工作已经有些年份了,在这里确实有很多记忆。我到了华东师大,跟着刘老师做了好几个项目的调研,刘老师是我学生时期的引路人,也是半个导师。我非常赞同前面几位老师总结,刘老师对学术的敏感性、创新性、对各种新问题的把握,是我们这一辈人欠缺的。今天,我想强调一点,刘老师的学术成就跟他强烈的社会责任感有很大的关系。刘老师总结了他的三个区,一个山区,一个政区,一个社区,既是他的学术轨迹,也是他最重要的学术建树,有幸的是,这三个"区"我都参加了。

我1986年到华东师大做胡焕庸先生的博士生,当时我对华东师大最强烈的印象是对中国国土开发的研究,国家计委在华东师大开办了多期的国土开发研讨班,这是国内绝无仅有的。当时我就跟导师胡老先生说我想来华东师大研究人口问题,把人口和国土规划联系起来,导师说很好,同时就把我推荐给刘老师参加他的调研工作。

1986年我跟着刘老师参加南方山地考察,到福建的建阳区。那儿给我的印象太深刻了,我跟着刘老师把建阳地区的每个县都跑过,对于平原长大的我真是眼界大开。刘老师既全面宏观指挥,又主抓区域开发战略的中心环节,非常辛苦,但是他对调研工作一丝不苟,患了重感冒,服药后继续工作。在这个过程中,我觉得刘老师对学术问题,对现实中发现的问题,抓住不放,这一方面反映了刘老师对学术问题具有高度的敏感性,另一方面也十分符合刘老师耿直的学术性格。在刘老师看来,发现了问题如果不反映就是没有尽到社会责任,知识分子的这种社会责任感也是学术良心。说实在话,地方发展中的有些事与体制、利益相关,反映上去有时可能是吃力不讨好,但刘老师不在意这些,不讨好的话也要说,不讨好的事也要做。我觉得这才是一个真正知识分子的样子,对我的教益很大。

我记得1990年在昆山开会的时候,刘老师作为行政区划领域学术先行者参加会议。我陪着胡焕庸老先生也去了。那场会议可以说是历史性的,胡焕庸、谭其骧两位泰斗共同参加了这个会议,可能在历史上没有第二次。民政部在华东师大设立行政区划研究中心,是因为我们切入了中国当代最现实的行政区划问题。后来我也有幸参与了刘老师领导的对苏锡常地区的行政区划改革调研,是刘老师实际上的学术助手之一。

社区通常是社会学家关注的问题,但是以刘老师为代表的地理学家关注之后,具有了更深刻的"区"的意义。刘老师是从"曹家渡现象"开始的,小中见大,见微知著,再一次凸显了刘老师的学术敏感性和务实性。我有幸参加了刘老师承担的黄浦区文明城区创建调研课题,领略了上海中心城区的"小区域大乾坤"。此外我还参加过刘老师主持的普陀区经济社会发展规划课题等,刘老师对我非常关心,倾囊相授,一直是我尊敬的良师!

汉字的"区"可以指区区小事,但是我觉得刘老师把山区、政区、社区这三个"区"都当成大事情做,而且也做成了大事,区区都有建树。他之所以有建树,我觉得最重要的是刘老师对社会问题非常关注,是从实践推到理论,甚至上升到一个学科,是地理学理论与实践紧密结合的学术典范,也是他身上表现出的社会责任感和学术良知的宝贵结晶。我觉得这个是我们应该向刘老师深深学习的。

119.4 马春笋

[中国农业银行监察局副局长(正省行级),国办秘书三局原巡视员]
——行政区划大有作为(在刘君德先生学术思想研讨会上的发言)

时隔多年,再次来到丽娃河边,往事历历在目,仿佛昨日重现……人生的路,都有一个起点,我的人生起点在华东师大。当初,研究生入学考试,由于志愿填报问题,我处于"无人问津"状态。如果不是刘老师的收留,我就不可能到民政部,更不可能到国办。多年以来,时常怀念导师的谆谆教诲,时常想起师母的殷切关怀,那一幅幅人生的美好,如同冬日阳光,温暖在心。首先,借此机会,向教导我、培养我、关心我的刘老师、吴师母,表示衷心的感谢!

从民政部区划地名司到国办秘书三局,我先后从事行政区划实践二十多年,见证了行政区划改革与发展的历程。在这些年的工作中,我对行政区划有两点基本认识:

1) 第一点认识,行政区划是一门重要的实用性学科

行政区划的重要性是由中国国情决定的。如同中国特色社会主义,行政区划也具有鲜明的中国特色。从全局来看,行政区划是国家政权建设的基石,是行政体系运转的基础,从古至今,历朝历代无不高度重视行政区划;从局部来看,行政区划是一个政区最响亮的名片,决定了一个政区权力的基本架构,影响着区域发展进程。固然,在实践中,个别行政区划调整难免有行政色彩,但从全局看、从总体看,行政区划的演变与发展有其内在的规律。正是这些规律,决定了行政区划是一门实用性较强的学科,决定了这门学科的发展具有鲜明的理论与实践结合的特征。

1990年,民政部决定在华东师范大学设立中国行政区划研究中心。中心成立二十多年来,刘君德先生始终坚持关注实践、服务实践,承接了大量部委和地方委托课题,为各级行政区划的决策提供了重要参考,他的一些研究报告受到领导同志和决策机关的重视。在关注实践的同时,刘君德先生始终坚持透过现象看本质,对行政区划进行缜密的理论思考,他从行政区经济现象出发,总结、提出了行政区经济理论,为行政区划的实践提供了科学指引。刘君德先生不愧是行政区划研究领域的先行者、开拓者、奠基者,不愧为行政区划研究领域的一面旗帜。

2) 第二点认识,行政区划是一门大有可为的学科

实践是检验真理的唯一标准,任何一门社会科学,最终都要服务于社会实践。行政区划作为一门实用性很强的学科,同样要围绕中心、服务大局。党的十九大报告指出,推进国家治理体系和治理能力现代化,是全面深化改革的总目标之一。在实现这一目标的过程中,需要更加重视行政区划,这是因为,行政区划决定了国家权力分配的空间格局,构成了国家治理体系的基本载体,关系到国家治理体系的有效运转。可以说,进入新时代,行政区划大有可为!

这些年来,刘君德先生在省级政区、直辖市政区、地级市政区和都市区政区等方面发表了大量研究成果,出版了《中国行政区划的理论与实践》等系列专著。这些成果指出了我国行政区划发展的目标、方向和路径,必将为国家治理体系的现代化提供重要参考,必将在未来发挥更加重要的作用、绽放出更加美丽的花朵!

刘君德先生的地理人生,一半是做事,一半是做人。作为一个学者,他始终抱有浓厚的救世情怀,以敏锐的眼光、深邃的思想,关注现实、建言现实、改造现实;作为一个师者,他慧眼识才、因人制宜、不拘一格,桃李芬芳满天下,堪为良师益友;作为一个长者,他宽厚、仁爱,和师母携手,给每个学生留下了许多温暖的记忆!

《我的地理人生:涉足山区·致力政区·钟情社区》是厚重的,这份厚重来自刘君德先生不平凡的"三区"探索。从中,我看到了一个学者的担当和辉煌,看到了一个师者的辛勤和骄傲,看到了一个长者的伟岸和风范!人生成就如此,夫复何求!

119.5　叶忠海

（华东师范大学教授、中国人才研究会副会长、中国成人教育协会学术委员会主任）
——刘君德教授对跨学科研究的贡献

尊敬的刘君德教授，各位专家，各位学者，各位老师，首先感谢会议的举办方给我一个学习交流分享的机会，热烈祝贺刘君德教授隆重推出他的《我的地理人生：涉足山区·致力政区·钟情社区》，并对刘老师将他的人生真谛、做学问的体悟，给大家分享。

各位老师，马克思主义经典作家早就预言未来科学新的增长点往往在学科的边缘区、学科与学科之间的交界处。现代科学高度分化，高度综合整体化趋势的特点，也充分体现了这一点。刘老师是一位善于开拓创新的学者，他具有宽广的学术视野，具有很强的学术敏感性，具有很强的跨学科研究的综合能力，他意识到学科交叉，学科综合，跨学科研究是科学研究发展的趋势，他也深深意识到人文现象的核心是人才现象，人才资源是可持续发展的第一资源。

1987年，他就找我一起商量合作开展当代人才地理研究，并在此基础上，创立人才地理学。我本人是1959年10月尚未毕业时，留华东师范大学地理系工作的，1960年地理系本科毕业，当时我也正在研究人才学，有利用原有的专业优势开展人才学和地理学交叉研究的设想。于是我们两个人一拍即合，在刘老师的带领下，华东师大人才地理研究团队迅速崛起，以区域人才开发研究为重点、科研项目为平台和纽带，以研究生教育为抓手，开展人才地域性研究。在研究团队的努力下，我们做了一些有意义的事情。

在科研方面，刘老师亲自主笔，我们两个人合作撰写发表了《人才地理——人才学的一个重要领域》《中国人才开发空间研究》两篇论文，作为人才地理学研究的铺垫；他又申报国家自然科学基金项目——"中国东南部丘陵山区人才开发教育改革综合研究"，这个项目获得成功，是全国首个研究人才地域的国家项目。

在刘老师的组织下，研究团队以福建省为例，与福建省人才人事工作者合作，两次深入福建山区调查研究，在这个基础上创立了人才地理一系列的术语，并首先提出人才开发区划分原则，将福建山区划分为4个不同的人才开发区。这个课题集地理学、人才学、教育学研究成果和方法于一体，开展综合研究，取得成功，获得了福建省科技进步奖二等奖。

在教育教学方面，在人文地理学专业研究生教育学会里面，刘老师带我们开创了全国首个人才地理研究方向，华东师大成为我国首个人才地理学研究生教育培养基地。

刘老师作为人才地理研究生导师，培养了一批人才地理学研究人才，并涌现出一大批研究成果。比如说省区人才区域研究，区域人才非平衡开发理论和实证研究，人才专业结构演变，区域经济风险经济实证研究，改革开放过渡区人才与经济协调发展研究，等等。1994年，我成功申报国家自然科学基金"区域人才地域原理"和"中国人才资源开发空间开发合作"课题；2006年撰写出版了我国第一部人才地理学专著，荣获国家人事部第三届全国人才人事科学研究成果二等奖。

总之，上述事实以及我校人才地理学研究的发展史充分说明了一点，跨学科研究是当今科学研究创新的发展方向。

同时也说明，刘君德教授是我国人才地理学的创建者，学科建设的先行者、开拓者，对我国人才地理学研究作出了贡献，已经载入中国人才学史。我在跨学科特别是人才地理研究方面取得一定成绩，也离不开刘老师长期的支持、关心和帮助。

120　主旨演讲：新时代·新感悟

尊敬的童书记,中国地理学会副秘书长何书金研究员,中国区域科学协会副理事长薛领教授,中国行政区划与区域发展促进会副理事长陈田研究员,澳大利亚著名教授、我们的合作伙伴卡洛琳女士;各位朋友、同事、同学,我的学生们:

大家好!

刚才几位领导和专家热情洋溢的讲话让我十分感动,深深感谢!

在党的十九大召开不久,万事俱兴,又逢年终,大家的工作十分繁忙,赶来出席今天的研讨会,深感荣幸!

我想向大家简要汇报一下改革开放以来我的地理人生和感悟。

我的生命与地理相伴 80 载,从大学毕业算起,至 2015 年,我运用地理科学理论知识为国家、为社会服务了 56 年! 改革开放以来的 40 年是我地理人生的黄金时代!

在这个新时期,大致归纳为三个阶段,或者说做了"三件事"。这就是在《我的地理人生:涉足山区·致力政区·钟情社区》新书中的副标题——"涉足山区·致力政区·钟情社区"。

1) 涉足山区

20 世纪 80 年代初,中央作出了"搞好我国国土整治工作"的决定,时国家计委—中国科学院所属的综合科学考察委员会组建了南方山区考察队,开展大规模的亚热带东部丘陵山区的科学考察,华东师范大学地理系应邀组建第三分队。1983 年地理系、生物系的 30 多位教师组建了三分队,我被委任为分队队长,和副队长李天任同志、生物系的冯志坚同志,带领教师们在皖南、浙西和闽西北山区(闽江上游建溪流域),开展了长达 5 年多的多学科综合科学考察。

这是一项十分繁重的国家任务,对我来说是一个挑战,也是一次地理工作实践的机会,可以说这是我地理人生黄金时代的开始。我曾做过统计,1986—1987 年两年之中,每年在野外工作的天数达 270 天,山区考察占据了我 70% 的时光!①

1988 年,我们全面完成了考察任务,取得了一系列成果,交出了满意的答卷。我在"南方山区"这个大尺度地理空间经受了综合地理实践的测试,提升了地理工作能力,让我终身受益!

2) 致力政区

应该说,山区考察最大的收获之一是发现了"行政区划"这个极为重要、有待开拓的人文地理学科新领域。我们给中央领导反映的安徽省贵池县区划问题,得到肯定,及时回复与处理,这件事给了我极大鼓舞,这是我在山区考察之后,下决心介入区划领域研究的巨大动力。当时,中国的改革重点正由农村转向城市,我抓住民政部正力推行政区划战略研究的机遇,取得民政部的支持,创建了中国行政区划研究中心,全身心投入了区划的研究。从 1990 年至 2015 年的整整 26 年,区划的改革实践与理论开拓成为我的"主方向""主战场"。

20 多年来,我主持了中国行政区划几乎所有层级[省、直辖市、地级市、县(区、市)、街镇,直至乡村],以及都市区体制的研究;介入了设市标准的讨论,探讨了市制的模式;发表了一批论文,出版了多部著作,特别是主编出版了两套有影响的丛书:一是20世纪初华东师范大学出版社的"中国行政区经济与改革丛书",二是东南大学出版社出版的"十二五"国家重点图书出版规划项目——"当代中国城市—区域:权力·空间·制度研究丛书"20册,700万字,2015年全部完成;还参与了上海辞书出版社《大辞海》的编纂,我负责主编《大辞海·中国地理卷》,已经出版。

20世纪90年代,在科研实践中我发现了"行政区经济"现象,提出了"行政区经济"理论。如今,这一理论已被广泛认同和传播。

可以说"行政区划"事业伴随了我大半个地理人生!

3) 钟情社区

社区的研究缘起于20世纪90年代中期我发现的"曹家渡现象",即普陀、长宁与静安3个行政区对曹家渡商业功能社区的行政分割,使原本繁华、兴旺的曹家渡出现相对落伍的一种现象,引起我研究的冲动;不久,党中央、国务院大力推进城市社区建设,加上民政部的支持等因素,促使我投入部分精力从事社区研究。在民政部和华东师范大学党委的支持下,我们成立了"中国城市社区建设研究中心",承接了大量项目,提出了咨询建议,出版了多部专著,举办了多批培训班,产生了积极影响。

与社会学家不同的是,我把社区与行政区划结合起来,提出了中国的城市纵向管理"行政区—社区体系"模式的新观点,形成了特殊的风格。科学出版社出版了我们编著的《中国社区地理》。

我在社区生活中参加过两次维权活动,在参与过程中实际体验了我国城市社区治理成长中的真实状态与酸甜苦辣,这也许是身居大学社区的学者所感受不到的。这段经历对我认知中国在转型期城市政府和社会(居民)的关系、矛盾,基层社会治理的复杂性大有裨益。

大尺度的宏观地理空间——山区,中观的政治空间——政区,微观的社会空间——社区,这是3个不同性质、不同学科,但内在存在着逻辑关联的"区域"领域,我有幸介入这3个"区域"领域,开展研究,取得成果,使我的地理人生十分丰富多彩。

各位同志,各位朋友:

光阴似箭,自邓小平推进改革开放以来转眼已近40年。我们这代人也由青壮年步入暮年。这40年,我们的国家由封闭走向开放,由贫穷落后走向繁荣富强。

今天,我们看东南沿海的山区,昔日光秃秃、严重的水土流失不见了,面积广大的亚热带丘陵山区处处是绿水青山,皖南、浙西、闽西北等山区面貌日新月异,黄山、千岛湖、武夷山已经建设成为世界旅游胜地,地方经济大发展,生态环境大改善,人民生活水平大幅度提升。

看政区,30多年前它还是少数几个人、个别机构(中国行政区划研究中心)研究的"神秘领域",只是政府部门的一项工作;今天已经成为多学科学者广泛参与的重要领域和社会大众关注的热点话题,"行政区经济"理论和"政区地理学"已经进入大学讲堂,并将写入《中国大百科·地理学卷》。中国行政区划科学事业迈入新的发展阶段。

如今,社区建设、社区治理也已经成为城市政府工作的一项"要务"和"永恒的主题"。社区的硬件设施越来越好,"社区自治"的软件目标也在有序推进。

以上是新时期我的地理人生简要回顾。

总结我的地理人生,有以下4点深刻感悟:

第一,中国人文—经济地理学是在政治—经济大变革环境演进中发展的,与经济社会转型、改革开放的时代变革相伴生,极具中国特色。

我出生在旧社会,成长于新中国,经历不同的政治时代。这种特殊的经历铸造了我们这代人的政治灵魂和思想品质;政治,渗透、占领着人文社会科学的全部领域。

中国的地理科学教育事业无不打上政治的烙印。比如新中国成立初期一边倒的学苏联,20世纪六七十年代毛泽东同志的《论十大关系》,"农业学大寨、工业学大庆"号召;邓小平时代的"发展是硬道理"思想,中央与地方权力关系的大调整;乃至于20世纪90年代上海推行的"二级政府、三级管理"体制等等,无一不影响着人文—经济地理学的发展。

"行政区经济""行政区—社区体系"理论,就是在改革开放、转型发展的政治—经济背景下提出来的具有中国特色的理论思想。

第二,注重实践、面向问题,服务社会,是山区·政区·社区的地理研究取得成效的基本经验,也是构建中国特色人文—经济地理学理论体系的重要经验。

地理学是综合性、区域性、实践性、应用性很强的学科。地理学家李春芬先生1980年在《区域地理:问题和展望》②一文中指出,区域地理要"树立面向问题的意识",并指出这是"区域地理增强活力的关键"。我在几十年的地理工作生涯中,无论是山区考察,政区研究,社区论证,始终坚持实践第一、问题第一、服务第一的指导思想,坚持在实践中创新理论,以新理论指导实践。

我与我的团队在科研项目调查中,发现了许多"地理问题",并追究其原因,寻找解决的方略,使山区·政区·社区的地理研究充满着活力;我在这个复杂的过程中享受地理工作的乐趣。

比如,除上面提到的在皖南山区考察中发现的池州地区的区划问题之外,在浙西山区考察中发现的新安江水电站建设,使原本富足的山区县——淳安变穷,大量移民倒流引起的严重社会问题;在闽西北山区考察中发现的行政区与自然区(流域区)、经济区、文化区的不一致而引发南平—建阳地区行政区划体制,特别是行政中心的多次搬家,导致的区域经济发展空间战略的"摇摆",由此产生的发展滞后问题;等等③。

我认为,中国是个多山的国家,山区的地形地貌、自然地理区(流域区)的基本格局往往对政区空间格局起决定性作用,不能轻易打破、随意调整。安徽的池州、福建的南平就是典型例证。

再比如,1999年,民政部在南京市鼓楼区召开的一次社区建设理论研讨会上,我提出的"中国社区建设存在的'八大问题'"引起与会专家领导的关注;在上海市行政区划研究中,当我在广播中听到一则新闻——"位于闸北与宝山边界的少年村'三不管'地区疏于管理引起居民不满",立即赶往现场查看、访问,验证了我在研究大城市城乡结合部——这个特殊的空间存在的一种"城郊边界"特殊现象,进而有针对性地提出解决的方略,并进行理论和规律性的分析,等等。我认为,这是人文经济地理学者应该具备的"专业敏感性"素质,是一种责任,我觉得这也是推进中国特色人文经济地理学理论发展的一个重要经验。

第三,以地理学为主线,向相关学科渗透,学习借鉴,吸取营养,在跨学科交叉融合中寻找自身的定位,探索人文—经济地理学的新方向、新学科。

地理学是一门古老的基础科学,也是一门与现代科技结合,为国家政治、经济、社会、文化、生态建设发展服务、具有强大生命力、充满活力的现代科学。

我在山区、政区、社区和人才领域研究中探索了以下交叉学科的新方向:

——行政区经济学,是区域地理学与区域政治(行政区划)、区域经济学的交叉融合的学科,也可以说是具有中国特色的新兴的区域政治—经济学;

——政区地理学,以研究地方权力空间(行政区划)为对象的新兴学科,属政治地理学的分支学科;

——社区地理学,是人文地理学的微观领域,社会地理学的分支学科;

——山区地理学,区域地理学的分支学科,它与平原地理、高原地理等相呼应,存在着共性和差异性;

——人才地理学,地理学与人才学的交叉学科。

我在探索新兴学科过程中尝到了跨学科发展的甜头。

第四,地理教育根基与"地理精神"+新时期的与时俱进+学生·学术·学科一体的综合发展,是我地理人生中学术思想发展的门道。

运用地理科学知识和地理思维方式为社会实践服务,需要良好的地理素养,这是地理工作者的根基和本钱。我庆幸在华东师范大学这所名校,地理学系这个名系,接受了一批地理学大师(如李春芬、胡焕庸、严钦尚、周淑贞、金祖孟、陈吉余、严重敏、程潞、钱今昔、褚绍唐等)完整的地理教育,非常充分的野外实习、实践,使我们这批学子具备了良好的地理素养;也使我热爱地理,终生与地理为伴,用所学、所知努力为社会实践服务。

我认为,在许多老一辈的地理学家身上有一种无形的精神力量,我把它称为"地理精神"。在我的书中是这样写的,这是一种"接地气的精神,是求理求新的精神,是吃苦耐劳的精神"。我们要弘扬这种精神,实践这种精神。如果没有这种精神,是很难在山区考察中发现这么多的地理问题的,也很难在政区—社区领域有所作为。我以为,即使今天的新一代地理工作者掌握了遥感、计算机等先进手段可以在室内研究地理问题,但也应该注重地理实践,注重现场调查。"接地气""求理求新""吃苦耐劳"的地理精神不能丢失!

实际上,在地理精神的内涵之中,还应该加上"团队合作精神"。在我们这一代的地理工作者中,对"团队合作精神"的体验尤为深刻。华东师范大学的河口海岸是以陈吉余院士为首,与他的一批弟子,多学科大协作,发扬团队合作精神,共同打拼出来的;我们在南方山区考察,行政区与社区的改革实践与理论开拓,在许多科学论著的写作过程中,无不充分体现了这种合作精神。

值得推崇的是在我的身边有一支编外的、非刻意组织的学生·学术·学科团队,当他们在学生时期,我们就在科研—教学过程中建立了良好的师生互动关系和友谊,他们走上工作岗位后,仍与我保持着密切的联系。即使在我退休十年多,仍有几位"骨干分子"常常聚集在我家(华师大三村)的阁楼书房里共话"行政区经济""行政区—社区体系"理论和实践的问题,讨论如何学习中国特色社会主义政治经济学理论,进一步推进这一创新性理论的发展。我想,长期形成的学生·学术·学科的新型"综合体"也许是我地理人生成功的一个奥妙。

以上就是我新时期地理人生的一些感悟。

可以用以下简约的模型来总结和表述新时期我的地理人生:

地理根基+问题导向+学科交叉+"三学"综合体+地理精神→成就了新时期我的地理人生。

中国进入了中国特色社会主义思想的新时代,为包括政区—社区在内的中国的人文—经济地理学的理论构建指明了新的方向。

在这里,我想就中国新时代的政区改革谈3点看法。

第一,要看到改革开放近40多年来,中国行政区划改革取得的巨大成就,在推进区域经济发展和城镇化进程中发挥的重要作用。

第二,同时也要看到现有区划体制存在的一些不足。如层级过多、规模悬殊,设市模式的缺陷(市管县,撤县设市、设区带来的某种程度的假性城市化、土地利用率和产出率偏低、耕地减少),个别城市把区划调整作为简单的政策工具,贪大求洋、盲目攀比等问题,"行政区经济"负面现象依然存在,对其产生的"破坏力"要引起足够的重视。

第三,新时代的行政区划改革应该有新思维和新作为。我以为,作为国家大政的行政区划体制,乃至城市的社区体制应该纳入构建国家和地方现代治理体系的大框架、大格局内统筹谋划:

一是要有一个长远的行政区划规划,确立区划改革的方向、目标、未来的基本格局。涉及区划层级、一级政区的空间规模、城市空间制度模式的选择及与城市等级相匹配的城市制度体系等等理论与实践的许多重大问题。在这方面我们曾经做过许多讨论,如何在学习领会习近平总书记关于中国特色社会主义理论思想的基础上进行新的思考,是我们面临的大课题。

二是要在深层次改革上下工夫,做好"改革政府""充分发挥政府和市场两个作用"的大文章,减弱"行政区经济"的负面影响力,增强"行政区经济"的正能量。

三是从地理学角度思考,我有一个基本观点:中国是一个大国,各地自然地理环境、人文历史文化的差异很大,几千年形成的政区格局不宜做大的改变,尤其是省制、县制要保持基本稳定。

四是要明确当今政区改革的重点仍然在城市制度。2014年我在《江汉论坛》发表的一篇《论中国建制市的多模式发展与渐进式转换战略》文章中提出了"从严撤县设市,推进撤镇设市,试行县下辖市",以及因地制宜,多模式共存,分三步走①的转换战略,也许是中国建制市改革的方向。未来30年,我心目中的中国行政区划理想结构将是一个层级合理、功能明晰、规模适中、市制多元的省(自治区、直辖市)—市县—乡镇(街)两级地方政府、三级管理的政区体系结构。

五是要高度重视城市群、都市区、流域区、生态区、文化区、旅游区,以及"省内经济区"等非行政区(或准行政区)的跨界治理体制研究。这也是区划理论与实践工作者的重要研究课题。依据中国国情,借鉴国外的成熟经验,"共同体""合作联盟"等多元的"协同组织"是可行之道。

行政区划体系是一个复杂的巨系统,需要专家与政府联手,多学科参与,精心研究,严密论证,依法实施。让我们共同努力,为发展中国特色的人文—经济地理学,建设科学、规范、稳定的行政区划制度体系作出新的贡献。

今天这个学术研讨会,有这么多年轻学生参会,让我颇有感触。希望在座的学生们好好珍惜我们所处的、来之不易的好时代,热爱自己的专业,努力学习,积极实践与思考,相信不久的将来在座的年轻学生中能够涌现一批优秀的城市和区域地理杰出人才,一批有志于从事行政区划、社区领域学术研究的人文地理专家。

最后,借此机会,说几句感谢的话:

——感谢我的母校——华东师范大学。

——感谢中国地理学会和中国区域科学协会对本次研讨会的大力支持。

——感谢民政部及地方民政部门长期给予工作上的支持和帮助。

——感谢本次大会的承办单位——华东师范大学城市发展研究院和城市与区域科学学院;特别感谢专程前来参会的卡洛琳教授,感谢参会的老同事、老同学、老朋友。尤其是黄永砥老师,89岁高龄还热情地为《我的地理人生:涉足山区·致力政区·钟情社区》新书设计了非常精美、很有特色的封面,今天到会,我很感动。

——感谢我心爱的学生们!

祝大家身体健康!

谢谢各位!

后话:我在"中国政区、社区改革实践与理论开拓——暨刘君德教授《我的地理人生:涉足山区·致力政区·钟情社区》学术思想"研讨会上的主旨演讲是我的地理人生的浓缩,也是我的地理人生的真实感悟。在《我的地理人生2:山区·政区·社区研究文集》出版之际,我想,作为这本书的结语是非常合适的。

[刘君德. 新时期《我的地理人生》感悟——兼谈新时代中国政区的改革问题[Z]. 政区/社区学术研讨会上的主旨演讲]

注释

① 其余20%从事教学工作,10%的时间用于国家的重要文化工程——《中华人民共和国地名词典·上海卷》(商务印书馆出版)编纂工作,协助主编李春芬先生,担任副主编。

② 《区域地理:问题和展望》载《李春芬地理文选》,浙江教育出版社,1993:148-164。

③ 这个案例说明了两个重要观点:一是行政区划这个看不见的墙,是一个多要素(边界范围、行政等级、行政中心驻地、地名)结构、多因素影响的复杂系统,"牵一发动全身",它涉及自然地理区的空间基础、历史文化的空间联系、经济社会发展和城乡规划建设的科学布局等方方面面,必须综合分析,深入思考,科学决策,切忌盲目性、随意性和长官意志;二是重视行政区划的自然地理、文化历史地理背景的基础分析,在山区显得更为重要,要特别重视自然地理分区和文化—社会分区的格局,不要轻易言破。

④ 近期:大致在2020年之前,在总量控制的前提下实施"撤县设市",同时推进"撤镇设市",试行"县下辖市"。中期:2020—2030年,全面推行"撤镇设市",积极推行"县辖市"。远期:2030年之后,中国的城市化率达到70%,相对应的城市制度体系(中央直辖、省辖和县辖市)基本确立。中国的整体行政区划结构将基本稳定。

附录:中国行政区划研究中心发展纪实

1990年5月底,一个春光明媚的日子,在华东师范大学小礼堂,来自民政部的行政区划地名管理司、上海市政府和江苏省民政厅的领导、复旦大学谭其骧教授等外校著名专家,以及我校袁运开校长,老一辈地理学家胡焕康教授、李春芬教授等欢聚一堂,隆重举行"中国行政区划研究中心"(以下简称中心)揭牌仪式。

这个经过国家主管部门(民政部)批准成立、迄今中国唯一的行政区划研究机构已经有26个年头。回顾历程,在民政部支持、区划地名司指导、华东师范大学领导下,我们克服困难,积极努力,开拓进取;坚持科学实践,在实践中创新理论,以理论指导实践;潜心研究,服务于政府与社会,在科学研究、新兴学科建设、高层次人才培养等方面取得可喜成绩,为推进我国行政区划事业作出了积极贡献。

1 潜心研究 服务社会 创新理论

据不完全统计,1990—2013年,中心承担的科研项目达200多项,直接的行政区划项目达百余项。项目除来源于国家自然科学基金、国家社科基金、教育部社科和博士点基金、上海市社科基金等之外,更多的来源于民政部及省(区、市)地方政府的行政区划调整改革、规划决策咨询论证项目,中心均较好地完成了任务。

1.1 一项基础性工程

中心成立之后,在时任民政部区划地名管理司张文范司长的建议与支持下,立即着手开展了《中国行政区划文献目录》的编撰。1990年的盛夏,中心与校图书馆同志冒着闷热、酷暑,历时两个月,从浩繁的典籍、史料中沙里淘金,去伪存真,筛选近万条编撰成册,征求意见后1991年由华东师范大学出版社出版。此为我国首部《中国行政区划文献目录》,是行政区划研究的一项基础性奠基工程。

1.2 重要项目的列举

从地域分布来看,中心承担的面向地方政府与社会实践服务类项目主要集中于上海、江苏和海南等省市。

1.2.1 服务于上海市和浦东新区行政区改革的系列研究

中心地处上海,理应多为上海服务。在我主持的40多个行政区划项目中,近60%是为上海市及其浦东新区服务的。主要有:"上海市行政区划战略研究""浦东新区建置镇行政区划调整规划""洋山深水港管理与营运体制研究""上海市海域无居民海岛命名更名研究""上海郊区乡镇政区地名保护研究""新浦东新格局行政体制改革设想的研究报告"等。这些成果为市委、市政府对上海市，尤其是浦东新区的行政区划体制改革起到了良好的决策咨询作用。"上海市行政区划改革与浦东新区建制镇区划调整及城镇发展战略研究"获上海市决策咨询研究成果一等奖(2001年)。

2000年3月，民政部在北京组织了由吴传均院士领衔的专家组对我等承担的"创建国际化大都市的行政区划思考：以上海为例"进行了评审，认为"这是多年来我国有关大都市行政区划改革最重要的研究成果，填补了该研究领域的空白"。民政部"采纳了该研究报告的战略构想，其重要观点将作为制定全国大城市行政区划改革的主要参考依据之一"。

2010年，南汇划入浦东，面临着大浦东行政区划格局与体制的新问题。应上海市委研究室、上海市决策咨询委员会的恳切邀请，该年4月我主持承担了"新浦东行政体制改革研究"的课题，历时2个月的紧张工作，完成了《关于新浦东新格局行政体制改革设想的研究报告》，针对南汇划入浦东可能出现的新问题，及时提出了"新浦东"行政体制结构改革的"大街区、大市镇、大开发区管委会"的设想，引起相关部门和高层领导的重视和充分肯定。

1.2.2 服务于海南省行政区划规划与调整改革系列研究

海南省是中心为外省提供咨询服务最多的省份之一。从全省的行政区划预测、规划，到海口、三亚、儋州、洋浦开发区，都留下我们工作的足迹。2003年完成的《设市预测与规划》报告，强调指出省域北、南、西、东、中的政区空间格局的构建与培植的重要性、迫切性，并建议增设三沙市。2005年按照国家的部署，又开展了"海南省行政区划规划"工作。其间分别开展了洋浦开发区与儋州市、三亚市、博鳌与琼海行政区划体制的调查论证，以及琼山、澄迈等地的项目调研。最为重要的是海口—琼山"分治"与"合治"的研究论证。

省会海口与琼山是两个"同城双府"城市，即使多次去过海口的人，也很难找出两个城市的分界线，属于典型的行政分治型都市区。围绕"分"还是"合"，长期存在争论。连省委、省政府高层也曾经分为"两派"。1993年和2002年我先后两次应邀前往海口与琼山。两次论证的相反结论居然都被省委、省政府采纳，都获得国务院批准实施。说来实在有趣。

1993年调查的结果是主张"分治"，我们权衡了海口与琼山分与合的利弊得失，按照有利于经济发展、有利于安定团结、兼顾各方利益的原则，借鉴国际经验，向省委、省政府推荐了"市—市并列"模式(两府分治，合作共赢)方案。我们提交的《大海口地区市县利益冲突与行政区划调整》报告的建议迅速被省委、省政府采纳，1994年国务院批准"琼山撤县设市，市政府职能部门做好两市发展中的矛盾协调工作"，一时间，海口、琼山两市的经济和社会都获得长足发展。

随着海口和琼山分治发展中矛盾的增多，且愈演愈烈，2002年7月，我第2次被邀请前往调查论证。在深入听取各方面意见的基础上，根据新情况、新问题，提出了新的《论证报告》。对海口—琼山从城乡合治—城乡分治—市市并列的演变发展规律进行了理性分析，根据中国国情和海南实际以及省会城市海口市的规划建设要求，得出新的结论：走向新的城乡合治。建议两市合并，并提出了具体的合并界线方案，很快又被省委、省政府采纳。不到3个月，即2002年的10月国务院正式批复海口市区划调整的新方案，琼山改设为区，重新划分了区界。

这个案例说明，在中国行政区经济运行时期，两个城市"同城双府"格局，采取国外普遍的跨行政区界合作治理模式难以取得成功；大都市区多中心的行政格局，行政区划"刚性"的"空间约束"特质决定了"空间调整"是解决问题的主要途径。

1.2.3 服务于江苏省苏锡常地区和苏中地区的行政区划改革调整探究

"江苏省苏锡常地区行政区划战略研究"是区划中心成立之后,依据时任国务院总理李鹏同志关于"对行政区划这个大问题,民政部要从战略上去考虑,要高度重视这一工作"的指示精神,首先开展的重大项目。中心及时成立了课题组,组织了校内多名研究人员参与研究,在民政部区划司和江苏省民政厅陪同下,于1990年11月至1991年2月初赴苏州、无锡、常州及其所属12个县市开展全方位的行政区划和经济社会发展以及城市规划建设的综合性调查,持续3个月。经过对大量资料的全面分析、潜心研究,针对苏锡常地区经济发展中的问题,寻找与行政区划体制的关联因素,从战略上思考作为经济比较发达的苏锡常地区行政区划体制改革的方案,同时也为未来中国都市区域政区改革提供方向性建议;1992年2月全面完成课题任务,向民政部和江苏省民政厅提交了《江苏省苏锡常地区行政区划改革综合研究报告》和《专题研究报告》。"苏锡常地区行政区划战略研究"成果荣获首届全国高校人文社科优秀成果一等奖(1995年)。

"江苏省'三泰'地区行政区划调整研究",这是一个亟待解决的地区性行政区划调整难题,先后有多批、多学科专家和各界人士采取各种方式论证、呼吁多年未果。受民政部和江苏省民政厅委托,中心承担了该项研究课题。在江苏省民政厅区划处同志的陪同下,我们于1991年5月下旬赴泰州考察调研,听取汇报,并与市各有关部门的负责人、老同志和市级领导分别座谈,广泛了解情况,充分听取意见;6月初又去泰兴、泰县调查;10月底,向民政部和江苏省民政厅提交了《加快苏中地区经济发展的重要一步——合理调整"三泰"地区行政区划》研究报告。课题组在错综复杂的矛盾中寻求科学结论:扬(州)泰(州)分治、港城一体。又经过艰难曲折的工作,1996年7月,国务院批复"同意调整扬州市行政区划,撤销县级泰州市,设立地级泰州市,将扬州市代管的泰兴、姜堰、靖江、兴化4个市划归泰州市代管"。长达40多年的泰州区划老大难问题终于获得圆满解决。

1.2.4 服务于广东省新型城镇化规划的行政区划战略研究

2013年,中国城市规划设计研究院开展广东省新型城镇化规划项目,涉及行政区划问题,7月下旬深圳分院来电,恳切希望我能承担该项目的专题研究,8月中要求在深圳汇报交流。考虑到这是贯彻党的十八大精神,区划中心首次介入中规院合作研究省级新型城镇化规划,既是积累省级区划改革研究工作经验的机遇,也是展示中心水平与实力的好机会,我当即答应。

经过紧张工作与集中思考,迅速把握广东省情和省级行政区划演进的规律和城镇化与行政区划关系中的突出问题,以未来中国行政区划改革的大方向和新型城镇化战略为依据,运用我新近提出的"权力+空间=生产力"的理念,从战略高度提出了广东省行政区划改革的思路、重点与调整的方案设想;强调"以法规为依据,以改革为核心,以问题为导向,以经验为借鉴,以服务于广东省推进新型城镇化为目标,以珠三角为重点,立足长远,面对现实,构建理念先进、有利发展、方便管理,'法定政区'与'区域行政'有机结合,可持续、相对稳定的广东省'省—市、县、区—基层乡镇、街道(社区)'三级层次的政区垂直结构和空间结构体系";突出了珠三角城市群区域行政体制的创新。在短时间内提交了《基于新型城镇化的广东省行政区划调整与改革研究报告》,获中规院和广东省建设厅好评。

1.2.5 国家社科和自科等基金项目

首项国家社科项目:"市场经济下中国行政区与经济区关系综合研究"(1993—1995年)。如果说苏锡常的研究主要专注点是都市区行政区划改革的战略性研究,着重于区划改革的实践性,那么该项社科基金项目则侧重于行政区与经济区关系理论的探讨。由于有苏锡常等研究的实证基础,使项目成果的理论分析阐述具有相当说服力。成果顺利通过验收。

相呼应的国家自科项目:"我国国民经济分级调控空间组织模式可行性方案研究"(1998—2000年)。提出了"中央—省区""中央—经济区"和"中央—中心城市"三类相互衔接、紧密联系的调控模式。该项目2000年按时结题。

此外,我主持的与行政区划体制相关的各类基金项目还有:"大城市城郊结合部行政管理体制综合研究"(国家社科,2001年),"大中城市文明城区创建与区级行政管理体制改革研究"(国家社科,2003年),"大中城市街道行政社区空间结构分析与组织制度创新"(国家社科,2011年),"中国大都市区公共行政组织与管理模式研究"(教育部,2000年),"我国县下辖市研究"(教育部,2005年)等,都顺利完成。

1.3　区划理论的创新

30多年前,我在皖南山区考察等科研实践中感悟到中国区域经济存在着一种特殊现象,称之为"行政区经济"现象,并在多次调研和课题评审会、学术研讨会上进行阐述,得到认同;也有意识地在研究生课程教学中进行剖析。为此,确定我的首位博士生舒庆对这一新理念进行系统研究,1995年完成了他的博士论文——《中国行政区经济与行政区划研究》。论文对行政区经济的概念表述与相关理论进行了比较全面、深入的探讨。我们的相关论著《中国行政区划的理论与实践》[刘君德(主编)、周克瑜(副主编),华东师范大学出版社,1996年]出版后引起了学界和政界的关注。国内外许多论文、专著的文献中引用了"行政区经济"理论概念,在一些高层政府机关(如原国家计委)和领导的文章、讲话中也有引用。

行政区经济理论的核心要义可以表述为"指由于行政区划对区域经济的刚性约束而产生的一种特殊区域经济现象"。它表现有五大特质:一是企业竞争中渗透着强烈的地方政府经济行为;二是生产要素跨行政区流动受阻;三是行政区经济呈稳态结构;四是行政中心与经济中心的高度一致性;五是行政区边界经济的衰竭性。行政区经济同时表现为行政性、两面性、阶段性和空间层次性等重要特点。进入21世纪,中国的地方政治经济环境发生深刻变化,市场力量逐渐在资源配置中起基础作用,行政区划对区域经济的刚性约束作用正在逐步弱化。为此有必要对行政区经济作新的更加全面的诠释。"从本质上看,行政区经济是中国特定时期,地方政府的'权力',及其'空间投影'(行政区域),在与'市场力'相互制约、博弈(封闭与开放、竞争与合作)的过程与综合"。

行政区经济理论生长于改革开放之后的中国土壤,有其特定的政治、经济、社会、文化和地理背景;其概念、理论内容、体系结构是我们在长期的科研实践中,经过梳理、提炼,并经实践验证的原创性科学理论。

1.4　社区理论的派生

发现"曹家渡现象"。20世纪90年代初,我在曹家渡16路电车上偶然观察到一个现象:同属于曹家渡地区的静安、长宁、普陀三区在城市景观上极不协调,普陀区建好了,静安区拆光了,长宁区却按兵不动。这一现象随即引起我的关注与思考。这是为什么?经过现场调查考察,发现由于三区的行政分割,导致规划建设不同步、形态不规则、管理难统一的问题。进一步分析,在"行政区经济"运行下,由于推行"两级政府、三级管理"体制,3个中心城区政府对曹家渡地区的定位差异,政区空间的"刚性约束"使原本与徐家汇齐名、有"沪西小上海"之称的曹家渡地区相对"衰落",其在上海市中心城区的地位下滑。这一现象在世界大城市发展中极为罕见,我把它称为"曹家渡现象"。这一发现进一步验证了"行政区经济"理论,也引起政府的关注。上海市社联为此专为我立了一项重点课题——"曹家渡地区的行政分割及其整合研究"。

"城市行政区—社区"结构体系论的形成。"曹家渡现象"的发现使我们在行政经济理论思想体系中派生出"行政区—社区"结构体系理论。这也是"中心"成立后,积极参与社区建设研究的导因之一。1999年,在国家关注社区建设的高潮中,在民政部社区建设与基层政区建设与管理司领导支持下,我校成立了"中国城市社区建设研究中心"。受行政区划和行政区经济理论的影响,我提出了"行政社区"的概念和构建中国特色大城市"行政区—社区"管理体系的架构,在城市社区发展实践中得以验证,并通过国家社科基金项目"大中城市街道行政社区空间结构分析与组织制度创新"的研究得以系统和深化。其成果《中国大城市基层行政社区组织重构——以上海市为例的实证研究》(刘君德,东南大学出版社)于2003年出版。

我们在长期科研实践基础上独创了"行政区经济"和"行政区—社区"理论,为(区域)人文—经济地理学新兴学科的课程建设和高层次人才培养奠定了重要基础。

2 高层次人才培养　新兴课程建设　推进学术交流

2.1 高层次人才培养

中心成立之后,先后招收行政区划、社区方向的硕博士研究生各50余名,出站博士后8名,合计百余名。我们坚持在实践中培养的方针,带领研究生参与大量课题研究,在与导师互动、切磋中提高理论水平和实际工作能力,并逐步走上开拓、创新之途。我们还吸纳了部分非地理专业硕士、博士毕业生,他们来自中文、历史、经济、法律、社会学、商业经济与管理等专业,通过专门的教学与实践,成为富有特色的跨学科人才。

多年来,中心培养了一批行政区划及社区领域的高层次人才,广泛分布在全国各地高校科研机构和政府机关等,作为行政区划、社区的种子在全国许多岗位生根发芽,推进新兴学科发展,传播相关理论知识,辛勤耕耘,发挥作用,扩大影响。

2.2 新兴课程建设与教学成果

新学科、新课程建设是中心成立之后努力追求的一个重要目标。应当指出,我国以方志为代表的传统区域地理学在1949年后,虽然以各类"区划"工作实践带动学科发展取得不少成绩,但与自然地理、人文地理学相比相对滞后,在理论研究和实践方面都远远不够,也不适应新时期国家对区域地理人才的需求。我们坚持在科研实践基础上,在教学及师生互动过程中,探索新的学科,开设和建设新的课程——政区地理学和社区地理学,培养该领域的高层次人才。从1991年起招收政区地理(2000年起招收社区地理)新方向的硕士、博士生及博士后。经过多年的努力积累,在政区地理、社区地理新课程建设方面取得突破。1998年申报的"区域地理学新方向的创建与高层次人才培养"获上海市优秀教学成果一等奖殊荣。

新课程建设是以大量著作出版为根基的。20多年来,中心组织出版了近40部专著,约千余万字。其中代表性的有《中国行政区划的理论与实践》(刘君德主编,华东师范大学出版社,1996年),为我国首部将行政区划现实问题与理论结合、具有原创性理论的科学著作,获上海市哲学社会科学成果优秀著作二等奖(1998年);《中国政区地理》(刘君德、靳润城、周克瑜编著,科学出版社,1999年),为首部政区地理学专著,具有填补学科空白的意义,获首届教育部人文社科优秀著作三等奖(2003年)。这两本专著至今仍有一些高校作为研究生教材使用。《中国政区地理》的姐妹篇《中国社区地理》也由科学出版社于2004年出版(刘君德、靳润城、张俊芳编著);"中国行政区经济与改革丛书"(刘君德主编,共5册,华东师范大学出版社,2000—2002年),是以"行政区经济"和"行政社区"的理论思想为主线,对中国区域经济和社区问题进行研究的成果,并首次将中国行政区划和外国进行比较分析;"当代中国城市—区域:权力·空间·制度研究丛书"(刘君德主编,共20册,东南大学出版社,2015年),为新近出版的、国内首部从权力·空间·制度及其相互关系视角,探究与论述中国城市—区域问题的大型综合性研究丛书,被列入"十二五"国家重点图书出版规划项目,也是区划研究中心成立以来,我和一批博士、博士后长期合作,理论和实践成果的展示与提升。2010—2012年我还主编了作为国家一项重要文化工程的《大辞海》(中国地理卷),70余万字,其中政区条目内容占60%。

2.3 推进学术交流

中心成立25年来,积极开展学术交流。我先后应邀访问过美国、加拿大、日本和英国以及我国的香港、台湾的许多高校,与加拿大蒙特利尔大学、美国阿克伦大学、英国诺丁汉大学、澳大利亚悉尼科技大学等有过项目合作。特别是近期与澳大利亚悉尼科技大学中国问题研究中心共同实施的"中国权力地理:城市扩张和行政体系"合作项目(澳大利亚国家自然科学基金项目)富有成效。2015年9月,在我校成功举办了"中国行政区经济与行政区划国际论坛",来自海内外的数十名学者和民政部及相关地方政府的官员积极参与研讨,为新时期进一步推进中国行政区划改革集思广益、献计献策。2017年11月,成功举办了由华东师范大学和中国地理学会、中国区域科学协会联合主办,华东师范大学城市发展研究院和城市区域科学院承办的"中国政区/社区的改革实践和理论开拓——刘君德教授的地理人生与学术思想研讨会"。百余位专家学者出席了此次研讨会。多年来,我还在国内的许多高校和政府、社区等作过许多场大型报告;接受过多家报社的采访。通过交流,广泛传播行政区经济理论思想,探究中国行政区划和社区体制改革,不断提升中国行政区划研究中心的影响力。

3　司校共建　共创未来

3.1　为推进司（民政部行政区划地名管理司）校共建、重振中心而奔波

党的十八届三中全会《决定》中明确提出"优化行政区划""完善设市标准""有序设市"以及推进"新型城镇化"战略等重要思想，使我预感到以"省直管"、推进新型城镇化为核心的中国行政区划研究事业将进入一个新的发展时期。就在此时（2013年），民政部一位处长来校，传递区划改革任务的相关信息，燃起了我重振行政区划研究中心的冲动！在这之前，我曾经向校党委书记、校长汇报中心的情况，提出"中心"改革与交班的设想建议，得到支持与肯定。2013年冬季，我应邀赴京参加民政部区划司"设市标准"的座谈会，会后主动请战，回校组织力量积极开展设市标准方案的研究。春节前的一个月，我和曾刚教授共同组织了我校及上海财大、华东理工、苏州科技学院、浦东改革发展研究院等单位的教授、博士及研究生等投入研究，经日夜工作，交流讨论，赶在民政部规定的时间点提交了《关于"撤县设市""镇升格设市""设市标准"方案的分析研究报告》。报告的核心观点以5篇论文形式在《江汉论坛》（2014年第3期）"中国县级市制"研究笔谈专栏发表，产生积极影响。

为了让民政部区划司新任领导充分了解我校区划研究中心的情况和改革设想，取得支持，2014年9月15日我专程赴京向区划司领导汇报工作。新任司长充分肯定了中心多年来在理论和实证研究、咨询服务等方面的成果，给予高度评价；十分赞同提出的改革设想，并提出两点中肯建议："第一，加强理论研究，更好地为各地政区调整提供理论支撑；第二，为区划体制改革的论证、审核提供全过程服务。"柳司长对中心工作的积极评价和两点建议给了我鼓舞和信心，回到学校，立即将情况向领导汇报，提出"司校共建'中国行政区划研究中心'"的建议，得到校党委童书记的支持和区划司领导"支持共建"的回复。2014年12月我顺利交班。2015年达成由民政部委托区划地名司与华东师大"共建"的合作协议。我们的奔波努力，终于成为现实。

新时期民政部支持下的"司校共建"，将为中国行政区划研究中心搭建更好的平台，为中心的改革发展增添了巨大动力和活力，为将中心建设成为一流研究机构创造了体制基础。

3.2　交班后两场有影响的报告

2014年10月21日我应邀去杭州，为民政部区划地名司举办的"贯彻新型城镇化要求，优化行政区划设置专题培训班"作了题为《中国行政区经济的实践与理论——兼谈中国行政区划改革》的报告，报告从自身经历和所作的课题案例出发，深入浅出地讲解了我们原创的中国行政区经济的实践与理论发展过程以及最新的理论思想，得到参加培训的各省（区市）民政厅和区划处领导肯定和积极反响。2015年6月3日应陕西省民政厅邀请，为西部10省区（市）民政部门分管区划的同志作了《刚性约束→合作治理：基于行政区经济理论的西部省区政区的改革与发展》的报告。这次报告我运用行政区经济理论，对如何以丝绸之路经济带、长江经济带国家战略为核心和契机，统筹西部区域战略和各省区市的定位，积极推进行

政区划改革,创新跨区域合作治理模式,以及各省区市区划改革的重点等问题进行了分析,提出了相关建议,受到与会同志的欢迎。两场报告进一步扩大了中国行政区划研究中心在全国民政部门的影响力。

25年来,我们充分发挥中国行政区划研究中心这一金字平台,不断开拓进取,求实创新,无论在科研方面或在学科建设、培养高层次人才方面,可以说是硕果累累,并被学界和民政部门认可。我的体会是:

(1) 抓住机遇,在实践中准确把握、深刻认识中国国情,找准问题,确定新方向,并持之以恒、坚持不懈,是(区域)人文—经济地理学新学科创新发展之道。

(2) 面向问题,面向实际,坚持为社会实践服务,跟踪前沿,潜心研究,创新理论,是立于不败之地、保持学科领先地位的原动力和生命力。

(3) 不拘一格培养人才,坚持教与学相长、师与生互动,充分挖掘"学生"潜能,是新学科发展的重要门路,也是在编制少、任务重的情况下中心的主要依靠力量。

(4) 实践中思考探索,以"区域地理学"为根基的多学科交叉、融合,是"行政区经济"和"行政区—社区体系"新理论构建的主要路径和经验。

回顾过去,我们的成绩不少,甚至相当辉煌;面对现实,在日新月异的全球化时代,我们的差距犹存,压力不小;展望未来,行政区划新的理论体系需要不断完善、深化,为社会实践服务的方向需要强化,新学科建设需要更多学科参与并迅速与国际接轨。

任重道远,前景光明。中国行政区划研究中心的发展寄希望于新的一代!

[刘君德. 中国行政区划研究中心发展纪实[C]//华东师范大学老教授协会. 人脉——华东师范大学学科建设回眸. 上海:华东师范大学出版社,2017]

索引:本书论文查询

第一部分 山区研究

1 刘君德.关于苏锡地区工业配置的几个问题[Z].未发表.上海,1964 ········· 012
2 刘君德.影响工业区位的因素和中国工业区位的演变[J].地理教学,1981(1):1-4 ········· 017
3 刘君德.谈谈工业布局中的环境保护问题[J].地理教学,1983(2):7-9 ········· 022
4 刘君德.关于省内商品粮基地若干问题的探讨(以江西省为例)[J].经济地理,1981(1):28-33 ········· 028
5 程潞,刘君德.为国土整治服务:地理工作者的一项重大任务[J].地理教学,1983(3):1-3 ········· 032
6 刘君德,李天任.江西省国土资源开发利用与建设规划问题初探[C]//华东师范大学地理系,华东师范大学西欧北美地理研究所.地理研究文集(6):国土开发与整治专辑(一).上海:华东师范大学,1982 ········· 041
7 刘君德,金鼎馨.进一步发挥湖州地区经济优势的初步研究[J].工业、城镇布局与区域规划研究(内部刊物),1984(8):48-51 ········· 045
8 刘君德.合理开发区域国土资源,振兴皖南山区经济[M]//中国科学院南方山区综合科学考察队.中国亚热带东部丘陵山区典型地区自然资源开发利用研究.北京:科学出版社,1989 ········· 053
9 刘君德.浙西山区国土开发与经济发展战略问题研究[M]//中国科学院南方山区综合科学考察队.中国亚热带东部丘陵山区典型地区自然资源开发利用研究.北京:科学出版社,1989 ········· 065
10 刘君德.试论山区的开发治理与经济振兴——以上海经济区为例[J].华东师范大学学报(自然科学版),1989(3):87-93 ········· 072
11 刘君德,周克瑜.试论沿海山区乡镇工业发展与小城镇的关系[J].城市经济研究,1990(2):10-14 ········· 077
12 刘君德.遵循客观规律,提高区域综合科学考察报告的科学性[M]//中国科学院南方山区综合科学考察队.中国亚热带东部丘陵山区综合科学考察方法研究.北京:科学出版社,1989 ········· 081

第二部分 政区研究(上):理论开拓

13 刘君德.中国行政区经济理论的缘起、发展与未来[M]//刘君德,袁中金,顾春平,等.分权与当代中国都市区空间规划的理论与实践:常州市案例研究.南京:东南大学出版社,2011:总序 ········· 091
14 刘君德,舒庆.论行政区划、行政管理体制与区域经济发展战略[J].经济地理,1993,13(1):1-5,42 ········· 097

15	舒庆,刘君德.一种奇异的区域经济现象——行政区经济[J].战略与管理,1994(5):82-87 ……………………………………………………………………… 105
16	舒庆,刘君德.中国行政区经济运行机制剖析[J].战略与管理,1994(6):42-48 …… 114
17	刘君德,舒庆.中国区域经济的新视角——行政区经济[J].改革与战略,1996(5):1-4 …………………………………………………………………………………… 119
18	刘君德.中国转型期凸现的"行政区经济"现象分析[J].理论前沿,2004(10):20-22 …………………………………………………………………………………… 123
19	刘君德.中国行政区经济理论的核心要义与新的认知:兼论行政区划改革(上)[M]//刘君德,林拓.中国行政区经济与行政区划理论与实践.南京:东南大学出版社,2015:2-7 ……………………………………………………………………… 129
20	刘君德.中国行政区经济理论的核心要义与新的认知:兼论行政区划改革(下)[M]//刘君德,林拓.中国行政区经济与行政区划理论与实践.南京:东南大学出版社,2015:7-16 ……………………………………………………………………… 138
21	刘君德,黄明达.关于我国城乡划分标准与行政区划体制问题[M]//王嗣均.中国城镇化区域比较研究论文集.杭州:杭州大学出版社,1992 ……………………… 149
22	刘君德,张玉枝.国外大都市区行政组织与管理的理论与实践——公共经济学的分析[J].城市规划汇刊,1995(3):46-52,64 ……………………………………… 158
23	刘君德.论行政区划改革与区域可持续发展[J].中国方域:行政区划与地名,1998(6):14-17 ……………………………………………………………………… 163
24	陈湘满,刘君德.论流域区与行政区的关系及其优化[J].人文地理,2001,16(4):67-70 …………………………………………………………………………………… 168
25	秦学,刘君德."行政区经济"现象在我国旅游业中的表现及其负面影响[J].学术研究,2003(12):36-39 ……………………………………………………………… 173
26	卢为民,刘君德.行政区划——房地产管理中不容忽视的因素[J].中国方域:行政区划与地名,2000(4):14-15 …………………………………………………………… 177
27	胡德,刘君德.政区等级、权力与区域经济关系——中国政府权力的空间过程及其影响[J].中国行政管理,2007(6):11-13 ………………………………………… 182
28	刘君德,马祖琦.中国行政区经济理论的哲学思考[J].江汉论坛,2016(8):5-9 …… 188
29	刘君德.长江三角洲地区空间经济的制度性矛盾与整合研究——中国"行政区经济"的案例分析[J].杭州师范学院学报(社会科学版),2000(1):15-19 …………… 194
30	刘君德.关于中国"行政区划"研究和"行政区经济"理论思想的缘起[Z].上海,2014 ……………………………………………………………………………………… 205
31	刘君德.行政区经济[M].2017年提交稿.北京:中国大百科全书出版社,待出版 … 209
32	刘君德,范今朝.政区地理学[M].2017年提交稿.北京:中国大百科全书出版社,待出版 ……………………………………………………………………………………… 213
33	范今朝.建立一门具有中国特色的人文地理学分支学科的成功尝试——评《中国政区地理》[J].地理学报,2000,55(2):251-252 ……………………………………… 216

第三部分 政区研究(中):省制与市制

34	刘君德. 中国行政区划沿革[J]. 科学,1992(3):31-35	224
35	刘君德. 关于我国行政区划体制改革的初步探讨[M]//中国行政区划研究会. 中国行政区划研究. 北京:中国社会出版社,1991:45-61	234
36	刘君德,舒庆. 中国行政区经济运行与省地级行政区划改革的基本思路(上)[M]//中国行政区划研究会. 中国省制. 北京:中国大百科全书出版社,1995:98-118	244
37	刘君德,舒庆. 中国行政区经济运行与省地级行政区划改革的基本思路(下)[M]//中国行政区划研究会. 中国省制. 北京:中国大百科全书出版社,1995:118-130	251
38	刘君德. 中国市制的发展与改革[M]//刘国光. 21世纪中国城市发展. 北京:红旗出版社,2000	259
39	刘君德. 世纪之交:中国城市化发展与城市型行政区划改革新思路[J]. 中国方域:行政区划与地名,1995(1):2-6	266
40	刘君德. 学习贯彻十六届五中全会精神 推进我国行政区划体制改革健康发展[J]. 经济地理,2006,26(1):3-5,10	273
41	刘君德,张俊芳,马祖琦. 大城市政府职能转变中的区级政区功能定位研究[J]. 杭州师范学院学报(社会科学版),2002(5):34-40	282
42	刘君德. 论中国建制市的多模式发展与渐进式转换战略[J]. 江汉论坛,2014(3):5-12	293
43	刘君德. 21世纪中国直辖市政区改革的战略思考[J]. 浙江学刊,1998(4):70	302
44	刘君德. 县下辖市:尝试一种新的政区制度[J]. 决策,2005(4):34-35	305
45	刘君德,张玉枝. 石狮设市模式剖析——关于我国设市体制改革完善的思考[J]. 经济地理,1996(4):35-40	311
46	刘君德. 中国农民第一城——龙港镇行政区划体制改革的思考[J]. 中国方域:行政区划与地名,2001(6):7-9	315
47	戴均良,刘君德,汪宇明. 市辖市:中国城市型政区设置的法律挑战与出路选择[J]. 中国方域:行政区划与地名,2000(3):2-7	324
48	刘君德. 理性认识和推进"强县扩权"[J]. 决策咨询,2004(7):10-12	327
49	刘君德,贺曲夫,胡德. 论"强县扩权"与政区体制改革[J]. 杭州师范学院学报(社会科学版),2006,28(6):47-51	334
50	贺曲夫,刘君德. 省直辖县(市)体制实现的路径及其影响[J]. 经济地理,2009,29(5):741-745	341
51	刘君德,程玉申,陈忠祥,等. 安徽省皖南地区行政区划体制的调查与思考(上)[M]//中国行政区划研究会. 中国行政区划研究. 北京:中国社会出版社,1991:671-682	348
52	刘君德,程玉申,陈忠祥,等. 安徽省皖南地区行政区划体制的调查与思考(下)[M]//中国行政区划研究会. 中国行政区划研究. 北京:中国社会出版社,1991:682-690	353
53	刘君德,舒庆. 上海经济技术开发区行政区划与行政管理体制初探[J]. 中国人口·资源与环境,1993,3(4):58-61	358

54 刘君德,武伟,浦善新,等.瓦房店市并村情况调研报告[J].中国方域:行政区划与地名,1998(2):10-15 ……367

55.1 刘君德.一个长期被忽视的重要领域——跨界组织与管理问题[J].杭州师范学院学报(社会科学版),1999(1):44-46 ……371

55.2 刘君德.加强跨界环境管理迫在眉睫——从吴桥19万群众盼喝清水的报道谈起[N].解放日报,1998-10-20 ……372

第四部分 政区研究(下):都市区

56 刘君德,马祖琦.都市区概念辨析与行政地域都市区类型的划分[J].中国方域:行政区划与地名,2003(4):2-4 ……378

57 刘君德.论中国大陆大都市区行政组织与管理模式创新——兼论珠江三角洲的政区改革[J].经济地理,2001,21(2):201-207,212 ……386

58 刘君德,王德忠.中国城市群区行政组织和管理体制改革探讨[J].战略与管理,1996(1):76-81 ……393

59 刘君德,吴亚荣,舒庆.海口地区市县利益冲突及行政区划体制探索[J].战略与管理,1994(3):77-81 ……401

60 陈湘满,刘君德.长株潭城市群的形成及其行政组织与管理模式研究[J].邵阳师范高等专科学校学报,2000,22(5):69-73 ……409

61 刘君德.破"围墙",大联合,发挥长江三角洲城市群(带)的整体效益[J].杭州师范学院学报(社会科学版),1999(5):3-4 ……411

62 刘君德,陈占彪.长江三角洲行政区划体制改革思考[J].探索与争鸣,2003(6):12-14 ……417

63 胡德,刘君德.长三角区域信息化合作背景、思路与对策[J].南通大学学报(社会科学版),2007,23(3):11-14 ……423

64 刘君德.论中国大陆大都市区行政组织与管理模式创新——兼论珠江三角洲的政区改革[J].经济地理,2001,21(2):201-207,212 ……428

65 卢为民,刘君德,黄丽.世界大都市组织与管理的新模式、新思维和新趋势[J].城市问题,2001(6):71-73 ……432

66 刘君德,王德忠.多伦多大都市政府形成发展及其借鉴意义[J].中国方域:行政区划与地名,1995(2):14-17 ……439

67 刘君德.加拿大蒙特利尔城市共同体的组织与功能[J].上海城市规划,2002(1):37-38 ……442

68 刘君德,彭再德.美国旧金山大都市区政府的发展[J].中国方域:行政区划与地名,1996(2):8-11 ……448

69 刘君德,靳润成.试论上海市特别市成立初期的行政区划问题[J].中国方域:行政区划与地名,1996(5):22-24 ……453

70 刘君德.上海行政区划的特征与问题分析[J].上海城市规划,2000(2):2-6 ……460

71 刘君德.上海建设现代化大都市的挑战与对策[J].上海市容,2002(3):2-6 ……467

72 大城市行政区划研究课题组.创建国际化大都市的行政区划思考:以上海市为例

	[M]//靳尔刚.中国城市化走向研究.上海:上海科学普及出版社,2001:1-31	474
73	刘君德,汤建中,张永康.浦东地区行政区划研究[J].科学,1993(1):7-12	483
74	刘君德.我国特大城市内部行政区划体制改革的思考:一篇未发表的研究报告[J].中国方域:行政区划与地名,2000(2):34-37	489
75	陈湘满,刘君德,张玉枝.论我国城市边缘区行政管理体制的区域整合[J].经济地理,2000,20(2):90-93,103	495
76	李丽雅,刘君德,史卫东.特大城市郊区农场属地化与行政区划调整研究——以上海市为例[J].经济地理,2004,25(1):88-91	502

第五部分　社区研究

77	刘君德,何建红.社区的行政分割及其整合研究——以上海市曹家渡为例[J].上海城市规划,1998(4):2-8	510
78	刘君德,张玉枝.上海浦东新区行政区—社区体系及其发展研究(上)[J].城乡建设,1995(9):13-15;刘君德,张玉枝.上海浦东新区行政区—社区体系及其发展研究(下)[J].城乡建设,1995(10):23-24	518
79	刘君德,张玉枝.社区分化—整合运动一般规律探讨[J].人文地理,1997(2):5-10	525
80	刘君德,张玉枝.论浦东新区的社区分化—整合运动的特征及发展趋势[J].人文地理,1997(4):5-8	530
81	刘君德.城市规划·行政区划·社区建设[J].城市规划,2002,26(2):34-39	539
82	靳润成,张俊芳,刘君德.新城市主义社区规划与设计的几大法则[J].经济地理,2004,24(3):299-303,308	548
83	刘君德.论社区文化与社区发展:兼谈社区文化建设中的误区及对策[M]//陈民宪.社区文化与城市发展.北京:北京出版社,2002	556
84	刘君德,熊竞.网格化对社区建设的组织意义与空间关系[J].上海城市管理,2009,18(3):3-9	566
85	刘君德.社区建设中的新问题与新思路[J].规划师,2000,16(1):21-22	568
86	刘君德,张玉枝.从街道经济走向社区经济[J].立功竞赛,1999(6):42-43	571
87	刘君德.中国城市社区组织制度的创新与思考[J].杭州师范学院学报(社会科学版),2001(2):1-5	578
88	刘君德.中国特色城市社区发展的理论与实践[J].上海市容,2007(6):11-14	584
89.1	刘君德.访台中市枫树社区之观感[J].立功竞赛,1999(5):47-48	587
89.2	刘君德.新世纪中国城市社区建设的新趋势:兼谈上海社区建设的重点[J].立功竞赛,2000(2):44-46	590
89.3	刘君德.创新制度,加强管理,促进"都市村庄"健康发展[N].中国社会报(社区建设周刊),2002-07-19	592
89.4	刘君德.把握社区建设的终极目标和社区发展的阶段性特征,扎实推进中国的城市社区建设[N].中国社会报(社区建设周刊),2002-01-04	594
89.5	刘君德.几张澳门照片引起的思考:对上海市容市貌建设管理的若干建议[J].上	

	海市容,2008(5):38-39 ······	597
90	胡伟,刘君德.上海城市居住社区变迁及其规划对策[J].规划师,2002,18(10):72-75 ······	603
91	刘君德.上海城市社区的发展与规划研究[J].城市规划,2002,26(3):39-43 ······	610
92	刘君德,张玉枝.上海城乡结合部社区管理的考察与研究[J].上海城市规划,1999(2):3-4 ······	618
93	刘君德.中国的城市社区自治怎么走?——上海潍坊街道社区居委会民主建设实践的启示[J].杭州师范学院学报(社会科学版),2001(4):10-14 ······	624
94.1	刘君德,张玉枝,刘均宇.大城市边缘区社区的分化与整合:上海真如镇个案研究[J].城市规划,2000,24(4):41-43 ······	629
94.2	刘君德,严志农.真如镇建立社区工作站的实践与启示[J].民政论坛(中国民政学院学报),2001(1):45-48 ······	634
94.3	卢为民,刘君德.上海市真如镇车站新村物业管理体制问题的调查与思考[J].城市开发,1999(12):42-44 ······	637

第六部分　相关研究·会议集锦

95	刘君德.初评浦东开发与上海及长江三角洲区域经济发展(上)[C]//杨汝万.中国城市与区域发展:展望21世纪.香港:香港中文大学香港亚太研究所,1989:229-241 ······	646
96	刘君德.初评浦东开发与上海及长江三角洲区域经济发展(下)[C]//杨汝万.中国城市与区域发展:展望21世纪.香港:香港中文大学香港亚太研究所,1989:241-256 ······	653
97	刘君德,宋迎昌,武伟."九七"回归:沪、港经济的竞争与合作[J].地理学报,1997(S1):88-94 ······	660
98	刘君德.西部大开发的重大意义与新观念、新思路、新举措[J].世界地理研究,2000(2):1-5 ······	665
99	陶希东,刘君德.论经济全球化与我国西部大开发的新思路[J].世界地理研究,2002,11(3):37-41 ······	670
100	史卫东,刘君德.生态省建设试点省区比较研究[J].自然生态保护,2005(2):52-56 ······	677
101	严重敏,刘君德.关于城乡结合部若干问题初探[J].城市经济研究,1989(12):50 ······	684
102	刘君德,宋迎昌,刘宇辉.论制度创新与可持续发展:上海市城乡结合部的管理体制探索[J].城市规划汇刊,1998(4):42-45 ······	691
103	刘君德,彭再德,徐前勇.上海郊区乡村—城市转型与协调发展[J].城市规划,1997(5):44-46 ······	696
104	林涛,刘君德.我国中心城市的近今发展[J].城市规划,2000,24(3):26-30 ······	706
105	刘君德,马祖琦.上海城市精神的立体解读[J].上海城市管理,2003,12(3):29-33 ······	714
106	刘君德.试论江西省人口的演变及其发展趋势(上)[M]//胡焕庸,等.人口研究论	

	文集.上海:华东师范大学出版社,1981:61-75	723
107	刘君德.试论江西省人口的演变及其发展趋势(下)[M]//胡焕庸,等.人口研究论文集.上海:华东师范大学出版社,1981:75-84	730
108	刘君德.再论江西省人口问题:从土地资源利用看人口的适度规模与合理分布[M]//胡焕庸,等.人口研究论文集(二).上海:华东师范大学出版社,1983:131-148	739
109	袁中金,刘君德,侯爱敏.中国中心镇镇区人口规模研究[J].城市规划,2004,28(6):56-59	746
110	刘君德,叶忠海.人才地理——人才学的一个重要领域[J].高教与人才,1989(5):23-30	754
111	刘君德,叶忠海.中国人才开发的空间研究[J].华东师范大学学报(哲学社科版),1991(1):1-9	763
112	刘君德.日本的行政区划改革及其经验借鉴——赴日考察之一[J].中国方域:行政区划与地名,1998(1):11-14	768
113	刘君德.日本的行政区划改革及其经验借鉴——赴日考察之二[J].中国方域:行政区划与地名,1998(2):16-19	775
114	刘君德.历史变迁过程与现状特征:当代台湾地区行政区划研究之一[J].中国方域:行政区划与地名,2002(1):9-11	781
115	刘君德.城市型政区发展与模式:当代台湾地区行政区划研究之二[J].中国方域:行政区划与地名,2002(2):16-19	787
116	刘君德.地域型政区发展与模式分析:当代台湾地区行政区划研究之三[J].中国方域:行政区划与地名,2002(3):13-15	791

注:第117—120篇为非论文,故未列入此索引中。

图片来源

图1-1至图1-3源自:笔者根据相关资料绘制.

图2-1源自:笔者参考已有成果,再补充"一五"以后内容重新绘制[地图审图号为GS(2019)1815号].

图4-1源自:笔者绘制.

图9-1源自:笔者绘制.

图39-1源自:笔者绘制.

图43-1源自:笔者根据相关资料绘制.

图64-1源自:笔者绘制.

图72-1源自:笔者绘制.

图78-1源自:刘君德,周克瑜.中国行政区划的理论与实践[M].上海:华东师范大学出版社,1996:259.

图78-2源自:笔者绘制.

图81-1源自:历年行政区划手册;历年人口统计;第五次人口普查资料.

图89-1至图89-4源自:笔者自拍.

图95-1源自:中华人民共和国民政部.中华人民共和国行政区划简册(1993)[M].北京:中国地图出版社,1993.

图95-2源自:上海市城市规划设计院.浦东新区总体规划(1991—2010年)[Z].上海:上海市城市规划设计院,1992.

图96-1源自:笔者在中国地图出版社.中国地图册[M].北京:中国地图出版社,1988的底图绘制.

图103-1源自:笔者绘制.

图106-1源自:江西省计划生育办公室.

图106-2源自:江西省农业局.

图106-3源自:笔者根据江西省统计局资料绘制.

图106-4至图106-6源自:笔者根据江西省统计局、计划生育办公室(人口历史资料)、农业局资料整理绘制.

图107-1源自:笔者根据江西省统计局资料绘制.

图109-1源自:笔者根据相关资料绘制.

图110-1、图110-2源自:笔者绘制.

图111-1源自:笔者绘制.

图114-1至图114-4源自:笔者绘制.

图117-1、图117-2源自:华东师范大学城市与区域科学学院.

表格来源

表 1-1、表 1-2 源自：笔者根据相关统计资料计算绘制．
表 9-1 源自：笔者根据浙江省统计资料计算绘制．
表 9-2 源自：浙江省地质矿产局．
表 9-3 源自：浙江省国土整治办公室，浙江省计经委经济研究所．浙江国土资源［Z］．杭州：浙江省国土整治办公室，1986．
表 21-1、表 21-2 源自：笔者绘制．
表 35-1 源自：中华人民共和国民政部．中华人民共和国行政区划简册(1989)［M］．北京：中国地图出版社，1989．
表 35-2 源自：《行政区划初探》生产力布局与国土规划第二辑 1985；《中国城市统计年鉴(1986)》；《中华人民共和国行政区划简册(1989)》．
表 35-3 源自：笔者绘制．
表 36-1 源自：陈嘉陵主编的《各国地方政府比较研究》(武汉出版社，1991 年)和刘靖北等编的《独联体各国概览》(华东师范大学出版社，1993 年)．
表 43-1 源自：《中华人民共和国行政区划简册(1997)》，民政部编；《中华人民共和国分省地图集》，中国地图出版社，1992 年版；浦善新主编《中国城市小百科》，星球地图出版社，1997；1997 年 3 月 18 日《中国社会报》第三版；《中国统计年鉴(1997)》，中国统计出版社．
表 43-2 源自：1994 年《中华人民共和国行政区划简册》，中国地图出版社；《中国城市统计年鉴(1993—1994)》，北京：中国统计出版社，1995．
表 43-3 源自：上海市民政局．上海市行政区划简册［Z］．上海：上海市民政局，1997．
表 45-1 源自：石狮市统计局、规划建设局．
表 50-1 源自：笔者绘制．
表 51-1 源自：笔者根据调查商业、供销部门所得资料整理绘制．
表 52-1 源自：笔者根据黄山市旅游部门提供资料整理绘制．
表 57-1 源自：国家统计局城市社会经济调查总队．中国城市统计年鉴(1998)［M］．北京：中国统计出版社，1998．
表 60-1 源自：《湖南统计年鉴(1999)》．
表 64-1 源自：笔者根据中华人民共和国民政部．中华人民共和国行政区划简册(1989)［M］．北京：中国地图出版社，1989 整理绘制．
表 66-1 源自：https://www.thecanadianencyclopedia.ca/en/article/metropolitan-government．
表 66-2 源自：http://en.wiki2.org/wiki/Metro_Toronto_Council．
表 68-1 源自：Donald N R，Andrew S．Metropolitan governmance：American/Canadian intergovernmental perspectives［Z］．1993；Barlow L M．Metropolitan government［Z］．A volume in the Routledge Geography and Environment Series，1991．

表 69-1 源自:《上海市年鉴(1935)》.

表 70-1 源自:《中国统计年鉴(1997)》.

表 70-2、表 70-3 源自:《上海市统计年鉴(1998)》.

表 72-1 源自:笔者绘制.

表 76-1 源自:笔者根据《上海农垦统计资料汇编(2001)》整理绘制.

表 78-1 源自:《上海浦东新区统计年鉴(1994)》;《上海市浦东新区地名志》(1994 年 12 月出版).

表 78-2 源自:《上海市浦东新区地名志》(1994 年 12 月出版);1990 年第三次全国人口普查资料.

表 84-1 源自:唐开文. 东城出了"城市好管家"[N]. 北京日报,2005-02-21;曹亮. 长宁城市新型网格化管理模式[EB/OL]. (2006-08-31)[2019-07-29]. http://www.dzwww.com/xinwen/xinwenzhuanti/wlmtksh/tpbd/200604/t20060427_1452488.htm;佚名. 上海城市管理网格化年内覆盖中心城区[N]. 浙江日报,2006-01-12;佚名. 1003 个网格划分江汉区监督黄手机报告城管状态[N]. 楚天都市报,2005-10-22;上海市普陀区长风街道办事处.

表 84-2 源自:《上海市行政区划简册》(2009 年);上海市民政局、上海市测绘院编制《上海行政区划图》(2008 年 12 月).

表 95-1 源自:上海市城市规划设计院. 浦东新区总体规划(1991—2010 年)[Z]. 上海:上海市城市规划设计院,1992.

表 96-1 源自:《上海市经济统计年鉴(1991)》.

表 96-2 源自:《国民经济统计年鉴(1984)》《国民经济统计年鉴(1989)》.

表 96-3 源自:《上海统计年鉴(1991)》《中国统计年鉴(1990)》.

表 96-4、表 96-5 源自:上海、江苏、浙江省统计年鉴.

表 100-1 源自:笔者根据相关资料整理绘制.

表 100-2 源自:各省生态省建设规划纲要.

表 100-3 源自:《中国统计年鉴(2003)》.

表 101-1 源自:笔者根据上海市土地面积统计资料换算后绘制.

表 103-1 源自:《上海郊区统计年鉴(1995)》.

表 103-2 源自:《上海郊区统计年鉴(1993)》.

表 103-3 源自:陈先毅、宁越敏《上海郊区城市化研究》,1996 年.

表 104-1 源自:顾朝林. 城市经济区的理论与实践[M]. 吉林:吉林科技出版社,1991:169-170.

表 104-2、表 104-3 源自:宁月敏,严重敏. 我国中心城市的不平衡发展及空间扩散研究[J]. 地理学报,1993,48(2):97-104.

表 104-4 源自:《中国国情国力》,1993 年第 1 期第 3 页.

表 104-5 源自:《中国城市统计年鉴(1997)》;《中国统计出版社(1998)》.

表 104-6 源自:《经济日报》,1998-01-08;国家统计局:《国评出"城市综合实力 50 强及首资硬环境 40 优"》,国国情国力,1993 年第 1 期

表 104-7 源自:《中国城市统计年鉴(1992)》《中国统计出版社(1992)》.

表 104-8 源自:笔者根据相关资料绘制.

表 106-1 源自:笔者根据《江西年鉴(1936)》《江西统计提要》(1944—1947 年)、江西省生育办公室资料整理绘制.

表 106-2 源自:《南昌市统计提要》(1948 年).

表 107-1、表 107-2 源自:江西省统计局.

表 108-1 源自:江西省统计局、农业厅.

表 109-1 至表 109-6 源自:笔者根据课题组设计、住建部支持下的第一手调查资料整理绘制.

表 111-1、表 111-2 源自:《中国统计年鉴(1988)》

表 112-1 源自:笔者绘制.

表 112-2 源自:广岛县统计协会《县市要览》,平成九年(1997 年)版.

表 114-1、表 114-2 源自:笔者根据 2000 年台湾"经济建设委员"会统计资料绘制.

表 115-1、表 115-2 源自:姜善鑫,等. 经济地理[M]. 台北:三民书局,1997:202.

表 115-3 源自:蔡勇美,章英华. 台湾的都市社会[M]. 台北:巨流图书公司,1999:77.

表 115-4、表 115-5 源自:笔者根据台湾经济建设委员会编《都市及区域发展统计汇编》(2000 年)资料整理绘制.

后记

经过5个月的努力,一百多万字的《我的地理人生2:山区·政区·社区研究文集》的编纂、校核终于完成了,心情非常愉悦,感觉一身轻松。

回顾地理人生,我的体会是:处在中国政治、经济、社会大变革,世界风云复杂多变的时期,我们这代地理工作者,在服务于中国发展、服务于整个社会实践过程中,努力耕耘,力求创新,不断积累,为丰富发展中国特色的人文经济地理学作出点滴贡献,感到十分欣慰。

回顾地理人生,我无愧于这个时代,无愧于一名中国的地理科学教育工作者!

一百多万字,对于一位年过80的老人来说,不是一件容易的事,要查找翻阅大量的杂志、报纸、资料,经过筛选→将文字输入电脑或用手机—电脑技术转换成电子文件→一篇篇文章的校核、制表、文字修饰→给每一篇文章加注"背景"和"解读"→按照出版社的规范、规格进行编辑等;150天,几乎每天趴在电脑前6~7小时,感觉好累!我努力做到了,坚持做完了!这种毅力和动力来自于一名地理学者的"成就感",来自于对于后人、对于社会的一种"责任感",我做了一件有意义的事。

在本书编纂和出版过程中,华东师范大学城市发展研究院院长曾刚教授,城市与区域科学学院院长杜德斌教授,给予了许多关心和支持,他们无私的支持是这部巨著得以顺利出版的重要因素;我的弟子上海财经大学马祖琦副教授为本书部分论文的资料查询、文字输入、校核、整理,做了许多工作。还有不少弟子,尤其是论文合作者都积极参与了本书的部分校核工作;东南大学出版社的孙惠玉编辑、合作近20年的资深编辑徐步政老师对本书的结构创新、体例规范提出了宝贵建议,为本书的编辑出版付出了艰辛劳动,确保了图书的品质。

真诚地感谢他们无私的帮助!

感谢民政部门的许多领导和朋友,以及同事、同行给予的支持、关心!

感谢我的母校——华东师范大学!

感谢我的学生们!

感谢东南大学出版社城市工作室!

感谢家人(特别是老伴吴其宝女士)、亲友一贯全方位、全身心的支持!

刘君德

2018年4月15日于华师大三村自家阁楼书房完成文稿

2019年9月5日于远洋—椿萱茂(虹湾)完成清样校核

作者简介

刘君德,男,1937年生,江苏泰兴人。上海华东师范大学博士生导师、终身教授。原华东师范大学中国行政区划研究中心主任、国家民政部专家咨询委员。长期从事人文经济地理、行政区划、城市和区域发展、社区建设等领域的研究和教学工作。20世纪90年代提出了"行政区经济""行政区—社区体系"理论。

曾兼任中国地理学会经济地理专业委员会副主任、《经济地理》杂志副主编、中国区域科学协会副理事长、上海市地名学会会长等。

为《辞海》(2009年版、2019年版)中国地理分科主编、《大词海》中国地理卷主编,"十二五"国家重点图书出版规划项目《当代中国城市—区域:权力·空间·制度研究丛书》主编(东南大学出版社)。主持多项国家(自然科学、社会科学)基金,教育部、民政部、上海市社科基金项目及大量地方政府课题。合作出版著作近20部,发表论文百余篇。